第十二冊

冊府元龜

中華書局影印

册府元龜第十二册目録

總録部（三）

冊府元龜

巡按福建監察御史臣李嗣京　訂正
知歐寧縣事臣孫以敬　參閱
知建陽縣事臣黃國琦　較釋

總錄部一百六十四

嗜酒　酒失

嗜酒

易曰飲酒濡首亦不知節也傳曰酒以成禮不繼以淫蓋先王之作酒醴所以奉明祀養高年而已至於享賓合歡一獻百拜飲而不醉良有以也若乃荒腆

爲務沈湎自恣俾夜作晝廢時亂日伐德以致敗腐發而無悔者其惡巳甚矣至有遭罹世難高翔遠引含味道腴隱居求志矯抗以避禍沈冥而不耀陶然自得以酒爲名者斯又忘懷而獨善者也其或引滿舉白沈飲不亂決事靡滯治讞益精亦天資所得無累於明矣然周書著無彝之訓詩人有彼昏之譏誠在昔之深戒也

齊惠欒高氏皆嗜酒（欒高二族皆出惠公）

伯有鄭大夫嗜酒爲窟室（窟室地室）而夜飲酒擊鍾焉朝至未巳朝者曰公焉在（家臣故謂伯有爲公）其人曰吾公在壑谷（壑谷窟室）皆自朝布路而罷（布路分散）旣而朝（伯有朝鄭君）則又將使子晳如楚歸而飲酒子晳以駟氏之甲伐而焚之伯有奔雍梁（雍梁鄭地）醒而後知之遂奔許

子皮鄭大夫子皮之族飲酒無度（相爲以奢相困以酒）

漢于定國爲廷尉食酒至數石不亂（食酒者謂能多飲費盡其酒猶云食言泥俗書本輒改食字作飲字）冬月治讞飲酒益精明

陳遵爲較尉封嘉威侯居長安中列侯近臣貴戚皆貴重之牧守當之官及郡國豪傑至京師者莫不相因到遵門遵嗜酒每大飲賓客滿堂輒關門取客車轄投井中雖有急終不得去（旣關閉門又投車轄也）嘗有部刺

史奏事過遵値其方飲刺史大窮候遵霑醉時突入見遵母（霑洽言其大醉也）叩頭自白當對尚書有期會狀母廼令從後閤出去遵大率常醉然事亦不廢

楊雄王莽時爲大夫家素貧嗜酒人希至其門時有好事者載酒肴從游學

後漢楊政京兆人善說經書爲人嗜酒不拘小節

丁沖爲司隸較尉數過諸將飲美酒不能醉爛腸死

鄭玄字康成北海高密人身長八尺飲酒一斛徵爲大司農不赴

盧植涿郡人常懷濟世志不好辭賦能飲酒一石爲

尚書免官卒
魏徐邈爲尚書郎時科禁酒而邈私飲至沈醉校事
趙達問以曹事邈曰中聖人達白之太祖太祖甚怒
渡遼將軍鮮于輔進曰平日醉客謂酒清者爲聖人
濁者爲賢人邈性脩慎偶醉言爾竟坐得免刑後爲
潁川典農中郎將文帝幸許昌問邈曰頗復中聖人
不邈對曰昔子反斃於穀陽御叔罰於飲酒臣嗜同
二子不能自懲時復中之然宿瘤以醜見傳而臣以
醉見識帝大笑
吳胡綜爲侍中嗜酒酒後歡呼極意或推按引觴摶

擊左右大帝愛其才弗之責也
晉阮籍字嗣宗爲文帝大將軍從事中郎聞步兵廚
營人善釀有貯酒三百斛乃求爲步兵校尉
阮咸字仲容籍之兄子諸阮皆能飲酒咸至宗人間
共集不復用杯觴斟酒以大盆盛之圓座相向大酌
更飲時有群豕來飲其酒咸直接去其上便共飲之
後爲始平太守卒
阮修字宣子咸之從弟嘗步行以百錢挂杖頭至酒
店便獨酣暢後爲太子洗馬遇害
胡母輔之字彥國性嗜酒任縱不拘小節與王澄王
敦庾敳俱爲太尉王衍所昵號曰四友後爲揚武將
軍湘州刺史卒
胡母謙之字子光輔之之子才學不及父而傲縱過
之至酣醉嘗呼其父字輔之亦不以介意譚者以爲
狂輔之正酣飲謙之闚而厲聲曰彥國年老不得爲
爾將令我尻背東壁輔之歡笑呼入與共飲其所爲
如此年未三十卒　史無官
光逸字孟祖嘗投胡母輔之後以世難避亂渡江復
依輔之初至屬輔之與謝鯤阮放畢卓羊曼桓彝阮
孚散髮裸袒閉室酣飲已累日逸將排戶入守者不

聽逸便於戶外脫衣露頭於狗竇中窺之而大叫輔
之驚曰他人决不能爾必我孟祖也遽呼入遂與飲
不舍晝夜時人謂之八達中興爲給事中卒
畢卓字茂世新蔡鮦陽人少希放達爲胡母輔之所
知元帝太興末爲吏部郎嘗飲酒廢職比舍郎釀熟
卓因醉夜至其甕間盜飲之爲掌酒者所縛明旦視
之乃畢吏部也遽釋其縛卓遂引主人宴於甕側致
醉而去卓嘗謂人曰得酒滿數百斛船四時甘味置
兩頭右手持酒杯左手持蟹螯拍浮酒船中便足了
一生矣

鄭泉字文淵陳郡人慱學有奇志而性嗜酒其閑居每日願得美酒滿五百斛船以四時甘脆置兩頭反覆没飲之憊即住而啖肴膳酒斗升减隨即益之不亦快乎臨卒謂同類曰必葬我陶家之側庶百歲之後化而成土幸見取爲酒壺實獲我心矣

劉伶字伯倫不以家產有無介意嘗乘鹿車攜一壺酒使人荷鍤而隨之謂曰死便埋我嘗因渴甚求酒於其妻妻損酒毀器泣涕諫曰君酒太過非攝生之道必宜斷之伶曰善不能自禁惟當祝鬼神自誓爾便可具酒肉妻從之伶跪祝曰天生劉伶以酒爲名

一飲一斛五斗觧醒婦兒之言慎不可聽仍引酒御肉隗然復醉嘗醉與俗人相忤其人攘袂奮拳而徃伶徐曰雞肋不足以安尊拳其人笑而止伶雖陶兀昬放而機應不差未嘗厝意文翰惟著酒德頌一篇嘗爲建威將軍後以壽終

郭璞字景純性輕易不脩威儀嗜酒好色時或過度著作郎干寶嘗誡之曰此非適性之道也璞曰吾所受有本限用之嘗恐不得盡卿乃憂酒色之爲害乎爲王敦記室參軍被害

華嶠字叔駿爲秘書監性嗜酒率嘗沈醉所撰後漢書十典未成而終

顧榮字彥先爲廷尉正嘗縱酒酣暢謂友人張翰曰惟酒可以忘憂但無如作病何爾

孔群爲中丞性嗜酒司徒王導嘗戒之曰卿嘗飲不見酒家覆瓿布日月久糜爛邪答曰公不見肉用糟淹更堪久邪嘗與親友書云今年田得七百石秫米不足了麴蘖事其沈酒如此

周顗爲尚書右僕射頗以酒失畧無醒日時人號爲三日僕射顗在中朝時能飲酒一石及過江雖日醉每稱無對偶有舊對從北來顗遇之欣然乃出二石

酒共飲各大醉及顗醒使視客已腐脅而死

王忱爲荆州刺史酒醉輒累旬及醒則儼然端肅末年尤嗜酒一飲連月不醒或裸體而遊每歎三日不飲便覺形神不相親也

王蘊字叔仁孝武定皇后父爲會稽内史素嗜酒末年尤甚及在會稽畧少醒日

前燕皇甫真爲侍中大尉飲酒至石餘不亂

宋衡山王義季爲荆州刺史素嗜酒自彭城王義康廢後遂爲長夜之飲畧少醒日太祖累加詰責義季引愆陳謝帝詔報之曰誰能無過改之爲貴爾此非

唯傷事業亦自損性命世中比比皆汝所諳近長沙兄弟皆緣此致故將軍蘇微耽酒成疾旦夕待盡吾誠令禁斷并給藥膳至今休然此自是可節之物但嗜者不能立志裁割爾晉元帝人主尚能感王導之諫終身不復飲酒汝既有美尚加以吾意殷勤何至不能慨然存自勉厲乃復須嚴相割截生諸紛紜然後少止者幸可不至此一門無此酣酒汝於何得之臨書歎塞義季雖奉此旨酣縱如初遂以成疾帝又詔之日汝飲積食少而素羸多風嘗慮至此今果委頓縱不能以家國爲懷近不復顧性命之重可歎可

恨豈復一條本望能以理自厲未欲相苦爾令遣孫道奇就楊佛等令晨夕視汝并進止湯食可開懷虛受愼勿隱避吾飽嘗見人斷酒無他慊嗳蓋是當時甚嗜罔已之意爾今者憂怛正在性命未暇及美業復何爲吾前毒至此耶義季終不改以至於終

陶潛爲彭澤令在縣公田悉種秫穀日令吾嘗醉於酒足矣妻子固請種秔乃使二頃五十畝種秫五十畝種秔潛性嗜酒而家貧不能嘗得親舊知其如此或置酒招之造飲輙盡期在必醉既而退曾不恡情去留江州刺史王弘嘗欲識之不能致也潛嘗往廬山弘令潛故人龐通之賫酒具於半道栗里要之有脚疾使一門生二兒舉籃轝既至欣然便共飲酌俄頃弘至亦無忤也先是顏延之爲劉柳後軍功曹在尋陽與潛情款後爲始安郡經過日日造潛每往必酣飲致醉臨去留二萬錢與潛潛悉與酒家稍就取酒嘗九月九日無酒出宅邊菊叢中坐久值弘送酒至即便就酌醉而後歸潛不解音聲而畜素琴一張每有酒適輙撫弄以寄其意貴賤造之者有酒輙設潛若先醉便語客我醉欲眠卿可去其直如此郡將候潛值其酒熟取頭上葛巾漉酒畢還復著之

檀韶爲江州刺史嗜酒貪橫所蒞無績高祖嘉北合門從義又弟道濟有大功故特見寵授

孔顗爲安陸王子經冠軍長史江夏內史顗爲人使酒仗氣每醉輙彌日不醒僚類之門多所陵忽尤不能曲意權幸莫不畏而疾之不治產業居嘗貧罄有無豐約未嘗關懷爲二府長史典籤諮事不呼不敢前不令去不敢去雖醉日居多而明曉政事醒時判决未嘗有壅衆咸云孔公一月二十九日醉勝他人二十九日醒也孝武每欲引見先遣人覘其醒醉後顗及敗王晏斬之東閤外臨死求酒曰此是平生所

好
顔延之好飲酒不護細行年三十猶未婚又嘗乘羸牛笨車逢子竣鹵簿即屏住道側又好騎馬遨遊里巷遇知舊輒據鞍索酒得酒必頹然自得卒於金紫光祿大夫
南齊沈文季爲吳興太守文季飲酒至五斗妻王錫女飲酒亦至三斗文季與之對飲竟日而視事不廢
蔡約爲冠軍將軍好飲酒夷淡不與世雜
梁臧盾善飲酒高祖招延後進二十餘人置酒賦詩盾以詩不成罰酒一斗盾飲盡顔色不變自若時蕭

介染翰便成文無加點高祖兩美之曰臧盾之飲蕭介之文即席之美也卒於領軍將軍
蕭琛爲侍中性通脫嘗自解籠事畢餘餕必陶然致醉
王瞻爲吏部尚書頗嗜酒每飲或彌日精神朗暢不廢簿領高祖每稱瞻有三術射棊酒也
張率字士簡嗜酒事寛恣於家務尤所忘懷爲新安太守卒
陳陳暄學不師受文才俊逸尤嗜酒無節操徧歷王公門沈湎諠譊過差非度其兄子秀嘗憂之致書於暄友人何胥冀以諷陳暄聞之與秀書曰旦見汝書與孝典陳吾飲酒過差吾有此好五十餘年昔吳國張長公亦稱耽嗜吾見張時伊已六十自言引滿大勝少年時吾今所進亦多於往日老而彌篤唯吾與張季舒爾吾方與此子交歡於地下汝欲及吾所志耶昔阮咸阮籍同遊竹林宣子不聞斯言王湛能玄言巧騎武子呼爲癡叔何陳留之風不嗣太原之氣巋然翻成可怪吾既寂寞當世朽病殘年産不異於顔原名未動於卿相若不日飲醇酒復欲安歸汝以飲酒爲非吾以不飲酒爲過昔周伯仁渡江唯三日

醒吾不以爲少鄭康成一飲三百盃吾不以爲多然洪醉之後有得有失成厮養之志是其得也使次公之狂是其失也吾嘗譬酒之猶水亦可以濟舟亦可以覆舟故江諮議有言酒猶兵也兵可千日而不用不可一日而不備酒可千日而不飲不可一飲而不醉美哉江公可與共論酒矣汝驚吾墮馬侍中之門陷池武陵之第徧布朝野自言憔悴丘也幸苟有過人必知之吾生平所願身没之後題吾墓云陳故酒徒陳君之神道若斯志意豈避南征之不復賈誼之慟哭者哉何水曹眼不識盃鐺吾口不離瓢杓汝寧

與何同日而醒與吾同日而醉乎政言其醒可及其醉不可及也速嘗楷丘吾將老焉爾無多言非爾所及

後魏劉尼爲定州刺史在州清慎然率多酒醉治日甚少

陸昶爲光祿大夫昶無他才能唯飲酒爲事

崔長謙好學脩立少有令名爲尉景開府諮議參軍晚頗以酒爲損

劉藻字彥先飲酒至一石不亂仕至太尉司馬

元敏魏之宗室嗜酒多費家爲之貧其壻柱國乙弗

貴大將軍大利稽祐家貲皆千萬每營給之敏隨即散盡而帝不之責貴祐後遂絶之

北齊薛孤延爲車騎將軍性好酒率多昏醉而以勇決善戰每大軍征討嘗爲前鋒故與彭劉韓潘同列

高季式爲濟州刺史豪率好酒又恃舉家勳功不拘簡節與光州刺史李元忠生平游欵在濟州夜飲憶元忠乃開城門令左右乘驛馬持一壺酒往光州勸元忠朝廷知而容之

李元忠爲侍中雖居要任初不以物務干懷唯以聲酒自娛大率嘗醉家事大小了不關心園庭之內羅種果藥親朋尋詣必留連宴賞每挾彈攜壺遨遊里閈每言寧無食不可使我無酒阮步兵吾師也孔少府豈欺我哉後自中書令復求爲太常以其有音樂而多美酒故神武欲用爲僕射文襄言其放達嘗醉不可委以臺閣其子搔聞之請節酒元忠曰我言作僕射不勝飲酒樂爾愛僕射宜勿飲酒

盧懷道性輕率好酒頗有慕尚終於烏蘇鎮城都督

祖茂班之從父弟也頗有辭情然好酒性率不爲時重除給事中辭疾不仕

顏之推好飲酒多任縱不脩邊幅時論以此少之後

爲平原太守

隋裴政初仕周爲少司憲能飲酒至數斗不亂簿案盈几剖决如流

唐劉黑闥貝州漳南人隋末無賴嗜酒好博奕不治產業父兄患之

崔敬嗣則天時爲房州刺史好飲酒中宗安置在州嘗德之及即位訪敬嗣已卒其子汪又嗜酒不甚任職且授雒州司空又改五品慢官

李迥秀中宗朝爲鴻臚卿晚溺於酒然公事不虧

李適之爲刑部尚書雅好賓友飲酒一斗不亂夜則

宴賞晝則決公務庭無廢事

崔咸爲陜州刺史晨起飲酒至暮必大醉及夜分視事無滯失者吏以爲神入爲右散騎常侍秘書監飲酒如初

徐晦歷刑部兵部二侍郎同州刺史性疆直當官正守唯嗜酒太過晚年喪明遂至委廢

王源中爲戸部侍郎翰林承旨學士性頗嗜酒嘗召對源中方沈醉不能及醉醒同列告之源中但懷憂惕殊無悔恨他日又以醉不任赴召遂終不得大用

酒失

傳曰泰豕爲酒非所以爲禍也而訟獄益繁則酒之流生禍也故酬酒者大禹之訓曰冨者小雅所譏其敢崇飲者周公之格言不及於亂者仲尼之申戒乃有沈酒自恣荒腆不已狂藥內攻忮心中作惡言暴怒奮攘交鬬忤世奸法蹈禍蒙耻至或臨戎而致敗殺人而不忌曠廢官守夭閼生理者亦比比有之率用類次以爲民鑑

夏仲康時羲和湎淫廢時亂日（羲氏和氏世掌天地四時之官承太康之後沈湎於酒過差非度廢天時亂甲乙）胤往征之（胤國名）告於衆曰惟時羲和顛覆厥德（顛覆言反倒也）沈亂於酒畔官離次（沈謂醉冥失次位也）俶擾天紀遐棄厥司（俶始擾亂遐遠也紀謂時日司所主也）乃季秋月朔辰弗集於房（辰日月所會房所舍之次集合也不合則日食可知）瞽奏鼓嗇夫馳庶人走（凡日食天子伐鼓於社責上公瞽樂官樂官進鼓則伐之嗇夫主幣之官馳取幣禮庶人衆人走供救日食之百役也）羲和尸厥官罔聞知（主其官而無聞知於日食之變異所以罪重）昬迷於天象以干先王之誅（闇錯天象言昬亂之甚干犯也）

齊慶封好田而嗜酒與慶舍政（舍慶封子慶封當國不自爲政以付舍）則以其內實遷於盧蒲嫳氏易內而飲酒（內實寶物妻妾也移而居嫳家）數日國遷朝焉（就於盧蒲氏朝見封）

齊惠公欒高氏皆嗜酒（欒高二族皆出惠公）信內多怨（說婦人言故多怨）

怨彊於陳鮑氏而惡之（惡陳鮑）有告陳桓子曰子旗子良將攻陳鮑亦告鮑氏桓子授甲而如鮑氏遭子良醉而騁（欲及子良醉故騁告鮑文子）遂見文子（文子鮑國）則亦授甲矣使視二子（二子子旗子良也）則皆從飲酒桓子曰彼雖不信（彼傳言者）聞我授甲則必逐我及其飲酒也先伐諸陳鮑方睦遂伐欒高氏

荆共王與晉厲公戰於鄢陵荆師敗共王傷臨戰司馬子反渴而求飲豎陽穀（一云穀陽豎子反內豎也）操參酒而進之（酒器受三升日參）子反曰嘗退酒也豎陽穀曰非酒也反日嘗退却豎陽穀又曰非酒也子反受而飲之子反

之爲人也嗜酒弗而不能絶於口醉戰既罷共王欲
復戰而謀使召司馬子反子反辭以心疾共王駕而
往視之入幄中聞酒氣臭而還曰今日之戰不穀親
傷所恃者司馬也而司馬又若此是忘荆國之社稷
而不恤吾衆也不穀無與復戰矣於是罷師去之斬
司馬子反以爲戮故豎陽穀之進酒也非以醉子反
也其心以忠也而適足殺之故曰小忠大忠之賊也
左傳云穀陽豎獻飲於子反子反醉而不能見王曰天敗楚也夫余不可以待乃宵遁楚世家云晉敗楚射中共王目共王召將軍子反子反嗜酒從者豎陽穀進酒醉王怒射殺子反遂罷兵歸
知伯晉大夫伐鄭趙簡子疾使太子毋卹將而圍鄭

知伯醉以酒灌擊毋卹群臣請死之毋卹曰君所以
置毋卹爲能忍詢然亦慍知伯知伯歸因謂簡子
使廢毋卹簡子不聽毋卹繇此怨知伯
漢灌夫爲太僕與長樂衛尉竇甫飲輕重不得謂飲酒禮
數輕重不得其平也夫醉搏甫搏以手擊之甫竇太后昆弟武帝恐
太后誅夫徙夫爲燕相數歲坐法去家居長安夫爲
人剛直使酒不好面諛貴戚諸勢在己之右欲必陵
之士在己左愈貧賤尤益禮敬夫家居雖富然失勢
賓客益衰及魏其侯竇嬰也失勢亦欲倚夫引繩排根
生平慕之後棄之者夫亦倚魏其而通列侯宗室爲
名高兩人相爲引重其游如父子然相得驩甚無厭
恨相知晚夫嘗有服過丞相蚡田蚡也丞相從容曰吾
欲與仲孺過魏其侯會仲孺有服夫曰將軍乃肯幸
臨況魏其侯夫敢安以服爲解請語魏其侯帳具將
軍旦日蚤臨武安許諾武安侯田蚡也夫具語魏其侯如所
謂武安侯魏其與夫人益市牛酒夜灑掃早帳具至
旦平明令門下伺候至日中丞相不來魏其謂夫曰
丞相豈忘之哉夫不懌曰夫以服請宜往乃駕自往
迎丞相丞相特前戲許灌夫殊無意往及至門丞相
尚卧於是夫入見曰將軍昨日幸許過魏其魏其夫

妻治具自旦至今未敢嘗食武安鄂一作悟謝曰吾昨
日醉忽忘與仲孺言乃駕往及飲酒酣夫起舞屬丞
相丞相不起夫從坐上語侵之魏其乃扶灌夫去謝
丞相丞相卒飲至夜極驩而去丞相嘗使籍福請魏
其城南田不得繇此怨灌夫魏其後丞相娶燕王女
爲夫人有太后詔召列侯宗室皆往賀魏其侯過灌
夫與俱夫謝曰夫數以酒失得過丞相今者又與夫
有郤魏其曰事已解彊與飲酒酣武安起爲壽坐皆
避席伏已魏其侯爲壽獨故人避席爾餘半膝席灌
夫不悅行酒至武安武安膝席曰不能滿觴夫怒因

嗒笑曰將軍貴人也屬之（屬一作畢）時武安不肯行酒次至臨汝侯（灌嬰孫名賢）臨汝侯方與程不識耳語又不避席夫無所發怒乃罵臨汝侯曰生平毀程不識不直一錢今日長者爲壽乃效兒女呫囁耳語武安謂灌夫曰程李俱東西宮衛尉今衆辱程將軍仲孺獨不爲李將軍地乎灌夫曰今日斬頭陷匈何知程李乎坐乃起更衣稍稍去夫出武安遂怒廼戲騎縛夫（戲讀曰麾謂指麾命之收縛也）繫居室（署名屬少府）棄市（事具總錄忿爭門）

于永丞相定國之子少時嗜酒多過失以父任爲侍中中郎將

匡衡子昌爲越騎校尉醉殺人繫詔獄越騎官屬與昌弟且謀篡昌（逆取曰篡）事發覺衡時爲丞相免冠徒跣待罪

後漢光武時馬武爲捕虜將軍嗜酒闊達敢言醉在御前面折同列言其短長無所避忌帝故縱之以爲笑樂

吳陳勤爲凌統督將統當擊賊圍先期統與勤會飲酒勤剛勇任氣因督祭酒陵轢一坐舉罰不以其道統疾其侮慢面折不爲具酒勤怒詈統及其父操統流涕不答衆因罷出勤乘酒凶悖又於道路辱統統不能忍引刀斫勤數日不死及當攻屯統曰非死無以謝罪乃率厲士卒身當矢石所攻一面應時破壞諸將乘勝遂大破之還自拘於軍正權壯其果毅許以功贖罪

虞翻字仲翔爲騎都尉性疏直數有酒失

晉庾純爲河南尹以司空賈充姦佞與任愷共舉充西鎮關中充銜是不平充嘗宴朝士而純後至充謂曰君行嘗居人前今何以在後純曰且有小市井事不了是以來後世言純之先嘗有五伯者充之先有市魁者充純以此相識焉充自以位隆望重意殊不

平及純行酒充不時飲純曰長者爲壽何敢爾乎充曰父老不歸供養將何言也純因發怒曰賈充天下兇兇繇爾一人充曰充輔佐二世蕩平巴蜀有何罪而天下爲之兇兇純曰高貴鄉公何在衆坐因罷充左右欲執純中護軍羊琇侍中王濟佑之因得出充慙怒上表解職純懼上河南尹關內侯印綬上表自劾曰司空公賈充請諸卿較并及臣臣不自量飲酒過多醉亂行酒重酌於公公不肯飲言語往來公遂訶臣父老不歸供養卿爲無天地臣不服罪自引而更忿怒厲聲名公臨時諠譊遂至荒越禮八十月制

誠以衰老之年變難無嘗也臣不惟生育之恩求養老父而懷祿貪榮烏鳥之不若充爲三公論道興化以教義責臣是也而以枉錯直居下犯上醉酒迷荒昏亂儀度臣得以凡才擢授顯任易戒濡首論誨酒困而臣聞義不服過言盈庭驕慢台司違犯憲度不可以訓請臺免臣官廷尉結罪大鴻臚削爵土勑身不謹伏須罪誅御史中丞孔愉劾純請免官詔曰先王崇尊卑之禮明貴賤之序著温克之德記沈酗之禍所以光宣道化示人軌儀也昔廣漢陵慢宰相獲犯上之刑灌夫託醉肆忿致誅斃之罪純以凡才備

位卿尹不惟謙敬之節不忌覆車之誡陵上無禮悖言自口宜加顯黜以肅朝倫遂免純官

孫季舒爲長水較尉時石崇以功臣子有才氣與裴楷志趣各異不與之交季舒嘗酣讌慢傲過度崇欲表免之楷聞之謂崇曰足下飲人狂藥責人正禮不亦乖乎乃止

周顗字伯仁中興遷爲吏部尚書以醉酒爲有司所糾白衣領職後爲左僕射領吏部元帝讌群公於西堂酒酣從容曰今日名臣共集何如堯舜時耶顗因醉厲聲曰今雖同人主何得復比聖世帝大怒而起手詔付廷尉將加戮累日方赦之導爲護軍將軍尚書紀瞻置酒請顗及王導等顗荒醉失儀復爲有司所奏詔曰顗叅副朝右職掌銓衡當敬慎德音式是百辟屢以酒過爲有司所繩吾亮其極歡之情然亦是濡首之戒也顗必能克己復禮者今不加黜責初顗以雅望獲海內盛名後頗以酒失爲僕射略無醒日時人號爲三日僕射庾亮曰周侯末年所爲鳳德之衰也

王澄爲荊州刺史聞郭舒名引爲別駕澄終日酣飲不以衆務在意荊土士人宗厥嘗因酒忤澄澄怒叱

左右棒厥舒厲色謂左右曰使君過醉汝輩何敢妄動澄恚曰別駕狂邪誑言我醉因遣掐其鼻灸其眉頭舒跪而受之澄意少釋而厥遂得免

後趙徐光爲石勒記室叅軍石勒如苑鄉召光光醉不至以光物情所湊嘗不平之因此發怒退爲牙門勒自苑鄉如鄴徐光侍直慍然攘袂振紛仰視不顧勒因而惡之讓光曰何負卿而敢怏怏耶於是幽光并其妻子於獄

宋謝超宗爲人仗才使酒多所陵忽在直省嘗醉帝召見語及北方事超宗曰虜動來二十年矣佛出亦

無如之何以失儀出爲南郡王中軍司馬
顔延之好飲酒不拘細行何尚之爲侍中在直延之以前永嘉太守醉詣焉尚之望見便陽眠延之發簾熟視曰朽木難彫尚之謂左右曰此人醉甚可畏故爲國子祭酒司徒在長史坐買田不還直尚書左丞荀赤松奏延之流迷麴蘖誣毁朝士預宴班觴肆詈上席請以訟田不實免所居官詔可故爲太常沙門釋慧琳以才學爲太祖所賞愛每召見常升獨榻延之甚疾焉因醉白帝曰昔同子參乘袁絲正色此三台之座豈可使刑餘居之帝變色延之性既褊激兼

有酒過肆意直言曾無回隱論者多不與之謂之顔彪
魯爽祖宗之爲南陽太守父軌爲竟陵太守北奔爽仕魏爲荆州刺史襄陽公鎮長社爽幼染殊俗無復華風麤中使酒數有過失魏太武將誅之後遂將家屬歸宋
南齊焦度爲東宮直閤將軍好飲酒醉輒暴怒高帝嘗使人節之
周山圖爲給事中冗從僕射直閤將軍山圖好酒多失明帝數加怒誚後遂自改
到撝永明中爲御史中丞車駕幸丹陽郡宴飲撝恃舊酒後狎侮同列言笑過度爲左丞庾杲之所糾贖論
梁謝覽爲侍中頗樂酒因讌席與散騎常侍蕭琛辭相詆毁爲有司所奏高祖以覽年少不直出爲中權長史
曹景宗爲領軍將軍高祖數讌見功臣共道故舊景宗醉後謬妄或誤稱下官高祖故縱之以爲笑樂
蕭穎達出爲豫章內史意甚憤憤未發前預華林宴酒後於座辭氣不悅沈約因勸酒欲以釋之穎達大

罵約曰我今日形容正是汝老鼠所爲何忽復勸我酒舉座驚愕高祖謂之曰汝是我家阿五（王欽若等曰穎達齊光祿大夫赤斧第五弟也與梁同姓故云我家阿五）沈公宿望用意輕脱若以法繩汝汝復何理穎達竟無一言唯大涕泣帝心愧之
謝善勛飲酒至數升醉後輒張眼大罵雖復貴賤親疎無所擇也時謂之謝方眼
柳盼爲散騎常侍性愚戇使酒因醉乘馬入殿門爲有司劾免卒於家
後魏劉尼爲司徒皇興中獻文北征帝親誓衆而尼

昏醉兵陣不整獻文以其功重特恕之免官而已
皮喜爲豫州刺史詔讓其在州寬怠以飲酒廢事威
不禁下使者就州决以杖罰
于若襲父祚爵爲鉅鹿國公若多酒過爲叔父景所
擿殺
甄楷侍中琛之子琛啓除秘書郎宣武末𦵏楷與河
南尹丞張普惠等飲戲免官
夏侯夬字元廷道遷長子歷鎮遠將軍南兖州大中
正夬性好酒居喪不戚醇醪肥鮮不離於口沽買飲
噉多所費用父時田園貨賣略盡人間債猶數千餘

兩穀食至嘗不足弟妹不免饑寒於是昏醉而卒
李肅爲黄門郎性酒狂熙平初從靈太后幸江陽王
繼弟肅時侍飲頗醉言辭不遜抗辱太傅清河王澤
爲有司彈劾靈太后怒之出爲章武内史
盧昶爲雍州刺史性好酒曾於婦氏飲宴小有不平
手刃其客
程靈虯爲梁郡太守以酗酒爲徐州刺史武昌王鑒
所劾失官既下梁郡志力少衰猶時爲酒困久去官
祿不免饑寒
元麗爲滎陽太守性頗使酒郡丞辛琛每諫之麗後
醉輒令閉閤日勿使丞入也
裴茂伯爲廣平王贊文學好飲酒頗涉疎傲末年劇
飲不已乃至傷性多有愆失
北齊高隆之初仕後魏驃騎大將軍西魏文帝曾與
隆之因酒忿競文帝坐以黜免高祖責隆之不能協
和乃啓出爲北道行臺
薛孤延初仕東魏爲左衛將軍左廂大都督與諸軍
將討潁川延專監造土山以酒醉爲敵所襲據潁川
平諸將還京師讌於華林園文襄啓魏帝坐延於階
下以辱之

荀仲舉字士高潁川人仕梁爲南沙令從蕭明於寒
山被執長樂王尉景甚禮之與景劇飲齧景指至骨
文宣知之杖仲舉一百或問之日我那知許當時正
疑是鹿尾爾
平鑒爲揚州刺史其妻生男鑒因喜酣醉擅免境内
囚誤免闘中細作二人醒而知之上表自劾文宣特
原其罪
顏之推好飲酒多任縱不脩邊幅時論以此少之之
推自周奔至文宣見而悅之天保末從至天池以爲
中書舍人令中書郎段孝信將勑書出示之推營外

飲酒孝信還以狀言文宣乃曰且停繇是遂寢
唐李景儉爲諫議大夫凌蔑公卿大臣使酒尤甚尋
出爲建州刺史未幾元稹用事召還爲諫議大夫長
慶初景儉退朝與兵部郎中知制誥馮宿庫部郎中
知制誥楊嗣復起居舍人溫造司勳員外郎李肇刑
部員外郎王鎰等同謁史官都官員外郎獨孤朗乃
詣史館同飲景儉乘醉遂入中書偏詬時宰面詰僞
王播崔植杜元穎皆呼其姓名詞頗慢易播等知其
狂酒且遜止之以事聞詔曰丞相府署國家樞機上
法三台下臨百辟若等威可紊則堂陛不嚴諫議大

夫李景儉乃因酣醉輙肆叨瀆昏呶侮慢靡所不爲
詢其狂態甚用驚聽宜加譴責以守遐荒可非深尅
勉自循省可漳州刺史仍馳驛發遣又貶獨孤朗爲
韶州刺史溫造朗州李肇澧州王鎰郢州坐與景儉
同飲也
田渭爲泉州刺史寶曆二年削渭官一任徵本州鹽
鐵院官裴汾銅四十斤渭使酒與汾交爭爲本道廉
使舉奏因各懲罰
王直方爲右補闕太和九年出爲興元府城固令直
方始爲鎮州冊贈使謁祖墓於邢州時劉從諫自以
位兼宰相於直方禮有所不至直方飲酣頗以語侵
之從諫怒具以表聞直方素有直疏文宗雖嘉之然
非當時姦邪所樂及是以直方家於城固因而遣之
薛廷老爲殿中侍御史翰林學士因飲酒沉醉文宗
聞之以爲失於敬慎遂罷翰林
後唐蕭愿爲太常少卿明宗朝祀太微宮愿乘醉預
公卿之列爲御史所彈左遷右贊善大夫
晉閻徽爲義成軍節度使翰幕客狂率酣嘗一日使
酒怒目謂翰曰明公昔刺單懷與徽主客道至事無
不可今領節鉞數不相容書記趙礪險詖之人也翕

肩諂笑賣貨無厭而明公待之甚厚徽今請死近闕
張彥澤讎張式未聞史翰斬閻徽恐天下譏者未有
此類翰不怒引滿自罰而慰勉之
周傅珣廣順初爲通事舍人善於詞令後因宣制以
醉失儀停任
邊歸讜顯德中爲御史中丞世宗宴於廣德殿歸讜
飲酣忽揚袂而言曰至於一盃而已帝遣黃門扶出
之歸讜猶廻顧曰陛下何不決殺趙守微王欽若等曰時守微
自民間獻疏世宗擢爲右拾遺等以指斥配流翌日歸讜以酒過伏閤請罪
帝釋之仍令於閤門復飲數爵以愧其心焉　終

冊府元龜

巡按福建監察御史臣李嗣京　訂正
新建縣舉人臣戴國士參閱
知建陽縣事臣黃國琦較釋

總錄部一百六十五

廢滯

孔子曰道之將廢命也是知志士仁人轗軻蹇連沉廢不振者其命矣夫乃若懷才出類抗心邁俗智慮足以周物機用足以經世或廻翔下位歷歲不遷寂寞衡門屢空興歎而能含真履潔體和養恬介然如

石安之若命不易其操無累乎心斯固秉大雅明哲之姿得君子進退之正者也至或慷慨自負高亢靡屈言必忤物動皆違俗因坐事而被讒致失行之詒譏擢手悔尤至於顛沛流離委棄固足痛惜者哉

荀卿趙人適楚而春申君以為蘭陵令春申君死而荀卿廢因家蘭陵

漢張釋之字季有南陽堵陽人也（堵音者）與兄仲同居以貲為騎郎（漢以貲五百得為常侍郎）事文帝十年不得調（調選也）

馮唐文帝時為郎中署長帝輦過問唐曰父老何自為郎具以實言因拜為車騎都尉主中尉及郡國車士（車戰之士）十年景帝立以唐為楚相武帝即位求賢良舉唐唐時年九十餘不能為官

張敞宣帝時為京兆尹與蕭望之于定國相善始敞與定國俱以諫昌邑王超遷定國為大夫平尚書事敞出為刺史時望之大行丞後望之先至御史大夫定國後至丞相敞終不過郡守

蓋寬饒為司隸較尉好言事刺譏奸犯上意宣帝以其儒者優容之然亦不得遷同列後進或至九卿

劉向字子政成帝時為光祿大夫時帝元舅王鳳秉政數有災異向為洪範五行奏之帝心知向精忠故

為鳳兄弟起此論也然終不能奪王氏權帝數欲用向為九卿輒復為王氏居位者及丞相卿士所持故終不遷（持謂排難阻抑也）居列大夫官前後三十餘年

陳咸字子康大將軍王鳳以咸有忠直節奏補長史遷冀州刺史又為東郡太守咸免官復為南陽太守咸三公子少顯名於朝廷而薛宣朱博翟方進孔光等仕官絕在咸後皆以廉儉先至公卿而咸滯於郡守後為少府坐免頃之紅陽侯立舉咸方正為光祿大夫給事中翟方進復奏免之後數年立有罪就國方進奏歸咸故郡旋以憂死

楊雄武帝時奏羽獵賦除爲郎給事黄門與王莽劉歆並哀帝之初又與董賢同官當成哀平間莽賢皆爲三公權傾人主所薦莫不拔擢而雄三世不徙官及莽篡位談說之士用符命稱功德獲封爵者甚衆雄乃復不侯以耆老久次轉爲大夫恬於勢利

譙玄成帝時舉詣公車拜議郎時數有災異玄輒陳其變旣不省納故久稽郎官後遷太常丞以弟服去職平帝時遷中散大夫持節分行天下未及終而王莽居攝乃竄歸家

後漢馮衍字敬通初更始時使鮑永安集河北永以

衍爲立漢將軍領狼孟長屯太原光武卽位遣使者招永衍永衍不肯降審知更始已歿乃共罷兵幅巾降於河內帝怨衍等不時至永以立功復贖罪任用之而衍獨見黜建武末衍上疏自陳曰臣伏念高祖之畧而陳平之謀毁之則疏譽之則親以文帝之明而魏尚之忠繩之以法則爲罪施之以德則爲功逮至晚世董仲舒言道德見妬於公孫弘李廣奮節於匈奴見排於衛青此忠臣之所爲嘗流涕也臣衍自惟微賤之臣上無無知之薦下無馮唐之說乏董生之才寡李廣之埶而欲免讒口擠怨嫌豈不難哉臣衍之先祖以忠貞之故成私門之禍而臣衍復遭擾攘之時値兵革之際不敢回行求時之利事君無傾邪之謀將帥無擄掠之心衛尉陰興敬愼用容內自脩勑外遠嫌疑故敢與交通興知臣之貧數欲本業臣自惟無三益之才不敢處三損之地固讓而不受之昔在更始太原執貨財之柄居倉卒之間據位食祿二十餘年而財産歲狹居處日貧家無輿馬之飾於今遭清明之時飭躬力行之秋而怨讎叢興譏議橫世蓋富貴易爲善貧賤難爲工也疏遠隴畝之臣無望高闕之下惶恐自陳以救罪尤書奏猶以前過

不用衍不得志退而作顯志賦後與陰興陰就締交光武懲西京外戚賓客故皆以法繩之大者抵死徙其餘至貶黜衍繇此得罪嘗自詣獄有詔赦不問西歸故郡閉門自保不敢復與親故通明帝卽位又多短衍以文過其實遂廢於家

桓譚王莽時爲掌樂大夫更始立召拜太中大夫光武卽位徵待詔上書言事失旨遂不用

桓榮習歐陽尚書建武十九年年六十餘始辟大司徒府三十年拜爲太常

桓典爲侍御史七年不調一作十年

班固爲蘭臺郎二十餘年明帝時固自以二世（二世爲史）
（彪及固）不遇位不過郎感東方朔楊雄自論以不遭蘇
張范蔡之時作賓戲以自通焉後遷玄武司馬（掖宮門每門司馬一人秩比千石玄武司馬主玄武門）
馬融安帝永初中拜較書郎中詣東觀典較秘書初
元二年上廣成頌以諷諫頌奏忤鄧氏滯於東觀十
年不得調因兄子喪自劾歸
王符字節信安定臨涇人也少好學安定俗鄙庶孽
而符無外家爲鄉人所賤自和安之後世務游宦當
塗者更相薦引而符獨耿介不同於俗以此遂不得

升進乃隱居著書三十餘篇
韋義字季節爲廣都長甘寧陳二縣令順帝世數上
書譏劾左右貶刺竇氏言既無感而久抑不遷
魏杜摯舉孝廉除郎中轉補較書摯與毋丘儉鄉里
相親故爲詩與儉求仙人藥一丸欲以感切儉求助
也儉復答詩摯竟不得遷卒於秘書
賈洪漢末以儒學爲縣令其後馬超反超劫洪將詣
華陰使作露布洪不獲已爲作之司隸鍾繇在東識
其文曰此賈洪作也及超破走太祖召洪署軍謀掾
猶以其前爲超作露布文故不即敘晚乃出爲陰泉
長
程昱東郡東阿人少事太祖太祖嘗乏食昱畧其縣
供三日糧頗雜以人脯繇是失朝望故位不至公終
於衛尉
楊沛漢末代張旣爲京兆尹文帝黄初中儒雅並進
而沛本以事能見用遂以議郎亢散里巷
蜀孟光字孝裕後主踐祚爲符節令每直言無所回
避爲世所嫌太常廣漢鐔承（承字公文歷郡守少府）光祿勳河
東裴儁等年資皆在光後而登據上列處光之右盖
以此也

吳韓當遼西令支人以便弓馬有膂力從孫堅征伐
勤苦有功以軍旅陪隷介於英豪故爵位不加終於
堅世爲別部司馬
晉褚䂮爲縣吏年垂五十鎮南將軍羊祜與䂮有舊
言於武帝始被升用官至安東將軍
任愷武帝時爲侍中愷惡賈充之爲人不欲令久執
朝政或爲充謀曰宜啓令典選便得漸疎此一都令
史事爾充因稱愷才宜在官人之職帝不之疑即日
以愷爲吏部尚書充遣尚書僕射高陽王珪奏愷免
官愷既失職時因朝請帝或慰諭之愷初無復言惟

並而已後起爲太僕轉太常初魏舒雖歷位郡守而
未被任遇愷爲侍中薦舒爲散騎常侍至是舒爲右
光祿開府領司徒帝臨軒使愷拜授舒舒雖以弘量
寛簡爲稱時以愷有佐世器局而舒至三公愷止守
散卿莫不爲之憤歎也
華廙字長駿弘敏有才義妻父盧毓典選難舉姻親
故廙年三十五不得調晚爲中書通事郎
石喬苞之子也苞督揚州時朝廷疑之喬爲尚書郎
武帝因召喬不得深疑苞反及苞至有慙色謂之曰
卿子幾破卿門苞遂廢之終身不聽仕

秦秀性悻直與物多忤爲博士前後垂二十年卒於
官
陳壽遭父喪有疾使婢丸藥客往見之鄉黨以爲貶
議及蜀平坐是沉滯者累年後爲御史治書以母憂
去職母遺言令葬雒陽壽遵其志又坐不以母歸葬
竟被貶議初譙周嘗謂壽曰卿必以才學成名當被
損折亦非不幸也宜深戒之壽至此再致廢辱皆如
周言起爲中庶子未拜而卒
卞粹字玄仁濟陰宛句人也兄弟六人並登宰府世
稱卞氏六龍玄仁無雙弟裒嘗忤其郡將郡將怒訐
其門内之私粹遂以不訓見譏陵遲積年後爲中書
令
江灌爲桓温所惡爲侍中時以事免後爲秘書監尋
復解職時温方執權朝廷希旨故灌積年不調温卒
後始爲吳興太守
范弘之字長文安北將軍汪之孫也爲太學博士議
謝石謚法曰襄墨公因事有功曰襄貪以敗官曰墨又論殷浩宜加
贈謚不得以桓温所黜以爲國典仍叙温移鼎之迹
時謝族方顯桓宗方盛僕射王珣温故吏也三怨交
集故出爲餘杭令將行上會稽王道子奏辭雖亮直

終以桓謝之故不調卒於餘杭令
桓秘爲中書領軍時兄温以事免秘官秘於是廢棄
遂居於墓所放志田園好游山水
宋謝元字存宗臨川内史靈運從祖弟也以才學見
知及爲尚書左丞以給太尉江夏王義恭錢二百萬
爲何承天所糾文帝大怒放歸田里禁錮終身
謝惠連先受會稽郡吏杜德靈及居父憂贈以五言
詩十餘首文行於世坐被徙廢不豫榮位元嘉七年
方爲司徒彭城王義康法曹行參軍
沈懷文吳興武康人爲始興王征北參軍坐納東陽

公主養女鸚鵡爲妾徙廣州終世祖世不得還懷文雖親要屢請終不許前廢帝世流徙者並聽歸本官至武康令

南齊蔡仲熊執經論議往往與時宰不合亦終不改操求同故坎壈不進歷年方至尚書左丞嘗嘆恨其不遇

任昉初爲太子步兵校尉管東宮書記時明帝既廢鬱林王始爲侍中中書監錄尚書事使昉具表草意惡其辭吉甚愠昉繇是終建武中位不過列校

梁王筠出爲貞威將軍臨海太守在郡被訟不調累

年

伏暅父曼容與樂安任瑶皆暱於齊太尉王儉瑶子昉及暅並見知頃之昉才遇稍盛齊末昉已爲司徒右長史暅猶滯於參軍事及其終也名位略相侔

陳蔡凝爲給事黄門侍郎後主謂吏部尚書蔡徵曰蔡凝負地矜才無所用也尋遷信威晉熙王府長史鬱鬱不得志乃喟然嘆曰天道有廢興夫子云樂天知命斯理庶幾可達因制小室賦以見志甚有辭理

後魏高允爲大將軍從事中郎授中散恬淡退靜不競勢利十八年不易官後爲中書侍郎領著作郎初與允同徵游雅等多至通官封侯及部下吏百數十人亦至刺史二千石而允爲郎一十七年不徙官

程靈蚪秘書令駿從祖弟伯達之子也伯達早亡靈蚪幼孤頗有文才而久淪末役在吏職十餘年坐事免會駿臨終啓請得擢爲著作佐郎後坐稱在京無緦親而孝文知其與駿子公義爲始族故致譴免至雖無官貧病久之補徐州梁郡太守嗜酒又失官

張彝爲秦州刺史爲僕射高肇所譖彝雖無過見代還雖猶停廢數年因得偏風手脚不便然志性不移善自將攝稍能朝拜久之除光祿大夫加金章紫綬

辛雄涉書史好刑名不妄交友爲給事中十年不遷職乃以病免

劉桃符爲中書舍人以勤明見知久不遷職宣武謂之曰楊子雲爲黄門頓歷三世卿居此任始十年不足辭也

北齊李繪字文宣天保初爲司徒右長史繪質性方重未嘗趨事權勢以此久淹屈

荀士遜好學有思理爲文清典見賞知音魏武定末舉司馬秀才迄天保十年不調後爲中書侍郎

蘇瓊天保中爲南清河太守人庶懷之因表列爲老

最遭憂解職尋起爲司直廷尉正朝士嗟其屈尚書辛述曰旣直且正名以定體不攣不申

後周李季明爲著作佐郎勤於所職著述不怠然性尤專固不合於時是以一爲史官十年不調

隋李德林開皇初爲內史令德林少以文學見知及位望稍高頗傷自任爭名之徒更相譖毁所以運屬興王功叅佐命十餘年間竟不徙級

王孝籍少好學博覽群言頗有文翰開皇中召入秘書助王卲修國史卲不之禮在省多年而不免輸稅孝籍鬱鬱不得志奏記於吏部尚書牛弘弘亦知其

有學業而竟不得調後歸鄉里以教授爲業終於家

劉炫河間人也少以聰敏見稱爲郡禮曹從事以吏幹知名奉勑典著作郎王卲同修國史俄直門下省以待顧問又與諸術者修天文律曆兼於內史省考定群言內史令博陵李德林甚禮之炫雖遍直三省竟不得官爲縣司責其賦役炫自陳於內史遂詰吏部尚書韋世康問其所能炫自爲狀曰周禮禮記毛詩尚書公羊左傳孝經論語孔鄭王何服杜等注凡十三家雖義有精粗並堪講授周易儀禮穀梁用功差少子史文集嘉言美事咸誦於心天文律曆窮覈微妙至於公私文翰未嘗假手吏部竟不詳試然在朝知名之士十餘人保明炫所陳不謬於是除殿內將軍

麗晃爲右衛將軍性剛悍時廣平王雄當塗用事勢傾朝廷晃每陵侮之嘗於軍中卧見雄不起雄甚銜之復與高熲有隙二人屢譖晃繇是宿衛十餘年官不得進

辛德源初仕周爲宣納上士會尉遲迥作亂遂亡去高祖受禪不得調者久之隱於林慮山鬱鬱不得志著幽居賦以自寄

盧思道爲武功太守開皇初以母老表請解職優詔許之思道自恃才地多所凌轢繇是官塗淪滯旣而又著勞生論指切當時

裴肅初仕周爲御正下大夫屬高祖爲丞相肅聞而歎曰武帝以雄才定六合墳土未乾而一朝遷革豈天道歟高祖聞之甚不悅繇是廢於家

唐顔籀字師古齊黃門侍郎之推之孫也初仕隋爲安養尉尋坐事免歸長安十年不得調家貧以教授爲業太宗時爲秘書少監物論稱其納賄出爲郴州刺史將行太宗惜其才復其職師古旣負其才又早

見驅策與被任用及頻遭罪譴意甚喪沮退朝後闔門杜絶人事巾褐裙帔蕭如也

陳叔達字子聰陳宣帝第十六子也善容止頗有才學在陳爲義陽王歷丹陽尹侍中陳滅入關久不得調後入唐爲禮部尚書

韋思謙爲監察御史以中書令褚遂良賤市中書譯語人地思謙奏劾其事遂良左授同州刺史及遂良復用思謙不得進出爲清水令謂人曰吾狂鄙之性假以雄權觸機便發固宜爲身災也大丈夫當正色之地必明目張膽以報國恩終不能爲碌碌之臣保

妻子爾

賀知章與族姑子陸象先特相友善知章長於象先景雲二年象先自中書侍郎加平章事又加二品知章始被引爲四門博士及太常博士身猶衣碧後二十餘年象先爲少保知章授銀青光禄大夫

李揆肅宗乾元初爲中書侍郎平章事後貶萊州刺史司正累年量移歙州刺史初揆秉政侍中苗晉卿累薦元載爲重官揆自恃門望以載地寒意甚輕易不納而戲晉卿曰龍章鳳姿之士不可見麞頭鼠目之子乃求官載銜恨頗深及載登庸因揆當徙職遂試秘書監江淮養疾旣無禄俸家復貧匱孀居百口乞食取給萍寄諸州凡十五六年其牧守稍怠則又移居故其遷徙者盖十餘州焉元載以罪誅除揆睦州刺史

蔣沇代宗朝爲刑部郎中兼御史領渭橋河運出納使時元載秉政潔廉守道者多不更職沇以固滯於郎位久不徙官

劉迺大曆末爲權知兵部侍郎屬楊炎盧杞爲相意多醜正以故五歲不遷德宗建中四年夏但拜眞而已

裴遵慶絳州聞喜人世襲冠冕以門蔭從仕累授潞府司法參軍時年以衰邁未爲人所知隨調吏部授大理寺丞

栁登少嗜學年近六十方從官累官至膳部郎中

杜黄裳德宗貞元中累爲中書裴延齡所惡十年不遷後終河中晉絳等州節度使

唐次爲禮部員外貞元中坐黨竇參出爲開州刺史次以工文知名在開州十年不得進用後劒南西川節度使韋臯請次爲副德宗使諭臯罷之次自悲以爲怨謗之所積也乃採古之君子遭罹讒謗放逐至

死而君終不寤者著辯謗署三篇以獻德宗猶恚之謂左右曰次乃方吾於古之昏主何自諭如此後改夔州刺史

盧景亮爲右補闕德宗朝以庭諍得失貶朗州司馬凡遷謫二十年憲宗初中和州別駕始徵還拜駕部郎中

歸登爲右補闕起居舍人凡三任十五年同列當出其下者多以馳騖至顯官而登與右拾遺蔣武退然自守不以淹速介意

徐晦爲刑部兵部二侍郎出爲同州刺史性狂直不

阿隨當官正唯嗜酒太過晚年喪明遂至委廢

李商隱以文宗開成二年登進士第爲弘農尉以書判拔萃王茂元鎮河陽辟爲掌書記得侍御史茂元愛其才以子妻之茂元雖讀儒書然本將家子李德裕秉政用爲河陽帥德裕與李宗閔楊嗣復令狐楚大相讎怨商隱旣爲茂元從事宗閔黨大薄之時令狐楚已卒子綯爲員外郎以商隱背恩尤怒其無行俄而茂元卒來游京師久之不調會給事中鄭亞廉察桂州請爲觀察判官簡較水部員外郎宣宗大中初白敏中執政令狐綯在內署立排李德裕逐之亞坐德裕黨亦貶循州刺史商隱隨亞在嶺表累年三年入朝京兆尹盧弘正奏署掾曹令典牋奏明年令狐綯作相商隱屢啓陳情綯不之省弘正鎮徐州又從爲掌記書府罷入朝復以文章干綯乃補太學博士會河南尹柳仲郢鎮東蜀辟爲節度使判官仲郢坐專殺左遷商隱廢罷還鄭州未幾病卒商隱博學強記下筆不能自休與太原温庭筠南郡段成式齊名文思清麗庭筠過之而俱無特操多詭激爲當塗者所薄名宦不進坎壈終身

鄭畋以書判拔萃授渭南尉直史館事未行父亞出

桂州畋隨侍左右大中朝白敏中令狐綯相繼秉政十餘年素與德裕相惡凡德裕親舊多廢斥之畋久不偕於士伍

張仲方以開成元年五月自華州刺史入爲秘書監外議以鄭覃黨李德裕排擯仲方覃恐涉朋黨因紫宸奏事覃啓曰丞郎闕人臣欲用張仲方文宗曰中量丞郎朝廷華選仲方作牧守無政安可以丞郎處之累加銀青光祿大夫上柱國曲江縣伯邑七百戶二年四月卒仲方貞確自立綽有祖風駁謚之後爲德裕之黨擯斥坎軻而殁人士悲之

後唐蕭希甫初爲莊宗推官莊宗即位將以希甫知制誥時有詔定内宴樞密使坐宴否希甫以爲不可繇是樞密使張居翰馬紹宏等切齒怒之宰相豆盧革等亦希旨排斥乃以希甫爲駕部郎中忽忽不得志

周李建崇後唐同光中爲龍武捧聖都指揮使出爲襄秦徐京兆都指揮使建崇性純厚處身任理不能巧宦以至久滯偏裨

劉詞後唐同光初爲効節軍使轉劒直指揮使尋以忤於權臣出爲汝州小較凡留滯十餘年

冊府元龜　總録部　廢滯　卷之九百一十五　十七

冊府元龜

冊府元龜

巡按福建監察御史臣李嗣京　訂正
分守建南道左布政使臣胡維霖　叅閲
知建陽縣事臣黄國琦較釋

總錄部一百六十六

偏執　介僻　褊急

偏執

夫凝滯於物者其偏執之謂歟葢人各有性所稟斯異故有師心自是果行而不疑潔已以處矯俗而獨任或遵陰陽之忌或乖禮經之制或封執以過當或

斲砣而靡顧乃至鬼神之事著於方册而輿鄙斥之論竺乾之教布于華夏而行毁訾之説漢魏而下葢不乏其人矣然而獲譏者至多垂譽者葢鮮固與夫從容中道惟變所適不失其正著通人之號者異焉

漢張竦王莽時至郡守封侯值王莽敗客扎地陽（左馮翊之縣也）竦知有賊當去會反支吾不去因爲賊所殺桓譚以爲通人之蔽也

後漢樊英嘗有疾妻遣婢拜問英下牀將答拜陳寔怪而問之英曰妻齊也共奉祭祀禮無不答其恭謹若是初徵五官中郎將數月以光祿大夫告歸

趙典下邳人章帝時爲司隸校尉不邮諱忌（邮憂也）每入官舍輙更繕修館宇移穿改築故犯妖禁而家人爵祿益用豐熾官至潁川太守子峻太傅以才器稱孫安世曾相三業皆爲司隸時稱其盛

陳伯敬者桓帝時人行必矩步坐必端膝呵叱狗馬終不言死目有所見不食其肉行路聞凶便解駕留止還觸歸忌則寄宿鄉亭年老寢滯不過舉孝廉後坐女壻亡吏太守邵夔怒而殺之時人忌禁者多譚爲證焉

魏董遇善治老子爲老子作訓注又善左氏傳更爲

作朱墨别異人有從學者遇不肯教而云必當先讀百遍言讀書百遍而義自見從學者云苦渴無日遇言當以三餘或問三餘之意遇言冬者歲之餘夜者日之餘陰雨者時之餘也由是諸生少從遇學無傳其朱墨者官至大司農

晉盧欽動循禮典妻亡制廬杖終喪居外爲侍中奉車都尉

劉毅爲尚書左僕射毅夙夜在公坐而待旦言議切直無所曲撓爲朝野之所式瞻嘗散齋而疾其妻省之毅便奏加妻罪而請解齋妻子有過立加杖捶其

公正如此然以峭直故不至公輔

毛循之爲右衞將軍不信鬼神所至必焚除房廟時蔣山廟中有佳牛好馬循之並奪取之

阮瞻字千里爲東海王越記室素執無鬼論物莫能難鬼每自謂此理足可以辨正幽明忽有一客通名詣瞻寒溫畢聊譚名理客甚有才辨瞻與之言良久及鬼神之事反覆甚苦客遂屈乃作色曰鬼神古今聖賢所共傳君何得獨言無即僕便是鬼於是變爲異形須臾消滅瞻默然意色大惡後歲餘病卒於倉垣時年三十

阮修字宣子嘗有論鬼神有無者皆以人死者有鬼修獨以爲無曰今見鬼者云著生時衣服若人死有鬼衣亦有鬼邪論者服焉後遂伐社樹或止之脩曰若社而爲樹伐樹則社移樹而爲社伐樹則社亡矣仕爲太傅行參軍太子洗馬

蔡謨性方雅丞相王導作女伎施設牀席謨先在坐不悅而去導亦不止之後位至司徒

宋王華避諱過甚父名懌毋名恭心並不得犯焉時咸謂矯枉過正官至侍中武陵王師

張敷爲江夏王義恭撫軍記室參軍時義恭就太祖求一學義沙門比沙門求見發遣會敷赴假還江陵太祖謂沙門曰張敷應西當令相載及敷辭帝謂曰撫軍須一意懷道人卿可以後艙處之道中可得言晤敷不奉旨曰臣性不耐雜帝甚不悅

南齊王思遠立身簡潔衣服牀延窮理素淨賓客來通輒使人先密覘衣服垢穢方便不前形儀新楚乃與促膝焉既去之後猶令二人交帚拂其坐處高宗從祖弟季敞性甚豪縱高宗心非之謂季敞曰卿可數詣王思遠卒於度支尚書

梁蕭琛爲吳興太守郡有項羽廟士民名爲項王甚有靈驗遂於郡廳事安施牀幕爲神座公私請禱前

後二千石皆於廳拜祠而避居他室琛至移神還廟處之不疑

范縝爲宜都太守性不信鬼神夷陵有五相廟唐漢三神廟胡里神廟縝乃下教斷不祠又在齊世嘗侍竟陵王子良子良精信釋教而縝盛稱無佛子良問曰君不信因果世間何得有富有貴何得有貧有賤縝答曰人之生譬如一樹花同發一枝俱開一蒂隨風而墮自有拂簾幌墜於茵席之上自有關籬牆落溷糞之側墜茵席者殿下是也落溷糞者下官是也貴賤雖復殊塗因果竟在何處子良不能屈深怪之

縝退論其理著神滅論
陰子春閨門混雜而身服垢汗脚數年一洗言每洗則失財敗事云在梁州以洗足致梁州敗官至左衛將軍侍中
後魏崔浩爲司徒非毁佛法而妻郭氏敬好釋典時時讀誦浩怒取而焚之捐灰於厠中及浩幽執置之檻内送於城南使衛士數十人溲其上呼聲嗷嗷聞於行路自宰司之被戮辱未有如浩者也世皆以爲果報之驗浩既不信佛道從弟滎陽太守模深所歸向每雖糞土之中禮拜形像浩大笑之云持此頭顱

不淨處跪是胡鬼也浩性又不好老莊之書每讀不過數十行輙棄之曰此矯誣之說不近人情必非老子所作老聃習禮仲尼所師豈設敗法文書以亂先王之教袁生所謂家人筐篋中物不可揚於王庭也
裴縶出帝初爲驃騎大將軍膠州刺史時亢旱士民勸令禱於海神縶憚違衆心乃爲祈請直據胡牀舉杯而言曰僕白君左右云前後例皆拜謁縶曰五嶽視三公四瀆視諸侯安有方伯而致禮海神也卒不肯拜
高謙之爲國子博士修凉書十卷初凉國盛事佛道爲論貶之因稱佛是九流之一家當世名士競以佛理來難謙之還以佛義對之竟不能屈
後周衛元嵩蜀郡人性尤不信釋教嘗上疏極論之
唐傅奕武德末爲太史令上疏請除去釋教曰佛在西域言妖路遠漢譯胡書恣其假託故使不忠不孝削髮而揖君親游食易服以逃租稅演其妖書述其邪法僞啓三塗謬張六道恐嚇愚夫詐欺庸品凡百黎庶通識者稀不察根原信其矯詐乃追旣往之罪虚規將來之福布施萬倍希萬倍之報持齋一日冀百日之糧遂使愚迷妄求功德不憚科禁輕犯憲章

其有造作惡逆身墜刑網方乃獄中禮佛口誦佛經晝夜忘疲規免其罪且生死壽夭由於自然刑德威福關之人主乃謂貧富貴賤功業所招而愚僧矯託皆云由佛竊人主之權擅造化之力其爲害政良可悲矣按書云惟辟作福惟辟作威惟辟玉食臣無有作福作威玉食臣之有作福作威玉食其害于而家凶于而國人用側頗僻降自義農至于漢魏皆無佛法君明臣忠祚長年久漢明假託夢想始立胡神西域桑門自傳其法西晉以上國有嚴科不許中國之人輙行髠髮之事洎于苻石羌胡亂華主庸臣佞政

虐祚短皆由佛教致災也梁武齊襄足爲明鏡昔褒姒一女妖惑幽王尚致亡國況天下僧尼數盈十萬翦刻繒綵裝束泥人而爲厭魅迷惑萬姓者乎今之僧尼請令匹配即成十萬餘戶產育男女十年長養一紀教訓自然益國可以足兵四海免蠶食之殃百姓知威福所在則妖惑之風自革淳朴之化還興且古今忠諫鮮不及禍竊見齊朝章讐子他上表言僧尼徒衆糜損國家寺塔奢侈虛費金帛爲諸僧附會宰相對朝讒毀諸尼依託妃主潛行謗讟子他竟被囚執刑於都市及周武平齊制封其墓臣雖不敏竊

慕其蹤又上疏十一首詞甚切直高祖付群官詳議唯太僕卿張道源稱奕奏合理中書令蕭瑀與之爭論曰佛聖人也奕爲此議非聖人者無法請寘嚴刑奕曰禮本於事親終於奉上此則忠孝之理著臣子之行成而佛踰城出家逃背其父以匹夫抗天子以繼體而悖所親蕭瑀非出於空桑乃遵無父之教臣聞非孝者無親其瑀之謂矣瑀不能答但合掌曰地獄之設正爲是人高祖將從奕言會傳位而止太宗嘗臨朝謂奕曰佛道玄妙聖迹可師且報應顯然屢有徵驗卿獨不悟其理何也奕對佛是胡中桀黠欺誑夷狄初上西域漸流中國遵尚其道皆是邪僻小人模寫莊老玄言飾虛幻之教爾於百姓無補於國家有害太宗頗然之

韓愈字退之素不喜佛初鳳翔法門寺有護國真身塔塔內有釋迦文佛指骨一節其書本傳法三十年一開開則歲豐人泰元和十四年正月憲宗令中使杜英奇押宮人三十人持香花赴臨皐驛迎佛骨自光順門入大內留禁中三日乃送諸寺王公庶士奔走捨施唯恐在後百姓有廢業破產燒頂灼臂而求供養者愈爲兵部侍郎上疏極諫帝怒貶潮州刺史

介僻

夫人之生各有所禀故好尚殊致其類非一子產所謂人心之不同也如其面焉蓋謂是矣乃有耿介之性挺直方之操以固必而自任在夷險而一貫不可以利誘不可以威折猶石之莫轉豈流之可汨然而志存矯激足資於名教道或迂濶亦取於時譏者焉

後漢朱暉爲臨淮太守坐法免暉剛於爲吏見忌於上所在多被劾自去臨淮屏居野澤布衣蔬食不與邑里通鄉黨譏其介

第五倫爲會稽太守坐法免歸田里身自耕種不交

通人物
吳祐爲膠東侯相處同僚無私書之問上司無牋檄
之敬在膠東書不入京師也
周澤爲太常清潔修行盡敬宗廟嘗臥疾齊宮其妻
哀澤老病闚問所苦乃大怒以妻干犯齋禁遂收送
詔獄謝罪當世疑其詭激時人爲之語曰生世不諧
作太常妻一歲三百六十日三百五十九日齋（漢官儀此
下云一日不齋醉如泥）
姜肱與徐穉俱徵不至桓帝乃下彭城畫工圖其形
狀肱臥於幽闇以被韜面言感眩疾不欲出風上竟

不得見之
范冉（冉或作丹）爲萊蕪長去官嘗使兒掇拾麥得五斛鄰
人尹臺遺之一斛囑兒莫道冉後知即令并送六斛
言麥已雜矣遂誓不敢受
姜岐漢陽郡人守道隱居名聞西州太守橋玄召以
爲吏稱疾不就玄怒勑督郵尹益逼致之曰岐若不
至趣嫁其母益固爭不能得遽曉譬岐岐堅臥不起
郡內士大夫亦競往諫玄乃止時頗以爲譏
盧植爲尚書初事馬融融外戚豪家多列女倡歌舞
於前植侍講積年未嘗轉眄融以是敬之

桓曄仕郡爲功曹尤修志介姑爲司空楊賜夫人初
曄父鸞卒姑歸寧赴哀將至止於傳舍整飾從者而
後入曄心非之及姑勞問終無所言號哭而已賜遣
吏奉祠因縣發取祠具曄拒不受後每至京師未嘗
舍宿楊氏其貞忮若此賓客從者皆祇其志行一飡
不受於人
李孚字子憲鉅鹿人興平中本郡人民饑困孚爲諸
生嘗種薤欲以成計有從索者亦不與一莖亦不自
食故時人謂能行意
袁忠爲沛相天下大亂棄官客會稽上虞時王朗爲

太守忠乘船戴笠蓋詣朗見朗左右僮從皆著青絳
采衣忠非其奢麗即辭疾發而退也
魏沐竝字德信河間人也少孤苦袁紹父子時始爲
名吏有志介嘗過姊爲殺雞炊黍而不留也後爲議
郎
焦先河東人結草爲裳科頭徒跣每出見婦人則隱
翳須去乃出
吳顧悌爲偏將軍待妻有禮嘗夜入晨出希見其面
嘗疾篤妻出省之悌命左右扶起冠幘加襲起對輒
令妻還其貞潔不瀆如此

晉孫略初任吳爲伏波將軍雖侯家豐厚而嘗布衣蔬食躬親壟畝誦詠不廢欣然獨得父母愍其如此欲加優饒而夙興夜寐無暫懈也

阮籍字嗣宗嘗隨叔父至東郡兖州刺史王昶請與相見終日不關一言自以不能測後爲步兵挍尉

陸納爲吏部尚書謝安嘗欲詣納而納殊無供辦其兄子俶不敢問之乃密爲之具安旣至納所設唯茶果而已俶遂陳盛饌珍羞畢具客罷納大怒曰汝不能光益叔父乃復穢我素業耶於是杖之四十然其吝惜多此類

夏統高尚不仕其從父敬寧祠先人迎女巫章丹陳珠二人並有國色裝服甚麗善歌舞又能隱形匿影甲夜之初撞鐘擊鼓間以絲竹丹珠乃拔刀破舌呑刀吐火雲霧杳冥流光電發統諸從兄弟欲往觀之難統於是共紿之曰從父間疾病得瘳大小以爲喜慶欲因其祭祀並往賀之卿可俱行乎統從之入門忽見丹珠在中庭輕步佪儛虛談鬼笑飛觸桃柈音盤酬酢翩𦐼統驚愕而走不由門破藩直出歸責諸人曰昔淫亂之俗興衞文公爲之悲惋螮蝀之氣見君子尚不敢指季桓納齊女仲尼載馳而退子路見南子憒恚而慷慨吾嘗恨不得頓叔向之頭陷華父之眼奈何諸君迎此妖物夜與遊戲放傲逸之情縱奢淫之行亂男女之禮破貞尚之節何也遂隱牀上披髮而臥不復言衆親踧踖卽退遣丹珠各各分散

楊軻天水人少好易長而不娶學業精微養徒數百常食麤飲水衣褐縕袍人不堪其憂而軻悠然自得疎賓異客音止未曾交也雖受業門徒非入室弟子莫得親言欲所論受須旁無雜人入室弟子令遞相傳授

殷羨字洪喬爲豫章太守都下人士因其致書者百

餘函行次石頭皆投之水中曰沈者自沈浮者自浮殷洪喬不爲致書郵其資性介立如此

羅含爲荆州别駕以廨舍喧擾於城西池小洲上立茅屋伐木爲材織葦爲席而居布衣蔬食晏如也

王育行已任性頗不偶俗妻喪弔之者不過四五人然皆鄉閭名士後仕劉聰爲鎭西大將軍

宋羊欣除中散大夫有病不堪拜伏辭不朝覲高祖恨不識之自非尋省近親不妄行詣行必由城外未嘗入六關

王曇爲度支尚書時尚書僕射顔師伯豪貴不省設

女樂要琨同聽傳酒行炙皆悉內妓琨以男女無親授傳行每至令置牀上廻避之然後取畢又如此座上莫不撫手嗤笑琨容色自若師伯後爲設樂邀琨琨不往

蕭惠開少有風氣涉獵文史家雖貴戚而居服簡素初爲秘書郎著作竝名家年少惠開意趣與人多不同比肩或三年不共語外祖光祿大夫沛郡劉成戒之曰汝恩戚家子當應將迎時俗緝外內之歡如汝自業將無少傷無多異以取天下之疾患耶惠開曰人間宜相緝和甚如慈旨但不幸耿介恥作見凡人

畫龍未成故遂至於多忤耳

王裕之字敬弘爲侍中性介僻兒孫歲中不過一再相見見輒尅日子恢之嘗請假還東定省敬弘尅日見之至日輒不果假日將盡恢之乞求奉辭敬弘呼前旣至定復不見恢之於閤外拜辭流涕而去

庾炳之爲吏部尚書性好潔士大夫造之者去不出戶輒令人拭席洗牀時陳郡殷冲亦好淨小吏非淨潔新衣不得近左右士大夫小不整潔者亦每容接之炳之好潔反是冲亦譏之

王惠字令明幼而夷簡恬靜不交游未嘗有雜事後爲吏部尚書未曾接客

南齊闕康之字伯愉世居丹徒以墳籍爲務四十年不出門不應州府辟宋太始中徵通直郎不就晚以母老家貧求爲嶺南小縣性淸約獨處一室希與妻子相見不通賓客弟子以業傳授

王僧祐爲黃門郎太尉儉從祖兄負氣不群儉嘗詣之辭不見武帝數閱武僧祐獻講武賦儉借觀僧祐不與

褚賁爲左戶尚書疾篤其子霽載以歸疾小間知非故處大怒不肯復飲食內外閤悉釘塞之不與人相

聞數日裁餘氣息謝瀹聞其弊往候之排閤不可開以杵槌破兒謂賁曰事之不可得者身也身之不可全者名也名與身俱滅者君也豈不會之哉賁曰吾少無人間心豈身名之可慕但願啓手歸泉必在舊隴兒輩不才非達余趣移尸從殯失吾素心更以此爲恨爾

劉璡爲武陵王曄冠軍征虜參軍與友人孔徹同舟入東徹留目觀岸上女子璡舉席自隔不復同坐

梁何修之爲尚書左丞性好潔一日之中洗滌者十餘過猶恨不足時人稱爲水淫

後魏平常爲秘書丞以三子竝不率父業乃別構精廬弁置經籍於其中一奴自給妻子莫得而往酒食亦不與同時有珍美呼時老東安公刁雍等共飲噉之家人無得當焉

信都芳好學天文算數隱居樂平東山性淸儉質樸不與物和慕容紹宗給其騾馬不肯乘騎夜遣婢侍以試之芳忿呼毆擊不聽近已狷介自守無求於物

北齊庫狄士文爲貝州刺史性孤直雖鄰里至親莫與通狎

隋薛孺高祖開皇中爲侍御史楊州總管司功參軍

每以方直自處府僚多不便之太常丞胡仲操非雅士竟不與之

晉史圭爲貝州刺史退歸嘗山閉門杜絕人事雖親故人造者不見其面每游外墅則乘婦人氈車以自蔽匿人莫明其心也論者以圭陰僻

褊急

人雖萬物之靈五行之秀然其禀受蓋有蔽錮其或位處通顯而性過峻急至於口不擇言與物多忤掇親友之嫌失搢紳之歡者多矣成同寮之憤閲遭明庭之譴怒大則致於殞斃次則貽於困躓比比有焉若乃知非自咎不遠而復佩韋以救過銘座以梲情亦庶幾矣先聖有言曰一朝之忿忘其身以及其親非惑歟此誠立身之元龜也

宛射大爲鄭大夫晉侯使張骼輔躒致楚師求御於鄭鄭人使射大御二子在幄坐射大於外旣食而後食之及戰射大近不告而馳之收禽挾囚不待而出旣戰二子問曰胡不在謀（謂不告而馳不待而出）對曰曩者忠入而已今則怯也皆笑曰公孫之亟也（謂性急不受屈也）

邾莊公與夷射姑飲酒私出（射姑邾大夫出辟酒）閽乞肉焉奪之杖以敲之（奪閽杖以敲閽頭也）明年邾子在門臺（門上有臺）臨廷

閽以缾水沃廷邾子望見之怒閽曰夷射姑旋焉（旋小便）命執之（見其不潔執射姑）弗得滋怒自投于牀廢于鑪炭爛遂卒（廢墮也）莊公卞急而好潔故及是（卞躁）

西門豹爲鄴令性急佩韋以自緩

後漢范冉（或云丹）字史雲辟太尉府以狷急不能從俗嘗佩韋於朝

董卓爲太師性剛而褊忿呂布爲所委信嘗小失意不思難拔手戟擲布布拳捷避之爲卓顧謝卓意亦解由是陰怨卓

魏賈逵爲弘農太守與典農校尉爭公事不得理乃

發憤生癭後所病稍大自啓願欲令醫割之太祖惜
逵忠恐其不活教謝主簿吾聞十人割癭九人死逵
猶行其意而癭愈大
王思爲司農性急嘗執筆作書蠅集筆端驅去復來
如是再三思恚怒自起逐蠅不能得還取筆擲地蹋
壞之
晉傅玄爲司隸校尉天性峻急不能有所容每有奏
劾或值日暮捧白簡整簪帶竦踊不寐坐而待旦
王述爲尚書令性急爲累嘗食雞子以筯刺之不得
便大怒擲地雞子圓轉不止便下牀以屐齒蹋之又

不得瞋甚掇内口中齧破而吐之
宋何承天爲廷尉性褊促嘗對主者厲聲曰天何言
哉四時行焉百物生焉文帝知之應遣使先誡曰善
候何顔色如其不悅無須多陳
顔延之爲太常卿性褊急兼有酒過肆意直言曾無
迴改
謝靈運爲太子左衛率爲性褊激多愆禮度朝廷唯
以文義處之不以應實相許
王淮之爲都官尚書改領吏部性峭急頗失縉紳之
望出爲丹陽尹

王弘爲太保領中書監性褊隘人忤意者輒以加責
辱
劉榮祖爲輔國將軍性褊隘頗失士君子之心
梁謝幾卿爲太子率更令性不容非與物多忤有乖
己者輒肆意罵之退無所言
後魏元子華爲齊州刺史性甚褊急當其急也口不
擇言自捶擊長史鄭子湛子華親友也畏其侮罵遂
即去之子華雖自悔厲終不能改
李平爲吏部尚書加撫軍將軍平高明強濟所在有
聲但以性急爲累

李業興爲國子祭酒性躁隘至於論難之際高聲攘
振無儒者之風每語人云但道我好雖知妄言故勝
道惡務進忌前不顧後患時人以此惡之
後周王羆爲驃騎將軍性嚴急嘗有吏挾私陳事者
羆不暇命捶撲乃手自取鞾履持以擊之
隋諸葛潁煬帝爲太子時藥藏監及帝即位累遷正
議大夫潁性褊急與柳䛒每相忿鬩帝屢責怒之而
尤不止於後帝以薄之
唐張九齡爲荊州大都督府長史性躁急動輒忿詈
議者以此少之

蕭頴士登進士第以傲誕褊急困躓而卒
陸贄爲翰林學士時同職吳通玄弟兄以東宮侍帝由是爭寵頗相嫌恨贄性褊急屢於帝前短通玄
崔元翰爲禮部員外郎知制誥性大剛褊不能取容於時罷知制誥守北部郎中爲時所擯終於散位
崔陵爲戶部尚書居官清嚴所至必理然性介急待官僚頗無禮節恃已之清見贓汙者如仇讐
韓愈爲吏部侍郎轉京兆尹兼御史大夫以不臺參爲御史中丞李紳所劾愈不伏言准勑仍不臺參紳愈性皆褊僻移刺往來紛然不止乃出紳爲浙西觀

察使愈爲兵部侍郎
劉禹錫爲禮部郎中集賢院學士求分司東都終以恃才褊心不得處朝列之職
周張頴爲安州防禦使性褊急憏刻不容人之小過雖左右親近亦皆怨之

冊府元龜

巡按福建監察御史臣李嗣京訂正
知長樂縣事臣夏允彝參閱
知建陽縣事臣黄國琦較釋

總錄部一百六十七

矜衒　改節

矜衒

夫不矜者世莫能爭功自衒者士謂之醜行蓋夫處卑以自牧持盈而若冲斂後已之風勵崇讓之操斯可以厠於君子之林矣其或内懷猵假靡思撝挹自

負其才美盛稱其智勇形於言色驕乎儕輩激昂其氣槩以詫厥能夸大其貴勢以耀於衆蓋雖有周公之藝亦不足觀如若成之傲適足取禍又况玄元串戒矜者不長伯益垂訓滿以招損者哉

禮至衛大夫謀伐邢以昆弟仕焉既伐邢二禮從國子巡城掖以赴外殺之衛侯燬滅邢禮至爲銘曰余掖殺國子莫余敢止（惡其不知恥詐以滅同姓而反銘功於器）

州綽晉大夫奔於齊齊莊公朝指殖綽郭最曰是寡人之雄也州綽曰君以爲雄誰敢不雄然臣不敏平陰之役先二子鳴（晉伐齊及平陰州綽獲殖綽郭最故自比於雞鬬勝曰先鳴）莊公爲勇爵（設爵位以命勇士）殖綽郭最欲與焉（自以爲勇）州綽曰東閭之役臣左驂迫還於門中識其枚數（識門枚數）其可以與於此乎公曰子爲晉君也對曰臣爲隸新（言但爲僕隸尚新矣）然二子者譬於禽獸臣食其肉而寢處其皮矣（言嘗射得之）

顏息魯人定公八年侵齊門於陽州息射人中眉退曰吾無勇吾志其目也（以自矜）

蘇秦東周人爲從約長并相六國北報趙王乃行過雒陽車騎輜重諸侯各發使送之甚衆擬於王者周顯王聞之恐懼除道使人郊勞（賓至近郊君使卿朝服用束帛勞）蘇

秦之昆弟妻嫂側目不敢仰視俯伏侍取食蘇秦笑謂其嫂曰何前倨而後恭也嫂委蛇匍匐以面掩地而謝曰見季子位高金多也（蘇秦字季子）蘇秦喟然歎曰此一人之身富貴則親戚畏懼之貧賤則輕易之况衆人乎且使我有雒陽負郭田二頃吾豈能佩六國相印乎

毛遂爲平原君門下食客平原君合從於楚與門下有文武具備者二十人偕得十九人餘無可取者遂自贊於平原君備員而行比至楚言其利害日出而言之日中不决遂按劒歷階而上楚王叱之遂曰合

從者爲楚非爲趙也楚王曰唯唯既定從於殿上遂左手持盤盂而右手招十九人曰公相與歃此血於堂下公等録録(音祿)所謂因人成事者也

漢王仲翁爲給事中初仲翁與蕭望之等數人皆補大將軍史三歲間仲翁至光祿大夫給事中望之以射策甲科爲郎署小苑東門候(署補署也門候主候時而開閉也)王仲翁出入從蒼頭廬兒(皆官府之給賤役者)下車趨門傳呼甚寵顧謂望之曰不肯録録反抱關爲望之曰各從其志

楊惲爲光祿勳居殿中廉潔無私郎官稱公平然惲伐其行治(自矜其節行及政治之能也)

後漢楊政爲左中郎將爲人不拘小節果敢自矜然篤於義

桓榮光武時爲太子少傅賜以輜車乘馬榮大會諸生陳其車馬印綬曰今日所蒙稽古之力也

戴良汝南慎陽人才既高達而議論尚奇多駭流俗同郡謝季孝問曰子自視天下孰可爲比良曰我若仲尼長魯國大禹出西羌獨步天下誰與爲偶

魏許攸字子遠少與袁紹及太祖善獻帝初平中隨紹在冀州嘗在坐席言議官渡之役諫紹勿與太祖相攻紹自以彊盛必欲極其兵勢攸知不可爲謀乃亡詣太祖紹破走及後得冀州攸有功焉攸自恃勳勞時與太祖相戲每在席不自限齊至呼太祖小字曰某甲卿不得我不得冀州也太祖笑曰汝言是也然內嫌之其後從行出鄴東門顧謂左右曰此家非得我則不得出入此門也人有白之者遂收而殺之

晉郤詵爲雍州刺史武帝於東堂會送問詵曰卿自以爲如何詵對曰臣舉賢良對策爲天下第一猶桂林之一枝崑山之片玉帝笑侍中奏免詵官帝曰吾與之戲爾不足責

周顗爲尚書左僕射領吏部庾亮嘗謂顗曰諸人咸

以君方樂廣顗曰何乃刻畫無鹽唐突西施也

韋謏仕冉閔爲光祿大夫性不嚴重好徇己之功論者亦以是少之嘗謂其子伯陽曰我高我曾重光累徽我祖我考父父子子汝爲我對正值惡抵伯陽曰伯陽之不肖誠如尊教尊亦正值軟抵爾謏慙無言時人傳之以爲嗤笑

顧愷之爲散騎常侍博學有才氣矜伐過實少年因相稱譽以爲戲弄嘗爲箏賦成謂人曰吾賦之比嵇康琴不賞者必以後出相遺深識者亦當以高奇見貴

劉惔爲丹陽尹性簡傲桓温嘗謂惔會稽王談更進耶惔曰極進然故第二流爾温曰第一復誰惔曰故在我輩其高自標置如此

王坦之爲大司馬桓温長史有重名僕射江虨（音彬虎文也）領選將擬爲尚書郎坦之聞曰自過江來尚書郎正用第二人何得以此見擬虨遂止

袁宏爲大司馬記室與伏滔同在桓温府府中呼爲袁伏宏心恥之每歎曰公之厚恩本優國士而與滔比肩何辱之甚

伏滔爲著作郎專掌國史領本州大中正孝武帝會

於西堂滔與坐還下車先呼子系之謂曰百人高會天子先問伏滔在坐不此故未易得爲人作父如此定何如也

宋劉穆之爲丹陽尹初穆之家貧其妻江嗣女穆之嘗往江氏食畢求檳榔江氏兄弟戲之曰檳榔消食君乃常饑何忽須此妻復截髮市餚饌爲其兄弟以餉穆之自此不對穆之梳沐及穆之爲丹陽尹將召妻兄弟妻泣而稽顙以致謝穆之曰本不匿怨無所致憂乃至醉穆之乃令廚人以金柈貯檳榔一斛以進之

王弘字體元宋國初建遷尚書僕射弟曇首爲瑯琊王大司馬府屬從高祖北征行至彭城高祖大會戲馬臺與坐者皆賦詩曇首文先成高祖覽讀因問弘曰卿弟何如卿弘答曰若但如下官門戶何得高祖大笑

荀伯子爲司徒左長史東陽太守嘗自矜蔭籍之美謂車騎將軍王弘曰天下膏粱唯使君與下官爾宣明之徒不可數也

袁淑爲始興王濬征北長史南東海太守淑始到府濬引見謂曰不意舊遂垂屈佐淑答曰朝廷遣下官

本以光公府望也

袁粲爲中書令清整有風操自遇甚厚嘗著妙德先生傳以續嵇康高士傳以自況曰有妙德先生陳國人也氣志淵虛姿神清映性孝履順棲冲業簡有舜之遺風先生幼夙多疾性疎懶無營尚然九流百氏之言雕龍談天之藝皆泛識其大歸而不以成名家貧嘗仕非其好也混其聲迹晦其心用席門常掩三逕裁通雖楊子寂寞嚴叟沈冥不是過也修道遂志終無得而稱焉又嘗謂周旋人曰昔有一國國中一水號曰狂泉國人飲此水無不狂唯國君穿井而汲

獨得無恙國人旣並狂反謂國王之不狂爲狂於是聚謀共執國主療其狂疾火艾針藥莫不畢具國主不任其苦於是到泉所酌水飮之飮畢便狂君臣大小其狂若一衆乃歡然我旣不狂難以獨立比亦欲試飮此水

南齊袁嘏爲諸暨令嘗自重其文謂人云我詩應須大材迮之不爾飛去明帝建武末爲王敬則所殺

吳邁遠史失其爵里好爲編章宋明帝聞而召之及見曰此人連編之外無所復有邁遠好自誇而蚩鄙他人每作詩得稱意語輙擲地呼曰曹子建何足數哉

丘靈鞠爲長沙王車騎長史好飮酒臧否人物嘗在沈淵座見王儉詩淵曰王令文章大進靈鞠曰何如我未進時此言達儉靈鞠宋世文名甚盛入齊頗減蓬髮弛縱無形儀不治家業王儉謂人曰丘公仕宦不進才亦退矣

劉繪武帝時爲中書郎以辭辯勑接魏使事畢當撰語辭繪謂人曰無論潤色未易但得我語亦難矣

張融爲太子中庶子自名集爲玉海司徒褚淵問玉海名融答玉以比德海崇上善文集數十卷行於世

梁沈約爲侍中撰四聲譜以爲在昔詞人累千載而不悟而獨得於胷襟窮其妙旨自謂入神之作武帝不好焉

後魏裴叔業仕南齊爲徐州刺史時孝文南巡車駕次鍾離叔業以水軍入淮去王師數十里孝文令尚書郎中裴聿往與之語叔業盛飾左右服翫以誇聿曰我在南富貴正如此豈若彼之儉陋也聿云伯父儀服誠爲美麗但恨不晝遊爾

崔浩太武時爲左光祿大夫性敏達長於謀計嘗自比張良謂已稽古過之

李彪爲御史中尉彪子志及女婕妤並幼慧始彪奇

志及婕妤特加器愛公私坐集必自稱詠由是爲孝文所貴

宋弁爲尚書殿中郎中性好矜伐自許膏腴孝文以郭祚晉魏名門從容謂弁曰卿固應推郭祚之門也弁笑曰臣家未肯推祚孝文曰卿自漢魏以來旣無高官又無儁秀何得不推弁曰臣清素自立要爾不推侍臣出後孝文謂彭城王勰曰弁人身良自不惡乃復欲以門戶自矜殊爲可怪弁位至右衛將軍

穆弼有名於世矜已凌物頗以損焉孝明時位至平南將軍

北齊張雕武成時爲假儀同三司方委以朝政雕便以澄清爲已任意氣甚高嘗在朝堂謂鄭子信曰向入省中見賢家唐令處分極無所以若作數行兵帳雕不如邕若致主堯舜身居稷契則邕不如我其矜如此

崔㥄爲七兵尚書每以籍地自矜謂盧元明曰天下盛門唯我與爾傅崔趙李何事者哉崔暹聞而銜之

劉晝舉秀才不第撰高才不遇傳三篇自謂博物奇才言好矜大每云使我數十卷書行於後世不易齊景之千駟也而容止舒緩舉動不倫由是竟無仕進

隋崔儦字岐叔在北齊時每以讀書爲務負恃才地忽略世人大署其戶曰不讀五千卷書者無得入此室

唐嚴武中書侍郎挺之子肅宗至德中房琯爲相薦爲京兆少尹時年三十二以史思明阻兵不之官優游京師頗自矜大出爲綿州刺史劒南東川節度使

李紳文宗開成中爲宣武軍節度使自奏境內蝗不食苗有詔嘉之尋令刊石於州之相國精舍士大夫無不哂之

鄭仁表洎之子也文章尤稱俊拔然恃才傲物人士薄之自謂門地人物文章具美嘗曰天瑞有五色雲人瑞有鄭仁表劉鄴少時投文於洎仁表兄弟嗤鄙之咸通末鄴爲宰相仁表竟貶死南荒

後唐盧程爲莊宗太原府推官尋改支使程褊淺無他才唯矜恃門地口多是非篤厚君子尤薄之

胡裝爲魏州館驛巡官未幾授監察御史裏行遷節度巡官賜緋魚袋尋歷推官簡較員外郎裝學書無師法工詩非作者僻於題壁所至宮亭寺觀必書爵里人或譏之不以爲媿

晉曹國珍爲給事中性頗剛僻經藝文學非其所長

好自矜衒多上章疏文字差誤數數有之爲縉紳所誚

改節

夫鮮克有終詩人攸刺信道不篤君子是恥乃有操心靡固素履用愆枉尺直尋改柯易葉先貞而後黷棄本而趨末斷一置而廢業移百鍊於繞指初明而卒暗損正而從邪或因利回或爲祿誘遂踰規矩頓減聲稱斯皆急於時用罔畏人言墨子所以悲絲仲尼所以惡畫者爲此發也

後漢吉茂初同産兄黃以從公府掾爲長陵令是時

科禁長吏擅去官而黄門司徒趙温虆自以爲故吏
違科奔喪爲司隸鍾繇所收遂伏法茂將爲白衣始
有清名於三輔以爲兄坐追義而死怨怒不肯哭至
歲終繇舉茂議者以爲茂必不就及舉旣到而茂就
之故將人或以茂爲畏繇
南齊楊法持本道人也與太祖有舊宋後廢帝元徽
末宣傳密謀順帝昇明中以爲僧正及太祖建元初
罷道爲寧朔將軍封州陵縣男三百戶
梁范雲爲尚書僕射雲初爲郡號稱廉愼及居貴重
頗通饋遺然家無畜積隨散之親友

後魏廣陵侯衍弟欽字思若少好學早有令譽將人
語曰皇宗畧畧壽安思若及𣍐貴重不能有益識者
輕之
宋飜初爲河陰令威振京師後爲雒陽令累遷河南
尹及爲雒陽𢓜於尹畏憚權勢更相承接故當世之
名大致減損
袁衍宣武將爲通直郎景明中請隱嵩山至延昌之
末衍稍以出山干祿執事孝明除散騎侍郎行河内
郡事
李洪之本名文通嘗山人少爲沙門晚來還俗仕至
安南將軍
北齊孫騰爲太保尚書令騰早依附神武契濶艱危
勤力恭謹深見待信及神武置之衞朝寄以心腹遂
志氣驕盈與奪自已後及禍焉
高元海爲散騎常侍願處山林修行釋典文宣許之
乃入林慮山經二年絕棄人事志不能固自啓求歸
徵復本任便縱酒肆情廣納姬侍
魏愷文宣將除青州長史國辭不就遂積年沉廢後
遇吏部楊愔於路微自披陳楊答曰發詔授官咸由
聖旨非選曹所悉公不勞見訴愷應聲曰雖復霖雨

自天終待雲興四獄公豈得言不知楊欣然曰此言
極爲簡要更不須多語數日除霍州刺史
馮子宗爲右僕射仍攝選子琮微有識鑒及位望轉
隆宿心頓改擢引非類以爲深交縱其子弟官位不
依倫次又專營婚媾歷選上門例以官爵許之旬日
便驗
隋鄭善果爲魯郡太守其母崔氏有賢德善果亦克
已號清吏後徵授光祿卿其母卒後善果爲大理卿
漸驕恣清公平允遂不如疇昔焉
唐劉禕之高宗咸亨初爲中書舍人武后臨朝尋同

中書門下三品初禕之居家孝友爲士族所推得祿賜多散諸親屬至是坐受歸州都督孫萬榮受金兼與許敬宗妾私通得罪一作或誣告禕之受金及私通敬宗妾

盧藏用少以詞學見稱隱居終南山長安中徵拜左拾遺後爲尚書右丞玄宗先天中坐託附太平公主配流嶺表初藏用隱居之時有自儉之操往來于少室終南二山時人稱爲隨駕隱士及登朝奢靡淫縱車服鮮麗趍趄詭佞專事權貴時議乃表其醜行

侯希逸初領淄青節度甚著聲稱理兵務農遠近美之後漸縱恣政怠墮尤崇奉釋教且好畋遊興功創

寺宇軍州告之

韋渠牟京兆萬年人警悟涉覽經史初爲道士後爲僧德宗興元中韓滉鎮浙西奏授秘試省校書郎

于頔爲山南東道節度入朝拜司空平章事頔少有氣槩文學落落負奇節好古與當時賢士游晚歲遂頹敗

李愿初爲徐州節度使屬鄆師不庭頗有討伐之功及爲鳳翔節度使自此頗怠於理無復前志聲色之外全不掛意未幾又拜宣武軍節度纔逾周歲果爲部將李𭚕所逐是時愿脫身走入鄭州妻竇氏死於兵士之手其名姬善馬寶貨金帛盡爲軍人所得因致大梁月餘日拒命穆宗爲之旰食遂貶虔州刺史

元錫初歷衢蘇二州刺史所至咸有聲績及除福建觀察使移鎮宣州乃務積貨財通權勢深爲公議所責因除秘書監分司東都尋以贓罪發詔監察御史宋申錫按驗得實貶壁州刺史

殷侑爲忠武軍節度使侑少以通經入仕所至稱理亦以強直知名晚年不能自固急於大用依附權倖時望由是減薄

賈直言爲昭義軍節度使行御司馬兼御史中丞直

言生河朔間始以孝聞鄉里得茜士類後爲李師道賓佐頗以逆順之理諫正之師道前後將加危害者數四及師道就戮劉悟於禁錮之所引爲上介移鎮東郡上黨皆在幕府悟有纖毫之失未嘗緘言於是正直之譽頗洽群聽朝廷以諫議大夫徵之詔下之時無不稱當悟旋上表請留復除舊職及悟卒其子從諫擅主留事而直言乃恬然視之無一詞排遏皃計卒使從諫坐邀符節朝廷不得已而授之直言之心不可測已逮茲又爲從諫賓佐遠近共驚其處身行事前後之不相侔也如是

後唐聶嶼鄴中人少爲僧漸學吟詠鄭珏之再主禮闈與鄉人趙都俱赴鄉薦都納賄於珏人報翌日登第嶼聞不捷詬來人以嚇之珏懼俾俱成名

崔貽孫仕唐爲省郎及使於江南回以槖裝營別墅於漢上之谷城退居自奉清江之上綠竹亘野徑深密維舟曲岸人莫造焉時人初以爲高適及梁李振貶均州因奉之甚厚振復入徵爲丞郎

晉馬全節爲天雄軍節度北面行營副招討從杜威北討困於陽城而贍軍竭其私帑僅十萬貫及還任稍稍聚斂百姓苦焉鄉舊有識者非之

周王進歷汝鄭防禦使甚有政聲俄授相州節度使爲政之道頓減於前未幾以疾薨於任

馮道歷仕四朝三入中書在相位二十餘年平生性甚廉儉逮至末年閨庭之內稍狥奢靡其子吉尤恣狂蕩道不能制識者以其不終令譽咸歎惜之

巡按福建監察御史臣李嗣京　訂正

知閩縣事臣曹冉臣叅閲

知建陽縣事臣黃國琦較釋

總錄部一百六十八

忿爭　訟訐

忿爭

凡人稟血氣而生蘊水火之性出處市朝之內馳逐名利之間情欲誘於外憎愛應於内強弱相形毀譽相傾卒歲醜夷寧無忿爭乎譸張是非多生於酣醟紛紜辨訴或發於譏嫌非夫禮義爲防謙恭有素鮮不敗於茲矣

漢灌夫字仲孺武帝世爲太僕坐法去家居長安夫爲人剛直使酒（使酒因酒而使氣也）不好面諛貴戚諸勢在己之右必欲陵之士在己左愈貧賤尤益禮敬與鈞（右尊也左卑也鈞等也）及竇嬰失勢亦欲倚灌夫引繩排根生平慕之後棄之者（言嬰與夫共相提挈有人生平慕嬰夫後見其失職而頗慢弛如此者其排退之不復與交譬如相對挽繩而根格之也今吳楚俗猶謂牽引前卻爲根格也）夫亦得嬰通列侯宗室爲名高兩人相爲引重（相牽引而致於尊重也爲音于僞切）其游如父子然相得驩甚無厭恨相知之晚大有服（謂喪服也）過丞相蚡蚡從容曰（從音千容切）吾欲與仲孺過魏其侯會仲孺有服夫曰將軍迺肯幸臨況魏其侯（況賜也）夫安敢以服爲解（解謂辭之也若今言分疏矣）請語魏其具（具謂具酒食）將軍旦日蚤臨（旦日明旦也蚤古早字）蚡許諾以語嬰嬰與夫人益市牛酒（益多也）夜酒掃帳具（酒音灑又音所寄切）至旦平明令門下候伺至日中蚡不來嬰謂夫曰丞相豈忘之哉夫不懌（懌悅也）曰夫以服請不宜（不當忘也）乃駕自往迎蚡蚡特前戲許夫（特但也）殊無意往夫至門蚡尚臥也於是夫見曰將軍昨日幸許過魏其魏其夫妻治具至今未敢嘗食蚡悟謝曰吾醉忘與仲孺言

乃駕往往又徐行夫愈益怒及飲酒酣夫起舞屬蚡（屬付也猶今之舞訖相勸也屬音之欲切）蚡不起夫從坐語侵之（從坐謂移就其坐也）嬰迺扶夫去謝蚡蚡卒飲至夜極驩而去後蚡使籍福請嬰城南田嬰大望曰（望怨也）老僕雖棄將軍雖貴寧可以勢相奪乎不許夫聞怒罵福福惡兩人有隙迺謾好謝蚡（謾猶詭也詐爲好言也詭讀與謾同又音莫連切）曰魏其老且死易忍且待之已而蚡聞嬰夫實怒不與亦怒曰魏其子嘗殺人蚡活之蚡事魏其無所不可何愛數頃田且灌夫何與也（與讀曰預預下也）吾不敢復求田繇之大怒元光四年春蚡言灌夫家在潁川橫甚民苦之

請案之帝曰此丞相事何請夫亦持蚡陰事爲姦利受淮南王金與語言賓客居間遂已俱解兩家賓客處於中間和解之夏蚡取燕王女爲夫人燕王澤之子康王喜女太后詔召列侯宗室皆往賀嬰過夫欲與俱夫謝曰夫數以酒失過丞相言因酒有失得罪過於丞相丞相今者又與夫有隙嬰曰事已解彊與俱酒酣蚡起爲壽坐皆避席伏已嬰爲壽獨故人避席餘半膝席以膝跪席上也夫行酒至蚡蚡膝席曰不能滿觴夫怒因嘻笑曰將軍貴人也畢之言將軍雖貴人也請盡此觴喜強笑也音許其切時蚡不肯不爲盡也行酒次至臨汝侯灌賢賢方與程不識耳語附耳小語也又不避席

夫無所發怒迺罵賢曰平生毀程不識不直一錢今日長者爲壽乃效兒女曹呫囁耳語兒女曹猶言兒女輩也呫音昌涉切囁音人涉切蚡謂夫曰程李俱東西宮衛尉李廣爲東宮程不識爲西宮今衆辱程將軍仲孺獨不爲李將軍地乎二人因號比尊今辱一人不當爲毀廣邪既毀程令廣何地自安處夫曰今日斬頭陷匈何知程李斬頭見刺猶不止也坐乃起更衣坐謂坐上之人也更改也凡久坐者皆起更衣以其寒腰或變也稍稍去嬰去戲夫戲古麾字也招麾之令出也漢書多以戲爲麾字夫出蚡遂怒曰此吾驕灌夫罪也乃令騎留夫騎謂嘗從之騎也夫不得出籍福起爲謝案夫項令謝使其拜也夫愈怒不肯順蚡迺戲騎縛夫戲亦讀曰麾謂指麾命之而令於縛夫也

置傳舍召長史曰今日召宗室長史丞相長史也召宗室謂請召之爲客也有詔劾灌夫罵坐不敬於大坐中罵詈爲不敬繫居室居室署名也屬少府其後改名曰保宮遂具前事遂竟也遣吏分曹逐捕諸灌氏支屬皆棄市罪嬰愧爲資使賓客請莫能解爲資爲其資也非財物也爲讀如本字蚡吏皆爲耳目諸灌氏皆亡匿夫繫遂不得告言蚡陰事嬰銳爲救夫嬰夫人諫曰灌將軍得罪丞相與太后家迕相逆迕也迕音悟寧可救邪嬰曰侯自我得之自我捐之無所恨言不過失爵爾且終不令灌仲孺獨死嬰獨生迺匿其家竊出上書匿避也不令家人知之恐其又止諫也立召入具告言灌夫醉飽事不足誅帝然之

賜嬰食曰東朝廷辨之東朝太后朝也會公卿大夫東朝共理而分別也嬰東朝盛推夫善言其醉飽得過迺丞相以他事誣罪之蚡盛毀夫所爲橫恣罪逆不道嬰度無可奈何度音徒各切因言蚡短蚡曰天下幸而安樂無事蚡得爲肺附所好音樂狗馬田宅所愛倡優巧匠之屬倡樂人也優諧戲者也不如魏其灌夫日夜招聚天下豪傑壯士與論議腹誹而心謗仰視天俛畫地視天占三光也畫地知分野所在也意欲作反事也辟睨兩宮間辟睨傍視也辟音普計切字本作睥睨音吾計切幸天下有變而欲大功天下有變謂因國家變難之際得立大功也臣乃不如魏其等所爲帝問朝臣兩人孰是御史大夫韓安國曰

魏其言灌夫父死事身荷戟馳不測之吳軍（荷負也不測言其強也荷音何可切）身被數十創名冠三軍此天下之壯士非有大惡爭杯酒不足引他過以誅也魏其言是丞相亦言灌夫通姦猾侵細民家累巨萬橫恣潁川輘轢宗室侵犯骨肉（輘轢謂踏踐也輘音夌轢音郎擊切）此所謂支大於幹脛大於股不折必披（披音丕靡切）丞相言亦是唯明主裁之主爵都尉汲黯是魏其內史鄭當時是魏其後不堅餘皆莫敢對帝怒內史曰公平生數言魏其武安長短今日廷論局趣效轅下駒（駒馬驚着轅下局趣蹙小之貌也）吾并斬若屬矣（若汝也）即罷起入上食太后太后亦已使

人候伺具以語太后太后怒不食曰我在也而人皆藉吾弟（藉蹈也）令我百歲後皆魚肉之乎（以比魚肉而食噉也）且帝寧能爲石人邪（言徒有人形爾不知好惡也一曰石人者謂嘗存不死）此特帝在即錄錄（錄錄言循衆也）設百歲後是屬寧有可信者乎（數猶脫也）帝謝曰俱外家故廷辨之（嬰景帝從舅蚡太后同母弟故曰俱外家）不然此一獄吏所決爾是時郎中令石建爲帝分別言兩人蚡已罷朝出止車門召御史大夫安國載（韓安國也載謂共乘車）怒曰與長孺共一禿翁何爲首鼠兩端（禿翁言嬰無官位版授也首鼠一前一郤也）安國良久謂蚡曰君何不自喜（何不自謙遜爲可喜之事也喜音許反）夫魏其毀君君當免冠解印綬

歸（歸印綬於天子也）曰臣以肺腑幸得待罪固非其任魏其言皆是如此上必多君有讓（多猶重也）不廢君魏其必媿杜門齰舌自殺（杜塞也齰音仕客切）今人毀君君亦毀之譬如賈豎女子爭言何其無大體也蚡謝曰爭時急不知出此於是帝使御史簿責嬰（簿責以文簿一一責之也簿音步戶切）所言灌夫頗不讎（讎當也）劾繫都司空（都司空宗正屬官也）孝帝時嬰嘗受遺詔曰事有不便以便宜論上（論說其事而上於天子）及繫灌夫罪至族事日急諸公莫敢復明言於帝嬰乃使昆弟子上書言之幸得召見（幸冀也）書奏案尚書大行無遺詔（大行景帝大行也尚書之中無此大行遺詔也）詔書獨藏嬰

家丞封（以家丞印封遺詔也）迺劾嬰矯先帝詔有害罪當棄市（矯詔有害不害也）五年十月悉論灌夫支屬嬰良久乃聞有劾即陽病痱不食欲死（痱風病也音肥）或聞帝無意殺嬰復食治病議定不死矣迺有飛語爲惡言聞帝（蚡爲作飛揚誹謗之語也無根而至也）故以十二月晦論棄市渭城（者日月者見春垂至恐遇赦贖之）

後漢游徼（史不書名）劉聖公嘗聚客家有酒請游徼飲賓客醉歌言朝享兩都尉游徼後來用調美味游徼大怒縛捶數百

魏桓範爲大司農嘗抄撮漢書中諸雜事自以意斟

酌之名曰世要論時蔣濟爲太尉嘗與範會社下群卿列坐有數人範懷其所撰欲以示濟謂濟當虛心觀之範出其書以示左右左右傳之示濟濟不肯視範心恨之因論他事乃發怒謂濟曰我祖薄德公輩何似耶濟性雖強毅亦知範剛慤睍而不應各罷

吳質拜北中郎將督幷諸軍事文帝黃初五年朝京師詔上將軍及特進以下皆會質所大官給供具酒酣質欲盡歡時上將軍曹眞性肥中領軍朱鑠性瘦質召俳優使說肥瘦眞負貴恥見戲怒謂質曰卿欲以部曲將遇我邪驃騎將軍曹洪輕車將軍王忠言

將軍必欲使上將軍服肥即自宜爲瘦眞愈恚拔刀瞋目言俳優敢輕脫吾斬爾遂罵坐質按劍曰曹子丹汝弁屠扤上肉吳質吞爾不搖喉咀爾不搖牙何敢恃勢驕邪鑠因起曰陛下使吾等來樂卿爾乃至此邪質顧叱之曰朱鑠敢壞坐諸將軍皆還坐鑠性急愈恚還拔劍斬地遂便罷也

晉庾純字謀甫爲河南尹初純以賈充姦佞與任愷共舉充西鎮關中充録是不平充嘗宴朝士而純後至元謂曰君行嘗居人前今何以在後純曰且有小市井事不了是以來後世言純之先嘗有五伯者充之先有市魁者充純以此相譏焉充自以位隆望重意殊不平及純行酒充不時飲純曰長者爲壽何敢爾乎充曰父老不歸供養將何言也純因發怒曰賈充天下兇兇由爾一人充曰充輔佐二世蕩平巴蜀有何罪而天下爲之兇兇曰高貴鄉公何在衆坐因罷充左右欲執純中護軍羊琇侍中王濟佑之因得出充慙怒上表解職純懼上河南尹關內侯印綬上表自劾詔免純官

李陽上黨武鄉人石勒微時與陽鄰居歲嘗爭麻池迭相毆擊後勒僭王位召爲參軍都尉

南齊沈文季字仲達爲侍中領太子右率司徒褚淵當世貴望頗以門戶裁之文季不爲之屈世祖在東宮於玄圃宴朝臣文季數舉酒勸淵淵甚不平啓世祖曰沈文季謂淵經爲其郡數加淵酒文季曰維桑與梓必恭敬止豈如明府亡國失土不識枌榆遂言及虜動淵曰陳顯達沈文季當今將略足委以邊事文季諱稱將門因是發怒啓世祖曰褚淵自謂是忠臣未知身死之日何面目見宋明帝世祖笑曰沈率醉也中丞劉休舉其事見原後豫章王北宅後堂集會文季與淵並善琵琶酒闌淵取樂器爲明君曲文

李使下席大唶曰沈文季不能作伎兒豫章王又解之曰此故當不損仲逵之德淵顏色無異終曲而止

後魏李神儁爲侍中初神儁喪二妻又欲娶鄭嚴祖妹神儁之從甥也盧元明亦將爲婚遂至紛競二家問於嚴祖之門鄭卒歸元明神儁惆悵不已時人謂神儁鳳德之衰

崔康爲衛軍府録事參軍帶毋極令時甄琛爲長史因公事言競之間康以拳擊琛墜於牀下琛以本縣長笑而不論

北齊羊烈爲大中大夫兼光祿少卿與尚書畢義雲

爭兖州大中正義雲盛稱門代云我累世本州刺史卿世爲我家故吏烈答云卿自畢軌被誅以還寂無人物近日刺史皆是疆埸之上彼此而得何足爲言豈若我之漢家河南尹晉朝太傅名德學行百代傳美且男清女貞足以相冠自外可稱也蓋譏義雲之帷薄焉

隋何晏爲國子博士加通直散騎常侍時納言蘇威兼領五職高祖甚親重之晏因奏威不可信任威大銜之開皇十二年威定考又與晏更相訶詆威勃然曰無何晏不慮無博士晏應聲曰無蘇威亦何憂無執事繇是與威有隙

虞慶則爲尚書右僕射使突厥還高祖幸晉王第置酒會群臣高熲等奉觴帝因曰高熲平江南虞慶則降突厥可謂茂功矣楊素曰皆繇至尊威德所被慶則曰楊素前出兵武牢峽石若非至尊威德亦無克理遂與竝相長短御史欲彈之帝曰今日計功爲樂宜不須劾

唐李鏑爲宗正少卿嘗以公事與太卿李幹忿爭鏑辭稍直朝廷兩祕之

潘孟陽爲戶部侍郎判度支與太府少卿王遂私忿

相持屢請論列上前群議不可因改爲左散騎常侍

漢王繼弘初仕後唐爲六宅副使負氣不遜禁中與同列忿爭配流義州歲餘召復禁職

史弘肇爲侍衛親軍都指揮使太師兼侍中時周太祖出鎮魏州弘肇議帶樞密以行蘇逢吉楊邠以爲不可弘肇恨之明日會飲竇貞固第弘肇舉爵屬周太祖曰昨辰廷論一何同異今日與公飲此楊邠蘇逢吉亦舉大爵曰此國家之事也何足介意遂俱引爵弘肇又厲聲言曰安朝廷定禍亂直須長鎗大劍至如毛錐子焉足用哉三司使王章曰雖有長鎗大

劒若無毛錐子贍軍財賦自何而來弘肇默然少頃而罷未幾章於其第張酒樂時弘肇與宰相樞密使及内客省使閻晉卿等俱會酒酣爲手勢令弘肇不熟其事而晉卿坐次于弘肇屢教之蘇逢吉戲弘肇曰近坐有姓閻人何憂罰爵弘肇妻閻氏本酒妓也弘肇謂逢吉譏之大怒以醜語詬逢吉逢吉不較弘肇欲毆逢吉逢吉策馬而去弘肇遽起索劒意欲追逢吉楊邠曰蘇公是宰相公若害之致天子何地公細思之邠泣止之弘肇索馬急馳而去邠慮有非常連鑣而進送至第而還自時將相不協如水火矣

詆訐

昔子貢之言曰惡不遜以爲勇者惡訐以爲直者誠哉小人之用心實爲明哲之所棄若乃疎直清廉不事於左右危言深論不隱乎豪強雖居訐訕之流頗涉強直之進至若言多歷詆志在厚誣此則冒嫉忌前爲害滋甚如其脅肩諂笑互相譏誚不顧名教坐延禍釁俯及帷簿此皆斗筲淺局足貽誚於千古爾

漢息夫躬爲光祿大夫左曹給事中躬既親近數進見言事論議亡所避衆畏其口見之反目反古則字也躬上疏歷詆公卿大臣詆謂毁訾也丁禮切曰方今丞相王嘉健而蓄縮不可用蓄縮謂怯於事也御史大夫賈延墮弱不任職左將軍公孫祿司隷鮑宣皆外有直項之名内實騃不曉政事騃愚也五駭切諸曹以下僕遬不足數僕遬凡短之貌也僕音步木功遬古速字卒有強弩圍城長戟指闕卒讀曰猝陛下誰與備之如使狂夫嘄謼於東崖東崖謂東海之道也嘄古叫字謼音火故切匈奴飲馬於渭水邊竟雷動四野風起竟謂曰境京師雖有武蠭精兵未有能窺左足而先應者也窺音跬跬半步也言一舉足也軍書交馳而輻輳羽檄重迹而狎至狎音押狎至沓言相因而至也羽檄言檄之插羽者也解在高紀小夫㥶臣之徒憒眊不知所爲憒心亂也眊目闇也憒音工内反眊音莫報反其有犬馬之决者仰藥

而伏刃仰藥仰首而飲藥雖加夷滅之誅何益禍敗之至哉

蓋寬饒爲司隷輭尉深刻喜陷害人喜音許吏切在位及貴戚人與爲怨人人皆怨之又好言事刺譏奸犯帝意奸音干帝以其儒者優容之

後漢魏齊卿扶風人公族進階渤海人姓公族名進階並危言深論不隱豪強自公卿以下莫不畏其貶議嶷屨到門

范滂汝南人爲司徒椽非訐朝政自公卿以下皆折節下之

吳虞翻爲騎都尉大帝與張昭論及神仙翻指昭曰

彼皆死人而語神仙世豈有仙人也大帝積怒非一
遂徙繇交州
宋王淮之爲宋臺御史中丞嘗作五旹范泰謿之曰
卿唯解彈事爾淮之正色答曰猶勝卿世世載雄狐
王弘爲太保領中書監少時嘗樗蒱失城子墅舍及
後當權有就弘求縣辭訴頗切此人嘗以蒱戲得罪
弘詰之曰君得錢會戲何用祿爲答曰不審公城子
墅何在弘黙然
南齊檀珪字伯玉罷沅南令吏部尚書王僧虔以爲
征北板行參軍訴求祿不得與僧虔書曰五嘗之始

文武爲先文則經緯天地武則撥亂定國僕一門雖
謝文通乃忝武達群從姑叔三媾帝室祖兄二世靡
軀奉國而令子姪餓死草壤去冬今春頻荷二勑旣
無中人屢見嗟奪經涉五朔踰歷四晦書牘十二接
覲六七遂不荷潤反更曝鰓九流繩平自不宜獨苦
一物蟬腹龜腸爲日已久饑彪能嚇人遠與肉餓驎
不噬誰爲落毛去冬乞豫章丞爲馬超所爭今春蒙
勑南昌縣爲史偃所奪二子勲蔭人才有何見勝若
以貧富相奪則分受不如雖孫微百世國士姻媾位
宦亦不後物尚書同堂姊爲江夏王妃檀珪同堂姑
爲南譙王妃尚書婦是江夏王女檀珪祖姑爲長沙
景王嬪尚書伯爲江州檀珪祖亦爲江州尚書從兄
出身爲後軍參軍檀珪父釋褐爲中軍參軍僕於尚
書人地本懸至於婚宦不肯殊絶今通塞雖異猶忝
氣類尚書何事乃爾見苦泰始之初八表同逆一門
一世粉骨衞主殊勲異績已不能甄嘗階舊塗復見
侵抑僧虔報書曰征北板比歲處遇小優殷主簿從
此府入崇禮何儀曹即代殷亦不見訴爲苦足下積
屈一朝超升正自不難泰始初勤苦十年自未見饑
而頓就求祿亦何遽急吾與足下素無怨憾何以相

侵苦直是意有左右爾珪又書曰昔荀公造漢之功
臣晉武帝方爵其玄孫夏侯惇魏氏勲佐金德初融
亦始就甄顯方賞其孫封樹近族羊叔子以晉泰始
中建策伐吳至咸寧末方知褒寵封其兄子卞望之
以咸和初殞身國難至興寧末方崇禮秩官其子孫
蜀郡主簿田混黃初末死故君之難咸康中方擢其
子孫似不以世代遠而被棄年世疎而見遺檀珪百
罹六極造化罕比五喪停露百口轉命存亡披迫本
希小祿無意階榮自古以來有沐食侯近代有王官
府佐非沐食之職參軍非王官之謂質非匏瓜實羞

空懸殷何二生或是府主情味或是朝廷意旨豈與悠悠之人同口而語使僕就此職尚書能以郎見轉不若使日得五升祿爲不恥執鞭僧虔乃用爲安城郡丞珪宋安南將軍韶孫也

沈瓚之爲丹徒令性疎直在縣自以清廉不事左右浸潤日至遂鎖繫尚方歎曰一見天子足矣帝召問曰復欲何陳答曰臣坐清復以獲罪帝曰清復何以獲罪曰無以承奉要人帝曰要人爲誰瓚之以手板四面指曰此赤衣諸賢皆是若臣得更鳴必令清譽日至瓚之雖危言帝亦不責後知其無罪重除丹徒

令入縣界吏人候之謂曰我今重來當以人肝代米不然清名不立

劉祥少好文學性韻剛疎輕言肆行不避高下爲正員郎司徒褚淵入朝以腰扇鄣日祥從側過曰作如此舉止羞面見人扇鄣何益淵曰寒士不遜祥曰不能殺袁劉安得免寒士 袁謂袁粲劉謂劉彦節

後魏辛琛爲揚州征南府長史李崇多事產業琛每諍折崇不從遂相糾舉詔竝不問崇因置酒謂琛曰長史後必爲刺史但不知得上佐何如人爾琛對曰若萬一叨恩得一方正長史朝夕聞過是所願也崇有慙色

陳奇爲秘書監游雅所惡奇冗散數年高允每與奇讐溫古籍嘉其遠致稱奇通識非凡學所窺允微勸雅曰君朝望具瞻何爲與野儒辯簡牘章句雅謂允有私於奇曰君寧黨小人也乃取奇所注論語孝經燔於庭內允曰公貴人不乏樵薪何乃然奇論語雅愈怒因告京師後生不聽傳授而奇無降志亦訐雅之失雅製昭皇太后碑文論后名字之美以諭前魏之甄后奇刺發其非遂聞於帝詔下司徒簡封碑史事乃郭后雅有屈焉 奇史不載官也

後唐史在德蜀人褊急務在進取游說豪門以國士自負末帝清泰二年上封事大旨言朝廷間人率多濫進稱武士者不閑計策雖披堅執鋭戰則棄甲窮則背軍稱文士者鮮有藝能多無士行問策謀則杜口作文字則倩人所謂虛設具員枉耗國力逢陛下惟新之運是文明革弊之秋臣請應內外所管軍人凡勝衣甲者請宣下本都本將一考試武藝短長權謀深淺居下佐有將相才者便拔爲大將居上位無將略者移之下軍其東班臣僚請內出策題下中書竝令宰臣面試如下位有大才者便拔居大位處大

位無大才者即移之下僚其疏大約如此在德敢言不畏罪罰盧文紀等省其奏不悅班行亦多憤悱故諫官劉濤等上疏請出在德疏辯可否宜行中書覆奏亦駁其錯謬帝詔學士馬裔孫謂曰史在德語太凶其實難容朕初臨天下須開言路若朝士以言獲罪誰敢言者爾代朕作詔勿加在德之罪

晉闞澈爲滑州節度使史翰幕客任率酣嘗一日使酒怒目謂翰曰明公昔刺單懷與澈主客道至事無不可今領節鉞數不相容且書記趙礪險詖之人也務有諂笑贖貨無厭而公待之甚厚澈今請死近聞

張彥澤臠張式未聞史翰斬闞澈恐天下議者未有此類翰不怒引滿自罰而慰勉之

冊府元龜

巡按福建監察御史臣李嗣京 訂正

知甌寧縣事臣孫以敬叅閱

知建陽縣事臣黃國琦較釋

總錄部一百六十九

讎怨

夫厲階之成怨府之結本乎心術之寡恕血氣之方剛違和同之理構仇讐之漸不在於大遂爲於禍胎失之於微乃開於釁隙故有因機乘便發忿吐懣或倏起而圖視或中隱而嘻笑間不容髮以肆其志大則致難宗國流毒於民庶小亦陰畫計策圖害于厥

軀原夫違言有初交惡斯作事非能以理遣勢不可以兩全快心内典怨氣外洩思以雪乎大恥亦安事於貪生乃復不顧軀命輕用兵力苟圖快意罔念後艱罔與夫犯而不較以德報怨者異矣若夫戴天之讎枕戈是期反兵同國存諸典訓斯不可以忽也

鄭子駟與尉止有爭將禦諸侯之師而黜其車禦牛首師也黜預損尉止獲又與之爭獲囚俘子駟抑尉止曰爾車非禮也言女車猶多過制遂弗使獻不使獻所獲初子駟爲田洫司氏堵氏侯氏子師氏皆喪田焉洫田畔溝也子駟爲田洫以正封疆而侵四族田故五族聚群不逞之人因公子之徒以作亂於是子駟當國攝若事也子國爲司馬子耳爲司空子孔爲司徒魯襄公十年十月尉止司臣侯晉堵女父子師僕帥賊以入晨攻執政於西宫之朝公宮殺子駟子國子耳刼鄭伯以如北宫子孔知之故不死子孔公子嘉也知不吉利得其處也

楚太子建之子勝在於吳吳王夫差之時楚惠王欲召勝歸楚葉公諫曰勝好勇而陰求死士殆有私乎惠王不聽遂召勝使居楚之邊邑鄢潁川鄢陵是號爲白公汝南褒信縣有白亭白公歸楚三年而吳誅子胥白公勝既

歸楚怨鄭之殺其父乃陰養死士求報鄭歸楚五年請伐鄭楚令尹子西許之兵未發而晉伐鄭鄭請救於楚楚使子西往救與盟而還白公勝怒曰非鄭之仇乃子西也勝自厲劍人問曰何以爲勝曰欲以殺子西子西聞之笑曰勝如卵爾何能爲也其後四歲白公勝與石乞襲殺楚令尹子西

武城人或有因於吳竟田焉僑田吳界拘鄫人之漚菅者曰何故使吾水滋鄫人亦僑田吳滋濁也及吳伐魯道從武城吳師至拘者道之以伐武城克之鄫人教吳必可克

衛莊公登城以望戎州戎州戎邑問之以告公曰我姬姓

也何戎之有焉（言姬姓何故有戎）翦之（翦去其邑聚）公使匠久（久不作息）公欲逐石圃（石圃衛卿石惡從子）未及而難作石圃因匠氏攻公公閉門而請弗許踰于北方而隊折股戎州人攻之太子疾公子青踰從公（青疾弟）戎州人殺之公入于戎州已氏（已氏戎人姓）初公自城上見已氏之妻髮美使髠之以爲呂姜髢（呂姜莊公夫人髢髲也）旣入焉而示之璧曰活我吾與汝璧已氏曰殺女璧其焉往遂殺之而取其璧

皇瑗宋右師瑗之子麇有友曰田丙而奪其兄鄭般邑以與之鄭般慍而行告桓司馬之臣子儀克（克在下邑

不與雎之亂故在）子儀克適宋告夫人曰麇將納桓氏公問諸子仲（子仲皇野）初子仲將以杞姒之子非我爲子（爲適子杞姒子仲妻）麇曰必立伯也（伯非我兄）是良材子仲怒弗從故對曰右師則老矣不識麇（言右師老不能爲亂麇則不可知）公執之（執麇）皇瑗奔晉召之（召令還）

智伯晉大夫智伯伐鄭趙簡子疾使太子毋卹將而圍鄭智伯醉以酒灌擊毋卹群臣請死之毋卹曰君所置毋卹爲能忍詬然亦慍智伯智伯歸因謂簡子使廢毋卹簡子不聽毋卹繇此怨智伯簡子卒毋卹立是爲襄子襄子立四年智伯與趙韓魏盡分其范中行故地智伯益驕請地韓魏韓魏與之請地趙趙不與以其圍鄭之辱智伯怒遂率韓魏攻趙趙襄子懼乃奔保晉陽後趙襄子與韓魏合謀滅智伯弁滅智伯之後而三分其地趙襄子最怨智伯漆其頭以爲酒器

范雎者魏人也字叔游說諸侯欲事魏王家貧無以自資乃先事魏中大夫須賈須賈爲魏昭王使於齊范雎從留數月未得報齊襄王聞雎辯口乃使人賜雎金一斤及牛酒雎辭謝不敢受須賈知之大怒以爲雎持魏國陰事告齊故得此饋令雎受其牛酒還

其金旣歸心怒雎以告魏相魏相魏之諸公子曰魏齊魏齊大怒使舍人笞擊雎折脅摺齒雎佯死卽卷以簀置廁中賓客飲者醉更溺雎故僇辱以懲後令無妄言者雎從簀中謂守者曰公能出我我必厚謝公守者乃請出棄簀中死人魏齊醉曰可矣雎得出旣相秦秦號曰張祿而魏不知以爲范雎已死久矣魏聞秦且東伐韓魏魏使須賈於秦范雎聞之爲微行敝衣間步之邸見須賈須賈見之而驚曰范叔固無恙乎范雎曰然須賈笑曰范雎有說於秦邪曰不也雎前日得過於二相故亡逃至此安敢說乎須賈

曰今叔何事范雎曰臣爲人傭賃須賈意哀之留與坐飮食曰范叔一寒如此哉乃取其一綈袍以賜之須賈因問曰秦相張君公知之乎今聞幸於王天下之事皆决於相君今吾事之去留在張君孺子豈有客習於相君者哉范雎曰主人翁習知之唯雎亦得謁雎請爲君見於張君須賈曰吾馬病車軸折非大車駟馬吾不出范雎曰願爲君借大車駟馬於主人翁范雎歸取大車駟馬爲須賈御之入秦相府府中望見有識者皆避匿須賈怪之至相舍門謂須賈曰待我我爲君先入通於相君須賈待門下持車良久

問門下曰范叔不出何也門下曰無范叔須賈曰鄉者與我載而入者門下曰乃吾相張君也須賈大驚自知見賣乃肉袒膝行因門下人謝罪於是范雎盛帷帳侍者甚衆見之須賈頓首言死罪曰賈不意君能自致於青雲之上賈不敢復讀天下之書不敢復與天下之事賈有湯鑊之罪請自屏於胡貉之地唯君死生之范雎曰汝罪有幾曰擢賈之髮以贖賈之罪尚未足范雎曰汝罪有三爾昔者楚昭王時而申包胥爲楚卻吳軍楚王封之以荆五千戶包胥辭不受爲丘墓之寄於荆也今雎之先人丘墓亦在魏公前以雎爲有外心於齊而惡雎於魏齊公之罪一也當魏齊辱我於廁中公不止罪二也更醉而溺我公其何忍乎罪三也然公之所以得無死者以綈袍戀戀有故人之意故釋公乃謝罷入言之昭王罷歸須賈須賈辭於范雎范雎大供具盡請諸侯使與坐堂上飮食甚設而坐須賈於堂下置莝豆其前令兩黥徒夾而馬食之數曰爲我告魏王急持魏齊頭來不然者我且屠大梁須賈歸以告魏齊魏齊恐走亡趙匿平原君所秦昭王聞魏齊在平原君所欲爲范雎必報其仇乃佯爲好書遺平原君曰寡人聞君之高

義願與君爲布衣之交君幸過寡人寡人願與君爲十日之飮平原君畏秦且以爲然而入秦見昭王昭王與平原君飮數日昭王謂平原君曰昔周文王得呂尚以爲太公齊桓公得管夷吾以爲仲父今范君亦寡人之叔父也范君之讎在君之家願使人歸取其頭來不然吾不出君於關平原君曰貴而爲友者爲賤也富而爲交者爲貧也夫魏齊者勝之友也在固不出也今又不在臣所昭王乃遺趙王書曰王之弟在秦范君之讎魏齊在平原君之家王使人疾持其頭來不然吾舉兵而伐趙又不出王之弟於關趙

孝成王乃發卒圍平原君家急魏齊夜亡出見趙相虞卿虞卿度趙王終不可說乃解其相印與魏齊亡閒行念諸侯莫可以急抵者乃復走梁欲因信陵君以走楚信陵君聞之畏秦猶豫未肯見曰虞卿何如人也時侯嬴在旁曰人固未易知知人亦未易也夫虞卿躡屩擔簦一見趙王賜白璧一雙黃金百鎰再見拜為上卿三見卒受相印封萬戶侯當此之時天下爭知之夫魏齊窮困過虞卿虞卿不敢重爵祿之尊解相印捐萬戶侯而閒行急士之窮而歸公子公子曰何如人人固不易知知人亦未易也信陵君大

慙駕如野迎之魏齊聞信陵君之初難見之怒而自剄趙王聞之卒取其頭予秦秦昭王乃出平原君歸趙

張儀者魏人也（呂氏春秋曰儀魏氏餘子）始嘗與蘇秦俱事鬼谷先生學術蘇秦自以不及張儀張儀已學而游說諸侯嘗從楚相飲已而楚相亡璧門下意張儀曰貧而無行必此人盜相君之璧共執張儀掠笞數百不服醳（音釋）之其妻曰嘻子毋讀書游說安得此辱乎張儀謂其妻曰視吾舌尚在不其妻笑曰舌在也儀曰足矣儀既相秦為文檄（一作咫尺之檄）告楚相曰始吾從若飲我不盜而璧若笞我若善守汝國我顧且盜而城

孫臏齊人與龐涓俱學兵法龐涓為魏將自以為能不及孫子疾之以法刑斷其兩足齊將田忌進孫子於威王以田忌為將而孫子為師魏與趙攻韓韓急告於齊齊使田忌將而往直走大梁魏將龐涓聞之去韓而歸齊軍既已過而西矣孫子謂田忌曰彼三晉之兵素悍勇而輕齊齊號為怯善戰者因其勢而利導之兵法百里而趣利者蹶上將（蹶猶挫也）五十里而趣利者軍半至使齊軍入魏地為十萬竈明日為五萬竈又明日為二萬竈龐涓行三日大喜曰我固知

齊軍怯入吾地三日士卒亡者過半矣乃棄其步軍與其輕銳倍日竝行逐之孫子度其行暮當至馬陵道狹而旁多阻隘可伏兵乃斫大樹白而書之曰龐涓死此樹下於是令齊軍善射者萬弩夾道而伏期日暮見人舉而俱發龐涓果夜至斫樹下見白書乃鑽火燭之讀其書未畢齊軍萬弩俱發魏軍大亂相失龐涓自知智窮兵敗乃自剄曰遂成豎子之名齊因乘勝盡破其軍虜魏太子申以歸孫臏以此名顯天下

漢張耳大梁人與陳餘為刎頸交其後有隙耳為嘗

山王餘爲代王相趙襲嘗山耳敗走高祖二年東擊楚使告趙欲與俱餘曰漢殺張耳乃從於是漢求人類耳者斬其頭遺餘餘乃遺兵助漢漢敗於彭城西餘亦聞耳詐死即背漢漢遣耳與韓信擊破趙井陘斬餘泜水上

袁盎爲吳相告歸盎素不好鼂錯錯所居坐盎輒避盎所居坐錯亦避兩人未嘗同堂語及孝景即位鼂錯爲御史大夫使吏案盎受吳王財物抵罪詔赦以爲庶人吳楚反聞聞於天子錯謂丞史曰百官表御史大夫有兩丞丞史丞及史也袁盎多受吳王金錢專爲蔽匿言不反欲請

治盎宜知其計謀丞史曰事未發治之有絕事未發之時治之乃有所絕也今兵西向治之何益且盎不宜有謀盎大臣不宜有奸謀錯猶與未决與讀曰豫人有告盎盎恐夜見竇嬰爲言吳楚所以反願至前口對狀至天子之前也嬰入言帝乃召盎盎入見帝方與錯調兵食調謂計發之也音徒釣切帝問盎曰君嘗爲吳相知吳臣田祿伯爲人乎今吳楚反於公意何如對曰不足憂也今破矣帝曰吳王即山鑄錢煑海爲鹽即就也誘天下豪傑白頭舉事此其計不百全肯發乎何以言其無能爲也盎對曰吳銅鹽之利則有之安得豪傑而誘之誠令吳得豪傑亦且輔而爲誼不反矣吳所誘皆亡賴子弟亡命鑄錢姦人故相誘以亂錯曰盎策之善帝問曰計安出盎對曰願屏左右帝屏人獨錯在盎曰臣所言人臣不得知乃屏錯錯趨避東廂甚恨帝卒問盎卒竟也對曰吳楚相遺書言高皇帝王子弟各有分地分音扶問切今賊臣鼂錯擅適諸侯削奪之地適讀曰讁故以反爲名而共誅錯復故地而罷方今計獨有斬錯發使赦吳楚七國復其故地則兵可無血刃而俱罷於是帝默然良久曰顧誠何如吾不愛一人以謝天下顧念也誠實也盎曰愚計出此惟帝熟計之乃拜盎爲太常密裝治行後十餘

日斬錯

張湯爲御史大夫七歲河東人李文故嘗與湯有隙已而爲御史中丞薦數從中文事有可以傷湯者不能爲地薦數也數數在中其有文書事可爲傷湯者不爲作道地也湯有所愛史曾何居知湯弗平使人上飛變告文姦事飛變猶言急變也事下湯湯治論殺文

李敢廣子也爲郎中令怨大將軍衞青之恨其父令其父恨而死也乃擊傷大將軍大將軍匿諱之居無何敢從上雍至甘泉宮獵無何謂未多時也雍之所地形積高故云上也上音時切驃騎將軍霍去病怨敢傷青射殺敢去病時方貴幸帝爲

語云鹿觸殺之
薛宣罷相就第久之哀帝初即位博士申咸給事中亦東海人也毀宣不供養行喪服薄於骨肉前以不忠孝免不宜復列封侯在朝省宣子況爲右曹侍郎數聞其語賕客楊明欲令創咸面目使不居位（創謂傷之也音初良切其下並同）會司隸缺況恐咸爲之遂令明遮斫咸宮門外斷鼻脣身八創事下有司況徙敦煌宣坐免爲庶人
後漢班固嘗爲大將軍竇憲中護軍雒陽令种兢嘗行固奴干其車騎吏推呼之奴醉罵兢大怒畏憲不

敢發心銜之及竇氏賓客皆逮考兢因此捕繫固遂死獄中時年六十一詔以譴責兢抵主者吏罪
周黨少孤至長安游學初鄉佐嘗衆中辱黨黨久懷之後讀春秋聞復讐之義便輟講而還與鄉佐相聞期尅鬬日既交刃而黨爲鄉佐所傷困頓鄉佐服其義輿歸養之數日方蘇既悟而去自此勑身修志州里稱其高
鄭顗北海人明經典隱居海畔延致學徒晝研精義夜占象度勤心銳思朝夕無倦州郡辟召舉有道方正不就同郡孫禮者積惡凶暴好游俠爲其同里人嘗慕顗名德欲與親善顗不顧以此結怨遂爲所殺
杜喬爲大司農益州刺史种暠舉劾永昌太守劉君世以金蛇遺梁冀事發覺以蛇輸司農冀從喬借觀之喬不肯與冀始爲恨累遷大鴻臚時冀小女死令公卿會喪喬獨不往冀又銜之遷光祿勳代胡廣爲太尉桓帝納冀妹冀欲令以厚禮迎之喬據執舊典不聽又冀屬喬舉汜宮爲尚書喬以宮贓罪明著遂不肯用因此日忤於冀及清河王蒜事起冀遂諷有司劾喬及李固與劉鮪等交通請逮案罪而梁太后素知喬忠但策免而已冀愈怒使人脅喬曰早從宜

妻子可得全（從宜令其自盡也）喬不肯明日冀遣騎至其門不聞泣者遂白執繫之獄中死妻子歸故鄉與李固俱暴屍於城北
呂布初與董卓誓爲父子嘗在左右而卓性褊忿每小失意拔手戟擲之布拳捷避之得免繇是陰怨卓卓又嘗使布守中閤布與卓侍婢私通恐事發覺心不安先是司徒王允以布州里壯健厚接納之後布詣允陳卓幾見殺狀時允與僕射士孫瑞密謀卓是以告布使爲內應布曰柰如父子何允曰君自姓呂本非骨肉今憂死不暇何謂父子布遂許之手刃刺

卓允以布爲奮威將軍假節儀比三司進封溫侯共秉朝政布自殺卓後畏惡凉州人凉州人皆怨繇是李傕等遂相結還攻長安城布不能拒李傕等遂入長安卓死後六旬布亦敗

牛輔董卓女婿恇怯失守不能自安見客先筮知吉凶然後見之中郎將董越來就輔輔使筮之得兌下離上筮者曰火勝金外謀内之卦也即時殺越獻帝紀云筮人嘗爲越所鞭故因此以報之

王叡先與孫堅共擊零桂賊以堅武官言頗輕之及叡舉兵欲討董卓素與武陵太守曹寅不相能揚言

當先殺寅寅懼詐作案行使者光禄大夫溫毅檄移堅說叡罪過令收行刑訖以狀上堅即承檄勒兵襲叡叡聞兵至登樓望之遣問欲何爲堅前部荅曰兵久戰勞苦所得賞不足以爲衣服詣使君更乞資直耳叡曰刺史豈有所吝便開庫藏使自入視之知有所遺不兵進及樓上叡見堅驚曰兵自求賞孫府君何在其中堅曰被使者檄誅君叡曰我何罪堅曰坐無所知叡窮迫刮金飲之而死

吳凌統怨甘寧殺其父操寧嘗備統不與相親大帝亦命統不得讎之嘗於呂蒙舍會酒酣統乃以刀舞寧起曰寧能雙戟舞蒙曰寧雖能未若蒙之巧也因操刀持楯以身分之後帝知統意因令寧將兵遂徙屯於半州

晉衞瓘爲司空時帳下督榮晦有罪瓘斥遣之及難作隨兵討瓘故子孫皆及於禍太保主簿劉繇等撾登聞鼓上言曰瓘前在司空時帳下給使榮晦無情被黜晦知瓘家人數子孫名字晦後轉給右軍其夜晦在門外揚聲大呼宣詔免公還第及門開晦前到中門復讀所齎僞詔手取公章綬貂蟬催公出第晦案次錄瓘家口及其子孫皆兵仗將送著東亭道北

圍守一息間便皆斬斫害公子孫實繇於晦及將人劫盜府庫皆晦所爲考晦一人衆姦皆出乞驗盡情僞加以族誅詔從之

鄭默爲光禄勳太康元年卒尚書令衞瓘奏默才行名望宜居論道五升九卿位未稱德宜贈三司而后父楊駿先欲以女妻默子豫默曰吾每讀雋不疑傳嘗想其人畏遠權貴奕世所守遂辭之駿深爲恨至此駿議不同遂不施行

潘岳爲琅邪内史孫秀爲小吏給岳而狡黠自喜岳惡其爲人數撻辱之秀嘗銜忿及趙王倫輔政秀爲

中書令岳於省內謂秀曰孫令猶憶疇昔周旋不答曰中心藏之何日忘之岳於是自知不免俄而秀遂誣岳及石崇歐陽建謀奉淮南王允齊王冏爲亂誅之夷三族

向雄河內人仕郡爲主簿太守劉毅嘗以非罪笞雄及吳奮代毅爲太守又以少譴繫雄於獄後累遷黃門侍郎時吳奮劉毅俱爲侍中同在門下雄初不交言武帝聞之勑雄令復君臣之好雄不得已乃詣毅再拜曰向被詔命君臣義絕如何於是即去帝聞而大怒問雄曰我令卿復君臣之好何以故絕雄曰古

之君子進人以禮退人以義今之進人若加諸膝退人若墜諸川劉河內於臣不爲戎首亦已幸甚安復爲君臣之好帝從之

郗詵字廣基其鄉人亍峻清貞有簡識以名理著稱詵侍才淩傲峻兄弟峻等亦以門盛輕詵相視如讐詵以楊駿故吏被繫峻時爲尚書郎按其獄詵懼不免峻平心斷決正之詵卒以免而猶不悛後爲左丞復奏陷亍氏

皇甫重爲秦州刺史齊王冏輔政以重弟商爲參軍冏誅長沙王乂又以爲參軍時河間王顒鎮關中其將李含先與商重有隙每銜之及此說顒曰商爲義所任重終不爲人用宜急除之以去一方之患乃表遷重爲內職因其經長安乃執之

賈疋爲安定太守雍州刺史丁綽貪橫失百姓心乃譖疋于南陽王模以軍司謝班代之疋奔瀘水與胡彭蕩仲及氐竇首結爲兄弟聚衆攻班綽奔武都疋復入安定殺班

解結與兄系齊名爲御史中丞時孫秀亂關中結在都坐議秀罪應誅秀繇是致恨及系被害結亦同戮

華譚字令思陳敏之亂吳士多爲其所逼顧榮先受

敏官而潛謀圖之譚不悟榮旨露檄遠近極言其非繇此爲榮所怨譚後爲紀瞻所薦而爲榮所止遏遂數年不得調後譚爲秘書監戴若思弟邈則譚女婿也譚平生時嘗鄙若思而進邈若思每銜之及用事嘗毀譚於帝繇是官塗不至

束皙與兄璆俱知名鄉里察孝廉舉茂才皆不就璆娶石鑒從女棄之鑒以爲憾諷州郡公府不得辟故皙等久不得調

王澄爲荆州刺史以郭舒爲別駕舒少與杜曾厚曾嘗召之不往曾銜之至是澄又轉舒爲順陽太守曾

密遣兵襲舒逾逃得免

蘇峻爲歷陽内史庾亮輔政欲徵之峻遣司馬何仍諸亮辭以内輔非所堪亮不從遂徵爲散騎常侍峻又表乞補一荒郡復不許遂舉兵爲亂峻旣敗死司馬任讓等共立峻弟逸爲主峻子碩乃發亮父母墓剖棺焚屍

王珣兄弟皆謝氏婿以猜疑致隙太傅安旣與珣絶婚又離珉妻繇是二族遂成讐釁時希安旨乃出珣爲豫章太守

毛安之四子潭泰邃遁潭嗣爵官至江夏相泰歷太

傅從事中郎後軍諮議參軍與邃俱爲會稽王父子所昵乃追論安之討盧悚勳賜爵平都子命潭襲爵元顯嘗宴泰家旣而欲去泰苦留之曰公若遂去當取公腳元顯大怒奮衣而出遂與元顯有隙及元顯敗泰時爲冠軍將軍堂邑太山二郡太守遂爲遊擊將軍遁爲太傅主簿桓玄得志使泰收元顯送于新亭泰因宿恨手加毆辱俄竝爲玄所殺惟遁被徙廣州

高瞻渤海蓨人隨崔毖伐慕容廆毖敗降于廆廆署將軍辭疾不就瞻與宋該有隙該陰勸廆除之瞻聞其言彌不自安遂以憂死

劉毅少爲劉敬宣寧朔參軍時人或以雄傑許之敬宣曰人有非常之才當别有調度豈得便謂此君爲人豪耶其性外寬而内忌自伐而尚人若一旦遭逢亦當以陵上取禍爾毅聞之深以爲恨及在江陵知敬宣還乃使人言於高祖曰劉敬宣父子忠國旣昧今又不豫義始猛將勞臣方須叙報如敬宣之比宜令在後若使君不忘平生欲相申起者論資語事正可爲員外常侍耳聞已授其郡實爲優過尋知復爲江州尤所駭惋敬宣愈不自安帝反正自表解職後敬

宣伐蜀無功而還毅欲以重法繩之高祖旣相任待又何無忌明言於毅謂不宜以私憾傷至公若必文致爲戮已當入朝以廷請决之毅雖止猶謂高祖曰夫生平之舊豈可孤信光武悔之於龐萌曹公失之於孟卓公宜深慮之毅出爲荆州謂敬宣曰吾忝西任欲屈卿爲長史南蠻豈有見輔意乎敬宣懼禍反以告高祖高祖笑曰但令老兄平安必無過慮出爲使持節督北青州軍郡事征虜將軍

巡按福建監察御史臣李嗣京　訂正
新建縣舉人臣戴國士叅閱
知建陽縣事臣黃國琦較釋

總録部一百七十

讎怨第二

宋沈穆夫及父警坐孫恩事逃匿先是宗人沈豫素無士行爲警所疾至是聞穆夫豫亂逃藏將免矣豫以告官警及穆夫弟仲夫任夫珮夫垃夫遇害唯穆夫子淵子雲子田子林子夏子虔子獲全

謝晦爲太尉主簿內外要任悉委之劉穆之遣使陳事晦往往多異同穆之怒曰公復有還時不及高祖欲以爲從事中郎以訪穆之穆之堅執不與終穆之世不遷穆之喪問至高祖哭之甚慟晦時正值喜甚自入閤內審穆之死問其日敕出轉晦從事中郎

沈璞以元凶之亂疾遂增篤不堪遠迎世祖義軍至新亭方得致身先是琅邪顏峻願交璞不酬其意峻以致恨及世祖將至都方有讒說以璞奉迎之晚備罹其禍時年四十八

始安王休仁文帝第十二子前廢帝嘗於休仁前使左右淫逼休仁所生母楊太妃左右竝不得已順命以致右衛將軍劉道隆道隆懼以奉旨盡諸醜狀明帝卽位以休仁爲司徒尚書令揚州刺史時劉道隆爲護軍休仁請求解職曰臣不得與此人同朝乃賜道隆死

孟顗爲會稽太守謝靈運以侍中退居郡中會稽東郭有廻踵湖靈運求決以爲田太祖令州郡履行此湖去郭近水物所出百姓惜之顗堅執不與靈運旣不得廻踵又求始寧岯崲湖爲田顗又固執靈運謂顗非在利民正慮決湖多害生命言論毀傷之與顗

遂構讎隙

劉瑀爲吏部尚書與何偃有隙及瑀發背癰偃亦發背疽瑀疾已篤聞偃亡歡躍叫呼於是亦卒

南齊沈文季宋司空慶之子也宋昇明元年沈攸之反太祖加文季爲冠軍將軍督吳興錢唐軍事攸之先爲景和御使殺慶之至是文季收殺攸之之弟新安太守登之誅其宗族

王晏爲吏部尚書以舊恩見寵時尚書令王儉雖貴而疏晏旣領選權行臺閣與儉頗有隙儉卒禮官議謚帝欲依王導謚爲文獻晏啓帝曰導乃得此謚但

宋來不加素族出謂親人曰平頭憲事已行矣

張融爲南陽王友融父暢先爲丞相長史義宣事起暢爲王玄謨所錄將殺之時玄謨子瞻爲南陽王前軍長史融啓求去官不許

江祏爲右僕射與弟侍中祀衛尉劉暄謀立江夏王寶玄廢東昏事發召祏入見停中書省直齋袁文曠以王敬則勳當封祏執不與帝使文曠取祏以刀環築其心曰復能奪我封否祏祀同日被殺

梁張弘策爲高祖雍州錄事參軍從高祖義師克京城爲衛尉卿散騎常侍爲東昏餘黨孫文明所殺及

文明就擒張氏親屬臠食之

鍾嶸爲晉安王記室嶸嘗求譽於沈約約拒之及約卒嶸品古今詩爲評言其優劣云觀休文衆製五言最優齊永明中相王愛文王元長等皆宗附約于時謝朓未遒江淹才盡范雲名級又微故稱獨步故當辭密于范意淺于江蓋追宿憾以此報約也頃之卒官

劉孝綽爲太子僕掌東宮記室與到溉到洽友善同遊東宮孝綽自以才優於洽每於宴坐嗤鄙其文洽深銜之及孝綽爲廷尉卿攜妾入官府其母猶停私宅洽尋爲御史中丞遣令史案其事遂劾奏之云攜少姝於華省棄老母於下宅高祖爲隱其惡改姝爲妹坐免官孝綽弟時隨藩皆在荊雍乃與書論其不平者十事其辭皆鄙到氏又寫別本封呈東宮昭明太子命焚之不開視也

劉覽字孝智爲尚書當官清正無所私姊夫御史中丞褚湮從兄吏部郎孝綽在職頗通賕貨覽劾奏並免官孝綽怨之嘗謂人曰犬嚙行路覽噬家人

沈瑀爲餘姚縣令大姓虞氏千餘家請謁如市前後令長莫能絕自瑀到非訟訴無所通其至者悉立之

階下以法繩之縣南又有豪族數百家子弟縱橫遞相庇廕厚自封殖百姓甚患之瑀召其老者爲石頭倉監少者補縣僮皆號泣道路自是權右屛迹瑀初至富吏皆鮮衣美服以自彰別瑀怒曰汝等下縣吏何得自擬貴人耶悉使着芒屩粗布侍立終日足有蹉跌輒加榜捶瑀微時嘗自至此鬻瓦器爲富人所辱故因以報焉繇是士庶駭怨瑀廉素自守故得遂行其意

陳留異梁代爲蟹浦戍主歷晉安安固二縣令侯景之亂還鄉里召募士卒東陽郡丞與異有隙引兵誅

之及其妻子

後魏奚斤世典馬牧父簞多稱有寵於昭成時國有良馬爲劉庫仁所盜簞聞而馳往取馬庫仁以國甥恃寵慙而逆擊簞簞捽其髮落傷其一乳及苻堅使庫仁與衛辰分領國部簞懼將家竄於民閒庫仁求之急簞遂西奔衛辰及太祖滅衛辰簞晚乃得歸故名位後於舊臣

公孫表燕郡人與渤海封愷友善後爲子求愷從女愷不許表甚銜之及封氏爲司馬國璠所逮明元以舊族欲原之表固證其罪乃誅封氏表爲人外和內

忌時人以此薄之後表爲吳兵將軍攻滑臺不克又圍虎牢及車駕次汲郡太史令王亮奏表置軍虎牢東不得利便之地故令賊不時滅明元雅好術數乃使人夜就帳中縊殺之初表本與王亮同營署及其出也輕侮亮故乃至于死

李順爲後將軍太武討赫連昌謂崔浩曰朕欲使李順總攝前驅之事卿以爲何如浩曰順智足周務實如聖旨但臣與之婚姻深知其行然性果於去就不可專委乃止初浩弟娶順妹又以弟子娶順女雖二門婚媾而浩頗輕順又弗之伏也繇是潛相猜忌故浩毀之

房崇吉初爲宋明帝太原太守戍升城其母叔在歷城爲崔道固所拘繫及二城降俱至京師崇吉爲歸安縣令頗懷昔憾與崔道固接事意甚不平後委縣出臺訟道固罪狀數條會赦不問

崔孝芬爲廷尉日章武王融以贓貨被劾孝芬案以重法及融爲都督北討鮮于修禮於時孝芬弟孝演率勒宗從避賊於博陵郡城爲賊攻陷尋爲賊所害融乃密啓云孝演入賊爲主遂見收捕合家逃竄遇赦乃出

楊昱爲中書舍人時靈太后嘗從容謂昱曰今帝年幼朕親萬機然自薄德化不能感親姻在外不稱人心卿有所聞慎勿諱隱昱於是奏揚州刺史李崇五車載貨常州刺史楊均造銀食器十具並餉領軍元叉靈太后召叉夫妻泣而責之叉深恨昱昱第六叔舒妻武昌王和之妹和即叉之從祖父舒早喪有一男六女及終喪而元氏頻請別居昱父椿乃集親姻泣而謂之曰我弟不幸早終今男未婚女未嫁何忽忽便求離居不聽遂懷憾焉及元氏廢太后乃出昱爲濟陰內史

畢衆敬東平人少好弓馬射獵交結輕果嘗於疆境盜掠爲業仕宋孝武爲徐兗刺史薛安都部從事孝武即位歷太山太守冗從僕射及明帝立遣衆敬出詣兗州募人到彭城刺史薛安都召與密謀云晉安有上流之名且孝武第三子當共卿爲計西徙乃矯明帝命以衆敬行兗州事衆敬從之時兗州刺史殷孝祖留其妻子率文武二千人赴明帝使司馬劉文石守城衆敬率衆取瑕兵殺文石安都與孝祖先不相協命衆敬誅孝祖諸子衆敬不得已遂殺之州內悉附唯東平太守申纂據無鹽城不與之同及明帝平

子勛授纂兗州刺史會安都引國援軍經其城下纂閉城門守浮偎衆敬會有人發衆敬父墓遂令其母骸首散落衆敬發哀行服特掠近墓細民死者十餘人又疑纂所爲弟衆愛安都長史亦遣人密至濟陰掘纂父墓以相報答及安都以城入國衆敬不同其謀子元賓以母弃百口悉在彭城恐交致禍日夜啼泣遣請衆敬衆敬尤未從之衆從先已遣表謝宋宋明授衆敬兗州刺史而以元賓有他罪獨不捨之衆敬拔刀斫柱曰皓首之年唯有此子今不原貸何用獨全及尉元至遂以城降元遣將入城事定衆敬悔恚數日不食皇興初就拜散騎常侍寧南將軍兗州刺史與中書侍郎李璨對爲刺史慕容白曜攻尅無鹽申纂爲亂兵所傷走被擒送於白曜白曜無殺纂之意而城中火起纂創重不能避爲火所焚死衆敬聞尅無鹽懼不殺纂乃與白曜書并表朝廷云家禍之酷皆繇於纂聞纂死乃悅

甄琛爲侍中領中尉與黃門郎李憑以朋黨被召兼尚書元英邢巒窮其阿附之狀琛曾拜官請賓悉集巒乃晚至琛謂巒曰卿何處放驅來今晚始顧巒以言戲巒巒變色銜忿及此大相推窮琛遂免歸本郡

高謙之爲國子博士初謙之弟道穆正光中爲御史糾相州刺史李世哲事大相挫辱其家嘗以爲憾至是世哲弟神軌爲靈太后浮所寵任値謙之家僮訴良神軌左右之入諷尚書判禁謙之於廷尉時將赦神軌乃啓靈太后發詔於獄賜死朝士莫不哀之

朱瑞爲車騎將軍爾朱榮死與爾朱世隆俱北走既而以莊帝待之素厚且見世隆終當喪敗於路乃還帝大悅以爲尚書左僕射西道大行臺尉勞爾朱天光既達長安會爾朱兆入雒後還京師都督斛斯椿先與瑞有隙數譖之於世隆世隆性多忌且以前日

乖異忿恨更甚遂誅之

北齊斛律光爲左丞相嘗在朝堂垂簾而坐祖珽不知乘馬過其前光怒曰此人乃敢爾後珽在内省言聲高慢光過聞之又怒珽知光怒賂其從奴搕頭曰自公用事相王每夜抱膝歎曰盲人用權國必破矣珽省事褚士達夢人倚戶授其詩曰九升八合粟角斗定非真堰却津水中將留何處人以告珽占之曰角斗斛字津却水留何人合成律字非真者斛字斛律於我不寔士達又言所夢狀乃其父形也珽繇是懼又穆提婆求娶光庶女不許帝賜提婆晉陽之田

光言於朝曰此田神武以來嘗種禾飼馬以擬寇難今賜無乃闕軍務也帝又以鄴清風園賜提婆租賃之於是官無菜賒買於人負錢三百萬其人訴焉光曰此菜園賜提婆是一家足若不賜提婆便百官足繇是祖穆積怨

崔陵初爲嘗侍求人脩起居注或曰魏收可陵曰收輕薄之徒更引祖鴻勳爲之旣居樞要又以盧元明代收爲中書郎繇是收銜之及收聘梁過徐州陵備刺史鹵薄而送之使人相聞收曰勿怍儀多稽古之力也收報曰崔徐州建義之勳何稽古之有陵自以門閥素高特不平此言收乘宿憾故以此挫之

魏收初仕後魏爲中書侍郎黃門崔陵從齊神武入朝熏灼於世收初不詣門陵爲帝登祚赦云朕託體孝文收嗤其率直正員外李愼以告之陵深忿忌時節閔帝殂令收爲詔陵乃宣言收普泰世出入幃幄一日造詔優爲辭旨然則義旗之士盡爲逆人又收父老合解官歸侍南臺將加彈劾賴尚書辛雄爲言於中尉綦儁乃解收有賤生弟仲同先未齒録因此怖懼上籍遣還鄉扶侍後收旣專典國史陵恐被惡言乃悦之曰昔有班固今則魏子收笑而憾不釋

後周楊寬與栁慶有隙武成二年慶除宜州刺史慶自爲郎迄于司會府庫倉儲竝其職也及在宜州寬爲小冢宰乃因慶故吏欲求其罪失案驗積六十餘日吏或有死於獄者終無所言唯得錦數匹時人服慶廉愼

樂運爲京兆丞時内史鄭譯嘗以私事請託運弗許之因此銜之及隋文帝爲丞相譯爲長史遂左遷運爲廣州滍陽令

隋于顗初仕後周爲廣州刺史尉迥之反也時總管趙文表與于顗素不協顗將圖之因臥閤内詐得心

疾謂左右曰我見兩三人至我前者輒大驚郎欲斫之不能自制也其有賓客候問者皆令去左右顗漸深危篤文表往候之令從者至大門而止文表獨至顗所顗欻然而起抽刀斫殺之因唱言曰文表與尉迥通謀所以斬之其麾下無敢動者時高祖以尉迥未平慮顗後生邊患因勞勉之

唐李大恩爲代州總管大恩嘗山人也家富於財見天下將亂致豪傑以爲腹心與鷹揚郎將鄭乾廓府城郡授掌爲乾廓所毀大恩求得其罪發使言於煬帝乾廓知之懼爲所殺潛引土賊以圖大恩期有日

矣大恩捕得其使因勒兵詐爲山賊來詣乾廓城下乾廓不之覺輕騎來迎大恩執而殺之

王溥爲齊州都督托國公初從竇建德在齊州溥遣使歸國及雒陽平盛彥師安輯徐兗溥率兵與彥師攻徐圓郎之須昌縣徵軍糧於齊州刺史李義滿與溥有隙閉倉不與及下須昌彥師收義滿繫齊獄高祖聞之謂侍臣曰義滿忠誠朕之所悉此必溥所搆也遽令釋之而使未至義滿憂憤而卒溥旋經齊州頓於城內其夜義滿兄子武意執而殺之

李襲譽爲同州刺史坐在涼州陰臧番禾縣丞劉武而杖殺之流於泉州未幾而卒

盧從愿爲吏部侍郎典選六年因早朝塗中爲人所射中其從者捕賊竟不獲時議從愿久在選司爲被抑者所讐也

楊炎肅宗時釋褐掌河西節度使書記先時神烏縣令李大簡因酒辱炎至是與大簡同在使府炎執縛大簡以鐵鞭撾之二百血流於地幾死節度使呂崇賁愛其才不之問

郝廷玉爲幽州節度行軍司馬建中三年四月景子貶栁州司戸要籍簡較大理少卿朱體微萬州南浦

尉廷玉與朱泚同鄉里少友善初爲小骨事安祿山泚爲節度使累授軍司馬軍府之政動以咨之廷玉亦有吏能師人悅之泚判官鄭雲逵嘗忤廷玉廷玉白泚黜爲莫州錄事參軍雲逵與朱滔善後奏爲判官因浮搆廷玉於滔滔爲泚留後事有請於泚廷玉又輒壅之體微亦蒙泚親信與廷玉密嘗從容言於泚曰滔非長者也不可以兵權付之滔竊知之後滔南討有功雲逵數激其怒乃抗表稱廷玉體微離間骨肉又累遺書於泚言廷玉體微罪惡請殺之泚不聽滔既反叛帝乃召泚示滔請殺二人表泚亦上其

書故歸罪於廷玉等以悅滔滔終叛逆
嚴郢爲京兆尹兼御史中丞時楊炎爲相惡其異己誣以他罪削兼中丞及盧杞將傾炎炎旣罷相乃引郢爲御史大夫與協謀發炎罪及河中觀察使趙惠伯下御史臺獄鞫楚無驗搆成其罪貶炎於崖州惠伯於費州郢旣報怨過當人頗不直郢後得罪旣至費州道左睹柩殯問其主名或曰趙惠伯之殯也郢默然慙恧歲餘而卒
李巽爲湖南觀察使初竇參爲宰相不悅於巽自左司郎中出爲常州刺史仍促其行不數月參貶郴州

司馬郴即湖南屬郡也宣武軍節度使劉士寧代父爲帥參嘗有助士寧素德參之恩專使致幣於參巽摭奏其事云與節將交通德宗遂殺參巽性跛扈狡恣忌刻頗甚乘德宗之怒謀殺參時人冤之
令狐楚以宰相爲憲宗山陵使以其下隱沒官錢罷爲宣州觀察使又貶爲衡州刺史先是元稹爲山陵使判官稹以他事求知制誥事欲就求楚薦之以掩其跡楚不應稹旣得志浮憾焉楚之再出稹頗有力復於詔中發楚在翰林及河陽舊事以詆訾之
李宗閔爲中書侍郎平章事太和七年李德裕入相宗閔罷鎮興元其年十二月文宗暴風恙不能言者月餘八年正月十六日始力疾御紫宸見百僚宰臣進問安否上歎醫無名工者久之繇是王守澄進鄭注初注搆宋申錫事帝浮惡之欲令京尹杖殺至是以藥稍效始善遇之守澄復進李訓善易其年秋帝欲以訓爲諫官德裕奏曰李訓小人不可在陛下左右頃年惡跡天下皆知無故用之必駭視聽帝曰人誰無過俟其悛改朕以逢吉所託不忍負言德裕曰聖人有改過之義訓天性奸邪無悛改之理帝顧王涯曰商量別與一官遂授四門助教制出給事中鄭

肅韓佽封還之王涯召肅面喻令下俄而鄭注亦自絳州至訓注惡德裕排己九月十日復召宗閔於興元授中書侍郎平章事出德裕爲興元節度使德裕中謝日自陳戀闕不願出藩追勅守兵部尚書宗閔奏制命已行不宜自便尋改簡較尚書右僕射潤州刺史鎮海軍節度蘇常潤等觀察使
後唐崔協字文交父彥融與崔蕘素相友善彥融爲萬年蕘謁於縣彥融未出有尺題在案皆賂遺於寺人矣蕘知其繇徑始惡其爲人及彥融除司勳郎中蕘巳爲左丞通剌不見初以爲戲再聞名於將命者

蕘謂曰郎中行止鄙雜故非敢見丞相知之改楚州刺史卒於任誡其子曰世世無忘崔蕘故其子弟嘗云世讎協爲兵部侍郎與中書舍人崔居儉相遇於幕次協厲聲而言曰崔蕘之子何敢相見居儉亦報之左降太子詹事

朱漢賓莊宗時爲左龍武統軍河中節度使朱友謙入朝時西軍未還閹伶用事害友謙者不一而漢賓伺知之時明宗居睢陽以友謙故人置酒於第莊宗諸弟在席時友謙賜姓名繼麟坐在永王重霸之上酒酣漢賓以大觥奉友謙曰公雖名位高坐於皇弟

之上非宜也俟與公俱在梁朝以宗姓相厚自公入朝三藩軍函候問略無報復忽於卑位不已甚乎元行欽恐其紛然乃解之曰素爲昆仲今讓兄何也明宗曰統軍亦須飲大器方止不數日友謙赤族

晉王令崇爲貝州軍校天福八年自賊中至令温之弟也訴其舉家淪没乃以令温爲威勝軍節度鄧隨均房等州觀察處置等使又以貝州都指揮使杜審澄爲均州刺史以親族陷於寇難故也令温爲麾下邵宗範刳心鸞肉令衆噉之邵珂之子也初令温奉詔詣闕皆謂珂有異志乃以其子爲帳内兵以質之冀珂惜其子而釋私憾珂素兇很殊無所顧而令温覆族者自失其機斷也

周許遷爲單州刺史誤斷不合死罪人家詣闕致訟下開封府時陳觀知府素與遷不恊浮劾其事欲追遷對訟太祖以事猶可原但罷郡而已遷旣入朝詣陳觀謂王峻曰相公當政所與參議宜求賢德如陳觀者爲儒無士行爲官多挾情苟知子細屠沽兒恥與爲侶况明公乎峻無以沮之又於卿監幕次醜言備至旣而嬰疾請歸天平而卒

宋齊丘仕江南李景爲官至太傅中書令性倜儻不

羈輕財好施頗爲其國人所重及世宗南征吳人大懼時陳覺與李徵古皆齊丘門人因進說於景請退居後苑委國事於齊丘景然是銜之初吳人遣鍾謨李德明奉表上世宗尋遣德明復命於金陵德明因說李景請割江北之地求和於我而陳覺李徵古等以德明爲賣國請戮之景遂殺德明及江南内附世宗放鍾謨南歸謨本德明黨也思與復讎因言於景云齊丘當國危之際遣門人獻議欲因便以奪主位無人臣之禮景於是下僞制放齊丘歸九華山尋而幽死之陳覺李徵古並賜自盡

冊府元龜

巡按福建監察御史臣李嗣京　訂正

分守建南道左布政使臣胡維霖　參閱

知建陽縣事臣　黃國琦較釋

總録部　一百七十一

妖妄

周禮大司徒之職以八刑糾萬人其七曰造言之刑其八曰亂人之刑夫天生蒸民樹之司牧必去邪而防僞期知嘗而守正建彼皇極臻夫至治者也故軒鑑斯炤物無遁形夏鼎既鑄不逢不若其斯之謂矣

乃有挾邪僻之行祟妖妄之說譸張爲幻熒惑任己或假以祝禪之術或矜其久壽之道或陳之以律歷或獻之以符命憑虛飾詐誣上罔衆以至造作神異張皇氣焰保聚乎群黨傲擾乎區域干國之紀爲民之患者比比而有狀而惡積者滅身姦大者無赦禍不旋踵悠悠皆是著之篇次用垂于後

漢新垣平趙人文帝時以望氣見帝其後使人持玉杯上書闕下獻之先言帝曰闕下有寶玉氣來者已視之果有獻玉杯者刻曰人主延壽平又言臣候日再中居頃之日却復中於是始更以十七秊爲元秊令天下大酺平言曰周鼎亡在泗水中今河決通於泗臣望東北汾陰直有金寶氣（直謂正當汾陰）意周鼎其出乎兆見不迎則不至於是帝使使治廟汾陰南臨河欲祠出周鼎人有上書告平所言皆詐也下吏治誅後文帝怠於改正服鬼神之事（正正朔也服服色也正音之成切）

李少君者以祠竈穀道卻老方見武帝（穀道辟穀食之道也）帝尊之少君者故深澤侯人主方（侯家人主方藥也）匿其季及所生長（生長謂其郡縣所屬及居止處）嘗自謂七十能使物卻老（物謂鬼物也）其游以方徧諸侯無妻子人聞其能使物及不死更饋遺之（更音工衡切）嘗余金錢衣食人皆以爲不治

產業而饒給（給足也）又不知其何所人愈信爭事之少君資好方善爲巧發奇中（時時發言有所中中音竹仲切）嘗從武安侯宴坐中有年九十餘老人少君乃言與其大父游射處老人爲兒從其大父識其處（識記也音式志切）一坐盡驚少君見帝有故銅器問少君曰此器齊桓公十年陳於柏寢（晏子書柏寢臺名也以柏木爲寢室於臺之上）已而按其刻果齊桓公器（刻謂器上所刻名記）一宮盡駭以少君數百歲人也

甘忠可齊人成帝時忠可詐造天官曆包元太平經十二卷以言漢家逢天地之大終當更受命於天天帝使眞人赤精子下教我此道忠可以教東平夏賀

良容丘丁廣世東平渤海縣容丘東海縣東郡郭昌等中壘較尉
劉向奏忠可假鬼神罔上惑衆下獄治服未斷病死
賀良等復私以相教哀帝初立司隸較尉解光亦以
明經通災異得幸白賀良等所挾忠可書事下奉車
都尉劉歆歆以爲不合五經不可施行而李尋亦好
之光白前歆父向奏忠可下獄歆安肯通此道時郭
昌爲長安令勸尋宜助賀良等尋遂白賀良等皆待
詔黃門數召見陳說漢歷中衰當更受命成帝不應
天命故絶嗣今陛下久疾變異屢數所角功天所以譴
告人也宜急改元易號乃得延年益壽皇子生災異

息矣得道不得行咎殃且亡言知道不能行之必有殃咎將至滅亡不
有洪水將出災火且起滌盪民人哀帝久寢疾幾其
有益幾讀曰冀遂從賀良等議於是詔制丞相御史蓋聞
尚書五曰考終命言大運一終更紀天元人元考文
正理推歷定紀數如甲子也朕以眇身入繼太祖承
皇天總百僚子元元未有應天心之效即位出入三
年災變數降日月失度星辰錯謬高下貿易言山推川竭也
大異連仍盜賊並起仍頻也朕甚懼焉戰戰兢兢唯恐
陵夷陵漸滅亡也惟漢至今二百歲歷紀開元皇天降非
材之右漢國再獲受命之符右讀曰祐祐助也帝自言不材而得天助也

朕之不德曷敢不通夫受天之元命必與天下自新
其大赦天下以建平二年爲太初元年號曰陳聖劉
太平皇帝漏刻以百二十爲度布告天下使明知之
後月餘帝疾自若竟誅賀良等
王莽爲安漢公女爲平帝皇后莽以皇后有子孫瑞
通子午道時年十四始有婦人之道子水也午火也水以天一爲牡火以地二爲牝故火爲水
妃今通子以協之午子午道從杜陵直絶南山徑漢中莽既居
攝梓潼人哀章學問長安素無行好爲大言見莽居
攝即作銅匱爲兩簡署其一曰天帝行璽金匱圖其
一署曰赤帝璽某傳予皇帝金策書某者高皇帝名

也書言王莽爲眞天子皇太后如天命圖書皆書莽
大臣八人又取令名王興王盛章因自竄姓名竄冒厠著
也凡爲十人皆署官爵爲輔佐章聞齊井石牛事下
即日昏時衣黃衣持匱至高廟以付僕射僕射以聞
莽至高廟拜受金匱神嬗嬗音禪莽既僭位欲改太后
漢家舊號易其璽綬恐不見聽而莽疎屬王諫欲諂
莽上書言皇天廢去漢而命立新室太皇太后不宜
稱尊號當隨廢漢奉天命莽乃車駕至東宮親以其
書白太后太后曰此言是也悲懟之辭也莽因曰此誖德
之臣也誖乖也音布內切罪當誅於是冠軍張永獻符命銅

壁文言太皇太后當爲新室文母太皇太后（銅璧如璧形以銅爲之也）莽乃下詔曰予視羣公咸曰休哉（祖讀曰于休美也）其文字非刻非畫厥性自然予伏念皇天命予爲子更命太皇太后爲新室文母皇太后協于新室故交代之際信于漢氏哀帝之代世傳行詔籌爲西王母共具之祥（共音居用切）當爲歷代爲母昭然著明予祗畏天命敢不欽承謹以今月吉日親率羣公諸侯卿士奉上皇太后璽紱（此紱謂璽之組也）以當順天心光于四海焉太后聽許莽於是鴆殺王諫而封張永爲貢符子二年十一月立國將軍孫建奏西域將欽上言九月辛

巳戊巳校尉史陳良終帶共賊殺校尉刁護（刁音貂）劫略吏士自稱廢漢大將軍亡入匈奴又今月癸酉不知何日男子遮臣建車前自稱漢氏劉子輿成帝下妻子也（下妻猶言小妻）劉氏當復（復音扶福反）趣空宮（趣讀曰促）收繫男子即長安姓武字仲皆逆天違命大逆無道請論仲及陳良等親屬當坐者奏可漢氏高皇帝比著戒云罷吏卒爲賓食（比頻也言高帝頻戒云勿使吏卒宗漢廟欲爲寄食之賓于王氏廟）蓋誠欲承天心全子孫也其宗廟不當在長安城中諸劉爲諸侯者當與漢俱廢陛下至仁久未定前故安衆侯劉崇徐鄉侯劉快陵鄉侯劉曾（楚思王子）扶恩侯劉貴等更聚衆謀反（更音工衡切）今狂狡之虜或妄自稱亡漢將軍或稱成帝子子輿至犯夷滅連未止者此聖恩不蚤絕其萌芽故也臣愚以爲漢高皇帝爲新室賓享食明堂成帝異姓之兄弟平帝婿也皆不宜復入其廟元帝與皇太后爲體（言夫婦一體）聖恩所隆禮亦宜之臣請漢氏諸廟在京師者皆罷諸劉爲諸侯者以戶多少就五等之差其爲吏者皆罷待除於家（罷黜其職各使退歸而言在家待遷除）上當天心稱高皇帝神靈（稱音尺孕切）塞狂狡之萌莽曰可嘉新公國師以符命爲予四輔明德侯劉龔率禮侯劉嘉等凡三十二人皆知

天命或獻天符或貢昌言（昌當也）或捕告反虜厥功茂焉諸劉與三十二人同宗共祖者勿罷賜姓曰王惟國師以女配莽子故不賜姓改定安太后號曰黃皇室主絕之於漢也是時爭爲符命封侯其不爲者相戲曰獨無天帝除書乎司命陳崇白莽曰此開姦臣作福之路而亂天命宜絕其原莽亦厭之遂使尚書大夫趙並驗治罪五威將率所班皆下獄初甄豐劉歆王舜爲莽腹心倡導在位（倡音赤上切）褒揚功德安漢宰衡之號及封莽母爾兩子兄子皆豐等所共謀而豐舜歆亦受其賜並富貴矣非復欲令莽居攝也居

攝之萌出於泉陵侯劉慶前煇光謝囂長安令田終術莽羽翼已成意欲稱攝豐等承順其意莽輒復封舜歆兩子及豐等爵位已盛心意既滿又實畏漢宗室天下豪傑而疏遠欲進者竝詐稱符命莽遂據以即眞舜歆內懼而已豐素剛彊莽覺其不說說讀曰悅故徙大阿右拂大司空豐託符命文爲更始將軍拂讀曰弼與賣餅兒王盛同列豐父子默默時子尋爲侍中京兆大尹茂德侯即作符命新室當分陝立二伯分陝者欲依周公君公故事自陝以東周公主之自陝以西召公主之陝即今陝州是其地北伯長也陝音式冉切以豐爲右伯太傅中晏爲左伯如周召故事莽即從

之豐當述職西出未行尋復作符命言故漢氏平帝后黃皇室主爲尋之妻莽以詐立心疑大臣怨謗欲震威以懼下因是發怒曰黃皇室主天下毋此何謂也收捕尋尋亡豐自殺尋隨方士入華山歲餘捕得辭連國師公歆子侍中東通靈將五司大夫隆威侯棻棻弟右曹長水校尉伐虜侯泳大司空邑弟左關將軍掌威侯奇及歆門人侍中騎都尉丁隆等牽引公卿黨親列侯以下死者數百人尋手理有天子字莽解其臂入視之曰此一天子也或曰一六子也六者戮也明尋父子當戮死也乃流棻于幽州放尋於三危殛隆于羽山放舜之罰共工等也殛誅亡音居力切皆驛車載其屍傳致天鳳三年長平館西岸摧邕涇水不流毀而北行邕讀曰壅遣大司空王邑行視行音下更切還奏狀羣臣上壽以爲河圖所謂以土塡水塡讀與鎭同匈奴滅亡之祥也乃遣并州牧宋弘游擊都尉任萌等將兵擊匈奴至邊止屯是年王路朱鳥門鳴晝夜不絕崔發等曰虞帝闢四門通四聰虞書叙舜之德也闢四門明四目幸四聰故引之門鳴者明當脩先聖之禮招四方之士也於是令羣臣皆賀所舉四行從朱鳥門入而對策焉五年皇孫功崇公宗坐自畫容貌被服天子衣冠刻印三一曰維

祉冠存已夏處南山藏薄冰祉福祚也冠存已御襄代也夏處南山就陰原也藏薄冰亦以除暑也二曰肅聖寶繼莽自謂承聖舜後能肅敬得天寶龜以立宗欲繼其緒三曰德封昌圖自言以德見封當遂昌熾受天下圖籍又宗舅呂寬家前徙合浦私與宗通發覺按驗宗自殺莽曰宗屬爲皇孫爵爲上公知寬等叛逆族類而與交通刻銅印三文意甚害不知厭足窺欲非望春秋之義君親毋將將而誅焉迷惑失道自取此辜嗚呼哀哉宗本名會宗以制作去二名今復名會宗貶厥號賜謚爲功崇繆伯以諸侯之禮葬于故同穀城同者宗所封一同之地宗姊妨爲衛將軍王興夫人祝詛姑殺婢以絕口

事發覺莽使中常侍𨍭惲責問妨（𨍭音帶又音徒蓋切）弁以責
興皆自殺事連及司命孔仁妻亦自殺仁見莽免冠
謝莽使尚書劾仁乘乾車駕巛馬左蒼龍右白虎前
朱鳥後玄武右杖威節左負威斗號曰赤星非以驕
仁乃以尊新室之威命也仁擅免天文冠大不敬有
詔勿劾更易新冠其好怪如此六年博募天下有奇
技術可以攻匈奴者將待以不次之位言便宜者以
萬數或言能渡水不用舟檝（檝所以刺舟也音集其字從木）連馬接
騎濟百萬師或言不持斗糧服食藥物三軍不饑或
言能飛一日千里可窺匈奴莽輒試之取大鳥翮爲

兩翼頭與身皆著毛通引環紐飛數百步墮莽知其
不可用苟欲獲其名皆拜爲理軍賜以車馬待發是
歲夙夜連率韓博上言有奇士長丈大十圍來至臣
府曰欲奮擊胡虜自謂巨毋霸出於蓬萊東南五城
西北昭如海瀕（昭如海名也瀕涯也音頻又音賓）軺車不能載三馬
不能勝即日以大車四馬建虎旗載霸詣闕霸卧則
枕鼓以鐵箸食此皇天所以輔新室也願陛下作大
甲高車賁育之衣遣大將一人與虎賁百人迎之於
道京師門戶不容者開高大之以視百蠻（視音示）鎮安
天下博意欲以風莽（諷言毋得篡盜而霸）莽聞惡之留霸在所
新豐（在所謂其見到之處）更其姓曰巨母氏謂因文母太后而
霸王莽也（莽字巨君君言文母出此人使我至霸王）徵博下獄以非所宜
言棄市地皇二年中郎陽成修獻符命言繼立民母
又曰黃帝以百二十女致神僊莽於是遣中散大夫
謁者各四十五人分行天下（行音下更切）博采鄉里所高
有淑女者上名時臨淮瓜田儀等爲盜賊依阻會稽
長州（姓瓜田名儀長州即枚乘所云長州之苑）琅邪女子呂母亦起初呂
母子爲縣吏爲宰所冤殺（宰縣令也）母散家財以酤酒買
兵弩（酤音姑）陰厚貧窮少年得百餘人遂攻海曲縣殺
其宰以祭子墓引兵入海其衆浸多後皆數萬莽遣

使者即赦盜賊還言盜賊解轉復合問其故皆曰愁
法禁煩苛不得舉手力作所得不足以給貢稅閉門
自守又坐鄰伍鑄錢挾銅姦吏因以愁民窮悉起爲
盜賊莽大怒免之其或順指言民驕黠當誅及言時
運適然且滅不久莽說輒遷之

後漢劉揚光武建武二年造作讖記云赤九之後癭
揚爲主（漢以火德故云赤也光武於高祖九代孫故云九）揚病癭欲以惑衆
與緜曼賊交通（緜曼地名屬眞定國）遣前將軍耿純誅之

張豐爲涿郡太守建武三年執使者舉兵反自稱無
上大將軍與彭寵連兵命征虜將軍祭遵等擊之遵

急攻豐豐功曹孟衣執豐降衣音公引切初豐好方術有道士言豐當爲天子以五綵囊裹石繫豐肘云石中有玉璽豐信之遂反旣執當斬猶曰肘右有玉璽遵爲推破之豐乃知被詐仰天歎曰當死無所恨

宮崇琅邪人順帝時崇詣闕上其師于吉于曲陽泉水上所得神書百七十卷皆縹白素朱介青首朱目號太平清領書今開州有曲陽山神溪水定州有曲陽山神溪水海州有曲陽城北有羽漂水壽州有曲陽城又有北溪水而于吉宮崇並琅邪人蓋海州曲陽是也縹青白也素縑也以朱爲介道首慓也曰題目也太平經曰吾書中善者悉使青下而丹白合乎吾之道乃丹青之信也青者生仁而有心赤者太陽火之正色也干吉先寓居東方來吳會立精舍燒香讀道書制作符水以療病吳會人多

事之孫策嘗于郡城樓上請會賓客吉乃盛服趍度門下諸將賓客三分之二下樓拜之掌客者禁之不能止策卽令收之胃事之者悉使婦女入見策母請之母謂策曰于先生亦助軍作福醫護將士不可殺之策曰昔南陽張津爲交州刺史前聖典訓廢漢家法律嘗著絳柏頭鼓琴焚香讀邪俗道書云以助化卒爲蠻夷所殺此甚無益諸君但未悟耳今此子巳在鬼録勿復費紙筆也卽催斬之縣首于市諸事之者尚不謂其死而云尸解焉復祭祀求福其言以陰陽五行爲家而多巫覡雜語太平經曰天失陰陽則亂其道地失陰陽則亂其時人失陰陽則絶其後君臣失陰陽則其道不理五行四時失陰陽則爲災今天垂象爲人法故當承須之也又曰天上有嘗神聖要語時下授人以言用使神吏應氣而往來也人衆得之謂神咒也咒百中十其咒有可使神爲除災疾用之所向無不愈也有司奏崇所上妖妄不經乃收藏之後張角頗有其書焉

張角鉅鹿人靈帝時角自稱大賢良師良或作郎奉事黄老道畜養弟子跪拜首過首音式受切符水呪説以療病者頗愈百姓信向之角因遣弟子八人使於四方以善道教化天下轉相誑惑十餘年間衆徒數十萬連結郡國自青徐幽冀荆楊兗豫八州之人莫不畢應遂置三十六萬方猶將軍號也大方萬餘人小方六七千各立渠帥訛言蒼天巳死黄天當立歲在甲子天下大吉以白土書京城寺門及州郡官府皆作甲子字中平元年大方馬元義等先收楊荆數萬人期會發於鄴元義數往來京師以中常侍封諝徐奉等

爲内應約以三月五日内外俱起未及作亂而張角弟子濟南唐周上書告之於是車裂元義於雒陽靈帝以周章下三公司隷使鉤盾令周斌將三府掾屬按驗宮省直衛及百姓有事角道者誅殺千餘人推考冀州逐捕角等知事巳露晨夜馳勑諸方一時俱起皆着黄巾爲標幟幟音尺志切又音試時人謂之黄巾亦名爲蛾賊蛾音魚騎切卽蟻字也論賊衆多故以爲名殺人以祠天角稱天公將軍角弟寶稱地公將軍寶弟梁稱人公將軍所在燔燒官府劫掠聚邑州郡失據長吏多逃亡旬日之間天下響應京師震動

張魯漢中人祖父陵順帝時客于蜀學道鶴山中山在
今益州晉原縣西造作符書以惑百姓受其道者輒出米五
斗故謂之米賊陵傳子衡衡傳于魯魯遂自號師君
其來學者初名爲鬼卒後號祭酒各領部衆衆多者
名曰理皆教以誠信不聽欺妄有病但令首過而已
文抵與黃巾相似首音式救切諸祭酒各起義舍于路同之亭傳傳音陟戀切
縣置米肉以給行旅食者量腹取足過多則鬼
能病之犯法者先加三原原免也然後行刑不置長吏
以祭酒爲理民夷信向靈帝光和中東方張角爲大平道漢中張修爲五斗米道
大平道者師持九節杖爲符呪教病人叩頭思過因以符水飲之得病或月淺而愈者則云此人信道其

或不愈則云不信道脩法畧與角同加施靜室使病
者處其中思過又使人爲姦令祭酒主以老子五千
文使都習號爲姦令爲鬼使主爲病者請禱請禱之
法書病人姓名說服罪之意作三通其一上之天著
山上其一埋之地其一沈之水謂之三官手書使病
者家出米五斗以爲常故號曰五斗米師實無益於
治病但爲淫妄然小人昏愚競共事之後角被誅脩
亦妄及魯在漢中因其民信行脩業遂增飾之教使
作義舍以米肉置其中以止行人又教使自隱有小
過者當治道百步則罪除又依月令春夏禁殺又禁
酒流移寄在其
地者不敢不奉
王疑之爲會稽內史世事張氏五斗米道凝之彌篤
孫恩之攻會稽僚佐請爲之備凝之不從方入靜室
請禱出語諸將佐曰吾已請大道許鬼兵相助賊自
破矣既不設備遂爲孫恩所害

殷仲堪爲荊州刺史桓玄率兵入討仲堪諸將皆敗
仲堪出降鄭爲玄兵所獲逼令自殺仲堪少奉天師
道及玄來攻猶勤請禱
南齊周山圖武帝時爲竟陵王鎮北司馬帶南平昌
太守時義鄉縣長風廟神姓鄧先經爲縣令死遂發
霧山圖啓請加神位輔國將軍荅曰足狗肉便了事
何用階級爲
杜京產吳錢唐人祖運爲劉毅衛軍參軍父道鞠州
從事世傳五斗米道至京產及子栖
龔玄宣始安郡民也玄宣云神人與其玉印玉版書

不須筆吹紙便成字自稱龔聖人以此惑衆前後郡
守敬事之及裴昭明爲始安內史付獄治罪
後魏李肅字彥邕爲員外常侍初謟附侍中元暉後
以左道事侍中穆紹嘗裸身被髮畫腹銜刀於隱屏
之處爲紹求福故紹愛之
司馬休符徐州妖人休符自稱晉王扇惑百姓刺史
尉元遣將追斬之
北齊薛榮宗後主時爲開府榮宗嘗自云能使鬼及
周兵之逼言於後主曰臣已遣斛律明月將大兵在
前去帝信之經古冢榮宗謂舍人先行恭是誰家冢

行恭戲之曰郭林宗復問林宗是誰行恭曰郭元貞
父榮宗前奏曰臣向見郭林宗從塚出着大帽穿皂
靴捶馬鞭問臣我阿貞來否是時群妄多皆類此
李催性喜鬼怪左道之術嘗有道人及女巫歌謳擊
鼓下神祭六丁符訣厭勝之具無所不爲又于朝廷
省門外爲董卓作神坐數以牛羊祠之天子使左中
郎將李國持節拜催爲大司馬在三公之右催自以
爲得鬼神之助拜厚賜諸巫
晉趙王倫與孫秀並惑巫鬼聽妖邪之說秀使牙門
趙奉詐爲宣帝神語命倫篡入西宮又言宣帝于北

芒爲趙王佐助於是別立宣帝廟于芒山謂逆謀可
成倫既僭卽帝位時三王起兵倫使楊珍晝夜詣宣
帝位廟祈請輙言宣帝謝陛下某日當破賊拜道士
胡沃爲太平將軍以招福祐秀家日爲淫祀作厭勝
之文使巫祝選擇戰日又令近親于嵩山着羽衣詐
稱仙人王喬作神仙書述倫祚長久以惑衆
李脫明帝時人爲道士脫妖術惑衆自言八百歲故
號李八百自中州至建業以鬼道療病又署人官位
時人多信事之弟子李弘養徒灊山云應讖當王大
寧二年斬于建康市
孫泰字敬遠世奉五斗米道師事錢唐杜子恭有秘
術嘗就人借瓜刀其主求之子恭曰當卽相還耳既
而刀主行至嘉興有魚躍入船中破魚得瓜刀其爲
神效往往如此子恭死泰傳其術然浮狡有小才誑
誘百姓愚者敬之如神皆竭財產進子女以祈福慶
王珣言于會稽王道子流之于廣州廣州刺史王懷
之以泰行鬱林太守南越亦歸之太子少傅王雅先
與泰善言於孝武帝以泰知養性之方因召還道子
以爲徐州主簿猶以妖術眩惑士庶
隋獨孤陁獻皇后弟爲延州刺史性好左道其外祖

母高氏先事猫鬼已殺其舅郭沙羅因轉入其家高
祖微聞而不之信也會獻皇后及楊素妻鄭氏俱有
疾召醫視之皆曰此猫鬼疾帝以陁后之異母弟陁
妻楊素之異母妹繇是忌陁所爲陰命其兄左監門
郎將穆以情喻之帝又辟左右謂陁陁言無有帝不
悅左轉遷州刺史出怨言帝令左僕射高熲納言蘇
威太理正皇甫孝緒太理丞楊遠等雜按之陁婢徐
阿尼言本從阿母家來嘗事猫鬼每以子日夜祀之
言子者鼠也其猫鬼每殺人者所死家財物潛移於
畜猫鬼家陁嘗從家中索酒其妻曰無錢可酤陁因

謂阿尼曰可令猫鬼向越公家使我足錢阿尼便呪之居數日猫鬼向素家後帝初從并州還陁于園中謂阿尼曰可令猫鬼向皇后所使多賜吾物阿尼復呪之遂入宫中楊遠乃於門下外省遣阿尼呼猫鬼阿尼於是夜中置香粥一盆以匙扣而呼曰猫女可來無住宫中久之阿尼色正青若被牽拽者云猫鬼已至帝以事下公卿奇章公牛弘曰祆由人興殺其人可以絶矣帝令犢車載陁夫妻將賜死於其家陁弟司勳侍整詣闕求哀於是免陁死除名以其妻楊氏爲尼先是有人訟其母爲人猫鬼所殺者帝以爲

祆妄怒而遣之及此詔誅被訟行猫鬼家陁未幾而卒

宋子賢唐縣人子賢善爲幻術每夜樓上有光明能變作佛形自稱彌勒出世又懸大鏡於堂上紙素上畫爲蛇爲獸及有人來禮者轉側其鏡遣觀生形儀或映見紙上蛇形者賢輒告云此罪業者當更禮念之又令禮謁乃轉人形示之遠近惑信日數百千人遂潛謀作亂大業九季煬帝在高陽子賢將爲無遮佛會因舉兵欲襲擊乘輿事泄鷹揚郎将以兵捕之夜至其所遶其所居但見火坑兵不敢進將曰此地素無坑止妖妄耳及進無復火矣遂擒斬并坐其黨與千餘家

向海明桑門人也大業中於扶風自稱彌勒佛出世潛謀逆亂人有歸心者輒獲吉夢繇是人皆惑之三輔之士翕然稱爲大聖因舉兵及衆至數萬官軍擊破之

冊府元龜

巡按福建監察御史臣李嗣京　訂正
知長樂縣事臣　夏允彝　叅閲
知建陽縣事臣　黄國琦　較釋

總録部一百七十二

妖妄第二

唐崔履行者北齊尚書僕射暹之孫也頗有才辯自言道術隋煬帝嘗令鍊丹於王母祠履行妻父麴稜爲冀州刺史竇建德攻之履行在稜所因白稜曰城守多年士卒疲弊若其驟戰彌致死傷此自弱之道

也今有禳敵之術不假遺鏃之費而賊自殺願劾之於使君稜初不許而惑其詭辯卒從之履行遣俾守者皆坐不得妄戰因令衆曰賊若乘城愼勿懼我必令賊自縛也既而履行於星月之下設壇章醮身衣縗絰扶苴登北樓慟哭又令婦人外屋西向振裙賊攻之急俄而城陷履行哭由不輟

志覺大原人爲沙門死經十日而蘓言多妖妄謂總管李仲文曰公五色光見有金狗自衛仲文荅曰關中十五巳上盡事洛陽亢暘不雨穀食騰涌天意人事表裏可知若爲計今其時也高祖固疑之及唐儉使太原又言於高祖曰仲文信惑妖邪自謂應讖及言龍附巳郎於汾州置龍游府又娶陶氏之女以應桃李之歌高祖追仲文赴朝以罪伏誅李孝常隋兵部尚書圓通之子高祖時爲利州都督每以佃獵爲務太宗嗣位表請入朝因留京師其子義宗坐刼盜被誅因此怨望與劉德裕等陰圖不軌其子義立謂其友人蔡惲曰我常從齊王遊獵與王相失道傍見一老母眉髮皓然我問王所在荅曰汝郎王也因忽不見鄠縣丞李延曰往於太和谷得一石其狀如龜外有季圓鄗中有常字又新錢文曰開元通寶此郎

圓通之子孝常之符命也有劉文贊者又言衞元嵩詩云天道自常此則孝常之讖矣德裕乃與孝常之甥統軍元弘善及監門將軍長孫業謀以入直之夜勒兵以起大事尊李孝常爲帝德裕武德初自洛陽歸國爲秦王府庫直騎歷護軍太子左內率遷爲將軍與孝常通謀克日將反其子孝本又謂賀婁善積曰我父好酒豁達有漢高之風手握禁兵而左驍衞太將軍劉弘基右騎衞大將軍長孫順德郎將元律城門郎常元整等深親善今起大事嘯命必成不宜屈於人下劉文贊亦奬成其事德裕曰我生日有異

當汝請又大業初童謠之則是劉不央則爲李但李日白楊樹下一池水決之後明知李氏以後天下當在未決之前劉居巳決命耳後謀洩及其黨與皆伏歸我家當決之順天之誅死者十二人

公孫常河東人也自言好養生能黄白之術遂徧歴卿相之門時衛州人劉道安自云頭有肉角隱見不常誑惑州人多信附遂授官建號朔於貞觀二十年二月舉兵反常亦通知其謀事猶未發會十九年正月大宗以他事召常常懼罪而自殺常弟節因告其事道安等十餘人皆伏誅

那羅邇娑婆寐帝那伏國人也貞觀二十二年右衛率長史王玄策破帝那伏國得之自言壽二百歲云有長生之術太宗頗信之深加禮敬館之金飈門內造延年之藥令兵部尚書崔敦禮監主之發使天下採諸奇藥異石不可稱數又遣使往娑羅門諸國以求藥物有藥名畔茶佉水出山中石臼內有七種色或熱或冷能消艸木金鐵人手入水即銷爛若欲取之以駱駝髑髏沉於石臼以水轉注瓠蘆中每有此水處即有石柱似人形守之若彼山人傳道出此水者即死又有藥名咀賴羅在高山石崖腹有石孔孔前有一小樹其葉青緑狀如梨杏石孔中有大毒蛇守之人不得到欲取此樹爲藥以大方頭箭射取枝葉葉下便有鳥鳥銜將飛去即以衆箭射鳥而取其葉詭異之事類多如此徒延歲月術卒不就後放之還其本土竟不去終死於長安

段方謙金城人太極初昇太極殿登御床自稱天子呼宿衛兵士令稱萬歲有司固請誅之睿宗以爲風狂特免死流嶺表

劉誠之太極初與盧千仞及太常博士靳翰太僕署令李奐通謀以誠之有尺分預爲結託日靳翰爲今

之子房千仞謂長安縣尉常彦偉曰代有眞人足下不欲一見乎彦偉佯許之定日過焉遂報其父左羽林將軍元楷奏率中使於元楷宅房中彦偉延入與說使者具録以聞及其黨劫太宰出入王門妖惑衆庶事發並同日就戮

王懷古玄宗開元初謂人曰釋迦牟尼佛末更有新佛出李家欲末劉家欲與今各當有黒雪下具州合出銀城勑下諸道按察使捕而戮之懷照蒲州大雲寺僧也嘗建石碑云我母夢日入懷而生因名懷照開元七年或告于鄜刺史李尚隱以聞下州訊其狀

懷照曰偶然愚意用副已名慮其疑誤已改作王昭
時有詞客馮待徵爲其文張待聘勒其字待聘皆與
懷照詞同尙隱奏曰老僧愚駑誠不足教夢日之狀
稍涉妖訛勅曰懷照訛言信無憑據量其情狀終合
徵懲宜遣播州安置到彼勿許東西馮待徵等事已
經恩赦特從釋放

姚閎者宰相元崇孫也左相牛仙客初爲朔方軍使
閎爲判官及知政事閎累遷侍御史自云能通鬼道
預知休咎仙客頗信惑之及疾甚閎請爲仙客祈禱
在其門下遂逼仙客令作遺表薦閎叔尙書右丞奕

及兵部侍郎盧奐堪代已閎爲起草仙客旣時危殆
署字不成其妻因中使來弔以其表上玄宗覺而怒
之左遷奕爲永陽太守盧奐爲臨淄太守賜閎死

王璵開元末爲太常博士每行祠禱或焚紙錢禳祈
福祐近於巫覡乾元中累至中書侍郞平章事肅宗
嘗不豫大卜崇在山川璵乃遣女巫分行天下祈祭
名山大川巫皆盛服乘傳而行後轉太子少師卒璵
以妖妄致位將相以左道進者往往有之李泌德宗
朝爲相頗有讜直之風而好談神仙鬼道或云嘗與
赤松子王喬安期羨門遊處故爲代所輕雖詭道求
容不爲時君所重

李廣弘小字軟奴自稱爲山僧或詐云王孫因涇原
兵叛奔至邠州爲僧自稱見五嶽四瀆神言爲天子
令今年九月冦及五月與其黨王昌皆至京師有董
昌者導廣弘舍於資敬寺尼智因董昌又令妖人唐
郛言廣弘當大貴郛又誘射生將韓欽緒李政諫南
珍霞及神策將魏循李傪前越州參軍李芳明經陸
降於廣弘所皆行君臣之禮各有署置廣弘通於智
因許以爲妃又云嶽瀆爲我擇十月十日庚寅舉行
魏循李傪上變令中官捕之三司覆驗連坐死者數

百人

張洪撫州人也憲宗元和四年洪乘牛備冠履古服
詣光順門獻書以無可取遣之

梁叔高者妖人也元和九年自廣州來授書于吏部
侍郞楊於陵使爲巳輔於陵執以告勅京兆府杖殺
之

柳泌本姓楊名仁晝少習方術憲宗末年銳於服餌
詔天下搜訪奇士宰相皇甫鎛與鄂節度李道古薦
泌及僧大通等皆待詔翰林泌動多詐自言能致雲
藥并黃白術憲宗頗奇之因盛言天台多靈草群仙

所會臣常知之而力不能致願假郡縣之權以求之憲宗以爲然乃授台州刺史賜服金紫咸諫曰方士不當假以州郡之政憲宗怒曰煩一郡之力而致神仙不死之事臣下於吾何惜焉由是不敢復諫泌到州驅吏人於山谷間聲言採藥鞭撻慘急歲餘一無所得懼詐發獲罪遂挈其家潛入山谷本道觀察使捕之送京師鎛與道古保明其能又詔直翰林院憲宗服泌藥日以躁渴竟爲所誤太通自云年一百五十歲有不死藥穆宗即位詔曰山人柳泌輒懷左道上惑先朝罔求牧人貴欲疑衆自知虛誕仍更波逃

僧大通醫方不精藥術皆妄既延禍舋俱是奸邪邦國罔有常刑人臣所宜共棄宜並付京兆府決痛杖一頓處死翰林醫官董弘景程準山人李元戢田佐元金流嶺表初柳泌繫於京兆府吏人或問曰何苦虛詐如此泌曰皆道古教我且令我言四百歲時人或謂將死必自能隱化及解衣就行訖無他異唯炙灼之瘢淡體而已

田佐元鳳儀虢縣人亦自言有奇術能變瓦礫爲黄金自白衣授本縣令其餘皆遞相薦引罔上惑衆

歡歡景公寺僧也穆宗長慶二年以妖言惑衆下伏內鞫之多引中人無驗竟杖殺之其坐死者數人

張良自言舉進士敬宗寶曆二年以造妖言付京兆府杖殺之良不知其所從來先是假託神人於絹上朱書論朝廷事及勸帝東幸令家僮夜請中尉劉弘規門投之門人即時擒獲按驗以逃妄伏罪

周息元浙西隱士也寶曆二年八月徵至闕息元上言識張果葉静能有詔命畫工李士昉就問其狀而寫之息元居淮浙間自號數百歲其實一常人也及是又多虛誕蠱惑之說人頗非之

高駢爲淮南節度使有呂用之張守一諸葛殷者皆

江吳醫祝之輩咸昇之劇職寘于左右用之嘗言於駢曰神仙好樓居因於公宇之北跨河起延仙樓晝夜斤斧相續半歲方成所費巨萬竟未登遊又起延和閣高八十尺綺窓繡戶飾以珠金每焚香于上祈王母之降呂用之日磻溪真君守一日赤松子殷曰葛將軍復有姓蕭者謂之曰秦穆公駙馬其妖誕率多此類用之又曰玄真上聖要降非難所患者學道之人淫穢未斷或神仰近俗輩接對凡人則真氣有虧靈职遂絶駢乃謝絶人事寂然而已賓僚將吏無復偶其面有不得已而見者則使其人沐浴齋戒而

復得見致拜而已罕得交言繇是內外隔絶政事巨細一委用之守一副使李琯觀察轉運判官顧雲盧說愛將梁纘猶子傑皆相屬以目不敢指諫後怪異數見駢忽忽不安竟爲畢師鐸所殺

呂用之者鄱陽人性桀黠畧知文字事九華山道士牛弘徵求驅役考召之術弘徵死乃客于廣陵鬻巾布褐用符藥以給衣食及丞相劉鄴節制淮海有以蠱道寘於濵者用之懼南適江浙時高駢鎮京口求不死之術乃謁焉會駢有愛將俞公楚薦之尋欲署以文職用之乞居牙校駢因試其能左右附成其僞

駢既篤信丹竈之外訪以時事用之悉能苟合矯順駢遂委使先是駢之舊將有譜俞公楚姚歸禮用之悉排斥散地駢遂孤立大遑仙書神物左右群小咸用之所樹由是賄賂公行條章日費用之又請募軍二萬人爲左右鏌鎁軍以總之起第千餘間出則肩輿小駟驅殿蔽路入則姬侍百餘輩皆廣陵極色又建樓百尺目曰占星欲過窺城中慮有權兵圖已者或連日宴聚其飲市肆留三司綱運半歸其家凡欲奪人資產掠人妻妾則以利祿誘其親者使告之不法捕入鍛鍊委曲以成其獄亦有以金帛免其斬殺

號曰牘命駢覽其文簿皆唯唯稱其能姚歸禮怒用之欲手刃焉會用之宿於倡樓歸禮縱火焚其隣舍用之覺易服而遁火遂焚千餘家不止時僖宗中和三年三月也歸禮與俞公楚尋爲用之所圖駢有從子前左驍騎大將軍澞曾疏用之罪二十餘幅其畧曰呂用之誑惑尊德塗炭生靈奸僞之名遠近諠沸內則以神仙之事苟媚一時外則行節制之權取怨百姓大將則畏死不說從事則尸祿求容荏苒數年寖成大蠹則兇邪以露羽翼將成若不誅之恐高氏勳庸一旦爲此所累因嗚咽流涕駢謂曰爾醉邪風

狂耶遽命扶出後爲用之所搆竟斃之駢每召用之則書一雲字點畫之間密有辨認言必相字未嘗以名光啓初襄王僞授用之廣南制置使開幕建牙以擬于駢號曰二府凡駢之將吏用之遍令歸已駢自此稍悟其事然牙蘖以成不能奪其權及畢師鐸舉兵衆不滿千人用之擁强兵數萬畧無他籌而半月下其城遂至宵遁後與楊行密相遇於天長因語之曰用之有白金五萬鋌瘞于所居廡下寇平之後願備公一醉之貲及師鐸遁用之後其家月餘天長之約寢而不言至是行密欲問其衆用之在側忽顧之

曰公在西寨時許與此輩銀今日何負心也用之未及對率下令軍吏械而鞫之凡逃百餘罪其一曰用之取今年中元夜請高公於用之私第建黃籙齋因入靜之時客絞之僞云上昇此際便令諸軍率百姓扶用之領揚州節制其兇狡之性率多如此是日斬之懸首于市

諸葛殷者鄱陽人也初呂用之獲罷于高駢殷知之訪於廣陵以左道求薦于駢用之時謂駢曰玉皇以公久爲人臣慮廢政獲譴子爲君輟一靈仙爲道中羽翼若其至也公善待之欲其不去可以人間優職

縻之異日駢既見殷鬼態祆妄辨詐不能測遂謂曰道家葛將軍每從容於盃酒間云可以坐召鬼神立變寒暑矣尋以牢盆之職縻之所入巨萬時有大賈周師儒者所居多花木樓榭之勝爲廣陵甲第殷欲之一日謂駢曰此城當有妖起非水旱兵戈之可比也駢曰爲之禁何殷曰當就其下起壇以靈官鎮之即指師儒之第遽命軍吏驅出其家使殷居之殷手足先有風疽駢性嚴潔每相對促席膿血霑污左右或以爲言駢曰吾聞神仙多以此試人飲啗曾無難色駢從子傑嘗謂人曰爭知此不是吾滅族冤家裏王時僞授檢較御史中丞殷嘗謂人曰男子患不得志當以富貴自奉人生寧有兩重死耶及用之敗師鐸獲之枕下馬橋絞而未死會師鐸毋肩輿過其法官掌刑者扶以避之殷蘇於橋下及師鐸毋過決之如初方死焉至是殷乃有兩重之死既死人皆挑其目斷其舌

張守一扶陽田里人自言能變易五金以溺好利者呂用之薦于節度使高駢駢每以真仙遇之中和末用之忽謂駢曰適得上仙書宰執間有陰圖令公者使一刺客來今夕當至駢時與鄭畋不足旣聞其言驚失匕筯因問計於用之曰張先生年少

時嘗學此術駢乃告守一守一曰老夫久不爲之勉力爲公乃令駢衣婦人之服匿于深室守一至夜分擲一銅鐵器于軒砌之上鏗然有聲遂于皮囊中出彘血灑之如格鬭之處及旦謂駢曰幾輸此人駢乃泣謝輦金玉以酬之光啓中襄王僞授守一郡守師鐸據城請合太還丹至行客入殺之由是覆高氏之黨者盡矣

後唐劉仁恭爲幽州節度使恃力雄富志勃驕縱師道士王若訥修長生之法乃於州西大安山營造臺觀極其雕麗聚美婦人爲黃帝房中之法又慮四隣

侵寇幽州城陷且曰吾居此山四面絶壁以百士守門萬夫不能進乃圖無窮之計號令九州禁使銅錢自以膠和墐土爲泥丸令九州行使其銅錢峻法賦歛鑿大安山爲石穴以藏之其數百萬每藏畢卽殺匠石以滅口自仁恭父子敗後往往有上言者知錢處所皆無所得

劉唐鄴都妖人莊宗同光三年八月鄴都張憲奏唐爲河漲上龍興寺幡竿請捨身時鄴都御河溢岸高四尺傾都功役夾河爲堤以防水汪歘瀰將溢人心危恐初有書生陳禳水法請於上流爲縛屋人物馬

牛五萬投于河流殺牲以祀府尹訊之此法何從出對曰出子新意命笞之既而妖人復登幡竿聚衆數千云予若不以軀命救衆生今夜其爲魚乎居民咸恐駭悲渧軍虞候孫岳聞之令人圖佛竿謂之曰爾必能捨身救人卽投于竿下妖人既見衆散徘徊祈哀命下之鞭背投于流翌日水減三尺

楊千卽魏州賤民自言傳墨子術於婦翁能役使陰物帽下召食物菓實之類又蒲必勝人有掌握之物以法必取又說鍊丹乾汞易人形破扃鐍或云可驗初在鄴都貴要閒皆神奇之自於莊宗甚蒙待遇官至檢較尚書卽賜紫其妻出入宮掖頗承恩寵人士有憑之而仕官者及在洛陽輕薄少年累與之遊皇弟存乂存渥元行欽嘗刑濡於家同光四年存乂伏誅千卽亦被其禍

李應之定州人節度使王處直信應之閱白丁於管內别置新軍起第於博陵坊面開一門動皆鬼道處直信重日隆將較相慮變在朝夕言卽先羅其禍會燕師假道伏甲於外城以備不虞昧旦入郭諸較因引軍以圍其第應之死於亂兵咸云不見其屍

僧誠惠不知何時人幼於五臺山出家能修戒律稱

會皮骨三命人初歸向聲名漸遠四方供饋不遠千里而至者衆矣自云能役使毒龍可致風雨其徒號曰降龍大師天祐十八年鎭州大水壞其南城誠惠謂人曰彼無信心吾使一小龍驚之耳由是氣燄彌盛人多畏之同光初鄴下權貴皆拜之樞密郭崇韜初欲不拜卽慮其謗已乃因御前見之故得免私禮三年京師旱莊宗迎至雒下親拜之六宫參禮士庶瞻仰謂朝夕可致甘澤禱祝數旬略無徵應或謂誠惠曰官以師祈雨無徵將加焚燎焉誠惠聞之懼道潛去至其寺慙恚而終天成中其徒弟遷果等建塔

乞請名謚於朝賜號法雨大師慈雲之塔
解元龜道士以明宗天成三年三月自西川至見於
便殿稱年一百一歲進詩以歌王化元龜上表乞西
都留守兼四川制置使要修西京宮闕帝謂侍臣曰
此人老耄自遠來北朝别有異見反爲身名甚堪笑
也賜號知白先生賜放西歸又四年正月有僧於相
國寺示㓜惑衆云頭上出舍利康義誠按其僞狀命
戮於寺前
周趙應爲常城鎭將廣順三年五月開封府上言應
與僧智欽鏁氏陳光濟二十人同謀發冢掘井妄稱

羅漢聖小誑惑閭閻希求財物逐人勸責並招妖妄
其錢各入已分張藏匿勑趙應智欽陳光濟三人處
死連坐郭延貴等十七人並決杖配蔡河務收管
孫方諫爲定州節度先是州北二百里有狼山山上
有堡邊人賴之以避戎虜之患中置佛舍有孫氏尼
者主其事以香火之教聚其流俗遠近村民多歸之
徒衆甚盛人亦異之尼死其徒聲言其屍不壞因覆
以衣衿瞻禮信奉有同其生方諫即其宗人也嗣行
其道舉族不食葷茹其黨推之爲皆主

冊府元龜

巡按福建監察御史臣李嗣京　訂正

知閩縣事臣曹胤昌臣叅閲

知建陽縣事臣黄國琦較釋

總錄部一百七十三

不忠　不孝　不陸

不忠

古人有言曰竭身命以徇國經夷險而一節者忠臣也若乃三精霿昏四海波蕩乃有體被組綬世隆寵渥靡排死以立操纚謀身而敗名或當難而逃歸或

臨危而不救締交于凶虐之伍阿旨于權倖之門以至懷貳受節挾私謀事草板檄以內毀畫計策而反攻蓋廢三綱之正道使百代之可誅豈獨人神之所棄今古共耻者也書之于策可以爲訓

右宰穀衛大夫也衛侯出奔齊右宰穀從而逃歸衛人將殺之以其從君故欲殺之辭曰余不說初矣言初從軍非說之不獲已耳余狐裘而羔袖言一身盡善雖少其惡也雖从君出其罪不多乃赦之

桓子爲陳司馬鄭子産子展伐陳宵突陳城遂入之陳侯扶其太子偃師奔墓欲逃冢間遇司馬桓子曰載余陳之司馬曰將巡城不欲載公以巡城辭

伯嚭爲吳太宰吳伐越敗之扶栫太湖中栫山也越王勾踐使大夫種因嚭而行成行成求成也吳王將許之伍子胥諫不聽聽嚭卒許越平與盟而罷兵去後越王滅吳誅嚭以爲不忠

漢李緒武帝時爲塞外都尉居奚侯城匈奴攻之緒降而單于客遇緒常坐李陵上其後漢遣使使匈奴李陵謂使曰吾爲漢將步卒五千人橫行匈奴以亡救而敗何負于漢而誅吾家使者曰漢聞李少卿教匈奴爲兵陵曰乃李緒非我也陵痛其家以緒而誅使人刺殺緒

盧賀封亞夫侯武帝征和二年坐受衛太子節掠死以衛太子擅發兵而賀受其節擬有反心故見考掠而死也

晉何曾初仕魏爲司隸時曹爽專權宣帝稱疾曾亦謝病爽誅乃起視事魏帝之廢也曾預其謀焉

王沉初仕魏爲侍中高貴鄉公甚見委重及高貴鄉公將攻文帝召沉及王業告之沉業馳白帝以功封安平侯邑二千戶沉既不忘于主甚爲衆論所非

郗超爲桓恭將軍父愔在北府徐州人多勁悍溫常云京口酒可飲兵可用深不欲愔居之而愔素闇于事機遣牋詣溫欲共奬王室修復園陵超取視寸寸

毀裂乃更作牋自陳老疾甚
王廙爲左衛將軍及從兄敦構禍元帝遣廙喻敦旣不能諫其悖逆乃爲敦所留受任助亂敦得志以廙爲平南將軍領護南蠻校尉荆州刺史
謝澹安之孫也封柴桑侯澹少歷顯位桓玄簒位以澹兼太尉與王謐俱齎册到古孰後恭帝元熙中爲光祿大夫復兼太保持節奏册禪宋
宋沈懷明爲輔國將軍明帝時爲潯陽内史行江州事鄧琬挾晉安王子勛爲亂懷明與申謙之杜幼文劉亮率軍討之會豫州刺史劉胡拒子勛于赭圻帝

欲綏慰人情遣吏部尚書褚淵至虎檻選用將帥以下申謙之杜幼文因此求黄門郎懷明與劉亮求中書郎建安王體仁卽使褚淵擬選帝不許曰忠臣狥國不謀其報臨難以干朝典當爲臣下之節耶
後魏高欽字希叔頗有文學莫折念生之反也欽隨元志西討志敗爲賊所擒念生以爲黄門郎
北齊斛律孝卿爲侍中典機密後主至齊州以孝卿爲尚書令勸後主作詔禪位任城王令孝卿齎詔策及傳國璽往瀛州孝卿便詣鄴城歸于周武帝仍從入長安授納言上士

隋郭衍初仕後周爲上柱國密勸高祖殺周室諸王早行禪代由是大被親
韋福嗣爲内史舍人後以罪出煬帝大業中楊玄感之亂以兵逼東都福嗣從衛玄戰于城北軍敗爲玄感所擒令作文檄詞甚不遜尋背玄感還東都帝銜之不已車裂于高陽
裴矩爲黄門侍郎大業末從煬帝在江都宇文化及反矩晨起將朝至坊門遇逆黨數人控矩馬詣孟景所賊皆曰不關裴黄門旣而化及從百餘騎至矩迎拜化及慰之諭令矩叅定儀注推秦王子浩爲帝以

矩爲侍中隨化及至河北及僭卽位以矩爲尚書右僕射加光祿大夫封燕國公
薛德音大業末爲著作郎及越王侗稱制東都王充之僭號也車書羽檄皆出其手王充平以罪伏誅
唐張均爲大理卿均弟垍爲太常卿祿山之亂玄宗幸蜀次咸陽謂高力士曰倉皇離京朝官不知所詣今日誰當至此力士曰張垍兄弟世受國恩又連戚屬必當先至是日房琯至帝因問均垍曰臣離京師亦過其舍比約同行均報臣云已於城南取馬觀其趣向來意不切旣而均弟兄果受祿山僞命

薛兢爲武功令玄宗幸蜀兢見于路闕帝謂之曰卿飭裝便隨朕行兢俯伏不對帝曰不願行亦聽卿且好養人及賊至京師兢受僞官頗失臣節王師收京城兢伏誅

後唐蘇循唐末爲禮部尚書阿諛善承順苟容以希進取昭宗自秦遷洛也朱温兇勢日滋唐室舊臣陰懷王室之憤名族之冑往往有遺禍不事逆温者唯循希旨傅會朱温之失律江西也屯于壽春要少帝欲授九錫朝臣或議是非循楊言云梁王功業顯大曆數有歸朝廷速宜揖讓時畏温如虎即議行之明

年朱温逐遜循爲冊禮副使希幸風雲求爲宰輔先是循子起居郎楷上疏駁昭宗謚號不可爲昭請改謚爲襄楷亦附會賊心別求進達朱温既僭僞位敕剡惡其爲人父子放歸田里乃寓居河中積年會莊宗將副人望求唐室舊臣遣使自河中徵赴鄴都初監軍事使張承業惜經國之費未欲議即尊之事諸將賓僚無敢言者及循至鄴入衙城拜魏師廳謂之拜殿翼日獻畫日筆三十管與悅帝心其諂進如此承業聞之怒會河東節度副使盧汝弼卒因以代之明年春偶不食病瘥而卒

孟漢瓊明宗朝爲宣徽北院使性通黠善交構初見秦王權重乃挾王淑妃勢傾心事之及朱弘昭馮贇用任又與之締構秦王既誅翼日令漢瓊馳騎召閔帝于鄴及帝嗣位尤恃恩寵朞月之內累加開府儀同三司驃騎大將軍潞王赴闕閔帝急召漢瓊欲令先入于鄴漢瓊藏匿不至知潞王行及陝州乃單騎至澠池謁見因自慟哭欲有所陳潞王曰諸事不言可知漢瓊即自預從臣之列尋戮于路左

漢安叔千初仕晉少帝開運初爲左金吾衞上將軍獯戎犯闕百僚迎見於赤崗虜主登高崗駐馬而撫

喻漢官叔千出班奏言虜主曰是安沒字否卿少在邢州屢貢章表有以見卿之效忠也俄授鎮國節度未幾高祖革命代歸京師自以嘗附虜庭居常愧惕之久授太子太師致仕

不孝

立德之厚莫先于仁爲仁之本莫大于孝夫以髮膚所禀保抱而成凱風自南載傷于生鞠昊天罔極何報于劬勞苟乖色難尚三牲而無補矧爲悖德固五刑之尤重耿觀舊史具著遺文明徵函頑之條以示沮勸之義云爾

楚後臧葉公諸梁之弟也魯定公五年吳師敗楚臧從其母于吳不待而歸（諸梁司馬沈尹戌之子葉公子高也吳入楚獲後臧之母）（楚定臧棄母而歸）葉公終不正視之（不義之）

吳起衛人也後為衛將少時家累千金游士不遂遂破其家鄉黨笑之吳起殺其謗己者三十人而東出其衛郭門與其母訣齧臂而盟曰起不為卿相不復入衛遂事曾子居頃之其母死起終不歸曾子薄之而與起絶

後漢賈閔嗣其祖復封膠東侯章帝建初元年坐誣告母殺人國除（人名也）

蜀姜維天水冀人也少孤與母居後主建興六年丞相諸葛亮軍向祁山天水太守夜亡保上邽時維為中郎參本郡事遂還冀冀不納還詣諸葛亮亮辟為倉曹掾與母相失後得母書令求當歸維曰良田頃不在一畝但有遠志不在當歸也

晉賈充為大尉行太子太保録尚書事充前妻李氏淑美有才行其父豐誅李氏坐流徙充後娶郭配女槐性妬忌武帝踐祚李以大赦得還母柳勑充迎李氏槐怒不許充迎李氏及母將亡充問所欲言母曰我教汝迎李新婦尚不肯安問他事遂無言

孫會侍中秀之子年二十為射聲校尉尚惠帝女河東公主母喪未朞便納聘禮

劉肅民荆州刺史毅之子也安帝義熙八年宋高祖遣振武將軍王鎮惡襲毅于江陵毅倉卒無為便就子肅民取馬肅民不與朱顯之謂曰人取汝父而惜馬不與汝今自走欲何之奪馬以授毅

宋向植父彌以佐命功封曲江縣侯植嗣封以不受母訓奪

范曄為長沙王義欣鎮軍長史寧朔將軍兄暠為宜都大守嫡母隨暠在官十六年母亡報之以疾曄不

時奔赴及行又攜妓妾自隨為御史丞劉損所奏大祖愛其才不罪也曄家樂器服玩皆珍麗妓妾亦盛飾母任止單陋唯有一廚盛樵薪子冬無被叔父單布衣曄後謀逆將誅其母泣曰主上念汝無極曾不能感恩又不念我老今日奈何仍以手擊曄頸及頰曄色不作及妓妾來別曄悲泣流漣

謝況前為會稽録事參軍以諂佞事巴陵王休若況多受賄賂時內外戒嚴曾着袴褶況居母喪被起聲樂酣飲不異吉人衣冠既無殊異並不知況居喪當自稱孤子衆乃駭愕

王長嗣祖華封新建縣侯明帝泰始二年坐罵母奪爵

南齊劉彪宋司徒文宣公穆之孫也建元初降封南康縣侯武賁中郎將坐廟墓不修削爵爲羽林監又坐與亡弟母楊別居楊死不殯葬爲有司奏事寢不出

顧昌玄爲烏程令坐父法秀宋太始中北征歿亡屍骸不反而昌玄宴樂嬉遊皆人無異有司請加以清議

朱緒秣陵人無行母病積年忽思菰羹緒妻到市買

菰爲羹欲奉母緒曰病復安能食先嘗之遂併食盡母怨曰我病欲此羹汝何心併啖盡天若有知當令汝哽死緒便聞心中介然即利血明日而死蕭嶷明聞之大悲慟不食積日問緒尸在何處欲手自戮之既而曰汙吾刀乃止

張植爲瀛州刺史其母夏侯氏出家爲尼植雖自州送祿奉母及爲諸弟而各別資財同居異爨一門數竈植母既老身又長嫡其臨州也妻子隨去分違數歲論者譏焉

梁柳仲禮爲司州刺史父津太子詹事襲封雲杜侯侯景圍城既急而仲禮擁兵來援時邵陵王綸亦在外與仲禮搆怨津登城謂仲禮曰汝君父在難不能盡心竭力仲禮言笑自若景遣以金環仲禮開營不戰武帝召津問策對曰陛下有邵陵臣有仲禮不忠不孝賊何由平太清三年城陷卒

隋鄭譯開皇初爲上柱國與母別居爲憲司所劾由是除名下詔曰譯嘉謀良策寂爾無聞鬻獄賣官沸騰盈耳若留之於世在人爲不道之臣戮之於朝入地爲不孝之鬼有累幽顯無以置之宜賜以孝經令其熟讀仍遣與母共居

馮忱爲尚書兵部郎攝江都郡丞慈明子也李密逼東都詔令慈明安集瀍雒爲密黨翟讓所害忱先在東都王充破李密忱亦在軍中遂遣奴負父屍詣東都身不自送未幾又盛花燭納室時論醜之

唐李均爲殿中侍御史內供奉弟鍔京兆府法曹參軍並不守名教配流均于施州鍔于辰州縱會非當之赦不在免限均鍔溫州人也玄宗天寶中州舉道學咸赴京師既升第參官遂割貫長安與鄉里絕矣二十餘載母歿不舉溫州別駕知州事嗣曹王皐具以聞下憲司訊問鍔等俱伏罪帝歎息久之曰三千

之刑莫大於此合寘轘裂豈止謫竄焉

崔損德宗貞元中爲門下侍郎平章事損身居宰相母野殯不展墓不議遷祔姊爲尼殁于近寺終喪不臨君子罪之

鄭方逵先爲太僕寺丞元和三年其兄兵部侍郎御史中丞雲逵奏方逵受性兇悖不知君親衆惡備身教訓莫及結聚惡黨江中刼人臣亡父先臣嚧杖至一百終不能懲張延賞任楊州日亦曾犯延賞法決殺後藏至于嘗言皆呼臣亡父先臣名見戚所知無可教語非闢於邠寧慶等州于謁節度使及州縣乞

丐今見在武功縣南西戎俯近恐有異謀若不冒死奏聞必恐覆臣家族詔曰鄭方逵宜委京兆府錮身遞送黔州付李模於偏遠州驅使勿許東西

陸慎餘故京兆府法曹賡之子慎餘與兄博文居喪衣華服飲酒食肉于坊市爲京兆府所奏詔各決四十慎餘流循州博文遞歸本貫

獨孤鉉穆宗初爲田弘正鎮州從事及王庭湊作亂從事皆遇害鉉時奉使隣境故得免死其母及血屬皆爲庭湊所囚時有周僧逵者繼母即鉉之女弟因隨親至鎮州亦爲庭湊所囚鉉聞軍亂懼不敢入留于境上僧逵時在京聞亂奔赴鎮州謁庭湊諭以逆順之理庭湊雖不能納感其忠孝之心遂許僧逵迎其親以歸當時朝議獎僧逵之行授渭南縣尉貶鉉爲夾州司户自此鉉爲士林所鄙

崔貽孫自吏部侍郎貶官塞北三子爭於舊業分其利以自謀并旨醫藥咸莫知之貽孫以書責之曰生有明君貞宰必有天曹地府

後唐烏正爲鎮州都將聞張文禮殺上客志復主天雪泣請行兵及鎮陽文禮執其母妻泊兒女十口誘之不回攻城日急文禮忿之咸刳鼻斷腕不絶於膚

放至軍門觀者皆不忍正視震一慟而止

晉程遜爲太常卿高祖天福三年命使吳越母羸老生瞽未嘗白執政以辭之將行母以手捫其面號哭捫背而送之及使回遭風水而溺焉

景延廣爲侍衛親軍都指揮使少帝時加同平章事及虜騎南牧六師親王澶淵延廣在軍母卤計至自澶淵律北移於涔南不信宿而復蒞戎事曾無戚容下僚之士亦聞而惡之

王瑜范陽人也爲太府少卿杜重威之鎮東平也瑜父欽祚爲節度副使及重威移鎮常山瑜乃以詭計

千重威使奏巳爲成德軍節度副使竟代其父位

馮傑晉宰相玉之子也玉從少帝北遷虜僞命爲太子少保至周太祖廣順二年傑自幽州不告父而亡歸王懼虜譴責尋以憂恚卒於蕃中

楊仁澤前爲鄆州三川縣主簿仁澤在父憂制內求官爲大理寺所奏詳斷官大理正韓保裔與詳覆官刑部員外郎李知損斷曰伏以楊仁澤父喪未滿釋服求官人子何堪違律如此宜從追毁以贖典刑餘並依大理寺斷可之

漢後贊爲飛龍使贊母本倡家也與父同郡往來其

家生贊從職四方父未嘗離郡贊既長疑其所生及爲內職不欲父之來寓書以致其意父自郡至京師直抵其第贊不得已而奉之

不睦

夫兄弟之親手足之義也悌順居先友于是切故詩人以棠棣之華敷榮相媲鶺鴒在原急難爲喻洎乎義匪相容情惟不睦寧閔共被之恩動起鬩牆之忿尺布斗粟尚或致爭連枝同氣豈顧其義乎

共叔段鄭莊公弟也初鄭武公娶于申曰武姜生莊公及共叔段莊公寤生驚姜氏故名曰寤生遂惡之愛共叔段欲立之亟請于武公公弗許及莊公即位爲之請制公曰制巖邑也虢叔死焉他邑唯命虢叔東虢君也恃制巖險而不修德鄭滅之叔段後然故問以他邑虢今滎陽縣請京使居之謂之京城大叔公順姜請使段居京謂之京城大叔言寵異於衆臣京鄭邑今滎陽京縣也京叛大叔段段入于鄢公伐諸鄢大叔出奔共共國今汲郡共縣書曰鄭伯克叔段于鄢段不弟故不言弟如二君故曰克稱鄭伯譏失教也後隱公會鄭伯伐許許莊公奔衛隱公以許與鄭鄭伯使大夫百里奉許叔以居許東偏許叔許莊公之弟東偏東鄙也曰寡人有弟不能和協而使餬其口於四方其況能久有許乎

漢王父偃爲齊相至齊徧召昆弟散五百餘金予之數曰數責也數音所具反始吾貧時昆弟不我衣食衣音于旣切食讀曰飤今吾相齊諸君迎我或千里吾與諸君絶矣毋復入偃之門

薛宣爲丞相任政數年宣有弟明修明至南陽太守修歷郡守京兆尹少府善交接得州里之稱後母嘗從修居官宣爲丞相修爲臨菑令宣迎後母修不遣後母病死修去官持服宣謂修三年服少能行之者兄弟相駁不可駁者執意不全猶如色之間雜修遂竟服繇是兄弟不和

魏袁尚冀州牧紹之少子紹愛尚貌美欲以爲後而未顯審配逢紀與辛評郭圖爭權配紀與尚比評圖與譚比衆以譚長欲立之配等恐譚立而評等爲己害緣紹素意乃奉尚代紹位譚至不得立自號車騎將軍由是譚尚有隙太祖北征譚尚譚軍黎陽尚少與譚兵而使逢紀從譚譚求益兵配等議不與譚怒殺紀

劉琦荆州牧表之長子也初表及妻愛少子琮欲以爲後而蔡瑁張允爲之友黨乃出長子琦爲江夏太守衆遂奉琮爲嗣琦與琮遂爲讐隙

夏侯楙伏波將軍惇之子也文帝時爲安西將軍妻即清河公主也楙性無武畧而好治生太和二年明帝西征人有白楙者遂召還爲尚書楙在西時多畜伎妾公主由此與楙不和其後群弟不遵禮度楙數切責弟懼見治乃共搆楙以誹謗令主奏之有詔收楙帝意欲殺之以問長水校尉京兆段默默以爲此必清河公主與楙不睦出於譖搆與不推實耳且伏波與先帝有定天下之功宜加三思帝意解曰吾亦以爲然乃發詔推問爲公主表者果其群弟子臧子江所搆也

蜀許靖汝南人位至司徒少與從弟劭俱知名並有人倫臧否之稱而私情不協劭爲郡公曹排擯靖不得齒叙以馬磨自給

晉王濟爲侍中時父渾爲僕射主者處事或不當濟性峻厲明法繩之數與從弟佑不平佑黨頗謂濟不能顧其父由是長同異之言出爲河南尹

陳騫爲太司馬素無謇諤之風弟稚與其子輿忿爭遂說騫子女穢行騫表從弟以此獲譏於時也後輿爲侍中坐與叔父不睦出爲河內太守輿雖無簡正而有力致

陶稱侃子也稱爲東中郎將性娭勇與諸弟不協

王愷少踐清階爲侍中領右衛將軍愷弟愉爲輔國將軍愉弟國寶安帝時爲中書令中領軍參管朝權威震内外時王恭惡國寶亂國討國寶愷愉並請解職以與國寶異生又素不協故得免禍

宋周朗爲太子舍人兄嶠尚高祖第四女志氣性儒而朗少而愛奇雅有風氣與嶠志趣不同嶠甚疾之

江智淵湘州刺史夷之弟子也夷有盛名夷子湛又有清譽父子並貴達智淵父僧安少無名問湛禮敬甚簡智淵常以爲恨自非節歲不入湛門

後魏陸暐爲尚書左戸二公郎後除伏波將軍暐與弟共之並有時譽暐與恭之睍不和睦爲時所鄙

酈道元字善長爲御史中尉弟兄不能篤穆又多嫌忌時論薄之

薛懷徹金紫光禄大夫真度嫡子也爲車騎將軍真度長庶子懷吉爲後將軍汾州刺史懷吉弟懷亶懷亶弟懷朴懷朴弟懷景懷景弟懷儁真度諸子既多其母非一同產相朋因有爭愛興和中遂致訴列云以毒藥相害顯在公府發揚疵釁時人耻焉

冊府元龜

巡按福建監察御史臣李嗣京　訂正

知甌寧縣事臣孫以敬叅閲

知建陽縣事臣黃國琦較釋

總錄部一百七十四

傾險　詐僞　飾非

傾險

言僞行僻色厲內荏傾險之謂也故不畏不義著之於前聞難養難近垂之於往典葢人禀五行之秀最萬物之靈守正不回去惡務本斯可謂之君子矣乃

有疾賢務進附勢取容乘隙以爲姦掠美以沽譽或縱其關說之辯或極其諂諛之態或搆之飛語以害忠良或寘之深文以執伉怨以至飜覆靡定計數回測爲鬼爲蜮如谿如壑歷代而下實繁有徒非聰明睿哲之主安能察而遠之哉

漢主父偃爲中大夫會遼東高廟長陵高園殿災董仲舒居家推說其意屮藁未上（屮古草字所作起草爲藁也）主父偃候仲舒私見嫉之竊其書而奏焉帝召視諸儒（視讀曰示）仲舒弟子呂步舒不知其師書以爲大愚於是下仲舒吏當死詔赦之仲舒遂不敢復言災異

鄭朋會稽人元帝即位前將軍蕭望之光祿勳周堪輔政朋陰欲附望之上疏言車騎將軍史高遣客爲姦利郡國及言許史子弟罪過章視周堪（視讀曰示以朋所奏之章示堪也）堪曰令朋待詔金馬門朋奏記望之曰將軍體周召之德秉公綽之質有卞莊之威（周謂周公旦召謂召公奭公綽孟公綽也卞莊子魯卞邑大夫也）至乎耳順之年履折衝之位號至將軍誠士之高致也窟穴黎庶莫不懽喜咸曰將軍其人也（國家委任誠得其人也）今將軍規撫云若管晏而休遂行日仄至周召乃留乎（周望之立意當趣如管晏而止爲欲恢廓其道日仄不食追周召之蹟然後已乎撫讀曰模其字從木）若管晏而休則下走將歸

延陵之皐（吳公子札食延陵薄吳王之行弃國而耕皐澤朋云望之所爲若但如管晏則不處漢朝將歸會稽尋延陵之執耕皐澤之中也下走者自謙言趨走之役也）修農圃之疇畜雞種黍俟見二子沒齒而已矣（子路從孔子而後遇丈人以杖荷篠止子路宿殺雞爲黍而食之見其二子焉明日子路行以告子曰隱者也使子路反見之至則行矣朋之所云蓋謂此也俟古俟待也沒齒終身也篠草器也音徒吊反）如將軍昭然度行積思塞邪枉之險蹊宣中庸之嘗政（度行度越嘗倫而爲高行也蹊徑謂道也音奚）興周召之遺業親日仄之兼德則下走其庶幾願竭區區底厲鋒鍔奉萬分之一望之見納朋接待以意（與之相見數納其說也）數稱述望之短車騎將軍史高（短謂毀其短惡也）言許史過失後朋行傾邪望之絕不與通朋與太

司農史李宮俱待詔堪獨白官爲黄門郎朋楚士怨恨（朋會稽人會稽并屬楚楚人脆急也）更求入許史推所言許史事曰皆周堪劉更生教我我關東人何以知此於是侍中許章白見朋朋出揚言曰我見言前將軍小過五大罪中書令在旁知我言狀望之聞之以問弘恭石顯恭顯恐望之自訟下於它吏即挾朋及待詔華龍龍者宣帝時與張子蟜（蟜巨繇反字或作僑）等待詔以行汚穢不進（穢與濊同）欲入堪等不納故與朋祖結恭顯令二人告望之等謀欲罷車騎將軍疏退許史狀恭顯奏望之堪更生朋黨相稱舉狀望之前將軍光祿勲印綬及

堪更生皆免爲庶人而朋爲黄門郎

後漢辛臣田戎之妻兄也初岑彭圍秦豐於黎丘時田戎擁衆夷陵聞秦豐被圍懼大兵方至欲降而妻兄辛臣諫戎曰今四方豪傑各據郡國雒地如掌耳不如按甲以觀其變戎曰以秦王之彊猶爲征南所圍豈況吾耶降計決矣建武四年春戎乃留辛臣守夷陵自將兵沿江泝沔止黎丘刻期日當降而辛臣於後盗戎珎寶從間道先降於彭而書以招戎戎心疑賁巳遂不敢降

崔酺爲侍中時尚書有缺詔將大夫六百石以上試對政事天文道術以享第者補之酺自恃能高而忌故太史令孫懿恐其先用乃往候懿既坐言無所及唯涕泣流連懿恠而問之酺曰圖事有漢賊孫登將以才智爲中官所害觀君表相似當應之酺受恩接悽愴君之禍耳懿憂懼移病不試繇是酺對第一拜尚書

晉牽秀爲司空張華長史會張昌作亂秀因奔成都王穎穎伐長沙王乂以秀爲冠軍將軍陸機王粹等共爲河橋之役機戰敗秀證成其罪又諂事黄門孟玖故見親於穎

虞預爲著作郎私撰晉書而生長東南不知中朝事訪於著作郎王隱并借隱所著書竊寫之所聞漸廣是後更疾隱形于言色預既豪族交結權貴共爲朋黨以斥隱竟以謗免黜歸于家袁悅之能長短說甚爲會稽王道子所親愛每勸道子專覽朝權道子頗納其說俄而見誅

王國寶累至侍中中書令太傅謝安之女壻也國寶專利無簡行安惡其爲人每抑制之及孝武末年嗜酒好肉而會稽王道子昏醟尤甚惟狎昵諂邪於是國寶讒諛之計稍行于主相之間而好利險詖之徒

以安功名盛極而構會之嫌隙遂成又云國寶大無士操不修廉隅妻謝安惡其傾側每抑而不用

周禮字宣季性矜儉好利外方內荏少以豪右自處後爲會稽太守被殺

宋王華爲太祖鎮西主簿太祖未親政事悉委司馬張劭華性尚物不欲人在已前劭性豪每行常引采藪華出入乘牽車從者不過二三以矯之嘗於城内相逢華陽若不知是劭謂左右曰此鹵簿甚盛必是殿下出乃下牽車立於道側及劭至乃驚劭白服登城爲華所糾坐被徵華代爲司馬南郡太守行府州

事

劉湛爲領軍將軍又領詹事時彭城王義康專秉朝政而湛昔爲上佐遂委心自結而殷景仁獨當時初湛方謀傾景仁湛黨劉敬文父成未悟其機詣景仁求郡敬文遽往謝湛曰老父悖耄遂就殷鐵干祿由敬文闇淺士負生成合門慙懼無地自處敬文之姦諂如此

劉瑀字茂琳初爲始興王濬南徐州别駕從事史爲濬所遇瑀性陵物護前不欲人居已上時濬征北府行叅軍吳郡顧邁輕薄而有才能濬待之甚厚深言密事皆與叅之瑀乃折節事邁深布情款家内婦人間事言語所不得至者莫不倒寫備說邁以瑀與之款盡深相感信濬所言密事悉以語瑀與邁共進射堂下瑀忽顧左右索衣幘邁問其所以瑀曰公以家人待卿相與言無所隱而卿於外宣泄致使人無不知我是公吏何不得不啓因而白之濬大怒啓文帝徙邁廣州

後魏高聰爲散騎常侍黄門侍郎初趙修之任勢聰傾身事之及修之死言必毁惡茹皓之寵聰又諂附每相招命言笑攜撫公私託仗無所不至每稱皓才

識明敏非趙脩之儔乃因皓啓請青州鎮下治中公廨以爲私宅又乞水田數十頃皆被遂許及皓見戮聰以爲死之晚也其薄於情顔皆如此聰善於去就知高肇嫌之側身承奉肇遂待之如舊

北齊温子昇爲文襄大將軍諮議叅軍文襄疑子昇知元僅等作亂繫於晉陽獄子昇恬靜與物無競言有准的不妄毁外譽而内深險臨之事際好預其間所以終至禍敗

鄭子默史不載其官文宣怒臨漳令稽曄及舍人李文師以曄賜薛豐洛文師賜崔士順爲奴子默私誘銀青

光祿大夫王昕曰自古無朝士作奴昕曰箕子之爲奴子黙遂以昕言啓帝仍曰王元景比陛下於殷紂楊愔徵爲解之謂愔曰元景是个博士爾語皆元景所教元景字也

叚孝言爲吏部尚書時祖珽執政將廢趙彥深引孝言爲助除侍中入内省典機密尋除中監加特進又託韓長鸞共搆祖珽之短及珽出後孝言除尚書右僕射

魏蘭根爲開府儀同三司雖以功名自立然善附會出處之際多以計數爲先是以不爲清論所許

陳元康爲相府功曹叅軍便辟善事人希顏候意多有進舉而不能平心處物

後周蕭夔納言威之子聰敏有口辯然性輕險無行位至通議大夫

隋元敏頗才辨而輕險多詐擢守内史舍人而交通博徒數漏洩省中語

諸葛潁自煬帝爲太子時爲藥藏及帝即位遷著作郎甚見親倖潁因閑隙多所譖毀是以時人謂之治葛

唐鄭愔則天時爲臨武丞及來俊臣受制按獄志在屠害忠良每有羅織文狀密令愔草定深情致其罪取於俊臣

崔湜中宗時爲吏部員外郎桓敬之作相也思武三思讒間推湜爲耳目使伺其動靜俄而中宗踈忌功臣於三思恩寵漸密湜每得桓敬一言片議皆以報三思及諸公被流湜又說三思宜盡除之以絶歸望三思問誰可入者湜表兄周利貞先爲桓敬所惡自侍御入出爲嘉州司馬湜舉之克行桓敬等聞利貞至皆自殺三思擢利貞爲御史中丞湜後爲襄州刺史時譙王重福謫居均州陰懷異志賂湜黃金寶帶

帝之爲太子有郎李慶遠特承恩寵頗弄權勢湜以帶鈎之會慶遠以罪被録觀者怪金帶奇作非人間所有湜密謂慶遠曰勿欵此帶所求我當使汝無事乃厚賂行笞者與救慶遠以滅口其傾險如此湜謂人曰吾之入門及出身歷官未嘗不爲第一丈夫當先據要路以制人豈能黙黙受制於人也是故進趣無已而不以令終

顧繇吳人代宗時詣闕獻書稱旨受京兆府華原縣令性躁狂恃封事可以奏與有超拜及領華原骯髒音亢音葬不受詔乃訕時政深宰臣元載陰私載稽顙自

陳代宗遂怒縣逐爲綿州百姓
陳少游代宗時爲宣越揚三鎭觀察初結元載每年饋金帛約十萬貫又多納賄於用事中官駱奉先劉清潭吳承倩等繇是美聲達于中禁後見元載在相位年深以過犯漸見疑忌少游亦稍踈之無何載子伯和貶官楊州少游外與之深交結而陰使人伺其過失密以上聞代宗以爲忠待之益厚
令孤峘德宗時爲禮部侍郎有杜封者故相鴻漸之子求補弘文生宰相楊炎嘗出杜氏門下託封於峘峘謂使者曰相公誠憐封欲成其名乞署封名下一

字峘因得以記焉炎不意峘之賣已乃署名託峘明日流言宰相炎迫臣以私臣從之則負陛下不從則炎當害臣德宗以問炎炎具道所以德宗怒曰此奸人不可柰欲杖殺之炎救解乃出爲衡州别駕
竇群憲宗時爲吏部郎中宰相武元衡李吉甫皆愛重之未幾拜御史中丞後與呂温羊士諤等黨比欲陷吉甫爲容管經畧使在鎭二年詔遣至衡州病卒群性險狠頗務恩讐臨事不顧死生初詔徵將大用衆情駭及卒衆乃安
方穆宗時爲和王傅會元稹作相欲以奇策平河朔群盜方以策畫干稹而李逢吉之黨欲傾裴度乃令人告稹欲結客刺度事下法司按鞫無狀而方竟坐誅
後唐孔謙莊宗同光初爲租庸副使謙本州之幹吏上自天祐十二年帝平定魏博會計皆委制置謙能曲事權要效其才力帝委以泉貨之務設法箕斂七八年間軍儲獲濟及帝即位於鄴城謙已當爲租庸使物議以謙雖有經營齊贍之勞然人地尚卑不欲驟摠重任樞密使郭崇韜舉魏博觀察判官張憲爲租庸使以謙爲副謙怏然不樂者久之帝既平梁汴

謙徑自魏州馳之行在因謂崇韜曰鄴都重地須大臣彈壓以謙籌之非張憲不可崇韜以爲忠告即奏憲爲鄴都留副守乃命宰臣豆盧革專判租庸謙彌失望乃尋革過失時革以手書便省庫錢數十萬謙以手書示崇韜微諷聞於革革懼上表請崇韜專其事崇韜亦辭避帝問當委何人爲可崇韜曰孔謙雖久掌貨泉然物議未當居大任以臣所見却委張憲爲便帝促徵之憲性精辨爲趍時者所忌人不祐之謙乘間訴於豆盧革曰租庸錢穀悉在眼前委一小吏可辦鄴都本根之地不可輕付於人與唐尹王正

言無裨益之才徒有獨行詔書既徵張憲復以何人爲代豆盧革言於崇韜崇韜曰鄴都分司列職皆王上舊人委王正言何慮不辦革曰俱是失也設不獲已以正言掌租庸取書於大臣或可辦矣若付之方面必敗人事謙以正言非德非勳懦而易制曰此議爲便然非己志尋摘正言之失泣訴於崇韜厚賂閽伶以求進用人知奸諂沮之乃上章請退帝怒其規避將寘於法樂人景進於帝前解喻而止王正言風病恍惚不能綜三司事景進屢言於帝乃以正言守禮部尚書以謙爲租庸使

晉張彭常山九門人少不知書始爲公府通贊遂假州縣後唐莊宗改鎮州爲北都以任圜爲眞定尹兼知管內戎事則以彭爲晉守推官事無巨細悉訪於彭繇是趙之士大夫無得而進彭素貪黷利權所入圜多爲所賣及廢都爲方正朝廷命樞密使郭崇韜爲節度使遙領之崇韜素愛其地欲歸利私門而彭獻可於圜擇公藉所有多隱之以爲他費崇韜深忿其事會莊宗平常山時獲趙王鎔家妓千餘使宦者選留百人及送聞有許氏尤色彭賂守者以廢疾匿於僧坊後宮中訪知急召彭赴衙欲害之彭將戒途以前與圜所隱泉貨使人封藉馳白崇韜崇韜乃使彭面怒圜尋奏解許氏之罪授秘書丞知齊州管內事其險巧多此類也明宗卽位以圜爲相判三司事圜奏彭守秘書少監度支判官聞竟得罪死於塗陽議者以彭誤敗之所致也近臣安重誨亦云任之過盡繇張彭

王瑜天福中爲贊善大夫會濮陽郡秋稼豐秀税藉不均命乘使車按察定計旣至郡謂校簿吏胡蘊惠鶚曰余有處約之疾室無增貨爲我致意縣尹且求假貸於是鄄城令劉承珪濮陽令王傳賓臨濮令曹

光裔雷澤令張璹范陽令范皐聚錢五十萬私書而獻瑜以書上奏帝覽稱歎曰廉直清愼尚有如此者誠良臣也二吏五宰卽時黜瑜則進位大尉少卿詔書褒美

詐僞

先聖有言曰天下之惡有五盜竊不與焉一心逆而險二行僻而堅三言僞而富四記醜而博五順非而澤此皆謂姦究之徒不免君子之誅也其或矯稱皇嗣虛書戰圖對稱人而禍吏臨都街而自捷造僞書而取賞假嘉遁而覬徵至於詐僞外戚則遠列蕃宣

假于靈草則爰剖符竹罪大而貽神怒惡盈而掛天網至有棄之于市而投之於荒汙彼簡編貽笑後世者矣

公孫蠆齊大夫魯昭三年晉韓起如齊逆女（爲平公逆）公孫蠆爲少姜之有寵也以其子更公女而嫁公子（更嫁公子）人謂宣子子尾欺晉晉胡受之宣子曰我欲得齊而遠其寵寵將來乎（寵謂子尾）臧會魯大夫臧昭伯之族也初昭伯如晉臧會竊其寶龜僂句（僂句龜所出地名）以卜爲信與僭僭吉（僭不信也）臧氏老將如晉問（問昭伯起居）會請往（代家老行）昭伯問家故盡對（故事也）及內子與母弟叔孫

則不對（內子昭伯妻一人對若有他故）再三問不對及郊會逆問又如初（又不對）至次於外而察之皆無之執而戮之逸奔郈郈魴假使爲賈正焉（郈在東平無鹽縣留魴假郈邑大夫賈正掌貨物使有常價若市利）計於季氏（逐計簿於季氏）臧氏五人以戈楯伏諸桐汝之閭（桐汝里名）會出逐之反奔執諸季氏中門之外平怒曰何故以兵入吾門拘臧氏老季臧有要（相怨）及昭伯從公平子立臧會（立以爲臧氏後）會曰僂句不余欺也（傳語卜筮之驗善惡縣人）

漢新垣平趙人以望氣見文帝至上大夫使人持玉杯上書闕下獻之平言帝曰闕下有寶玉氣來者已視之果有獻玉杯者刻曰人主延壽平又言曰臣候日再中居頃之日卻復中於是始更以七十年爲元年令天下大酺平言曰周鼎亡在泗水中今河決通於泗臣望東北汾陰有金寶氣（汾陰直謂當汾陰也）意周鼎其出乎兆見不迎則不至於是帝使使治廟汾陰南臨河欲祠出周鼎人有上書告平所言皆詐也下吏治誅夷平

少翁齊人以方見武帝文成將軍言卽上欲與神通宮室被服非象神神物不至迺作畫雲車及各臣勝日（甲乙五行相克之日如火勝金用丙丁日不用庚辛日）駕車辟惡鬼又作甘

泉宮中爲臺室畫天地泰一諸鬼神而置祭具以致天神居歲餘其方益衰神不至乃帛書以飯牛（謂雜草以食牛也音扶晚反）陽不知言此牛腹中有奇書殺視得書書言甚怪天子識其手（手謂就書手跡）問之果爲書于是誅文成將軍

欒大膠東人（謂王家人也）故嘗與文成將軍同師因欒成侯求見言方大爲人長美言多方畧而敢爲大言處之不疑乃拜爲五利將軍於是嘗夜祀其家欲以下神後裝治行東入海求其師而不敢入海之泰山祠帝使人隨驗實無所見五利妄言見其方盡多不讐

譽應當也不譽無驗也帝乃誅五利韓釋之封襄城侯武帝元
朔四年詐疾不從耐爲隷臣
陳拾嗣復賜侯卒子彊嗣元狩五年彊坐父拾非嘉
子免
公孫卿齊人也武帝時稱有禮書曰得室與神冊後
仙登于天卿因所忠欲奏之所忠視其書不經疑其
妄言謝曰寶鼎事已決矣尚何以爲謂不須要言之
趙欽者營平侯充國之孫尚敬武公主主亡子主教
欽良人習詐有身名他人子欽薨而子岑嗣後習爲
太夫人岑父母求錢財亡已忿恨相告岑坐非子免

國除
後漢尹敏爲中郎光武令校圖讖敏因其封文增之
曰君無口爲漢輔帝見而怪之召敏問其故敏對曰
臣見前人增損圖書敢不自量竊幸萬一帝深非之
雖竟不罪而亦以此沈滯
盧芳字君期安定三水人也居左谷中王莽時天下
咸思漢德芳繇是詐稱武帝曾孫劉文伯曾祖母匈
奴谷蠡渾和王之姊爲武帝皇后生三子遭江充之
亂太子誅皇后坐死中子次卿亡之長陵小子回卿
逃於左谷霍將軍立次卿迎回卿回卿不出因居左
谷生子孫卿孫卿生子文伯常以是言誑惑安定間
同栩性卓詭不倫後時徵拜趙相及之官時人謂其
必當脱素從儉而栩更乘鮮車御良馬世疑其始僞
魏李豐子韜以選尚公主雖外辭之內不甚憚也
晉會稽王道子爲桓玄所害安帝義熙中以臨川王
寶子修之爲道子嗣尊妃王氏爲太妃義熙中有稱
元顯子秀熙避難蠻中而至者太妃請以爲嗣於是
修之歸於別第宋高祖意其詐而按驗之果散騎郎
滕羨奴勺藥也竟坐棄市太妃不悟哭之甚慟
宋何法盛時何高平郗紹亦作晉中興書數以示法

盛法盛有意圖之謂紹曰卿名位貴達不復俟此延
譽我寒士無聞于時如袁宏干寶之徒賴有著述流
聲於後宜以爲惠紹不與至書成在齋內廚中法盛
詣紹紹不在直入竊書紹還之無復兼本於是遂行
何書
王僧達爲太子洗馬在東宮愛念軍人朱靈寶及出
爲宣城靈寶已長僧達詐列死亡寄宣城左求之籍
注以爲己子改名元序啓太祖以爲武陵國典衛令
又以補竟陵國典書令建平國中將軍孝建元年春
事發加禁錮上表陳謝亡不能因依左右傾意權貴

帝愈怒焉

黄回竟陵郡軍人也初爲臧質隊主隨質於梁山敗走向豫章爲臺主軍謝承祖所録付江州作部卒遇赦得原回因下都於宣陽門與人相打詐稱江夏王義恭馬客鞭二百付右尚方

後魏崔光爲車騎大將軍儀同三司光初爲黄門則讓宋弁爲中書監讓汝南王悦爲太常讓劉芳爲少傅讓元暉穆紹甄琛爲國子祭酒讓清河王懌任城王澄爲車騎儀同讓江陽王繼又讓靈太后父胡國珎皆顧望時清議者以爲矯飾

曹昇莊帝永安中爲大學博士兼尚書郎而當徒步上省以示清貧忽遇盜大失綾縑時人鄙其矯詐

綦儁出帝時爲左光禄大夫性多詐賀較勝出鎮荆州遇儁别因辭儁母儁故見敗氈弊被勝更遺之錢物

山偉前廢帝時爲秘書監仍著作郎爾朱兆之入雒官守奔散國史典書高法顯密埋史書我不遺落偉自以爲仁詐求偉挾附爾朱世隆遂封東阿縣伯而法顯止獲男爵

劉仁軌爲著作郎兼中書令外示長者内懷矯詐其對賓客破弊席食糲冷菜衣服故敗乃過逼下善候當途能爲詭激每於稠人廣衆之中或撻一姦吏縱一孤寡大言自爾眩巴高明矜物無知淺識皆稱其美公能之譽動過其實

後周宗懔南陽人仕梁爲元帝荆州記室累遷吏部尚書初父高之先爲南臺治書侍御史犯罪懔願父釋罪當終身菜食高之理雪故懔菜食鄉里稱之元帝府中多言其矯至是大進魚肉國子祭酒沛國劉毅譏之曰本知卿不忠猶謂卿孝今日便是忠孝並無懔不能對

郭賢爲車騎大將軍歷廣勲安陵四州刺史衣服飲食雖以儉約自處而居家豐麗室有餘貲時論譏其詐

隋劉炫直門下省以待顧問時牛弘奏請購求天下遺逸之書炫遂造書百卷題爲連山易魯史記等録上送官取賞而去後有人訟之經赦免死坐除名歸于家

唐杜淹弱冠有美名與韋福嗣爲莫逆之交隋開皇中相與謀曰上好謀遁薦咸以幽人見徵擢居美職盍效之共入太白山中陽言隱逸隋文帝聞而惡之

諭戍江表

蕪世長幼簡率嗜酒無威儀歷宮踈猛正諫以直聞及爲陜州不能馭黠部內多犯法世長莫能禁乃責躬引咎自撻於都街五相嫉其詐鞭之見血世長不勝痛大呼而走觀者咸以爲笑是後議者乃稱其詐

孫承景爲監察御史則天萬歲通天二年承景監清邊軍戰還畫戰圖以奏每陣必畫承景躬當矢石先鋒禦賊之狀則天歎曰御史乃能盡誠如此擢拜古肅政臺中丞令侍御史張仁愿叙録承景下立功人仁愿未發都先問承景對陣勝負之狀承景身實不

行問之皆不能對又虛增功狀仁愿庭奏承景罔上之罪於是承景左遷崇令擢仁愿爲右肅政臺中丞檢校幽州都督

李子嶠玄宗開元十四年詐稱皇子入驛居止子嶠云生於潞州母曰趙妃生一歲舅嘗奴攜至雒陽以患目疾不得入門後數歲遇楊尉馬舅挾出比遊靈夏因至太原令十七歲太原尹張嵩以聞帝以爲矯妄勑嵩杖殺因下制曰如聞在外諸州多有矯稱勑使詐乘傳驛或托採藥物言將貢獻或妄云追人肆行威福如此等色右須禁斷若緑別使皆發中使以此叅察固易區分宜令州縣嚴加捉搦勿容漏罔

蕭文晟詐妄人也元和九年與其黨四人詐稱知內樞密梁守謙語故涇原節度使蕪光榮子巨論云將拜爲節度使許錢六萬貫文爲人所告文晟付伏內决重杖處死巨論流峽州

柳泌本姓楊名仁晝習方術後更姓名動作詐誕自言能致靈藥并黃白術時憲宗末年銳於服餌詔天下搜訪奇士皇甫鎛李道古乃薦泌及僧大通等待詔翰林憲宗頗奇因盛言天台多靈艸群仙所會臣嘗知之而力不能致願假郡縣之權以求之憲宗以

爲然乃授台州刺史賜服金紫或諫曰方士不當假以州郡之政憲宗怒曰煩一郡之力而致神僊不死之事臣下於吾何惜焉繇是不敢復諫泌到州驅使人於山谷閒聲言採藥鞭撻慘急歲餘一無所得懼詐發獲罪遂挈其家潛入山谷本道觀察使捕之送京師鎛與道古保明其能又詔直翰林院憲宗服泌藥日益躁渴竟爲所誤大通自云一百五十歲有不死藥因佐元鳳翔號縣人亦自言有奇術能變瓦礫爲黃金自白衣授本縣令其餘皆遞相薦引罔上惑衆故及於罪初柳泌繫於京兆府吏人或問曰何苦

虛詐如此泌曰皆道古教我且令我自言四百歲時人或謂將灸自能隱化及解衣就刑訖無他異唯灸灼之痕浹體而已

蕭洪者本代比人父名榮初文宗母蕭太后有一弟在外求訪未獲洪十歲隨商人後爲戶部茶綱賣羅錦於東市佑人趙縝爲引見於太后姊徐國夫人女婿呂璋因得見夫人云太后之弟夫人亦不能認識帝方穆親以皇太后一弟喜有所得洪以詐御遂見之命爲金吾將軍河陽節度等使後爲鄜坊節度使先是有自神策軍出爲方鎮者軍中多貸其行裝至

鎮三倍償之故有自左軍出爲鄜坊者茲錢未償而卒乃徵於洪宰相李訓初知洪非真太后弟洪懼彌縫之乃奏訓兄仲京爲從事故洪恃與訓通不與所償又徵於卒者之子洪俾其子以狀接訓訓判絶之左軍中尉仇仕良銜之有蕭本本復稱皇太后之弟至是因士良以進遂發其事旣而御史臺奏推堪前鄜坊節度使蕭洪詐冐稱皇太后親弟事詔曰蕭洪起自細微恣爲狡妄假我外家之族冐居元舅之尊累忝重官再叨雄鎮作僞無狀從古未聞不處極刑猶爲寬典宜長流驩州百姓洪男恪女婿萬縝徐國夫人女婿呂璋竝決杖流嶺南崔裊等州洪至中路賜自盡

蕭本故福建人太后有真異母弟孱弱不能自理本知之就求得其內外族氏名諱上聞復有權倖交證之帝果不疑其詐以爲贊善太夫又詔贈其亡曾祖俊太保亡祖聡太傅亡父俊太師曾祖母隴西李氏晉國太夫人亡祖母吳興姚氏楚國太夫人亡母隴西李氏京國太夫人帝旣斥蕭洪而又得蕭本卽謂其真旬月之內賜與巨萬

蕭弘泉州晉江縣民也開成二年十月福建觀察使

唐扶差人押送弘幷男大資稱是國親詔付御史臺勘問御史臺奏蕭弘通欵狀詐認太后與節自不同詔令遞歸本貫仍不用錮身皇太后少離本家不熟舊事故特有弘之罪庶獲本宗開成四年七月癸酉昭義節度使劉從諫上表其畧曰臣聞造僞以亂真者匹夫知之尚不可況天下皆知乎執疏以爲親者在匹夫之家尚不可況處大國之朝乎臣受國恩深奉公心切知有此色安敢不言伏惟皇帝陛下仁及萬方孝敦九族而推心無黨唯理是求微臣將以不避直詞切論深事伏見金吾將軍蕭本稱是皇太后

親第受此官榮今誼然國都殆開藩府自上及下異
口同音皆言蕭弘是真而蕭本爲僞臣傍聽衆論遍
察群情咸思發明以正名分今年二月蕭弘忽投臣
本道求臣上聞亦自言比者福建觀察使唐扶及監
軍劉行立具審根源已曾論奏其時屬蕭本得爲外
戚來自左軍臺司既不敢研窮聖意遂勒還鄉里自
兹議論轉益沸騰臣亦令賛問左軍推論大體而士
良推至公之道發不黨之言蓋蕭本自度孤危妄者
有憑恃伏以名居國舅位列朝行而真僞不分中外
所耻切慮皇太后受此罔惑以有恩情若含垢于一

時終取笑于千古伏乞陛下起蕭弘赴闕與本對推
細窮根源以正真僞詔以御史中丞高元裕刑部侍
郎孫簡大理卿崔郇爲三司使鞫蕭本蕭弘之獄十
一月乙酉詔曰恭惟皇太后族望遠承齊梁之後僑
寓流滯久在閩中慶靈鍾集早歸椒掖終鮮兄弟常
懷咨嗟朕自臨御以來使遣尋訪冀得諸舅以慰慈
顔而奸濫之徒探我情抱因緣州里之近附會祖先
之名覬幸我國恩假託我外戚蕭洪之惡跡未遠蕭
本之覆轍相尋洪之本末尤更乖戾三日推鞫曾無
似是之蹤宰臣參驗甚見難容之狀文款繼入留中
久之朕當侍膳之時頗有咨稟恭聞處分唯在真實
巧沐鑒察既無可驗鑿空作僞豈得更容據其罪狀
合當極法尚爲含忍投之荒徼凡百庶士宜體朕懷
蕭本今宜除名配流愛州蕭弘配儋州蕭本及弟姪
男等凡六十並除名流於嶺外家資田產並令沒官
前時蕭洪詐稱國舅凡十數年尚授旄鉞寵貴崇極
天下之人皆知其僞蕭本因中尉仇士良爲之助遂
告洪之詐洪既流死本驟歷榮顯曾未周歲衆知本
亦詐僞蕭弘復告之帝命三司使對鞫得其情實故
有是命本之罪名止於流竄時議以爲貸法

陳文巨泉州晉江人應鄉貢明經僞稱官階哀帝二
年招狀罪款付南河府決重杖一頓處死
後唐許光義自言禮部侍郎孟容之孫也光義天祐
初將同姓人譙縣主簿名銜選授亳州蒙城簿累歷
州縣職官
蕭康爲考城縣令同光二年康僞作嘉合穗勒停見
任
張德溫陝州百姓也德溫詐稱官付河南府處死
張演河北轉運司前行也明宗長興元年七月鎮州
奏演僞出宣頭支錢三貫令外甥交領又搜得蠟印

一面

周李知損爲諫議大夫知損除名遞送沙門島知損將行謂所親曰余嘗遇善相者言我三遷之後當入居相位余自此而三矣子姑待我後歲餘卒於海中其庸誕也如此

高紹基延州節度使高允權子也允權卒紹基匿喪久之屢奏邊事以要承襲朝廷初聞其喪即令六宅使張仁謙往巡簡紹基不能匿以十五日卒聞丘珣稱前邢州觀察推官廣順二年珣經中書乞官宰臣以此來除任邢州職事無此姓名面訊之占對失次

送開封府鞫問所稱職名及緋魚並虛謬勑杖脊二十長流沙門島歷任官牒並毀之

陳權前爲泰州清水縣令廣順二年追奪官牒仍長流房州以權居許州舞陽縣與隣里署爭地詐埋石爲記及揩改契內文字旣伏其罪故有是責

李圖廣順三年僞稱萊州別駕配比海縣重役

飾非

夫言僞而辯雖口給之爲能欲蓋而彰固心勞而愈拙況夫學古從政委質自公固宜德以潤身言以顧行改過不吝擇善而從豈有毀信廢忠庸回蒐慝不式典禮怠棄官司在長惡而靡悛但詭辭而自飾君子所以惡利口王者所以遠佞人蓋以是夫

仲由字子路孔子弟子也子路使子羔爲費宰孔子曰賊夫人之子（子羔學未熟習而使爲政所以爲賊害）子路曰有民人焉有社稷焉何必讀書然後爲學（言治民事神於是而習文也亦學）子曰是故惡夫佞者（疾其口給應來已非而又無窮）

冉求字子有爲季氏宰季氏將伐顓臾冉有曰季路見於孔子曰季氏將有事於顓臾（顓臾伏義之後風姓之國本魯之當時臣屬魯季氏貪其土地裂滅而取之冉有與季路爲季氏臣來告孔子）孔子曰求無乃爾是過與（冉求爲季氏宰相其室爲之聚斂孔子疑求教之）夫顓臾昔者先王

以爲東蒙主（使主祭蒙山）且在邦域之中矣（魯七百里之封顓臾爲附庸在其域中）是社稷之臣也何以伐爲（已屬魯爲社稷之臣何用滅之爲）冉有曰夫子欲之吾二臣者皆不欲也（謂冉有季路也歸咎於季氏）孔子曰求周任有言曰陳力就列不能者止（周任古之良史言當陳其才力度己所任以就其位不能則當止）危而不持顚而不扶則將焉用彼相矣（言輔相人者當能持危扶顚若不能則當止）且爾言過矣虎兕出於柙龜玉毀於櫝中是誰之過與（柙檻也櫝匱也失虎毀玉豈非典守之過邪）冉有曰今夫顓臾固而近於費（固謂城郭完堅丘甲利也費季氏邑）今不取後世必爲子孫憂孔子曰求君子疾夫（疾如汝之言）舍曰欲之而必爲之辭（舍其貪利之說而更作他辭是所疾）

也
季子皐孔子弟子也葬其妻犯人之禾（高子孟氏之邑成宰或氏）
（季犯蹋也）申祥以告曰請庚之（申祥子張子庚償也）子皐曰孟氏不
以是罪予（時借後）朋友不以是棄予（言非人故）以吾爲邑長
於斯也買道而葬後難繼也（侍寵雪民非也）
漢主父偃武帝時爲中大夫尊立皇后及發燕王定
國陰事偃有功焉大臣皆畏其口賂遺累千金或說
偃曰太橫矣主父曰臣結髮游學四十餘年身不得
遂（遂猶達也）親不以爲子昆弟不收賓客棄我我阨日久
矣丈夫生不五鼎食死則五鼎亨耳（五鼎食牛羊豕魚麋也諸侯五

卿大夫三五鼎享之謂披金之享殊）吾日暮途遠故倒行逆施之（莫言齒耳
老也倒行逆施位不尊當禮所行也）
楊惲丞相敞子也封平通侯爲諸吏光祿勳坐事免
爲庶人惲既失爵位家居治產業起室宅以財自娛
歲餘其友人安定太守西河孫會宗知畧士也與惲
書諫戒之爲言大臣廢退當闔門惶懼爲可憐之意
（闔閉也）不當治產業通賓客有稱譽惲宰相子少顯朝
廷一朝晻昧語言見廢內懷不服報會宗書曰惲材
朽行穢文質無底（底致也音之禮反）幸賴先人餘業得備宿
衛遭遇時變以獲爵位終非其任卒與禍會足下哀
其愚蒙賜書教督以所不及殷勤甚厚然竊恨足下
不深惟其終始而猥隨俗之毀譽也言鄙陋之愚心
若逆指而文過默而息乎恐違孔氏各言爾志之義
後會有日食變騶馬猥佐尚書告惲驕奢不悔過日
食之咎此人所致章下廷尉按驗得所與會宗書宣帝
見而惡之廷尉當惲大逆無道要斬
嚴延年字次卿爲河南太守與京兆尹張敞善敞治
雖嚴然尚頗有縱舍聞延年用刑刻急廼以書諭之
曰昔韓盧之取兔也上觀下獲（書盧犬之取兔仰觀人主之意而獲之諭
不安殺）不甚多殺願次卿以緩誅罰思行此術延年報

曰河南天下喉咽二周餘莠（喉咽言其所在襟要入人體之有喉咽也二周
東西周君國也咽一千反）莠盛苗穢何可不鋤也（莠粃穀所生也苗粟苗也莠音
誘）自矜伐其能終不衰正
原涉字巨先爲谷口令後自劾去官郡國諸豪及長
安五陵諸爲氣節者皆歸慕之涉遂傾身與相待人
無賢不肖闐門（闐字與賓字同音大千反）在所閭里盡滿客或譏
涉曰子本吏二千石之世結髮自修以行喪推財禮
讓爲名正復讐取仇得不失仁義何故遂自放縱爲
輕俠之徒應曰子獨不見家人寡婦邪治自約敕之
時意乃慕宋伯姬及陳孝婦（伯姬魯宣公女嫁於宋恭公恭公卒伯姬寡居

至景公時伯姬之官夜大任右曰夫人少避大伯姬
曰婦人之義保傅不是夜不下堂遂見拾火而死陳
孝婦者其夫當行戍屬孝婦曰幸有老母吾若不來
汝善養我母孝婦曰諾夫果死孝婦養姑愈固其父
母將取嫁故欲自殺父母俱而不取遂使養姑淮陽
太守以聞朝廷高其義賜黄金四十斤復之終身號
曰孝婦不幸壹爲盗賊所汚遂行淆失失讀曰泆知其非禮
然不能自還吾猶此矣

晉郄鑒長沙人少以高潔著名南陽劉鱗之南郡劉尚公同志友善並不應州郡辟命荆州刺史桓冲卑辭厚禮請鑒爲别駕鑒嘉其好賢乃起應召鱗之尚公謂鑒曰卿道廣學深衆所推懷忽然改節誠失所望鑒笑荅曰足下可謂有志於隱而未知隱夫隱之

爲道朝亦可隱市亦可隱初在我不在於物尚公等無以難之然鑒亦於此名譽減半矣

宋周郎孝武時爲廬陵内史郡後荒蕪頗有野獸母薛氏欲見獵郎乃合圍縱火令母觀之火逸燒郡廨郎悉以秩米起屋償所燒之限稱疾去官追爲州司所糾還都謝孝武曰州司舉臣愆失多有不允臣在郡虎食人蟲鼠犯稼以此二事上負陛下帝變色曰州司不允或可有之蟲虎之災寧關卿小物

王彧字景文明帝時爲安南將軍江州刺史景文在江州不能潔己景文與帝幸臣王道隆書曰吾雖寡於行已庶不負心既愧殊效誓不上欺明主竊聞有爲其貝錦者去營生乃至臣萬素無此能一旦忽致異術必非平理唯乞平心精撿若此言不虚便宜肆諸市朝以正風俗脱其妄作當賜思罔昧之繇吾踰忝轉深足以致謗念此驚懼何能自測區區所懷不願望風容貸吾自子不作偷猶如不作賊故以齎白想爲申啓

比齊杜弼爲中書軍將軍儀同竇泰摠戎西伐詔弼爲泰監事及泰失利自殺弼與其從六人走還陝州刺史劉貴鎖返晉陽高祖詰之曰竇中尉此行吾前

具有法用乃遣吾語自取敗亡爾何縣不一言諫争也弼對曰刀筆小生唯文墨簿技便宜之事議所不及高祖益怒賴房謨諫而獲免焉左遷下灌鎮司馬

冊府元龜

巡按福建監察御史臣李嗣京 訂正

新建縣舉人臣 戴國士參閱

知建陽縣事臣 黄國琦較釋

總録部 一百七十四

譴累

傳曰君子不黨又曰君子周而不比蓋黨比者其有譴累之患乎叔末澆競禮義陵遲愛憎之情作而黨與之風起故庠序之下搢紳之間至有各樹朋徒互相譏揣干鉤黨之議陷禁錮之法亦有結託豪俠獄

起而辭及附會權貴勢窮而禍至親族不道以服屬而從坐交遊抵禁因雅素而被譴將儆于後咸著于篇然而君子中立不倚正直不回疏不令之親絶非益之交宜乎全身而遠害也

漢邳離侯路博德武帝太初元年坐兄之子犯逆不道罪免

宜鄉侯馮參天漢二年坐匿朝鮮亡虜下獄死

後漢范滂汝南征羗人太守宗資請署功曹委任政事後牢修誣言鉤黨坐繫黄門北寺獄吏謂曰凡坐繫皆祭皐陶滂曰皐陶賢者古之直臣知滂無罪將理之於帝如其有罪祭之何益衆人繇此亦止獄吏將加掠考滂以同囚多嬰病乃請先就格遂與同郡袁忠爭受楚毒桓帝使中常侍王甫以次辨詰滂等皆三木囊頭暴於階下餘人在前或對或否忘滂於後越次而進王甫詰曰君爲人臣不惟忠國而共造部黨自相褒舉評論朝廷虛構無端諸所謀結並欲何爲皆以情對不得隱飾滂對曰臣聞仲尼之言見善如不及見惡如探湯欲使善同其清惡同其汙謂王政之所願聞不悟更以爲黨甫曰卿更相拔舉迭爲脣齒有不合者見則排斥其意如何滂乃慷慨仰

天曰古之修善自求多福今之修善身陷大戮身死之日願埋滂於首陽山側上不負皇天下不愧夷齊甫愍然爲之改容乃得並解桎梏建寧二年遂大誅黨人詔下急捕滂等督郵吳導至縣抱詔書閉傳舍伏床而泣滂聞之曰必爲我也即自詣獄縣令郭揖大驚出解印綬引與俱亡曰天下大矣子何爲在此滂曰滂死則禍塞何敢以罪累君又令老母流離乎其母就與之訣滂白母曰仲博孝敬足以供養滂從龍舒君歸黄泉存亡各得其所惟大人割不可忍之恩勿增感戚母曰汝今得與李杜齊名死亦何恨既

有令名復求壽考可兼得乎滂跪受教再拜而辭顧謂其子曰吾欲使汝爲惡則惡不可爲欲使汝爲善則我不爲惡行路聞之莫不流涕時年三十三

杜密爲北海相去官後桓帝徵拜尚書令遷河南尹轉太僕黨事旣起免歸本郡與李膺俱坐而名行相次故時人亦稱李杜焉後太傅陳蕃輔政復爲太僕明年坐黨事被徵自殺

夏馥陳留圉人桓帝初舉直言不就馥雖不交時宦官然以聲名爲中官所憚遂與范滂張儉等俱被誣陷詔下州郡捕爲黨魁及儉等亡命經歷之處皆被

收考辭所連引布徧天下馥乃頓足而嘆曰孽自己作空汙良善一人逃死禍及萬家何以生爲乃自剪鬚髮變形入林慮山中隱匿姓名爲冶家傭親突煙火形貌毁瘁積二三年人無知者後馥弟靜乘車馬載縑帛追之於涅陽市中遇馥不識聞其言聲乃覺而拜之馥避不與語靜追隨至客舍共宿夜中密呼靜曰吾以守道疾惡故爲權宦所陷且念營苟全以庇性命弟柰何載物相求是以禍見追也明旦別去黨禁未解而卒

魏朗爲河南太守蕃所薦徵爲尚書會被黨議免歸朗性矜嚴閉門整法度家人不見墮容後竇武等誅朗以黨被急徵行至牛渚自殺

李膺爲司隸校尉是時朝廷日亂綱紀頹弛膺坐黨事免歸鄉里頃之靈帝初陳蕃爲太傅與大將軍竇武共秉朝政連謀誅諸宦官故引用天下名士乃以膺爲長樂少府及陳竇之敗膺禁復廢後張儉事起收捕鉤黨鄉人謂膺曰可去矣對曰事不辭難罪不逃刑臣之節也年已六十死生有命去將安之乃詣詔獄考死妻子徙邊門生故吏及其父兄並被禁錮

尹勳爲汝南太守上書解釋范滂袁忠等黨議禁錮

尋徵拜將作大匠轉大司農坐竇武等事下獄自殺

巴肅爲議郎與竇武陳蕃等謀誅諸閹官武等遇害肅亦坐黨禁錮中常侍曹節後聞其謀收之肅自載詣縣縣令見肅入閤解印綬與俱去肅曰爲人臣者有謀不敢隱有罪不逃刑旣不隱其謀矣又敢逃其刑乎遂被害刺史賈琮刊石立銘以記之張升仕郎爲綱紀以能出守外黃令遇黨錮去官後更見誅年四十九

羊陟爲河南尹會黨起免官禁錮卒於家

荀叔兄子昱字伯條曇字元智昱爲沛相曇爲廣陵

太守兄弟皆正身疾惡志除閹官其支黨賓客有在二郡者微罪必誅昱後共將軍竇武謀中官與李膺俱死昱亦禁錮終身

羊續辟大將軍竇武府及武敗坐黨事禁錮十餘年幽居守靜及黨禁解復辟太尉府靈帝光和二年四月大赦天下諸黨人禁錮小功以下皆除之時上祿長和海上言黨人錮及五族有乖典訓帝從之

陳翔補御史中丞坐黨事考黃門北寺獄以無驗見原卒於家

孔昱字元世太尉舉方正對策不合乃辭病去後遭

事黨禁錮

劉儒爲侍中上封事十條極言得失出爲任城相頃之徵拜議郎會竇武事下獄自殺

張奐爲太常與尚書劉猛刁韙衛良同薦王暢李膺可參三公之選而曹節等彌疾其言遂下詔切責之奐等皆自囚廷尉數日乃得出並以三月俸贖罪司隸校尉王寓出於宦官欲借寵公卿以求薦舉百僚畏憚莫不許諾唯奐獨拒之寓怒因此遂陷以黨罪禁錮歸田里

延篤爲京兆尹以病免歸後遭黨事禁錮

何夔字叔龍漢末閹官用事夔從父衡爲尚書有直言由是在黨中諸父兄皆禁錮夔歎曰天地閉賢人隱故不應宰司之命

蔣融陳留浚儀人少爲郡官吏耻之委去州郡公府連辟皆不應會有黨事亦遭禁錮

魏文欽字仲若父稷爲騎將有勇力少有材武及魏諷反欽坐與諷辭語相連及下獄掠笞數百當死太祖以稷故赦之

晉裴楷爲侍中子瓚娶楊駿女及駿誅楷以姻親收付廷尉賴侍中傅祗救護得免猶坐去官

于粹爲右軍將軍張華之誅粹以華壻免官

陸耽者機雲之弟爲平東祭酒亦有清譽與雲同遇害

劉暾爲司隸校尉長沙乂討齊王冏暾豫謀封朱虛縣公乂死坐免

宋沈懷文爲隋王誕後軍主簿誕當爲廣州懷文固辭南行帝不悅弟懷遠納東陽公主養女王鸚鵡爲妾二凶行逆坐巫蠱鸚鵡預之事泄懷文因此失調爲治書侍御史

謝述子綜約緯皆有才名綜坐與舅范曄謀反伏誅

約亦坐死緒尚太祖第五女長城公主素爲所愴免
死徙廣州
鄧琬爲輔國將軍南海太守率軍伐蕭簡於廣州攻
圍踰年乃克以臧質反爲廣州刺史宗慤所執值赦
原免弟瓊與臧質同逆質敗從誅琬弟瓌亦坐死琬
在遠又有功免死遠徙仍停廣州
後魏李敷父順爲寧西將軍高平公卒皇興初以敷
貴贈太尉公高平王敷爲南部尚書中書監見侍於
孝文獻文弟奕又有寵於文明太后後爲李訢列其
隱罪二十餘條遂誅之削順位號爲庶人敷奕與從

弟顯德妹夫廣平宋叔珍等皆坐開亂公私同時伏
法敷長子伯和次仲良良與父俱死伯和走竄藏餘
爲人執送殺之
宋翻爲河陰令弟道璵先爲冀州京兆王愉法曹行
叅軍愉反逼道璵爲官翻與弟世景俱囚廷尉道璵
後棄愉歸罪京師猶坐身死翻世景除名
甄琛爲太子少保黃門中正高肇既死琛以肇之黨
與謂不宜復參朝政出爲營州刺史
李仲尚少以文學知名起家京兆王愉行叅軍坐兄
伯尚與咸陽王禧謀反詔賜死仲尚與弟季凱沉廢

有識量坐伯尚事與母弟俱徙邊久之會赦免遂寓
居於晉陽沉廢積年
鄭思明爲直閤將軍坐弟思和同咸陽王禧逆徙邊
會赦卒於家鄭義爲給事黃門侍郎司徒左長史以
從弟思和同咸陽王禧之逆與弟通直常侍道昭俱
坐緦親出禁拜太常少卿
邢晏爲司徒東閤祭酒宣武初爲與廣平王懷遊宴
左遷鄭縣令未之官除給事中
崔體字叔義孝莊時爲尚書庫部郎坐兄鉽音弗鑄錢
事發合家逃逸數日叔義見執獲時陽城王徽爲司

州牧臨淮王彧以非其身罪聚爲致請徽不從乃殺
之
劉藻爲黎陽太守孝靜天下坐子尚書郎洪業入關
中率衆侵擾伏法
北齊祖瑛字君信涉獵書史多諸雜藝位兼通直散
騎常侍珽爲陸太姬排擯解侍中僕射出爲北徐州
刺史君信亦見廢免
隋段文振爲太僕卿突厥犯塞文振以行軍總管拒
之遇達頭可汗於沃野擊破之文振先與王世積有
舊初文振北征世積遺以駞馬北還世積以罪被誅

文振坐與交關功遂不録

唐狄士文從妹爲齊氏婦有色齊滅後賜薛公長孫覽覽妻鄭氏妬譖之文獻后后令覽離絶士文恥之不與相見後應州刺史唐君明居母憂娉以爲妻由是君明士文並爲御史所劾士文性剛在獄數日憤恚而死

宇文善仕周官至上柱國許國公高祖受禪遇之甚厚拜其子穎爲上儀同及弟忻誅善及穎並廢于家忻弟愷爲萊州刺史有能名亦坐忻除名于家久不得調

韓僧壽爲上柱國有京兆人達奚通妾王氏能清歌朝臣多相命觀之僧壽亦豫焉坐是除名

陸爽爲太子洗馬子法言敏學有家風釋褐承奉郎初爽爲太子洗馬嘗奏高祖云皇太子諸子未有嘉名請依春秋之義更立名字帝從之及太子廢帝追怒爽云我孫製名寧不自解陸爽乃爾多事扇惑於勇亦由此人其身雖故子孫並宜屏除終身不齒法言竟坐除名

盧太翼善占候筭曆之術開皇時隱於白鹿山皇太子勇聞而召之太翼知太子必不爲嗣謂所親曰吾拘逼而來不知所税駕也及太子廢坐法當死高祖惜其才而不害配爲官奴久之乃釋其後目盲以手摸書而知其字

高頍爲僕射後被誅其子盛道官至莒州刺史徙柳城而卒次弘德封應國公晉王府記室次表仁封渤海郡公並徙蜀郡

楊恭仁爲吏部侍郎恭仁弟綝性和厚頗有文學歷義州刺史淮南郡太守及父憂起爲司隸載尉遼東之役楊玄感反其弟玄縱自帝所逃赴其兄路逢綝綝避人偶語久之司隸劉體文奏之時恭仁將兵於

外帝覆其事綝憂發病而卒

虞綽煬帝時爲著作佐郎恃才任氣禮部尚書楊玄感稱爲貴踞虛襟禮之與結布衣之友綽數從之遊其族人虞世南誡之曰帝性猜忌而君過厚玄感若與絶交者帝知君改悔可以無咎不然終當見禍綽不從尋有告綽以禁内兵書借玄感帝甚銜之及玄感敗後籍没其家妓妾並入官帝因問之曰玄感平常時與何人交往其妾以虞綽對帝令大理卿鄭善果窮治其事綽曰羈旅薄遊以玄感文酒談款實無他謀帝怒不解坐徙邊

潘徽爲京兆尹博士楊玄感兄弟甚重之數相來往及玄感敗凡所交關多罹其患徽以玄感故人爲帝所不悅有司希旨出徽爲西海郡威定縣主簿意甚不平行至隴西發病卒

王胄爲朝散大夫禮部尚書楊玄感虛襟與交數遊其弟及玄感敗與虞綽俱坐徙邊胄遂亡匿潛還江左爲吏所捕所坐誅

王仁恭爲光祿大夫會楊玄感作亂其兄子武賁郎將仲伯預焉仁恭由是坐免

梁文謙領武賁郎將爲盧龍道軍副會楊玄感作亂

其弟武賁郎將玄縱光祿文謙玄感反問未至而玄縱逃走文謙不之覺坐是配防于桂林而卒

唐房玄齡仕隋補隰城縣尉漢王諒爲逆徙坐除名徙於上郡鬱鬱不自得唯以諷讀爲務

高士廉仕隋爲奉禮部兼通事舍人從征遼東時斛斯政爲兵部侍郎當途任事尤親士廉數邀入幕同牀而寢言談中多會政以猜嫌懼罪內不自安亡奔高麗士廉與交遊謫爲交阯朱鳶縣主簿

劉弘基貞觀初爲并鉞將軍李希嘗長孫安業之謀逆也坐與交遊除名

宇文節爲侍中兼太子詹事平昌縣公房遺愛薛萬徹柴令武坐謀反伏誅遺愛弟遺直及母盧氏薛萬徹弟萬備柴令武兄哲威並以勳舊特免配流遺直貶春州銅陵尉萬備配流交州哲威流邵州尋皆卒於徙所節及特進太常卿江夏王道宗左驍衛大將軍駙馬都尉安國公執失思力並坐遺愛等交結流嶺外

張文琮爲戶部侍郎從母弟房遺愛以罪貶授房州刺史文琮作詩祖餞及遺愛誅坐是出爲建州刺史

韋待價爲左遷牛備身及江夏王道宗得罪待價即

道宗之壻也緣坐左遷盧龍府果毅

王勃高宗時爲虢州參軍有官奴曹達犯罪爲勃所匿又恐事泄殺達以滅口事覺當死會赦除名時勃父福時爲雍州司功參軍坐勃左遷交阯令

魏玄同爲司列大夫西臺侍郎上官儀被誅玄同坐與儀文章屬和配流嶺外

薛元超拜東臺侍郎歲餘西臺侍郎上官儀伏誅坐與文章款密配流嶲州

鄧玄挺少解屬文有名當代歷遷比部員外郎左史與上官儀善出爲頓丘令

宗秦客爲撿較內史坐贓降授鐔州遵化縣尉內史
邢文偉坐附會秦客貶授珍州刺史
賀蘭敏之天后姊子爲蘭臺左侍極當時咸傾附之
有罪徙嶺外尚書右丞兼撿較沛王府長史皇甫公
義以託附敏之長流橫州太子中允劉懿之弟右史
禕之知情配嶲州蘄州司馬徐齊聃前任王府掾與
敏之交往左道除名長流嶺外前涇城令李善曾教
敏之讀書專爲左道長流嶲州
綦連耀爲雒州錄事參軍連耀與箕州刺史劉思禮
坐謀反棄市鳳閣侍郎李元素夏官侍郎孫元亨知

天官侍郎事石抱忠劉奇給事中周譖鳳閣舍人王
劇劇兄前涇州刺史勔太子司議郎路敬淳等坐與
耀及思禮交結皆誅
韋安石爲左僕射留守東都妻薛氏暴寷子婿有妾
誣其厭蠱迫以捶楚投井而死憲司以聞安石坐是
出爲蒲州刺史
梁涉爲右庶子柳勣爲李林甫所構伏誅涉及虢王
巨嘗通勣資糧皆坐貶官連累者十餘人
韋堅爲刑部尚書爲李林甫所陷長流嶺南殺之堅
弟將作少匠蘭鄠縣令冰兵部員外郎芝及男河南
府尹曹諒皆貶遠郡尋又分遣御史並賜死諸子悉
配隸邊郡唯堅妻姜氏稱素爲堅輕賤特放還本宗
盧從愿爲刑部尚書坐子起居郎諭糶米入官有剩
利爲憲司所糾出爲絳州刺史
姜慶初爲太常卿駙馬都尉以修植建陵誤壞連岡
賜自盡駙馬都尉儆削在身後官爵儆新平公主之
子公主初出降駙馬都尉裴玲玲卒後出降慶初儆
玲之子也
常陟爲吏部尚書坐嘗墳墓子弟破伐松檟不能禁
止貶絳郡太守

第五琦爲戶部侍郎判度支時魚朝恩伏誅與款狎
出爲處州刺史
元載自作相之後選嘗權朝官之有才學令望者一
人厚遇之將以代己初引禮部侍郎劉单单卒又引
吏部侍郎薛邕邕貶引吏部侍郎楊炎炎與載同郡
又元氏之出謂載爲舅遂與載合載誅貶連州司馬
凡在朝坐載累貶官者諫議大夫知制誥韓洄王定
諫議大夫包佶徐續太理少卿裴冀太常少卿王紀
起居舍人韓會等十餘人
王縉爲相元載用事縉卑附之元載得罪連坐貶處

州刺史
姚南仲爲右補闕與宰相常衮善衮既貶南仲出爲
海州縣令
杜亞爲河中尹劉晏得罪亞坐晏貶陸州刺史
崔造爲左司員外郎劉晏敗坐與晏善貶信州刺史
趙惠伯爲河南尹楊炎將立家廟先有私第在東都
令惠伯貨之惠伯爲炎市爲官廨炎罷相盧杞知炎
與京兆尹嚴郢有隙引爲御史大夫惠伯自河中尹
受代赴闕郢奏追捕惠伯詰案杞召吏繩炎爲宰相
柳吏貴估其宅賤入其幣詰贓爲監主自盜罪當絞

炎坐貶惠伯亦坐炎貶費州多田尉尋亦殺之
令狐峘前爲衢州刺史列上前政戶口以爲己功其
後入爲右庶子又與劉太眞所親善太眞坐事貶峘
亦出爲陝州別駕
司正郭晞爲檢較工部尚書兼太子賓客其子鋼爲
朔方節度杜希全判官攝豐州刺史晞慮其幼不任
邊職上請罷之帝遣吏使就召之鋼懼以他事見收
遂奔吐蕃晞坐免官
王佖太尉李晟之甥爲神策將晟視佖恩寵與愿㦤
不姝給與過之晟既爲張延賞媒孽罷兵權亦不用
佖爲將帥入爲左衛上將軍
韋夏卿爲給事中宰相竇參貶郴州夏卿坐與諸竇
交遊左遷常州刺史
裴諝爲金吾將軍坐所善僧抵法貶閬州司馬
馬英翰爲宣武軍馬軍都虞候以其男少遊謀叛亂
英翰不言於道州安置
蘊弁爲戶部侍郎判度支貶爲汀州録事參軍又貶
其兄贊善大夫衮爲永州司戶參軍前京兆府士曹
冕爲信州司戶參軍並同正
郭昳爲右庶子昳坐子壻鄭佩於壽州謀亂削官于

私第省過
衛次公遇知兵部侍郎知制語翰林學士坐與宰相
鄭絪厚善絪罷相次公左授太子賓客
蘊表元和中以討淮西策干宰相武元衡元衡不見
以監察御史宇文籍舊從事使召表而訊之因與表
狎後捕駙馬王承系弁窮按其門客而表在焉表被
鞫因言籍與在來故籍坐貶江陵府士曹參軍又貶
左衛騎曹參軍楊敬之爲吉州司戶參軍右神武倉
曹韋衍爲溫州司倉參軍秘書省正字薛廣回爲柳
州司兵參軍太子正字王參元爲遂州司倉參軍鄉

貢進士楊虞厚爲邛州太邑尉茲坐與衷交遊故也
左羽林將軍王翃元坐月給蘊衷錢三千左授右領
軍衛將軍籍爲監察御史王承宗反詔捕其弟駙馬承系之賓客其中有爲訞讖者坐貶江陵戶曹
韋處厚爲禮部考功二員外早爲宰相韋貫之所重
時貫之以議兵不合帝旨罷處厚坐與友善出爲開
州刺史貫之弟虢州刺史纁亦以清操爲縉紳所慕
亦坐貫之貶簡州刺史議者惜之
于頔子駙馬都尉季友坐罪削官爵勑戶部尚書于
頔不能訓子宜削金紫光祿大夫一階初帝意欲不

坐頔但諷令因此致仕李逢吉奏曰雖古有父子兄
弟罪不相及之義然季友恣行非法頔不能簡馭室
薄責以示誡又奉聖旨許其致仕臣以懸車優禮事
異縲遣望待三兩月後商量爲便故有此命
爲宿從裴度東征爲彰武軍節度判官淮西平拜比
部郎中會韓愈論佛骨時宰疑宿草疏出爲歙州刺
史
王仲舒爲拾遺與京兆尹楊憑友善及憑得罪仲舒
橫議及之貶爲硤州刺史
張仲方爲倉部員外郎會呂溫羊士諤誣告宰相李
吉甫陰事二人俱貶仲方坐呂溫貢舉門生出爲金
州刺史
韋弘景爲吏部郎中時度支郎中張仲方貶李吉甫謚
憲宗怒貶仲方弘景坐與仲方善出爲綿州刺史
趙佶爲度支郎中貶永州司馬坐皇甫鎛之黨也
李景儉爲諫議大夫乘醉入中書面詰侮宰相貶彰
州刺史兵部郎中知制誥馮宿庫部郎中知制誥楊
嗣復與景儉史館同飲先起罰一季俸料又貶尚書
員外郎史館修撰獨孤朗爲韶州刺史起居舍人溫
造爲郎州刺史司勳員外郎李肇爲澧州刺史刑部

員外郎王鎰爲郢州刺史坐景儉同飲考功員外郎
史館修撰李翱與景儉素相善景儉除諫議薦翱自
代及景儉獲譴翱亦出爲郎州刺史
李師素爲兵部員外郎令狐楚坐山陵事貶師素與
楚親出爲賓州刺史
李逢吉爲相時景宗初即位逢吉內庭連結權倖天
惡惡李紳剛直與其黨共構紳自戶部侍郎貶錦州
司馬又貶翰林學士駕部郎中知制誥龐嚴爲信州
刺史翰林學士司封員外郎知制誥蔣防爲汀州刺
史嚴防皆紳之所引

王起爲山南東道節度使時李訓用事訓即起貢舉門生也欲授起爲相拜兵部侍郎判戶部事其多訓敗起以儒素長者人不以爲累但罷判戶部事

李同志同捷之弟也同捷據滄景拒命不赴兗海反狀纔聞詔同志同巽委御史臺差人防守前滄州節度掌書記崔從長安配當州安置進奏官皇測等七人並鋼身分配午間等州其弟及將佐在城者凡十人兼節級罪之續詔貶同巽金州漢陽縣尉同志金州參軍並馳驛發遣

李讓夷爲職方員外郎充翰林學士先是薛廷

册府元龜 總錄部 譴累　卷之九百二十五　十九

林以終日酣醉不事撿密遂於上聽故轉官罷職讓夷與之友善延老之人讓夷實推挽之故坐是爲累罷守本官

裴誼爲江西觀察使卒前吉州刺史杜師仁坐贓計絹三萬餘匹詔師仁賜死於家又詔誼委之廉俗都下舉察空削所贈工部尚書并御史大夫

魏謩爲諫議大夫謩初爲李固言李珏楊嗣復所引數年之內至諫議大夫武宗即位李德裕用事謩坐李楊之黨出爲汾州刺史楊李貶官謩貶信州長史

王凝爲兵部侍郎充諸道監鐵轉運使以所補吏贓罪授秘書監

孫泌爲興唐少尹昭宗天祐三年詔曰泌是故崖州司戶參軍孫乘親弟其兄既處極典其弟難貸餘生宜除名配流愛州充長流百姓仍委御史臺差人所在賜自盡

柳遜爲太子賓客哀帝初詔曰遜嘗爲張濬租庸判官又王溥監修日奏充判官授工部侍郎又與趙崇裴贄爲姻親之交昨裴樞等得罪之時合當連坐尚矜暮齒且俾懸車可本官致仕

後唐史武者朱友謙之舊將也莊宗同光四年正月

册府元龜 總錄部 譴累　卷之九百二十五　二十

勑朱友謙同惡人史武薛敬容周唐殷楊師太王景來景仁白奉國等已當國法其家資並籍沒史武等時皆爲刺史以友謙叛從坐無罪族滅人士冤之

李處徽爲樞密院承旨明宗長興二年四月以處徽爲忠武軍行軍司馬處徽邢州人始爲郡吏爲安重誨信愛之至是驟升厥職行己之道非其正也今重誨出鎮故有是命

晉楊麟爲清州節度楊光遠判官少帝開運元年詔楊光遠隨幕賓從等久在樽罍比資參佐當光遠始謀逆節未嘗聞極救之言及楊承勳決意歸明又不

是贊成之數但恩朋附悉合誅夷尚示寬恩俾從遠竄麟流威州節度掌書紀任遜流原州觀察支使徐晏流武州縱逢恩赦不在放還之限

王詔前爲平盧節度副使開運二年貶詔爲慶州司馬行軍司馬周光贊爲商州司馬竝貞外直同正貟仍馳驛發遣揚光遠叛連坐故也

漢王松爲禮部尚書隱帝乾祐二年勅松事因有玷誠功上章述避嫌之辭形告退之意其男仁寶雖因除名曾授僞官一昨既覩兇酋合從俘執未明死所乃漏刑書路岐雖限於山河情愛且關于父子便儀

連坐恐失寬條以爾朝列舊臣班行宿德累有退閑之請宜引軫惻之恩特俾免官用明減等宜停見任

周張昭爲戶部尚書廣順元年七月以昭爲太子賓客坐子陽翟薄秉陽犯法抵罪上章引咎詣闕待罪詔寬釋之踰月左授此官

劉頊爲監察御史廣順元年七月勅頊名昇通籍官列憲司凡繫所爲尤宜知禁不能爲子諍父而乃離局侵官宜謫掾於方州俾省愆于終日頊父壽爲中書舍人令頊代直草辭責授少府少監分司西京故頊責授復州司戶參軍

王敏爲工部侍郎世宗顯德三年八月詔敏停任敏嘗薦子壻陳南金爲曹孟二鎮掌記南金奉職有闕遂連坐焉

冊府元龜

巡按福建監察御史臣李嗣京訂正

分守建南道左布政使臣胡維霖參閱

知建陽縣事臣黄國琦較釋

總録部一百七十六

愧恨　忍恥

愧恨

夫不能是恥則爲愧實多雖悔可追者飲恨何及是知君子作事謀始可以遠恥厲砥名勵節不以私汚義事若過舉或承之羞其有言之不從計有非允或

功立而名辱或行潔而道違將義士之見非懼長者之所短俯仰天地慙靦面目是可恐也洵孰甚焉故有愧情一集伏恨而死者已斯亦往者不諫近乎知恥在昔賢者其猶病諸若乃名節自虧家道匪正然諾之際信義無聞雖復終身恨之蓋亦何嗟及矣

子重爲楚令尹魯襄公三年春子重伐吴爲簡之師（簡選）克鳩茲至于衡山（鳩玆吴邑在丹陽蕪湖縣東今臯夷也衡山在吴興烏在縣南）使鄧廖帥組甲三百被練三千（組甲被練皆戰備也組甲漆甲或組文被練袍也）以侵吴吴人要而擊之獲鄧廖其能免者組甲八十被練三百而已子重歸旣飮至三日吴人伐楚取駕駕良邑也鄧廖亦楚之良也君子謂子重於是役也所獲不如所亡（當時君子）楚人以是咎子重子重病之遂遇心疾而卒（憂恚故成心疾）

子西爲楚令尹故太子建之子勝在吴子西欲召之葉公曰聞勝也詐而亂無乃害乎子西曰吾聞勝也信而勇不爲不利召之爲白公後遂作亂殺子西子西以袂掩面而死慙於葉公也

端木賜字子貢原憲字思皆孔子弟子也孔子卒原憲亡在草澤中子貢相衛而結駟連騎排藜藿入窮閭過原憲憲攝敝衣冠見子貢子貢恥曰夫子豈病

乎原憲曰吾聞之無財者謂之貧學道而不能行者謂之病若憲貧也非病也子貢慙不懌而去終身恥其言之過也

漢韓安國字長孺梁成安人爲材官將軍屯漁陽以匈奴入漁陽徙東屯右北平初安國爲御史大夫及護軍後稍下遷新壯將軍衛青等有功益貴安國旣斥疏將屯又失亡多甚自愧幸得罷歸（冀得罷歸以爲幸也）迺益東徙意忽忽不樂數月病嘔血死

後漢鄭均爲大尉西曹掾明帝欲更修太尉府而均以爲舊府自足相容太尉趙憙命表罷之其冬帝祀

府雍歷二府先觀壯麗而太尉獨卑陋帝東顧嘆息日椎牛縱酒勿令乞兒爲宰時惠子世爲侍中驂乘歸具白之意以爲恨頻譴責均均自劾去道發病亡

魏于禁初爲左將軍後漢獻帝建安二十四年曹仁討關羽於樊太祖使禁與龐德助仁及兵敗禁降羽而龐德不屈節而死文帝踐祚孫權擒羽獲其衆禁復在吳及權稱藩遣禁還拜安遠將軍欲遣使吳先令北詣鄴謁高陵帝使豫於陵屋畫關羽戰克龐德憤怒禁降服之狀禁見慙恚發病薨

曹休爲大司馬都督揚州牧太和二年明帝爲二道

征吳遣司馬宣王從漢水下督休諸軍向尋陽賊將僞降休深入戰不利退還宿石亭軍夜驚士卒亂棄甲兵輜重甚多休上書謝罪帝遣屯騎校尉楊暨慰諭禮賜益隆休因此癰發背薨

蔣濟爲太尉隨司馬宣王屯雒水浮橋奏免大將軍曹爽濟書與爽言宣王旨惟免官而已爽遂誅滅濟病其言之失信發病卒

蜀鄧芝爲督江州遷車騎將軍後主延熙十一年征涪陵見玄猿緣山芝性好弩手自射猿母中之猿子拔其箭卷木葉塞其創芝曰嘻吾違物之性其將死矣一日芝見猿抱子在樹上引弩射之中猿母其子爲拔箭以葉塞創芝乃嘆息投弩水中自知當死

晉盧諶愍帝時爲劉琨從事中郎將流離世故爲石季龍所得以爲中書監及石氏誅遇害諶名家子早有聲譽才高行絜爲一時所推值中原喪亂與清河崔悅潁川荀綽河東裴憲北地傅暢並淪陷非所雖俱顯於石氏常以爲辱諶每謂諸子曰吾身歿之後但稱晉司空從事中郎

王導敦之從弟敦舉兵劉隗勸帝盡除諸王王導爲司空率羣從詣闕請罪值僕射周顗將入導呼顗謂曰伯仁以百口累卿顗直入不顧旣見帝言導忠誠

申救甚切帝納其言顗喜飲酒致醉而出導猶在門又呼顗顗不與言顧左右曰今年殺諸賊奴取金印如斗大繫肘旣出又上表明導言甚切至導不知救己而甚銜之敦旣得志問導曰周顗戴若思南北之望當登三司無所疑也導不荅又曰若不三司便應令僕耶又不荅敦曰若不爾正當誅爾導又無言導後料簡中書故事見顗表救己慇懃款至導執表流涕悲不自勝告其諸子曰吾雖不殺伯仁伯仁繇我而死幽冥之中負此良友伯仁顗字也

祖逖初爲徐州刺史蔡豹爲司馬逖素易豹後豹爲

建威將軍徐州刺史逖爲豫州俱受征討之寄逖甚愧之

褚裒爲征討大都督徐兗青揚豫五州諸軍事先遣督護徐龕將兵伐沛郡中二千人歸降又魯郡五百餘家建義請援行次代陂爲石遵將李菟所敗裒還鎮京口及石季龍死其國大亂遺戶二十萬口渡河將歸順乞師救援會裒已旋威勢不接莫能自拔皆爲慕容皝及苻健之衆所掠死亡咸盡裒以遠圖不就憂慨發疾及至京口聞哭聲甚衆裒問何哭之多左右曰代陂之役也裒益慙恨

册府元龜　總録部　愧恨　卷之九百二十六　五

蔣秀爲臨海郡將時任旭爲郡功曹秀居官貪穢每不奉法旭正色苦諫秀既不納旭謝去閉門講習養志而已久之秀坐事被收旭狼狽營送秀慨然歎曰任功曹眞人也吾違其讜言以至於此復何言哉

桓溫爲太司馬溫自以雄姿風氣是宣帝劉琨之儔有以其比王敦者意甚不平及後於北方得一巧作老婢訪之乃劉琨妓女也一見溫便潸然而哭溫問其故荅曰公甚似劉司空溫大悅出外整理衣冠又呼婢問婢云面甚似恨薄眼甚似恨小鬚甚似恨赤形甚似恨短聲甚似恨雌溫於是褫冠解帶昏然而睡不怡者數日

徐廣爲祠部郎時會稽王世子元顯録尚書欲使百僚致敬臺內使廣立議繇是內外並執下官禮廣嘗爲愧恨焉

宋劉穆之爲尚書左僕射高祖北征領監軍中軍二府時王弘爲高祖太尉長史轉左長史從北征前鋒已平雒陽而未遣九錫弘銜使還京師諷旨朝廷穆之既掌留任而旨反從北來穆之懷懼發病遂卒

何文惠爲湘州行事同晉安王子勛叛文惠才兼將吏幹略有施後乃害王師明帝特加原宥使吳喜宣

册府元龜　總録部　愧恨　卷之九百二十六　六

旨赦之文惠曰既陷逆節手害忠義天網雖復恢恢何面目以見天下之士和藥將飲門生覺之乃不食而死

王玄謨爲領軍將軍時廢帝失德蔡興宗遣玄謨典籤包法榮言廢立之事玄謨不從及明帝踐阼玄謨責所親故吏郭季產女婿韋希眞等曰當艱難時周旋輩無一言相扣發者季產曰蔡尚書令包法榮所道非不會機但大事難行耳季產言亦何有益玄謨有慙色

張永以後廢帝元徽二年爲征北將軍南兗州刺史

未至鎮遇桂陽王休範作亂率兵屯白下休範至新亭前鋒攻南掖門永遣人覘賊旣反唱言臺城陷永軍潰散永棄軍而走朝廷以舊臣止削官爵永亦愧嘆發病三年卒

南齊王洪軏齊郡臨淄人爲太祖所親信後爲青冀二州刺史私占丁侵虜界奔敗結氣卒

謝朓初告妻父王敬則反朓妻常懷刀欲報朓朓不敢相見及爲吏部郎謙抑尤甚尚書郎沈昭畧謂朓日卿人地之美無忝此職但恨今日刑於寡妻朓有愧色後臨誅嘆曰天道不可昧乎我不殺王公王公

錄我而死

梁庾華爲輔國長史會稽郡丞行郡府事初華爲西楚望族早歷顯官鄉人樂藹有幹用素與華不平互相凌競藹事齊豫章王嶷嶷薨藹仕不得志自步兵校尉求助戍歸荆州時華爲州別駕益忽藹及高祖踐祚藹以西勲遷御史中丞華始得會稽行事旣恥之六會事徵有讒高祖以藹其鄉人也使宣旨誨之華大憤發病卒

到溉爲民部尚書少孤貧與弟洽爲任昉所知遂是聲名益廣昉復與溉爲山澤遊及昉卒其子流離不能自振劉孝標作絶交論溉見其論抵之於地終身恨之

張稷爲左僕射預殺齊東昏侯稷雖居朝右每懸口實乃名其子伊字懷尹霍字希光畯字農人同字不見見字不同以旌其志旣懼且恨乃求出許之出爲青冀二州刺史不得志常閉閤讀佛經禁防寬弛僚吏頗致侵擾州人徐道角等夜襲州城乃害之有司奏削官爵

後魏韓子熙爲衛大將軍先是子熙與其弟聘王氏爲妻姑之女也生二子子熙尚未婚後遂與寡姬李

氏姦合而生三子三子不穆迭相告言歷年不罷子熙因此慙恨遂以發病卒

陰鳳北海人也史不載其官賈思伯初與弟思同師事鳳授業無資酬之鳳遂質留衣物及思伯爲南青州刺史之部送縑百疋遺鳳因具車馬迎之鳳慙不往時人稱嘆焉

楊尼爲國子祭酒兼幽州中正受鄉人財貨免官尼每自傷曰吾昔未仕不曾羨人今日失官與人何異然非吾宿志命也如何旣而還鄉遂卒於冀州

北齊楊愔字遵彥弘農華陰人及爲黃門侍郎尚公

王其後衣紫羅袍金鏤大帶遇李庶頗以爲耻謂曰我此衣服都是内裁旣見子將不能無愧

揚周王勇爲大將軍矜功伐善好揚人之惡在國㑋莫陳崇勲高望重與諸將同謁晉公護聞勇數論人之短乃於衆中折辱之勇遂慙恚因疽發背而卒

隋庫狄士文從妹爲齊氏嬪有色齊滅之後賜薛國公長孫覽爲妾覽妻鄭氏性妬譖之於文獻后后令覽離之士文耻之不與相見後應州刺史唐君明居毋憂聘以爲妻繇是士文君明並爲御史所劾士文性剛在獄數日憤恚而死

王韶字士隆慷慨有父風官至備身將軍越王侗稱帝士隆率千兵自江淮而至會王世充僭號甚禮重之署尚書右僕射士隆憂憤疽發背卒

唐張玄素爲太子左庶子玄素與大理卿孫伏伽在隋並嘗任令史伏伽每於廣坐陳說往事初不介意玄素尤諱其事未嘗淡言太宗嘗對衆問玄素出身歷任玄素初猶不言太宗固問之旣以實荅出閤外忤然色變不復言笑行步失措而歸

閻立本以善畫知名太宗嘗與侍臣學士泛舟於春苑池中有異鳥隨波容與太宗悅之詔座者爲召立本令寫之閤外傳呼云畫師閻立本到立本時爲主爵郎中趨走流汗俛伏池側手持丹粉瞻望座賓深爲愧赧退而誡其子曰吾少好讀書幸免墻面緣情染翰頗及儕流唯以丹青見知躬厮役之務辱莫大焉汝宜深誡勿習此末伎也

李義琰爲中書侍郎同中書門下三品義琰將改葬父母使舅氏移其舊塋高宗聞而不悅義琰不自安因足疾上疏乞骸骨詔許之

許彦伯爲太子舍人彦伯高陽郡公敬宗孫也父昂爲虞化令初敬宗侍婢有姿色而昂通之敬宗怒奏

昂不孝流於嶺外敬宗卒太常博士袁思古定謚曰繆彦伯訟請改謚彦伯旣與思古忿競又於路上欲邀擊之思古曰吾與賢家君報讎耳彦伯大慙而退

後唐誠惠五臺山僧也自云能役使毒龍可致風雨其徒號曰降龍大師同光三年京師旱莊宗迎至雒下士庶瞻仰謂朝夕可致甘澤禱之數旬無徵應或以焚燎爲聞懼之潛去至其寺慙恚而終

張筠前任興元節度使請歸私第筠昔在山南繫其副使判官都較輙加楚掠誣其反狀按之無驗帝俱釋之筠知其非故乞歸私第

閻寶爲天平軍節度使討鎮州張文禮文禮死子處瑾祕不發喪城中饑處瑾之衆出城求食寶縱其出伏截擊之饑賊大至諸軍未集爲賊所乘寶乃收軍退保趙州因慙憤成疾疽發背而卒

周宋彥筠仕漢以太子太師致仕開府累歲聞太祖之起也復有秉旄之望迎太祖於臯門延留久之彥筠從容進曰當日懸車本非所願漢朝家擯排斥至此老夫筋力未衰願賜展力之所太祖笑而頷之廣順初除左衛上將軍彥筠深失所望退謂所親曰余以軍伍立身歷藩部十數任今日第一度昇朝也未

幾當祭墜笏失儀爲御史所劾太祖以勲武之臣欲責其失樞密使王峻請依當例薄罰乃奪一月俸彥筠大以爲恥私謂人曰入仕四十年未嘗遭一罰今日甚可羞矣

忍恥

士有時運之未亨饑寒之切已忍恥自適志在功名苟活土糞之中甘心傭保之下或負薪以自給或滌器而雜作或畧賣而爲奴或乞食以見辱及夫君臣交感智畧獲伸則龍蛇起陸非復蚯蚓之類鴻鵠遠引何傷鷰雀之比哉

管仲齊大夫少時與鮑叔牙遊仲曰公子糾敗召忽死之吾幽囚受辱鮑叔不以我爲無恥知我不羞小節而恥功名不顯於天下也

高漸離燕人善擊筑荊軻至燕日與漸離飲於燕市及軻誅漸離變名姓爲人傭保匿作於宋子（縣名屬鉅鹿）久之作苦念久隱畏約無窮時乃退出其裝匣中筑與其善衣更容貌而前舉坐客皆驚下與抗禮以爲上客

漢張耳大梁人少時及魏公子無忌爲客（言其尚及見無忌爲之賓客）陳餘亦大梁人父事耳秦滅魏購求耳餘兩人

變姓名俱入陳爲里監門吏嘗以過笞餘餘欲起耳攝使受笞（攝謂引指之）吏去耳數之（數責也）曰始吾與公言何如今見小辱而欲死一吏乎餘謝罪後封爲趙王

韓信淮陰人淮陰少年侮信曰雖長大好帶刀劍怯耳衆辱信曰能死刺我不能出跨下（衆等於衆中辱之跨下兩股之間）於是信熟視俛出跨下（俛亦俯字）一市皆笑信以爲怯後爲大將軍封楚王

欒布梁人始彭越爲家人時嘗與布游（家人猶言編戶之人也）窮困賣傭於齊爲酒家保（謂傭作受雇也爲家保可任使）數歲別去而布爲人所畧賣爲奴於燕燕將臧荼舉以爲都尉

季布楚人有名於楚項籍使將兵數窘漢王窘困也窘音求殞切項籍滅高祖購求布千金敢有舍匿罪三族舍止匿隱也布匿濮陽周氏周氏曰漢求將軍急跡且至臣家跡尋其繼跡也能聽臣臣敢進計願先自剄布許之廼髡鉗衣褐置廣柳車中廣柳大隋穸也周禮說衣蔞柳聚也衆儲之所聚也此爲載以喪車欲人不知也隋穸所謂車拳者耳拳音扶晩切并與其家僮數十人之魯朱家所賣之朱家十人見游俠傳朱家心知其季布也買置田舍乃之雒陽見汝陰侯滕公爲帝言之帝乃赦布當是時皆多布能推剛爲柔後至河東守

司馬相如爲武騎常侍因病免客臨邛臨邛富人卓

王孫女文君夜亡奔相如相如與文君馳歸成都家徒四壁立徒空也但有四壁更無資產卓文孫大怒曰女不材我不忍殺一錢不分也人或謂王孫王孫終不聽文君久之不樂謂長卿曰第俱如臨邛第但也發聲之急耳從昆弟假貸猶足以爲生何至自苦如此相如與俱之臨邛盡賣車騎買酒舍乃令文君當壚賣酒之處累土爲壚以居酒瓮四邊隆起其一面高形如鍛壚故名壚耳而俗之學者皆謂當壚謂對溫火火盧失其義矣相如身自著犢鼻褌卽今之松松也形似犢鼻故以名名云松音之容切與傭保雜作傭保卽謂賃作者保謂庸之可信在者也滌器於市中滌滌酒也器酒器也食已則洒之賤人役也洒先禮切卓王孫耻之爲杜門不出

朱買臣爲會稽太守初買臣家貧嘗艾薪樵賣以給食艾讀曰刈給供也其妻亦負戴相隨數止買臣毋歌嘔道中嘔讀曰謳買臣愈益疾歌妻羞之求去買臣不能留卽聽去其後買臣獨行歌道中負薪墓間故妻與夫家俱上冢見買臣饑寒呼飯飲之飯飲飯之音扶晩切飲音於禁切

司馬遷被刑之後爲中書令荅益州刺史任安書曰且夫臧獲婢妾猶能引決海岱之間罵奴曰臧罵婢曰獲燕之北郊民而婿婢謂之臧女而婦奴謂之獲況若僕之不得已乎所以隱忍苟活幽糞土之中而不辭者恨私心有所不盡鄙沒世而文采不表於後也

後漢皇甫嵩字義眞爲議郎董卓慈嵩及卓秉政爲御史中丞卓還長安公卿百官迎謁道次卓諷令御史中丞以下皆拜以屈嵩旣而抵手言曰義眞備未乎備音服說文曰服牛乘馬備卽古服字也今河朔人猶有北言音備嵩笑而謝之卓乃解釋

吳步騭爲丞相初避難江東單身窮困與廣陵衛旌同年相善俱以種瓜自給晝勤四體夜誦經傳會稽焦征羌郡之豪族吳錄曰征羌名矯嘗爲征羌令人客放縱騭與旌求食其地懼爲所侵乃共修刺奉瓜以獻征羌征羌方在內臥駐之移時旌欲委去騭止之曰本所以來

長其彊也而今舍去欲以爲高祗結怨耳良久征羌開牖見之身隱几坐帳中設席致地坐隲旌於牖外旌愈耻之隲辭色自若征羌作食身享大案殽膳重沓以小盤飯與隲旌惟菜茹而已旌不能食隲極飯致飽乃辭出旌怒隲曰何能忍此隲曰吾等貧賤是以主人以貧賤遇之固其宜也當何所耻

宋劉穆之爲尚書左僕射少時家貧誕節嗜酒食不修拘簡好往妻兄弟乞食多見辱不以爲耻

唐路隨元和初以通經調授潤州叅軍爲李錡所困使知市事隨翛然坐市中一不介意

册府元龜

巡按福建監察御史臣李嗣京訂正

知長樂縣事臣夏允彝恭閱

知建陽縣事臣黄國琦較釋

總錄部 百七十七

畏懦 佞佛 讒佞

畏懦

夫稟脆弱之性有畏懦之懼故乃臨事而示怯畏成而奪氣終於敗辱不能有立是以無拳無勇詩人之所譏淺爲丈夫昔賢之所醜雖率勵以義僅或自強

然授任於事終爲不武遂成愧恥固其分哉

陳不占齊東觀漁者也崔杼殺莊公不占聞君有難將往死之飡則失哺上車失軾僕曰敵在數百里外食則失哺上車失軾雖往其有益乎陳不占曰死君義也無勇私也遂驅車比至君門聞鼓鐘之音聞戰之聲遂駭而死

杜之善楚人(一云楚善)白公之難辭其母而行將死君難比至朝三廢車中其僕曰子懼何不返也杜之善曰懼吾私也死君公也吾聞君子不以私害公遂往死也

漢楊敞爲大司農明帝元鳳中稻田使者燕蒼知上官桀等反謀以告敞敞素事上畏事不敢言廼移病臥(移病移書言病一日以病而移居)以告諫議大夫杜延年以聞蒼延年皆封敞以九卿不輙言故不得侯

李次元王莽時人會前隊大夫誅謀反者次元聞事發覺被馬欲出馬駕在轅中惶遽著鞍上馬出門顧見車方自覺乃止

後漢劉玄王莽立設壇場於淯水上沙中陳兵大會即位朝羣臣玄素懦弱羞愧流汗舉手不能言莽居長樂宮升前殿郎吏以次列庭中玄羞怍俛首刮席

不敢視

韓馥爲冀州刺史以州讓袁紹馥自懷猜懼辭紹索去往依張邈後紹遣使詣邈有所計議因共耳語馥時在坐謂見圖謀無何如廁自殺(王廁因以書刀自殺)

輙岑長爲南陽功曹劉表攻西鄂西鄂長杜子緒子緒帥縣男女嬰城而守岑長亦在城中聞兵聲恐懼入室閉户牽被覆頭相攻半日稍敢出面

牛輔董卓女婿爲中郎將懦怯失守不能自安嘗把辟兵符以鐵鑕致其旁欲以自強見客先使相者相之知有反氣與不反筮知吉凶然後乃見之

魏李豐爲尚書僕射會司馬宣王誅曹爽駐車闕下與豐相聞怖遽氣索足委地不能起

宋劉彥節少以宗室清謹見知齊高帝輔政彥節知運祚將遷密懷異圖及沈攸之舉兵齊高帝入屯朝堂袁粲鎮石頭潛與彥節及諸大將黃回等謀夜會石頭詰旦乃發彥節素怯騷擾不安再晡後便自丹陽郡車載婦女盡室奔石頭臨去婦蕭氏強勸令食彥節歃羹寫胸中手振不自禁事敗被誅

佞佛

釋氏之教興於西域東漢之後漸於中夏其教之化

人也大率以清淨爲本將使爲其殺盜之源而澄爲定慧之本故慕仙道者示涅槃之旨邀世福者指太天之路而乃心起於貪事卽于佞民之有過則俾之作禮以贖其正刑僧之犯法則屈其常憲而不懼惠姦紀綱阤隳施用無節身之及家或致喪敗茲所謂背其始而遵其末者也

吳笮融漢末聚衆數百依徐州牧陶謙謙使督運漕遂以江淮委輸自入乃大起浮圖祠以銅爲人黃金塗身衣錦采銅槃九重下爲重樓閣道可容三千餘人悉課讀佛經令界內及旁郡人有好佛者聽受道復其他役以招致之繇此遠近前後至者五千餘人戶每浴佛多設酒飯布席於路經數十里民人來觀及就食且萬人費以巨億計

晉王恭爲安北將軍鎮京口性雖抗直闇於機會尤信佛道調役百姓修營佛寺務在壯麗士庶怨嗟臨刑猶誦佛經自理鬚鬢神無懼容

何充爲侍中錄尚書事而性好釋典崇修佛寺供給沙門以百數糜費巨億而不吝也親友至於貧乏以此獲譏於世阮裕嘗戲之曰卿志大宇宙勇邁終古充問其故裕曰我圖數千戶郡尚不能得卿圖作佛

不亦大乎又其弟準崇信釋氏謝萬譏之云二何佞於佛

張淹爲東陽太守逼郡吏燒臂照佛民有罪使禮佛贖愆動至數千拜坐免官孔顗爲會稽太守反敗死淹是其黨屯軍上饒縣聞劉故敗軍副鄱陽太守費畢欲圖之詐云得鄧琬信急宜諮論欲因此斬淹淹素事佛方禮佛不得時進畢復詐云捕虎借大鼓及仗士二百人淹信而與之畢因率衆入山饗士約誓揚言虎走城西鳴鼓大呼直來趣城城門守衛悉委仗覩之畢率衆突入淹正禮佛聞難走出因斬首

南齊王績爲太子中庶子武帝出射雉績信佛法稱疾不從

梁劉勰早孤家貧不婚娶依沙門僧祐與之居積十餘年高祖時爲步兵較尉兼東宮通事舍人昭明太子深愛接之勅與慧震沙門於定林寺撰經證功畢遂啟求出家先燔鬢髮以自誓勅許之

後魏張彝爲秦州刺史爲國造佛寺名曰興皇諸有罪咎者隨其輕重謫爲土木之功無復鞭杖之罰

馮熙爲雒州刺史廢毀三字石經爲政不能仁厚而信佛法自出家財在諸州鎮建佛圖精舍合七十二

處寫十六部一切經延致名德沙門日講論精勤不倦所費亦不貲而諸州營塔寺多在高山秀阜傷殺人牛有沙門勸止之熙曰成就後唯見佛圖焉知殺人牛也

北齊高隆之爲尚書右僕射領御史中尉廣費人功大營寺塔爲高祖所責

唐裴寬崇信釋典常與僧徒往來焚香禮懺老而彌篤玄宗開元末爲河南尹僧普寂卒寬與妻子皆服縗經設次哭臨妻子送喪至嵩山

嚴挺之與裴寬皆奉佛開元末僧惠義卒挺之服縗麻送於龕所天寶初授員外詹事便令東京養疾挺之鬱鬱不得志成疾自爲墓誌葬于大照和尚塔次西原臣欽若等曰大照即惠義師謚也

王縉字夏卿爲門下侍郎平章事與兄維俱奉佛不茹葷血縉晚年尤甚與杜鴻漸捨財造寺無限極妻李氏卒捨道政里第爲寺與之追福奏其額曰寶應度僧三十七人住持寺節度觀察使入朝必延至寶應寺議令施財助己修繕初代宗喜祠祀未甚重佛而元載杜鴻漸與縉喜飯僧徒代宗常問以福業報應載等因而啟奏代宗繇是奉之過當

魚朝恩爲內侍代宗永泰初設無遮會齋於崇仁坊之南街大奏音樂大曆中又抗疏請度毋爲尼法名功德居修慈寺許之請以通化門外莊爲寺以章敬爲名福資太后許之是莊連城對郭林沼臺榭形勝第一朝恩初以恩賜得之及是造寺窮極壯麗以爲城市林木不足充費乃奏壞曲江館華清宮風樓月觀及百司行廨署并將相殁官宅給其用焉土木之役僅逾萬億

杜鴻漸爲山劍副元帥篤好佛法惡軍旅之事大初自劍南回請千僧齋於資聖寺仍請魚朝恩李

玉同行香許之以使蜀無恙徼福也又於長興里筴第崇飾門館賦詩大畧曰嘗願追禪侶焉能挹化源朝士多和之將卒命僧剃頭遺令其子建塔葬不爲墳與同于僧頗爲達識所誚時人惜之

監簡憲宗元和中爲諫議性柔奉浮圖之像教拘溺過甚

劉總爲幽州節度使穆宗長慶初奏請以私第爲佛寺又奏請爲僧詔授侍中天平軍節度總因乞出家朝廷以緇服就賜之錫名大覺

裴休爲相家世奉佛休尤深於釋典太原鳳翔近名

山多僧寺視事之隙遊踐山林與僧講求佛理中年後不食葷血嘗齋戒屏嗜欲香爐貝典不離齋中詠歌贊唄以爲法樂與尚書紇紀泉皆以法號相字時人重其高潔而鄙其太過

梁李鄑爲太子太傅末帝詔曰李鄑多因釋教詐惑羣情此後不得出入無嘗

周宋彥筠初仕晉爲同州節度使貪鄙無術溺於釋氏唯營寺積塑香燈幢幡僧尼資貝之類則捨之無慳日給數十千多取於四民以充其費後爲鄜州節度使所貯資金多奉釋氏嘗謂人曰吾前後供僧一千餘萬造佛宮九十餘所又嘗召僧讀畢生經日課若千卷至瞑目以來令不負所課如嬰疾闕讀隨卽塡補立券設呪每僧給二所緇僧至者甚衆乃減緇一半未幾只給三緡其無行貪穢狠之僧利其緡投務者塡咽彥筠患之乃止初彥筠一旦與其主毋有微忿遽擊殺之自後嘗有所睹彥筠心不自安乃修浮屠法以禳之因而溺志於釋氏其後每歲至金仙入湼槃之日嘗衣斬縗號慟於其像前其佞佛也如是家有婢妾數十人皆令削髮披緇以侍左右大爲當時所誚

讒佞

有虞之命則曰堲讒說先聖之戒則曰遠佞人蓋邪僞可以惑聰明浸潤可以閒忠信淳素既隱巧詖滋萌義以利遷政繇寵放故有行媢於內善諛於朝脂韋其性以悅於上貝錦其辭以譖於下愛同嫉異害正忌能掞蔕芥之嫌緣疑似之隙媒孽其短文致厥辜彔萋之刺以興投杼之疑斯起交亂家國離閒君臣職爲厲階無已太甚故君子之惡利口王者之難任人其有旨哉

寒浞伯明氏之讒子弟也（寒國名伯明其君名）伯明后寒棄之

夷羿收之信而使之以爲己相浞行媚于內內宮也而
施賂于外愚弄其民欺罔之而虞羿于田樂之游田樹之作
慝以取其國家樹立也外內咸服服信詐
周虢石父幽王時爲卿用事國人皆怨石父爲人佞
巧佞一作諂善諛王用之
暴公爲卿士而譖蘇公作何人斯之詩而絕之暴也蘇也
皆畿內國名
虢仲譖其大夫詹父於王虢仲王卿士詹父屬大夫詹父有辭以
王師伐虢夏虢公出奔虞
鄭瞻鄭之微者也齊人執之自齊逃來書其佞也曰

佞人來矣一云鄭瞻鄭之佞人也
豎牛嘗叔孫豹穆子也小臣使爲政爲家政初穆子適齊
娶於國氏生孟丙仲壬公孫明知叔孫於齊公孫明齊大夫
子明也與叔孫相親知歸未逆國姜子明取之國姜孟仲母故怒其
子長而後使逆之子孟丙仲壬田於丘蕕丘蕕地名遂遇疾焉
豎牛欲亂其室而有之強與孟盟不可欲使從己孟不肯叔
孫爲孟鐘曰爾未際際接也孟未與諸大夫相接見饗大夫以落之
以豭豬血釁鐘曰落既具饗禮具使豎牛請日請饗日入弗謁謁白也
出命之日許命日及賓至聞鐘聲牛曰孟有北婦人之
客北婦人國姜也客謂公孫明怒將往牛止之賓出使拘而殺諸
外殺孟丙牛又強與仲盟不可仲與公御萊書觀於公
萊書公御士名仲與之私游觀於公宮公與之環使牛入示之示叔孫入
不示出命佩之牛謂叔孫見仲而何而何如何叔孫曰何
爲怪牛言曰不見既自見矣言仲已自往見公公與之環而佩
之矣遂逐之
費無極楚大夫也郤宛爲左尹直而和國人說之以直
事君以和接類鄢將師爲右領右領官名與費無極比而惡之惡郤
宛令尹子嘗賄而信讒無極譖郤宛焉謂子嘗曰子
惡欲飲子酒子惡郤宛又謂子惡令尹欲飲酒於子氏子
惡曰我賤人也不足以辱令尹令尹將必來辱爲惠

已甚吾無以酬之若何酬報獻無極曰令尹好甲兵子
出之吾擇焉擇取以進子嘗取五甲五兵曰寘諸門令尹至
必觀之而從以酬之及饗日帷諸門左張帷陳甲兵其中無
極謂令尹曰吾幾禍子子惡將爲子不利甲在門矣
子必無往且此役也吳可以得志子惡取賂焉而還
又誤羣師使退其師曰乘亂不祥吳乘我喪我乘其
亂不亦可乎令尹使視郤氏則有甲焉不往召鄢將
師而告之告子惡門有甲兵將害已將師退遂令郤氏且爇之爇燒
也子惡聞之遂自殺也國人弗爇令曰不爇郤氏與
之同罪或取一編菅焉或取一秉秆焉編菅苫也秉把也秆束也

國人投之遂弗獒也令尹炮之炮燔郄宛盡滅郄氏之族黨

公伯僚字子周魯人固愬子路於季孫子服景伯以告孔子曰夫子固有惑志季孫信讒惑子路也僚也吾力猶能肆諸市朝孔子曰道之將行命也道之將廢命也公伯僚其如命何

臧倉魯平公嬖人也公將出倉請曰它日君出必命有司所之今已駕矣敢請公曰吾將見孟子倉曰君何爲輕身以先於匹夫者以爲賢乎禮義繇賢者出孟子之後喪踰前喪君無見焉公曰諾

冊府元龜　總錄部　讒佞　卷之九百二十七　十一

上官大夫楚懷王臣也時屈原字平嫺音閑於辭令王甚任之上官大夫與之同列爭寵而心害其能懷王使屈原造爲憲令屬草槀未定上官大夫見而欲奪之屈平不與因讒之曰王使屈平爲令衆莫不知每原令出平伐其功曰以爲非我莫能爲也王怒而疏

後漢令狐畧很孟大姓也建武六年曲陽令馮衍上書陳八事光武將召見先是衍爲很孟長以罪摧陷畧是時畧爲司空長史讒之於尚書令王護尚書周生豐曰衍所以求見者欲毀君也護等懼之即共排閒衍遂不得入

孟岱當袁紹官渡之敗審配二子爲曹操所擒岱與配有隙因蔣奇言於紹曰配在位專政族大兵強且二子在南必懷反畔郭圖辛評亦以爲然紹遂以岱爲監軍代配守鄴

逢紀爲袁紹統軍事田豐爲別駕紀憚豐亮直數讒之於紹紹遂忌豐紹時與曹公戰豐固諫之紹怒囚豐而去及紹軍之敗於官渡也士潰奔北師徒畧盡軍皆拊膺而泣曰向令田豐在此不至於是也紹謂逢紀曰冀州人聞吾軍敗皆當念吾唯田別駕前諫

冊府元龜　總錄部　讒佞　卷之九百二十七　十二

止吾與衆不同吾亦慙見之紀復曰豐聞將軍之敗拊手大笑喜其言之中也紹於是有害豐之意

魏劉曄爲侍中以先進見幸因譖尚書令陳矯專權矯懼以問長子本本不知所出次子騫曰主上明聖大人大臣今若不合不過不作公耳

晉嚴舒爲雒陽太守馬隆爲平虜護軍西平太守加授東羌校尉積十餘年威信振隴右舒與楊駿通親密圖代隆毀隆年老謬耄不宜服戎於是徵隆以舒代鎮氐羌聚結百姓驚懼朝廷恐關隴復擾乃免舒遣隆復職

盧志爲成都王穎左長史穎既以陸機爲將穎謂機
曰若功成事定當爵爲郡公位以台司將軍勉之矣
機曰昔齊桓任夷吾以建九合之功燕惠疑樂毅以
失垂成之業今日之事在公不在機也志心害機寵
言於穎曰陸機自比管樂擬君闇主自古命將遣師
未有臣陵其君而可以濟事者也穎默然
扈瓌爲隋郡内史陳敏之亂荆州刺史劉弘以南蠻
長史陶侃爲江夏太守加鷹揚將軍敏遣其弟恢求
犯武昌侃出兵禦之瓌間侃於弘曰侃於敏有鄉里
之舊居大郡統強兵脫有異志則荆州無東門矣弘

曰侃之忠能吾得之已久豈有是乎侃潛聞之遽遣
子洪及兄子臻詣弘以自固弘引爲參軍資而遣之
王國寶少無士操不修廉隅婦父謝安惡其傾側每
抑而不用除尚書郎國寶以中興膏腴之族惟作吏
部不爲除曹郎甚怨望固辭不拜從妹爲會稽王道
子妃繇是與道子游處遂間毀安焉孝武末年嗜酒
好肉而道子昏營尤甚惟狎昵諂邪於是國寶諂諛
之計稍行誠主相之間而好利險於之徒以安功名
盛極而構會之嫌隙遂成
後趙程遐以清河張披爲長史遐甚委昵之張賓舉
爲別駕引參政事遐疾披去已又惡賓之權盛石勒
世子弘即遐之甥也自以有援欲收威重於朝乃使
弘之母譖之曰張披與張賓爲遊俠門客日百餘乘
物望皆歸之非社稷之利也宜除披以便國家勒然
之至是披取急召不時至因此遂殺之賓知遐之間
已遂弗敢請
梁梁矜孫鄧元起爲益州刺史任庾黔婁蔣光濟以
州事並勸爲善政矜孫性輕脫與黔婁志行不同乃
言於元起曰城中稱有三刺史節下何以堪之元起
繇此疏黔婁光濟而治迹稍損

後唐段凝初爲梁將後降莊宗莊宗以爲滑州兵馬
留後凝上疏奏梁朝掌事權者趙巖等並助成虐政
結怨於人聖政惟新宜誅首惡以謝天下於是張漢
傑張漢融張漢倫張希逸趙鵠朱珪等並族誅家財
籍没
朱守殷本名會兒莊宗就學時諸奴也及莊宗嗣位
以本院僕從爲長直軍使雖列戎行不聞戰功每構
人之短長中於莊宗漸以爲腹心

巡按福建監察御史臣李嗣京　訂正

知閩縣事臣曹鼎臣參閱

知建陽縣事臣黃國琦較釋

總錄部一百七十八

好尚　嗜好　好丹術

好尚

傳曰人心不同如其面焉則知好尚有殊率性皆異莫窺其際有以見執德不回樂在其中有以知所趣惟適不違本性但任所懷無或害人聊以成志則何

往而不利焉

董父舜時人實甚好龍能求嗜欲以飲食之龍多歸之乃擾畜龍以服事帝舜帝賜之姓曰董氏曰豢龍

葉公子高楚人好龍門亭軒牖皆畫龍形一旦眞龍垂頭於窻棹尾於戸葉公驚走失措焉

漢辛慶忌爲左將軍居處恭儉食飲被服尤節約然性好輿馬號爲鮮明唯是爲奢

王吉字子陽爲諫大夫謝病去吉子駿爲御史大夫駿子崇爲司空自吉至崇禄位彌隆皆好車馬衣服

後漢陸閎爲尚書令美姿貌喜著越布單衣光武見而好之自是常勑會稽郡獻越布

晉嵇康爲中散大夫性絶巧而好鍛宅中有一柳樹甚茂乃激水圜之每夏月居其下以鍛

王濟爲侍中解相馬又甚愛之杜預嘗稱濟有馬癖

孫楚爲大將軍參軍雅敬王濟濟卒楚後來哭之甚悲賓客莫不垂涕哭畢向靈床曰卿常好作驢鳴我爲卿作之體似聲眞賓客皆笑

阮孚爲侍中性好屐祖約性好財同是一累而未判其得失有詣約正見料財物客至屏當不盡餘兩小簏以著背後傾身障之意未能平或有詣阮正見著

蠟屐因自嘆曰未知一生當著幾量屐神色甚閑暢於是勝負始分

袁山松爲吳郡太守矜情秀遠善音樂舊歌有行路難曲辭頗疏質山松好之乃文其辭句婉其節制每因酣醉縱歌之聽者莫不流涕初羊曇善唱樂桓伊能挽歌及山松行路難繼之時人謂之三絶時張湛好於齋前種松栢而山松每出游好令左右挽歌人謂湛屋下陳尸山松道上行殯

王羲之爲右軍將軍會稽内史性愛鵝會稽有孤居姥養一鵝善鳴求市未能得遂携親友命駕就觀姥

聞羲之將至烹以待之羲之嘆惜彌日又山陰有道士養好鵝羲之往觀焉意甚悅固求市之道士云爲寫道德經當舉羣相贈耳羲之欣然寫畢籠鵝而歸甚以爲樂其任率如此

郗超爲司徒左長史以毋喪去職性好聞人棲遁有能辭榮拂衣者超爲之起屋宇作器服畜僕豎費百金而不吝

謝尚好衣刺文袴諸父責之因而自改位至尚書僕射

謝安爲大保性好音樂及登台輔朞喪不廢樂

謝玄少好佩紫羅香囊叔父安患之而不欲傷其意因戲賭取卽焚之於此遂止位終左將軍會稽內史

王徽之爲桓冲府騎兵參軍性縱逸時吳中一士大夫家有好竹欲觀之便出坐輿造竹下諷嘯良久主人洒掃請坐徽之不顧將出主人乃閉門徽之便以此賞之盡歡而去嘗寄居空宅中便令栽竹或問其故徽之但嘯詠指竹曰何可一日無此君耶

前秦苻朗爲鎭東將軍青州刺史切懷遠操毋登涉山水不知老之將至

宋謝靈運爲永嘉太守郡有名山水靈運素所愛好遂肆志遊遨徧歷諸縣動逾旬朔

何尚之爲左光祿開府儀同三司性靜退居家嘗着鹿皮帽

王僧達爲宣城太守性好鷹犬何尚之於宅設八關齋行香次至僧達曰願耶且放鷹犬勿復遊獵

庾炳之爲吏部尚書性好潔士大夫造之者去來出戶輙令拭席洗床

殷仲陳郡人性亦好潔小人非淨洛新衣不得近左右

王弘之隱居性好釣日夕載魚入上虞郭經親故

門各以兩頭置門內而去

南齊孔稚珪會稽山陰人不樂世務居宅盛營山水憑几獨酌傍無雜事門庭之內草萊不剪而多鳴蛙或問之曰欲爲陳蕃乎稚珪笑曰我以此當兩部鼓吹何必其效仲舉（陳蕃字仲舉）終散騎常侍

王思遠爲吳郡丞好簡潔衣服垢穢方便不前形儀新楚乃與促膝既去之後猶令二人以交帚掃其坐處

梁何佟之爲驃騎司馬性好潔一日之中洗滌者十餘過猶恨不足時人稱爲水淫

陶弘景居於句容之句曲山自號華陽隱居特愛松風庭院皆植松每聞其響欣然爲樂

阮孝緒陳留尉氏人性沉靜幼與童兒遊戲嘗以穿池築山爲樂

劉之遴爲南郡太守好古愛奇在荆州聚古器數百種有一器似甌可容一斛上有金錯字時人無能知者又獻古器四種於東宮其第一種鏤銅鴟夷盆二枚兩耳有銀鏤銘云建平二年造二種金銀錯鏤古鐏二枚有篆銘云秦容成侯適楚之歲造三種外國澡灌一口有銘云元封二年龜茲國獻四種古製澡盤一

枚銘云初平二年造

蕭幾爲新安太守郡多山水時其所好適性遊歷遂爲之記

後魏高樹生雅好音律嘗以絲竹自娛後爲大都督

高允性好音樂每至伶人絃歌鼓舞嘗擊節稱善終散騎常侍光祿大夫

陰遵和小名虎頭好音律尚武事初拜奉朝請

裴藹之性輕率好琴書終安廣汝陽二郡太守

唐王涯好古名書人所保惜者必厚以貨財致之不受貨者即以官爵致之厚爲垣竅而藏之複壁位至司空

柳公權字誠懸所寶惟筆硯圖畫嘗自局鑰之宥終太子少師

嗜好

在天成象列宿有風雨之好唯人最靈大欲存飲食之味雖愛尚之或異亦縱恣而無節務求爽口焉取乎心至有變掩豆之嘗非登俎之用暴殄天物不近人情蓋非仁者之用心斯亦格訓之所戒

屈到楚人嗜芰（芰菱也）有疾召其宗老而屬之（家人曰老爲人宗者）曰祭我必以芰

曾晳曾人嗜羊棗而曾子不忍食羊棗

魏文侯嗜晨鳧好北犬太子擊在中山遣倉唐絏北犬并晨鳧獻之文侯曰擊愛我知我所嗜好

齊王食鷄蹠數千百跂足

公儀休爲魯相嗜魚一邦皆爭買魚而獻之公儀子不受曰夫唯嗜魚固不受也

宋劉邕嗣封南康公所嗜食每異於人性嗜瘡痂以爲味似鰒魚嘗詣孟靈休靈休先患灸瘡痂落牀上邕因取食之靈休大驚邕答云性之所嗜靈休瘡痂未落者悉褫取以貽邕邕既去靈休與何勗書曰邕

向見敵遂舉體流血南康國吏二百許人不問有罪無
罪遍與鞭瘡痂嘗以給邕膳

南齊虞悰為輔國將軍善為滋味和齊皆有方法豫
章王嶷盛饌享賓謂悰曰今日餚羞寧有所遺不悰
曰恨無黃頷臛何世祖幸芳林園就悰求扁米粣悰獻
粣及雜餚數十轝太官鼎味不及也上就悰求諸飲食
方悰祕不肯出上醉後體不快悰乃獻醒酒鯖鮓一
方而已

梁何胤累遷左氏尚書云官初侈於味食必方丈後
稍欲去其甚者猶食白魚䱇脯糖蟹以為非見生物

宜食蚶蠣使門人議之學生鍾岏曰䱇之就脯驟於
屈申蟹之將糖躁擾彌甚仁人用意浮懷如怛至
於車螯蚶蠣眉目內闕慙渾沌之奇獷殼外緘非金
人之慎不悴不榮曾草木之不若無馨無臭與瓦礫
其何算故宜充庖廚永為口實

後魏夏侯道遷為豫州刺史好莚宴務口實京師珍
羞罔不畢有

辛紹先為下邳太守性嗜羊肝嘗呼子少雍共食
及紹先卒少雍終身不食羊肝

隋劉臻為儀同父名顯臻性好噉蜆以音同父諱呼
為扁螺

後唐李鏻嘗為鎮州王鎔判官善飲茶嘗呼喫茶郎
中

好丹術

丹術之興始於西漢風流寖遠好尚滋多或以黃金
之可成或以長生之可致貴衛才士讀誦祕書佩服
靈符鍊餌神藥以至謝免爵位高蹈巖穴徇其所尚
代有人焉采於簡編咸用論次

漢江喜為轑陽侯坐使家丞上書還印符隨方士免

劉向本名更生宣帝時為諫大夫帝復興神仙方術

之事而淮南有枕中鴻寶苑祕書（鴻寶苑祕書並道術篇名藏在枕中嘗存錄之不漏泄也）書言神仙使鬼物為黃金之術及鄒衍重
道延命方世人莫見而更生父德武帝時治淮南獄
得其書更生幼而讀誦以為奇獻之言黃金可成帝
令典尚方鑄作事（尚方鑄乃作金銀之所今之中尚署）費甚多方不驗
帝乃下更生吏劾更生鑄偽黃金繫當死更生
兄陽城侯安民上書入國戶半贖更生罪帝亦奇其
材得踰冬減死論

蘇樂善方術王莽篡位二年興神仙事以樂善起八
風臺於宮中臺成萬金（費直萬金也）作樂其上順風作液

湯藝文志有液湯經其義未聞也又種五粱禾於殿中五色也谷永所謂耕耘五
德也各順其色置其方面先鬻鶴髓瑇瑁犀玉二十餘
物漬種鬻古煑字也髓古髓字也瑁鬻取汁以漬穀子也毒音代冒音莫內切計粟斛
成一金言此黃帝穀仙之術也以樂爲黃門郎令主
之
晉葛洪丹陽句容人尤好神仙導養之法從祖玄吳
時學道得仙號曰葛僊公以鍊丹祕術授弟子鄭隱
洪就隱學悉得其法焉後師事南海太守上黨鮑玄
玄亦內學逆占將來見洪深重之以女妻洪洪傳玄
業兼總練醫術初洪以年老欲鍊丹以祈遐壽聞交

阯出丹求爲句漏令帝以洪資高不許洪曰非欲爲
求榮以有丹耳帝從之洪遂將子姪俱行至廣州刺
史鄧嶽留不聽去洪乃止羅浮山鍊丹嶽表補東完
太守又辭不就嶽乃以洪兄子望爲記室參軍在
積年優游閑養著述不輟
鮑靚爲南海太守嘗行部入海遇風饑甚取白石煑
食之以自濟
宋劉亮爲梁州刺史忽服食修道欲致長生迎武當
山道士孫懷使合神仙藥至益州泰豫元年藥始成
未出火毒孫不聽亮服亮苦欲服平旦開城門取井
華水服至食後心動如刺牛間便絶及就殮屍弱如
生後人逢見乘白馬將數十人出關西行共語分明
此乃道家所謂尸解者也
梁陶弘景仕齊爲奉朝請武帝永明末上表辭祿許
之勅所在月給茯苓五斤白蜜二升以供服餌既得
神符祕訣以爲神丹可成而苦無藥物武帝給黃金
朱砂曾青雄黃等後合飛丹色如霜雪服之體輕及
武帝服飛丹有驗益敬重之
鄧郁荊州建平人少而不仕隱居衡山極峻之嶺立
小板屋兩間足不下山斷谷三十餘載飲以澗水服

雲母屑日夜誦大洞經武帝敬信殊篤爲帝合丹帝
不敢服起五岳樓貯之供養家道吉日躬往禮拜白
日神僊魏夫人忽來臨降乘雲而至從少嫗三十並
着絳紫羅繡袿襹年皆可十七八許色艷桃李質勝
瓊瑤語言良久謂郁曰君有仙分所以故來尋當相
候至天監十四年忽見二青鳥悉如鶴大鼓翼翔舞
移晷方去謂弟子等曰求之甚勞得之甚逸近青鳥
旣來期會至矣少日無病而終山內唯聞香氣世未
嘗有武帝後令周舍爲鄧郁傳具序其事
後魏徐謇字成伯善醫術謇嘗有藥餌及吞服道符

年垂八十而鬢髮不白力未多衰除右衛將軍謇欲爲孝文合服金丹致延年之法乃入居嵩高採斸其物歷歲無所成遂罷

李預爲征西大將軍長史帶馮翊太平府解罷郡遂居長安每羨古人飡玉之法乃採訪藍田躬往攻掘得若環璧雜器形者大小百餘稍得黒鹿便篋盛以還而至觀之皆光潤可玩預乃椎七十枚爲屑日服食之餘多惠人後預及聞者更求玉於故處皆無所見馮翊公源懷等得其玉琢爲器佩皆鮮明可寶預服經年云有效驗而世事寢食皆不禁節又加之好

酒損志及疾篤謂其妻子曰服玉屏居山林排棄嗜欲或當大神力而吾酒色不絶自致於死非藥過也然吾尸體必當有異於常勿便速殯令後人知飡服之妙時七月中旬長安毒熱預停尸經宿而體色不變其妻常氏以珠玉二枚含之口閉常謂之曰君自云飡玉有神驗何故不受含也言訖齒啟納珠因噓屬其口都無穢氣舉尸於棺堅直不傾委死時猶有遺玉屑數斗橐盛納諸棺中

北齊張遠遊善方術文宣令與諸術士合九轉金丹及成文宣置之玉匣云我貪世間作樂不能即飛上天待臨死時取服（按傳遊遠本無官）

唐師市奴方術人高祖武德中合金銀並成帝異之以示侍臣封德彝進曰漢代方士及劉安等皆學術唯苦黄白不成金銀爲食器可得不死

張道鶴平棘人少遊名山得服食之術後居人間每每餌金膏太宗貞觀十九年車駕次平棘幸其廬賜以衣服時六百四十六歲

尉遲敬德累遷開府儀同三司貞觀末年篤信仙術飛鍊金石服藥餌雲母粉靜居閑處修理池臺常奏清商樂一部厚自奉養不與外人交通

劉道合宛丘人爲道士高宗令合還丹丹成而上之咸亨中卒唯有空皮而背上開折有似蟬蛻高宗聞之曰劉師爲我合丹自服仙去其所進者亦無異

孟詵汝州梁人也少好方術嘗於鳳閣侍郎劉禕之家見其敕賜金謂禕之曰此藥金也若燒火其上當有五色氣試之果然後歸伊陽山第以藥餌爲事

孫太冲隱於嵩山玄宗天寶三載河南尹裴敦復上言太冲於嵩山合鍊金丹自成於竈中精華特異變化非常請宣付史官頒示天下以彰靈瑞仙聖之應從之

李抱眞德宗貞元中爲昭義軍節度使晩節好方士以冀長生有孫季長者爲抱眞鍊金丹紿抱眞日服之當昇仙遂署爲賓僚數謂參佐日此丹秦皇漢武者不能得唯我遇之他年朝上清不復遇公輩矣復嘗夢駕鶴冲天寤而刻木鶴衣道士衣以習乘之凡服丹二萬丸腹堅不食將死不知人者數日矣道士牛洞玄以豬肪穀鵰下之殆盡病少間季長復日垂上仙何自棄也益服三千餘丸頃之卒

鄭注文宗太和末爲鳳翔節度注兩目不能遠視自言有金丹之術可去痿弱重膇之疾始徐州節度李

愬自云得效乃移之監軍王守澄亦被其事

後唐王鎔唐末爲成德軍節度宴安既久惑於左道專求長生之要嘗聚緇黃鍊仙丹或講說佛經親受符籙西山多佛寺又有王母觀鎔增置館宇彫飾土木道士王若訥者誘鎔登山臨水訪求仙跡每一出數月方歸百姓勞弊王母觀石路旣峻不通輿馬每登行命僕妾數十人維錦繡牽持而上

晉盧華莊宗時爲平章事登庸之後不以進賢勸能爲務唯事修煉求長生之術嘗服丹砂嘔血數日垂死而愈

晉史圭仕後唐爲河南少尹有嵩山術士遺圭石藥如斗謂圭日服之可以延壽然不可中輟輟則疾作矣圭後服之神爽力健深保惜焉清泰末圭在恒山遇祕瓊之亂時貯於衣笥爲賊所刼便不復得天福中疾生胸臆之間嘗如火灼圭知其不瘳求歸鄉里詔許之及涉河竟爲藥氣所蒸卒於路

冊府元龜

冊府元龜

巡按福建監察御史臣李嗣京訂正
知甌寧縣事臣孫以敬參閱
知建陽縣事臣黃國琦較釋

總録部一百七十九

不知人　謬舉

不知人

知人不易著之前聞惟口起羞書垂名訓故子羽不可以貌取賜也徒聞其億中蓋謂是矣乃有昧人倫之鑒乖授任之旨諒朱紫之莫辨昜雅鄭之能究取捨斯失譏誚隨作以至禍其身而敗其國者咸著之

於篇云

子西爲楚令尹初太子建之遇讒也自城父奔宋又避華氏之亂於鄭鄭人甚善之又適晉與晉人謀襲鄭乃求復焉鄭人復之如初晉人使諜於子木請行而期焉謂行襲鄭之期子木即建也子木暴虐於其私邑邑人訴之鄭人省之得晉諜焉遂殺子木其子曰勝在吳子西欲召之葉公曰吾聞勝也詐而亂無乃害乎葉公子高沈諸梁也子西曰吾聞勝也信而勇不爲不利舍諸邊境使衛藩焉使爲藩屏之衛葉公曰周人之謂信周親也率義之謂勇率行也吾聞勝也好復言言之所許必欲復五行不原道理而求死士殆有私乎私謀復前復言非信也期死非勇也俱非也子必悔之弗從召之使處吳竟爲白公白楚邑楚縣西南有白亭請伐鄭子西曰楚未節也言楚自親復政令數未得都制不然吾不忘也他日又請許之未起師晉人伐鄭楚救之與之盟勝怒曰鄭人在此讐不遠矣孝子西於鄭人勝自厲劍子期之子平見之曰王孫何自厲也曰勝以直聞不告女庸爲直乎將以殺爾父平以告子西子西曰勝如郊余如翼而長之以鳥爲喻楚國第用士之次第我死令尹司馬非勝而誰勝聞之曰令尹之狂也得死乃非我言我

必殺之若得自死我乃不得成人子西不悛吳人伐慎白公敗之汝陽慎縣也請以戰備獻與吳戰之所得鎧伏丘普而獻之欲因以爲死許之遂作亂殺子西子期于朝而刼惠王子西以袂掩面而死

漢張湯爲廷尉廷尉府盡用文史法律之吏史胃善史書者倪寬爲人温良有廉知自將將術也以習自術謀也善屬文屬綴也音之欲切然懦爲武懦柔也又音儒口弗能發明也寬以儒生在衆中見謂不習事不署曹又署爲官曹也署表也置也除爲從使從使者不王文書。

魏裴潛父茂建安初爲尚書潛少不修細行繇此爲父所不禮潛自感爲父所不禮折節仕進雖多所經

歷清省格然官至尚書令其家教有類於石奮自魏興以來少能及者

鍾繇爲魏王相國沛人魏諷有威衆才傾動鄴都繇繇是辟爲西曹掾爲王征漢中大將未及諷潛結徒黨又與長樂衛尉陳禕謀襲鄴未期禕懼告之太子誅諷繇坐免

劉表爲荆州牧時王粲年十七司徒辟詔除黄門侍郎以西京擾亂皆不就乃之荆州依表表以粲貌寢而體弱通悦不甚重也

晉博昌令者史不書姓名時樂安人光逸初爲博昌

小吏後爲門亭長迎新令至京師時母輔之與荀邃共詣令家望見逸謂邃曰彼以奇才便呼上車與談良久果俊器令怪客不入吏白與光逸語令大怒除逸名斥遣之

山濤爲右僕射掌選後拜司徒子簡字季倫性温雅有父風年二十餘濤不之知也簡嘆曰吾年幾三十而不爲家君所之後與稽紹劉漠楊淮齊名爲征南將軍都督荆湘交廣四州諸軍事假節鎮襄陽

魏衡爲吏部郎有名當世兄子舒少朴質衡不知之使守水碓嘆曰舒堪數百戸長我願畢矣舒亦不以介意舒後位至司徒

刁逵爲豫州刺史領平越中郎將逵以貨殖爲務初宋高祖微時素貧嘗負逵社錢三萬經時無以還被逵執之王謐密以己錢代償繇是得釋桓玄立以逵豫州刺史鎮歷陽高祖起義參軍諸葛長民趨歷陽逵棄而走爲下人所執斬于石頭

南燕慕容法爲慕容德兗州牧時慕容超初自長安行至梁父鎮南長史悦壽還謂法曰向見北海王子天資弘雅神爽高邁始知天族多奇玉林皆寶法曰昔成方遂詐稱衛太子人莫辨之此復天族乎超聞

恚恨形於言色法亦怒處之外館繇是結憾及德死法又不奔喪超遣使讓焉法嘗懼禍至因此遂與慕容鍾段宏等謀亂

宋謝方明爲會稽郡守其子惠連有才悟而輕薄不爲方明所知靈運嘗自始寧至會稽造方明過視惠連大相知賞時何長瑜教連惠讀書亦在郡内靈運又以爲絶倫謂方明曰阿連才悟如此而尊作嘗兒遇之何長瑜當今仲宣而餉以下客之食尊既不能禮賢宜以長瑜還靈運靈運載之而去

劉遵考爲領軍文帝元嘉二十七年索虜南寇　發三

吳民丁沈攸之少孤貧亦被發旣至京都詣遵考求補白丁隊主遵考謂之曰君形陋不堪隊主因隨沈慶之征討攸之後爲右將軍

北齊麻祥爲令史神武微時爲函使每至雒陽給使于祥祥嘗以肉啗神武神武性不立食坐而進之祥以爲慢己笞神武四十

後唐周玄豹自言善相術太原監軍特進張承業嘗延之歷視諸僚佐時巡官馮道初自燕來性不事華案灰塵蒲面而以文行見知承業命典書奏承業問玄豹曰馮巡官何如曰巡官濟蓮泛水幸遇特進禮

士之秋官不踰宰百里承業笑曰他已爲起居郎公何忽耶

謬舉

秦應侯范雎魏相濟使舍人笞擊雎折脇摺齒得出後魏人鄭安平遂操雎亡伏匿更名姓秦昭王使謁者王稽於魏鄭安平詐爲卒侍王稽問魏有賢人可與西游者乎鄭安平曰臣里中有張祿先生（卽范雎也）欲見君言天下事王稽知雎賢載雎入秦雎旣相秦言於王曰非王之賢聖莫能貴臣今臣官至於相爵在列侯王稽之官尚止於謁者非其內臣之意也昭王召王稽拜爲河東守三歲不上計（不上計不隨吏入計也）又任鄭安平使將擊趙安平爲趙所困急以兵二萬人降趙應侯席藁請罪秦之法任人而所任不善者各以其罪罪之於是應侯罪當收三族秦昭王恐傷應侯之意乃下令國中有敢言鄭安平事者以其罪罪之而加賜相國應侯食物日益厚以順適其意後二歲王稽爲河東守與諸侯通坐法誅而應侯日益以不懌昭王臨朝嘆息應侯進曰臣聞主憂臣辱主辱臣死今大王中朝而憂臣敢請其罪昭王曰吾聞楚之鐵劍利而倡優拙夫鐵劍利則士勇倡優拙則思慮遠

夫以遠思慮而御勇士吾恐楚之圖秦也夫物不素具不可以應卒今武安君旣死而鄭安平等畔內無良將而外多敵國吾是以憂欲以激厲應侯應侯懼不知所出

漢顏延年宣帝時爲河東大守察御史廉狀不入身（延年察舉其獄史爲廉而此人乃有贓罪然贓不入身也）延年坐選舉不實貶秩

張勃封富平侯陳湯西至長安求官得大官獻食丞數歲勃與湯交高其能初元二年元帝詔列侯舉茂才勃舉湯湯待選父死不犇喪（犇古奔字）司隸奏湯無循行勃選舉故不以實坐削戸三百會薨因賜謚曰繆

侯以其繆舉人也湯下獄

何武爲京兆尹坐舉方正所舉者召見槃辟雅拜槃辟猶言盤旋也辟音闢有司以爲詭衆虛僞僞也遣武坐左遷楚内史

後漢王丹爲太子少傅客初有薦士於丹者因選舉之而後所舉者陷罪丹坐以免客慙懼自絶而丹終無所言尋復徵爲太子太傅乃呼客謂曰子之自絶何量丹之薄也不爲設食以罰之相待如舊

左雄順帝時爲司隷校尉舉故冀州刺史馮直以爲將帥而直嘗坐贓受罪

晉王導進位侍中司空假節録尚書領中書監會太山太守徐龕反元帝訪可以鎮撫河南者導舉太子左衛率羊鑒既而鑒敗抵罪導上疏曰徐龕叛戾久稽天誅臣創議征討謂舉羊鑒鑒闇懦覆師有司極法望恩降天地之施全其首領然臣受重任總録機衡使三軍挫衂臣之責也宜自貶黜以穆朝倫詔不許

阮抗元帝時爲奮武將軍丞相行參軍宋挺本揚州刺史劉陶門人陶亡後挺娶陶愛妾以爲小妻懲帝建興中挺又割盜官布六百餘疋正刑棄市遇赦免旣而抗請爲長史司直劉隗劾奏曰挺蔑其死主而専其室悖在三之義傷人倫之序當投之四裔以禦魑魅請除挺名禁錮終身而奮武將軍太山太守阮抗請爲長史抗緯文經武剖符東藩當庸勳忠良昵近仁賢而哀求贓汚舉頑用嚚請免抗官下獄理罪奏可而挺病死

後魏張兖爲幽州刺史道武天興初徵還京師後與崔逞荅晉將郗恢書失旨出爲尚書令史兖遇創業之始以有才謀見任率心奉上不顧嫌疑道武曾問南州人於兖兖與盧溥同里數談薦之又兖未嘗與崔逞相見聞風稱羡及中山平盧溥聚黨爲逆崔逞

荅書不允並乖本言故忿之

張彝爲尚書時襲嘗山王素孫昭小兒阿倪彝引兼殿中郎李文將爲齊郡王蘭舉哀而昭乃作宮懸帝大怒詔曰阿倪愚騃誰引爲郎於是黜彝白衣守尚書昭遂停廢

隋宇文述煬帝大業中爲左衛大將軍凡所薦達皆至大官趙行樞以太常樂戸家財億計述謂爲兒多受其賂稱其驍勇起家爲折衝郎將

唐李傑爲御史大夫護作橋陵時引御史王旭爲判官旭貪贓受賄傑將繩之初不得其實反爲旭所構

出爲衢州刺史
韓朝宗爲荆州刺史兼判襄州刺史山南道採訪使
玄宗開元二十四年九月鄧州南陽縣令李泳擅興
賦役貶爲康州都城縣尉泳之爲令也朝宗所薦乃
貶爲洪州刺史制曰所遣使臣將恤人隱類亦論旨
期於悉心而政或相蒙賞或失善以此致理未嘗聞
之韓朝宗亟登清要爰委條察不恭爾職以副朕懷
而乃私其所親請以爲邑未盈三載已至兩遷旣殊
德舉因速官謗及令按事果驗非才傷敗實多矯誣
斯甚舉不爲黨豈其然歟事洽於周則異於果未能

自律何以正人仍期後効且示輕貶可受洪州刺史
雖知人則哲在予之責已深而事上竭誠爲臣之節
當勵其有賞罰不正枉直不明陷於比周隳我綱目
有一於此誰其捨諸凡今刺舉宜以爲戒
天寶三載長安縣令柳昇坐贓於朝堂杖殺之昇爲
令也朝宗爲京兆尹所薦朝宗爲高平郡太守坐舉
人不直制曰高平郡太守上柱國長山縣開國伯韓
朝宗頃承榮奬擢在神京輙薦凶人超登赤縣果彰
貪穢大獲贓私舉非允當已有比周之責使之交易
更涉嫌疑之地頗招物議實負朝廷宜從貶黜用伸

懲戒可置吳興郡別駕員外
張涉爲國子博士太子侍讀與懷州刺史喬琳友善
及德宗嗣位多以政事諮訪於涉涉盛稱琳識度才
畧堪備大用因拜御史中大夫平章事琳本麄才年
高有耳疾帝每有顧問對答失次論奏不合時機居
相位凡八十餘日除工部尚書罷政事
孟簡爲山東道觀察使憲宗元和十四年御史臺奏
簡舉均州鄖鄉縣鎮遏兵馬使趙潔充本縣令有虧
典刑勑罰一月俸料
李肇李翶並爲中書舍人文宗太和三年六月貶肇

爲將作監翶爲少府少監並分司東都以栢耆納賂
賜死肇與翶同薦栢耆故也
後唐盧質爲河東節度判官質性閒放不顧居大任
欲求留守太原莊宗即位歷求宰輔乃舉定州節度
判官
豆盧革河東觀察判官盧程皆卿相之家可當輔相
即時徵之及並命爲丞相程爲中書侍郎平章事監
修國史本非重德一旦舉大位舉止不嘗時朝廷草
創庶務未備班列蕭然寺署多闕程革受命之日即
乘肩輿騶導喧沸莊宗聞訶導之聲詢于左右曰宰

相撟子入門莊宗駭異登樓視之笑曰所謂似是而非者也

冊府元龜

冊府元龜　總録部　謬舉　卷之九百二十九　十一

册府元龜

延按福建監察御史臣李嗣京　訂正
新建縣舉人臣戴國士參閱
知建陽縣事臣黄國琦較釋

總録部一百八十

傲慢　不恭　惡竊

傲慢

夫傲以取禍往事之明徵慢以失官前言之深戒自東周不競禮讓寖微驕倨之俗興而遜悌之風缺仲尼垂叩脛之戒穆叔著倍賦之文自是已還風流不

泯或恃材而陵長或盛氣以傲人忽禮容而不修蔑年爵而罔顧至有箕踞而傾倚岸幘以嘯詠跌宕適意豪縱亂常宜乎招負俗之累嬰自貽之咸於戲書云簡而無傲詩云彼交匪傲萬福來求誠爲君子之道也

郤錡晉大夫曾成公十三年晉侯使郤錡求乞師將事不敬孟獻子曰郤氏其亡乎禮身之幹也敬身之基也郤子無基且先君之嗣卿也受命以求師將社稷是衛而惰棄君命也不亡何爲

苦成叔晉大夫郤犨也聘衛衛侯饗苦成叔甯惠子相苦成叔傲甯子曰苦成家其亡乎古之爲享食也以觀威儀省禍福也故詩曰兕觥其觩旨酒思柔彼交匪傲萬福來求今夫子傲取禍之道也

御叔爲魯御邑大夫時臧武仲如晉襄公頻與晉侯外會今各將罷魯之守禦遣武仲爲公謝不敏故不書兩過御叔御叔在其邑將飲酒曰焉用聖人武仲多知時人謂之聖我將飲酒而已兩行何以聖爲穆叔聞之曰不可使也而傲使人言御叔不任使四方國之蠹也令倍其賦古者家其國邑故以重賦爲罰傳言穆叔能用教

原壤魯人見孔子夷俟夷踞待也子曰幼而不孫弟長而無術焉老而不死是謂賊賊謂賊害以杖叩其脛叩擊也脛

脚脛

漢甯成南陽穰人以郎謁者事景帝好氣爲小吏必陵其長吏稍遷至濟南都尉而郅都爲守始前都尉步入府因吏謁守如縣令其畏郅都如此及成往直陵都出其上都素聞其聲善遇成與結驩

周陽繇爲河東都尉初繇爲守視都尉如令及爲都尉陵太守奪之治

後魏趙壹字元叔漢陽西縣人恃才倨傲爲鄉黨所擯乃作解擯後不赴辟召

禰衡字正平建安初自荆州北游許都恃才傲逸臧

否過差見不知已者不與語人皆以是憎之是時許都雖新建尙饒人士衡嘗書一刺懷之字漫滅而無所適或問之曰何不從陳長文司馬伯達乎衡曰卿欲使我從屠沽兒輩也又問曰當今許中誰最可者衡曰大兒有孔文舉小兒有楊德祖又問曹公荀令君趙盪寇皆足蓋世乎衡稱曹公不甚多又見荀有儀容趙有腹尺因荅曰文若可借面弔喪稚長可使監厨請客其意以爲荀但有貌趙健啖肉也於是衆人皆切齒衡之衆不悅將南還荆州裝束臨發衆人爲祖道先設供帳於城南自共相誡曰衡數不遜今

因其後到以不起報之及衡至衆人皆坐不起衡乃號咷大哭衆人問其故衡曰行屍柩之間能不悲乎（衡史不載官）

魏劉楨爲太祖丞相掾屬以辭旨巧妙爲諸公乎所愛太子嘗請諸文學酒酣坐歡命夫人甄氏出拜坐中衆人咸伏而楨獨平視太祖聞之乃收楨減死論罪

文欽爲五營校督出衙門蔣欽性剛暴無禮所在倨傲陵上不奉官法輒見奏還明帝抑之後復以爲將

丁謐字彦清斐之子也謐太和中嘗任鄴借人空屋居其中而諸王亦欲借之不知謐已得直開門入謐望見王交脚臥而不起而呼其奴客曰此何等人促呵使去怒其無禮還且上言明帝收謐繫鄴獄以其功臣子原出後帝聞其有父風召拜度支郎中

蜀劉巴字子初爲先主左將軍西曹掾張飛嘗就巴宿巴不與語飛遂忿恚諸葛亮謂巴曰張飛雖實武人敬慕足下素矣主公今方收合文武以定大事足下雖天質高亮宜少降意也巴曰大丈夫處世當交四海英雄如何與兵子共語乎先主聞之怒曰孤欲定天下而子初專亂之其欲還北假道於此豈欲成

孤事邪

簡雍涿郡人隨先主入蜀拜昭德將軍優游風儀性簡傲跌宕在先主坐席猶箕踞傾欹威儀不肅自縱適諸葛亮以下則獨擅一榻項枕臥語無所爲屈

彭羕字永年廣漢人爲江陽太守資性驕傲多所輕忽

楊戲爲射聲校尉隨大將軍姜維出軍至芒水戲素心不服維酒後言笑每有傲弄之辭維外寬內忌意不能堪軍還有司承旨奏戲免爲庶人戲性雖簡然省畧未嘗以甘言加人過情接物書符指事希有盈

紱
鄧芝爲大將軍二十餘年性剛簡不飾意氣不得士類之和於時人少所敬貴唯器異姜維云
張嶷爲盪寇將軍慷慨壯烈士人咸多貴之然放蕩少禮人亦以此譏焉
晉阮籍仕魏爲步兵校尉籍能爲青白眼見禮俗之士以白眼對之及嵇喜來弔籍作白眼喜不懌而退喜弟康聞之乃齎酒挾琴造焉籍大悅乃見青眼繇是禮法之士疾之若讐而帝每保護之
嵇康仕魏爲中散大夫初康居貧嘗與向秀共鍛以

自給潁川鍾會貴公子也精練有才辯故往造焉康不爲之禮而鍛不輟良久會去康謂曰何所聞而來何所見而去會曰聞所聞而來見所見而去會以此憾之
呂安東平人與嵇康爲友每相思則命駕千里從之或過其行康兄喜位至方伯拭席而待弗之顧也
庾敳爲東海王越軍諮祭酒王衍不與敳交敳卿之不置衍曰君不得爲耳敳曰卿自君我我自卿卿我自用我家法卿自用卿家法衍甚奇之
孫楚字子荆太原中郡人才藻卓絶爽邁不羣多所陵傲缺鄉曲之譽年四十餘始參鎮東軍事
何綏字伯蔚曾孫劭子也位至侍中尚書自以繼世名貴性既輕物翰札簡傲城陽王尼見綏書謂人曰伯蔚居亂而矜豪乃爾豈其免乎後爲東海王越所誅
何機曾之孫也爲鄒平令性矜傲責鄉里謝鯤等拜或誡之曰禮敬年爵以德爲主令鯤拜勢懼傷風俗機不以爲慙
謝奕爲桓溫安西司馬猶推布衣之好在溫坐岸幘嘯詠無異常日溫嘗曰我方外司馬

王徽之字子猷爲大司馬桓溫參軍蓬首散帶不綜府事又爲車騎桓沖騎兵嘗從沖桓值暴雨徽之因下馬排入車中謂曰公豈得獨擅一車
王獻之爲祕書丞尚新安公主嘗經吳郡聞顧辟疆有名園先不相識乘平肩輿徑入時辟彊方集賓友而獻之游歷既畢傍若無人辟彊勃然數之曰傲主人非禮也以貴驕士非道也失是二者不足齒之傖耳便驅出門獻之傲如也不以屑意
謝琰字瑗度弱冠以貞幹稱美風姿與從兄護軍淡雖比居不往來宗中子弟惟與才令者數人相接後

至會稽内史
王恬導子也性傲誕不拘禮法謝萬嘗造恬旣坐少頃恬便入内萬以爲必厚待已殊有喜色恬久之乃沐頭散髮而出據胡牀於庭中𩬊髮神氣傲邁竟無賓主之禮萬悵然而還後至散騎常侍
謝萬爲撫軍從事中郎妻父王述爲揚州刺史萬嘗衣白綸巾乘平肩輿徑至廳事前謂述曰人言君侯癡君侯信自癡述曰非無此論但晩合耳
宋張敷爲祕書郎嘗在省直中書令傅亮貴宿捷要聞其好學過候之敷臥不卽起亮怪而去後敷爲正

員郎中書舍人狄當周赳並管要務以敷同省名家欲詣之赳曰彼若不相容便不如不往詎可輕往耶當日吾等並以員外郎矣尚憂不得共坐敷先設二牀去壁三四尺二客就席譬接甚歡旣而呼左右曰移我遠客赳等失色而去其自標遇如此
王僧達爲中書令黄門侍郎路瓊之太后兄慶之孫也宅與僧達門並嘗盛車服詣僧達將獵已改服瓊之就坐僧達了不與語謂曰身昔門下騶人路慶之者是君何親遂焚瓊之所坐牀太后怒泣涕於帝曰我尚在而人凌之我死後乞食矣帝曰瓊之年少無事詣王僧達門見辱乃其宜耳僧達貴公子豈可以此加罪乎太后又謂帝曰我終不與王僧達俱生
劉彦節爲尚書令旣貴士子自非三署不得上方榻時人以此少之
王瞻字明遠一字叔鸞負氣傲俗好貶裁人物爲王府參軍嘗詣劉彦節直登榻曰君侯是公孫僕是公子引蒲促膝唯餘二人彦節外迹雖譬之意甚不悦
王錫爲員外散騎歷淸職中書郎太子左衛率江夏内史善自立遇太尉江夏王義恭當朝錫箕倨大坐殆無推敬

阮佃夫爲建城侯朝士貴賤莫不自結而矜傲無所降意入其室者唯吳郡張澹
梁韋粲爲左衛率兼東宮領直以舊恩任寄鋼密雖居職屢從容宿衛頗擅威名誕倨不爲時輩所平右衛朱异嘗於酒席厲色謂粲曰卿何德已作領軍面
陳江溢字浮源尚書令揔之子也溢頗有文辭性傲誕持勢驕物雖近屬故友不免詆欺
後魏崔浩爲司徒始浩與冀州刺史頤滎陽太守模等年皆相次浩爲長次模次頤三人別祖而模頤爲親浩恃其家世魏晉公卿嘗侮模頤模謂人曰桃簡

正可欺我何合輕我家周兒也浩小名挑簡願小名
周太武頗聞之故浩誅時二家獲免
崔接字顯賓定州人容貌魁偉放邁自高不拘常簡
爲中書博士樂陵内史雅爲任城王澄所禮待及澄
爲定州刺史接了無民敬王忻然容下之
張彝字慶賓襲祖爵平陸侯少而豪放出入殿庭步
眄高上無所顧忌文明太后雅尚恭謹因會次見其
如此遂召集百僚督責之令其修悔而猶無悛改彝
愛好知己輕忽下流非其意者視之蔑爾雖疹疾家
庭而志氣彌亮後至征西將軍

隋麗晃爲右衛將軍性剛悍時廣平王雄當途用事
勢傾朝廷晃每陵侮之嘗於軍中臥見雄不起雄甚
銜之後與高熲有隙二人屢譖晃繇是宿衛十餘年
官不得進
崔儦清河人世爲著姓儦每以讀書爲務負恃才地
忽略世人大署其戸曰不讀五千卷書者無得入此
室後爲員外散騎侍郎越國公楊素時方貴倖重儦
門地爲子玄縱娶其女爲妻聘禮甚厚親迎之始公
卿滿座素令騎迎儦儦故弊其衣冠騎驢而至素推
令上座儦有輕素之色禮甚倨言又不遜素忿然拂
衣而起竟罷座數日儦方來謝素待之如初
唐王勃爲虢州參軍勃恃才傲物爲僚友所疾
張濬爲中書令柬之之子也濬恃以父立功每見諸
少長不以禮接待時議以爲不能易荆楚之剽性焉
裴諝初爲河南參軍通達簡率不好苛禮
令狐峘爲吉州刺史會齊映除江西觀察使過吉州
故事刺史始見觀察使皆戎服趨拜映雖嘗爲宰相
然少年後輩峘雖爲屬郡固自挾所以過映者映至
當迎謁頗怏怏以語其妻韋氏韋氏雖明有學解亦
恥峘以刺史禮見映謂峘曰君自視何如人以白頭

走小生前君不以此見映雖黜死我亦無憾峘曰諾
映至峘入謁從容步進不袜首屬戎器映以爲恨去
至府奏峘舉前刺史過失鞫不得眞無正事不宜臨
州貶衢州別駕
王仲舒爲中書舍人初仲舒與楊憑穆質許孟容李
鄘爲友故時人稱楊穆許李之友仲舒以後進慕容
而入性尚簡傲不能接下以此人多怨之
崔元翰爲禮部員外郎知制誥詔令溫雅合於典謨
然性大剛褊簡傲不能取容於時
李白字太白山東人待詔翰林嘗醉令高力士脫靴

錄是斥去乃浪迹江湖嘗月夜乘舟自采石達金陵衣宮錦袍於舟中顧瞻嘯傲旁若無人

鄭仁表太宗朝宰相肅孫也爲起居郎仁表文筆尤稱俊拔然恃才傲物人士薄之

後唐陳乂爲知制誥徵有才術嘗自恃其能爲恒山判官日人有造者垂帷深處罕見其面及居西掖而姿態愈倨位竟不至公卿蓋器度促狹者也

不恭

君者天也無所不恭一節以趨靡遑於待駕三命而俯以至於循牆所有怠棄國章虧損臣禮奉朝覲而

不謹承祭祀而罔祗踰越官儀抵冒邦禁下吏聽議乂誰咎焉故書云其或不恭邦有常刑誠先王之典法也

漢武陽侯蕭勝孝景中二年坐不齋酎爲隸臣（謂當侍祠而不齋）

高苑侯耐信孝武建元元年坐出入屬車間免戶二千二百（天子出行東列屬車而輒至於其間）

北平侯類建元五年坐臨諸侯喪後死

祁侯繒它元光三年坐射擅罷免（方大射而擅自罷去）

俞侯邯鄲元光四年坐行來不請長信免（長信言太后所居請謁也）

衍侯翟不疑元朔元年坐挾詔書論耐爲司寇（詔書當奉持而挾以行故爲罪也）

武安侯田恬元朔三年坐衣襜褕入宮不敬免（衣謂著之也襜褕直裾禪衣也）

襄城侯韓釋之元朔四年坐詐疾不從耐爲隸臣

芒侯耏申元朔六年坐向南宮主不敬免（景帝女也）

重信侯擔元狩二年坐不使人爲秋請免（請音才姓反）

平州侯昭涉睞元狩五年坐行馳道中免

邔侯黃極忠元鼎元年坐掩搏奪公主馬髡爲城旦

建成侯拾元鼎二年坐使行人奉璧皮薦賀元年十月不會免（以皮薦璧也時以十月爲歲首有賀而不及會也）

山都侯王當元封元年坐蘭入甘泉上林免

東方朔武帝時爲太中大夫嘗醉入殿中小遺殿上劾不敬有詔免爲庶人待詔官署

韋玄成宣帝時爲太常嗣爵扶陽侯以刻侯侍祀孝惠廟當晨入廟天雨淖（淖泥也音女教反）不駕駟馬而騎至廟下有司劾等輩數人皆削爵爲關內侯

博陽侯丙顯甘露元年坐酎宗廟騎至司馬門不敬奪爵一級爲關內侯

魏劉勲與太祖有舊爲廬江太守後爲孫策所破自歸太祖封列侯勲自恃與太祖有宿日驕慢數犯法又誹謗遂免其官

吳朱桓領青州牧詣建業治病後復還屯桓奉觴曰臣當遠去願一將陛下鬚無所復恨權憑几前席桓進前捋鬚曰臣今日眞可謂捋虎鬚也權大笑

南齊張融武帝時爲司徒從事中郎永明八年朝臣賀衆瑞融扶人拜起復有司所奏見原

蔡約領驍騎將軍太子中庶子領屯騎校尉永明八年八月合朔約脫武冠解劒於省眠至下鼓不起爲

有司所奏贖論

後魏莫題爲大將軍及還京師嘗與李栗侍宴栗坐不敬獲罪題亦被黜爲濮陽太守

裴伯茂爲廣平王贊文學孝靜天平二年因内宴伯茂卑慢殿中尚書章武王景哲景哲遂傷啟稱伯茂棄其本列與監同行以梨擊案傍汙冠服禁庭之内令人挈衣詔付所司後竟無坐

隋楊素高祖時爲御史大夫其妻鄭氏性悍素忿之曰我若作天子卿定不堪爲皇后鄭氏奏之繇是坐免

唐韋縝爲國子司業憲宗元和八年九月戊午重陽賜宰臣以下宴於曲江辛酉罰縝等一十四人各一月俸以其不赴曲江之宴也

後唐龍敏爲吏部侍郎末帝清泰二年五月壬寅監察使奏薦享太廟其月十九日尚書省受誓戒故事諸行事官質明至省候太尉其日行事官與攝太尉宰臣並先到敏攝司空後至雖及受誓戒其後太尉違禮詔罰一季俸料

寇竊

書稱寇賊姦宄易謂慢藏誨盜蓋夫窮斯濫而貪無

厭者從事於斯矣觀其背去人紀靡率天常奪攘矯虔徼擾顛越大則有伏莽之衆同惡以相濟小則競穿窬之巧自作於弗靖莫不鴟張其義很恣其心擅操利兵爭術小智依萑苻而多聚致芟草之難除又豈止乎鼠竊狗偷探囊胠篋而已哉自三尺罔畏法令滋章五教云微民俗偷巧道行一失詭詐百端以身徇財見利忘義始以游俠爲事終以剽刼爲姦斂數於道塗充斥於閭里假詩言而破家負勇氣以凌物挾懷稛載何所不獲乃至覬取國寶不恭斯甚苟脫禁網諒亦天幸若乃徇名果敢以紓國難抱義感

慨以救人患雖去小道亦賢哲之兼容也已

叔仲帶魯大夫襄公薨于楚宮叔仲帶竊其拱璧拱璧公大璧以與御人納諸其懷而從取之繇是得罪得罪謂魯人薄之故子孫不得志於魯

陽虎爲魯季氏宰盜竊寶玉大弓是時季氏專魯國陽虎拘季孫季氏逐周公之後取其寶玉藏於其家陽虎拘季孫奪其寶玉孟氏與叔孫氏迭而食之俄而鍰其板以鍰刻其饋飲板曰某月某日將殺我於蒲圃力能救我則於是於是時至乎日若時而出臨南者陽虎之出也御之爲季氏御於其乘馬季孫謂臨南曰以季氏之世世有子言我季氏累世有女以爲臣子

可以不免我死乎以義責之臨南曰有力不足臣何敢不勉陽越者陽虎之從弟也爲右爲季孫車右實御之諸陽之從者車數十乘至於孟衢孟氏衢四達可以橫去臨南捉策而墜之策馬撾也見二家迭食之欲將季繇孟氏免之恐陽越不聽故詐捉策欲使下車陽越不取策臨南驟馬撾馬御走而繇乎孟氏陽虎從而射之矢着于莊門莊門孟氏所如門名言幾中季孫賴門閈故着門然而甲起於琴如甲公斂處父所帥也琴如地名二家知出期故於是時起兵弑不成郤反舍于郊皆說然息說解舍然猶如或曰弑千乘之主時季氏邑至於千乘而不克舍此可乎遵其近而無所依陽虎曰夫孺子得國而已得免專國家而已如丈夫何如猶奪也丈夫大人稱也俄而曰彼哉彼哉望見公兩處父師而曰彼哉彼哉兩言之者亟遽意趣駕使疾駕旣駕公斂處父師帥而至公斂處父孟氏叔孫氏將兵之將懼然後得免自是走之

晉寶者何璋判白判半也半圭曰璋白藏天子青藏諸侯魯得郊天故錫以白不言璋言王者起珪璧琮璜璋五玉盡亡之也傳獨言璋者所以郊事天尤重詩云奉璋峨峨髦士奉璋宜是也禮珪以朝璧以聘琮以發兵璜以發衆璋以徵召弓繡質質拊也言大者力千斤龜青純純緣也謂緣甲顛也千歲之龜青髯明于吉凶易曰定天下之吉凶成天下之亹亹者莫善乎蓍龜經不言龜者以先知從實省文謂之寶者世世保用之辭此皆魯始封之錫不言取而言竊者正名也定公從季孫假馬孔子曰君之於臣有取無假而君臣之義立王書者定公失政權移陪臣拘其尊卿喪其五玉無以合信天子交質諸侯當絶之不書拘季孫者舉五玉爲重書大弓者使若都以國寶徵辭也

田文封孟嘗君入秦秦昭王謀欲殺之孟嘗君使人

抵昭王幸姬求解姬曰妾願得君狐白裘此時孟嘗有一狐白裘值千金天下無雙入獻昭王無他裘孟嘗患之徧問客莫能對最下座爲狗盜者曰臣能得乃夜爲狗以入秦宮藏中取所獻狐白裘至以獻秦幸姬幸姬爲言昭王釋孟嘗君

漢彭越字仲昌邑人也嘗漁鉅野澤中爲盜後封梁王謀反誅

郭解河內人少時陰賊感慨藏命作姦剽攻剽刼也攻謂穿窬而盜也剽匹妙反休乃鑄錢掘塚不可勝數適有天幸窘急嘗得脫每遇赦

後漢檀建爲蝦丘縣吏盜竊縣内令鍾離意屏人問狀建叩頭服罪不忍加刑遣令長休建父聞之爲建設酒謂曰吾聞無道之君以刃殘人有道之君以義行誅子罪命也遂令建進藥而死矣

張伯魯人鍾離意爲魯相到官出私錢萬三千文付戸曹孔訢修夫子車身入廟拭几席劒履使伯除堂下草土中得玉璧七枚伯懷其一以六枚白意意令主簿安置几前孔子教授堂下牀首有懸甕意召孔訢問此何甕也對曰夫子甕也背有丹書人勿敢發也意曰夫子聖人所以遺甕欲以懸示後賢因發之

中得素書文曰後世修吾書董仲舒護吾車拭吾履發吾笥會稽鍾離意璧有七張伯藏其一意即召問伯果服焉

吳胡玉錢塘人漢末爲海賊取賈人財物岸上分之孫堅進斬一級

晉戴若思廣陵人少好遊俠不拘操行遇陸機赴洛船裝甚盛遂與其徒掠之若思登岸據胡牀指麾同旅皆得其宜機察見之知非常人于舫屋上遥謂之曰卿才氣如此乃復作劫邪若思感悟因流涕投劒就之機與言深嘉賞異遂與定交焉後至驃騎將軍爲王敦所害

賈苞爲太廟吏光熙中盜太廟靈衣及劒伏誅

後涼胡安據呂纂時盜發張駿墓見駿貌如生得珍珠簾琉璃榼白玉尊赤玉簫紫玉笛珊瑚鞭馬瑙鍾水陸奇珍不可勝紀纂誅安據黨五十餘家遣使弔祭駿並繕修其墓

宋焦恭齊人破古冢得玉鎧太守崔道固簡得獻之乃執繫恭

王宜興吳興人形狀短小而果勁有膽力少年時爲劫不須伴郡縣討逐圍繞數十里終莫能擒後爲屯

騎校尉爲黃回所殺

黃回拳捷果勁勇力兼人在江西與諸楚子相結屢爲劫盜後爲鎮北將軍南兗州刺史爲齊高祖所誅

梁陳伯之濟陰睢陵人幼有膂力年十三四好着獺皮帽刺刀候伺鄰里稻熟偷刈之嘗爲田主所見呵之云楚子莫動伯之謂田主曰君稻幸多一擔何苦田主將執之伯之因伏刀而進將刺之曰楚子定何如田主皆反走伯之徐擔稻而歸及年長在鍾離數爲劫盜嘗援面覘人船船人斫之獲其左耳後爲豫州刺史又爲通直散騎常侍驍騎將軍太中大夫卒

後魏穆崇代人少以竊盜爲事
劉庫仁爲南部大人時國有良馬白騧騮庫仁盜之養於窟室典馬牧奚革聞而馳往取馬庫仁以國甥恃寵慙而逆擊革革捽其髮落傷其一乳後爲太尉宜都公薨
房法壽小名馬頭清河繹幕人幼孤少好射獵輕率勇果結諸羣小而爲刼盜從叔元慶範鎮等坐法壽被州郡功責時月相繼宗族甚患之弱冠辟州主簿後以母老不復應州郡之命嘗盜殺豬牛以供其母後終於莊武侯平遠將軍

北齊祖珽字孝徵性不羈放縱曾至膠東刺史司馬世雲家飲酒遂藏銅疊二面厨人請搜諸客果於珽懷中得之見者以爲浮恥後爲神武中外府功曹神武宴僚屬於座失金叵羅竇太后令飲酒者皆脫帽於珽髻上得之神武不之罪也
隋麥鐵杖始與人陳太建中結聚爲羣盜廣州刺史歐陽頠俘之以獻沒爲官戶配執御傘每罷朝後行百餘里夜至南徐州踰城而入行光火刼盜旦還及牙時仍又執傘如此者十數度物主識之州以狀奏朝士見鐵杖每旦嘗在不之信也後數告變尚書蔡徵日此可驗耳於仗下時購以百金求之送詔書與南徐州刺史鐵杖出應募齎勑而往明旦及奏事帝曰信然爲盜明矣惜其勇捷誡而釋之後爲右屯衛大將軍
唐王君廓本太原人後徙家於井陘少孤貧無行以駔儈爲業善行偷盜嘗所齎器內有逆鬚制同魚笱纔容人頭於日晚時市人將散見鬻繒者君廓以竹器自後籠其頭逆鬚爲礙不可得脫乃奪繒而去物主不之識竟以獲免其詭譎多此類也
張明進中黄門也大曆二年八月景午夜盜內庫黄

金二百八十斤藥金二百五十兩擒之
單超俊大曆初爲少府監嘗嘯聚惡少以盜馬共盜也善變馬毛色雖馬主未能辨至是盜諫大夫裴皐馬三匹超俊家僮以告乃露讁超俊劒南西山効力納贓七千貫同盜馬奴三人竝杖殺
韋士元貞元四年四月與盧寧等四人白晝挾弓操劒於萬年縣嘗樂坊盜縣吏捕之士元等突殺吏步相自延典門逸馬六月士元棄市居賊人函王孫湛紋士元旣死其黨盧寧梁劒等三人刼近城村廬射殺捕吏南居人多棄業投城德宗乃發神策善弩騎

與長安萬年縣官率人吏具器械急捕之又射傷神策將及縣吏二十餘人以刃殺一人奪弩犯圍而逸又遣神策兵二百人助之居數日偷長梁劔以中矢死南山下得其屍送之盧寧等二十人竟失所在
晉方太爲泰州節度使太青州千乘人少隷本軍爲小畋嘗戍登州扱海客事洩刺史淳于晏匿之遇赦免
周王繼弘爲河陽節度使繼弘冀州南宫人勇悍無賴爲盜攻剽閭里

冊府元龜

冊府元龜

巡按福建監察御史臣李嗣京　訂正
分守建南道左布政使臣胡維霖　叅閱
知建陽縣事臣黄國琦　較釋

總錄部　一百八十一

枉橫　短命

禍福相倚事乃無必壓溺既至禮所不弔命奚可說天女難忙烏識其時孰知其極故有避嵓牆而不立養內外而不失縲絏加其非罪衽席生其畏塗身處危邦心發狂察受厚誣而罔愬因彼忿而見遷讒嫉

冊府元龜　總錄部　枉橫　卷之九百三十一　一

斯行疑阻成釁故非深慮之所及獨愼之能免若乃羈絆仁誼韁鎖名聲丁叔世之紛訛遭匪人之畏迫自餘連逮庸可辨明書所謂火炎昆岡玉石俱焚者也

漢袁盎初爲楚王相嘗上書有所言不用病免家居時梁孝王輒欲求爲嗣盎進說語塞（塞謂不行）王以此怨盎使人刺盎刺者至關中問盎稱之皆不容口（稱美其德口不能容也）廼見盎曰臣受梁王金刺君君長者不忍刺君然後刺者十餘曹備之（曹輩也）盎心不樂家多怪廼之棓生所問占（棓音杯秦時賢士善術者也）還梁刺客後曹果遮殺盎安陵郭門外

王崇封扶平侯爲傳婢所毒薨

張竦王莽時爲丹陽太守封淑德侯後免官以列侯歸長安王莽敗客於池陽（左馮翊之縣也）竦爲賊兵所殺（竦知有賊當去會反支日不去爲賊所殺桓譚以爲通人之蔽也）

陳遵爲太司農護軍使匈奴還會更始敗遵留朔方爲賊所殺

後漢酈炎范陽人州郡徵命不就有文才解音律後風病慌忽性至孝遭母憂病甚發動妻始產驚死妻家訟之收繫獄炎病不能理對熹平六年遂死獄中

冊府元龜　總錄部　枉橫　卷之九百三十一　二

時年二十八尚書盧植爲之誄讚以昭其懿德焉

姚光爲玄菟太守遼東屬國都尉龐奮承僞璽書殺之

陳敬伯汝南人行必矩步坐必端膝呵叱狗馬終不言死目有所見不食其肉行路聞凶便解駕留止還觸歸忌則寄宿鄉亭年老寢滯不過舉孝廉後坐女壻士吏太守邵夔怒而殺之時人罔忌禁者多謗爲證焉

魏杜畿爲尚書僕射居守許昌受詔作御樓船於陶河試船風沒明帝爲之流涕

鄭小同高貴鄉公時爲侍中嘗詣司馬文生文生有密奏未之屏也如厠還問之曰卿見吾疏乎荅曰我不見文生曰寧我負卿無卿負我遂酖之

蜀衛繼拜奉車都尉爲衆所敬鍾會之亂遇害於成都

吳楊竺史不載官大帝時太子和自懼黜廢而魯王霸覬覦益甚帝見竺辟左右而論霸之才竺深述霸有文武英姿宜爲嫡嗣於是帝乃許立焉有給使伏於牀下具聞之以告太子選曹郎陸胤當至武昌往辭太子太子不見而微服至其車上與共密議欲令陸遜

表諫既而遜有表極諫帝疑竺泄之竺辭不服帝使竺出尋其繇竺白頃惟陸胤西行必其所道又遣問遜何繇知之遜言陸胤所述召陸胤考問胤爲太子隱曰楊竺向臣道之遂共爲獄竺不勝痛毒服是所道初帝疑竺泄之及服以爲果然乃斬竺

孫壹爲鎮武督夏口及孫綝遣朱異潛襲壹異至武昌壹知其攻率部曲奔魏魏以壹爲車騎將軍以故主方貴人邢氏妻之邢美色妬忌下不堪命遂共殺壹及邢氏

王濬爲散騎常侍後主殺之徙其家屬于廣州二弟著延皆作佳器郭馬起事不爲馬用見害

晉陸機爲平原内史成都王假機後將軍河北大都督與長沙王乂戰敗王穎用嬖人孟玖之譖而殺機機死非其罪士卒痛之莫不流涕是日昏霧晝合大風折木平地尺雪議者以爲陸氏之冤又云機弟雲爲成都王穎大將軍右司馬機之死也并收雲穎官屬江統等上疏救之穎不納

武茂爲侍中時尚書荀愷宣帝外孫世祖姑子自負貴戚要與茂交茂拒而不荅繇是見怒元康元年楊駿被誅愷時爲尚書僕射以茂駿之姨弟陷爲駿黨遂枉見殺衆咸寃痛之

衛恒太保瓘之子瓘爲楚王瑋所殺恒聞變以何劭嫂之父也從牆孔中詣之以問消息劭知而不告恒還經廚下収人正食因而遇害

何攀爲兖州刺史加鷹揚將軍固讓不就太常成粲左將軍卞粹勸攀莅職中詔又加切勵攀竟稱疾不起及趙王倫簒位遣使召攀更稱疾篤怒將誅之攀不得已扶疾赴召卒于雒陽

解系爲雍州刺史免官趙王倫孫秀以宿憾害之并殺繫其妻子及二弟結爲御史中丞育爲弘農太守與兄俱被害

稽含爲鎮威將軍襄城太守及范陽王虓爲劉喬所破含奔鎮南將軍劉弘于襄陽弘待以上賓之禮含性通敏好薦達才賢嘗欲崇趙武之謚加臧文之罪屬陳敏作亂江揚震蕩南越險遠而廣州刺史王毅病卒弘表含爲平越中郎將廣州刺史假節未發會弘卒時或欲留含領荆州含性剛躁素與弘司馬郭勵有隙勵疑含將爲己害夜掩殺之

蔡克爲成都王穎丞相東曹掾以朝政日弊遂絶不仕東嬴公騰爲車騎將軍鎮河北以克爲從事中郎知必不就以軍期致之克不得已至數十日騰爲汲

桑所攻城陷克見殺

楊軻天水人劉曜僭號徵拜太常不起秦人西奔凉州軻弟子以牛負之爲戍軍追擒幷爲所害

張華二子偉字彦仲好學謙敬有父風歷位散騎常侍韙儒博曉天文爲散騎侍郎與父同時遇害

劉琨子群琨爲段匹磾所害琨從事盧諶崔悦奉其子羣依段末波成帝咸康二年詔徵羣等爲末波兄弟愛其才託以道險不遣石季龍滅遼西羣及諶悦同沒胡中至冉閔敗後羣遇害

王玄字眉子衍之子也荀藩用爲陳留太守屯尉氏玄素名家有豪氣荒弊之時人情不附將赴祖逖爲盜所害焉

車胤爲吏部尚書會稽世子元顯逼令自裁飲而卒朝廷傷之

殷涓故揚州刺史浩之子亦有美名浩死咸安初大司馬桓溫廢太宰武陵王晞誣涓及庾倩與晞謀反害之

夏侯愔爲烏程令孫恩妖亂自海攻上虞殺縣令因襲會稽害内史王凝之有衆數萬於是會稽謝誠吳郡陸瓌吳興丘尫義興許允之臨海周胄永嘉張永

及東陽新安等凡八郡一時俱起殺長吏以應之旬日之中衆數十萬於是吳興太守謝邈永嘉太守謝逸嘉興公顧胤南康公謝明惠黄門郎謝冲張琨中書郎孔道太子洗馬孔福與愔等皆遇害

謝冲爲中書侍郎家在會稽謝病歸除黄門侍郎不就爲孫恩所殺

張茂爲吳國内史沈充之反也茂與三子並遇害

前燕悦綰爲慕容暐僕射綰言於暐曰太宰政尚寛和百姓多有隱附傳曰惟有德者可以寛臨衆其次莫如猛今諸軍營戸三分共貫風教陵弊威綱不舉

宜悉罷軍封以實天府之饒肅明法令以清四海暳
納之緯既定制朝野震驚出戶二十餘萬慕容評大
不平彝賊緯殺之
宋徐湛之爲尚書僕射元凶巫蠱事發文帝欲廢劭
賜濬死與湛之屏人共言論或連日累夕每夜甞使
湛之自秉燭繞壁簡行慮有竊聽者劭入殺之且其
夕帝與湛之屏人語至曉猶未滅燭湛之驚起趣北
戶未及開見害
傅僧祐爲山陰令甚有能名以徐湛之黨爲元凶所
害

臧凝之爲隨王誕後軍記室録事欲以爲青州其事
不果遷尚書左丞以徐湛之黨爲元凶所殺
王僧綽爲侍中元凶劭誣蠱事泄帝先召僧綽具言
及將廢立及劭弑逆僧綽爲所害因此陷北第諸王
侯以爲與綽有異志并殺絶綽門客太學博士賈匪
之奉朝請司馬文顯建平國常侍司馬仲秀等
沈暢之爲海陵王休茂北中郎諮議參軍爲休茂所
殺
劉琨之爲竟陵王誕主簿誕叛以爲中兵參軍辭曰
忠孝不得並琨之老父在將安之乎誕殺之後贈黄
門侍郎部謝莊爲誄
沈慶之廢帝時爲侍中太尉帝凶暴日甚慶之猶盡
言諫諍帝意稍不悅乃遣其從子攸之齎藥賜死慶
之之死也不肯飲藥攸之以被揜殺之長女文叔密
取藥藏録或勸文叔逃避文叔見帝斷絶江夏王義
恭支體慮奔亡之日帝怒容致義恭之變乃飲藥自
殺子秘書郎昭明亦自縊死
南齊劉渢爲始安王遙光府佐遙光反誅渢逍走還
家園爲人所殺
梁殷叡才辯知名齊世歷官司徒事中郎叡妻父王

奐爲雍州刺史鎮北將軍乃以叡爲奐鎮北長史河
南太守奐誅叡並見害
王筠簡文郎位爲太子詹事筠舊宅先爲賊所焚乃
寓居國子祭酒蕭子雲宅夜忽有盜攻之驚懼墜井
卒家人十餘人同遇害
韋臧字君理歷官尚書三公郎太子洗馬東宮領直
侯景至帥兵屯西華門城陷奔江州收舊部曲據豫
章爲其部下所害
陳侯安都長子敦年十二爲員外散騎侍郎墮馬卒
追謚桂陽國愍世子

後魏韋儁宣武末爲都水使者領軍于忠矯擅威刑爲忠所害臨終儁訴枉於尚書元欽知而不敢申理儁歎曰吾一生爲善未蒙善報常不爲惡今爲惡終悠悠蒼天抱直無訴時人咸怨傷焉

張仲瑀征西將軍彞第二子也仲瑀上封事求銓別選格排抑武人不使豫在清品繇是衆口喧喧謗讟盈路立榜大巷尅期會集屠害其家彞殊無畏避之意父子安然神龜二年二月羽林虎賁將幾千人相率至尚書省詬罵求其長子尚書郎始均不獲以瓦石擊打公門上下畏懼莫敢討抑遂便持火虜掠道

中薪蒿以杖石爲兵器直造其第曳彞堂下捶辱極意唱呼嗸嗸焚其屋宇始均仲瑀當時踰北垣而走始均回救其父拜伏郡小以請父命羽林等就加敺擊生投之於煙火之中及得尸骸不復可識惟以髻中小釵爲驗仲瑀傷重走免彞僅有餘命沙門寺與其比隣輿致於寺遠近聞見莫不惋駭彞臨終日命左右上啓曰臣自奉國及孫六世尸祿素餐負恩惟覵徒思竭智盡誠終然靡效臣第二息仲瑀所上之事益治實多既日有益寧容默爾逼呈有日未簡聖聽豈圖衆忿乃至於此臣不能禍防未盟慮絶殃兆致令廣衆橫嚚攻焚臣宅息始均仲瑀等叩請流血乞代臣死始均即酹塗炭仲瑀經宿方蘇臣年已六十宿被榮遇垂暮之秋忽見此苦顧瞻災酷古今無比臣所傷至重殘氣假延望影須時推漏就盡臣之命也知復何言若所上之書少爲益國臣便是生以理全死與義合不負二帝於地下臣無餘恨矣一歸泉壤長離紫庭戀仰天顏誠痛無已不勝眷眷力喘奉辭伏願二聖加御珍膳覆露黔首壽倸南嶽德與日升臣夙被殊眷先後卿恩欲報之期旻天罔極卞寃有知不忘結草彞遂卒時年五十九官爲收捕羽

林凶强者八人斬之不能窮誅羣豎即爲大赦以安衆心有識者知國紀之將墜矣喪還所焚宅與始均東西分斂於小屋仲瑀遂以創重避居榮陽至五月創得漸瘳始奔父喪詔賜布千疋靈太后以其累年大臣特垂矜惻數月猶追言泣下謂侍臣曰吾爲張彞飲食不御乃至首髮微有虧落悲痛之若此

蕭權大將軍寶寅次子權與少子凱射戲凱矢激中之而死

郭祚爲征西將軍雍州刺史未行領軍于忠矯制殺之祚名器既重時望亦深一朝非罪見害遠近莫不

惋惜

李惠爲開府儀同三司青州刺史歷政有美績惠素爲文明太后所忌誣惠將南叛誅之惠二弟初樂與惠諸子同戮後妻梁氏亦死青州盡沒其家財惠本無釁故天下冤惜焉

宋李儒世景之子爲太學博士曾至譙宋之間爲文吊嵇康甚有理致後夜寢室壞壓殞年二十五時人咸傷惜之

崔模在宋生子仲智季柔及入北又娶金氏生子幼度模卒後幼度隨慕容白曜爲將軍將季柔爲崔道

固長史帶濟南太守城將降先馳馬赴白曜軍幼度豫令左右覘迎之而差牙不相值爲亂兵所害

高香字明琰爲員外散騎侍郎與叔徽俱使西域還至河州遇賊攻圍城陷見殺

陸延爲太僕卿受使綏慰秀容爲牧子所害

高幼成爲員外郎頗有文才性清狂爲奴所害

鄭仲明爲奉朝請稍遷太尉屬以公彊當世爲從弟儼所昵除滎陽太守儼慮世難欲以東道託之孝莊建義初仲明弟季明遇害河陰儼後歸之欲與起兵尋爲城民所殺

鄭敬祖性麤疎起家著作佐郎鄭儼之敗也爲鄉人所害

游曇護孝文太和中爲中散遷典寺令後慰勞仇池爲賊所害贈肆州刺史

裴詢孝明帝時爲七兵尚書武泰初詔詢以本官兼侍中爲關右大使賞擢慕義之徒未及發會爾朱榮入雒於河陰遇害

崔忻字伯悅爲尚書左中兵部郎中以鄭儼之甥兼尚書左丞莊帝初遇害於河陰

崔庠爲潁川太守爲城民王早蘭寶等所害

崔勵爲齊州大中正又襲父爵建義初遇害河陰時年四十八

高長雲字彥鴻起家秘書郎大尉主簿稍遷輔國將軍中散大夫建義初於河陰遇害

蕭彥歷位大尉長史武衛將軍齊州刺史散騎常侍中軍將軍金紫光祿大夫彥時來往蕭寶寅致敬稱名呼之爲尊於河陰遇害

王繇性方厚有名士之風爲東萊太守罷郡後寓居潁川孝靜天平初元洪威構逆大軍攻討爲亂兵所害

李延實莊帝之舅也封濮陽郡公司徒出爲使持節
侍中大傅錄尚書事青州刺史爾朱兆入雒乘輿幽
縶以延實外戚見害於州館
爾朱世承莊帝時位侍中領御史中尉元顥內逼詔
承世守轘轅爾朱世隆棄虎牢不暇追告奔爲元顥
所擒臠殺之
源纂字靈秀爲通直散騎常侍凉州大中正轉大尉
少卿莊帝建義初遇害
陽嵩長於吏事爲本州別駕加輕車將軍屬雒周陷
城嵩送率宗親南渡河居於青州值邢杲起逆青州

城民疑河北民爲杲內應遂害嵩
陽詮之字子衡少著才名辟司徒行參軍爲門生所
害時人悼惜之
辛俊字叔義有文才東益州征虜府外兵參軍主魏
子建爲山南行臺以爲郎中有軍國機斷還京於滎
陽爲人所害
宋叔集有學行征東裴衍之討葛榮也表爲員外散
騎侍郎引同戎役及衍敗與叔集同時遇害
北齊張彫武武成時爲假儀同三司待詔文林館韓
長鸞譖於帝而誅死其子德冲爲中書舍人隨例待
詔其父之戮也德冲在殿庭執事目見冤酷號哭殞
絶於地久之乃蘇
隋李瞿曇太師穆之孫筠從父弟也穆薨以嫡孫筠
襲爵仁壽初筠叔父渾忿其悋嗇陰遣子善衡賊殺
之求盜不獲高祖大怒盡禁其親族初筠與弟瞿曇
有隙時渾有力遂證瞿曇殺之瞿曇竟坐斬而善衡
獲免
李德饒性至孝大業中爲金河長未之官值羣盜蜂
起賊帥格謙孫宣雅等十餘頭聚衆於勃海時有勅
許其歸首謙等懼不敢降以德饒信行有聞遣使奏

曰若使德饒來者即相率歸首帝於是遣德饒往渤
海慰諭諸賊行至寇氏會他盜攻陷縣城德饒遂見
害
宇文協歷武賁郎將右翼衛將軍宇文化及之難遇
害
劉世徹倜儻不羈頗爲時人所許大業末羣雄並起
世徹所至之處輒爲所忌多拘禁之後竟爲兗州賊
帥徐圓朗所殺
唐王勃爲虢州參軍除名父福時左遷交阯令勃往
省父渡南海墜水而卒

闞稜爲越州都督輔公祏之敗稜功居多頗有自矜之色及擒公祏誣稜與已通謀又杜伏威王雄延及稜家產在賊中者合從原放孝恭乃皆籍沒稜訴理之有忤於孝恭孝恭怒遂以謀反誅之

郭士倫傭教於右羽林將軍令狐建恥其妻將棄之乃誣與士倫姦通召士倫立榜殺之因逐其妻而奏請案劾士倫母不勝其痛而亡及詔三司詰之李氏及奴婢款證被誣頗明建乃自引會赦免坐德宗哀士倫母子詔輟掌膳賜錢五百千充葬士倫母其父委京兆府厚加存卹

獨孤造爲淄青節度巡官貞元十二年死於進奏院進奏官郭淑大將王濟縊殺之也楊言云造爲本使李師古立廟破用絹六千五百疋錢三千貫都不與功費懼自縊臺府都不案舉

陸長源爲宣武節度行軍司馬貞元十五年二月節度使董晉卒未十日汴州兵亂殺長源及判官孟叔度丘穎軍人仍臠食之斯須骨肉糜碎分散

胡溵嶺南節度使証之子証素與賈餗善及李訓事敗禁軍利溵匿餗乃破其家一日之內家財並盡軍人執溵入左軍仇士良命斬之以徇時溵弟湘爲太原從事忽白晝見餗表人無首血流被地入于室湘惡之翌日溵凶問至而湘獲免

劉鄴爲揚州大都督長史黃巢渡淮而南詔以浙西高駢代還尋除鳳翔尹鳳翔隴右節度使以疾辭并左僕射巢賊犯長安鄴從駕不及與崔沆豆盧瑑匿於金吾將軍張方之家旬日賊嚴切追捕三人夜竄爲賊所得迫以僞命稱疾不應俱爲賊所害

梁韓建爲陳許察觀察使仍令中書不議除替太祖乾化二年六月朝廷新有內難人心動搖部將張厚因作亂害建於衙署時年五十八子從訓昭宗在華

時授太子文學賜名文禮尋拜屯田員外郎國初爲都官郎中賜紫年未弱冠時朝廷命從訓告國哀于陳許至許二日軍亂與建併命

崔賞虞部郎中知制誥乾化二年中書奏得臨河縣鎮狀申賞夜黑誤至當縣西壕爲賊所害

杜曉庶人友珪篡位爲禮部尚書平章事集賢殿大學士依前判戶部及袁象先之討友珪禁兵大縱曉中重創而死

李班爲侍講學士均王平內難是時內司職守亦各奔敗潛匿班與宗政院使李振皆北叛將投軍落遇

羣卒於禁外振中傷而班尤甚旣卒聞者莫不爲之嘆息

後唐孫岳以秦王從榮開元帥府欲以岳爲都押衙事未行馮賢舉爲三司使時預內庭密謀馮失患從榮狼戾岳曾極言其禍福之端康義誠聞之深不悅及從榮事敗義誠召岳同至河南府簡閱府藏時紛擾未定義誠密遣騎士彎弓射之岳走至通利坊騎士追及被害

李存乂爲鄜州節度使莊宗異母弟郭崇韜子壻也崇韜被殺故亦及於禍

范延策幽州人少習兵書累居賓職同光時爲段凝掌書記大成初擢爲安州副使節度使高行珪爲政貪猥延策强制之旣不能止嘗因入奏獻策條於闕下皆述藩侯之弊請勑從事當進明諫諫之不從又令諸較列班庭諍行珪見勑銜之轉深及罷歸又慮遺言故因懷順兵叛奏延策爲同謀父子俱戮

譚善達爲寧江軍節度判官節度使西方鄴爲政貪虐善達每箴其失鄴忿形於色令左右告善達受人金下獄拷掠善達亦剛詞多不遜遂殺於獄中無幾寢疾時見善達入其戶俄而卒於治所

朝裴爲給事中從幸雒陽時連年大水百官多窘裴求爲襄州副使同光四年雒陽變擾節度使劉訓以私忿族之誣奏云裴欲謀亂人士寃之

晉王緒爲太常丞少帝時因使德州廻與景延廣有隙則奏與楊光遠通謀遣吏繫於麾下鍛成其事判官盧億累勸解不從竟有詔棄市時甚寃之

李建福爲鳳州固鎮兵馬都監爲遞馬鎮卒所殺初固鎮兵馬部署李實病朝廷遣建福監焉洎至實稍瘳建福遂廻實患踝加而卒朝廷因委建福爲部署時建福在路遇殿直元繼韜以宣旨約廻至撲馬谷

遇害鋪卒建福曾笞辱之繇是啣恨爲所司追捕等亦自刎

李象爲郎中方城守監權乂不降代會契丹犯闕爲羣盜所害象有節操貧而能樂重交親嘗奔走其急難及非其死聞者無不惜之

漢張貽肅爲戶部員外郎妻父王章與史肇楊邠等爲李業圖害貽肅朝堂西廡之下爲翰林使郭允明持刃殺之頸血逆注見者異之王章無子惟一女適貽肅羸疾踰年扶病就戮

周崔周度爲青州慕容彥超判官性懦緩而敢言事

彦超拒命周度直言諫之彦超大忿及城中括率械繫苫掠比戶銜寃前陜州行都司馬閻弘魯閑戶止州懼其鞭撲盡以家財爲餉彦超以弘魯所餉未盡又欲崔周度得罪乃令周度監抄其家周度謂弘魯曰公命之吉凶繫財之豐約願無所吝弘魯令家僮呂暉與周度搜索斷掘無孑遺矣彦超又令牙將鄭麟持刃訊之弘魯惶迫拜其妻妾曰願盡所有輸官家人告鑿周度白彦超曰閻行軍泣拜妻孥恐輸財不盡此情可恕彦超不之信弘魯夫婦並繫於獄乳母趙氏於泥土中得金纏臂輸之望救弘魯彦超怒

冊府元龜　總録部　杜横　卷之九百三十一　十九

周度阿私令軍將趙質切責便令自行杖笞弘魯夫婦以至肉爛而死即斬周度於市

短命

孔子曰苗而不秀者有矣夫秀而不實者有矣夫蓋難其才殆庶幾奄及短命時方丁壯不克永年揭修短之有期而賢愚之無間世莫仰其惠人弗知其然斯爲不幸歷代所傷者矣

顔回年二十九髮盡白蚤死孔子曰不幸短命死矣

漢賈誼拜梁懷王太傅文帝少子愛而好書故令誼傅之梁王墜馬死誼自傷爲傅無狀（無善狀）嘗哭泣後歲餘亦死賈生之死年三十三矣

童烏楊雄子也九歲而與玄文雄曰育而不苗者吾家之童烏乎（仲尼悼顔淵苗而不秀子雲傷童烏育而不苗也）

後漢馬客卿援之子也幼而岐嶷年六歲能應接諸公專對賓客嘗有死罪亡命者來過客卿迎匿不令人知外若訥而內沉敏援甚奇之以爲將相器故以客卿字馬援卒後客卿夭殁

魏杜理字務仲畿子也少而機察精要畿奇之故名之曰理年二十一而卒

王弼字輔嗣爲尚書郎正始十年曹爽廢以公事免

冊府元龜　總録部　短命　卷之九百三十一　二十

其秋遇癘疾亡時年二十四無子絶嗣弼之死也晉景王聞之嗟歎者累日其爲高識所惜如此官拜尚書郎

蜀楊慮字威方儀之兄少有德行爲江南冠冕州郡禮召諸公辟請皆不能屈年十七夭鄉人宗貴號曰德行楊君

袁寓精辯有機理好道家之言少被病未官而卒

晉王萬戎之子有美名少而大肥戎令食糠而肥愈甚年十九卒

衛玠懷帝末至建業京師人士聞其姿容觀者如堵

玠勞疾遂甚永嘉六年卒時年二十七時人謂玠被
看殺官至太子洗馬
王禕之字文劭坦之弟也少知名尚尋陽公主歷中
書侍郎年未三十而卒贈散騎常侍
王濛爲司徒左長史疾篤於燈下轉麈尾視之歎曰
如此人曾不得四十也年三十九卒
王修爲琅琊王文學轉中軍司馬未拜而卒年三十
四臨終歎日無愧古人年與之齊矣
謝部燕之曾祖也爲車騎司馬莊與江夏王義恭牋
口家世無年曾祖三十三亡

宋殷淳少好學有美名爲黄門侍郎文帝元嘉十一
年卒時年三十二朝廷痛惜之
謝惠連爲彭城王義康法曹行參軍靈運見其新文
每日張華重生不能易也年三十七卒
南齊陸厥遷後軍參軍卒年二十八
王寂僧虔之子爲秘書郎卒年二十一
杜栖京產子有學業能清言爲豫章王壼曹書佐何
點見之嘗歎日卿風韻如此雖獲嘉譽不永年矣卒
時年二十六當世咸嗟惜焉
梁王訓爲侍郎以疾終于位時年二十六贈本官謚
日温
何子朗字世明早有才思歷官員外散騎侍郎爲國
山令卒時年二十四
陳周寶安定文育之子世祖深器重之寄以心膂平
王琳頗有功爲南徐州刺史進號仁威將軍天康元
年卒時年二十九贈侍中右衛將軍謚日成子碧嗣
亦爲偏將征歐陽紇平定淮南並有功封江安縣伯
邑百戶歷晉陵定遠二郡太守大建九年卒時年二
十四贈電威將軍
徐份陵之子爲太子洗馬少有父風性孝悌宣帝大

建二年卒時年二十一
後魏叔孫俊爲衛將軍明元以俊前後功重軍國大
計一以委之泰常元年卒時年二十八明元甚痛悼
之親臨哀慟朝野無不追惜贈侍中司空安成王謚
孝元
李山儒少而清立學涉羣書山儒弟天蓋並蚤卒
崔含字貴和少有時譽爲太尉諮議參軍太州大中
正出爲常山太守卒時年十七
李元茂以寬雅著稱爲振武將軍卒子秀之字鳳起
爲尚書都官郎秀之弟子雲字鳳昇司空參軍轉員

外參軍本州治中子雲弟子羽字鳳降征南法曹子羽弟子岳字鳳跱員外郎大司馬祭酒秀之等蚤孤事母孝謹兄弟並容貌魁偉風度審正而皆蚤卒

李邕字修穆幼而儁爽有逸才爲著作佐郎高陽王雍友凡所交遊皆倍年儁秀才藻之美爲時所稱年二十五卒贈鎮遠將軍雒州刺史謚曰文

路法嘗幼而修立爲郡功曹早卒儀同李神儁與之有舊每云諸路前輩中有路法嘗足爲名士謂必遠至而竟無年天下事誠難知也

高楨之字道密謙之弟也好學有諸兄風年二十三

卒無子以兄謙之第二子緒繼焉

裴敬憲爲太學傳士少有志行學博才清性和雅工草隸解音律五言之作獨擅於時少有氣病年三十三卒人物甚悼之

李謐博通諸經高尚不仕宣武延昌四年卒年三十二遐邇悼惜之

高崇爲雒陽令吏民畏其威風朝廷方有遷授會病卒年三十七贈漁陽太守

後周李基尤爲季父穆所鍾愛以兄植獲罪被收穆爲請得免除江州刺史卒年三十一穆每哭輙悲慟謂其所親曰好兒捨我去門戶豈是欲興

唐薛收字伯褒蒲州人爲天策府記室參軍兼文學館學士高祖武德七年收寢疾太宗輿疾詣府親以衣袂撫收論敘平生潸然流涕尋卒年三十三

周劉衮彭城人神爽氣俊富有文藻舉進士第任左拾遺與扈載齊名年二十八而卒

扈載爲翰林學士年三十六卒載始自解褐至終纔四年而與劉衮皆有才無命時論惜之

冊府元龜

巡按福建監察御史臣李嗣京訂正
知長樂縣事臣夏允彝參閱
知建陽縣事臣黃國琦較釋

總錄部九百三十二

誣構

害政之大者莫甚於誣構之徒若髦俊之士生值昭世秉介石之操遇知己之君則讒間之言無從而入伊譖人者自貽其咎既露彼姦狀復罹其顯戮繇是勵忠臣之志快天下之心蒼黔以之安皇基以之固也如其出於季世得肆巧言惑旒冕之聰明陷棟梁之賢哲國家繇之喪敗億兆以之塗炭故小雅之詩曰萋兮非兮成是貝錦又曰讒人罔極交亂四國覽之編次得不爲之痛心哉

公孫閱齊人初騶忌子以鼓琴見齊威王取相印封成侯其後忌子與田忌不善公孫閱謂成侯忌曰公何不謀伐魏田忌必將戰勝有功則公之謀中也戰不勝非前死則後北而命在公矣於是成侯言於威王使田忌南攻襄陵十月邯鄲拔齊因起兵擊魏大敗之桂陵於是齊最彊於諸侯自稱爲王以令天下三十三年殺其大夫牟辛一作夫人三十五年公孫閱又謂成侯忌曰公何不令人操十金卜於市曰我田忌之人也吾三戰而三勝聲威天下欲爲大事亦吉乎卜者出因令人捕爲之卜者驗其辭於王之所田忌聞之因遂率其徒襲攻臨淄求成侯不勝而犇

漢義陽侯衛山坐教人誣告衆列侯當時棄市罪獄未斷病死

谷永成帝時爲安定太守時帝諸舅皆修經書任政事平阿侯譚年次當繼大將軍鳳輔政尤與永善陽朔中鳳甍鳳病因薦從弟御史大夫音以自代帝從之以音爲大司馬車騎將軍領尚書事而平阿侯譚位特進領城門兵永聞之與譚書曰君侯躬周召之德執管晏之操敬賢下士樂善不倦下胡亞切宜在上將久矣以大將軍在故抑鬱於家不得舒憤今大將軍不幸蚤甍蚤古早字纍親疎序材能宜在君侯纍古累字纍親疏謂積纍其次而計之拜吏之日京師士大夫悵然失望此皆永等愚劣不能褒揚萬分萬分之一屬聞以特進領城門丘屬近也音之欲切是則車騎將軍秉政雍容於內而至戚賢舅執管籥於外也愚竊不爲君侯喜宜深辭職自陳淺薄不足以固城門之守收太伯之讓保謙謙之路

（太伯王季之兄也讓不爲嗣而適吳越）闔門高枕爲知者首願君侯與博覽者參之（參詳其事）小子爲君侯安此譚得其書大感遂辭讓不受領城門職繇是譚音相與不平後病免

王音用爲長史音用從舅越親輔政威權損於鳳時永復說音曰將軍屐上將之位食膏腴之都任周召之職擁天下之樞（擁持也）可謂富貴之極人臣無二天下之責四面至矣將何以居之宜夙夜孳孳（孳孳不迨也孳與孜同）執伊尹之彊德以守職輔上誅惡不避親疏舉善不避仇讎以章至公立信四方（章明也）篤行三者乃可以長堪重任久享盛寵（薦厚也享當也）太白出西方六十

日法當參天今已過期（太白出當居天三分之一已過期言其行遲在戌亥之間）尚在桑榆之間質弱而行遲形小而光微（言其行遲象王音也永是音爲司馬以疏間親自以位過故以太白喻司馬主兵故也是永之佞曲從苟合也）熒惑角怒明大逆行守尾其逆常也守尾變也意豈將軍忘湛漸之義委曲順從（湛讀曰沈漸讀曰潛周書洪範曰沈潛剛克言人性沈潛謂潛深者行之以剛則能堪也故激勸之云爾）所執不疆不廣用士尚有好惡之忌蕩蕩之德未純（此永自知有忤於音故以斯言自救解）方與將相大臣乖離之萌也何故始襲司馬之號俶而金火並有此變上天至明不虛見異惟將軍畏之慎之深思其故改求其路以享天意音猶是不平薦永爲護苑使者

賈惠爲河內掾息夫躬邑人也哀帝時躬爲光祿大夫左曹給事宜俊侯免歸國未有第宅寄居丘亭（丘空也）姦人以爲侯家富嘗夜守之惠往過躬教以祝盜方以桑東南指枝爲七（桑東南出之枝）畫北斗七星其上躬夜自披髮立中庭向北斗持七招指祝盜（或招或指所以求福排禍也）人有上書言躬懷怨恨非笑朝廷所進侯星宿視天子吉凶與巫同祝詛帝遣侍御史廷尉監逮躬繫雒陽詔獄欲掠問躬躬仰天大譁（譁古呼字音大故切）因僵仆吏就問云咽已絕（咽喉嚨也）血從鼻耳出食頃死黨友

議謀相連下獄百餘人

甄豐以王莽居攝時爲大阿右拂（拂讀曰弼）甄邯爲太保後承辛慶忌長子通爲護羌校尉中子遵爲函谷關都尉少子茂爲水衡都尉莽方立威柄用豐邯以自輔茂兄弟不甚詣事兩甄呂寬事起莽誅衛氏兩甄搆言諸辛陰與衛子伯爲心腹有背恩不說安漢公之謀（謀讀曰說）於是司直陳崇舉奏其宗親隴西辛興等侵陵百姓威行州郡莽遂按通父子遵茂兄弟及南郡太守辛伯等皆誅殺之辛氏繇是廢

後漢陳珪爲沛相時呂布爲兗州牧據濮陽郡袁術

遣韓胤以僭號事告布因求迎歸布遣女隨之珪恐術報布成姻則徐揚合縱爲難未已於是珪說布曰曹公奉迎天子輔贊國政將軍宜與協同策謀共存大計今與袁術結姻必受不義之名將有累卵之危矣布亦素怨術而女已在塗乃追還絶婚執胤送許昌曹操殺之珪欲使子登詣曹操布固不許會使至拜布爲左將軍布大喜即聽登行并令奉章謝恩登見曹操因陳布勇而無謀輕於去就宜蚤圖之操曰布狼子野心誠難久養非卿莫究其情僞即增珪秩中二千石拜登廣陵太守臨別操執登手曰東方之

事便以相付令陰合部衆以爲内應始布因登求徐州牧不得登還布怒拔戟斫几曰卿父勸吾協同曹操絶婚公路（袁術字公路）今吾所求無獲而卿父子並顯重但爲卿所賣耳登不爲動容徐對之曰登見曹公言養將軍譬如養虎當飽其肉不飽則將噬人公曰不如卿言譬如養鷹飢即爲用飽則颺去其言如此布意乃解

梁松爲虎賁中郎將時伏波將軍馬援征五溪未下使松乘驛責問援爲代監軍會援卒松宿懷不平遂因事陷之帝大怒追收援新息侯印綬

王當者竇憲奴也時太僕馬光與竇憲厚善後憲誅免官就對竇氏初有事王當亡私從光乞不與恨去假挾欲中光官捕得王當因告言光與憲有惡謀光以被誣不能自明乃自殺光死後憲他奴郭巴自出證明光憲無惡言光子朗上書迎光喪葬舊塋詔許之

李譚爲車騎將軍防監營謁者時長水校尉耿恭討西羌忤防旨及防還譚承旨奏恭不憂軍事被詔怨望坐徵下獄免官

度尚爲荆州刺史尚見胡蘭餘黨南走蒼梧懼爲已

負乃僞上言蒼梧賊入荆州界於是徵交阯刺史張磐下廷尉辭狀未正會赦見原磐不肯出獄方更牢持械節獄吏謂磐曰天恩曠然而君不出何也磐因自列曰前長沙賊胡蘭作難荆州餘黨散入交阯磐身嬰甲冑涉危履險討擊凶患斬殄渠帥餘燼烏竄冐遁還奔尚懼磐先言怖畏罪戾伏奏見誣磐備位方伯爲國爪牙而爲尚所枉受罪牢獄夫事有虚實法有是非磐實不辜赦無所除如忍以苟免永受侵辱之恥生爲惡吏死爲敝鬼乞傳尚詣廷尉面對曲直足明眞僞尚不徵者磐埋骨牢檻終不虚出望塵

受枉廷尉以其狀上詔書徵尚到廷尉詞窮受罪以先有功得原

裴優關西人時張楷性好道術能作五里霧時優亦能爲三里霧自以不如楷從學之楷避不肯見桓帝卽位優遂行霧作賊事覺被考引楷言從學術楷坐繫廷尉詔獄積二年常諷誦經籍作尚書注後以事無驗見原還家

趙凱爲荊州刺史零陵太守楊漩梟斬猾賊郡境以清凱誣奏璇實非身破賊而妄有其功璇與相章奏凱有黨助遂檻車璇防禁嚴密無緣自訟乃噬臂出

血書衣爲章具陳破賊形勢及言凱所誣狀潛令親屬詣闕通之詔書原璇拜議郎凱反受誣人之罪

稽康譙國銍人初康家貧嘗與向秀共鍜于大樹之下以自贍給潁川鍾會貴公子也精鍊有才辯故往造焉康不爲之禮而鍜不輟良久會去康謂曰何所聞而來何所見而去會曰聞所聞而來見所見而去會以此憾之會呂安被繫會言於文帝曰稽康臥龍也不可起公無憂天下顧以康爲慮耳因譖康欲助毋丘儉賴山濤不聽昔齊戮華士魯誅少正卯誠以害時亂政故賢聖去之康安等言論放蕩非毁典謨帝王者所不宜容宜因釁除之以淳風俗帝旣昵聽信會遂因呂安事竝害之

李含爲河間王顒長史後顒聞三王兵盛乃加含龍驤將軍統席薳等鐵騎廻遣張方軍以應義師天子反正含至潼關而還初梁州刺史皇甫商爲趙王倫所任倫敗去職詣顒顒慰撫之甚厚含諫顒曰商倫之信臣懼罪至此不宜數與相見商知而恨之及商當還都顒置酒餞行商因與含忿爭顒和釋之後含被徵爲翼軍校尉時商參齊王冏軍事而夏侯奭兄在冏府稱奭立義被西藩枉害含心不自安冏右司

馬趙驤又與含有隙冏將閱武含懼驤因兵討之乃單馬出奔于顒矯稱受密詔顒卽夜見之乃說顒曰成都王至親有大功還藩甚得衆心齊王越親而專執威權朝廷側目今檄長沙王令討齊使先聞於齊齊必誅長沙因傳檄以加齊罪則冏可擒也旣去齊立成都除逼建親以安社稷大勳也顒從之遂表請討冏拜含爲都督統張方等率諸軍以向雒陽含屯陰盤而長沙王乂誅冏含等旋師初含之本謀欲幷去乂冏使權歸於顒含因得肆其宿志旣長沙勝齊顒穎猶各守藩志望未允顒表含爲河南尹時商復

被乂任遇商兄重時爲秦州刺史含疾商滋甚復與
重構隙顒自含奔還之後委以心膂復慮重襲已乃
使兵圍之更相表罪侍中馮蓀黨顒請召重還商說
乂曰河間之奏皆李含所交構也若不蚤圖禍將至
矣且河間前舉繇含之謀乂乃殺含
王愷武帝時爲黄門侍郎愷帝之舅也時牽秀爲衞
瓘崔洪石崇等所提攜以新安令傳士爲司空從事
中郎與愷素相輕侮愷諷司隸荀愷令都官誣奏秀
夜在道中載高平國守玉田興妻秀卽表訴被誣諂
之繇論愷穢行文辭亢厲于時朝臣雖多證明秀名

譽繇是而損
荀勗爲中書監華廙少爲武帝所禮爲南中郎將都
督河北諸軍事父表疾篤輙還仍遭喪舊例葬訖復
任廙固辭忤旨初表有賜客在鬲使廙因縣令袁毅
錄名三客各代以奴及毅以貨賕致罪獄詞迷謬不
復顯以奴代客直言送三奴與廙而毅亦盧氏壻也
又勗先爲中子求廙女廙不許爲恨因密啓帝以袁
毅貨賕者多不可盡罪宜責勗所親者一人因指廙
當之又緣廙有違忤之咎遂於喪服中免廙官削爵
土

王稜爲雒陽令時光祿大夫劉暾妻前卒先陪陵葬
子更生初婚家法婦當拜墓攜賓客親屬數十乘載
酒食而行稜爲東海王越所信而輕暾暾每欲繩之
稜以爲怨時劉聰王彌屯河北京邑危懼稜告越云
暾與彌鄉親而欲投之越嚴騎將追暾右長史傅宣
明暾不然暾聞之未至墓而反以正義責越越甚慚
鄧攸元帝永昌中代周顗爲護軍將軍明帝太寧二
年王敦反明帝密謀起兵乃遷攸爲會稽太守先是
中外兵數每月言之於敦攸已出在家不復知護軍
事有惡攸者誣攸白敦兵數帝聞而未之信轉攸爲

太常
何無忌鎮東陽時殷仲文出爲東陽太守無忌甚慕
之仲文許當便道修謁無忌故益欽遲之令府中文
人殷闡孔甯子之徒撰義構文以俟其至仲文失志
恍惚遂不過府無忌疑其薄已大怒思中傷之時屬
慕容超南侵無忌言於劉裕曰桓胤殷仲文乃腹心
之疾北虜不足爲憂安帝義熙三年又以仲文與駱
球等謀反及其弟南蠻校尉叔文並伏誅
郭猗爲前趙中僕射時聰以弟乂爲皇太弟猗等皆
寵幸用事靳準合宗內外諂以事之郭猗有憾於劉

又謂劉粲曰太弟於主上之世猶懷不逞之志此則殿下父子之深仇四海蒼生之重怨也而主上過垂寬仁猶不替二尊之位一旦有風塵之變臣竊爲殿下寒心且殿下高祖之世孫主上之嫡統凡在含齒孰不係仰萬機事大何可與人臣昨聞太弟與大將軍相見極有言矣若事成許以主上爲太上皇大將軍爲皇太子又又許衛軍爲大單于二王已許之矣二王居不疑之地竝握重兵以此舉事事何不成臣謂二王茲舉禽獸之不若也背父親人人豈親之今又尚貪其一切之力爾事成之後主上豈有全理殿

下兄弟故在忘言東宮相國單于在武陵兄弟何肯與人許以三月上巳因讌作難事淹變生宜早爲之所春秋傳曰蔓草猶不可除況君之寵弟乎臣屢啓主上主上性敦友于謂臣言不實刑臣刀鋸之餘而蒙主上殿下成造之恩故不慮逆鱗之誅每所聞必言冀垂採納臣當入言之願殿下不泄密表其狀也若不信臣之言可呼大將軍從事中郎王皮衛軍司馬劉惇假之恩顧通其歸善之路以問之必可知也粲深然之猗密謂皮惇曰二王逆狀主上已具知之矣卿同之乎二人驚曰無之猗曰此事必無疑吾憐卿親舊并見族爾於是欷歔流涕皮惇大懼叩頭求哀猗曰吾爲卿作計卿能用不二人皆曰謹奉大人之教猗曰相國必問卿卿但云有之若責卿何不先啓卿即答云臣誠負死罪然仰惟主上聖性寬慈殿下篤於骨肉恐言誠詿僞故也皮惇許諾粲俄而召問二人至不同時而辭若畫一粲以爲信然初靳準從妹爲乂孺子淫于侍人乂怒殺之而屢以嘲準準深慚恚說粲曰東宮萬機之副殿下宜自居之以領相國使天下知蚤有所繫望也至是準又說粲曰昔孝成距子政之言使王氏卒成篡逆可乎粲曰何可

之有準曰然誠如聖旨下官亟欲有所言矣但以德非更生親非皇族恐言暫出霜威已及故不敢耳粲曰君但言之準曰聞風塵之言謂大將軍衛將軍及左右輔皆謀奉太弟尅季春搆變殿下宜爲之備不然恐有商臣之禍粲曰爲之柰何準曰主上愛信於太弟恐卒聞未必信也如下官愚意宜緩東宮之禁固勿絶太弟賓客使輕薄之徒得與交游太弟既素好待士必不思防此輕薄小人不能無逆意以勸大弟之心小人有始無終不能如貫高之流也然後下官爲殿下露表其罪殿下與太宰拘太弟所與交通

者考問之窮其事原主上必以無將之罪罪之不然今朝望多歸太弟主上一旦晏駕恐殿下不得立矣於是纂命卜抽引兵去東宮

邢魚河間人後趙府裴憲二子挹毂毂仕石季龍爲散騎常侍與魚有隙魚竊乘毂馬奔段遼爲人所獲魚誣毂使己以季龍當襲鮮卑告之爲備于時虎適謀伐遼而與魚辭正會季龍遂誅毂及兄挹而憲亦坐免

索嗣爲梁王段業右衛將軍初西涼李暠爲敦煌太守嗣爲暠稱藩于業業以玄盛爲安西將軍敦煌太

守領護西胡校尉及業僭稱涼王嗣構暠于業以嗣爲敦煌太守率騎五百而西暠與嗣善結刎頸交反爲所構故深恨之後狀其罪于業遂殺嗣

宋王鎮惡既平姚泓進號征虜將軍或有白高祖以鎮惡初克長安藏姚泓僞輦爲有異志高祖密遣人覘輦所在泓輦飾以金銀鎮惡悉剔取而棄輦於垣側高祖聞之乃安及廬陵王義眞鎮關中而佛佛虜寇逼交至沈田子既殺鎮惡王修又殺田子義眞年少賜與左右不節修嘗裁減之左右並怨因是白義眞曰鎮惡欲反故田子殺之修今殺田子又是欲反也義眞乃使左右劉乞等殺修

劉湛爲太子詹事與殷景仁素善皆被遇於高祖俱以宰相許之湛尚居外任會王弘王華王曇首相係亡景仁引湛還朝共參政事湛既入以景仁位遇本不踰己而一旦居前意甚憤憤知文帝信仗景仁不可移奪乃深結司徒彭城王義康欲倚宰相之重以傾之文帝元嘉十二年景仁復遷中書令護軍將軍僕射如故尋復以僕射領吏部護軍如故湛愈忿怒義康納湛言毁景仁於帝帝遇之益隆景仁對親舊歎曰引之令入入便噬人乃稱疾解職表疏屢

上不見許使停家養病發詔遣黄門侍郎省疾湛議欲遣人若劫盜者於外殺之以爲太祖雖知當有以終不能傷至親之愛帝微聞之遷景仁於西掖門外晉鄱陽主第以爲護軍府密邇宮禁故其計不行景仁臥疾者五年收湛之日景仁使拂拭衣冠寢疾既久左右皆不曉其意其夜上出華林園延賢堂召景仁猶稱腳疾小牀輿以就坐其誅討處分一皆委之

謝靈運爲太子左衛率廬陵王義眞少好文籍與靈運情款異常少帝即位權在大臣靈運構扇異同非

毁執政司徒徐羡之等患之帝出爲永嘉太守鎮將
軍
孟顗爲會稽太守時謝靈運以侍中退居郡中頗輕
顗所爲遂構讐隙顗因靈運横恣百姓驚擾乃表其
異志發兵自防露板上言靈運馳出京師詣闕上表
曰臣自抱疾歸山于今三載居非郊郭事乖人間幽
栖窮岩外緣兩絶守分養命庶畢餘年忽以去月二
十八日得會稽太守臣顗二十七日疏云此日異論
噂喈此雖相了百姓不許寂默今微爲防披疏駭惋
不解所繇便星言奔馳歸骨陛下及經山陰防衛彰

赫彭排馬搶斷截衢巷偵邏縱横戈甲竟道不知微
臣罪爲何事及見顗雖曰見亮而裝防如此惟有罔
懼臣昔忝近侍豫蒙天恩若其罪迹炳明文字有證
非但顯戮司敗以正國典普天之下自無容身之地
今虛聲爲罪何酷如之夫自古讒謗聖賢不免然致
謗之來要有繇趣或輕死重氣結黨聚羣或勇冠鄉
邦劍客馳逐未聞俎豆之學欲爲逆節之罪山栖之
士而搆陵上之釁今影迹無端假謗空設終古之酷
未之或有匪希其生實悲其痛誠復内省不疚而抱
理莫申是以牽曳疾病束骸歸欵仰憑陛下天鑒曲

臨則死之日猶生之年也臣憂怖彌日羸疾發動尸
存恍惚不知所陳太祖知其見誣不欲使東歸以爲
臨川内史加秩中二千石
南齊卞彬爲員外郎宋元徽末四貴輔政彬謂太祖
曰外間有童謠云可憐可念尸著服孝子不在日代
哭列管蹔鳴死滅族尸著服褚字邊衣也孝除子以
日代者謂褚淵也列管蕭也彬退太祖笑曰彬自作
此
梅蟲兒後主時佞幸也曹武爲右衛將軍晩節在雍
州致見錢七十萬皆厚輸大郭他物稱是馬八百匹

僕妾蔬食膳無膏腴爲蟲兒茹法珍設女伎金翠耀
眼器服精華蟲兒等繇是欲誣而奪之人傳武每好
風景輒開庫招拍張武戲帝疑武舊將領兼利其財
新除未拜遇誅及收兵至數日諸人知我無異志所
以殺我者欲取吾財貨伎女爾恨令衆輩見之諸子
長成者皆見殺惟子世宗兄弟三人未冠繫尚方梁
武帝兵至得免
江祐爲太子詹事爲謝朓所輕祐嘗詣朓朓因言有
一詩呼左右取既而便停祐問其故云定復不急祐
以爲輕已後祐及弟祀劉渢劉晏俱候朓朓謂祐曰

可謂帶二江之雙流以翰弄之祐轉不堪至是構而
害之詔暴其過惡收付廷尉又使御中中丞范船奏
收眺下獄死時年三十六
胡諧之爲侍中既居權要多所徵求就梁州刺史范
栢年求佳馬栢年患之謂使人曰馬非狗子那可得
爲應無極之求使人致恨而歸謂諧之曰栢年云胡
諧是何傒狗無厭之求諧之切齒致恨時王玄邈代
栢年栢年稱疾推遷不時還諧之言於帝曰栢年特
其山川險固聚衆欲擅一州及栢年下帝欲不問諧
之又言見獸格得而放上山於是賜死

垣榮祖遷爲新蔡太守作大形棺材盛仗使鄉人田
天生王道期載渡江北監奴有罪告之有司奏免官
削爵付東冶捘無實見原
梁劉季連齊明帝建武中爲平西蕭遙欣長史南郡
太守時明帝諸子幼弱內親則仗遙欣兄弟外親則
倚后弟劉暄內弟江祏遙欣之鎮江陵也意氣甚隆
而遙欣至州多招賓客厚自封殖明帝甚惡之季連
族甥琅琊王會爲遙欣諮議參軍美容貌頗才辯遙
欣遇之甚厚會多所傲忽於公座與遙欣競侮季連
季連憾之乃密表明帝稱遙欣有異迹明帝納焉乃
以遙欣爲雍州刺史明帝心德季連四年以爲輔國
將軍益州刺史令據遙欣上流
顧玭之爲儀曹郎張率爲秘書丞以父憂去職有父
時伎數十人其善謳者有色貌玭之求娉焉謳者不
願遂出家爲尼嘗因齋會率宅玭之乃飛書言與率
姦南司以事奏聞高祖惜其才寢其奏然猶致時論
焉
到洽爲御史中丞時劉孝綽爲昭明太子僕甚見賓
禮及爲廷尉卿携妾入官府洽素銜孝綽遂劾奏之
云携少妹於華省棄老母於下宅高祖爲隱其惡改

姝爲妹坐免官後起爲湘東王諮議孝綽表謝曰臣
不能銜珠避顛傾柯衛足以茲疎怍與物多忤兼逢
匿怨之友遂居司隸之官交構是非用成萋菲日月
昭回俯明枉直獄書每御輙鑒蔣濟之冤炙髮見明
非關陳正之辨遂漏斯密網免彼嚴棘得還同士伍
比屋唐民生死肉骨豈伴其施臣誠無識孰不戴天
疎遠畝隴絕望高闕而降其接引優以旨喻於臣微
物足爲榮隕况剛條落葉忽沾雲露周行所寘復齒
盛流但雕朽汚糞徒成延獎捕影繫風終無效答又
啓謝東宮曰臣聞之先聖云衆惡之必鑒焉衆好之

必鑒焉豈非孤特則積毀所歸比周則積譽斯信固
知好惡之間必待明鑒故晏嬰再為阿宰而前毀後
譽後譽出於阿意前毀繇於直道是以一犬所噬旨
酒怨其卒酸一手所搖嘉樹變其生死又鄒陽有言
士無賢愚入朝見嫉至若臧文之下展季靳尚之放
靈均絳侯之排賈生平津之陷主父自茲厥後其徒
實繁曲筆短辭不暇殫述寸管所窺嘗用切齒殿下
晦道觀書俯同好學前載枉直備該神覽臣昔因立
侍親承緒言飄風貝錦譬猶讒慝聖旨慇懃深以為
歎臣資愚履直不能杜漸防微曾未幾何逢訧離難

雖吹毛洗垢在朝而同嗟而嚴文峻法肆姦而必奏
不顧賣友志欲要君自非上帝運超已之光昭陵陽
之虐舞文虛謗不取信於宸明在縲嬰纏幸得鑭於
庸闇裁下免黜之書仍領朝會之旨小人未識通方
禁馬懸車悉絕朝覲方願滅影消聲遂移拚谷不悟
天聽罔已造次必彰不以距違見疵復使引藉雲陛
假寬和之色垂布帛之言形之千載所蒙已厚況乃
恩等特召榮同起家望古自推彌覺多忝但未渝丹
石永藏輪軌相彼工言構茲媒孽且欵冬而生已凋
柯葉空延德澤無謝陽春復為太子僕母憂去職服

闕除安西湘東王諮議

第七頁十二行後脫六條

梁冀為將軍李固為太尉時梁太后以比遭不
造委任宰輔固所規正每輙從用其黃門官者
一皆斥遣天下咸望遂平而冀猜專每相忌疾
初順帝時諸所除官多不以次及固在事奏免
百餘人此等既怨又希望冀旨遂共作飛章虛
誣固罪曰臣聞君不稽古無以承天臣不述舊
無以奉君昔堯殂之後舜仰慕三年坐則見堯
於墻食則覩堯於羹斯所謂聿追來孝不失臣
子之節者太尉李固因公假私依正行邪離間

近戚自隆支黨至於表舉薦達例皆門徒及所辟召靡非先舊或富室財賂或子壻婚屬其列在官牒者凡三十九人又廣選貴豎以補令史募求奴馬臨窗呈試出入踰侈輜軿曜日大行在殯路人掩涕固獨胡粉飾貌搔頭弄姿槃旋偃仰從容冶步曾無慘怛傷悴之心山陵未成違矯舊政善則稱己過則歸君斥逐近臣不得侍送作威作福莫固之甚臣聞台輔之位實和陰陽璇璣不平寇賊姦宄則責在太尉固受任之後東南跋扈兩州數郡千里蕭條兆人傷損

大化陵遲而詆疵先主苟肆狂狷存無廷爭之忠沒有誹謗之說夫子罪莫大於累父臣惡莫深於毀君固之過釁事合誅辟（據吳祐傳此書章馬融之詞）奏莫以白太后使下其事太后不聽得免

朱並山陽郡人也時張儉為山陽東部督郵並素性佞邪為儉所棄並懷怨恚承望中常侍侯覽意旨上書告儉與同鄉二十四人別相署號共為部黨圖危社稷以儉及檀彬褚鳳張肅薛蘭馮禧魏玄徐乾為八俊田林張隱劉表薛郁王訪劉祗宣靖公緒恭為八顧朱楷田槃疎耽薛敦宋布唐龍嬴咨宣褒為八及刻石立墠共為部黨而儉為之魁靈帝詔刊章捕儉等

魏王雄為幽州刺史時田豫為護烏丸校尉其御夷狄常摧抑兼并乖散彊猾凡逋亡姦宄為胡作計不利官者豫皆構刺攪離使凶邪之謀不遂聚居之類不安事業未究而雄支黨欲令雄領烏丸校尉毀豫亂邊為國生事遂轉豫為汝南太守加殄夷將軍

程喜為青州刺史明帝太和末田豫為汝南太守喜內懷不服軍事之際多相違錯喜知帝寶

愛明珠乃密上豫雖有戰功而禁令寬弛所得器仗珠金甚多放散皆不納官由是功不見列

路粹為太祖軍謀祭酒及孔融有過太祖使粹為奏承指數致融罪其大略言融昔在北海見王室不寧招合徒衆欲圖不軌言我大聖之後也而滅於宋有天下者何必卯金刀又云融為九列不遵朝儀禿巾微行唐突宮掖又與白衣禰衡言論放蕩衡與融更相贊揚衡謂融曰仲尼不死也融答曰顏淵復生凡說融諸如此輩辭語甚多融誅之後人覩粹所作無不嘉其才

而畏其筆也

吳全寄者長主公壻衛將軍琮之子時魯王霸有盛寵與太子和齊願譚上疏諫之由是霸與譚有隙時寄為霸賓客寄素傾邪譚所不納先是譚弟承與張休俱北征壽春琮時為大都督與魏將王淩戰於芍陂軍不利魏兵乘勝陷没五營將秦兒軍休承奮擊之遂駐魏師時琮羣子緒端亦並為將因敵既住乃進擊之淩軍用退時論功行賞以為駐敵之功大退敵之功小休承並為雜號將軍緒端偏裨而已寄父子益恨共構會譚坐徙交州

册府元龜　補　卷之九百三十二　二十三

冊府元龜

巡按福建監察御史臣李嗣京　訂正

知閩縣事　臣　曹學臣參閱

知建陽縣事　臣　黄國琦較釋

總録部　九百三十三

誣構第二

後魏斛斯椿莊帝時爲平北將軍封隆之爲儀同三司爲椿等搆之於帝逃歸鄉里北齊神武知其被誣召赴晉陽帝尋以本官徵之隆之固辭不赴

北齊宋遊道在魏爲尚書左丞時魏安平王坐事亡

章武二王及諸王妃太妃是其近親者皆被徵責都官郎中畢義雲主其事有奏而禁有不奏輒禁者遊道判下廷尉科罪高隆之不同於是反誣遊道厲色挫辱已遂枉栲羣令史證成之與左僕射襄城王尚書鄭述祖等上言曰飾僞亂眞國法所必去附下罔上王政所不容謹按尚書左丞宋遊道名望本闕功績何紀屬永安之始朝士亡散乏人之際叨竊臺郎躁行謟言肆其姦詐空識名義不顧典文人鄙其心衆畏其口出州入省歷忝清資而長惡不悛曾無忌諱毁譽繇己憎惡任情比因安平王事遂肆其褊心因公報隙與郎中畢義雲遞相糺舉又左外兵郎中魏叔道牒云局內降人左澤等爲京畿送省令取保放出大將軍在省日判聽遊道發怒曰往日官府何物官府將此爲例又云乘前旨格成何物旨格依事請問遊道並皆承引案律對捍詔使無人臣之禮大不敬者死對捍使者尚得死坐況遊道吐不臣之言犯慢上之罪口稱夷齊心懷盜蹠欺公賣法受納苞苴產隨官厚財與位積雖積汗未露而姦詐如是舉此一隅餘詐可驗今依禮據律處遊道死罪是時朝士皆忿爲遊道不濟而文襄聞其與隆之相抗之

言謂楊遵彥曰此眞是鯁直大剛惡人遵彥曰譬之畜犬本取其吠今以數犬殺之恐將來無復有吠狗詔付廷尉遊道坐除名

崔季舒爲黄門郎高隆之爲太保初文襄委任兼右僕射崔暹及季舒等及文宣即位隆之啓文宣王並欲害之不許文宣以隆之舊齒委以政事季舒等仍前隙乃譖云隆之每見訴訟者輒加哀矜之意以示非己能裁文宣以其受任既久知有寃狀便宜申滌何得委過要名非大臣義天寶五年禁止尚書省隆之曾與元昶宴飲酒酣語昶曰與王交遊當生死不

相背人有密言之者文帝未登庸之日隆之意嘗侮帝帝將受魏禪大臣咸言未可隆之又在其中帝深銜之因此遂大發怒令壯士築百餘拳放出渴將飲水人止之隆之曰今日何在遂飲之因從𩤬死於路中

杜𥨸家客史不書姓名𥨸爲衛尉卿以本官行鄭州事未發爲家客告𥨸謀反收下獄案治無實久乃見原因此絶朝見

祖珽後主時爲侍中斛律光爲左丞相班及穆提婆怨之周韋孝寬忌光英勇作謠言令間諜漏其文

於鄴曰百升飛上天明月照長安又曰高山不推自摧槲樹不扶自豎祖珽因續之曰盲老公背上下大斧饒舌老母不得語令小兒歌之於路提婆聞之以告其母令萱以饒舌斥己也盲老公謂珽也遂相與協謀以謠言啓帝曰斛律累世大將明月聲震關西豐樂威行突厥女爲皇后男尚公主謠言甚可畏也帝以問韓長鸞鸞以爲不可事寢祖珽又見帝請間唯何洪珍在側帝曰前得公啓卽欲施行長鸞以爲無此理珽未對洪珍進曰若本無意則可旣有此意而不決行萬一泄露如何帝曰洪珍言是也猶豫未決會丞相府佐封士讓密啓云光前西討還勅令放兵散光令軍逼帝京將行不軌事不果而止家藏弩甲奴僮千數每遣使豐樂武都處陰謀往來若不發圖恐事不可測啓云軍逼帝京會帝前所疑意謂何洪珍云人心亦大聖我前疑其欲反果然帝性至怯懦恐卽變發令洪珍馳召祖珽告之又恐追光不從令珽因云爾召恐疑不肯入宜遣使賜其一駿馬語云明日將往東山遊觀王可乘此馬同行光必來奉謝因引入執之帝如其言頃之光至引入涼風堂劉桃枝自後拉而殺之時年五十八於是下詔稱光謀

反今已伏法其餘家口並不須問尋而發詔盡滅其族光長子武都爲兗州刺史光死遣使於州斬之次須達中護軍開府儀同三司先卒次世雄開府儀同三司次嘗伽假儀同三司並賜死

隋陳茂高祖時爲黃門侍郎與柳莊同官不能降意茂見帝及朝臣多屬意於莊心甚不平帝與茂有舊譖愬頗行尚書省嘗奏犯罪人依法合流而帝處以大辟莊據法執之帝不從繇是忤旨俄屬尚藥進丸藥不稱旨茂因奏莊不親監臨帝怒之

何妥爲國子博士房恭懿累爲郡守有美政下詔褒

美因授海州刺史未幾妥奏恭懿尉迥之黨蘇威宇文愷曲相舉薦帝大怒恭懿竟配放嶺南未幾徵還至洪州卒論者寃之

高頴爲左僕射加上柱國齊國公坐事以公就第頃之頴國令（史不書名氏）上頴陰事稱其子表仁謂頴曰司馬仲達初託疾不朝遂有天下公今遇此安知非福於是帝大怒因頴於內史省而鞫之憲司奏頴他事云沙門眞覺嘗謂頴云明年國有大喪尼令暉復云十七十八年皇帝有大厄十九年不可過帝聞而益怒顧謂羣臣曰帝王豈可力求孔子以大聖之才作

法垂世寧不欲大位邪天命不可耳頴與子言自比晉帝此何心乎有司請斬頴帝曰去年殺虞慶則今玆斬王世積如更誅頴天下其謂我何於是除名爲民

宇文述煬帝時爲左衛大將軍許國公時有李渾字金才太師郕國公穆第十子述乃渾之妻兄也初以國賦之半許述得奉穆嗣二歲之後不以俸物與述述大恚之因醉乃謂其友人于象賢曰我竟爲李金才所賣死且不忘渾亦知其言緣是結隙後帝討遼東有方士安伽陁自言曉圖讖謂帝曰當有李氏應爲天子勸盡誅海內凡姓李者述知之因誣構渾於帝曰伽陁之言信有徵矣臣與金才夙親聞其情趣大異嘗日數共李敏善衡等日夜屏語或終夕不寢渾大臣也家世隆盛身握禁兵不宜如此願陛下察之帝曰公言是矣可覓其事述乃遣武賁郎將裴仁基表告渾反即日發宿衛千餘人付述掩渾等家遣左丞元文都御史大夫裴蘊雜治之案問數日不得其反狀以實奏聞帝不納更遣述窮治之述入獄中召出敏妻宇文氏謂之曰夫人帝甥也何患無賢夫李敏金才名當妖讖國家殺之無可救也夫人當自

求全若相用語身當不坐敏妻曰不知所出惟尊長教之述曰可言李家謀反金才嘗告敏云汝應圖籙當爲天子今主上好兵勞擾百姓此亦天亡隋時也當共汝取之若復渡遼吾與汝必爲大將軍每軍二萬餘兵固以五萬人矣又發諸房子姪內外親婭並募從征吾家子弟決爲主帥分領兵馬散在諸軍伺候間隙首尾相應吾與汝前後襲取御營子弟響起各殺軍將一日之間天下足定矣述口自傳授令敏妻寫表封定上密封云上密表述持入奏之日已得金才反狀并有敏妻密表帝覽之泣曰吾宗社幾傾

賴親家公而獲全耳於是誅渾敏等宗族三十二人自餘無少長皆徙嶺外

王弘爲黄門侍郎初辛公義爲楊州道黜陟使官寮犯法無所縱捨及煬帝郎位弘自楊州長史入爲黄門侍郎因言公義之短竟去官吏人守闕訴寃相繼不絶

唐韋雲起爲麟州刺史裴寂爲尚書右僕射高祖有所廵幸必令居守雲起告裴寂謀反鞫之無端而釋之

皇甫希仁者蜀人也時皇甫無逸初仕隋留守雒陽

及王充作難無逸棄老母歸國武德初廵撫益部蜀中賴之希仁見無逸專制方面徼倖上變云臣父見在雒陽無逸爲母之故陰遣臣與王充相知高祖審其詐数之日無逸偪於世充因棄母歸朕令之委任異於衆人其在益州極爲清正此葢羣小不耐而欲誣之此乃離間我君臣惑亂我視聽於是斬希仁於順天門遣給事中李公昌馳往慰諭之俄而有告無逸陰與蕭銑交通者無逸時與益州行臺僕射竇璡不叶於是上表自理又言璡罪狀高祖覽之曰無逸當官執法無所廻避必是邪佞之徒惡直醜正共相構扇也因令劉世隆温彦博案其事卒無驗而止所告者坐斬竇璡亦以罪黜無逸旣反命高祖勞之曰公立身行已朕之所悉比多譖愬者但爲正直致邪佞所憎耳無逸頓首陳謝高祖又曰卿不負朕何勞多謝

楊表陝州人時劉師立爲左驍衛將軍奏使幽州道簡點軍國表上書告師立自云眼有赤光體有非常之相姓氏又膺符讖及師立還太宗謂之曰人言卿欲反師立大懼曰臣仕於隋不過六品身才駑下不敢輙希富貴過蒙陛下非常之遇以性命許國而陛

下功成事立臣致位將軍顧已循省實踰涯分臣是何人輙敢言反太宗笑曰知卿不然此人妄言耳宜勿爲懷賜帛六十疋召入臥内而慰諭之

高甑生爲利州刺史李靖爲西海道行軍大總管甑生鹽澤道總管以後軍期靖薄責之甑生因有憾於靖與廣州都督府長史唐奉議告靖謀反太宗命理官按其事甑生等以誣罔得罪乃闔門杜絶賓客雖親不得妄進

張君徹高祖時爲箕州録事參軍咸亨中與衆共詣闕誣告刺史簡王渾及其子汝南郡王煒謀反詔通

事舍人薛思貞馳驛往推究之渾惶懼自縊而死帝
知其非命深痛悼之特令斬君徹等四人
于承素爲岐州長史時柳奭以高宗后舅歷位中書
令后寵旣衰固辭轉爲吏部尚書拜后毋魏國夫人被
責不許入宮奭繇是出爲遂州刺史行至扶風承素
希青奏傳奭漏洩禁中之言復坐貶爲榮州刺史
許敬宗永徽中爲禮部尚書上官儀爲西臺侍郎同
東西二臺三品時有道士郭行眞出入宮掖嘗爲皇
后行厭勝之法中官王伏勝奏言之高宗大怒密召
儀議其事將廢后爲庶人仍遣儀具詔草俄而后申

訴見納帝又自悔恐后怨怒遽詒云此並上官儀教
我也繇是深爲后所惡初儀嘗爲陳王府諮議與王
伏勝俱事梁王忠府繇是許敬宗搆儀云與忠通謀
遂下獄死家口籍没於是左肅機鄭欽泰西臺舍人
高正業司虞大夫魏玄同張希乘長安尉崔道默並
除名長流嶺南遠界與儀結託故也簡州刺史薛元
超及姑河東夫人坐與儀文通元超長流巂州薛氏
削邑號幽於靜安宮右相劉祥道爲司禮太常伯郚
國公郭廣敬爲隰州刺史詳行正卿爾朱儀深爲沁
州刺心司宰正卿竇㦸解職事授銀青光祿大夫以

散官依前䑛右爵較並坐與儀交遊故也
張嗣明爲維陽令繡州流人徐敬眞坐陰相交結嗣
明敬眞恐死多引海內相識稱有異圖自是朝野爲
其所牽誅戮者不可勝計內史張光輔爲嗣明所引
去其往豫州日私說圖讖天文陰懷兩端顧望以觀
成敗是日棄市家口籍没
周興則天時爲秋官侍郎垂拱中左武衛大將軍簡
較右羽林軍封燕國公黒齒常之充大總管討突厥
大破之時有中郎將爨寶璧表請窮追餘賊遂全軍
而没興等誣構云與右鷹揚將軍趙懷節等謀反遂

自縊而死時甚惜之
來俊臣爲左臺御史天授中冬官員外劉憲受詔推
案俊臣憲嫉其酷暴欲因事以繩之反爲俊臣所搆
貶鄰水令再遷司僕丞及俊臣伏誅後擢憲爲給事
中
張易之爲麟臺監長安三年八月易之與其弟司僕
卿昌宗權位日熾傾朝附之其心自負益欲作難將
因皇太子遂譖御史大夫魏元忠及司禮丞高戩交
通密謀造飛語曰君老矣吾屬當挾太子可謂耐久
則天感其言召皇太子相王諱及諸宰相令易之昌

宗與元忠及戩於前參對反覆不決昌宗又引鳳閣
舍人張說令證其事說初不知之及則天重令宰相
與河内王懿宗推鞫遂堅執不附會繇是貶元忠爲
高安尉及戩流於嶺表
王鉷爲御史中丞玄宗天寶六年十月丁酉戶部侍
郎楊愼矜及兄少府少監愼餘弟雒陽令愼名竝以
罪伏法枝黨連坐者數十人詔左道亂常邦家所禁
兇謀逆節天地不容戶部侍郎兼御史中丞楊愼矜
潛蓄回邪率繇艱險猥承門緒得齒朝行援自卑微
謬加超擢寄之膂癥總樅均輸殊不知外矯清廉內

懷貪冒趑趄百變以此狥身首鼠萬端專爲門上觸
途苛細歸怨國家還俗僧史敬忠兇慝逆徒狂愚賊
品乃妄陳讖悔別覬異圖密與交通將期委質仍自
以亡國之後克復攸歸遂乃手紀灾祥覬覦時變言
肆凶悖心在不臣惡迹旣彰欵驗咸服戴天覆地面
目何施梟首夷宗未云塞責但以務弘大體志在寛
刑尚免嚴誅容其自斃其楊愼矜宜賜自盡其兄少
府少監愼餘弟雒陽令愼名等不合相從竝爲同惡
亦宜令自盡其史敬忠首建逆謀世爲巨蠹宜決重
杖一百鮮于貴詐稱敬忠當王附會凶人宜決重杖
六十其范滔妄說妖言與之昵狎宜決六十長流嶺
南臨江郡其王庭耀旣爲傭作終不論告宜決四十
配隸黔中郡楊愼矜外甥前通事舍人辛景湊引致
非類成此禍端宜決四十配流嶺南晉康郡其義陽
郡司馬嗣虢王巨雖則不涉凶謀終與敬忠相識宜
解却官於南賓郡安置其太府少卿張瑄素以妄庸
専行險詖比緣愼矜驀引驟歷班榮因此交結潛爲
黨援況犯贓私情迹難恕宜決六十長流嶺南臨封
郡其右威衛執戟攝天馬監万俟承暉妄畜國書與
愼矜解說潛相黨附爲蠹實深宜決重杖六十其閑

廐使殿中監韋衢忝膺重寄不存公道受愼矜囑請
爲承暉奏官諂黷愈彰北周斯在宜貶與遠官應配
流安置人等所在即差綱馳驛領送其楊愼矜及兄
弟并史敬忠有莊宅等宜竝官收其家口男女等竝
令所司准法即配流嶺南諸郡其張瑄及万俟承暉
鮮于貴等男女并一房家口亦准此配流其内外近
親不可尚列班榮及居京輦宜令三司使即括實奏
聞且臣之事君有死無二匹夫狥義猶或亡軀豈有
位亞六卿任秉三獨父子相續俱承重委兄弟不次
皆列通班而更陰圖不軌潛覬異望靜言此心良可

歎息除惡務本與衆共之令在惟行蓋非獲已中外黎庶咸使聞知先是愼矜爲御史中丞鉷爲侍御史時韋堅得罪愼矜及鉷按其事鉷訊鞫堅愼矜引身中立鉷恨之李林甫亦憾焉愼矜與鉷父瑨中外兄弟鉷即表姪少相狎及鉷遷中丞雖與鉷同列每呼爲王鉷鉷恃與林甫善漸不平之天寶五載愼矜遷戸部侍郎中丞使幷如故愼矜嘗與鉷爭職田背詈鉷詆其母氏鉷不堪其辱而愼矜性疏素昵於鉷言論無所避忌又與還俗僧史敬忠遊處鉷遂於林甫處言之將搆其罪會有人飛狀訟愼矜是隋子孫欲

克復隋室私畜異書與凶人來往而說國家休咎時玄宗在華清宮聞之震怒詔刑部尚書蕭隱之大理卿李道邃少卿楊璹侍御史楊釗殿中侍御史盧鉉同鞫之於尚書省又使京兆士曹吉溫往東京收愼矜兄愼名及史敬忠等雜訊之又令盧鉉先太府少卿張瑄不肯答辨鉉百端搒訊竟不從乃使鉉與御史崔器搜愼矜宅搒其小妻韓珠團求讖書於愼矜臥內匿櫃閤函中獲之鉉以示愼矜愼矜曰是天命也及溫以敬忠至愼矜皆引實乃詔愼矜愼餘愼名並賜自盡

庾準爲司農卿德宗建中初準與宰臣楊炎厚善炎欲殺劉晏知準與晏有隙乃用爲荆南節度準乃上言得晏與朱泚書且有怨望又召補州兵以拒命於是先殺晏然後下詔賜自盡海内寃恨之炎已殺晏徵準爲尚書左丞

令狐建爲右羽林將軍貞元四年郭士倫傭教於建家妻李寶臣女也建惡棄之乃誣與士倫姦通召士倫立榜殺之因逐其妻而奏請按劾及詔三司詰之李氏又奴婢欵證被誣頗明白建乃自引會赦免坐

竇申爲給事中申乃左金吾大將軍嗣虢王則之從

父甥也申又宰相參之同族兵部侍郎陸贄與參有隙申懼贄見用乃潛結吳通玄以傾贄通玄與兄通微同爲翰林學士亦與贄不叶恃才輕傲同輩然挾權倖以自久次當遷中書舍人及拜諫議大夫知制誥殊失望因申交結則之乃共造謗書言贄考試貢舉不實通玄又取宗室女爲外婦帝知其毀贄且令察視具得其姦狀並貶之

王叔邕爲劍南東川觀察使貞元六年八月叔邕奏得遂州刺史韋昉狀別駕崔位稼自憲官除此郡佐心懷怨望意不徇公潛搆軍人欲爲背叛雖姦謀未

成今惡跡已彰伏請聞奏者臣伏以崔位官居別乘恩奬不輕而乃長惡不悛肆其姦慝州牧舉覺事跡昭然伏望特誡羣僚庶彰明典詔曰崔位素行無良已有容貸忝職州佐殊不知非尚蓄姦謀罪當極法且委王叔邕決重杖一頓處死位先爲義成軍節度姚南仲從事南仲與監軍薛盈珎忿競交惡詔徵盈珎還京南仲隨亦朝覲盈珎乃誣奏言南仲爲政之惡皆位及同列馬少微贊助也故叔邕希旨而奏之少微亦出爲外官令中使領赴任中路推墮江中而死人皆寃之殺崔位制書至九月庚子方下

于吕潤權知通州事山南西道觀察使嚴礪奏得吕潤狀量移官通州別駕崔河圖使奴誣百姓妻抑壓於家中驅使又訴稱疾病請於果州尋醫審令驗問並無疾患者崔河圖自量移通州已逾三載不遵法度敢犯典章恃其曾踐周行歷官省闥恣爲累擯侵擾黎元使奴誣抑良人訴疾妄求出界交通豪俠追脇村閭伏以巴南諸州去使遼遠山川重阻道路蹄危若縱姦人必慮扇結況河圖怨望日久情狀難原詔曰崔河圖思過之地不能簡身旣再抵國章當從放逐宜長流崖州河圖建中年自諫議大夫貶官凡二十餘載至是又以犯忤監軍中使遂遣吕潤誣搆及禍人甚寃傷之

杜兼爲濠州刺史兼嘗怒録事參軍韋賞團練判官陸楚守職論事忤已之意密誣奏二人通謀扇動軍中忽有副使至兼率官吏迎於驛中前呼韋賞陸楚出宣制杖殺之賞進士擢第楚兗公象先之孫皆名家有士林之譽一朝以無罪受戮郡中股慄天下寃嘆之又徐州張建封辟李藩爲從事時兼帶使職建封病革兼疾驅到府有異望藩相與省建封出而泣語兼曰僕射公奄忽如此公宜在州防遏今棄州此

來欲何也宜疾去不若此當奏聞兼錯愕不虞遂徑歸建封死兼悔所志不就怨藩甚藩歸楊州兼因誣奏藩建封死時搖動軍中德宗大怒密詔杜佑殺之賴佑執奏得免

韋岳者信州刺史李位小將也憲宗元和九年四月貶位爲建州司馬初帝密遣中使往洪州訊事朝野莫知其故及觀察使裴堪奏到方知岳告位大逆及追至命三司使推所告不實量貶位而韋岳杖死位嘗好黄老及煉餌金丹遣山人王仁恭爲之兼修道教齋籙岳緣有求不遂怨憾誣告位於當道監軍使

稱位與術士圖謀非望及三司按得情實故有是命
張宿爲左補闕元和中韋貫之爲相嚴貞律下以清
流品爲先故門無雜賓宿以利口得倖於憲宗將使
淄青宰臣裴度欲爲請章服貫之曰小人以他門獲
進此輩未能排抑豈要假其恩寵邪所議遂寢宿深
銜之卒爲所搆誣以朋黨罷爲吏部侍郎不涉旬出
爲湖南觀察使又以出吏部郎中韋顗爲峽州刺史
刑部郎中李正辭爲金州刺史度支郎中薛公幹爲
房州刺史屯田郎中李宣爲忠州刺史考功員外郎
韋處厚爲開州刺史禮部員外郎崔韶爲果州刺史

宿皆搆以貫之之黨也顗正辭處厚竝以清直稱與
貫之善公幹等亦頗熟貫之宿因謂之黨時司勳郎
中陳諷求知制誥害其名在已右又與交扇之宿旣
當寵倖而詭辯過人聞者多動故顗等見黜於是人
情大惡宿輩
沙橋者瓊王府司馬謝少茵之奴也唐敬宗寶曆元
年五月戊申沙橋告少茵爲不軌詔委內侍省推鞫
不實沙橋各決流靈州少茵釋放凡告人不實法當
反坐況其家僕則沙橋止於笞責仍竄近地用刑失
矣

買鍾趙元皐者皆萬年縣典也寶曆元年七月鍾及
元皐誣告故統軍王傱男正慕等七人謀亂詔杖殺
之
王璠爲左丞李德裕再爲浙西觀察使德裕至鎮奉
詔安排宮人杜仲陽於道觀與之借給仲陽者漳王
養女王得罪放仲陽於潤州故也九年三月璠與戶
部侍郎李漢進狀論德裕在鎮厚賂仲陽結託漳王
圖爲不軌四月文宗於蓬萊殿召王涯李固言路隨
王璠李漢鄭注等面證其事璠漢加誣搆結語甚切
至路隨奏曰德裕實不至此誠如璠漢之言微臣亦

合得罪羣論稍息尋授德裕太子賓客分司東都其
月又貶袁州長史路隨坐證德裕罷相出鎮浙西其
年七月李宗閔坐救楊虞卿貶處州李漢坐黨宗閔
貶汾州十一月王璠與李訓造亂伏誅而帝深悟前
事知德裕爲朋黨所誣明年三月授德裕銀青光祿
大夫量移滁州刺史七月遷太子賓客
後唐韓玫與共奉官烏昭遇同使兩浙昭遇本僞梁
之承旨數使吳越先是以其數將命故令使之昭遇
至彼每以國情私於吳人仍名吳越國王錢鏐爲殿
下自稱臣指兩地則云南朝北朝及昭遇謁鏐稱見

非賂如事至尊副使韓玫數讓之昭遇對其人詬玫曰昭遇事過五朝天子四爲吳越使將事數變昭遇猶在公華何凝滯邪復陰許繆陳奏所求之事使回玫具陳其事故停削鏐官爵令致仕是日以烏昭遇下御史臺辱賜自盡後有自杭州使還者言昭遇無臣鏐事皆玫誣構云玫將安重誨之勢頗凌烏昭遇嘗於杭州既醉以馬箠擊昭遇鏐欲奏之昭遇祈而乃止及復命翻誣昭遇人頗以爲冤

李存信武皇時爲蕃漢馬步軍都較武皇命邢洺節度使李存孝侵鎮趙之南鄙又令存信及李存審率

師出井陘以會之併軍致師臨城柏鄉李威至且議旋師而存信與存孝不叶因構於武皇言存孝望風退衂無心擊賊恐其有私盟也存孝知之自恃戰功鬱鬱不平因致書通王鎔又歸款于汴

景進者樂官也莊宗時朱友謙賜姓名繼麟兼賜鐵券莊宗既有河雒稍怠庶政閹官伶人干預國事方面諸侯畢行賂遺亦求賂於繼麟雖僶俛奉之不滿其請繼麟令人報之曰予於主上有拔榛之舊粗立忠勞河中土薄民貧比無琛産責予厚賂何厭之有繇是羣小咸恚每加誣構洎繼岌伐蜀繼麟請助師進討乃閱兵師令其子令德率師以行進與羣閹構曰昨王師初起繼麟以爲討已將拒大軍若不除移終爲後患閹伶愈得其志即謂帝曰崇韜強項於蜀蓋與繼麟私盟內外響應繼麟將赴京師亦聆其事將較曰大王有功王室密邇京師羣小流言曷能離間但端居奉職何事輕行繼麟曰郭侍郎功倍於我今爲閹官讒構事勢將危安可無詭若得面天階自陳肝鬲流言者須至得罪繼麟乃單車入覲至於雒陽景進構曰河中人有告變書言繼麟因崇韜欲謀叛自聞崇韜已死又與李存乂結構其事細窮其狀

備得姦原當斷不斷禍不旋踵帝駭惑不能決即令朱守殷以兵圍其第驅於輝安門殺之又詔繼岌殺令德於遂州令王思同殺令錫於許州令李紹奇赤其族於河中紹奇至友謙妻張氏盡率其族二百口謂紹奇曰予骨肉不多婢僕無罪請疏其名籍無致冤負因閱婢僕百餘人以骨肉百餘口歸法將就戮張氏復入持鐵券而出示紹奇曰此是皇帝去年所賜之物婦人不知此上有何言語紹使慚而無對良久就戮百口塗地血流盈庭怨哭之聲聞於行路人士至今冤之

安重誨爲樞密使明宗長興初以潞州節度使王建立爲太傅致仕建素與重誨不協因其入朝乃誣言建立自鎮歸朝過鄴都日有搖扇之言以是罪之

張儉者捧聖軍使李行德十將也長興初儉奏據告密人邊彦温云樞密承旨李虔徽弟訟國家徵發兵師樞密使安重誨自爲都統欲討淮南又云占相人言重誨貴不可言是日明宗謂重誨曰聞卿樹心腹私市兵仗欲自討淮南有之否重誨惶恐奏曰興師命將出自宸衷必是姦人搆臣願陛下窮詰所言者翌日帝召侍衛指揮使安從進藥彦稠等謂之曰有

告安重誨私置兵仗綱紀將不利於社稷將若之何從進等奏曰此是姦人結搆離間陛下勳舊且重誨事陛下三十年從微至著無不盡心今日何苦乃圖不軌臣等以家族保明必無此事帝意乃解遂使中使就第召重誨具以告事人邊彦温之言諭之因面窮詰彦温具狀誣告即斬彦温於市李行德張儉並族誅

蕭希甫爲散騎常侍引人告變夜扣內門通變書云修堤兵士欲取郊天日舉火爲叛安重誨不之信斬告變者軍人訴屈請希甫啖之至是又毀訾內外執政是夜託疾省中翌日肩輿歸私第月餘詔告希甫過積授嵐州司戶

王昶者宿州符離縣民也清泰二年昶訴縣令張洙業因簡民田受贓法司推劾乃是縣典韓師練取贓誣洙業以失簡轄過赦放師練杖殺之

漢任廷浩初仕晉高祖鎮太原廷浩多言外事出人無間高祖左右皆憚之初爲太原掾後改文水令在文水聚歛貨財民欲陳訴廷浩知之一日先誣告縣吏結集百姓欲劫縣庫高祖怒遣騎兵併擒縣民十數家族誅之冤在之聲聞於行道

葛延遇者李崧之部曲也初漢高祖入京城崧隨虜主北去蘇逢吉占其宅及崧西還爲太子太傅封朝之權右謙挹承顏未嘗忤旨嘗以宅券獻蘇逢吉逢吉不悅崧二弟嶼義酣酒無識與楊邠逢吉子弟杯酒之間時言及奪我居第逢吉知之延遇逋李嶼船傭與捶之督其所負延遇有同輩李澄亦事逢吉延遇夜寄宿於澄家以與見督情告遂一夕同謀告變逢吉覽之示史弘肇其日逢吉遣吏召崧至第從容語及延遇告變之事崧即以幼女爲託逢吉遣吏送崧於侍衛獄既行崧恚曰自古未有不亡之國不死

之人及爲吏所鞫乃自誣伏罪舉家遇害少長悉尸
於市人士寃之
高從誨爲荆南節度使高祖乾祐元年遣人押送朝
州奏事官沈從進至京師乞加恩命初馬希廣馬希
蕚爭非潭帥希廣用歐弘練張仲荀謀厚賂朝廷請
不行朝州恩命從誨革面自新又援引希蕚求通於
朝蓋欲離間潭成其覆亡之禍也
尹重筠者郢州刺史實之子也隱帝乾祐二年實上
章謝釋男重筠之罪實於汝州梁縣有別業所供稅
賦大而恃郡侯家不時輸送梁縣令羅延賞笞其知

莊吏會重筠至梁縣以笞贓吏爲恥無以報怨自朝
廷以誣告殺李崧後凡僕使輩皆相倣流言脇主以
告事爲詞而稍涉迹危者姑息不暇重筠乃詐爲延
賞與李守貞書言欲殺刺史據汝州應接守貞封書
僞遺於途吏得之送刺史石公覇明之延賞幾遭陷
害
周高行周漢高祖時爲太傅及杜重威叛行周爲招
討使時張鵬爲鎭州副使過鄴城行周接之甚懽鵬
因言及晉朝傾亡之事少帝任用失人藩輔之臣惟
務積財富家不以國家爲意以至宗社泯滅非獨帝
王之咎也行周性本寛厚不以鵬言爲過鵬既退行
周左右謂行周曰張副使之言蓋譏令公也行周因
發怒遂奏鵬怨國訛言故朝廷降詔就誅於嘗山
高紹基爲延州衙內指揮使太祖廣順三年二月紹
基言觀察判官李彬承節度使薨變結構內外謀殺
都指揮使及行軍副使自據城池已伏誅其李彬妻
劉氏丁懷義懷義妻高氏並已收捕其高氏是臣親
姊乞留在臣家特赦李彬弟勳見充河中馬步都指
揮使彬兄景韜一房九口彬姪懷貞一房十一口彬
媵妾一人並已收捕在州其李勳請行捕錄勑李懷

義懷貞景韜等並放宜令向訓並諸房骨肉奴僕津
置起離量差兵士防援並於汝州安置又以李彬被
誣並釋其族仍恐遇禍乃徙於汝州

冊府元龜

巡按福建監察御史臣李嗣京訂正

知甌寧縣事臣孫以敬參閱

知建陽縣事臣黃國琦較釋

總錄部　九百三十四

告訐

夫上安本朝下鋤逆黨臣之令節也其或褊逼上之勢懷間釁之心職爲亂階侵敗王畧有能先其未兆輙以上聞俾玆兇頑旋就剪滅則勳庸之績忠厚之誠有足稱矣然或釁生讐隙事迫困窮計慮遂萌變

告斯作雖繩愆糾繆有補於公家而撫臆論心蓋緣於私忿與夫奮身衛國輸誠愛君者固有間矣蓋所謂同功而異情者也

漢韓信舍人弟史不書姓名楚漢春秋云舍人謝公也高帝十年以陳豨反帝自將而往信病不從陰使人之豨所而與家臣謀夜詐赦諸官徒奴欲發兵襲呂后太子部署已定舍人得罪信信囚欲殺之舍人弟上書變告信欲反狀於呂后呂后乃與蕭相國謀詐令人從帝所來稱豨已破信入賀使武士縛斬之

賁赫爲中大夫時黥布封淮南王高后誅淮陰侯布心恐醢梁王越徧賜諸侯布見醢大恐陰令人部聚兵候伺旁郡警急布有所幸姬疑與賁亂欲捕赫赫上變言布謀反帝以其言語蕭相國蕭相國因請繫赫後驗之布見赫以罪亡上變已疑其言國陰事漢使又來頗有所驗遂發兵反

雷被爲淮南王安郎中令安謀爲反其后荼太子遷及女陵擅權奪民田宅妄致繫人太子學劍自以爲人莫及聞雷被巧召與戲被誤中太子太子怒被恐此時有欲從軍者輙詣長安被即願奮擊匈奴太子數惡被王使郎中令斥免欲以禁后元朔元年被遂

亡之長安上書自明事下廷尉河南令治淮南相怒壽春丞留太子逮不遣劾不敬王請相相不聽王使人上書告事下廷尉治從迹連王王使人候司公卿請逮捕治王王恐欲發兵會赦其罪削二縣以故不發

主父偃始爲布衣時嘗游燕趙及其貴發燕趙王國陰事大臣畏其口遺賂累千金趙王恐其國患欲上書言其陰事爲居中不敢發及其爲齊相出關即使人上書告偃受諸侯金以故諸侯子多以得封者及偃至齊以王姦事動王王自殺武帝聞之大怒以爲

偃刧其令自殺延徵下吏治偃服受諸侯之金實不刧殺齊王遂族誅之

江充本名齊有女弟善皷琴歌舞嫁之趙太子丹齊得幸於敬肅王爲上客乆之太子疑齊以巳陰私告王與齊忤使吏逐捕齊不得收繫其父兄按驗皆棄市齊遂絶迹亡西入關更名充詣闕告太子丹與同產姊及王后宮姦亂交通郡國豪猾攻剽爲姦（剽刧也音必切）吏不能禁書奏天子怒遣使者詔郡發吏卒圍趙王宮收捕太子丹移繫魏郡詔獄與廷尉雜治法至死趙王彭祖弟異母兄也上書訟太子皐言充逋逃

小臣苟爲姦譎激怒聖朝（譎詐言也字）欲取必於萬乘以復私怨（取必謂必取勝也）後雖亨醢計猶不悔臣願選從趙國勇敢士（選取勇敢之士以自隨）從軍擊匈奴極盡死力以贖丹罪帝不許竟敗趙太子

朱安世陽陵人京師大俠也公孫賀爲丞相子敬聲爲太僕武帝征和中擅用北軍錢千九百萬發覺下獄是時詔捕陽陵朱安世不能得賀請自逐捕安世以贖敬聲罪帝許後果捕得安世安世聞賀欲以贖子笑曰丞相禍及宗矣安世遂從獄中上書告敬聲與陽石公主私通及使人巫祭祠詛上且上甘泉當馳道埋偶人祝詛有惡言下有司案驗賀窮所犯遂父子死獄中巫蠱之禍起自朱安世成於江充

劉成封餅侯時昭帝初立燕王旦言帝非武帝子大臣所共立天下宜共伐之使人傳行郡國以搖動百姓齊孝王孫劉澤等結謀發兵臨淄與旦起成知澤等謀告之青州刺史雋不疑收捕澤以聞有詔燕王旦勿治而澤等皆伏誅

燕蒼爲稻田使者楊敞爲大司農昭帝元鳳中蒼知上官桀等反謀以告敞敞素謹畏事不敢言乃移病卧以告諫大夫杜延年延年以聞桀等皆伏誅蒼與延

年皆封敞以九卿不輒言故不得侯

張章長安男子也大將軍霍光薨光子禹與兄子雲山怨望有邪謀雲舅李音所善張放見雲家卒（卒音倉卒之卒）卒謂章曰今丞相（魏相也）與平恩侯（許廣漢也）用事可令大夫入言太后先誅此兩人移徙至尊在太后耳章告之事下廷尉後有詔止勿捕山等愈恐又謀廢天子而立禹事發誅死詔曰男子張章先發覺以語期門董忠忠告左曹楊惲惲告侍中金安上惲召見對狀後章上聞侍中史高金安上建發其事封章爲傳成侯

戴長樂爲太僕楊惲爲光祿勳長樂者宣帝在民間時與相知及卽位拔擢親近長樂嘗使行事肄宗廟肄行大了事先肄習威儀也肄音代二切還謂掾史曰我親面見受詔副帝肄秺侯御日我副帝肄而秺侯廼爲御御謂御車秺音丁故切人有上書告長樂非所宜言事下廷尉長樂疑惲教人告之亦上書告惲罪高昌侯車犇入北掖門犇古奔字惲語富平侯張延壽曰聞前曾有犇車抵殿門抵觸也音丁只切門關折馬死而昭帝晏駕今復如此天時非人力也左馮翊韓延壽有罪下獄惲上書訟延壽郎中丘嘗謂惲曰聞君侯訟韓馮翊當得活乎曰事何容易脛脛者未

必全也脛脛直見也我不能自保眞人所謂鼠不容穴寠數者也鼠所以不容穴也坐御寠自防故不得入穴也寠數戴器也寠音其羽切數音山羽切惕惲自云今之訟人人亦於己有妨又中書謁者令宣持單于使者語視諸將軍中朝二千石視讀曰示惲曰冒頓單于得漢美食好物謂之䫀惡單于不來明甚惲上觀西閣上畫人指桀紂畫謂樂昌侯王武曰天子過此一二問其過可以得師矣畫人有堯舜禹湯不稱而舉桀紂惲聞匈奴降者道單于見殺惲曰得不肖君大臣爲畫善計不用自令身無處所若秦時但用心小臣誅殺忠良竟以滅亡令親任大臣卽今爾古與今如一丘之貉言其信也貉獸也似狐而善睡乎各切惲妄引亡國以誹謗當世無人臣禮又語長樂曰正月以來天陰不雨此春秋所記夏侯君所言夏侯勝諫昌邑王曰天久陰不雨臣不必有謀上者春秋無久陰不雨之異也因論久陰附著之矣行必不至河東矣后土祠在河東天子歲祀之以主上爲戲語尤悖逆絕理事下廷尉廷尉定國考問左驗明白定國于定國也左證左也言當時在其左右見此事者也奏惲不服罪而詔戶將尊戶將官名主戶衛屬光祿也欲令戒飭富平侯延壽飭與敕同富平侯張延壽也曰太僕定有犯罪數事朝暮人也惲幸與富平侯婚姻今獨三人坐語侯言時不聞惲語自與太僕相觸也尊曰不可惲怒持大刀曰蒙

富平侯力得族罪惲言富平侯依太僕言而證也則我得罪至於族滅深怨之之詞也毋泄惲言令太僕聞之亂餘事惲幸得列九卿諸吏宿衛近臣上所信任與聞政事與讀曰預不竭忠愛盡臣子義而妄怨望稱引爲妖惡言大逆不道請逮捕治上不忍加誅有詔皆免惲長樂爲庶人嚴延年爲河內太守府丞義史不書姓年老頗悖素畏延年恐見中傷延年本嘗與義俱爲丞相史實親厚之無意毀傷也饋遺之甚厚義愈益恐自筮得死卦忽忽不樂取告至長安書言延年罪名十事已拜奏因飲藥自殺以明不欺事下御史延年坐棄市

息夫躬河陽人也長安孫寵與躬哀帝時供上書待詔帝被疾始即位而人有告中山孝王太后祝詛帝太后及弟宜鄉侯馮參皆自殺其罪不明是後無鹽危山有石自立開道躬與寵謀曰上亡繼嗣體久不平關東諸侯心爭陰謀今無鹽有大石自立聞邪臣託往事以爲大山石立而先帝龍興言邪人有此私議東平王雲以故與其后日夜祠祭祝詛上欲求非望而后舅伍宏反因術以醫技得幸出入禁門霍顯之謀將行於杯杓荊軻之變必起於帷幄事勢若此告之必成察國姦誅王讎取封侯之計也躬寵乃與中郎右

師譚右師姓譚名共因中常侍宋弘上變事告焉上惡之下有司案驗東平王雲雲后謁及伍宏等皆坐誅謁者后之名也帝擢寵爲南陽太守譚潁川都尉弘躬皆光祿大夫左曹給事中是時侍中董賢愛幸帝欲侯之遂下詔云躬寵因賢以聞封賢爲高安侯寵爲方陽侯躬爲宜陵侯食邑各千戶賜右師譚爵關內侯食邑千戶

高康以明易爲郎及王莽居攝東郡太守翟誼舉兵誅莽事未發康候知東郡有兵私語門人門人上書言之後數月翟誼兵起莽召問對受師高康莽惡之爲惑衆斬康

後漢梁郁太學生也時孔僖與崔駰友善同遊太學習春秋因讀吳王夫差時事僖廢書歎曰若是所謂畫虎不成反爲狗者駰曰然昔孝武皇帝始爲天子年方十八崇信聖道師則先王五六年間號聖文景及後恣己忘其前之爲善僖曰書傳若此多矣鄰房生梁郁儳和之曰儳謂不與之言而傍對也說曰無儳言儳音士鑒切如此武帝亦是狗邪僖駰默然不對郁怒恨之陰上書告駰僖誹謗先帝刺譏當世事下有司駰詣吏受訊僖上書自訟得免

朱濟丁盛並爲尚書郎時張俊有才能與兄龕並爲尚書郎年少勵鋒氣濟盛立行不修俊欲舉奏之二人聞恐因郎陳重雷義往請俊俊不聽因共私賂侍史使得其私書與袁敞子遂封上之皆下獄當死俊自獄中占獄吏上書自訟書奏而俊獄已報廷尉將出穀門臨行刑鄧太后詔馳騎以減死論俊假名上書謝曰臣孛恩負義自陷重刑情斷意訖無所復望廷尉鞠遣毆刀在前棺絮在後魂魄飛揚形容已枯陛下聖澤以臣嘗在近密識其狀貌傷其眼目留心曲慮特加偏覆喪車復還白骨更肉披棺發槨起見

白日天地父母能生臣俊不能使臣俊當死復生陛下德過天地恩重父母誠非臣俊破碎骸骨舉宗腐爛所報萬一臣俊徒也不得上書不勝去死就生驚喜踴躍觸月拜章當時皆哀其文朝廷繇此薄敞罪而隱其死以三公禮葬之復其官

習授南郡人婁圭少與曹公有舊圭與授同載見曹公出授曰父子如此何其快爾子伯（圭字）曰居世間當自爲之而但觀他人乎授乃白之遂見誅

蜀馬超爲左將軍彭羕左遷爲江陽太守羕聞當遠出私情不悅往詣超超問羕曰卿才具秀拔王公相

待至重謂卿當與孔明孝直諸人齊足並驅寧當外授小郡失人本望乎羕曰老革荒悖何復道邪（柘皮去毛日革古者以革爲兵故語稱兵革革猶兵也羕罵備爲老革猶言老兵也）又謂超曰卿爲其外我爲其內天下不足定也超羈旅歸國常懷危懼聞羕言大驚默然不答羕退具表羕詞於是收羕付有司誅死

晉周嵩以諫元帝忤旨出爲新安太守嵩怏怏不悅臨發與散騎郎張嶷在侍中戴邈坐褒貶朝士又詆毀邈邈密表之帝召嵩入責之曰卿矜豪傲慢敢輕忽朝廷繇吾不德故爾嵩跪謝曰昔唐虞至聖四凶在朝陛下雖盛明御世亦安能無碌碌之臣乎帝怒收付廷尉華嘗以嵩大不敬棄市論嶷以扇和減罪除名時嵩兄顗方貴重帝隱忍久之補廬陵太守

宋沈慶之爲開府儀同三司辭位以始興郡公就第時廢帝狂悖無道衆並勸慶之廢立及柳元等連謀以告慶之慶之與江夏王義恭素不厚發其事帝誅義恭元景等以慶之爲侍中大尉封次子爲中書郎文季建安縣侯食邑千戶

南齊謝朓爲南東海太守行南徐州事啓王敬則反謀帝甚善賞之遷尚書吏部郎

後魏李訢爲相州刺史受納民財及商胡珍寶兵民告言尚書李敷與訢少長相好每左右之或有勸以奏聞敷不言獻文聞訢罪狀檻車徵訢拷劾抵罪時敷兄將見疎斥有司諷訢以旨嫌兄弟之意令訢告列敷等隱罪可得自全訢深所不欲且弗之知也乃謂其女婿裴攸曰吾與李敷族世雖遠情如一家在事旣有此勸竟如何也昨來每欲爲此取死引簪自刺以帶自絞而不能絕耳亦不知其事攸曰何爲他死也敷兄弟事釁可知有馮闡者先爲敷所敗其家切恨之但呼闡弟問之足知委曲訢從其言又趙郡

范標具條列敷兄弟事狀有司以聞敷坐得罪詔訢
貪冐罪應死以糾李敷兄弟故得降免有司百鞭髡
刑配爲厮役
賈智字顯智少有膽決孝明孝昌中告毛謐等逆靈
太后嘉之除伏波將軍
薛季孝静武定三年正月中告開府儀同三司爾朱
文暢開府司馬任胄都督鄭仲禮中府主簿李世林
前開府叅軍房子遠等謀賊齊神武因十五日夜打
蔟懷刃而入文暢等並伏誅
北齊崔暹爲僕射時崔㥄爲七兵尚書每以籍地自

矜暹聞而銜之高祖薨後㥄又竊言黄頷小兒堪當
重任不暹外兄李慎以㥄言告暹暹啓文襄絶㥄朝
謁㥄要拜道左文襄發怒曰黄頷小兒何足拜也於
是鎖㥄赴晉陽而訊之
司馬子如爲尚書令文襄入輔朝政内稍嫌之尋以
贓賄爲御史中尉崔暹所劾詔削官爵時崔季舒爲
黄門侍郎勢傾崔暹暹嘗於朝堂屏人拜之曰若得
僕射皆叔父之恩權重如此及文襄遇難文宣將赴
晉陽黄門郎楊休之勸李舒從行曰一日不朝其間
容刀季舒性愛聲色心在閒放遂不請行欲恣其行
樂子如緣宿憾及尚食典御陳山提等共通狀鏁是
季舒及暹各鞭二百徙北邊天保初文宣知其無罪
追爲將作大匠
祖珽字孝徵文宣令直中書省掌詔誥珽通密狀列
中書侍郎陸元規勑令裴英推問元規以應對忤旨
被配甲坊除珽尚藥丞廢帝初普選勞舊除爲章武
太守會楊愔等誅不之官受著作郎數上密啓爲孝
昭所忿勑中書門下二省斷珽奏事又雒上王思宗
之子元海後妻陸大姬甥也大姬郎後主女侍中也
後主武平中與珽共執朝政元海多以大姬密語告

珽珽求領軍元海不可珽乃以其所告報大姬姬怒
出元海爲鄭州刺史
翟嵩爲汲郡太守畢義雲爲御史中丞豪横不平頻
被怨頌嵩啓列義雲從父兄僧明先任京畿吏負官
債不受其屬立限切徵緣此挾嫌遣御史過郡訪察
欲相推繩又坐私藏工匠家有十餘機織錦并坐金
銀器物及被禁止尋見釋
隋胡僧不知名氏元諧爲寧州刺史王誼爲上柱國
誼有功於國與諧俱無任用每相往來胡僧告諧誼
謀反高祖按其事無逆狀慰諭而釋之又有告諧與

從父弟上開府滂臨澤侯田鸞上儀同祁緒等謀反帝令案其事有奏諸謀令祁緒勸黨項兵卽斷巴蜀時廣平王雄左僕射高熲二人用事諸欲譖去雲左執法星動已四年矣狀一奏高熲必死又言太白犯月光芒相照主殺大臣卽雄必當之諸嘗與滂同謁帝諸私謂滂曰我是主人殿上者賊也因令滂望氣滂曰彼雲似蹲狗足鹿不如我輩有福德雲聞帝大怒諸滂鸞緒竝伏誅籍沒其家

何妥爲國子博士與蘇威子夔議樂事各有所持妥恚遂奏威與禮部尚書盧愷吏部侍郎薛道衡尚書左

丞王弘考功侍郎李同和等共爲朋黨省中呼王弘爲世子李同和爲叔言二人如威之子弟也復言威以曲道任其從父弟徹肅等罔冒爲官又國子學請蕩陰人王孝逸爲書學博士威屬盧愷以爲其府參軍帝令蜀王秀上柱國虞慶則等親治之事皆驗帝以宋書謝晦傳中朋黨事令威讀之威惶懼免冠頓首帝曰中謝已晚矣於是免威官爵以開府就第知名之士坐威得罪者百餘人

皇甫孝諧安定人凉州總管王世積之親信也世積拜凉州總管未幾孝諧有罪吏捕之亡抵世積世積不納繇是有憾孝諧竟配防桂州事總管令狐熙熙又不之禮甚困窮因徼倖上變稱世積嘗令道人相其貴不道人答曰公當爲國主謂其妻曰夫人當爲皇后又凉州其所親謂世積曰河西天下精兵處可以圖大事也世積曰凉州土曠人稀非用武之國繇是被徵入朝案其罪有司奏左衛大將軍元旻右衛大將軍元胄左僕射高熲竝與世積交通受其名馬之贈世積竟坐誅旻胄等免官拜諧爲大將軍

趙釋柱者虞慶則之婦弟也開皇中嶺南人李賢據州反時虞慶則爲桂州總管以釋柱爲隋府長史釋

柱先與慶則愛妾通恐事彰乃宣言曰慶則不欲此行遂聞於文帝先是朝臣出征帝宴皆別禮賜遣之及慶則南討辭帝帝色不悅慶則繇是怏怏不得志暨平賢至潭州臨桂鎭慶則觀眺山川形勢曰此誠險固加以足糧若守得其攻不可拔遂使釋柱詣馳京奏觀上顏色釋柱至京因告慶則謀反帝案驗之慶則於是伏誅拜釋柱爲柱國

譙州刺史

陳峴少驍勇士章大寶爲帳內部曲告大寶反叛拜

李元操爲內史侍郎王邵爲著作佐郎以母憂去職

在家著北齊書時制禁私撰史爲元操所奏帝怒遣
使收其書覽而悅之於是起爲員外散騎侍郎修起
居注
楊汪爲荆雒二州刺史時高祖謂諫議大夫王達曰
卿爲我覓一好左丞達遂私於汪曰我當薦君爲左
丞若事果當以良田相報也汪以達所言奏之達竟
以獲罪卒拜汪爲尚書
崔彥武爲魏州刺史辛德源素與武陽太守盧思道
友善時相往來彥武奏德源潛爲交結恐有姦謀是
謫令從軍討南寧歲餘而還

丘和煬帝時爲蒲州刺史以宇文述方被任遇和傾
心附之又以發武陵公元冑罪拜代州刺史
唐紇干承基刺客也嘗山王承乾爲皇太子詔壯士
左衛副率封師進及承基等謀令殺魏王泰不克而
止尋與漢王元昌兵部尚書侯君集等謀反將縱兵
入西宮會承基外連齊王祐反繫獄當死遂告其事
太宗命司徒長孫無忌等參鞫之廢承乾爲庶人元
昌賜自盡君集等伏誅
張亮倜儻有大度外敦厚而內懷詭詐大業末年李
密畧地滎汴亮仗策從之未被任用屬軍中有謀反
者亮告之密以爲至誠署驃騎將軍隸於李勣
房遺直玄齡之長子也玄齡次子遺愛尚高陽公主
坐反誅遺直攻訐遺愛及主云悍國家刑憲罪盈惡
稔恐累臣私門太宗令所司案驗遂別獲主等反端
而以遺直頗言主愆兼以玄齡素著勳勣得免爲隸
廢於家
崔翟爲雍州司功李乾祐爲司刑太常伯嘗舉翟爲
尚書郎事既不果私以告翟其後翟有犯遂告乾祐
泄禁中以贖罪乾祐坐免立於九成朝堂之間東中
被拽卒

喬琳爲監察御史同院畢耀初與琳嘲謔往復因成
釁隙遂以公事相告訐坐貶巴州員外司戶
王再榮太常丞于敏役人也再榮於憲宗元和八年
二月詣銀臺門告敏父司空頔與梁正言錢以謀出
鎮即日收頔孔目官沈璧幷家僮十數人於內侍獄
鞫問于頔待罪於右仗以御史中丞薛存誠刑部侍
郎王播太理卿武少儀爲三司使是日晚繫敏於臺
獄沈璧王再榮竝自內侍獄出付臺司案初正言貪
詐自擅勇於射利梁守謙方知樞密正言每詭謂人
吾與樞密宗盟分至頔得闕說頔久失職惑其言厚

致財賄以圖任用其後正言之詐漸露于敏責其資於市邸誘致正言之僮奴支解棄於溷中會再榮發其事故敗

王士則武俊之子爲邢州刺史自承宗不容諸父士則奔京師拜驍騎將軍元和中盜殺武元衡士則及其弟士平告曰承宗使之旣而案成其獄

李賞穆宗長慶中故司空于頔之子方欲以譎謀求進乃言於宰相元稹稱有奇士王昭于友明等三人嘗家青鄆函遊深趙之間且與賊黨通熟可反間而出元翼賞言于方知裴度爲元稹所忌乃授稹指使

厚賂刺客王昭等令潛刃度詔二司按鞫無驗而前事盡露於是度稹皆罷

史志忠左神策軍吏也長慶四年告妖賊馬文忠謀逆捕獲之有詔并執其黨品官李文德等七人同鞫于內侍

安再榮者衛尉卿劉遵古役人也再榮敬宗寶曆元年九月丁丑告前袁王府長史武昭謀害右僕射平章事李逢吉庚辰詔侍御史溫造刑部郎中李行修大理正元從職充三司案武昭獄上言准勅推勘安再榮所告張少騰等三人擬潛害宰臣李逢吉事關連人並案問得實勅前袁王府長史武昭及弟昰役人張少騰宜付京兆府各決痛杖一頓處死前水部郎中李行枚可道州司馬待服闋起任河陽節度掌書記秘書省較書郎李仲言流象州左金吾衛兵曹參軍弟昰流崖州太學博士李涉流康州大理卿遵古役人安再榮山人劉審等三人續議優獎昭本陳留人性險詖元和中王師討淮西以策謁丞相裴度及度督軍因得署軍職至郾城又遣昭使蔡寇懼之以兵而昭神色不變益奇之後至太原奏爲石州刺史無何昭除王府官以地散鬱悒日與李涉弟昰在

長安中以義俠相許是時宰臣李逢吉李程不叶而此輩皆乘隙售巳干遊其門李仍叔素依附李程知昭不得志易以鼓怒怨亦詐昭云程欲與昭官爲所沮昭果恨怒與劉審及張少騰潛說謀害逢吉之計後審乃以昭之言告於張權輿權輿遂告逢吉昭審本其狀因令弟昰致昭到所居與之深相結納而疑怨之意並息居數月少騰漏語於再榮遂以狀密告因成其獄仲言於逢吉爲近從子當此際亦欲助逢吉以傾程乃陰識弟昰曰言武昭與李程同謀則活否則死昰曰寃死甘心誣人以自免所不爲也初逢

吉遇弟彙甚厚嘗與彙書云足下嘗字僕日自來僕字足下日利見文字往復畧無虛日其間參謀議之密受金帛之賜不宜示於衆者近十餘幅異哉逢吉與桯俱在相位而日與闒茸微類如此欵密獄既明具詞皆牽連天下之人無不指笑詔授劉審鄧州長壽縣主簿安再榮石能爲武軍長史賞告武昭之功也

後唐張繼業爲河陽兩使留後莊宗同光三年六月繼業上疏稱弟繼孫本姓郝有母尚在父全義養爲假子令官銜内兵士自皇帝到京繼孫私藏兵甲招

置部曲欲圖不軌兼私家淫亂無別無義臣若不自陳恐累家族勑有善必賞所以勸忠孝之方有惡必誅所以絶姦邪之迹其或罪狀騰於衆口醜行布於近親須舉朝章與明國法汝州防禦使張繼孫本非張氏子孫自小丐養以至成立備極顯榮而不能酬撫育之恩履謙恭之道擅行威福嘗恣姦兇侵奪父權惑亂家事從鳥獸之行畜梟獍之心有識者所不忍言無賴者實爲其黨而又横征暴歛虐法峻刑藏兵器於私家殺平人於廣陌罔思悛改難議矜容宜寘遐方仍歸還於姓氏俾我勳賢之族永除汙穢之風凡百臣僚宜體朕命可貶房州司戶參軍同正兼勤復本姓尋賜自盡仍籍没資産

周陳正者潁州鄉兵也廣順三年正月正告指揮使王懷殷謀逆鞫之誣告詔本州決杖

張景陽同州郃陽州民也景陽詣闕訟節度薛懷讓不公

冊府元龜

冊府元龜

巡按福建監察御史臣李嗣京訂正
新建縣舉人臣戴國士參閱
知建陽縣事臣黃國琦較釋

總録部九百三十五

構患

釁勇啚禍斯爲小人掩義隱賊謂之凶德乃有務逞巳欲罔顧時艱祟飾詖辭專任小智騁强辯之策激怒所趣肆威寵之勢斂怨於下至有携離天族猜阻臣節煽或有漸翻覆靡常承間隙而率作因觖望而

交構外虞莫禦内蠧攸興實啓厲階豈思敗類湯止沸而寧息火燎原而莫向亂是用長職此之繇亦有始謀不臧矯枉過正欲滌蕭墻之禍終擬無名之舉用殄厥族其可悲矣

漢蒯通范陽人也始韓信虜魏王破趙代降燕定三國引兵將東擊齊未度平原聞漢王使酈食其說下齊信欲止蒯通說信曰將軍受詔擊齊而漢獨發間使下齊寧有詔止將軍乎（間使謂使人伺間隙而軍行）何以得無行且酈生一士伏軾掉三寸舌下齊七十餘城（掉搖也從釣切）將軍將數萬之衆迺下趙五十餘城爲將數歲反不如一豎儒之功乎於是信然之從其計遂度河齊已聽酈生即留之縱酒罷備漢守禦信因襲歷下軍遂至臨淄齊王以酈生爲欺已乃烹之因敗走

主父偃齊國臨淄人也學長短縱横術初欲因齊宦者徐甲内女齊王後宫太后怒偃繇此與齊有隙偃方幸用事因言齊臨淄十萬户市租千金（收一市之租值千金也）人衆殷富鉅於長安（鉅大也）非天子親弟愛子不得王此今齊王於親屬益疏乃從容言呂太后時齊欲反（從音千容切）及吳楚時孝王幾爲亂（幾因巨衣切）今聞齊王與其姊亂於是武帝拜偃爲齊相且正其事偃至齊

急治王後宫宦者爲王通於姊翁王所者辭及王王年少懼大罪爲吏所執誅乃飲藥自殺

漢漢賈詡爲討虜較尉董卓之壻中郎將牛輔屯陝詡在輔軍卓敗輔又死衆恐懼較尉李傕郭汜張濟等欲解散行歸鄉里詡曰聞長安議欲盡誅凉州人而諸君棄衆單行即一亭長能束君矣不如率衆而西所在收兵以攻長安爲董公報仇幸而事濟奉國家以征天下若不濟走未後也衆以爲然傕乃西攻長安

魏丁謐爲尚書初司馬宣王以曹爽魏之肺腑毎推

奈之爽以宣王名重亦引身至下當時稱爲謙與衆
乾等既進用數言於爽曰宣王有大志而甚得民心
不可以推誠委之繇是爽嘗猜防焉禮貌雖存而諸
所興造皆不復諮宣王宣王力不能爭且懼其禍故
避之

陳陳寶應晉安侯官人世爲閩中四姓父羽有才幹
爲郡雄豪寶應性反覆多變詐梁代晉安數反累殺
郡將羽並扇惑合成其事後復爲官鄉導破之繇是
一郡兵權皆自己出

北齊斛斯椿初爲介朱榮所委任及榮死椿乃殺介

朱世隆兄弟等以歸齊獻武王出帝年椿侍中儀同
開府初獻武王之入雒頓於邙山朱仲遠帳下都督
橋寧張子期自滑臺而至獻武王責寧等曰汝事仲
遠擅其榮利盟契百重許同生死前仲遠自徐爲逆
汝爲戎首今仲遠南走汝復背之於臣節則不忠論
事人則無信犬馬尚識恩養汝今犬馬之不如遂斬
之椿自以數爲反覆見寧等之死意嘗不安遂密構
間勸出帝置閣內都督部曲又增武直人數自直閤
已下員別數百皆選天下輕影者以充之又說帝數
出游幸號令部曲別爲行陣椿自約勒指麾其間從
此以後軍謀朝政一決於椿又勸帝徵兵詭稱南討
將以伐齊獻武王帝從之遂陳兵城南北接邙山南
至雒水帝誥且戎服與椿臨閱焉獻武王以椿亂政
欲誅之椿譏謗既行因此遂相恐動出帝勒兵河橋
椿爲前軍營於山北尋遣椿率步騎數千鎮虎牢椿
弟豫州刺史元壽與都督賈顯智守滑臺獻武王令
相州刺史竇泰擊破之椿懼已不免復啓出帝假說
游聲以劫脅帝信之遂入關椿亦走長安椿狡猾多
事好亂樂禍于時敗國朝野莫不讐疾之元壽尋爲
部下所殺

隋竇建德大業七年山東大飢建德謂孫安祖曰文
帝時天下殷盛發百乘之衆以討遼東尚爲高麗所
敗今水潦爲災黎庶困窮而主上不恤親駕臨遼加
以往歲西征瘡痍未復百姓疲困累年之役行者不
歸今重發兵易可搖動丈夫不死當立大功豈可爲
逃亡之虜也我知高雞泊中廣大數百里莞蒲阻深
可大逃難承間而出虜掠足以自資既得聚人且觀
時變必有大功於天下矣安祖然其計建德招誘逃
兵及無產者得數百餘人令安祖率之入泊中爲羣
盜

唐盧楚煬帝之末江都亂作東都留守元文都等共立越王侗爲帝時王充與文都有隙文都知之陰有誅充之計侗復以文都領御史大夫充固執而止盧楚說文都曰王充外軍一將耳本非留守之徒何得預吾事且雒口之敗罪不容誅今者敢懷跋扈宰制時政此而不除方爲國患文都然之遂懷奏入殿事臨發有人以告充時在朝堂懼而馳還含嘉城謀作亂文都頻遣呼之充稱疾不赴至夜作亂攻東太陽門而入拜於紫微觀下侗遣人謂之曰何爲者充曰文都盧楚謀相殺害請斬文都歸罪司寇侗見兵勢

漸盛度終不免謂文都曰公自見王將軍也文都遷延而立侗遣其署將軍黄桃樹執文都以出文都顧謂侗曰臣今朝亡陛下亦當夕及侗慟哭而遣之左右莫不憫然出至興教門充令左右亂斬之諸子並見害

楊國忠爲右相時安禄山玄宗尤所親重又握兵柄國忠知其跋扈終不出其下將圖之屢爲玄宗言其悖逆之狀時禄山陰圖逆節而未有名帝不信之國忠乃使門吏蹇昂何盈求禄山陰事圍捕其宅得李岱等使侍御史鄭昂縊殺於御史臺又奏徙其黨吉温於合浦以激怒禄山幸其動搖以取信於帝帝意不悟也繇是禄山惶懼遂舉兵以誅國忠爲名

李訓爲國子博士翰林侍講學士文宗性守正嫉惡以宦者權寵太過繼爲禍胎訓在翰林解詩之際或語及巷伯事則再三憤激以動帝心帝以其言論縱横謂能成事遂以其誠謀於訓及鄭注太和九年累遷禮部侍郎平章事出鄭注爲鳳翔節度使約以其年十一月誅中官至其月二十一日帝御紫宸殿左右班定金吾使韓約不報平安上書臣本署内廳後有石榴樹昨夜三更甘露降臣已有狀進門賀訖臣

以甘露上瑞味甘氣香其色炫燿此實聖德廣被上天降休臣目睹嘉祥不勝慶忭蹈舞再拜宰相王涯賈餗舒元輿香案前拜賀百官相次皆稱賀訓元輿因奏曰甘露發祥甫邇宮禁陛下實宜親觀以受天慶帝允之班退出閤百官復列班於含元殿庭日至辰時帝乘軟舁出自紫宸門内官兩中尉樞密使已下翼侍而進繇含元殿東階昇殿宰相供奉官分列於副階之上南班官兩列于殿下渠北帝曰宰相及兩省官且往樹下觀之於是宰相領兩省官東入金吾仗將軍廳事同看甘露曰此非眞甘露也訓謂兩

內官曰公等子細視之帝令辨驗不可容易良久歸
班訓奏曰臣與兩省官細視其狀恐非甘露此事不
可輕言言出之後四方須有稱賀臣恐未是眞瑞帝
曰豈當有如此事顧左右軍中尉及內官等曰爾等
往驗之皆羅拜而去時新除太原節度使王璠邠寧
節度使郭行餘竝在本班訓皆相約曰有急須相就
共張形勢於是訓急召王璠郭行餘曰來受勑旨時
邠寧兵士來迎行餘數百人皆執弓刀立於丹鳳門
外訓復遍呼之曰兩鎭軍將官徤悉入聖上欲親有
處分王璠恐悚不前行餘獨拜殿下邠寧兵士竟亦

不至內官至甘露下廻旋良久韓約氣懾汗流不能
舉首左右軍中尉曰將軍何故如此後風吹廳幙內
見執兵仗者甚衆內官驚恐走出關者執關欲鎖其
外門爲衆所叱執關而不能舉內官廻或持樹枝及
以小瓮挖盛甘露以進訓見如此連聲呼金吾兵仗
令上殿護衞乘輿每人賞錢一百貫文內官以事勢
非常衆扶輦輿決破罘罳自含元殿北下殿疾趨訓
攀輦連呼曰陛下不得入內金吾兵仗數十人亦隨
訓而入京兆少尹知府事羅立言領其徒自東來御
史中丞李孝本領其徒自西來各二百餘人皆上殿
縱擊但聞有呌呼寃枉之聲內官或有被血羅拽出
者數人訓持輦愈急迤邐入宣政門帝叱之內官郗
志榮以手擊其胷訓仆於地輦入東上閤門閤門旣
閉聞呼萬歲者數四百官錯愕莫知所爲王涯賈餗
舒元輿歸中書就食曰必將開延英召對兩省官就
見宰相涯曰不知是何事也諸公且各自取便須臾
吏忩曰有兵自內來遇人卽殺宰相已下愴惶忩出
兩省人吏及金吾徤兒共千餘闘門爭出宰相等絶
及出門兵士已合在門內不能出者凡六七百人皆
死時王璠男遐休直弘文館其日初莅所職館中官

屬駕部郎中充學士令狐定領其傔六人送之悉爲
兵士所擒欲殺者三四內官大盈庫使宋守義自號
爲斬斫使翌日執遐休送神策軍戮之其餘皆護而
免焉其日王涯步行至永昌里茶肆爲左神策所擒
舒元輿易服單騎出安化門右神策軍騎追及之賈
餗變服宿於人間明日自詣右神策軍其日夜半左
神策軍取王璠於長興里私第取羅立言於太平里
私第自王涯已下骨肉妻子一時捕繫訓再從弟戶
部員外郎元臯涯子工部郎中集賢殿學士孟堅太
常博士仲興其餘稚少皆連襟繫頸送入兩軍無少

長盡誅之婦女或有存者配没掖庭天下州府捕索尤切至於嬰孩亦皆流竄是日巳午之際禁軍突入修行里故嶺南節度使胡証之家以捜賈餗爲名其實以証多積因而刼之証之子溵送捕入軍害焉癸亥進朝羣臣至建福門猶尚閉朝官共止於郎官待漏院隔門傳呼只許一人隨從及日欲出門方開朝官得入自建福門迤邐死僵塞路門亦有兵守提及下馬橋死者亦然光範門關鎖甚固自橋北盡兵士嚴畏之兩省官不得進皆取金吾右仗人及龍尾道方令下馬左右兵士轉抵宣政衞兵士皆露刃爲隊

至正衙門尚未開時無宰相又無御史中丞兩省官寓立朝堂無人吏百官無行列逡巡唯閤門使馬元贄斜開宣政衙門出連呼當侍張仲方可京兆尹然後門人啓時無知班吏百官雜沓而進衙門兩廊廡下亦兵對不鈌立次有衣緋中使乘馬自東上閤門出宣問兵士時閤門喚仗帝已御紫宸殿兩省官與南班一時入閤亦自序其班立定通事舍人杜側宣召左右僕射令狐楚鄭覃皆至龍墀南宣授王涯所通反狀涯狀云與李訓同謀欲行大逆冊立鄭注帝問楚等曰此是涯書否楚曰乃是涯自書誠如此罪不容誅班退近晚復召令狐楚鄭覃王源中入內殿對令草制勅一夕而出是夜皆欲以爲相楚以制勅稍直爲內臣所不樂翌日遂有鄭覃李石相次之命焉李孝本單騎投鄭注其日右神策軍擒之於咸陽西原甲子右神策軍盩厔鎮遏使宋楚擒獲訓以兵士送至混明池訓恐入軍別被榜笞謂兵士曰所在有兵得我者即富貴不如持我首去兵士於是斬訓傳首初訓與僧宗密善及敗走單騎投宗密於鄠縣終南山下宗密欲髡其頭其徒不可乃以一人引去下欲西投鄭注爲侯騎所得後右軍縛宗密至欲誅

之宗密怡然曰識訓年多亦知訓反叛然本師教云見苦即救不愛身命死固所甘中尉魚志弘遂釋不殺是時三館圖書幷中書一物已上盡爲兵士剽掠其兩閤應所有悉無存者次日朝官亦入其兵士稍減光範門方開其他如故行儀班退及午又追朝泊百僚至召入閤以鳳翔告捷獻鄭注首悉稱賞拜舞而退兩軍權呼動地自此兵士皆放歸本軍其鄭注首懸於光宅坊西北角鋪三日而去之其時兩省官尚多疑懼不歸本署多寓四方舘暫憇而歸甲子勅王涯等身爲宰相委任至重與其徒恣行凶惡潛構

姦謀鄭注草萊卑末寵遇殊常而乃竊發殿庭同爲
扶竪陰邪之狀古今未聞賴宗社降靈羣臣恊力斯
須消滅京師晏寧天下之人所同懽快惡之罪國
有常刑其王涯賈餗舒元輿王璠郭行餘李孝本羅
立言等宜令左右神策差兵馬防援准舊例領赴郊
廟及兩市令衆訖於獨柳樹下並仰准法處分是月
左神策軍以兵馬三百人領王涯王璠羅立言右神
策軍以兵馬三百人領賈餗舒元輿李孝本等並於
子城西南隅舊號獨樹下腰斬涯以榷茶事百姓怨
恨詬之於衢或投瓦石以擊之其中書門下省吏人

焦寓焦璿御史臺驅使官李楚等數十人兩軍爭取
殺之并夷其家戊辰詔曰朕以寡德祗荷鴈圖于茲
十年夙夜惟寅嘗恐至誠不達景化未敷屆巳以安
四方推信以待百辟豈有患生眦徛變起姦兇亦以
失於任人致此氣沴然朕爲人父母子育生靈憂萬
姓之靡寧懼一物之失所況至理之代先德而後刑
以上下歡康中外清晏慮有連累即傷太和且賞不
愈時式彰褒勸其今月二十一日排難宣力功成謀
議及能應機梟斬鄭注者節級各加官賞其次立功
及車隆將士合在賞級者即有差等處分其將校等
合與改轉委本軍條流其名開奏謀逆之人已斷腰
領子孫家破俾當極誅元惡李訓王涯家族除已處
置外妻女奴婢並入官資貨產業天下所在切加簡
責據數開奏其餘親黨除同居知情外不同謀計者
一切不問諸色官吏所繇其受逆長指合欲出力同
惡者並已兩軍推問尋捕處斬訖尚慮因緣讐隙妄
告平人自今已後縱同官司微涉詿誤者一切不潜
藏疑懼者許三日內各歸本司不得輙相恐動韓約
首爲詐惡逆罪滔天雖羅捕未獲終天網不漏宜委
御史臺京兆府兩金吾速催促所繇齊出捜索獲日

聞奏如輙有人隱藏不告者罪及一門如知處隱藏
密來告說者必當厚有賞賜於戲朕求理之心惟才
是與聽言信行不慮包藏豈謂邪人負我如此其中
誘陷必有脅從須挂刑名載深冤歎其中節目疎理
未盡須更商量者委中書門下續即條奏宣示遠邇
咸使聞知是日左神策攻於崇義坊捉獲韓約巳巳
勑以左神策軍兵馬二百餘人領韓約於東市西北
隅狗脊嶺處斬庚午咸陽縣令武公緒詔京兆府杖
殺之以其與李孝本路糧錢三千辛未勑兇徒竊發
震駭京師中外而心即時擒斬脉者將孫叛黨咸告

廟社且國之大事合謁諸陵宜令所司擇日撰儀差
官
後唐安重誨爲樞密使時東川帥董璋恃險難制乃
以武虔裕爲綿州刺史董璋益懷疑忌乃執虔裕以
叛
朱弘昭馮贇並爲樞密使時秦王從榮屢宜忿言執
政大臣皆懼禍及明宗疾篤秦王知人情不附巳恐
大事乖誤與將吏謀以兵入侍先制權臣謂康義誠
曰予欲居中侍醫藥何處宿止爲便對曰子侍父疾
何向不可仍懷疑慮十一月十九日令牙將馬延嗣

謂贇曰秦王明日入侍公等止於何處贇跪對曰秦
詔二十日五鼓馬延嗣復至贇第秦王言公等處事
所宜和允各有家族禍福須刻贇復跪對是日遂馳
馬守右掖門至廣壽殿門見朱康共述延嗣語又謂
義誠曰秦王言禍福須刻事郎可知此事宗社所繫
侍中勿顧慮也義誠未暇對監門報秦王領兵在端
門外二人切告義誠對曰惟公所使孟漢瓊拂衣而
言曰爵君平時惟恨祿位不大及危疑之際便持兩
端非丈夫也乃至雍和殿奏曰從榮謀大逆陳兵在
端門明宗愕然問義誠不能游詞言事實明宗曰爾
圖之勿驚動京師孟漢瓊率控鶴指揮李重吉馬軍
指揮朱洪實等非戰是日誅之遂令漢瓊自赴魏州
迎愍帝二十六日明宗晏駕月晦帝至京師主喪倉
卒中內外制置皆出贇弘昭愍帝卽位贇弘昭並與
機密贇與弘昭素猜忌潞王初明宗不豫潞王夫人
繼入省視及宮車變故辭疾不來西使者又伺得潞
邸陰事贇等不能長轡遠馭以制之遂出李重吉於
外延比丘於內又移鎭太原是時不除制書惟以宣
授而已遂至於稱兵焉

薛文遇爲樞密院直學士末帝初疑河東有異志欲
移石某晉高祖名於鄆州九月近臣房暠等堅言不可司
天監趙延義亦言星辰失度尤宜好靜繇是稍緩其
事會文遇獨宿禁中帝召之諭以太原之事文遇奏
曰臣聞作舍於道三年不成國家利害斷自宸衷以
臣料之石某除亦叛不除亦叛不如先事圖之帝喜
曰聞卿此言豁吾憤氣卽令手書除目子夜下學士
院草制翌日宣制之際西班失色居六七日河東上
章言甚不遜遂稱兵
晉景延廣爲侍衛親軍使少帝卽位以爲已功爭用
使相彌有矜伐之色始朝廷遣使告哀北虜無表致

書去臣稱孫虜怒以使來讓延廣乃奏令契丹圖運
使喬榮告邪律氏曰先帝則北朝所立今上則中國
自冊爲鄰爲孫則可無稱臣之理且言晉朝有十萬
口橫磨劍翁翁要戰蚤來他日不禁孫子則取笑天
下成後悔矣繇是與虜立敵干戈日尋所謂惟口起
戎是也又請下詔追揚光遠高祖在位時宣借騎兵
光遠忿延廣怨朝廷遂遣間使泛海搆虜明年十二
月虜乃南牧以三年正月下茸陵河北儲蓄悉在其
郡帝大駭率六師親駐澶淵虜攻張從恩於鄴下克
又分衆濟汶陽黃河北津以趣榮丘爲我騎將皇甫

遇李守貞挫其鋒虜尋退次攻澶淵延廣爲上將凡
六師進退皆出胸臆自帝巳下不能制衆咸憚而忌
之虜既還猶閉柵自固士大夫曰昔與虜絕好言何
勇也今虜至若是氣何憊也時延廣在軍毋凶問至
自澶淵津北移津南不信宿而復莅戎事曾無戚容
下俚之士亦聞而惡焉

王緒性姦猾多心術爲魏博杜重威從事聚斂無巳
重威承詔攻安重榮於當山緒從之城未下獻謀於
重威率境內百姓地畝錢以備贍給俄而城下從前
令督之重威素貪黷深重之尋以他事忤意乃薦於
朝廷授太常丞家於營丘嘗致書於楊光遠時緒有
妾之兄以貪匱告緒緒不爲賙給又詬辱之繇是挾
隙告與楊光遠連謀每密書述朝廷機事侍衞使景
延廣收捕下獄奏斬於澶州北市

漢聶文進爲樞密院承旨右領軍大將軍遇周太祖
出征稍至驕橫久未遷改深所怨望與李業輩搆成
變亂史弘肇等遇害之前夕文進與同黨預作宣詔
制置朝廷之事凡闕文字並出文進之手明日難作
文進點閱兵籍徵發軍衆指揮取舍以爲已任內外
咨稟前後塡咽太祖在鄴被搆初謂文進不預其事

驗其事迹方知文進亂階之首也大詬詈之太祖過
封丘帝次於北郊文進告太后曰臣在此請宮中勿
憂兵散之後文進召同黨痛飲歌笑自若遲明帝遇
禍文進奔竄爲軍士所追梟其首

冊府元龜

冊府元龜

巡按福建監察御史臣李嗣京　訂正

分守建南道左布政使臣胡維霖　參閱

知建陽縣事　臣　黄國琦　較釋

總錄部　一百八十六

吝嗇　蹤競　私愛

吝嗇

先聖垂戒靡吝於驕吝詩人興詠亦刺於儉嗇乃有躬褊介之性兼封執之見以專利爲務以多積爲急錙是競錐刀之末如寇盜之至雖復悖入之無算尚

若屢空之不足故自奉之共益增於菲薄周急之義固從於杜絶以至闕所親之養拒縣官之求斯乃名教之不容人倫之所擯者也

曹氏郇氏魯人也魯俗儉嗇曹氏郇氏尤甚以鐵冶起富至巨萬然家自父兄子孫約俛有拾仰有取

魏曹洪爲驃騎將軍封都陽侯始家富而性吝嗇文帝少時假求不稱嘗恨之遂以舍客犯法下獄當死羣臣並救莫能得卞太后謂郭后曰令曹洪今日死吾明日勑帝廢后矣於是泣涕屢請乃得免官削爵土洪魏畧曰文帝收洪時曹真在左布請之曰今誅洪洪必以真爲譖也帝曰朕自治之卿何預也會卞太后責怒帝言梁沛之間非子廉無有今日詔乃釋猶尚沒入其財產太后又以爲言後乃還之

張緝爲東莞太守領兵數千人緝性吝於財而矜於勢

晉王戎爲司徒性好興利廣收八方田園水碓周徧天下積實聚錢不知紀極每自執牙籌晝夜筭記嘗若不足而又儉嗇不自奉養天下人謂之膏肓之疾女適裴頠貸錢數萬久而未還女後歸寧戎色不悅女遽還直然後乃悅從子將婚戎遺其一單衣婚訖更責取家有好李常出貨之恐人得種嘗鑽其核以此獲譏於世

和嶠家產豐富擬於王者然性至吝以是獲譏於世杜預以爲嶠有錢癖

王導爲丞相性儉節帳下甘果爛敗令棄之云勿使大郎知大郎即導子悅也爲中書侍郎先導卒

郗愔爲冠軍將軍好聚斂積錢數千萬子超嘗開庫取施一日中散與親故都盡超官至散騎侍郎

宋宗慤爲左衛將軍有佳牛堪進御官買不肯賣坐免官

朱修之爲領軍性儉刻少恩情姊在鄉里饑寒不立修之貴爲刺史未嘗供贍嘗往視姊姊欲激之爲設

菜羹麤飯修之日此乃貧家好食致飽而去
南齊曹虎爲右衛將軍貨賄吝嗇在雍州得見錢五千萬伎女食醬菜爲重肴每好風景輒開庫招拍張向之帝疑虎舊將兼利其財新除未及拜見殺時年六十餘
王琨爲侍中性既謹慎而儉嗇過人家人雜事皆手自摻執設酒不過兩盃輒云此酒難遇鹽豉薑蒜之屬並挂屏風酒漿悉置牀下內外有求琨手自賦之
梁朱异爲侍中四方饋遺財貨充積性吝嗇未嘗有散施廚下珎羞腐爛每月嘗棄十數車雖諸子別房

亦不分贍
王筠家累千金性儉嗇外服麤弊所乘車馬嘗飼以青草後爲太子詹事
陳沈衆爲左民尚書家累財帛以億計無所分遺其自奉養甚薄每於朝會之中衣裳破裂或躬提冠履永定二年兼起部尚書監起太極殿常服布袍芒屩以麻繩爲帶又携乾魚蔬菜飯獨噉之朝士咸共誚其所爲
後魏崔和爲正昌太守家巨富而性慳嗇埋錢數百斛其母李春思菫惜錢不買

鄭羲爲安東將軍西兗州刺史假南陽公羲多所受納政以賄成性又嗇慳民有禮餉者皆不與杯酒臠肉西門受羊酒東門酤賣之
崔光韶家足於財而性儉慳衣馬弊瘦食味麤薄始光韶在都同里人王蔓於夜遇盜害其二子孝莊詔黃門高道穆令加檢捕一方之內家別搜索至光韶宅綾絹財帛匱篋充積議者譏其矯嗇
北齊段韶爲武衛將軍左丞相尤嗇於財雖親戚故舊畧無施焉其子深尚公主并省丞郎在家佐事十餘日事畢辭還唯賜一杯酒

庫狄伏連爲開府領軍大將軍與瑯琊王儼矯殺和士開伏誅伏連家口百數夏至之日料以倉米二斛不給鹽菜常有饑色冬至之日親表稱賀其妻爲設豆餅伏連問此因何而得妻對向於馬豆中分減充用伏連大怒與馬掌食之人並加杖罰積年賜物藏在別庫遣侍奴一人專掌管鑰每入庫檢閱必語妻子云此是官物不得輒用至是簿錄並歸天府
崔瞻爲銀青光祿大夫瞻性簡傲以才地自矜所與周旋皆一時名望在御史臺常於宅中送食備盡珎羞別室獨飡處之自若有一河東人士姓裴亦爲御

史伺瞻食便往造焉瞻不與交言又不命匕筯裴坐觀瞻食罷而退明日裴自携匕筯恣情飲噉瞻方謂裴云我初不喚君食亦不共君語君遂能不拘小節晉劉毅在京口月請鵞炙豈亦異於是乎君定名士於是每與之同食焉

封述爲殿中尚書厚積財産一無饋遺雖至親密友貧病困篤亦絕於拯濟朝野物論甚鄙之外貌方整而不免請謁回避進趨頗致嗤駭前妻河內司馬氏一息爲娶隴西李士元女大輸財聘及將成禮猶競懸違述忽取供養像對士元打像作誓士元笑曰封

公何處常得應急像須誓便用一息娶范陽盧莊之女還又經府訴云送驢乃嫌脚跛評田則云鹹薄銅器又嫌古廢皆爲吝嗇所及每致紛紜

後周王羆爲驃騎大將軍每至享會親自秤量酒肉分給將士時人尚其均平嗤其鄙碎

隋劉焯以儒學知名天下名儒後進質疑受業不遠千里而至然懷抱不廣又嗇於財不行束修者未嘗有所教誨時人以此少之

唐徐岱貞元中爲給事中悋嗇頗甚倉庫管鑰皆自執掌獲譏於時

梁張衍爲右諫議大夫衍巧生業樂積聚太祖將北伐頗以邑從閒糜耗力用繫意屢干託宰相求免行事帝微聞之又屬應召稽晚遂及禍

晉張籛家雖厚積性實鄙吝未嘗與士大夫游處及令市馬利在私門不省舅以輸其直鬱鬱將至死愚之甚邪

符蒙素浮薄每效秦洛閒語識者笑之復性鄙嗇與人交不過於觴酒豆肉未嘗以賑急爲心赴兄之喪謂人曰夫量腸而食則延其壽兄之此夭是枉費也及清泰末嘗山有秘瓊之亂蒙百口悉在其中而財

貨掃地無餘家遂一空後至禮部侍郎卒

陳保極爲倉部員外郎無時才有傲人之名而性復鄙悋所得利祿未嘗奉身但蔬食而已每與人奕棊敗則以手亂其局蓋拒所賭金錢不欲償也及卒無妻兒囊中貯白金數千鋌爲他人所有時甚嗤之

袁正辭爲左監門衛大將軍無他才善治生雖承父舊其亦自能營構故其家益富嘗於積鏹之室有穴聲聞於外人勸其散施以禳其兆正辭曰此必謁其同輩宜便增之其庸暗多此類也及清泰天福開運之際厚貢求郡止得虛名而已三朝不遂其志以至

馬墮折足而終

漢張允隱帝即位之年授吏部侍郎自誅史弘肇之後連甍恐悚晨不保夕先是允曾使湖南錢塘得財萬計雖妻未嘗委之以衣帶連管鑰而行衣之下常如環珮之音既覩時危乃深藏寄貯每朝退即宿於相國寺僧舍是夜允與數十人匿于佛殿藻井之上登者既多覆壓墜地爲軍士盡取其衣而凍卒

周常思爲昭義節度使思性鄙悋未嘗與賓佐有酒肴之會

躁競

王制曰凡官民材必先論之論辯然後使之任事然後爵之又曰上賢以崇德簡不肖以黜惡以至屏之遠方終不齒此蓋審名實之分甄善惡之宜使無奔競奔浮僞者也暨叔世道喪宵人在列造請而不避寒暑交結而罔顧名節求進無已至怨詈而賜死乞丐無厭終悋鄙而没代希貴仕而改志喜嚴召而促程年過桑榆奏牘而干柄用器非鍾甹舉目而求章綬甚則棄彼母妻易其姓字越洪河之險假初筵之名若此之類良可醜也

司馬耕字子牛宋人孔子弟子也子牛多言而躁

宋劉瑀爲右衛將軍年位本在何偃前孝武初偃爲吏部尚書瑀圖侍中不得謂所親曰人仕宦不出當入不入當出安能長居戶限上因求益州帝知其意許之

王靖之爲司徒左長史靖之爲劉穆之所厚就穆之求侍中如此非一穆之曰卿若不求乆自得也遂不果

何衍明帝初爲建安王休仁司徒從事中郎仍除黄門郎未拜衍性躁動競求轉司徒司馬得司馬復求太子右率拜右率一二日復求侍中旬日之間求進

無已不得侍中以怨詈賜死

劉遐者長沙景王道憐之後也後廢帝時遐兄彦節爲中書令與齊高帝分決機事及順帝即位齊高帝輔政彦節知運祚將遷密懷異圖共攻高帝帝使捡殺之遐時爲吳郡太守亦見誅初彦節當權遐累求方伯彦節曰我在事而用汝作州於德望不足遐曰富貴則言不可相關從坐之日得免不至是果死

梁江淹爲建平王景素鎮軍參軍事領南東海郡丞會南東郡太守陸澄丁艱淹自謂郡丞應行軍事景素用司馬柳世隆淹固求之景素大怒言於選部黜

爲建安吳興令
伏暅爲豫章内史暅性儉素衣服麤惡外雖退靜內
不免心競故見譏於時
伏挺爲晉陵武康令罷縣還東郊築室不復仕挺少
有盛名又善處當世朝中勢素多與交游故不能久
事隱靖時僕射徐勉以疾假還宅挺致書以觀其意
曰昔士德懷顧戀與數日輔嗣思友情勞一旬故知
深心所係貴賤一也況復恩隆親故義重知己道庇
生人德弘覆蓋而朝野懸隔山川邈舒雖咳唾時沾
而顏色不遘東山之歎豈云旋復西風可懷孰能無

思加以之靜居廓處顧影莫酧秋風四起園林易色
凉野寂寞寒蟲吟懷抱不可直置情慮不能無託
時因吟詠動輟盈篇揚生沉鬱且猶覆盎惠子五車
彌多蹐駁一日聊呈小文不期過賞還逮隆渥累牘
兼翰紙縟字磨誦復無已徒恨許與過當有傷準的
昔子建不欲妄讚陳琳恐見嗤後代今之過奢餘論
將不有累清談挺竄迹草萊事絶聞見藉以謳謡得
之輿收仰承有事砭否仍成簡通娛腸悅耳稍從擯
落宴處榮觀豫在滌除綺羅絲竹二列頓遣方丈員
案三代僅存故以道變區中情冲域外操彼紈誦責
茲觀損追留侯之却粒念韓卿之辭榮聽想東郡屬
慎南岳鑽仰來覔有符下風雖云幸甚然則未喻雖
復帝道安康走馬行却由庚得所寅亮有歸悠悠之
人晨氏猶且攘袂浩浩白水甯叟方欲褰裳是知君
子拯物義非徇己思與赤松子游誰其克遂顧驅之
仁壽綏此多福雖則不言四時行矣然後黔首有庇
薦紳靡奪白駒不在空谷屠牟貢蒙其賴豈不休哉
豈不休哉昔杜眞自閉深室郎宗絶迹幽野難矣誠
非所希井丹高潔相如慢世尚復游涉權門雍容鄉
邑常謂此道爲泰每竊慕之方念擁篲延思以陳侍

者請至農隙無待邀求挺誠好屬文不會今世不能
促節局步以應流俗事等昌蒲謬被編嗜是用不羞
固陋無憚龍門昔敬通之賞景卿孟公之知仲蔚止
乎通人猶稱美盛況在府宗彌爲未易近以蒲槧匆
用箋素多闕聊效東方獻書丞相須得繕寫更請潤
訶儻逢子侯比復削牘勉報日復覽來書累牘兼翰
事苞出處言兼語默事義周悉意致深遠發函伸紙
倍增憤歎卿雄州擢秀弱冠升朝穿綜百家佃漁六
學觀䏲表其韶慧視色見其英朗若魯國之名駒邁
雲中之白鶴及占顯邑試吏腴壤將有武城絃歌桐

鄉謡詠豈與卓魯斷斷同年而語耶方當見賞長者
良能有加寵授飾茲簪帶寘彼周行而欲遠慕卷舒
用懷愚智旣知盈之爲累爰悟滿則辭多高蹈風塵
良所欽挹况以金商戒節素秋御序蕭條林野無人
共樂偃卧墳籍游浪儒玄物我兼忘寵辱誰滯誠乃
求美用有求同今遯聽傍求與懷寤宿白駒空谷幽
人引領貪賤爲耻鳥獸難群故當捐此薜蘿出從鵷
鷺無乖隱顯不亦休哉吾智乏佐時才慚濟世稟承
朝則不敢荒寧力弱途遥愧心非一天下有道堯人
何事得因疲病念從閑逸若使車書混合尉候無警

作樂制禮紀石封山然後乃反服衡門實爲多幸但
夙有風疢遘強虚眩瘠類士安羸同長孺簿領沉縻
臺閣未理娱耳爛腸因事而息非關欲追松子遠慕
留侯天假之年自當靖恭所職擬非倫匹良覺辭費
覽復循環爽焉如失清塵獨遠白雲飄蕩依然何極
猥降書札示之文翰覽後成誦流連縟紙昔仲宣才
敏藉中郎而表譽正平頴悟賴北海以騰聲望古料
今吾有慚德儻成卷帙力爲稱首無令獨耀隨掌空
使辭人扼腕式間顧見宜事掃門亦有來思赴其懸
榻經苔魚網別當以薦城闕之歎曷日無懷所遲萱

蘇書不盡意挺後遂出仕尋除南臺治書
後魏鄭約爲司徒諮議參軍性多造請好以榮利干
謁乞丐不已多爲人所笑弄坎壈於世不免饑寒
唐李敬玄爲勤州都督雖風格高峻有不可犯之色
然於造請不避寒暑
杜亞爲江南觀察使德宗登極勵精求賢以爲理令
中使召亞亞自揣必以宰輔徵仍促程而進累路與
人言議多話及行宰相政事所在方面或以公事諮
析亞皆納之旣至帝徵知之不悦又奏對辭旨踈濶
出爲陝州長史

于方穆宗長慶中爲和王傅以戚里勲家爲諸貴所
引用家富於財方交結遊俠務於速進
後唐胡裴爲魏州節度推官檢校員外郎時四鎭幕
賓皆金紫裴獨耻銀艾莊宗自魏州之德勝與賓僚
城樓餞別旣而群僚離席裴獨留獻詩三篇意在章
服莊宗舉大鍾屬裴曰員外能醻此乎裴飲滿素少
畧無難色日惟一舉而釂莊宗卽解紫袍賜之
解元龜太白山道士也明宗天成三年自西川至對
於便殿稱年一百一歲旣而上疏乞西都留守兼西
川制置使要修西京宮闕帝謂侍臣曰此人老耄自

遠來朝比期別有異見反爲身名甚可怪也賜號知
白先生賜紫衣放歸山
蕭希甫初在梁登進士第初依開封尹遠象先典書
奏象先移鎮青州希甫從行求爲管記象先未之許
署爲巡官憤憤不樂俄而象先出軍於河上希甫棄
其母妻夜渡河入於貝郡易姓名爲皇甫校書遂之
鎮州至王鎔置參軍希甫時稱青州君記前進士旣
至欲居賓席一旦失望屢有流言鎮州惡之居朞年
從鎔游王母觀希甫復遁於易州百丈山落髮爲僧
晉何澤爲太僕寺卿仕退居河陽澤嘗畜女僕十餘

公私請託令出入自是七十餘鬱鬱不得志有求進
之心時後唐明宗皇子秦王從榮位望隆盛明宗多
不豫澤令婢宜子詣䣃進狀請立秦王爲皇太子其
其末云臣前在班行不求致仕乃宰臣挪臣屏退所
以不盡臣才
梁漢顒鎮揚州後唐長興四年夏以眼疾授太子少
師致仕高祖素與漢顒有舊及卽位之初漢顒朝謁
再希任使徐左凤衛上將軍
辟可言隱帝乾祐元年自徽宣北院使爲右金吾上
將軍可言爲內史與掌機事大臣言議多越職喋喋
人惡之故有是拜
周武廷翰太祖廣順元年九月甲子自前耀州團練
使爲太子少保致仕廷翰有武幹晉朝前後征伐嘗
佐統帥有功乂歷大郡意在節鉞雖居符竹之任心
嘗不足初破安從進定襄漢別將有除鎮者廷翰謂
宰臣和凝曰主上年纫嗣襲萬機百揆悉委大臣廷
翰麄走大歩三十年不離數百戶郡將在廷翰麾下
鳴鍾列鼎者多矣相公獨無故人之情耶凝致謝而
已
侯贇者容州民也顯德三年十二月稱草澤臣冒闕

獻策詞理甚鄙且兼乞召對帝因問之語多不遜復
有自薦之意帝怒令引出杖脊配役

私愛

石碏曰愛子教之以義方陳亢曰君子之遠其子聖
人制禮以防人猶有薄於孝而厚於慈者蓋有無教
之父溺於私愛底亂彝倫不孝之子恃其驕寵狎侮
典常小則敗其家大則亂其國始蹤愛之終則禍之
古今非一焉
瞽叟盲而舜母死瞽叟更娶妻而生象傲瞽叟愛後
妻子常欲殺舜

卜商爲魏文侯師其子死哭之喪明

漢公孫賀爲丞相賀子敬聲爲太僕以皇后姊子驕奢不奉法征和中擅用北軍錢千九百萬發覺下獄是時詔捕陽陵俠朱安世不能得武帝求之急賀自請逐捕安世以屬敬聲罪帝許之

後漢第五倫爲司空或問倫曰公有私乎對曰吾兄子常病一夜十往退而安寢吾子有疾雖不省視而竟夕不眠若是者豈可謂無私乎

袁紹爲冀州牧有二子譚長而惠尚少而美紹妻劉氏愛尚數稱其才紹亦奇其貌欲以爲後未顯而紹

死

劉表爲荆州牧初以長子琦貌類於已甚愛之後爲幼子琮娶其後妻蔡氏之姪蔡氏遂愛琮而惡琦毁譽之言日聞於表寵暱後妻每信受焉欲以琮爲後而蔡瑁張允爲之友黨乃出長子琦爲江夏太守衆遂奉琮爲嗣

楊彪爲太尉見漢祚將終遂稱脚攣不復行積十年後子修爲曹公所殺公見彪問曰公何瘦之甚對曰媿無日磾先見之明猶懷老牛舐犢之愛公爲之改容

魏公孫域爲玄菟太守其子豹年十八歲早死有公孫慶本遼東襄陽人也其父延避吏居玄菟慶少時名豹又與域子同年域見而親愛之遣就師學爲要妻任爲郡吏

晉王衍爲太尉嘗喪幼子山簡弔之衍悲不自勝簡曰孩抱中物何至於此衍曰聖人忘情最下不及於情然則情之所愛正在我輩簡服其言更爲之慟

王導爲司徒其子悦弱冠有高名導甚愛之導嘗共悦奕棊爭道導笑曰相與有瓜葛那得爲爾耶及悦疾篤導憂念特至不食積日悦與導語嘗以慎密爲

端導還臺及行悦未嘗不送至車後悦亡後導還臺自悦嘗所送處哭至臺門

陸納爲吏部尚書以愛子長生有疾求解官營視兄子禽又犯法應刑乞免官謝罪詔特許輕降頃之長生小佳踰還攝職

宋張暢爲南譙王義宣丞相長史暢愛弟子輯臨終遺命與輯合墳

張永爲南兗州刺史都督北討兵敗失其第四子永痛悼之有兼嘗哀服制雖除猶立靈坐飲食衣服待之如生每出行嘗別具名車好馬號曰侍從有事

輒語左右報郎君知也

梁徐勉爲中書令第二子俳卒痛悼甚不欲生夂慶王務乃爲答喻

後魏畢衆敬爲兖州刺史其子元賓復爲刺史父子相代當代榮之時衆敬以老還鄉常呼元賓爲使君每於元賓聽政之時乘輿出至元賓所先遣左右勑不聽起觀其斷决欣然喜見顔色

穆壽世祖時與崔浩等輔政謂其子師曰但令吾兒及我亦足勝人不須苦教之

北齊楊休之爲中書監其子辟彊悦無文藝休之亦引之入文林館爲時人嗤鄙焉

冊府元龜

巡按福建監察御史臣李嗣京　訂正
知長樂縣事臣　夏允彝　參閱
知建陽縣事臣　黃國琦　較釋

總錄部　一百八十七

姦佞

夫性之至極者則趨尚難渝道之至昧者則性情易固所以腤韋以成其志便僻以用其心長惡不悛趨善彌遠肆情於傾巧盜言而孔其亂于家邦壞于典法或兵謀而是沮或政治而不修希旨苟容縱刑恣

暴既枉道以事人亦色厲而內荏仲尼所謂穿窬之盜者不其然乎

叔仲昭伯魯大夫哀公七年為隊正（隊正主役徒昭伯叔仲惠伯之孫）欲善季氏而求媚於南遺謂遺請城費（使遺請城）吾多與而役故季氏城費（言祿去公室季氏所以强）

豎牛曾叔孫之家臣季孫謀去中軍豎牛曰夫子固欲去之（誣叔孫以媚季孫）

漢王溫舒武帝時為中尉溫舒擊東越還議有不中意（中竹仲切不當天子意也）坐以法免是時帝方欲作通天臺而未有人溫舒請復中尉脫卒得數萬人作（覆按脫漏未為卒者）

[illegible]宅　帝拜為少府

陳湯字子公成帝時為大將軍從事中郎與將作大匠解萬年相善自元帝時渭陵不復徙民起邑成帝[illegible]初陵數年後樂霸陵曲亭南更營之萬年與湯議以為武帝時工楊光以所作數可意（可天子之意也）自致將作大匠及大司農中丞耿壽昌造杜陵賜爵關內侯將作大匠乘馬延年以勞苦秩中二千石（姓乘馬名延年乘食孕切）今作初陵而營起邑居成大功萬年亦當蒙重賞子公妻家在長安兒子生長長安不樂東方宜求徙可得賜田宅俱善湯心利之即上封事言初陵京師

之地最為肥美可立一縣天下民不徙諸陵三十餘歲矣關東富人益衆多規良田役使貧民（規畫也自占為疆界）可徙初陵以彊京師衰弱諸侯又使中家以下得均貧富湯願與妻子家屬徙初陵為天下先於是天子從其請果起昌陵邑徙內郡國民萬年自詭三年可成（詭責也自以為憂責也）後卒不就（卒終也就亦成也）群臣多言其不便者下有司議皆曰昌陵因卑為高積土為山度便房猶在平地上（度徒各切）客土之中不保幽冥之靈淺外不固卒徒工庸以鉅萬數至爇（古然字）脂火夜作取土東山且與穀同賈作治數年天下徧被其勞國家罷

（罷讀曰疲）敝府藏空虛下至衆庶熬熬（熬熬衆愁聲）苦之故陵
因天性據真土處執高敞旁近祖考前又已有十年
功緒（緒謂端緒次也）宜還復故陵勿徙民上迺下詔罷昌陵
丞相御史請廢昌陵邑中室（徙人新所起室）奏未下人以問
湯第宅不徹得毋復發徙（問其不復發徹更移徙邪）湯曰縣官且
順聽群臣言猶且復發徙之也時成都侯商新爲大
司馬衛將軍輔政素不善湯商聞此語白湯惑衆下
獄治
淳于長爲衛尉九卿久之趙飛燕貴幸成帝欲立以
爲皇后太后以其所出微難之長主往來通語東宮

（主猶導）歲餘趙皇后得立帝甚德之迺追顯長前功下
詔曰前將作大匠解萬年奏請營作昌陵罷弊海內
（罷讀曰疲）侍中衛尉長數白宜止徙家反故處（陵邑徙人以實之長奏令所徙之家各還本處）朕以長言下公卿議者皆合長計首
建至策民以康寧（康安也）其賜長爵關內侯後遂封爲
定陵侯大見信用貴傾公卿外交諸侯牧守賂遺賞
賜亦絫鉅萬（絫古累字也）
谷永爲太常丞成帝建始三年冬日蝕地震同日俱
發詔徵賢良方正之士永對策是時帝初即位謙讓
委政元舅大將軍王鳳議者多歸咎焉永知鳳方見
柄用（言任用之授以權也）陰欲自託乃復曰方今四夷賓服皆
爲臣妾北無葷粥冒頓之患（葷粥代六切）南無趙佗呂嘉之
難三垂晏然靡有兵革之警（晏安也）諸侯大者乃食數
縣漢吏制其權柄不得有爲亡吳楚燕梁之埶百官
盤互親踈相錯（盤互盤結而交互也錯間雜也互字或作牙言如豕牙之盤犬牙之相交也）
骨肉大臣有申伯之忠（申伯周申后之父）洞洞屬屬小心
畏忌（洞洞屬屬專謹也洞音動屬之欲切）無重合安陽博陸之患
（重合莽通安陽上官桀博陸霍禹也）三者無毛髮之辜不可歸咎諸舅
此欲以政事過差丞相父子中尚書宦官檻塞大
異皆瞽說欺天者也（檻義取檻押之檻檻猶閑也其字從木瞽說言不中道若無目

之人也）竊恐陛下舍昭昭之白過忽天地之明戒聽瘖
昧之瞽說（舍謂棄也瘖字與暗同又音一敢切）歸咎乎無辜倚異乎政
事（倚依也音於綺切次下亦同）重失天心（重直用切）不可之大者也（此
爲大不可也）陛下即位委任遵舊未有過政元年正月白
氣較然起乎東方（較明貌也）至其四月黃濁四塞覆冒京
師申以大水著以震蝕（申重也著明也）各有占應相爲表裏
百官庶士無所歸倚陛下獨不怪與（倚於已切與讀曰歟）白氣
起東方賤人將興之表也黃濁冒京師王道微絕之
應也夫賤人當起而京師道微二者已醜（已甚也）陛下
誠深察愚臣之言致懼天地之異長思宗廟之計改

往反過抗湛溺之意解偏駁之愛（抗舉也湛讀曰沈駁不周普也）奮
乾剛之威平天覆之施使列妾得人人更進猶尚未
足也（更互也音公行切）急復益納宜子婦人毋擇好醜毋避
嘗字（王鳳上小妻弟以納后宮以嘗字乳王章言之坐死今永反此爲鳳洗前過也）毋論年
齒推法言之陛下得繼嗣於微賤之間乃反爲福得
繼嗣而已毋非有賤也（苟得子耳勿論其母之貴賤）後宮女史使
令有直意者廣求於微賤之間（直當也令力成切）以遇天所
開右（右讀曰佑右助也）慰釋皇太后之憂慍（釋散也）解謝上帝
之譴怒則繼嗣蕃滋災異訖息（蕃多也訖上也蕃符元切）陛下則
不深察愚臣之言忽於天地之戒咎根不除水雨之

災山石之異將發不久發則災異已極天變成形臣
雖欲捐身關策不及事已（言禍敗既成不可如何也已語終辭也）疏賤
之臣至敢直陳天意斥譏帷幄之私欲間離貴后盛
妾（間莧君切）自知忤心逆耳必不免於湯鑊之誅此天保
右漢家使臣敢直言也（右讀曰佑）三上封事然後得召待
詔一旬然後得見夫由疏賤納至忠甚苦（由從也苦勞苦也）
由至尊聞天意甚難語不可露顧具書所言因侍中
奏陛下以示腹心大臣（永爲鳳言而言示腹心大臣無不可矣）腹心大
臣以爲非天意臣當伏妄言之誅即以爲誠天意也
柰何忘國家大本背天意而從欲（從讀曰縱）惟陛下省察

熟念厚爲宗廟計時對者數十人永以杜欽爲上第
焉帝皆以其書示後宮後帝嘗賜許皇后書采永言
以責之

陳崇孺子嬰時爲大司徒司直王莽爲太傅安漢公
崇與張敞孫竦相善竦者博通士爲崇草奏稱莽功
德崇奏之曰竊見安漢公自初束脩（束脩謂初學官之時）值世
俗隆奢麗之時蒙兩宮厚骨肉之寵被諸父赫奕之
光財饒勢足亡所牾意（牾音五故切）然而折節行仁克心
履禮拂世矯俗確然特立（拂違也矯正也拂音佛）惡衣惡食陋
車駑馬妃匹無二閨門之內孝友之德衆莫不聞清

淨樂道溫良下士（下音乎嫁切）惠於故舊篤于師友孔子
曰未若貧而樂富而好禮公之謂矣及爲侍中故定
陵侯淳于長有大逆罪公不敢私建白誅討周公誅
管蔡季子酖叔牙公之謂矣是以孝成皇帝命公大
司馬委以國統孝哀即位高昌侯董宏希指求美造
作二統（欲令丁姬爲帝太后）公手劾之以定大綱建白定陶太
后不宜在乘輿幄坐（坐音才卧切）以明國體詩曰柔亦不
茹剛亦不吐不侮鰥寡不畏彊圉公之謂矣深執謙
退推誠讓位定陶太后欲立僭號憚彼面刺幄坐之
義佞惑之雄朱博之疇懲此長宏手劾之事上下一

心讒賊交亂詭僻制度遂成簒號詭違也斥逐仁賢誅殘戚屬而公被胥原之訴遠去就國朝政隳壞綱紀廢弛危亡之禍不隧如髮隧直類切詩云人之云亡邦國殄瘁公之謂矣當此之時宮亡儲主董賢據重加以傅氏有女之授謂哀帝傅皇后皆自知得罪天下結讎中山傳太后讚中山馮太后䧟以呪詛之罪則必同憂斷金相翼易係辭二人同心其利斷金翼助也藉假遺詔頻用賞誅先除所憚急引所附遂誣往冤更徵遠屬事埶張見其不難矣賴公立入卽時退賢及其黨親當此之時公運獨見之明奮亡前之威盱衡厲色振揚武怒眉上曰衡盱衡舉眉揚目也乘其未堅

厭其未發震起機動敵人摧折雖有賁育不及持刺雖有樗里不及回知雖有鬼谷不及造次是故董賢喪其魂魄遂自絞殺人不還踵日不移晷霍然四除更爲寧朝非陛下莫引立公非公莫尅此禍詩云惟師尚父時惟鷹揚亮彼武王孔子曰敏則有功公之謂矣於是公乃白內故泗水相豐𥠖令邯與大司徒光車騎將軍舜建定社稷奉節東迎皆以功德受封益土爲國名臣書曰知人則哲公之謂也公卿或歎公德同盛公勳皆以周公爲比宜賜號安漢公益封二縣皆不受傳曰申包胥不受存楚之報晏平仲不受輔齊之封孔子曰能以禮讓爲國乎何有公之謂也將爲皇帝定立妃后有司上名公女爲首公深辭讓迫不得已然後受詔父子之親天性自然欲其榮貴甚於爲身皇后之尊侔於天子當時之會千載希有然而公惟國家之統揖大福之恩揖謂讓而不當事事讓退動而固辭書曰舜讓於德弗嗣公之謂矣自公受策以至于今亹亹翼翼日新其德增修雅素以命下國俊儉隆約以矯世俗俊退也矯正也俊音千句切其字從千割財損家以師群下彌躬執平以逮公卿彌讀與弭同教子尊學以隆國化僮奴衣布馬不秣穀食邑之用不過凢庶

詩云温温恭人如集于木孔子曰食無求飽居無求安公之謂矣克身自約糴食逮給物物卬市日闋亡儲物物卬市言其衣食所須皆買之於市不自營作而不奪工商利也闋盡也日闋言當日卽積不蓄積也卬音牛向切闋音亡穴切又上書歸孝哀皇帝所益封邑入金錢獻田殫盡舊業爲衆倡始於是小大鄉和承風從化鄉讀曰向外則王公列侯內則帷幄侍御翕然同時各竭所有或入金錢或獻田畝以賑貧窮收贍不足者昔令尹子文朝不及夕魯公儀子不茹園葵令尹子文自毁其家以紓楚國之難仕而逃祿朝不及夕也公之謂矣開門延士下及白屋婁省朝政綜𦊅衆治親見牧守以下考迹雅素審

知白黑詩云夙夜匪懈以事一人易曰終日乾乾夕
惕若厲乾乾九三爻辭也乾乾自强之意惕懼也厲貧也公之謂矣此三世
爲三公再奉送大行秉冢宰職塡安國家塡音竹刃切四
海輻湊靡不得所書曰納于大麓烈風雷雨不迷公
之謂矣此皆上世之所鮮禹稷之所難而公包其終
始一以貫之可謂備矣是以三年之間化行如神嘉
瑞疊累豈非陛下知人之效得賢之致哉故非獨君
之授命也臣之生亦不虛矣是以伯禹賜玄圭周公
受郊祀尚書禹貢云禹錫玄圭告厥成功言賞治水功成也禮記明堂位曰成王幼弱周公踐天
子之位以治天下七年乃致政於成王成王以周公爲有勳勞於天下封周公於曲阜地方七百里革車

千乘命魯公世世祀周公以天子禮樂是以魯君孟春乘大輅旂十有二旒日月之章祀帝于郊配以后
稷天子之禮也蓋以達天之使不敢擅天之功也揆公德行
爲天下紀紀理也觀公功勳爲萬世基基成而賞不配
紀立而褒不副誠非所以厚國家順天心也高皇帝
褒賞元功蕭何相國邑戶皎倍又蒙殊禮奏事不名
入殿不趨封其親屬十有餘人樂言無厭班賞亡遴
遴與恡同苟有一策即必爵之是故公孫戎位在充郎選
蹤旋頭一明樊噲封二千戶公孫戎奴也高帝時爲旋頭郎楚漢春秋上東
圍項羽聞噲反旋頭公孫戎明之卒不反封戎二千戶此公孫戎耳非戎奴也戎奴自武帝時人蹤讀與
由同孝文皇帝褒賞絳侯益封萬戶賜黃金五十斤孝

武皇帝卹錄軍功裂三萬戶以封衞青青子三人或
在襁褓皆爲通侯孝宣皇帝顯著霍光增戶命疇封
者三人延及兄孫夫絳侯即因漢藩之固杖朱虛之
鯁依諸將之遺據相扶之埶其事雖醜要不能遂遺繞
也謂相圍繞也言絳侯之時漢之强漢家外有藩屏盤石之固內有朱虛骨鯁之强諸將同心圍繞扶翼
呂氏之黨雖欲作亂心懷醜惡事必不成言勃之功不足多也遺音滯霍光即席當任
之重乘大勝之威未嘗遭時不行陷假離朝言光未嘗陷假
不過而離去朝也莽嘗退就國是陷假假陛也陷假者被陷害而退所升之器也朝之埶事
亡非同類割斷歷久統政曠世雖曰有功所因亦易
然猶有計策不審過徵之累光誤徵昌邑王不得其人也音立端切及

至青戎摽未之功一言之勞然猶皆蒙丘山之賞課
功絳霍造之與因也比之青戎地之與天也而公又
有宰治之效乃當上與伯禹周公等盛齊隆兼其褒
賞特與若云者同日而論哉然曾不得蒙青等之厚
臣誠惑之臣聞功亡原者賞不限德亡首者褒不簡
亡原謂不可測其本原也無首謂無出其上者也簡苟也是故成王之於周公也
度百里之限越九錫之簡開七百里之宇兼商奄之
民商奄二國名賜以附庸殷民六族謂條氏徐氏蕭氏索氏長勺氏尾勺氏也
大路大旂封父之繁弱夏后之璜封父古諸侯也繁弱大弓名半璧曰
璜父讀曰甫祝宗卜史太祝太宗太卜太史凡四官備物典策既有備物而加

(之策書也一曰典策春秋之制也)官司彝器(官司百官也彝器常用之器也一曰彝祭宗廟酒器也周禮有六彝之法也言器有所法家之貌耳)白牡之牲(明堂位曰季夏六月以禘禮祀周公於太廟牲用白牡)郊望之禮(郊上祀帝于郊也望謂望山川而祭之也)王曰叔父建爾元子(魯頌閟宮之詩王曰叔父建爾元子俾侯于魯謂命周公封伯禽以爲魯公也)子父俱延拜而受之(謂周公拜前魯公拜後)可謂不簡亡原者矣非特止此六子皆封(周公六子伯禽之弟也)詩曰亡言不讐亡德不報報當如之不如非報也近觀行事及高祖之約非劉氏不王然而番君得王長沙下詔稱忠定著於令明有大信不拘於制也春秋晉悼公用魏絳之策諸夏服從鄭伯獻樂悼公於是以半賜之絳深辭讓晉侯曰微子寡人不能濟河夫賞國之典不可廢也子其受之魏絳於是有金石之樂春秋善之取其臣竭忠以辭功君知臣以遂賞也今陛下既知公有周公之功德不行成王之褒賞遂聽公之固辭不顧春秋之名義則民臣何稱萬世何述誠非所以爲國也臣愚以爲宜恢公國令如周公(恢大也)建立公子令如伯禽所賜之品亦皆如之諸子之封皆如六子卽羣下較然輸忠黎庶昭然感德臣誠輸忠民誠感德則於王事何有惟陛下深惟祖宗之重敬畏上天之威儀刑虞周之盛勑盡伯禽之賜無遵周公之報

(勑儲也遵與丞同)令天法有設後世有祖(祖始也以此爲法之始)天下幸甚又奏安漢公祠祖禰出城門城門校尉宜將騎士從入有門衛出而騎士所以重國也奏可

鄧颺與何晏丁謐李勝畢軌咸有聲名及大將軍曹爽秉政叙任爲腹心颺晏謐並爲尚書勝爲河南尹軌爲司隸校尉颺等令爽立威名於天下勸使伐蜀爽從其言司馬宣王止之不能禁

晉馮紞武帝時爲左衛將軍得幸于武帝承顏悅色寵愛日隆賈充荀勗並與之親善充女之爲皇太子妃也紞有力焉及妃之將廢紞勗乾沒救請故得不廢

宋王誕爲瑯琊王文學安帝隆安四年會稽王世子元顯開後軍府又以誕補功曹累拜龍驤將軍瑯琊內史如故設給事元顯

劉延年爲趙太宰劉景爲太傅會劉聰后呼延氏死將納其太保劉殷女其弟乂固諫聰更訪之於延年景等皆曰臣嘗聞太保自云周劉康公之後與聖氏本源既殊納之爲允聰大悅使其兼大鴻臚李弘拜殷二女爲左右貴嬪位在昭儀上又納殷女孫四人爲貴人位次貴嬪謂弘曰此女輩皆姿色超世女德

冠時且太保於朕實自不同卿意安乎弘曰太保裔
自有周與聖源實別陛下正以姓同爲假耳且魏司
宣東萊王某當世大儒豈不達禮乎爲子納司空大
原王沉女以其姓同而源異故也聰大悅賜弘黃金
六十斤曰卿當以此意諭吾子弟輩於是六劉之寵
傾於後宮
張離爲後趙右僕射領五兵尚書專總兵要而欲求
媚于石宣因說之曰今諸公侯吏兵過限宜漸削弱
以盛儲威宣素疾石韜之寵甚說其言乃使離奏奪
諸公府吏秦燕義陽樂平四公聽置吏一百九十七

人帳下兵二百人自此以下二分置一餘兵五萬悉
配東宮於是諸公咸怨爲大釁之漸矣
後魏閔湛爲著作內史時崔浩爲司徒浩述成國記
湛爲浩信待見浩所注詩論尚書遂上疏言馬鄭王
賈雖注述六經多疏謬不知孝之精微乞收境內諸
書藏之秘府班告所注命天下習業并求勅浩注禮
傳令後生得觀正義浩亦表薦湛有著述之才既而
觀浩刊所撰國史于石用垂不朽欲以彰浩直筆之
迹遂營於天郊東三里方三百步用功三百萬乃訖
郭景尚累遷太尉從事中郎公強當世善事權寵世
號之曰郭尖
山偉爲員外郎廷尉評時天下無事仕進路難代遷
之人多不霑預及六鎭隴西二方逆起領軍元乂欲
用代來寒人爲傳詔以慰悅之而牧守子孫投狀求
者百餘人乂欲杜之因奏立勳附隊令各依資出身
自是北人悉被收叙偉遂奏紀贊乂德美乂素不識
偉訪侍中安豐王延明黃門郎元順等因是稱薦之
又令僕射元卿引偉兼尚書二千石郎後正名士郎
修起居注
徐紇爲鴈門太守紇稱母老解郡還鄉至家未幾尋

入洛餝貌事元乂大得乂意及乂父繼西鎭潼關以
紇爲從事中郎
北齊張纂爲爾朱兆都督長史爲兆使於神武遂被
顧識神武舉義山東劉誕據相州拒守時纂亦在其
中神武攻而拔之引纂參丞相軍事纂性便僻左右
出納稍見親待
崔暹初爲御史中尉時文襄寵瑯琊公主名玉儀魏
高陽王斌庶生妹也初不見齒爲孫騰妓騰又棄之
文襄遇諸途悅而納之遂被殊寵奏魏帝封焉文襄
謂崔季舒曰爾由來爲我求索不如我自得一絕異

者崔暹必當造直諫我亦有以待之及暹咨事文襄不復假以顏色居三日暹懷刺墜之於前文襄問何用此爲暹悚然曰未得通公主文襄大悅把暹臂入見焉崔季舒語人曰崔暹常忿吾佞在大將軍前每言叔父合殺及其自作體佞乃體過於吾

陸仲讓趙郡人也崔暹子達拏年十三暹命儒者權會教其說周易兩字乃集朝貴名流命達拏升高座開講仲讓陽屈服之暹喜擢用爲司徒中郎鄴下爲之語曰講義兩行得中郎

穆提婆入侍後主朝夕左右大被親狎無所不爲遂

至録尚書事封城陽郡王

後周劉昉昉性輕狡有姦數武帝時以功臣子入侍皇太子及宣帝即位以技佞見狎出入宮掖寵冠一時授大都督遷小御正

隋蕭吉爲上儀同與楊素不叶由是擯落於世欝欝不得志見高祖好徵祥之說欲乾沒自進遂矯其迹爲悅媚焉開皇十四年上書曰今年歲在甲寅十一月朔旦以辛酉爲冬至來年乙卯正月朔旦以庚申爲元日冬至之日即在朔旦樂斗圖徵云天元十一月朔旦冬至聖主受享祚今聖主在位居天元之首而朔旦冬至此慶一也辛酉之日即是至尊本命辛德在景此十一月建景子酉德在寅正月建寅爲本命命與月合德而居元朔之首此慶二也庚申之日即是行年乙德在庚卯德在申來年乙卯是行與歲合德而在元旦之朝此慶三也陰陽書云年命與歲月合德者必有福慶洪範傳云歲之朝月之朝日之朝主王者經書並謂三長應之者延年福吉況乃甲寅蔀首十一月陽之始朔旦冬至是聖王上元正陽之月是之謂歲之首月之先朔旦是歲之元月之朝日之先嘉辰之會而本命爲九元之先行年爲三長

之首並與歲月合德所以靈寶經云角音龍精其祚日強來歲年月納音俱角曆之與經如合符契又甲寅乙卯天地合也甲寅之年以辛酉冬至來年乙卯以甲子夏至冬至陽始郊天之日即是至尊本命此慶四也夏至陽始祀地之辰即是皇后本命此慶五也帝覽之大悅賜物五百段

雲定興初授少府丞後爲左尉衛大將軍開皇末附會于宇文述初定興女爲皇太子勇昭訓及勇廢除名配少府定興先得昭訓明珠絡帳私賂於述自是數共交遊定興每時節必有賂遺并以音樂干述述

素好著奇服炫燿時人定與爲製馬韉於后角上鉄方三寸以露白色世輕薄之人爭倣傚之謂之許公鈌勢又遇天寒定與曰入内宿衛必當耳冷述曰然乃製裌頭巾令深袙耳（音陌）人又學之名曰許公袙勢述大悦曰雲兒所作必能變俗作事可法信不虛也

司馬德戡幼孤以屠豕自給有桑門釋粲通德戡母和氏遂撫教之因解書計開皇中爲侍官漸遷至大都督從楊素出討漢王諒充内營左右進止便僻俊辯多姦計素大善之

袁充性好道術頗解占候由是領太史令時上將廢

皇太子正窮治東宮官屬充見上雅信符應因希旨進曰比觀玄象皇太子當廢帝然之

裴蘊爲太常少卿初高祖不好聲妓遣牛弘定樂非正聲清商及九部四舞之色皆罷遣從民至是蘊揣知帝意奏括天下周齊梁陳樂家子弟皆爲樂戶及倡優百戲者皆直太常是后異妓淫聲皆萃樂府皆置博士弟子遞相教傳增益樂人至三萬餘帝大悦之

册府元龜

廵按福建監察御史臣李嗣京　訂正
知甌寧縣事臣孫以敬　參閱
知建陽縣事臣黄國琦　較釋

總錄部　一百八十八

姦佞第二

唐封倫字德彝彝少聰明多狡筭頗涉書史初仕隋釋褐爲州都㑭以蔭補左翼衛外如謹厚內殊險詖當官處政必恊姦謀因從楊素行軍以謟事素甚異之遂妻之以從妹後素受委營仁壽宮又引德彝爲

上工監及文帝幸宮所見制度侈麗大怒曰楊素不誠矣殫百姓之力雕飾離宮爲吾結怨於天下也素惶恐慮將獲譴德彝曰公當勿憂待皇后至必有恩詔明日果召素入對獨孤后勞之曰公大用意知吾夫妻年老無以娛心盛飾此宮實爲孝順素退問德彝曰卿何以知之對曰至尊性儉故視見而怒然惟聽后言皇后婦人也惟麗是好后心旣悅聖慮必移所以知耳素歎服曰揣摩之才非吾所及也素負勳恃貴多所陵侮唯激賞德彝因撫其牀曰封郎後時必當據吾此座

李安儼初事隱太子及太子敗率兵拒戰太宗以爲忠於所事故任用之至中郎將典屯兵於北門甚見親委其弟思暕爲太子通事舍人貞觀中太子承乾因思暕以致賂安儼亦深自託於承乾嘗言於太宗曰皇太子及諸王陛下處置未爲得所且太子國之本近伏願深其思慮以安天下之情太宗曰我識卿意我兒雖患脚猶爲長嫡豈可捨嫡立庶乎安儼以白承乾大喜又令左右遺以黄金

趙元楷武德中爲交河道行軍總管時侯君集爲元帥馬病蟲顙元楷以指霑其膿而齅之以諛君集爲

御史所劾左遷括州刺史

姚璹則天朝爲桂州都督府長史時則天雅好符瑞璹至嶺南訪諸山川草樹其名號有武字者皆以爲上膺國姓列奏其事則天大悅召拜天官侍郎

宗秦客者蒲州河東人則天從父姊之子也垂拱中潛動則天革命稱帝繇是累遷內史

李思文爲司僕少卿垂拱元年表請改姓武氏則天許之

迦葉志忠中宗朝右驍衞將軍知太史事志忠上表曰昔高祖未受命時天下歌桃李子太宗未受命天

下歌秦王破陣高宗未受命天下歌堂堂天后未受命天下歌武媚娘伏惟應天皇帝未受命時天下歌英王石州順天皇后未受命時歌桑條韋也女六合之內齊首蹀足應四時八節之會歌舞同歡豈與夫簫韶九成百獸率舞同年而語哉伏惟皇后降帝女之精合爲國母主蠶桑之事以安天下后妃之德於斯爲盛謹進桑條歌十二篇伏請宣布中外進入樂府皇后先蠶之事以享宗廟帝悅而許之時賜志忠莊一區雜綵七百段太常少卿鄭愔又引而申之播於舞詠亦受厚賞兵部尚書楚客又諷補闕趙延禧

表陳符命解桑條以爲十八之符請頒示天下編諸史冊帝大悅

鄭愔諂事張易之兄弟歷殿中侍御史易之伏誅愔左授宣州參軍尋坐贓逃歸東都諂事武三思及韋氏悖逆庶人歷遷吏部侍郎

李繁宰相泌之子泌爲相薦夏縣處士北平陽城爲諫議大夫城深德泌及殁戶部尚書裴延齡巧佞有恩竊弄威權朝臣無不側目城忠正之士尤忿嫉之一日盡疏其過欲密論奏以繁故人子謂可親信遂示其疏草兼請繁繕寫繁旣寫訖悉能記之其夕乃徑詣延齡具述其事延齡聞之卽時請對盡以城章中所欲論告節目一一自解及城疏入德宗逐以爲妄不爲之省

李訓本名仲言宰相揆之族孫訓從父逢吉爲宰相以訓陰險善計事極親厚之後竟以武劍之獄流于嶺表數歲會赦還丁母憂居于東雒時逢吉爲留守思復柄用逢吉雖暮年以怨裴度故嘗憤鬱不快每召訓游說訓揣知逢吉意卽以奇計動之且言已與鄭注善逢吉聽其言因攘袂奮臂謂訓卽日能就其謀因遺訓金帛數百萬訓居喪服中持之西來因得

以厚自交結遂因鄭注委質于中尉王守澄

鄭注絳州翼城人始以藥術游揚長安中權豪間日有知遇注者或云本姓魚冒姓鄭氏時人亦號爲魚鄭及注之用事天下有水族之號焉元和十二年李愬爲襄州節度使注以客詣愬愬得其秘藥因厚遇之署爲節度衙推愬遷鎭徐州注從之赴職軍中利害愬往往與之參議注詭賊陰狡善探人意旨至是與愬籌畫未嘗不暗會其機巧然挾奇任數專作威福軍府多害之時王守澄爲徐州監軍使一日以軍中之苦白于愬愬曰彼誠如此然實奇才也將軍試

召之與語苟不合意去之未晚也愬卽召注令詣監
軍所守澄欲見之初尚遲難及延坐與語機辯釋然
盡中其意卽延入于中堂翼日守澄亙以誠欵託注
於愬請全護之愬卽加署注節度廵官齒諸賓列自
此注遂委身於權幸之伍矣及守澄入總樞密當長
慶寶曆之際國政多專於守澄注晝伏夜動擭竊販
賣於其間初則譏邪姦巧之徒附之以圖進取數年
之後要官權臣爭奏其門累從山東京西諸軍歷衛
左評事御史又以簡較庫部郎中兼侍御史從昭義
劉從諫軍爲節度副使兒陰以罪誣奏宋申錫時之

守道居正者姤側目視之注有口辯機數過人賣官
鬻權積財累巨萬復能糞土金帛居京師善和里宅
通永巷重擔複壁陰召引京師不肖及四方節將豪
猾通問往來日招權利閒日赴軍與守澄欵昵語必
移時或通夕無寐李訓旣附注以進承間遂入謁于
帝時之輕浮躁進者盡趨於注矣太和九年夏自太
僕卿除工部尚書翰林侍讀學士是時李訓亦居內
庭二人相挾日侍帝前說帝以昇平之策帝益惑其
說當是時訓注之權赫於天下內外呼吸尊沓賢不
肖昇黜混亂而注自謂弛張變化一時無比然識者
知其所挾非正必能致亂于時及京師急變注自岐
陽將親兵五百餘人至闕下行至扶風聞李訓等敗
走注卽歸鎮憂惑不安將欲舉兵詣闕監軍使張仲
清已得密詔乃給注而召之注恃其兵衛卽云就召
監軍使伏勇卒以待之注至坐定斬其首持以號令
注之親兵乃自散逸盡殺其家屬無子遺初未得注
京師憂恐至是人人慶快焉

王叔文初自順宗爲太子時以碁進太子文學書於
王伾二人俱待詔翰林數侍太子碁叔文譎詭多計
順宗嘗與諸侍讀及叔文等論時政及宮市事順宗

曰寡人方欲極言之衆皆稱贊獨叔文無言旣退順
宗獨自留叔文謂曰向者君奚獨無言豈有意耶叔
文曰叔文幸蒙太子有所見教不以聞太子職當視
膳問安不宜及外事陛下在位久如疑太子收人心
何以自解順宗大驚因涕泣曰非先生寡人無繇知
此遂大愛幸與王伾兩人相依附俱出入東宮

韓中僕射皐之從父弟兇狂嗜酒愽以罪斥逐元和
中量移宜州嘗內縣尉會赦得還覲察使元錫遂以
疏薦之中陰結內倖用事者因爲錫通達錫厚輸其
貨謀領大權未幾果以詔徵旣非公望又陰迹稍露

至闕累召對于延英於是諫官及在位者屢以疏論
竟沮其謀復舊任雖未加黜責人亦賀帝聰允公議
後梁張禕以司徒致仕庶人友珪僞鳳歷元年禕著
南郊賦一篇來獻以金帛賜之
後唐蘇循在唐爲禮部尚書首贊梁祖受九錫又其
子楷駮昭宗謚號敬翔惡其爲人父子放歸田里乃
寓居河中積年會莊宗將副人望求唐室舊臣遣使
自河中徵赴鄴都初監軍使張承業惜經國之費未
欲上議郎尊之事諸將賓僚無敢言者及循至鄴入
衙城拜魏師廳謂之拜殿翌日獻畫日筆三十管冀

悅帝心其謟進如此承業聞之怒會河東節度副使
盧汝弼卒因以代之明年春偶食蜜雪而卒
陳乂爲給事中充樞密直學士性姦險好爲陰計始
在梁事張漢傑滅宗莊宗時佐郭崇韜伐蜀而郭又
覆族至是朱弘昭拔用之不兩月弘昭及禍其時倂
政拙謀而乂有力焉
張文禮初鎭州大將也自燕歸於王鎔察鎔不親政
事遂曲事當權者以求銜達每對鎔自言有將才孫
吳韓白莫已匹也鎔賞其言大悅爲小較給遺甚厚
與姓爲義男改名德明自是調發兵馬每將軍令

何澤爲太僕少卿致仕長興四年八月自河陽遣婢
宜子投匭上書請立秦王從榮爲皇太子澤前任吏
部郎中舊曾與宰相趙鳳使府同院爲判官因是屢
數泣告於鳳求爲給諫鳳怒其躁佞除授秘書少監
堂吏有姓何者私報澤澤卽稱新授秘書少監臣澤
上章訴屈大畧云臣伏覩近例自郎中拜給諫者卽
崔憓張延雍皆自郎官拜諫議況臣在郎署粗有勤
勞無罪左遷有同排擯事下中書宰臣執奏何澤新
命未下便敢稱謂開天不知澤何處授此官位誣弄
朝綱法當不敬繇是命太僕少卿致仕退居河陽澤

性好內侍婢十餘人公私請託多令諸婢出入至於
掌關待客輒無形迹旣久退居心嘗鬱鬱年七十餘
求進未已旣見從榮位望隆盛帝又多病自素與執
政私憾欲報佗於一時卽令婢宜子詣闕投匭上章
大畧曰立儲之事人所難言內外大臣不恐輕議臣
所以冐死以聞又云臣前在班行不求致仕乃是宰
執抑臣屛退所以不盡臣才明宗覽澤表不悅私謂
近臣曰羣臣欲立儲君吾自歸河東養老雖然不得
已令大臣商議大臣聞帝所言不敢可否卽議加從
榮大元帥之命俄而致從榮不軌之變繇澤啟其纍

端也

民凝梁末爲招討使乞降累授兖州節度使初謁見莊宗因伶人景進通貨於宫掖又天性姦佞巧言飾智善候人意契丹寇幽州命宣徽使李紹宏監護軍以禦北虜凝與董璋戍瓦橋關凝巧事紹宏紹宏嘗乘間奏凝蓋世奇才可以大任屢請以兵柄委之郭崇韜奏曰凝亡國敗軍之將姦諂難狀不可信也凝在藩鎮私用庫物數萬計有司促償中旨貰其負

孔循幼孤流落洛都市人李讓畜之然性黠惠識以軍功爲朱温所寵温以讓爲子號朱友讓循又姓朱

循漸長成尤穎悟朱温選爲綱紀温之乳媪掌事者而循親之乳媪爲之義母媪之外夫趙氏循又隨媪夫姓曰趙名殷衡昭宗自鳳翔還京左右前後皆朱温之腹心時殷衡年十七八爲宣徽副使及東遷維都殷衡與蔣玄暉張廷範等受朱温密旨同弑昭宗輝上卽位蔣玄暉爲樞密使因事與殷衡不相協時朱温欲受九錫卽禪輝王位朱温在宿州行營玄暉自往咨謀其事稍遲留朱温怒玄暉會殷衡至温問不行九錫之繇殷衡曰玄暉與張廷範同謀恢復唐冢向何皇后前同立盟誓以此故不欲王速行九錫温怒是日遣使與殷衡同來遂殺何皇后及蔣玄暉張廷範柳璨等十餘族殷衡以功爲權樞密副使朱温之世掌要密權莊宗末知汴州軍州事會明宗自鄴城南趨夷門莊宗東出汜水循西則奉表迎奉亦遣人北輸密款

張遵誨爲客省使明宗將有事于南郊爲脩儀仗法物使初遵誨以歷位尹正與安重誨素亦相款心有望於節鉞重誨嘗視法物於脩行寺因過遵誨之第遵誨於中堂出女妓珍幣以爲壽有彈箏妓尤善欲以奉重誨時樞密學士史圭閻至等在席素惡遵誨

之阿諛有不平之色重誨曰吾自有妓媵不煩掠美於人自是左右益言其短及郊禋畢以爲絳州刺史鬱鬱不樂離京之日自衣乘馬於牙旗之下至郡無幾而卒

石知訥爲殿中少監本梁時之走吏也以姦儉自進漸厠簪組夏魯奇辟爲河陽節判移任許州亦佐之及魯奇權知襄州知訥爲殿中少監尚居于許下朱守殷叛知訥走人勸魯奇棄其城而歸許州漢上戍兵幾將爲亂朝廷知之詰其所自魯奇沮之而知訥貶憲州司戶尋與温韜同詔賜死

怨刺

古者行人之官每歲孟春振木鐸徇于路采取怨刺之詩以聞于天子故五子之歌風雅之什率多怨誹風刺之言也蠡人已來作者間出其或含忠履潔遭羅讒搆越世高蹈捨去榮祿痛國政之頹廢嫉時風之澆競因廢滯而形賦詠發憤懣而譏公卿至於遷斥流落窮愁困辱詞人才子往往而有何嘗不攄靈均之遐韻襲長沙之逸軌託文以示諷因言以見志斯可哀也已若乃負釁而忘悔長傲而自棄鮮克內省形於詆訾傳所謂居下流而訕上者乃仲尼之所

惡焉

夏王太康失邦（啟子也盤于遊田不恤民事爲羿所逐不得反國）昆弟五人須于雒汭作五子之歌（太康五弟與其母待太康於雒水之北怨其不反故作歌）曰太康尸位以逸豫（尸主也主以尊位爲逸豫不勤）滅厥德黎民咸貳（君喪其德則衆民皆貳其心矣）乃盤遊無度（盤樂遊逸無法度）畋于有雒之表十旬弗反（雒水之表水之南十日曰旬田獵過百日不還）有窮后羿因民弗忍距于河（有窮國名羿諸侯名距太康於河不得入國遂廢）厥弟五人御其母以從（御侍也言從畋）徯于雒之汭五子咸怨（待太康怨其久畋失國）述大禹之戒以作歌（述循也歌以敘怨）其一曰皇祖有訓民可近不可下（皇君也君祖禹有訓戒近謂親之下謂失分）民惟邦本本固邦寧（言人君當固民以安國）予視天下愚夫愚婦一能勝予（言能畏敬小民所以得衆心）一人三失怨豈在明不見是圖（三失過非一也不見是謀備其微）予臨兆民懍乎若朽索之馭六馬（十萬曰億十億曰兆言多懍危貌朽腐也腐馭六馬言危懼甚）爲人上者奈何不敬（能敬則不驕在上不驕則高而不危）其二曰訓有之內作色荒外作禽荒（作爲也迷亂曰荒色女色禽鳥獸）甘酒嗜音峻宇彫牆（甘嗜無厭足峻高大彫飾畫）有一于此未或不亡（此六者棄德之君必有其一有一必亡況兼有乎）其三曰惟彼陶唐有此冀方（陶唐帝堯氏都冀州統天下四方）今失厥道亂其紀綱乃底滅亡（言失堯之道亂其法制自致滅亡）其四曰明明我祖萬邦之君有典有則貽厥子孫（君萬國爲天子典謂

經籍則法貽遺也言仁及後世）關石和鈞王府則有荒墜厥緒覆宗絕祀（金鐵曰石供民器用通之使和平則官民足言古制存而太康失其業以取亡）其五曰嗚呼曷歸予懷之悲（曷何也言思而悲）萬姓仇予予將疇依（仇怨也言當依誰以復國乎）鬱陶乎予心顏厚有忸怩（鬱陶言哀思也顏厚色愧忸怩心慙慙愧於仁人賢士）弗慎厥德雖悔何追（言人君行已不慎其德以速滅敗雖欲悔其可追及乎言無益）

周伯夷叔齊孤竹君之二子父卒兄弟讓位歸於周武王已平殷亂天下宗周而伯夷叔齊恥之義不食周粟隱于首陽山（首陽山在河東蒲坂華山之北河曲之中）采薇而食之及餓而死作歌曰登彼西山兮采其薇矣以暴易暴

兮不知其非矣神農虞夏忽焉沒兮我安適歸矣吁嗟徂兮命之衰矣遂餓死於首陽山

召穆公康公後也作民勞五章刺厲王也厲王時賦斂重數繇役煩多人民勞苦輕為姦宄彊陵弱衆暴寡作寇害故穆公以刺之又作蕩八章傷周室大壞也厲王無道天下蕩蕩無綱紀文章故作此詩也

凡伯凡國伯爵周公之裔也汲郡共縣東南有凡城為王卿士作板八章刺厲王也其詩曰上帝板板下民卒癉出語不然為猶不遠板板反也癉病也語善言也猶道也言王為政反先王與天之道天下之民皆病其出善言而不行也

芮伯畿內諸侯字良夫為王卿士作桑柔十六章刺厲王也其詩曰菀彼桑柔其下侯旬捋采其劉瘼此下民旬言陰均也劉爆爍而希也瘼病也謂桑之柔濡

其葉蓬然茂盛人蔭其下者均得其所已將采之則爆爍而疏人息其下則病於爆爍也

衛武公作抑十二章刺厲王亦以自警也其詩曰抑抑威儀維德之隅抑抑密也隅廉也又作賓之初筵五章刺時也幽王荒廢媟近小人飲酒無度天下化之君臣上下沈湎淫液武公既入而作是詩也其詩曰彼醉不臧不醉反恥言彼醉則已不善未醉者恥罰之

家父為周大夫家父字也失其姓作南山十章刺幽王也其詩曰赫赫師尹不平謂何又曰昊天不平我王不寧言大師尹氏為政不平使我王不得安寧也

凡伯為王大夫臣欽若等曰前凡伯為卿士此為大夫蓋二人也皆失其名作瞻卬七章刺幽王大壞也其詩曰瞻卬昊天則不我惠言幽王為政不愛我下民也又作召旻七章刺幽王大壞也旻閔也閔天下無如召公之臣也

孟子寺人也作巷伯七章刺幽王也寺人傷於讒故作是詩也巷伯奄官寺人內小臣也奄官掌王后之命於宮中為近故謂之巷伯與寺人之官相近讒人譖寺人寺人又傷其將及巷伯故以名篇

譚大夫失其姓名作大東七章刺亂也東國困於役而傷於財譚國在東故其大夫尤苦征役之事者也作是詩以告病焉

蘇公作何人斯八章刺暴公也蘇暴皆畿內國名暴公為卿士而譖蘇公焉故蘇公作是詩以絕之其詩曰伊誰云從維暴之云云言也譖我也言從誰生乎乃暴公所言也

鄭公子素作清人三章刺文公也高克好利而不顧其君文公惡而欲遠之不能使高克將兵而禦狄于竟臣欽若等曰高克鄭大夫也清者高克所師之邑名陳其師旅翱翔河上久而不召衆散而歸高克奔陳公子素惡高克進之不以禮文公退之不以道危國亡師之本故作是詩也

介子推晉人從文公出亡周流天下文公反國介子推不肯受賞自為詩賦曰有龍于飛周徧天下五蛇從之為之承輔承佐也輔維也龍君也以喻文公蛇臣也喻趙衰狐偃賈佗魏犨介子推也故曰五蛇也龍反其鄉得其處所四蛇從之得其露雨露雨膏澤也一蛇羞之槁死於中野懸書文公門而伏於山

下文公問之曰請此必介子推也避舍變服令士庶人曰有能得介子推者爵上卿田百萬百萬畝或遇之山中有釜蓋登問焉曰請問介子推安在應之曰夫介子推苟不欲見而欲隱吾獨焉知之遂背而行終身不見

申叔儀吳大夫魯哀公會晉侯及吳子於黄池中叔儀乞糧於公孫有山氏公孫有山魯大夫嘗相識曰佩玉綮兮余無所繫之綮然服飾備也已獨無以繫佩言吳王不恤下旨酒一盛兮余與褐之父睨之一盛一器也睨視也褐寒賤之人言宜得視不得飲

楚屈原字平爲楚懷王左徒上官大夫與之同列爭

寵讒之王怒而疏屈平屈平疾王聽之不聰也讒諂之蔽明也邪曲之害公也方正之不容也故憂愁幽思作離騷離騷者猶離憂也夫天者人之始也父母者人之本也人窮則反本故勞苦倦極未嘗不呼天也疾痛慘怛未嘗不呼父母也屈平正道直行竭忠盡智以事其君讒人間之可謂窮矣信而見疑忠而被謗能無怨乎屈平之作離騷蓋自怨生也國風好色而不淫小雅怨誹而不亂若離騷者可謂兼之矣上稱帝嚳下道齊桓中述湯武以刺世事明道德之廣崇治亂之條貫靡不畢見其文約其辭微其志潔其行廉其稱文小而其指極大舉類邇而見義遠其志潔故其稱物芳其行廉故死而不容自疏濯淖污泥之中蟬蛻於濁穢以浮游塵埃之外不獲世之滋垢皭然泥而不滓者也皭疏淨之貌推此志也雖與日月爭光可也屈原既被遷至於江濱被髮行吟澤畔顔色憔悴形容枯槁漁父見而問之曰子非三閭大夫歟三閭之職掌王族三姓曰昭屈景序其譜屬率其賢良以厲國士何故而至此屈原曰舉世混濁而我獨清衆人皆醉而我獨醒是以見放漁父曰夫聖人者不凝滯於物而能與世推移舉世混濁何不隨其流而揚其波衆人皆醉何不餔

其糟而啜其醨何故懷瑾握瑜而自令見放爲屈原曰吾聞之新沐者必彈冠新浴者必振衣人又誰能以身之察察受物之汶汶者乎蒙垢敝寧赴長流而葬乎江魚腹中耳又安能以皓皓之白而蒙世之塭蠖乎乃作懷沙之賦懷石自投汨羅以死

漢賈誼爲長沙王太傅既以適去意不自得及度湘水湘水出零陵陽海山北流入江也爲賦以弔屈原屈原楚賢臣也被讒放逐作離騷賦離遭也憂動曰騷遭憂而作此辭其終篇曰已矣國亡人莫我知也遂自投江而死誼追傷之因以自諭

楊惲宣帝時以光祿勳免爲庶人家居治產業起室宅以財自娛歲餘其友安定太守西河孫會宗與惲書諫戒之惲荅書曰家本秦也能爲秦聲婦趙女也雅善鼓瑟奴婢歌者數人酒後耳熱仰天拊缶（缶瓦器即今盆類秦人擊之以節歌）而呼烏烏其詩云田彼南山蕪穢不治種一頃豆落而爲萁人生行樂耳須富貴何時（山高而在陽人君之象也蕪穢不治言朝廷之荒亂也一頃百畝以喻百官也言豆者貞實之物當在囷倉零落在野喻巳見放棄也其豆莖也曲而不直言朝臣皆諂諛也須待也）

後漢梁竦字叔敬少習孟氏易東海人弱冠能教授後坐兄松事與弟恭俱徙九眞旣徂南土歷江湖濟

沅湘感悼子胥屈原以非辜沈身乃作悼騷賦繫玄石而沉之

應奉爲司隷校尉黨事起（臣欽若等曰桓帝時牢循上書誣告李膺等部黨奉在黨中）以疾自退追愍屈原因以自傷著感騷三十篇數十萬言

趙壹漢陽西縣人也恃才倨傲爲鄉黨所擯作刺世疾邪賦以舒其怨憤

晉魯褒字元道南陽人好學多聞以貧素自立元康之後紀綱大壞褒傷時之貪鄙乃隱姓名而著錢神論以刺之其畧曰錢之爲體有乾坤之象內則其方外則其圓其積如山其流如川動靜有時行藏有節市井便易不患耗折難折象壽不匱象道故能長久爲世神寶親之如兄字曰孔方失之則貧弱得之則富昌無翼而惟不足而走解嚴毅之顏開難發之口錢多者處前錢少者居後處前者爲君長居後者爲臣僕君長者豐衍而有餘臣僕者窮竭而不足詩云哿矣富人哀此煢獨錢之爲言泉也無遠不往無幽不至京邑衣冠疲勞講肄厭聞淸談對之睡寐見我家兄莫不驚視錢之所祐告無不利何必讀書然後富貴昔呂公欣悅於空版漢祖克之於嬴二文君解

布裳而被錦繡相如乘高蓋而解犢鼻官尊名顯皆錢所致空版至虛而況有寔嬴二雖少以致親密繇此論之謂爲神物無德而尊無勢而熱排金門入紫闥危可使安死可使活貴可使賤生可使殺是故忿諍非錢不勝幽滯非錢不拔怨讎非錢不解令問非錢不發雒中朱衣當途之士愛我家兄皆無已已執我之手抱我終始不計優劣不論年紀賓客輻輳門常如市諺曰錢無耳可使鬼凡今之人惟錢而已故曰軍無財士不來軍無賞士不往士無中人不如歸田雖有中人而無家兄不異無翼而欲飛無足而欲

行蓋疾時者共傳其文褎不仕莫知其所終惠帝末忠賢路絶讒邪得路更相薦舉天下爲之反掌高平王沉作釋時論盧江杜嵩作任子春秋皆疾時之作也
會稽王道子孝武世輔政時有人爲雲中詩以指斥
朝廷曰相王沉醉輕出教命捕賊千秋干豫朝政王
愷守常國寶馳競荊州大度散誕難名盛德之流法
護王寧仲堪仙民將有言詠東山安道執操高抗何
不徵之以爲朝匠荊州謂王忱也法護卽王珣寧卽
王恭仙民卽徐邈字安道戴逵字也
宋顏延之爲太子中庶子時劉湛殷景仁專當要任
湛恨延之言於彭城王義康出爲永嘉太守延之甚

怨憤乃作五君詠以述竹林七賢山濤王戎以貴顯
被黜詠稽康曰鸞翮有時鎩龍性誰能馴詠阮籍曰
物故不可論塗窮能無慟詠阮咸曰屢薦不入官一
麾乃出守詠劉伶曰韜精日沉飲誰知非荒宴此四
句蓋自序也湛及義康以其辭旨不遜大怒時延之
已拜欲黜爲遠郡太祖與義康詔曰降延之爲小邦
正謂其都邑豈動物情罪過彰著亦士庶共悉直欲
選代令思愆里閭猶復不悛當驅往東土乃至難恕
自可隨事錄治殷劉意咸無異也以光祿勳連仲遠
代之延之與仲遠世素不協屏居閭巷不豫人間者
七載
梁江革子從簡少有文情年十七作採荷調以刺何
敬容爲當時所賞
後魏東阿縣公順與城陽王徽不協順疾徽聞之爲
蠅賦以刺焉
崔纂字叔則博學有文才景明中自太學博士轉員
外散騎侍郎旣不爲時知乃著無談子論以刺焉
常景爲門下錄事淹滯積歲不至顯官以蜀司馬相
如王褒嚴君平楊子雲等四賢皆有高才而無重位
乃託意以讚之其讚司馬相如曰長卿有豔才直置

不羣性鬱若春煙舉皎如秋月映遊梁雖好仁仕漢
嘗稱病清身非我事窮達委天命其讚王子淵曰王
子挺秀質逸氣千青雲明珠旣絶俗白鵠盡驚羣才
世苟不合遇否途自分空枉碧雞命徒獻金馬文其
讚嚴君平曰嚴公體沉靜立志明霜雪味道綜微言
端蓍演妙說才屈羅仲口位結李强舌素尚邁金貞
清標陵玉徹其讚楊子雲曰蜀江導清流楊子挹餘
休咸光絶後彥覃思邈前脩世輕文不賞玄談物無
求當塗謝權寵置酒獨閑遊
隋盧思道字子行初仕後周爲掌教上士高祖爲丞

相遷武王太守非其好也爲孤鴻賦以寄其情思道自恃才地多所陵轢繇是官塗淪滯旣而又著勞生論指切當時

劉玄以教授爲務勑令事蜀王秀遷延不往秀大怒枷送益州旣而配爲帳内炫因擬屈原卜居爲筮𥑮以自寄

册府元龜

巡按福建監察御史臣李嗣京　訂正
知甌寧縣事臣孫以敬參閱
知建陽縣事臣黄國琦較釋

總録部一百八十九

譏誚

詩云善戲謔兮不爲虐兮言君子之德有張有弛不常矜莊而時戲謔也故仲尼有戲耳之言左氏明耻之之義士大夫出處市朝之内周旋醜夷之間以游以戲載笑載言或臨事以興譏或因人而暴謔不爲患虐亦爲善矣

孟明秦大夫曾僖三十二年晉敗秦師于殽獲孟明旣釋之使陽處父以左驂贈之孟明曰三年將拜君賜意欲報伐晉文二年孟明帥師伐晉以報殽之役戰于彭衙秦師敗績晉人謂秦拜賜之師以孟明言拜賜故嗤之

華元宋大夫鄭伐宋獲華元華元逃歸宋城華元爲植巡功植將主也城者謳曰睅其目皤其腹棄甲而復睅出目皤大腹棄甲謂七師于思于思棄甲復來于思多須之貌使其驂乘謂之曰牛則有皮犀兕尚多棄甲則那那猶何也役人曰從其有皮丹漆若何

魯宣公十二年邲之戰晉人或以廣隊不能進廣兵車楚人惎之脫扃惎教也扃車上兵闌少進馬還又惎之拔旆投衡乃出還便旋不進旆大旗也拔旆投衡上使不帆風差輕曰吾不如大國之數奔也

臧紇魯大夫襄四年冬十月邾人莒人伐鄫臧紇救鄫侵邾敗於狐駘臧紇武仲也鄫屬魯故救之狐駘邾地魯國番縣東南有目台亭國人逆喪者皆髽魯於是乎始髽髽麻髮合結也遭喪者多故不能備凶服髽而已國人誦之曰臧之狐裘敗我於狐駘臧紇時服狐裘我君小子朱儒是使朱儒朱儒使我敗於邾襄公幼弱故曰小子臧紇短小故曰朱儒敗不書人諱之

子罕宋大夫鄭尉氏司氏之亂餘盜在宋鄭人納賂於宋以馬與師茂師慧子罕以賂與之鄭人醢之師慧過宋朝將私焉私小便其相曰朝也相師也慧曰無人焉相曰朝也何故無人慧曰必無人焉若猶有人豈其以千乘之相易淫樂之矇必無人焉故也千乘相謂子產等也言不爲子產殺三盜得賂而歸之是重爲樂而輕爲國相子罕聞之固請而歸之言子罕能改過

叔孫穆叔魯大夫叔孫豹也昭公元年諸侯盟于虢楚公子圍設服離衛設君服二人執戈陳於前以自衛離陳也叔孫穆子曰楚公子美矣君哉美服似君鄭子皮曰二執戈者前矣

禮國君行有二執戈者在前蔡子家曰蒲宮有前不亦可乎公子圍在會特緝蒲爲王殿屋屏蔽以自殊異言旣造王宮而居之雖服君服無所怪也楚伯州犁曰此行也辭而假之寡君聞諸大夫譏之故言假以歸令尹過鄭行人揮曰假不反矣言將遂爲君伯州犁曰子姑憂子晳之欲背誕也襄三十年鄭子晳殺伯皆命放誕將爲國難言子且自憂此無爲憂令尹不反戈子羽曰當璧猶在假而不反子其無憂乎子羽行人公孫揮當璧謂棄疾事在昭十三年言棄疾有當璧之命違衆取國猶將有難不無憂也齊國子曰吾代二子慭矣國子國弱也二子謂王子圍及伯州犁圍此冬便篡位不能自終州犁亦尋爲圍所殺故言可慭也陳公子招曰不憂何成二子樂矣言以憂生事事成而樂衛齊子曰苟或知之雖憂何害齊子齊惡言先知爲備雖有憂難無所損

害宋合左師曰大國令小國共吾知共而已共承大國令不能知其禍福晉樂王鮒曰小旻之卒章善矣吾從之小旻詩小雅其卒章義取非唯暴虎馮河之可畏也不敬小人亦危殆王鮒從斯義故不敢譏誚公子圍退會子羽謂子皮曰叔孫絞而婉絞切也譏其似君反謂之美故曰婉宋左師簡而禮無所臧否故曰簡共事大國故曰禮樂王鮒字而敬字愛也不犯凶人所以自愛敬子與子家持之子子皮子家蔡公孫歸生持之言無所取與皆保世之主也齊衛陳大夫其不免乎國子代人憂子招樂憂齊子雖憂弗害夫弗及而憂與可憂而樂與憂而弗害皆取憂之道也憂必及之太誓曰民之所欲天必從之逸書三大夫兆憂能無至乎聞憂兆也言以知物其是之謂矣物類察言多知禍福之數八年陳招殺太子國弱齊惡當身各無患

孫蒯衛大夫田于曾隧越竟而獵孫蒯林父之子飲馬千里丘重丘曹邑毁其瓶重丘人閉門而詢之詢罵也曰親逐而君爾父爲厲厲惡鬼林父逐君在十四年是之不憂而何以田爲

董叔晉大夫將娶於范氏叔向曰范氏富盍已乎曰欲爲繫援焉他日董祁愬之於范獻子曰不吾敬也獻子執而紡於庭之槐叔向過之曰子盍爲我請乎叔向曰求繫旣繫矣求援旣援矣欲而得之又何請焉

叔孫武叔魯大夫也武叔之母死武叔公子牙之六世孫名州仇毁孔

子者旣小斂舉者出尸出戶袒且投其冠括髮尸出戶乃交服失哀節冠素委貌子游曰知禮嗤之也

公叔文子衛大夫也升於瑕丘蘧伯玉從文子獻公之孫名拔文子曰樂哉斯丘也死則我欲葬焉蘧伯玉曰吾子樂之則瑗請前刺其欲害人良田瑗伯玉名

成人有其兄死而不爲衰者聞子皐將爲成宰遂爲衰成人曰蠶則績而蟹有筐范則冠而蟬有緌兄則死而子皐爲之衰嗤兄死者言其衰之不爲兄死如蟹有筐蟬有緌不爲蠶之績范之冠范蜂也蟬蜩也緌謂蜩喙長在腹

齊人見田駢曰聞先生高議設爲不宦而願爲役田

駢曰子何聞之對曰臣聞之隣人之女田駢曰何謂也對曰臣隣人之女設爲不嫁行年三十而有七子不嫁則不嫁然嫁過畢矣今先生設爲不官訾養千鍾徒百人不官則然矣而富過畢矣田子辭

漢蕭望之字長倩大將軍霍光秉政長史丙吉薦儒生王仲翁與望之等數人皆召見當見者露索去刀兵兩吏挾持望之獨不聽光獨不除用望之仲翁三歲間至光祿大夫給事中望之復署小苑東門候仲翁顧謂望之曰不肯錄錄反抱關爲望之曰各從其志

五鹿充宗爲少府貴幸爲梁丘易與朱雲論難雲連栣五鹿君栣刺也音行夜切故諸儒爲之語曰五鹿嶽嶽朱雲折其角

後漢王良東海人建武三年徵諫議大夫遷沛郡太守至蘄縣稱病不之府上疾篤乞骸骨徵拜大中大夫遷司徒司直以病歸一歲復徵至滎陽疾篤不任進退乃過其友人友人不肯見曰不有忠言奇謀而取大位何其往來屑屑不憚煩也遂拒之良慙自後連徵輒稱病詔以玄纁聘之遂不應

劉寬爲太尉簡略嗜酒不好與俗京師以爲謗

樂恢薦杜安爲宛令以病去章帝行過潁川安上書召拜御史遷至巴郡太守而恢在家安與恢書通問恢告吏口對且讓之曰爲宛令不合志病去可也干人主闚踰非也違平生操故不報

樊英南陽人隱於壺山之陽順帝永建二年徵之英不得已到京師待以師傅之禮拜五官中郎將數月英稱疾篤詔以爲光祿大夫英辭位不受有詔譬旨勿聽英初被詔命僉以爲必不降志及後應對又無奇謀深策談者以爲失望初河南張楷與英俱徵旣而謂英曰天下有二道出與處也吾前以子之出能

輔是君也濟斯人也而子始以不訾之身怒萬乘之主及其享受爵祿又不聞扶救之術進退無所據矣

周福甘陵人桓帝爲蠡吾侯受學於福及卽位擢爲尚書時同郡河南尹房植有名當朝鄉人爲之謠曰天下規矩房伯武因師獲印周仲進二家賓客互相譏揣遂各樹朋徒漸成仇隙

葛龔梁國人善爲文奏或有請龔奏以干人者龔爲作之其人寫之忘自載其名因并寫龔名以進之故時人爲之語曰作奏雖工宜去葛龔龔後爲蕩陰臨汾令

魏賈逵河東襄陵人少孤家貧冬嘗無袴過其妻兄栁孚宿至明無何着孚袴去故時人謂之通達達後爲豫州刺史封陽里亭侯

蘇則爲侍中舊儀侍中親省起居故俗謂之執虎子始則同郡吉茂者仕歷縣令遷爲冗散茂見則嘲之曰仕進不止執虎子則笑曰我誠不能效汝蹇蹇驅鹿車馳也

李豐爲尚書僕射弟翼及偉仕數歲間並歷郡守豐嘗於人中顯誠二弟言當用榮位及司馬宣王久病偉爲二千石荒於酒亂新平扶風二郡而豐不召衆

人以爲恃寵曹爽專政豐依違二公皆無有適莫故于時有謗書曰曹爽之勢熱如湯太傅父子冷如漿李豐兄弟如游光其意以爲豐雖外清淨而內圖事有似於游光也

王忠扶風人少爲亭長三輔亂忠饑乏噉人隨輩南向武關值婁子伯爲荆州遣迎北方客人忠不欲去因率等伍逆擊之奪其兵聚衆千餘以歸太祖拜忠中郎將從征討五官將知忠嘗噉人因從駕出令行排取冢間髑髏繫着忠馬鞍以爲歡笑

崔林文帝初爲少府林性既自負當官又嚴少府寺與鴻臚對門時崔林爲鴻臚崔性闊達不與林同數數閧林撾吏聲不以爲可林夜撾吏不勝痛叫呼敖敖徹曙明日崔出門與林車相遇乃謂林曰聞卿爲廷尉爾邪林不覺答曰不也崔曰卿不爲廷尉昨夜何故考囚乎林大慙默不能答

丁謐爲度支郎中曹爽宿與相親時爽爲武衛將軍數爲明帝說其可大用會齊王卽位爽輔政乃拔謐爲散騎常侍遂轉尚書謐爲人外似疎畧而內多忌其在臺閣數有所彈駁臺中患之事不得行又其意輕貴多所忽畧雖與何晏鄧颺等同位而皆少之唯

以勢屈於爽爽亦敬之言無不從故于時謗書謂臺中有三狗二狗崖柴不可當一狗憑默作疽囊三狗謂何鄧丁也默者爽小字也其夜言三狗皆欲嚙人而謐尤甚也

劉放爲中書監孫資爲中書令並兼侍中光祿大夫資久典機密夏侯獻曹肇心內不平殿中有鷄棲樹二人相謂曰此亦久矣其能復幾指謂放資也

蜀黄承彦者高爽開列爲沔南名士謂諸葛孔明曰聞君擇婦身有醜女黄頭黑色而才堪相配孔明許卽載送之時人以爲笑樂鄉里爲之諺曰莫作孔明

擇婦正得阿承醜女（承彥史不載官）

吳麋芳初爲魏南郡太守旣降吳虞翻嘗乘船行與芳相逢芳船上人多欲令翻自避先驅曰避將軍船翻厲聲曰失忠與信何以事君傾人二城而云將軍可乎芳闔戶不應而遽避之後翻乘車行又經芳營閉門不得過翻復怒曰當閉反開當開反閉豈得事宜邪芳聞之有慙色

晉王濟爲散騎常侍國子祭酒武帝嘗與濟棊時孫皓在側謂皓曰何以好剝人面皮皓曰見無禮於君者則剝之濟時伸腳局下而皓譏焉

謝鯤初辟東海王掾任達不拘尋坐除名鄰家高氏女有美色鯤嘗挑之女投梭折其兩齒時人爲之語曰任達不已幼輿折齒（鯤字幼輿）鯤聞之傲然長嘯曰猶不廢我嘯歌

祖納字士言范陽人有操行性至孝平北將軍王敦聞之遣其二婢而辟爲從事中郎有戲之曰奴價倍婢納曰百里奚何必輕於五羖皮邪王敦旣害周顗敦坐有一參軍樗蒱馬於博頭被殺因謂敦曰周家奕世令望而位不至公及伯仁將登而墜有似下官此馬敦曰伯仁總角於東宮相遇一面披襟便許之三事何圖不幸自貽王法納嘗問梅陶曰君鄉里立月旦評何如陶曰善褒惡貶則嘉法也納曰未益時王隱在坐因曰尚書稱三載考績三考黜陟幽明何得一月便行褒貶陶曰此官法也月旦私法也隱曰易稱積善之家必有餘慶積不善之家必有餘殃稱家者豈不是官必須積久善惡乃著公私何異古人有言貞良而亡先人之殃酷烈而存先人之勳累世乃著豈但一月若必月旦則顏回食埃不免貪汚盜蹠引火則爲清廉朝種暮穫善惡未定矣時梅陶及鍾雅數說餘事納輒困之因曰君汝潁之士利如錐

我幽冀之士鈍如槌持我鈍槌捶君利錐皆當摧矣陶雅並稱有神錐不可得捶納曰假有神錐必有神槌雅無以對

劉輿爲范陽王虓魏郡太守虓薨東海王越將召之或曰輿猶膩也近則汚人及至越疑而却之

傅迪爲右丞時劉柳爲尚書左僕射迪好廣讀書而不解其義柳云卿雖讀書多而無所解可謂書簏矣時人重其言

石崇爲衛尉嘗與王敦入太學見顏回原憲之像顧而歎曰若與之同升孔堂古今何必有間敦曰不知

餘人云何子貢去卿差近崇正色曰士當身名俱泰何至甕牖哉其立意類此

王粹以貴公子尚主館宇甚盛圖莊周於室廣集朝士使郎中嵇含爲之讚含援筆爲弔文文不加點其序曰帝壻王弘遠華池豐屋廣延賢彥圖莊生垂綸之像記先達辭聘之事畫真人於刻桷之室載退士於趣進之堂可謂託非其所可弔不可讚也其辭曰邁矣莊周天縱特放大塊受其生自然資其量器虛神清窮立極曠人僞俗季真風既散野無訟屈之聲朝有爭寵之歎上下相陵長幼失貫於是借玄虛以

助溺引道德以自奬尹詠恬曠之辭家畫老莊之像今王生沈淪名利身尚帝女連耀三光有出無處池非巖石之溜宅非茅茨之宇馳屈產於皇衢畫茲象其焉取嗟乎先生高跡何局生處巖岫之居死寄彫楹之屋託非其所沒有餘辱悼大道之湮晦遂含悲而吐曲粹有愧色

袁山松陳郡人少有才名時張湛好於齋前種松栢袁山松每出游好令左右作挽歌人謂湛屋下陳尸山松道上行殯山松歷顯位爲吳郡太守

王導爲丞相妻曹氏性妬導甚憚之乃密造別館以處衆妾曹氏知將往焉導恐妾被辱遽令命駕猶恐遲之以所執麈尾柄驅牛而進司徒蔡謨聞之戲導曰朝廷欲加公九錫導弗之覺但謙退而已謨曰不聞餘物惟有短轅犢車長柄麈尾導大怒謂人曰吾往與羣賢共遊雒中何曾聞有蔡克兒也

庾亮鎮江州時王導爲太傅丞相亮雖居外鎮而執朝廷之權既據上流擁彊兵趣向者多歸之導內不能平常遇西風塵起舉扇自蔽徐曰元規塵污人

全昞字彭祖太傅裒兄孫也少不經學時論皆鄙其凡庸先是兗州有八伯之號其後更有四伯大鴻臚

陳留江泉以能食爲穀伯豫章太守史疇以大肥爲笨伯散騎郎高平張嶷以狡妄爲猾伯而昞以狠戾爲瑣伯蓋擬古之四凶後爲廬陵守坐罪除名

郄超爲桓溫大司馬參軍深自結納時王珣爲主簿亦爲溫所重府中語曰髯參軍短主簿能令公喜能令公怒超髯珣短故也

陶侃爲荊州牧既平蘇峻王導入石頭城令取故節侃笑曰蘇武節似不如是導有慙色使人屏之

蔡謨爲左光祿大夫開府儀同三司謨初渡江見彭蜞大喜曰蟹有八足加以二螯令烹之既食吐下委

頓方知非蟹後詣謝尚而說之尚曰卿讀爾雅不熟幾爲勸學死

何充爲揚州刺史侍中錄尚書事充性好釋典阮裕嘗戲之曰卿志大宇宙勇邁終古充問其故裕曰我圖數千戶郡尚未能得卿圖作佛不亦大乎

郗愔爲司空及弟曇奉天師道而何充與弟準崇信釋氏謝萬譏之云郗諂於道何佞於佛

劉惔爲丹陽尹許詢嘗就惔宿牀帷新麗飲食豐甘詢曰若此保全殊勝東山惔曰卿若知吉凶繇人吾安得不保此王羲之在坐曰令巢許遇稷契當無此

言二人並有愧色

謝安少有重名初辟司徒府除佐著作郎並以疾辭寓居會稽除尚書吏部郎並不至後征西大將軍桓溫請爲司馬將發新亭朝士咸送中丞高崧戲之曰卿屢違朝旨高卧東山諸人每相與言安石不肯出將如蒼生何今亦將如卿何安甚有愧色

王愉子綏字彥猷愉爲殷桓所捕綏未測存亡在都有憂色居處飲食每事貶降時人每謂試守孝子後爲荊州刺史誅

戴逵譙國人謝敷會稽人隱於太平山初月犯少微少微一名處士星占者以隱士當之逵有美才人或憂之俄而敷死故會稽人士以嘲吳人云吳中高士便是求死不得死

宋何尚之爲尚書令太子詹事致仕於方山孝武徵之乃起拜開府天子臨軒百僚倍位沈慶之累辭爵命朝廷敦勸甚篤尚之謂曰主上虛懷側席詎宜固辭慶之曰沈公不效何公去而復還也尚之有愧色

張暢初爲南譙王義宣安北長史及義宣反戰敗暢爲軍人所掠執送都下付廷尉見原起爲都官尚書轉侍中孝武宴朝賢暢亦在坐何偃因醉曰張暢奇

才也與義宣作賊而卒無咎苟非奇才安能致此暢曰太初之時誰黃其閤帝曰何事相苦初何尚之爲元凶司空及義師至新林門人皆逃尚之父子共洗黃閤故暢以此譏之

王遠爲光祿勳人爲之語曰王遠如屏風屈曲從俗能蔽風露

庾登之爲謝晦荊州長史晦拒王師欲登之留守登之不許晦敗登之以無任免官禁錮還家何承天戲之曰因禍爲福未必皆知登之曰我亦幾與三豎同戮承天爲晦作表云便當浮舟東下戮此三豎故登

之爲嘲
謝莊爲左將軍莊有口辯孝武嘗問顔延年曰謝希
逸月賦何如答曰美則美矣但莊始知隔千里兮共
明月帝召莊以延年答語語之莊應聲曰延年作秋
胡詩始知生爲久離別没爲長不歸帝撫掌大笑竟
日後莊代顔峻爲吏部尚書峻留心選舉自强不息
任遇既隆奏無不可而容貌嚴毅莊風姿甚美賓客
喧訴嘗懽笑答之意多不行時人爲之語曰顔峻嗔
而與人官謝莊笑而不與人官位終中書令散騎常
侍金紫光祿大夫

何昌寓爲吏部尚書嘗有一客姓閔求官昌寓謂曰
君是誰後答曰子騫後昌寓團扇掩口而笑謂坐客
曰遥華胄
顔延之爲太常與何尚之以相好狎二人並短小尚
之嘗謂延之爲猨延之目尚之爲猴同遊太子西池
延之問路人云吾二人誰似猴路人指尚之爲似延
之喜笑路人曰彼似猴耳君乃真猴
南齊丘靈鞠爲正員常侍靈鞠好飲酒臧否人物在
沈淵座見王儉詩淵曰王令文章大進靈鞠曰何如
我未進時此言達儉靈鞠宋世文名甚盛入齊頗減
蓬髮弛縱無形儀不治家業王儉謂人曰丘公仕宦
不進才亦退矣
沈文季吳興人爲尚書右僕射明帝即位加領太子
詹事尚書令王晏嘗戲文季爲吳興僕射文季答曰
瑯琊執法似不出卿門
褚淵仕宋爲尚書令侍中受宋明帝顧命爲中書監
開府儀同三司司空太祖即位又爲尚書令輕薄子
頗以名節譏之淵眼多白精謂之白虹貫日言爲宋
氏徵也
褚炤字彦宣少秉高節一目眇官至國子博士不拜

嘗非從兄淵身事二代聞淵拜司徒歎曰使淵作中
書郎而死即當是一名士德之不昌遂有期頤之壽
張敬兒爲散騎常侍車騎將軍加開府儀同三司既
拜王敬則戲之呼爲褚淵敬兒曰我馬上所得終不
能作華林閣勲也敬則甚恨
陸澄爲光祿大夫散騎常侍當世稱爲碩學讀易三
年不解義欲撰宋書竟不成王儉戲之曰陸公書厨
也
梁何敬容爲尚書令參掌機密自晉宋以來宰相皆
文義自逸敬容獨勤庶務爲當世所嗤鄙時蕭琛子

延頗有輕薄才因制卦名離合等詩以嘲之敬容處之如初亦不屑也敬容捨宅東爲伽藍趨勢者因助財造搆敬容並不拒故此寺堂宇較飾頗爲宏麗時輕薄者因呼爲衆造寺焉

何點宋司空尚之孫也父鑠素有風疾無故害妻坐法死點感家禍欲絶婚宦尚之彊爲之娶王氏涕泣求執本志得罷既老又娶魯國孔嗣女雖婚亦不與妻相見築别室以處之人莫諭其意吳國張融少時免官而爲詩有高尚之言點答詩曰昔聞東都日不在簡書前雖爲戲也而融深病之及點後婚融始爲

詩贈點曰惜哉何居士薄暮遘荒婬點亦病之而無以釋也

孫廉東莞莒人便僻巧宦爲吳興太守時廣陵高爽有險薄才客於廉廉委以文記爽嘗有求不稱意乃爲屐謎以喻廉曰刺鼻不知嚏蹋面不知瞋齧齒作步數持比得勝人譏其不計恥辱以此取名位也爽博學多才劉蒨爲晉陵縣爽途經詣之了不相接爽甚銜之俄而爽代蒨爲縣蒨道迎贈甚厚爽受餉答書云高晉陵自答人問其所以答云劉蒨餉晉陵令爾何關爽事又有人送書與爽告頣云比日守羊困苦爽答曰守羊無食何不貨羊糴米孫抱爲延陵縣爽又詣之抱了無故人之懷爽出從縣閤下過取筆書鼓云徒有八尺圍腹無一寸腸面皮如許厚受打未渠央抱東莞人形體肥壯腰帶十圍爽故以此激之

鮑泉爲通直侍郎嘗乘高幰車從數十左右繖蓋服玩甚精道逢國子祭酒王承承疑非舊貴遣訪之泉從者答曰鮑通直承怪焉復欲辱之遣逼車問鮑通直復是何許人而得如此都下少年遂以爲笑誚

蕭推字智進歷淮南晉陵吳郡太守所臨必赤地大

旱吳人號爲旱母焉

劉溉爲吏部尚書時何敬容以令參選事有不允溉輒相執敬容謂人曰劉溉尚有餘臭遂學作貴人敬容方貴寵人皆下之溉忤之如初溉父彦之初以擔糞自給故世爲譏云

後魏孝明靈太后嘗幸左藏王公嬪主從者百餘人皆令任力負布絹即以賜之多者過二百疋唯長樂公手持絹二十疋而出示不異衆而勞也甚稱其廉儀同陳留公孝崇章武王融並以所負多顛仆於地崇傷腰融損脚時人語曰陳留章武傷腰折股貪人

敗類穢我明主
廣陵侯衍弟欽嘗託青州人高僧壽爲子求師至未
幾逃去欽以讓僧壽僧壽性滑稽反謂欽曰凡人絶
粒七日乃死始經五朝便爾逃遁去食就信實有所
闕欽乃大慙於是待客稍厚
公孫軌爲虎牢鎭將初太武將北征發民驢以運糧
使軌部調雍州軌令驢主皆加絹一疋乃與受之百
姓爲之語曰驢無强弱輔脊自壯衆共嗤之坐徵還
郭祚宣武時爲太子少師祚嘗從宣武幸東宮孝明
幼弱祚懷一黃瓢出奉孝明時應詔左右趙桃弓與

御史中尉王顯迭相脣齒深爲宣武所信祚私事之
時人謗祚者號爲桃弓僕射黃瓢少師
邢昕爲通直常侍中軍將軍旣有才藻兼長几案自
孝昌之後天下多務世人競以吏行取達文學大衰
司州中從事宋遊道以公斷見知時與昕嘲謔昕謂
之曰世事同知文學外遊道有慙色與和中以本官
副李象使於梁昕好忤物人謂之牛是行也談者謂
之牛象鬬於江南
北齊楊愔爲吏部尚書典選取士多以言貌時致謗
言以爲愔之用人似貧士市瓜取大者闇悶不以屑
意愔自居大位前後賞賜散之九族架篋之中唯有
書數千卷太保平原王陵之與愔隣宅愔嘗見其門
外有富胡數人謂左右曰我門前幸無此物
陽休之魏武定二年除中書侍郎時有人士戲嘲休
之云有觸藩之羝羊乘連錢之驄馬從晉陽而向鄴
懷屬書而盈把尚書左丞盧斐以其文書請謁故高
祖禁止會赦不治
祖珽初爲文宣開府倉曹參軍所乘老馬嘗稱騮駒
又與寡婦王氏姦通每人前相聞往復裴讓之與珽
甲卿於衆中嘲珽曰卿那得如此詭異老馬年十歲

猶號騮駒一妻耳順尚稱娘子于時諠然稱之
趙彥深爲中書令廢帝旣殺楊愔乃以彥深代揔機
務鴻臚少卿陽休之私謂人曰將涉千里殺騏驥而
策蹇驢可悲之甚
隋柳調爲侍御史左僕射楊素嘗於朝堂見調因獨
言曰柳條通體調弱獨搖不須風調斂板正色曰調
信無取者公不當以爲侍御信有可取不應發此言
公當具瞻之地樞機何可輕發素甚奇之
周羅睺初爲陳將陳平行軍總管賀若弼謂羅睺曰
聞公在郢漢提兵即知揚州可得王師利涉果如所

量羅睺答云若得與公周旋勝負未可知也後爲儀同三司先是陳裨將牟翔歸降使爲鄉導位至上開府班在羅睺上韓擒虎於朝堂戲之曰不知機變立在牟翔之下能無愧乎羅睺答曰昔在江南久承令問謂公天下節士今日所言殊匪誠臣之論擒虎有愧色

柳機初仕後周爲司宗中大夫遷御正上大夫開皇中爲冀州刺史後徵入朝初機在周與族人文城公昂俱歷顯要及此機昂並爲外職楊素時爲納言方用事因帝賜宴素戲機曰二柳俱摧孤楊獨聳坐者

皆笑機竟無言

李文博初在内省校書虞世基子亦在其内盛飾容服而未有所知之博因從容問其年紀答云十八文博乃謂之曰昔賈誼當此之年議論何事君今徒事儀容欲何爲者

唐姜恪爲左相咸亨元年閏九月爲凉州道行軍大總管以禦吐蕃時右相閻立本以善畫見稱與恪皆無輔弼之譽時人爲之語曰左相則宣威沙漠右相則馳譽丹青三館學生放散五臺令史明經至今相傳以爲口實

來嘗及弟濟相次爲侍中其父護兒初在隋爲猛將而嘗濟俱以學行見稱時虞世南子昶既無才術歷將作少匠工部侍郎累居工作之司濟初升相位許敬宗歎曰士之登用不繫世業得道則爲衣冠先緒則爲匹庶來護兒兒作宰相虞世南男作木匠忠賢文武固無種也

裴光庭爲吏部尚書時有門下主事閻麟之爲光庭腹心專知吏部過官每麟之裁定光庭隨筆而下時人語曰麟之口光庭手也

崔日知爲太常卿自以歷仕年久每朝士參集嘗與

尚書同列時人號爲尚書裹行遂爲口實

楊再思爲内史爲人邪佞時左補闕戴令言作兩脚野狐賦以譏刺之再思聞之甚怒出令言爲長社令朝士尤加嗤笑

周寶爲潤州節度使軍變奔毗陵淮南節度使高駢聞之大喜遂遣使致書於寶曰伏承走馬已及奔牛（堰名在常州）今附虀一瓶葛粉十斤以充道路所要蓋諷其爲虀粉也

梁成汭爲荆南節度使初澧朗二州本屬荆南乾寧中爲土豪雷滿所據汭奏請割隷宰相徐彥若執而

不行汭縣是銜之及彦若出鎮南海路過江陵汭雖加延接而銜怏怏嘗因對酒語及其事彦若曰今公位尊方面自比桓文雷滿者偏州一草賊爾今公何不加兵而反怨朝廷乎汭赧然而屈因思嶺外有黄茅瘴患者皆落髮乃謂彦若曰黄茅瘴望相公保重彦若應聲答曰南海黄茅瘴不死成和尚蓋譏汭曾爲僧也汭終席慙耻

後唐馮道爲相工部侍郎任贊因班退與同列戲道於後曰若急行必撲下兎策道尋知之召贊謂曰兎策皆名儒所集道能諷之中朝士子止看文場秀句

便爲舉業皆竊取公卿何淺狹之甚邪贊大愧焉

封舜卿仕梁爲禮部侍郎知貢舉開平三年奉使幽州以門生鄭致雍從行復命之日又與致雍同受命入翰林爲學士致雍有俊才舜卿雖有文辭才思拙澁及試五題不勝困弊因託致雍秉筆當時譏者以爲座主辱門生

蕭希甫爲駕部郎中莊宗初平汴維希甫奉詔宣慰青齊方知其母死妻袁氏亦已改嫁乃持服於魏州時議者戲引李陵書譏之云老母終堂生妻去室

安重霸善事人好賂遺君側人目之爲傀儡洨尾力胡

崔貽孫爲吏部侍郎黜於塞北遇赦還京時崔沂方爲左丞沂之年小貽孫數歲貽孫切於其闕每言於僚友曰崔丞已薄桑榆何無止足

王緘幽州劉仁恭故吏也莊宗承制授魏博節度副使緘博學善屬文燕薊多文士緘後生未知名及在太原名位驟達燕人馬郁有盛名於鄉里而緘素以吏職事郁及郁在太原謂緘曰公在此作文士所謂避風之鳥受賜於魯人也每於公宴但呼王緘而已

王思同幽州人初仕武皇爲飛勝指揮使從莊宗累典諸軍思同性疎俊粗有文性喜爲詩什與人唱和

稱薊門戰客魏王繼岌待之若子時內養呂知柔待與聖宮頗用事思同不平之呂爲終南山詩末句有頭字思同曰料伊直擬衝霄漢賴有青天壓着頭

盧文紀入相時有蜀人史在德爲著作郎出入權要之門評品朝士多有譏彈乃上章云文武兩班宜選能進用見在軍都將較朝廷士大夫並請閱試澄汰能者進用否者黜退不限名位高下疏下中書文紀以爲非已怒甚召諫議盧損爲覆狀辭旨蕪蔓無以抑其狂率爲衆所嗤

馬胤孫初仕後唐爲相胤孫純儒事多疑滯遽被嗤

庸未悉朝廷舊事初馮道罷左相馮入朝拜司空唐
朝故事三公爲加官無單拜者是時朝議率爾命道
制出或曰三公正宰相便合參大政又云合受册衆
言藉藉盧文紀又欲祭祀時便令掃除馮道聞之曰
司空掃除吾職也吾無所憚旣而知非乃止劉昫爲
僕射性剛羣情嫉之乃共贊右嘗侍孔昭序論行香
次第言嘗侍侍從之臣行立何在僕射前疏奏下御
史臺定例同光巳來李琪盧質繼爲僕射質性輕脫
不能守師長之體故昭序輕言胤孫以羣情不悅劉
昫馮道欲微抑之乃責臺司須簡則例而臺言舊不

見例據南北班位嘗侍在前屬國忌將就列未定胤
孫郎判臺狀曰卽有援據定可遵行各示本官劉昫
怒揮袂而退自後日責臺司定例崔居儉謂南宮同
列曰孔昭序解語是朝廷人總不解語也僕射師長
中丞大夫就班脩敬嘗侍班南宮六卿之下况僕射
乎巳前騎省年深望南宮工部侍郎如霄漢癡人輿
止何取笑之深邪旬日閒居儉言紛議稍息文士哂
胤孫堂判有援據二字其中書百職胤孫素未詳悉
無能專使署名而已其故人干進者不如意故啁〻之
曰馬公爲輔三不開爲門口印也後爲太子賓客卒
後旬日侍婢零語知胤孫聲氣處分家事仍日借某
書負某物當速還明宗朝崔協物故亦有婢忽作協
語時知制誥于嶠與閣下諸舍人嘲曰生前燓治曾
不聞於上言死後魂靈但空閙其下語胤孫侍婢傳
言時人復念之蓋其事甚類矣

盧損爲太子少保致仕損梁開平初與任贊劉昌素
薛均高揔同年擢第所在相訴時人謂之相罵牓

册府元龜

巡按福建監察御史臣李嗣京　訂正

新建縣舉人臣戴國士參閱

知建陽縣事臣黃國琦較釋

總錄部一百九十

不嗣　患難

不嗣

夫以堯舜之仁聖而丹朱商均之不肖何况臣庶之子孫不克負荷者多矣故有擅藻麗之文而其子頑闇有神明之政而其息貪暴有翼戴之勳而其嗣顛

覆有脩謹之操而其裔悖亂故有懷知子之先見嘆承家之乏嗣形於悲咤良亦可哀而坤之文言曰積善之家必有餘慶積不善之家必有餘殃則先聖之旨將有屬焉

帝鴻氏有不才子帝鴻黃帝掩義隱賊好行兇德醜類惡物頑嚚不友是與比周醜亦惡也比近也周密也天下之民謂之渾敦謂驩兜渾敦不開通之貌

少皞氏有不才子少皞金天之號次黃帝毀信廢忠崇飾惡言靖譖庸回服讒蒐慝以誣盛德崇聚也靖安也庸用也回邪也服行蒐慝惡也盛德賢人也天下之民謂之窮奇謂共工其行窮其好奇

顓頊氏有不才子不可教訓不知話言話言也告之則頑德義不入舍之則嚚不道忠信傲很明德以亂天常天下之民謂之檮杌謂鯀檮杌頑凶無儔匹之貌

縉雲氏有不才子縉雲黃帝時官名貪于飲食冒于貨賄侵欲崇侈不可盈厭聚斂積實不知紀極不分孤寡不恤窮匱冒亦貪也盈滿也實財也天下之民比之三凶非帝子孫故別以比三凶謂之饕餮貪財爲饕貪食爲餮

漢劉纏郎項伯也高祖五年降漢賜姓劉氏封射陽侯射或作貫嗣子睢有罪不得代

石慶爲丞相時諸子孫爲小吏至二千石者十三人

及慶死後稍以罪失孝謹衰矣

金日磾爲光祿大夫有二子賞奉車建駙馬都尉及孫則衰矣

霍光爲大將軍而子禹與張安世子千秋俱爲中郎將皆將兵隨度遼將軍范明文擊烏桓還謁大將軍光問千秋戰鬭方畧山川形勢千秋口對兵事畫地成圖無所忘失光復問禹不能記曰皆有文書光由是賢千秋以禹爲不才歎曰霍氏世衰張氏興矣及禹誅滅而安世子孫相繼

晉王導爲丞相其子恬少好武不爲公門所重導見

怙便有怨

梁王茂爲司空侍中封望蔡縣公及薨子貞秀嗣以居喪無禮爲有司所奏徙越州

後梁訓世武少襲父孝敬爲大將軍好勇不拘行撿重賓客施與不節資産旣盡鬱鬱不得志遂謀奔陳事覺誅

後魏劉休賓初仕宋爲幽州刺史鎮梁鄒後以城降休賓叔父旋之早亡其妻許氏携二子法鳳法虎入國孤貧不自立並踈薄不倫爲時人所棄母子皆出家旣而反俗孝文太和中選盡物望河南人士才學

之徒咸見申擢法鳳兄弟無可收用不蒙選授

田彪北平人初仕北燕馮跋與石城太守李崇俱降而彪子孫道微劣焉

盧度世爲青州刺史卒其子淵昶等並脩文風顯閨門之禮爲世所推後淵兄弟旣亡家風衰損子孫多非法帷薄混穢爲時論所鄙

平恒爲秘書丞博通經籍而三子並不率父業好酒自棄嘗忿其世衰植杖巡舍側堈而哭不爲營事婚宦任意官聚故仕娉濁碎不得及其門流恒婦弟鄧宗慶其外甥孫玄明等每以爲言恒曰此輩會是衰頓何煩勞我

夏侯夬瀛州刺史道遷之子爲鎮遠將軍性好酒居喪不戚醉醪肥鮮不離於口沽買飲噉多所費用父時田園貨賣略盡人間債負猶數千餘匹穀食至常不足弟妹不免饑寒

李元護晉司徒廣陸侯裔八世孫裔子順璠及孫沉志皆有名官沉孫根爲慕容寶中書監根子後智等隨慕容德南渡河居青州數世無名位三齊豪門多輕之

北齊邢邵爲太常卿中書監其文章典麗獨步當時

而孽子大德大道畧不識字焉

隋長孫平高祖仁壽中爲太常卿判吏部尚書賜爵襄陽公卒官子師好性輕狡好利數犯法帝以其不克負荷遣使弔平國官師道後爲渤海主簿政教淩遲師道恣行貪濁爲王世充所害

唐楊師道尚高祖女桂楊公主爲太常卿駙馬都尉師道卒子豫之不肖薄行太宗常謂羣臣曰子有孝與不孝臣有忠與不忠公等見不孝之子不忠之臣豈不同嫉然不孝之子父母亡沒已後肆情爲惡虧犯名敎良由闕於義方今緣師道兒喪虧禮節誠所

難怨若訓導合宜縱其頑鄙猶不至狼狽公等各有
子弟咸須示語無賴者亦勿存育乃令司徒長孫無
忌往豫之家分其貲産家人以與長姊及同産兄趙
斌等後豫之在母服淫亂爲駙馬都尉竇奉節所執
捶擊無數因割去耳鼻然後死
虞世南太宗時爲秘書監文學德行時稱五絶其子
昶旣無才術歷將作少匠二部侍郎累居工作之司
時來嘗父護兒在隋爲猛將嘗與弟濟俱以學行見
稱相次爲侍中許敬宗歎曰士之登用不繫世業履
道則爲衣冠失緒則爲匹庶來護兒兒作宰相虞世

南男作木匠忠賢文武固無種也
狄仁傑則天時爲魏州刺史人爲立生祠及去職後
其子景暉爲魏州司功參軍貪暴爲人所惡由是遽
毀其神像焉
王方慶則天時爲相聚書甚多不減秘閣至於圖畫
多異本諸子莫能守其業卒後尋併散亡
李嶠中宗朝與蘇瓌同居相位嶠有才華其子不肖
瓌以幹理而子頲有文詞故代稱蘇瓌有子李嶠無
兒
劉贊祖父皆以文學稱贊獨不知書爲宣州刺史宣
歙池觀察使唯以彊猛立威官吏畏重之宣州天下
殷贍處也贊厚斂財貨以務貢獻用求恩寵又無教
訓子孫童稚者便以驕傲爲事
崔行功總章中秘書少監兼通事舍人有文集四十
卷自行功以降名位卑替
李日知中宗景龍初以刑部尚書罷知政事孝行知
足爲時所稱少子伊衡以妾爲妻費散田宅仍列訟
諸兄家風替矣
劉崇龜父藻生八子弟崇魯爲水部郎中知制誥與
宰相崔昭緯相善昭宗命翰林學士李谿爲相昭緯

與崇魯謀沮之及谿宣制之日出班而哭由是谿命
不行谿自十一月至歲暮聯上十表訴究其詞詆毁
所不忍聞時崇龜在外聞之大恚數日不食謂其親
日吾家兄弟進身有素未嘗以聲利敗名吾門不幸
生此等也
晉張從賓父全義爲河南尹四十年積而能散以至
令終及從賓繼祚好治生商賈盈門多藏而致禍也

患難

老子有言禍兮福所倚福兮禍所伏則知患難之於
世也無準否泰之於人也靡嘗消息盈虛旣明鑒而

斯在屈伸合散信任運而可量叔世惟艱聖人陳厄而體道禍機莫測賢者逃遯以俟時至有沈厠以幸全縶獄而獲宥道存於已命在於天或垂名聲於後代或擅美譽於當世信謂知窮達存亡之至者也若乃被患於深刑無辜於横議道之廢也其如命何

孔子將適陳過長垣顔刻左僕以其策指之曰昔吾入此由彼缺也長垣人聞之以爲魯之陽虎嘗暴長垣人長垣人於是遂止孔子孔子狀類陽虎拘焉五日顔淵後（言與孔子相失故在後也）子曰吾以汝爲死矣顔淵曰子在回何敢死（言夫子在已無所致死也）長垣人拘孔子益急弟

子懼孔子曰文王既没文不在茲乎（茲此也言文王雖已沒其文見在此此自謂其自也）天之將喪斯文也後死者不得與于斯文（文王既沒故孔子自謂後死也言天將喪此文本不當使我知之今使我知之未欲喪之也）天之未喪斯文也長垣人其如予何（如予何猶言奈我何也天未喪此文則我當傳之長垣人欲奈我何言不能違天以害已）孔子使從者爲甯武子臣於衛然後得去又適宋（年表十三年孔子至衛十四年至陳襄公三年孔子過宋）與弟子習禮大樹下宋司馬桓魋欲殺孔子拔其樹孔子去弟子曰可以速矣孔子曰天生德於予桓魋其如予何（天生德者謂既以聖德性合天地吉無不利故曰其如予何）又居陳三歲會晉楚爭強更君陳及吳侵陳陳常被寇孔子曰歸與歸與吾黨之小子狂簡進取不忘其初於是孔子去陳過蒲會公叔氏以蒲畔蒲人止孔子弟子有公良孺者以私車五乘從孔子其爲人長賢有勇力謂曰吾昔從夫子遇難於長垣今又遇難於此命也已吾與夫子再罹難寧鬭而死鬭甚疾蒲人懼謂孔子曰苟毋適衛吾出子與之盟出孔子東門孔子遂適衛子貢曰盟可負耶孔子曰要盟也神不聽又遷于蔡三歲吳伐陳楚救陳（魯哀公四年）軍于城父聞孔子在陳蔡之間楚使人聘孔子孔子將往拜禮陳蔡大夫謀曰孔子賢者所刺譏皆中諸侯之疾今者久留陳蔡

之間諸大夫所設行非仲尼之意今楚大國也來聘孔子孔子用於楚則陳蔡用事大夫危矣於是乃相與發徒役圍孔子於野不得行絶糧從者病莫能興（興起也）孔子講誦弦歌不衰子路愠見曰君子亦有窮乎孔子曰君子固窮小人窮斯濫矣（濫溢也君子固亦有窮時但不如小人窮則濫溢爲非）子貢作孔子曰賜爾以予爲多學而識之者與曰然（然謂多學而識之）非與（問今不然耶）孔子曰非也予一以貫之（善有元事有會天下殊塗而同歸百慮而一致知其元則衆善舉之故人不學一以知之）孔子知弟子有愠心乃召子路而問曰詩云匪兕匪虎率彼曠野（率循也吾非兕虎而循曠野也）吾道非耶吾何爲於

此子路曰意者吾未仁耶人之不我信也言人不信吾豈以未仁乎耶意者吾未知耶人之不我行也言人不使通行而困窮者豈不言未知乎孔子曰有是乎由譬使仁者而必信安有伯夷叔齊使知者而必行安有王子比干子路出子貢入見孔子曰賜詩云匪兕匪虎率彼曠野吾道非耶吾何爲於此子貢曰夫子之道至大也故天下莫能容夫子夫子蓋少貶焉孔子曰賜良農能稼而不能爲穡種之爲稼斂之爲穡言良農能言種之未必能斂穫之良工能巧而不能爲順言良工能巧而已不能每順人之意君子能脩其道綱而紀之統而理之而不能爲容今爾不脩爾道而求爲容賜而志

不遠矣子貢出顏回入見孔子曰回詩云匪兕匪虎率彼曠野吾道非耶吾何爲於此顏回曰夫子之道至大故天下莫能容雖然夫子推而行之不容何病不容然後見君子夫道之不脩也是吾醜也夫道既已大脩而不用是有國者之醜也不容何病不容然後見君子孔子欣然而笑曰有是哉顏氏之子使爾多財吾爲爾宰宰主財者也爲女主財言志之同也於是使子貢至楚楚昭王興師迎孔子然後得免

范雎字叔先事魏中大夫須賈須賈爲魏昭王使於齊范雎從留數月未得報齊襄王聞雎辯言乃使人賜雎金十斤及牛酒雎辭謝不敢受須賈知之大怒以爲雎持魏國陰事告齊故得此饋令雎受其牛酒還其金既歸心怒雎以告魏相魏之諸公子曰魏齊魏齊大怒使舍人笞擊雎折脅摺齒雎佯死即卷以簀置厠中賓客飲者醉更溺雎故僇辱以懲後令無妄言者雎從簀中謂守者曰公能出我我必厚謝公守者乃請出簀中死人魏齊醉曰可矣范雎得出

後漢樊宏少有志行王莽末義兵起劉伯升與族兄賜俱將兵攻湖陽城守不下賜女弟爲宏妻湖陽由是收繫宏妻子令出譬伯升宏因留不及湖陽軍師

欲殺其妻子長吏以下共相謂曰樊重子父禮義恩德行於鄉里雖有罪且當在後會漢兵日盛湖陽惶急未敢殺之遂得免脫後至光祿大夫位特進

來歙光武祖姑之子光武甚親敬之數共往來長安漢兵起王莽以歙劉氏外屬乃收繫之賓客共篡奪得免

寒朗字伯奇魯國薛人也生三日遭天下亂棄之荆棘數日兵解毋往視猶尚氣息遂收養之後至清河太守

趙岐字邠卿京兆長陵人也岐少明經有才藝年三

十餘有重疾卧蓐七年蓐寢蓐也聲類曰蓐薦也其後疾瘳爲京
兆功曹先是中常侍唐衡兄玹玹音玄爲京兆虎牙尉
郡人以玹進不繇德皆輕侮之岐及從兄襲又數貶
爲議玹深毒恨玹爲京兆尹岐懼禍及乃與從子戩
逃避之玹果收岐家屬宗親陷以重法盡殺之岐遂
逃難四方江淮海岱靡所不歷自匿姓名賣餅北海
市中時安丘孫嵩藏岐複壁中數年岐作戹屯歌一
十二章後諸唐死滅因赦乃出公卿舉岐擢拜并州
刺史坐黨事免靈帝初復遭黨錮十餘歲中平元年
四方兵起詔選故刺史二千石有文武才用者徵岐

拜議郎車騎將軍張温西征關中請補長史別屯安
定大將軍何進舉爲燉煌太守行至襄武岐與新除
諸郡太守數人俱爲賊邊章等所執賊欲脅以爲帥
岐詭辭得免展轉還長安岐還至陳倉復遇亂兵裸身得免在草中十二日不食也
杜陵扶風茂陵人也初爲郡吏王莽末盜賊起林與
弟成及同郡范逡孟冀等將細弱俱客河西道逢賊
數千人遂掠取財裝褫奪衣服拔刃向林等將欲殺
之冀仰曰願一言而死將軍知天神乎赤眉兵衆百
萬所向無前而殘賊不道卒至破滅今將軍以數千
之衆欲規霸王之事不行仁恩而反遵覆車不畏天
乎賊遂釋之俱免於難後至大司空
魏郭淮爲征西將軍都督雍涼諸軍事淮妻王凌之
妹凌誅妹當從坐御史往收督將及羌胡渠帥數千
人叩頭請淮表留妻淮不從妻上道莫不流涕人人
扼腕欲劫留之淮五子叩頭流血請淮淮不忍視乃
命左右追妻於是追者數千騎數日而還淮以書白
司馬宣王曰五子哀母不惜其身若無其母是無五
子無五子亦無淮也今輒追還若於法未通當受罪
於主者覲展在近書至宣王亦宥之

蜀裴儁字奉先魏尚書令潛弟也儁姊夫爲蜀中長
史儁送之時年十餘歲遂遭漢末大亂不得還既長
知名爲蜀所推重也
吳黄蓋字公覆隨周瑜拒曹公於赤壁爲流矢所中
時寒墮水爲吳軍人所得不知其蓋也置厠牀中蓋
自彊以一聲呼韓當當聞之曰此公覆聲也向之垂
涕解易其衣遂以得免後至武鋒中郎將
晉王尼字孝孫辟車騎府舍人不就值雒陽陷亂江
夏時王澄爲荆州刺史遇之甚厚尼早喪婦止有一
子無居宅惟畜露車有牛一頭每行輒使子御之暮

則共宿車上常歎曰滄海橫流處處不安也俄而澄卒荊土饑荒尼不得食乃殺牛壞車煮肉噉之旣盡父子俱餓死

摯虞離鄠杜之間轉入南山中糧絕餓甚拾橡實而食之後得還洛歷光祿勳太常卿及洛京荒亂盜竊從横人饑相食虞素清貧遂以餒卒

鮑靚爲南海太守嘗行部入海遇風饑甚取白石煮食之以自濟

南燕慕容超字祖明德之兄北海王納之子時慕容垂起兵山東苻昌收納及諸德子皆誅之納母公孫

氏以老耄獲免納妻段氏方娠未決囚之于郡獄獄掾呼延平德之故吏也嘗有死罪德免之至是將公孫及段氏逃于光中而生超焉年十歲而公孫氏卒臨終授超以金刀曰若天下太平汝得東歸可以刀還汝叔也平又將超母子奔于呂光及呂隆降于姚興超又隨凉州人徙于長安

宋江謐字令和父徽宋尚書都官郎吳令爲太祖所殺謐繫尚方孝武平京邑乃得出後至左戶尚書

王懿字仲德父苗事苻堅爲二千石及堅敗仲德年十七與兄叡同起義兵與慕容垂戰敗仲德被重創走與家屬相失經大澤不能前因臥林中忽有青衣童兒騎牛行見仲德問曰食未仲德告饑兒去頃之復來携食與之仲德食畢欲行會水潦暴至莫知所之有一白狼至前仰天而號號訖銜仲德衣渡水仲德隨之獲濟與叡相及渡河至滑臺復爲翟遼所留使爲將帥積年仲德欲南歸乃奔大山遼遣騎追之急夜行忽有炬火前導仲德隨之行百許里乃免後至徐州刺史

朱脩之爲司徒從事中郎後隨到彥之北伐彥之自河南廻留脩之戍滑臺爲虜所圍數月糧盡將士熏

鼠食之遂陷於虜初脩之母聞其被圍旣久常憂之忽一旦乳汁驚出母號泣告家人曰吾今已老忽復有乳汁斯不祥矣吾兒其不利乎後問至脩之果以此日陷沒元魏嘉其守節以爲侍中妻以宗室女脩之潛謀南歸妻疑之每流涕問其意脩之雖嘉其義終竟不告也後鮮卑馮弘稱燕王都黃龍元魏伐之脩之與同沒人邢懷明並從又有徐卓者復欲率南人竊發事泄被誅脩之懷明懼奔馮弘弘不禮留一年會宋使傳詔至脩之名位素顯傳詔見卽拜之彼國敬傳詔謂爲天子邊人見其致敬於脩之乃始加

禮時魏屢伐弘或説弘遣脩之歸求救遂遣之泛海至東萊遇猛風柂折垂以長索船乃復正海師望見飛鳥知其近岸須臾至東萊元嘉元年至京邑以爲黄門侍郎

梁沈約字休文父璞淮南太守璞元嘉末被誅約尚幼潛竄會赦免旣而流寓孤貧後至尚書僕射

范雲起家郢州西曹書佐轉法曹行參軍俄而沈攸之舉兵圍郢城父抗時爲長府流入城固守留家屬居外雲爲軍人所得攸之召與語聲色甚厲雲容貌不變徐自陳説攸之乃笑曰卿定可使且出就舍明

旦又召令送書入城城内或欲誅之雲曰老母弱弟懸命沈氏若其違命禍必及親今日就戮甘心如薺長史柳世隆素與雲善乃免之後至尚書令

裴邃舉秀才對策高第奉朝請東昏踐祚始安王蕭遥光爲撫軍將軍揚州刺史引邃爲參軍後遥光敗邃還壽陽值刺史裴叔業以壽陽降魏州之豪族皆被驅掠邃遂隨衆北徙魏宣武帝雅重之以爲司徒屬中書郎魏郡太守魏遣王肅鎮壽陽邃固求隨肅密圖南歸天監初自拔還朝除後軍諮議參軍

袁昂父顗爲雍州刺史泰始初舉兵奉晋安王子勛事敗誅死昂時年五歲乳媪攜抱匿於廬山會赦得出猶徙晋安至元徽中走還時年十五後至司空

陸襄爲度支尚書太清二年侯景舉兵圍宫以襄直侍中省三年三月城陷襄逃還吴賊尋寇東境景將宋子仙進攻錢塘海鹽人陸黯舉義有衆千人夜出襲郡殺僞太守蘇單于推襄行郡事淮南守文成侯蕭寧逃賊入吴襄遣迎寧爲盟主遣黯及兄子映公帥衆距子仙子仙聞兵起乃退還與黯戰敗走吴下軍聞之亦各奔散襄匿于墓下一夜憂憤卒時年七十

賀琛爲中軍宣城王長史侯景陷城琛被創未死賊求得之輿至闕下求見僕射王克領軍朱异勸開城納賊克等讓之涕泣而止賊復輿送莊嚴寺療之明年臺城不守琛逃歸鄉里其年賊寇會稽復執琛逸出以爲金紫光禄大夫卒

劉峻字孝標父珽宋始興内史峻生朞月母攜還鄉里宋泰始初青州陷魏峻年八歲爲人所畧至中山中山富人劉實愍峻以束帛贖之教以書學魏人聞其江南有戚屬更徙之桑乾齊永明中從桑乾得還後至荆州户曹參軍

陳徐陵弟孝克梁太清初起家爲太學博士至孝遭父憂殆不勝喪事所生母陳氏盡就養之道梁末侯景寇亂京邑大饑餓死者十八九孝克養母饘粥不能給妻東莞臧氏領軍將軍臧盾之女也甚有容色孝克乃謂之曰今饑荒如此供養交闕欲嫁卿與富人望彼此俱濟於卿意如何臧氏弗之許也時有孔景行者爲侯景將頗富於財孝克密因媒者陳意景行多從左右逼而迎之臧氏涕泣而去所得穀帛悉以供養孝克又剃髮爲沙門改名法整兼乞食以充給焉臧氏亦深念舊恩數私致饋餉故不乏絕後景

行戰死臧氏伺孝克於途中累日乃見謂孝克曰往日之事非爲相負今旣得脫當歸供養孝克默然無答於是歸俗更爲夫妻

周豫玄弘正子也年十四與父俱載入東乘小船渡岸見藤花弘正挽之船覆俱溺弘正僅免豫玄遂得心驚疾

後魏崔衡長子敞宣武初爲鉅鹿太守弟朏之逆也敞爲黃木軍主韓文殊所藏其家悉見籍沒唯敞妻李氏以公主之甥自隨奴婢田舍二百餘日得免正光中普釋禁錮敞復爵

崔玄伯初爲苻堅著作佐郎堅亡避難於齊魯之間爲丁零翟釗及司馬昌明叛將張願所留縶郝軒歎曰斯人而遇斯疾不因扶搖之勢而與鷃雀飛沉豈不惜哉

賈彝初仕慕容氏歸垂爲驃騎長史垂太子寶兵敗被執道武郎位拜尚書左丞甚見委用天賜末彝請詣温湯療病爲叛胡所拘執送於姚興積數年遁歸又爲屈丐所執與語悅之拜秘書監卒太武平赫連昌子秀迎其尸柩葬于代南

李孝祖祖敷以罪誅孝祖以年小藏免後敷妻崔氏

得出宮養之至平涼太守

陰道方爲荊州刺史李神儁長流參軍正光末梁簡文遣其軍主曹義宗等擾動邊蠻神儁令道方馳傳向新野處分軍事於路爲蠻所掠送於義宗義宗又傳致襄陽仍傳於梁武梁武因之尚方孝昌中始得還國

劉芳字伯文彭城人出後伯父宋東平太守邈之父邕同宋劉義宣之事身死彭城芳隨伯母房逃竄青州會赦免舅元慶爲宋青州刺史沈文秀建威府司馬爲文秀所殺芳母子入梁鄒城慕容白曜南討青

齊梁鄒降芳北徙為平齊民時年十六後至太常
郭祚父洪之坐崔浩事被誅祚亡竄得免弱冠州主
簿刺史孫小委之書記又太原王希逸妻之以姪共
相賙恤得以饒振後為征西將軍雍州刺史
楊藻為瀛州安東府長史以年老歸家闔門不關世
事孝昌中在鄉為賊帥杜洛周所囚發病卒
北齊王晞為大鴻臚開府儀同三司及晉陽陷敗與
同志避周兵東北走山路險迥懼有土賊而晞溫服
膏粱曾不廢行侶尤之晞曰莫尤我我行事若悔久
作三公矣

魏收初仕後為太學博士及爾朱榮於河陰濫害朝
士收亦在圍中以日晏獲免
後周盧柔為賀拔勝大行臺郎中掌書記及孝武西
遷東魏遣侯景襲穰勝敗南奔梁後與勝俱還行至
襄陽齊神武懼勝西入遣侯景以輕騎邀之勝及柔
乃棄船山行贏糧冒險經數百里時屬秋霖徒侶凍
餒者大半幾至於死大統一年至長安封容城縣男
竇熾扶風人父畧平遠將軍魏正光末北鎮擾亂熾
乃隨畧避地定州因沒於葛榮榮欲官畧畧不受榮
疑其有異志遂留畧於冀州將熾及熾兄善隨軍永
安元年爾朱榮破葛榮熾乃將家隨榮於并州後至
太傅
陸通少敦敏好學有志節父政為文帝行臺左丞原
州長史通幼從在河遂逢寇難與政相失通乃自以
東歸從爾朱榮榮死又從爾朱兆及爾朱氏滅乃入
關後至大司馬
姚僧垣仕梁為湘東王府記室參軍侯景陷軍城逃
歸吳興俄而景兵大至攻戰累月郡城遂陷僧垣竄
避久之乃被拘縶景將侯子鑒素聞其名深相器遇
因此獲免後至上開府儀同大將軍

隋劉炫河間人為太學博士以品卑去任歸於河間
于時盜賊起穀食踊貴炫與妻子相去百里聲聞斷
絕鬱鬱不得志時在郡城糧餉斷絕其門人多隨賊
哀炫窮乏詣郡城下索炫郡官乃出炫與之炫為賊
所將過下城堡未幾賊為官軍所破炫饑餓無所依
復投縣城長史意炫與賊相知恐為後變遂閉門不
納之時夜永寒因此凍餒而死時年六十八其後門
人諡曰宣德先生
唐李百藥初為隋建安郡丞及煬帝被弒展轉沈法
興李子通杜伏威軍中備嘗艱苦乃著省躬賦以致

其情及高祖遣使江南百藥說伏威迎之後復勸伏威令身入朝渡江至歷陽伏威狐疑中悔將害百藥乃飲以石灰酒因大洩痢而宿病皆除伏威知百藥不死乃書與輔公祏令殺之賴王雄誕救護得免及公祏反署百藥爲吏部侍郎人有言百藥初說杜伏威不聽入朝今又共輔公祏反高祖大怒公祏平趙郡王孝恭得伏威與公祏令殺百藥書奏之高祖意乃稍解詔配涇州爲司戶

徐文遠初仕隋爲國子博士時洛陽饑饉出城採樵爲李密所及密敗復歸王充其子士會狂悖之人委

棄文遠西歸長安王充大怒絕其廩食此後大飢將死者數矣復因樵採遇羅士信候騎獲之送入京師復授國子博士

張玄素蒲州虞鄉人隋末爲景城縣戶曹寶建德攻陷景城玄素被執將戮縣民千餘人號泣請代其命曰此人清慎殺之乃無天地大王將定天下當深加禮接以招四方如何殺之使善人解體建德遽命釋之署爲治書侍御史固辭不受

高士廉隋時坐事謫爲交阯朱鳶縣主簿尋屬天下大亂王命阻絕太守丘和署爲司法書佐郡丞元肅從横士也多所交結謀殺和而據嶺越以窺天下之變見士廉爲時望所歸亦傾心推結俾其立操不敢以謀告之然肅竟以事洩爲和所族士廉坐與交通幾危矣和子行淹保明之由是獲免及蕭銑敗高祖遣使狗嶺南武德五年乃與丘和上表歸國追入特蒙顧待拜大將軍

路敬淳貝州臨清人也父文逸隋大業末閭門遇盜文逸潛匿草澤晝伏於死人中夜行避難自傷窮梗閉口不食同侶閔其至性勸以不當滅性搶拾以食之遞負之而行遂免於難後至太子司議郎仍授崇

賢館學士

來濟隋左翊衛大將軍榮國公護子也宇文化及之難闔門遇害濟幼逢家難流離艱險後至中書令

韋斌爲太常少卿天寶五載右相李林甫搆刑部尚書韋堅貶蒼梧太守七載又重貶江夏别駕堅兄弟四人並賜死於貶所姊惠宣太子妃隨子嗣薛王瑜遷於夜郎郡安置斌以親累貶巴陵太守後爲銀青光祿大夫天寶十四載冬安祿山反陷洛陽斌爲賊所得僞授黄門侍郎

李彭年爲馮翊太守玄宗幸蜀賊陷西京彭年　於

賊僞授工部侍郎彭年脅授僞官常憤歎忽忽不得
志與韋斌相次而卒
王維爲給事中安祿山陷兩京維在西京作中風失
瘖久之賊重其名追赴洛陽僞授給事中
崔器天寶末爲奉先令逆胡陷西京器沒於賊仍守
奉先居無何屬賊兵同羅叛賊將安守中張通儒並
避難藏匿又渭上義兵起一朝聚徒萬人器恐懼憂
惶先有賊文牓脅牒一時焚之牓召義師欲應渭上
軍及通儒出兵使擊渭上軍破賊將崔乾祐先傾蒲
同使麾下騎三十人捉器器遂北走靈武

李進爲工部侍郎代宗初皇儲爲天下元帥平河洛
以進參佐時元帥在陝兼統蕃兵迴紇恃功而驕敢
恣狠戾進與中書舍人韋少華皆爲皮鞭所辱進數
月病瘡僅以全生
段秀實爲安西節度荔非元禮判官邙山之敗軍徙
翼城元禮爲麾下所殺將佐亦遇害而秀實獨以智
全
馬總字會元扶風人少孤貧好學性剛直不妄交遊
貞元中姚南仲鎭滑臺辟爲從事南仲與監軍使不
叶監軍誣奏南仲不法及罷免總坐貶泉州別駕監
軍入掌機密福建觀察使柳冕希旨欲殺總遣從事
穆贊鞫總贊稱無狀總方免死後量移恩王傅
嚴懷志以涇原裨將隨渾瑊會吐蕃背盟懷志等陷
沒居吐蕃中十餘年逃入以西諸國爲所掠賣又脫
走經十餘國至天竺占波國泛海而歸貞元十四年
始至溫州徵詣京師德宗以懷志處蕃久不欲令出
外囚之仗內順宗即位乃釋之初懷志之陷父母俱
存及歸父母皆沒妻嫁他人
呂溫者以小吏事崔漢衡貞元初吐蕃背盟漢衡爲
吐蕃所虜將殺之溫趨往以背受之亦吐蕃義之由

是與漢衡俱免及漢衡歸獨留蕃中吐蕃尚浮屠法
溫因求爲僧久之乃得歸亦以習吐蕃事四焉順宗
即位得釋與懷志授中郎將
魏義通爲黔中觀察使行至涪州泝灘舟壞沉失其
所持節及賜馬
梁張雋字彥臣祖父咸有聞於時雋少孤雅自修飾
善爲五言詩其警句頗爲人所稱廣明中黃巢犯京
師天子幸蜀士皆竄伏窟穴以保生雋亦晦跡浮泛
不失其道後至兵部郎中監鐵判官
後唐劉岳初少孤以先人官早羣從之間最不調兩

都喪亂流寓青齊丐食業文厲心苦節後至太常卿
趙鳳幽州人也少爲儒天祐中燕帥劉守光與太原
爭霸率十夫團爲軍伍而黥面爲文儒者患之多爲
僧鳳亦落髮與遊方者雜處後爲相終
朱弘昭爲文思使與安重誨情不協故罕得居內任
天成二年秋以李嚴爲西蜀監軍乃用弘昭爲東川
副使嚴至成都爲孟知祥所害弘昭懼求還京師董
璋待之雖厚而嘗猜防伺察弘昭坦懷從命而璋不
疑尢重之會有軍事雖論列乃令弘昭入覲爲辭之
不獲繇是免禍後爲襄州節度使襄州留軍有朽腐

甲冑數百弘昭奏不堪完補詔投之於漢水詔至弘
昭集賓佐棄之登南城依却敵以視無何懸鐘格木
朽墮弘昭至城壕緋之於木左右挽而下之幸無損
但喪魄讋氣而已
晉趙瑩爲相開運末虜陷京城瑩從少帝於北塞周
太祖遣尚書左丞田敏報命于契丹遇瑩于幽州瑩
得見華州人悲悵不已謂田敏曰老身漂零寄命於
此近聞室家喪逝弱子無恙蒙中朝皇帝倍加存卹
東京舊第本屬公家亦聞優恩特給善價老夫至死
無以報效於是南望稽首涕泗横流先是漢初以晉

入蕃將相第宅賜隨駕大臣以瑩第賜太祖太祖召
瑩於前刑部郎中易則告之曰所賜第除素屬版籍
外如別有契券已所置者可歸本直即以千餘緡遺
易則易則惶恐辭讓太祖堅之乃受故瑩言及之未
幾瑩卒於幽州瑩初被病遣人所告于虜主願歸骨
於南朝使羇魂幸復鄉里虜主閔而許之及卒遣其
子易從及家人數輩護喪而還仍遣大將送至京師
太祖閔瑩死于異域而知夷狄亦不能違物性歸其
喪柩感歎久之仍賜其子絹五百疋以備喪事令歸
葬于華陰故里

華温琪年始二十長七尺餘唐廣明中黃巢爲亂掠
爲紀綱從巢南犯交阯西陷長安僞署温琪供奉都
知官既得志習平時官者故態每肩舁出入以自奉
及巢敗奔至滑臺以形貌魁岸懼不自容乃投白馬
下流俄而浮至淺處會行人救免又登桑自經枝折
墜地不死至夜胙縣界有田父見温琪非常人也遂
匿於家經歲餘
漢龍敏初唐莊宗平河維徵爲司門員外郎以家貧
乏養求爲興唐少尹踰年丁母喪退居鄴下會趙在
禮據鄴城以敏鄉人强起令署事又爲亂軍所迫敏

不敢拒明年在禮鎮浮陽敏復居喪制
周馮道唐天祐中劉守光辟爲幽州掾嘗以利害箴守光守光怒寘於獄中後仕晉爲相晉末北虜犯闕廻虜先留馮道與李崧和凝文武官等在常山以閏七月二十九日虜中有僞詔追崧令還朝士十人赴木葉山行事虜帥解里召道等至帳前所欲諭之崧偶先至見其吉懽形於色解里將以明日與朝士齊遣之崧乃不候道與凝先出既而相遇帳門之外因與分首俱歸俄而李筠等縱火與虜交鬬鋒槊相及是日道若齊至與解里相見稍躊躇則悉爲俘矣時

論者以道在布衣有至行立公朝有重德其陰報昭感多此類也
劉皡初自魏博歸于唐莊宗梁將劉鄩自渠欲乘虛襲太原軍至樂平時皡客於縣舍爲鄩軍所俘髠其髮謝彥章許之知其學儒禮之謂其鄉人劉去非曰爲公得一宗人令皡見之去非詢其爵里乃親族也對泣久之自是隨去非客于彥章門下後至衛尉卿
安叔千爲太子太師叔千以都城內難之際軍士未戢其家財無孑遺大遭箠撻以是成疾請歸雒都卒
王繼弘爲河陽節度使少無賴爲吏所拘械繫常州獄將殺之會赦以其壯健特宥之配於本軍

冊府元龜

巡按福建監察御史臣李嗣京　訂正
分守建南道左布政使臣胡維霖　參閱
知建陽縣事臣黃國琦　較釋

總錄部一百九十

殘虐　酷暴　殃報

殘虐

夫敢行暴虐商書所誡虐用其民魯史爲刺稽乎前志惡莫大焉若乃含殘忍之心懷虺蜴之性或內專柄用或外負威權恣睢自任賊殺無辜聚黨蓄兵橫

行天下乘亂以報私忿投隙以竊大器殺人而滅口誘致以求財毀發丘墳剝斷支體以至乎害其姬妾坐及隣伍懲音律之小誤責言辭之微失置之以死不其甚歟所以人心不附軍務是離自陷刑辟終貽傾覆者良有以也

盜跖魯人日殺不辜肝人之肉暴戾恣睢聚黨數千人橫行天下

漢項羽自立爲楚王封諸王皆就國韓王成以不從無功不遣之國更封爲穰侯（穰南陽縣也）成令張良從漢王至褒中良歸至韓聞項羽以良從漢王故不遣韓王成之國與俱東至彭城羽殺成

張不疑嗣封留侯孝文五年坐與門大夫殺故楚內史贖爲城旦（門大夫侯之屬官也）

單德封昌武侯孝武元朔三年坐傷人二旬內死棄市削戶六百

王莽封新都侯既就國杜門自守其中子獲殺奴（獲者莽子之名也今書本有作護者流俗所改爾）莽切責獲令自殺莽居攝翟義起兵莽發義父方進及先祖冢燒其棺柳夷滅三族誅及種嗣至皆同坑以棘五毒并葬之司威陳崇奏衍功侯光私報執金吾竇況令殺人況爲收繫致

其法莽大怒切責光光母曰女自眡孰與長孫中孫（長孫中孫莽子宇及獲也皆爲莽所殺故云然中讀曰仲）遂母子自殺及況皆死初莽以事母養嫂撫兄子爲名及後悖虐復以示公義焉（不舍光罪爲公義）赦天下書曰方出軍行師敢有趨讙犯法者輒論斬毋須時（趨讙謂趨走而讙譁也須待也）盡歲止（至此歲盡而止）於是春夏斬人都市百姓震懼道路反目又翟義黨王孫慶捕得莽使太醫尚方與巧屠共刳剝之（刳剖也音枯）量度五藏（度音徒各反）以竹筳導其脈知所終始（筳竹挺也音庭）云可以治病

後漢董卓爲相國虐刑濫罰睚眦必死群僚內外莫

能自固卓嘗遣軍至陽城時人會於社下悉令斬之駕其車重載其婦女以頭繫車轅歌呼而還及遷天子都長安卓嘗至郿行塢公卿已下祖道於橫門外卓施帳幔設飲誘降北地反者數百人於坐中殺之先斷其舌次斬手足以鑿其眼目以鑊煑之及得死偃轉杯案間會者戰慄亡失匕箸而卓飲食自若諸將有言語蹉跌便戮於前又稍誅關中舊族陷以叛逆時太史望氣言當有大臣戮死者卓乃使人誣衞尉張温與袁術交通遂笞温於市殺之以塞天變又中郎將牛輔卓之子壻素所親信使以兵屯陝輔分

遣其較尉李傕郭汜張濟將步騎數萬擊破河南尹朱儁於中牟因掠陳留頴川諸縣殺畧男女所過無復遺類又遣將徐榮李蒙四出虜畧所得義兵士卒皆以布纏裹倒立於地熱膏灌殺之卓聞袁紹起山東乃誅紹叔父隗及宗族在京師者盡滅之獻帝春秋載太傅袁隗太僕袁基術之母兄卓使司隸宣璠收之母及姊妹嬰孩以上五十餘人下獄死卓別傳曰悉埋青城門外東都門内而加書焉又恐有盜取者復以屍送郿藏之李傕郭汜董卓將也及卓之死傕汜等以王允呂布殺卓皆幷州人故忿怒之幷州人在軍者男女數百人皆誅殺之傕又因會刺殺樊稠於坐傕見稠果勇而得衆心疾害之醉酒潛使外甥騎都尉胡封於坐中拉殺稠繇是諸將各相疑異傕汜遂復理兵相攻

袁術初僭號以吳俊爲陳相術軍衆饑因就俊求糧俊疾惡術初不應答術怒密使人殺俊

晉王愷爲後將軍與石崇以豪侈相尚愷嘗置酒王敦與王導俱在坐有女妓吹笛小失聲韻愷使歐殺之一坐改容又使美人行酒客飲不盡輙殺之

孫秀初爲琅邪小吏累官於趙國以諂媚自達趙王倫既篡逆秀執機衡倫素庸下無智策復受制于秀秀之威權振於朝廷天下皆事秀而無求於倫秀遂

恣其姦謀多殺忠良以逞私欲司隸從事游顥與殷渾有隙渾誘顥奴晉興僞告顥有異志秀不詳察即收顥及襄陽中正李邁殺之厚待晉興以爲巳部曲督前衞尉石崇黃門郎潘岳皆與秀有嫌並見誅於是京邑君子不樂其生矣

吳畿者平陽太守宋冑所親也李矩爲本郡督護冑欲以畿代之矩謝病去畿恐矩復還陰使人刺矩會有人救之故得免

宋劉彤穆之孫也嗣南康公孝武大明四年坐乃斫妻奪爵土

梁侯景仕後魏爲司徒南道行臺景性猜忍好殺殘刑人或先斬手足割舌劓鼻經日方死又曾於石頭立大舂碓有犯法者擣殺之

陳留異梁代爲蟹浦戍主歷晉安安固二縣令侯景之亂還鄉里召募士卒東陽郡丞與異有隙引兵誅之及其妻子

後魏宋鴻貴爲定州平北府參軍送兵於荆州坐取兵絹四百疋兵欲告之乃斬十人又生斷其兵手以水澆之然後斬決尋坐伏法時人哀兵之苦笑鴻貴之愚

北齊盧宗道行南營州刺史性麤率任俠將赴職於督亢陂大集鄉人殺牛聚會有一舊門生酒醉言辭之間微有疎失宗道遂令沈之於水後坐酷濫除名

魏收文宣時爲太子詹事娶其舅女崔氏産一女無子及魏太常劉芳孫女與中書郎崔肇師女夫家坐事帝並賜收爲妻時人比之賈充置左右夫人然無子後病甚恐身後嫡媵不平乃殺二姬及疾瘳追憶作懷離賦以申意

隋于顗初仕後周爲東廣州刺史尉迥之反也時總管趙文表與顗素不協將圖之因臥閤內詐得心疾謂左右曰我見兩三人至我前者輒大驚卽欲斫之不能自制也其有賓客候問者皆令去左右顗漸稱危篤文表往候之令從者至大門而止文表獨至顗所顗欻然而起抽刀斫殺之因唱言曰文表與尉迥通謀所以斬之其麾下無敢動者時高祖以尉迥未平慮顗復生邊患因而勞勉之

唐王世充初仕隋爲江都通守既叛後據東都衆心日離乃嚴法峻制家一人逃者無少長坐爲戮父子兄弟夫妻許其相告而免之又令五家相保有全家叛去而隣人不覺者誅及四隣殺人相繼其逃亡益

甚至於樵採之人皆有限數公私窘急皆不聊生又以宮城爲大獄意有所忌卽收繫其人及家屬於宮中又每使諸將出外亦收其親屬質於宮內囚者相次不減萬口

朱粲隋末僭稱楚王聚衆二十萬軍中無所虜掠乃取嬰兒蒸而噉之因令軍士曰食之美者寧過於人肉乎但令他國有人我何所慮卽勒所部有略得婦人小兒皆烹之又稅諸城堡取小弱男女以益兵糧隋著作佐郎陸從典通事舍人顏愍楚因譴左遷合家並爲所噉粲竟斬于洛水之上士庶嫉其殘忍競

投瓦礫以擊其屍須臾封之若冢
薛舉爲賊帥性殘忍每殺人多斷舌割鼻或碓擣之其妻鞠氏性又酷暴好鞭撻其下見人不勝痛而宛轉於地者則埋其足纔露腹背而捶之繇是人心不附
薛仁杲舉之長子也多力善騎射軍中號爲萬人敵然殘忍貪冒財貨初拔秦州召富人礫於油火之上或以醋灌鼻或弋其下竅以求金寶舉每誡之曰汝之才力辦我家事然性多猜忌與物無恩終當滅吾宗社舉死嗣立諸將以其年少心多不伏兵勢漸離

以至於敗斬於長安籍没其家自起迄敗父子相繼五年而滅
高真行爲左衛將軍子岐爲太子典膳丞高宗以皇太子賢陰謀事洩廢爲庶人岐事連於賢帝令付真行自訓責之岐入門而真行以佩刀刺其喉真行兄戶部侍郎審行又刺其腹真行兄子璇斷其首而棄之街中帝知不悅貶真行爲睦州刺史審行爲渝州刺史
于敏爲太常丞司空平章事頔之子憲宗元和八年敏殺人王再榮告頔與梁正言錢以謀出鎮初梁正言貪詐自擅勇於射利梁守謙方知樞密正言姦詭謂人吾與樞密宗盟分至頗得闗說頔久失職惑其言厚致財賄以圖任用其後正言之詐漸露斂責其貲於市邸謗致正言僮奴支解棄於溷中會再榮發其事故敗
樂從訓魏博節度彥貞之子也天資悖逆王鐸自滑移滄過魏郊從訓見其女妓利之伏兵於漳南高雞泊伺鐸至圍而害之略其所有時朝廷微弱不能詰
梁成汭爲荆南節度使汭長子嘗有微過汭手刃之竟絶嗣焉

後唐陳延嗣魏人也末帝清泰二年知鄴都留守劉延晧言沂州部送殺人賊陳延嗣至推劾伏罪與妹夫李漢唐及妹妻並棄市初延嗣自稱父任石州刺史僞稱長史司馬與漢唐俱鮮潔車服以飲博爲務所至州府視有貲裝可圖者與之交游漸誘至居第陰斃之去年冬僦居於魏州有月傭同其事偶一日繼殺二人不時而死延嗣狼狽懼聲聞于外使月傭往諸處延嗣乃移家于沂所使張進者使酒詬舍主遽言延嗣殺人無幾舍主懼白坊正執訊乃稱今年四月事陳延嗣同三人取其貲財所司掘屍於其室

獲屍數十往沂捕獲延嗣漢唐言自居魏州所殺四十餘人並與妻妹漢唐同謀害之又於石州捕延嗣母母至叱延嗣曰爾父殺數百人死於牖下不肖子所殺纔過百人而累家唾面詬之

安重進者雲州節度重霸之弟也性尤凶惡事莊宗以試劒殺人奔淮南初重霸在蜀聞之蜀主取之於吳用爲裨將隨重霸爲龍武小將戍長道又以殺人奔歸雒陽

漢蘇逢吉爲司空平章事逢吉深文好殺初從高祖在太原時嘗因事高祖命逢吉靜獄以祈福祐逢吉

盡殺禁囚以報及執朝政尤愛刑戮朝廷患諸處賊盜遣使捕逐逢吉自草詔意云應有賊盜其本家及四隣同保人並仰所在全族處斬或謂逢吉曰爲盜者族誅猶非王法隣保同罪不亦甚乎逢吉堅以爲是竟去全族二字時有鄆州捕賊使臣張令柔者殺平陰縣十七村民良繇此也

周趙鳳冀州棗彊縣人幼讀書舉童子既長遇亂兇豪多力以殺人暴掠爲事吏不能禁後爲冀州刺史

酷暴

詩著北風之章刺衛國之並爲虐也禮有泰山之哭痛苛政之猛於虎也故刑政之失危亡攸繫而況樂於殺人以苛爲察逞威則膏血橫流視民曾土芥不若徒使側目而視重足而立且何補於風化哉及其凶悪貫盈自貽誅戮豈爲不幸者耶

漢甯成南陽穰人也以郎謁者事景帝好氣爲小吏必陵其長吏爲人上操下急如束溼（操執持也束溼言其急之甚也溼物則易束操千高反）猾賊任威

後漢周紆爲人刻削少恩好韓非之術少爲廷尉史

魏常林文帝時爲少府性既淸白當官又嚴少府寺與鴻臚對門時崔林爲鴻臚崔性闊達不與林同數

數聞林撾吏聲不以爲可林夜撾吏不勝痛叫呼嗸嗸徹曙明日崔出門與林車相遇乃嘲林曰聞卿爲廷尉爾耶林不覺答曰不也崔曰卿不爲廷尉昨夜何故考囚乎林大慙然不能自止

王思爲大司農年老目瞑瞋怒無度下吏嗷然不知所據性少信時有吏父病篤近在外舍自白求假思疑其不實發怒曰世有思婦病母者豈此謂乎遂不與假吏父明日死無恨意其爲刻薄類如此

時苗鉅鹿人爲大官令領郡中正定九品於敘人才不能寬然紀人之短雖在久遠銜之不置

晉王宏爲衛尉大司農吏爲苛碎坐桎梏罪人以泥墨塗面置深坑中餓不與食又擅縱五歲刑以下二十一人爲有司所劾帝以宏累有政績聽以贖論

宋奚顯度東海剡人也官至員外散騎郎孝武嘗使主領人工而苛虐無道動加捶撲暑雨寒雪不聽暫休人不堪命或有自經死者役人聞配顯度如就刑戮時建康縣考囚或用萬丈壓額及踝脛民間謠曰寧得建康壓額不能受奚度拍又相戲曰勿反顧付奚度其酷暴如此

谷楷爲奉車都尉眇一目而性甚嚴忍前後舉使皆

以酷暴爲名時人號曰瞎虎

劉仁之爲著作郎兼中書令出爲西兗州刺史仁之性酷虐在晉陽曾營城雉仁之統監作役以小稽緩遂加責罰性好文字走書失體便加鞭撻音韻微訛亦見捶楚吏人苦之

北齊畢義雲爲兵部尚書義雲酷暴殘忍非人理所及爲家尤甚妻子僕隸嘗瘡痍遍體

隋崔弘度仁壽中簡較太府卿每誡其寮吏曰人當誠恕無得欺誑皆曰諾後嘗食鼈侍者八九人弘度一一問之曰鼈美乎人懼之皆云鼈美弘度於是大罵曰傭奴何敢誑我汝初未食鼈安知其美俱杖之八十官屬百工見之莫不流汗無敢欺隱時有屈突蓋爲武候驃騎亦嚴刻長安爲之語曰寧飲三斗醋不見崔弘度寧茹三斗艾不逢屈突蓋

元弘嗣仁壽末授木工監修營東都大業初煬帝潛有取遼東之意遣弘嗣往東萊海口監造船諸州丁役苦其捶楚官人督役晝夜立於水中略不敢息自腰以下無不生蛆死者十三四

唐宇文穎高祖武德中爲司農卿政好嚴猛僚吏皆重足而立

王遂高宗朝宰相王方慶之孫也以吏能聞於時銳於操下法頗嚴酷官終沂兗海等州觀察使

漢劉銖陝州人也晉天福中高祖爲侍衛親軍都指揮使與銖有舊表爲內職高祖出鎮并門用爲左都押衙銖性慘毒好殺高祖以爲勇斷類己深委遇之

周陶文舉爲起居郎世宗顯德二年五月齊州臨邑縣民田失額命刑部員外郎陳渥按之尚有隱漏復命文舉簡之文舉酷吏也竭澤而取之是歲冬十月文舉復奉命徵殘租於宋州宋人被其刑者凡數千冤號之聲聞於道路有一媼所欠殘租十錢而已聞

文舉法峻即日納之執其公文呈於文舉文舉怒曰爾何不早納之而勞我此來也亦撻之時有悼耄之輩不勝其刑而死者數人其後數月文舉因隨駕南征尋遇疾而卒時人以為陰責之事有徵矣

殃報

殃咎之積報應之來蓋物理之昭然亦神道之不爽若乃無辜被禍懷恥未雪蓄怨攸重居幽必報斯乃冤氣之所結營魂之不昧者矣若夫苛枉自恣誅殺以逞從宴安而滿志亦凶釁之何逃漸若霜冰隨如影響乃有憑以他類見乎厥夢或恍惚而構癘或因

緣而為祟精爽攸寄變異非一蹤是大者以至覆族小者不免滅身亦有假手於人自斃於法觸類而長不可徧舉斯蓋默定于上昭示于下以鑒戒於方來者焉書曰作不善降之百殃誠哉是言矣

伯有為鄭大夫使公孫黑如楚黑子晳黑辭伯有將彊使之子晳怒以駟氏之甲伐之伯有奔許伯有自墓門之瀆入墓門鄭城門因馬師頡介于襄庫以伐舊北門駟帶率國人以伐之伯有死於羊肆羊肆市列後鄭人相驚以伯有曰伯有至矣則皆走不知所往襄三十年鄭人殺伯有言其鬼至鑄刑書之歲二月昭公六年或夢伯有介而行介甲也曰壬子余將殺帶也駟帶助子晳殺伯有壬子昭公六年二月三日也明年壬寅余又將殺段也公孫段豐氏黨壬寅昭公七年正月二十八日及壬子駟帶卒國人益懼壬寅公孫段卒國人愈懼子產立良止以撫之乃止良止伯有子也立以為大夫使有宗廟

漢田蚡為丞相既殺魏其侯竇嬰及灌夫明年春蚡疾一身盡痛若有擊者謼服謝罪服音瓝關西俗謂得杖而呼為瓝謼火交反瓝平卓反武帝使視鬼者瞻之曰魏其侯與灌夫共守笞欲殺之竟死

後漢蘇不韋金城太守謙之子謙為司隸校尉李暠掠死獄中不韋復讎於暠殺其兒妾發其父冢武威

段紀明與暠素善紀明既為司隸以禮辟不韋不韋懼之稱病不詣段追咎不韋前報暠事遣從事張賢就家殺之并其一門六十餘人盡誅滅之諸蘇以是衰破及紀明為楊球所誅天下以為蘇氏之報焉

魏胡种為司隸校尉與王宏有隙宏下獄种遂迫促殺之宏臨命詬曰胡种樂人之禍禍將及之种後眠輒見宏以杖擊之因發病數日死

胡軫為司隸校尉與功曹游殷有隙軫誣構殺殷殷死月餘軫得疾患自說但言伏罪游功曹將鬼來於是遂死于時關中稱曰生有知人之明死有貴神之

靈
吳于吉者道士也既爲孫策所殺策每獨坐彷彿見吉在左右意深惡之頗有失常後治創方差而引鏡自照見吉在鏡中顧而弗見如是再三因撲鏡大叫創皆潰裂須臾而死
孫峻爲武衞將軍既誅諸葛恪遷丞相大將軍後夢爲恪所擊恐懼發病死
程普爲盪寇將軍殺叛者數百人皆使投火普卽時病癘百日而卒
晉阮放字思度爲交州刺史行達寧浦逢陶侃將高

寶平梁碩自交州還放設饌請寶伏兵殺之寶衆擊放敗走保簡陽城得免放到州少時暴發渴見寶爲祟遂卒
羊聃爲盧陵太守坐殺郡人簡良等二百餘人除名頃之遇疾嘗見簡良等爲祟旬日而死
桓溫爲大將軍拜高平陵左右覺其有異既登車謂從者曰先帝向遂靈見既不述帝所言故衆莫之知但見將拜時頻言臣不敢而已又問左右殷浩形狀答者言肥短溫云向亦見在帝側初殷浩既爲溫所廢死浩頗有氣尚遂不詣溫而與武陵王晞游故溫疑而害之竟不識也及是亦見浩爲祟因而遇疾凡停京師十有四日歸于姑孰遂寢疾不起
趙染爲前趙劉聰平西將軍次新豐會晉將索綝自長安討染染有輕綝之色長史魯徽諫不聽敗績而歸悔曰吾不用徽言何面見之於是斬徽徽臨刑謂染曰死者無知則已若其有知當訴將軍使不得服牀枕而死後染寇北地夢徽大怒引弓射之染驚悸而寤旦將攻城中弩而死
尹興爲後涼呂光丘池令時張掖督郵傅曜考覈屬縣而興殺之投諸空井曜見夢于呂光曰臣張掖郡

小吏案核諸縣而丘池令尹興贓狀狼藉懼臣言之殺臣投于南亭空井中臣衣服形狀如是光寤而循見久之乃滅遣使覆之如夢光怒殺興
宋殷景仁爲護軍太祖以景仁討誅劉湛拜景仁揚州刺史遣使者授印綬主簿代拜拜畢便覺其情理乖錯性本寬厚而忽更苛暴問左右曰今年男婚多女嫁多是冬大雪景仁乘輿出聽事觀望忽驚曰當閤何得有大樹既而曰我誤耶疾轉篤太祖謂不利在州司使還住僕射下省爲州凡月餘卒或云見劉湛爲祟

劉季之爲司州刺史在州貪殘司馬翟弘業諫爭甚苦季之積忿置毒藥食中殺之季之少年時與宗慤蒱戲會手侮加慤慤深銜恨至是慤爲豫州刺史都督司州季之慮慤爲禍乃委官間道欲歸朝廷會竟陵王誕反季之至盱眙太守鄭瑗以季之素爲誕所遇疑其同逆因邀道殺之後瑗爲山陽王休祐驃騎中兵參軍豫州刺史殷琰與晉安王子勛同逆休祐遣瑗及左右邢龍符說琰琰不受鄭氏壽陽強族琰郎使瑗鎮軍子勛責琰舉兵遲晚琰欲自解釋乃殺龍符遂首瑗固爭不能得及壽陽城降瑗隨輩同出

龍符兄僧愍時在城外謂瑗構殺龍符輒殺之瑗即爲劉勔所錄後見原僧愍尋擊虜於淮西戰死此四人者並終橫殺旋受身禍論者以爲有天道焉

檀和之爲交州刺史伐林邑國破其北界犬戎區粟城獲金寶無算毀其金人得黃金數十萬斤餘物稱是和之後病死見胡神爲祟

南齊豫章王嶷薨後忽見形於沈文季曰我未應便死皇太子加膏中十一種藥使我癰不差湯中復加藥一種使痢不斷吾已訴先帝帝許還東邸當判此事因胷中出青紙文書示文季曰與卿少舊因卿呈上俄失所在文季祕而不傳甚懼此事少時太子薨

莫智明爲明帝左右帝遣智明數蕭諶罪賜死諶謂智明曰天去人亦復不遠我爲中領軍與至尊殺高武諸王是君傳語來去我今死還取卿於省殺之未幾智明死見諶爲祟

蕭季敞爲輔國將軍時太子左率領軍蕭詠及兄左衛將軍諶同被誅季敞啓求收詠深加排苦乃至手相摧辱詠徐曰已死之人何足至此君不憶相提拔時耶幽冥有知終當相報季敞麤猛無行善於彌縫高帝時爲詠諶所獎說故累爲郡守在政貪穢諶輒

掩之後爲廣州刺史白日見詠將兵入城收之數日果爲西江都護周世雄所襲軍敗奔山中爲蛭所齧肉都盡而死慘楚備至後爲村人所斬論者以爲有天道焉

梁沈約爲尚書左僕射因病夢齊和帝劍斷其舌召巫視之巫言如夢乃呼道士奏赤章於天稱禪代之事不繇已出高祖聞之大怒遣使者譴責之約懼而卒

後魏南安王楨孝文時爲相州刺史以旱祈雨于群神鄴城有石虎廟人奉祀之楨告虎神像云三日不

雨當加鞭罰請雨不驗遂鞭傺一百是月疽發背薨
元壽興襲當山王素之孫孝文時爲中庶子時王顯
在東宮賤壽興因公事杖之四十及顯有寵於宣武
爲御史中尉奏壽興誹謗顯因帝極飲無所覺悟遂
奏其事命帝注可直付壽興賜死壽興臨刑顧謂其
子曰我棺中可著百紙筆兩枝吾欲訟顯於地下若
高祖之靈有知百日內必取顯如遂無知亦何足戀
及孝明卽位顯尋被殺壽興之死時論亦以爲前任
中尉彈高讒諷所致
高肇宣武時爲尚書令譖殺彭城王勰勰妃司空李

冲之女號哭大言曰高肇枉理殺人天道有靈汝還
當惡死及肇以罪見殺論者知有報應焉
崔浩爲司徒浩非毀佛法而妻郭氏敬好釋典時時
讀誦浩怒取而焚之捐灰於廁中及浩幽執置之檻
內送於城南使衛士數十人溲其上呼聲嗷嗷聞于
行路自宰司之被戮辱未有如浩者世皆以爲報應
之驗初浩構害李順基萠已成夜夢秉火爇順寢室
火作而順死浩與室家羣立而觀之俄而順弟息號
哭而出曰此輩吾賊也以戈擊之悉投于河悟而惡
之以告館客馮景仁景仁曰此真不善也非復虐事
夫以火爇人暴之極也階亂兆禍復之招也商書曰
惡之易也如火之燎於原不可向邇其猶可撲滅乎
且兆始惡者有終殃積不善者無餘慶厲階成矣公
其圖之浩曰吾方思之而不能悛以至於族
李彪爲御史中丞號爲嚴酷以姦疑難得乃爲木手
擊其脇腋氣絕而復屬者時時有焉又慰諭汾州叛
胡得其土渠皆鞭而殺之及彪之病體上往往瘡潰
痛毒備極
張始均爲行臺郎中從都督元遥討大乘賊於冀瀛
之間多所殺戮積屍數萬始均忿軍士重以首級爲

功乃令撿集人首數千一時焚爇至於灰燼用息僥
倖見者莫不傷心及始均之死始末在於煙炭之間
有燋爛之痛論者或亦推咎焉
韋伯昕爲員外散騎常侍宣武延昌末告尚書裴植
謀爲廢黜植坐死後百餘日伯昕亦病卒臨亡見植
爲祟口云裴尚書死不獨見繇何以見怒也
于忠爲車騎大將軍時高陽王雍省決庶政僕射郭
祚尚書裴植以忠權勢日盛勸雍出忠忠聞之逼有
司誣奏其罪祚有師傅舊恩植擁地入國忠竝矯詔
殺之忠疾病見裴郭爲祟而卒

劉蘭爲國子助教嘗排毀公羊氏非董仲舒延昌中
靜坐讀書有人叩門門人通焉蘭命引入其人葛巾
單衣入與蘭坐謂蘭曰君自是學士何爲每見毀辱
理義長短竟知在誰而過無禮見陵也今欲相召當
與君正之言終而出出後蘭告家人少時而患卒
奚康生爲相州刺史在州以天旱令人鞭石虎畫像
復就西門豹祠祈雨不獲令吏取豹舌未幾二兒暴
喪身亦遇疾巫以爲虎豹之祟
樊子鵠出帝時爲御史中尉會宗室元樹奔梁梁武
以爲郢州刺史子鵠爲行臺率徐州刺史杜德舍人

李昭等討之樹城守不下子鵠使金紫光祿大夫張
安期說之樹請棄城還南子鵠許之殺白馬爲盟樹
恃誓不爲戰備與杜德別還南德不許送雒陽置在
景明寺樹年十五奔南未及富貴每見嵩山雲向南
未嘗不引領歔欷初發梁都其愛妹玉兒以金指環
與樹嘗著之寄以還梁表必還之意朝廷知之俄而
賜死未幾杜德忽得狂病云元樹打我不已至死此
聲不絕舍人李昭尋奉使向秦州至潼關驛夜夢樹
云我已訴天帝待卿至隴終不相放昭覺惡之及至
隴口爲賀拔嶽所殺子鵠尋爲達野拔所殺

侯莫陳悅爲隴右都督時大都督拔嶽召悅共討靈
州悅用其參軍豆盧光之謀誘嶽斬之悅自殺嶽後
神情恍惚不復如常唯言我纔睡即夢見嶽語我兄
欲何處去隨逐我不相置因此彌不安而致敗滅
北齊高隆之爲驃騎大將軍見信高祖性多陰毒睚
眦之忿無不報焉儀同三司崔孝芬以結婚姻不果
太府卿任集同加營構頗相乖異瀛州刺史元晏請
託不遂前後構成其罪並誅其後隆之被害家門殄
滅論者謂有報應焉
韓賢爲雒州刺史初從漢明帝時西域以白馬負佛

經送雒因立白馬寺其經函傳在此寺形制厚朴世
以爲古物歷代藏寶賢無故斫破之未幾州民韓木
蘭等作逆有一賊斫賢折脛而卒論者或謂賢因此
致禍
隋梁敬眞大業中爲大司理司直時煬帝欲成光祿
大夫魚俱羅之罪令敬眞治其獄遂希旨陷之極刑
未幾敬眞有疾見俱羅爲之厲數日而死于時東都饑饉俱羅
遣家僕般米至東都糶之益市財貨潛迎諸子朝廷
微知之恐其有異志前後察問不得其罪帝復令敬
眞就鎖將詣東都俱羅相表異人目有重瞳陰爲帝
之所忌敬眞希旨奏俱羅師徒敗衂于是斬東都市
家口[illegible]

樊子蓋爲東都留守楊玄感之亂子蓋誅數萬人嚴酷少恩果於殺戮臨終之日見斷頭之鬼前後重沓爲之厲

唐郭霸則天天授二年自宋州寧陵丞應革命舉拜監察御史嘗推芳州刺史李思徵搒捶考禁不勝而卒聖曆中屢見思徵甚惡之嘗因退朝歸命家人曰速請僧傳經設齋須臾見思徵從數十騎止其庭曰汝枉陷我我今取汝霸周章惶怖援刀自刳其腹斯須蛆爛矣是日閭里並見兵馬數十騎駐于門少頃不復見矣

崔器以肅宗至德中爲御史中丞性苛刻樂禍奏陷賊官據律合處死後器病脚腫月餘漸亟瞑目則見京兆尹達奚珣但口稱叩頭大尹不自由左右問之良久答曰達奚大尹訴寃我求之如此經三日不止而死

陳曇德宗貞元中爲邕州經畧招討使怒判官劉湲杖二十五湲卒之日曇得疾見湲爲祟而卒

舒元輿爲監察御史時亳州境嘗有羣賊剽人廬舍劫取貨財累致擒捕不獲刺史李繁潜設機謀悉知賊之巢穴出兵盡加誅斬議責繁以不先啓聞廉使[illegible]於擅與之罪朝廷遣元輿覆理之元輿素與繁有隙復以初官銳於生事乃盡反其獄辭以爲繁濫殺無辜狀奏勑於京兆府賜死時人寃之其後元輿被禍人以爲有報應焉

後唐西方鄴爲寧江軍節度使爲政貪虐有官譚善達每箴其失鄴忿形於色令左右告善達受人金下獄搒掠善達亦剛訐多不遜遂殺於獄中無幾寢疾時見善達入其戶俄卒於治所

晉馬全節爲定州節度使自上黨攜歌妓一人之中山館於外有人以讒言中之全節加害及鄴除鎭州

遇病數見其妓厭之復來妓曰我已得訴要公俱行全節具告家人數日而卒

漢蘇逢吉自高祖建號於太原以節度判官拜平章事時宰相李崧被誅人士寃之及逢吉受宣權知樞密院事數夕宿於金祥殿之東謂春官正王處訥曰夜來就枕未瞑已見李崧在傍生人與死人相接非吉事也及周太祖自鄴至汴官軍敗於劉子陂是夕逢吉宿於七里郊與同舍痛飲醉索刃將自刎左右止之至曙與隱帝同抵民舍遂自殺周太祖定京城與聶文進等同梟於北市釋其家族其梟首之所適

當李崧冤死之地也

周鄭仁誨爲侍中初廣順末王殷受詔赴闕太祖遣仁誨赴鄴都巡簡及殷得罪仁誨不奉詔卽殺其子葢利其家財妓樂也及仁誨卒而無後人以爲陰責焉

册府元龜

巡按福建監察御史臣李嗣京　訂正

分守建南道左布政使臣胡維霖　參閱

知建陽縣事臣黄國琦　較釋

總錄部　一百九十二

贕貨　禍敗

贕貨

書稱贕貨無厭詩惡貪人敗類是知冒于貨賂先賢所譏若乃彯纓入仕代耕受祿不能潔身而自勵復受財以逞欲至使外賌斂國旁通絶塞求媚富室苟利私家繇是正呂刑之文加蕭斧之戮千載之下恥莫大焉

伯封樂正后夔之子實有豕心貪惏無厭

漢項伯項羽兄也高祖爲漢王王巴蜀賜張良金百鎰（二十兩曰鎰秦以鎰名金若漢之論斤也）珠二斗良俱以獻項伯漢王亦因令良厚遺項伯使請漢中地（本不盡於漢中故請求之）項王許之

周意封汾陰侯孝文十二年坐行受財髡爲城旦

許元封宋子侯孝景中二年坐寄使匈奴買塞外禁物免

衛侈封樂平侯孝武建元六年坐買田宅不法有請賕吏死

薛歐封廣平侯元狩元年坐受淮南賂稱臣在赦前免

楊毋害封赤泉侯坐詐紿人贓六百免

任當千嗣梁期侯宣帝太始四年坐買馬一疋價錢十五萬過平贓五百以上免

陳湯爲從事中郎時大司馬王商不善湯按驗湯諸所犯湯前爲騎都尉王莽上書言父早死獨不封母明君共養皇太后尤勞苦（莽傳言莽母渠今此云明君明明君者字也）宜封竟爲新都侯後皇太后同母弟苟參爲水衡都尉死子伋爲侍中參妻欲爲伋求封湯受其金五十斤許爲求比上奏（比例也音必寐反）弘農太守張康坐贓百萬以上狡猾不道有部卽訊（就其所居考問之）恐下獄使人報湯湯爲訟罪得踰冬月許謝錢二百萬

後漢傳昌封蕪湖侯（蕪湖縣名屬丹陽郡）章帝建初中遭母憂因上書以國貧不願之封乞錢五十萬爲關內侯帝怒貶爲關內侯竟不賜錢

魏丁斐初從太祖性好貨數請取犯法輒得原宥爲典軍校尉

晉桓玄既自署太尉性貪鄙好奇異尤愛寶物珠玉不離于手人士有法書好畫及佳園宅者悉欲歸己猶難逼奪之皆蒱博而取遣臣佐四出掘果移竹不遠數千里百姓佳果美竹無復遺餘

殷仲文桓玄簒位時以佐命親貴厚自封崇輿馬器服窮極綺麗後房妓妾數十絲竹不絕音性貪吝多納貨賄家累千金當若不足

宋王僧達爲太子洗馬母憂去職與兄錫不協錫罷臨海郡還送故及奉祿百萬以上僧達一夕令奴輩取無復所餘

阮佃夫既以弑廢帝及太宗即位論功行賞壽寂之封應城侯佃夫建城侯餘並封時佃夫及王道隆楊運長並執權權亞人主大通貨賄凡事非賂不行人有餉佃夫絹二百疋嫌少不答

後魏張僧晧明帝孝昌中徵爲散騎侍郎不赴世號徵君僧晧好産業孜孜不已藏鏹巨萬他資亦稱是兄弟自供儉約車馬瘦敝身服布裳而婢妾紈綺僧晧尤好蒱奕戲不擇人是以獲譏於世

隋宇文述爲太子左衛率時申國公李穆孫筠卒高祖議立嗣而穆第十子渾規欲紹之述即其妻兄也渾謂述曰若得襲封當以國賦之半每歲奉公述利之因入白皇太子曰立嗣以長不則以賢今申國公嗣絕徧觀其子孫皆無賴不足以當榮寵唯金才有勳於國謂非此人無可以襲封者太子許之竟奏高祖封渾爲申國公奉穆嗣

宇文化及自煬帝爲太子時領千牛軍見人子女狗馬珍玩必請託求之嘗與屠販者遊以規其利累遷至太子僕射數以受納貨賄再三免官太子嬖昵之尋復職

唐李慶遠睿宗景雲中爲左帥府右郎將初慶遠從

皇太子誅韋氏有功其後恃寵多受貨賄按問得實命杖一百放于嶺表

于肇爲奉天令時憲宗起山陵肇與山陵使親吏韋正收及陰陽官等同隱官錢十五萬貫不給工徒事發皆伏誅

後唐盧汝弼客游上黨丁會薦武皇即代李襲吉爲副使軍國政務委其參決莊宗嗣晉王位乃承制署吏又得汝弼有若符契繇是除補之命皆出於汝弼之手既而畿内官吏考課擬議奔走盈門頗以賄賂聞人士少之莊宗嘉其才不之詰

李全暉乾祐中爲禮賓使與副使高行遷減刻蕃部買馬錢下開封府勘問皆伏罪並决杖流房州

周馬從斌世宗顯德中爲殿中監初從斌有女適故晉國公霍彥成之子承諲後數歲俱亡有息女一人年五六歲從斌收而養之霍氏貲業並爲從斌所據既而從斌令其女弟尼德堅私度霍氏爲尼未幾而卒乃盡收其邸第貿其貲產乾沒其直至是爲霍氏近親所訟下御史府按之得實免官

禍敗

古人有言禍福無門惟人自召既有積善之慶豈無

禍淫之責人事易辨陰騭難誣求而得之又何怨也觀夫蛇虺之行溪壑之心欺罔君親絕棄仁義殘忍不道貪冒無厭甚不十目所視衆怒難犯天肆惡盈之罰鬼得復讎而誅孽不可逭速如影響大則兵連禍結災延方域小則巢傾卵碎辱及宗親猶謂不幸豈非痛哉所以克已復禮謙謙君子驟然而笑矣

秦衛鞅孝公時爲左庶長定變法之令太子犯法刑其傅公子虔復犯約劓之孝公卒太子立公子虔之徒告商君欲反發吏捕商君商君亡至關中欲舍客舍舍人不知其是商君也曰商君之法舍人無驗者坐之商君喟然歎曰嗟乎爲法之弊一至此哉去之魏魏人怨其欺公子卬而破魏師弗受商君欲之他國魏人曰商君秦之賊秦之彊而賊入魏弗歸不可遂四入秦商君既復入秦走商邑與其徒屬發邑兵北出擊鄭京兆鄭縣也秦發兵攻商君殺之於鄭黽池黽或作彭秦惠王車裂商君以徇曰莫如商鞅反者遂滅商君之家

呂不韋爲相國始皇九年有告嫪毐實非宦者嘗與太后私亂生子二人皆匿之與太后謀曰王即薨以子爲後毐與侍中左右貴臣博飲酒醉爭言而鬪瞋目大叱曰吾乃皇帝假父也窶人子何敢乃

與我亢所與鬪者走以白始皇於是秦王下吏治具得情實事連相國呂不韋九月夷嫪毐三族殺太后所生兩子而遂遷太后於雍諸嫪毐舍人皆沒其家而遷之蜀王欲誅相國爲其奉先王功大及賓客辯士爲游說者衆王不忍致法秦王十年十月免相國呂不韋及齊人茅焦說秦王秦王乃迎太后於雍歸復咸陽入南宮而出文信侯就國河南歲餘諸侯賓客使者相望於道請文信侯秦王恐其爲變乃賜文信侯書曰君何功於秦秦封君河南食十萬戶君何親於秦號稱仲父其與家屬徙處蜀呂不韋自度稍侵恐誅乃飲酖

而死呂覽曰不韋冢在河南雒陽北邙道西大冢是也民傳言呂母冢不韋妻先葬故其冢名呂母也秦王所加怒呂不韋嫪毐皆已死皆復歸嫪毐舍人遷蜀者

漢主父偃爲齊相初尊立衛皇后及發燕王定國陰事偃有功焉大臣皆畏其口賂遺累千金或說偃曰大橫橫音胡孟反偃曰臣結髮游學四十餘年身不得遂遂猶達也親不以爲子昆弟不收賓客棄我我阨日久矣丈夫生不五鼎食死則五鼎烹爾吾日暮故倒行逆施之日暮言年已老也倒行逆施謂不遵常理後以齊王自殺遂族偃

王溫舒爲河內太守好殺行威遷爲中尉坐以法免

後拜爲少府徙右內史治如其故姦邪少禁坐法失官復爲右輔行中尉事如故操歲餘會宛軍發發兵伐大宛部徵豪吏溫舒匿其吏華成及人有變告溫舒受員騎錢員騎騎之有正員也它姦利事罪至族自殺其時兩弟及兩婚家亦各自坐它罪而族光祿勳徐自爲曰悲夫夫古有三族而王溫舒罪至同時而五族乎溫舒與弟同三族而兩妻家各一故爲五也溫舒死家累千金

董賢爲大司馬哀帝末太皇太后召賢引見東廂問以喪事調度賢內憂不能對免冠謝太后曰新都侯王莽前以大司馬奉送先帝大行曉習故事吾令莽佐君賢頓首幸甚太后遣使者召莽既至以太后指使尚書劾賢帝病不親醫藥禁止賢不得入出宮殿司馬中賢不知所爲詣闕免冠徒跣謝莽使謁者以太后詔即闕下冊賢即就也曰間者以來陰陽不調菑害並臻菑古災字元元蒙辜蒙被也夫三公鼎足之輔也高安侯賢未更事理更歷也音工衡反爲大司馬不合衆心非所以折衝綏遠也其收大司馬印綬罷歸第即日賢與妻皆自殺家惶恐夜葬莽疑其詐死有司奏請發賢棺至獄診視謂發冢取其棺柩也診驗也音軫莽復風大司徒光奏賢風讀曰諷光孔光也質性巧佞翼姦以獲封侯翼進也父子

專朝兄弟並寵多受賞賜治第宅造冢壙放效無極不異王制放依也音甫往反費以萬計國家爲空虛父子驕蹇至不爲使者禮言不敬天子之使受賜不拜辠惡暴著賢自殺伏辜死後父恭等不悔過乃復以砂畫棺以硃砂塗之而又雕畫也四時之色左蒼龍右白虎上著金銀日月玉衣珠璧以棺以此物歛斂也棺音工奐反至尊無以加恭等幸得免誅不宜在中土臣請收沒入財物縣官諸以賢爲官者皆免父恭弟寬信與家屬徙合浦母別歸故郡鉅鹿長安中小民讙譁鄉其第哭幾獲盜之陽往哭之實欲竊盜也鄉讀曰嚮幾讀曰冀縣官斥賣董氏財凡四十三萬萬賢既

見發羸診其尸羸露形也音郎果反因埋獄中

原涉字巨先祖父武帝時以豪傑自陽翟徙茂陵涉性外溫仁謙遜而內隱好殺睚眦於塵中觸死者甚多王莽末爲鎮戎大尹莽敗更始西屏將軍申屠建請涉與相見大重之故茂陵令尹公壞涉冢舍者爲建主簿涉本不怨也涉從建所出尹公故遮拜涉謂曰易世矣宜勿復相怨涉曰尹君何以魚肉涉也言以涉爲魚肉不以人遇之涉用是怒使客刺殺主簿涉欲亡去申屠建內恨恥之陽言吾欲與原巨先共鎮三輔豈以一吏易之哉賓客通言令涉自繫獄謝建許之賓客

車數十乘共送涉至獄建遣兵道徼取涉於車上徼要也音工堯反送車分散馳逐斬涉縣首長安市

後漢牛輔爲中郎將董卓子婿營中無故大驚輔懼乃齎金寶踰城走左右利其貨斬輔送首長安獻帝紀曰輔帳下支胡赤兒等素待之過急盡以家寶與之自帶二千餘餅金大白珠瓔胡謂輔曰城北已有馬可去也以繩繫輔腰踰城懸下之未及地支胡放之輔傷腰不能行諸胡共取其金并珠斬首詣長安

公孫瓚獻帝時爲奮武將軍因怒袁紹遂出軍屯槃河將以報紹槃即九河鉤槃之河也乃上疏疏紹罪紹懼以所佩渤海太守印綬授瓚從弟範遣之郡欲以相結範遂背紹領渤海兵以助瓚與紹大戰瓚軍敗還薊後保易京建安三年袁紹復大攻瓚瓚遣子續請救於黑山諸帥而欲自將突騎直出傍西山以斷紹後長史關靖諫曰今將軍將士莫不懷瓦解之心所以猶能相守者顧戀其老小而恃將軍爲主故爾堅守曠日或可使紹自退若舍之而出後無鎮重易京之危可立待也瓚乃止紹漸相攻逼瓚衆日蹙乃却築三重營以自固四年春黑山賊帥張燕與續率兵十萬三道來救瓚未及至瓚乃密使行人賫書告續曰昔周末喪亂殭屍蔽地以意而推猶爲否也不圖今日親當其鋒袁氏之攻狀若鬼神梯衝舞吾樓上鼓角鳴

於地中日窮月急不遑啓處鳥厄歸人滀水陵高汝當碎首於張燕馳騁以告急父子天性不言而動且厲五千鐵騎於北隰之中起火爲應吾當自內出奮揚威武決命於斯不然吾亡之後天下雖廣不容汝足矣紹候得其書如期舉火瓚以爲救至遂便出戰紹設伏兵瓚遂大敗復還保中小城自計必無全乃悉縊其姊妹妻子然後引火自焚紹兵趣登臺斬之續爲屠各所殺

袁術既僭號而士卒凍餒江淮閒空盡人民相食術前爲呂布所破後爲太祖所敗奔其部曲雷薄陳蘭

於灊山復爲所拒憂不知所出將歸帝號於從弟紹欲至青州從袁譚發病道死吳書曰術既爲雷薄等所拒留住三日士衆絶糧乃還至江亭去壽春八十里問厨下尚有麥屑三十斛時盛暑欲得蜜漿又無蜜坐據牀上歎息良久乃大咤曰袁術至於此乎因頓伏牀下嘔血斗餘因而遂死

袁譚紹之子也譚父爲冀州牧曹公之在鄴譚畧取甘陵安平渤海河間攻弟袁尚於中山尚走固安從其兄袁熙譚悉收其衆會曹公將討之譚乃拔平原并南皮自屯龍湊譚欲出戰軍未合而破譚被髮驅馳追者意非常人趣奔之譚墮馬曰咄而逼我我能富貴汝言未絶口頭已斷地曹公擊袁尚袁熙至遼西尚熙

與烏丸逆軍戰敗走奔遼東公孫康誘斬之送其首尚爲人有勇力欲奪取康衆與熙謀曰今到康必相見欲與兄手擊之有遼東猶可以自廣也康亦心計曰今不取熙尚無以爲說於國家乃先置其精勇於廐中然後請熙尚入康伏兵出皆縛之坐於地尚寒求席曰未死之間寒不可忍可相與席熙曰頭尚方行萬里何席之爲遂斬首譚字顯思熙字顯雍

晉石崇爲衛尉諂事賈謐及謐誅崇以黨與免官時趙王倫專權崇甥歐陽建與倫有隙崇有妓曰綠珠美而艷善吹笛孫秀使人求崇時在金谷別館方登凉臺臨清流婦人侍側使者以告崇盡出其婢妾數十人以示之皆蘊蘭麝被羅縠曰在所擇使者曰君侯服御麗則麗矣然本受命指索綠珠不識孰是崇勃然曰綠珠吾所愛不可得也使者曰君侯博古知今察遠照邇願加三思崇曰不然使者出而又反崇竟不許秀怒乃勸倫誅崇建亦潛知其計乃與黄門郎潘岳陰勸淮南王允齊王冏以圖倫秀秀覺之遂矯詔收崇及潘岳歐陽建等崇正宴於樓上介士到門崇謂綠珠曰我今爲爾得罪綠珠泣曰當效死於官前因自投於樓下而死崇曰吾不過流徙交廣爾及車載詣東市崇乃歎曰奴輩利吾家財收者答曰知財致害何不早散之崇不能答崇母兄弟妻子無少長皆被害死者十五人崇時年五十二

楊駿爲太傅大都督假黄鉞銓朝政百官總己多樹親黨皆領禁兵於是公室怨望天下憤然殿中中郎孟觀李肇與黄門董猛及汝南王亮楚王瑋謀誅之殿中兵出燒駿府又令弩士於閣上臨駿府而射之駿皆不出駿逃于馬廐以戟殺之觀等受賈后密旨誅駿親黨皆夷三族死者數十人

賈謐爲侍中領祕書監謐者賈充外孫韓壽之子也充養以爲後與賈后共謀誣陷愍懷太子及趙王倫廢后以詔召謐於殿前將戮之走入西鐘下呼曰阿后救我乃就斬之韓壽少弟蔚及壽兄鞏令保弟散

騎郎顧吳王友鑒謐母子皆伏誅
孫旂爲平南將軍子弼及弟子髦輔琰四人與孫秀合族及趙王倫起事夜從秀開神武門下觀閤器仗兄弟旬日相次爲公府掾尚書郎弼又爲中賢將軍領尚書左丞輔爲上將軍領射聲校尉髦爲武衞將軍領太子詹事琰爲武威將軍領太子左率皆賜爵開國郡侯推崇旂爲車騎將軍開府旂初以弼等受署僞朝遣小息回責讓弼等以過差之事弼爲家禍弼等終不從旂制之不可但慟哭而已及齊王冏起義四子皆伏誅襄陽太守宗岱承冏檄旂夷三族

杜曾自稱南中郎將及王廙爲荊州刺史曾距之廙使將朱軌趙誘擊曾皆爲曾所殺王敦遣周訪討之屢戰不能尅訪潛遣人緣山開道出曾不意以襲之曾衆潰其將馬儁蘇溫等執曾詣訪降訪欲生致武昌而朱軌息昌趙誘息胤皆乞曾以復寃於是斬曾而昌胤臠其肉而噉之
祖約爲鎭西將軍蘇峻舉兵約從之既敗奔於石勒勒薄其爲人不見者久之勒將程遐說勒曰天下粗定當顯明順逆此漢高祖所以斬丁公也今忠於事君者莫不顯擢背叛不臣者莫不夷戮此天下所以歸伏大王也祖約猶存臣竊惑之且約大引賓客又占奪鄉里先人田地地主多怨於是勒乃詐約曰祖侯遠來未得善歡可集子弟一時俱會至日勒辭之以疾令遐請約及其宗室約知禍及大飲醉既至于市抱其外孫而泣遂殺之幷其親屬中外百餘人悉滅之婦女妓妾班賜諸胡
後魏和跋爲尚書性尤奢淫太祖戒之弗革將刑太祖命其諸弟毗等視誅跋謂毗曰灅北地瘠可居水南就耕良田廣爲產業各相勉勵務自纂脩令之背已曰汝曹何忍視吾之死也毗等解其微意詐稱使

者亡奔長安追之不及太祖怒遂誅其家
崔逞初仕慕容燕以留臺尚書亡歸道武帝亦以爲尚書後爲御史中丞有罪賜死及其孫觀孝文帝初以交通境外伏誅自逞之死至觀之誅三世積五十餘年而在此一門盡矣
費穆爲武衞將軍爾朱榮向雒穆勸其大行誅罰榮心然之於是遂有河陰之事天下聞之莫不切齒及元顥內逼莊帝北幸穆遂降顥顥以河陰酷濫事起於穆引入詰讓出而殺之
爾朱世隆兄弟各擁強兵割剝四海世隆既總朝政

生殺自繇及高歡起兵仲遠度律等愚戇恃強不以為慮而世隆獨深憂恐及天光戰敗世隆請出收兵節閔帝不許世隆令其外兵參軍陽叔淵單騎馳赴北中簡閱敗衆以次內之而斛斯椿未得入城詭說叔淵曰天光部下皆是西人聞其欲掠京邑遷都長安宜先內我以為其備叔淵信而內之椿既至橋盡殺世隆黨附令行臺長孫稚詣闕奏狀別使都督賈智張歡率騎掩執世隆與兄彥伯俱斬時年三十三

北齊高乾為魏司空為莊帝所殺乾臨死神色不變見者莫不歎息焉時武衛將軍元整監刑謂乾曰頗

有書及家人乎乾曰吾兄弟分張各在異處今日之事想無全者兒子既小未有所識亦恐巢傾卵破夫欲何言

唐來俊臣則天朝歷雒陽令司僕少卿恣行羅織多所陷害自侯王將相被其羅織受戮者不可勝計復自稱其才可比石勒朝野聞而懾懼又將誣告皇嗣及廬陵王與南北衙將相謀反冀因此傾動宗社自取國權俊臣與其黨衛遂忠飲醉自糾發繇是得罪制曰來俊臣閭巷小人姧險有素以其頗申糾摘將謂微効款誠遂拔自泥塗齒于簪紱歲月滋久涓埃莫施專搆凶邪每相朋扇隱逆賊之妹尤深愛寵逼良家之女以為妾媵作威作福無禮無義剝奪甚萑蒲之盜贓賄踰丘山之積諸王等磐石宗枝必期毀敗南北衙文武將相咸將傾危冀得竊弄機權方擬潛為悖逆無君之心已著不臣之迹顯然天下側目合靈切齒擢其髮不足以數罪粉其骨不足以塞愆棄市之刑嚴科未極汙宮之辟輿議所歸宜加赤族之誅以雪蒼生之憤可准法籍沒其家時年四十七俊臣及伏誅讎人皆臠其肉噉之斯須而盡遠近莫不稱慶

高駢鎮淮南為秦彥幽辱計口給食自五月至八月外圍益急供事遂闕庖人以道院欄檻及諸木像毀而為薪以續晨爨時秦彥裨帥鐸頻為楊行密所敗頗疑道院禳制使然又慮一旦府城不守或致竄逸有妖尼王奉仙者謂秦彥曰此間氣候當損一大貴人地方始安以此言故害之是日駢晨起啜粥左右走告云有兵馬來言未畢衆已及階駢謂其徒曰軍府之事有監軍使及大將軍在汝輩莫無禮因命左右召秦彥詞氣甚厲群兇憚焉久之有卒自後揮肱中之遂牽下階忩遑之際猶仰首顧望若有所伺及

就刀斷而不殊明日外間知之皆向城大慟競以紙錢奠而焚之先是駢嘗戒羣子曰汝等善自爲謀吾必不學俗物死入四片板中以累於汝矣至是以諸氈同坎而瘞唯駢以舊氊包之正符所言及呂用之伏誅有軍人於中堂發得一石函內有銅人一枚長三尺餘身被桎梏口貫長釘背上疏駢鄉貫甲子官品姓名爲厭勝之事以是駢每爲用之所制如有助焉其後楊行密入城署駢諸孫愈爲節度副使令主喪事愈乃發穴長幼凡六人皆斂棺柩自道院遷于愈家既月餘愈又暴終明年四月孫儒下廣陵勒其故吏鄺師虔等葬之

後唐溫韜初仕梁爲許州節度使明宗卽位流于德州俄賜死長子延濬清泰中爲泥水關使次延沼爲父牙帳都較次延袞鄧州指揮使咸聚居許下晉天福初閻張從賓作亂於河陽咸往依之從賓慮其難制悉斬于帳下明宗自鄴初至維陽霍彥威怒韜前事與段凝同收下獄尋釋之下敎放歸田里天成二年竄於德州是歲秋九月詔曰德州流人溫韜生爲黥首起自綠林依憑中夏干戈切盜本朝陵寢遂州流人段凝豺狼類性梟獍爲謀無章而幾害平人得便而嘗懷逆節廬州司戶陶玘曾司藩翰恣贖貨財自虞竄流彌興怨望廬州司戶石知訥比居賓佐合務參揮當守啟關據東門發文字扇搖戎帥原州司馬聶嶼擢從班列委出親賢不守條章強買店宅其後細詢行止頗駭聽聞喪妻未及於半年別成婚媾棄母動逾於千里不奉晨昏而皆自抵刑章各行竄逐都無省過但出怨詞在朕意雖欲舍弘於物論固難容舍尚全大體只罪一身並令本處賜死

王鎔爲鎭州節度使令其子昭祚與張文禮以兵圍李弘規及軍司馬李藹宅並族誅之詿誤者凡數十家又殺蘇漢衡收部下偏將下獄窮其反狀親軍大恐時諸軍皆有給賜唯親軍不時與之衆心益懼張文禮因其反側密諭之曰王此夕將坑爾曹宜自圖之衆皆掩泣相謂曰王待我如是我等焉能效忠是夜親事十餘人自子城西門尋垣而入鎔方焚香授籙軍士二人突入斷其首袖之而出遂焚府第煙焰亘天兵士大亂鎔姬妾數百皆赴水投火而死軍校有張友順者率軍人至張文禮第請爲留後遂盡殺王氏之族

張文禮爲鎭州大將殺節度使王鎔盜其州比廝役小人驟居人上行步動息皆不自安出則千餘人露刃相隨日殺不辜道路反目嘗慮我師問罪奸心百變南通朱氏北結契丹往往擒獲其使莊宗遣人送還文禮懸是愈恐是歲八月莊宗遣閻寶史建瑭及趙將符習等率王鎔本軍進討師與文禮病疽於腹及聞史建瑭攻下趙州驚悸而卒子處瑾據鎭州李

存審爲北面招討使以攻鎮州是時處瑾危蹙日甚昭義軍節度判官任圜馳至城下諭以禍福處瑾登陴以誠告乃遣牙將張彭送欵於行臺俄而李存審師至城下是夜趙將李再豐之子冲投縋以接王師諸軍登城遲明畢入獲處瑾處球處琪并其母及同惡人等皆折足送行臺鎮人請臨而食之入發文禮之尸磔之於市

郭崇韜爲樞密使嘗從容謂白繼岌曰蜀平之後王爲太子候王上千秋萬歲神器在手宜盡去宦官優禮士族不唯疎斥閹寺至於扇馬亦不可復乘繇是

内則伶官巷伯怒目切齒外則舊寮宿將戟手痛心擬其族滅之禍有自來矣復以諸子驕縱不法既定蜀川輦運珍寶於雒陽之第籍沒之日泥封尚濕雖莊宗季年爲羣小所惑致功臣不保其終亦崇韜自貽其禍

安重誨爲樞密使四五年間獨綰大任否臧自若環衛酋長貴戚近習無敢干政者弟牧鄭州子鎮懷孟身爲中令任過其才議者謂必有覆餗之禍無何有吏人李虔徽弟揚言於衆云相者言之狀今將統軍征淮南時有軍將密以是聞深駭上聽先是東川董璋恃險難制方多疑忌又以武虔裕爲綿州刺史董璋日設猜防遂繫之叛及王師討蜀峽路艱阻糧運不繼而重誨請行纔許便辭翌日領數騎而出日馳數百里西諸侯聞之莫不惶駭所在錢帛糧料星夜輦運齊赴利州人乘斃踣於山路者不可勝記百姓苦之重誨至鳳翔節度使朱弘昭延於寢室令妻子奉食器敬事尤謹重誨坐中言及昨被人讒搆幾不保全賴聖上保鑒苟獲全族因泣下重誨旣辭弘昭遣人具奏重誨怨望出惡言不可令至行營恐奪石敬塘兵柄而宣徽使孟漢瓊自西廻亦奏重誨巳

至三泉復歸闕再過鳳翔朱弘昭拒而不納重誨懼急騎奔程未至京師制授河中帥旣至鎮心不自安而請致仕制初下其子崇贊崇緒走歸河中二子初至重誨駭然曰二渠安得來家人欲問故重誨曰吾知之矣非此渠意是他人教來吾但以一死報國家餘復何言翌日中使至見重誨號泣久之重誨曰公但言其故勿過相愍中使曰人言令公據城異志矣重誨曰吾一死未塞責巳負君親安敢輙懷異志遽勞朝廷興師增聖上宵旰則僕之罪更萬萬矣時遣翟光鄴使河中如察重誨有異志則誅之旣至李

從璋自率甲士圍其第仍拜重誨於其庭重誨下階迎拜曰太傅過禮俛首方拜從璋以撾擊其首其妻驚走抱之曰令公死亦不遲太傅何遽如此并擊重誨妻首碎並剝其衣服夫妻裸形踣於廊下流血盈庭翌日副使判官白從璋願以衣服覆其屍堅請方許及從璋疏重誨家財不及數千緡議者以重誨有經綸社稷之大功然志大才短不能廻避權寵親禮士大夫求周身輔國之遠圖而悉自恣胷襟果貽顛覆

馮贇爲樞密使明宗大漸聞秦王以兵入侍贇自第

馳入皇城與朱弘昭康義誠等同誅秦王語在秦王傳明宗晏駕閔帝自鄴至京師內外制置皆出弘昭與贇及潞王至陝閔帝召弘昭不至俄聞自致安從進乃殺贇於其第贇母初喪棄屍於路妻子俱伏法

朱弘昭爲樞密使閔帝卽位趨加中書令弘昭素猜忌潞王致其背誕以潞王至陝閔帝懼欲奔馳自手詔弘昭圖之時將軍穆延輝在弘昭第曰罪我也其如之何吾兒婦君之女也可速迎歸無令受禍中使纔至弘昭拔劒大哭至後亭欲自殺家人力止之使捉之急弘昭曰窮至此邪乃自投於井安從進旣殺馮贇斷弘昭首俱傳於陝州

晉王瑜爲太府少卿杜重威之鎭東平也瑜父欽祚爲節度使及重威移帥崇山瑜乃僥求苟合代其父位後自甞州一載再遷刑部郞中丙午歲欽祚刺舉義州瑜歸寧至郡會北戎盜據區夏何建以秦州歸蜀瑜說欽祚曰若不西走當爲左衽矣厲色數諫怒而不從因其臥疾涉旬瑜仗劒而脅之曰老儒無謀欲趨炮烙不郞爲計則死于刃下父不得已而聽之時隴東屯兵新關扼其川路將北趣蕃部假途而往乃與群盜酋長趙徽歃血爲約以兄事之謂之曰西

至成都余身爲相餘爲將爾當領一大郡能遂行乎徽曰諾瑜慮爲所賣先致其妻孥館於郡中行有期矣徽潛召其黨伺于郊林之外子夜瑜聚族而出輜重絡繹十有餘里徽之所親循溝澮而遁至馬峽路隅舉燧伏莽齊發斷欽祚之首貫諸長矛平生聚蓄金幣萬計皆爲亂兵所掠少長百口殆將殄盡瑜尚獨戰千人矢不虛發手捍射其指流血及韇箙罄空乃持弓擊人簫弭皆碎夜竄山谷落髮爲僧月餘爲樵人所獲縶送岐州爲侯益所殺

冊府元龜

冊府元龜

巡按福建監察御史臣李嗣京訂正
分守建南道左布政使臣胡維霖參閱
知建陽縣事臣黃國琦較釋

總錄部一百九十三

不誼

夫人者最萬物之靈誼者居五行之一故行誼者必克己恕物急病讓夷固其窮不可以利誘守其節不可以兵刼如斯而已矣乃有反道敗德壞法亂紀傾險其行邪僻其心遺骨肉之親棄故舊之好背乎僚

友之惠忘其所事之恩因利乘便竊發搆難或肆其慘毒或寘諸刑辟或縱行離間之術或靡顧覆之迹摧己自恣蹈害無悔歷代之下比比而有故古人有言曰不恥不仁不畏不誼其斯人之謂乎

子伯季子衛大夫也魯哀公十六年衛侯飲孔悝酒于平陽東郡燕縣東北有平陽亭重酬之大夫皆有納焉納財賄也醉而送之夜半而遣之夜遣者慚負孔悝不欲令人見載伯姬於平陽而行載其母俱去及西門平陽門使貳車反祏於西圃使副車還取廟主西圃孔氏廟所在祏藏主石函子伯季子初為孔氏臣新登于公升為大夫請追之遇載祏日殺而乘其車子伯殺載祏者許公為反祏孔悝怪載祏者又來使公為反逆之不遇之日與不仁人爭明無不勝不仁人謂子伯季子也明無不勝言必勝必使先射射三發皆遠許為許為射之殪傳言子伯季子不仁所以死也或以其車從從為公得祏於橐中孔悝出奔宋

吳起者衛人也好用兵嘗學於曾子事魯君齊人攻魯魯欲將吳起吳起娶齊女為妻而魯疑之吳起於是欲就名遂殺其妻以明不與齊也魯卒以為將而攻齊大破之

漢韓信既徙為楚王都下邳項王亡將鍾離眜眜音莫曷反家在伊廬東海朐南有此邑素與信善項王敗眜亡歸信

漢怨眜聞在楚詔楚捕之信初之國行縣邑陳兵出入行音下更反有變告信欲反凡言變告者謂告非常之事書聞聞於天子帝患之用陳平謀偽游於雲夢者實欲襲信信弗知高祖且至楚信欲發兵自度無罪度音大各反欲謁帝恐見禽人或說信曰斬眜謁上上必喜亡患信見眜計事眜曰漢所以不擊取楚以眜在公若欲捕我自媚漢吾今死公隨手亡矣乃罵信曰公非長者卒自剄信持其首謁於陳高祖令武士縛信載後車械信至雒陽赦以為淮陰侯

樓護為廣漢太守元始中王莽為安漢公專政莽長

子宇與妻兄呂寬謀以血塗莽第門欲懼莽令歸政發覺莽大怒殺宇而呂寬亡寬父素與護相知寬至廣漢過護不以事實語也到數日名捕寬詔書至（擧姓名而捕之也）護執寬莽大喜徵護入爲前煇光（莽分三輔置前煇光後丞烈以護爲之煇音暉）封息鄉侯列於九卿

後漢隗囂字季孟天水成紀人也囂季父崔素豪俠能得衆聞更始立王莽兵連敗遂聚衆數千人乃與兄義及上邽人楊廣等共推囂爲上將軍崔爲白虎將軍義爲左將軍更始二年徵囂與崔及義至長安更始以囂爲右將軍崔義皆即舊號其冬崔義謀欲

叛歸囂懼并禍即以事告之崔義誅死更始感囂忠以爲御史大夫

子密者彭寵之蒼頭也彭寵反自立爲燕王建武五年春寵齋獨在便室（便坐之室非正室也）子密等三人因寵臥寐共縛著牀告外吏云大王齋禁皆使吏休僞稱寵命教收縛奴婢各置一處又以寵命呼其妻妻入大驚（東觀記曰妻入驚曰奴反奴乃捽其妻頭擊其頰）寵急呼曰趣爲寵寵謂守奴曰若小兒我素所愛也今爲子密所迫劫爾解我縛當以女妹妻汝家中財物皆與若小奴意欲解之視戶外見子密聽其語遂不敢解於是收金玉衣物至寵所裝之被馬六匹使妻縫兩縑囊昏夜後解寵手令作記告城門將軍云今遣子密等至於後蘭卿所速開門出勿稽留之（稽停也）書成即斬寵及妻頭置囊中便持記馳出城因以詣闕封爲不義侯

呂布字奉先五原郡九原人也以驍武給并州刺史丁原爲騎都尉屯河內以布爲主簿大見親待靈帝晏駕原將兵詣雒陽與何進謀誅諸黃門拜執金吾進敗董卓卓入京都將爲亂欲殺原并其兵衆卓以布見信於原誘布令殺原布斬原首詣卓卓以布爲騎都尉甚愛信之誓爲父子

魏令狐愚爲兗州刺史與王陵謀立楚王彪時楊康單固皆豫之及愚先卒康乃發其事於司馬宣王冀得封拜後以辭頗參錯亦并斬臨刑俱出獄固罵康曰老奴汝死自分爾若令死者有知汝何面目以行於地下也

王陵坐楚王事司馬宣王誅之其子明山走向太原投親家食親家告吏乃就執

蜀許邵爲郡功曹先是從兄靖與邵俱知名有人倫盛名私情不叶邵排擯靖不得齒敘

吳笮融所爲徐州牧陶謙督運及曹公攻陶謙徐土

騷動融將男女萬口馬三千匹走廣陵廣陵太守趙昱待以賓禮先是彭城相薛禮爲陶謙所偪屯秣陵融利廣陵之衆因酒酣殺昱放兵大畧因載而去

嫣覽戴員皆吴郡太守盛憲孝廉也大帝殺憲覽員亡匿日中孫翊爲丹陽皆禮致之覽爲大都督督兵員爲郡丞及翊爲左右邊洪所害孫河（河字伯海本姓俞孫策賜姓孫列之屬籍）馳赴宛陵責怒覽員以不能全權令使奸變得施二人議曰伯海與將軍疎遠而責我乃爾討虜若來吾屬無遺矣遂殺河使人北迎揚州刺史劉馥令住歷陽以丹陽應之會翊帳下徐元孫高傅嬰等

殺覽員（吴歷曰嫣覽戴員親近邊洪等數爲翊所因嘗欲叛逆因吴主出征遂其奸計也）

晉王如京兆人也遇亂流移至宛潛結諸無賴少年衆至四五萬自號大將軍軍旣敗歸于王敦敦從弟稜愛如驍武請敦配已麾下敦曰此輩獷險難畜汝性忌急不能容養更成禍端稜固請與之稜置諸左右甚加寵遇如數與敦諸將角射屢鬭爭爲過稜果不容而杖之如甚以爲恥初敦有不臣之迹稜每諫之敦嘗怒其異己及敦聞如爲稜所辱密使人激怒之勸令殺稜如詣稜因閒宴請舞劒爲歡稜從之如於是舞刀爲戲漸漸來前稜惡而呵之不止叱左右使牽去如直前害稜敦聞而陽驚亦捕如誅之

杜曾爲竟陵太守先是胡元聚衆竟陵自號楚公假曾爲太守曾旣殺元并其衆自稱南中郎將

前秦張犄爲王兗功曹兗固守博陵與慕容垂相持垂遣將慕容麟攻兗于博陵兗糧竭矢盡犄踰城聚衆應麟兗臨城數之曰卿秦之人也吾卿之君也起衆應賊號稱義兵何名實相悖之甚卿兄往合鄉宗親逐城主天地不容爲世大戮身滅未幾卿復續之卿見爲吾吏親尋干戈藂爲戎首爲爾君者不亦難乎今人可取卿一切之功寧能忘卿不忠不孝之事

古人有云求忠臣必出孝子之門卿母在城不能顧之何忠義之可望惡不絶世卿之謂也不圖中州禮義之邦而卿門風若斯卿去老母如脱屣吾復何論哉旣而城陷兗及固安侯苻鑒並爲麟所殺

苻師奴者纂之弟也苻登之討姚萇使蘭犢率衆數萬自頻陽人子和寧與苻纂首尾將圖長安師奴勸其兄稱尊號纂不從乃殺纂自立爲秦公蘭犢絶之皆爲姚萇所敗

南齊劉祥初爲臨川王驃騎從事中郎祥兄枬爲廣州卒官祥就枬妻求還資事聞朝廷

齊人姓周（史不書名）陸超之門生也超之預晉安王議徐
玄慶欲因將還都而超之亦端坐待命周謂殺超之
當得賞乃伺超之坐自後斬之頭墮而身不僵玄慶
嘉其節厚備殯斂周又助舉棺未出戶棺墜正壓其
頭折死聞之者莫不以爲有天道焉
于琳之爲晉安王子懋中兵參軍即子懋之母阮
産弟也子懋鎭潯陽聞鄱陽隨郡二王見殺欲起兵
赴難母阮在都遣書欲密迎阮阮報琳之爲計琳
之弟瑶之馳告高宗高宗遣王廣之襲叔業與瑶之
先襲潯陽琳之說子懋重賂叔業子懋使琳之往琳

之因說叔業請取子懋叔業遣軍主徐玄慶將四百
人隨琳之入州城僚佐皆奔散琳之從二百人拔白
入齋子懋罵曰小人何忍行此事琳之以袖鄣面使
人害之
梁羊鵾爲侯景庫眞都督景以其妹爲小妻及景敗
鵾密圖之乃隨其東走景於松江戰敗惟餘三舸下
海欲向蒙山會景晝寢鵾語海師此中何處有蒙山
汝但聽我處分遂直向京口至湖豆洲景覺大驚問
岸上云郭元建猶在廣陵景大喜將依之鵾拔刀叱
海師使向京口鵾與王元禮謝答仁弟葳蕤並景之
昵也三人謂景曰我等爲王百戰百勝自謂無敵卒
至於此豈非天乎今就王乞頭以取富貴景欲透水
鵾抽刀斫之景乃走入船中以小刀抉船鵾以矟入
刺殺之
後魏崔鍾爲金紫光祿大夫兄敞亡後鍾貪其財物
誣敞息子積等三人非兄之胤辭訴累歲人士嫉之
爾朱世隆爲尚書令奏除其官終身不齒
崔僧淵原妻房氏生二子伯驎伯驥後薄房氏更納
平原杜氏僧淵之徙也與杜俱去生四子伯鳳伯龍
伯螭伯虯得還之後棄絶房氏遂與杜氏及四子家

于青州伯驎與母房氏居于冀州雖往來父間而心
存母氏孝慈之道頻阻一門僧淵卒年七十餘伯驎
雖往奔赴不敢入家哭沙門寺伯龍性剛躁父亡後
與兄伯驥訟競嫡庶並以刀劍自衛若怨讎焉
崔模初事慕容氏後爲宋滎陽太守太武神䴥中滑
臺平模歸降始模在南妻張氏有二子仲智季柔模
至京師賜妻金氏生子幼度仲智等以父隔遠乃聚
貨物間託關境規贖模歸其母張氏每謂之曰汝父
性懷本自無決必不能來也行人遂以財賄至都當
竊模還模果顧念幼度等指幼度謂行人曰吾何忍

捨此輩令坐致刑辱當爲爾取一人使名位不滅於我乃授以申謨謨宋東郡太守與朱修之守滑臺神䴥中被執入國俱得賜妻生子靈度申謨聞此乃棄妻子走還江外靈度刑爲閹人

崔攸之者道固之兄也道固父輯爲太山太守道固賤出適母生攸之目連等輕侮之輯謂攸之曰此兒姿識如此或能興人門戶汝等何以輕之攸之等遇之彌薄略無兄弟之禮時宋孝武帝爲徐兗二州刺史得辟他州民爲從事輯乃資給道固令其往南既至彭城帝以爲從事會青州刺史新除過彭城帝謂

之曰崔道固人身如此豈可爲寒士至老乎而世人以其偏庶便相陵侮可爲歎息青州刺史至州辟爲主簿轉治中後爲宋文帝諸子參軍事被遣向青州募人長史已下皆詣道固諸兄等逼道固所生母自致酒炙於客前道固驚起接取謂客曰家無人力老親自執劬勞諸客皆知其兄等所作咸起拜謝其母母謂道固曰我賤不足以報貴賓汝宜答拜諸客皆歎美道固母子賤其諸兄

穆壽太武時與崔浩等輔政遇諸父兄弟有如僕隸夫妻並共食而令諸父食餕餘其自矜無禮如此爲時人所鄙笑

王建爲左大夫建兄迴諸子多不順法建具以狀聞迴父子伏誅

李寶涼王暠孫也太武討沮渠無諱寶奉表歸誠累遷鎮北將軍李氏自初入魏人位兼舉因寶子冲寵遇遂爲當世盛門而仁義吉凶情禮淺薄期功之服殆無慘容至於窘乏不加拯濟識者以此貶之

陸定國娶河東柳氏生子安保後納范陽盧度世女生所之二室俱爲舊族而嫡妾不分定國亡後兩子爭襲父爵僕射李冲有寵於時與度世子泉婚親相

好冲遂左右申助之孫是承爵尚主職位赫奕安保沈廢貧賤不免飢寒

寇彌爲尚書郎爲城陽王徽所親待孝莊永安末徽避爾朱兆脫身南走歸命於彌彌不納遣人加害時論浮責之

盧度世者散騎嘗侍玄之子也玄有五子嫡唯度世餘淵敏昶尚皆別生及度世爲中書學生以崔浩事難其庶兄弟嘗欲危害之度世嘗浮忿恨及度世有子每誡約令絕妾孽不得使長後患至淵兄弟婢賤生子雖形貌相類皆不舉接爲識者所非

張彝爲光祿大夫既貴大起第宅徵號華侈頗侮其
疎宗舊戚不甚存紀時有怨憾焉
李靜齊州刺史元護之弟也爲前將軍性甚貪忌兄
亡未斂便剝脫諸妓服玩及餘財物
斛斯椿爲車騎將軍當州刺史及爾朱榮之死椿與
爾朱度律仲遠等北拒齊獻武王次楊平會爾朱兆
與度律等相疑遁還椿後復與度律等同拒義旗敗
於韓陵椿與都督賈顯智等曰若不先報爾朱我等
死無類矣遂與顯智等夜於桑下盟約倍道兼行椿
入北中城收爾朱部曲盡殺之令長孫稚賈顯智等

率數百騎襲爾朱世隆彥伯兄弟斬於閶闔門外椿
入維懸世隆兄弟首於其門樹椿父出見謂椿曰汝
與爾朱約爲兄今何忍懸其頭於門樹寧不愧負天
地乎椿乃傳世隆等首并四度律天光於齊獻武王
馮穆爲員外通直散騎常侍穆與叔輔興不和輔興
亡贈相州刺史祖載在庭而穆方高車良馬恭受職
命言宴滿堂忻笑自若爲御史中丞東平王康所劾
裴茂伯爲廣平王文學與兄景融別居景融貧窘茂
伯了無賑恤殆同行路世以此貶薄之
李洪之爲秦益二州刺史洪之微時妻張氏助洪之
經營資產自貧至貴多所補益有男女幾十人洪之
後得劉氏劉芳從妹也洪之欽重而疎薄張氏爲兩
宅別居偏厚劉子孫是二妻妒競互相訟詛兩宅母
子往來如讎及蒞西州以劉自隨
高遵字世禮渤海蓨人父濟陰太守遵賤出其兄矯
等嘗欺侮之及父亡不令在喪位遵爲立忠將軍齊
州刺史建節歷本州宗鄉改觀而矯等彌妒毀之遵
爲中書侍郎弟次文雖無官位而貲產巨萬遵每責
其失而結憾於遵吉凶不相及時論責之
北齊陳元康爲高祖相府功曹參軍時魏尚書僕射

范陽盧道虔女爲右衛將軍郭瓊子婦瓊以死罪沒
官高祖啓以賜元康爲妻元康乃棄故婦李氏識者
非之
薛琡爲尚書僕射久在省閣閑明簿領然天性險忌
情義不篤魏東平王元康妾張氏婬逸放恣琡初與
姦通後納以爲婦咸共謗之逐前妻于氏不認其子
愆家內忿競相告列深爲世所譏鄙
韋子粲字暉茂京兆人佐郡功曹史累遷爲大行臺
郎中從爾朱天光平關右周武入關以爲南汾州刺
史神武命將出討城陷子弟俱被獲送晉陽家放免

以粲爲并州長史累遷豫州刺史卒初子粲兄弟十三人子姪親屬閨門百口悉在西魏以子粲陷城不能死難多致誅滅歸國獲存唯與弟道蕭二人而已諸與粲俱入國粲富之後遂特棄道諧令其異居所得廩祿略不相及其不顧恩義如此

李訢獻文帝時爲湘州刺史以貪贖被告尚書李敷與訢少長相好每左右之及訢就劾有司諷訢告敷隱罪可得自全又趙郡范慓具條列敷兄弟事狀有司以聞敷坐得罪詔列訢貪冒罪應死以糾李敷兄弟故得降免有司百鞭髡刑配爲厮役後訢爲太倉

尚書亦信任慓腹心之事皆以告之慓以無功起家拜盧奴令及明太后臨朝慓知后忿訢又知内外疾之會鎮南人告訢外叛乃徵訢至京師言其叛狀訢曰無之引慓證訢言爾妄云知我吾又何名雖然爾不顧余之厚德而忍爲此不仁甚矣慓曰何若李敷之德於公公昔忍於敷慓今敢不忍於公乎遂見誅

楊寬耶鄲人也楊愔父津爲并州刺史北道大行臺愔隨之任寬求義從出藩愔請津納之俄而孝莊幽歿愔時適欲還都行達耶鄲過楊寬家爲寬所執至湘州見刺史劉誕以愔名家盛德甚相嗟念付長史慕容白澤禁止焉

元景安永之子也永兄杜襲爵陳留王杜卒子景皓嗣天保時諸元帝室親近者多被誅戮疏宗如景安之徒議欲請姓高氏景皓云豈得棄本宗逐他姓大丈夫寧可玉碎不能瓦全景安遂以此言白顯祖乃收景皓誅之家屬徙彭城縣是景安獨賜姓高氏自外聽從本姓永弟种子豫字景豫美姿儀有器幹爲濮陽郡守魏彭城王部出鎮定州啓爲定州司馬及景安告景皓慢言引豫云相應和豫占云爾時以衣袖掩景皓口云兄莫妄言及問景皓與豫所列符同

獲免自外同聞語者數人皆流配遠方豫卒於徐州刺史

後周司馬消難高祖時爲大將軍性貪淫輕於去就故世之言反覆者皆引消難云其妻高氏齊神武之女在鄴敬重之後入關便相棄薄消難之赴邪州留高及三子在京高言於隋文曰滎陽公性多變詐今以新寵自隨必不顧妻子願防慮之消難入陳而高母子因此獲免

隋李安字玄德高祖相周引之左右遷職方中大夫復拜安弟哲爲儀同安叔父梁州刺史璋時在京師

與周趙王謀害高祖誘晢為內應晢謂安曰遽之則不忠言之則不義失忠與義何以立身安曰丞相父也其可背之遂陰白之及王等伏誅將加官賞安頓首而言曰兄弟無汗馬之勞過蒙獎擢合門竭節無以酬謝不意叔父無狀為兇黨之所熒惑覆宗絕嗣其甘若薺崇全首領為幸實多豈可將叔父之命以求官賞於是俯伏流涕悲不自勝高祖為之改容曰我為汝特存璋子乃命有司罪璋正身高祖亦為安隱其事而不言尋授安開府

唐邴元真李密為右長史高祖武德元年密將入雒

口倉城元真已遣人潛引王世充密陰知之不發其事欲待世充兵半渡雒水然後擊之及世充軍至密候騎不時覺比將出戰世充軍以濟矣密自度不能支引騎而遁徑赴武牢元真竟以城降於世充

鄧曉武德初為李軌尚書左丞使長安聞軌敗舞蹈稱慶高祖曰汝委質於人為使來此聞軌淪陷曾無戚容苟悅朕情妄為慶躍既不能留心於李軌何能盡節於朕乎曉無以對

丘行恭為左衛將軍貞觀中坐與嫡兄爭葬所生母為法司所劾除名

趙履溫為易州刺史履溫即侍中桓彥範妻兄也彥範誅張易之後奏言先與履溫謀其事於是召拜司農少卿履溫德之遂以二婢遺彥範及彥範罷知政事履溫又脅奪其婢大為時論所譏焉

房孺復太尉琯之子為浙西從事初娶鄭氏惡賤其妻多畜婢僕妻之保母亟言之孺復乃先具棺櫬而集家人生斂保母遠近驚異及妻在產蓐未三日遽令上船即路數日妻遇風而卒孺復以宰相子少年有浮名而姦惡未甚露累拜杭州刺史

韓曄尚書右丞臯之從弟也臯恃前輩頗以簡倨自

處順宗時王叔文黨盛臯嫉之謂人曰吾不能事新貴曄幸於叔文以告之因出為鄂州刺史岳鄂蘄沔等州觀察使

梁朱瑾為兗州節度使乾寧二年春太祖令大將朱友恭攻瑾瑾掘塹柵以環之朱瑄遣將賀瓌及蕃將何懷寶赴援為友恭所擒十一月瑾從兄齊州刺史瓊以州降太祖令執賀瓌懷寶及瓊徇於城下謂瑾曰卿兄已敗早宜效順瑾僞遣牙將胡規持書幣送降太祖自至延壽門外與瑾交語瑾謂太祖曰欲令大將送符印願得兄瓊來押領所貫骨肉盡布腹心

也太祖遣瓊與客將劉捍取符印瓊單馬立于橋上揮手謂捍曰可令兄來余有密款即令瓊往瓊先令驍果董懷進伏于橋下及瓊至懷進突出擒瓊而入俄而斬瓊首投於城外太祖乃班師

王珂河中人父重榮河中節度使唐僖宗光啓三年重榮爲部將常行儒所害推重榮弟重盈爲蒲帥以珂爲行軍司馬及重盈卒軍府推珂爲留後時重盈子珙爲陝州節度使瑤爲絳州刺史繇是爭爲蒲帥瑤珙連上章論列又與太祖書云珂非吾兄弟蓋余冢之蒼頭也小字忠兒安得繼嗣珂亦上章云亡父

有興復之功又遣使求援於太原李克用爲保薦於朝昭宗可之既而珙厚結王行瑜李茂貞韓建爲援三鎮互相表薦昭宗詔諭之曰吾以太原與重榮有再奏之功已俞其奏矣乾寧二年五月三鎮率兵入覲賊害時政請以河中授珙瑤又連兵以攻河中克用聞之出師以討三鎮瑤珙兵退晉師拔絳州擒瑤斬之及克用屯軍於渭北昭宗以珂爲河中節度使正授旄鉞克用因以女妻珂珂至太原謝婚成禮克用令李嗣昭將兵助珂攻珙於陝焉

馬希聲湖南節度楚王殷之次子也殷初以長子希振次當嗣立時希聲以先爲副使方握權私遣其大將歐弘練矯父命請立爲帥乃自稱留後

後唐劉守文爲滄州節度唐天祐六年五月守文爲其弟守光敗於蘇州之雞蘇守文爲弟所擒歸幽州初劉仁恭華幽府積實營大安山以自固會汴人攻其城守光堅守之因自爲幽帥囚仁恭于大安別室守文素蓄奸謀志大才短利燕薊之土疆乃令子延祚質於汴自將兵討守光以迎父爲名頻年出軍不利至是大舉以重賂誘契丹吐渾之衆合四萬屯薊州運滄景芻粟海船而下以給軍費及大戰守光之

兵敗也守文詐慈單馬立于陣場泣諭於衆曰勿殺吾弟爲守光將元行欽識之見擒滄州失帥自潰守光復縶兄於別室援以叢棘滄州兵敗守光乃進攻滄州滄州賓佐孫鶴呂兗以推守文之子延祚爲滄州帥守光攜守文於城下攻圍累月城中乏食人餓殍軍士食人百姓食墐土驢馬相遇食其鬃士人出入多爲強者屠殺呂兗率城中飢羸丁口以麩麴飼之圍爲宰殺務旋烹以充軍食危酷之狀遠古未聞延祚力窮以城降守光守光以其子繼威爲滄帥大將張遵進佐之守光既得志父兄雖結託於我而以

狀告梁祖曰臣守光謬叨戎寄向受國恩旣有血誠合宜披訴伏自陛下初登寶位纔建皇基四方尙擾於干戈諸道未賓於聲敎唯臣不勞兵刃不俟詔書便貢表章率先歸欵致令河北一面晏然無虞其後又以河東結搆邠岐朋附淮蜀久稽天討屢軫宸襟臣又密設機謀指揮夏侯敬受已下令翻賊寨遣向朝廷鑾輿纔至於陝郊兵騎悉歸於行在使兒渠北遁致翠華東歸獲立微勞稍寬聖慮其於向國粗竭丹誠昨者兄守文遠於明時擅興兵革堅貯吞幷之志全無友愛之情誑惑宸聰卽言迎侍勾牽戎虜元

逞他圖兄之行藏臣實所諳悉當於此際備見殺謀必知要當道之土疆爲朝廷之患害累曾申奏莫不丁寧今者旣破賊軍足以細驗前事昨於陣上所殺契丹兵馬絶多及寨內收得契丹與在來文字不少今又捉得自來與臣兄謀事人道士褚玄嗣學院使鄭緒等皆言兄本計謀極大妄動絶深不唯窺取其一方實亦將圖於大事苟非臣親當戰陣手執干戈大掃羣兇生擒戎首則滄州得志蕃衆轉狂合勢連衡爲患非細固不是臣自矜小捷妄有飾詞其褚方嗣等分析文狀謹同封進其褚玄嗣文狀多述守結搆說誘幽州將士及會契丹窺筭幽州城池皆是自相魚肉又言如守文得志必謀亂中原以迎侍爲名實欲幷吞燕薊又滄州鼓角門東有誓衆碑一所其辭願破梁國却興唐朝及見幽州歸向朝廷遂拆却碑樓其碑坑於樓下文字見在又守文所遣男延祚人質不是親兒又守文令褚玄嗣將琉璃水精金銀等器錦綵與契丹將領約取幽州後別圖富貴其契丹少君遂差使還書願與守文勅命守文乃言得契丹下大夫所賛也梁祖覽之大噱守光復置書於莊宗言同破僞梁事

李小喜幽帥劉守光之愛將雖守光兇淫出於天性然而稔惡僁毒多爲小喜贊成燕城將破前一日踰垣請罪莊宗宥之至守光之將伏鑕泣而訴曰臣死無恨敎臣爲惡不早歸向者繇小喜熒惑故也罪人不死臣必訴於地下急名小喜至小喜瞋目睨守光曰囚父殺兄烝淫骨肉亦小喜敎耶守光大慙帝怒其失舊君之節卽命斬之

王緘先事幽州劉仁恭後歸莊宗及從征幽州旣獲仁恭父子莊宗命緘爲露布觀其旨趣緘旣起草無所辭避義士以此少之

張文禮考鎮州之大將大爲趙王王鎔倚任文禮見鎔之政荒僻嘗蓄異圖酒酣之後對左右每惡言聞者莫不寒心唯鎔待之如初略無猜間及獻言者漸爲腹心乃以符習代其行營以文禮爲防城使自此專其間隙及鎔殺李弘規委政於其子昭祚昭祚性偏戾未識人間情僞素養名持重坐作貴人旣專權在手朝夕欲代其父向來附勢之徒無不族滅初李弘規李藹持權使事樹立兄弟子姪及諸親舊分董要職故奸宄之心不能搖動文禮頗深畏憚及弘規見殺其部下五百人懼罪將欲奔竄聚泣偶語未有

所之文禮因其離心密以奸詞激之曰令公命我盡坑爾曹我念爾曹十餘年荷戈隨我爲國爲家不忍一朝併膏鋒刃我若不卽殺汝則得罪於令公我若不言又負爾輩事旣如斯其將柰何衆軍感泣是夜作亂殺王鎔父子舉族灰滅唯留王昭祚妻朱氏以通汴人尋間道告曰王氏喪於亂軍普寧公主無恙文禮領賊帥張友順所請因爲留後於潭城視事以事上聞兼要旄節亦奉牋勸進上含容之可其請文禮比厮役小人偶居重任行步動息皆不自安出則千餘人露刃相隨賊殺不辜莫可勝載自度罪逆難容倘慮王師問罪奸心百變或陳情梁汴託援契丹多脩絹書藏於蠟彈塞上烽鋪黃河渡口往往擒獲其使莊宗遣人送還繇是愈切慙恐先是腹上患疽醫藥無効聞史建塘下趙州驚悸而卒其子處瑾秘喪軍府內外皆不之知每日於寢室前問安如生處瑾與其腹心韓正時參決大事同謀姦惡

溫韜初事梁爲許州節度使累官至簡較太尉平章事韜素善趙巖每依附之莊宗入汴巖恃韜與已素厚遂奔許州韜延之於第斬首傳送闕下

李繼儔潞州節度嗣昭之子也初嗣昭死其子繼韜

以州叛及繼韜伏誅之後詔其兄繼儔赴闕時繼儔權知軍府繼韜房中所畜婢僕玩好之類悉爲已有每日於其房中料選妓妾筭較財物遷延不時上路其弟繼達怒謂人曰吾仲兄被罪父子誅死骨肉之情自然傷痛大兄不仁樂禍略無慟懷二弟併命言音尚在而便烝淫妻妾詰責貨財慙恥見人生不如死繼達服縗麻引數百騎坐於戟門呼曰爲我反乎卽令人斬繼儔首投於戟門之內繼達弟繼珂聞其亂也募市人千餘攻于城門繼達登城樓知事不濟啓于城東門至其私第盡殺其孥得百餘騎出潞城

門將奔契丹行不十里麾下奔潰自剄於路隅其下小較薛萬金率衆歸於闕下

李繼忠初爲北京皇城使明宗天成三年十月繼忠弟姪三人進馬二百五匹金器八百兩銀萬兩家機錦百疋白羅三百疋綾三千疋絹三千疋繼忠者故昭義帥嗣昭之子少有心疾其母楊夫人自潞州積聚百萬輦於幷州私第繼韜之叛没之于官莊宗南郊助大半賞給兄繼韜伏法其母又輦及晉者餘百兩楊氏卒其弟相州刺史繼能潞府司馬繼襲聞哀俱至繼忠等詣官告變繼能繼襲伏法弟姪遂得分

其所聚故有獻

聶嶼明宗時爲起居舍人嶼早依郭崇韜門庭致身朱紫名登兩史浙江使迴生涯巨萬嶼爲河東節判時郭氏父子之婦孀居於家嶼喪偶未久復忍而納幣人皆罪之明宗在藩邸時素聞其醜聲天成中與温韜等同詔賜死

普秘瓊初仕後唐爲董温琪衙内指揮使倚以腹心及温琪爲幽州連帥趙德鈞所奏同赴太原之役軍敗没蕃瓊乃害温琪之家載其屍都以一坎瘞之温琪在任貪暴積鏹巨萬瓊悉輦之以藏其家遂自稱留後

李彝殷爲夏州節度使天福末奏衙内指揮拓拔崇斌等五人作亂當時收擒處斬訖相次綏州刺史李彝敏擅將兵士直抵城門尋差人掩殺彝敏知事不濟與弟五人將家南走詔李彝敏潛結兇黨顯恣逆謀骨肉之間尚興屠害炤臨之内難以含容送夏州處斬

李鏻初入恒山謁要人李弘規以宗姓請兄事之繇是得進趙王王鎔辟爲從事鎔卒復爲王德明賓客德明使鏻聘於唐莊宗鏻密疏德明之罪且言可圖

之狀莊宗嘉之及恒山平以鏻爲霸府支使嘗從容請於莊宗曰鏻有四子請誅之莊宗問其故對曰此輩生於恒山稟悖亂之氣不可留也莊宗笑而止

漢馬希萼湖南節度希範弟希廣之庶兄希範卒大將等立其母弟希廣繼位希萼自桂州爲朗帥而怒希廣擅命始搆參商之隙漢高祖乾祐中希廣希萼交訴於朝廷累降詔命和解之而潛佑希廣於是希萼怨望乃依附淮夷未幾率朗人及溪洞羣蠻向長沙爲長沙軍所敗三年希萼大合羣蠻再攻長沙陷希廣及其妻皆杖死於市左右用事者皆臠割而死

希萼自號楚王武安軍節度使
周王繼弘在晉爲奉國指揮使虜陷中原從虜王至相州遂令以本軍戍守虜王留高唐英爲相州節度使唐英善待繼弘每候其第則升堂拜繼弘之母贈遺甚厚倚若戚親又給與兵仗略無猜忌會虜王死漢祖赴維唐英遣使歸漢漢祖大悦將厚待唐英使未廻繼弘與指揮使樊暉等共殺唐英繼弘自稱留後令判官張易奉表于漢祖人或責以見利忘義繼弘曰吾儕小人也若不因利乘便以求富貴畢世已來未可得志也及漢祖討杜重威至德清軍繼弘來朝乃授節旄

冊府元龜

欽定 巡按福建監察御史臣李嗣京　訂正

分守建南道左布政使臣胡維霖　參閱

知建陽縣事臣黄國琦　較釋

總錄部一百九十四

佻薄

詩曰視民不恌禮曰小人以薄蓋佻薄者前哲之所戒也淳素既隱道化多缺仁厚之俗替而侮慢之風長其有搢紳之士簡傲之民忘謹愿之規恣忿躁之性以嘲玩爲辯以陵忤爲材譏議人物貶忽儕友或

劇言而歷詆或顧影而自嘉執屏面以疾驅著岑牟以疊曲脫散冠帶怠棄司存踰越典常敗亂雅俗以至于白簡之奏陷丹筆之議而不悔焉於戲處其厚而不處其薄者誠君子哉

漢張敞爲京兆尹無威儀時罷朝會過走馬章臺街（在長安中章臺下街也）使御史驅自以便面拊馬（便面所以障面蓋之類也不欲見人以此自障面則得其便故曰便面亦曰屏面）又爲婦畫眉長安中傳張京兆尹眉嫵（嫵音詡北方人謂媚好爲詡畜又音舞嫵好媚也）有司以奏敞帝問之對曰臣聞閨房之内夫婦之私有過於畫眉者帝愛其能弗備責也然終不得大位

後漢孔融字文舉爲少府融與蔡邕素善邕卒後有虎賁士貌似蔡邕者融每酒酣輒引與同坐曰雖無老成人尚有典刑袁紹之敗也融與曹公書曰武王伐紂以妲己賜周公曹公以融學博謂書傳所記後見問之對曰以今度之想其當然爾（時曹公平紹以袁熙妻甄氏賜五官中郎將魏文帝也）

禰衡平原人少有才辯而尚氣剛傲好矯時慢物興平中避難荊州建安初來遊許下是時許都新建賢士大夫四方來集或問衡曰盍從陳長文司馬伯達乎對曰吾焉能從屠沽兒耶又問荀文若趙稚長云

何衡云文若可借面弔喪稚長可使監廚請客唯善魯國孔融及弘農楊脩常稱曰大兒孔文舉小兒楊德祖餘子碌碌莫足數也孔融愛衡才數稱衡於曹公曹公欲見之而衡素相輕疾自稱狂病不肯往而數有恣言曹公懷忿而以其才名不欲殺之聞衡善擊鼓乃召爲鼓吏因大會賓客閱試音節諸吏過者皆令脫其故衣更著岑牟單絞之服（曹公欲辱衡乃令人錄用爲鼓吏後至八月朝會大閱試音節作三重閣列坐賓客以帛絹制作衣岑牟一單絞及小褌通史志曰岑牟鼓角士胄也絞蒼黃之色也）次至衡衡乃爲漁陽參撾蹀躞而前（衡擊鼓作漁陽摻撾蹋地來前躡馺足脚容態不常鼓聲甚悲易衣畢復擊鼓摻撾而去至今有漁陽參

（撾自爾衡始也撾者擊鼓杖也）容態有異聲節悲壯聽者莫不慷慨衡進至曹公前而止吏訶之曰鼓吏何不改裝而敢輕進乎衡曰諾於是先解衵衣次釋餘服裸身而立徐取岑牟單絞而著之畢復參撾而去顔色不怍曹公笑曰本欲辱衡衡反辱孤孔融退而數之曰正平大雅固當爾邪因宣曹公區區之意衡許往融復見曹公說衡狂疾今求得自謝曹公喜敕門者有客便通待之極晏衡乃著布單衣疎巾手持三尺梲杖（梲大杖也音陀活反）坐大營門以杖捶地大罵吏曰外有狂生坐於營門言語悖逆請收案罪曹公怒謂融曰禰衡豎

冊府元龜　總錄部　佻薄　卷之九百四十四　三

子孤殺之猶雀鼠爾顧此人素有虚名遠近將謂孤不能容之今送與劉表視當何如於是遣人騎送之臨發衆人爲之祖道先供設於城南乃更相戒曰禰衡悖虐無禮今因其後到咸當以不起折之也及衡至衆人莫肯興衡坐而大號衆問其故衡曰坐者爲冢臥者爲屍屍冢之間能不悲乎至荆州劉表甚賓禮之後復侮慢於表表恥不能容以江夏太守黄祖性急故送衡與之祖亦善待焉後黄祖在蒙衝船上大會賓客而衡言不遜順祖慙乃訶之衡更熟視曰死公云等道（死公罵祖也等道猶今言何勿語也）祖大怒令五伯將出欲加箠衡方大罵祖恚遂令殺之祖主簿素疾衡即時殺焉祖子射徒跣來救不及祖亦悔之乃厚加棺斂衡時年二十六

魏何晏尚太祖女爲駙馬都尉得賜爵爲列侯又其母在内晏性自喜動靜粉白不去手行步顧影

鄧颺爲中郎與李勝等爲浮華友及入兼中書郎浮華事發被斥出遂不復用

蜀彭羕廣漢人姿性驕傲多所輕忽惟敬同郡秦子敕薦之於太守許靖仕州不過書佐後又爲衆人所謗於州牧劉璋璋髡鉗羕爲徒隷

冊府元龜　總錄部　佻薄　卷之九百四十四　四

李譔爲右中郎將侍太子太子愛其多知甚悅之然體輕脱好戲啁故世不能重也

晉阮籍魏末爲步兵校尉能爲青白眼見禮俗之士以白眼對之及母終嵇喜來弔籍作白眼喜不懌而退喜弟康聞之乃齎酒挾琴造焉籍大悅乃見青眼繇是禮法之士疾之若讎

阮咸爲散騎常侍咸初與叔父籍居道南諸阮居道北北阮富而南阮貧七月七日北阮咸曬衣服皆錦綺燦目咸以竿挂大布犢鼻於庭人或怪之咎曰未能免俗聊復爾耳

潘岳爲河陽令負才鬱鬱不得志時尚書僕射山濤領吏部王濟裴楷等並爲武帝所親遇岳内非之乃題閣道爲謠曰閣道東有大牛王濟鞅裴楷鞧和嶠刺促不得休

陸玩初爲元帝丞相參軍嘗詣王導食酪因而得疾與導牋曰僕雖吴人幾爲傖鬼其輕易權貴如此

謝絢會稽王驃騎長史重之子也絢曾於公坐戲調無禮於其舅袁湛湛甚不堪之謂曰汝父昔已輕舅汝今復來加我可謂世無渭陽情也絢父重即王胡之外孫與舅亦有不協之論湛故有此及云

王徽之爲大司馬桓温參軍蓬首散帶不綜府事又爲車騎桓沖騎兵參軍沖問卿署何曹對曰似是馬曹又問管幾馬曰不問馬何繇知數又問馬比死多少曰未知生焉知死嘗從沖行值暴雨徽之因下馬排入車中謂曰公豈得獨擅一車沖嘗謂徽之曰卿在府日久比當相料理徽之初不酬答直高視以手版拄頰云西山朝來致有爽氣爾

王獻之爲中書令時郗愔子超有重名獻之兄弟自超未亡見愔常躡履問訊甚脩舅甥之禮及超死見愔慢怠履而候之命席便遷延辭避愔每慨然曰使嘉賓〔超字嘉賓〕不死鼠子敢爾邪

顧愷之初爲荆州刺史殷仲堪參軍愷之矜伐過實少年因相稱譽以爲戲弄又好吟詠自謂得先賢風制或請其作雒生詠答曰何至作老婢聲

苻朗以前秦青州刺史來降既至揚州風流邁於一時超然自得志陵萬物所與晤言不過一二人而已驃騎長史王忱江東之儁秀聞而詣之朗稱疾不見沙門釋法汰問朗曰見王吏部兄弟未朗曰吏部爲誰非人面而狗心狗面而人心兄弟者乎王忱醜而才慧國寶美貌而才劣於弟故朗云然汰悵然自失

其忤物侮人皆此類也謝安嘗設讌請之朝士盈坐並机壽壺席朗每事欲誇之唾則令小兒跪而張口既唾而含出頃復如之

宋范泰爲光祿大夫時領軍將軍趙倫之性野拙人情世務多所不解久居方伯頗覺富盛入爲護軍資力不稱以爲見貶泰好戲謂曰司徒公缺必用汝老奴我不言汝資地所任要是外戚高第所至倫聞之大喜每載酒肴詣泰

王惠爲征虜長史時會稽内史劉懷敬之郡送者傾京師惠亦造別還過從弟球球問向悉何所見惠曰

覺郎時逢小人爾
荀伯子爲御史中丞少好學博覽經傳而通率好爲
雜語㱇傲閭里故以此失清塗
氾曄爲太子詹事性精微思致觸類多善衣裳器服
莫不增損制度世人皆法學之撰和香方其序曰麝
本多忌過分必害沈寔易和盈斤無傷零藿虛燥詹
唐黏濕甘松蘇合安息鬱金㮈多和羅之屬並被珍
於外國無取於中土又棗膏昏鈍甲煎淺俗非唯無
助於馨烈乃當彌增於尤疾也此序所言悉以比類
朝士麝本多忌比庾炳之零藿虛燥比何尚之詹唐

黏濕比沈演之棗膏昏鈍比羊玄保甲煎淺俗比徐
湛之甘松蘇合比慧林道人沈寔易和以自比也
謝惠連爲彭城王法曹參軍幼有才悟而輕薄不爲
父方明所知
何長瑜爲臨川王義慶平西記室參軍嘗於江陵寄
書與宗人何勗以韻語序義慶州府寮佐云陸展染
鬢髮欲以媚側室青青不解人星星行復出如此者
五六句而輕薄少年遂演而廣之凡厥人士並爲題
目皆加劇言苦句其文流行義慶大怒白文帝除爲
廣州所統增城令

劉瑀爲益州刺史旣行甚不得意至江陵與顏峻書
曰朱脩之三世叛兵一旦居荆州青油幕下作謝宣
明面見向使齊師以長刀引吾下席於吾何有正恐
匈奴輕漢爾及爲吏部尚書意彌憤憤族叔秀之丹
陽尹瑀又與親故書曰吾家黑面阿秀遂居劉安衆
處朝廷不爲多士
羊志善醫術孝武殷貴妃薨令志哭殷氏志亦嗚咽
他日有問志者卿那得此副急淚志時新喪姬荅曰
我爾日自哭亡妾耳志滑稽善爲諧帝亦愛狎之
南齊王瞻宋徐州都督玄謨之子初仕宋爲王府參

軍嘗詣劉彥節直登榻曰君侯是公孫僕是公子引
滿促膝唯余二人彥節外迹雖酬之意甚不悅豫章
王嶷少時早與瞻友瞻嘗候嶷高論武帝時在大牀
寢瞻謂嶷曰帳中人物亦復隨人寢興嶷言次忽問
王景文兄楷賢愚何如殷道矜瞻臨卿遂復言他人
兄耶武帝笑稱嶷小名王汝兄愚那得忽來王參軍
此句瞻曰直恐如卿來諱武帝銜之未嘗形於色後
歷黃門侍郎及齊建元初嘗爲永嘉太守詣闕跪拜
不如儀武帝知之召入東王仍送付廷尉殺之命左
右啓高帝曰父辱子死王瞻傲廷臣輒已收之高帝

曰此何足計及聞瞻已死乃歎無言

丘靈鞠為驍騎將軍嘗還東詣司徒褚淵淵不起曰比脚疾更增不復能起靈鞠曰脚疾亦是大事公為一代鼎臣不可復為覆餗其强切如此不持形儀唯取笑適又不樂武位謂人曰我應東還掘顧榮冢江南地方數千里士子風流皆出此中顧榮忽引諸傖度妨我輩塗轍死有餘罪

張融為中書郎風止詭越坐常危膝行則曳步翹身仰首意致甚多隨人同行稍遲不進融與吏部尚書何戢善往詣戢誤通尚書劉澄融下車入門乃曰非

是至戶外望澄又曰非是既造席視澄曰都自非是乃去其為異如此融假還鄉詣王儉別儉立此地舉袂不前融亦舉手謂儉曰歐曰王前儉不得已趨就之融曰使融不為慕勢而令君為趨士豈不善乎嘗歎云不恨我不見古人所恨古人又不見我後為司徒從事中郎永明中總明觀講敕朝臣集聽融扶入就榻私索酒飲之問難既畢乃長歎曰嗚呼仲尼獨何人哉為御史中丞到撝所奏免官尋復職王敬則見融革帶垂寬殆將至髀謂之曰革帶太急融曰既非步吏急帶何為豫章王大會賓僚融食炙始畢行炙人便去融欲求鹽蒜口終不言方搖食指半日乃息出入朝廷皆拭目驚觀之融假東出武帝問融住在何處融答曰臣陸處無屋舟居非水後日帝以問融從兄緒緒曰融近東出未有居止權牽小船於岸上住帝大笑

謝朓為尚書吏部郎朓嘗輕江祏為人祏嘗詣朓朓因言有一詩呼左右取既而便停祏問其故云定復不急祏以為輕已後祏及弟祀劉渢劉晏俱候朓朓謂祏曰可謂帶二江之雙流以嘲弄之祏轉不堪於是構而害之

諸葛勗為國子生作雲中賦指祭酒以下皆有形似之目坐繫東冶作東冶徒賦武帝見而赦之

沈瓚之為晉陵令性麤疏好犯太守王亮諱（臣欽若等曰亮父名攸）亮不堪遂啓代之瓚之怏怏乃造坐云下官以犯諱被代未知明府諱若為攸字當作無骹尊傍犬為犬傍無骹尊若是有心攸無心攸乞告示亮不及履下牀跣而走瓚之撫掌大笑而去

劉祥為臨川王驃騎從事中郎祥輕言肆行於朝士多所貶忽王奐為僕射祥與奐子融同載行至中途見路人驅驢祥曰驢汝好為之如汝人才皆已令僕

檀超高平金鄉人解褐爲州西曹嘗與别駕蕭惠開共事不爲之下謂惠開曰我與卿俱起一老姥何足相誇蕭太后惠開之祖姑長沙王道憐妃超祖姑也

下彬爲綏建太守性輕險嘗品第命獸之目云羊性淫而很猪性卑而率鵝性頑而傲狗性險而出皆指斥貴勢其鰕蟇賦云紆青拖紫名爲蛤魚比令僕也又云科斗唯唯群浮闇水唯朝繼夕聿役如鬼比令史諸事也

梁徐緄齊末爲揚州西曹遇亂居閭里而輕薄未能自致唯緄獨不達乃與江州刺史陳伯之俱入于魏

魏人欲擢用之因元會緄戲爲詩曰帽上著籠冠袴上著朱衣不知是今是不知非昔非魏人怒出爲始平太守日日行獵墮馬而死

劉孝綽爲祕書監孝綽少有盛名而仗氣負才多所陵忽有不合意極言詆訾領軍臧盾太府卿沈僧旻等並被時遇孝綽尤輕之每於朝集會同處公卿間無所與語反呼騶卒訪道塗閒事繇此多忤於物

張纘爲湘州刺史初吴興吴規頗有才學邵陵王綸引爲賓客深相禮遇及綸作牧郢藩規隨從江夏遇纘出之湘鎮路繇郢服綸餞之南浦纘見規在座意不能平忽舉盃曰吴規此酒慶汝得陪今宴規尋起還其子翁孺見父不悅問而知之翁孺因氣結爾夜便卒規恨纘慟兒憤哭兼至信宿之間又致殞規妻深痛夫子翌日又亡時人爲張纘一盃酒殺吴氏三人其輕傲皆此類也

陳陳暄義興國山人以落拓不爲中正所品久不得調太康中徐陵爲吏部尚書精簡人物縉紳之士皆嚮慕焉暄以玉帽簪插髻紅絲布裹頭袍拂踝靴至膝不陳爵里直上陵坐陵不之識命吏持下暄徐步而出舉止自若竟無怍容作書謗陵陵甚病之後主

之在東宮引爲學士及即位遷通直散騎侍郎暄素通脱以俳優自居文章諧謬言語不節後主甚親昵而輕侮之

後魏胡叟仕宋爲梁秦二州刺史叟少聰慧在魏時京兆韋祖思多蔑時彦知叟至召而見之祖思習嘗待叟不足聊與温凉叟拂衣而出祖思固留之曰當與君論天人之際何遽而反乎叟對曰論天人者其亡久矣與君相知何夸言若是也遂不坐而去至主人家賦韋杜二族一宿而成時年十有八矣且述前載無違舊美敘中世有協時事而末及鄙俗人皆奇

其才長其筆世稽傳誦之以爲笑柳
慕容契滹南王白曜弟之子契輕薄無簡以名家子
擢爲中散
游雅字伯度小名黃頭爲祕書監雅性剛戇好自矜
誕陵獵人物高允重雅文學而雅輕薄允才允性柔
寬不以爲恨允將婚于邢氏雅勸允娶于其族允不
從雅曰人貴河間邢不勝廣平游人自棄伯度我自
敬黃頭貴己賤人皆此類也
楊愔爲北雍州刺史與弟寬皆輕薄無行爲流人所
鄙

甄琛爲侍中車騎將軍性輕簡好嘲謔故少風望
裴伯茂爲中書郎與宇文忠之同省常侮忽之忠之
色黑呼爲黑宇
李　爲通直散騎常侍父華有八子構其長也次嶷
義爲光祿大夫次叔向爲徐州錄曹參軍帶郡浦戍
主次幼緒早亡次季緒博陵恒山二郡太守次世幹
次稚明兄弟並不脩名行險暴無禮爲時所賤
畢哲爲祕書郎諸畢朝不乏榮貴但輕薄不脩爲時
所鄙
北齊徐之才初在南齊號爲神童陳郡袁昂領丹陽
尹辟爲主簿人務事宜皆被顧訪郡廨遭火之才起
望夜中不著衣披紅服帕出房映光爲昂所見功曹
白請免職昂重其才術乃特原之後入北爲僕射時
謂人曰我在江東見徐勉作僕射朝士莫不佞之今
我亦是僕射無一人佞我何由可活之才聰辯多智
時唐邕白建方貴時人言云并州赫赫唐與白之才
蔑之元日對邕爲諸令史祝曰卿等位當作唐白又
以小器好嚼筆故嘗執管就元文遙口曰借君齒其
不遜如此歷事諸帝以戲狎得寵
魏收初爲神武晉陽中外府主簿其從叔季景有才

學歷官著名並在收前然收常所欺忽收初赴并頓
丘李庶者故大司農諧之子也以華辯見稱曾謂收
曰霸朝便有二魏收率爾曰以從叔見比便是邪輸
之比卿邪輸者故尚書令陳留公繼伯之子愚癡有
名好自入市肆高價買物商賈共所嗤玩收忽季景
故方之不遜例多如此收昔在洛京輕薄尤甚人號
之魏收驚蛺蝶文襄曾游東山飲宴文襄曰魏收恃
才無宜適須出其短往復數番收忽大唱曰楊遵彥
理屈已倒遵彥愔字也愔從容曰我綽有餘暇山立
不動若遇當塗恐翩翩遂逝當塗者魏翩翩者蝶也

文襄先知之大笑稱善文襄又曰向語猶微宜更指斥愔應聲曰魏收在并作一篇詩對衆讀訖云打從叔季景出六百斛米亦不辨此遠近所知非敢妄說文襄喜曰我亦先聞衆人皆笑收雖自申雪不復抗拒終身病之文宣即位除中書令俄兼太子詹事收既輕疾好聲樂善胡舞文宣末數於東山與諸優為彌猴與狗鬬帝寵狎之

司馬子如為司空性滑稽不治簡裁言戲穢褻識者非之

李構為燕州刺史時人語宋遊道為彌猴面構嘗因

遊道會客因戲之曰賢從在門外大好人宜自迎接為通名稱族弟遊仙遊道出見之乃猴而衣帽也將與構絶構謝之豁然如舊

封孝琰為通直散騎常侍時祖珽輔政孝琰謂珽曰公是衣冠宰相異於餘人近習聞之大以為恨

盧詢祖為築長城子使既有口辯好臧否人物嘗語人曰我昨東方未明過和氏門外（和氏和士開也）已見二陸兩源森然與槐柳齊列蓋謂彥師仁惠與文宗那延也邢邵盛譽盧思道以詢祖為不及詢祖日見未能高飛者借其羽毛知逸勢冲天者翦其翅翮謗毀日至素論皆薄其為人

後周張肅為宣納上士轉中外府記室參軍中山公訓侍讀早有才名性頗輕猾時人比之魏諷

隋盧思道仕北齊為黃門侍郎思道不持操行好輕侮人天保中魏史未出思道先已誦之繇是大被笞辱前後屢犯因而不調

侯白為儒林郎通脫不持威儀好為誹諧雜說人多愛狎之所在之處觀者如市楊素甚狎之素嘗與牛弘退朝白謂素曰日之夕矣素大笑曰以我為牛羊下來邪

劉炫為太學博士性躁競頗誹諧多自矜伐好輕侮當世為執政所醜繇是官途不遂

宇文化及右翊衛大將軍述之子也性兇險不循法度好乘肥挾彈馳騖道中繇是長安謂之輕薄公子

唐崔信明太宗貞觀中為秦川令頗蹇傲自伐嘗賦詩吟嘯自謂過於李百藥時人多不許之又矜其門族輕侮四海士望繇是為世所議

杜審言則天登封初以隰城尉預選時蘇味道為天官侍郎審言試判訖謂人曰蘇味道必死人問其故審言曰見吾判即自當羞死矣又嘗謂人曰吾之文

章合將屈朱作衛官吾之書迹合將王羲之北面其
矜誕如此
駱賓王高宗末爲長安尉落拓無行好與薄徒遊
鄧玄挺爲中書舍人性俊辯機捷過人每有嘲誚朝
廷稱爲口寔
喬琳代宗時爲監察御史倜儻疎誕好譚諧侮謔僚
列頗無禮簡同院御史畢燿初與琳嘲誚往復因成
釁隙
王縉大曆中與元載同爲相載用事縉卑附之不敢
與忤然恃才與老多所傲忽載所不悅心希載旨以

言詞凌詬無所忌憚初京兆尹黎幹戎州人也數論
事載甚病之而力不能去幹嘗白事於縉縉曰尹南
方君子也安知朝禮其嫚而侮人如此
顧況德宗貞元初爲著作郎況頗習詩詠而不修簡
操宰臣李泌薄其爲人置之散位泌殁後以宿憾權
嘲誚之聲爲憲司所劾以故貶秩
陸長源貞元中歷汝州刺史宣武軍司馬性輕佻言
談無度又恃微才傲物所在人畏惡之
孟叔度貞元中爲宣武軍節度董晉判官輕佻好慢
易軍人軍人皆惡之

溫庭筠宣宗大中初舉進士苦心硯席尤長於詩賦
然士行塵雜不修邊幅能逐絃吹之音爲側豔之詞
公卿家無賴子弟裴誠令狐滈之徒相與酣飲終日
蹉是累年不第
梁羅隱唐末舉進士有詩名於天下尤長於詠史然
多譏諷以故不中第兩浙節度使錢鏐辟爲從事隱
戲爲詩言鏐微時騎牛操梃之事鏐亦怡然不怒
後唐馬郁唐末爲幽州刀筆小吏少負文藝節度使
李全忠子威曾問其年郁曰弱冠後兩周星歲傲形
于色後威繼父爲帥首召郁問曰子今弱冠後幾周

星歲郁但頓顙謝罪威曰如子之才吾平生之所愛
也何懼之有因署以府職後爲莊宗太原副留守郁
初與同幕王緘皆事燕王劉仁恭郁本府名位先達
緘學術雖優然才性梗滯居燕時職官未達故郁在
河東稠人廣衆之中頗折緘有所請謁呼王緘而已
嘗閱所爲文因謂之曰執知王緘中道有言語得無
異乎
盧程初爲莊宗河東推官性譾驕誕浮薄自矜篤厚
君子多所惡焉外恭內狠好幸人災同光初爲中書
侍郎平章事是時梁將王彥章陷我德勝寨羣情恟

惱內外歸然帝於揚劉城躬厲士卒晝夜苦戰臣下皆憂之豆盧革與同列議上章規諫請不躬御士卒因言及漢高臨廣武事楚人矢及於胷紿云虜中吾足程曰此劉季之失也幾死老兵衆皆縮頸帝與羣官論士族或曰員外孔邈明善和之家宜聖之後公輔累世得非盛族歟程曰止於孔丘之後盛則吾不知也

劉岳爲吏部侍郎時馮道初入中書道形神庸陋一旦爲丞相人士多竊笑道自月華門赴班岳與工部侍郎任贊偶語見道行而復顧贊曰新相迴顧何也

岳曰定是忘持兎園册來道之鄉人在朝者聞之告道因授岳祕書監任贊散騎常侍

晉孔崇弼爲散騎常侍無他才但能談笑戲玩人物揚眉抵掌取悅於人

周李知損爲諫議大夫少輕薄利口無行梁朝多從貢舉人狹斜之遊

册府元龜

巡按福建監察御史臣李嗣京　訂正
分守建南道左布政使臣胡維霖　參閱
知建陽縣事臣黄國琦較釋

總録部一百九十五

巧宦　附勢　朋黨

巧宦

孔子曰富與貴是人之所欲不以其道得之不處也又云富而可求雖執鞭之士吾亦爲之是知君子之仕也先勞後祿輔國庇民率履不乖富貴自至小人

之心也則異於是不顧其行不信其言阿諛便辟僥倖險詖以巧宦爲臧謀以蹊徑爲得路憑庇附贅託勢權門懷金輦璧買交貴室期於滿欲了無愧恥既以此得亦以此敗負乘覆餗不謂不幸云爾

漢段宏濮陽人始事蓋侯信（景帝王后兄也）信任宏（任保舉也）官亦再至九卿

司馬安汲黯姊子也亦與黯爲太子洗馬安文深巧善宦四至九卿以河南太守卒昆弟以安故同時至二千石十人

張湯杜陵人也初爲長安吏周陽侯爲諸卿嘗繫長安湯傾身事之及出爲侯大與湯交徧見貴人給事內史後爲廷尉其造請諸公不避寒暑（造至詣也請謁也造音七到反）是以湯雖文深意忌不專平然得此聲譽而深刻吏多爲爪牙用者依於文學之士丞相公孫弘數稱其美

陳萬年以高第入爲右扶風遷太僕萬年廉平內行脩絜然善事人賂遺外戚許史傾家自盡尤事樂陵侯史高丞相丙吉病中二千石上謁問疾（上謁若今通名也）遣家丞出謝謝已皆去萬年獨留昏夜乃歸及吉病甚帝自臨問以大臣行能吉薦于定國杜延年及萬

年萬年竟代定國爲御史大夫八歲病卒

陳咸萬年子也爲南陽太守時車騎將軍王音輔政信用陳湯咸數賂遺湯予書曰即蒙子公力得入帝城死不恨（子公湯之字）後竟徵入爲少府

後漢史敞順帝時以佞辯至尚書郡守

魏張既字德容馮翊高陵人有容儀少小工書疏年十六爲郡門下小吏而家富自惟門寒念無以自達乃畜好刀筆及版奏伺諸大吏有乏者輒給與以是見識焉後歷右職

劉類高陽人歷位宰守苛慝尤甚以善衙人事不廢

於世
晉陸機爲平原內史好遊權門與賈謐親善以進趣獲譏
宋何尚之爲司空尚書令元凶弑立其子偃爲侍中掌詔誥居門下父子竝處權要時爲寒心而尚之及偃善攝機宜曲得時譽會文帝即位任遇無改
南齊茹法亮吳興武康人也宋大明世出身爲小吏歷齋幹扶孝武末年作酒法鞭罰過度法亮憂懼因緣啓出家得爲道人明帝初罷道結事阮佃夫用爲兗州典籤累至太祖冠軍府行參軍

李安民武帝永明中自撫軍將軍丹陽尹遷尚書左僕射將軍如故安民時屢啓密謀見賞又善結尚書令王儉故世傳儉啓有此授
梁任昉齊明帝建武中仕不過列較東昏永元中紆意於梅蟲兒東昏中旨用爲中書郎謝尚書令王亮亮曰卿宜謝梅那忽謝我昉慙而退
宋季雅爲南康太守罷郡市宅居呂僧珍之側僧珍問宅價曰一千一百萬怪其貴季雅曰一百萬買宅千萬買鄰及僧珍生子季雅往賀署函曰錢一千閽人少之弗爲通彊之及進僧珍疑其故親自發乃金錢也遂言於帝陳其才能以爲壯武將軍衡州刺史
孫廉謙之從子也便辟巧宦齊時已歷大縣尚書右丞天監初沈約范雲當朝用事廉傾意奉之及中書舍人黃睦之等亦尤所結附凡貴要每食廉必日進滋旨皆手自煎調不辭勤劇遂得爲列御史中丞晉陵吳興太守時廣陵高爽有險薄才客於廉委以文記爽嘗有求不稱意乃爲屐謎以喻廉曰刺鼻不知嚏蹋面不知瞋齧齒作步數持此得勝人譏其家不計恥辱以此取名位也
後魏侯天盛與散騎常侍趙修鄰居宣武爲修增邑

舍擬於諸王其四面鄰居皆賂人其地天盛兄弟越文出補長史大郡
酈羨孝明時胡太后臨朝爲黃門侍郎封安陽子邑三百戶羨曲附左右故獲封焉羨又行貨於錄尚書北海王詳轉大司農少卿出行荊州事轉征虜將軍郢州刺史鎮義陽在州鋭於聚斂又納賄於于忠徵爲給事黃門侍郎
裴林光南司州刺史颺之子頗有學善事權門孝明時領軍元乂納其金帛除鎮遠將軍散騎侍郎
席景通善事元乂兼以貨賂乂父繼乂爲司空乃引

景通爲掾
趙雋之爲給事中轉謁者僕射爲劉騰養息賂遺權
門頻歷顯官而卒
鄭雲爲濮陽太守納賄劉騰得爲龍驤將軍安州刺
史
宋穎爲魏郡太守納貨劉騰言之於領軍元乂以穎
爲冠軍將軍凉州刺史
畢義暢孝明時襲南城縣男傾巧無事業善通時要
歷郎中尚書侍郎兖州刺史大中正將軍通直散騎
常侍坐事伏法

北齊敬長瑜武成時爲廣陵太守多所受納刺史陸
駿將表劾之以貨賂執事和士開以畫屏風詐爲長
瑜獻武成大悦駿表尋至遂不問焉遷合州刺史
畢義雲爲司徒左長史時鄭子默正被任用義雲之
姑郎子默祖母遂除度支尚書攝左丞子默誅後左
丞便解李炤赴晉陽高元海留鄴義雲深相依附知
其信向釋氏常隨之聽講爲此款密無所不至
唐薛曜中書令元超之子頗解屬文則天時以附會
張易之兄弟歷位正諫大夫
鄭愔中宗神龍中爲宣州司士私鑄錢百萬以遺武
三思擢爲侍御史遷中書舍人景龍中附昭容上官
氏累遷吏部侍郎同中書門下三品
崔湜中宗景龍中昭容上官氏屢出居外宅湜託附
之繇是中宗遇湜甚厚再遷中書侍郎平章事
唐休璟神龍中同中書門下三品在任無所弘益以
老病罷歸私第休璟年力雖衰進取彌鋭時宮人賀
婁氏用事而休璟爲男取其養女因以自達拜太子
少師同中書門下三品時議譏之
趙彦昭睿宗景雲初自潞州刺史除歸州刺史先是
巫媪趙氏昵於韋庶人得封爲隴西夫人與彦昭鄉

居因附焉及趙氏誅自其家獲彦昭納賄疏故貶官
康廉本商胡玄宗天寶中爲安南都護賂遺楊國忠
官至將軍肅宗上元二年上表請用私財簡較山南
一道驛朝廷以救弊許之仍加侍御史
呂諲天寶末爲哥舒翰判官肅宗冊立於靈武諲馳
赴行在帝深遇之朱光輝李遵在君之側皆希旨諭
其善諲亦屈己事光輝遵等故驟拜御史中丞進奏
無不允從
庾準常州人以門蔭入仕肅宗末昵於宰相王縉縉
驟引至職方郎中知制誥遷中書舍人準素寡文學

以柔媚自進既非儒流甚爲時論所薄
黎幹戎州人代宗時以善星緯數術進待詔翰林累官至諫議大夫京兆少尹尋遷京兆尹以嚴肅爲理人頗便之而因緣附會與時上下大曆二年改刑部侍郎
盧甚代宗時爲金州刺史宰相楊炎遇之頗厚召入爲左司郎中京兆少尹遷大尹甚無學術然善事權要
嚴綬德宗時爲宣歙池判官時觀察使劉贊卒綬傾軍府貲用進奉無幾徵拜刑部員外天下判官進奉

自綬始
李景儉德宗時自忠州刺史授代至京除澧州刺史延英辭日景儉時有中助因盛言巳屈退及月華門遠宣不令赴郡除倉部員外郎未一月拜諫議大夫
裴武自釋褐以吏才稱累遷至太府司農卿鄜坊觀察使入爲京兆尹復領大司農及兼掌錢穀供饋之事皆粗有勞績然善術伺能交結權右雅無清直之稱
王潛自陝州左司馬歷彭二州刺史遷將作監輸賄權倖拜涇原節度使

鄭權爲工部尚書然以家多僕媵奉入寡薄尋謀他徑求致節制不旬月授嶺南節度使
李德裕憲宗時爲太原府司錄參軍時謂監軍李國澄曰何不以近貴取事而自滯於外閫乎國澄曰豈所不欲其如貧何乃許借錢十萬貫促國澄赴闕國澄初未爲信及至闕咸如其諾尋除中尉遂爲中人所稱
元稹初爲荆南士曹爲監軍崔潭峻所禮居無何召入翰林爲中書舍人承旨學士中人以潭峻之故爭與稹交而知樞密魏弘簡尤與稹相善穆宗愈深知

重河東節度使裴度三上疏言稹與弘簡爲刎頸之交謀亂朝政言甚激訐穆宗顧中外人情乃罷稹內職授工部侍郎帝恩顧未衰長慶二年拜平章事詔下之日朝野無不輕笑之
薛平敬宗寶曆初自簡較左僕射兼戶部尚書除爲簡較司空充河中節度觀察等使平理青齊有政績時論方洽及是進絹萬匹旋有此拜議者甚惜之
舒元輿爲著作郎分司東都日與李訓深相結納太和末訓居中用事亟加遷擢自右司郎中兼侍御史知雜事爲權知御史中丞

後唐袁象先朱温之甥也爲宋州節度使莊宗旣平梁汴象先厚以賂遺於權貴劉皇后及閹徒因而恩寵隆異賜姓名李紹安復爲宋州節度使

孔謙魏州之幹吏自天祐十二年莊宗平定魏博會計皆委制置謙能曲事權要效其才力帝委以泉貨之務設法箕斂七八年間軍儲獲濟

漢劉景巖初仕後唐爲丹州刺史家富於財能交結豪右

附勢

書曰簡賢附勢實繁有徒傳曰同惡相求其如市賈

蓋風頽俗靡之弊輿輕進患失之機𦍒苟異遠圖必喻於利遂乃趨浮薄之路飾僶俛之姿忘乎廉恥之規與彼比周之效或相與引重得其歡心諂媚兼資奔競不已雖獲譏於當世而自得於心術至於假寵以貪殘傾意以傳會榮利是視志氣自滿其或寵賂彰矣顛仆隨之雖欲自全末繇也已故有肩肩無愧施施自矜者焉詩曰無縱詭隨以謹無良蓋謂是夫

廉頗爲趙將免歸長平失勢之時故客盡去及復用爲將客又復至廉頗曰客退矣客曰吁君何見之晚也夫天下以市道交君有勢我則從君君無勢則去此固其理也有何怨乎

漢衛青爲大將軍霍去病爲驃騎將軍定令令驃騎將軍秩祿與大將軍等自是後青日衰而去病日益貴青故人門下多去事去病得官爵

張湯爲長安吏周陽侯爲諸卿時嘗繫長安湯傾身事之及出爲侯大與湯交徧見貴人及列九卿收接天下名士大夫己心內雖不合然陽浮道與之（陽以道義爲交非其中心故云浮也）其造請諸公不避寒暑湯位至御史大夫

後漢廉范字叔度京兆杜陵人初受業於京師京兆

隴西二郡更請召皆不應後爲蜀郡太守而依倚大將軍竇憲以此爲譏

荀緄者彧之父也中常侍唐衡欲以女妻汝南傅公明公明不娶轉以與彧緄慕衡勢爲彧娶之爲論者所譏彧官至守尚書

魏何晏文帝黄初時無所事任及明帝立頗爲冗官至正始初曲合於曹爽亦以才能故爽用爲散騎侍郎遷侍中尚書

文欽爲廬江太守鷹揚將軍王淩奏欽貪殘不宜撫邊求免官治罪繇是徵欽還曹爽以欽鄉里厚養待

之不治欲事復遣還廬江加冠軍將軍貴寵踰前欽以故益驕

王恩爲吏雖煩碎而曉練文書傾意形勢亦以是顯名官至九卿

晉石崇爲衞尉時賈謐以賈后之勢開閤延賓海內輻湊貴遊豪戚及浮競之徒莫不盡禮事之或著文章稱美謐以方賈誼崇與歐陽建滎陽潘岳吳國陸雲蘭陵繆徵京兆杜斌摯虞瑯邪諸葛詮弘農王粹襄城杜育南陽鄒捷齊國左思清河崔基沛國劉瓌汝南和郁周恢安平牽秀潁川陳昣太原郭彰高陽

許猛彭城劉訥中山劉輿劉琨皆傅會於謐號曰二十四友其餘不得與焉

劉琨爲尚書郎趙王倫執政以琨爲記室督轉從事中郎倫子荂音孚郎琨妹婿也故琨父子兄弟並爲倫所委任及篡荂爲皇太子琨爲荂詹事

王雅旣貴盛威權甚震門下車騎嘗數百而善應接傾心禮之孝武世爲太子少傅時王珣兒婚賓客車騎甚衆會聞雅拜少傅迴詣雅者過半時風俗頹弊無復廉恥然少傅之任朝望屬珣珣亦頗以自許及中詔用雅衆遂赴雅焉

宋顔師伯孝武初鎭徐州爲輔國安北行參軍王景文時爲諮議參軍愛其諧敏進之孝武師伯因求伏節乃以爲徐州主簿善於附會大被知遇

王履爲大將軍從事中郎浮結劉湛委誠大將軍彭城王義康與劉斌孔胤秀等並有異志履叔球爲吏部尚書每訓厲不納自大將軍從事中郎轉太子中庶子流涕訴義康不願遠離以此復爲從事中郎太祖甚銜之及湛之誅其夕履徒跣告球球命爲取履先溫酒與之謂曰當日語汝何履怖懼不得答球徐曰阿父在汝亦何憂命左右扶郎還齊帝以球故履

得免死廢家

南齊李安民爲撫軍將軍丹陽尹永明二年遷尚書左僕射將軍如故安民時屢啓密謀見賞又善結尚書令王儉故世傳儉啓有此授

梁王亮齊建武末爲吏部尚書是時尚書左僕射江祏管朝政多所進拔爲士子附麗亮自以身居選部每持異議始亮未爲吏部郎時以祏帝之內弟故深友祏祏爲之延譽益爲帝所器重至是與祏情好攜薄祏昵之如初及祏遇誅羣小放命凡所除拜悉[illegible]內寵亮更弗能止外若詳審內無明鑒其所選用[illegible]

資次而已當世不謂爲能
後魏長孫稚爲太常卿右將軍孝明時侯剛爲侍中撫軍將軍寵任既隆而江陽王繼及稚皆以女妻剛子剛爲元乂所厚故稚驟得轉進
穆建爲直閤將軍兼武衛建妻爾朱榮之妹嘗依附榮榮入雒之後除鎮東將軍
劉廞字景興好學強立善事當世高肇之盛及清河王懌爲輔廞皆與其子交遊往來靈太后臨朝又與太后兄弟往還相好太后令廞以詩賦授弟元吉後爲國子祭酒兼都官尚書

王翊字士遊爲中書侍郎頗銳於榮利結婚於元乂超拜左將軍濟州刺史尋加平東將軍
郭逸以一女妻司徒崔浩一女妻浩弟上黨太守恬太武時親用寵事拜逸徐州刺史假榆次侯
高聰爲并州刺史在州數歲多不率法又與太原太守王椿有隙再爲大使御史舉奏高肇每以宗私相援事得寢緩
劉藻子紹珍無他才用善附會好飲酒結託劉騰騰啟爲郎中令襲子爵
張烈河東武城人孝明時爲征虜將軍司空長史先是元乂父江陽王繼曾爲青州刺史及乂當權烈託故義之懷遂相諂附除前將軍給事黃門侍郎
馮元興舉秀才時御史中尉王顯有權寵元興奏記於顯召爲簡較御史後爲元乂所知元興世寒因乂之勢託其交道相用爲州主簿論者以爲非倫
叱列延慶爾朱世隆之姊婿也爲營州刺史前廢帝普太初世隆得志特見委重遷散騎常侍車騎將軍儀同三司
于暉字宣明爲汾州刺史暉善事人爲爾朱榮所親以女妻其子長孺歷侍中河南尹後兼尚書僕射東

南道行臺
徐紇與鄭儼俱爲舍人儼得幸於靈太后以紇有智數仗爲謀主紇以儼寵幸既盛傾身承接共相表裏勢動內外城陽王徽與之合當時政令歸於儼等
崔休少而謙退事後母孝謹及爲司馬尚書子仲文納丞相高陽王雍第二女妻領軍元乂子祕書郎稚舒挾恃二家志氣微改內有自得之心外則陵籍同列尚書令李崇左僕射蕭寶寅右僕射元欽皆以雍乂之故每憚下之始休母房氏欲以休女妻其外孫邢氏休不欲乃違其母而以妻乂子議者非之

鄭義爲中山王叡傳後歷年不轉資產亦乏因請假歸遂槃桓不返及李冲貴寵與義姻好乃就家徵爲中書令

中山王英子熙既襲爵累遷光祿勳領軍于忠執政熙忠之壻也故歲中驟遷

北齊許惇少純直晚更浮動初齊朝體式本州大中正以京官爲之同郡邢卲爲中書監德望甚高惇與卲競中正遂憑附宋欽道出卲爲刺史朝議甚鄙薄之惇仕至尚書右僕射

源文宗爲祕書監以貴遊子弟昇朝列才識敏贍以

幹局見知然好遊詣貴要之門故時論以爲善於附會

和士開稟性庸鄙不關書傳發言吐論惟以諂媚自資河清天統以後威權轉盛富商大賈朝夕塡門朝士不知廉恥者多相附會甚者爲其假子與市道小人同在昆季行列士開後至尚書令

後周賀蘭祥爲大司馬時晉公護執政祥與護中表少相親愛軍國之事護皆與祥參謀及誅趙貴廢孝閔帝祥有力焉

唐封德彝隋煬帝初爲舍人而不被用見虞基幸於煬帝而基不閑吏務每承處分多失事理德彝又託附之審爲指畫宣行詔命諂順主心外有表疏如忤意者皆寢而不奏決斷刑法多濟文深詆策勳行賞必抑削之故虞基之寵日隆而隋政日亂皆德彝之所爲也

丘和初仕隋爲蒲州刺史坐事除名煬帝時宇文述方被任遇和傾心附之又以發武陵公元胄罪拜代州刺史

劉義節爲少府監性明慧有幹理家富於財善附會勢要

李迥秀爲鳳閣鸞臺平章事頗託附權倖傾心以事張易之昌宗兄弟繇是深爲讜正之士所譏

黎幹爲京兆尹時魚朝恩爲觀軍容使仍知國子監事恃寵含威天憲在舌幹寫心佞事動必求媚每期將至監則盛具數百人之饌傾府吏以辦之

李日知爲刑部尚書以官在權要諸子年纔總角皆結婚名族時議以失禮之中

裴冕爲左僕射兼御史大夫充山陵使尋貶爲施州刺史初冕爲僕射數論時政遂兼御史大夫充山陵使以李輔國權重有恩乃奏輔國所親信劉烜爲判

官潛結輔國後烜爲中書舍人得罪貶嶺南晃乃連坐焉

房式宰相琯之姪舉進士李泌觀察陝州辟爲從事泌入相累遷起居郎出入泌門爲其耳目及泌卒再除忠州刺史

于頎爲太府卿京兆尹好任機數專候權要朝列中無勢利者視之蔑如也曲事元載載親暱之及載得罪後出爲鄭州

韓泰爲左右神策京西行營節度行軍司馬順宗永禎元年貶撫州刺史及司封郎中韓日華貶池州刺

史禮部員外郎柳宗元貶柳州刺史屯田員外郎劉禹錫貶連州刺史皆以善於王叔文坐責出守

韋執誼與王叔文同爲翰林學士德宗載誕日皇太子獻佛像德宗命執誼爲畫像贊帝令太子賜執誼縑帛以酬之執誼至東宮謝太子卒然無以藉言太子因曰學士知王叔文乎彼偉才也執誼因是與叔文交甚密

杜兼爲濠州刺史性浮險豪侈矜氣憲宗元和初入爲刑部吏部郎中拜給事中除金商防禦使旋授河南少尹知府事尋拜正尹皆杜佑在相位所借護也

王鍔自言太原人後爲太原節度使約附太原王翃爲從子以婚閥自炫翃子弟多附鍔以致名宦

李景儉漢中王瑀之孫頗覽前史詳其成敗以王霸之略爲己任韋執誼王叔文師重之嘗二人竊政景儉居母喪故不及禍竇羣爲御史中丞引爲監察御史及羣以罪出官景儉坐貶江陵戶曹

韋顗爲吏部侍郎累歷臺省自元和已來居相位若裴垍李絳崔羣輩多與友善而後進之有浮名者亦遊其門以是嘗稱有望及李逢吉以朋黨專政柄而顗之跡尤密頗爲時人所譏

梁盧損進士擢第左丞李琪嘗善待損琪有女弟盼長年婚對不集乃以妻損損慕琪聲稱聞其盼納之及琪爲輔相致損仕進

後唐鄭珏少依河南尹張全義初爲集賢較理昭宗幸雒陽珏爲監察御史朱温革命於汴州改左補闕起居郎張衍爲諫議大夫珏文章美麗旨趣雍容後進推服復以全義之門人權要奬遇之召入翰林爲學士歷考功員外郎右司郎中皆知制誥正授舍人翰林承旨轉禮部侍郎珏自成名至昇朝掌翰墨皆全義爲之提挈

朱洪實爲馬軍都指揮使時朱弘昭爲樞密使勢燄
尤盛洪實以宗兄事之意頗相協
崔協明宗天成初爲太常卿判尚書銓時孔循任事
因其門人求爲輔相二年正月七日成命將出任圜
言於執政曰圜比無學術謬參文吏聖上以遭逢運
會俾待罪廊廟四輔之重已虛一位今聞崔協雖爲
名族本不讀書較其識見恐不及圜孔循忿其言拂
衣而出稱疾不朝者數日帝俾重誨諭之方入翌日
降制拜平章事登庸之後廟堂化筆假手於人前不
同於已者思騁其欲鋒鋩露見多爲近侍所沮

晉史圭爲博陸令嘗結交要人李蕣蕣得罪有圭所
獻遺籤目在焉繇是善譽稍減

朋黨

夫同惡相濟譬諸市賈阿黨爲比謂之小人蓋蕭艾
之一猶而風俗之蠹扇鮮仁從類苟利成交引用以
彙征結納而膠固澆薄之態萬狀姦詐之萌百端矯
激以陳言便佞而抗志抵冒以求勝締搆而許心互
推所長罔極其弊親之如兄弟合之若符節恩樹私
室志傾重柄借譽以希大用興讒以攄宿憤簡附繇
徑實煩有徒古君子大爲之防無使滋蔓者謂此物
也夫
漢灌夫武帝時爲燕相數歲坐法去家居長安卿相
侍中賓客益衰（以夫居家而卿相侍中素爲夫之賓客者漸以衰退不復在也）及魏
其侯竇嬰失職亦欲倚夫引繩排根格生平慕之後
棄之者（根音下恩反格音下各反言嬰與夫共相提挈有人生平慕嬰夫後見其失職而頗慢弛如此者共排退之不復與交譬如相對挽繩而根格之也今吳楚俗猶謂牽引前部爲根格）夫亦
得嬰通列侯宗室爲名高兩人相爲引重（相牽引而致於尊重也爲去聲）其游如父子然相得驩甚無厭恨相知之晚
賈捐之字君房元帝時待詔金馬門數召見而長安
令楊興新以才能得幸與捐之相善捐之欲得召見

謂興曰京兆尹缺見言君蘭（楊興字）京兆尹可立得興
曰縣官嘗言興踰薛大夫（踰勝也薛廣德爲御史大夫踰與愈同）我易
助也君房下筆言語妙天下（於天下最爲精妙）爾使君房爲尚
書令勝五鹿充宗遠甚捐之曰令我得代充宗蘭爲
京兆京兆郡國首尚書百官本天下眞大治士則不
隔矣捐之前言平恩侯可爲將軍（許嘉也）期思侯竝可
爲諸曹（期思侯當是賁赫之後嗣也而表不載）皆如言又薦謁者滿宣
立爲冀州刺史言中謁者不宜受事宦者不宜入宗
廟立止相薦之信不當如是乎（與相薦之效當如前所言諸事見納用）
興曰我復見言君房也捐之復短石顯興曰顯鼎貴

鼎音釘言顯且欲貴矣方且是也讀如今字帝信用之今欲進第從我計第但也且與合意即將入矣捐之即與興共爲薦顯奏曰竊見石顯本山東名族有禮義之家也持正六年未嘗有過明習於事敏而疾見出公門入私門言自公庭出即歸其家不妄交遊宜賜爵關內侯引其兄弟以爲諸曹又共爲薦興奏曰竊見長安令興幸得以知名數召見興事父母有曾氏之孝曾參也事師有顏閔之材顏回閔子騫榮名聞於四方明詔舉茂材列侯以爲首爲長安令吏民敬鄉鄉讀曰嚮道路皆稱能觀其下筆屬文則董仲舒進諫動辭則東方生置之爭臣則汲直汲黯方直故世

謂之汲直用之介冑則冠軍侯施之治民則趙廣漢抱公絕私則尹翁歸興兼此六人而有之守道堅固執義不回回邪也臨大節而不可奪國之良臣可試守京兆石顯聞知白之帝迺下興捐之獄令皇后父陽平侯禁與顯共雜治奏興捐之懷詐僞以帝語相風更相薦譽風讀曰諷更音工衡反欲得大位漏泄省中語罔上不道書曰讒說殄行震驚朕師虞書舜典之辭也言讒巧之說殄絕君子之行震驚我衆王制順非而澤不聽而誅禮記王制云行僞而堅言僞而辯學非而博順非而澤以疑衆殺謂人有堅僞辯言不可誠質學于非道雖博無用飾非文過辭語順澤不聽欲命有如此者皆誅殺也請論如法捐之竟坐棄市興減死罪一等髡鉗爲城旦

華陰守丞嘉史失其姓元帝時上封事言治道在於得賢御史之官宰相之副九卿之右右在上也不可不選平陵朱雲兼資文武忠正有智畧可使以六百石秩試守御史大夫以盡其能帝迺下其事問公卿太子少傅匡衡對以爲大臣者國家之股肱萬姓所瞻仰明主所慎擇也傳曰下輕其上爵賤人圖柄臣則國家搖動而民不靜矣上爵大官也圖謀也柄臣執權之臣今嘉從守丞而圖大臣之位欲以匹夫徒步之人而超九卿之右非所以重國家而尊社稷也自堯之用舜文王於太公猶

試然後爵之又況朱雲者乎雲素好勇數犯法亡命受易頗有師道其行義未有以異今御史大夫貢禹潔白廉正經術通明有伯夷史魚之風海內莫不聞知而嘉猥稱雲猥曲也欲令爲御史大夫妄相稱舉疑有姦心漸不可長宜下有司案驗以明好惡嘉竟坐之

朱雲字子游元帝時爲槐里令時中書令石顯用事與五鹿充宗爲黨百僚畏之唯御史中丞陳咸少年抗節不附顯等而與雲相結雲數上疏言丞相韋玄成容身保位亡能往來不能有所前卻也周書君奭之篇稱周公曰惟文王尚克

脩和有夏有若虢叔閎夭散宜生泰顛南宮括又曰亡能往來故雲引以此爲言也）而咸數毀
石顯久之有司考雲疑風吏殺人（風讀曰諷）羣臣朝見帝
問丞相以雲治行丞相玄成言雲暴虐無狀（無善狀也）時
陳咸在前聞之以語雲雲上書自訟咸爲定奏草求
下御史中丞事下丞相丞相部吏考立其殺人罪（立成也）
雲亡入長安復與咸計議丞相發其事奏咸宿衞
執法之臣幸得進見泄漏所聞以私語雲爲定奏草
欲令自下治（咸爲御史中丞而奏請下中丞故云自下治）後知雲亡命罪
人而與交通雲以故不得（吏捕之不得）於是下咸雲獄減
罪爲城旦咸雲遂廢錮終元帝世

谷永初自託於大將軍王鳳擢爲光祿大夫善言災
異前後所上四十餘事畧相反覆專攻帝身與後宮
而已黨於王氏成帝亦知之不甚親信也
息夫躬少爲博士弟子哀帝初即位皇后父特進孔
鄉侯傅晏與躬同郡相友善躬繇是以爲援交游日
廣先是長安孫寵亦以游說顯名免汝南太守（爲太守免而歸也）
與躬相結俱上書名待詔後躬寵迺與中郎右
師譚因中常侍宋弘上書誣告東平王後皆封侯
何武爲前將軍哀帝末太后引王莽入收大司馬董
賢印綬詔有司舉可代司馬者莽故大司馬辭位辟
丁傅（辟讀曰避）衆庶稱以爲賢又太后近親自大司徒孔
光以下舉朝皆舉莽武與左將軍公孫祿相善二人
獨謀以爲往時孝惠孝昭少主之世外戚呂霍上官
持權幾危社稷（幾鉅依反）今孝成孝哀比無嗣（比頻也）方當
選立親近輔幼主不宜令異姓大臣持權（異姓謂非宗室及外戚）
親疏相錯爲國計便（錯謂間親也）於是武舉公孫祿可
大司馬而祿亦舉武太后竟自用莽風有司劾奏武
公孫祿互相稱舉（風讀曰諷）皆免武就國
後漢耿秉封美陽侯長子沖嗣及竇憲敗以秉竇氏
黨國除

周福字仲進甘陵人初桓帝爲蠡吾侯受學於福及
即帝位擢福爲尚書時同郡河南尹房植字伯武有
名當朝鄉人爲之謠曰天下規矩房伯武因師獲印
周仲進二家賓客互相譏揣遂各樹朋徒漸成尤隙
繇是甘陵有南北部黨人之議自此始矣
吳全寄左軍師宗之次子與吳安孫奇楊竺等陰附
魯王霸圖危太子和太子以敗霸亦賜死流竺屍于
江又誅寄安奇等咸以黨霸搆和也初大帝立和爲
太子霸爲魯王侍御賓客造爲二端仇黨疑貳滋延
大臣丞相陸遜大將軍諸葛恪太常顧譚驃騎將軍

朱據會稽太守滕脩大都督施績尚書丁密奉禮而行宗事太子驃騎將軍步騭鎭南將軍呂岱大司馬全琮左將軍呂據中書令孫弘等附魯王中外官僚將軍大臣舉國中分

晉虞預會稽餘姚人少好學有文章餘姚風俗各有朋黨宗人共薦預爲縣功曹欲使沙汰穢濁預書與其從叔父曰近或聞諸君以預入寺便應委質則當親事不得徒已然預下愚過有所懷邪黨互瞻異同蜂至一旦蹉跌衆鼓交鳴毫釐之失差以千里此古人之明戒而預所大恐也卒如預言未半年遂見斥

退後太守庾琛命爲主簿

宋徐珮之爲丹陽尹司空羡之兄子少帝景平初以羡之知權頗豫政事與王韶之程道惠中書舍人邢安泰潘盛爲黨

劉湛爲領軍將軍與尚書僕射殷景仁猜隙漸生時彭城王義康專秉朝權而湛昔爲上佐遂以舊情委心自結欲因宰相之力以廻主心傾黜景仁獨當時務義康屢構之於太祖其事不行義康僚屬及湛諸附隷潛相約勒無敢歷殷氏門者湛黨劉敬文父成未悟其機詣景仁求郡敬文遽往謝湛曰老父悖耄遂就殷鐵（字景仁）干祿謬敬文闇淺上負生成合門慙懼無地自處敬文之姦諂無情如此

北齊畢義雲以依附高元海爲兗州刺史給後部鼓吹即赴本州軒昂自得意望銓衡之舉見諸人自陳逆許引接又言離別暫時在州先有鐃吹至於案部行遊遂兩部並用猶作書與元海論敘時事元海入內不覺遺落給事中李孝貞得而奏之爲此元海漸疎

鄭顥字子戢與宋欽道特相友愛欽道每師事之楊愔始輕宋鄭不爲之禮俄而自結人主與參顧命欽

道復舊濟南王欽狎共相引致無所不言乾明初拜散騎常侍二人權勢之重與愔相埒

唐邵說德宗時爲太子詹事與御史大夫嚴郢厚善建中末郢初得罪說勸太尉朱泚抗疏申其寃說爲草其奏帝知之故貶說歸州刺史

竇羣憲宗元和中爲吏部郎中宰相武元衡李吉甫皆愛重之未幾拜御史中丞後與李溫羊士諤等黨比欲陷吉甫事中裴垍及垍爲相貶爲黔中觀察

舒元輿爲著作郎分司東都日與李訓深相結納及訓居中用事元輿亟加遷擢

楊虞卿爲京兆尹性柔佞能阿附權幸以爲姧利每歲銓曹貢部爲舉選人馳走取科名占員闕無不得其所欲昇沈取捨出其口吻宰相李宗閔待之如骨肉以能朋比唱和故時號黨魁會京師有訛言文宗聞之不悅御史大夫李固言素嫉虞卿朋黨乃奏曰臣窮問其孫此語出於京兆尹從人因此煽於都下帝怒收虞卿下獄再貶虔州司戶

册府元龜總録部朋黨　卷之九百四十五　二十七

册府元龜

冊府元龜

巡按福建監察御史臣李嗣京　訂正

分守建南道左布政使臣胡維霖　叅閱

知建陽縣事臣黃國琦　較釋

總録部一百九十六

失禮　奢侈　厚葬

失禮

夫禮者天之經地之義人之行也可使顛沛而求不可斯須而去仲尼有言非禮勿視非禮勿聽非禮勿言非禮勿動矧乎吉凶威儀之盛酬酢升降之繁享

宴賓介之容贊弊籩豆之數過與不及皆爲失也苟有失之譏誚及焉

鄭公子忽以魯隱公八年四月甲辰如陳逆婦嬀辛亥以嬀氏歸甲寅入於鄭鍼子送女先配而後祖鍼子曰是不爲夫婦誣其祖矣非禮也何以能育

原壤孔子之故人其母死夫子助之沐椁沐治也原壤登木曰久矣予之不託於音也木椁材也託寄也謂叩木以作音歌曰貍首之班然執女手之卷然說人辭世夫子爲弗聞也者而過之佯不知從者曰子未可以已乎已猶止也夫子曰丘聞之親者毋失其爲親也故者毋失其爲故也

叔孫武叔爲魯大夫其母死武叔公子牙之六世孫名州仇毀孔子者既小斂舉者出尸出戶袒且投其冠括髮尸出戶乃變服失哀飾冠素委貌子游曰知禮嗤之

國昭子爲齊大夫母死問於子張曰葬及墓男子婦人安位子張曰司徒敬子之喪夫子相男子西鄉婦人東鄉夾羨道爲位夫子孔子也曰噫毋噫不寤之聲毋禁止之辭曰我喪也斯沾斯盡也沾讀覘覘視也國昭子自謂齊之大家有事人盡視之欲人觀之法其所爲爾專之賓爲賓焉主爲主焉專猶同也時子張相婦人從男子皆西鄉非也

叔孫子柳魯人其父仲皮學子柳叔仲皮魯叔孫氏之族學教也子柳

仲皮之子叔仲皮死其妻魯人也衣衰而繆絰衣當爲齊衰字也繆讀爲不樛垂之樛絰妻爲舅姑之服也言雖魯鈍其於禮勝學叔仲衍以告告子柳言非也衍蓋皮之弟衍或爲皮請繐衰而環絰繐衰小功之縷而四升半之衰環絰弔服之絰時婦人好輕細而多服此者衍既不知禮之本子柳亦以爲然而請於衍使其妻爲舅服之曰昔者吾喪姑姊妹亦如斯末吾禁也衍荅子柳也姑姊妹在室齊衰與婦爲舅姑同末無也言無禁我欲其言行退使其妻繐衰而環絰婦以諸侯之大夫爲天子之衰而服之絰服其舅非

漢翟方進爲丞相身既富貴而後母尚在方進內行修飾供養甚篤其後母終既葬三十六日除服起視事以爲身備漢相不敢踰國家之制漢制自文帝遺詔之後國家遵

以爲當大功十五日小功十四日緦麻七日方進以爲人臣故云不敢踰制

晉劉頌爲光祿大夫頌嫁女臨淮陳矯矯本劉氏子與頌近親出養於姑改姓陳氏中正劉友譏之頌曰舜後姚虞陳田本同根系而世皆爲婚禮律不禁今與此同義爲婚可也友方欲列上爲陳騫所止故得不劾

謝安爲太保性好音樂自弟萬喪十年不聽音樂及登台輔朞喪不廢音樂王坦之書喻之不從衣冠效之遂以成俗

謝琰安子也爲尚書右僕射領太子詹事加散騎常

侍遭母憂朝廷疑其葬禮時議者云潘岳爲賈充婦宜城宣君誄云昔在武侯喪禮殊倫伉儷一禮朝儀則均謂宜資給葬禮悉依太傅故事先是王珣娶萬女珣弟珉娶安女並不終由是與謝氏有隙珣時爲僕射猶以前憾緩其事琰聞恥之遂自造輼輬車以葬議者譏之

宋張暢爲侍中領太子右衛率出爲會稽太守暢愛弟子輯及暢臨終遺命與輯合墳時議非之

後魏甄琛字思伯少敏悟閨門之內兄弟戲狎不以禮法自居後終於侍中贈司徒

孫紹爲太府少卿曾因朝見靈太后謂曰卿年老矣紹曰臣年雖老臣卿乃少太后笑之

高肇爲司徒父兄封賜雖久竟不改瘞孝莊延昌三年乃詔令還葬肇不自臨赴唯其兄子猛改服詣代遷葬於鄉時人以肇無識哂而不責也

隋鄭譯爲上柱國沛國公有罪除名後徵見復其爵高祖令內史令李德林立作詔書高熲戲謂譯曰筆乾譯答曰出爲方岳杖策言歸不得一錢何以潤筆帝大笑

唐王珪爲禮部尚書兼魏王師珪性簡傲薄於自奉

准令三品已上並立私廟四時享祀爲珪通貴漸久獨祭於寢下同庶人爲法司所劾太宗優容弗之譴也因爲其營造以愧其心珪職在秩宗儉不中禮時論以是少之

呂諲乾元二年爲武部侍郎同中書門下平章事丁母憂起復本官又遷黃門侍郎上元初同中書門下三品使有司送戟至其宅既安之或曰此吉慶之事不宜以凶服受之諲遂權釋慘衣吉服當中而拜識者譏其失禮

李晟爲太尉貞元六年晟妾杜氏贈鄭國夫人初晟

無正室側室王氏特封晉國夫人王氏無子而杜氏生子愿有詔爲嫡子及杜之卒也追贈之詔云晟亡妻杜氏而晟實爲之服緦議者以爲准禮士妾有子而爲之緦開元新禮無是服矣而晟擅舉復之後王氏卒晟奏給鹵簿又請亡妻王氏亦服緦而已名實服紀俱爽頗爲當時所誚

李齊運貞元中爲禮部尚書以妾衛氏爲正室齊運冕服以備其禮時人鄙之

王紹爲兵部尚書紹名初與憲宗同憲宗孫爲廣陵王順宗時詔下將册爲皇太子數日而王紹上陳請改

其名時議者或非之曰皇太子亦人臣也東宮之臣當請改爾奈何非其屬而遽請改名以避皇太子豈爲以禮事上耶左司員外郎李藩曰歷代故事皆自不識大體之臣而失之因不可復正無足怪也是時韋貫之爲監察御史名與上同獨不請改既而下詔以陸淳爲給事宜改名質充皇太子侍讀賢之不得巳乃上疏改其名率相溺於風俗以爲細事而不正之典章寖失北方前代難矣

杜祐爲淮陽節度使喪妻昇嬖妾李氏爲正室封密國夫人親族子弟言之不從時論非之

段文昌西河人家于荆州長慶初爲西川節度後爲河南節度文昌於荆蜀皆有先祖故第至是贖爲浮圖祠又以先人墳墓在荆州别營居第以置祖禰影堂歲時伏臘良晨美景享薦之後即以音樂歌舞繼之如事生者縉紳哂焉

後唐李從璋爲河中節度使明宗長興四年七月從璋奏臣母亡請准式假仍請定服制從璋帝從子今屬籍如皇子而請爲母服失禮也禮寺知其不可無所上聞而止

奢侈

禮與其奢大聖誨乎寧儉富不期侈前哲戒乎自至是知滿則招損欲敗乃度故以奢爲不遜侈爲大惡若乃營耳目之玩尚輿服之飾紛華之靡務在於宜驕泰逸之心唯矜於處樂以敗禮而爲德豈制義以存誠至於力敝取亡體汰速戾且莫知其紀極亦唯日而不足是以揚子規其鬼瞰老氏謂之盜誇唯夫行之以衷約之以禮庶可保其中吉免彼惡終者矣

慶封齊大夫奔魯獻車於季武子美澤可以鑑

智伯晉大夫爲室美士茁夕焉智伯曰室美夫對曰美則美矣抑臣亦有懼也智伯曰何懼對曰臣以秉

筆事君志有之日高山峻原不生草木松栢之地其土不肥今土木勝臣懼其不安人也宮成三年而智氏亡

漢史丹大司馬車騎將軍丹之子爲左將軍盡得父財身又食大國邑重以舊恩數見褒賞重直用也賞賜累千金僮奴以百數後房妻妾數十人内奢淫好飲酒極滋味聲色之樂

陳咸爲冀州刺史歷楚内史北海東郡南陽太守所居調發屬縣所出食物以自奉養奢侈玉食玉食言美食如玉也

後漢馬融爲議郎達生任性不拘儒者之節居宇器服多存侈飾嘗坐高堂施絳紗帳前授生徒後列女樂弟子以次相傳鮮有入其室者

魏何夔爲太子太傅遷太僕飾儉之世最爲豪汰

李勝爲議郎少遊京師雅有才智與曹爽善明帝禁浮華而人白勝堂有四窻八達各有主名用是被收以其所連引者多故得原禁錮數歲

吳甘寧巴郡臨江人也爲蜀郡丞棄官歸家其出入步則陳車騎水則連輕舟侍從被文繡所如光道路住止嘗以繒錦維舟去或割棄以示奢也

晉任愷武帝時爲吏部尚書奉車都尉既爲賈充所搆失職乃縱酒耽樂極滋味以自奉養初何劭以公子奢侈每食必盡四方珍饌愷乃踰之一食萬錢猶云無可下筯處

夏侯湛爲散騎常侍湛族爲盛門性頗豪侈侯服玉食窮滋極珍

石崇爲衛尉財産豐積室宇寵麗後房百數皆曳紈綉珥金翠絲竹盡當時之選庖膳窮水陸之珍與貴戚王愷羊琇之徒以奢靡相尚愷以粭澳釜崇以蠟代薪愷作紫絲布步障四十里崇作錦步障五十里

以敵之崇塗屋以椒愷以用赤石脂崇愷爭豪如此武帝每助愷嘗以珊瑚樹賜之高二尺許枝柯扶疎世所罕比愷以示崇崇使以鐵如意擊之應手而碎愷既惋惜又以爲疾已之寶聲色方厲崇曰不足多恨今還卿乃命左右悉取珊瑚樹有高三四尺者六七枝條幹絶俗光彩耀日如愷比者甚衆愷恍然自失崇爲客作豆粥咄嗟便辦每冬得韭蓱虀嘗與愷出游爭入雒城崇牛迅若飛禽愷絶不能及愷每以此三事爲恨乃密貨帳下問其所以荅云豆至難煑預作熟以客來但作白粥以投之爾韭蓱虀是擣韭

根雜以麥苗爾牛奔遲良田馭者逐不及反制之可
聽偏轅則駛矣於是悉從之遂爭長焉崇後知之因
殺所告者崇以奢豪矜物廁上常有十餘婢侍列皆
有客色置甲煎粉沉香汁有如廁者皆易新衣而出
後崇既誅有司簿閱崇水碓三十區倉頭八百餘人
他珍寶貨賄田宅稱是
宋謝靈運晉車騎將軍玄之子襲封康樂公爲瑯琊
王大司馬行軍參軍性奢豪車服鮮麗衣裳器物多
改舊制世共宗之咸稱謝康樂也
阮佃夫爲黄門侍郎封建城侯宅舍園池諸王邸第

莫及妓女數十藝貌冠絶當時金玉錦繡之飾宫掖
不逮也每製一衣造一物京邑莫不效法焉於宅内
開瀆東出十許里塘岸整潔汎輕舟奏女樂中書舍
人劉休嘗詣之値佃夫出行中路相逢要休同返就
席便施設一時珍羞莫不畢備凡諸火劑並皆始熟
如此者數十種佃夫常作數十人饌以待賓客故道
次便辦類皆如此晉世王石不能過也
南齊到撝宋護軍彦之之孫襲封建昌公資籍豪富
厚自奉養宅宇山池京師第一伎妾姿藝皆窮上品
才調流贍善納交遊庖廚豐膳多致賓客

茹法亮爲竟陵王司徒中兵參軍廣開宅宇杉齋光
麗與延昌殿相埒延昌殿武帝中齋也宅後爲魚池
釣臺土山樓館長廊將一里竹林花藥之美公家苑
囿所不能及
吕文度爲外監專兵權既見委用廣開宅宇盛起土
山奇禽怪樹皆聚其中後房羅綺王侯不能及
陳休尚顯達之子也爲侍中鎮軍將軍家既豪富與
王敬則諸兒並精車牛麗服飾當世快牛稱陳世子
青王三郎烏吕文顯折角江瞿曇白鼻而皆陳集合
顯達知此不悦及休尚爲郢府主簿過九江別拜顯

達曰凡奢侈者鮮有不敗塵尾蠅拂是王謝家計汝
不須捉此遂自即取於前燒除之
梁朱异自員外常侍累遷侍中异及諸子自潮溝列
宅至青溪其中臺池翫好每暇日與賓客遊焉四方
所饋財貨充積性慳嗇未嘗散施
陳孫瑒爲侍中五兵尚書右軍將軍其自居處頗失
於奢豪庭院穿築極林前之致歌童舞女當世罕儔
賓客塡門軒蓋不絶
後魏李世哲尚書左僕射崇之長子性輕率供奉豪
侈

王廸爲并州治中性豪華能自奉養每食必窮水陸之味

隋樊略爲司農卿性頗豪侈每食必方丈水陸必備

虞孝仁爲都水丞伐遼之役充使監運頗有功然性奢華以駱駝負函盛水養魚而自給

唐范傳正爲宣歙觀察使元和中受代至京師憲宗聞其理第過侈薄之拜光祿卿傳正精悍有力好古自飾及爲廉察頗事奢侈

韋陟爲吏部侍郎門地豪華早踐淸列侍兒閹閽列侍左右者十數衣書藥食咸有典掌而輿馬童奴勢

侔於王家陟自以才地人物坐取三公頗以簡貴自處善誘納後進其同列朝要視之蔑如也

潘孟陽爲戸部侍郎氣尚豪俊不拘小節居第頗極華峻憲宗微行至樂遊原見其宏敞工猶未已問之左右以孟陽對孟陽懼而罷工作性喜遊宴公卿朝士多與之遊

晋史珪爲樞密院學士日兩使故鄉而金裝煥赫衒其極飾有識無不哂之

厚葬

易曰古之葬者厚衣之以薪葬之中野不封不樹禮曰棺周於衣衣周於椁所以表藏掩之義思不毀之道也乃知舉稱其財斯爲之禮至於後世因其侈心被以珠玉送以輿馬殫極工巧殫竭財力故仲尼興猶父之歎華元貽不臣之譏良有以乎

齊桓公墓有水銀池金蠶數十簿珠襦玉匣繒綵不可勝數又云晉曹嶷爲青州刺史愍帝建興中發齊景公及管仲冢尸並不朽繒帛可服珍寶巨萬

華元樂舉俱爲宋大夫宋文公卒始厚葬用蜃炭益車馬始用殉燒蛤爲炭以瘞壙多埋車馬用人從葬重器備重猶多也椁有四阿棺有翰檜四阿四注椁也翰旁飾檜上飾皆王禮君子謂華元樂

舉於是乎不臣臣治煩去惑者也是以伏死而爭今二子者君生則縱其惑謂殺母弟須死又益其侈是棄君於惡也何臣之爲若言何用爲臣

桓魋爲宋司馬自爲石椁三年而不成孔子曰若是其靡也死不如速朽之愈也

顔回字子淵魯人也旣死門人欲厚葬之孔子曰不可門人厚葬之子曰回也視予猶父也予不得視猶子也非我也夫二三子也言顔路在聽門人厚葬之

漢霍光爲大司馬大將軍旣薨夫人顯改光時所自造塋制而侈大之塋墓域也起三山闕築神道北臨昭靈

南出承恩（皆館名也 宮二承恩）盛飾祠室輦閣通屬永巷而幽
良人婢妾守之（冢上作輦閣之道及永巷）
董賢為大司馬哀帝令將作為賢起冢塋傍内為便
房側栢題湊外為徼道周垣數里門闕罘罳甚盛及
至東園秘器珠襦玉柙豫以賜賢無不備具及賢自
殺其父恭不悔過乃復以紗畫棺作四時之道左蒼
龍右白虎上著金銀日月玉衣珠璧至尊無以加
原涉祖父自陽翟徙茂陵父哀帝時為南陽太守天
下殷富大郡二千石死官賦斂送葬皆千萬以上妻
子通共受之以定產業涉父死讓還南陽賻送繇是

顯名涉自以前為讓南陽賻送身得其名而令先人
墳墓儉約非孝也迺大治起冢舍周閣重門初武帝
時京兆尹曹氏葬茂陵民謂其道為京兆阡涉慕之
迺買地開道立表署曰南陽阡人不肯從謂之原氏
阡

後漢崔寔濟北相瑗子也瑗卒寔剽賣田宅起冢
塋立碑頌葬訖資產竭盡困窮因以酤釀販鬻為業
時人多以此譏之寔終不改亦取足而已不致盈餘

晉桓溫為大司馬葬女冢中有金巾箱織金篾為嚴
器又有金蠶銀繭等物甚多南齊宜都王鏗鎮姑孰
於時人發冢得之

後魏趙修宣武時為光祿勳脩之葬父世百僚自王
公以下無不弔祭酒犢祭奠之具填於京師為制碑
銘石獸石柱皆發民車牛傳致本縣財用之費悉自
公家凶吉車乘將百兩道路供給亦皆出官

唐李義府為司列太常伯同東西臺三品義府改葬
其祖父塋墓於永康陵側三原令李孝節私課丁夫
車牛為其載土築墳晝夜不息於是高陵櫟陽富平
雲陽華原同官涇陽等七縣以孝節之故懼不得已
悉課丁車赴役高陵令張敬業恭勤怯懦不堪其勞

死於葬所王公已下爭致贈遺其羽儀導從轜輀器
服並窮極奢侈又會葬車馬祖奠供帳自灞橋屬於
三原七十里間相繼不絕武德已來王公葬送之盛
未始有也

李光進代宗大曆中為簡較刑部尚書兼太子太保
葬其母于京城之南原將相致祭凡四十四幄窮極
奢侈城内士庶觀者如堵

冊府元龜

巡按福建監察御史臣李嗣京　訂正

知長樂縣事臣夏允彛叅閱

知建陽縣事臣黄國琦較釋

總録部

詼諧　庾詞

詼諧

夫ㄖ諧倡辯微辭鋒出煒燁譎誑開說多端始以滑稽終存規諫假其抵掌每言笑以見意拂其邪心或詼訐而無忤雖行不純德亦時有取焉故太史公曰

談言微中可以解紛蓋謂是也其或謔浪便給詼達嫚戲人主以俳優畜之亦君子之耻也詩曰善戲謔兮不爲虐兮至乃宴樂衎衎群居終日清譚亹亹一坐盡傾仲尼有戲之之言叔向有謑矣之歎茲固無損於明君矣若夫務在勝人肆厥利口騁其小辯至於數窮斯則陷於佻薄矣

齊淳於髡者齊之贅壻也長不滿七尺滑稽多辯數使諸侯未嘗屈辱威王八年楚大發兵加齊齊王使髡之趙請救兵齎金百斤車馬十駟髡仰天大笑冠纓索絕王曰先生少之乎髡曰何敢王曰笑豈有說乎髡曰今者臣從東方來見道傍有禳田者操一豚蹄酒一盂而祝曰甌窶滿篝（篝籠也）汙邪滿車（汙邪下地田也）五穀蕃熟穰穰滿家臣見其所持者狹而所欲者奢故笑之於是齊威王乃益齎黄金千鎰白璧十雙車馬百駟髡辭而行至趙趙王與之精兵十萬革車千乘楚聞之夜引兵而去威王大說置酒後宫召髡賜之酒問曰先生能飲幾何而醉髡對曰臣飲一斗亦醉一石亦醉威王曰先生飲一斗而醉惡能飲一石哉其說可得聞乎髡曰賜酒大王之前執法在傍御史在後髡恐懼俯伏而飲不過一斗徑醉矣若親有嚴客髡帣韝鞠䠞（帣收衣袁也袁衿也韝臂捍也鞠曲也又烏然同謂小跪也）侍

酒於前時賜餘瀝奉觴上壽數起飲不過二斗徑醉矣若朋友交游从不相見卒然相覩歡然道故私情相語飲可五六斗徑醉矣若乃州閭之會男女雜坐行酒稽留六博投壺相引爲曹握手無罰目眙不禁（眙自視貌）前有墮珥後有遺簪髡竊樂此飲可八斗而醉二參若日暮酒闌合尊促坐男女同席履舃交錯杯盤狼籍堂上燭滅主人留髡而送客（一本云留髡坐起送客）羅襦襟解微聞薌澤當此之時髡心最歡能飲一石故曰酒極則亂樂極則悲萬事盡然言不可極極之而

哀時威王好爲淫樂長夜之飲沉湎不治髡以諷諫
焉齊王曰善乃罷長夜之飲以髡爲諸侯主客宗室
置酒髡常在側
楚優孟者故楚之樂人也長八尺多辯常以談笑諷
諫莊王之時有所愛馬衣以文繡置之華屋之下席
以露牀啗以棗脯馬病肥死使群臣喪之欲以棺槨
大夫禮葬之左右爭之以爲不可王下令曰有敢以
馬諫者罪至死優孟聞之入殿門仰天大哭王驚而
問其故優孟曰馬者王之所愛也以楚國堂堂之大
何求不得而以大夫禮葬之薄請以人君禮葬之王

曰何如對曰臣請以彫玉爲棺文梓爲槨楩楓豫章
爲題湊（以木累棺外木頭皆內向故曰題湊）發甲卒爲穿壙老弱負土
齊趙陪位於前韓魏翼衛其後（楚莊王時未有趙韓魏三國）廟食
太牢奉以萬戶之邑諸侯聞之皆知大王賤人而貴
馬也王曰寡人之過一至此乎爲之奈何優孟曰請
爲大王六畜葬之以壠竈爲槨銅歷爲棺齎以薑棗
薦以木蘭祭以糧稻衣以火光葬之於人腹腸於是
王乃使以馬屬大官無令天下人聞也楚相孫叔敖
知其賢人也善待之病且死屬其子曰我死汝必貧
困若往見優孟言我孫叔敖之子也居數年其子窮
困負薪逢優孟與言曰我孫叔敖子也父且死時屬
我貧困往見優孟優孟曰若無遠有所之即爲孫叔
敖衣冠抵掌談語（戰國策曰蘇秦説趙王華屋之下抵掌而言張載曰談説之容則也）
歲餘像孫叔敖楚王及左右不能別也莊王置酒
優孟前爲壽莊王大驚以爲孫叔敖復生也欲以爲
相優孟曰請歸與婦計之三日而爲相莊王許之三
日後優孟復來王曰婦言謂何孟曰婦言慎無爲楚
相不足爲也如孫叔敖之爲楚相盡忠爲廉以治楚
楚王得以霸今死其子無立錐之地貧困負薪以自
飲食必如孫叔敖不如自殺因歌曰山居耕田苦難

以得食起而爲吏身貪鄙者餘財不顧恥辱身死家
室富又恐受賕枉法爲姦觸大罪身死而家滅貪吏
安可爲也念爲廉吏奉法守職竟死不敢爲非廉吏
安可爲也楚相孫叔敖持廉至死方今妻窮困子負
薪易食楚相不足爲也於是莊王謝優孟乃召孫叔
敖子封之寢丘（在固始縣）四百戶以奉其祀後十世不絕
皆優孟之力也
秦優旃者秦倡侏儒也善爲笑言然合於大道始皇
時置酒而天雨陛楯者皆沾寒優旃見而哀之謂曰
汝欲休乎陛楯者皆曰幸甚優旃曰我即呼汝汝疾

應曰諾居有項殿上上壽呼萬歲優旃臨檻大呼曰陛楯郎曰諾優旃曰汝雖長何益幸雨立我雖短也幸休居於是始皇使陛楯者得半相代始皇嘗議欲大苑囿東至函谷關西至雍陳倉優旃曰善多縱禽獸於其中寇從東方來令麋鹿觸之足矣始皇以故輟止二世立又欲漆其城優旃曰善主上雖無言臣故將請之漆城雖於百姓愁費然佳哉漆城蕩蕩寇來不能上即欲就之易爲漆爾顧難爲蔭室於是二世笑之以其故止居無何二世殺死優旃歸漢數年而卒

漢東方朔武帝時待詔公車公車令屬衛尉上書者所詣也俸祿薄未得省見不被省納不得見於天子也久之朔紿騶侏儒侏儒短人也騶本廐之御騶也侏儒之爲騶者也後人以爲騎謂之騶騎曰上以若曹無益於縣官若汝也曹輩也耕田力作固不及人臨衆處官不能治民從軍擊虜不任兵事無益於國用徒索衣食索盡也下云索長安米亦同今欲盡殺若曹侏儒大恐啼泣朔教曰上即過叩頭請罪居有頃聞帝過侏儒皆號泣頓首帝問何爲對曰東方朔言上欲盡誅臣等帝知朔多端召問朔何恐侏儒爲對曰臣朔生亦言死亦言侏儒長三尺餘奉一囊粟錢二百四十臣朔長九尺餘亦奉一囊粟錢二百四十侏儒飽欲死臣朔饑欲死臣言可用幸異其禮不可用罷之無令但索長安米帝大笑因使待詔金馬門稍得親近後爲常侍郎遂得愛幸久之伏日三伏之日詔賜從官肉大官丞日晏不來晏晚也朔獨拔劒割肉謂其同官曰伏日當蚤歸請受賜即懷肉去太官奏之朔入帝曰昨賜肉不待詔以劒割肉而去之何也朔免冠謝帝曰先生起自責也朔再拜曰朔來受賜不待詔何無禮也拔劒割肉一何壯也割之不多又何廉也歸遺細君又何仁也細君朔輒比於諸侯謂其妻曰小君帝笑曰使先生自責迺反自譽復賜酒

一石肉百斤歸遺細君自公卿在位朔皆傲弄無所爲屈帝以朔口諧辭給好作問之故動作之而問以言辭也嘗問朔曰先生視朕何如主也朔對曰自唐虞之隆成康之際未足以論當世臣伏觀陛下功德陳五帝之上在三王之右右亦高上也非若此而已誠得天下賢士公卿在位咸得其人也譬若以周召爲丞相周公召公旦奭二人也孔子爲御史大夫御史大夫職典制度文章太公爲將軍太公呂望也知戰陳征代之事故云爲將軍畢公高拾遺於後畢公高文王之子也爲周太師故云拾遺也弁嚴子爲衛尉以尉有勇皋陶爲大理以其作士士亦理官后稷爲司農主播種伊尹爲少府伊尹善烹割太官屬少府故令作之子

贛使外國以其有辯詭顔閔爲博士顔回閔子騫爲皆有德行也子夏爲太常以有文章故爲大常也而應邵以子夏兩字總合爲夔解云夔知樂故可以爲太常此說非也益爲右扶風益作舜虞掌山澤之故也莅多左右扶風故令作之諸季路爲執金吾亦以有勇也契爲鴻臚契與禼禼作司徒敷五教是時諸侯王治民鴻臚主諸侯王也契字本作禼蓋後從省爾龍逢爲宗正關龍逢桀之臣也忠諫而死也以其亢令作之伯夷爲京兆帝曰伯夷汝作秩宗秩宗主郊廟京兆與太常同典祭祀故令爲之管仲爲馮翊管仲定民之居寄軍令於內政終令霸故令爲馮翊也魯般爲將作以其功也仲山爲光祿光祿主三大夫諫正之官取其柔亦不茹剛亦不吐申伯爲太僕申伯周宣王之舅也太僕主大駕親御職又密近故用親親也延陵季子爲水衡水衡主池苑季子吳人故使爲之百里奚爲典屬國奚秦人秦近西戎曉

其風俗故令爲之栁下惠爲大長秋惠嘗太史展禽也食菜栁下謚曰惠以其直潔故爲太長秋史魚爲司直史魚衛大夫史鰌也論語稱孔子曰直哉史魚邦有道如矢邦無道如矢蘧伯玉爲太傅太傅傅人主使無過伯玉寡其過故令爲之伯玉衛大夫名瑗孔父爲詹事孔父正色而立於朝則莫敢過而致難乎其君故爲詹事孔父宋大夫也孫叔敖爲諸侯相子產爲郡守善治邦邑也王慶忌爲期門以其勁捷可爲期門郎也慶忌郎王子慶忌也夏育爲鼎官夏育衛人力舉千鈞鼎官今殿前舉鼎者也羿爲旄頭宋萬爲式道候宋萬閔公臣亦有勇力也式表也道之候古今之武候引駕帝迺大笑是時朝廷多賢材帝復問朔方今公孫丞相倪大夫公孫弘倪寬也及董仲舒夏侯始昌司馬相如吾丘壽王主父偃朱買臣嚴助汲黯膠倉

終軍嚴安徐樂司馬遷之倫皆辯知閎達溢于文辭溢者言其有餘也先生自視何與此哉何與猶言可如此朔對曰臣觀其函齒牙樹頰胲頰內曰胲吐脣吻擢項頤頤頰下也結股腳連脽尻脽臀也遺蛇其迹行步偊旅遺蛇猶逶迤偊旅曲躬見也臣朔雖不才尚兼此數子者朔之進對澹辭澹給也皆此類也班固云東方朔應諧似優不窮似智正諫似直穢德似隱非夷齊而是柳下惠戒其子以上容容身避害也首陽爲拙伯夷叔齊不食周粟餓死首陽山爲拙柱下爲工老子爲周柱下史朔隱故終身無患是爲工也飽食安步以仕易農依隱玩世詭時不逢行與時詭而不逢禍害也詭違也其滑稽之雄乎

枚皐待詔爲郎不通經術詼笑類俳倡爲賦頌好嫚戲以故得媟黷貴幸比東方朔郭舍人等而不得比嚴助等得尊官司馬相如善爲文而遲故所作少而善於皐皐賦辭中自言爲賦不如相如又言爲賦迺俳見視如倡自悔類倡也故其賦有詆娸東方朔又自詆娸其文骫骳曲隨其事皆得其意頗詼笑不甚閑靡凡可讀者百二十篇其尤嫚戲不可讀者尚數十篇

郭舍人者武帝之幸倡也發言陳辭雖不合大道然令人主和説帝少時東武侯母常養帝壯時號之曰

大乳母率一月再朝朝奏入有詔使幸臣馬游卿以帛五十疋賜乳母又奉飲糒養飧乳母乳母上書曰某所有公田願得假倩之帝曰乳母欲得之乎以賜乳母所言未嘗不聽有詔得令乳母乘車行馳道中當此之時公卿大臣皆敬重乳母乳母家子孫從者橫暴長安中當道掣頓人車馬奪人衣服聞於中不忍致之法有司請徙乳母家室處之於邊奏可乳母當入至前而見辭乳母先見郭舍人爲下泣舍人曰卽入見辭去疾步數還顧乳母如其言謝去疾步數還顧郭舍人疾言罵之曰咄老女子何不疾行陛下

已壯矣寧尚須汝乳而活邪尚何還顧於是人主憐焉悲之乃下詔止無徙乳母罰謫譖之者

後漢邊韶以文學知名教授數百人韶口辯曾晝日假臥弟子私嘲之曰邊孝先腹便便懶讀書但欲眠韶潛聞之應時對曰邊爲姓孝爲字腹便便五經笥但欲眠思經事寐與周公通夢靜與孔子同意師而可嘲出何典記嘲者大慙韶之才捷皆此類也

魏州泰爲司馬宣王所辟嘗因會使尚書鍾繇調泰曰君釋褐登宰府三十六日擁麾蓋守兵馬郡乞兒乘小車一何駛乎泰曰誠有此君名公之子少有文采故守吏職獼猴騎土牛又何遲也衆賓咸悅

蜀先主與劉璋會涪時張裕爲璋從事侍坐其人饒鬚先主嘲之曰昔吾居涿縣特多毛姓東西南北皆諸毛也涿令稱曰諸毛繞涿居裕卽答曰昔有作上黨潞長令遷爲涿令者去官還家時人與書欲署潞則失涿欲署涿則失潞乃署曰潞涿君先主無鬚故裕以此及之

何雙字漢偶滑稽諧笑有淳于髡東方朔之風爲雙栢長

張裔字君嗣領諸葛亮留府長史北詣亮諮事送者

數百車乘盈路裔還書與所親曰近者涉道晝夜接賓不得寧息人自敬丞相長史男子張君嗣附之疲倦欲死其譚啁流速皆此類也

楊洪爲蜀郡太守洪門下書佐何祗數年爲廣漢太守每朝會祗次洪坐嘲祗曰君馬何駛祗曰故吏馬不敢駛但明府未著鞭耳衆傳之以爲笑

吳諸葛恪字元遜爲左輔都尉孫權嘗饗蜀使費禕先逆勅群吏使至伏食勿起禕至權爲輟食而群下不起禕嘲之曰鳳皇來翔麒麟吐哺驢騾無知伏食如故恪答曰爰植梧桐以待鳳皇有何燕雀自稱來

翔何不彈射使還故鄉太子嘗嘲恪曰諸葛元遜可食馬矢恪曰願太子食鷄卵權曰人令卿食馬矢卿使人食鷄卵何也恪曰所出同爾權大笑

晉陸雲字士龍初入雒與荀隱素未相識嘗會張華座曰今日相遇可勿爲常譚雲因抗手曰雲間陸士龍隱曰日下荀鳴鶴隱字也雲曰旣開青雲覩白雉何不張爾弓挾爾矢隱曰本謂是雲龍騤騤乃是山鹿野麋獸微弩彊是以發遲華撫手大笑

孫綽性通率好譏調嘗與習鑿齒共行綽在前顧謂鑿齒曰沙之汰之瓦石在後鑿齒曰簸之颺之糠粃

在前

范甯嘗患目痛就中書侍郎張湛求方湛因嘲之曰古方宋陽里子少得其術以授魯東門伯伯以授左丘明遂世世相傳及漢杜子夏鄭康成魏高堂隆晉左太冲凡此諸賢並有目疾得此方云用損讀書一減思慮二專內視三簡外觀四旦晚起五夜早眠六凡六物熬以神火下以氣簁蘊於胸中七日然後納諸方寸脩之一時近能數其目睫遠視尺捶之餘長服不已洞見牆壁之外非但明目乃亦延年

謝混字叔源少有美譽孝武帝將以晉陵公主配之

未幾帝終袁崧亦欲以女妻之王珣曰卿莫近禁臠初元帝始鎮建業公私窘罄每得一㹠以爲珍膳項上一臠尤美輒以薦帝群下未嘗敢食于時呼爲禁臠故珣因以爲戲混竟尚主

顧愷之好諧謔人多愛狎之後爲殷仲堪參軍亦深被眷接仲堪在荆州愷之嘗因假還仲堪特以布帆借之至破冢遭風大敗愷之與仲堪牋曰地名破冢眞破冢而出行人安穩布帆無恙

前涼張天錫遣從事中郎韓博奮節將軍康妙奉表并送盟文於晉大司馬桓溫博恃口才溫甚稱之嘗

大會溫使司馬刁彝嘲之彝謂博曰君是韓盧後邪博曰卿是韓盧後溫笑曰刁以君姓韓故相問焉他自姓刁那得韓盧後邪博曰明公脫未之思短尾者則爲刁也一坐懽歎焉

宋何承天除著作郎時年已老諸佐郎並名家少年荀伯子嘲之嘗呼爲妳母承天曰卿當云鳳皇將九子妳母何言耶

南齊庾杲之爲尚書駕部清貧自業食唯有韭葅瀹韭生韭雜菜或戲之曰誰謂庾郎貧食菜嘗有二十七種言三九也

謝超宗爲南郡王中軍司馬以怨望免官禁錮司徒褚淵送相州刺史王僧虔閣道壞墜水僕射王儉嘗牛驚跣下車超宗撫掌笑戲曰落水三公墮車僕射前後言詣稍布朝野

梁劉之遴爲南郡太守因牛奔墮車折臂右手偏直不復得屈伸書則以手就筆嘆曰豈黥布王乎周捨嘗戲之曰雖復並坐可横正恐陋巷無枕

朱异涉獵文史兼通雜藝博奕書筭皆其所長年二十詣都尚書令沈約面試之因戲异曰卿年少何乃不廉异逡巡未達其旨約乃曰天下唯有文義棊書

卿一時將去可謂不廉也

後魏薛慶之爲廷尉丞廷尉寺鄰接北城曾夏日於寺傍執得一狐慶之與廷尉正博陵崔纂戲以城狐狡害宜速殺之或以長育之月宜待秋分貳卿裴延雋表翻互有同異雖曰戲謔詞義可觀事傳於世

北齊徐之才聰辯彊識有兼人之敏尤好劇譚諧語公私言聚多相嘲戲鄭道育嘗戲之才爲師公之才曰旣爲汝師又爲汝公在三之義頓居其兩又嘲王昕姓云有言則訨近犬便狂加頸足而爲馬施角尾而成羊盧元明因戲之才云卿姓是未入人名是字之誤之當爲乏也卽荅云卿姓在亡爲虐在丘爲虛生男則爲虜配馬則爲驢又嘗與朝士出遊遥望群犬競走諸人試令目之之才卽應聲云爲是宋鵲爲是韓盧爲逐李斯東走爲負帝女南徂時之才以勸文宣禪代大見親密又戲謔滑稽言無不至於是大被狎昵尋除侍中封池陽縣伯見文宣政令轉嚴求出除趙州刺史竟不獲還識猶弄臣

隋侯白字君素好學有佞才性滑稽尤辯俊舉秀才爲儒林郎通脫不持威儀好爲誹諧雜說人多愛狎之所在之處觀者如市楊素甚狎之素嘗與牛弘退

朝白謂素曰日之夕矣素大笑曰以我爲牛羊下來耶

耿詢字敦信丹陽人滑稽辯給佞巧絶人後至守太史丞

楊素字玄感蘇威子夔夔以聰敏起家太子通事舍人楊素甚奇之素每戲威曰楊素無兒蘇夔無父

高構字孝基北海人也性滑稽多智辯給過人

唐蘇世長初爲隋都水少監及高祖平雒陽授玉山屯監高祖嘗嘲之曰名長意短口正心邪棄忠貞於鄭國忘信義於吾家世長對曰名長意短實如聖旨

口正心邪未敢奉詔昔竇融以河西降漢漢十世封侯臣以山南歸國唯蒙屯監即日擢拜諫議大夫

庾詞

傳曰言必有中又曰辭達而已蓋賢人君子因事以發蘊則成謀有彰喆理而求伸則弭災無爽故有立侍而隱言可濟事顯而徵辭可奪或稱美於述作或規諫於荒宴道無不在言出成機信所謂千里之外應之也若乃智有所不明理有所不至者亦無所措其意焉

申叔展楚大夫也從莊王伐蕭蕭大夫還無社與司

馬卯言號申叔展叔展曰有麥麴乎曰無有山鞠窮乎曰無河魚腹疾柰何曰目於眢井而拯之若爲茅經哭井則已明日蕭潰申叔視其井則茅經存焉號而出之

五擧楚大夫也莊王即位三年不出號令日夜爲樂令國中曰有敢諫者死無赦伍擧入諫莊王左抱鄭姬右抱越女坐鐘鼓之間擧曰願有進隱語曰有鳥在於阜三年不蜚不鳴是何鳥也莊王曰三年不蜚蜚將冲天三年不鳴鳴將驚人擧退矣吾知之矣居數月淫益甚大夫蘇從乃入諫王曰若不聞令乎對曰殺身以明君臣之願也於是乃罷淫樂聽政所誅者數百人所進者數百人任伍擧蘇從以國政人大說

申叔儀吳大夫也時越子大敗吳師叔儀乞糧於魯大夫公孫有山氏曰佩玉縈兮余無所繫之旨酒一盛兮余與褐之父睨之對曰梁則無矣麤則有之若登首山以呼曰庚癸乎則諾

淳于髡者齊人滑稽多辯數使諸侯未嘗屈辱齊威王之時喜隱好爲淫樂長夜之飲沉湎不治委政卿大夫百官荒亂諸侯並侵國且危亡在於旦暮左右莫敢諫淳于髡說之以隱曰國中有大鳥止王之庭

三年不蜚又不鳴王知此鳥何也王曰此鳥不飛則已一飛冲天不鳴則已一鳴驚人於是乃朝諸縣令長七十二人賞一人誅一人奮兵而出諸侯振驚皆還齊侵地威行三十六年

漢東方朔武帝時待詔金馬門帝嘗使諸數家射覆置守宮盂下射之皆不能中朔自贊臣嘗受易請射他物連中輙賜帛物時嘗有幸倡郭舍人滑稽不窮常侍左右曰朔狂幸中爾非至數也臣願令朔復射射中之臣榜百不能中臣賜帛廼覆樹上寄生令朔射之朔曰是寠數也舍人曰果知朔不能中也朔曰

生肉爲膾乾肉爲脯著樹爲寄生盆下爲窶數帝令倡監榜舍人舍人不勝痛呼謈朔笑之曰咄口無毛聲謷謷尻益高舍人恚曰朔擅詆欺天子從官當棄市帝問朔何故詆之對曰臣非敢詆之廼與爲隱爾帝曰隱云何朔曰夫口無毛者狗竇也聲謷謷者鳥哺鷇也尻益高者鶴俛啄也舍人不服因曰臣願復問朔隱語不知亦當榜即妄爲諧語曰令壺齟老柏塗伊優亞狋吽牙何謂也朔曰令者命也壺者所以盛也齟者齒不正也老者人所敬也柏者鬼之廷也塗者漸洳徑也伊優亞者辭未定也狋吽牙者兩犬

爭也舍人所問朔應聲輒對變詐鋒出莫能窮者左右大驚

魏楊脩爲太祖丞相主簿常從太祖過曹娥碑下碑背上題曰黄絹幼婦外孫虀臼太祖曰卿未可言待我思之行三十里乃曰已得令脩別記所知脩曰黄絹色絲也於字爲絶幼婦少女也於字爲妙外孫女子也於字爲好虀臼受辛也於字爲辭所謂絶妙好辭太祖亦記之與脩同乃歎曰不如卿三十里時太祖自平漢中欲因討蜀而不得進欲守之又難爲功護軍不知進止何依太祖於是出教唯曰雞肋而已外曹莫能曉修獨曰夫雞肋食之則無所得棄之則如可惜公歸計決矣乃令外白稍嚴太祖於此廻師

焦先字孝然河東人齊王嘉平中大發卒將伐吳有竊問先今討吳何如先不肯應而謬歌曰祝衂祝衂非魚非肉更相追逐本心爲當殺羘羊更殺其羖䍽邪郡人不知其謂會諸軍敗好事者推其意疑羘羊謂吳殺羖䍽謂魏

前秦趙整仕于苻堅堅分氐戶於諸鎮也整因侍援琴而歌曰阿得脂阿得脂博勞舊父見仇綏尾長翼短不能飛遠徙種種留鮮卑一旦緩急語阿誰堅笑

而不納及慕容冲陷長安整言驗矣

梁高爽廣陵人客於御史中丞孫廉廉委以文記爽爲屐謎以喻廉曰刺鼻不知嚏蹋面不知瞋齧齒作步數持此得勝人譏其不計恥辱以取名位也

後魏尹龍虎爲咸陽王禧防閤禧謀逆敗走謂龍虎曰吾憒憒不能堪試作一謎當思解之以釋毒悶龍虎欻憶舊謎云眠則俱眠起則俱起貪如豺很賊不入已都不有心於規刺也禧亦以爲諷已因解之曰此是眼也而龍虎謂之是箸

唐李乾祐高宗時爲魏州刺史乾祐雖強直有器幹

而罷於小人旣出典外郡爲書與所親令史以伺朝廷之事隱其詞曰不六卽九江出河入吾無望矣謫訖付八人令史出書告之褚遂良窮竟其事曰六尚書九卿也江江夏王河河南謂褚也八人火也乾祐素善江夏而怨褚故云然坐是配驩州

許欽明則天時爲凉州都督萬歲通天元年吐蕃寇凉州欽明出戰爲賊所執至靈州城下欽明大呼曰賊中無飽食城中有美醬乞二升粱米乞二斗墨乞一挺是時賊營四面阻河唯有一路得入欽明詐乞此物以喻城中冀其練兵練將夜掩襲城中無悟其旨者尋遇害

冊府元龜

巡按福建監察御史臣李嗣京　正
分守建南道左布政使臣胡爾慥　訂
知建陽縣事臣黃國琦　較

總録部

逃難

語曰賢者避世易曰君子見機蓋天步既艱刑網方密或顯斥於權要或公辨於邪諂私憾方逞大戮將至是以變易姓名毀壞形貌詭道以出間行而去投跡於絕域濯纓於洪波以至隱迹窮山之中潛身複

壁之下屬辭悽愴拊心涕洟生民之窮良可哀也若乃負過越逸背國奔亡節行無聞遁逃是保紀于著事罪莫大焉

尸子名佼秦相衛鞅客也衛鞅商君謀事畫計立法理民未嘗不與佼規鞅被刑佼恐并誅乃亡逃入蜀

魏齊爲魏相范雎從須賈使齊既歸以爲雎持魏國陰事告齊以告魏齊魏齊大怒使舍人笞繫雎折脅摺齒雎佯死即卷以簀置廁中賓客飲者醉更溺雎故僇辱以懲後令無妄言者雎從簀中謂守者曰公能出我我必厚謝公守者乃請出棄簀中死人魏齊醉曰可矣范雎得出後范雎更姓名張祿范雎既相秦須賈使秦雎數日爲我告魏王急持魏齊頭來不然者我且屠大梁須賈歸以告魏齊魏齊恐亡走趙匿平原君所秦昭王聞魏齊在平原君所欲爲范雎必報其仇乃佯爲好書遺平原君曰寡人聞君之高義願與君爲布衣之友君幸過寡人寡人願與君爲十日之飲平原君畏秦且以爲然而入秦見昭王昭王與平原君飲數日昭王謂平原君曰昔周文王得呂尚以爲太公齊桓公得管夷吾以爲仲父今范君亦寡人之叔父也范君之仇在君之家願使人歸取

其頭來不然吾不出君於關平原君曰貴而爲友者爲賤也富而爲交者爲貧也夫魏齊者勝之友也在固不出也今又不在臣所昭王乃遺趙王書曰王之弟在秦范君之仇魏齊在平原君之家王使人殺齊持其頭來不然吾舉兵而伐趙又不出王之弟於關趙孝成王乃發卒圍平原君家急魏齊夜亡出見趙相虞卿虞卿度趙王終不可說乃解其相印與魏齊亡間行念諸侯莫可以急抵者乃復走梁欲因信陵君以走楚信陵君聞之畏秦猶豫未敢見曰虞卿何如人也時侯嬴在旁曰人固未易知知人亦未易也夫

虞卿躡屩擔簦一見趙王賜白璧一雙黃金百鎰再見拜爲上卿三見卒受相印封萬戶侯當此之時天下爭知之夫魏齊窮困過虞卿虞卿不敢重爵祿之尊解相印捐萬戶侯而間行急士之窮而歸公子公子曰何如人人固不易知知人亦未易也信陵君大慙駕如野迎之魏齊聞信陵君之初難見之怒而自剄趙王聞之卒取其頭予秦秦昭王乃出平原君歸趙

高漸離燕人也初荆軻與漸離飲於燕市酒酣往往漸離擊筑荆軻和而歌於市中後軻刺秦王不中漸

離變名姓爲人庸保匿作於宋子久之作苦聞其家堂上客擊筑傍徨不能去每出言曰彼有善有不善從者以告其主曰彼庸乃知音竊言是非家主人召使前擊筑一坐稱善賜酒而高漸離念久隱畏約無窮時乃退出其裝匣中筑與其善衣更容貌而前舉坐客皆驚下與抗禮以爲上客使擊筑而歌客無不流涕而去者宋子傳客之

漢陳平封曲逆侯初項羽畧地至河上平歸之從入破秦賜爵卿項羽之東王彭城也漢王還定三秦而東殷王反楚項羽廼以平爲都尉賜金二十鎰居無何漢攻下殷項王怒將誅定殷者平懼誅廼封其金與印使使歸項王而間行歸漢

後漢申屠剛仕郡功曹平帝時對策言王莽隔絕平帝外家馮衛二族爲非莽令元后下詔罷剛歸田里後莽篡位剛遂避地河西轉入巴蜀往來二十許年

郅惲汝南西平人也明天文曆數王莽篡位惲知漢必再受命西至長安上書言之莽大怒繫詔獄會赦得出乃與同郡鄭敬南遁蒼梧後爲長沙太守

馬援兄員爲王莽增山連率莽敗與援俱去郡避地凉州光武即位員始詣雒陽

王隆馮翊人王莽篡位以父任爲郎後避難河西爲竇融左護軍

許楊爲酒泉都尉王莽篡位楊乃變姓名爲巫醫逃匿它界莽敗方還鄉里

劉昆陳留東昏人教授弟子嘗五百餘人王莽以昆多聚徒衆乃繫昆及家屬於外黃獄莽敗得免既而天下大亂昆避難河南負犢山中建武五年舉孝廉不行遂逃教授於江陵光武聞之即除爲江陵令

班彪性沈重好古年二十餘更始敗三輔大亂時隗囂擁衆天水彪乃避難從之彪既疾囂言著王命論

以爲漢德承堯有靈命之符王者興祚非詐力所致欲以感寤隗囂而囂終不寤遂避地河西後舉茂材至徐令

劉宣字子高安衆侯崇之從弟知王莽篡乃變名姓抱經書隱避林藪

承宮瑯琊姑幕人經典既明乃歸家教授遭天下喪亂遂將諸生避地漢中後至侍中祭酒

竇章安帝永初中三輔遭羌寇避難東國家於外黄居貧蓬戶蔬食躬勤孝養然講讀不輟後至大鴻臚

杜根爲郎鄧太后臨朝根以安帝年長宜親政事乃

與同時郎上書直諫太后大怒執根等令於殿下撲殺之載出城外根得蘇因逃竄爲宜城山中酒家保積十五年酒家知其賢厚敬待之及鄧氏誅左右皆言根之忠帝謂根已死乃下詔布告天下録其子孫根方歸鄉里

劉矩沛人爲尚書令性亮直失大將軍梁冀意以疾去官時冀妻兄孫祉爲沛相矩懼爲所害不敢還鄉里乃正補從事中郎

荀爽桓帝時爲郎中後遭黨錮隱於海上又南遁漢濱十餘年以著述爲事遂稱爲碩儒

夏馥陳留圉人也桓帝初舉直言不就馥雖不交時宦官然以聲名爲中官所憚遂與范滂張儉等俱被誣陷詔下州郡捕爲黨魁及儉等亡命經歷之處皆被收考辭所連引布天下馥乃頓足而嘆曰孽自己作空汙良善一人逃死禍及萬家何以生爲乃自翦鬚變形入林慮山中隱匿姓名爲冶家傭親突煙炭形貌毁悴積二三年人無知者後馥弟靜乘車馬載縑帛追之於涅陽市中遇馥不識聞其言聲乃覺而拜之馥避不與語靜追至客舍共宿夜中密呼靜曰吾以守道疾惡故爲權宦所陷且念苟全以庇性命

弟奈何載物相求是以禍見追也明旦別去黨禁未解而卒

范滂汝南人少厲清節爲鄉里所服太守宗資署爲功曹委任政事坐誣鉤黨繫黄門北寺獄後事釋南歸始發京師汝南南陽士大夫迎者車數千兩同囚鄉人殷陶黄穆亦免俱歸並衛侍於滂應對賓客滂顧謂陶等曰今子相隨是重吾禍也遂遁還鄉里

王允爲豫州刺史發中常侍張讓姦狀讓懷挾忿怨以事中允檻車徵以減死論是冬大赦而允獨不在宥三公咸復爲言至明年乃得解釋是時宦者横暴

睚眦觸死允懼不免乃變易名姓轉側河内陳留間

王烈察孝廉三府並辟皆不就遭黄巾董卓之亂乃避地遼東夷人尊奉之

范冉陳留外黄人桓帝時以冉爲萊蕪長遭母憂不到官後遭黨人禁錮遂推鹿車載妻子捃拾自資或寓息客廬或依宿樹蔭如此十餘年乃結草室而居焉

李燮字德公太尉固之子也初固既策罷知不免禍乃遣三子歸鄉里燮時年十三姊文姬爲同郡趙伯英妻賢而有智見二兄歸具知事本默然獨悲曰李

氏滅矣自太公已來積德累仁何以遇此密與二兄謀豫藏匿燮託言還京師人咸信之有頃難作下郡收固三子二兄受害文姬乃告父門生王成曰君執義先公有古人之節今委君以六尺之孤李氏存滅其在君矣成感其義乃將燮乘江東下入徐州界内令變姓名爲酒家傭遇赦還鄉里後爲京兆尹

盧植涿郡人爲尚書會董卓議欲廢立植抗議不同卓怒免植官因以老病求歸懼不免禍乃詭道從轘轅出卓果使人追之到懷不及遂隱於上谷不交人事

趙岐爲皮氏長棄官西歸京兆尹延篤復以爲功曹先是中常侍唐衡兄玹爲京兆虎牙都尉郡人以玹進不繇德皆輕侮之岐及從兄襲又數爲貶議玹深毒恨桓帝延熹元年玹爲京兆尹岐懼禍及乃與從子戩逃避玹果收家屬宗親陷以重法盡殺之岐遂逃難四方江淮海岱靡所不歷自匿姓名賣餅北市中時安丘孫嵩年二十餘遊市見岐察非常人停車呼與共載岐懼失色嵩乃下帷令騎屏行人密問岐曰視子非賣餅者又相問而色動不有重怨即亡命乎我北海孫賓石闔門百口勢能相濟岐素聞嵩名

節以實告之遂以俱歸嵩先入白母曰出行乃得死友迎入上堂饗之極歡藏岐複壁中數年岐作戹屯歌二十三章後諸唐死滅因赦乃出

鄭玄被公卿舉爲趙相道斷不至會黄巾寇青部乃避地徐州徐州牧陶謙接以師友之禮

袁忠爲沛相天下大亂忠棄官客會稽上虞見太守王朗徒從整飾心嫌之遂稱病自絶

韓嵩初與同好數人隱居於酈西山中黄巾起嵩避難南方

許卲汝南人初爲郡功曹避地投揚州刺史劉繇於

曲阿及孫策平吳邵與繇南奔豫章而卒
李敏遼東人爲河內太守罷歸時遼東太守公孫度有逆謀敏居郡中惡度所爲恐爲所害乃將家屬入於海度大怒掘其父冢剖棺焚屍誅其宗族
魏崔琰年二十九就鄭玄受學學未朞徐州黃巾賊攻破北海玄與門人到不其山避難時穀糴縣乏玄罷謝諸生琰既受遣而寇賊充斥西道不通於是周旋青徐兗豫之郊東下壽春南望江湖自去家四年乃歸以琴書自娛後至侍中
管寧與邴原相友時天下大亂聞公孫度令行於海

外遂與原及平原王烈等至於遼東度虛館以候之既往見度乃廬於山谷時避難者多居郡南而寧居北示無遷志後漸來從之太祖爲司空辟寧度子康絕命不宣
國淵字子尼師事鄭玄後與邴原管寧等避亂遼東既還舊土太祖辟爲司空掾
邴原字根矩北海朱虛人也孔融在郡以原爲計佐是時漢朝陵遲政以賄成原乃將家入鬱洲山中郡舉有道融書喻原曰修性保真清虛守高危邦不入久潛樂土王室多難西遷鎬京聖朝勞謙疇咨儁乂我徂求定策命懇惻國之將亡緹縈跋涉彼匹婦也猶執此義實望根矩仁爲己任授手援溺振民於難乃或晏晏自居莫我肯顧謂之君子固如此乎根矩可以來矣原遂到遼東後原歸鄉里止於三山孔融遺書曰隨會在秦賈季在翟諸仰靡所歎息增懷頃知來至近在三山詩不云乎來歸自鎬我行永久今遣五官掾奉問榜人舟楫之勞禍福動靜告慰亂階未已阻兵之雄若棊弈爭梟原於是遂復反還積十餘年後乃遁還南行已數日而度甫覺度知原之不可復追也因曰邴君所謂雲中

白鶴非鶉鷃之網所羅矣又吾自遣之勿復求也遂免危難後至五官長史
鄭袤父泰爲董卓將軍統諸軍擊關東或謂董卓曰鄭泰智略過人而詰謀山東今資之士馬使就其黨竊爲明公懼之卓收其兵馬留拜議郎後又與王允謀共誅卓泰脫身自武關走東歸後將軍袁術以爲楊州刺史未至官道卒其弟渾乃將袤避難淮南袁術賓禮甚厚渾知術必敗時華歆爲豫章太守素與泰善渾乃渡江投歆太祖聞其篤行召爲掾
司馬朗河內溫人董卓遷天子都長安朗知卓必亡

恐見留朗散財物以賄遺卓用事者求歸鄉里到謂父老曰董卓悖逆爲天下所讐此忠臣義士奮發之時也郡與京都境壤相接雒東有成皐北界大河天下興義兵者若未得進其勢必停於此此乃四分五裂戰爭之地難以自安不如及道路尚通舉宗東到黎陽有營丘趙威孫鄉里舊婚爲監營謁者統兵馬足以爲主若後有變徐復觀望未晚也父老戀舊莫有從者惟同縣趙咨將家屬俱與朗往爲後數月關東諸州郡起兵衆數十萬皆集滎陽及河内諸將不能相一縱兵鈔略民人死者且半後至兗州刺史

袁徽以儒素稱遭天下亂避難交州司徒辟不至

陳群舉茂才除柘令不行隨父紀避難徐州韓暨舉孝廉司空辟皆不就乃變名姓隱居避難魯陽山中山民合黨欲行寇掠暨散家財以供牛酒請其渠帥爲陳安危山民化之終不爲害

楊俊以兵亂方起而河内處四達之衢必爲戰場乃扶持老弱詣京密山間同行者百餘家俊振濟貧乏通共有無宗族知故爲人所略作奴僕者凡六家俊皆傾財贖之後至南陽太守

劉廙兄望之爲劉表所害廙懼奔揚州道路爲歲謝表曰考翦過蒙分遇榮授之顯未有管狐桓文之烈孤德隕命精神不遂兄望之見禮在昔旣無堂搆昭前之績中規不密用墜禍辟斯乃明神弗祐天降之災悔吝之負哀號靡及廙之愚淺言行多違懼有浸潤三至之間考翦之愛已衰望之之責猶存必傷天慈旣往之分門戸殪滅取笑明哲是用迸竄永涉川路郎日到廬江尋陽昔鍾儀有南音之操椒舉有班荆之思雖遠猶邇敢忘前施後至侍中

王凌字彦雲叔父允爲漢司徒誅董卓卓將李傕郭汜等爲卓報仇入長安殺允盡害其家凌及兄晨時

年皆少踰城得脫亡命歸鄉里凌舉孝廉爲發干長後至太尉

蜀謝堅字文固少有美名辟公府爲黄門侍郎獻帝之初三輔饑亂堅去官與弟援南入蜀依劉璋

孟光字孝裕靈帝末爲講部吏獻帝遷都長安遂逃入蜀劉焉父子待以客禮後至大司農

來敏字敬達漢末大亂姊夫黄琬是劉璋祖母之姪璋遣迎琬妻敏遂俱與姊入蜀常爲璋賓客後至光禄大夫

許靖漢末稱御史中丞董卓秉政與吏部尚書周毖

共進退天下士以尚書韓馥爲冀州牧後卓斬毖靖
懼誅奔孔伷伷卒依楊州刺史陳禕禕死吳郡都尉
許貢會稽太守王朗素與靖有舊故往保焉靖收恤
親理經紀振贍出於仁厚孫策東渡江皆走交州以
避其難靖身坐岸邊先載附從疏親悉發乃從後去
當時見者莫不歎息靖在交州與曹公書曰世路戎
夷禍亂遂合駑怯偷生自竄蠻貊成闊十年吉凶禮
廢昔在會稽得所貽書辭旨款密久要不忘迫於袁
術方命圮族扇動群逆津塗四塞雖縣心北風欲行
靡繇正禮師退術兵前進會稽傾覆景興失據三江五湖

皆爲虜庭臨時困厄無所控告便與袁沛鄧子孝等
浮涉滄海南至交州經歷東甌閩越之國行經萬里
不見漢地漂薄風波絶粮茹草饑殍薦臻死者大半
旣濟南海與領守兒孝德相見知足下忠義奮發整
飭元戎西迎大駕巡省中嶽承此休問且悲且喜卽
與袁沛及徐元賢復共嚴裝欲北上荆州會蒼梧諸
縣夷越蠭起州府傾覆道路阻絶元賢被害老弱並
殺靖尋循渚岸五千餘里復遇疾癘伯母隕命并及
群從自諸妻子一時略盡復相扶持前到北郡計爲
兵害及病亡者十遺一二生民艱苦之甚豈可具陳
哉後至司徒
與劉繇辟司空掾除侍御史不就避亂淮浦後至揚
州刺史
薛綜字敬文少依族人避地交州從劉熙學後至太
子少傅
徵崇本姓李遭亂更姓遂隱於會稽躬耕以求其志
步騭世亂避難江東單身窮困與廣陵衛旌同年相
善俱以種瓜自給後至丞相
魯肅少有壯節好爲奇計後雄傑並起中州擾亂肅
乃命其屬曰中國失綱寇賊横暴淮泗閒非遺種之

地吾聞江東沃野萬里民富兵彊可以避害寧肯相
隨俱至樂土以觀時變乎其屬皆從命乃使細弱在
前彊壯在後男女三百餘人州追騎至肅等徐行勒
兵持滿謂之曰卿等丈夫當解去今日天下兵亂有
功弗賞不追無罰何爲相偪乎又自植盾引弓射之
矢皆洞貫騎旣嘉肅言且度不能制乃相率還肅渡
江往見孫策爲從至横江將軍
呂岱字定公廣陵海陵人爲郡縣吏避亂南渡孫權
統事岱詣幕府後至大司馬
陸遜少孤隨從祖廬江太守康在官袁術與康有隙

將攻康康遣遜及親戚還吳遜年長於康子績數歲
爲之綱紀門戶後至丞相
趙達少從漢侍中單甫受學用思精密謂東南有王
者氣可以避難故脫身渡江
高岱字孔文吳郡人太守盛憲以爲上計舉孝廉許
貢來領郡岱將憲避難於許昭家求救於陶謙謙未
即救岱憔悴泣血水醬不入口謙感其忠壯有申包
胥之義許爲出軍以書與貢岱得謙書以還而貢已
囚其母吳人大小皆爲危竦以貢宿忿往必見害岱
言在君且母在牢獄期於當往若得入見則事自當

解遂通書自白貢即與相見才辭敏捷好自陳謝貢
登時出其母岱將見貢語友人張允沈暗令豫具船
以貢必悔當追遜之出便將母乘船易道而逃貢須
臾遣人追之令追若及於船江上便殺之已過則止
使與岱錯道遂免被誅時年三十餘
晉庾衮明穆皇后伯父也鄉黨薦之州郡交命皆不
降志及齊王冏歸於京師踰年不朝日晉室卑矣寇
難方興乃攜其妻子適林慮山事其新鄉如其故鄉
言忠信行篤敬比及朞年而林慮之人歸之咸曰庾
賢及石勒攻林慮父老諫曰此有太頭山九州之絕
險也上有古人遺迹可共保之惠帝遷于長安衮乃
相與登于太頭山而田於其下年穀未熟食木實餌
石藥同保安之有終焉之志
顧榮爲成都王穎丞相從事中郎惠帝幸臨漳以榮
兼侍中遣行園陵會張方據雒不復得進避之陳留
及帝西遷長安徵爲散騎常侍以世亂不應遂還吳
又徵拜侍中行至於彭城見禍難方作遂輕舟而還
紀瞻與顧榮俱徵爲尚書郎至滁州聞亂日甚將不
行會刺史裴盾得東海王越書若榮顧望以軍禮發
遣乃與榮及陸玩等各解船棄車牛一日一夜行三

百里得還揚州
裴楷爲侍中坐楊駿姻親去官太保衛瓘太宰亮稱
楷貞正不阿附宜蒙爵土乃封臨海侯食邑二千戶
代楚王瑋爲北軍中候加散騎常侍瑋怨瓘亮斥已
任楷楷聞之不敢拜轉爲尚書楷長子輿先娶亮女
女適衛瓘子楷慮內難未已求去外鎮除安南將軍
假節都督荊州諸軍事垂當發而瑋果矯詔誅亮瓘
瑋以楷前奪已中候又與亮瓘婚親密遣討楷楷素
知瑋有望於已聞有變單車入城匿于妻父王渾家
與亮小子一夜八徙故得免難

衛玠爲太子洗馬兄璪爲散騎侍郎玠以天下大亂欲移家南行母曰我不能舍仲寶去也玠啓諭深至爲門戸大計母流涕從之臨別玠謂兄曰在三之義人之所重今可謂致身之日兄其免之乃扶輿母轉至江夏

郗鑒以世亂歸鄉里於時所在飢荒時中州之士素有感其恩義者相與資贍鑒復分所得以䘏宗族及鄉曲孤老賴而全濟者甚多咸相謂曰今天子播越中原無伯當歸依仁德可以後亡遂共推鑒爲主與千餘家俱避難於魯之嶧山後至太尉

鄧攸初陷石勒後逃勒至新鄭投李矩三年將去而矩不聽荀組以爲陳郡汝南太守愍帝徵爲尚書左丞長水校尉皆不果就後密捨矩去投荀組於許昌矩深恨焉久之乃送家屬還攸攸與刁協周顗素厚遂至江東後至尚書僕射

謝鯤爲東海王越叅軍事鯤以時方多故乃謝疾去職避地于豫章後至豫章太守

袁瓌字山甫永嘉末與弟猷欲奉母避亂求爲江淮間縣拜呂令轉江都因南渡

高瞻渤海蓚人爲尚書郎屬永嘉之亂還鄉里乃與父老議曰今皇綱不振兵革雲擾此郡沃壤憑固河海若兵荒歲儉必爲寇庭非謂圖安之所王彭祖先在幽薊據燕代之資兵強國富可以託也諸君以爲何如衆咸善之乃與叔父隱率數千家北徙幽州既而以王浚政令無當乃依崔毖如遼東

徐邈東莞姑幕人爲州治中屬永嘉之亂遂與鄉人臧琨等率弟子并閭里士庶千餘家南渡江家于京口後至驍騎將軍

褚翜爲冠軍避地幽州後河北有寇難復還鄉里河南尹舉翜行本縣事及天下鼎沸翜招合同志將圖

過江先移住陽城界潁州庾敳即翜之舅也亦憂世亂以家付翜翜道斷不得前東海王越以爲叅軍辭疾不就

孔愉會稽人避亂入新安山中改姓孫氏以稼穡讀書爲務信著鄉里後忽捨去皆謂爲神人而爲之立祠永嘉中元帝始以安東將軍鎮揚土命愉爲叅軍并族尋求莫知所在建興初始出應召爲丞相掾年已五十矣

毛德祖父祖並没于賊中德祖兄弟五人擕母南渡皆有武幹荊州刺史劉道規以德祖爲建武將軍始

平太守
孫盛字安國太原中郡人父恂潁川太守恂在郡遇賊被害盛年十歲逃難渡江及長博學善屬文後至秘書監給事中
宋謝方明隨伯父邈爲吳興太守孫恩之亂方明逃遁獲免頃之孫恩重侵會稽謝琰見害恩購求方明甚急方明於上虞以母妹奔東陽從黄蘗嶠出鄱陽附還都寄居國子學流離險厄屯苦備經而貞立之操在約無改
沈懷文爲治書侍御史元兇弑立以爲中書侍郎

世祖入討劭呼之使作符檄懷文固辭劭大怒投筆於地曰當今艱難卿欲避事邪旨色甚切值殷冲在側申救得免託疾落馬間行奔新亭後至征虜長史廣陵守
劉之遴南陽人爲度支尚書太常卿時侯景以蕭正德爲帝之遴時落景所將使授璽紱之遴預知乃剃髮披法服乃免先是平昌伏挺出家之遴爲詩嘲之曰傳聞伏不鬪化爲支道林及之遴遇亂遂披法服時人笑之尋避難還鄉
庾肩吾爲太子中庶子太清中侯景陷京都簡文以肩吾爲度支尚書時上流蕃鎮並據州拒景景矯詔遣肩吾使江州諭當陽公大心大心尋舉州降賊肩吾因逃入建昌界久之方得赴江陵未幾卒
蕭子雲爲侍中國子祭酒領南徐州大中正太清二年侯景寇逼子雲逃民間三年三月宫城失守東奔晉陵餒卒于顯靈寺僧房
江總爲太子中舍人侯景寇京都詔以總權兼太常卿守小廟臺城陷總避難崎嶇累年至會稽郡憩於龍華寺乃製修心賦略序時事總第九舅蕭勃先據廣州總又自會稽往依焉梁元帝平侯景徵爲明威

將軍始興内史以郡秩米八千斛給總行裝會江陵陷遂不行總自此寓嶺南積歲天嘉四年以中書侍郎徵還朝
陳蕭引爲西昌侯儀同府主簿侯景之亂元帝爲荆州刺史朝士多往歸之引曰諸王力爭禍患方始今日逃難未是擇君之秋吾家再世爲始興郡遺愛在民正可南行以存家門爾於是與弟彤及宗親等百餘人奔嶺表
張正見爲彭澤令屬梁季喪亂避地於匡俗山時焦僧度擁衆自保遣使請交正見懼之遜辭延納然以

法自持僧虔亦雅相敬憚

冊府元龜

冊府元龜　總録部　逃難　卷之九百四十八　二十一

册府元龜

巡按福建監察御史臣李嗣京　訂正
知甌寧縣事臣孫以敬參閱
知建陽縣事臣黃國琦較釋

總録部一百九十九

逃難　亡命

逃難第二

後魏宋㳂為道武所誅第四子宣字道茂時年數歲親人竊逃以免

封愷為散騎常侍坐司馬氏事死愷妻盧玄姊也愷

子伯達棄母及妻李氏南奔河表改婚房氏獻文末伯達子休傑内還祖母盧猶存垂百歲矣而李已死休傑孝文時以歸國勲為河間太守兼冀州咸陽王府諮議參軍

王憲字顯則北海劇人祖猛苻堅丞相父休河東太守憲幼孤隨伯父永在鄴苻丕稱尊號後以永為丞相永為慕容垂所殺憲奔清河匿於民家後至安南將軍

李奕與兄敷同死奕别生弟岡字道度少為中散逃避得免孝文太和中拜下大夫南部給事

刁整靈太后時為安南將軍光禄大夫整以母老河北喪亂時整族弟雙為西兖州刺史整遂攜家依焉

賀拔勝字破胡從其父度拔家於武川孝明正光末沃野人破落汗拔鄰聚衆反度拔與三子鄉中豪勇援懷朔鎮殺賊王衛可瓌拔尋為所害孝昌中追贈安遠將軍肆州刺史度拔之死也勝與兄弟俱奔嘗州刺史廣陽王淵後至驃騎大將軍荆州刺史

斛斯椿字法壽父敦孝明時為左牧令時河西賊起牧民不安椿乃將家投爾朱榮榮以椿兼其都督府鎧曹參軍

辛雄為尚書左丞初蕭寶寅在雍州起逆城人侯衆德等討逐之多蒙爵賞孝明武泰中詔雄兼尚書為關西賞勲大使未行之間會爾朱榮入雒及河陰之難人情未安雄潛竄不出

崔勉字宣祖頗涉史傳有几案才孝莊永安初除建節將軍豫章蕭贊啓為諮議參軍舉人失實為高道穆奏免其官太昌初為散騎常侍征東將軍金紫光禄大夫定州大中正勅左右廂出入其家被收之際在外逃免於後乃出見齊獻武王於晉陽王勞撫之

李神儁莊帝時為右光禄大夫尋屬爾朱榮入京叛

雋遂逃竄民間出帝初始來歸闕

崔孝暐爲寧朔將軍爾朱榮之害朝士孝暐與弟孝直攜家避難定陶孝莊初徵拜通直散騎常侍

楊侃爲侍中衛將軍莊帝將圖爾朱榮也侃與其内弟李晞城陽王徽侍中李彧等咸預密謀爾朱榮之入雒也侃時休沐遂得潛竄歸於華陰

裴彦先爲渤海相屬元愉作逆徵兵郡縣彦先不從爲愉拘執踰獄得免仍爲沙門潛行至雒愉平勅還郡

高恭之字道穆爲征西蕭寶夤行臺郎中屬兄謙之

被害情不自安遂託身於莊帝帝時爲侍中特相欽重引居第中深相保護俄而帝以兄事見出道穆懼禍乃攜家趣濟陰變易姓名往來於東平畢氏以避時難莊帝即位徵爲尚書三公郎中

馮熙生於長安爲姚氏魏母所養以叔父樂陵公邈囚戰入蠕蠕魏母攜熙逃避至氐羌中撫育年十二好弓馬有勇幹氐羌皆歸附之魏母見其如此將還長安始就學問從師受孝經論語好陰陽兵法及長避地華陰河東二郡間性汎愛不拘小節人無士庶來則納之後至侍中太師

北齊叚榮五原人遇亂與鄉舊攜妻子南適平城屬杜雒周爲亂榮與高祖謀誅之事不捷共奔爾朱榮後至開府儀同三司

蔡儁幼爲杜雒周所虜高祖亦在雒周軍中高祖謀誅雒周儁預其計事泄走奔葛榮仍背葛榮歸爾朱榮榮入雒爲平遠將軍帳内別將

步太汗薩狄那人魏孝明正光末六鎮反亂薩乃將家避難南下奔爾朱榮於秀容後從榮入雒以軍功除楊武將軍帳内統軍

邢卲字子才爲中書侍郎及爾朱榮入雒京師擾亂

卲與弘農楊愔避地嵩高山魏前廢帝普泰中兼給事黄門侍郎

封子繪爲征南將軍金紫光祿大夫西魏武帝末斛斯椿等佞倖用事父隆之以猜忌懼難潛歸鄉里子繪亦棄官俱還

楊愔爲神武行臺右丞愔從兄幼卿爲岐州刺史以直言忤旨誅愔聞之悲懼因哀感發疾取急就鴈門溫湯療疾郭季素害其能因致書恐之曰高王欲送卿於帝所仍勸其逃亡愔遂棄衣冠於水濱若見沈者變易名姓自稱劉士安入嵩山與沙門曇謨徵等

屏居削迹又潛之光州因東八田横島以講誦爲業海隅之士謂之劉先生

後周樊深初仕後魏爲征虜將軍孝武西遷樊王二姓舉義爲東魏所誅深父保周叔父歡周並被害深因避難墜崖傷足遂改易姓名遊學於汾晉之間習天文及筭曆之術後爲人所告因送河東魏將軍韓軌長史張曜重其儒學延深至家因是更得逃隱

隋源雄仕魏秘書郎尋加征虜將軍屬其父隴西王纂爲高氏所誅雄脫身而遁變姓名而歸長安周太祖見而器之賜爵隴西郡公

河間王父元孫少孤隨母郭氏養舅族及武元皇帝與周太祖建義關中元孫時在鄴下懼爲齊人所誅因假外家爲郭氏

爾朱敞字乾羅榮之族子也父彥伯官至司徒博陵王齊神武帝韓陵之捷盡誅爾朱氏敞小隨母養於宮中及年十二自竇而走至於大街見童兒群戲者敞解所着綺羅金翠之服易衣而遁追騎尋至初不識敞便執綺衣兒比究問知非會日已暮繇是免遂入一村見長孫氏媼踞胡床而坐敞再拜求哀長孫氏愍之藏於複壁三年購之逾急迹且至長孫氏曰事急矣不可久留資而遣之遂詐爲道士變姓名隱嵩山略涉經史數年之間人頗異之嘗獨坐巖石之下泫然嘆曰吾豈終於此乎伍子胥獨何人也於是間行微服西歸於周太祖見而禮之拜大都督行臺郎中封靈壽縣伯

唐皇甫無逸太業末留守雒陽王世充作難無逸斬關而走追騎且至因解所服金帶投之於地曰以贈卿無爲相逼追騎競下馬取帶自爭奪繇是得免

王珪字叔玠樂陵太守顗之子隋開皇末爲奉禮郎及顗坐漢王反事珪當籍没而亡命於南山積十餘

歲後至侍中

上官儀本陝州陝縣人也父弘隋江都宮副監因家於江都大業末弘爲將軍陳稜所殺儀時年幼藏匿獲免因私度爲沙門後至中書令

裴胄爲太僕寺主簿屬二京陷覆淪避他州賊平授秘書正字

馬燧沉勇多智諫安祿山反燧俾謂賈循曰安祿山負恩何不建不代之功事泄祿山遣人以弓絃縊殺循燧脫身走西山隱者徐遇匿之踰月間行歸平原平原不守後走魏郡後至司徒侍中

李泌聰敏好學博涉經史善屬文操尚不羈耻隨常格仕進嘗獻書論當世務爲執政者不便乃潜遁名山以習隱自適後至中書侍郎平章事

李實爲洪州節度使嗣曹王臯判官臯卒新帥未至實知留後刻薄軍士衣食軍士怨叛謀殺之實夜縋城而出歸諸京師

權臯少以進士補貝州臨清縣尉安禄山以幽州長史充河北按察使假其才名表爲薊縣尉署從事臯陰察禄山有異志畏其猜虐不可以潔退欲潜去又慮禍其老母天寶十五載禄山使臯獻戎俘自京迴

福昌尉仲謨臯從父妹婿也密以計約之比至河陽詐以疾亟召謨謨至臯示已喑瘂謨而瞑謨乃勉哀而哭手自晗襲既逸臯乃葬其棺人無知者從吏以詔書還臯母初不知聞臯之死慟哭傷行路禄山不疑其詐死許其母歸臯時微服匿跡候母於淇門既得侍其母乃奉母晝夜南去及渡江禄山已反矣繇是名聞天下淮南採訪使高適表臯試大理評事充判官屬永王璘亂多刼士大夫以自從臯懼見迫又變名易服以免玄宗在蜀聞而嘉之除監察御史

柳晟駙馬都尉譚之子試太常卿德宗建中末鑾輅西幸晟願受密詔說其僞將德宗壯而許焉事泄逆黨械繫於獄鑿垣宵遁遂爲僧間道達行在所

甄濟肅宗寶應中爲刑部員外郎因蕃寇逃難客於襄州大曆中江西觀察使魏少遊奏授著作佐郎兼侍御史充莫徭副使

後唐張格故丞相濬之子也濬爲梁太祖害於長水格竄於山谷易姓名入蜀王建僭號以爲相國蜀平至雒陽除太子賓客

趙鳳幽州人也少爲儒唐天祐中燕帥劉守光盡率部内丁夫爲軍伍而黥其面爲儒者患之多爲僧以

避之鳳亦落髪至太原頃之從劉守奇奔梁梁用守奇爲博州刺史表鳳爲判官

盧程唐昭宗天復末進士及第辟召鹽鐵出使巡官尋遇朱梁弑逆衣冠多罹其毒避地河朔客遊燕趙數年或衣儒衣或服道服出入公侯之門深爲涿州牧衛唐令所厚卜居久之

盧汝弼唐昭宗景福中擢進士第歷臺省昭宗自秦遷雒時爲祠部郎中知制誥時梁祖凌弱唐室殄滅衣冠懼禍渡河繇上黨歸於晉陽太祖以爲節度副使

李愚唐光化中隨計之長安於蒲華之間昭宗駕在鳳翔汴軍攻蒲華愚避難東歸雒陽時衛公李德裕孫道古在平泉舊墅愚往依焉子弟採梠負薪以給朝夕未嘗干人後至左僕射

劉昫涿州人唐天祐中契丹陷其郡昫被俘至新州逃而獲免隱居上谷大寧山會定州王處直以其子都爲易州刺史署昫爲軍事衙推及都去任招昫至中山會其兄暄自本郡至都薦於其父累署爲觀察推官及都代位都有客和少微素嫉暄搆而殺之昫越境而去寓居浮陽後至司空平章事

漢史肇之誅弟福此時在滎陽别墅聞禍匿於民間周太祖即位累遷閑廄使

周王殷瀛州人唐末劉仁恭父子亂滄薊殷父咸珪避地而南投天雄軍爲卒伍

亡命

尚書曰自作孽不可逭老氏云天網恢恢踈而不漏然而倒行逆施處陰休影天有所幸命或可逃非欲絶跡以遠人蓋乃爲生而避法越自叔世澆訛淫刑以逞末俗偷巧任氣相高故有疾走避仇幽藏復怨破去機械變易名氏者若乃自底不類連逮餘黨穿竄亟遁脫身長往或欲智免其如命何雖追捕之令具存於方木而赦宥之澤亦被乎率土録是移鄉以防其不絶滌瑕以許其自新斯乃天地兼容荆棘棠潤者矣

漢張良其先韓人也秦滅韓良少未宦事韓韓破良家僮三百人弟死不葬悉以家財求客刺秦王爲韓報仇以五世相韓故良與客狙擊秦皇帝狙謂密伺人音千豫切誤中副車副謂後乘秦皇帝大怒大索天下索搜也索音山客切求賊甚亟良乃更名姓亡匿下邳

張耳陳餘俱大梁人秦滅魏購求耳千金餘五百金

兩人變名姓俱之陳爲里監門監門卒之賤者故爲卑職以自隱

黥布六人也姓英氏事漢爲淮南王少時客相之當刑而王及壯坐法黥布欣然笑曰人相我當刑而王幾是乎布以論輸驪山有罪論決而輸作於驪山驪山之徒數十萬人布皆與其徒長豪傑交通乃率其曹耦亡之江中爲群盜

張蒼陽武人爲秦御史主柱下方書有罪亡歸

公孫敖以因杅將軍再出擊匈奴至余吾水名也在朔方亡士多下吏當斬詐死亡居民間五六歲後覺復繫坐妻爲巫蠱族

田甲爲梁蒙獄吏辱韓安國安國起徒中爲梁内史甲亡安國曰甲不就官我滅而宗甲肉袒謝安國安國笑曰公等足與治乎卒善遇之

張敞爲京兆尹公卿奏敞楊惲黨友不宜處位奏寢不下敞使掾絮舜有所按驗舜以敞劾奏當免不肯爲竟事敞驗治舜故致其死事棄市行寃獄使者奏敞賊殺不辜宣帝薄其罪欲令敞得自便利卽先下敞前坐楊惲奏免爲庶人敞卽詣闕上印綬便從闕下亡命

王林卿長陵人爲侍中免殺人埋冢舍又使人剥寺

門皷長陵令何並自從吏兵追之林卿恐令奴自代乘車從童騎身變服間俓馳去並追殺其奴林卿因亡命

後漢劉玄字聖公光武族兄也弟爲人所殺聖公結客犯法避吏於平林吏繫聖公父子張聖公詐死使人持喪歸春陵吏乃出子張聖公因自逃匿

彭寵爲大司空士從王邑東拒漢軍到雒陽聞同産弟在漢兵中懼誅卽與鄉人吳漢亡至漁陽抵父時吏抵歸也

吳漢爲大司馬廣平侯漢微時家貧給事縣爲亭長王莽末以賓客犯法乃亡命至漁陽資用乏以販馬自業往來燕薊間所至皆交結豪傑

王常字顔卿潁川舞陽人王莽末爲弟報仇亡命江夏命者名也言背其名籍而逃亡也光武時位至横野將軍

馬援初爲郡督郵送囚至司命府囚有重罪援哀而縱之遂亡命北地

崔瑗涿郡安平人也兄璋爲人所殺瑗手刃報仇因亡命會赦歸家爲濟北相

馮衍字敬通京兆杜陵人王莽時天下兵起莽遣廉丹討伐山東丹辟衍爲掾衍説丹屯據大郡待從横

之變興社稷之利丹不能從及無鹽與赤眉戰死衍乃亡命河東

何顒少遊學雒陽顒名太學及陳蕃李膺之敗顒以與蕃膺善遂爲宦官所陷乃變名姓亡匿汝南間所至皆親其豪傑有聲荆豫之域袁紹慕之私與往來結爲奔走之友後辟司空府

岑晊爲南陽太守成瑨功曹張牧爲中賊曹吏宛有富賈張汎者桓帝美人之外親善巧雕鏤玩好之物頗以賂遺中官以此並得顯位恃其伎巧用勢縱横晊與牧勸瑨收捕汎等既而遇赦晊竟誅之并收其

宗族賓客殺二百餘人後乃奏聞於是中甞侍侯覽使況妻上書訟其寃帝大震怒徵瑨下獄死晊與牧遁逃亡匿齊魯之間會赦出後州郡察舉三府交辟並不就及李杜之誅因復逃竄終於江夏山中

張儉山陽高平人太守翟超請爲東部督郵鄉人朱並告儉與同郡二十四人爲黨於是刊章討捕儉得亡命困迫遁走望門投止莫不重其名行破家相容復流轉東萊止李篤家外黄令毛欽操兵到門篤引欽謂曰張儉知名天下而亡非其罪縱儉可得寧忍執之乎欽因起撫篤曰蘧伯玉恥獨爲君子足下如

何自專仁義篤曰雖好義明廷（明廷猶明府也）今日載其半矣欽歎息而去篤因緣送儉出塞以故得免其所經歷伏重誅者以十數宗親並皆殄滅郡縣爲之殘破及黨事解乃還鄉里

翟酺廣漢雒人也以報舅讐當徙日南亡於長安爲卜相工後牧羊凉州遇赦還任郡徵拜議郎

蔡邕爲郎中後徙五原會赦還五原太守王智餞之酒酣智起舞屬邕邕不爲報智者中甞侍王甫弟也素貴驕慙於賓客詬邕曰徒敢輕我邕拂衣而去智銜之密告邕怨於囚放謗訕朝廷內寵惡之邕慮卒不免乃亡命江海遠跡吳會往來依太山羊氏積十二年在吳

魏婁圭少有猛志坐藏亡命被繫當死得踰獄出捕者追之急圭乃變衣服如助捕者吏不能覺遂以得免後詣太祖以爲大將

晉孫惠爲成都王穎大將軍參軍惠擅殺穎牙門將梁儁懼罪因改姓名以遁

周撫元帝時爲王敦從事中郎與鄧嶽俱爲敦爪牙敦敗撫與嶽俱亡走撫弟光將資遺其兄而陰欲取嶽撫怒曰我與伯山（鄧嶽字伯山）同亡何不先斬我會嶽

至撫出門遥謂之曰何不速去今骨肉尚欲相危況他人乎嶽廻船而走撫遂共入西陽蠻中明年詔原敦黨嶽撫詣闕請罪有詔禁錮之成帝咸和初司徒王導以撫爲從事中郎

鄧嶽少有將帥才略爲王敦參軍轉從事中郎西陽太守王含搆逆嶽領兵隨含向京都及含敗嶽與周撫俱奔蠻王向蠶後遇赦與撫俱出

南齊譙世榮爲巴東王子嚮防閤子嚮事泄世榮避奔雍州世祖嘉之以爲始興王中兵參軍

梁伏挺爲南臺治書因事納賄當被推劾挺懼罪遂

變服爲道人久之藏匿後遇赦乃出天心寺會邵陵王爲江州攜挺之鎮王好文義深被恩禮挺因此還俗

何遠字義方東海郯人也齊東昏永元中崔慧景入圍宮城遠豫其事事敗乃亡抵長沙宣武王王深保匿焉遠求得桂陽王融保藏之既而發覺收捕者至遠踰垣以免融及遠家人皆見執融遂遇禍遠家屬繫尚方遠亡渡江從其故人高江產共聚衆欲迎高祖義師東昏黨聞之使捕遠等衆復潰散遠因降魏入壽陽見刺史王肅同舉義肅不能用乃求迎高祖

肅許之遣兵援送得達高祖高祖見遠謂張策曰何遠美丈夫而能破家報舊德未易及也授輔國將軍隨軍東下

張虎不知何許人自云家本襄陽或云左衛將軍衛州刺史蘭欽外弟也少亡命在若耶山爲盜頗有部曲

後魏刁雍父暢仕晉右衛將軍初暢兄逵以宋高祖輕狡薄行負社錢三萬違時不還執而徵焉及桓誅桓玄以嫌故先誅刁氏雍爲暢故吏所匿奔姚興豫州牧姚紹於雒陽後至長安

房崇吉初爲宋明太原太守戍外城孝文遣慕容白曜討降之以崇吉爲歸安縣令後乞解縣許之停京師半歲乃隨奔崇吉夫婦異路剃髮爲沙門改名僧達投其族叔延住積歲餘清河張略之亦豪俠士也崇吉遺其金帛得以自遣妻從幽州南出亦得會崇吉江東尋病死

崔敬友東河清鄃人車騎大將軍光之弟也敬友爲太州治中頗有受納御史按之乃與守者俱逃

廣陵侯衍子融貌甚短陋莊帝謀殺爾朱榮以融爲直閤將軍及爾朱榮入雒融逃人間

徐紇爲黄門侍郎總攝中書門下事紇無經國大體好行小數說靈太后以鐵券間爾朱榮左右榮知深以爲憾啓求誅之榮將入雒旣尅河梁紇矯詔夜開殿門取驊騮御馬十疋東走兖州紇弟獻伯爲北海太守伯弟季産先爲青州長史紇使人告之亦將家南走羊侃時爲太山太守紇徃投之說侃令舉兵侃從之遂聚衆反紇圍兖州孝莊初遣侍中于暉爲行臺與齊獻武王督諸軍討之紇慮不免說侃請乞師於梁侃信之遂奔梁

北齊孫搴爲國子祭酒時崔祖螭反搴預焉逃於王

元景家遇赦乃出
隋李密初爲楊玄感謀主玄感敗密間行入關與玄感從叔詢相隨匿於馮翊詢妻之舍尋爲隣人所告遂捕獲囚於京兆獄是時煬帝在高陽密與其黨俱送帝所在途謂其徒曰吾等之命同於朝露若至高陽必爲葅醢今道中猶可爲計安得行就鼎鑊不規逃避也衆咸然之其徒多有金密令出示使者曰吾等死者此金並留付公幸用相瘞其餘即皆報德使者利其金遂相然許及出關外防禁漸弛密請通市酒食每醼飲諠譁竟夕使者不以爲意行次邯鄲夜

宿村中密等七人皆穿牆而遁與王仲伯亡抵平原賊帥郝孝德孝德不甚禮之備遭飢饉至剖樹皮而食仲伯潛歸天水密詣淮陽舍於村中變姓名稱劉智遠聚徒教授經數月密欝欝不得志爲五言詩曰金風蕩初節玉露凋晚林此夕窮塗士空軫欝陶心眺聽良多感慷慨淚霑襟何所爲悵然懷古意秦俗猶未平漢道將何冀樊噲市井徒蕭何刀筆吏一朝時運合萬古傳名器寄言世上雄虛生真可愧詩成而泣下數行時人有怪之者以告太守趙他縣捕之密乃亡去抵其妹夫雍丘令丘君明從子懷義以告帝令捕密密得遁去君明竟坐死
虞綽煬帝時爲著作佐郎與楊玄感爲布衣之友後玄感敗帝怒徙綽且末綽至長安而亡吏逮之急於是潛渡江變姓名自稱吳卓遊東陽抵信安令天水辛大德大德舍之歲餘綽與人爭田相訟因有識綽者而告之竟爲吏所執坐斬江都
劉斌南陽人頗有詞藻官至信都郡司功書佐竇建德署爲中書舍人建德敗復爲劉黑闥署中書侍郎與劉黑闥亡歸突厥不知所終
斛斯政爲兵部侍郎征遼時當塗任事以猜嫌懼罪

内不自安亡奔高麗
唐劉黑闥隋末與竇建德少相友善家貧無以自給建德每資之隋末亡命從郝孝德爲群盜
張亮初爲李密將隷於李勣及勣以黎陽歸國乃擬亮上柱國鄭州刺史時鄭州陷於王充亮不得之官孤軍無援遂亡命於共城山澤中
劉玄佐滑州康城人本名洽少倜儻不事生業嘗爲縣小吏主巡行賊盜坐事爲令杖之僅不死乃亡命從軍
田伾爲門下省主事事宰相李逢吉受袁王府長史

武昭錢五萬又擇細娖令昭責與逢吉及武昭事發詔下捕逐遂亡命藏於逢吉宅中至逢吉出鎮襄陽乃補充隨軍其後伾官已停遂遣人僞稱正身赴選於門下省過官授房州司馬及事發御史臺三移牒襄州追捕伾逢吉稱伾已請假入京及累路尋勘伾又不曾赴闕御史臺奏其事逢吉坐罰一季俸料田伾切加捕捉焉

梁楊師厚潁州人初爲李罕之小校太祖平定罕之預其功遂受澤州刺史當罕之至晉陽謁見太祖太祖以嘗有軍功遇之甚厚罕之有驍卒百餘人太祖

素知意欲留之罕之識其旨乃列籍以獻時師厚在其籍中後得罪懼奔于梁

後唐張全義爲縣嗇夫嘗爲令所辱唐末黃巢起宛句全義亡命入巢軍巢入長安以全義爲吏部尚書充水運使

康廷孝本北邊部族徙居晉陽初以卒隸太原軍性獷悍不馴屢犯禁綱得罪亡命于汴事梁自隊長軍吏勞積至部較

晉熊皦以少帝開運三年謫授商州上津縣令赴任至白馬寺止宿遇夜暗逃皦閩中人爲詩甚工以進士擢第嘗爲延州劉景巖從事景巖入移內地皦有力焉後景巖承詔休致心甚不樂前使皦送金帶遺莘臣馮玉玉不受皦時爲左補闕雖云歸帶與景巖之來使而不甚明景巖以失意怨皦因誣其隱帶以達玉玉奏之故有是謫皦懼後命遂竄

周馮暉爲靈武節度使始爲效節軍士拳勇無賴行伍憚之事楊師厚爲隊長唐莊宗入魏博以銀槍效節爲親事屢戰立功而犒給稍薄兩軍對壘河上暉竄入南軍梁將王彦章致之麾下莊宗平河南暉首罪赦之

孫晟密州人後唐天成初朱守殷據夷門晟爲幕賓贊成其事城陷朱氏被誅晟乃匿跡更名棄其妻子亡命於陳宋間會同惡者送之淮外吳人方納叛亡即署以官次

白進福前爲興順指揮使太祖廣順二年四月進福以族逃亡遣供奉官翟守素等十人分捕不獲陳州上言界溝鎮申有人馬九騎詰問不得入潁州界即白進福也進福曾於淤淮巡簡因事得替在京將謀竄迹乃於宰所親狎之家借鞍馬銀器僞言與家人追遊其日晚妻女皆服男子衣遁去

卷之終

冊府元龜

巡按福建監察御史臣李嗣京　正

分守建南道左布政使臣胡維霖　訂

知建陽縣事臣黃國琦　較

總録部二百

咎徵

洪範咎徵敘其惡行春秋災異謂之譴告非獨繫於邦國亦將儆於人臣自昔不忠其君無德而祿貌言視聽有斁於彝倫僭忒淫泰卒陷乎非道者曷嘗不妖興於未兆怪見於所居蓋天意之弗蠲俾神物之

申儆故有五行之屬萬類之衆殊形異狀失其常理提耳注目使之先覺而覩機若瞑不能知變以至于禍敗者可勝言哉若乃地名識亡天象示化車服牆屋無故而騷落衣服器皿忽焉而變故至有賢臣良士行道之人而不能免者其命也夫

漢袁盎景帝時爲太常病免居家初梁孝王欲求爲漢嗣盎進說其後語塞塞不行也梁王以此怨盎使人刺盎刺者至關中問盎稱之皆不容口迺見盎曰臣受王命刺君君長者不忍刺君然後刺者十餘曹曹輩也備之盎心不樂家多怪迺之棓生所問占音棓泰腈賢士善術者也還梁刺客後曹輩遮刺殺盎安陵郭門外

梁孝王武景帝時入朝歸國意忽忽不樂北獵梁山有獸牛足出背上孝王惡之六月中病熱六日薨足當處下所以輔身也今出背上象孝王背朝而干上也

臨江閔王榮以孝景前四年爲皇太子四歲廢爲臨江王三歲坐侵廟壖地爲宮壖音人緣切上徵榮榮行祖於江陵北門祖者送行之祭因享飲也昔黃帝之子纍祖好遠遊而死於道故後人以爲行神也既上車軸折車廢廢壞也江陵父老流涕竊言曰吾王不反矣榮至詣中尉府對簿中尉郅都簿責訊王簿音薄戶切訊問也音信王恐自殺

燕刺王旦昭帝時謀反令群臣皆裝是時天雨虹下屬宮中屬猶至也音之欲切飲井水竭廁中豕群出壞太官竈廁養豕圂也圂音胡困切烏鵲鬭死鼠舞殿端門端門三門也中殿上戶自閉不可開天火燒城門大風壞宮城樓折拔樹木流星下墜后姬以下皆恐王驚病使人祠葭水台水葭水在廣平南和台水在鴻門葭音家台音怡王客李廣等知星爲王言當有兵圍城期在九月十月漢當有大臣戮死者王愈憂恐謂廣等曰謀事不成妖祥數見兵氣且至奈何會蓋王舍人父燕倉知其謀告之繇是發覺伏誅

昌邑王賀昭帝時聞人聲曰熊視而見大熊左右莫

見以問郎中令龔遂遂曰熊山野之獸而來入宮室
王獨見之此天戒大王恐宮室將空危亡象也賀不
改寤後卒失國
霍禹宣帝時嗣其父大將軍光博陸侯爲大司馬光
兄孫雲爲中郎將雲弟山爲奉車都尉初光夫人顯
毒殺許后帝始聞之而未察及雲山禹有邪謀長安
男子張章告之詔雲山不宜宿衛山禹等甚恐顯夢
第中井水溢流庭下竈居樹上又夢大將軍謂顯曰
知捕兒不知兒見捕也亟下捕之且疾下捕之亟音居力切第中鼠暴
多與人相觸以尾畫地鴞數鳴殿前樹上鴞惡聲之鳥也古者

室屋高大則通呼爲殿爾非止天子宮中第門自壞雲尚冠里宅中門亦
壞巷端人共見有人居雲屋上徹瓦投地就視亡有
大怪之禹夢車騎聲止讙來捕禹舉家憂愁會謀逆
事發雲山自殺禹要斬顯棄市
董賢哀帝時爲大司馬第門自壞時賢以私愛居大
位賞賜無度驕嫚不敬大失臣道見戒不改後賢夫
妻自殺家徙合浦
翟義字文仲爲東郡太守王莽居攝義舉兵將誅莽
義兄宣居長安先義未發家數有怪言義未發兵之前夜聞
哭聲聽之不知所在宣教授諸生滿堂有狗從外入
齧其中庭群鴈數十比驚救之已皆斷頭比必寐切狗走
出門求不知處宣大惡之謂後母曰東郡太守文仲
素俶儻俶音之歷切今數有惡怪恐有妄爲而大禍至也
太夫人可歸爲棄去宣家者言歸其本族自絶於翟氏以避害母
不肯去後數月義舉兵誅其家遂族
王康仕王莽爲太師時盜賊起遣康與更始將軍廉
丹東東謂東出也祖都門外天大雨霑衣止長老嘆曰是
爲泣軍果爲光武所敗
後漢更始自雒陽而西初發李松奉引馬驚奔觸北
宮鐵柱門三馬皆死續漢書曰馬禍也時更始失道將亡之徵

彭寵光武建武初爲漁陽太守其妻數惡夢又多見
怪變一說夢贏袒冠幘踰城徒推之又寵堂上聞蝦蟇聲在火鑪下鑿地求之不得也卜筮
及望氣者皆言兵當從中起寵疑其弟子后蘭卿質
漢歸故不信之使將兵居外無親於中寵齋獨在便
室蒼頭子密等斬寵及妻頭詣闕
岑彭爲征南大將軍建武中討公孫述至武陽所營
地名彭亡彭聞而惡之欲徙會暮蜀刺客詐爲亡奴
降夜刺殺彭
任文公巴郡閬中人爲治中從事公孫述將蜀武擔
石折文公曰噫西州智士死我乃當之自是皆會聚

子孫設酒食後三月果卒

魏李勝爲河南尹歲餘廳事前屠蘇壞（小草屋也）令人更治之小材一枚激墮正撾受符吏石虎頭斷之後旬日遷爲荆州刺史未及之官而敗

楚王彪本封白馬齊王嘉平初東郡有訛言云白馬河出妖馬夜過官牧邊鳴呼衆馬皆應明日見其跡大如斛行數里還入河兗州刺史令狐愚以彪有智勇及聞此言遂與王凌謀共立之事泄凌愚被誅彪賜死

張珍鉅鹿人養志不仕正始元年戴鵀之鳥巢珍門

陰珍告門人曰夫戴鵀陽鳥而巢門陰此凶祥也乃援琴歌詠作詩二篇旬日而卒

公孫淵爲遼東太守司馬宣王以太尉出征圍其城時有長星色白有芒鬣自襄平城西南流于東北墜于梁水城中震慴無幾何淵攻南圍突出宣王縱兵擊敗之斬於梁水之上星墜之所初淵家數有怪犬冠幘絳衣上屋炊有小兒蒸死甑中襄平北市生肉長圍各數尺有頭目口喙無手足而動搖尋誅滅

蜀諸葛亮爲丞相大將軍屯于五丈原有長星墜亮之壘是年亮卒

吳諸葛恪爲荆楊二州牧督中外諸軍事時孫峻因民之多怨衆之所嫌搆恪欲爲變與孫亮謀置酒請恪恪將見之夜精爽擾動通夕不寐明將盥漱聞水腥臭侍者授衣衣亦臭恪怪其故易衣易水其臭如初意悁悵不悅嚴畢趨出犬銜引其衣恪曰犬不欲我行乎還坐頃刻乃復起犬又銜其衣恪令從者逐犬升車初恪將征淮南有孝子者著縗衣入其閤中從者白之令外詰孝子曰不自覺入時中外守備亦悉不見衆皆異之出行之後所坐廳事屋棟中折自新城出住東興有白虹見其船還拜蔣陵白虹復繞

其車俄爲峻所殺恪以被殺其妻在室使婢語曰汝何故血臭婢曰不也有頃愈劇又問婢曰汝眼目視瞻何以不常婢蹙然起躍頭至於棟攘臂切齒而言曰諸葛公乃爲孫峻所殺於是大小知恪死矣而吏兵尋至

鄧嘉爲戍將殺豬祠神治畢懸之忽見一人頭在食案嘉引弓射中之咋咋作聲繞屋三日後嘉謀叛闔門被誅

晉衛瓘爲太保惠帝永熙初瓘家人炊飯墮地盡化爲螺出足起行歲餘及禍

張華爲司空所封壯武郡有桑化爲栢識者以爲不祥又華第舍及監省數有妖怪少子韙以中臺星坼勸華遜位華不從曰天道玄遠惟修德以應爾不如靜以待之以俟天命及趙王倫孫秀將廢賈后遂害華夷三族

賈謐本姓韓其母午賈后妹也謐冐姓賈氏惠帝元康中雒陽南山有蟲作聲曰韓屍屍識者曰韓氏將死也言屍屍者盡死意也其後謐誅而韓族殲焉又謐將誅其家數有妖異飄風吹其朝服飛上數百丈墜於中丞臺又蛇出其被中夜暴雷震其室柱陷毀

牀帳謐益恐及趙王倫廢賈后謐及母賈午皆伏誅官至散騎常侍侍講東宮

宋達爲丹陽內史家犬生三子皆無頭後爲楊州刺史曹武所殺

周玘爲南郡太守初玘於陽羨起宅始成而邊戶有聲如人歎咤者又玘家有鵝在籠中而頭斷出籠外玘亡後家誅

裴楷爲光祿大夫家炊黍在甑或變如拳或作血或作蕪菁子其年卒

楊駿爲太傅輔政初徵高士孫登遺以布被登截被於門大呼曰斫斫刺刺旬日託疾詐死及駿被誅其言果驗

王浚爲幽州牧謀將僭號有狐據虎門翟雉入廳事俄爲石勒所殺

愍懷太子既爲賈后所忌將害之時有桑生於宮西廂日長尺餘數日而枯後太子臧初立爲太孫桑復生於西廂太孫廢仍枯

石崇爲衛尉將被誅其家稻米飯在地經宿皆化爲螺時人以爲族滅之應

趙王倫僭即帝位時有雉入殿中自太極東階上殿

驅之更飛西鍾下有頃飛去又倫於殿上得異鳥問皆不知名累日向夕宮西有素衣小兒言是服劉鳥倫使錄小兒并鳥閉置牢室明旦開視戶如故并失人鳥所在倫目上有瘤時以爲妖焉

齊王冏爲大司馬輔政有一婦人詣冏府求寄產吏詰之婦人曰我截臍便去爾識者聞而惡之時又謠云著布袙腹爲齊持服俄而冏誅

卞粹齊王冏輔政時粹爲侍中中書令及長沙王乂專權粹立朝正色乂忌而害之初粹如厠見物若兩眼俄而難作

成都王頴起兵誅長沙王乂旣次朝歌每夜矛戟有光若火其壘井中皆有龍象頴旣縊死棄棺於故井中

陸機爲平原内史成都王頴輔政以機爲後將軍討長沙王乂機始臨戎而牙旗折意甚惡之機戰敗頴聽孟玖之譖將殺機其夕機夢黑幰繞車手決不開天明而禍及

皇太子覃初爲清河世子所佩金鈴欻生隱起如麻粟祖母陳太妃以爲不祥毁而賣之占者以金是晉行大興之祥覃爲皇裔是其瑞也毁而賣之象覃見廢不終之驗也

祖逖爲豫州刺史先是華譚庾闡問術人戴洋洋曰祖豫州九月當死初有妖星見于豫州之分歷陽陳訓又謂人曰今年西北大將當死逖亦見星曰爲我矣方平河北而天欲殺我此乃不祐國也俄卒於雍丘

張茂元帝大興中爲吳郡太守府舍得二狗頭其後茂爲吳興兵所殺

王敦爲荆州牧在武昌鈴下儀仗生華如蓮華五六日而萎落于寶以爲狂華生枯木又在鈴閤之間言威儀之富榮華之盛皆如狂華之發不可久也其後敦終以逆命加戮其尸

甘卓爲閬州牧將襲王敦旣而中止及還襄陽意氣騷擾舉動失常自炤鏡不見其頭視樹庭而頭在樹上心甚惡之其家金櫃鳴聲似槌鏡清而悲巫云金櫃將離是以悲鳴尋爲襄陽太守周慮等襲殺之

王導爲司徒廐羊生無後足明年蘇峻入京都導與成帝俱幽石頭僅乃身免

周延爲冠軍將軍於姑孰立屋五間而大梁一時躍出墮地銜立柱頭零節之上甚危雖以人功不能然

也後竟爲王敦所害覆族

王機爲廣州刺史入厠忽見二人着烏衣與機相捍良久擒之得二物似烏鴨南海太守鮑靚曰此物不祥機焚之逕飛上天機尋誅死

謝安爲太傅太元中出鎮廣陵始發石頭金鼓忽破又語未嘗謬而忽一誤衆亦怪異之尋薨

王國寶爲尚書左僕射先是太元中小兒以兩鐵相打於土中名曰鬭族後國寶與王恭一姓之中自相攻擊也

庾聃（史失其官）四五年中喜爲挽歌自搖大鈴爲唱使左

右齊和又燕會輙令倡伎作新安人歌舞離别之辭其聲悲切時人怪之後亦果敗

諸葛長民爲豫州刺史兼太尉留府事嘗一月中輙十數夜眠中驚起跳浪如與人相打毛修之嘗與同宿見之駭愕問其故長民答曰正見一物甚黑而有手脚不分明奇健非我無以制之其後來轉數屋中柱及椽桷間悉見有蛇頭令人以刀懸斫應刃隱藏去輙復出又擣衣石相與語如人聲不可解於壁見有巨手長七八尺臂大數圍令斫之豁然不見未幾伏誅

王矩爲廣州刺史將赴職忽見一人持奏謁矩自云京兆莊靈之矩問之答稱天上京兆被使君召爲主簿矩意甚惡之至州月餘卒

庾翼爲豫州刺史入厠見一物如方相俄而疽發背卒

殷仲文爲東陽太守謀反因炤鏡不見其面數日而伏誅

朱猗爲龍驤將軍戍壽陽婢炊飯忽有群烏集竈競來啄噉婢驅逐不去有獵狗咋殺烏鵲餘者因共啄狗卽死又噉害唯餘骨存尋而猗死

桓玄初封楚王已設拜席群官陪位未及出有狗來便其席萬衆雕佇莫不驚怪玄性猜暴竟無言者逐狗改席而已玄旣僭亂出僞詔改年爲建始右丞王攸之曰建始趙王倫僞號也又改爲永始復是王莽始執權之歲其兆號不祥冥符僭逆如此玄入建康宫逆風迅激其旌儀飾皆傾偃及小會於西堂設伎樂殿上施絳綾帳鏤黄金爲顏四角作金龍頭銜五色羽葆旒蘇群臣竊相謂曰此頗似轜車亦王莽仙蓋之流也龍角所謂亢龍有悔者也玄在宫中嘗覺不安若爲神鬼所擾自篡盗至敗凡八旬

王綏爲冠軍將軍其家夜中梁上無故有人頭墮於牀而血流滂沱俄拜荆州刺史假節坐父愉之謀與弟納並被誅

前凉張天錫爲凉州牧州楊樹生松天成若曰松不改柯易葉楊者柔脆之木此永久之業將集危亡之地是後天錫降氐

宋彭城王義康爲大將軍領司徒東府廳事前井水忽涌溢野雉江鷗並飛入所住齋前尋被誅削

臨川王義慶爲楊州刺史在廣陵有疾而白虹貫城野麕入府心甚惡之因陳求還太祖許解州以本號

還朝䕺於京邑

始興王濬字休明將產之夕有伏鳥鳴於屋上後與元凶劭同逆伏誅

劉敬宣爲布將軍夜與僚佐宴集空中有放一隻芒屩於坐中墮敬宣食盤上長三尺五寸已經人著耳鼻間並欲壞頃之而敗

晉安王子勛僭號之日雲雨晦合行禮忘稱萬歲吏子勛所乘車除脚以爲輦置僞殿之西其夕有鵂棲其中鵄集其幰又有禿鶖集城上又以安陸王子綏爲司徒子綏拜司徒日電雷晦冥震其黃閤柱鴟尾

墜地又有鵄棲其帳上尋敗並伏誅

竟陵王誕爲南徐州刺史在京夜大風飛落屋瓦城門及牀倒覆誕心惡之及遷鎮廣陵入城衝風暴起揚塵晝晦又中夜閒坐有赤光炤室見者莫不怪愕左右侍直眠中夢人告之曰官須髮爲稍毦既覺已失髮矣如此者數十人誕甚怪懼大明二年發民築治廣陵城誕循行有人干輿揚聲大罵曰大兵尋至何以辛苦百姓誕執之問其本末答曰姓夷名孫家在海陵天公去年與道佛共議欲除此間民人道佛苦諫得至今大禍將至何不立六慎門誕問六慎門云何答曰古時有言禍不入六慎門誕以其狂悖殺之又五音士忽狂易見鬼驚怖啼哭曰外軍圍城城上張白布帆誕執録二十餘日乃赦之誕尋爲建康陳文紹等告其反狀伏誅

徐羡之爲司徒少時隨從兄履之爲臨海樂安縣嘗行經山見黑龍長丈餘頭角前兩足皆具無後足曳尾而行及拜司空守關將入詣星晨見危南又當拜時雙鶴集太極東鴟尾鳴喚後與傅亮同誅

江湛爲吏部尚書初湛家數見怪異未敗少日所眠床忽有數升血尋爲元凶所害

蕭思話爲青州刺史嘗所用銅斗覆在藥厨下得二死雀思話曰斗覆而雙雀殞其不祥乎旣而被繫

檀道濟爲司空江州刺史還鎮下渚未發有似鵃鳥集船悲鳴會太祖疾動彭城王義康矯詔召入道濟收付廷尉及其子給事會黃門侍郎司徒從事中郎粲太子舍人混征北主簿丞伯秘書郎中遵等八人並誅

黃回南兗州刺史太祖將誅回回被召上車愛妾見赤光冠其頭至足苦捉留回回不肯止及至見誅

劉斌爲吳郡太守郡堂屋西頭鴟尾無故落地治之

未畢東頭鵶尾後落頂之斌誅
劉遁爲南海太守在廣州昇明元年沈攸之反刺史陳顯達起兵應朝廷遁豫見殺遁家人在都從野夜歸見兩三人持堊制其家門須臾滅明日而遁死問至

冊府元龜

册府元龜

廵按福建監察御史臣李嗣京 訂正

分守建南道左布政使臣胡維霖 參閲

知建陽縣事臣 黄國琦較釋

總録部 二百一

咎徵第二

南齊安陸王子敬爲楊州刺史先是有壘入廣陵城投井而死又有象至廣陵其後子敬於鎮被害

始安王遥光行還入城風飄儀繖出城外遥光尋以叛誅

成買爲角城戍主與魏軍拒戰手所傷殺無數晨朝早起手中忽有數升血其日遂戰死

黄文濟爲御史其家齋前種昌蒲忽生花光影炤壁成五采其兒見之餘人不見也少時文濟被殺

王晏爲驃騎大將軍其父普耀齋前栢樹忽變成梧桐論者以爲梧桐雖有棲鳳之美而失後凋之節及晏敗果如之又未敗前見梧桐子悉是大蛇就視之猶未也晏惡之乃以紙裹桐子循紙内摇動蔌蔌有聲晏子德元所居帷屏無故有血灑之晏於北山廟答賽夜還晏旣醉部伍人亦飲酒羽儀錯亂前後十餘里中不復相禁制識者云此勢不復久也後數日被誅

崔慧景爲平西將軍假節侍中奉江夏王寶玄圍臺城有一五色幡飛翔在雲中半日不見衆皆驚怪相謂曰幡者事尋當翻覆也數日慧景敗

梁王茂爲荆州刺史茂初以元勳高祖賜鍾磬之樂及在江州夢鍾磬在格無故自墮心惡之及覺命奏樂旣成列鍾磬在格果無故編皆絶墮地茂謂長史江詮曰此樂天子所以惠勞臣也樂旣極矣能無憂乎俄而病少日卒

王瑩除左光祿大夫開府儀同三司丹陽尹侍中瑩將拜印工鑄其印六鑄而龜六毀旣成頸空不實補而用之居職六日暴疾卒

河東王譽爲湘州刺史以悖逆誅死初譽之將敗引鏡炤面不見其頭又見長人蓋屋兩手據地瞰其齋又見白狗大如驢從城而出不知所在譽甚惡之俄而城陷

武陵王紀將僭號妖怪非一其最異者内寢栢殿柱繞節生花其莖四十有六靃靡可愛狀似蓮花識者曰王敦杖花非佳事也紀年號天正與蕭棟暗合僉

曰天字二人也正字一止也棟紀僭號各一年而滅

侯景自爲大都督督中外諸軍事將篡奪乃矯詔自加九錫之禮置丞相以下百官陳備物於庭忽有野鳥翔于景庭上赤足丹嘴形似山鵲賊徒悉駭競射之不能中景既篡位所居殿常有鵂鶹鳥鳴景惡之每使人窮山野討捕焉又景左足上有肉瘤狀似龜戰應尅捷瘤則隱起分明如不勝瘤則低至景敗日瘤隱陷肉中又景與領軍將軍王僧辯戰有流星墜其營中賊徒大駭相顧失色賊帥任約又爲陸法和所禽景乃燒營夜遁旋軍梟首元帝以僧辯爲鎮東

將軍開府儀同三司江州刺史封長寧縣公命即率巴陵諸軍沿流討景攻拔魯山仍攻郢入羅城又有大星如車輪墜賊營去地十丈變成火一時碎散有龍自城出五色光曜入城前鸚鵡洲水中景聞之倍道歸建業

陳周文育爲鎮南將軍討余孝勵爲豫章太守熊曇朗所害初文育之據三陂有流星墜聲如雷地陷方一丈中有碎炭數斗又軍市中忽聞小兒啼一市並驚聽之在土下軍人掘得棺木長三尺文育惡之俄而見殺

侯安都爲鎮北將軍率衆與周文育西討王琳將發王公已下餞於新林安都躍馬渡橋人馬俱墜水中又坐艑內墜於櫓井時以爲不祥軍至郢州與琳合戰安都敗績與周文育徐敬成並爲琳所囚

後魏南安王楨爲湘州刺史五月至鄴入治日暴風大雨凍死者十數人楨以旱祈雨于羣神鄴城有石虎廟入奉祀之楨告虎神像云三日不雨當加鞭罰請雨不驗遂鞭像一百是月疽發背薨楨孫中山王熙後爲湘州刺史以七月入治其日大風寒雨凍死者二十餘人驢馬數十疋熙聞其祖父前事心惡之

又有蛆生其庭後果兵敗而死焉

北海王詳除太傅領司徒侍中錄尚書事拜命之夜暴風震雷拔其庭中桐樹大十圍倒立本處初宣武之覽政也詳聞彭城王勰有震主之慮而欲奪其司徒大懼物議故爲大將軍至是乃居之天威如此識者知其不終後爲人告謀反免爲庶人會其家奴數人陰結黨輩欲以劫出詳密抄名字潛托侍婢通於詳詳始得執省而門防主司遥見突入就詳手中攬得呈奏至夜守者以聞詳哭數聲而暴死

李元護爲齊州刺史卒病前月餘京師無故得其凶

問又城外送客亭柱有人書曰李齊州死綱佐餞別者見而拭之後復如此

爾朱世隆爲尚書令與吏部尚書元世儁握槊忽聞局上諠然有聲一局之子盡皆倒立世隆甚惡之又魯晝寢其妻奚氏忽見一人持世隆首去奚氏驚怖就視而寢如故旣覺謂妻曰向夢人斷我頭去意殊不適又此年正月晦日令僕並不上省西門不開忽有河內太守田怙家奴告省門亭長云今旦爲令王借車牛一乘終日於洛濱遊觀至晚王還省將車出東掖門始覺車上無褥請爲記識時世隆封雍平郡

王故呼爲令王亭長以令僕不上西門不開無車入省兼無車跡此奴固陳不已公文列訴尚書都令史謝遠疑謂妄有假借白世隆付曹推驗時都官郎穆子容窮究之奴言初來時至司空府西欲向省令王嫌遲遣二防閤捉儀力催車車入到省西門王嫌牛小繫於閤下槐樹更將一靑牛駕令王着白紗高頂帽短小黑色儐從軍皆帬襦袴褶板不似常時服章遂遣一吏將奴送入省中廳事東廂第一屋中其屋先常閉鑰子容以西門不開忽言從入此屋常閉言奴在中詰其虛罔奴云此屋若閉求得開看屋中有一板床上無席大有塵土兼有一瓮米奴拂床而坐兼畫地弄瓮中之米亦握看之定其閉者應無事驗子容與謝遠自入看之戶閉極久全無開跡及入拂床畫地蹤緒歷然米亦符同方知不謬具以此對世隆悵然意以爲惡未幾見誅

高肇爲司徒及大舉伐蜀以肇爲將軍都督諸軍是日肇所乘駿馬停於神虎門外無故驚倒轉臥渠中鞍具瓦解衆咸怪異肇出惡言焉及西征行至函谷車軸中折從者皆以爲不獲吉還也其後果被誅

北齊琅邪王儼爲大將軍錄尚書事鄴北城有白馬

佛塔是石季龍爲澄公所作儼將脩之巫曰若動北浮圖此城失主不從破至第二級得白蛇長數丈廻旋失之數旬反敗

竇泰爲中尉從神武西討爲周太祖所襲自殺未行之前夜三更忽有朱衣冠幘數千人入臺云收竇中尉宿直兵吏皆驚其人入數屋俄頃而去旦視關鍵不異方知非人皆知其必敗

王琳自梁來奔爲特進侍中所居屋脊無故剝破出赤蛆數升落地化爲血蠕蠕而動又有龍出于門外之地雲霧起晝晦後爲陳將吳明徹所殺

權會爲著作監知太史局事加中散大夫自府還第在路無故馬倒遂不得語因爾暴亡會生平畏馬位望所至不得不乘果以此終

斛律光爲丞相封淸河郡公爲祖珽所搆光將誅其家三鼠常晝見光寢室常投食與之一朝三鼠俱死又牀下有三物如黑猪從地出走其穴膩滑大蛇屢見屋脊其聲如彈丸落又大門横木自焚禱衣石自移

隋燕榮爲幽州總管坐毒虐贓穢徵還京師賜死先是榮家寢室無故有蛆數斛從地僨出未幾榮死於

蛆出之處

齊王暕大業中於東都營第大門無故而壞廳事栿中折識者以爲不祥及從幸江都因會暕具法服將朝無故有血從囊中而下又坐齋中見羣鼠數十至前而死視皆無頭暕意甚惡之尋爲宇文化及所害

堯君素大業中爲河東通守唐公義師攻之歲餘不尅時白蛇降於府門兵器之端夜皆光見月餘君素爲左右所害

唐劉文静高祖武德初爲戸部尚書其家中妖恠數見文静弟文起憂之遂召巫者於星月之下披髮銜刀爲厭勝之法其愛妾失寵以狀告其兄上變誅死

齊王祐太宗貞觀中爲齊州都督以謀逆詔還京師賜死祐未反前數月於齋中晝坐忽見一人云災厄甚逼可脩福以禳之言訖而滅祐但令多設佛齋餘無悛悔祐又好養鴨忽有野狸入籠中齧四十餘鴨皆斷其頭及敗同惡而誅者四十四人

曹懷舜高宗永隆中爲定襄道副總管初軍至碧綠泊軍始爲營營内忽有泉水大如車輪又遇大風飄拆懷舜寢帳衆皆惡之俄爲突厥所敗

越王貞爲豫州刺史則天垂拱中貞子博州刺史琅

邪王冲據博州舉兵貞應之貞嘗遊於城西水門橋臨水自鑑不見其首心甚惡之未幾而及禍

寧王憲玄宗天寶初寢疾是冬京城寒甚凝霜封樹時學者以爲春秋雨木氷是亦名樹介言其象介胄也憲見而嘆曰此俗謂樹稼也諺云樹稼達官怕必有大臣當之吾其死矣數日薨

楊愼矜天寶五載爲御史中丞爲侍御史王鉷所構縊殺之初愼矜至温湯正食忽見一鬼物長丈餘朱衣冠幘立於所扇後愼矜叱之良久不滅以熱羮投之乃滅無何下獄死

元載爲中書侍郎平章事居長壽坊代宗大曆四年九月巳卯有猛虎入城止於載私廟命金吾將軍薛岌射生將軍皓發弩手射殺之以獻十二年載被誅毁其私廟木主

李希烈爲淮西節度使德宗建中初希烈于唐州得象一頭以爲瑞應又上蔡襄城獲其珍實乃是爛車釭及滑石僞印也尋而希烈死

朱泚爲盧龍節度使留京師建中四年七月涇原兵反迎泚爲主泚自號其宅曰潛龍宫悉移内庫珍貨瓌實以實之識者曰易稱潛龍勿用此敗徵也未幾

百姓剽奪其珍實泚不能禁止尋而泚敗

韋執誼順宗即位初爲尚書左丞平章事執誼自卑官嘗忌諱不言嶺南州縣名爲郎官時嘗與同舍詣職方觀圖每言嶺南州執誼遽命去之閉目不視及拜相還所坐堂見北壁有圖不就看七八日試就看之乃崖州圖也以爲不祥甚惡之憚不能出口及貶員外司戸果得崖州

劉闢爲劍南西川節度使韋臯府行軍司馬闢嘗病見問疾者皆以手據地倒行入闢口闢因饑裂食之唯盧文若至則如平常故尤與文若相暱卒以同惡族其家

高駢爲淮南節度使僖宗光啓元年冬府衙廳門之内有隋朝大屋數間蓋舊行臺也古老謂之中書門雖制度朴拙梁棟甚堅忽一日自壞識者曰故事中武德初始畢可汗牙帳破高祖問侍臣曰此兆何也蕭瑀曰昔魏文帝時許昌門無故自壞文帝惡之即其驗也蕭瑀上言之後明年四月始畢可汗果死而駢之府庫此時輒壞則知非其祥也又明年七月有蝗行而不飛自郭西浮濠水緣城而入飛至駢道院之中驅撲不止凡松竹之屬一夕如翦所懸畫像皆

齧去其頭數日之後又相食啗至九月暴雨初霽溝瀆中忽有小魚其大如指蓋雨魚也占者曰有兵喪十月有大星隕于延和閣前聲若奔雷洞焰一庭自十一月雨雪至三年二月昏霧不解或曰下謀其上是時粮食騰貴殆逾十倍寒餒仆者日有數千棄之郊外及霽而遠坊靜巷爲之一空至三月駢有寄諸從事詩末句云人間無限傷心事不得罇前折一枝蓋亡滅之兆也駢果爲畢師鐸所殺

梁成汭唐末爲荆南節度使時鄂州杜洪爲淮南楊行密所襲汭出師援之造一巨艦三年而成號曰和

載艦上列廳所司局有若府署之制又有齊山截海之名其宏廓可知矣及沿流東下未及鄂渚而澧朗之軍突入江陵俘掠殆盡汭之兵士咸顧其家皆無鬬志而淮寇乘之縱火以燔其艦汭投江而死又澧朗之軍旣襲江陵一城士女僧道工巧皆俘載而去則和州載之名亦前定也

安王友寧太祖兄子唐末爲嶺南西道節度使與青州王師範戰于石樓王師小却友寧旁自峻阜馳騎以赴敵所乘馬蹶而仆遂沒於陣友寧將戰之前一日有大白蛇蟠於帳中友寧心惡之旣而果遇禍焉

楊師厚爲魏博節度使封鄴王於黎陽採巨石將紀德政以鐵車負載驅牛數百以拽之所至之處丘墓廬舍悉皆毀壞百姓望之皆曰碑來碑來及碑石纔至而師厚卒魏人以爲悲來之應

後唐張文禮爲鎮州牙將害其帥王鎔而自爲留後未幾舉家咸見鬼物昏暝之後或歌或哭又野河色變如血遊魚多死浮於水上識者知其必敗尋而疽發背死

王處直爲定州節度使嘗自頌功業爲德政碑建樓於衙城內言有龍見其中人或覩之其狀黃么蜥蜴也而不畏人處直以爲神異造龍床以安之又城東麥田有鵲數十頭平地共巢處直以爲巳德令人守之識者竊論曰虫蛇陰物比藏山澤今據屋室人不得而有也鵲巢於樹固其所也今止平地失其所也南方爲火火主禮禮壞則羽虫失性以文推之上失其道不安之位果廢處直

朱繼麟爲河中節度使先是河中衙城閽者夜見婦人數十袪服靚粧僕馬炫燿自外馳騁笑語趨衙城閽者不知其故不敢詰至門排騎而入旣而扃鐍如故後無人跡乃知妖鬼也又繼麟夜登逍遥樓哭聲

四合詰旦訊之巷無喪者隔歲乃族誅

張遵誨爲客省使自以歷位尹正與樞密使安重誨素亦相款東心有望於節鉞及郊禋畢止爲絳州刺史鬱鬱不樂離京之日白衣乘馬於隼旟之下至郡無幾而卒

晉鄭阮初仕後唐爲趙州刺史嘗以郡符取部內凶肆中人隸其籍者遣於青州舁喪至治郡人憚其遠願輸直百緡以免其行阮本無喪即受直放還識者曰此非吉兆也未幾改曹州刺史爲政愈獘高祖建義入雒爲本州指揮使石重立所殺舉族無孑遺

劉頎爲鴻臚卿留司洛下嘗於水南治第有古墓在其下因發之其棺柩遺骸棄於雒水俄而疾作舉家相繼卒焉

程遜爲太常卿奉使吳越仲秋之夕陰暝如晦遜嘗爲詩曰幽室有時聞鴈叫空庭無路見螢光同僚見之訝其詩語稍異及使廻遭風水而溺焉

史翰爲滑州節度使白馬河決翰自祭之見一犬有角浮於水心甚惡之後數月遘疾而卒

安重榮爲鎭州節度使初後唐清泰中董溫琪爲鎭帥於城之諸門各鑄二鐵人虬髯拱立以抱其闢衆

謂之鐵胡重榮未舉兵前東門忽隕一鐵人頭不知其故也閽者懼乃託以爲暴風吹巨扉所落重榮小字鐵胡心惡之不復窮問又饒陽令劉巖送一水鳥文有五色重榮畜於後潭以爲鳳雛遂有異志漸恣奢僭用玉爲魚袋將謀逆也復爲鐵鞭重數斤密令人自外獻之蓋惑衆冀成非望也又鎭之牙署堂前有揭幡長竿約數十尺重榮將叛之前一日張弓弩仰望竿杪銅龍之首謂左右曰我若必有天命則當一發而中果中之左右卽時拜賀蓋禍之來也陰必惑之以至於敗焉

李金全爲安州節度使有親吏胡漢筠者金全愛之甚篤己亥歲府署之竹一夕而花城壖之麥方蘄而秀大露晦冥之中則化爲宿莽郡樓有介虫如黿而巨鱗鋭首能陷堅出於金全足下漢筠取而焚之所乘馬人立而言庚子年正月赤雲如煙蒙冒其境中有素光如矛戟之狀南北交錯及城有夜妖金全心惡之及牛全節除安州節度金全送款于淮夷至是而寵妓樂車馬珍奇帑藏皆爲僞將李承裕所奪與其黨數百人束身夜出曉至汶川引領北望泣下而去

景延廣爲侍衛都指揮使開運三年冬契丹渡滹水詔遣屯孟津將戒途由府署正門而出所乘馬騰立不進幾墜於地乃易乘而行時以爲不祥之甚也延廣後爲虜所殺

桑維翰爲開封尹會秋霖經月不歇一日維翰出府門由西街入內至國子監門馬忽驚逸御者不能制維翰落水久而方蘇或言私邸亦多怪異親黨咸憂之果爲張彥澤所害

李濤爲平章事乾祐元年三月中書廚釜鳴者三不數日又鳴者三俄又鳴者三俄又鳴者一其聲甚異

至是濤罷免楊雄謂之鼓妖近類此乎

史弘肇爲侍衛親軍都督指揮使其第數有怪異嘗一日於堦砌隙中有煙氣蓬勃而出禍前二日昧爽有星落於弘肇前三數步如迸火而散俄而被誅

湘陰公贇爲徐州節度使乾祐元年八月中有雲見五色又冬杪有鳥翔集於鮮碧堂庭樹黃質朱喙金目青翼紺趾玄尾鶗鴂許大衆莫能識竟不見飲啄有賓佐間歎曰野鳥入室主人將去浹旬而不知所止及郊迎馮道常所乘馬比甚馴服至是忽蹄齧奔逸人不可制乃以他馬代之時以爲不祥又傳太后

誥之際馮道笏墮於地左右皆惡之將離彭城嘗一日天有白光一道自西來炤城中如晝有聲如雷時人謂之天裂又有巨星墜於徐野殷然有聲或謂之天狗後贇果廢死

周王峻爲樞密使初降制除青州有司撰製旄節以備迎授前之夕其旄節有聲甚異聞者駭之主者曰安重誨授河中節亦有此異焉又所居堂陛忽然隱起如堆又夢被官府追攝入司簿院既寤心惡之以是尤加狂躁尋被誅死

馬裔孫爲太子賓客分司在雒未疾前白虺緣于庭槐軀之失所在裔孫感賦鵩之文作槐虺賦以見志未幾暴卒

王殷爲鄴都留守以太祖郊禮入覲令爲内外巡警有震主之勢人頗憂之太祖力疾坐滋福殿降制流竄入都城乃命殺之衆情乃安是歲鄴城寺鐘懸絶而落又火光出檣竿之上殷之入覲都人餞之離亭上馬失鐙翻墮於地人訝其不祥太祖尋令澶帥鄭仁誨之鄴殺次子爲衙内指揮使不出侯謁誅之遷其家屬於登州

冊府元龜

冊府元龜

巡按福建監察御史臣李嗣京　訂正
分守建南道左布政使臣胡維霖　參閱
知建陽縣事臣黃國琦較釋

總錄部二百二

忌害　交構　交惡

忌害

行近於名藝放於利近名則多忌放利則多害誠先民之共患也大道既隱推讓多缺至有處乎先則抑其後居乎下則攻其上忘兼容之戒起自私之謀患

埒巳之寵惡高衆之技讒之未勝則浸潤以取信力之不足則朋附以合勢造構其端媒蘖成罪或緣疑似而成狀或伺不意而竊發甚者至於戕害次亦不免疏棄何長短相形高下相傾而至於是乎蓋夫木秀於林風必摧之行高於人衆必非之良可以太息者巳

鮑牧國夏高張皆齊大夫也齊景公尊穰苴爲大司馬巳而鮑氏高國之屬害之譖於景公退穰苴苴發疾而死

公叔魏武侯時尚公主爲相時吳起爲西河守甚有有聲名公叔害吳起公叔之僕曰起易去也公叔曰奈何其僕曰吳起爲人節廉而自喜名也君因先與武侯言曰夫吳起賢人也而侯之國小又與彊秦壤界臣竊恐起之無留心也武侯卽曰奈何君因謂武侯曰試延以公主起有留心則必受之無留心則必辭矣以此卜之君因召吳起而與歸卽令公主怒而輕君吳起見公主之賤君也則必辭於是吳起見公主之賤魏相果辭魏武侯武侯疑之而弗信也吳起懼得罪遂去卽之楚

李醯爲秦太醫令時扁鵲名聞天下過邯鄲聞貴婦

人卽爲帶下醫過雒陽聞周人愛老人卽爲目耳痺醫來入咸陽聞秦人愛小兒卽爲小兒醫隨俗爲變醯自知技不如扁鵲也使人刺殺之

龐涓仕魏爲惠王將軍初涓與孫臏俱學兵法涓旣事魏惠王爲將軍而自以爲能不及孫臏乃陰使召孫臏至涓恐其賢於巳疾之則以法刑斷其兩足而黥之

李斯楚上蔡人入秦爲廷尉斯與韓非俱事荀卿斯自以爲不如非非觀往者得失之變作孤憤五蠹人或傳其書至秦秦王見孤憤五蠹之書曰嗟乎寡人

得見此人與之游死不恨矣斯曰此韓非之所著書也秦因急攻韓韓王始不用非及急乃遣非使秦秦王悅之未親信李斯姚賈害之毀之曰韓非韓之諸公子也今王欲并諸侯非終爲韓不爲秦此人之情也今王不用久留而歸之此自遺患也不如以過法誅之秦王以爲然下吏治非李斯使人遺非藥使自殺韓非欲自陳不得見秦王後悔之使人赦之非已死矣

蜀陳祗爲尚書令龐統子宏字巨卿剛簡有臧否輕傲於祗爲祗所抑卒於涪陵太守

晉馮紞得幸武帝爲左衛將軍承顏悅色寵愛日隆羊祜貞慤心無私疾惡邪佞紞與荀勗之徒甚忌之

孔顥爲文帝相府叅軍魯國唐彬以州別駕奉使詣相府僚佐稱之於帝薦爲掾屬帝問顥顥忌其能不荅後辟爲鎧曹帝甚重之他日謂顥曰近見唐彬卿受蔽賢之責矣

荀勗字公曾頴川人歷中書監張華將舉著作郎陳壽爲中書郎勗忌華而疾壽遂諷之部遷壽爲長廣太守壽辭毋老不就

虞預爲著作郎時王隱撰晉史預亦私撰晉書而生長東南不知中朝事數訪于隱并借隱所著書竊寫之所聞漸廣是後更疾隱形於言預旣豪族交結權貴共爲朋黨以斥隱竟以謗免黜歸於家

宗澹爲荆州別駕王敦使從事中郎郭舒守武昌澹忌舒才能數譖之於王廙廙疑舒與甘卓同密以白敦敦不授高官

南齊王秀之爲隨王子隆長史子隆鎮荆州好辭賦數集僚友文學謝朓以文才尤被賞愛秀之以朓年少相動密以啓聞世祖勅曰侍讀虞雲自宜恒應侍接朓可還都朓道中爲詩寄西府曰常恐鷹隼擊秋

菊委嚴霜寄言罻羅者寥廓已高翔

梁朱异爲鎮軍時徐摛爲太子家令應對明敏高祖甚加歎異更被親狎寵遇日隆异不說謂所親曰徐叟出入兩宮漸來逼我須早爲之所遂承間白高祖曰摛年老又愛泉石意在一郡以自怡養高祖謂摛欲之乃召摛曰新安大好山水任昉等並經爲之卿爲我臥治此郡中大通三年遂出爲新安太守

後魏游雅性剛黷好自矜誕陵獵人物爲秘書監因議論長短忿儒者陳奇遂陷奇至族議者深責之

袁翻累遷都官尚書與范陽祖瑩位望通顯文筆之

美見稱先達以著作佐郎邢劭藻思華贍深共嫉之每雖中貴人拜職多憑劭為謝章表嘗有一貴勝初授官大事賓食翻與劭俱在坐翻意主人託其為讓表遂命劭作之翻甚不悅每告人云邢家小兒嘗傭作章表自買黃紙寫而送之劭恐為翻所害乃辭以疾

許彥嘗師事王早明陰陽尤善風角宣武甚喜之早苦以疾久乞歸鄉里詔許之遂終於家或言許彥以其術勝恐終妨己故譎令歸耳

北齊顏之推武成河清末領中書舍人帝甚加恩接

顧遇逾厚為勳要者所嫉嘗欲害之

隋蘇夔為太子洗馬以鍾律自命萬寶嘗妙達鍾律夔尤忌之夔父威方用事凡言樂者皆附之而短寶嘗數詣公卿怨望蘇威因詰寶嘗所為何所傳受有一沙門謂寶嘗曰上雅好符瑞有言徵祥者上皆悅之先生當言從胡僧受學云是佛家菩薩所傳音律則上必悅先生所為可以行矣寶嘗然之遂如其言以答威威怒曰胡僧所傳乃是四夷之樂非中國所宜行也其事遂寢

劉暉為太史令時張胄玄博學多通尤精術數冀州刺史趙煚薦之高祖徵授雲騎尉直太史參議律曆事時輩多出其下繇是暉等甚忌之然暉言多不中胄玄所推步甚精密帝異之令楊素與術數立議六十一事皆舊法之難通者令暉與胄玄等辯析之暉杜口一無所答胄玄通者四五焉

宇文述為左衛大將軍煬帝大業中與御史大夫裴蘊黃門侍郎裴矩等皆受詔參軍選事多納賄賂士流嗟怨楊恭仁為吏部侍郎獨雅正自守不為蘊等所容繇是出為河南道大使討捕盜賊

唐杜伏威與輔公祏少相愛狎公祏年長伏威每兄

事之軍中咸呼為伯畏敬與伏威等伏威潛忌之僞署其養子闞稜為左將軍王雄誕為右將軍推公祏為僕射外示尊崇而陰奪其兵權公祏知其意怏怏不平乃與故人左遊仙僞學道辟穀以遠其事

竇軌為益州刺史時韋仁壽為南寧州都督軌害其功託以蜀中山獠反叛未遑遠略不時發遣經歲餘仁壽卒

溫彥博為御史大夫李靖既擒突厥頡利可汗彥博害其功譖靖軍無綱紀致令虜中奇寶散於亂兵之手太宗大加責讓靖頓首謝久之太宗謂云隋將史

萬歲破達顯可汗有功不賞以罪致戮朕則不然當赦公之罪録公之勳詔加左光祿大夫賜綃千疋眞食邑通前五百戸未幾太宗謂靖曰前有人讒公今朕意已悟公勿以爲懷賜帛二千疋拜尚書右僕射

李敬玄爲中書舍人朱敬則以詞學擅名與左史江融尚書左僕射魏元忠特相友善咸亨中高祖聞而召見與語甚奇之將加擢用爲敬玄所毁遂授洹水尉

劉栖楚爲京兆尹有規覦相位之意戸部侍郎崔元畧方在位次對又多遊裴度門栖楚恐礙已以計摧

之乃按舉山陵時錢物以汚之

後唐周玄豹本燕人初爲僧後歸俗天祐中馮道自劉守光府掾歸太原監軍使張承業重其文章履行甚見待遇時玄豹善人倫之鑒與道不合謂承業曰馮生無前程公不可過用晉記廬質聞之曰我曾見杜黄裳司空寫眞圖道之狀貌酷類焉將來必副大用玄豹之言不足信也承業尋薦爲霸府從事

段徊爲樞密承旨時與唐尹張憲位望既高郭崇韜將兵征蜀以手書告憲曰允中張憲字允中避事久矣余受命而征已奏還公黄閣憲報曰庖人之代尸祝所謂非吾事也時徊當權任事以憲從龍舊望不欲憲在朝廷會孟知祥鎮蜀川選北京留守徊揚言曰北門國家根本非重德不可輕授今之取才非憲不可趨時者因附徊勢巧中傷之又曰憲有相業然國祚中興宰相在天子面前得失可以改作一方之事制在一人惟北面事重乃授憲銀青光祿大夫簡較吏部尚書太原尹北京副留守知留守事

交構

讒言亂國詩人之所惡見利忘義君子之不取戰國而下長是厲階莫不騁離堅合異之辯成以白爲黑

之說是非紛揉邪正淆混惟聽覽之不至則禍亂之隨作繇是害賢蠹政交兵構難觸類而長不可徧舉得非稟邪沴之氣受陰狡之性狃簡日恣頗越無悔垂諸編簡貽誚於後者乎

齊公孫閱見鄒忌子以鼓琴見齊威王取相印封成侯後忌子與田忌不善閱謂成侯忌曰公何不謀伐魏田忌必將戰勝有功則公之謀中也戰不勝非前死則後北而命在公矣於是成侯言於威王起兵擊魏大敗之桂陵於是齊最強於諸侯自稱爲王以令天下閱又謂成侯忌曰公何不令人操十金卜於市

日我田忌之人也吾三戰而三勝聲威天下欲爲大事吉乎不吉乎卜者出因令人捕爲之卜者驗其辭於王之所田忌聞之因遂率其徒襲攻臨淄成侯不勝而出奔

漢谷永爲安定太守明帝諸舅皆修經書任政事平阿侯譚年次當繼大將軍鳳輔政尤與永善陽朔中鳳薨鳳病困薦從弟御史大夫音以自代帝從之以音爲大司馬車騎將軍領尚書事而平阿侯譚位特進領城門兵永聞之與譚書曰君侯躬周召之德執管晏之操敬賢下士樂善不倦（下胡亞切）宜在上將久矣

以大將軍在故抑鬱於家不得舒憤今大將軍不幸早薨絫親疏序材能宜在君侯（絫古累字累親疏謂積累其次而計之）拜吏之日京師士大夫悵然失望此皆永等愚劣不能褒揚萬分（言萬分之一）屬聞以特進領城門兵（屬近也音之欲反）是則車騎將軍秉政雍容於內而至戚賢舅執管籥於外也愚竊不爲君侯喜宜深辭職自陳淺薄不足以固城門之守收太伯之讓保謙謙之路（太伯王季之兄也讓不爲嗣而適吳越）闔門高枕爲知者首願君侯博覽者參之（參詳其上）小子爲君侯安此譚得其書大感遂辭讓不受領城門職繇是譚音相與不平

後漢陳珪爲沛相初袁術遣韓胤以僭號事告呂布因求迎婦布遣女隨之珪恐術報布成姻則徐楊合從爲難未巳於是珪說布曰曹公奉迎天子輔贊國政將軍宜與協同策謀共存大計今與袁術結姻必受不義之名將有累卵之危矣布亦素怨術而女巳在塗乃追還絕婚執胤送許曹操殺之珪欲使子登詣曹操布固不許會使至拜布爲左將軍布大喜卽聽登行幷令奉章謝恩登見曹操因陳布勇而無謀輕於去就宜早圖之操曰布狼子野心誠難久養非卿莫究其情僞卽增珪秩中二千石拜登廣陵太守

臨別操執登手曰東方之事便以相付令陰合部衆以爲內應始布因登求徐州牧不得登還布怒拔戟斫机曰卿父勸吾協同曹操絕婚公路今吾所求無獲而卿父子並顯重但爲卿所賣耳登不爲動容徐對之曰登見曹公言養將軍譬如養虎當飽其肉不飽則將食人公曰不如卿言如養鷹饑卽爲用飽則颺去其言如此布意乃解

魏楊脩與陳思王植爲友時太祖遣太子及植各出鄴城一門密勑門不得出以觀其所爲太子至門不得出而還脩先戒植若門不出侯侯受王命可斬守

者植從之故脩遂以交搆賜死
晉李含爲河間王顒長史顒殺前安西參軍夏侯奭
送齊王冏使與趙王倫遺張方率衆赴倫皆其謀也
後顒聞三王兵盛乃加含龍驤將軍統督護席薳等
鐵騎廻遣張方軍以應義師天子反正含至潼關而
還初梁州刺史皇甫商爲趙王倫所任倫敗去職詣
顒顒慰撫之甚厚含諫顒曰商倫之信臣懼罪至此
不宜數與相見商知而恨之及商當還都顒置酒餞
行商因與含忿爭顒和釋之後含被徵爲翊軍校尉
時商參齊王冏軍事而夏侯奭兄在冏府稱奭立義

被西藩枉害含心不自安冏右司馬趙驤又與含有
隙冏將閱武含懼驤因兵討之乃單馬出奔于顒矯
稱受密詔顒即見之乃說顒曰成都王至親有大功
還藩甚得衆心齊王越親而專執威權朝廷側目今
檄長沙王令討齊使先聞於齊齊必誅長沙因傳檄
以加罪則冏可擒也既去齊立成都除逼建親以安
社稷大勳也顒從之遂表請討冏拜含爲都督統張
方等率諸軍以向洛陽含屯陰盤而長沙王乂誅冏
含等旋師初含之本謀欲并去乂冏使權歸於顒含
因得肆其宿志既長沙勝齊顒穎猶各守藩志望未
允顒表含爲河南尹時商復被乂任遇商兄重時爲
秦州刺史含疾商滋甚復與重搆隙顒自含奔還之
後委以心膂復慮重襲已乃使兵圍之更相表罪侍
中馮蓀黨顒請詔重還商說乂曰河間之奏皆李含
所交搆也若不早圖禍將至矣且河間前舉繇含之
謀乂乃殺含
郭猗爲劉聰中宮僕射劉聰以弟乂爲皇太弟猗等
皆寵幸用事靳準合宗內外諂以事之郭猗有憾於
劉乂謂聰子粲曰大弟於主上之世猶懷不逞之志
此則殿下父子之深仇四海蒼生之重怨也而主上

過垂寬仁猶不替二尊之位一旦有風塵之變臣竊
爲殿下寒心且殿下高祖之世孫主上之嫡統凡在
含齒孰不係仰萬機事大何可與人臣昨聞太弟與
大將軍相見極有言矣若事成許以主上爲太上皇
大將軍爲皇太子乂又許衛君爲大單于二王已許
之矣二王居不疑之地並握重兵以此舉事事何不
成臣謂二王茲舉禽獸之不若也背父親人人豈親
之今又苟貪其一切之力耳事成之後主上豈有全
理殿下兄弟故在忘言東宮相國單于在武陵兄弟
何肯與人許以三月上巳因讌作難事淹變生宜早

爲之所春秋傳曰蔓草猶不可除況君之寵弟乎臣屢啓主上主上性敦友于謂臣言不實刑臣刀鋸之餘而蒙主上殿下成造之恩故不慮逆鱗之誅每所聞必言冀垂採納臣當入言之願殿下不泄密表其狀也若不信臣言可呼大將軍從事中郎王皮衛軍司馬劉惇假之恩顧通其歸善之路以問之必可知也粲深然之猗密謂皮惇曰二王逆狀主相已具知之矣卿同之乎二人驚曰無之猗曰此事必無疑吾憐卿親舊并見族耳於是歔欷流涕皮惇大懼叩頭求哀猗曰吾爲卿作計卿能用不二人皆曰謹奉大

人之教猗曰相國必問卿卿但云有之若責卿何不先啓卿即答曰臣誠負死罪然仰惟主上聖性寬慈殿下篤於骨肉恐言成詿僞故也皮惇許諾粲俄而召問二人至不同時而辭若畫一粲以爲信然初靳準從妹爲乂孺子淫於侍人乂怒殺之而屢以朝準準深慙恚說粲曰東宮萬機之副殿下宜自居之以領相國使天下知早有所繫望也至是準又說粲曰昔孝成距子政之言使王氏卒成篡逆可乎粲曰何可之有準曰然誠如聖旨下官亟欲有所言矣但以德非更生親非皇宗恐忠言暫出霜威已及故不敢

耳粲曰若但言之準曰聞風塵之言謂大將軍衛將軍及左右輔皆謀奉太弟尅季春搆變殿下宜爲之備不然恐有商臣之禍粲曰爲之奈何準曰主上愛信於太弟恐卒聞未必信也如下官愚意欲緩東宮之禁固勿絶太弟賓客使輕薄之徒得與交游太弟既素好待士必不思防此嫌輕薄小人不能無逆意以觀太弟之心小人有始無終不能如貫高之流也然後下官爲殿下露表其罪殿下與太宰拘太弟所與交通者考問之窮其事原主上必以無將之罪罪之不然今朝望多歸太弟主上一旦晏駕恐殿下不

得立矣於是粲命卜抽引兵去東宮後遂廢乂

宋劉湛爲太子詹事殷景仁遷尚書僕射湛代爲領軍與景仁素善皆被遇於高祖俱以宰相許之湛尚居外任會王弘華曇首相繼亡景仁引湛還朝共叅政事湛既入以景仁位遇本不踰已而一旦居前意甚憤憤知文帝信仗景仁不可移奪乃深結司徒彭城王義康欲倚宰相之重以傾之元嘉十二年景仁復遷中書令護軍將軍僕射如故尋復以僕射領吏部護軍如故湛愈忿怒義康納湛言毀景仁於文帝文帝遇之益隆景仁對親舊歎曰引之令入入便噬

人乃稱疾解職表疏累上不見許使停家養病發詔遣黄門侍郎省疾湛議遣人若刼盜者于外殿殺之以爲太祖雖知當不能傷至親之愛帝微聞之遷景仁於西掖門外晉鄱陽主第以爲護軍府密邇宮禁故其計不行湛初入朝委任甚重日夕引接恩禮綢繆及晚節驅煽義康凌轢朝廷帝意雖内離而接遇不改景仁臥疾者五年收湛之日景仁使拂拭衣冠寢疾既久左右皆不曉其意其夜上出華林園延賢堂召之景仁猶稱脚疾小牀轝以就坐誅討處分一皆委之

謝靈運爲太子左衛率廬陵王義眞少好文籍與靈運情款異常少帝即位權在大臣靈運構煽異同非毁執政司徒徐羡之等患之出爲永嘉太守

唐武昭者本陳留人性險誕元和中王師討淮西以策謁丞相裴度及度都督軍因得署軍職至郾城又遣昭使蔡寇懼之以兵而昭神色不變益奇之後至太原奏爲石州刺史無何昭除王府官以地散鬱悒日與李涉弟彙在長安中以義俠相許是時宰臣李逢吉李程不叶而此輩皆乘隙集巳玄遊其門李仍叔素依附李程知昭不得志易以鼓怨亦誑昭云程欲與昭官爲逢吉所阻昭果恨怒與劉審及張少騰潛說謀害逢吉之計後審乃以昭之言告於張權輿權輿遂告逢吉召審求其狀因令弟彙致昭到所居之第深相結納而疑怨之意並息居數月少騰漏於再榮再榮遂以狀密告因成其獄仲言於逢吉爲近從子當此際亦欲助逢吉以傾程乃陰戒弟彙曰言武昭與李程同謀則活否則死彙曰寃死甘心誣人以自免所不爲也初逢吉之遇弟彙甚厚嘗與彙書云足下當字僕曰自求僕字足下曰利見文字往復畧無虛日其間參謀議之密受金帛之賜不宜示於

衆若近十餘幅異哉逢吉與程俱在相位而日與闒茸微類如此欵密既明具詞皆牽連天下之人無不指笑

晉孟承誨爲閤門副使累遷宣徽使官至簡較司空太府卿右武衛大將軍少帝嗣位以植性纖巧善於希旨復與權臣宦官密相表裏凡朝廷恩澤美使必承誨爲之

漢高從誨爲荆南節度使乾祐元年遣人押送朗州馬希蕚奏事官沈從進至京師乞加恩命希蕚初與潭州馬希廣爭立希廣用歐弘練張仲荀謀厚賂朝

廷請不行朗州恩命及從誨華面自新又援引希蕚求通於朝蓋欲離間潭朗成其覆亡之禍也朝廷知其意累降詔示諭又詔希蕚希廣和解之又云乾祐三年湖南馬希廣上言臣當道去九月内量發兵士往朗州招安户民不料偶失威嚴遂中姦便須謀補卒爰議班師朗州自聞當道抽退已來狂謀益甚又探得荆南繼差人下淮南與廣州三處結構荆南欲取灃朗州廣南攻桂州淮南欲取湖南兼即日淮南支鄂州管内租稅來私令荆南供給朗州且如山結連可知事勢其朗州已入附於淮甸又納欵於荆南

興破家亡國之心作瓜剖豆分之勢兼誘草賊燒劫近封願基扃而危若綴旒視黎庶而困於塗地弦哀枉促言發涕流伏乞聖慈念以臣四世勤王三面受敵欲與師旅動礙冦雠望特降綵綸聊差貔虎亦知朝廷北面托落分兵處多故不敢大叚撓于兵力只乞差借許蔡鄉軍三五千人馬一千騎内得王師二千來人夾帶南渡只到灃州屯駐以斷淮南與荆南援助之路不勞血刃只使朗廷則當道出兵不難尅復安危繫慮翰墨難窮庶回雷電之光以救濫平之捷謹差押衙焦文諫馳奏披瀝以聞

後贊爲飛龍使乾祐末宰相楊邠侍衛親軍使史弘肇執權贊以久次未遷頗懷怨望乃與樞密承旨聶文進等搆變及難作贊與同黨更侍帝側剖判戎事且防間言北郊兵敗贊竄歸兖州慕容彦超執之以獻有司鞫贊伏罪周太祖命誅之

周齊藏珍行濠州刺史及張永德與李重進互有間言藏珍亦嘗游說於重進洎壽陽兵回諸將中有以藏珍之言上奏者世宗怒因急召赴闕至是以其冒稱簡較官因以斃之蓋不欲暴其惡跡也

交惡

夫良士之入官也故當秉至公之誠藴好賢之志同享君祿共熈庶政而悖之者交懷忌前之心惟圖自安之計以己長而格物或素貴而驕人戾其情好發彼陰伏論交既定因賄財而輕絶位在已上乃讒搆而被絀豈惟小人之逞志信乃有國之不幸秦誓曰人之有技娼疾以惡之人之彦聖而違之俾不通遠哉斯言可以戒也

魯季桓子嬖臣曰仲梁懷與陽虎有隙陽虎欲逐懷公山不狃止之（不狃爲季氏宰）其後懷益驕陽虎執懷桓子怒陽虎因囚桓子與盟而釋之陽虎繇此益輕季氏

漢袁盎爲吳相王厚遇盎盎素不好晁錯錯所居坐盎輒避盎所居坐錯亦避兩人未嘗同堂語

朱買臣爲丞相長史張湯爲御史大夫始買臣與嚴助俱侍中貴用事湯尚爲小吏趨走買臣等前後湯以廷尉治淮南獄排陷嚴助買臣怨湯及買臣爲長史湯數行丞相事知買臣素貴故陵折之買臣見湯坐床上弗爲禮（言不動容以禮之也爲音于僞切）買臣怨常欲死之（欲死以害之）後遂告湯陰事湯自殺帝亦誅買臣

戴長樂爲太僕而光祿勳楊惲性刻害好發人陰伏同位有忤己者必欲害之以其能高人繇是多怨於

朝廷與長樂相失惲卒以是敗（卒終也）

後漢孔融爲少府時曹公忌融御史大夫山陽郗慮字鴻豫少受學于鄭玄獻帝嘗時見慮融問融曰鴻豫何優長融曰可與適道未可與權慮舉笏曰融昔宰北海政散人離其權安在遂與融互相長短以至不穆曹操以書和解之

許劭字子將汝南平輿人爲郡功曹邵邑人李逵壯直有高氣邵初善之而後爲隙又與從兄靖不睦時議以此少之

魏徐宣廣陵人也與同郡陳矯並爲綱紀二人齊名而私好不協

孫禮涿郡人位至司空與盧毓同郡時輩而情好不睦爲人雖互有長短然名位畧齊（盧毓爲僕射典選舉疾病遜位爲司空薨）

蜀楊儀爲尚書先主稱尊號東征吳儀與尚書令劉巴不睦左遷遙署弘農太守

吳孫綝輔政遷大將軍初孫峻從弟慮與誅諸葛恪之謀峻厚之至右將軍無難督受節蓋平九官之事綝遇慮薄於峻時慮怒與將軍王惇謀殺綝綝殺惇慮服藥死

晉牽秀累遷司空從事中郎與帝舅王愷素相輕侮愷諷司隸荀愷奏秀夜在道中載高平國守士田興妻秀即表訴被誣論愷穢行文辭亢厲以譏訕外戚於時朝臣雖多證明其行而秀盛名美譽繇是而損遂坐免官

王義之爲會稽內史時驃騎將軍王述少有美譽與義之齊名而義之甚輕之繇是情好不協述先爲會稽以母喪居郡境義之代述止一弔遂不重詣述每聞角聲謂義之當候己輒灑掃而待之如此者累年而義之竟不顧述深以爲恨及述爲揚州刺史將就

徵周行郡界而不過義之臨發一别而去先是義之甞謂賓友曰懷祖正當作尚書耳（懷祖述字）投老可得僕射更求會稽便自邈然及述蒙顯授義之恥爲之下遣使詣朝廷求分會稽爲越州行人失辭大爲時賢所笑旣而内懷慨歎謂其諸子曰吾不減懷祖而位遇懸邈當繇汝等不及坦之故耶

前秦王猛苻堅時爲司徒録尚書事親寵愈密朝政莫不繇之特進樊世氐豪也有大勳於苻氏負氣倨傲衆辱猛曰吾輩與先帝共興事業而不預時權君無汗馬之勞何敢專管大任是爲我耕稼而君食之

乎猛曰方當使君爲宰夫城門不爾者終不處於世也猛言之於堅堅怒曰必須殺此老氐然後百僚可整俄而世入言事堅謂猛曰吾欲以楊壁尚主壁何如人也世勃然曰楊壁臣之婿也婿已久定陛下安得令之尚主乎猛讓世曰陛下帝有海内而君敢競婿是爲二天子安有上下世怒起將擊猛左右止之世遂醜言大罵堅因此發怒命斬之於西廐自是公卿以下無不憚猛焉

宋劉瑀爲左衛將軍年位本在何偃前孝武初偃爲吏部尚書瑀圖侍中不得與偃同從郊祀時偃乘車在前瑀策駟居後相去數十步瑀蹋馬及之謂偃曰君轡何疾偃曰牛駿馭精所以疾耳偃曰君馬何遅曰騏驥羅於羈絆所以居後偃曰何不着鞭使致千里答曰一麾自造青雲何至與駑馬爭路然甚不得意謂所親曰人仕宦不出當入不入當出安能長居戶限上因求益州及行甚不得意

顔師伯爲尚書僕射時廢帝失德與尚書令柳元景潛謀廢立初師伯專斷朝事時沈慶之亦預朝政而師伯不與之參懷謂令史曰沈公爪牙者耳安能預政事慶之聞而切齒乃洩其謀尋伏誅

南齊桓僖伯爲直閤將軍與王文和俱任頗以勢凌之後出爲巴西梓潼二郡太守時文和爲益州刺史謂僖伯曰每憶昔日俱在閤下卿時視我如我今日見卿因誣其罪馳信啓之入輒遣蕭寅代僖伯爲郡僖伯亦别遣啓臺閉門待報寅以兵圍之齊明帝輔政知其無罪不欲乖文和乃勅僖伯解郡還爲寅軍所攝束手受害

梁謝超宗爲義興太守王瑩代超宗超宗去郡與瑩交惡旣還間瑩於其父懋懋言之於朝廷以瑩供養不足坐失郡廢棄久之

後魏于烈宣武帝時爲領軍將軍咸陽王禧惡其剛直出爲𢗗州刺史烈不願藩牧頻表乞停輒優答弗許烈乃謂彭城王勰曰殿下忘先帝南陽之詔乎而逼老夫乃至於此遂以疾固辭

袁翻字景翔陳郡項人也父宣有才筆爲宋青州刺史沈文秀府主簿皇興中東陽平隨文秀入國而大將軍劉昶每提引之言是其外祖淑之近親令與其府諮議叅軍袁濟爲宗宣時孤寒甚相依附及翻兄弟官顯與濟子洸演遂各陵競洸等乃經公府以相排斥

房法壽初爲清河太守王玄邈司馬起兵討崔道固及道固歸宋乃罷兵道固慮法壽扇亂百姓遂切遣之而法壽外託裝而内不欲行會從弟崇吉在叔城爲慕容白曜所破母妻沒於白曜軍崇吉還舊宅法壽與崇吉年志粗相諧協而親則從祖兄弟也崇吉以母妻見獲託法壽爲計法壽既不欲南行恨道固逼切又矜崇吉情理時道固以兼治中房靈賓督清河廣川郡事戍盤陽法壽遂與崇吉潛謀襲靈賓克之仍歸款于白曜以贖母妻白曜遣將軍長孫觀等自大山南入馬耳關以赴盤陽還崇吉母妻

北齊魏收爲中書監孝昭皇建元年除兼侍中右光禄大夫仍儀同監史收先副王昕使梁不相協睦時昕弟晞親密而孝昭别令陽休之兼中書在晉陽典詔誥收留在鄴蓋晞所爲收大不平謂太子舍人盧詢祖曰若使卿作文誥我亦不言及除祖珽爲著作郎欲以代收司空主簿李翥文詞士也聞而告人曰詔誥悉歸陽子烈著作復遺祖孝徵文史頓失恐魏公發背

劉逖武成時爲儀同三司武成殂出爲江州刺史祖珽執政徙爲仁州刺史祖珽既出徵逖待詔文林館

初逖與祖以文義相得結雷陳之契又爲弟俊娉珽之女珽之將免彦深等也先以告逖仍付密啓令其奏聞彦深等頗知之先自申理珽繇此疑逖告其所爲及珽被出逖遂遣弟離婚其輕交易絶如此

隋李渾字金才太師郿國公穆第十子初以國賦之半許其妻兄宇文述得奉穆嗣二歲之後不以俸物與述述大恚之因醉乃謂其友人于象賢曰我竟爲金才所賣死且不忘渾亦知其言繇是有隙

唐楊纂貞觀中爲吏部侍郎副特進蕭瑀爲河東道廵察大使與瑀不叶屢相表奏瑀因以獲罪纂拜尚

書右丞
崔隱甫爲河西尹張說爲相素與崔日用友善說薦之奏請授御史大夫玄宗不許遂以爲左羽林衞大將軍而以隱甫爲御史大夫隱甫繇是與說不叶
吳通玄貞元初召充翰林學士遷𠃊居舍人知制誥與陸贄吉中孚韋執誼等同視草陸贄富詞藝特承德宗重顧經歷艱難通玄弟兄又以東宫侍上繇是爭寵頗相嫌恨贄性褊急屢於上前短通玄又言承平時工藝書畫之徒待詔翰林比無學士祇自至德後天子召集賢學士于禁中草書詔因在翰林院待

進止遂以爲名奔播之時道途或預除改權令草制今四方無事百揆時序制書職分宜歸中書舍人學士之名理須停寢贄以通玄援引朋黨於禁中叶力排巳故欲廢之德宗不許會贄權知兵部侍郎知貢舉乃正拜之罷内職宿皆通玄譖之
後唐郭崇韜與李紹宏同爲内職及莊宗即位崇韜以紹宏素在巳上舊人准制即奏澤潞監軍張居翰同掌樞密以紹宏爲宣徽使紹宏大失所望泣涕憤鬱崇韜乃置内勾使應三司財賦皆令勾覆令紹宏領之冀塞其心紹宏怏恨不巳

聶嶼爲鄴都留守判官與吕敬怡吕夢奇不足又改河東節判及至嘗鄙其土風薄其人士或達於安重誨值敬怡入司密勿與夢奇同搆殺之
周李温美爲衞尉少卿廣順三年七月責授房州司戶叅軍温美家在青州壽光縣先充祭海使便道歸家其家人與本縣主税吏馮繼勲交惡温美具事條白節度使苻彥卿言商税不公請下獄鞫劾繼勲又言温美私過彥卿具奏及温美下臺推劾伏罪馮繼勲配流環州温美貶房陵

冊府元龜

巡按福建監察御史臣李嗣京 訂正
分守建南道左布政使臣胡維霖 參閱
知建陽縣事臣黄國琦 較釋

總錄部 二百三

傷感 不遇 困辱

傷感

稟於命而靜者人之性感於物而動者性之欲故所感者深則悲憤之氣應而噍殺之聲作矣觸類而長其徒實繁若乃周覽故墟追懷古道惜賢者之轗軻

痛嘉會之齟齬思色養而親不待冀忠事而君靡察以至流離世故契濶家難慘袪遠別之始覩物舊游之地莫不含酸茹恨託辭流詠潸湲而出涕慷慨以興歎斯亦志士仁人之所爲者已

周箕子武王時以商太師封於朝鮮而不臣其後箕子朝周過故殷墟城毀壞生禾黍箕子傷之欲哭則不可欲泣爲其近婦人乃爲麥秀之詩以歌詠之

孔子爲魯大夫與於蜡賓(蜡者索也歲十二月合聚萬物而索享之亦祭宗廟時孔子仕魯在助祭之中)事畢出游於觀之上喟然而歎(觀闕也孔子見魯君於祭禮有不備於此又覩象魏舊章之處感而歎之)仲尼之歎蓋歎魯也言偃在側曰君子何歎(言偃孔子弟子子游)孔子曰大道之行也與三代之英丘未之逮也而有志焉(大道謂五帝時也英俊選之尤者逮及也言不及見志謂識古文不言魯事爲其大功廣言之)又伯牛有疾(伯牛弟子冉耕)子問之自牖執其手(牛有惡疾不欲見人故孔子從牖執其手)曰亡之命矣夫斯人也而有斯疾也斯人也而有斯疾也(再言之者痛惜之甚)孔子又曰鳳鳥不至河不出圖吾已矣夫(聖人受命則河出圖今天無此瑞吾已矣夫者傷其不得見也河圖八卦是也)顏淵死子曰噫天喪予子路死子曰天祝予(祝斷也天生顏淵子路爲夫子輔佐皆死者天將亡夫子之證)西狩獲麟孔子曰吾道窮矣(加姓者重終也麟者太平之符聖人之類時得麟而死此亦天告夫子將沒之徵故悲之耳)又曰孰爲來哉孰爲來

哉反袂拭面涕霑袍又孔子蚤作(作起也)負手曳杖消搖於門(欲人之怪已)歌曰泰山其頽乎(泰山衆山所仰)梁木其壞乎(梁木衆木所放)哲人其萎乎(哲人亦衆人所仰放也以上二句喻之萎病也詩云無木不萎)旣歌而入當戶而坐(蚤坐急見人也)子貢聞之曰泰山其頽則吾將安仰梁木其壞哲人其萎則吾將安放夫子殆將病也(覺孔子歌意殆幾也)遂趨而入夫子曰賜爾來何遲也(坐則望之)夏后氏殯於東階之上則猶在阼也殷人殯於兩楹之間則與賓主夾之也周人殯於西階之上則猶賓之也(以三王之禮占已夢)而丘也殷人也予疇昔之夜夢坐奠於兩楹之間(是夢坐兩楹之間而見饋食也言奠者以爲凶象疇發聲)

（也昔猶前也）夫明王不興而天下其孰能宗予予殆將死也（孰誰也宗尊也兩楹之間南面鄉明人君聽治正坐之處今無明王誰能尊我以爲人君乎是我殷家奠殯之象以此自知將死）蓋寢疾七日而沒（明聖人知命）

皐魚不知何許人也孔子行聞哭聲甚悲孔子曰驅之前有賢者至則皐魚也被褐擁鎌哭于道傍孔子避車而與之言曰子非有喪何哭悲也皐魚曰吾失之三也少而好學周流諸侯以後吾親失之一也高吾志簡吾事不事庸君失之二也少擇交游寡於親友老而無託失之三也樹欲靜而風不止子欲養而親不待往而不可追者年也去而不可見者親也吾

請從此辭矣立槁而死

吳起仕魏爲西河守治西河之外王錯譖於魏武侯使人召之起至於岸門（岸門邑名）止車而望西河泣數行而下其僕謂起曰竊觀公之意視舍天下若舍屣今去西河而泣何也起雪泣應之曰子不識也君始知我而使我畢能秦必可亡西河可以王今君聽讒人之言而不知我西河之爲秦不久矣魏國從此削乎起果去入楚有間西河入秦

漢賈誼雒陽人楚屈原沉汨羅後百有餘年誼爲長沙王太傅過湘水投書以弔屈原

司馬遷爲太史令遷曰余讀離騷天問招魂哀郢悲其志適長沙觀屈原所自沉淵未嘗不垂涕想見其爲人

李陵爲騎都尉降匈奴昭帝時蘇武歸漢陵與武別置酒起舞歌曰徑萬里兮渡沙漠爲君將兮奮匈奴路窮絶兮矢刃摧士衆滅兮名已頽老母已死雖欲報恩將安歸陵泣下數行因與武訣

楊雄蜀郡成都人少而好學雄怪屈原文過相如至不容作離騷自投江而死悲其文讀之未嘗不流涕也後至侍郎

劉向本名更生元帝時爲給事中宦者石顯誣譖太中大夫給事中張猛令自殺於公車更生傷之乃著疾讒擿要救危及世頌凡八篇（擿謂指發之也）依興古事悼巳及同類也（興謂比喻也）

後漢梁竦字叔敬兄松爲太僕免官懷恚望飛書誹謗下獄死竦坐松事與弟恭俱徙九真既徂南土歷江湖濟沅湘感悼子胥屈原以非辜沉身乃作悼騷賦繫玄石而沈之

楊終蜀郡成都人永平中爲較書郎坐事徙於北地望松縣而母於蜀物故終自傷被罪充邊乃作晨風

之詩以舒其憤也

許慶字子伯家貧爲郡督郵慶嘗與友人談論漢無統嗣幸臣專執世俗衰薄賢者放退慨然據地悲哭時稱許子伯哭世

蜀廖理救切立爲長水校尉諸葛亮表立疵毁衆臣廢立爲民徙汶山郡躬率妻子耕植自守聞諸葛亮卒垂涕歎曰吾終爲左衽矣

李平本名寧爲前將軍建興九年諸葛亮軍祁山平督運事運糧不繼平遣叅軍狐忠諭指呼亮來還亮承以退軍平聞軍退乃更陽驚說糧饒足何以便歸

欲以解己不辦之責顯亮不進之愆也亮表廢平爲民徙梓潼郡十二年平聞亮卒發病死平嘗望亮當自補復策後人不能故以激憤也

晉嵇康仕魏爲中散大夫恬靜寡欲寬簡有大量與呂安友善後安爲兄所枉訴以事繫獄辭相證引遂復收康康性慎言行一旦縲紲乃作幽憤詩後將刑東市太學生三千人請以爲師弗許康顧視日影索琴彈之曰昔袁孝尼嘗從吾學廣陵散吾每靳與之廣陵散於今絕矣時年四十海內之士莫不痛之帝尋悟而恨焉

阮籍爲步兵校尉任性不羈時率意獨駕不繇徑路車迹所窮輒痛哭而反嘗登廣武觀楚漢戰處歎曰時無英雄使竪子成名登武牢山望京邑而嘆於是賦豪傑詩

王戎爲司徒嘗經黃公酒壚下過顧謂後車客曰昔與嵇叔夜阮嗣宗酣暢於此竹林之遊亦預其末自嵇阮云亡吾便爲時之所羈紲今日視之雖近邈若山河

庾敳字子嵩爲陳留相永嘉末見王室多難終知嬰禍乃著鵩賦以豁情猶賈誼之鵩鳥也

周顗字伯仁元帝鎮江左請爲軍諮祭酒王導初過江每至暇日與人士相要出新亭飲宴顗中坐而歎曰風景不殊舉目有江河之異衆皆相視流涕

羊祜鎮荊州祜樂山水每風景必造峴山置酒言詠終日不倦嘗慨然歎息顧謂從事中郎鄒湛等曰自有宇宙便有此山繇來賢達勝士登此遠望如我與卿者多矣皆湮滅無聞使人悲傷如百歲後有知魂魄猶應登此也湛曰公德冠四海道嗣前哲令聞令望必與此山俱傳至若湛輩乃當如公言爾

愍懷太子既爲賈后所害其後立愍懷太子子臧爲

太孫之東宮太孫自西掖門出車服侍從皆愍懷之舊也到銅駝街宮人哭侍從者皆哽咽路人收泪焉

王承爲東海太守尋去官東渡江既至下邳登山北望歎曰人言愁我始欲愁矣

殷浩爲中軍將軍以軍亂廢爲庶人徙于信安縣浩甥韓伯浩素賞愛之隨至徙所經歲還都浩送至渚側詠曹顏遠詩云富貴他人合貧賤親戚離因而泣下

羊曇太山人知名士也爲謝安所愛重安薨後輟樂彌年行不繇西州路嘗因石頭大醉扶歸唱樂不覺

至州門左右白之曰此西州門曇悲感不已以馬策扣扉誦曹子建詩曰生存華屋處零落歸山丘因慟哭而去

習鑿齒爲大司馬桓温別駕忤温旨左遷戶曹參軍初鑿齒與其二舅羅崇羅友俱爲州從事及遷別駕以坐越舅右屢經陳温後激怒既盛乃超拔其二舅相繼爲襄陽都督出鑿齒爲滎陽太守温弟秘亦有才氣素與鑿齒相親善鑿齒既罷郡歸與秘書曰吾以去五月三日達襄陽觸目悲感畧無歡情痛惻之事故非書言所能具也每定省家舅從北門入西望隆中想臥龍之吟東眺白沙思鳳鶵之聲北臨樊墟存鄧老之高南眷城邑懷羊公之風縱目檀溪念崔徐之友肆睇魚梁追二德之遠未嘗不徘徊移日惆悵極多撫乘躊躇慨爾而泣曰若乃魏武之所置酒孫堅之所隕斃裴杜之故居繁王之舊宅遺事猶存星列滿目璅璅常流碌碌凡士焉足以感其方寸哉夫芬芳起於椒蘭清響生於琳琅命世而作佐者必垂可大之餘風高尚而邁德者必有明勝之遺事若向八君子者千載猶使我想其爲人況相去之不遠乎彼一時也此一時也焉知今日之才不如疇辰百

年之後吾與足下不並爲景升乎其風期俊邁如此

桓温爲征討大都督自江陵北伐行經金城見少爲瑯琊時所種柳皆已十圍慨然曰木猶如此人何以堪攀枝執條泫然流涕

後趙石韜季龍子也封秦公韜素知天文覩黃黑雲貫日惡之顧謂左右曰此變不小當有刺客起於京師不知誰定當之是夜韜讌其僚屬於東觀樂奏酒酣愀然長歎曰人居世無常別易會難各付一杯開意爲吾飲令必醉知後會復何期而不飲乎因泫然流涕左右莫不歔欷

宋毛修之爲安西司馬没于後魏爲尚書後朱修之繼没亦爲太武所寵脩之相得甚懽問修之南國當權者爲誰修之答云殷景仁修之笑曰吾昔在南殷尚幼我得歸罪之日便應中韝到門耶經年不忍問家消息久之乃訊訪修之具答并云賢子元矯甚能自處爲時人所稱修之悲不得言直視良久乃長歎曰嗚呼自此一不復及

沈璞爲盱眙太守元嘉三十年元凶之立璞乃號泣曰一門蒙殊嘗之恩而逢若斯之運悠悠上天此何人哉日夜憂歎以至動疾會元凶逼令送老弱還都

璞性篤孝尋聞尊老應幽執輒哽咽不自勝

梁沈約初仕齊爲文惠太子家令武帝時爲尚書令領太子少傅嘗侍讌有奴婢師是齊文惠宮人帝問識座中客不曰惟識沈家令約伏座流涕帝亦悲焉爲之罷酒

何裔累遷左民尚書後辭職去初何氏過江自晉司空充並葬吳西山裔家世年皆不永惟祖尚之至七十二裔居於秦望山年登祖壽乃移還吳作別山詩一首言甚悽愴

陳江總爲尚書僕射與鄱陽王伯山長子君範友善國亡君範與宗室王侯從後主入關至長安陷文帝並配於隴右及河西諸州各給田業以處之至是總贈範書五言詩以敘他鄉離別之意辭甚酸切當世文士咸諷誦之

後魏劉昶宋文帝之子也前廢帝子業立懼禍來奔尚平陽長公主拜侍中昶陳奏本國事故語及征役則皆歛容涕泗悲慟左右後太和中孝文遣諸將南征路經徐州哭拜母墓舊堂哀感從者乃遍循故居處隕涕左右亦莫不辛酸及至軍所將欲臨陣四面拜諸將士自陳家國殲亡蒙朝廷慈覆辭理切至聲

氣激揚涕泗橫流三軍感嘆太和十七年春孝文臨經武殿大議南伐語及劉蕭篡奪之事昶每悲涕不已因奏曰本朝淪喪艱毒備罹冀恃國靈釋臣私恥頓首拜謝孝文亦爲之流涕禮之彌崇

蕭綜梁武帝之子也梁封豫章王自徐州奔魏不待志嘗作聽鳴鐘悲落葉辭以申其志當時見者莫不悲之

董紹爲賀拔岳開府諮議叅軍永熙中岳携紹高平牧馬紹悲而賦詩曰走馬山之阿渴飲出黃河寧謂胡關下復聞楚客歌後爲宇文黑獺所殺

元暉業景皇帝之玄孫孝靜帝時以時運漸謝不欲圖全又嘗賦詩云昔居王道泰濟濟富羣英今逢世路阻狐兎鬱縱橫

宋道璵爲京兆王愉法曹行叅軍愉反逼道璵爲官臨死作詩及挽歌詞寄之親朋以見怨痛道璵又曾贈著作佐郞張始均詩其末章云子深懷璧憂余有當門病道璵旣不免難始均亦遇世禍時咸怪之

北齊廣寧王孝珩國亡至長安爲開府縣侯後周武帝在雲陽宴齊君臣自彈胡琵琶命孝珩吹笛辭曰亡國之音不足聽也固命之舉笛裁至口淚下嗚咽

武帝乃止

後周薛憕本河東汾陰人也文帝卽位初拜中書侍郞自以流離世故不聽音樂雖幽室獨處嘗有戚容

隋爾朱敞榮之族子也齊神武盡誅爾朱氏敞小隨母養宮中年十二自竇中走因詐爲道士變姓名隱嵩山畧涉經史數年之間人頗異之獨坐巖石之下泫然而嘆曰吾豈終於此乎伍子胥獨何人也遂西歸於周後至徐州總管

裴肅仕周爲御正下大夫屬高祖爲丞相肅聞而嘆曰武帝以雄才定六合墳土未乾而一朝遷革大道歟高祖聞之甚不悅繇是廢於家

嘗得志京兆人博學善屬文官至秦王記室及王薨過故宮爲五言詩辭理悲壯甚爲時人所重

盧思道爲太子舍人司徒錄事每居官多被辱後免歸于家嘗於薊北悵然感慨爲五言詩以見意人以爲工

庾自直大業中知起居舍人事化及作逆以之北上自載露車中感激發病卒

唐唐衢鄭人應進士久而不第能爲歌詩意多感發見人文章有所傷嘆者讀訖必哭涕泗不能已每與

人言論旣相別發聲一號音詞哀切聞之者莫不悽然泣下嘗客遊太原屬戎帥軍宴衢得預會酒酣言事抗音而哭一席不樂爲之罷會故世稱唐衢善哭終不登一命而卒

後唐馬郁在莊皇幕寄寓他土年老思鄉每對莊宗歔欷言家在范陽乞骸歸國以葬舊山莊宗謂之曰自卿去國已來同舍執在守光尚不能容父能容卿乎孤不惜卿行卿不得死爾郁旣無歸路衷懷嗚悒竟卒於太原

晉趙瑩爲中書令虜陷京城虜主遷少帝於北塞瑩

與焉玉李彥韜俱從契丹永康王代立僞授瑩太子太保周廣順初遣尚書左丞田敏報命于契丹遇瑩於幽州瑩得見華人悲悵不已謂田敏曰老身漂零寄命於此近聞室家喪逝弱子無恙蒙中朝皇帝倍加存恤東京舊第本屬公家亦聞優恩特給善價老夫至死無以報效於是南望稽首涕泗橫流

不遇

春秋之際禮樂喪壞列國爭覇賢者不遇故宣父之言曰鳳鳥不至河圖不出吾已矣夫蓋困於歷聘不得行其道也若乃望庶幾而出書謂濡滯而見譏初

學少年被毁於豪貴不修威儀多爲於排抵剝復坐衣冠之不整爲饑寒之所虆者哉

孔子適齊齊景公敬見孔子不問其禮異日景公止孔子曰奉子以季氏吾不能以季孟之間待之魯三卿季氏爲上卿最貴孟氏爲下卿不用事言待之以二者之間齊大夫欲害孔子孔子聞之景公曰吾老矣不能用也孔子遂行以聖道難成故云吾老不能用孔子去陳適衛衛靈公老怠於政不用孔子孔子喟然嘆曰苟有用我者期月而已三年有成言誠有用我於政事者期月而可以行其政教必三年乃有成又靈公問陣於孔子軍陣行列之法孔子對曰俎豆之事則嘗聞之矣俎豆禮器軍旅之事未之學也萬二千五百人爲軍五百人爲旅軍旅末事本未立不可以教末事又公山不狃以費畔季氏使人召孔子孔子循道彌久溫溫無所試莫能已用曰蓋周文武起豐鎬而王今費雖小儻庶幾乎欲往子路不悅止孔子孔子曰夫召我者豈徒哉如用我其爲東周乎興周道於東方故曰東周然亦卒不行

孟軻鄒人也受業子思之門人道既通游事齊宣王宣王不能用適梁惠王不果所言則見以爲迂遠而濶於事情後去齊尹士語人曰不識王之不可以爲湯武則是不明也識其不可然且至則是干澤也千

里而見王不遇故去三宿而後出晝晝齊西南近邑是何濡滯也士則茲不悅尹士齊人也干求也澤祿也尹士與論者言之云孟子不知則爲求祿濡滯久也既去近留於晝三日怪其執久故云士於此事不悅者高子以告高子亦齊人孟子弟子以尹士之言告孟子曰夫尹士安知予哉千里而見王是予所欲也不遇故去豈予所欲哉予不得已也孟子曰夫尹士安能知我哉我不得已而去爾何汲汲而驅馳予三宿而出晝於予心猶以爲速王庶幾改之王如改諸則必反予我自謂行速疾矣冀王庶幾能及復招還我矣夫出晝而不予追也予然後浩然有歸志

漢馮唐景帝時爲楚相武帝即位求賢良舉唐時年

九十餘不能官乃以子遂爲郎

賈誼年少頗通諸家之書文帝召以爲博士時諸法令所更定及列侯就國其說皆誼發之於是帝議以誼任公卿之位絳灌東陽侯馮敬之屬盡害（絳周勃也灌灌嬰也東陽侯張相如也馮敬時爲御史大夫）乃毁誼曰雒陽之人年少初學專欲擅權紛亂諸事於是天子後亦疏之不用其議以誼爲長沙王太傅

後漢桓譚沛國相人也簡易不修威儀而喜非毁俗儒繇是多見排抵哀平間位不過郎光武即位徵待詔上書言事失旨不用其後會議臺所處帝謂譚曰

吾欲讖决之如何譚默然良久曰臣不讀讖復極言讖之非經帝大怒出爲六安郡丞道病卒

馮衍京兆杜陵人也爲曲陽令誅斬劇賊郭勝等降五千餘人論功當封以讒毁故賞不行建武六年日食衍上書陳八事書奏帝將召見初衍爲狼孟長以罪摧陷大姓令狐畧是時畧爲司空長史讒之於尚書令王護尚書周生豐曰衍所以求見者欲毁君也護等懼之即共排間衍遂不得入

晉王沉字彦伯高平人也少有俊才出於寒素不能隨俗沉浮爲時豪所抑仕郡文學掾鬱鬱不得志乃作釋時論是時王政陵遲官才失實君子多退而窮處遂終于里閭

任旭爲郎中州郡舉中正固辭歸家元帝中興遣公車徵會遭母憂於時司空王導啓立學校選天下明經之士旭與會稽虞喜俱以隱學被召事未行會有王敦之難尋而事遂寢明帝即位又徵拜給事中旭稱疾篤經年不到尚書以稽留除名僕射荀崧議以爲不可大寧末明帝復下召備禮徵旭始下而止咸和二年卒太守馮懷上疏謂宜贈九列值蘇峻作亂事竟不行

梁張齊字子享馮翊郿人世居横桑或云横桑人也少有膽氣初事荆府司馬嵤歷生歷生酗酒遇下嚴酷不甚禮之歷生罷官歸呉郡

後魏沈嵩依宋王劉昶昶遇之無禮憂愧饑寒未幾而卒

隋敬釗爲縈畤令漢王諒據并州反釗不從爲賊所陷釗抗節不撓大業三年煬帝避暑汾陽宫代州長史柳詮司馬崔保山上其狀付司將加褒賞會虞世基奏格而止

孫萬壽高祖時爲滕穆王文學坐衣冠不整又爲宇

文述與軍書鬱鬱不得志後歸鄉里十餘年不得調仁壽初徵拜豫章王長史非其好也王轉封於齊即爲齊王文學當時諸王官屬多被夷滅繇是彌不自安因謝病免爲五言詩贈京邑知友詩成至京盛爲當時之所吟誦天下好事者書壁而翫之

唐杜甫本襄陽人也爲右拾遺房琯罷相甫上疏言琯有才不宜罷免肅宗怒貶琯爲刺史出甫爲華州司功參軍時關畿亂離穀食踴貴甫寓居成州同谷縣自負薪採樵兒女餓殍者數人久之後依嚴武於成都武卒郭英乂代武鎮成都英乂武人麤暴無能

剌謁乃遊東蜀依高適旣至而適卒及蜀中大亂甫以其家避難荆楚扁舟下峽未維舟而江陵亂因游衡山寓居耒陽卒

崔敬嗣好樗蒲飲酒則天初爲房州刺史中宗爲廬陵王安置在州官吏多無禮敬嗣獨申禮敬又供給豐贍中宗嘗德之及登位有益州長史崔敬嗣旣同姓名每進擬官皆御筆超拜之者數四後引與語知誤訪敬嗣已卒乃遣中書令韋安石授其子官

趙驊爲倉部郎中早擅高名在官途五十年累經貶謫蹇躓備至入仕三十年方霑省官身在郎署子嘗徒步官旣多在散曹俸祿單寡衣食不充識者爲之歎息德宗建中四年涇原兵叛驊竄于山谷尋以疾終贈華州刺史

後唐司空頲貝州青陽人舉進士不第退之中條山依司空圖圖以宗姓指授爲文刀尺薦託於朝屬三輔大亂乃還鄉里

竇受徵初登進士第謁孔勍於襄州處之賓席然薄於禮遇無正銜鬱鬱不得志無幾離職

困辱

夫驚獸罹乎網罟則不能奮攫噬之威應龍潛于汚

潢則不能效神靈之用乃有負王霸之畧躬明哲之屬命不我與時無巳知困於石而若愚辱在塗而無告阽危顛躓殆無所容及夫遇明哲之君丁好賢之世奮庸廊廟之上預議搢紳之列銘勳於鐘鼎垂譽於簡册則蹇剝之患庸何傷乎是知處困而亨先賤後貴者士君子之嘗也

管仲字夷吾齊大夫也初與子糾奔魯齊桓公之入齊也使鮑叔爲宰鮑叔曰臣不若管夷吾桓公使請諸魯如鮑叔之言莊公以問施伯伯對曰此非欲戮之也欲用其爲政也夫管子天下之才也才冠天下所在

之國則必得志於天下今彼在齊則必長爲魯國患矣莊公曰若何施伯對曰殺而以其屍授之（授與齊使）莊公將殺管仲齊使者請曰寡君欲親以爲戮（欲得生自戮之以逞射己之忿）若不生得以戮於群臣猶未得請也（猶未得所請）請生之於是莊公使束縛以予齊使齊使受之而退比至三釁三浴之

董叔晉大夫也將娶於范氏叔向曰范氏富盍已乎曰欲爲繫援焉他日董祁愬之于范獻子曰不吾敬也獻子執而紲於庭之槐叔向過之曰子盍爲我請乎叔向曰求繫既繫矣求援旣援矣欲而得之又何

請焉

張儀者魏人也（呂氏春秋曰儀魏氏余子）始嘗與蘇秦俱事鬼谷先生學術秦自以不及儀而學成游說諸侯嘗從楚相飲已而楚相亡璧門下意張儀曰儀貧無行必此盜相君之璧共執儀掠笞數百不服醳（音釋）之其妻曰嘻子毋讀書游說安得此辱乎儀謂其妻曰視吾舌尚在不其妻笑曰舌在也儀曰是矣

孔伋魯人字子思嘗困於宋

范雎者魏人也字叔游說諸侯欲事魏王家貧無以自資乃先事魏中大夫須賈賈爲魏昭王使於齊數從留數月未得報齊襄王聞雎辯口乃使人賜雎金十斤及牛酒雎辭謝不敢受須賈知之大怒以爲雎持魏國陰事告齊故得此饋令雎受其牛酒還其金既歸心怒雎以告魏相魏之諸公子曰魏齊魏齊大怒使舍人笞擊雎折脅摺齒雎佯死卽卷以簀置廁中賓客飲者醉更溺雎故僇辱以懲後令無妄言者雎從簀中謂守者曰公能出我我必厚謝公守者乃請出棄簀中死人魏齊醉曰可矣范雎乃得出

漢韓信淮陰人家貧無行不得推擇爲吏又不能治生爲商賈從下鄉南昌亭長妻苦之（苦厭也）乃晨炊蓐

食（未起而床蓐中食）食時信往不爲具食信亦知意自絶去淮陰少年又侮信曰雖長大好帶刀劒怯爾衆辱信曰能死刺我不能出跨下於是信孰視俛出跨下一市皆笑信以爲怯

季布楚中人也項籍使將兵數窘漢王項籍滅高祖購求布千金敢有舍匿罪三族布匿濮陽周氏周氏曰漢求將軍急迫且至臣家能聽臣臣敢進計卽否願先自剄布許之乃髡鉗布衣褐置廣柳車中（廣柳車喪車也）并與其家僮數十人之魯朱家賣之（朱家魯人）後至河東太守

後漢度尚山陽湖陸人也家貧不修學行不爲鄉里
所推舉積困窮乃爲宦者同郡侯覽視田得爲郡上
計吏後至荆州刺史
李克陳留人家貧立精舍講授太守魯平請署功曹
不就平怒乃援克以指溝中因謫署縣都亭長不得
已起親職役後至侍中
蜀張裔爲司金中郎將典作農職之器先是益州郡
殺太守正昂耆率雍闓恩信著於南土使命周旋遠
通吳大帝乃以裔爲益州郡太守徑往至郡闓遂趑
趄不賓假鬼教曰張府君如瓠壺外雖澤而內實麄

不足殺令縛與吳於是遂送裔於吳
彭羕字永年仕州不過書佐後又爲衆人所謗毁於
州牧劉璋璋髠鉗羕爲徒隷後至江陽太守
晉王育字伯春京兆人也少孤貧爲人傭牧羊每過
小學必歔欷流涕時有暇即折蒲學書忘而失羊爲
羊主所責育將鬻已以償之同郡許子章敏達之士
也聞而嘉之代育償羊給其衣食使與子同學遂博
通經史
劉琨元帝時爲太尉既爲段疋磾所拘自知必死神
色怡如也爲五言詩贈其別駕盧諶託意非常攄暢
幽憤遠想張陳感鴻門白登之事用以激諶諶素無
奇畧以常詞酬和殊乖琨心重以詩贈之乃謂琨曰
前篇帝王大志非人臣所言矣
張天錫爲凉州刺史歸晉爲散騎常侍形神昏喪雖
處列位不復被齒遇隆安中會稽世子元顯用事嘗
延致之以爲戲弄
梁吉士瞻爲鎮軍司馬少時嘗於南蠻國中擲塼無
裩褰露爲儕輩所侮
後魏陰世隆初在凉州之日與鄉人索敞文學相友
世隆至京師被罪徙和龍屆上谷困不前達士人徐

能抑掠爲奴
北齊高昂初在鄉里陰養壯士爾朱榮聞而惡之密
令刺史元仲宗誘執昂送於晉陽永安末榮入雒以
昂自隨禁於駝牛署後至司徒公
魏收初仕後魏爲兼通直散騎常侍司馬子如薦收
召赴晉陽以爲中外府主簿以受旨乖忤頻被嫌責
加以箠楚久不得志
居馬周字賓王武德中補博州助教日飲醇酒不以
講授爲心刺史達奚恕屢加咎責乃拂衣游於曹汴
境復爲浚儀令崔賢首所辱周遂感激西游長安餕

至中書令

李進代宗初爲工部侍郎寶應元年五月德宗爲天下兵馬元帥平河雒以進爲叅佐時元帥在陝兼統蕃兵回紇恃功而驕恣狠戾進與中書舍人韋少華皆爲皮鞭所辱進數月病瘡僅以全生

後唐李茂貞爲人翔節度使茂貞本姓宋名文通深州博野人少去鄉里客奉天爲市吏數爲鎮將所辱

晉趙在禮爲永興軍節度使契丹亂華自鎮赴闕時契丹首領奚王拽剌等在雒下在禮望塵致敬蕃酋等倨受其禮加之凌辱邀索貨財在禮不勝其憤行至鄆州泊於逆旅聞同州劉繼勳爲虜所鏁大驚夜以衣帶就馬櫪自絞而卒

冊府元龜

巡按福建監察御史臣李嗣京　訂正

分守建南道左布政使臣胡維霖　參閱

知建陽縣事臣黃國琦　較釋

總錄部　二百四

寡學　虛名　妄作　愚暗

寡學

溫故知新好問則裕爲學之益蓋君子之所急也乃有愚昧成性宴安任已靡思時習之義不念將落之剌懵厭古道束於嘗見繇是言致無稽之誚動成踰

矩之咎爲儒者之所恥曷士林之可預古人有言曰人而不學其猶正墻面而立也蓋謂是矣

宰予字子我魯人哀公問社於宰我宰我對曰夏后氏以松殷人以栢周人以栗曰使民戰栗（凡建邦立社各以其土所宜之木宰我不本其意妄爲之說因周用栗便云使民戰栗）子聞之曰成事不說（事已成不可復解說）遂事不諫（事已遂不可復諫也）旣往不咎（事已往不可復追也孔子非宰我故歷言此三者欲使愼其後）

吳滕脩爲廣州刺史或語脩蝦鬚長一丈脩不信其人後故至東海取蝦鬚長四丈四尺封以示脩脩乃服之

晉蔡謨爲司徒謨初渡江見彭蜞大喜曰蟹有八足加以二螯令烹之旣食吐下委頓方知非蟹後詣謝尚而說之尚曰卿讀爾雅不熟幾爲勸學死

虞嘯父爲侍中孝武從容問曰卿在門下初不聞有所獻替邪嘯父家近海謂帝有所求對曰天時尚溫鮆魚蝦鮓未可致尋當有所上獻帝大笑

唐蘇良嗣爲荆州都督郭下舊有河東寺後梁宣帝爲其兄河東王譽所立也良嗣見而驚曰此在江漢之間與河東有何關涉遂奏改之繇是議者譏其學之不博也

蕭炤爲戶部侍郎嘗與嚴挺之同行慶弔客次有禮記卷炤讀之曰蒸嘗伏獵炤早從官無學術不識伏臘之意誤讀之挺之戲問炤對如初挺之白張九齡曰省中直得有伏獵侍郎繇是出爲岐州刺史

李林甫爲吏部侍郎時選人嚴迥判語有周杕杜二字者林甫不識杕字謂吏部侍郎卓陟曰此云杕杜何也陟俛首不敢言太常少卿姜度林甫舅子度妻誕子林甫手書慶之曰聞有弄麞之慶客視之掩口

王鍔爲太原節度使嘗讀左氏傳自稱儒者人皆笑之

後唐李鏻爲宗正卿初趙州昭慶縣有神堯之祖獻祖宣皇帝建初陵懿祖光皇帝啓運陵莊宗踐祚之後宗正司條奏陵園故事請置建初啓運陵臺令許之時有僞稱宗子言世爲丹陽竟陵臺令投詣宗寺爲聞喜令宗正少卿李瓊莫測其繇憑百姓僞書即而補之其人既至本處招庇百姓以爲部曲出入建緋旌豪視長吏復侵奪近墓民田百餘頃言是陵園壖地百姓詣府陳訴州府不能辨叙乃具狀奏天子下公卿訪丹陽竟陵故事是何帝陵寢遂簡列聖陵園及追封錄太子諸王尊號者皆無丹陽竟陵之號

其僞百姓宗正司吏皆伏法瓊鏻以不閑故實謬補姦人鏻責授朝散大夫司農少卿瓊責授朝議郎守太子中舍丹陽之地北在南方竟陵之名六朝故事鏻等不知書故也

李琪爲太子少傅明宗天成末旣平定州自汴還雒琪爲留司官班首奏乞於偃師縣奉迎而奏章中有敗契丹之兇黨破眞定之逆賊之言詔曰契丹卽爲兇黨眞定不是逆賊李琪罰一月俸（史臣曰大駕還京留司官出城奉迎載於典禮李琪好動移班師稱中山爲眞定擬人之詞俱失實也）

馬縞爲國子祭酒時年八十餘形氣不甚衰而於事多遺忘嘗言元稹不應進士以父元魯山名進故也多如此類又上疏古者無嫂叔服文皇創意以兄弟之親不宜無服乃議服小功今令文省服制條爲兄弟之妻大功不知何人議改而寘於令文諸博士駮云律令國之大經馬縞知禮院時不曾論定今遽上疏駮令式罪人也

周盧損爲太子少保致仕損梁開平初舉進士性頗剛介以高情遠致自許儕類之中務欲自勝然學涉不博以此爲人士所薄

虛名

夫名浮於行聲過其實先民用恥小人爭鶩蓋繇不純其德務飾其詐身爲斧藻言生枝葉苟合於世寖以成風大則朋扇相高日彰浮稱次則矜持自用徒衒謏聞詭誕則多循實何有或誤聽而進擢或從權而委任罔獲攸濟終敗乃事是知膠柱鼓瑟詎能合變畫地作餅不可以啖者矣

漢東方朔爲侍郎詼諧逢占射覆（逢占逆占事猶云逆刺也）其事浮淺行於衆庶童兒牧豎莫不眩燿而後世好事者因取奇言怪語附著之劉向言少時數問長老賢人通於事及朔時者（與朔同時者）皆曰朔口諧倡辯不能持

論喜爲庸人誦說喜許吏反爲去聲故令後世多傳聞者而楊雄亦以爲剏言不純師行不純德其流風遺書蔑如也言辭義淺薄不足稱也然剏名過實者以其誑達多端不名一行

王成爲膠東王相宣帝最先褒成後詔使丞相御史問郡國上計長吏守丞以政令得失或對言前膠東相丞僞自增加以蒙顯賞是後俗吏多爲虛名

魏鄧颺爲中書郎颺少得士名于京師與李勝等爲浮華友與諸葛誕等馳名譽有四聰八達之誚文帝疾之

文欽爲將好自壯勇高人頗得虛名于三軍

諸葛誕爲御史中丞與尚書夏侯玄鄧颺等相善收名朝廷京都翕然言事者以誕颺等修浮華合虛譽漸不可長明帝惡之免誕官

蜀許靖爲劉璋蜀郡太守先主進圍成都靖將踰城降事覺不果璋以危亡在近故不誅靖璋既稽服先主以此薄靖不用也法正說曰天下有獲虛譽而無其實者許靖是也然今主公始創大業天下之人不可戶說靖之浮稱播流四海若其不禮天下之人以是謂主公爲賤賢也宜加敬重以眩遠近追昔燕王之待郭隗先主於是乃厚待靖

諸葛瞻以丞相亮之子爲尚書僕射加軍師將軍蜀人追思亮咸愛其才敏每朝廷有一善政佳事雖非瞻所建倡百姓皆傳相告曰葛侯之所爲也是以美聲溢譽有過於實

晉王衍爲太子中庶子衍既有盛才累居顯職後進之士莫不景慕放效選舉登朝皆以爲稱首矜高浮誕遂成風俗焉

謝萬太傅安之弟雖器量不及安而善自衒曜故早有時譽後至豫州刺史

王綏字彥猶少有美稱厚自矜遇實鄙而無行後至冠軍將軍

宋劉休爲南康相善言理體而在郡無異績

後魏和跋爲龍驤將軍累遷尚書平原太守道武寵遇跋冠於諸將時羣臣皆敦尚恭儉而跋好修虛譽衒曜於時

劉仁之爲御史歷西兗州刺史善候當途能爲詭激每於稠人廣衆之中或撾一姦吏縱一孤寡大言自示眩已高明矜物無知淺識皆稱其美公能之譽動過其實

唐房琯爲吏部尚書平章事肅宗以琯素有重名傾意待之琯好賓客喜談論用兵素非所長而天子採其虛聲冀成實效琯旣自無廟勝又以虛名擇將吏以至于敗

後唐張文禮初爲鎮州大將從莊宗行營素不知書亦無兵家方畧唯於儒卒中妄菲上將自言甲不知進退乙不識兵機以此軍人推爲良將

周李知損爲諫議大夫在梁朝時以陵刺篇詠出入于內臣之門務是浪得虛譽時人目之爲李羅隱

妄作

古人有言鄙沒世而文采不表於後故感於哀樂而造其端緒苟非修靡閎衍周通傳達豈能爲學者之所宗乎乃有不祖述於前典妄穿鑿於聖意言涉鄙俗義多詭詐雖確然自是而行之非遠布諸後世良可媿焉

漢孟喜東海蘭陵人從田王孫受易喜好自稱譽得易家候陰陽災變書詐言師田生且死時枕喜郤獨傳喜郤與膝同同門梁丘賀疏通證明之同門同師學者也疏通猶言分別也證明明其僞也日田生絶施讎手中時喜歸東海安得此事又蜀人趙賓好小數書後爲易飾易文以爲箕子明夷陰陽氣亡箕子者萬物方荄茲也易明夷卦彖曰內文明而外柔順以蒙大難文王以之利艱貞晦其明也內難而能正其志箕子以之而六五爻辭曰箕子之明夷利貞此箕子者謂殷父師說洪範者也而賓妄爲說耳荄茲言其根荄方茲茂也荄音該又音皆賓持論巧惠易家不能難皆曰非古法也心不服也云受孟喜喜爲名之名之者亟取其名云賓授也後賓死莫能持其說喜因不肯仞仞亦名也仞音刃以此不見信

晉魏瓘爲司空作左思爲吳都賦敍及注敍粗有文辭至於爲注了無所發明直爲塵穢紙墨不合傳寫也

束晳爲尚書郎嘗爲勸農及逆諸賦文頗鄙俗時人

薄之

後魏張吾貴中山人年八十本郡舉爲太學博士吾貴先未多學乃從酈詮受禮牛天祐受易詮祐粗爲開發而吾貴覽讀一遍便卽別構戶牖世人競歸之曾在夏學聚徒千數而不講傳生徒竊云張生之於左氏似不能說吾貴聞之謂其徒曰我今夏講暫罷後當說傳君等來日皆當持本生徒怪之而已吾貴謂劉蘭云君曾讀左氏爲我一說蘭遂爲講三旬之中吾貴讀杜服隱括兩家異同悉舉諸生後集便爲講之義例無窮皆多新異蘭仍伏聽學者以此益奇

之而以辨能飾非好爲詭說繇是業不久傳
成霄字景鸞亦學涉好爲文詠但詞彩不倫率多鄙俗與河東姜質等朋遊相好詩賦間起知音之士共所嗤笑閭巷淺識頌諷成羣乃至大行於世
北齊劉晝渤海阜城人河清初舉秀才考策不第乃恨不學屬文方復緝綴辭藻言甚古拙制一首賦以六合爲名自謂絶倫吟諷不輟乃嘆曰儒者勞而少工見於斯矣我讀儒書二十餘年而答策不第始學作文便得如是曾以此賦呈魏收收謂人曰賦名六合其愚已甚及見其賦又愚於名晝又撰高才不遇

冊府元龜　總錄部　妄作　卷之九百五十四　九

傳三篇在孝昭武成之朝又頻上書言亦切直而多非世要終不見收採
石曜爲黎陽郡守著石子十卷言甚淺俗
隋張仲讓爲太學博士未幾告歸鄉里著書十卷自云此書若奏我必爲宰相又數言玄象事州縣列上其狀竟坐誅
唐東方震德州人玄宗開元十三年與鄭帝臣獻書詞理虛矯徙於道州
南次回爲國子監學生肅宗寶曆元年進皇帝親學圖一軸初太學博士李涉狂妄誘生徒上疏請親臨國庠因有詔令畫圖以進事尋不行
後唐王思同初仕莊宗歷典諸軍至都將性疎俊粗有文性喜爲詩什與人唱和自稱薊門戰客魏王繼岌待之若子時內養呂知柔侍典聖宮頗用事思同不平之知柔爲終南山詩末句有頭字思同和曰料伊直擬衝霄漢賴有青天壓著頭其可笑詩句皆此類也
晉崔居儉爲戶部尚書其先自後魏至唐推爲甲族吉凶之事自著家禮與盧鄭不同但浮薄是務淳儒惡之

冊府元龜　總錄部　妄作　卷之九百五十四　十

愚暗

夫愚暗之徒與賢知並生于世亦繇梼櫟之與杞梓瓦石之與珠玉也故含英炳靈者爲賢知積污蘊濁者爲愚暗則有罔達人情靡周世務動爲欺紿靡達變通至乃畏乎影者見月而卻走失乎劍者刻舟而待求取柳葉以自蔽謂南金之可食其底滯之性有如此者其或應對失指率履過中言有遠於典刑動必爲於嗤笑紀諸竹素良足憮然
燕李季好遠出其妻有士李季至士在內中妻患之乃令士裸而解髮直出門吾屬陽不見也於是士從

其計疾走出門季曰是何人也家室皆曰無有季曰
吾見鬼也季婦曰爲之柰何然取五牲之毛浴之季
曰諾乃浴矣
涓蜀梁夏首之南人也其爲人愚善畏明月而宵行
俯見其影以爲伏鬼仰見其髮以爲伏魅背而走
比至其家失氣而死
公孫綽魯諸孫也嘗告人曰我能治偏枯今吾倍爲
偏枯之藥則可以起死人矣
楚人有涉江者本不載姓名其劒自舟中墜於水遽
鍥其舟曰是吾劒所從墜也舟已行而劒不行若此

求劒不亦惑乎
宋人有耕者本不載姓名田中有株兔走觸之折頭
而死因釋耕守株冀復得兔爲宋國笑
後漢劉玄王莽末爲綠林渠帥號爲更始既至長安
諸將後至者更始問虜掠得幾何左右侍官皆宮省
久吏各驚相視
董卓獻帝初自爲太尉領前將軍及逼帝遷都長安
卓乃結壘於長安城東以自居又築塢于郿高厚七
丈號曰萬歲塢積穀爲三十年儲自云事成雄據天
下不成守此足以畢老後王允與呂布及僕射士孫
瑞謀誅卓有書呂字于布上負而行於市歌曰布乎
有告卓者不悟
公孫瓚爲遼東太守破擒劉虞盡有幽州之地猛志
益盛以童謠之言徙鎮易縣盛修營壘樓觀數十臨
易河通遼海瓚慮有非常乃居于高京以鐵爲門斥
去左右男子七歲已上不得入易門專侍姬妾其文
簿書記皆汲而上之令婦人習爲大言聲使聞數百
步以傳宣教令或問其故瓚曰我昔驅叛胡于塞表
掃黃巾于孟津當此之時謂天下指揮可定至於今
日兵革方始觀此非我所決不如休兵力耕以救凶

年兵法百樓不攻今吾諸營樓櫓千里積穀三百萬
斛食此足以待天下之變後爲袁紹所敗
魏毛嘉以明帝后父封博平鄉侯嘉本典虞車工卒
暴富貴帝令朝臣會其家飲宴其容止舉動甚蚩騃
語輒自謂侯身時人以爲笑位至散騎侍郎
曹爽爲大將軍與鄧颺何晏等專亂朝政司馬宣王
將討之正始十年車駕朝高平陵爽兄弟皆從宣王
勒兵馬先據武庫遂出屯雒水浮橋奏請廢爽等爽
得宣王奏事不通迫窘不知所爲大司農桓範說爽
使車駕幸許昌招外兵爽兄弟猶豫未決會宣王使

許允陳太解語爽蔣濟亦與書達宣王之旨又使爽所信殿中校尉尹大目謂爽唯免官而已以雒水爲誓爽信之罷兵爽既罷兵曰我不失作富家翁範哭曰曹子丹（爽父真字子丹）佳人生汝兄弟犢爾何圖今日坐汝等族滅矣爽兄弟歸家勅雒陽縣發民八百人使尉部圍爽第四角角作高樓令人在上望視爽兄弟舉動爽計窮愁悶持彈到後園中樓上人便唱言故大將軍東南行爽還廳事上與兄弟共議未知宣王意深淺作書與宣王曰賤子爽哀惶恐怖無狀招禍分受屠戮前遣家人迎粮于今未反數日乏匱尚煩

見餉以繼旦夕宣王得書大驚即答書曰初不知乏粮甚懷踧踖令致米一百斛并肉脯鹽豉大豆尋送爽兄弟不達變數即便喜歡自謂不死

顧愷之爲桓溫司馬參軍嘗以一廚畫糊題其前寄桓玄皆其深所珍惜者玄乃發其廚後竊取畫而緘閉如舊以還之紿云未開愷之見封題如初但失其畫直云妙畫通靈變化而去亦猶人之登仙了無怪色及爲散騎常侍與謝瞻連省夜于月下長詠瞻每過贊之愷之彌自力忘倦瞻將眠令人代已愷之不覺有異遂申旦而止尤信小術以爲求之必得桓玄嘗以一柳葉紿之曰此蟬所翳葉也取以自蔽人不見已愷之喜引葉自蔽玄就溺焉愷之信其不見已也甚以珍之

庾倏爲臨川太守倏氷之弟翼之兄而倏於兄弟最凡劣故祿位不至

宋趙倫之爲領軍將軍性野拙人情世務多所不解久居方伯頗覺富盛入爲護軍資力不稱以爲見貶光祿大夫范泰好戲謂曰司徒公鈇必用汝老奴我不言汝資地所任要是外戚高秩次第所至耳倫之大喜每載酒肴詣泰

劉義綦襲封營道侯凡鄙無知識每爲始興王濬兄弟所戲濬嘗謂義綦曰陸士衡詩曰營道無烈心其何意若阿父如此義綦曰下官初不識士衡何忽見若其庸塞皆然位湘州刺史

戴法興後廢帝時爲越騎校尉尋免官鄉里賜死於家法興臨死封閉庫藏使家人謹錄其鑰

王懌侍中琨之父懌不辨菽麥時以爲殷道矜之流人無肯與婚家以獠婢恭心侍之遂生琨

南齊劉道隆爲右衛將軍時謝超宗作商淑儀誄奏之大嗟賞謂謝莊曰超宗殊有鳳毛道隆在御坐出

候超宗曰聞君有異物可見乎超宗曰懸罄之室復有異物耶道隆武人無識正觸其父名曰旦侍宴至尊說君有鳳毛超宗徒跣還内道隆謂簡覓鳳毛至暗待不得乃去

熊度初爲武陵王贊中直兵沈攸之過郢州度於城中樓上罵辱至自發露形體穢辱之及事寧度功居多後見朝廷貴戚説郢城事宣露如初其戇如此

張敬兒爲征西將軍於襄陽城西起宅聚財貨又欲移羊叔子墮淚碑于其處立臺綱紀諫曰羊太傅遺德不宜遷動敬兒曰太傅是誰我不知也後爲散騎

常侍不習朝儀聞當内遷乃於密室中屏人學揖讓對空中俯仰竟日妾侍竊笑及時拜開府儀同三司謂其妓曰我拜後應開黄閤因口爲鼓聲又於新林慈姥廟爲妾乞兒祝神自稱三公

梁柳津爲太子詹事雖乏風華性甚强直人或勸之聚書津曰吾嘗請道士奏章驅鬼安用此鬼名耶

張仲子竟陵人繇其子興世致位給事中及興世爲雍州刺史欲將往襄陽愛鄉里不肯去嘗謂興世曰我雖田舍老公樂聞鼓角汝可送一部行田時欲吹之興世素恭謹畏法譬之曰此是天子鼓角非田舍所吹與世欲拜墓仲子謂曰汝衛從太多先人必當驚怖興世減撤而行

胡僧祐爲天水天門二郡太守性好讀書不解緝綴然每在公宴必强賦詩文辭鄙野多被嘲謔僧祐怡然自若謂已實工矜伐愈甚

蕭應盧陵王之子應不慧父薨至内庫閲珍物見金鋌問左右曰此可食不答曰不可應曰既不可食並特乞汝他皆此類

何敬容爲左僕射其署名敬字則大作苟小爲文容字則大爲父小爲口陸垂戲之曰公家苟既奇大父

亦不小敬容遂不能答嘗有客姓吉敬容問卿與郗吉遠近答曰如明公之與蕭何

後魏翟黑子封遼東公有寵於太武奉使并州受布千疋事尋發覺黑子請計於著作郎高允曰主上聞我首與諱乎允曰公帷幄寵臣答詔宜實又自告忠誠罪必無慮中書侍郎崔覽公孫質等咸言首實不可測宜諱之黑子以覽等爲親已而反怒允曰如君言誘我死何其不宜遂與允絶黑子以不實對竟爲太武所疎終獲戮死

宋鴻貴爲定州平北府參軍送戍兵於荊州坐取兵

絹四百疋兵欲告之乃斬十人又疎凡不達律令見律有梟首之罪乃生斷兵手以水澆之然後斬決鋒坐伏法時人哀兵之苦笑鴻貴之愚

鄙約性多造次好以榮利干謁乞丐不已多爲人所笑弄坎壈於世不免饑寒

北齊庫狄干爲太宰封章武郡王不知書署名爲干字逆上畫之時人謂之穿錐又武將王周者署名先爲吉而後成其外二人至子孫始並知書

尉瑾爲右僕射閤門穢雜爲世所鄙然亦折節下士意在引接名流但不之別也

孫搴爲散騎常侍學淺行薄邢邵嘗謂曰須更讀書搴曰我精騎三千足敵君羸卒數萬搴少時與温子昇齊名嘗謂子昇卿文何如我子昇謙曰不如卿搴要其爲誓子昇笑曰但知劣於卿便是何勞旦旦搴悵然曰卿不爲誓事可知矣

唐韓簡爲魏博節度使封昌黎郡王而性麁質每對文士不曉其說心嘗恥之乃召一孝廉令講論語久講至爲政篇明日謂諸從事曰僕近知古人淳朴年至三十方能行立外有聞者無不絶倒

高霞寓爲邠寧節度觀察等使霞寓本騎將性輕俗無節制之材始因隨吐突承璀東討遂累得任而又好非斥朝列侮慢僚屬鄙詞俚語日聞於人竟不自悟以至於卒

張仲武武宗會昌中爲幽州節度使教其民曰凡爲牛馬羊豕之類必先擇其牝之大者則其種亦大乃自指曰吾所以形貌大者繇母故也

趙道興爲右武侯將軍其父才居是官時廨宇仍舊不改時人以爲榮道興嘗自指其廳事曰此是趙才將軍廳今還使趙才將軍兒坐爲朝野所笑將爲口實

後唐盧程爲莊宗太原府支使莊宗嘗于帳中召程草奏程曰叨忝成名不閑筆硯繇是文翰之選不及於程時張承業專制河東留守士人皆敬憚舊例支使監諸廩出納程訴于承業曰此事非僕所長請擇能者承業叱之曰公稱文士即合飛文染翰以濟霸圖嘗命草辭自陳短拙及留職務又以爲辭公所能者何也程垂泣謝之

晉康福爲秦州節度使福無軍功屬後唐明宗龍躍有際會之幸擢自小校暴爲貴人每食非羊之全髀不能飫腹與士大夫交言懵無所別在天水日嘗有

疾幕客謁問福擁衾而坐客有退者謂同列曰錦衾爛兮福聞之遽召言者怒視曰吾雖生於塞下乃唐人也何得以爲爛奚因叱出之繇是諸客不敢措辭後有末客姓駱其先與後唐懿祖父武皇來自金山府一日因公讌福謂從事輩曰駱評事官則卑門族甚高正沙陁也聞者竊笑焉

册府元龜

冊府元龜

巡按福建監察御史臣李嗣京　訂正
分守建南道左布政使臣胡維霖　參閱
知建陽縣事　臣　黃國琦　較釋

總錄部　二百五

知舊　贈遺　託孤

知舊

傳曰人惟求舊又曰久要不忘蓋古之君子義重雅游或相善於膠庠或比居於邑里歲月其邁窮達以殊而能推引其材贈問以禮患難相濟終始不渝展

其誠心敦彼雅俗傳云故舊不遺則民不偷其是之謂與

魯季友如陳塟原仲原仲季友之舊也

漢司馬相如歸成都而家貧無以自業素與臨邛令王吉相善吉曰長卿久宦游不遂而困遂達也來過我於是相如往舍都亭臨邛所治都之亭臨邛令繆爲恭敬繆許也日往朝相如相如初尚見之後稱病使從者謝吉吉愈益謹肅臨邛多富人卓王孫僮客八百人僮謂奴程鄭亦數百人程鄭亦人姓名富亞王孫者也乃相謂曰令有貴客爲具召之具謂酒食之具召請也并召令令既至卓氏客以百數至日中請司馬長卿長卿謝病不能臨臨邛令不敢嘗食身自迎相如相如爲不得已而强往示與人以此意也一坐盡傾皆傾慕其風采也後爲孝文園令

後漢朱勃字叔陽年十二能誦詩書嘗候馬援兄況勃衣方領能矩步辭言嫺雅援裁知書見之自失況知其意乃自酌酒慰援曰朱勃小器速成智盡此耳卒當從汝稟學勿畏也勃未二十右扶風請試守渭城宰及援爲將軍封侯而勃位不過縣令援後雖貴常以舊恩而卑侮之勃愈身自親及援遇讒唯勃能終焉

魏孟建字公威少與諸葛亮俱游學亮後出祁山答司馬宣王書使杜子緒宣意于公威也

杜畿爲河東太守與衛固少相侮狎固嘗輕畿畿嘗與固博而爭道畿嘗謂固曰仲堅固字也我今作河東也固褰衣罵之及畿之官而固爲郡功曹張時故在京兆畿迎司隸與時會華陰時畿相見於儀當各持版時歎曰昨日功曹今爲郡將軍也

杜贄舉孝廉除郎中轉補較書贄與毌丘儉鄉里相親故爲詩與儉求仙人藥一丸欲以感切儉求助也儉後答詩贊竟不得遷卒于秘書

曹嘉元康中與石崇俱爲國子博士嘉後爲東莞太守崇爲征虜將軍監青徐軍事屯于下邳嘉以詩遺崇

蜀關羽爲盪寇將軍與魏將徐晃宿相愛羽攻曹仁于樊曹公遣晃救曹仁羽與晃遥共語但説平生不及軍事須臾晃下馬宣令得關雲長頭雲長羽字賞金千斤羽驚怖謂晃曰大兄是何言邪晃曰此國之事耳

趙雲爲牙門將軍與魏將夏侯惇戰於博望生獲夏侯蘭蘭是雲鄉里人少小相知雲白先主活之薦蘭明於法律以爲軍正雲不用自近其愼慮類如此

劉巴字子初始曹公辟爲掾使招納長沙零陵桂陽會先主畧有三郡不得反使遠適交阯更姓爲張與交阯太守士燮計議不合乃繇牂牁道去爲益州郡所拘留太守欲殺之主簿曰此非常人不可殺也主簿請自送至州見益州牧劉璋父焉昔爲巴父祥所舉孝廉見巴驚喜每大事輒以咨訪

楊戲出領梓潼太守入爲射聲校尉篤于舊故居誠存厚與巴西韓儼黎韜童幼相親厚儼因疾廢頓韜無行見捐戲經紀振䘏恩好如初

吳滕脩伯父耽父胄與揚州刺史劉繇州里通家以世擾亂渡江依繇耽至車騎右司馬胄太常帥以賓禮脩至丞相

嚴畯爲衛尉廣陵劉穎與畯有舊穎精學家巷大帝聞徵之以疾不就其弟畧爲零陵太守卒官穎往赴喪帝知其詐病急驛收録畯亦馳語穎使還謝帝怒廢畯而穎得免罪

王導爲丞相咸和中衛玠改塋于江寧導教曰衛洗馬明當改塟此君風流名士海内所瞻可脩薄祭以敦舊好

梁陳伯之爲江州刺史伯之與豫章人鄧繕永興人

戴永忠並有舊繕經藏伯之息虎禍伯之尤德之及在州用繕爲别駕永忠記室參軍

後唐王延歷徐宋鄆青四鎮從事長興初同鄉里馮道趙鳳在相位擢拜左補闕踰年以水部員外郎知制誥就改郎中正拜中書舍人賜金紫

趙鳳初落髪爲僧與遊方者雜處至太原頃之劉守奇歸莊宗周德威軍於涿州莊宗命守奇軍佐之鳳鄉人從守奇奔梁梁用守奇爲博州刺史表鳳爲判官

劉贊初仕梁爲租庸巡官莊宗入汴租庸副使孔謙

以贊鄉黨表爲鹽鐵判官

李崧始辟鎮州范延光晉記與宰臣李愚從莊宗皇子繼岌伐蜀有舊擢爲拾遺俄而延光入代安重誨爲樞密使奏崧以本官爲本院學士

韓惲明宗天成初改祕書監俄而馮道爲丞相與惲俱莊宗龍潛佐幕之舊以惲性謹厚尤左右之尋遷禮部尚書

周申師厚少爲兗州牙將與王峻相善洎太祖登極師厚以峻爲樞密使兼輔相每旭旦于峻馬首望塵而拜訴羈旅乞任使久之偶西凉請帥太祖詔宰臣

擬議訪諸率府率供奉官之間竟無願者峻遂以師厚奏之太祖曰西凉陷在西戎不欲强之奧從人所欲峻問師厚曰爾領一節制可否師厚駭愕之亦不之信峻以其事諭之師厚欣然求往翊日制下不宜于朝遽得環衛之任俾鎮西凉錫賚繒帛駞馬旌節以遺之

張義爲監察御史廣順二年十月賜緋魚笏王峻之奏也義唐三司使延朗之子也峻嘗事延朗故有是請

周禮君有匪頒臣有好予故贈遺之義存乎典制乃有因締交之厚持出境之歡或旌其臧謀或重其高節申雅素之旨表軫卹之心是亦非主乎財益成於禮而已然則妄與之誠先賢所惡私受之責良吏攸記故知介潔之士亦所慎焉

吳公子札聘于鄭見子産如舊相識與之縞帶子産獻紵衣焉

昭暑伯衛大夫也魯合諸侯於平丘次於衛地晉叔鮒求貨于衛淫芻蕘者（欲使衛患之而致貨）衛人使屠伯饋叔向羹與一篋錦曰諸侯事晉未敢携貳况衛在君之

宇下（屋宇之下言近也）而敢有異志芻蕘者異於他日敢請之（請止之）叔向受羹反錦（受羹示不逆其意且非貨）

韓宣子晉大夫也有環其一在鄭商宣子謁諸鄭伯子産弗與四月鄭六卿餞宣子于郊宣子私覿於子産以玉與馬曰子命起舍夫玉是賜我玉而免吾死也敢不藉手以拜（以玉馬藉手拜謝子産）

趙孟晉大夫也越圍吳趙孟使楚隆至吳王拜稽首曰寡人不佞不能事越以爲大夫憂拜命之辱與之一簞珠（簞小笥）使問趙孟（問迂也）曰勾踐將生憂寡人寡人死之不得矣

季康子魯大夫饋藥孔子拜而受之曰丘未達不敢嘗未知其故故不敢嘗禮也

公西赤字子華孔子弟子也子華使于齊冉子爲其母請粟子曰與之釜六斗四升曰釜請益曰與之庾十六斗曰庾冉子與之粟五秉十六斛曰秉五秉合爲八十斛子曰赤之適齊也乘肥馬衣輕裘吾聞之也君子周急不繼富非冉有與之太多

原思爲之宰弟子原憲思字也孔子爲魯司寇以原憲爲家邑宰與之粟九百辭九百九百斗辭讓不受子曰毋祿法所得當受不讓以與爾隣里鄉黨乎五家爲隣二十五家爲里萬一千五百家爲鄉五百家爲黨

孔子之衛遇舊館人之喪前日君所使舍已入而哭之哀出使子貢說驂而賻之賻助喪用也騑馬曰驂子貢曰于門人之喪未有所說驂說驂於舊館無乃已重乎言說驂太重比于門人恩爲偏頗夫子曰予鄉者入而哭之遇于一哀而出涕遇見也舊館人恩雖輕我入哭見主人爲我盡一哀是以厚恩待我我爲出涕恩重宜有施惠予惡夫涕之無從也小子行之客行無他物可以易之者使遂以往

孟子名軻鄒人也弟子陳臻問曰前日于齊王餽兼金一百而不受于宋餽七十鎰而受于薛餽五十鎰而受前日之不受是則今日之受非也今日之受是則前日之不受非也夫子必居一於此矣兼金好金也其價倍於惡者故謂之兼金百鎰也古者以一鎰爲一金鎰二十兩也孟子曰皆是也當在宋也予將有遠行行者必以贐辭曰餽贐予何爲不受贐送行者贈賄之禮也時人爲之贐也當在薛也予有戒心辭曰聞戒故爲兵餽之予何爲不受戒有備戒不虞之心也時有惡人欲害孟子孟子戒備薛君聞戒此金可鬻以作兵備故餽之我何爲不受也若于齊則未有處也無處而餽之是貨之也焉有君子而可以貨取乎

漢陸賈爲大中大夫呂太后用事以病免爲丞相陳平畫謀交驩太尉周勃平乃以奴婢百人車馬五十乘錢五百萬遺賈爲食飲費

司馬相如與妻文君歸成都文君當壚賣酒之處壘土爲壚以居酒瓮四邊隆起其一面高形如鍛壚故名壚耳

雜作卓王孫文君父也恥之爲杜門不出杜塞也昆弟諸公更謂王孫曰更互也有一男兩女所不足者非財也言不患少財也今文君既失身於司馬長卿長卿故倦游倦疲也言疲厭游學博物多能也雖貧其人材足依也且又令客奈何相辱如此言縣令之客不可以辱也卓王孫不得已止也分與文君僮百人錢百萬及其嫁時衣被財物文君乃與相如歸成都買田宅爲富人居後至孝文園令

李陵爲騎都尉戰敗降匈奴見蘇武陵惡自賜武謂若示已於匈奴中富饒以夸武使其妻賜武牛羊數十頭

後漢杜林字伯山扶風人徵爲侍御史與馬援同鄉里素相親厚援從南方還時林馬適死援令子持馬一疋遺林曰朋友有車馬之饋可且以備乏林受之居數月林遣子奉書曰將軍內施九族外有賓客望恩者多林父子兩人食列卿祿常有盈今送錢五萬援受之謂子曰人當以此爲法是杜伯山所以勝我也

晉孔沉字德度累辟不就從兄坦以裘遺之辭不受坦曰晏平仲儉祀其先人豚肩不掩豆猶狐裘數十年卿復何辭於是受而服之

宋褚叔度爲廣州刺史以贓貨免還至都凡諸舊友有一面之款無不厚加贈遺

王弘之徵爲通直散騎常侍不就從兄敬弘嘗解貂裘與之卽着以採藥

蔡瑶之居在永興罷建安郡丞還家以綿一斤遺郭原平原平不受送而復反者前後數十瑶之乃自往曰今歲過寒而建安綿好以此奉尊上耳原平乃拜而受之

南齊袁彖爲安西長史庾易有高尚之節永明三年詔徵太子舍人不就以文義自樂彖欽其風贈書致遺易以連理杌竹翹書格報之

張融字思光吳郡吳人也年弱冠道士同郡陸脩靜以白鷺羽麈尾扇遺融曰此既異物以奉異人

後魏李元忠除驃騎大將軍儀同三司曾貢文襄王蒲桃一盤文襄報以百縑其見賞重如此

爾朱榮父新興高祖時爲右將軍每入朝諸王公朝貴競以珍玩遺之新興亦報以名馬

唐陸贄爲華州鄭縣尉罷秩東歸省母路經壽州刺史張鎰有時名贄往謁之及辭遺贄錢百萬曰願備太夫人一日之膳贄不納唯受新茶一串而已曰敢

不承君厚意及爲中書舍人翰林學士母卒侍喪於河南豐縣佛寺四方以賻贈爲詞厚致金帛贄絲毫無受惟與劍南節度使韋皋布衣友善皐以事奏聞每有所致輒稱詔以授之

李愬西平王晟之子也爲魏博節度使穆宗長慶元年幽鎮復亂愬以玉帶寶劍與深州刺史牛元翼遣使謂之曰吾先人嘗以此劍立大勳吾又以此劍平蔡寇今鎮人叛逆公宜用此剪之元翼承命感激乃以劍及帶令於軍中報之日願以衆從竭其死力

託孤

夫以篤信行義顧惟君子託孤寄命亦在知人傾殁心於生平之日奉然諾於緜邈之期身魂有主遺育不孤豈非信乎可謂仁矣求諸千載其人蓋稀風烈所存瞻詠何已

申舟楚大夫也楚子使聘於齊楚子曰無假道于宋申舟無畏亦使公子馮聘於晉不假道於鄭申舟以孟諸之役惡宋文十年楚子田孟諸無畏抶宋公僕曰鄭昭宋聾昭至也聾闇也晉使不害我則必死王曰殺女我伐之見犀而行申舟子犀以子託王示必死及宋宋人止之華元曰過我而不假道鄙我也鄙我亡也以我比其邊鄙是與亡國同殺其使者必伐我伐

我亦亡也亡一也乃殺之

樂祁宋大夫也言於景公曰諸侯唯我事晉今使不往晉其憾矣樂祁告其宰臣陳寅以與公言告之陳寅曰必使子往他日公謂樂祁曰唯寡人說子之言子必往陳寅曰子立後而行吾室亦不亡寅知晉政多門往必去難故使樂祁立後而行唯君亦以我爲知難而行也見溷而行溷樂祁子也見於君立以爲後

趙朔晉大夫盾之子也司寇屠岸賈將作亂誅靈公之賊盾已死矣欲誅其子朔韓厥止賈賈不聽厥告朔令亡朔曰子必能不絕趙祀死不恨矣韓厥許之及賈誅朔程嬰公孫杵臼之藏其孤趙武也厥知之晉公病卜大業之不遂多爲崇韓厥稱成季之功今後無祀以感景公景公問曰尚有世乎厥於是言趙武而復與之田邑

漢趙貢爲琅邪太守行縣見不其丞薛宣甚說其能從宣歷行屬縣還至府令妻子與相見戒曰贛君薛宣字贛君至丞相我兩子亦中丞相史宣爲丞相除贛君兩子爲史

後漢張堪素有名稱嘗於太學見朱暉甚重之接以友道乃把臂曰欲以妻子相託朱生暉以堪先達舉

手未敢對自後不復見堪堪後爲漁陽太守卒暉聞其妻子貧困乃自往候視厚賑贍之暉後至尚書令

魏蒯越字異度後漢時爲章陵太守封樊亭侯獻帝建安十九年卒臨終與太祖書託以門戶太祖報書曰死者反生生者不愧孤少所舉行之多矣魂而有靈亦將聞孤此言也

蜀馬超爲左將軍臨殁上疏曰臣門宗三百餘口爲孟德所誅盡惟有從弟岱當爲微宗血食之繼深託陛下餘無復言

晉王恭爲平北將軍兵敗初見執遇故吏戴耆之爲

姑孰令恭私告之曰我有庶兒未舉在乳母家卿爲我送寄桓南郡者之遂送之於夏口桓玄撫養之爲立喪弔祭焉

南凉禿髮傉檀僭號凉王後秦姚興凉州刺史王尚遣主簿宗敞來聘敞父變呂光時自河湟太守入爲尚書郎見傉檀于廣武執其手曰君神爽宏放逸氣凌雲命世之傑也必當克清世難恨吾年老不及見耳以敞兄弟託君至是傉檀謂敞曰孤以嘗才謬爲尊先君所見稱每自恐有累大人氷鏡之明乃忝家業竊有懷君子詩云中心藏之何日忘之不圖今日

得見卿也敞曰大王仁侔魏祖存念先人雖朱暉眄張堪之孤叔向撫汝齊之子無以加也酒酣語及平生傉檀曰卿魯子敬之儔恨不與卿共成大業耳

陳姚察爲吏部尚書察與謝貞友善及貞病篤察往省之問以後事貞曰孤㷀禍集將隨灰壤族子覬等粗自成立已有疏付之固不足仰塵厚德郎日迷喘時不可移便爲永訣弱兒年甫六歲名靖字依仁情所不能忘敢以爲託耳是夜卒勅賻米一百斛布三十疋後主問察曰謝貞有何親屬察因啓曰貞有一子年六歲卽有勅長給衣糧

唐孫思邈見太子詹事盧齊卿於童幼齊卿請問人倫之事思邈曰汝後五十年位登方伯吾孫當爲屬吏可自保也後齊卿爲徐州刺史思邈孫溥果爲徐州蕭縣丞

翘按福建監察御史臣李嗣京　訂正
分守建南道左布政使臣胡維霖　叅閲
知建陽縣事臣黄國琦較釋

外臣部

總序

夫東方曰夷被髪而文身南方曰蠻雕題而交阯西方曰戎被髪而衣皮北方曰狄衣羽毛而穴居古者制夷蠻爲要服制戎翟爲荒服要服者貢荒服者王蓋要荒皆王者之外臣也其在上古簡册未造四

夷之事湮滅罔紀至於陶唐有山戎獫狁葷鬻之狄虞舜始請流共工于幽陵以變北狄放讙兜于崇山以變南蠻遷三苗于三危以變西戎殛鯀于羽山以變東夷命皐陶爲士以掌猾夏之禁及禹定九州舜乃南撫交阯西放西戎析枝渠搜氏羌北發山戎息愼東長鳥夷夏太康失德夷人始畔是時夷有九種竹書紀年云夏后泄二十一年命犬夷白夷赤夷玄夷風夷陽夷后相二年征黄夷七年于夷來賓少康即位方夷來賓是也后相即位乃征畎夷七年然後賓少康已後夷人世服王化賓于王門獻其樂舞帝桀不道諸侯内侵畎夷入居邠岐之間商湯革命伐而定之至於仲丁藍夷作寇武丁即位征西戎鬼方而克之武乙衰弊東夷浸盛分遷淮岱漸居中土犬戎寇邊周古公亶父踰梁山而避於岐洎于王季遂伐西落鬼戎及姑呼翳之戎皆克之文王爲西伯又伐畎戎至武王伐紂羌夷會于牧野肅愼來獻定都酆鎬乃放逐戎夷涇洛之北後周公征管蔡遂定東夷洎穆王伐畎戎得白狼白鹿以歸自是荒服不至又云穆王西征畎戎獲其五王遂遷戎于太原是時周道衰弱徐夷僭號王命楚武王克之時楚又克荆蠻而服屬之懿王之時獫狁内侵厲王不道淮夷入寇蠻荆爲讎宣王中興乃命將帥征蠻荆

平淮夷伐獫狁城朔方而四夷賓焉幽王之亂畎戎復入居涇渭之間秦襄公伐平之平王東遷四夷交侵中國齊桓公攘之後山戎伐燕齊桓公走之襄王時戎翟犯雒邑東至衛境侵盜尤多晉文公修霸業乃興師伐之攘戎狄居于西河圁雒之間號曰赤翟白翟是時秦晉自瓜州遷陸渾戎于伊川遷允姓之戎于渭汭東及轘轅曰陰戎其後隴以西有緜諸畎戎狄豲邽冀之戎岐梁涇漆之北有義渠大荔烏氏朐衍之戎渭南有驪戎伊雒間有揚拒泉臯之戎頼首以西有蠻氏之戎晉北有林胡樓煩之戎燕北有

東胡山戎而淮夷越遷鄒邾陵暴諸夏後晉悼公使魏絳和戎翟戎翟朝晉陰戎之種遂以滋廣與晉戌周後陸渾戎叛晉晉荀吳滅之楚靈王會申淮夷來盟自後楚遂執蠻氏盡囚之秦厲公滅大荔取其地楚悼王并蠻越有洞庭蒼梧之地趙襄子踰句注破戎翟以臨胡貉韓魏稍并伊雒陰戎滅之其遺脫者皆西走踰汧隴自是中國無戎寇惟餘義渠種焉後最爲强盛屢爲秦患秦昭王起兵滅之以其地置隴西北地上郡又伐楚掠取蠻夷爲黔中郡築長城以距胡趙武靈王胡服習騎射破林胡樓煩自代並陰

山下至高闕爲塞置雲中雁門代郡其後燕有賢將秦開襲破東胡却地千里燕遂築長城自造陽至襄平以距胡秦始皇滅六國驅羌戎出塞北却匈奴築長城渡河以陰山爲塞散淮夷爲民戸畧定揚粤破西南夷通五尺道盡置吏焉洎諸侯叛秦中國擾亂匈奴得寬復稍渡河南與中國界於故塞楚將軍莊蹻王滇龍川令趙佗王南粤燕人滿王朝鮮漢初匈奴冒頓强盛悉復收秦所奪地遂侵燕代時漢方與項羽相距未暇禦邊乃棄西南夷而關蜀故徼約朝鮮爲外臣保塞漢平定天下匈奴復寇馬邑踰句注攻太原至晉陽漢高帝親將兵往擊之遂約和親是後數背約盟侵盗代地孝惠高后時匈奴南粤數爲邊患文帝時匈奴或入居河南地爲寇漢兵擊走之復入朝那蕭關至彭陽漢遂發兵出塞即還不能有所殺匈奴日以驕歲入邊殺畧人民雲中遼東最盛而陸賈說南粤奉藩稱臣景帝時乃與匈奴通關市給遺之時時小入盗邊無大寇西羌研種亦求徙于狄道安固武帝即位初邊陲無警洎馬邑失策匈奴乃歲入盗邊於是天子尚威武勤遠畧命衛霍將兵深入大敗其衆匈奴遠遁幕南無王庭是時南誅兩

越東拔濊貊朝鮮以爲郡通西南夷牂牁夜郎等。置吏通西域三十六國逐西羌渡河湟以其地置酒泉等郡隔絶胡羌相通之路又以翁主妻烏孫以分匈奴西方之援國置護羌較尉以護先零等羌洎貳師不利漢始不復出兵昭帝時匈奴犯塞後漢兵破烏桓匈奴震恐遂不能出兵而西南夷氐人數叛皆破平之宣帝即位發五將軍兵十餘萬出塞討匈奴又護發烏孫兵從西方入以助漢兵匈奴逃遁死傷不可勝數自是哀耗日削洎五單于爭立君長多降漢甘露三年呼韓邪單于遂入朝于甘泉宮始置都護督察西域諸國而先零叉寇金城皆討降之置金城屬國以處之自後賓服元帝時竟寧河平中匈奴單于再入朝哀帝卽位烏孫大昆彌與單于共入朝時西域分爲五十五國皆遣貢獻王莽之亂蠻夷愁擾匈奴復入塞貊人寇邊粵雟蠻夷自立爲王西域怨叛與中國絶漢後建武初東夷高句驪濊貊倭韓萬里朝獻西域遣使內屬光武不許之而武陵蠻夷特盛侵寇州郡匈奴來獻復與烏桓寇鈔不絶二十三年南北二單于立南單于欵塞稱臣願爲蕃蔽漢嘉其意割并州北界以安之自是二虜相侵莫地晏

然矣二十五年烏桓向化鮮卑始通驛使群蠻乃平哀牢夷內屬然自後群蠻西南夷種滋多叛服不一明帝永平初鮮卑歸附北匈奴復入寇盜又脅西域諸國寇河西漢兵遂取伊吾盧地置宜禾都尉復通西域于窴諸國並遣子入侍西域自絶六十五載乃復通焉章帝建初元年武陵澧中蠻畔擊降之元和初北匈奴衰耗遠引而去西域叛漢乃迎還戊己校尉留軍司馬班超於于窴綏集諸國和帝永元元年漢兵大破北單于而鮮卑轉據其地得匈奴遺種其族漸盛尤爲邊患三年班超遂定西域至于海瀕通

驛四萬里安帝永初元年西域背叛攻圍都護遂棄西域三年南單于叛烏桓鮮卑群蠻爲寇諸羌競起爲患尤橫自後或降或畔延光中復以班勇爲西域長史通西域自建武至是後西域三絶三通順帝永建二年勇復降焉耆等十七國而烏孫葱嶺已西遂絶桓帝永壽元年南匈奴復畔與烏桓鮮卑寇邊擊降之永興已後西域浸以疏漫矣靈帝末天下大亂單于統數千騎與白波賊合寇河內鮮卑烏桓爲寇尤甚魏太祖乃分塞下匈奴爲五部徙居太原諸縣其西域大國朝貢畧如漢氏故事時烏桓鮮卑强盛

後太祖乃役烏桓徙其餘種於中國明帝青龍中鮮卑種落離散邊陲差安雖時有寇鈔不能復相役屬矣景初中誅公孫淵始通東夷收樂浪帶方之郡海表謐然時西南邛笮則界于蜀南蠻交阯則界于吳皆時有叛服晉武帝受禪四夷入貢者二十三國塞外匈奴二萬餘落向化使與晉人雜居河西惠帝之後大爲中國之患自是羌虜戎羯盜居內地建國僭號凡十有六國而南徼蠻夷寇鈔不絶宋齊至於梁陳與後魏北齊分據中夏蠻徼海夷則朝貢于南羌胡夷狄則賓屬於北種族國邑之號日以蕃滋服叛

朝貢之事不可悉紀而漠北惟蠕蠕最爲强盛後周突厥復强與吐谷渾數爲邊患西域時通使聘隋混一南北與吐谷渾和親朝貢歲至時突厥二可汗爭立隋討達頭可汗而立啓民可汗因之和親北鄙以寧煬帝好兵勤遠西域至者三十餘國取吐渾地爲郡縣高昌王突厥可汗西突厥處羅可汗皆詣闕貢獻高麗再征而服大業之末中國叛亂華人奔突厥者甚衆其族遂熾而西突厥亦跨有西域諸國唐高祖起兵突厥遣兵助平京城武德初突厥來貢未幾入寇并汾至於渭濱太宗與之盟而退時薛延陁漸

雄于漠北貞觀中西突厥數易主西域諸國多叛之而內屬時又党項請降太宗命置嶠奉巖遠四州以處之俄而吐蕃連年同破吐谷渾党項白蘭諸羌率衆入寇松州遂約和親自是賓服未幾廻紇破薛延陁併其衆五年唐兵破突厥擒頡利可汗降者僅十萬置定襄雲中二都督府以統其部衆時塞北惟廻紇爲雄太宗又置燕然等六府七州以統之九年討降吐谷渾十三年破高昌以其地置西州及安西都護府十四年虜焉耆王二十一年擒龜茲王西域震服高宗永徽元年擒車鼻可汗而突厥盡爲封疆之臣置單于瀚海二都護府以統之二年擒西突厥賀魯分其種落置崑陵濛池二都護府以領之自是西域諸國皆通於中國六年廻紇遣兵助討高麗龍朔二年吐蕃滅吐谷渾咸亨已後吐蕃復畔寇邊掠有諸羌之地西陷四鎮地方萬餘里調露元年突厥復畔則天長壽元年始大破吐蕃收四鎮之地乃於龜茲復置安西都護府以鎮之聖曆中突厥寇邊爲害尤極久視元年又大破吐蕃吐蕃請和中宗初突厥愈强盛寇邊而吐蕃貢獻請和親睿宗即位乃以河西九曲地賜吐蕃以其地肥饒堪頓兵於是復畔明

皇初突厥萬餘帳來降屢遣使朝獻吐蕃數寇邊境陷瓜州廻紇斷安西路開元十六年大破吐蕃二十四年又掩吐蕃不備而破之自是朝貢不至數爲寇盜天寶末盡徵河隴朔方之兵入靖國難於是邠州之地盡爲吐蕃所據肅宗在靈武與廻紇和親廻紇遣兵助國討逆由是朝貢不絕而劍南西川諸州陷於吐蕃代宗即位復徵廻紇兵討史朝義賊平令還廣德中吐蕃犯上都永泰元年吐蕃廻紇吐谷渾党項入寇王鐖廻紇復降請擊吐蕃破之自是吐蕃屢寇邊境雖頻破之而其勢寖盛十年廻紇寇太原德

宗即位與廻紇和親歸吐蕃俘虜置和蕃使與之盟誓以紓邊難興元中吐蕃復寇陷鹽夏等州貞元三年又劫平涼之盟自是吐蕃侵軼寇掠尤甚邊無寧日五年以後漸爲邊將所破然猶陷北庭嶲州順宗以後吐蕃請和至憲宗元和十三年復擾邊境穆宗即位與廻紇和親吐蕃復請盟於京城之西是後朝貢繼至武宗時廻紇黠戛斯犯東陘已北宣宗大中初廻紇破弱遂轉徙於磧西吐蕃宰相尚恐熱以秦源安樂等州并石門等七關款塞僖宗光啓中契丹王習爾稍强盛時中原多故習爾遂役屬達靼奚室

韋等諸部入寇其後爲幽州劉守光所破十年不敢犯塞昭宗天祐四年寇雲中後唐武皇帝與之連和又吐渾數叛旋亦歸服達靼亦依於武皇時中原罹亂燕人多入於虜天祐末契丹阿保機遂建大號署百官爲城郭梁祖建號契丹遣使求封册梁祖不許而其衆滋盛後唐莊宗時匈奴數爲邊患吐渾微弱聚居蔚州界皆授中國官爵河西党項突厥吐蕃朝貢不絶明宗即位遣使修好於契丹時虜主德光始建年紀未幾復寇北鄙爲邊兵所破數年不敢窺邊洎晉祖求援於契丹遂割幽朔雲應等州以賂之自是吐渾遂屬於契丹終高祖世略無釁隙開運衰敝遂陷京闕漢高祖初屢誅吐渾酋長其種遂衰契丹入寇邢州周太祖時契丹遣使貢獻未幾其國亂久絶南牧之意太祖又自涇州安國鎮至西涼府沿路三處置州以吐蕃首領爲刺史以總之世宗顯德中親征關南復瀛莫雄霸等州留兵以戍守自是河朔無寇患然自唐武德後至五代使犯邊境役屬諸蕃者惟突厥吐蕃等數族爾自餘蠻夷皆不能爲邊患悉朝貢不絶若夫種類之起國邑之建風土之異職位之別承襲之次象譯之等盛衰叛服之狀交使仇

怨之迹至於款塞内附遣使入貢交通好問臨涖盟誓修建警備求請饋給助國討叛納質請朝遂和親之榮收互市之利膺封拜之典承隆寵之數以至材略形貌德行伎藝及暴慢苛忍之性怨望姦僞之事咸列於逐門今但敘其歷代大略以冠於篇云凡外臣部三十四門

種族

夫夷狄者居中國之外稟一氣而生種別域殊未始滅絶天之覆露必將有以自唐虞而下見於書傳兩漢所紀最爲詳悉然弱則卑伏而内附强則桀驁而

難制遷徙鳥舉居無城郭之處蕃滋星散布諸虛曠
之野迭衰迭盛不可得而去者蓋所以垂隔懸邈折
蔽諸夏之爲也是以古之聖人務於含養俾全性命
羈縻驅逐勿使侵擾而已別其保姓受氏分疆畫野
亦有神明之遠裔不專主於怪誕參考類次披文而
可見焉
東方夷有九種曰畎夷于夷方夷黃夷白夷赤夷玄
夷風夷陽夷故孔子欲居九夷也
朝鮮衛王滿故燕人自始全燕時嘗畧屬直番（番音普寒切一作莫遼東有番汗燕戰國時畧得此也）漢興屬燕燕王盧綰反入匈

奴滿亡命聚黨千餘人椎結（讀曰椎髻）蠻夷服而東走出
塞浿水稍役屬直番（浿水在樂浪浿音普蓋切）朝鮮蠻夷及故燕
齊亡存者王之（燕齊之人亡居此地及直番朝鮮蠻夷皆屬滿也）都王險（地名）
（臣欽若等按後漢書濊及沃沮句驪本皆朝鮮之地以渠師爲侯王元無族）
夫餘國本濊地也初北夷索離國王出行（索或作槖音度雒切）
其侍兒於後娠身（娠人鳴切）王還欲殺之侍兒曰前見天
上有氣大如雞子來降我因以有身王囚之後遂生
男王令置于豕牢（牢圈）豕以口氣噓之不死復置于馬
蘭（蘭卽欄也）馬亦如之王以爲神乃聽母收養名曰東明
東明長而善射王忌其猛復欲殺之東明奔走南至
掩滮水（今高麗中有蓋斯水疑此水是）以弓擊水魚鼈皆聚浮水上
東明乘之得度因至夫餘而王之焉
高句驪（亦作麗音離）東夷相傳以爲夫餘別種凡有五族
有消奴部（消一作涓）絕奴部順奴部灌奴部桂奴部（高驪五部一曰內部一名黃部卽桂婁部也二曰北部一名後部卽絕奴部也三曰東部一名左部卽順奴部也四曰南部一名前部卽灌奴部也五曰西部一名右部卽消奴部也）一說夫餘王嘗得
河伯女因閉於室內爲日所照引身避之日影又逐
旣而有孕生一卵大如五升夫餘王棄之與犬犬不
食與豕豕不食棄於路牛馬避之棄於野衆鳥以毛
茹之王剖之不能破遂還其母母以物裹置煖處有

一男破而出及長字之曰朱蒙朱蒙善射夫餘之臣
謀殺之乃東走北至紇升骨城遂居焉號曰高句驪
以高爲氏
水貊句驪別種依小水爲居因名
百濟本夫餘王之後有仇台者復爲高麗所破以百
家濟海因號百濟
新羅本辰韓種也其國在高麗東南居漢時樂浪之
地或稱斯羅其王本百濟人自海逃入新羅遂王其
國（一說本弁韓之苗裔也）
濊國南與高句麗接耆舊自謂與句麗同種馬韓古

之辰國也韓有三種馬韓最大共立其種爲辰
辰韓在馬韓之東其耆老自言秦之亡人避苦役適
韓國馬韓割東界地與之其名國爲邦號爲弧賊爲
寇行酒爲行觴相呼爲徒有似秦語故或名之爲秦
韓
倭人在帶方東南大海之中自謂太伯之後昔夏少
康之子封於會稽斷髮文身以避蛟龍之害今倭人
好沈没捕魚蛤文身亦以厭大魚水禽後爲女王國
夷洲及亶洲傳言秦始皇遣方士徐福將童男女數
千人入海求蓬萊神仙不得徐福畏誅不敢還遂止

此洲世世相承有數萬家人民
提婁肅慎之後裔也其國在不咸山北在夫餘東北
千有餘里
日本國者倭國之別種也以其國在日邊故以日本
爲名
南越王尉佗者真定人姓趙氏秦時爲南海龍川令
二世時南海尉任囂死佗行南海尉事秦滅佗自立
爲南海武王
閩越王無諸（東越之別種）及越東海王摇者其先皆越王
句踐之後也姓騶氏（騶一作駱）秦已并天下皆廢爲君長
以其地爲閩中郡諸侯叛秦無諸摇率越歸鄱陽令
吳芮所謂鄱君者也漢五年復立無諸爲閩越王王
閩中故地都東治孝惠三年舉高帝時越功曰閩君
摇功多乃立摇爲東海王（在吳郡東南海當）都東甌（今之永寧）世
俗號爲東甌王
林邑國本漢時象林縣後漢末縣功曹姓區有子曰
連殺令自立爲王子孫相承其後王無嗣外孫范熊
代立
丹丹國隋時聞焉在多羅磨羅國西北振州東南王
姓剎利名尸陵伽

扶南國其王本是女子字葉柳時有外國人混潰者
先事神夢神賜之弓又教載舶入海混潰旦詣神祠
得弓遂隨估人汎海至扶南外邑葉柳率衆禦之混
潰舉弓葉柳懼遂降之於是混潰納以爲妻而據其
國後裔應徵子孫不紹其將范尋後世王扶南矣
真臘國（一云直僊）隋時通焉在林邑西北本扶南之屬
多靡長國唐顯慶中遣使朝貢其使云某王先祖骨
利龍之子也骨利嘗得大鳥卵剖之得一女子容色
殊妙因以爲妻今王尸羅仂傭即其後也
赤土國扶南之別種也其王姓瞿曇氏名富利多塞

不知有國近遠稱其父釋王位出家爲道傳位於富利多塞也

朱江國其王姓刹氏名質多斯那自其祖漸已強盛至質多斯那遂兼扶南而有之

長沙武陵蠻者槃瓠之後也始高辛氏有犬戎之寇帝患其侵暴而征伐不尅乃訪募天下有能得犬戎之將吳將軍頭者購黃金千鎰邑萬家又妻以少女時帝有畜狗其毛五采名曰槃瓠魏略曰高辛氏有老婦居王室得耳疾挑之乃得物大如繭婦人盛瓠中覆之以槃俄頃化爲犬其文五色因名曰槃瓠下令之後槃瓠遂啣人頭造闕下群臣怪而診之乃吳將軍首

也診候視也帝大喜而計槃瓠不可妻之以女又無封爵之道議欲有報而未知所宜女聞之以爲帝皇下令不可違信因請行帝不得已乃以女配槃瓠槃瓠得女負而走入南山之上石壁室中所處險絶人跡不至今辰州盧溪縣西有武山黃閔武陵記曰山高可萬仞山半有槃瓠石室可容數萬人中有石牀槃瓠行跡今案山窟前有石羊石獸古跡奇異尤多望石窟大如三間屋遥見一石仍似狗形蠻俗相傳云是槃瓠象也於是女解去衣裳爲僕鑒之結著獨力之衣僕鑒獨力皆未詳流俗本或有改鑒字爲望者妄穿鑿者也帝悲思之遣使尋求輒遇風雨震晦使者不得進經三年生子一十二人六男六女槃瓠死後因自相夫妻織績木皮染以草實好五色衣服製裁皆有尾形干寶晉紀曰武陵長沙盧江郡夷槃瓠之後也雜處五溪之內槃瓠憑山阻險每每常爲害糅雜魚肉叩槽而號以祭槃瓠俗稱赤髀橫裙即其子孫其母後歸以狀白帝於是使迎致諸子衣裳班襴語言侏離侏離蠻夷語聲也好入山壑不樂平曠帝順其意賜以名山廣澤其後滋蔓號曰蠻夷外癡內黠安土重舊以先父有功母帝之女田作賈販無關梁符傳租稅之賦優寵之故蠲其賦役也荊州記曰沅陵縣居酉口有上就武陽二鄉惟此是槃瓠子孫狗種也二鄉在武溪之北有邑君長皆賜印綬冠用獺皮名渠率曰精夫相呼爲姎徒說文曰姎女人自稱姎我也音烏黨切此以上並見風俗通也其後號荊雍州蠻槃之後也分建種落布在諸郡

縣荊州置南蠻雍州置寧蠻較尉以領之

西南夷夜郎者初有女子浣於遯水有三節大竹流入足間聞其中有號聲剖竹視之得一男子歸而養之及長有武才自立爲夜郎侯以竹爲姓見華陽國志武帝元鼎六年平南夷爲牂牁郡夜郎侯迎降天子賜其王印綬後遂殺之夷獠咸以竹王非血氣所生甚重之求爲立後牂牁太守吳霸以聞天子乃封其三子爲侯死配食其父今夜郎縣有竹王三郎神是也地里志曰夜郎縣有遯水東至廣鬱華陽國志云遯水通鬱林有三郎祠皆有靈享又云竹王所指破竹林今王祠成竹是也王嘗從人止大石上命竹羹從者自無水王以劍擊石出水今竹王水是也

滇王者滇音顛地有滇池因爲名莊蹻之後也始楚威王時使畧巴邑黔中以西黔中卽今黔州是其地本巴人也蹻楚莊王苗裔蹻至滇池三百里旁平地肥饒數千里池旁地也以兵威定屬楚欲歸報會秦擊奪楚巴黔中郡道塞不通因乃以其衆王滇變服從其俗以長之爲其師長也

哀牢夷者其先有婦人名沙一居于牢山嘗捕魚水中觸沈木若有感因懷妊十月產子男十人後沈木化爲龍出水上少項忽聞龍語曰若爲我生子今悉何在九子見龍驚走獨小子不能去背龍而坐龍因舐之其母鳥語謂背爲九謂坐爲隆因名子曰九龍

及後長大諸兄以九隆能爲父所舐而黠遂共推以爲王後牢山下有一夫一婦復生十女子九隆兄弟皆娶以爲妻後漸相滋長種人皆刻畫其身象龍文衣皆著尾自此以上並見風俗通也九隆死世世相繼哀牢傳曰九隆代代相傳名號不可得而數至於禁高乃可記名禁高死子吸代吸死子建非代建非死子哀牢代哀牢死子桑藕代桑藕死子如承代如承死子柳貌代柳貌死子扈桑代乃分置小王往往邑居散在谿谷

冉駹夷者漢武元鼎六年以爲文山郡其山有六夷七羌九氏各有部落

東謝蠻者在黔安之東南蠻之別種也

松外蠻在西洱河其部落大者五六百戶小者二三百戶無大君皆不相統有數十姓以楊李趙董之家各擅一屬自云其先本漢人自夜郎滇池以西皆云莊蹻之餘種也

巴郡南郡蠻本有五姓巴氏樊氏瞫氏音審相氏鄭氏皆出於武落鍾離山世本曰廩君之先故出巫誕也其山有赤黑二穴巴氏之子生於赤穴四姓之子生於黑穴未有君長俱事鬼神乃共擲劍於石穴約能中者奉以爲君巴氏子務相乃獨中之衆皆歎又令各乘土船約能浮者當以爲君餘姓悉沈惟務相獨浮因共立之是爲廩君乃乘土船從夷水至鹽陽荆州圖曰副夷縣東有溫泉古老相傳此泉元出鹽於今水有鹽氣縣西一獨山有石穴有二大石並立穴中相去可一丈俗名爲陰陽石陰石常濕陽石常燥盛弘之荆州記曰昔廩君浮夷射鹽神於陽石之上案今施州清江縣水一名鹽水源出清江縣西都亭山水經云夷水巴郡魚復縣注云水色清炤十丈沙石蜀人見澄清因名清江也鹽水有女神謂廩君曰此地廣大魚鹽所出願留共居廩君不許鹽神暮輒來取宿旦化爲蟲與諸蟲群飛掩蔽日光天地晦冥積十餘日廩君思其便因射殺之天日開明世本曰廩君使人操青縷以遺鹽神曰好此卽相宜云與女俱生不宜將去鹽神受此而嬰之廩君卽之陽石上應青縷而射之中鹽神死天乃大開也廩君於是君乎夷城四姓皆臣之廩君死魂魄世爲白虎巴氏以虎

飲人血遂以人祠焉及秦惠王并巴中以巴氏爲蠻
夷君長世尚秦女其民爵土不更有罪得以爵除其
君長歲出賦二千一十六錢三歲一出義賦千八百
錢其民戶出𧝒布八丈二尺雞羽三十鍭說文𧝒南蠻夷布也音公亞切毛詩四鍭旣均儀禮鍭矢一乘鄭玄曰鍭猶候也候物射之也三十鍭一百四十九俗本𧝒作家鍭作鏃並誤也漢興南郡太守靳彊請一依秦時故事至
建武二十三年南郡潳山蠻雷遷等始反叛潳音署寇
掠百姓遣武威將軍劉尚將萬餘人討破之徙其種
人七千餘口置江夏界中今沔中蠻是也
僬僥國後漢時通焉自言我海西人海西卽大秦也

狳者蓋南之別種也自漢中達邛筰州洞之間所在
皆有種其多散居山谷中不辯姓氏雲南本烏蠻之
別種
蒙氏蠻謂王爲詔自言哀牢之後代居蒙舍洲爲渠
帥在漢末昌故郡東姚州之西
哥羅國漢時聞焉在槃槃東南亦有哥羅富沙羅國
云其王姓矢梨矢鉢羅
附國者蜀郡西北二千餘里卽漢之南夷也有嘉良
夷卽其東都所居種姓自相率領土俗與附國同
西爨南寧之渠帥也其王自云本河東安邑人七世
祖仕晉爲南寧太守屬中國亂遂王蠻夷梁元帝時
南寧州刺史徐文盛徵詣荊州有爨瓚者遂據南寧
之地
白馬蜀之西冉駹以東君長以十數白馬最大皆氐
類也
東女國西羌之別種以西海中復有女國故稱東女
焉
西域大月氏本行國也居燉煌祁連間匈奴冒頓單
于攻破月氏月氏老上單于殺月氏月氏乃遠去過
大宛西擊大夏而臣之其餘小衆不能去者保南山

羌號小月氏初月氏爲匈奴所滅分其國爲體密雙
靡貴霜肸頓都密凡五部翖侯一云小月氏國都富樓沙城其王本大月氏王寄多羅子也寄多羅爲匈奴所逐西徙後令其子守此城因號小月氏罽賓國北與
大月氏接匈奴破大月氏大月氏西君大夏而塞王
南君罽賓君謂爲之君也塞種分散往往爲數國卽所謂釋種者也亦語頗有輕重自疏勒以西北北休循捐毒之屬皆故塞種
也
烏孫國東與匈奴西北與康居西與大宛南與城郭
諸國相接本塞地大月氏居其地後烏孫昆莫破大
月氏大月氏徙西臣大夏而烏孫昆莫居之故烏孫

民有塞種大月氏種
龜茲國者西域之舊國者也後漢光武時其王名弘
爲莎車王賢所殺滅其族賢使其子則羅爲龜茲王
國又殺則羅匈奴立龜茲貴人身毒爲王
西夜國王號子合東與皮山西南與烏秅北與莎車
西與蒲犁接蒲犁及依耐無雷國皆西夜類也西夜
與胡異其種類羌氐行國言不土著也
中天竺國一名身毒身毒即天竺蓋傳譯音字不同
其實一也從月支高附以西南至西海東至盤越列
國數千里每國置王其名雖異皆身毒也或云摩伽

陁亦云婆羅門　昔有婆羅門領徒衆千人肄業於樹下樹
神降之遂爲夫婦宮室自然而立僮僕甚盛於是使
役百神築壘以繞之經日而就此後有阿育王復使
鬼界石爲宮闕皆雕文刻鏤非人所及阿育王頗行
苛政置炮灸之刑謂之地獄今城中見有其迹焉
師子國天竺旁國也其國舊無人民止有鬼神及龍
居之諸國商估來共市易鬼神不見其形但出珍寶
顯其所堪價商人依價取之諸國人聞其土樂因此
競至或有停住者遂成大國
波斯國其先有波斯匿王者子孫以王父字爲氏因
爲國號
大食國大波斯之別種也隋大業中有波斯胡人牧
駝於俱紛摩地那之山忽有師子從地踊出人語謂
胡人曰此山西有三穴穴中大有兵器汝可取之至
穴中有刀及稍甚多石上有文教其反叛於是糾合
亡命渡恒曷水劫奪商旅其衆漸盛遂割據波斯西
境自立爲王波斯拂菻各遣兵討之反爲所敗其王
姓大食名瞰密莫末賦至唐高宗時來朝貢自云有
國已三十四年歷三王矣
蒲類本大國也前西域屬匈奴而其王得罪單于單

于怒徙蒲類人六千餘口內之匈奴右部阿惡地因
號曰阿惡國南去車師後部馬行九十餘日人口貧
羸逃亡山谷間故留爲國
湟中月氏胡其先大月氏之別也舊在張掖酒泉地
月氏王爲匈奴冒頓所殺餘種分散西踰葱嶺其羸
弱者南入山阻依諸羌居止遂與共婚姻
康國者康居之後也遷徙無常不忘故地然自漢以
來相承不絕其王本姓溫月氏人也舊居在連山北
昭武城因被匈奴所破西踰葱嶺遂有其國支庶各
分王故康國左右諸國並以昭武爲姓示不忘本也

鏺汗國都葱嶺之西五百餘里古渠搜國也王姓昭武字阿利浹

安國漢時安息國也王姓昭武氏與康國同族

何國都那密水南數里舊是康居地也其王姓昭武亦康國王之族類雜而

漕國在葱嶺之北漢時罽賓國也其王姓昭武字順達康國王之宗族

烏那曷國都烏滸水西舊安息之地也王姓昭武亦康國種類

穆國都烏滸河之西亦安息之故地與烏那曷爲隣

其王姓昭武亦康國之種類也

史國都獨莫水南十里舊康居之地也其王姓昭武亦康國王之支庶俗同康國

米國都那密水西舊康居之地也無王其城主姓昭武康國王之支

西羌之本出自三苗姜姓之別也其國近南岳及舜流四凶徙之三危（三危山在今沙州燉煌縣東南）河關之西南羌地是也其俗氏族無定或以父名母姓爲種號秦厲公時有無弋爰劍者爲秦所拘執以爲奴隷不知爰劍何戎之別也後得亡歸而秦人追之急藏於巖穴中得免羌人云爰劍初藏穴中秦人焚之有景象如虎爲其蔽火得以不死既出又與劓女遇於野遂成夫婦女恥其狀被髮覆面羌人因以爲俗遂俱亡入三河閒諸羌見爰劍被焚不死怪其神共畏事之推以爲豪河湟閒少五穀多禽獸以射獵爲事爰劍教之田畜遂見敬信廬落種人依之者日益衆羌人謂奴爲弋以爰劍嘗爲奴隷故因名之其後世世爲豪至爰劍曾孫忍之時秦獻公初立欲復穆公之迹兵臨渭首滅狄䝠戎（䝠音丸）忍季父卬畏秦之威將其衆種人附落而南出賜支河（禹貢所謂析支也）曲西數千里與羌

絕遠不復交通其後子孫分別各自爲種任隨所之或爲氂牛種越巂羌是也或爲白馬種廣漢羌是也或爲參狼種武都羌是也忍及弟舞獨留湟中並多娶妻婦忍生九子爲九種舞生十七子爲十七種羌之興盛從此起矣及忍子研立時秦孝公雄强威服羌戎孝公使太子駟率戎狄九十二國朝周顯王研至豪健故羌中號其爲後研種及秦始皇務并六國以諸侯爲事兵不西行故種人得以繁息從爰劍種五世至研研最豪健自後以研爲種號十三世至燒當復豪健其子孫更以燒當爲種號西羌自爰劍後

子孫支分九百五十種其九種在賜支河首以西及在蜀漢徼北前史不載口數惟參狼在武都勝兵數千人其五十二種衰少不能自立分散爲部落或絶滅無後或引而遠去其八十九種惟研種最强勝兵十餘萬其餘大者萬餘人小者數千人更相鈔盜盛衰無常順帝時勝兵合可二十萬人發羌唐旄等絶遠未嘗往來氂牛白馬羌在蜀漢其種別名號皆不可紀知也（一云白蘭白狗皆西羌別稱也）

黄牛羌南與白馬隣各有種類孕身六月而生

黨項羌者三苗之裔也其種有宕昌白狼皆自稱獼

猴種又云西羌之別種魏晉後西羌微弱其後連吐谷渾有大部落衆皆强盛其族有拓拔等唐時有六府部落曰野利越詩野利龍兒野利厥律兒黄野海捋野窣等居慶州者號爲東山部落居夏州者號夏部落宕昌國在河南國之東南益州之西北隴西之西羌種也其先蓋三苗之裔

高昌國闞氏爲主其後爲河西王沮渠茂虔弟無諱襲破之其王闞爽本于芮芮無諱據之稱王一世而滅國人又據麴氏爲王名

[illegible]滑國者車師之別種也後漢永建元年八滑從班勇擊北虜有功勇上八滑爲後部親漢侯

自題國王姓支名史稽毅其先蓋匈奴之別也氐人有王所從來久矣自漢開益州置武都郡排其種人分竄山谷間或在福祿或在汧隴左右其種非一稱槃瓠之後或號青氐或號白氐或稱蚺氐此蓋蟲之類而處中國人卽其服色而名之也其自相號曰蓋雅各有王侯多受中國封拜漢建安中興國氐王阿貴白項氐王萬千各有部落萬餘至十六年從馬超爲亂超破之後阿貴爲夏侯淵所攻滅萬千西南入蜀其部落不能去皆降國家分徙其前後兩端者置

扶風美陽今之安夷撫夷二部護軍所典是也其太守善分留天水安南界今之廣平魏郡所守是也其俗語不與中國同及羌雜胡各自有姓姓如中國之姓矣此蓋昔所謂西戎在於街冀獂道者也今雖都統於郡國然故自有王侯在其虛落間又故武都地陰平街左右亦有一萬餘落

貲虜本匈奴也匈奴名奴婢爲貲始建武時匈奴衰分去其奴婢亡匿在金城武威酒泉北黑水西畜牧逐水草抄盜涼州部落稍多有數萬不與東部鮮卑同也其種非一有大胡有丁令或頗有羌雜處由本

匈奴婢故也
略陽清水氐楊氏秦漢以來世居隴右爲豪族漢獻
帝建安中有楊騰者爲部落大帥騰子駒勇健多計
略始徙仇池
武興國本仇池宋文帝時楊難當自立爲秦王帝遣
裴方明討之難當奔魏其兄子文德聚衆茄盧宋因
授以爵位魏又攻之文德奔漢中從弟僧嗣又自立
復盛茄盧卒文德弟文洪爲白水太守屯武興宋世
以爲武都王武興之國自此始矣
鄧至羌者羌之種也有像舒治者世爲白水酋帥乃

自稱王焉
契苾力何之先鐵勒別部之酋長也父葛旹大業中
繼爲特勤以地逼吐谷渾所居隘狹又多瘴癘遂入
龜茲居於熱海之上
河南王者其先出自鮮卑慕容氏初慕容雒干有
二子庶長曰吐谷渾嫡曰廆雒干卒廆嗣位吐谷渾
避之西徙上隴度枹罕出涼州西南至赤水而居之
地在河南故以爲號其後吐谷渾孫葉延頗識書記
自謂曾祖奕雒干始封昌黎公蓋公孫之子也禮以
王父字爲氏因姓吐谷渾亦爲國號至其末孫阿豺
始通江左宋元嘉末阿豺弟子慕延又自號河南王
吐蕃在吐谷渾之西本西羌別種南涼禿髮利鹿孤
之後以禿髮爲國音訛故曰吐蕃利鹿孤初有子曰
樊泥奔沮渠蒙遜署臨松郡丞蒙遜滅建國西土改
爲勃窣野
厭噠國大月氏之種類也亦高車之別種
悅般國在烏孫西北去代一萬九百三十里其先匈
奴北單于之部落也
焉耆國其王姓龍名鳩尸卑那即前涼張軌所討龍
熙之胤

北狄匈奴其先夏后氏之苗裔曰淳維匈奴始記名殷時始奔北
邊唐虞以上有山戎獫狁薰鬻皆匈奴別號獫音險鬻音弋六切居
於北邊其後周文王伐畎夷畎音土犬切又曰昆或作混緄二字並工本切
混緄吹聲相近耳山海經云黃帝生苗龍苗龍生融吾融吾生弄明弄明生白犬白犬生二兆壯是爲犬
戎穆王伐畎戎宣王伐獫狁秦襄公齊桓公伐山戎
至於晉文公攘戎翟居於西河圁雒之間圁音鄞水名水聲之
和因名也山上郡即今銀州銀水是也雒水亦謂之漆沮也號曰赤翟白翟春秋所書
晉師滅赤狄潞氏郤缺獲白翟子者而秦穆公得繇余西戎八國服於
秦故隴以西有緜諸畎戎狄獂之戎皆在天水界即緜諸道及獂道
是也獂音垣在岐梁涇漆之北有義渠大荔烏氏朐衍之

戎（北漆水在新平荔音隸氏音支朐音許于切）而晉北有林胡樓煩之戎燕北有東胡山戎（烏皆之先也後爲鮮卑）各分散谿谷自有君長往而聚者百有餘戎然莫能相一趙襄子踰句注而破之并代以臨胡貉（貉音莫泊切）秦始皇時匈奴單于曰頭曼（音莫安切）姓攣鞮氏（攣音力全切鞮音丁奚切）其大臣皆世官呼衍氏蘭氏（呼衍即今鮮卑姓呼衍者是也蘭今亦有之）其後有須卜氏此三姓其遺種也西晉時北狄以部落爲類其入居塞者有屠各種鮮支種寇頭種烏譚種赤勒種捍蛭種黑狠種赤沙種鬱鞞種萎莎種禿童種勃蔑種羌渠種賀賴種鍾跂種大樓種雍屈種真樹種力羯種凡

十九種皆有部落相雜錯居各最豪貴故得爲單于統領諸種南匈奴醢落尸逐鞮單于北者（醢音火兮切北單于名也）呼韓邪單于之孫烏珠留若鞮單于之子也自呼韓邪後諸子以次立至比季父單于輿時以比爲右薁鞬日逐王部領南邊及烏桓（薁音於六切鞬音几言切）後漢建武二十四年冬自立爲呼韓邪單于是年十二月癸丑匈奴始分爲南北單于

烏桓者本東胡也（桓亦作丸）漢初匈奴冒頓滅其國餘類保烏桓山因以爲號焉氏姓無常以大人健者名字爲姓

鮮卑亦東胡之餘也別保鮮卑山因號焉漢初亦爲冒頓所破遠竄遼東塞外與烏桓相接後漢建武二十三年始通譯使桓帝時鮮卑檀石槐者其父投鹿侯初從匈奴軍三年其妻在家生子投鹿侯歸怪欲殺之妻言常晝行聞震雷仰天視而雹入其口因吞之遂妊身十月而產此子必有奇異且宜長視投鹿侯不聽遂棄之妻私語家令收養焉名檀石槐其後盡據匈奴故地東西萬四千餘里

蠕蠕蓋匈奴之別種也（南史謂之芮芮）姓郁久閭氏後魏神元之末掠騎有得一奴髮始齊眉忘本姓名其主字

曰木骨閭（言首禿也）木骨閭與郁久閭聲相近故後子孫因以爲氏木骨閭既壯免奴爲騎卒穆帝時坐後期當斬（臣欽若等曰神元穆帝皆後魏追封帝號）亡匿廣漠谿谷間收合逋逃得百餘人依純突隣部木骨閭死子車鹿會雄健始有部衆自號爲柔然後太武以其無知狀類於蟲故改其號爲蠕蠕

突厥之先平涼雜胡也姓阿史那氏後魏太武滅且渠氏阿史那以五百家奔茹茹世居金山工於鐵作金山狀如兜鍪俗呼兜鍪爲突厥因以爲號或云其先國於西海之上爲隣國滅男女無少長盡殺之至

一兒不忍殺刖足斷臂棄於大澤中有一牝狼每銜肉至其所此兒因食之得以不死其後遂與狼交狼有孕焉彼隣國者復令人殺此兒而狼在其側使者將殺之其狼若爲神所憑欻然至于海東止於山上其山在高昌西北下有洞穴狼入其中遇得平壤茂草地方二百餘里其後狼生十男其一姓阿史那氏最賢遂爲君長故牙門建狼頭纛示不忘本也又云突厥之先出於索國在匈奴之北其部落大人阿謗步兄弟十七人其一曰伊質泥師都狼所生謗步等性亦愚癡國遂被滅泥師都既別感異氣能徵召風

雨娶二妻云夏神冬神之女一孕而生四男其一變爲白鴻其一國於阿輔水之間號爲契骨其一國於處折木其一居跋斯處折施山卽其大兒也山上仍有阿謗步種類並多寒露火兒爲出火溫養之咸得全濟遂共奉火兒爲主號爲突厥卽訥都六設也都六有十妻所生子皆以其母族爲姓阿史那是其小妻之子也都六死十母子內欲擇立一人乃相率於大樹下共爲約曰向樹跳躍能最高者推立阿史子年幼而跳最高諸子遂奉以爲主號阿賢設此說雖殊然皆狼種也其後曰土門部落稍盛始至塞上市繒絮願通中國

西突厥者突厥木杆可汗之子大邏便沙鉢也與沙鉢畧有隙古隙字因分爲二其國則烏孫之故地也其人雜有都陸及弩失畢歌羅祿處月處密伊吾等諸種

沙陁突厥本西突厥之别種也唐則天通天中有黑離軍討擊使沙陁金山爲金滿州都督其後又有沙陁骨咄支沙陁盡忠等十餘人皆官至將軍仍兼金滿州都督元和三年廻鶻破涼州吐蕃意沙陁致之欲西徙以散弱其類沙陁遂舉帳東來轉戰三千餘

里本出甘州有九千餘人五月到靈州者小纔二千餘人橐駞千餘頭馬六七百匹餘皆戰死餓死及散失范希朝時爲靈武節度爲市牛羊孳息群牧凡期興元太原等數道後得迸落之餘歸之靈州四年八月范希朝移鎮太原詔沙陁舉軍隨之希朝奏選一千二百人爲軍其餘種落本欲置之大同川其川接生奚路慮河氷合其衆西走遂居之於襄州谷中

退渾者本吐谷渾之族音訛曰退渾唐至德後吐蕃彊盛乃徙居陰山赫連鐸則退渾之酋帥咸通中以從康承訓破龎勛有功補陰山都督

郁國波鐵勒之別種也
窨匈奴之別種也
稽胡一曰步落稽蓋匈奴別種劉元海五部之苗裔也或云山戎赤狄之後離石以西安定以東方七八百里居山谷間種落繁熾
高車蓋古赤狄之別種也或云其先匈奴之人也其種有狄氏袁紇氏斛律氏斛批氏護氏異奇斤氏又曰高車之族有十二姓一曰泣伏利氏二曰吐盧氏三曰乙旃氏四曰大連氏五曰窟賀伏氏六曰達薄于氏七曰阿崙氏八曰莫允氏九曰俟分氏十曰副

伏羅氏十一曰乞袁氏十二曰右升沛氏
破六韓匈奴單于之裔也右金蚕王潘六受沒於魏其子孫遂以潘六奚爲氏後人訛誤以爲破六韓世領部落
鐵勒之先匈奴之苗裔也種類最多自西海之東依據山谷往往不絶獨雒河北有僕骨同羅韋紇扶也古覆羅並號俟斤蒙陳吐如紇斯結渾斛薛等諸姓勝兵二萬伊吾以西焉耆之北傍白山則有契苾薄落職乙咥蘇婆那曷烏讙紇骨也咥於尼讙等勝兵可二萬金山西南有薛延陁咥勒兒十槃達契等一萬餘兵康國北傍阿得水則有訶咥曷截撥忽比干具海曷比悉何嵯蘇拔也未渴達等有三萬許兵得嶷海東西有蘇路羯三索咽篾促薛忽等諸姓八千餘拂菻東則有恩屈阿蘭北褥九離伏溫昬等二萬人北海南則都波等雖姓氏各別總謂鐵勒並無君長屬東西兩突厥
薛延陁者鐵勒之別部也本姓薛氏其先擊滅延陁而有其衆因號爲薛延氏又云與薛部雜居因號薛延陁可汗姓壹利咄氏代爲强族初茹茹之滅也並屬於突厥至隋開皇中啓民滅都濫鐵勒亡敗依于

西藩至曷婆那可汗徵稅無度鐵勒咸怨遂以延陁之祖乙失以爲野咥可汗居燕末山及射匱之立也又臣於突厥乃去可汗之號而部落中分在鬱督軍山者東屬於始畢在貪汗山者西屬於葉護國亂乙失鉢之孫曰夷男率其部落七萬餘家東歸於頡利
廻紇其先匈奴之裔也在後魏時號爲鐵勒部落後部之特勒特勒始有僕骨同羅韋紇拔也古覆羅並號俟斤後稱廻紇有時健俟斤死其子曰菩薩部落以爲賢而立之廻紇之盛繇菩薩之興焉至唐貞觀二十年太宗受其降欵爲置六府七州以廻紇部爲

瀚海府拜其俟利發吐度迷爲都督又以多覽爲燕然府僕骨爲金微府拔野古爲幽陵府周羅爲龜林府思結爲盧山府澤部爲皋蘭州斛薩爲厥州阿跌爲雞田州契苾爲榆林奚州白霫爲寘賄顏州開元中廻紇漸盛有九姓部落一曰藥羅葛卽可汗之姓二曰胡咄葛三曰啒羅勿四曰貊歌息訖五曰阿勿嘀六曰葛䅟七曰斛溫索八曰藥勿葛九曰奚耶勿每一部落一都督後破拔悉密收一部落破葛邏祿收一部落各置都督一人統號一部落

契丹古匈奴之種也其君長姓大賀氏唐貞觀二十

二年蕃長窟哥率所部內屬乃置松莫府以窟哥爲都督賜李氏昭宗時其王欽德政衰别有部酋長耶律阿保機者最推雄勁族帳漸盛代欽德爲王

奚本東部胡之種也爲慕容氏所破遺落者竄匿松漠之間日庫莫奚初臣於突厥後稍强盛分爲五部一日辱紇主二曰莫賀弗三曰契箇四曰木昆五曰室得每部俟斤一人爲其帥隨逐水草頗同突厥有阿會氏五部中爲盛諸部皆歸之唐貞觀二十二年酋長可度者率所部内屬乃置饒樂府以可度者爲都督賜姓李氏天祐初契丹兵力漸盛室韋奚霫赤霫匈奴之别種也皆受制焉虜政苛虐奚之首領去諸怨之以别部内附徙於嬀州依北山而居漸至數千帳故有東西奚之號去諸卒子持剌代立

室韋者契丹之别種也其國無君長有大首領十七人並號莫賀弗世管攝之而附於突厥至唐有九部焉所謂嶺西室韋山北室韋黃頭室韋並大如者室韋小如者室韋婆芭烏戈切室韋訥北室韋駱駞室韋並在柳城郡之東北近者二千五百里遠者六千二百里其北大山之北曰大室韋

靺鞨者肅愼之苗裔也邑落俱有酋長不相總一凡

有七種其一號粟末部與高麗相接勝兵數千多驍武每寇高麗中其二曰伯咄部在粟末之北勝兵七千其三日安車骨部在伯咄東北其四曰拂阻部在泊咄東其五曰號室部在拂阻東其六曰黑水部在安車骨西北其七日白山部在粟末東南

黑水靺鞨後魏謂之勿吉有酋帥突地稽者隋末率其部落千餘家内屬處之營州煬帝授以遼西太守唐武德初以其部落置燕州以突地稽爲總管開元十三年置黑水府以其首領爲都督十六年賜姓李氏又其部類凡有七種一號曰粟末部二日泊咄部

三日安車骨部四曰拂涅部五曰號室部六曰黑水部七曰白山部

渤海靺鞨大祚榮本高麗别種也唐開元中高麗滅祚榮家屬東保桂婁之故地據東牟山築城居之祚榮驍勇善用兵靺鞨之衆及高麗餘燼稍稍歸之

冊府元龜　外臣部　卷之九百五十六　三十七

册府元龜

巡按福建監察御史臣李嗣京　訂正
知長樂縣事臣夏允彝參閱
知建陽縣事臣黄國琦較釋

外臣部九百五十七

國邑

禹貢之制五百里荒服曰蠻曰荒周官衛服之外曰蠻曰夷曰錯曰藩皆戎夷之區聲教罔違職貢無法流移靡常可以德綏難以力制也漢武承富庶之業好疆埸之功或討以戈甲或餌以玉帛猛將椎鋒以

挫其銳辯士緩頰以動其心是以三王之所不臣六經之所不載皆克斥蠻夷之邸俯伏北闕之下至乃涉懸度越流沙泛重溟踰峻嶺同面受吏稽顙述職焉其後經略所至軌跡漸廣或卉服入覲或輶軒出使莫不詢其封域考其都鄙記里候之遐邇詳版籍之衆寡告於史氏著之方册今之論次者亦以續伯益之山經備成周之士訓云爾

東邑朝鮮者周武王勝殷釋箕子之囚箕子不忍受周之釋走之朝鮮武王聞之因以朝鮮封之周末燕人衛滿自始全燕時嘗略屬直番（一作莫遼東有番汗縣番音普寒切）朝鮮爲置吏築鄣塞秦滅燕屬遼東外徼漢興爲其遠難守復修遼東故塞至浿水爲界屬燕燕王盧綰反入匈奴滿亡命聚黨千餘人魋結蠻夷服而東走出塞渡浿水居秦故空地上下鄣稍役屬真番朝鮮蠻夷及故燕齊亡命者王之都王險（昌黎有險瀆縣）會孝惠高后時天下初定遼東太守即約滿爲外臣保塞外蠻夷無使盜邊諸蠻夷君長欲入見天子勿得禁止以聞帝許之以故滿得兵威財物侵降其旁小邑真番臨屯皆來服屬方數千里傳子至孫右渠元封三年夏尼谿相參使人殺右渠來降遂定朝鮮爲四

郡（真番臨屯樂浪玄菟）

濊貊國南與辰韓北與高句麗沃沮接東窮大海朝鮮之東皆其地也（濊一作薉）

夫餘國在玄菟北千里南與高句麗東與挹婁西與鮮卑接北有弱水地方二千里本濊地也東夷之域最爲平敞國中有古濊城本濊貊之城也漢武帝元朔元年武帝以其地爲滄海郡數年乃罷至元封三年滅朝鮮分置樂浪臨屯玄菟真番四部至昭帝始元五年罷臨屯真番以并樂浪玄菟玄菟復徙居句麗自單單大嶺已東沃沮濊貊悉屬樂浪後以境土

質遠復分領東七縣置樂浪東部都尉

豆莫婁在勿吉北千里去雒陽六千里餘地挹婁古肅慎之國也在夫餘東北千餘里東濱大海西接寇漫汗國北極弱水其二界廣袤數千里居深山窮谷其路險阻車馬不通

高句麗一作驪在遼東之東千里南與朝鮮濊貊東與沃沮北與夫餘接地方二千里戶三萬多大山深谷無原澤人隨山谷以爲居其國漢之玄菟郡也其地東至新羅西度遼水二千里南接百濟北隣靺鞨千餘里地平壤城卽漢樂浪之故地東西六里南臨浿

水城內惟積倉儲器械備寇賊至日方人固守王財別爲宅於其側不嘗居之其外有城及漢城亦別都也復有遼東玄菟等數十城皆置官司以相統攝平壤城亦日長安城東六里隨山屈曲南臨浿水復有國內漢城並其都會之所國中呼爲三京唐貞觀五年高麗又發其國衆築長城東北自夫餘城西南至海千有餘里

句麗在遼東郡西安平縣北依卜水爲居因名曰卜水貊

東沃沮在高句麗蓋馬大山之東蓋馬縣名屬玄菟郡其山在今平壤城東東濱大海北與挹婁夫餘南與濊貊接其地東西夾南北長夾音狹可折方千里戶五千無大君王世世邑落各有長帥漢武帝元封二年伐朝鮮以沃沮城爲玄菟郡後爲夷貊所侵徙郡句麗西北所謂玄菟故府是也沃沮還屬樂浪漢以土地廣遠在單單大嶺之東分置東部都尉不耐城別主領東七縣

北沃沮一名置溝婁去南沃沮八百餘里界南接挹婁挹婁人善乘船寇沙北沃沮畏之每夏藏於巖穴至冬船道不通乃下居邑落

馬韓古之辰國也居山海之間無城郭凡有五十四

國其北與樂浪南與倭接

辰韓在帶方東南西海以爲限十有二國其北與濊貊接

弁辰在辰韓之南亦十有二國其南亦與倭接三韓凡七十八國百濟是其一國焉大者萬餘戶小者數千家各在山海間地各方四千餘里東西以海爲限

倭國在帶方東南其王居邪馬臺國案今名邪摩堆音之訛也樂浪郡徼去其國萬二千里去其西北界拘邪韓國七千餘里其地大較在會稽東治之東與朱崖儋耳相近舊有百餘小國相接至魏時有三十國通好戶有

七萬去帶方萬二千餘里從帶方至倭循海水行歷韓國乍東乍南七千餘里始度一海海闊千餘里名瀚海至支國又度一海千餘里名末盧國又東陸行五百里至伊都國又東南行百里至奴國又東行百里至不彌國又南水行二十里至投馬國又南水行十日陸行一月日至邪馬臺國夷人不知里數但計以日其國境東西五月行南北三月行各至於海其地勢東高西下都於邪摩堆東海嶼中野人有邪古婆邪多尼三國皆附庸於倭北限大海西北接百濟王北抵新羅西南與越州相值

日本國倭之別名自云國在日邊故以日本爲名

東鯷人（鯷音達奚切）在會稽海外分爲二十餘國夷洲在臨海東南去郡二千里

裨離國在肅慎西北馬行可二百日領戶三萬

養雲國去裨離馬行有五十日領戶二萬

寇莫汗國去養雲國又百日行領戶五萬餘

一群國去莫汗又百五十日計去肅慎五萬餘里

百濟國在遼東之東千餘里始國於帶方故其地界東極新羅北接高句麗西南俱限大海東西四百五十里南北九百餘里治固麻城其外更有五方中方曰古沙城東方曰得安城南方曰久知下城西方曰刀先城北方曰熊津城以子弟宗族分據之又云其都曰居枝城國南海行三月有耽牟羅國南北千餘里東西數百里土多麞鹿附庸於百濟百濟自西行二日至貊國西南島居者十五所皆有城邑

新羅國在百濟東南五十餘里漢時樂浪之地東及南方俱大海西接百濟北隣高麗地東西千里南北二千里有城邑村落王之所居曰金城周七八里

靺鞨在高麗之北其地在營州之東二千里南與新

羅相接越喜靺鞨東北至黑水靺鞨地方二千里編戶十餘萬兵數萬人

文身國在倭國東北七千餘里

大漢國在文身國東五千餘里

扶桑國在大漢國東一萬里地在中國之東其土多扶桑木故以爲名

女國在扶桑東千餘里

琉球國居海島之中當建安郡東水行五日而至所至曰波羅檀洞塹栅三重環以流水樹爲棘藩王所居舍其大一十六間琱刻禽獸多鬭鏤樹似橘而葉

宮餘纖如髮然下垂
南鬱林邑國蝦夷海島中小國古越裳之界也在交州南海行三千里北連九眞秦時故林邑縣漢象林縣後漢伏波將軍馬援開漢南境置北縣其地縱廣可六百里城去海百二十里去日南界四百餘里北接九眞郡其南界水涉道二百餘里有西國夷亦稱王馬援植兩銅柱表漢界處也
扶南國在日南之南西去林邑三千餘里在海大灣中其境廣袤三千里有城邑宮室城去海五百里
毗騫國去扶南八千里有大江廣十里西北流東入

於海
眞臘國在林邑西南本扶南國之屬國也去日南郡舟行六十日而至南接車至渠國西有朱江國其國郭下二萬餘家城中有一大堂是王聽政之所總大城三十城有數千家各有部帥官名與林邑同南方人謂眞臘國爲吉蔑國自唐神龍以後眞臘分爲二半以南近海多陂澤處謂之水眞臘半以北多山阜處謂之陸眞臘亦謂之文單國水眞臘國其境東西南北約皆八百里東至奔陁浪州西至隋羅鉢底國南至小海北即陸眞臘其王所居城號婆羅提拔城之東界有小城皆謂之國
黃支國去合浦日南三萬里
荆蠻槃瓠之後也其邑君長所居皆深山重阻人跡罕至長沙黔中五溪蠻皆是也
參半國在眞臘西南千餘里城臨大海土地下濕
白頭國在扶南之西參半之西南
于陁利國在南海洲上
婆利國在廣州東南海中洲上去廣州二月日行國界東西五十日行南北二十日行有一百三十六聚
頻遜國在林邑西南海崎上地方千里城去海千餘

里
邊斗四國者邊斗國（一云班斗）都昆國（一作都軍）拘利國（一作九雅）比嵩國並扶南度金隣大灣南行三千里
殊奈國在林邑南去交阯海行三月餘日
敢人國在交阯西今謂之烏滸人
金利毗逝國在京西南四萬餘里東去致物國二千里西去赤土國一千五百里南去波利國三千里北去郴衛國三千里其國有城邑庭舍
隋和羅國南與盤盤北與迦邏舍弗東與眞臘接西隣大海去高州五月日行

多茂國在南海外國界迴迴可一月行南阻大海西
阻俱遊國北
波剌國東與陁植國戶口極多置三十州不役屬他
國有州郭官殿樓櫓並用尾木
多摩長國居於海島東與婆鳳西與多隆南與半友
跂（華言五山也）北與訶陵等國接其界東西可一月行南
北可二十五日行
杜薄國在扶南東漲海中直渡海數十日至洲有十
餘國城皆稱王
烏篤國在中天竺南北萬五千餘里

薄剌洲在拘利南海灣中一名勃焚洲
狼牙修國在南海中其界東西三十日行南北二十
日行去廣州二萬四千里
婆利國在廣州東南海中洲上去廣州二月日行國
界東西五十日行東北二十日行有一百三十六聚
或曰其國在林邑東南海中洲上其地延袤數千里
自交州南渡海經林邑扶南赤土文單數國乃至焉
盤盤國在林邑之南海曲中與狼牙修國爲隣
丹丹國在多羅磨羅國西北振州東西理所可二萬
餘家亦置州縣以相統領

陁洹國在林邑西南大海中東南與墮和羅接去交
阯三月餘日行賓服於墮和羅
修羅分國居於南海之北以木柵爲城東至真臘國
南至海其王名尸達摩提婆精兵三萬餘人
甘軍國居於南海之濱東接林邑其王名旗陁越摩
精兵可五千人
哥羅舍分國在南海之南東接墮和羅國其王名蒲
伽越摩精兵二萬人
赤土國扶南之別種也在南海中水行百餘日而達
所都土色赤因以爲號東波羅剌國西婆羅娑國南

訶羅旦國北拒大海方數千里其王居僧祇城有門
三重相去各百許步每門圖畫飛仙仙人菩薩之象
懸金花鈴毦婦女數十人或奏樂或捧金花又飾四
婦人容飾如佛塔邊金剛力士之狀夾門而立門外
者持兵仗門內者執白佛夾道垂素網綴花王宮諸
屋悉是重閣北戶北面而坐坐三重之榻朝衣霞布
冠金花冠垂雜寶纓絡四女子立侍左右兵衛百餘
人王榻後作一木龕以金銀五香木雜納之龕後懸
一金光焰夾榻又樹二金鏡鏡前並陳金甕甕前各
有金香爐當前置一金伏牛牛前樹一寶蓋蓋左右

皆有寶扇婆羅門等數百人東西重行相向而坐
汶陽蠻在臨沮西界二百里中水六遶峽魚貫行有數處不通騎西北接梁州新城東北接南襄城南接巴竺三邊並山蠻兇盛據險爲寇賊
板楯蠻其人多居閬中渝水左右
東謝蠻其地在黔州之西數百里南接守宮獠西連夷子北至白蠻
西趙蠻在東謝之南其界東至夷子西至昆明南至西洱河（洱音珥）山洞阻深莫知道里南北十八日行東西二十三日行

南平蠻北與涪州接部落四千餘戶
羅刹國在婆利之東
訶陵國在眞臘國之南其王所居竪木爲城造大居重閣覆以椶櫚皮
甘棠國在大海之南昆侖人也
占城國在中華西南其地東西七百里南北三千里東暨海西雲南南眞臘國北驩州界東北暨兩浙海程三十日
西南夷君長以十數夜郎最大（後爲縣屬牂牁郡）其西靡莫之屬以十數滇最大（滇音顛地有滇池因爲名）自滇以北君長以十數邛都最大（今之邛州本其地）其外西自桐師以東北至葉榆（葉榆澤名因以立號後爲縣屬益州郡）名爲巂昆明（巂音髓今巂州也昆明又在其西南即南寧州諸爨所居是其地也）自巂以東北君長以十數徙莋都最大（徙及莋都二國也徙音斯後爲徙縣屬蜀郡莋都後爲沈黎郡莋音昨）自莋以東北君長十數冄駹最大（駹音尨今茂州開州首領多姓冄者）自冄駹以東北君長以十數白馬最大皆氐類也皆巴蜀西南外蠻夷
夜郎國東接交阯
滇國夜郎西有池周回二百餘里水源深廣而末更淺狹有似倒流故謂之滇池河

邛都夷漢武帝所開以爲邛都縣無幾而池陷爲江澤因名爲邛池南人以爲邛河
莋都夷漢武帝所開以爲莋都縣後爲沈黎郡天漢四年并蜀爲西部置兩都尉一居旄牛主徼外夷一居青衣主漢人
冄駹夷漢武帝所開以爲汶山郡其山有六夷七羌九氐各有部落
哀牢夷後漢光武時始通中國明帝時內屬其稱邑王者七十七人戶五萬一千八百九十口五十五萬三千七百一十四西南去雒陽七千里

南詔蠻自言哀牢之後代居蒙舍州爲渠帥在漢永昌故郡東姚州之西

驃國在永昌故郡南二千餘里東北拒南詔陽苴咩城六千八百里凡去上都一萬四千里其國境東西三千里南北五千五百里往來通聘者伽羅婆提等二十國役屬者道林王等九城食境土者羅君潛等二百九十八部落東隣真臘國西接東天竺國南盡溟海北通南詔些樂城界其王姓困設長名摩羅惹其國相名摩阿思那其王近適則輿以金繩床遠適則乘象嬪御甚衆侍御常數百人其羅城構以甎

甓周一百六十里濠岸亦構甎相傳本是舍利佛城內有居人數萬家佛寺百餘區其堂宇皆錯以金銀塗以丹彩地以紫鑛覆以錦罽

附國在蜀郡西北二千餘里即漢之西南夷也其國南北八百里東西千五百里無城近州谷傍山險俗好復讎故壘石爲礫而居以避其患礫高十餘丈下至五六丈每級丈餘以木隔之基方三四步礫上方二三步狀似浮圖於下級開小門從內上通夜必關閉以防盜賊

西爨古南中地延袤二千里徙出自梁益之間散居山谷依樹木積以居其上自晉桓溫破蜀之後蜀入東流山險之地多空徙遂挾山傍谷與夏黎居

昆彌國一曰昆明西南夷也在爨之西以二河爲界即古葉榆河也去京師九千里勝兵數萬人漢武帝時得其地入益州郡其後復絶

西域自漢武帝時始通三十六國其後稍分至五十餘（哀平時有五十五國）皆在匈奴之西烏孫之南南北有大山中央有河東西六千餘里南北千餘里東則接漢漢限以玉門陽關（二關皆在敦煌西界）西則限以葱嶺（葱嶺其山高大上多生葱故以名焉）其南山東出金城與漢南山屬焉

婼羌國王號去胡來王（言正離胡來附漢也）去陽關千八百里去長安六千三百里辟在西南不當孔道（辟讀曰僻孔道者穿山險而爲道今言穴徑也）戶四百五十口千七百五十勝兵者五百人西與且末接（且音子餘切）

鄯善國本名樓蘭王治杅泥城（杅音一胡切干同）去陽關千六百里去長安六千一百里戶千五百七十口萬四千一百勝兵二千九百十二人輔國侯郤胡侯（郤奇兵畧切）鄯善都尉擊車師都尉左右具渠擊車師君各一人譯長二人西北去都護治所千七百八十五里至

山國千三百六十五里西北至車師千八百九十里
且末國王治且末城去長安六千八百二十里戸二百三十口千六百一十勝兵三百二十人輔國侯左右將譯長各一人西北至都護治所二千二百五十八里北接尉犁南至小宛可三日行西通精絶二千里
精絶國王治精絶城去長安八千八百二十里戸四百八十口三千三百六十勝兵五百人精絶都尉左右將譯長各一人北至都護治所二千七百二十三里南至戎盧國四月行地阸陋西通扜彌四百六十

里
扜彌國王（一作拘彌）治扜彌城去長安九千二百八十里戸三千三百四十口二萬四十勝兵三千五百四十輔國侯左右將左右都尉左右騎君各一人譯長二人東北至都護治所三千五百五十三里南與渠勒東北與龜茲西北與姑墨接西通于闐（田殿二音）三百九十里後漢時名寧彌
戎盧國王治卑品城去長安八千三百里戸二百四十口千六百一十勝兵三百人東北至都護治所一千八百五十八里東與小宛南與婼羌西與渠勒接南僻不當道
渠勒國王治鞬都城（鞬音鈴居言切）去長安九千九百五十里戸三百一十口二千一百七十勝兵三百人東北至都護治所三千八百五十二里東與戎盧西與婼羌北與扜彌接
小宛國王治扜零城去長安七千二百一十里戸一百五十口千五十勝兵二百人輔國侯左右都尉各一人西北至都護治所二千五百五十里東與婼羌接南僻不當道
于闐國去玉門陽關三百餘里王治西城去長安九

千六百七十里戸三千三百口萬九千三百勝兵二千四百人東北至都護治所三千九百四十七里南與婼羌接北與姑墨接一說去雒陽萬一千七百里東去鄯善千五百里南去女國三千里西去朱俱波千里北去龜茲千四百里東北去瓜州二千八百里又云在葱嶺之北二百里南帶葱嶺與婆羅門接相去三千餘里所都城方八九里南與吐蕃接西北至疏勒二千餘里國城之東有白玉河西有綠玉河次西有烏玉河其源同出崑崙山去國西一千三百餘里（又云城東有大水北流號附支水即黄河也）

皮山國王治皮山城去長安萬五千里戶五百口三千五百勝兵五百人左右將左右都尉騎君譯長各一人東北至都護治所四千二百九十二里西南至烏秅國千三百四十里（烏音一加切秅音直加切）南與天竺接北至姑墨千四百五十里西南當罽賓烏戈山離道西北通莎車三百八十里

烏秅國王治烏秅城去長安九千九百五十里戶四百九十口二千七百三十三勝兵七百四十人東北至都護治所四千八百九十二里北與子合蒲犂西與南兜接山居田石間有白草壘石爲室

蒲犂國王治蒲犂谷去長安九千五百五十里戶六百五十口五千勝兵二千人東北至都護治所五千三百九十六里東至莎車五百四十里北至疏勒五百五十里南與西夜子合接西至無雷五百四十里侯都尉各一人寄田莎車種俗與子合同

西夜國王號子合王治呼犍谷（犍音鉅言切）去長安萬二百五十里戶三百五十口四千勝兵千人東北到都護治所五千四百六里東與皮山西南與烏秅北與莎車西與蒲犂接

德若國領戶百餘口六百七十勝兵三百五十東去子合居三千五百三十里去雒陽萬二千一百五十里與子合相接

依耐國去長安萬一百五十里戶一百二十五口六百七十勝兵三百五十人東北至都護治所二千七百三十里至莎車國五百四十里至無雷五百四十里北至疏勒六百五十里南與子合接

無雷國王治盧城去長安九千九百五十里戶千口七千勝兵一千人東北至都護治所二千四百六十五里南至蒲犂五百四十里南與烏秅北與捐毒西與大月氏接（捐毒即身毒天竺也本皆一名語有輕重耳）

難兜國王治去長安萬一百五十里戶五千口三萬一千勝兵八千人東北至都護治所二千八百五十里西至無雷三百四十里西南至罽賓國三百三十里南與婼羌北與休循西與大月氏接

罽賓國王治循鮮城去長安萬二千二百里不屬都護戶口勝兵多大國也東北至都護治所六千八百四十里東至烏秅國二千二百五十里東北至難兜國九日行西北與大月氏西南與烏戈山離接南去合衞國三千五百里

後名漕國在葱嶺之北都城方四里勝兵萬餘人北

去帆延七百里東去劫國六百里東北去瓜州六千六百里東南去康國百里西去河國百三十里

烏戈山離國王去長安萬二千二百里不屬都護戸口勝兵多大國也東北至都護治所六十日行東與罽賓北與撲挑西與犂靬條支接（撲音布木切犂讀與驪同靬音鉅連切又鉅言切）行可百餘日乃至條支國

條支國臨西海暑濕田稻人衆甚多其城在山上周回四十餘里海水曲環其南及東北三面路絕惟西北隅通陸道轉北而東復馬行六十餘日至安息後役屬條支為置大將監領諸小城焉

冊府元龜　外臣部　國邑　卷之九百五十七　十九

安息國王治番兜城（番音盤）去長安萬一千六百里不屬都護北與康居東與烏戈山離西與條支接一說居積城去雒陽二萬五千里地方數千里小城數百戸口勝兵最為殷盛其東界木鹿城號為小安息去雒陽二萬里西行三千四百里至阿蠻國從阿蠻國西行三千六百里至斯賓國從斯賓南行度河又往西南至於羅國九百六十里安息西界極矣自此南乘海乃通大秦後漢和帝永元九年都護班超遣甘英使大秦抵條支臨大海欲度而安息西界船人謂英曰海水廣大往來者逢善風三月乃得度若遇遲風亦有二歲者故入海人皆齎三歲糧海中善使人思土戀慕數有死亡者英聞之乃止

大月氏國治監氏城（監一作藍）去長安萬一千六百里不屬都護戸十萬口四十萬勝兵十萬人東至都護治所四千七百四十里西至安息四十九日行南與罽賓接後為匈奴冒頓單于所攻破西擊大夏而臣之都嬀水北為王庭月支有五翎侯（翎即翕字）休密翎侯治和墨城去都護二千八百四十一里去陽關七千八百二里雙靡翎侯治雙靡城去都護三千七百四十一里去陽關七千七百八十二里貴霜翎侯治護澡

冊府元龜　外臣部　國邑　卷之九百五十七　二十

城（澡音操）去都護五千九百四十里去陽關七千九百八十二里肸頓翎侯（肸音許乙切）治薄茅城去都護五千九百六十二里去陽關八千二百二里高附翎侯治高附城去都護六千四十一里去陽關九千二百八十三里凡五翎侯皆屬大月氏一說大月氏北與蠕蠕接數為所侵遂西徙都薄羅城

小月氏國都富樓沙城其王本大月氏王寄多羅子也寄多羅為匈奴所逐西徙後令其子守此城因號小月氏一云月氏為匈奴所破小衆不能去者保南山羌號小月氏

伽倍國故休密翖侯所治和墨城也在莎車西去代萬三千里民居山谷間

折薛莫孫國故雙靡翖侯所治雙靡城也在伽倍西去代一萬三千五百里居山谷間

鉗郭國故貴雙翖侯所治護澡城也在折薛莫孫西去代一萬三千五百六十里居山谷間

閻浮謁國故高附翖侯所治高附城在弗敵沙南去代一萬三千七百六十里居山谷間

弗敵沙國古肸頓翖侯所治薄茅城也在鉗郭西去代一萬三千六百六十里居山谷間

册府元龜

巡按福建監察御史臣李嗣京　訂正

分守建南道左布政使臣胡爾慥　參閲

知建陽縣事臣　黄國琦較釋

外臣部　九百五十八

國邑第二

康居國王冬治樂越匿地(樂音來谷切)到卑闐城(闐音徒千切)去長安萬二千三百里不屬都護至樂越匿地馬行七日至王夏所居蕃内九千一百四里(王每冬寒夏暑則徙別居不一處)戶十一萬口六十萬勝兵十二萬人東至都護

治所五千五百五十里西北可二千里有奄蔡國控弦者十餘萬大與康居同俗臨大澤無崖蓋北海云康居有小王五蘇薤王治蘇薤城(薤音下戒切)去都護五千七百七十六里去陽關八千二十五里附墨王治附墨城去都護五千七百六十七里去陽關八千二十五里窳匿王(窳音庾)治窳匿城去都護五千二百六十六里去陽關七千五百二十五里罽王治罽城去都護六千二百九十六里去陽關八千五百五十五里奥鞬王(奥音預於去切　鞬音鈴居言切)治奥鞬城去都護六千九百六里去陽關八千三百五十五里九五王屬康居後名康國云其國先居張掖祁連山為突厥所破南依葱嶺遂有其地

奄蔡在康居西北可二千里控弦者十餘萬臨大澤無崖蓋乃北海云後名傈持國在葱嶺西居於大澤去代一萬六千里

嚴國在奄蔡北屬康居

粟弋國屬康居

大宛國在匈奴西南在漢正西去漢可萬里王治貴山城去長安萬二千五百五十里戶六萬口三十萬勝兵萬人副王輔國王各一人東至都護治所四千

三十一里北至康居卑闐城千五百一十里西南至大月氏六百九十里北與康居南與大月氏接去雒陽萬三千三百五十里

大夏在大宛西南二千餘里嬀水南民多可百餘萬

桃魂(魂音回)國去長安萬一千八百里戶七百口五千勝兵千人

休循國王治鳥飛谷在葱嶺西去長安萬二百一十里戶三百五十八口千三十勝兵四百八十人東至都護治所三千一百二十一里至捐毒衍敦谷二百六十里西北至大宛國九百二十里西至大月氏千

六百一十里
捐毒國王治衍敦谷去長安九千八百六十里戶三百八十口千一百勝兵五百人東至都護治所一千八百六十一里至疏勒南與葱嶺屬（屬聯也音之欲切）無人民西上葱嶺到休循地西北至大宛千三十里北與烏孫接後漢時名天竺一名身毒在月氏之東南數千里從月氏高附國以西南至西海東至盤起國皆身毒之地身毒有列城數百城置長列國數十國置王雖各小異俱以身毒爲名一說在葱嶺之南地方三萬里其中分爲五天竺其一曰中天竺二曰東天

竺三曰南天竺四曰西天竺五曰北天竺各數千里城邑數百南天竺南際大海北天竺北拒雪山周回有山爲壁南面一谷通爲國門東天竺東際大海與扶南林邑隣接但隔小海而已西天竺與罽賓波斯相接中天竺據四天竺之間國並有王又有列國百餘置王雖各有異而俱以天竺爲名北臨禪連河一說去代三萬一千五百里一說中天以上都城周廻七十餘里
莎車國王治莎車城去長安九千九百五十里戶二千三百三十九口萬六千三百七十三勝兵三千四十九人輔國侯左右將左右騎君備西夜君各一人都尉二人譯長四人東北至都護治所四千七百四十六里西至疏勒五百六十里西南至蒲犂七百四十里西經蒲犂無雷至大月氏東去雒陽萬九百五十里東北至疏勒
疏勒國王治疏勒城去長安九千三百五十里戶千五百一十口萬八千六百四十七勝兵二千人疏勒侯擊胡輔國侯都尉左右將左右騎君左右譯長各一人東至都護治所二千二百一十里南至莎車五百六十里有市列西當大月氏大宛康居道也其國

都城方五里國內有大城十二小城數十勝兵二千人
尉頭國王治尉頭谷去長安八千六百五十里戶三百口二千三百勝兵八百人左右都尉各一人左右騎君各一人東至都護治所千四百一十一里南與疏勒接山道不通西至捐毒千三百一十四里逕道馬行二日
烏孫國在大宛東北可二千里行國（言土著）大昆彌治赤谷城（烏孫於西域諸戎其形最異人云胡人青眼赤鬚狀類獼猴者本其種）去長安八千九百里戶十二萬口六十三萬勝兵十八萬八

千八百人相大祿大將二人侯三人大夫將都尉各一人大監二人大吏一人舍中大吏二人騎君一人東至都護治所千七百二十一里至康居蕃内地五千里

姑墨國王治南城去長安八千一百五十里戶三千五百口二萬四千五百勝兵四千五百人姑墨侯輔國侯都尉左右將左右騎君各一人譯長二人東至都護治所二千二十一里南至于闐馬行十五日北與烏孫接

溫宿國王治溫宿城今雍州豐泉縣北有溫宿嶺者本前漢時溫宿國人令居此地

田牧因以爲名去長安八千三百五十里戶二千二百口八千四百勝兵千有五百人輔國侯左右將左右都尉左右騎君譯長各二人東至都護治所二千三百八十里西至尉頭國三百里北至烏孫赤國六百三十里

龜茲國王治居延城去長安七千四百八十里戶六千九百七十口八萬一千三百一十七勝兵二萬一千七十六人大都尉丞輔國侯安國侯擊胡侯卻胡侯都尉擊車師都尉左右將左右都尉左右騎君左右力輔君各一人東西南北部千長二人卻胡君三人譯長四人南與精絶東南與且末西南與杅彌北與烏孫西與姑墨接一說俗有城郭其城三重中有佛塔廟千所王宮壯麗煥若神居後秦呂光伐西域龜茲其王出奔光入其城城有三重外城與長安城等室屋壯麗飾以琅玕金玉光立帛純弟震爲王而歸自此中國絶不通一說在尉犁西北白山之南一百七十里

烏壘國戶百一十口千二百勝兵三百人城都尉譯長各一人與都護同治其南三百三十里至渠犁

渠犁城尉一人戶百三十口千四百八十勝兵百五

十人東北與尉犁東南與且末南與精絶接西有河至龜茲五百八十里

尉犁國王治尉犁城去長安六千七百五十里戶千二百口九千六百勝兵二千人尉犁侯安世侯左右將左右都尉擊胡君各一人譯長二人西至都護治所三百里南與鄯善且末接

危須國王治危須城去長安七千二百九十里戶七百口四千九百勝兵二千人擊胡侯擊胡都尉左右將左右都尉左右騎君擊胡君譯長各一人西至都護治所五百里至焉耆百里

焉耆國王治員渠城去長安七千三百里戶四千口
三萬二千一百勝兵六千人擊胡侯卻胡侯輔國侯
左右將左右都尉擊胡左右君擊車師君歸義車師
君各一人擊胡都尉擊胡君各二人譯長三人西南
至都護治所四百里南至尉犂百里北與烏孫接一
說其國王居南河城北去長史所居八百里四面有
大山與龜茲相連道險阸易守有海水曲入四山之
內周匝其城三十餘里白山之南七十里漢時舊國
也都城方二里國內有九城勝兵千餘人南有黃河
西帶葱嶺東去龜茲千五百里西去䥽汗國千里南

去朱俱波八九百里東北去突厥方千餘里東南去
瓜州四千六百里
烏貪訾離國王治于婁谷去長安萬三百三十里戶
四十一口二百三十一勝兵五十七人輔國左右都
尉各一人東與單桓南與且(音子余切)彌西與烏孫接
卑陸國王治天山東乾(音干)當國去長安八千六百
八十里戶二百二十七口千三百八十七勝兵四百
二十二人輔國侯左右將左右都尉左右譯長各一
人西南至都護治所千二百八十七里
卑陸後國王治番(音盤)渠類谷去長安八千七百一
十里戶百六十二口千一百三十七勝兵三百五十
人輔國侯都尉譯長各一人將二人東與郁立師北
與匈奴西與劫國南與車師接
郁立師國王治內咄谷(音丁忽切)去長安八千八百三
十里戶百九十口千四百四十五勝兵三百三十一
人輔國侯左右都尉譯長各一人東與車師城長西
與卑陸北與匈奴接
單桓國王治單桓城去長安八千八百七十里戶二
十七口百九十四勝兵四十五人輔國侯將左右都
尉譯長各一人

蒲類國王治天山西疏榆谷去長安八千三百六十
里戶三百二十五口二千三十二勝兵七百九十九
人輔國侯左右將左右都尉各一人西南至都護治
所千三百八十七里
蒲類後國王去長安八千六百三十里戶百口千七
十勝兵三百三十四人輔國侯將左右都尉譯長各
一人一說居天山西疏榆谷東南去長史所居千二
百九十里
移支國居蒲類地戶千餘口三千餘勝兵千餘人
劫國王治天山東丹渠谷去長安八千五百七十里

戶九十五口五百勝兵百一十五人輔國侯都尉譯長各一人西南至都護治所千四百八十七里

西且彌國王治天山東于大谷（且音子余切）去長安八千六百七十里戶三百三十二口千九百二十六勝兵七百三十八人西且彌侯左右將左右騎君各一人西南至都護治所千四百八十七里

東且彌國王治天山東兌虛谷去長安八千二百五十里戶百九十一口千九百四十八勝兵五百七十二人東且彌侯左右都尉各一人西南至都護治所千五百八十七里東去長史所居八百里

孤胡國王治車師柳谷去長安八千二百里戶五十五口二百六十四勝兵四十五人輔國侯左右都尉各一人西至都護治所千一百四十七里至焉耆七百七十里

山國去長安七千一百七十里（常在山下居不爲城治也）戶四百五十口五千勝兵千人輔國侯左右將左右都尉譯長各一人西至尉犁一百四十里西北至焉耆百六十里西至危須二百六十里東南與鄯善且末接

車師前王國治交河城河水分流繞城下故號交河去長安八千一百五十里戶七百口六千五十勝兵千八百六十五人輔國侯安國侯左右將都尉歸漢都尉車師君通善君鄉善君各一人譯長二人西南至都護治所千八百七里至焉耆八百三十五里交河城去長史所居柳中八十里

車師後王國治務塗谷去長安八千九百五十里戶五百九十五口四千七百七十四勝兵千八百九十人擊胡侯左右將左右都尉道民君譯長各一人（道讀曰導）西南至都護治所千二百三十七里去長史所居五百里

車師都尉國戶四十口三百三十三勝兵八十四人

車師後長城國戶百五十五口九百六十勝兵二百六十人

大秦國一名犂鞬以在海西亦云海西國地方數千里有四百餘城小國役屬者數十以石爲城郭列置郵亭皆堊墍之（墍飾也音火既切堊白土也音惡）所居城邑周圜百餘里城中有五宮相去各十里宮室皆以水精爲柱食器亦然或云其國西有弱水流沙近西王母所居處幾於日所入也從條支西行二百餘里近日所入則與今書異矣前世漢使皆自烏弋以還莫有至條支者也又云從安息陸道繞海北行出海西至大秦

人庶連屬十里一亭三十里一置置驛也其城周迴百餘里居宇皆以珊瑚爲梲栭琉璃爲牆壁水晶爲柱礎其王有五宮其宮相去各十里每旦於一宮聽事終而復始

小人國在大秦之南

澤散國屬大秦其地在海中央北至驢分水行半歲風疾時一月到最與安息安谷城相近西南至大秦都不知里數

驢分王屬大秦其治去大秦都二千里從驢分城西之大秦渡海飛橋長二百三十里渡海道西南行繞

海直西行

且蘭王屬大秦從思陶國直南渡河乃直西行之且蘭三千里道出河南乃西行

賢督王屬大秦其治東北西北去汜復六百里

汜復王屬大秦其治東北去於羅三百四十里渡海也

於羅屬大秦其治在汜復東北渡河從於羅東北又渡河斯羅東北又渡河

斯羅國屬安息與大秦接也

北爲伊別國在康居北

呼得國在葱嶺北烏孫西北康居東北勝兵萬餘人

堅昆國在康居西北勝兵三萬人

滑國車師別種也後漢初居代都滑爲小國屬蠕蠕後稍強大征其旁國開地千餘里

白題國在滑國東去滑六日行西極波斯

師子國天竺旁國也舊無人民止有鬼神及龍蛇居之諸國商賈來共市易鬼神不見其形但出珍寶諸國聞其土樂因此競至遂成大國

東離國居沙奇城在天竺東南三千餘里大國也列城數十皆稱王

安國漢安息之地都在那密水南城有五重環以流水國西百餘里有異國

波斯國都達曷水西蘇藺城卽條支故地也有城周迴三十二里城高四丈皆有樓觀城內屋宇數百千間城外佛寺二三百所東與滑國西及南俱與婆羅門北與汎慄國接西去海數百里東去穆國四千餘里西北去拂林四千五百里東去瓜州一萬六千七百里一說都宿利城在怛密南古條支國也去代地二萬四千二百二十八里城方十里戶十餘萬

伏盧尼國都城在波斯國北去代二萬七千三百二

十里累石爲城
大食國本在波斯國之西後衆漸盛遂割據波斯西境自立爲王西隣於大海有勝兵四十餘萬
穆國都烏滸河之西安息故地都城方三里勝兵二千人東北去安國五百里東去烏那遏二百餘里西波斯國四千餘里東去瓜州七千七百里
烏那遏國都烏滸水西舊安息之地都城方二里勝兵數百人王坐金羊座東北去安國四百里西北去穆國二百餘里東去瓜州七千五百里
米國都那密水西舊康居之地都城方二里勝兵數

百人西北去康國百里東去蘇對沙那國五百里西南去史國二百里東去瓜州六千四百里
曹國都那密水南數里舊是康居之地都城方三里勝兵千餘人
何國都那密水南數里舊是康居之地東去曹國百五十里西去小安國三百里東去瓜州六千七百五十里
史國都獨莫水南十里舊康居之地也都城方二里勝兵千餘人北去康國二百四十里南去吐火羅五百里西去那色波國二百里東北去米國二百里東去瓜州六千五百里
石國居於藥殺水都城方十餘里國城之東南立屋置座於中其國南去鏺汗六百里東南去瓜州六千里
鏺汗國在葱嶺之西五百里古渠搜國也都城方四里勝兵千人東去疏勒千里西去蘇對沙那國五百里西北去石國五百里東去突厥可汗二千餘里東去瓜州五千五百里
挹怛國都烏滸水南二百餘里勝兵者五六千人都城方十餘里多寺塔

吐火羅國都葱嶺西五百里與挹怛雜居都城方二里勝兵者十萬人一說其北界卽漢西域大宛之地今屬西蕃突厥在瓜州西六千七百里
俱蘭國與吐火羅接南抵雪山唐貞觀中朝貢
女國在葱嶺之南山上爲城方五六里人有萬家其國以女爲王侍女數百人五日一聽朝復有小女王共知國政
東女國西羌之別種以西海中復有女國故稱東女焉俗以女爲王東與茂州党項接東南與雅州接隔羅女蠻及白狼夷其境東西九日行南北二十日行

有大小八十餘城王所居多康延川中有弱水南流用牛皮爲船以渡戶四萬餘衆勝兵萬餘人散在山谷間

吐谷渾晉時據有西零巴西甘松之界極乎白蘭數千里然有城郭而不居隨居水草廬帳爲屋當魏周之時始稱可汗都伏俟城在青海西十五里其地兼鄯善且末西北有流沙數百里

河南國在益州西北亘數千里其界龍涸城去城都千餘里犬戎有田一在清水川一在赤水一在澆河一在吐屈眞川皆子弟所治一說其地則張掖之南

隴西之西在河之南故以爲號其界東至疊川西隣于闐北接高昌東北通秦嶺方千餘里蓋古之流沙地焉

高昌國南接河東連燉煌西次龜茲北隣勑勒置四十六鎭交河田地高寧臨川橫截柳婆洿林新興繇寧始昌篤進白刀等皆其鎭名其地東西三百里南北五百里國內總有城一十六一云有八城其國去燉煌十三日行其四面多大山其都城週廻一千八百四十步於坐室畵魯哀公問政於孔子之像四面多大山以其地勢高敞人庶昌盛故名高昌一說卽漢車師前王之庭西域長史戊已校尉之故地也其國東西二百延袤數百里漢興師西討軍中羸憊者留居焉地形高敞因名高昌壘有八城本皆中國人也

葱茈羌茈音紫北與諸國接不知其道里廣狹南與白馬羌隣白馬氐秦漢以來世居岐隴以南漢川以西自立豪帥自汧渭抵於巴蜀或謂之白氐或謂之故氐漢末徙居仇池地方百頃魏封百頃王晉封仇池公

白蘭國羌之別種也其地東北接吐谷渾西北利模徒南界那鄂

党項羌其種有嚴昌白銀狼東接臨洮西拒葉護南北數千里處山谷間每姓別爲部落大者五千餘騎小者千餘騎

武興國本仇池地其國東連秦嶺西接石昌去嚴昌八百里南去漢中四百里北去岐州三百里去長安九百里

嚴昌國其界自仇池以西東西千里帶水以南南北八百里地多山阜部衆二萬餘落

鄧至國居涼州界羌別種也

湟中月氏國舊在張掖酒泉地大月氏爲匈奴冒頓

所殺餘種分散踰葱嶺其羸弱者入山依諸羌居止
者舌國故康居國也在破落那西北去代一萬五千四百五十里
丁令在康居北勝兵六萬人隨畜牧依處西南去康居五千里
短人國在康居西北人衆甚多去奄蔡諸國甚遠去康居萬餘里
悅般國在烏孫西北去代一萬九百三十里其先匈奴北單于部落也爲漢車騎將軍竇憲所逐北單于度金微山西走康居其羸弱不能去者住龜茲北地

方數千里衆可二十餘萬涼州人猶謂之單于王
陁羅伊羅國在烏蔡國北天雪山坡上緣梯登山接七百梯方到其國
阿鉤羌在莎車西南國西有縣度山其間四百里中往往有棧道下臨不測之深人行者以繩索相持而度
波路國在阿鉤羌西北去代一萬三千九百里
三童國在軒渠國西南千里
蒲山國故皮山國也居皮城在于闐南去代一萬二千里其國西南三里有凍凌山後役屬于闐
悉居半國故西夜國也一名子合在于闐西去代萬一千九百七十里
權於摩國故烏秅國也其王治烏秅城西接悉居半國西南去代一萬二千九百七十里
洛那國故大宛國也都貴山城在疎勒西北去代四千四百五十里
朱居國在于闐西役屬嚈噠
嚈噠國其原出於塞北自金山而南在于闐之西都烏滸水南二百餘里去長安一萬一百里其王都拔底延城盖王舍城也其城方十里餘多寺塔衆可十

萬無城邑西域康居于闐安息及諸小國三十許皆役屬之號爲大國
烏長國在賒彌南北有葱嶺南至天竺婆羅門胡
乾陀國在烏長西本名業波爲嚈噠所破因改焉所都城東南七里有佛塔高七十丈周三百步即所謂雀離佛圖也
渴盤陁國在葱嶺東于闐西小國也西隣滑國南接罽賓國北連沙勒國所治在山谷中城周迴十餘里國有十二城
波知國在鉢和西南土狹人貧依託山谷

賒彌國在波知之南山居亦附嚈噠東有鉢勒盧國路險緣鐵鏁而度下不見底

越延底國治辛頭河北西北去賒彌國千餘里東北至瓜州五千四百里

耆至拔國在踈勒西去代一萬一千六百二十里其國東有蔘賀那山

悉密國在耆至西去代萬二千一百里其國東有山名郁悉滿山

悉萬斤國在悉密西去代一萬二千二百二十里其國有山名伽色那山

伽不單國在悉萬斤西北去代一萬二千七百八十里

色知顯國在悉萬斤西北去代一萬二千九百四十里

吐呼羅國去代一萬二千里東至范陽國西至悉萬斤國中間相去二千里南至連山不知名北至波斯國中間相去一萬里中薄提城周廻六十里城南有西流大水名漢樓河

伽色尼國在悉萬斤南去代一萬二千五百里

薄知國在伽色尼南去代一萬三千三百二十里

忸密國在悉萬斤西去代二萬二千八百二十八里

牟知國在忸密西南去代二萬二千九百二十里

阿弗大汗國在忸密西去代二萬三千七百二十里

諾色波羅國在忸密南去代二萬三千四百二十八里

早伽至國東接忸密國去代二萬三千七百二十八里

呼似密國在阿弗大汗西去代二萬二百里

副貨國去代一萬七千里東至阿富使且國西至役諾國中間相去一千里南有連山不知名北至奇沙

國相去一千五百里國中有副貨城周匝七十里

疊伏羅國去代三萬一千里國中有勿悉城城北有盧奇水西流焉

鉢和國在渴槃陁西其土尤寒有大雪山望若銀峯

拔豆國去代五萬一千里東至多向勿當國西至旃那國中間相去七百里南至罽陵伽北至弗那伏且國中間相去九百里

吐蕃在長安之西八千里本漢西羌地也後魏神瑞初南涼秃髮樊尼率衆西奔濟黄河逾積石於羌中建國闢地千里以秃髮爲國號語訛謂之吐蕃其後

子孫繁昌又侵伐不息土宇漸廣唐高宗時吐蕃盡收羊同党項及諸羌之地東與涼松茂嶲等州相接南至婆羅門西又攻陷龜茲疏勒四鎮北抵突厥地方萬餘里自漢魏以來西戎之盛未之有也

大羊同國東接吐蕃西接小羊同北直于闐東西千餘里勝兵八九萬

悉立國在吐蕃西南戶五萬餘有城邑村落依谿澗

章求拔國在悉立西南居四山之內後移出山西地接東天竺遂改衣服變西羌之俗因而附焉其地延袤八九百里勝兵二千餘人居無城郭

迴紇之先匈奴之裔也後魏時號爲鐵勒部落其衆微小依託高車臣屬突厥隋時謂之特勒在薛延陁北境居娑陵水側去長安六千九百里隨逐水草勝兵五萬人口十萬唐貞觀中以迴紇部爲瀚海府開元中漸盛保烏德健山南西城一千七百里西城即漢之高闕塞也西城北去磧石三百里有十一都督元和中可汗遣使改爲迴鶻義取迴旋輕捷如鶻也

骨利幹居迴紇瀚海之北俟斤同居勝兵四千五百口萬餘人

都播鐵勒之別種南去迴紇十三日行前代未通也

結骨部其地在迴紇西北三千里勝兵八萬口數十萬其國南阻貪湯滂山山多林木夏浸如冬積雪往來險阻有水從迴紇北流踰山經其國

多濫葛在薛延陁東界居近同羅水兵一萬口三萬人

僕骨在多濫葛東境勝兵一萬口三萬人

拔野古在僕骨東勝兵一萬口六萬人

北狄匈奴漢高帝時冒頓單于最強大盡服從北夷而南與諸夏爲敵國置左右賢王左右谷蠡音鹿黎左右大將左右大都尉左右大當戶左右骨都侯自左

右賢王以下至當戶大者萬餘騎小者數千人諸左右將居東方直上谷以東直當也接濊貊朝鮮右王將居西方直上郡以西接氐羌而單于庭直代雲中各有分地逐水草移徙至後漢光武時始有南北二庭焉

烏桓者本東胡也漢初匈奴冒頓滅其國餘類保烏桓山因以爲號武帝遣驃騎大將軍霍去病擊破匈奴左地因徙烏桓于上谷漁陽右北平遼東五郡塞外爲漢偵察匈奴動靜後漢靈帝初烏桓大人上谷有難樓者衆九千餘落遼西有丘力居者衆五千餘

落皆自稱王又遼東蘇僕延衆千餘落自稱峭王右北平烏延衆八百餘落自稱汗魯王

鮮卑東胡之支也別依鮮卑山故因爲號後漢和帝時右校尉耿夔擊破匈奴北單于逃走鮮卑因此轉徙據其地匈奴餘種留者尚有十餘萬落皆自號鮮卑其地東接遼水西當西域

突厥者蓋匈奴之別種居金山之陽金山形似兜鍪其俗謂兜鍪爲突厥因以爲號一說突厥之先平涼雜胡也西魏廢帝時木可汗俟丹西破蠕蠕東走契丹北幷契骨威服塞外諸國其地東自遼海以西西

至西海萬里南自沙漠以北北至北海五六千里皆屬焉西突厥本與北突厥同祖初木杆與沙鉢畧可汗有隙因分爲二其國即烏孫故地東至突厥國西至雷翥海南至疏勒北至瀚海在長安北七千里自焉耆國西北七日行至其南庭又正北八日行至其北庭鐵勒龜茲及西域諸胡皆歸附之一說沙鉢羅葉護可汗既立建庭於雒合水北謂之水南庭東以伊列河爲界

契丹國居黄水之南黄莫龍之北數百里後魏時爲高麗所侵部落萬餘口求内附止於白貔河其後爲突厥所逼又以萬家寄於高麗隋開皇中背高麗率衆内附高祖安置於渴奚那頡之北部落漸衆遂北徙逐水草當遼西正北二百里依託紇臣水而居東西亘五百里南北三百里分爲十部兵多者三千少者千餘其南者爲契丹在北者號室韋一說其國在鮮卑之東故地距高麗西至奚北隣靺鞨南接營州延袤二千里勝兵萬餘人分爲八部又云古匈奴之種代居遼澤之中潢水南崖南距渝(與榆同)關千一百里渝關南距幽州七百里本鮮卑之舊地也後唐天祐末其酋阿保機乃僭稱皇帝署中國官號爲城郭

宫室之制於漢北距幽州三千里名其邑曰西樓邑屋門皆東向如車帳之法城南別作一城以實漢人名曰漢城

南室韋在契丹北三千里分爲二十五部毎部有餘莫弗瞞咄猶酋長也

北室韋在南室韋北行十一日其國分爲九部落繞吐紇山而居其部落渠帥號乞引莫賀咄毎部有莫何弗三人以貳之

鉢室韋在北室韋北千里依胡布山而住人衆多北室韋不知爲幾部落

大室韋在鉢室韋西北數千里

冊府元龜

冊府元龜

巡按福建監察御史臣李嗣京　訂正

知甌寧縣事臣孫以敬參閱

知建陽縣事臣黃國琦較釋

外臣部九百五十九

土風第一

夫五方之民言語不通衣服殊制至於居處飲食固亦異宜寒燠氣候諒非一貫是故先王設象胥之官以掌其鞮譯命輶軒之使分采於方言聲教之所暨覊縻而弗絶若乃藁街之攸舍秘閣之所記參考乎

殊俗增廣乎異聞稽之載籍灼然惟敘詮次其說以著於編將使殭戎索者執制可徵納職貢者名物斯辨庶以參司籍之記備有司之傳云

東夷夫餘國其民土著有宮室倉庫牢獄多山陵廣澤於東夷之域最平敞土地宜五穀不生五果其人麤大性强勇謹厚不寇鈔食飲皆用俎豆會同拜爵洗爵揖讓升降以殷正月祭天國中大會連日飲食歌舞名曰迎鼓於是時斷刑獄解囚徒在國衣尚白白布大袂袍袴履革鞜出國則尚繒繡錦罽大人加狐貍狖白黑貂之裘以金銀飾帽譯人傳辭皆跪手據地竊語用刑嚴急殺人者死沒其家人爲奴婢竊盜一責十二男女淫婦人妬皆殺之尤憎妬已殺尸之國南山上至腐爛女家欲得輸牛馬乃與之兄死妻嫂與匈奴同俗其國善養牲出名馬赤玉貂狖美珠珠大者如酸棗以弓矢刀矛爲兵家家自有鎧仗國之耆老自說古之亡人作城柵皆員有似牢獄行道晝夜無老幼皆歌通日聲不絶有軍事亦祭天殺牛觀蹄以占吉凶蹄解者爲凶合者爲吉有敵諸加（加官號也）自戰下戶俱擔糧飲食人其死夏月皆用冰殺人殉葬多者百餘厚葬有槨無棺其俗停喪五月以

久爲榮其祭亡者有生有熟喪主不欲速而他人彊之常諍引以此爲節其居喪男女皆純白婦人著布面衣去環佩大體與中國皆彷彿也水旱不調五穀不熟輒歸咎於王或言當易漢時夫餘王葬用玉匣常豫以付玄菟郡王死則迎取以葬公孫淵伏誅玄菟庫猶有玉匣一具今夫餘庫（今魏時也）有玉璧珪瓚數代之物傳世以爲寶耆老言先代之所賜也其國殷富自先世以來未嘗破壞也其印文言濊王之印國有故城名濊城蓋本濊貊之地而夫餘王其中自謂亡人抑有似也

肅慎國夏則巢居冬則穴處父子世爲君長無文墨以言語爲約有馬不乘但以爲財產而已無牛羊多畜豬食其肉衣其皮績毛以爲布有樹名雒常若中國有聖帝代立則其木生皮可衣無井竈作瓦鬲受四五升以食坐則箕踞以足挾肉而嚼之得凍肉坐其上令煖土無鹽鐵燒木作灰灌取汁而食之俗皆編髮以布作襜徑尺餘以蔽前後將嫁娶男以毛羽插女頭女和則持歸然後致禮聘之婦貞而女淫貴壯而賤老死者其日即葬之於野交木作小槨殺豬積其上以爲死者之糧性凶悍以無憂哀相尚父母

死男子不哭泣哭者謂之不壯相盜竊無多少皆殺之故雖野處而不相犯

挹婁古肅慎之國（在夫餘東北千餘里）土地多山險人形似夫餘而言語各異有五穀麻布出美玉好貂無君長其邑落各有大人處於山林之閒土氣極寒常爲穴居以深爲貴大家至接九梯好養豬食其肉衣其皮冬以豕膏塗身厚數分以禦風寒夏則裸袒以尺布蔽其前後其人臭穢不潔作廁於中圓之而居自漢興以後臣屬夫餘種衆雖少而多勇力處山險又善射發能入人目弓長四尺力如弩矢用楛長一尺八寸青石爲鏃鏃能施毒中人即死便乘船好寇盜鄰國畏患而卒不能服東夷夫餘飲食類此皆用俎豆惟挹婁獨無法俗最無綱紀

高句驪（漢玄菟郡也在遼東之東）地方二千里多大山深谷人隨而爲居少田業力作不足以自資故其俗節於飲食而好修宮室東夷相傳以爲夫餘別種故言語法則多同其俗淫皆潔淨自憙暮夜輒男女群聚爲倡樂好祠鬼神社稷靈星以十月祭天大會名曰東盟其國東有大穴號禭神亦以十月迎而祭之其公會衣服皆錦繡金銀以自飾大加主簿皆著幘如冠幘

而無後其小加著折風形如弁無牢獄有罪諸加評議便殺之沒入妻子爲奴婢其婚姻皆就女家生子長大然後將婦歸家其俗淫男女已嫁娶便稍營送終之具金銀財幣盡於厚葬積石爲封列種松栢其人性凶急有氣力習戰鬭好寇鈔沃沮東濊皆屬焉每春秋較獵王親臨之人稅布五疋穀五石遊人則三年一稅十人共細布一疋租戶一石次七斗下五斗反逆者縛之於柱爇而斬之籍沒其家盜則償十倍用刑既峻罕有犯者樂有五弦琴箏篳篥橫吹簫鼓之屬吹蘆以和曲每年初聚戲於浿水之上王乘

腰擧列羽儀以觀之事畢王以衣服入水分左右爲二部以水石相濺擲諠呼馳逐再三而止俗以趨走爲敬拜則曳一脚立多反拱行必搖手性多詭伏父子同川而浴共室而寢婦人婬奔俗多遊女有婚嫁者取男女相悅然卽爲之男家送猪酒而已無財聘之禮或有受財者人共恥之死者殯於屋内經三年擇吉日而葬居父母及夫人之喪服皆三年兄弟三月初終哭泣葬則鼓舞作樂以送之埋訖悉取死者生時服翫車馬置於墓側會葬者爭取而去敬鬼神多淫祠盗者倍徵贓若貧下不能備及負公私債者

皆聽評其子女爲奴婢以償之丈夫衣同袖衫大口袴白韋帶黄革履其冠曰骨蘇多以紫羅爲之雜以金銀爲飾其有官品者又揷二鳥羽於其頭上以顯異之婦人服裙襦裾袖皆爲襈書籍有五經三史三國志晉陽秋兵器有甲弩弓箭戟矟矛鋋句驪一名貊耳一名小水貊在遼東郡西安平縣北出好弓所謂貊弓也

東沃沮國在高句驪蓋馬大山之東土肥美背山向海宜五穀善田種有邑落長帥人性質直彊勇少牛馬便持矛步戰言語食飲居處衣服禮節有似句驪其嫁娶之法女年十歲已相設許婿家迎之長養以爲婦至成人便還女家女家責錢錢畢乃復還婿家其葬作大木槨長十餘丈開一頭作戶新死者皆假埋之方使覆形皮肉盡乃取骨置槨中擧家皆共一槨刻木如生形隨死者爲數又有瓦鑩置米其中編縣之於槨戶邊

北沃沮其俗皆與南同北沃沮一名置溝婁

濊國本朝鮮地箕子敎以禮義田蠶又制八條之國其人終不相盗無門戶之閉婦人貞信飲食以籩豆自謂與句驪同種言語法俗大抵相類其人性愿慤少嗜欲不請匄男女皆衣曲領其俗重山川山川各

有部分界不得妄相干涉同姓不婚多所忌諱疾病死亡輒捐棄舊宅更造新居知種麻養蠶作緜布曉候星宿豫知年歲豐約常用十月祭天晝夜飲酒歌舞名之爲舞天又祠虎以爲神邑落有相侵犯者輒相罰責生口牛馬名之爲責禍殺人者償死少寇盗能步戰作矛長三丈或數人共持之樂浪檀弓出其地又多文豹有果下馬高三尺乘之可於果樹下行海出班魚使來皆獻之

馬韓國韓種有三一曰馬韓二曰辰韓三曰弁辰馬韓北與樂浪南與倭接東西以海爲限人知田蠶作

綿布出大栗如梨有長尾雞尾長五丈邑落雜居亦無城郭作土室形如冢開戶在上知拜跪無長幼男女之别不貴金寶錦罽不知騎乘牛馬雅重瓔珠以綴衣爲飾及縣頸垂耳大率皆魁頭露紒（魁頭猶科頭也謂以髮縈繞成科結也紒音計）布袍草履其人壯勇少年有築室作力者輒以繩貫脊皮縋以大木讙呼爲健嘗以五月田竟祭鬼神晝夜酒會群聚歌舞舞輒十人相隨蹋地爲節十月農功畢亦復如之諸國邑各以一人主祭天神號爲大君又立蘇塗（諸國各有别以爲蘇塗諸亡逃至其中皆不還之蘇塗之義有似浮屠）建大木以縣鈴鼓事鬼神其南界近倭亦

有文身者又其俗好衣幘下戶詣郡朝謁皆假衣幘自服印綬衣幘千有餘人

辰韓在馬韓之東言語有類秦人蹊是或謂之秦韓其土地肥美宜種五穀及稻曉蠶桑作縑布乘駕牛馬嫁娶禮俗男女有别以大鳥羽送死其意欲使死者飛揚其國作屋橫累之木爲之有似牢獄也國出鐵韓濊倭皆從取之諸市買皆用鐵如中國用錢又以供給二郡俗喜歌舞飲酒有瑟其形似筑彈之亦有音曲生兒便以石壓其頭欲令其褊今辰韓人皆褊頭男女近倭亦文身便步戰兵仗與馬韓同其俗行者相逢皆住讓路

弁辰國與辰韓雜居亦有城郭衣服居處與辰韓同言語法俗相似祠祭鬼神有異施竈皆在戶西其瀆盧國與倭接界十二國亦有王其人形皆大衣服潔清長髮亦作廣幅細布法俗持嚴峻其國近倭故頗有文身

州胡國在馬韓之西海島上其人短小髡頭衣韋衣有上無下好養牛豕乘船往來貨市韓中

倭國（在韓東南文中依山島爲居）男子無大小皆黥面文身自古以來其使詣中國皆自稱大夫夏后少康之子封於

會稽斷髮文身以避蛟龍之害今倭水人好沈沒捕魚蛤文身亦以厭大魚水禽後稍以爲飾諸國文身各異或左或右或大或小尊卑有差計其道里當在會稽東治之東其風俗不淫男女皆露紒以木緜招頭其衣橫幅但結束相連略無縫婦女被髮屈紒作衣如單被穿其中央貫頭衣之種禾稻紵麻蠶桑緝績出細紵縑緜其地無牛羊馬虎豹鵲兵用矛楯木弓弓形短下長上竹箭或鐵鏃或骨鏃所有無與儋耳朱崖同地溫煖冬夏食生菜皆徒跣有屋室父母兄弟臥息異處以朱丹塗其身體如中國用粉也

食飲用籩豆手取以食不用匙筯其死有棺無槨封
土作冢始死停喪十餘日當時不食肉喪主哭泣他
人就歌舞飲酒已葬舉家詣水中澡浴以如練沐其
行來渡海詣中國嘗使一人不梳頭不去蟣蝨衣服
垢汙不食肉不近婦人如喪人民名之爲持衰若行
者吉善共顧其生口財物若有疾病遭暴害便欲殺
之謂之持衰不謹出真珠青玉其山有丹其木有柟
杼豫章櫟樗投橿烏號楓香其竹篠簳桃支有薑橘
椒蘘荷不知以爲滋味有獮猴黑雉其俗舉事行來
有所云爲輒灼骨而卜以占吉凶先告所卜其辭如

令龜法視火坼占兆其會同坐起父子男子爲別人
性嗜酒其俗不知正歲四節但計春耕秋收爲年紀
見大人所敬但摶手以當跪拜其人壽考或百年或
八九十年其俗國大人皆四五婦下戶或二三婦婦
人不淫不妒忌不盜竊少爭訟其犯法輕者沒其妻
小重者滅其門戶及宗族尊卑各有差序足相臣服
收租賦有邸閣國國有市交易有無使大倭監之
夷洲在臨海東南去郡二千里地無霜雪草木不死四面是山谿
人皆髡髮穿耳女人不穿耳土地饒沃既生五穀又
多魚肉有大尾短如麕尾狀舅姑子婦臥息共一大

牀略不相避地有銅鐵唯用鹿格爲矛以戰鬭摩礪
青石以作弓矢取生魚肉雜貯大瓦器中以鹽鹵之
歷月餘日仍啖食之以爲上餚
文身國在倭國東北七千餘里人體有文如獸其額上有三文
文直者貴文小者賤土俗歡樂物豐而賤行客不齎
糧有屋宇無城郭其王所居飾以金銀珍麗繞屋爲
塹廣一丈以金銀兩刻流於水銀之上市用珍寶犯
輕罪者則鞭杖犯死罪則置猛獸食之有枉則猛獸
避而不食經宿則赦之
大漢國在文身國東五千餘里無兵戈不攻戰風俗並與文身

國而言語異
扶桑國在大漢國東二萬餘里地在中國之東其土多扶桑木故以爲
名扶桑葉似桐而初生如筍國人食之實如梨而赤
績其皮爲布以爲衣亦以爲緜作板屋無城郭有文
字以扶桑皮爲紙無兵甲不攻戰其國法有南北獄
若犯輕者入南獄重罪者入北獄有赦則赦南獄不
赦北獄在北獄者男女相配生男八歲爲奴生女九
歲爲婢犯罪之身至死不出貴人有罪國之大會坐
罪人於坑對之宴飲分訣若死別焉以火繞之其一
重則一身屏退二重則及子孫三重者則及七世名

國王爲乙祁貴人第一者爲大對盧第二者爲小對盧第三者爲納咄汲國主行有鼓角導從其衣色隨年改爲甲乙年青丁丙年赤戊巳年黄庚辛年白壬癸年黑有牛角長以角載物至勝二十斛車有牛馬車鹿車國人養鹿如中國畜牛以乳爲酪有桑梨經年不壞多蒲桃其地無鐵有銅不貴金銀市無租估其婚姻婿往女家門外作屋晨夕灑掃經年而女不悅即驅之相悅乃成婚姻禮大抵與中國同親喪七日不食祖父母喪五日不食兄弟伯叔姑姊二日不食設靈爲神像朝夕拜奠不制縗絰嗣立王三年不

視國事

百濟國（在帶方故地南與倭接）其衣服與高麗畧同婦人不加粉黛如辮髮垂後出嫁則分爲兩道盤於頭上俗尚騎射讀書史能吏事亦知醫藥蓍龜占相之術以兩手據地爲敬有僧尼多寺塔而無道士有鼓角箜篌箏竽篪笛之樂投壺圍棊樗蒲握槊弄珠之戲行宋元嘉曆以建寅月爲歲首賦稅以布絹絲麻及米等量歲豐儉差等輸之其刑法反叛退軍及殺人者斬盜者流其贓兩倍徵之婦人犯姦者沒入夫家爲婢婚娶之禮畧同於華父母及夫死者三年治服餘親則葬訖除之有五穀牛猪雞多不火食厥田下濕人皆山居有巨栗每以四仲之月王祭　及五帝之神立其始祖仇台廟於國城歲四祠之（仇台爲遼東太守公孫度之婿）

新羅國（在高麗東南漢樂浪居之地）其人雜有華夏其文字甲兵同於中國選人壯健者悉入軍峯戍邏俱有屯營部伍風俗政刑衣服畧與高麗百濟同每正月旦相賀王設宴會班賚群官其日拜日月神至八月十五日設樂令官人射賞以馬布其有大事則聚群官詳議而定之服色尚素婦人辮髮繞頭以雜綵及珠爲飾髮甚長美婚嫁之禮惟酒食而已輕重隨貧富新婚

之夕女先拜舅姑次即拜夫死有棺斂葬起墳陵王及父母妻子喪持服一年田甚良沃水陸兼種其五穀果菜鳥獸物產畧與華同

靺鞨國（在高麗之北）肅慎之苗裔也所居多依山水其俗相與耦耕土多粟麥穄水氣鹹生鹽於木皮之上其畜多猪嚼米爲酒飲之亦醉婦人服布男子衣猪狗皮俗以溺洗手面於諸夷最爲不潔其俗婬而妒其妻外婬人有告其夫者夫輒殺妻殺而後悔必殺告者繇是姦婬之事終不發揚人皆射獵爲業角弓長三尺箭長尺有二寸嘗以八九月造毒藥傅矢以射

禽獸中者立死
黑水靺鞨俗皆編髮性凶悍無憂戚貴壯而賤老無
屋宇並依山水掘地爲穴架木於上以土覆之狀如
中國之冢墓相聚而居夏則出隨水草冬則入處穴
中父子相承世爲君長俗無文字兵器有角弓及楛
矢其畜宜猪富人至數百口食其肉而食其皮死者
穿地埋之以身襯土無棺斂之具殺所乘馬於屍前
設祭
振國本高麗其地在營州之東二千里南接新羅西
接越喜靺鞨東北至黑水靺鞨地方二千里編戶十

餘萬兵數萬人風俗與高麗及契丹同頗有文字及
書記
流求國居大海之西當建安之東男女皆以白紵繩纏髮從項後
盤繞至額其男子用鳥羽爲冠裝以珠貝飾以赤毛
形製不同婦人以羅紋白布爲帽其形正方織鬬鏤
皮并雜色紵及雜毛以爲衣製裁不一綴毛垂螺爲
飾雜色相間下垂小貝其聲如珮綴璫施釧懸珠於
頸織藤爲笠飾以毛羽有刀矟弓箭劍鈹之屬其處
少鐵刃皆薄小多以骨角輔助之編紵爲甲或用熊
豹之皮王乘木獸令左右轝之而行導從不過數十
人小王乘機鏤爲獸形國人好相攻擊人皆驍健善
走難死而耐創諸洞各爲部隊不相救助兩陣相當
勇者三五人出前跳躁交言相罵因相擊射如其不
勝一軍皆走遣人致謝即共和解收取鬬死者共聚
而食之仍以其髑髏將向王所王則賜之以冠使爲
隊帥無賦斂有事則均稅用刑亦無常准皆臨事科
決犯罪皆斷於烏了帥日本官名不伏則上請於王王令
臣下共議定之獄無枷鎖惟用繩縛決死刑以鐵錐
大如筯長尺餘鑽頂而殺之輕罪用杖俗無文字望
月虧盈以紀時節候草藥枯以爲年歲人深目長鼻

頗類於胡亦有小惠無君臣上下之節拜伏之禮父
子同牀而寢男子拔去髭鬢身上有毛之處皆亦除
去婦人以墨黥手爲蟲蛇之文嫁娶以酒餚珠貝爲
聘或男女相悅便相匹偶婦人產乳必食子衣產後
以火自炙令汗出五日便平復以木槽中暴海水爲
鹽木汁爲酢釀米麪爲酒其味甚薄食皆用手遇得
異味先進尊者凡有宴會執酒者必待呼名而後飲
上王酒者亦呼王名銜盃共飲頗同突厥歌呼蹋蹄
一人唱衆皆和音頗哀怨扶女子上膊搖手而舞其
死者氣將絕舉至庭親賓哭泣相弔浴其屍以布帛

纏之褁之以葦草覩土而殯上不起墳子爲父者數
月不食肉南境風俗少異人有死者邑里共食之有
熊羆豺狼尤多豬雞無牛羊驢馬厥田良沃先以火
燒而引水灌之持一插以石爲刃長尺餘澗數寸而
墾之土宜稻粱禾黍麻豆赤豆胡豆黑豆等木有楓
栝樟竹松梗楠杉梓藤果藥同於江表風土氣候與
嶺南相類俗事山海之神祭以酒餚鬭戰殺人便將
所殺人祭其神或依茂樹或起小屋或懸髑髏於樹
上以箭射之或累石繫繙以爲神主王之所居壁下
多聚髑髏以爲佳人間門戶上必安獸頭骨角

倭奴國在新羅東南水陸三千里居大海之中東西
五月行南北三月行嘗與中國通其俗有文字敬佛
法初跣足以幅巾蔽其節後推髻無冠帶隋煬帝時
始賜衣冠今以錦綵爲冠飾裳皆施襈綴以金玉其
衣服之製頗類新羅然以文布爲之腰佩銀花長八
寸左右各數枚以明貴賤等級

日本國（言國近於日）古倭國之別種也國在新羅東南大
海中出紙緊滑如蠒紙其王阿母氏文字與中國同
唐高宗永徽五年獻琥珀大如斗瑪瑙大如五升器
與新羅相接其琥珀在海中涌出又與蝦夷國相隣

交阯國人如禽獸男女同川而浴長幼無別項髻徒
跣以布貫頭而著之後頗徙中國罪人使雜居其間
乃稍知言語漸見禮化後漢光武中興錫光爲交阯
任延守九真於是教其耕稼制爲冠履初設媒娉始
知婚娶建立學校導之禮義

敢人國在交阯西所生首子輒解而食之謂之宜弟
味旨則以貢其君君喜而賞其父取妻美則讓其兄
今烏滸人是（南州異物志曰烏滸地名也今藂川之南交阯之北常出道間有候伺行旅輒出擊之利得人食之不貪其財貨並以其肉爲餚死髑髏破之以飲酒以人掌趾爲珍異以食長者）

林邑國古越裳之地土多香木金寶物產大抵與交

阯同以塼城蜃灰塗之東向戶其國有金山石皆赤
色其中生金金夜則出飛狀如螢火又出瑇瑁貝齒
古貝沉木香古貝者樹名也其華成時如鵝毳抽其
緒紡之以作布潔白與紵布不殊亦染成五色織爲
班布也沉木香者土人所斷之積以歲年朽爛而心
節獨在置水中則沉故名曰沉香次不沉不浮者名
日棧香也其俗皆開北戶以尚日至於居止或東西
無定人性凶悍果於戰鬭伊山習水不閑平地四時
暄暖無霜雪人皆倮露徒跣以黑色爲美貴女賤男
同姓爲婚姻先娉婿女嫁之時著伽盤衣橫幅令如

井欄首戴寶花居喪翦鬚謂之孝燔尸巿于野以爲
葬其王服天冠被纓絡每聽政子弟侍臣皆不得近
之又云其王戴金花冠形如章甫衣朝霞布珠璣瓔
珞足躡革履時服錦袍良家子侍衞者二百許人皆
執金裝刀有弓箭刀槊以竹爲弩傳毒於矢樂有琴
笛琵琶五弦頗與中國同每擊鼓以警衆吹蠡以節
戎其人深目高鼻髮拳色黑俗皆徒跣以幅布纏身
冬月衣袍婦人椎髻施椰葉席嫁娶必用八月女先
求男由賤男而貴女同姓還相婚姻每有婚媾令媒
者齎金銀釧酒二壺魚數頭至女家於是擇日夫家

會親賓歌舞相對女家請一大姓號婆羅門送女至
男家婚盥手因牽女授之呪曰吉利吉利爲成禮寡
婦孤居散髮至老王死七日而葬有官者三日庶人
一日皆以函盛屍鼓舞導從輿至水次積薪焚之收
其骨王則納金甖中沉之於海有官者以銅沉之海
口庶人以瓦送之於江男女皆截髮隨喪至水次盡
哀而止歸則不哭每七日燃香散花復哭盡哀而止
盡七七日而罷至百日三年亦如之人皆奉佛文字
同於天竺又云其王者著法服加纓絡如佛像之飾
出則乘象吹螺擊鼓罩布具繖以古貝於幡旗國不
設刑法有罪者使象蹋殺之國王事尼乾道鑄金銀
人像大十圍

扶南國西南去林邑三千餘里出金銀銅錫沉木香
象犀孔翠五色鸚鵡俗本躶文身被髮不製衣裳以
女人爲王人皆醜黑拳髮性質直不爲寇盜以耕種
爲務一歲種三歲穫又好雕文刻鏤食器多以銀爲
之貢賦以金銀珠香亦有書記府庫文字有類於胡
喪葬婚姻畧同林邑又云百姓以蕉蔗龜鳥爲禮國
法無牢獄有訟者先齋三日乃燒斧極赤令訟者捧
行七步又以金環雞卵投沸湯中令探取之若無實

者手卽爛有理者則不又於城溝中養鰐魚門外圈
猛獸有罪者輒以餧猛獸及鰐魚獸不食爲無罪三
日赦之鰐大者長三丈餘狀如鼉有四足喙長六七
尺兩邊有齒利如刀劍嘗食魚遇得獐鹿及人亦噉
之蒼梧以南及外國皆有之吳時遣中郎康泰宣化
從事朱應使於其國國人猶裸惟婦人著貫頭泰應
謂曰國中實佳但人褻露可怪耳尋使令國內男子
着橫幅今干漫也大家乃截錦爲之貧者乃用布

毗騫國去扶南八千里俗有室屋衣服噉粳米其人
言語小異扶南有山出金金露生石上國法刑人並

於王前噉其肉國內不受估客有往者亦殺而噉之是以商旅不敢至王嘗樓居不血食不事鬼神其子孫生死如常人惟王不死扶南王數使與書相報荅常遣扶南王純金五十人食器形如圓盤又如瓦塸名爲多羅受五升又如椀者受一升王亦能作天竺書書可三千言語其宿命所由與佛經相似並論善事又傳扶南東界卽大漲海海中有大洲洲上有諸薄國國中有馬洲復東行漲海千餘里至自然大洲其上有草生火中洲左近人剝取其皮紡績作布以爲手巾與蕉麻無異而色微青黑若小垢汚則投火

中復更精潔或作燈炷用之不知盡

頓遜國在林邑西南海奇上地方千里城去海十里有五王並羈屬扶南土地汚下而平博氣候風俗大較與林邑同東界通交州諸賈人其西界接天竺安息徼外諸國往還交易其市東西交會日有萬餘人珍物寶貨無所不有又有樹酒以安石榴采其花汁停甕中數日成酒可飲

眞臘國在林邑西南本扶南之屬國習俗文字與婆羅門同居處器物頗類赤土以右手爲淨左手爲穢每旦澡洗以楊枝淨齒讀誦經呪又澡灑乃食食罷還用楊枝淨齒又讀經呪食多蘇酪砂糖秔粟米餅欲食之時先取雜肉羹與餅相和手擩而食娶妻者惟送衣一具擇日遣媒人迎婦男女二家各八日不出晝夜燃燈不息男婚禮畢卽與父母分財別居父母死小兒未婚者以餘財與之若婚畢財物入官其葬男女皆七日不食剔髮而哭僧尼道士親故皆來聚會音樂送之以五香木燒屍收灰以金銀瓶盛送於大水之中貧者或用瓦而以彩色畫之亦有不焚送屍山中任野獸食者其北多山阜南有水澤地氣尤熱無霜雪饒瘴癘毒蠚土宜粱稻少黍粟果菜與

日南九眞相類異者有婆那娑樹無花葉似冬瓜菴羅樹花葉似棗實似李毗野樹花似木瓜葉似杏實似楮婆田羅樹花葉實並似棗而小異歌畢佗樹花似李葉似樹而厚大實似李其大如升自餘多同九眞海中有魚名建同四足無鱗其鼻如象吸水上噴高五六十尺有浮胡魚其形似䱉觜如鸚鵡有八足多如魚半身出水望之如山每五六月中毒氣流行卽以白豬白牛白羊於城西門外祠之不然者五穀不登六畜多死人衆疾疫近都有陵伽鉢婆山上有神祠每以兵二千人守衞之城東有神名婆多利祭

用之肉其王年別殺人以祀夜禱亦以守衞者千人其敬鬼如此多奉佛法尤信道士佛及道士並立像於館非王正妻子不得爲嗣王初立之日所有兄弟並刑殘之或去一指或劓其鼻別處供給不得仕進王三日一聽朝坐五香七寶牀上施寶帳其帳以文木爲竿象耳金鈿爲壁狀如小屋懸金光焰有同於赤土前有金香爐二人侍側王着朝霞古貝縵絡腰腹下垂至脛頭戴金寶花冠被其珠纓絡足履革屣耳懸金璫身服白疊以象牙爲屩若露髮則不加纓絡臣人服製大抵相類其俗東向開戶以東爲上有

戰象五十頭尤好者許以飯肉與隣國戰則象隊在前於背上以木作樓上有四人皆持弓箭

訶陵國在真臘之南其王所居竪木爲城造大屋重閣覆以椶櫚皮王所坐之牀悉以象牙爲之亦以象牙爲席食不用匙箸以手撮之以椰樹花爲酒飲之亦得醉有山穴每涌而出鹽國人取之以食其國別有毒女人與嘗人同止宿即令人身上生瘡與之交會即致死若漩液霑着草木即枯其人身死不臭亦不爛

册府元龜

冊府元龜

巡按福建監察御史臣李嗣京　訂正
新建縣舉人　臣戴國士叅閱
知建陽縣事　臣黄國琦較釋

外臣部　五百六十

土風第二

墮婆登國在林邑南其風俗與訶陵畧同種稻每月一熟亦有文字書之貝多葉其死者口實以金叉以金釧貫於四肢然後加以婆律膏及檀沉龍腦等香積薪以燔之

殊奈國在林邑南去交阯海行二月餘日習俗文字與婆羅門絶遠未嘗朝中國唐貞觀初始通

盤盤國在林邑西南海曲中人皆學婆羅門書甚敬信佛法

婆利國在林邑東南海中洲上去廣州二月日行國界東西五十日行南北二十日行有一百三十六聚土氣暑熱如中國之盛夏穀一歲再熟草木常榮海出螺紫貝有石名蚶貝羅初採之柔軟及刻削爲物乾之遂大堅强其國人披古貝如帊及爲都縵王乃用班絲布以瓔珞繞身頭著金冠高尺餘形如弁綴以七寶之飾帶金裝劍偏坐金高坐以銀蹬支足侍女皆爲金花雜寶之飾或持白毦拂及孔雀扇王出以象駕輿輿以雜香爲之上施羽蓋珠簾其導從吹螺擊鼓問其先及年數不能記焉而言白淨王夫人即其國女也又云其地延袤數千里國人善投輪乃其大如鏡中有竅外鋒如鋸遠以投人無不中其餘兵器與中國畧同俗類眞臘物產同於林邑其殺人及盜截其手姦者鏁其足期年而止祭祀必以月晦盤貯酒餚浮之流水每十一月必設大祭海出珊瑚有鳥名舍利解人語人皆黑色穿耳附璫王戴花形如

皮弁裝以眞珠瓔珞身坐金牀侍女有金花寶鏤之飾或持白拂孔雀扇行則駕象鳴金擊鼓吹蠡爲樂男子皆拳髮被古貝布橫幅以繞腰有古貝草緝其花以作布麤者名古貝細者名白疊

陁洹國在墮和羅西北其國海行五月至廣州土無蠶桑以白疊朝霞布爲衣五穀皆稻麥麻豆獸有白象豬羊牛俗皆樓居其父母死停喪在室輒數日不食燔屍已後男女並剔頭臨池洗浴然始進食

狠牙脩國在南海中其界東西三十日行南北二十日行去廣州二萬四千里土氣物產與扶南畧同偏

多杙沈婆律香等其俗男女皆袒而被髮以古貝爲干鍚其王及貴臣乃加雲霞布覆胛以金繩爲絡帶金環貫耳女子則披布以瓔珞繞身其國以黑磚爲城重門樓閣王出乘象有幡毦旗鼓罩白盖兵衛甚嚴

千陀利國在南海洲上其俗與林邑扶南畧同出班布古貝檳榔檳榔特精爲諸國之極

烏滸南方夷號也其俗食人以鼻飲水口中進噉如故

赤土國本扶南之別種在南海中水行百餘日其俗

皆穿耳翦髮無跪拜之禮以香油塗身其俗敬佛尤重婆羅門婦人善髻於項亥男女通以朝霞朝雲雜色布爲衣豪富之室恣意侈靡爲金鎖非王賜不得服用每婚嫁擇吉日女家先期五日作樂飲酒婦執女手以授婿十日乃配焉既娶即分財別居惟幼子與父同居父母兄弟死則剔髮素服就水上構竹爲棚棚內所積薪以屍置上燒香建幡吹蠡擊鼓以送之縱火焚薪遂落於水貴賤皆同惟國王燒訖收灰貯以金瓶藏於廟屋冬夏常濕雨多霽少種植無時特宜稻穄白豆黑麻自餘物產多同於交阯以甘蔗作酒雜以紫瓜根酒色黃赤味亦香美亦以椰漿爲酒

斯調國有火洲在南海中其上有野火春夏自生秋冬自死而有木生於其中而不消也枝皮夏活秋冬死則皆枯瘁其俗常冬採其皮以爲布色小青黑若塵垢汙之便投火中則更鮮明也崑崙之墟有炎火之山山上有鳥獸草木皆生於炎火之中故有火浣布非此山草木之皮則其鳥獸之毛也

大食國在南海中其國男夫黑色多鬚鼻大而長似婆羅門婦人白晳亦有文字出駝馬驢騾羖羊等其馬大於諸國兵刃勁利其俗勇於戰鬬合事天神而

土多沙石不堪耕種惟食鳥獸等肉俱紛地那山在國之南國西隣於大海其王移穴中黑石寶之於國

占城國其衣服制度大畧與大食國同所乘皆象馬粒食稻米肉食水兕山羊之類獸之奇者有犀牛禽之大者有孔雀

長眞國烏武獠也其地多毒物饒瘴癘其中毒者皆口噤不得餌藥故多自鑿去齒亦稱鑿齒之民焉

牂牁蠻地多雨潦俗好巫鬼禁忌寡畜產又無蠶桑故其郡最貧句町縣有桄榔木可以爲麪百姓資之桄榔木外皮有毛似栟櫚而散生其木剛作鋤利如鐵中石更利惟中蕉根乃致敗耳皮中有似

擣稻米片又似麥麵中作餅餌廣志曰桄榔樹大四
五圍長五六丈洪直旁無枝條其顛生葉不過數十
似椶葉破其木肌堅難傷入數
寸得麵赤黃密緻可食者也　又云土氣鬱熱多霖
雨稻粟再熟無徭役惟征戰之時乃相屯聚刻木爲
契其法劫盜者三倍還贓殺人者出牛馬三十頭乃
得贖死以納死家風俗物產畧與東謝同
邛有夷漢武帝以爲越嶲郡其土地平原有稻田青
蛉縣禺同山有碧雞金馬光景時時出見禺同山在今褒州揚
波縣王褒碧雞頌曰持節使王褒謹拜南崖敬彩金
精神馬縹碧之雞處南之荒深谿回谷非土之鄉歸
來漢德漢德無疆廉平唐虞澤配三皇華英陽國志
曰碧雞光景之多見之前書音義曰金形似馬碧形
似雞也　俗好遊蕩而喜謳歌略與牂牁相類豪帥橫縱

難得制御
莋都夷漢武帝所開以爲莋都縣其人皆被髮左衽
言語多好避類居處畧與汶山夷同土出長年神藥
仙人山圖所居焉
哀牢驃人皆穿鼻儋耳其渠帥自謂王者耳皆下肩
三寸庶人則至肩而已土沃美宜五穀蠶桑知染采
文繡罽毲白疊蘭干細布織成文章如綾錦有梧桐
木華績以爲布幅廣五尺絜白不受垢汙洗以覆亡
人然後服之其竹節相去一丈名曰濮竹出銅鐵鉛
錫金銀光珠琥珀水晶琉璃軻蟲蚌珠孔雀翡翠犀

象猩猩貊獸雲南縣有神鹿兩頭能食毒草
冉駹夷其王侯頗知文書而法嚴重貴婦人黨母族
死則燒其尸土氣多寒在盛夏冰猶不釋故夷人冬
則避寒入蜀爲傭夏則違暑反其聚邑皆依山上居
累石爲室高者至十餘丈爲邛籠又土地剛鹵不生
粟穀麻菽惟以麥爲資而宜畜牧有旄牛無角一名
童牛肉重千斤可爲旄出名馬有靈羊可療毒又有
食藥鹿鹿麑有胎者其腸中糞亦可療毒又有五角
羊麝香輕毛毼雞猩猩毼雞似有毛角雉而大青色鬪敵死乃止　其人能
作旄氈班罽青頓毞毲羊羖頓毞羖並未詳字書無此二之屬周書伊尹爲四方

獻令曰正西崑崙狗國鬼親枳巳闒耳貫匈雕題離
丘漆齒請令以丹青白旄紕罽龍角神龜爲獻易曰
善何承天纂文曰紕氏罽
紕曰甲旋反毞即紕也　時多雜藥地有鹹土煑以
爲鹽麢羊牛馬食之皆肥
東謝蠻在黔安之東地方千里其俗無文書惟刻木
爲約巢居谷飲刀劍不離其身頭冠熊皮披猛獸之
革
西趙蠻在東謝蠻之南其風俗物產與東謝同
悉立國在吐蕃西南戶五萬勝兵五萬人其地有城
邑村落咸依谿澗男人以繒綵纏頭衣氈褐婦人以
辮髮著短褐婚姻簡畧不行財貺以蒸報爲俗畜多

水牛羖羊雞豕穀宜秔稻麥豆饒甘蔗諸果死者葬於中野不封不樹喪制以黑爲衣一年就吉刑有刖劓黥事吐蕃自古未通中國唐貞觀二十年遣使獻方物

東女國西羌之别種在雅州西北風俗寬緩人性馴良其主及諸官皆奕葉相傳十一月爲歲首死者墓而不墳豎爲標記無喪紀之禮所居起重樓層屋王至九層國人至六層其王服青毛綾裙下領衫上披青袍其袖委地冬則羔裘飾以文錦爲小鬟髻飾之以金耳垂璫足履索鞾俗重婦人而輕丈夫文字同於天竺每至十月令巫者齎餚詣山中散糟麥於空

大呪呼鳥俄而有鳥如雞飛入巫者之懷因剖腹而視之每有一穀來歲必登若有霜雪必多災異其俗信之名爲鳥卜其居喪服飾不改爲父母喪則三年不梳沐貴人死者或剝其皮而藏之納骨於瓶中糅以金屑而埋之國王將葬其大臣親屬殉死者數十人

昆明夷部落在黔州西南三千里山路險阻住止高欄亦有牛馬其俗椎髻跣足首領披虎皮下者披氈

獠者南蠻之别種也自漢中達邛筰川洞之間所在皆有種其俗多散居山谷不辨姓氏又無名字所生男女惟以長幼次第之其丈夫稱阿謩阿段婦人阿夷阿等之類皆其語之次第稱謂也喜則群聚怒則相殺雖父子兄弟亦手刃之迭相掠賣不避親戚被賣者號呌不服竄逃避之乃將買人指爲捕逐若追亡叛獲便縛之但經被縛者即服爲奴隸不敢更稱良矣俗畏鬼神尤尚淫祀巫祝有賣其昆季妻孥盡者乃自賣以供祭焉往往推一首帥爲主亦不遠相統攝自江左及中州遞有巴蜀多恃險不賓後周太祖平梁益之後令在所撫慰其與華民雜居者亦頗從賦役然天性暴亂旋致擾動每歲命隨近州鎮出

兵討之獲其口以充賤隸謂之爲壓獠焉

南平獠地與知渝南涪四州相接部落四千餘戶土氣多瘴癘山有毒草沙蝨蝮虵人並樓居登梯而上號爲欄干男子左衽露髮徒跣婦人横布四幅穿中而貫其首名爲通裙其人美髮爲髻鬟垂於後以竹筒如筆長三四寸斜穿其耳貴者亦有珠璫土多女少男爲婚之法女氏必先貨求男族貧人無以嫁女多賣與富人爲婢俗皆婦人執役

松外蠻在西洱河其土有稻麥粟豆種穫亦與中國同而以十二月爲歲首菜則葱韭蒜菁果則桃李柰

有絲麻女工蠶織之事出絁絹絲布麻幅廣七寸染色有緋帛氍以正月生三月熟畜有馬牛犛羊雞犬飯用竹筲摶之而啾羹用烏枉形若雞彝有船無車男子以氈及皮為帔女子絁布為裙衫仍披氊皮以帔頭髻有髮一盤而成形如髻男女皆跣至於死喪哭泣棺槨襲斂無不畢備三年之內穿地為坎殯於舍側上作小屋三年之後出而葬之以蠹蚌封棺令其耐濕豪富者殺馬牛祭祀親戚必會皆齎牛酒助焉多者至數百人父母皆斬衰布衣不澡遠者至四五年近者二三年然後即吉其被人殺者喪主以麻

括髮而墨面衣服不緝雖服內不廢婚嫁娶妻不避同姓富室娶嫁金銀各數十兩馬牛羊皆數十頭酒數十瓶女之所齎金銀將徒亦稱是婚不親迎女至其家亦有拜謁尊卑之禮其俗有盜竊殺人淫穢之事尊長即立一長木為擊鼓警其會其下強盜者衆共殺之若賊宗富強但燒其屋宅奪其田業而已不至於死穿窬盜者九倍徵贓處女嫠妻淫泆不坐有夫而淫男女俱死男子不跨有夫女子之衣若姦淫之人其族強者輸金銀請和妻則棄之其兩敵者死家族即報復力不能敵則授其部落舉兵相攻之

驃國西當極遠之地其俗有君臣長幼之序好生惡殺其土宜菽粟稻粱無麻麥其理無刑名桎梏之具犯罪者以竹五本束之復犯者撻其背數止五輕者止三殺人者戮之男女七歲則落髮止寺舍依桑門至二十不悟佛理乃復髮為居人其衣服悉以白氊為朝霞繞腰而已不衣繒帛云出於蠶為其傷生也唐貞觀元年來獻其國樂凡十曲與樂工三十五人來朝樂曲皆演釋氏經論之詞意

西域且末國治且末城有蒲萄諸果西域自且末以往皆種五穀土地草木畜產作兵略與漢同至梁號

末國勝兵萬餘戶土人翦髮著氊帽小袖衣為衫則開頸而縫前多牛羊驢騾

于闐國在且末西北多玉石（玉石玉之璞也一曰石之似玉也）又云地多有水潦沙石氣溫宜稻麥蒲桃有水出玉名曰玉河國人善鑄銅器其治曰西山城有屋室市井菓蓏菜蔬與中國等尤信佛法王所居室加以朱畫王冠金幘如金胡公帽與妻並坐接客國中婦人皆辮髮衣裘袴其人恭敬相見則跪其跪則一膝至地書則以木為筆札以玉為印國人得書戴於首而後開札一說城南五十里有贊摩寺者云是羅漢比丘比

盧旃所造石上有辟支佛徒跣之跡于闐西五百里有比摩寺云是老子化胡成佛之所俗無禮義多賊盜婬縱王錦帽金鼠冠妻戴金花其王髮不令人見俗云若見王髮年必儉土多麻麥粟稻五菓多園林

嚈噠國在于闐之西本王舍城城中多寺塔皆飾以金風俗與突厥畧同其俗有兄弟共娶一妻夫無兄弟者其妻戴一角帽若有兄弟者依其多少之數更加角帽焉衣服加以瓔珞頭皆翦髮其語與蠕蠕髙車及諸胡不同無城邑依隨水草以氊爲屋夏遷涼土冬逐煖處分諸妻各在別所相去或二百三百里

其王巡歷而行每月一處冬寒之時三月不徙其國無車有輿多駝馬用刑嚴急偷盜無多少皆腰斬盜一責十死者富豪累石爲藏貧者掘地而埋隨身諸物皆置塚内其人凶悍能戰鬬西域康居于闐沙勒安息及諸小國三十許皆役屬之

朱居國在于闐西其人山居有麥多林果咸事佛語與于闐相類焉

太平國在于闐國南其人辮髪氊裘畜牧爲業地多風雪氷厚丈餘所出物產頗與吐蕃同俗無文字但刻木結繩而已刑法嚴峻其酋豪死挾出其腦實以珠玉割其藏易以黄金假造金鼻銀齒以人爲殉卜以吉辰藏諸巖穴他人莫知其處多殺牸牛羊馬以充祭禮葬畢服除

渴盤陁國于闐西小國也風俗與于闐相類衣古貝布着長身小袖袍小口袴地宜小麥資以爲糧多牛馬駱駝羊等出好檀文字同於婆羅門

鉢和國在渴盤陁西其土尤寒人畜同居穴地而處又有大雪山望若銀峯其人唯食餅麨飲麥酒服氊裘

波知國在鉢和西南土狹人貧依託山谷有三池傳

云大者有龍王次者有龍婦小者有龍子行人經之設祭乃得過不祭多遇風雪之困

賒彌國在波知南山居不信佛法專事諸鬼神

烏秅國山居田石間有白草累石爲室民接手飲自高山下谿澗中飲水故接連其手如猨之出小步馬小細也細步言其能躁足卽今所謂百步千跡者也有驢無牛

西夜國與胡異其種類羌氐行國言不土著也隨畜產逐水草往來

子合國土地出玉石一名漂沙地生白草有毒國人煎以爲藥傳箭鏃所中卽死

蒲犂國寄田莎車種俗與子合同
依耐國南與子合接俗相與同少穀寄田疏勒莎車
無雷國衣服類烏孫俗與子合同
難兜國種五穀蒲萄諸果有銀銅鐵作兵與諸國同
罽賓
罽賓國地平溫和有苜蓿雜草奇木檀櫰梓竹漆（櫰音懷即槐之類也葉大而黑也）種五穀蒲萄諸果糞治園田地下濕生稻冬食生菜其民巧雕文刻鏤治宮室織罽刺文繡好治飲食有金銀銅錫以爲器市列（市有列肆亦如中國也）以金銀爲錢文上爲騎馬形漫下爲人面形出犎牛

水牛象大狗沐猴孔雀（犎牛項上隆起者也郭義恭廣志云罽賓大狗大如驢赤色數里搖動以呼之沐猴即獼猴也）珠璣珊瑚琥珀璧琉璃（魏略云大秦國出赤白黑黃青綠縹紺紅紫十種琉璃此蓋自然之物采澤光潤踰於衆玉其色不常今俗所用皆銷冶石汁加以衆藥灌而爲之尤虛脆不貞實非眞物）它畜與諸國同一說罽賓在蔥嶺南踰懸度經熱坂其地暑濕人皆乘馬土宜秔稻多耳蔗蒲萄草木凌寒不死尤信佛法南去舍衛國三千五百里至隋爲漕國國法嚴整殺人及盜賊者皆死其俗淫祠蔥嶺山有順天神者儀制極華金銀鍱爲屋以銀爲地祠者日有千餘人祠前有一魚脊骨其孔中通騎馬出入國王戴金魚頭冠坐金馬座土多稻粟豆麥饒象馬犎牛金銀鑌鐵氍毹朱砂青黛安息青木等香石蜜牛蜜墨鹽阿魏白附子
烏弋山離國地暑熱莽平（有草莽而平坦）其草木畜產五穀果菜食飲宮室市列錢貨兵器金珠之屬皆與罽賓同而有排拔獅子犀牛（排拔一名苻拔似鹿長尾一角者或爲天鹿兩角者或爲辟邪）俗重妄殺其錢獨文爲人頭幕爲射馬以金銀飾杖（杖謂所持兵器也）
條支國臨西海暑濕田稻有大鳥卵如甕又出獅子犀牛犎牛孔雀
安息國治番兜城（番音盤）土地風氣物類所有民俗與

烏弋罽賓同亦以銀爲錢文獨爲王面幕爲夫人面王死輒更鑄錢有大鳥爵（大爵項似鷹身蹄似橐駝色蒼舉頭高八九尺張翅丈餘食大麥）其屬小大數百城地方數千里最大國也臨嬀水商賈車船行旁國書革旁行爲書記（橫行爲書記也今西方胡國及南方林邑之徒書皆橫不直下革謂毛華）
大月氏治監氏城（一作藍氏城）土地風氣物類所有民俗錢貨皆與安息同出一封橐駝（脊上有土封封者言其隆高若封土也）國本行國也隨畜移徙與匈奴同俗後魏大武時其國人商販京師自云能鑄石爲五色瑠璃於是採礦山中於京師鑄之既成光澤乃美於西方來者乃詔

爲殿容百餘人光色映徹觀者見之莫不驚駭以爲神明所作自此國中瑠璃遂賤人不復珍之

康居國與大月氏同俗東覊事匈奴為匈奴所覊牽也風俗及人貌衣服畧同大宛地和煖饒桐柳葡萄多牛羊出好馬

奄蔡國大畧與康居同俗

大宛國治貴山城土地風氣物類民俗與大月氏安息同大宛左右以葡萄為酒富人藏酒至萬餘石久者至數十歲不敗俗耆酒馬耆苜蓿耆讀曰嗜宛別邑七十餘城多善馬馬汗血言其先天馬子也大宛國有高山其山

上有馬不可得因取五色母馬置其下與集生駒皆汗血因號曰天馬子也自宛以西至安息國雖頗異言然大同自相曉知也其人皆深目多鬚髯善市賈爭分銖貴女子女子所言丈夫乃决正其地皆絲漆不知鑄鐵器及漢使亡卒降殺鑄作它兵器得漢黃白金輒以爲器不爲幣一說土宜稻麥其俗娶婦先以金同心指環爲娉又以三婢試之不男者絶婚姦淫有子皆卑其母與人馬乘不調墜死者馬主出斂具

休循國治烏飛谷民俗衣服類烏孫因畜隨水草本故塞種也

捐毒國治衍敦谷衣服類烏孫隨水草依葱嶺本塞種也

莎車國有鐵山出青玉

阿鉤羌國在莎車西南土有五穀諸果市用錢爲貨止立宮室有兵器土出金珠

波路國在阿鉤羌西北其地濕熱有蜀馬土平物產國俗與阿鉤羌同

小月氏國本大月氏之種在波路西南先居西平張掖之間衣服與羌同其俗以金銀錢爲貨隨畜牧移徙亦類匈奴

尉頭國治尉頭谷田畜隨水草衣服類烏孫

烏孫國地莽平多雨寒山多松樠樠音武元切木名其心似松不田作種樹樹植也隨畜逐水草與匈奴同俗多馬富人至四五千匹民剛惡貪很無信多寇盜

悅般國在烏孫西北其風俗言語與高車同而其人清潔於胡俗翦髮齊眉以餘糊塗之昱昱然光澤日三澡漱然後飲食其國南界有火山傍石皆燋鎔流地數十里乃凝堅人以爲藥即石硫黃也

姑墨國北與烏孫接出銅鐵雄黃

溫宿國土地所有與鄯善諸國同

鄯善國本名樓蘭地沙鹵少田寄田仰穀旁國寄於他國種田又糴旁國之穀仰音牛向切國出玉多葭葦檉柳胡桐白草檉柳楊柳也白草似莠乾時白色胡桐似桐民隨畜牧逐水草有驢馬多橐駝能作兵與婼羌同婼音遮而切

婼羌國隨畜牧逐水草不田作仰鄯善且末穀頼以自給也山有鐵自作兵兵有弓矛服刀劍甲服刀拍髀也拍音蒲解切俾又音陛

龜茲國在白山之南能鑄冶有鉛其刑法殺人者死劫賊則折其臂并刖一足賦稅准地徵租無田者則稅銀錢婚姻喪葬風俗物產與焉耆畧同惟氣候少

溫爲異又出細氈麖皮氍毹饒沙鹽綠雄雌黃胡粉及良馬犎牛等一說有城郭屋宇耕田產牧爲業男女皆翦髮垂與項齊惟王不翦髮學胡書及婆羅門書筭計之事尤重佛法其王以錦蒙項著錦袍金寶帶坐金獅牀土多稻粟菽麥饒銅鐵鉛安息香葡萄酒富室至數百石

焉耆國在車師南近海水多魚其俗丈夫翦髮婦人衣襦著大袴婚姻同華夏好貨利任姦詭王有侍衛數十人皆倨傲無尊卑之禮小人貧無綱紀法令兵有弓刀甲矟婚姻畧同華夏死亡者皆焚而後葬其服制滿七月則除之丈夫翦髮以爲首飾文字與婆羅門同俗事天神并崇信佛法尤重二月八日是日其國咸依釋教齋戒行道焉氣候寒土田良沃穀有稻麥菽粟畜有駝馬牛羊養蠶不以爲絲惟充綿纊俗尚葡萄酒兼愛音樂南去十餘里有魚鹽蒲葦之饒

山國其山出鐵民山居寄田糴穀於焉耆危須

西羌所居無常依隨水草地少五穀以產牧爲業其俗氏族無定或以父名母姓爲種號十二世後相與婚姻父没則妻後母兄亡則納嫠嫂故國無鰥寡種

類繁熾不立君臣無相長一強則分種爲酋豪弱則爲人附落更相抄暴以力爲雄殺人償死無他政令其兵長在山谷短於平地不能持久而果於觸突以戰死爲吉利病終爲不祥堪耐寒苦同之禽獸雖婦人產子亦不避風雪性堅剛勇猛得西方金行之氣焉

湟中月氏胡被服飲食言語畧與羌同

章來拔國或云章揭拔本西羌種也在悉立西南居四山之内近代移出山西地接東天竺遂改衣服變西羌之俗因而附焉其地廣袤八九百里勝兵一千

餘人居無城郭好爲寇掠商旅患之
大秦國一名犂鞬在海西有松柏諸木百草人俗力
田作多種楙楙植也蠶桑皆髡頭而衣繡乘輜輧自蓋
小車出入擊鼓建旌旗幡幟所居城中有五宮其王
日游一宮聽事五日而後徧嘗使一人持囊隨王車
人有言事者即以書投囊中王至宮發之省理其枉
直各有官曹文書置三十六將皆會議國事其王無
有常人皆簡立賢者國中災異及風雨不時輒廢而
更立受放者甘黜不怨其民人皆長大平王有類中
國故謂之大秦王多金銀奇寶有夜光璧明月珠駭

雞犀通天犀有一理如綖者以盛米置於群雞中雞欲往啄米至輒驚駭故南人名之爲駭雞犀
珊瑚琥珀琉璃琅玕朱丹青碧刺金繡織成金鏤罽
雜色綾作黃金塗火浣布又有細布或言水羊毳野
蠶繭作之也合會諸香煎其汁以爲蘇合凡外國諸
珍異皆出焉以金銀爲錢銀錢十當金錢一與安息
天竺交市於海中利有十倍其人質直市無二價穀
食常賤國用富饒隣國使到其界首者乘驛詣都王
至則給以金錢終無盜賊寇警而道多猛虎獅子遮
害行旅不百餘人齎兵器輒爲其所食又言有飛橋
數百里可渡海北諸國所生奇異玉石諸物譎怪多

不經故不記一說大秦國出細絺織成細布言用水
羊毳名曰海西布此國六畜皆出水或云非獨用羊
毛也亦用木皮或野蠶絲織成氍毹音瞿俞毾㲪音榻登
罽帳之屬皆好其色又鮮於海東諸國所作也又嘗
利得中國絲解之以爲胡綾故數與安息諸國交市
於海中海水苦不可食故往來者希到其國中山出
九色次玉石一曰青二曰赤三曰黃四曰白五曰黑
六曰綠七曰紫八曰紅九曰紺今伊吾山中有九色
石即其類漢順帝陽嘉三年疏勒王臣槃獻海西
青石金帶各一又今西域舊國云罽賓條支諸國出

琦石即次玉石也大秦多金銀銅鐵鉛錫神龜白馬
朱髦駭雞犀瑇瑁玄熊赤螭辟毒鼠大貝車渠瑪瑙
南金翠爵羽翮象牙符采玉明月珠夜光珠真白珠
琥珀珊瑚赤白黑綠黃青紺縹紅紫十種琉璃琳琅
玕玫瑰水精雄黃雌黃碧五色玉黃白黑綠青紫紅
絳紺黃金縹琉黃十種氍毹五色毾㲪五色九色首
下毾㲪金縷繡雜色綾金塗布緋持布發陸布緋持
渠布火浣布阿羅得布巴則布度代布溫宿布五色
桃布絳地金織帳五色斗帳一微木二蘇合狄提迷
迷兜納白附子薰陸鬱金芸膠薰草木十二種香

欽定四庫全書本
巡按福建監察御史臣李嗣京　訂正
分守建南道左布政使臣胡維霖　參閱
知建陽縣事臣黃國琦　較釋

外臣部六

土風第三

天竺國一名身毒在月氏東南數千里俗與月氏同而卑溼暑熱其國臨大水乘象而戰其人弱於月氏修浮圖道不殺伐遂以成俗浮圖佛也土出象犀瑇瑁金銀銅鐵鈆錫西與大秦通有大秦珍物又細布好毾

㲪諸香石蜜胡椒薑黑鹽一說其俗佛道所興也人民敦厖土地饒沃其王號茂論所都城郭水泉分流繞于渠塹下注江其宮殿皆雕文鏤刻街曲市里屋舍樓觀鐘鼓音樂服飾香華水陸通流百賈交會奇玩珍偉恣心所欲左右嘉維舍衛葉波等十六大國去天竺或二三千里共尊奉之以為在天地之中也

南天竺國有伏醜城出摩尼珠珊瑚城東有拔賴城出黃金白旃檀石蜜葡桃土宜五穀中天竺國其俗土著與月支同而地卑溼暑熱稻歲四熟苗甚長茂沒於騾馬出師子豹𤟹橐駝犀象有火齊如雲母而色紫精者薄如蟬翼焉有金剛似紫石英百鍊不銷可以切玉又有旃檀鬱金等香甘蔗諸果出石蜜黑鹽通於大秦致其寶或至扶南交趾貿易焉俗無簿籍以龜貝為貨尤能刃化禁呪或能呪龍以致雲雨丈夫致敬極者舐足摩踵而致其辭家有奇樂倡伎其王與大臣多服錦罽王為螺髻於頂餘髮剪之使拳大夫剪髮穿耳垂璫或以金龍懸於耳耳纔者為上俗皆徒跣衣重白色婦人以金銀真珠瓔珞挂頭項死者或焚屍取灰以為浮圖或委之中野以施禽獸或流之於河以餇魚鼈無服制之差喪紀之數謀

反者幽殺之小犯罰錢贖罪不孝則斷手刖足截耳割鼻放流邊外其人柔弱怯於戰鬭有弓箭甲矟亦有飛梯地道木牛馬之法有文字善天文筭曆之術人皆學悉曇章云是梵天法書於貝多樹葉以記事然尤修浮圖道不殺生飲酒修戒數百特信盟誓國中往往有佛舊迹存焉

康居國在天竺東南三千里其土氣物類與天竺同男女皆長八尺而怯弱乘象駱駝往來隣國有寇乘象以戰

粟弋國屬康居出名馬牛羊葡萄衆果其土水美故

葡萄酒特有名焉

嚈國有奄蔡北屬康居出鼠皮以輸之

阿蘭聊國前漢奄蔡國也地屬康居土氣溫和多楨松白草民俗衣服與康居同

蒲類國居天山西疏榆谷廬帳而居逐水草頗知田作畜有牛馬駱驢羊能作弓矢出好馬

移支國居蒲類地其人勇猛敢戰以寇抄爲事皆被髮隨畜逐水草不知田作所出皆與蒲類同

東且彌國其俗廬帳居逐水草頗知田作其所出亦與蒲類同所居無常

白馬氐地險阻有麻田出名馬牛羊漆蜜氐人勇戇抵冒貪貨死利居於河池一名仇池方百頃四面斗絶仇池山在今成州上祿縣南仇池縣界本名仇維山上有池故曰仇池山在倉雒二谷之間當爲水所衝激故下石而上土形似覆壺仇池記曰仇池丁項周回九千四十步天形四方壁立千仞自然樓櫓卻敵分置調均竦起數丈有蹬人工仇池凡二十三道可手緣而上東西二門盤道下至上凡有七里上則岡阜低昂泉流交灌郡鄽道元元注水經云羊腸盤道三十六回開山圖謂之仇夷所謂積石嵯峨嶔岑隱阿者也上有平田百頃煑土成鹽因以百頃爲號也數爲邊寇郡縣討之則依固自守無貫賦皆爲板屋土墻所治處名格谷蠻俗衣布徒跣或椎髻或剪髮兵器以金銀爲飾虎皮衣楯便弩射皆暴悍好寇賊焉

滑國車師之別種也土地溫暖多山川樹木五穀國人以麨及羊肉爲糧其獸有獅子兩脚駱駝野驢有角人皆善騎射着小袖長身袍用金玉爲帶女人被裘頭上刻木爲角長六人以金銀飾之少女子兄弟在妻無城郭氈屋爲居東向開戶其王坐金牀隨大歲轉與妻並坐接客無文字以木爲契與旁國胡爲胡書羊皮爲紙無職官事天神火神每日則出戶祀神而後食其跪一拜而起葬以木爲槨父母死其子截一耳葬訖即吉其言語待河南人譯然後通

古柯國胡密丹國榅國皆滑旁小國也衣服容貌皆

與滑同

白題國在滑國東去滑六日行西極波斯土地出粟麥瓜果食物畧與滑同

烏長國在中天竺南一名烏伏那百姓殷實人性懦弱頗譎詐尤攻禁呪之術篤信佛法言語文字禮義法式畧同天竺而弗之及也一說多解天文吉凶之數其王動則訪決焉上多林果引水灌田豆稻麥事佛多諸寺塔事極華麗人有爭訟服之以藥曲者發狂直者無恙爲法不殺犯死者唯徙於靈山西南有榅特山山上立寺以驢數頭運食山下無人控抑自

知往來
乾陁國在烏長西本名業波有鬬象七百頭十人乘
一象皆執兵仗象鼻縛刀以戰
獅子國天竺旁國也其地和適無冬夏之異五穀隨
人所種不須時節國中有王以一善化人其樓閣皆
以七寶裝飾耀街巷人衆熾盛每於晨朝警鼓曉群
迷崇勸念佛破諸衆生無明黑闇皆說空理離於物
外以清淨學道爲務不著於聲不著於香無量得道
之處一說在西海之中延袤二千餘里多出奇寶本
鬼神居之商人到則不見但置寶物價於洲上商人

依價買之而去其後鄰國人居之能馴養獅子遂以
名國風俗與婆羅門同而尤敬佛法
吐谷渾在青海西其國西有黃沙洲南北一百二十
里東西七十里不生草木沙洲因此爲號屈眞川有
鹽地井谷嶺北有雀鼠同穴或在山嶺或在平地雀
色白鼠色黃地生黃紫花草便有雀鼠穴
白蘭土出黃金銅鐵其國雖隨水草大抵治慕賀川
以肉酪爲糧頗識文字其男子通服長裙帽或戴羃
䍦婦人以金花爲首飾辮髮縈後綴以珠貝其婚姻
富家厚出聘財竊女而去父卒妻其群母兄亡妻其

諸嫂喪服制葬訖而除國無常税調用不給輒斂富
室商人取足而止殺人及盜馬者罪至死他犯則徵
物以贖地宜大麥而多蔓菁頗有菽粟出蜀馬氂牛
西北有流沙數百里夏日有熱風爲行旅之患風之
所至唯老駝預知之即鳴而聚立埋其口鼻於沙中
人每以爲候即將氈擁蔽鼻口其風迅駛斯須過盡
若不防者必致危斃
党項羌三苗之後東接臨洮西平西拒葉護處山谷
間其俗服裘褐被氈以爲上飾俗尚武力無法令各
爲生業有戰陣則相屯聚無徭賦不相往來牧養氂

牛羊猪以供食不知稼穡其俗淫穢烝報於諸夷中
最爲甚無文字但候草木以記歲時三年一聚會殺
牛羊以祭天人年八十以上死者以爲令終親戚不
哭少而死者則云夭枉共悲哭之有琵琶橫吹擊缶
爲節
高昌國蓋車師之故地也南接河東連燉煌西次龜
茲北鄰勑勒置四十六鎭交河田地高寧臨川橫截
柳婆洿林新興繇寧始昌篤進白刀等皆其鎭名國
人言語與中國略同有五經歷代史諸子集面類高
麗辮髮垂之於背著長身小袖袍縵襠袴女子頭髮

辮而不垂著錦纈瓔珞環釧婚姻有六禮其地高燥
築土爲城架木爲屋土覆其上寒暑與益州相似備
植九穀人多噉麨及牛羊肉出良馬蒲萄酒石鹽多
草木草實如繭繭中絲如細纑名爲白氎子國人多
取織以爲布甚軟白交市用焉有朝烏者旦旦集王
殿前爲行不畏人日出然後散去一說男子胡服婦
人裙襦頭上作髻其風俗政令與華夏畧同地多磧
氣候温暖穀麥再熟宜蠶多五果有草名爲羊刺其
上生蜜而味甚佳出赤鹽如朱白鹽如玉多蒲萄酒
俗事天神兼信佛法國中羊馬牧於隱僻之處以避

外寇非貴人不知其所北有赤石山山北七十里有
貪汗山下有積雪此山之北鐵勒界也從武威西北
有捷路渡沙磧千餘里四面茫然無有蹊逕欲往者
尋有人畜骸骨而去路中或聞歌哭之聲行人尋之
多致亡失蓋魑魅魍魎也故商客往來多取伊吾路
康國者康居之後遷徙不常其地有胡律置於祆祠
決罰則取而斷之重罪者族次重者死賊盜截其足
人皆深目高鼻多鬚髯有大小鼓琵琶五絃箜篌笛
婚姻喪制與突厥同國立祖廟以六月祭之諸侯皆
來助祭俗奉佛爲胡書氣候温宜五穀勤修園蔬樹
木滋茂出馬駝驢封牛黃金鐃沙䤋香阿薩那香瑟
瑟麖皮氍毹錦疊多蒲萄酒富家或致千石連年不
敗丈夫剪髮或辮髮其王冠氈帽飾以金寶婦人盤
髻幪以皁巾飾以金花人多嗜酒好歌舞於道路生
子必以石蜜內口中以膠置掌內欲其成長口嘗甘
言持錢如膠之黏物俗習胡書善商賈爭分銖之利
男子年二十卽遠之傍國來適中夏利之所在無所
不到以十二月爲歲首有婆羅門爲其占星候氣以
定吉凶頗有佛法至十一月鼓舞乞寒以水相潑盛
爲戲樂

似盤國與康國隣出好馬
熬匿國北接石國其俗不好商賈風俗並畧與康國
同焉
安國風俗同於康國唯妻其姊妹及母子遞相禽獸
此爲異也
石國其俗正月六日七月十五日以王父母燒餘之
骨金甕盛之置于牀上巡遶而行散以花香雜果王
率臣下設祭焉禮終王與夫人出就別帳臣下以次
列坐享宴而罷有粟麥多良馬其俗善戰
女國在葱嶺之南以女爲王每居層樓侍女數百王

日一聽政其王死若無女嗣位國人請歛金錢得數
百萬還死王之族買女而立之其地五男三女俗貴
女子賤丈夫婦人爲吏職男子爲士女子貴者則多
有侍男男子不得有侍女雖賤庶之女盡爲家長猶
有數夫焉生子皆從毋姓男子被髮以青綠塗面婦
人辮髮而縈之以皮爲鞋課稅無常氣候多寒以射
獵爲業出鍮石朱砂麝香犛牛駿馬蜀馬尤多鹽嘗
將鹽向天竺與販其利數倍
鏺汗國古渠搜國也其王坐金羊牀妻戴金花俗多
朱砂金鐵

吐火羅國在葱嶺西與挹怛雜居勝兵共五萬其國
土多男子少婦人故兄弟通室婦人五夫則角飾戴
五角十夫則戴十角男子無兄弟者則與他人結爲
昆季方始得妻不然者終身無婦矣被服文字與于
闐畧同城北有屋數頗梨山南崖穴中有神馬國人
每牧牝馬於其側時產名駒皆汗血多善馬有屋宇
雜以穹廬著小袖袍小口袴大頭長裙帽女子被髮
爲辮其地與益州隣嘗通同商賈民慕其利多往從
之教其書記爲之辭譯稍桀黠矣一說多畜逐水草
無城郭後稍爲宮室而人民猶以氈廬百子帳爲行
屋地嘗風寒人行平沙中沙礫飛起行迹皆滅肥地
則有雀鼠同穴生黃紫花瘦地輒有瘴氣使人斷氣
牛馬得之疲汗不能行
宕昌國在河南國東本西羌種也俗皆土著居有棟
宇其屋織氂牛尾及羖羊毛覆之國無法令又無徭
賦唯征伐之時乃相成聚不然則各生業不相徃來
皆衣裘褐牧養犛牛羊豕以供其食父子伯叔兄弟
死者即以其繼母世叔母及兄弟婦子婦爲妻俗無
文字但候草木榮落以記歲時三年一聚殺牛羊以
祭天

鄧至國居西凉州界羌別種也其俗呼帽曰突何其
衣服與宕昌同
武興國本仇池其國東連秦嶺西接宕昌去宕昌八
百里南去漢中四百里北去岐州三百里去長安九
百里本有十萬戶世世分減其大姓有苻氏姜氏言
語與中國同著烏皂突騎帽長身小袖袍小口袴皮
鞾地植九穀婚姻備六禮知書疏種桑麻出紬絹精
紈漆蠟椒等山出銅鐵
西戎疏勒國在姑墨西白山之南百餘里漢時舊國
也其王戴金獅子冠土多稻粟麻麥銅鐵錦綿人于

足皆六指產子非六指者即不育俗事祆神有胡書文字

者至拔國在騋勒西其國東有潘賀那山出美鐵及

師子

悉密國在者至西其國東有山名郁悉蒲山出金玉多鐵

悉萬斤國在悉密西其國南有山名伽邑那山出獅子

叱呼羅國在悉萬斤東土宜五穀有好馬駝騾

伽不單國在悉萬斤西北土平宜稻麥有五果

色知顯國在悉萬斤西北土平多果

伽色尼國在悉萬斤南土出赤鹽多五果

薄伽國在伽色尼南多五果

牟知國在怛密西南怛密無土風土平禽獸草木類中國

諸色波羅國在怛密南土平宜稻麥多五果韋伽

早伽至國在怛密西平土少田殖取稻麥於隣國有五果

阿佛大汗國在怛密西土平多五果

呼似密國在阿佛大汗西土平出銀琥珀有獅子多五果

疊伏羅國有勿悉城城北有鹽奇水西流有白象并有阿未黎波波中織作布土宜五穀

拔豆國出金銀雜寶白象水牛犛牛葡萄五果

副貨國在沒隨國東沒隨無土風宜五穀葡萄唯有馬駝騾

波斯國大月氏之別種都宿利城其王姓波斯氏坐金羊牀戴金花冠衣錦袍織成帔飾以眞珠寶物其俗丈夫剪髮戴白皮帽貫頭衫兩廂延下關之并有巾帔緣以織成婦人服大衫披大帽帔其髮前爲髻後被之飾以金花仍貫五色珠絡之於膊王於其國

内別有小牙十餘所猶中國之離宫也每年四月出遊處之十月乃還王即位以後擇諸子納賢者密書其名封之於庫諸子及大臣皆莫之知也王死乃衆共發書視之其封内有名者即以爲王餘子各出就邊任兄弟更不相見也兵器有甲稍圓排劒弩弓箭戰並乘象百人隨之其刑法重罪懸諸竿上射而殺之次則繫獄新王立乃釋之輕罪則劓刖若髠或剪半鬢及繫排於項以爲恥辱犯強盜者禁之終身姦貴人妻者男子流婦人割其耳鼻賦税准地輸銀錢俗事火天神婚合亦不擇尊卑諸夷之中最爲醜穢

英民女年十歲以上有姿貌者王收養之有功勳人即分賜死者多棄屍於山一月治服城外有人別居唯知喪葬之事號爲不淨人若入城市搖鈴自別以六月爲歲首尤重七月十七日十二月一日民庶以上各相命召設會作樂以極歡娛又以每年正月二十日各祭其先者氣候暑熱家自藏氷地多沙磧引水漑灌其五穀及禽獸等與中夏略同唯無稻及黍秫土出名馬及駝富室至有數千頭者又出白象獅子大鳥卵眞珠玻瓈珊瑚琥珀瑠璃瑪瑙水精瑟瑟金銀鍮石金剛火齊鑌鐵銅錫朱砂銀綾錦氍毹氈

毾㲪玄麞皮及薰陸鬱金蘇合青木香等胡椒畢撥石蜜千年棗香附子訶梨勒無食子鹽綠雌黃等物一說西去城十五里有土山山中有鷲鳥噉羊土人極以爲患國中有優鉢曇華鮮華可愛出龍駒馬鹹地生珊瑚樹長一二尺亦有琥珀瑪瑙眞珠玫瑰等國內不以爲珍市買用金銀婚姻法下聘訖女婿將數十人迎婦壻着金線錦袍師子錦袴戴天冠婦亦如之婦兄弟便來捉手付託夫婦之禮於茲永畢

伏盧尼國在波斯國北東有大河南流中有鳥其形似人亦有如橐駝馬者皆有翼常居水中出水便死城北有云尼山出銀珊瑚琥珀多獅子

附國在党項西南數千里重罪者死輕罪者罰牛人皆輕捷便擊劍漆皮爲牟甲弓長六尺以竹爲弦妻其群母及嫂兒弟死父兄亦納其妻好歌舞鼓簧吹長笛有死者無服制置屍高牀之上沐浴衣服被以牟甲覆以獸皮子孫不哭帶甲舞劍而呼云我父爲鬼所取我欲報寃殺鬼自餘親戚哭三聲而止婦人哭必以兩手掩面死家殺牛親屬以豬酒相遺共飲噉而瘞之死後十年而火葬其葬必集親賓殺馬動至數十匹立其祖父神而事之其俗以皮爲帽形圓

如鉢或戴羃䍦衣多毛毼皮裘全剥牛腳皮爲靴項繫鐵鏁手貫鐵釧王與酋帥金爲首飾胷前懸一金花徑三寸其土高氣候凉多風少雨土宜小麥青稞山出金銀多白雉水有嘉魚長四尺而鱗細

朱俱波國在葱嶺北二百里漢之舊地也其俗盛崇佛法文字同於婆羅門

吐蕃國本漢西羌之地雷雨風雹霰雪每隔日有之夏節氣如中土暮春之月山有積雪其草細不過三寸牛馬皆食之地有冷瘴令人氣急不甚爲害其俗重漢繒而貴男女用爲首飾而白蘭等並臣焉其君

長或居跋布川或居邏些、有小城而不居坐大氈帳
連帳張大下廬其拂可坐數百人兵衛極嚴而衙府
甚狹西南通泥婆羅門國畢實茲焉其百姓皆君小
拂廬而無分別俗養牛羊取乳酪用供食兼取毛爲
褐而衣焉不食驢馬肉以麥爲麪家不全給人死殺
牛馬以殉取牛馬頭周壘於墓上其墓正方累石爲
之狀若平頭屋焉其臣與君自爲友號曰共命人其
數不過五人君死之日共命人皆日夜縱酒葬日於
脚下針血盡乃死便以殉葬復有親信人用刀當腦
縱鋸或有將四尺木大如指刺兩肋下死者十有四

五亦殉葬焉其設官父死子代絕嗣近則親襲焉非
其種類輒不相伏大畧其冠章飾有五等一謂瑟瑟
二謂金三謂金飾銀上四謂銀五謂熟銅各以方圓
三寸褐上裝之安膊前以別貴賤其戰必下馬列行
陣死則遞收之終不肯退槍細而長於漢者弓矢弱
堅人皆用劒不戰負劒而行俗重戰死戰死者其墓
周廻白土泥之不與諸墓連接其驛以鐵箭爲契其
箭長七寸若急驛膊前加著一銀鶻更急其鶻至十
三每驛百餘里隨水草而居不嘗厥所有草名蓮
右芒葉長二寸狀若斜蒿每莖不過三四葉其莖蔓

其花黃其根連珠如麥門冬味辭性微冷有鼠尾長
於背鼠每三二十同一穴至秋後衆鼠收此草根爲
藏多者至數石俗嘗掘草根而食而留給鼠糧其國
禁殺鼠殺鼠者輒加其罪俗亦愛而不殺有鹿服泉
諸山川亦遍出泉其泉口大者丈餘小者一二尺水
深尺餘其馬歷泉口行止之勇不失脚與漢戰輒引
入此地漢馬顛躓因而敗績有青海去城五百里周
廻四百里傍土平沃多植麥在吐谷渾西南其春夏
每糧資海魚以給有可跋海去赤嶺百里方周七百
里水苦不可飲有犛牛河闊一里岸峻流入蠻西洱

河合流東號爲漾鼻水又東南出會川爲瀘水焉有
藏河去邏些三百里東南流衆水湊焉南入竟崙國
其中有魚似鱘而無鱗州渚法之有水柳及攝木生
焉其流不急自赤嶺至邏些川無樹木唯鉢川三十
里綠山有栝樹邏些川三百里有柳栝樹酸棗等皆
蟠屈不條茂有雪厚三尺周廻三十里山下有水湧
其俗云山下有人君未嘗輒見有綠河去長安五千
里其水有石號曰溫湯其石狀如研方圓數尺河水
冷石面有穴六寸湯水湧出其中流入河其石熱其
湯沸輒不可近所留處名並爛湯中有蟲東如馬尾

色赤長半寸有鶻莽山去長安六千里餘其國因險
而爲防焉其山西八里狀若三峽其中水流聲若雷
霆人語不相聞其山遠而望之色黄而白無草木兩
岸有石壁一處瀑流自山顛飛下可百餘尺激一縣
石似飄粉焉其俗刻木結繩其兵以金爲鏃寇至舉
烽而應之重戰没者爲甲門奔敗者加狐尾于首以
示終身之恥自其王棄宋弄贊唐太宗貞觀後吞併
諸蕃地方千里每十節度置一上相統之自號吐蕃
爲寶髻爵位則以寶珠大瑟瑟小瑟瑟大銀小銀大
鍮石小鍮石大銅小銅等爲告身以別高下重君臣

之義輕父子之道用政嚴酷人無敢違事無大小必
出於宰相便宜從事故國風大理而飲酒者不得及
亂女子無敢干政然緇徒之間或有專柄者好呪誓
而多疑忌敬信釋氏詛鬼神貴壯賤老侶父傲母惟
以淬礪爲業罕務耕耘不喜病疾尤惡瘡痏出疆之
費亦無定給而臨陣所得便爲己有所以戰伐吞併
往必成功

北狄匈奴居于北邊隨草畜牧而轉移其畜之所多
則牛馬羊其奇畜則橐駝驢贏駃騠騊駼驒奚駃騠駿馬
騊駼馬類生北海驒奚駏驢類也駝音從何切駃音央騠音提騊音桃駼音徒驒音顛逐水草
遷徙無城郭常居耘田之業然亦各有分地分音扶問切
無文書以言語爲約束兒能騎羊引弓射鳥鼠言其幼小
能射少長則射狐兔少長言漸大肉食言無米粟唯食肉士力能彎
弓盡爲甲騎其俗寬則隨畜因射獵禽獸爲生業急
則人習戰攻以侵伐人人皆習之其天性也其長兵則弓
矢短兵則刀鋋音蟬鐵把小矛利則進不利則退不羞遁走
苟利所在不知禮義自君王以下咸食畜肉衣其皮
革被旃裘壯者食肥美老者飲食其餘貴壯健賤老
弱父死妻其後母兄弟死皆取其妻妻之其俗有名
不諱而無字歲正月諸長少會單于庭祠五月大龍

城祭其先天地鬼神秋馬肥大會蹛林課校人畜計
蹛音帶繞林木而祭也鮮卑之俗自古相傳秋冬之祭無林木者尚豎柳枝衆騎祭遶三周乃止此其遺法計者人畜之數其法拔刃尺者死坐盜者没入其家有罪
小者軋軋謂輾轢其骨節若今之厭踝者也軋音於黠切輾音女展切大者死獄
久者不滿十日一國之囚不過數人而單于朝出營
拜日之始生夕拜月其坐長左而北向左者以左爲尊日上
戊己其送死有棺槨金銀衣裘而無封樹喪服近幸
臣妾從死者多至數十百人或數十人或百人舉事常隨月
盛壯以致戰月虧則退兵其攻戰斬首虜賜一卮酒
而所鹵得獲而以子之得人以爲奴婢故其戰人人

自爲趍利趍讀曰趨趍向也善爲誘兵以包敵包裹取之故其逐
利如鳥之集其困敗瓦解雲散矣戰而扶轝死者盡
得死者家財
烏桓國本東胡也俗善騎射弋獵禽獸爲事隨水草
放牧居無常處以穹廬爲舍東開向日食肉飲酪以
毛毳爲衣毛之縟細者爲毳貴少而賤老其性悍塞悍勇也塞謂不
開怒則殺父兄而終不害其母以母有族類父兄無
相仇報故也有勇健能理決鬭訟者推爲大人無世
業相繼邑落各有小帥數百千落自爲一部大人有
所召呼則刻木爲信雖無文字而部衆不敢違犯氏

姓無常以大人健者名字爲姓大人以下各自畜牧
營產不相徭役其嫁娶則先畧女通情不以道娶爲畧或半
歲百日然後送牛馬羊畜以爲聘幣婿隨妻還妻家
無尊卑旦旦拜之而不拜其父母爲妻家僕役一二
年間妻家乃厚遣送女居處財物一皆爲辦其俗妻
後母報寡嫂死則歸其故夫計謀從用婦人唯鬭戰
之事乃自決之父子男女相對踞蹲以髡頭爲輕便
婦人至嫁時乃養髮分爲髻著句決飾以金碧猶中
國有簂步搖簂音古海切或爲幗婦人首飾也皇后首飾有垂珠步則搖之婦人能
刺韋作文繡織氍毹氍音力于切毹音所朔也男女能作弓矢鞍
勒鍜金鐵爲兵器其土地宜穄及東穡東穡似蓬草
寔如穄子至十月而熟見禽獸孕乳以別四節俗貴
兵死斂屍以棺有哭泣之哀至葬則歌舞相送肥養
一犬以綵繩牽并取死者所乘馬衣服皆燒而送之
言以屬累音蜀累猶付託也犬使護死者神靈歸赤山赤山
在遼東西北數千里如中國人死者魂神歸岱山也
敬鬼神祠天地日月星辰山川及先大人有建名者
祠用牛羊畢皆燒之其約法違大人言者罪至死若
相賊殺者令部落自相報不止詣大人告之聽出馬
牛羊以贖死其自殺父兄則無罪若亡畔爲大人所

捕者邑落不得受之皆徙逐於雍狂之地地無山有
沙漠流水草木多蝮蛇
鮮卑者東胡之支也其言語習俗與烏桓同唯婚姻
先髡頭以季春月大會於饒樂水上在今營州北飲宴畢
然後配合又禽獸異於中國者野馬羱羊角端牛以
角爲弓俗之角端弓者羱羊似吳羊而大角出西方又有貂豽鼲
子皮毛柔蝡豽音女骨切鼲音胡良切貂鼲並鼠屬豽族屬也蝡故天下以
爲名裘
突厥世居金山其俗畜物爲事兵器有弓矢鳴鏑甲
稍刀劍其佩則兼有伏突旗纛之上施金狼頭侍衛

之士謂之附離夏言亦狼也蓋本狼生志不忘舊其
徵發兵馬及科稅雜畜輒刻木爲數并一金鏃箭蠟
封印之爲俗契其刑法反叛殺人及姦人之婦盜馬
絆者皆死奸人女者重責財物即以其女妻之鬭傷
人者隨輕重輸物盜馬及財物者各十餘倍徵之死
者停屍於帳子孫及諸親屬男女各殺羊馬陳於帳
前祭之繞帳走馬七匝一詣帳門以刀剺面且哭血
淚俱流如此者七度乃止擇日取亡者所乘馬及經
服用之物并屍俱焚之收其餘灰待時而葬春夏死
者候草木黃落秋冬死者候華葉榮茂然始坎而瘞

之塟之日親屬設祭及走馬剺面如初死之儀葬訖
於墓所立石建標其石多少依平生所殺人數以祭
之羊馬頭盡懸挂於標上是日也男子咸盛服飾會
於葬所男有悅愛於女者歸即遣人聘問父母多不
違也父兄伯叔死者子弟及姪等妻其後母世母
嫂唯尊者不得下淫雖嘗而各有地分可汗嘗處於
都斤山牙帳東開蓋敬日之所出也每歲率諸貴人
祭其先窟以五月中旬集他人水拜祭天神於都斤
西五百里有高山迥出上無草木謂爲勃外凝黎夏
言地神也其書字類胡而不知年曆唯以草青爲記

其主初立近侍重臣等與之以氈隨日轉九迴每一
迴臣下皆拜訖乃扶令乘馬以帛絞其頸使纔不至
絕然後釋而急問之曰你能作幾年可汗其主既神
情瞀亂不能詳定多少臣下等隨其所言以驗短修
之數一說男女好樗蒱女子蹴鞠飲馬酪取醉歌呼
相對敬鬼神信巫覡重兵死而恥病終大抵與匈奴
同俗
西突厥居無常處多在烏孫故地其俗每五月八月
相聚祭神歲遣重臣向其先世所居之窟致祭焉
襲胡一日步落襲蓋匈奴之別種其俗土赤知種田

地少桑蠶多衣麻布其丈夫衣服及葬殯與中夏畧
同婦人則多貫蜃貝以爲耳頸飾又與華民錯居其
渠帥頗識文字然語類夷狄因譯乃通蹲踞無禮貪
而忍害俗好淫穢處女尤甚將嫁之夕方與淫者叙
離夫民聞之以多爲貴既嫁之後頗有防閑有犯姦
者隨事懲罰又兄弟死者納其妻雖分統部郡縣列
於編戶然輕其徭賦有異齊民山谷阻深者又未盡
役屬而凶悍恃險數爲寇亂
駮馬國其地在突厥之北漸近北海土地嚴寒至冬
積雪樹木不沒者一二尺比暖雪消以馬犁種取魚

鹿獮貂灰鼠等肉充食以其皮爲衣少鐵器用陶瓦
土及樺木根爲盤盞隨水草而居累木似井闌樺皮
葢以爲屋土牀草蓐而寢處之草盡則移居無定所

馬色並駮故以爲名一說舉國悉留騮駮馬不乘但
取其湩酪充食而已因山而居與結骨不敦相侵伐
貌類結骨而言語不相通其俗隨逐水草無王立小
君長以聽焉

結骨部在駮馬國南其人並依水而居身悉長大赤
髮綠睛有黑髮者以爲不祥人皆勁勇鄰國憚之其
俗大率與突厥同而婚姻無財聘性多淫泆與外人

通者不忌其婿死葬喪刀剺其面火葬收其骨踰年
而爲墳墓有哭泣之禮冬以木爲室覆以木皮土宜
粟麥黍豆之屬無果菜有馬出貂天每雨鐵收而用
之以爲刀劍甚銛別其國獵鬼皆乘木馬升降山險
追赴若飛

鹽漠念啒大闕俟斤部落及史檐部落並在駮馬東
其兩部土多松樺毎年稅貂鼲青白三鼠皮以爲貢
賦

流鬼國邊於北海多沮澤有魚鹽之利地氣沍寒早
霜雪每堅氷之後以木廣六尺長七尺施系其上以
踐層氷逐其走獸俗多狗以其皮毛爲裘褐

拔野古在僕骨東其地豐草人皆殷富土多霜雪東
北一千里曰康千河有松木一二年乃化爲石其色
青有國人皆居住其人謂之康千石爲石以後仍松
文人皆著木脚氷上逐鹿以耕種射獵爲業國多好
馬又出鐵風俗與鐵勒同而言語稍別焉

鞠國在拔野古東北有樹無草但有地苔無羊馬家
畜有鹿如中國牛馬使鹿牽車可勝三四人衣鹿皮
食地苔其人取木枝爲屋尊甲共居其中

俞折國在鞠國東土地廣大百姓衆多風俗與拔野

古同少牛馬地多貂鼠

大漢國在鞠國北地饒羊馬其人極長大長者至一
丈三四尺

芮國亦名芮芮國無城郭隨水草畜牧以穹廬爲居
辮髮衣錦小袖袍小口袴深雍韡其地苦寒七月流
澌亘河國人能以術祭天而致風雪前對皎日後則
泥潦橫流故其戰敗莫能追及或於中夏爲之則曀
而不雨問其故葢以懦云

鐵勒匈奴之苗裔無君長分屬東西兩突厥居無常
所隨水草移人性凶忍善於騎射貪婪尤甚以寇抄

爲生近西邊者頗爲藝植多牛羊而少馬其俗大抵與突厥同唯丈夫婚畢便就妻家待産乳男女然後歸舍死者埋殯之此其異也

奚本名庫莫俗甚爲不潔而善射獵好爲寇鈔每與契丹相攻擊虜獲財畜因而得賞死者以葦薄裹尸懸之樹上風俗同於突厥每隨逐水草以畜牧爲業遷徙無常居有氈帳兼用車爲營牙中常五百人持兵自衛此外部落皆散居山谷無賦稅

契丹之先與庫莫奚異種而同類居黄龍之北數百里其俗與靺鞨同好爲寇盗父母死而悲哭者以爲

不壯但以其屍置於山樹之上經三年之後乃收其骨而焚之因酹而祝曰冬月時向陽食若我射獵時使我多得諸鹿其無禮頑嚚於諸夷最甚

南室韋契丹別部也在契丹北三千里土地卑溼至夏則移向西北貸勃欠對二山多草木饒禽獸又多蚊蚋人皆巢居以避其患俗丈夫皆被髮婦女盤髮衣服與契丹同乘牛車遽篨爲屋如突厥氈車之狀渡水則束薪爲筏或有以皮爲舟者馬則織草爲韉結繩爲轡寢則屈木爲屋以遽篨覆上移則載行以豬皮爲席婦人抱膝而坐氣候多寒田收甚薄無羊少馬多豬牛造酒食噉與靺鞨同俗婚嫁之法二家相許聟輒盗婦將去然後送牛馬爲聘更將婦家待有娠乃相隨還舍婦人不再嫁以爲死人之妻難以共居部落共爲大棚人死則置屍其上居喪三年唯四哭其國無鐵取給於高麗多貂兵器有弓楛矢尤善射時聚弋獵事畢而散其人土著無賦斂或爲小室以皮覆上相聚而居至數十百家剡木爲犁不加金刃人牽以種不解用牛夏多霧雨冬多霜霰畜宜犬豕養豢而噉之其皮用以爲韋男子女人通以爲服被髮左衽其家富者項著五色雜珠婚嫁之法男

先就女舍三年役力因得親迎其婦役日既滿女家分其財物夫婦同車而載鼓舞共歸

北室韋亦契丹別部也氣候最寒雪深没馬冬則入山居土穴中牛畜多凍死饒麞鹿射獵爲務食肉衣皮鑿氷没水中而網射魚鼈地多積雪懼陷坑穽騎木而行俗皆捕貂爲業冠以狐貉衣以魚皮

霫匈奴之別種亦鮮卑故地也人多善射獵好以赤皮爲衣緣婦人貴銅釧衣襟上下懸小銅鈴風俗略與契丹同

沙陁突厥在并州習俗左老右壯溷雜男女畧與吐

潘同其悍捷便弓馬勝之
昆彌國土地宜稻其俗辮髮左衽被服與突厥畧同
相傳云匈奴本兄弟之國也隨逐水草夏居山冬入
深谷俗尚戰惡
疾終都播者鐵勒之別種也其俗結草爲廬無牛羊
不知稼穡土多百合草取其根以爲糧
骨利幹居廻紇瀚海之北草多百合地出名馬其馬
頭類橐駞筋骨麄壯好者日行四百里其國北又距
大海晝長而夕短日沒後天色正曛煑一羊胛纔熟
而東方曙蓋近日出入之處也掃剌部落本在琵琶

川幽州東北數百里出古北口是爲地宜羊馬羊則
純黑馬趨前蹄堅善走以狩獵爲務逐獸高山自上
而下弓弧縱商其勢若飛鮮有覆壓
鬼田國在駁馬國西夜遊晝隱以鹿皮爲衣眼鼻耳
與中國人同口在頂上土無米粟噉鹿及蛇

册府元龜

巡按福建監察御史臣李嗣京訂正

分守建南道左布政使臣胡維霖參閱

知建陽縣事臣黄國琦較釋

外臣部 七

官號　才智　賢行

官號

夫明王愼德四夷咸賓乃有欸塞稱藩厥角諸吏奉琛修貢解辮嚮化蓋是典客之職通譯其言執簡之史詳記其俗故其妃匹之號官稱之品貟秩之命數

典司之位局或咸得書於載籍而藏之祕閣焉觀夫疆域殊峙風軌異化種族之制匪一等威之辨不同仲尼所謂夷狄之有君蓋與夫雲官鳥紀之說戾矣東夷扶餘國以六畜名官有馬加牛加狗加其邑落皆主屬諸加高句驪國後漢時其國置官有相加對盧沛者古鄒大加（古鄒大加高驪掌賓客之官如大鴻臚也）主簿優台使者帛衣先人一說大官有大對盧次有太大兄大兄小兄意俟奢烏拙太大使者小使者褥奢翳屬仙人并褥薩凡十三等（復有内評外評）分掌内外事焉其大對盧則以強弱相凌奪而自爲之不繇王之署置也

百濟國其王妻號於陸（夏言妃也）官有十六品長曰左平五人一品次大率三十人二品（一作達率）次恩率三品次德率四品次扞率五品次奈率六品以上次將德七品服紫帶次施德八品皂帶次固德九品赤帶次季德十品青帶次對德十一品文督十二品皆黄帶次武督十三品次佐軍十四品次振武十五品次克虞十六品（一作衣虞）皆白帶其冠制並同准奈率巳上飾以銀花自恩率以下官無常貟各有部刀部功德部藥部木部法部後宫部外有司軍部司徒部司空部外舍綢部日官部長吏三年一交代畿内有五部部有

五巷人居焉部統兵五百人五方各有領一人以達率爲之方佐二之方有十郡有將三人以德率爲之統兵一千二百人以下七百人以上又内官曰内臣佐平掌宣納事内頭佐平掌庫藏事内法佐平掌禮儀事衞士佐平掌宿衞兵事朝廷佐平掌刑獄事兵官佐平掌在外兵馬事

新羅國其官有十七等其一曰伊罰干貴如相國次伊尺干次破彌干次大阿尺干次阿尺干次乙吉干次沙咄干次及伏干次大奈摩干次大舍次小舍次吉士次大烏次小烏次造位外有郡縣（後唐同光

初其王金朴英遣倉部侍郎金樂錄事參軍金幼卿來朝二年又遣朝散大夫倉部侍郎金岳來朝天成二年遣吏中散大夫兵部侍郎張芬副使兵部郎中朴術法州官倉部員外郎李忠武來朝長興三年遣使執事侍郎金昢副使司賓大卿李儒來朝

日本國其大臣朝臣眞人者猶中國戶部尚書

倭國其王妻號雞彌沒名太子爲利歌彌多佛利內官十有二等一曰大德次小德次大仁次小仁次大義次小義次大禮次小禮次大智次小智次大信次小信員無定數有軍尼一百二十人猶中國牧宰八十戶置一伊尼翼如今里長也十伊尼翼屬一軍尼

大羊同國有四大臣分掌國事

南蠻林邑國尊官有二其一曰西那婆帝其二曰薩婆地歌其爲官三其一曰倫多性次歌倫帝次乙他伽蘭外官分爲二百餘部其長官曰弗羅次曰可輪如牧宰之差也

赤土國其官有薩陁迦邏一人陁迦邏一人陁拏達又二人迦利蜜迦三人共掌政事俱羅未帝一人掌刑法每城置那耶迦一人鉢帝十人

眞臘國其國有五大臣一曰孤落支二曰高相憑三曰婆何多陵四曰舍摩陵五曰髯羅婁及諸小臣朝於王者輒以階下三稽首王喚上階則跪以兩手抱膊遶王環坐議政事訖跪伏而去

婆利國官曰獨訶耶拏次曰獨訶氏拏

琉球國有四五帥統諸洞洞有小王往往有村村有鳥了帥并以善戰者爲之自相對立理一村之事

南詔蠻謂王爲詔謂相爲清平官凡置六人其酋望有大將軍之號後唐天成元年嶲州山後兩林百蠻都鬼主李卑晚羌大鬼主傳能阿花等來朝二年有轉牒稱督爽大長和國宰相布爕等

西域婼音而遮切羌國漢時其王號去胡來王言去離胡戎來附漢

鄯善國有輔國侯俗胡侯俗音立累切鄯善都尉擊車師

都尉左右且渠擊車師君各一人譯長二人臣欽若等按漢書西域傳凡國五十自譯長君監吏大祿百長千長都尉且渠當戶將相至侯王皆佩漢印綬

且末國且音字切有輔國侯左右將譯長各一人

小宛國有輔國侯左右都尉各一人

精絕國有精絕都尉左右將譯長各一人

戎盧國有輔國侯左右將左右都尉左右騎君各一人驛長二人

于闐國有輔國侯左右將左右騎君東西城長譯長各一人晉天福三年九月其王李聖文遣殿頭宣旨通使馬繼榮副使黃門將軍張再通人吳順規朝事舍貢

皮山國有左右將左右都尉騎君譯長各一人
蒲黎國漢時有侯都尉各一人
大月氏有五翖侯（翖即翕字）一曰休密翕侯二曰雙靡翕侯三曰貴霜翕侯四曰肹頓翕侯五曰高附翕侯皆屬大月氏
莎車國有輔國侯左右騎君備西夜君各一人都尉二人譯長四人
疏勒國有疏勒侯擊胡輔國侯都尉左右將左右騎君左右譯長各一人
尉頭國有左右都尉左右騎君各一人

烏孫國王號大昆彌有相大祿大將二人侯三人大夫將都尉各一人大監二人大吏一人舍中大吏二人騎君一人
姑墨國有姑墨侯輔國侯都尉左右將左右騎君各一人譯長二人
溫宿國有輔國侯左右將左右都尉左右騎君譯長各一人
龜玆國有大都尉丞輔國侯安國侯擊胡侯郤胡都尉擊車師都尉左右將左右都尉左右騎君左右力輔君各一人東西南北部千長各二人郤胡君三人譯長四人
烏壘國有城都尉譯長各一人
尉犁國有尉犁侯安世侯左右將左右都尉擊胡君各一人譯長二人
危須國有擊胡侯擊胡都尉左右將左右都尉左右騎君擊胡君譯長各一人
焉耆國有擊胡侯郤胡侯輔國侯左右將左右都尉擊胡左右君擊車師君歸義車師君各一人擊胡都尉擊胡君各二人譯長三人
烏貪訾離國有輔國保左右都尉各一人

卑陸國有輔侯左右將左右都尉左右譯長各一人
卑陸後王國有輔國侯都尉譯長各一人
都立師國有輔國侯左右都尉譯長各一人
單桓國有輔國侯將左右都尉譯長各一人
蒲類國有輔國侯左右將左右都尉各一人
蒲類後國有輔國侯將左右都尉譯長各一人
西且彌國（且音子余切下同）有西且彌侯左右將左右騎君各一人
東且彌國有東且彌侯左右都尉各一人
劫國有輔國侯都尉譯長各一人

狐胡國有輔國侯左右都尉各一人
山國有輔國侯左右將左右都尉譯長各一人
車師前王國有輔國侯安國侯左右將都尉歸漢都
尉車師君通善君鄉善君各一人鄉讀曰嚮譯長一人
波斯國其王曰醫囋妃曰防步率王之諸子曰殺野
大官有模胡檀掌國內獄訟泥忽汗掌庫藏開禁地
卑掌文書及衆務次有過羅訶地掌王之內事薛波
勃掌四方兵馬其下皆有屬官分統其事
大秦國其王都城分爲五城各方五里王居中城城
置八臣次主四方而王城亦置八臣分主四城若謀

國事及四方有不決者則四城之臣集議王所王自
聽之然後施行
女國以女爲王有小女王共知國政女王之夫號曰
金聚不知政事
東女國女王號爲賓就有女官曰高霸平議國事在
外官遼並男夫爲之
高昌國官有令尹一人比中夏相國次有公三人皆
其王子也一爲交河公二爲田地公次有左右衛次
有八長史曰吏部祠部庫倉部主客禮部民部兵部
等長史也次有達陵江殿中伏波等將軍次有八司
馬長史之副也次有侍郎較郎主簿從事階位相次
分掌諸事次有省事掌導引其大事決之於王小事
則世子及三公隨狀斷決評章錄記事訖即除籍書
之外無事從掌文案官人雖有列位並無曾府唯每
旦集於牙門評議衆事諸城各有戶曹每城遣司馬
侍郎監簡較名爲城令
廻紇隨時稱特勤唐貞觀末自號可汗署官號皆如
突厥故事開元中有九部落置都督十一人代宗時
遣使冊命可汗及其妻可敦并封左右殺胡祿都督
拔覽將軍內外宰相已下

白狗羌有品籠官五品籠官
吐蕃號其王爲贊普置大論小論以統理國事雖有
官不嘗厥職臨時統領
北狄匈奴單于者廣大之貌也言其象天單于然也
漢時其國置左右賢王左右谷蠡谷音鹿蠡音盧奚切左右大
將左右大都尉左右大當戶左右骨都侯匈奴謂賢
曰屠耆故嘗以太子爲左屠耆王自左右賢王以下
至當戶大者萬餘騎小者數千凡二十四長立號曰
萬騎其大臣皆世官呼衍氏蘭氏呼衍即今鮮卑姓呼延者是也蘭姓今亦有之其後須卜氏此三姓其貴種也而左右賢王左

右谷蠡取大國左右骨都侯輔政諸二十四長亦各自置千長百長行長什裨小王（裨音頻移切）相都尉當户且渠之屬（且音子余切相之俎渠姓蕃本因此官）後漢時其大臣貴者左賢王次左谷蠡王次右賢王次右谷蠡王謂之四角次左右日逐王次左右溫禺鞮王次左右漸將王是謂六角皆單于子弟次第當單于者也異姓大臣左右骨都侯次左右尸逐骨都侯其餘日逐且渠當户諸官號各以權力優劣部衆多少爲高下次第焉至晉時其官號有左賢王右賢王左奕蠡王右奕蠡王左於陸王右於陸王左漸尚王右漸尚王左朔方王右朔方王左獨鹿王右獨鹿王左顯祿王右顯祿王左安樂王右安樂王凡十六等皆用單于親子弟也其左賢王最貴唯太子得君之其四姓有呼延氏卜氏蘭氏喬氏而呼延氏最貴則有左日逐右日逐世爲輔相卜氏則有左沮渠右沮渠蘭氏則有左當户右當户喬氏則有左都侯右都侯又有車陽沮渠餘地諸雜號猶中國百官也

吐谷渾晋末自稱沙州刺史其官置長史司馬將軍魏周之際始稱可汗官有王公僕射尚書及郎中將軍之號

烏桓（亦作丸）國有勇健能理決鬬訟者推爲大人無世業相繼邑落各有小帥數百千落自爲一部大人

蠕蠕國千人爲軍軍置將一人百人爲幢幢置帥一自稱爲可汗其俗君及大臣因其行能即爲稱號若中國立諡旣死之後不復追稱

突厥後魏時自稱可汗號其妻爲賀可敦其子弟謂之特勤別部領兵者謂之設其大官屈律啜次阿波次頡利發次吐屯次俟斤其初國貴賤官號凡有十等或以形體或以老小或以顏色鬢髮或以酒肉或以獸名其勇健者謂之始波羅亦呼爲莫賀弗肥鹿

者謂三大羅大羅便酒器也似角而麁短體狀似之故以爲號此官特貴唯其子弟爲之謂老爲哥利故有達官謂馬爲賀蘭故賀蘭蘇尼闕蘇尼掌兵之官也謂黑色者爲珂羅復故有珂羅啜官甚高耆年者爲之謂髮爲索葛故有索葛吐屯此如州縣官也謂酒爲匐你熱汗故有熱汗賞監察非違釐整班次謂肉爲安禪故有安禪具泥掌家事如國官也有時置附鄰可汗鄰狼名也取其貪殺爲稱亦有可汗位在葉護下者或有居家大姓相呼爲遺可汗者突厥呼屋爲遺言屋可汗也其後大官有葉護次設特勤次俟

剌發次吐屯發餘小官凡二十八等皆世襲焉
西突厥本與北突厥同祖其官有葉護有設特勤當以可汗子弟及宗族爲之又有乙斤屈利啜閻漢達頡利發吐屯俟斤等官世襲其位
奚有五部每部置俟斤一人爲其帥其後部有刺史縣有令長其大首領號奚王唐置饒樂府以其王爲都督
南室韋有二十五部有餘莫弗瞞咄猶酋長也
北室韋有九部其渠帥號乞引莫賀咄每部有莫何弗三人以貳之

契丹有八部每部皆號大人內推一人爲主
唐末耶律阿保機自稱國王其後乃稱皇帝署中國官號國人號儀機爲天皇王有子三人長人皇王次元帥太子幼安端少君渤海國唐中宗時封大祚榮爲渤海郡王其俗呼其王爲可毒夫對面爲聖王牋表呼基下父母老王母曰太妃妻曰貴妃長子曰副王諸子曰王子世以大氏爲酋長

才智

要荒之服蠻夷是居北方之疆世習其俗丹穴之智時有其人豈地氣之使然抑天性之斯異或計慮之惟允或辭辯之可觀懷英果之才申嚴于族類慕華夏之德竊覽于典章若能堅柔服之心革忿鷙之性奉順王命自異匪人雖欲謂之豺狼其可得乎苟或不思革面靡識懷音猾夏之姦雖云暫肆袞元之戮必將逮及者矣

戎子駒支駒支戎子名魯襄公十四年晉士匄范宣子也會諸侯之大夫會于向將執駒支范宣子親數諸朝行之所在亦設朝位曰來姜戎氏昔秦人迫逐乃祖吾離于瓜州四嶽之後皆姜姓又別爲允姓瓜州地在今敦煌乃祖吾離被不蓋蓋苫之別名蒙荆棘以來歸我先君蒙見也我先君惠公有不腆之田

腆厚也與女剖分而食之中分爲剖今諸侯之事我寡君不如昔者蓋言語漏洩則職女之繇職主也詰朝之事爾無與焉詰朝明旦才使後得與會事與將執女對曰昔秦人負恃其衆貪于土地逐我諸戎惠公蠲其大德蠲明也謂我諸戎是四嶽之裔胄也四嶽堯時方伯姜姓也裔系也胄後也毋是翦棄翦削也賜我南鄙之田狐狸所居豺狼所嘷我諸戎除翦其荆棘驅其狐狸豺狼以爲先君不侵不叛之臣至于今不貳不內侵亦不外叛昔文公與秦伐鄭秦人竊與鄭盟而舍戍焉事在魯僖公三十年於是乎有殽之師事在魯僖公三十三年晉禦其上戎亢其下亢猶當也秦師不復我諸戎

實然譬如捕鹿晉人角之諸戎掎之掎其足也與晉踣之
踣僵也戎何以不免自是以來晉之百役與我諸戎相
繼于時言給晉于時不聽以從執政猶殽志也意常如殺無中二也豈
敢離逷今官之師旅無乃寔有所闕以攜諸侯而罪
我諸戎我諸戎飲食衣服不與華同贄幣不通言語
不達何惡之能爲不與於會亦無瞢焉瞢悶也賦青蠅而
退青蠅詩小雅取其愷悌君子無信讒言宣子辭焉使即事於會成愷
悌也成愷悌不信讒也不書者戎爲晉屬不得特達
漢匈奴單于冒頓旣立時東胡强盛使使謂冒頓曰
欲得頭曼時號千里馬頭曼即冒頓父也曼音莫安切冒頓問群臣

皆曰此匈奴寶馬也勿予讀曰與冒頓曰奈何與人鄰
國愛一馬乎遂與之頃之東胡以爲冒頓畏之使謂
冒頓曰欲得單于一閼氏閼氏匈奴皇后號也閼音於連切氏音支冒頓
復問左右左右皆曰東胡無道迺求閼氏請擊之冒
頓曰奈何與人鄰國愛一女子乎遂取所愛閼氏予
東胡東胡王愈驕西侵與匈奴中間棄地莫居千餘
里各居其邊爲甌脫甌音一侯切脫音土活切境上候望之處若今之伏宿舍也
東胡使使謂冒頓曰匈奴與我界甌脫外棄地匈奴
不能至也吾欲有之冒頓問群臣或曰此棄地與之
於是冒頓斬之冒頓上馬令國中有後者斬遂東襲
擊東胡東胡初輕冒頓不爲備及冒頓以兵至大破
滅東胡王虜其民衆畜產而歸
後漢烏丸大人蹋頓多畫計策
鮮卑軻比能本小種鮮卑以勇健斷法平端不貪財
物衆推以爲大人部落近塞自袁紹據河北中國人
多亡叛歸之教作兵器鎧楯頗學文字故其勒御部
衆擬則中國出入弋獵建立旌麾以鼓節爲進退
晉吐谷渾視羆性英果有雄畧嘗從容謂博士金城
騫苞曰易云動靜有常剛柔斷矣先王以仁宰世不
任威刑所以剛柔摩斷取輕鄰敵當仁不讓豈宜拱

默者乎今將秣馬厲兵爭衡中國先生以爲何如苞
曰大王之言高世之畧秦隴英豪所願聞也於是虛
襟撫納衆赴如歸
吐谷渾葉延長而沉毅好問天地造化帝皇年曆司
馬溥落鄰曰臣等不學實未審三皇何父之子五帝
誰母所生延曰自義皇以來符命玄象昭言著見卿
等面牆何其鄙哉語曰夏蟲不知冬氷良不虛今又
曰禮云公孫之子得以王父字爲氏吾祖始自昌黎
光宅於此今以吐谷渾爲氏尊祖之義也
後魏廻紇菩薩善籌策以少制衆嘗以戰陣射獵爲

務其母烏羅渾主知諍訟之事平決嚴明部內齊肅
唐馮盎高州良德人代爲本郡大首領隋開皇中潮
成五州獠叛盎馳至京請討之文帝勑左僕射楊素
與盎論賊形勢素驚曰不意蠻夷中有此人大奇武
德中授高州總管累封國公盎勤於簿領詰擿姦伏
甚得人情
新羅王眞德以高宗永徽元年織錦作五言太平頌
以獻之其詞曰大唐開洪業巍巍皇猷昌止戈戎衣
定修文繼百王統天崇雨施理物體含章深仁諧日
月撫運邁時康幡旗何赫赫鉦鼓何鍠鍠外夷違命

者翦覆被天殃淳風凝幽顯遐邇競呈祥四時和玉
燭七曜巡萬方維嶽降宰輔維帝任忠良五三成一
德昭我唐家唐帝嘉焉
仲琮爲吐蕃大臣咸亨三年吐蕃遣仲琮來朝先是
仲琮年少時嘗充質入朝詣太學生例讀書頗曉文
字至是帝召入賜宴甚優禮之問曰汝國贊府孰與
其祖爲賢對曰雄勇果斷不及其祖然勤於聽理下
不敢欺亦令主也但吐蕃土風寒苦物産貧薄所部
邏娑川唯有楊柳人以爲資更無草木烏海之南盛
夏積雪冬則羊裘數重暑月猶衣裘褐贊府春夏每
隨水草秋冬始入城隍但施廬帳又無屋宇文物器
用豈當中夏萬分之一但其國法嚴整上下齊力議
事則自下而起因人所利而行之斯所以能持久也
帝曰吐蕃與吐渾本是甥舅之國素和貴叛主奔走
吐蕃納之信其闕隔侵逼渾國招其叛士奪其土地
我遣薛仁貴等安輯慕容之衆吐蕃掩其不備伏甲
擊破之既又寇逼凉州欲陷城堡其故何也對曰臣
受命貢獻而已攻戰之事非臣所得預聞也帝厚賜
而遣之
薛贊婆爲吐蕃首領其父祿東贊領解兵術吐蕃贊

府以國事委之講兵訓師雅有節制吐蕃之并兼諸
羌雄霸本土東贊有力焉東贊有子五人長曰贊悉
若次欽陵次贊婆次每多千次敷論東贊死欽陵兄
弟後專其國欽陵每多居中諸弟分提方面贊婆則
專在東境與中國爲鄰三十餘年嘗爲邊患其兄弟
皆有才畧諸蕃憚之
突厥毗伽可汗小殺開元中謀欲南入爲寇其謀主
暾欲谷曰唐主英武人和年豐未有間隙不可動也
且休息我衆觀變而舉小殺又欲修築城壁造立寺
觀暾欲谷曰不可突厥人戶寡少不敵唐家百分之

一分所以嘗能抗拒者正以隨逐水草居處無常射獵爲業人皆習武強則進兵抄掠退則竄伏山林唐兵雖多無所施用若築城而居改變舊俗一朝失利必將爲唐所併且寺觀之法教人以弱本非用武爭強之道不可置也小殺等浮然其計八年冬御史大夫王晙爲朔方大總管奏請西徵拔悉密東發奚契丹兩蕃剋期掩突厥衙帳於稽落河上小殺聞之大恐暾欲谷曰拔悉密今在北庭與兩蕃東西相去極遠勢必不合王晙兵馬計亦無能至此必若能來候其臨到即移衙帳向北三日唐兵糧盡自然去矣且

拔悉密輕而好利聞命必是先來王晙與張嘉貞不叶奏請有司不愜必不敢動若晙兵馬不來拔悉密獨至突厥欲擊之暾欲谷曰此衆去國千里必將死戰未可也不如以兵躡之去北庭二百里暾欲谷分兵間道先掩北庭因縱兵擊拔悉密之還衆遂散走投北庭而城陷不得入盡爲突厥所擒并虜其男女而還暾欲谷廻兵因出赤亭以掠涼州牛馬涼州都督楊敬述爲暾欲谷所敗小殺繇是大振盡有默啜之衆

南詔異牟尋頗知書有才智善撫其衆

賢行

夫天生烝民夷夏雖異而所稟之性或善或惡復何殊哉故仲尼稱有教無類葢謂是矣若乃篤仁孝之道敦愛敬之風感槩以報仇謙退而行讓或崇其信誓或守之端慤或殉葬以見志或憂國以殞命或俯從忠讜之諫或力行博施之義自餘從容知禮寬厚得衆者抑又其次焉咸著之篇以示於後

西羌東吾滇吾子也滇吾後漢明帝永平中降漢東吾立以父降漢乃入居塞內謹愿自守百濟其先夫餘王東明之後有仇台篤於仁信始立國於帶方

高麗王名宮將叛於魏其臣句驪沛者名得來數諫宮宮不從其言得來歎曰立見此地將生蓬蒿遂不食而死舉國賢之

吐谷渾辟奚性仁厚慈惠三弟皆專恣長史鍾惡地恐爲國害謂司馬乞宿雲曰昔鄭莊公秦昭王以一弟之寵宗祀幾傾况今三孽並驕必爲社稷之患吾與公忝當元輔若獲保首領以没于地先君有問其將何辭吾今誅之矣宿雲請白辟奚惡地曰吾王無斷不可以告於是因群下入覲遂執三弟而誅之辟奚自投於牀惡地等奔而扶之曰臣昨夢先王告臣

云三弟將爲逆亂汝速除之臣謹奉先王之命矣辟奚素友愛因恍惚成疾謂世子視連曰吾禍滅罔生何以見之於地下國事大小汝宜攝之吾餘年殘命寄食而已遂以憂卒視連幼廉慎有志性視連既立以父憂卒不知政事不飲酒遊畋七年矣鍾惡地進曰夫人君者以德御世以威齊衆養以五味娛以聲色此四者聖帝明王之所先而公皆略之昔昭公儉嗇而喪偃王仁義而亡然則仁義所以存身亦所以亡已經國者德禮也流也者刑法也二者或差則綱維失緒明公奕葉重光恩結西夏雖仁孝發於天然

冊府元龜　外臣部　賢行　卷之九百六十二　十九

猶宜憲章周孔不可獨追徐偃之仁德委而不遠視連泣曰先王追友于之痛悲憤升遐孤雖纂業尸存而已聲色遊娛豈所安也綱維刑禮付之將來臨終謂其子視羆曰我高祖吐谷渾公嘗言子孫必有興者永爲中國之西藩慶流百世吾已不及汝亦不見當在汝之子孫輩爾

葉延年十歲其父吐延爲羌酋姜聰所害每旦縛草爲姜聰之象哭而射之中之則號泣不中則瞋目大呼其母謂曰姜聰諸將已屠膾之矣汝何爲如此葉延泣曰誠知射草人不益於先讐以申罔極之志耳性至孝母病五日不食葉延亦不食

焉耆國王龍安夫人獪胡之女姙身十二月剖脅生子曰會立之爲世子會少而勇傑安病篤謂會曰我嘗爲龜茲王白山所辱不忘於心汝能雪之乃吾子也及會立襲滅白山遂據其國

叱干阿利叱干部他斗伏兄子也赫連勃勃父衛辰爲後魏殺之勃勃奔于叱干部叱干他斗伏送勃勃於魏阿利先戍大落川聞將送勃勃馳諫曰鳥雀投人尚宜濟免況勃勃國破家亡歸命於我縱不能容猶宜任其所奔今執而送之深非仁者之舉他斗伏

冊府元龜　外臣部　賢行　卷之九百六十二　二十

懼爲魏所責弗從阿利潛遣勁勇篡勃勃於路送於姚興高平公沒奕于以女妻之

馬邑族奴眞後魏初領部來附奴眞兄犍先居賀蘭部至是奴眞請召犍而讓部焉道武義而許之

蜉拔寅勑韋部人也蜉拔寅兄地千坐盜食官馬依制命死拔寅自誣己殺實非弟殺兄弟爭死辭不能定唐高祖詔原之

唐國王字代失畢爲人寬厚甚得衆心

胡祿達官吐渾邪頡利臣也頡利卒渾邪等自刎以殉渾邪者頡利之母婆施氏之媵臣也頡利初誕以

付渾邪至是哀慟而死唐太宗聞而異之贈中郎將仍葬於頡利墳側詔中書侍郎岑文本製頡利及渾邪之事以紀之

吐蕃相祿東贊貞觀十五年來朝先是許以文成公主出降贊普遣祿東贊來迎召見顧問進對合旨詔以瑯邪公主外孫女妻之祿東贊辭曰臣本國有婦少小夫婦雖復至尊殊恩奴身不願遺棄舊婦且贊府未謁公主陪臣安敢輒娶太宗嘉之欲撫以厚恩雖奇其答而不遂其請乃以為右衛大將軍

阿史那社爾突厥處羅可汗第二子也初在本蕃號

為拓設分部落以統之及處羅卒毀瘠三載在位十年無所課斂或鄙其所為不能富貴社爾曰部落既豐於我便足有識者稱之叔父頡利黷於用武社爾屢諫不從乃辭頡利歸於所部

百濟王義慈事親以行聞友于兄弟時人號為海東曾閔

突厥苾伽可汗開元二十一年遣其大臣葛阿默察之來朝獻馬五十匹謝恩也初苾伽之弟闕特勒死苾伽表請巧匠寫其真詔遣畫工六人往焉既畫工妙絕倫突厥國內未之見者苾伽每觀畫處歔欷如弟每生悲涕不自勝故遣察之謝恩且送畫人也

尉遲勝于闐質子也廣德中以勝為毗沙府都督于闐王令還國勝固請留宿衛加開府儀同三司封武都王實封百戶勝請以本國王弟曜詔從之勝乃於京師修行里盛飾林亭以待賓客好事者多訪之建中末從幸奉天為兼御史中丞帝在興元勝為右領軍將軍俄遷右威衛大將軍歷睦王傅貞元初曜遣使上疏稱有國已來代嫡承嗣兄勝既讓國請立勝子銳帝乃以銳為簡較光祿卿兼毗沙府長史還國勝固辭且言曰曜久行國事人皆悅服銳生於京華

不習國俗不可遣往因授韶王諮議兄弟讓國人多稱之

册府元龜

冊府元龜

巡按福建監察御史臣李嗣京　訂正

分守建南道左布政使臣胡維霖　參閱

知建陽縣事臣黃國琦較釋

外臣部　八

封冊第一

中國之於夷狄羈縻而已若乃殊鄰絶黨之國欽風慕化而至琛賮維旅鞮譯以通解辮而習賓儀保塞而請内屬繇是推懷柔之道開撫納之意優其禮遇厚其賜予以篤其好而厭其心爲漢氏之後乃復加

以侯王之號申之封拜之寵備物典冊以極其名數持節封建以震乎威靈至於告終稱嗣撫封世及必俟文告之命乃定君臣之位自非人君之愼德大邦之敦信皇明遐燭而無間仁風溥暢而胥洎又曷能華彼獷悍被之聲教使其奉王畧而爲外臣者哉

漢高祖十一年五月詔曰粤人之俗好相攻擊前時秦徙中縣之民南方三郡（中縣之民中國縣民也秦始皇畧取彊梁地以爲桂林象郡南海郡故曰三郡）使與百粤雜處（欲以介其間使不相攻擊也）會天下誅秦南海尉它居南方長治之（它音徒河切南海尉之名也姓趙長治謂爲之長帥而治理之也）甚有文理中縣人以故不耗減粤人相攻擊之俗益止俱賴其力今立它爲南粤王使陸賈即授璽綬（即就也就其所君而立之）

武帝元鼎六年平西南夷夜郎侯入朝帝以爲夜郎王

元封二年滇王離西夷（滇音顛）舉國降以爲益州郡賜滇王王印復長其民（爲之長帥）西南夷君長以百數獨夜郎滇王受王印

昭帝始元六年大破益州夷詔曰鉤町侯亡波（鉤音劬町音挺亡與無同西南夷也亡波其名也）率其君長人民擊反者斬捕首虜有功其立亡波爲鉤町王

元鳳四年平樂監傅介子旣殺樓蘭王漢乃立樓蘭王先降漢者弟尉屠耆爲王更名其國爲鄯善爲刻印章（餘具外臣係異門）

後漢光武建武五年莎車國王康率傍國拒匈奴擁衛都護檄書河西問中國動靜自陳思慕漢家河西大將軍竇融乃承制立康爲漢莎車建功懷德王西域大都尉

八年高句驪侯遣使朝貢先是王莽更名高句驪侯於是貊人寇邊愈甚至是遣使朝貢帝復其王號

十一年武都氐人背公孫述降漢隴西太守馬援上

復其王侯君長賜以印綬
十二年九眞徼外蠻里張游（里蠻之別號今呼爲俚人）率種人慕
化内屬封爲歸漢里君
十三年廣漢塞外白馬羌豪樓登等率種人五千餘
戶内屬帝封樓登爲歸義君長
十四年邛穀王長貴（一云任貴）遣使上三年計即授越巂
太守印綬初王莽時邛人長貴自立爲邛穀王領越
巂太守又降於公孫述述敗帝封爲邛穀王
十七年莎車王賢遣使奉獻請都護天子以問大司
空竇融以爲賢父子兄弟相約事漢欵誠又至（臣欽若等

曰莎車王延嘗勑諸子當世時漢家不可負也延死
子康代立康死弟賢代立故云父子兄弟相約事漢
也）宜加號位以鎭安之帝乃因其使賜賢西域都護
印綬及車旗黃金錦繡（燉煌太守裴遵上言夷狄不可假以大權又令諸國失望
詔書收還都護印綬更賜賢以漢大將軍印綬其使
不肯易隨追奪之賢繇是始恨而猶詐稱大都督）
二十年東韓國人廉斯人蘇馬諟等詣樂浪貢獻帝
封蘇馬諟爲漢廉斯邑君所屬樂浪郡四時朝謁
二十五年遼西烏桓大人郝且等率衆内屬封其渠
帥爲侯王君長者八十一人
二十七年哀牢王賢栗等率種人詣越巂太守鄭鴻
降求内屬帝封賢栗等爲君長

三十年鮮卑大人於仇賁滿頭等率種人詣闕朝貢
封於仇賁爲王滿頭爲侯
章帝建初二年昆明夷鹵承率種人與諸郡兵擊哀
牢王類牢於博南斬之傳首雒陽封鹵承爲破虜傍
邑侯
和帝永元三年大將軍竇憲上書立北匈奴右谷蠡
王於除鞬爲單于明年遣耿夔即授璽綬賜玉劒四
具羽蓋一駟使中郎將任尚持節衛護屯伊吾如南
單于故事
六年蜀郡徼外大牂夷種羌豪造頭等率種人五十

餘萬口内屬拜造頭爲邑君長賜印綬
安帝永初元年鮮卑大人燕荔陽入朝帝賜鮮卑王
印綬赤車參駕令止烏桓校尉所居甯城下
二年青衣道夷邑長令田（令姓田名）舉土内屬帝增令田
爵號爲奉通邑君
元初二年先零羌號多等率衆七千餘人詣漢陽太
守龐參降遣詣闕賜號多侯印綬遣之
三年度遼將軍鄧遵率南匈奴左鹿蠡王須沈擊須
王零昌於靈州（縣名屬北地郡）斬首八百餘級封須沈爲破
虜侯金印紫綬

四年春中郎將任尚遣當闐種羌槐鬼等五人刺殺
叛羌杜季貢封槐鬼爲羌侯秋任尚復募效功種號
封刺殺零昌封號封爲羌王五年度遼將軍鄧遵募
上郡全無種羌雕何等刺殺叛羌狼莫賜雕何爲羌
侯
永寧元年遼鮮卑大人烏倫其至鞬衆詣度遼將軍
鄧遵降奉貢獻詔封烏倫爲率衆王其至鞬爲率衆
疾是年撣國王（撣音擅）雍繇調遣使獻樂明年元會安
帝作樂於庭封雍繇調爲漢大都尉賜印綬
順帝永建二年烏桓都尉戎末廆率將王侯咄歸去

延等從烏桓較尉耿曄擊鮮卑有功還皆拜爲率衆
王
漢安二年立南匈奴守義王兜樓爲南單于獻帝建
安四年烏丸三王助大將軍袁紹擊破遼東公孫瓚
紹遣使即拜爲單于皆安居華蓋羽覆黃屋左纛版
文曰使持節大將軍督幽青并領冀州牧部鄉侯紹
承制詔遼東屬國率衆王頒下烏丸遼西率衆王蹋
頓右北平率衆王汗盧維乃祖慕義遷善款塞内附
北捍玁狁東拒濊貊世守北陲爲百姓保鄣雖時侵
犯王略命將徂征厥罪率不旋時悔愆變改方之外
夷最又聰慧者也始有千夫長百夫長以相統領用
能慮乃心力克有勲於國家稍受王侯之命自我王
室多故公孫瓚作難殘夷厥土之君以侮天慢王是
以四海之内並執干戈以衛社稷三王奮氣裔土忿
姦憂國控弦與漢兵馬表裏誠甚忠孝朝所嘉焉然
而虎兕長蛇相隨塞路王官爵命否而無聞夫有勲
不賞俾勤者怠今遣行謁者楊休齋單于璽綬車服
以封爾劳其各綏靜部落教以謹慎無使作凶作慝
世復爾祀位長爲百蠻長厥有咎有不臧者泯於爾
祿而喪於乃庸可不勉乎烏丸單于都護部衆左右

單于受其節度他如故事
魏文帝漢延康元年鮮卑素利彌加遣使獻馬封加
爲歸義王（先是漢獻帝建安中鮮卑素利彌加厥機因較尉閻柔上貢獻通市太祖皆表寵以爲王厥機死又亡其子沙末汗爲親漢王至是表利彌加各遣使獻馬故有是命）
黃初元年更授匈奴南單于呼厨泉魏璽綬賜青蓋
乘輿寶劒玉玦是年鮮卑步度根遣使獻馬帝拜爲
王
明帝太和三年大月氏王波調遣使奉獻以調爲親
魏大月氏
景初元年幽州刺史毋丘儉討遼東是時左北平烏

九單于寇婁敦遼西烏丸都督率衆王護留栗聞儉軍至率衆五千餘人降寇婁敦遣弟阿羅獎等詣闕朝貢封其渠帥三十餘人爲王

二年六月倭王遣大夫難升米等詣帶方郡求詣天子朝獻時太守劉夏遣吏將送詣京都其年十二月詔書報倭女王曰制詔親魏倭王卑彌呼帶方太守劉夏遣使送汝大夫難升米次使都市牛利奉汝所獻男生口四人女生口六人班布二疋二丈以到汝所在踰遠乃遣使貢獻是汝之忠孝我甚哀汝今以汝爲親魏倭王假金印紫綬裝封付帶方太守假授

汝其綏撫種人勉爲孝順汝來使難升米牛利涉遠道路勤劳今以難升米爲率善中郎將牛利爲率善校尉假銀印青綬引見劳賜遣還今以絳地交龍錦五疋絳地縐粟罽十張蒨絳五十疋紺青五十疋答汝所獻貢直又特賜汝紺地句文錦三疋細班華罽五張白絹五十疋金八兩五尺刀二口銅鏡百枚眞珠鉛丹各五十斤皆裝封付難升米牛利還到錄受悉可示汝國中人使知國家哀汝故鄭重賜汝好物也

是年遣帶方太守劉昕樂浪太守鮮于嗣越海定二郡諸韓國臣智加賜邑君印綬其次與邑長

齊王正始元年帶方太守弓遵遣建中校尉梯儁等奉詔書印綬詣倭國拜假倭王并齎詔賜金帛錦罽刀鏡綵物倭王因使上表答謝詔恩

八年濊貊不耐侯詣闕朝貢詔更封不耐濊王

晉武帝大康六年大宛獻汗血馬帝遣使楊顥拜其王藍庾爲大宛王

懷帝即位初以鮮卑務勿塵爲大單于司空領烏丸校尉王浚又表封務勿塵遼西郡公其別部大飄滑及其弟渴末别部大屠瓮等皆爲親晉王

簡文帝咸安二年正月百濟王遣使貢方物六月遣使拜百濟王餘句爲鎮東將軍領樂浪太守

孝武帝太元十一年以百濟王世子餘暉爲使持節都督鎮平將軍百濟王

安帝隆安三年仇池氏楊盛遣使稱藩奉獻方物帝以盛爲仇池公楊氏世居隴右漢末徙居仇池地方百頃因以百頃爲號有名千萬者魏拜爲百頃王其孫難敵稱藩於晉以爲仇池公後孫纂立便詣簡文自陳後以纂爲平羌校尉泰州刺史仇池公纂支庶定稱藩於孝武帝盛即定之兄也至是稱藩奉獻故

復命之桓玄輔政進盛西戎校尉
義熙九年高麗國王高璉（一作高連）遣長史高翼奉表獻赭白馬以璉爲高麗王樂浪郡公
十二年以百濟王映爲使持節都督百濟諸軍事鎮東將軍百濟王
宋高祖永初元年百濟王餘映進號鎮東大將軍
二年林邑王范陽邁遣使貢獻即加除授以陽邁爲林邑王
三年封仇池公楊盛爲武都王
文帝元嘉二年十一月以武都王世子楊玄爲秦州

刺史襲封武都王
是年倭國王倭讃遣使奉表獻方物表曰封國偏遠作藩于外自昔祖父躬擐甲冑跋涉山川不遑寧處東征毛人五十五國西服衆夷六十六國渡平海北九十五國王道融泰廓土遐畿累業朝宗不愆于歳臣雖下愚忝紹先緒驅率所統歸崇天極詔除督倭新羅任那加羅秦朝韓六國安東大將軍倭王
七年正月以吐谷渾慕璝爲征西將軍沙州刺史慕璝遣東鮮卑也兄阿豺晉末譙縱之亂遣使上表獻方物詔爲安西將軍沙州刺史澆河公阿豺死慕璝立奉表故有是命
六月以仇池氏冠軍將軍楊難當爲北秦州刺史封武都王
是年百濟王餘毗復修職貢以餘映爵號授之
九年六月以征西將軍沙州刺史吐谷渾慕璝爲征西大將軍西秦河二州刺史隴西王北秦州刺史楊難當加號征西大將軍
十二年正月封黄龍國王馮弘爲燕王
十五年二月以平東將軍吐谷渾慕延爲鎮西將軍西秦河二州刺史

四月以倭國王珍爲安東將軍
十六年六月改封隴西王吐谷渾慕延爲河南王
二十年倭國王濟遣使奉獻復以爲安東將軍倭國王
二十六年六月婆皇國王舍利婆羅跋摩遣使獻方物四十一種策命爲婆皇國王
是月婆達國王舍利不陵伽跋摩遣使獻方物策婆達國王詔曰阿羅單婆達三國頻越遐海款化納貢遠誠宜甄可並加除授乃遣使策命之
二十八年七月安東將軍倭王濟進號安東大將軍

二十九年九月以平西將軍吐谷渾拾寅爲安西將軍西秦河二州刺史
孝武即位初安西將軍西秦河二州刺史吐谷渾拾寅進號鎭西大將軍開府儀同三司
大明元年十月以百濟王餘慶爲鎭東大將軍
五年正月以宕昌國王梁唐子爲河州刺史
六年三月以倭國王世子興爲安東將軍倭國王
七年六月高麗王高璉進號車騎大將軍開府儀同三司
明帝泰始三年十月鎭西大將軍西秦河二州刺史

河南王吐谷渾拾寅進號征西大將軍
後廢帝元徽三年九月征西大將河南王吐谷渾拾寅進號車騎大將軍
四年五月以仇池氏寧朔將軍武都王楊文度爲北秦州刺史
十月以宕昌王梁彌機爲安西將軍河凉二州刺史
順帝昇明元年十二月寧朔將軍北秦州刺史武都王楊文度進號征西將軍
二年五月倭國王武遣使獻方物以武爲安東大將軍又封西陽蠻梅生爲高山侯田治生爲威生侯梅加羊爲杆山侯
六月以輔國將軍楊文弘爲北秦州史封武都王
南齊太祖建元元年五月詔使持節散騎常侍都督秦河沙三州諸軍開府儀同三司領護羌校尉西秦河二州刺史河南王吐谷渾拾寅進號驃騎大將軍使持節都督河凉二州安西將軍東羌校尉河凉二州刺史隴西公宕昌王梁彌機進號鎭西將軍征虜將軍西凉州刺史羌王像舒彭進號持節平西將軍
又詔曰昔絕國入贊美稱前冊殊俗内欵聲流往記虜茹盧鎭主陰平公楊廣香怨結同族釁起親黨在

宋之世遂舉地降敵茹盧失守華陽暫驚近單使先馳宜楊皇威廣香等追其遠世之誠仰我維新之化肉袒請附復地千里氐羌雜種咸同歸欵宜特領納厚加優䘏廣香翻迷反正可特量所授部曲酋豪隨各酬賞以廣香爲都督沙州諸軍事平羌校尉沙州刺史又詔新除使持節都督倭新羅任那加羅秦韓六國諸軍事安東大將軍倭王武進號爲鎭東大將軍是時加羅國王荷知使來獻詔曰量廣始登遠夷洽化加羅王荷知欵關海外奉贄東遐可授輔國將軍本國王

二年三月百濟王牟都遣使貢獻詔曰寶命惟新澤
波絕域牟都世藩東表守職遐外可即授使持節都
督百濟諸軍事鎮東大將軍又以氐楊後起爲秦州
刺史
四月使持節散騎常侍都督營平二州諸軍事車騎
大將軍開府儀同三司樂浪公高麗王高璉進號驃
騎大將軍
武帝永明元年二月以征虜將軍楊炤爲沙州刺史
封陰平王又詔前使持節都督河涼二州軍事鎮西
將軍東羌校尉河涼二州刺史隴西公宕昌王梁彌

機前使持節平北將軍西涼州刺史羌王像舒彭並
著勤西垂安寧邊境可復先官爵
是年以隴右都帥羌王劉雄羊爲輔國將軍又進秦
州刺史楊後起號冠軍將軍
二年八月秦州刺史楊後起勤彰款塞忠著邊城進
號征虜將軍
三年六月以河南王拾寅世子吐谷渾易度侯爲使
持節都督西秦河沙三州諸軍事鎮西將軍領護羌
校尉西秦河二州刺史河南王又詔曰易度侯守職
西蕃綏懷允緝忠績兼舉朕有嘉焉可進號車騎大

將軍
八月詔曰行宕昌王梁彌頡（一作類）忠款內附著績西
服宜加爵命式隆藩屏可使持節都督河涼二州諸
軍事安西將軍東元校尉河涼二州刺史隴西公宕
昌王
四年閏正月秦州刺史楊後起卒詔曰後起奄至殞
逝愴惻于懷綏禦邊服宜詳其選行輔國將軍北秦
州刺史武都王楊集始幹局沉亮乃心忠款必能緝
境寧民宣揚聲教可持節輔國將軍北秦州刺史平
羌校尉武都王

六年五月以行宕昌王梁彌承爲使持節都督河涼
二州諸軍事安西將軍東羌校尉河涼二州刺史
是年除都督護北遂安左郡太守田駟路爲試守郡
太守皆郢州蠻也
八年正月百濟王牟太遣使上表遣謁者僕射孫副
策命太龍亡祖父牟都爲百濟王曰於戲惟爾世襲
忠勤誠著遐表海路肅澄要貢無替式循彝典用纂
顯命往欽哉其敬膺休業可不慎歟詔行都督百濟
諸軍事鎮東大將軍百濟王令以世襲祖父牟都爲
百濟王即位章綬等王銅虎竹符曰其拜受不亦休

乎
是年以河南王吐谷渾休留代爲使持節都督西秦
河沙三州鎮西將軍護羌校尉西秦河二州刺史
九年五月林邑夷人范當根純攻奪其國自立遣使
貢獻金簟等物詔曰林邑雖分在遐外世服正化當
根純乃誠款到率其僚職遠績克宜良有可嘉宜沾
爵號以弘休澤可持節都督緣海諸軍事安南將軍
是年八座奏陰平王楊炤嗣勳西牧馳款内炤宜增
戎章用輝遐外進號前將軍
十年以林邑王子孫范諸農率種人攻范當根純復

得本國以諸農爲持節都督緣海諸軍事安南將軍
林邑王
鬱林王隆昌元年以高麗王樂浪公高雲爲使持節
散騎常侍都督營平二州諸軍事征東大將軍
明帝建武二年七月以氐楊馥之爲北秦州刺史仇
池公
是年林邑王諸農進號鎮國將軍
梁高祖天監三年五月扶南國王遣使送珊瑚佛像
并獻方物詔曰扶南王僑陳如闍邪跋摩介居海表
世纂南服厥誠遠著重譯獻賝宜蒙酬納班以榮號
可安南將軍
九月以河南王世子伏連籌爲鎮西將軍西秦河二
州太守河南王
四年四月以宕昌國王梁彌博爲使持節都督河涼
二州諸軍事安西將軍東羌校尉河涼二州刺史隴
西公宕昌王佩以金印
七年二月詔曰高麗樂浪郡公高雲乃誠款著貢驛
相尋宜隆秩命式弘朝典可撫東大將軍開府儀同
三司持節常侍都督王並如故
九年四月林邑國奉獻白猴詔曰林邑國王范天凱

介在海表乃心款至遠修職貢良有可嘉宜班爵號
被以榮澤可持節都督緣海諸軍威南將軍林邑王
普通元年二月以高麗王世子安爲寧東將軍都督
營平二州諸軍事襲爵高麗王
二年十二月詔曰行都督百濟諸軍事鎮東大將軍
百濟王餘隆守藩海外遠修貢職迺誠款到朕有嘉
焉宜率舊章服茲榮命可持節都督百濟諸軍事寧
東大將軍百濟王
五年詔以百濟王餘隆子明爲持節百濟諸軍事綏
東將軍百濟王

七年三月高麗王安庶子延立使遣貢獻詔以延襲爵

六月林邑王高式勝鎧遣使獻方物詔以爲持節都督緣海諸軍事綏南將軍林邑王

中大通元年三月以河南王佚連着子呵羅眞爲寧西將軍護羌校尉西秦河二州刺史一云西秦河沙三州刺史

二年四月以河南王佛輔爲寧西將軍西秦河二州刺史

六月行林邑王高式律陁羅跋摩貢獻詔以爲持節都督緣海諸軍事綏南將軍林邑王

大同七年二月行宕昌王梁彌泰爲西平將軍河梁二州刺史宕昌王

太清二年三月高麗王延卒詔以其子爲寧東將軍襲延爵位陳文帝天嘉三年閏二月以百濟王餘明爲撫東大將軍高句麗王高湯爲寧東將軍

後魏道武登國初以爾朱羽健爲領民酋長率契胡武士千七百人從駕平晉陽定中山論功拜散騎當侍以居秀容川詔割方三百里封之長世爲業

天興初仇池氐楊盛遣使朝貢詔以盛爲征南大將軍仇池王

太武始光四年十一月以氐王楊玄爲都督荊梁益寧四州諸軍事假征南大將軍梁州刺史南秦王

延和二年九月詔兼大鴻臚卿崔頤持節拜征虜將軍楊難當爲征南大將軍儀同三司封南秦王

太和三年九月遣使者拜西秦王慕璝弟慕利延爲鎮西大將軍儀同三司改封西平王是時使貟外散騎侍郎李敖拜高麗王高連爲都督遼海諸軍事征東將軍領東夷中郎將遼東郡公高句麗王史闕年月

五年三月以故南秦王世子楊保宗爲征南大將軍秦州牧武都王

太平眞君二年三月封蠕蠕郁久閭乞歸爲朔方王

五年六月西平王吐谷渾慕利延殺其兄子緯代立弟吐力延等來奔乞師以吐力延爲歸義王

正平元年伊吾王唐和聞帝優寵之文成即位以和歸誠先朝拜鎮南將軍酒泉公

孝文延興二年正月太陽蠻首桓誕率戶內屬拜征南將軍襄陽王

太和二年三月遣鴻臚卿劉歸謁者張察拜河南公梁彌機爲征南大將軍西戎校尉梁益二州牧河南公宕昌王

六年九月以氐楊後起爲武都王

九年七月遣使拜宕昌王梁彌機兄子彌承爲國王

十六年三月以高麗王高璉孫雲爲其國王賜衣冠服物車旗之飾

十七年正月以吐谷渾伏連籌爲其國王

宣武景明四年十一月以武興國世子楊紹先爲其國王

正治二年正月宕昌王世子梁彌博爲其國王

永平二年八月以鄧至國世子像覽蹄爲其國王

孝明神龜元年正月詔以氐楊定爲陰平王

二年高麗王高雲死以世子安爲其國王拜鎭東將

軍領護東夷校尉遼東郡公

正光元年九月蠕蠕主阿那懷來奔十一月詔曰蠕蠕世雄朔方擅制漠表隣通上國百有餘載自神䴥南底累紀于茲虔貢雖遠邊燧靜息憑心象魏潛款彌純今其主阿那瓌屬離時難邦分親析萬里遠馳庇命有道同悲用中乖忤忠孝足務方存興滅之師以隆紹絕之舉宜且優以賓禮期之立功踈爵胙土大啓河岳可封朔方郡開國公蠕蠕王食邑一千戶錫以衣冕加以軺車祿恤儀衛同乎戚籓十二月送歸北

三年四月以高車王覆羅伊匐爲鎭西將軍西海郡開國公高車王

孝莊建義元年六月以高昌王世子光爲平西將軍瓜州刺史襲爵泰臨縣開國伯高昌王

前廢帝普泰元年高昌王趙堅遣使朝貢除平西將軍瓜州刺史泰臨縣伯王如故尋加衛將軍

東魏孝靜天平中加高句麗王高延侍中車騎大將軍

興和二年四月阿至羅國主副伏羅越居子去賓來降封爲高車王

西魏孝武永熙元年高句麗王延爲使持節散騎常

侍車騎將軍領護東夷校尉遼東郡公高句麗王

二年以衞將軍瓜州刺史泰臨縣伯高昌王趙堅爲儀同三司進爵郡公

文帝大統五年蔡陽蠻王曾超明内屬授南雍州刺史仍世襲焉

十四年以高昌王世子玄嘉爲王

廢帝元年蠻酋樊舍舉落内附以爲淮北三州諸軍事淮州刺史淮安郡公

恭帝二年蠻酋宜人王田興彥款附以爲開府儀同三司

北齊文宣天保元年九月以散騎常侍車騎將軍領東夷校尉遼東郡開國公高麗王成爲使持節侍中驃騎大將軍領護東夷校尉王公如故
廢帝乾明元年二月以高麗王世子高湯爲使持節領東夷校尉遼東郡公高麗王
武成河清四年二月詔以新羅國王金眞興爲使持節領東夷校尉樂浪郡公新羅王
後主武平元年二月以百濟王餘昌爲使持節侍中驃騎大將軍帶方郡公王如故
二年正月以百濟王餘昌爲使持節都督東青州刺史

後周武帝建德六年高麗王高湯遣使來貢一作高陽拜湯爲上開府儀同大將軍遼東郡開國公遼東王
隋高祖開皇元年十月百濟王扶餘昌遣使來賀授昌上開府儀同三司帶方郡公
十二月高麗王高湯遣使朝貢授湯大將軍遼東郡公
四年五月契丹王莫賀弗遣使請降拜大將軍
五年党項拓拔寧叢等各率所部詣旭川内附授大將軍其部下各有差
十年七月高麗遼東郡公高湯卒拜其子元爲上開府儀同三司襲爵遼東郡公賜衣一襲元奉表謝恩并賀祥瑞因請封王高祖優詔策元爲王
十四年新羅國王眞平遣使貢方物拜眞平爲上開府樂浪郡公新羅王
十九年四月突厥利可汗内附以爲啓可汗
煬帝大業五年高昌王麴伯雅來朝拜左光祿大夫車師太守封弁國公

冊府元龜

巡按福建監察御史臣李嗣京　訂重

知甌寧縣事臣孫以敬參閱

知建陽縣事臣黃國琦較釋

外臣部九

封冊第二

唐高祖武德元年七月突厥曷婆那可汗弟闕可汗遣使內附帝厚加慰撫拜爲吐焉過拔闕可汗

十二月突厥曷婆那可汗自宇文化及所來降封爲歸義王

三年三月牂州蠻首謝龍羽遣使朝貢授龍羽牂州刺史封夜郎郡公

七年正月封高麗王高建武爲遼東郡王百濟王扶餘璋爲帶方郡王新羅王金眞平爲樂浪郡王

太宗貞觀三年八月薛延陁可汗一利咄夷南遣使朝貢詔遊擊將軍喬師望齎冊書拜夷南爲毗伽可汗居大漠之北俱倫水南牙帳去長安四千餘里

四年三月以突厥夾畢特勒和順郡公阿史那思摩爲右武候大將軍化州都督

是月詔突利可汗阿史那什鉢苾志懷英果識機能斷情深獨悟寔惟先覺往在北蕃位地兼重早知慕化特布款誠及漠北降災龍荒兆亂潛圖決策棄彼歸朝披露肝膽備陳丹赤轉禍爲福厥義可嘉宜有褒隆用彰寵渥錫茲茅土識參戎禁可右衛大將軍封北平郡王食邑千戶

五月封突厥阿史那蘇尼失爲懷德郡王阿史那思摩懷化郡王

六年八月遣鴻臚少卿劉善因立四突厥莫賀設爲奚利邲咄陸可汗賜以鼓纛綵萬段是年遣中郎將彖孝彥冊立焉耆國王突騎支爲咥利失可汗

九年閏四月李靖平吐谷渾帝復建其國下詔曰伐罪弔人前王高義興亡繼絕有國令典吐谷渾擅相君長竊據荒裔志在凶德政出權門酋渠携貳種落怨憤長惡不悛野心彌熾莫顧藩臣之節會無事上之禮竊據疆場虔劉氓庶積惡既捻天亡有徵朕君臨四海含育萬類一物失所深責在茲所以爰命六軍申茲九伐義存活國情無黷武其子大寧王慕容順隋氏之甥志懷明悟長自中土早慕華風爰見時機深識逆順以其父愎懷遺衆獨陷迷途遂誅邪臣存茲大計翻然改轍代父歸罪忠孝之美深有可嘉

子能立功足以補過旣往之釁特宜原免然其建國西鄙已歷年代卽從廢絕情所未忍繼其宗祀允歸令子封順西平郡王食邑四千戶仍授越胡呂烏耳豆可汗所司量遣使人備禮册命

是年遣使持節册命新羅金善德（臣欽若等曰善德金眞平之女也眞平卒無子乃立善德爲王以宗室大臣乙祭總知政國）柱國封樂浪郡公新羅王

十年三月詔曰文德懷遠列聖之弘規興亡繼絕至仁之通訓吐谷渾發跡東胡東胡竄居西域負險自固擅立君長爰在前代遍使中原或爲叛臣不嘗厥

德近者慕容步薩鉢爲主老而不智迷而亡返志懷首鼠虔劉彊場朕頻命行人殷勤誘諭不納忠信之言唯行蜂蠆之毒及六軍問罪尚令申諭遂無悛革以至滅亡其子順國感事窮歷身無所委命下吏輿櫬轅門故令解網釋俘繼其宗祀乃懷貳志遵彼發車曾未浹旬自貽屠戮子燕王諾曷鉢弱不好弄幼稱通理纘纂舊業卽逢內難故遣旌節遠申安撫遂能率其種類同竭誠款盡其巢落迎詔使者屈膝頓顙尊奉朝化請頒正朔願入提封丹誠內發深可嘉尚宜隆寵章懋茲賞典可封河源郡王食邑四千戶仍授烏地也拔勒豆可汗卽遣使人備禮册命

十二年九月詔曰天地之德平分於四時皇王之道無偏於萬物故能亭育黎庶覆燾區夏聲教咸洎於遐方爵命不遺於殊俗薛延陁眞珠毗伽可汗器宇沉毅識具明允夙見時機早稟正朔忠誠峻節克著於塞外貢獻琛賮不絕於王府加以訓勗膺嗣輯寧種落俱率藩職咸慕朝風其子沙鉢彌葉護拔酌達度莫賀咄設頡利苾並志懷敦確氣幹强果或深竭忠款廼心闕庭或遠經朝覲拜首軒陛言念册誠良以嘉尚宜錫徽號用申褒寵拔酌可四葉護可汗仍

賜狼頭纛四鼓四頡利苾可汗達莫賀咄葉護賜狼頭纛二鼓二仍令左領軍大將軍梁方師持節備册命

十三年七月詔曰天地大德覆載極於八荒日月貞明炤臨周於萬物是以哲王撫運聖人垂範經邦立政之道取法於造化興亡繼絕之義靡隔於華夷惟彼北戎代居荒塞餋畜牧於天山之外擅勇敢於瀚海之濱逮其末葉狂愚嗣位侵盗之釁禍結於諸華苛暴之風毒被於大漠酋豪携貳部衆離阻華面省相望於道路請命者塡委於闕庭朕情切納隍志存

懷遠乃令上將拯其將溺元戎纔動倒戈相繼旣而屠耆歸命單于反接分地之長解辮而來王引弓之民盡落而內附龍城旣殄狼望遂空朕愍其破亡恕其瑕纍解縛焚櫬賜以再生收雹廻霜宥以寬政於是選內外之職分珪組以授之擇肥饒之地設州縣以處之開倉府以恤其饑寒馳輶軒以問其疾苦思侔中夏禮均舊臣十載於茲矣時授命三靈因心百姓爰初薄代非貪闢土之功洎於克定實弘安民之道久欲存其亡國返其遺萌尚恐瘡痍未瘳衣食不足今歲已積年穀屢登衆種增多畜牧蕃息繒絮無

乏咸棄其氈裘菽粟有餘靡資於狐兎便可復其故庭繼其先緒歸三祠於沮澤旋十角於盧山使復會蹛林弭其依風之思重宴樂水遂其向日之歡然則左方旣建右地已設必候君長一其號令自攣鞮貴種醖落忠誠何以宣布朝化輯寧藩服右武候大將軍化州都督懷化郡王李思摩器懷沉毅識用詳明早慕皇風夙效丹款故寵以賜姓榮以高爵內典徼循之重外受捷卒之寄譽光朝職誠簡朕心錫以藩號紹以宗祀可乙彌泥孰俟利苾可汗並賜之鼓纛仍令就其部備禮冊命突厥及胡在諸州安置者並令渡河還其舊部俾夫世作藩屏同之帶礪長保邊塞傳諸後昆又以左屯衛將軍阿史那忠爲左賢王左武衛將軍阿史那泥孰爲右賢王

十五年五月詔曰懷遠之道莫先於寵命飾中之義無隔於遐方故柱國帶方郡王百濟王扶餘璋棧山航海遠稟正朔獻琛奉賮克固始終奄致薨殞追遠慜悼宜加常數式表哀榮可贈光祿大夫令其嫡子義慈嗣位授柱國封帶方郡王百濟王使祠部郎中鄭文表持節備禮冊命

七月命左領軍將軍張大師持節立西突厥弩失畢

賀咄葉護爲乙毗沙鉢羅葉護可汗賜以鼓纛

十七年閏六月詔曰懷遠之規前王令典繼世之義列代舊章高麗王嗣子藏（姓高名藏）器懷韶敏識宇詳正早習禮教德義有聞肇承藩業誠款先著宜加爵命允茲故實可上柱國封遼東郡王高麗王遣使持節冊命

十九年九月薛延陁眞珠毗伽可汗卒帝設祭於營左爲發哀初延陁請以其庶長子曳莽爲突利失可汗居東方所統皆雜種嫡子拔灼爲四葉護可汗居西方所統皆延陁詔許之並以禮冊命

二十二年正月新羅王金善德卒贈光祿大夫以其妹眞德爲柱國封樂浪郡王遣使持節册命

是年契丹酋長窟哥等内屬爲置松漠都督府以窟哥爲左領軍將軍兼松漠都督封無終縣男賜姓李氏

高宗以貞觀二十三年卽位拜吐蕃贊府弄讃爲駙馬都尉（臣欽若等曰以尚文成公主故也）封海西郡王弄讃因致書長孫無忌云上初卽位若臣下有不臧之心者請勒兵以赴之并獻金銀珠寶十五種請置太宗靈座之前以表其誠於是進封賓王賜雜綵三千段乃刻其

形像列於昭陵玄闕之下

永徽元年以故龜茲王左武衛中郎將訶黎布失畢爲右驍衛大將軍尋放還蕃撫其餘衆依舊爲龜茲王先是太宗旣破龜茲移置安西都護府於其國城以郭孝恪爲都護兼統于闐疎勒碎葉謂之四鎮帝嗣位不欲廣地勞人復命有司棄龜茲等四鎮故訶黎布失畢王其舊地

五年閏五月新羅女王金貞德卒以其弟國祖金春秋爲新羅王繼眞德之位仍拜開府儀同三司封樂浪郡王遣使持節備禮册命

六年遣禮臣（臣欽若等曰史闕官）往西突厥册拜頡苾達度設爲可汗（頡苾達度設者咄六可汗之子也初爲塗珠葉護與其父不遵朝化及賀魯之叛咄六死後方遣使歸順頻表請兵誅討賀魯故有此授焉禮臣至碎葉城西賀魯兵拒之不得前又眞珠葉護部下廬帳並被賀魯兼并人衆寡弱不爲羣夷所附禮臣遂不册而歸）

顯慶二年十二月伊麗道行軍總管右屯衛將軍蘇定方大破阿史那賀魯于金牙山盡收其所據之地西域悉平詔分其地置蒙池崑陵二都護府以右武衛大將軍阿史那彌射爲驃騎大將軍崑陵都護興昔亡可汗屯衛大將軍阿史那步眞爲驃騎大將軍行右大將軍蒙池都護往絕可汗各賜物十萬匹仍

遣光祿卿盧承慶持節册命

三年正月立龜茲王嗣子白素稽爲龜茲王授右驍衛大將軍仍遣使就加册命

五月以左驍衛大將兼安西都護天山縣公麴智湛爲西州都督統高昌之故地

十二月以左驍衛大將軍渤海都督廻紇婆潤爲左衛大將軍右驍衛大將軍蕪然都督多覽葛塞匐爲右衛大將軍

龍朔元年九月特進新羅王金春秋薨帝遣使弔之便册其嗣子法敏爲新羅王

二年正月立波斯都督卑路斯爲波斯王

三年四月詔以新羅國爲雞林大都督府以新羅王金法敏爲雞林州大都督

乾封元年五月封河源王慕容諾曷鉢爲青海王

總章元年十月東天竺烏切荼國長年婆羅門盧迦逸多特拜懷化大將軍旌奇術也時逸多受詔合金丹

咸亨元年四月以西突厥首領阿史那都支爲左驍衛大將軍兼匐延都督以安輯五咄六及咽麪之衆

上元二年正月以于闐國爲毗沙都督府分其境内

爲十州以于闐王尉遲伏闍雄爲毗沙都督擊吐蕃有功故也

開耀元年十月新羅王金法敏薨遣册立其子政明爲新羅王仍襲父官爵

則天垂拱二年九月册拜右玉鈐衛將軍阿史那斛瑟羅襲其父繼往絶可汗

是月東女國王斂臂遣大臣湯劒左來朝仍請官號乃册拜斂臂爲左玉鈐衛員外將軍仍以瑞錦製服以賜之

天授二年臘月以于闐王尉伏闍雄卒册立眞子璥爲于闐王（璥一作瑕）

長壽二年新羅王金政明卒爲之舉哀遣使弔祭册其子理洪爲新羅王仍令襲父輔國大將軍行左豹韜衛大將軍雞林州都督

萬歲通天元年九月則天以突厥默啜不同契丹之逆遣左豹韜衛大將閻知微册授驃騎大將軍行左衛大將軍上柱國公遷善可汗

是月封康國王大首領左玉鈐衛將軍篤娑鉢提爲康國王

二年十月左玉鈐衛員外將軍兼簡較汴州刺史李

括莫離爲歸順王

聖曆元年七月册立泥涅師師爲康國王

是年突厥默啜遣使請和制遣左豹韜衛將軍閻知微入蕃册爲立功報國可汗

三年臘月司禮卿兼池州大都護蝎忠事上可汗阿史那斛瑟羅爲左衛大將軍仍充平西軍大總管鎮撫碎葉

三月（臣欽若等曰是時則天以十一月爲正十二月爲臘月故三月在臘月之後）以吐谷渾青國海王慕容宣超（一作宣趙）爲左豹韜衛員外大將軍仍襲父烏地也拔勤豆可汗

長安二年新羅王金理洪卒則天遣使立其弟興光爲新羅王仍襲兄將軍都督之號

四年正月冊拜右武威衛大將軍阿史那懷道爲十姓可汗

中宗神龍二年二月封突騎施烏質勒爲懷德郡王

十二月戊戌命唱鹿州都督突騎施娑葛襲父易贊勒爲左驍騎大將軍兼衛尉卿懷德郡王仍令右屯衛大將軍十姓可汗阿史那懷道充使冊命

景龍三年七月遣使持節策授左驍衛將軍兼衛尉卿金河王突騎施守忠爲歸化可汗

玄宗先天二年二月拜高麗大首領高定傳爲特進

是月封靺鞨大祚榮爲渤海郡王大祚榮聖曆千自立爲振國王在營州東二千里兵數萬人至是遣郎將崔訢往册命祚榮左驍衛員外大將軍渤海郡王仍以其所統爲汗州都督自是每歲遣使朝貢

開元三年八月高麗吐渾等諸蕃降附制曰天亡驕子胡運其終國有忠臣漢封斯在高麗王莫離支高文簡都督䟦跌思太吐渾大首領刺史慕容道奴郁射施大首領鶻屈利斤大首領刺史苾悉頡力高麗大首領拱毅等或遼海貴族或陰山寵裔知則能勇權而善謀從事本蕃頡頏高位料逆順之道知變通之節或誓以沉族或翻然庇身共驗到支之亡遂覩繇余之入將軍遇敵永罷射鵰使者迎降果聞乘傳棄寒苦之地就陽和之澤爾其誠矣朕實休之宜開土宇之封式盛壇場之制文簡可封遼西郡王食邑三千戶行左衛大將軍員外置同正員賜宅一區馬四匹物六百段䟦跌思太可特進行右衛大將軍員外置兼䟦跌都督封樓煩國公食邑三千戶賜宅一區馬三匹物五百段道奴可左威衛將軍員外置兼刺史封雲中郡開國公食邑二千戶賜宅一區物四百段馬兩匹鶻屈頡斤可左驍衛將軍員外置兼刺史

封陰山郡開國公食邑二千戶賜馬兩匹物二百段苾悉頡力可左武衛將軍員外置兼刺史封鴈門郡開國公食邑二千戶賜馬兩匹物四百段宅一區拱毅可左領軍衛將軍員外置兼刺史封平城郡開國公食邑二千戶賜馬兩匹物四百段鶻頡川妻契苾賜物壹百五十段手力二人各賜物五十段

四年八月契丹李失活奚李大酺各以所部來降制曰混一六合紀綱四海開物所以苞舉華夷列爵所以範圍中外契丹松漠州都督李失活奚饒樂州都督李大酺等並材雄劒騎家襲簪組翻飛涿鹿之郊

高視無間之地徃屬詿惑遂爾攜離海表爲虞在茲桑之厚戒彙徃順命乃連茹而同歸柔懷有章寵渥斯在俾庚利建宜膺胙土之榮上將師貞仍允齋壇之拜失活可封松漠郡王食邑三千戶行左金吾衛大將軍大酺可封饒樂郡王食邑三千戶行右金吾衛大將軍並員外置餘如故

五年五月冊命勃律國王蘓弗舍利支離泥爲勃律王冊曰維開元五年歲次丁巳五月庚子朔一十七日丙寅皇帝若曰於戲夫象賢踵德匪直諸華開國承家無偏殊俗咨爾勃律國王蘓弗舍利支離泥卿

歷代酋渠執心忠肅遥申誠款克修職貢謝知信繇其遠界郭虔瓘所以足兵行觀郁成授首何止匈奴斷臂是用命爾爲勃律國王爾宜善始令終長奉正朔寧人保國慶及苗裔往欽哉其先膺典冊祇朕寵命可不慎歟

六年五月制曰王者懷柔莫不率俾禮其君長必備典章右武衛大將軍員外置突騎施都督車鼻施啜蘇祿中部貴人右賢豪緒族系繁於朔野郊壓拒於陰寒自趍風入獻服義來歸爰奉戎索實司邊行懋勲可紀忠節是嘉俾昇絶席之尊仍茂錫圭之寵可左羽林軍大將軍員外置仍封順國公食邑三千戶餘有故並賜錦袍鈿帶魚袋七事仍充金方道經畧大使所司備禮冊拜

六月以故松漠郡王李失活弟中郎將娑固爲松漠都督左金吾衛大將軍員外置同正員靜析軍經畧大使襲封松漠郡王食邑二千戶

七年三月忽汗州都督渤海郡王大祚榮卒遣使撫立其嫡子桂婁郡王大武藝襲爲左驍衛大將軍渤海郡王忽汗州都督

七月龜茲國王白莫苾卒以其嫡子孝節嗣位

十月冊金方道經畧大使突騎施蘇祿爲忠順可汗

八年三月封護密國王羅施伊具骨咄祿多比勒莫賀咄達摩薩爾爲護密王賜紫袍金帶七事并雜綵五十匹

四月遣使冊立烏長國王骨咄國王俱立國王並降冊文皆賜綵二百段三國在安西之西與大食隣境大食煽誘爲虐俱守節不從潛布款誠于朝廷帝深嘉之

六月遣使冊勃律國王蘇麟陁逸之爲勃律國王

八月遣使冊箇失密國王眞陁羅祕利爲箇失密國

王

是月冊渤海郡王左驍衛大將軍大武藝嫡男大都利行爲桂婁郡王

九月遣使冊葛達羅支頡利發誓屈爾爲謝䫻國王葛達羅支特勤爲罽賓國王

十一月遣使冊南天竺國王尸利那羅僧伽寶多拔摩爲南天竺國王

十年四月以契丹首領松漠府都督李䵣于爲松漠郡王奚首領饒樂府都督李魯蘇爲饒樂郡王各賜物一千疋綵器七十事及錦袍鈿帶等

冊府元龜　外臣部　封冊二　卷之九百六十四　十五

五月牂州刺史夜郎郡公謝元齊死詔立其嫡孫嘉藝襲官封

十二年八月制曰尸利佛誓國王尸利施羅拔摩遠修職貢載勤忠款嘉其乃誠宜有褒錫可遥授左威衛大將軍賜紫袍金鈿帶

十四年改封契丹松漠郡王李邵固爲廣化王奚饒樂郡王李魯蘇爲奉誠王仍封宗室外甥女二人爲公主各以妻之制曰李邵固等輸忠保塞乃誠奉國屬外寇中無遠不屆而華裔靡隔等數有加宜賜休名俾承慶澤

十六年正月封于闐阿摩支知王事右武衛大將軍員外置同正員上柱國尉遲伏師爲于闐王冊曰践義立身資忠成性稟崆峒之氣威武可稱慕函夏之風款誠必盡功著沙漠聲聞闕庭宜有褒崇俾膺封建今遣大理正攝鴻臚少卿喬夢松冊爾爲于闐王於戲祇若順訓聿修令德無怠無荒以保土宇爾往欽哉又封疏勒阿摩支裴安之爲疏勒國王冊曰維開元十六年歲次戊辰正月庚戌朔十四日辛亥皇帝若曰荒外遐徵無隔華夷五等疏封式固藩屏咨爾疏勒阿摩支知王事左武衛將軍員外置裴安之誕

冊府元龜　外臣部　封冊二　卷之九百六十四　十六

靈蒲海稟秀葱山蘊義以立名蹈仁而成德雖日月所炤莫非王土而烽燧時警猶曰虜庭遂能折彼邊陲歸我聲教載闡疇庸之義俾弘利建之風今遣大理正攝鴻臚少卿喬夢松冊爾爲疏勒王於戲允迪彝典勿替敬典綏厥戎落永爲漢藩爾往欽哉

十七年正月冊吐火羅骨咄祿頡達度爲吐火羅葉護悒怛王

十九年四月突厥可汗弟闕特勒卒冊小勃律國王難泥爲其國王降書謂之曰惟爾代雄荒服爲國藩衛居萬里之外竭一心之忠用能潛應王師克剪悖

寇慈河失險青海無波使我威靈遠加繇爾誠節克
著言念功效歎美良深今册爾爲本國王并賜衣帶
王宜領取
是月康國王烏勒遣使上表請封其子咄曷爲曹國
王默爲米王並許之降書報烏勒曰卿僻在遐荒久
修誠款情深本國志慕欽風節義著於家邦忠孝兼
於臣子言念懇到歎美良深所請各依可知朕意
二十年九月護密王發卒封其弟護眞檀爲護密國
王
是年渤海桂婁郡王大武藝病死其子大欽茂嗣立

帝降書册且弔之曰念卿亡父素勵誠節與善無徵
奄至殂謝興言求往軫念良深卿是長嫡當襲父位
宜全忠孝以繼前蹤今故遣使持節册命兼申弔祭
册曰皇帝若曰於戲王者宅中守在海外必立藩長
以寧遐荒咨爾故渤海郡王嫡子大欽茂代承緒業
早聞才幹昔在爾考忠於國家爰逮爾躬當茲負荷
豈惟立嫡亦乃擇賢休問可嘉寵章宜及是用命爾
爲渤海郡王爾往欽哉永爲藩屏長保忠信效節本
朝作範殊俗可不美歟
是年突厥可汗小殺卒國人立其子爲伊然可汗詔
宗正卿李佺册立伊然病卒立其弟登利可汗登利華言果報也
二十一年四月册箇失密國王木多筆爲本國王册
曰維開元二十一年歲次癸酉四月丁酉朔五日辛
丑皇帝若曰咨爾箇失密國王木多筆嗚呼奕葉歸
順遠輸誠節修職貢之禮受蕃落之寄時有代謝兄
亡弟襲保界山川輯率黎庶國有制度俗尚清靜可
不勉歟今命爾爲箇失密國王恭膺册命往欽哉
九月護密國王眞檀來朝宴于内殿授左金吾衞將
軍員外置賜紫袍金帶魚袋等七事及帛百匹放還
蕃

是年渤海靺鞨越海入寇登萊詔新羅王金興光發
兵討之仍加授興光開府儀同三司寧海軍使
二十三年正月契丹知兵馬官李過折來獻戎捷制
曰高懸爵秩以待勳庸能者得之固其宜也契丹兵
馬官李過折蕃中貴種塞下雄才其謀慮之深既能
轉禍當義勇之發何異疾雷故得積年逋誅一朝殄
滌使烏窟之衆復爲戎人鷹揚之師且息邊甲言念
誠節宜超等數特加象輅之封仍異龍城之禮可封
北平郡王同幽州節度副大使賜帛一千疋
二十五年正月新羅王金興光卒其子承慶嗣位遣

使來告帝悼惜久之贈太子太保命贊善大夫邢璹
攝鴻臚少卿往其國行弔祭册立之禮與光新羅王
政明之子理供之弟也
二十六年九月封西南大酋帥蒙歸義爲雲南王制
曰古之封建誓以山河義在疇庸故無虛授西南蠻
部大酋帥特進越國公賜紫袍金鈿帶七事歸義挺
秀西南是稱酋傑仁而有勇孝乃兼忠懷馭衆之長
材秉事君之勁節瞻言諸部或有姦人潛通犬戎敢
肆蜂蠆遂能躬擐甲冑總率驍雄深入長驅左縈右
拂凡厥醜類應時誅翦戎功若此朝寵宜加俾膺胙

土之榮以勵扞城之士復遣中使李思敬齎册書往
册焉
十月詔康國王烏勒卒封其子咄曷爲嗣謝䫻國王
誓屈卒封其子如沒拂達爲嗣曹國王沒羨卒封其
弟蘇都僕羅爲嗣史國王延屯死封其子忽鉢爲嗣
皆死在他年今從赴也
是月罽賓國王烏散勒灑以年老上來請立其嫡子
拂林罽婆嗣位從之乃封拂林罽婆爲罽賓國王自
康國已下皆降書宣慰册土二十八年三月以石國
蕃王莫賀咄吐屯有功封爲石國王加特進仍賜旌

節翌日又册爲順義王册曰維開元二十八年歲次
庚辰三月丁亥朔二十二日戊申皇帝若曰於戲茂
秩攸升寵封有命寵榮斯及必在英賢咨爾石國王
莫賀咄吐屯代襲誠節器標果斷盡忠向化作扞蕃陲
頃以蘇祿殘妖尚爲邊患乃能納其鄰國授以良圖
候彼疆埸相爲表裏致令克清邊徼遠輯殊方實賴
心膂載宣勳力靜言褒異非爾而誰是用册爾爲順
義王爾宜敬慎王猷撫寧部衆永保藩輔可不慎歟
是月加拓羯王斯謹提特進賞平蘇祿可汗之功册
曰維開元二十八年歲次庚辰三月丁亥朔二十六

日壬子皇帝若曰於戲乃瞻陰方代有君長至於膺
我盛禮榮彼殊鄰必擇其人諒無虛授咨爾突厥苾
伽骨咄祿可汗氣稟崆峒材雄朔漠見事無惑執心
不渝迄先代以來結好中國自纘承舊業克繼前修
遠遣使臣來朝闕下義之所感情實嘉焉不有褒稱
孰彰忠順是用册爾爲可汗今遣從弟左金吾衛將
軍質持節禮册往欽哉可汗其丕承徽章益勵名節
永保多福以貽後昆可不慎歟
是月磧西節度使蓋嘉運俘吐火仙可汗來獻帝特
捨之授以官爵制曰德以柔遠兵以威敵服而捨之

古之制也突騎施吐火仙可汗骨啜弟葉護頓阿波等皆化乘邊阻兵恃衆雖蟻聚爲梗或擾疆埸而王師所向盡擣巢穴憫其束身就戮歸命而朝宜加宥過之典載洽覃恩之命俾厥弟兄並膺光寵或分茅土復列鉤陳骨啜可左金吾衛員外大將軍仍封爲循義王頓阿波可右武衛員外大將軍

是年遣右金吾將軍李質齎璽書入突厥冊立登利爲可汗

二十九年二月小勃律國王卒冊立其兄麻號來嗣位冊曰於戲王澤無偏義弘於遠邇朝榮所厚諒敦

於款誠咨爾麻號來代襲君長家傳忠信地雖限於絕域心每歸於本朝爰建爾躬是繼前緒素有馭下之略益堅奉上之志是用冊爾爲勃律國王爾其敬膺典冊無忘節義永保土宇以貽子孫可不愼歟

冊府元龜

巡按福建監察御史臣李嗣京　訂正
分守建南道左布政使臣胡維霖　參閱
知建陽縣事臣黄國琦較釋

外臣部十

封冊第三

唐玄宗天寶元年正月封女國王趙曳夫為歸昌王授左金吾衛大將軍佛逝國王劉滕未恭為賓義王授右金吾衛大將軍喃國王楊多過為懷寧王授左羽林軍大將軍並員外置各賜帛八十疋放還部落

六月冊突騎施大纛官都磨度闕頡斤為三姓葉護仍授左羽林軍大將軍冊曰維天寶元年歲次壬午六月甲戌朔二十二日乙未皇帝詔曰於戲王者無外不隔遐方必擇忠欵是加寵命咨爾骨啜祿毗伽都磨度闕頡斤代襲榮望名擅驍騎信義有聞部衆稱美往在蕃任受制兇威元惡已除能革心而向化牙纛既立克輔主以歸懷嘉爾誠心載崇賞秩是用命爾為三姓葉護往欽哉爾其祗奉典冊懋明忠順善塌君長勉樹勲庸可不慎歟

二年五月新羅王金承慶卒弟憲英襲位制曰故開府儀同三司使持節大都督雞林州諸軍事兼持節寧海軍使新羅王金承慶弟憲英奕葉懷仁率心常禮大賢風教條理尤明中夏軌儀衣冠素襲馳海琛而遣使準雲呂而通朝代為純臣累效忠節頃者兄承土宇沒而絶嗣弟膺繼及抑惟常經是用賓懷優以冊命宜因舊業俾承蕃長之名仍加殊禮載錫漢官之號可襲兄新羅國王都府儀同三司使持節大都督雞林州諸軍事兼充持節寧海軍使

三年閏二月封陁拔薩憚國王為恭化王冊曰維天寶三年歲次甲申閏二月乙未朔二十二日丙辰皇

帝詔曰於戲王化所及禮存於懷柔蕃部有歸義存于寵命咨爾陁拔薩憚國王阿魯施多志懷恭順深達智謀賓以使臣修其職貢信義昭著深可褒稱是用命爾為恭化王爾其祗奉典冊懋遵風教忠勤自勵始終無違用率於遐邦以宣我朝命可不慎歟

六月封突騎施伊里底密施骨啜祿毗伽為十姓可汗冊曰維天寶三年歲次甲申六月癸巳朔十二日甲辰皇帝詔曰於戲覆燾之德豈隔於華夷綏懷之道實貴於忠順咨爾突騎施伊里底密施骨啜祿毗伽承其宗緒達於智謀能和衆心以致寧靜載執蕃

禮違效懇誠節義昭明浮可嘉尚是用命爾爲十姓
可汗往欽哉爾其膺懋典册祗奉朝化蹈此忠信保
於始終用主於遠方以光其寵命可不慎歟
七月封九姓葉護男賀獵爲燕郡王
是月賜曹國王號爲懷德王米國王爲恭順王康國
王爲欽化王
四載七月安國王屈底波遣使朝貢遂封屈底波爲
歸義王
九月命罽賓國王男勃準襲父位册曰維天寶四年
歲次乙酉九月乙卯朔二十二日丙子皇帝詔曰於

戲遠方恭順褒錫宜優累代忠勤寵章斯及咨爾罽
賓國王男勃準宿承信義早竭款誠寧彼下人二蕃
安靜繼其舊業萬里來朝秉節不渝懇懷彌著愿情
之至浮可嘉焉是用册命襲罽賓國王及烏長國王
仍授右驍衛將軍往欽哉爾其肅恭典册保尚忠義
永膺於寵命以率於遐蕃可不慎歟
五載四月封奚王婆固爲昭信王仍授驍樂府都督
契丹王楷雒爲恭仁王仍授松漠府都督
六載二月封陁拔斯單國王忽魯汗爲歸信王羅利
支國王伊思俱習爲義寧王岐蘭國王盧薛爲義賓
王
土涅蒲國王謝沒爲奉順王渤達國王摩俱濫思爲
守義王都盤國王謀思健摩訶延爲順德王阿没國
王俱般胡没爲恭信王沙蘭國王甲忍斯戚爲順禮
王
七載雲南王蒙歸義卒詔立其子閤羅鳳襲雲南王
八載七月册十姓突騎施移撥爲可汗册曰爵以疇
庸德以懷遠乃建蕃國抑惟舊章十姓突奇施移撥
可汗骨啜祿毗伽俱支効款輸誠志稱勇烈克保忠
貞之節且兼射御之能信義無愆邊隅是賴加以不
從惡黨遠慕華風言念爾勞載懷嘉尚睠茲部伍必

仗材雄宜式拜於寵命俾有膺於殊禮可册爲十姓
突騎施移撥可汗
九載三月册朅帥國王勃特没兄素迦爲王册曰於
戲賞勞之制必崇名器懷柔之典無替疇庸咨爾朅
帥國王勃特没兄素迦代竭忠誠僻居遐裔夙懷智
識早聞勇義頃以勃特没於鄉不孝於國不忠而卿
抱屈既深久被淪棄今惡黨已殄克結就擒鄉遂能
輸忠赤於朝廷表仁惠於蕃部永言効節宜膺旌賞
是用册爾爲朅帥國王爾其丕荷國恩克修蕃禮子
孫萬代長保寵榮豈不美歟可不慎歟

十一載正月壬寅冊骨咄國王羅全節爲葉護冊曰
維天寶十一載歲次壬寅正月己卯二十四日壬辰
皇帝詔曰於戲疇賞懋功無隔於中外懷荒郵遠諒
歸於典謨咨爾國咄國王羅全節夙遵聲教志尚忠
節作捍邊疆勤効斯著頃者以群醜擾動方欲脅從
而忠懇不渝始終彌固言念於此嘉尚良深是用授
爾驃騎大將軍仍冊爲葉護爾其祗膺典禮愼守封
疆貽慶子孫受玆寵錫可不美歟
十二載九月以骨咄祿三姓毗方伽頡利發爲左羽
林軍大將軍員外置同正員又以骨咄祿毗伽爲突

騎施可汗
是月葛邏祿葉護頓毗伽生擒阿布思制曰葛邏祿
葉護進頓毗特稟英姿擅雄荒服威信馭衆智畧超
群仗弘義以立節竭至誠而嚮順逆虜阿布思丘山
積釁天地匪容未就誅夷仍玆鼠竄遂能率引弓之
旅佐轉戰之師生縛兇渠咸殲醜類雖不長元惡顧
神理之必誅而與我同仇乃忠勇之斯美疇其茂績
寵以殊榮可開府儀同三司封金山王依舊充葉護
祿俾於北庭給其葉護妻及毋並封爲國夫人
十月封石國王男邦車俱鼻施爲懷化王

十四載四月以投降蘇毗王子悉諾邏爲左驍衛員
外大將軍封懷義王賜姓李名忠信其屬官賜各有
差
肅宗至德二年十二月詔曰功濟艱難志存邦國萬
里絕域一德同心求之古今所未聞也迴紇葉護特
稟英姿挺生奇略言必忠信行表溫恭才爲萬人之
敵位列諸蕃之長屬兇醜亂常中原未靜以可汗有
弟兄之約與國家興父子之軍奮其智謀討彼兇逆
一鼓作氣百萬摧鋒二旬之間兩京克定力拔山嶽
精冠風雲蒙犯曾不辭其勞急難無以渝其分固可

懸之日月傳之子孫豈惟列土之封誓河之賞夫位
之崇者司空第一名之大者封王最高可司空仍封
忠義王每載送絹二萬疋至朔方軍差使領受
乾元元年七月冊命迴紇可汗爲英武威遠毗伽可
汗仍令堂弟漢中王瑀充使
代宗廣德元年七月冊迴紇可汗爲頡咄登密施含
俱祿英義建功毗伽可汗可敦冊爲婆墨光親麗華
毗伽可敦可汗可敦及左右內外宰相已下共加實
封二萬戶令御史大夫王翊持節就牙帳禮冊左右
殺胡祿都督等並封爲王諸都督一十一人並封國

公

大曆二年二月以新羅王金憲英卒國人立其子乾運爲王遣其臣金隱居請加冊命詔以倉部郎中歸崇敬兼御史中丞持節齎冊書弔冊之以乾運爲開府儀同三司新羅王仍冊乾運母爲太妃

六年十一月文單國王來朝詔曰周有越裳重譯漢有槃木獻詩遠方來儀從古所記文單國副王婆彌慕我中朝之化方逾南極之風義在撫柔禮當加等可開府儀同三司試殿中監

德宗建中元年六月以京兆尹源休持節冊迴紇頓莫賀爲武義成功可汗帝初嗣位使中官梁文秀告哀迴紇修舊好可汗移地者又陳中國便利以誘其心可汗乃舉國南下將乘我喪其宰相頓莫賀達於諫曰唐大國也且無負於我前年入太原獲羊馬數萬計可謂大捷矣以道途艱難比及還國傷耗殆盡今若舉而不捷將安歸乎可汗不聽頓莫賀乘人心之危因擊殺之并殺其親信及九姓胡所誘來者凡二千人頓莫賀自立號爲合骨咄祿毗伽可汗使其首長建達干隨梁文秀來朝故命持節冊拜焉

貞元元年正月以祕書丞孟昌源爲國子司業兼御史中丞新羅弔祭冊立使先是建中四年新羅王金乾運卒無子國人立其上相金良相爲王至是詔授良相檢校太尉都督鷄林州刺史寧海軍使遣昌源弔冊之

是年新羅王金良相卒其上相金敬信爲王詔令襲其官爵敬信即從兄弟也

四年四月封東蠻鬼王驃旁苴夢衝苴烏星等爲和義順政等郡王驃旁等自隋嶲州臣於吐蕃絕朝貢者二十餘年及是劍南節度韋皋招誘之始棄吐蕃內附來朝特封爲郡王且衣以冠帶仍給兩林勿鄧

等部落印而遣之

五年十二月詔迴紇汨咄祿長壽天親毗伽可汗夢以鴻臚卿郭降充冊迴紇忠貞可汗使

七年二月以鴻臚少卿康鋋兼御史大夫冊迴紇可汗及弔祭使先是六年四月忠貞可汗國人所慕立其子爲可汗遣達北勒梅祿將軍告哀且請冊新君故有是命

九年七月東女國王湯立悉來朝授立悉銀青光祿大夫歸化州刺史

是年哥鄰國王董卧庭來朝王綿州卒贈武德州刺

史命其子利羅爲保寧都督府長史襲哥隣王
十年五月以西川歸化蠻悉嗟爲左驍衛將軍同正
是月加工部員外郎袁滋兼御史中丞賜紫金魚袋
持節冊南詔使南詔異牟尋即雲南王閣羅鳳之孫
天寶中閣羅鳳北臣吐蕃命爲賛普鍾日東帝給以
金印大曆十四年卒異牟尋嗣立至是乃去吐蕃所
立帝號請復南詔舊名帝嘉之賜以金印銀窠其文
日貞元冊南詔印
十二月封南詔清平官簡較左散騎常侍尹求寬爲
高溪郡王

十一年二月令内常侍殷志贍將冊書往渤海冊大
嵩璘爲渤海王忽汗州都督嵩璘渤海大欽茂之子
襲父位也
五月冊拜廻紇騰里邏羽錄沒密施合胡祿骨咄祿
毗伽懷信可汗以祕書少監史館修撰張薦兼御史
中丞充使
十四年三月加渤海郡王兼左驍衛大將軍忽汗州
都督大嵩璘銀青光祿大夫簡較司空冊爲渤海國
王依前忽汗州都督大嵩璘父欽茂以開元二十六
年襲其父武藝忽汗州都督渤海郡王左金吾大將
軍天寶中累加特進太子詹事賓客寶應元年進封
渤海國王大曆中又累拜司空太尉及嵩璘襲位但
授其郡王將軍嵩璘遣使敘禮故更加冊命焉
十一月以朔方靈州同節度副使左金吾衛大將軍
同正兼詳太常卿慕容復襲長樂府都督青海國王
烏地野拔勤豆可汗
十六年四月以故開府儀同三司簡較太尉使持節
寧海軍使上柱國新羅國王金敬則嫡孫權知國
事俊邕可襲祖開府簡較太尉鷄林州大都督等新
羅國王令司封郎中兼御史中丞韋丹持節冊命丹

至鄆州聞俊邕卒其子立詔丹還
十九年正月授黎州廓清道蠻首領襲恭化郡王劉
志遼試太常卿
順宗以貞元二十一年正月即位三月立新羅嗣王
金重熙爲開府儀同三司簡較太尉使持節大都督
鷄林州諸軍事鷄林州刺史兼持節充寧海軍使上
柱國其母和氏爲太妃其妻朴氏爲妃遣兵部郎中
兼御史大夫季方充使
四月封彌臣嗣王道勿禮爲彌臣國王
五月加忽汗州都督渤海王大嵩璘金紫光祿大夫

簡較司徒

憲宗以永貞元年八月卽位時迴紇懷信可汗卒使來告喪

十一月册命可汗爲愛登里邏汨德没施俱録毗伽可汗以鴻臚少卿兼御史中丞孫杲充弔祭册立使

元和元年二月授入朝奚王梅落銀青光祿大夫簡較司空饒樂郡王放還蕃國

十月加忽汗州都督渤海國王大嵩璘簡較太尉

十二月以南詔異牟尋卒册其子驃信苴蒙閣勸爲南詔遣諫議大夫段平仲司封郎中李逢吉充副使并

鑄元和册南詔印從平仲所請也

三年五月以廻鶻騰里野合俱祿毗伽可汗卒命使册九姓廻鶻可汗爲愛登里囉汨没密施合毗伽保義可汗以前山南西道節度使柳晟爲簡較工部尚書兼將作監持節充使

六月沙陀突厥七百人携其親屬歸於振武節度使范希朝尋授其大首領朅勒阿波左武衛大將軍同正員兼陰山府都督祕書監

四年正月以故渤海國王大嵩璘男元瑜爲銀青光祿大夫簡較祕書監充忽汗州都督册爲渤海國王

十月以投來奚王没辱孤爲右領軍衛將軍員外同正充幽州盧龍軍節度平州遊奕兵馬使仍賜姓李氏

七年七月以新羅王金重熙卒立其相金彦昇遣使來告詔以彦昇爲開府儀同三司簡較太尉使持節大都督鷄林州諸軍事兼持節充寧海軍使上柱國封新羅國王妻貞氏册爲妃仍令有司准式兼命職方員外郎攝御史中丞崔廷充使

八年正月以故渤海國王大元瑜長弟權知國務言義爲銀青光祿大夫簡較祕書監忽汗州都督册爲

渤海國王遣内侍李重旻充使

十一年五月南詔龍蒙盛卒遣使請册立其君長命少府少監李銳兼御史中丞持節册立左賛善大夫許堯佐副之

十三年四月以知渤海國務大仁秀爲銀青光祿大夫簡較祕書監忽汗州都督册爲渤海國王

十五年閏正月加忽汗州都督渤海國王大仁秀金紫光祿大夫簡較司空

穆宗長慶元年四月以廻紇毗伽保義可汗卒正衙册廻鶻君長爲登羅羽祿没密施合句祿毗伽可汗

以少府監裴通充使
三年九月南詔遣使朝貢以京兆少尹韋審規爲冊
立南詔使
敬宗寶曆元年五月命使冊立九姓迴鶻愛登里羅
汨没密施合毗伽昭禮可汗遣品官田務豐頒國王
文宗太和四年七月以投來奚王茹羯爲守右驍衛
將軍員外置同正員
五年正月以權知渤海國王務大彝震爲銀青光祿
大夫簡較祕書監兼忽汗州都督冊爲渤海國王
四月以新羅金彥昇卒詔其子景徽爲開府儀同三

司簡較太尉使持節鷄林州諸軍事充鷄林州大都
督寧海軍等使仍賜上柱國封爲新羅王復封其母
朴氏爲新羅太妃妻眞氏爲王妃命太子左諭德兼
御史中丞源寂持節弔祭冊立
七月四月制曰王者運神功以清九有敷至德以柔
四夷雖萬國建邦皆有君長而一時錫禮特厚親隣
用昭絕漠之榮式示徽章之貴克膺盛典允屬雄材
咨爾九姓迴鶻愛登里羅汨没密施合句祿毗伽彰
信可汗代濟公忠特推英毅剛明有守信實不渝總
北方勁悍之師慕中華清淨之化克昭前訓寶懷遠
圖威叶承家願申永好彼無侵軼此務綏安兩國咸
歡六姻彌重事大之義而合志春秋相嚮之誠而皎
如日月使臣旁午贄幣交馳詞意綢繆禮貌恭恪是
嘉誠欵宜錫寵光必能虔受新恩慕乃舊服今遣使
寧遠將軍右金吾衛將軍兼御史大夫上柱國賜紫
金魚袋唐弘實副使中大夫將作少監兼御史中丞
賜紫金魚袋嗣澤王容等持節備禮冊爲九姓迴鶻
愛登里羅汨没密施合句祿毗伽彰信可汗於戲海
內四極惟唐舊封天下一家與我同軌舉茲典冊布
於神明爾其愼固封疆祇守名器罔墜先烈載揚令

猷欽承禮文以作來範
武宗會昌二年六月封天德降到迴鶻首領唱没斯
爲懷化郡王賜牙旗豹尾尋加簡較工部尚書兼歸
義軍使制曰迴鶻代雄絕漠名振北蕃而乃厭金革
之殭慕朝廷之禮頻襲冠帶思覩漢儀蟬蛻自取其
潔清豹變獨蔚於文彩不有豪傑孰啓壯圖唱没斯
禀氣陰山降精斗極生知忠孝神授兵鈐自強之心
隱如敵國銳上之氣森若戈矛果能因亂布誠覘機
立節深叶懷柔之志不因告諭之詞昔者取士殊隣
秦能致霸得賢異壤晉實用材是宜優以寵光處之

樣貴褒納忠之顯效賜歸義之美名俾建旆於新軍示絶席於諸將勉修臣節服我官榮

九月制契丹新立王屈戍可雲麾將軍守右武衛將軍員外制同正員仍賜新印篆其文曰奉國契丹之印

宣宗大中元年四月冊黠戞斯首領爲英武誠明可汗國曰堅昆以鴻臚卿李業克使

後唐莊宗同光元年賜陰山府都督白承福於中山北石門爲栅號寧朔奉化兩府以都督爲節度使賜姓李名紹魯

二年四月廻鶻權知可汗仁美遣使來貢制曰廻鶻可汗仁美代襲驍雄生知義烈秉北方忠順之氣爲南面沙漠之君自列聖有國之初便申盟誓及肅宗中興之運繼立勲庸爾來貢奉不違戎馬無警一心嘗保於甥舅萬里或結於姻親今則興服之初琛俄至仍聞撫寧七部兼且控制諸蕃終姓之道無渝信言必復嗣緒之文斯在典冊宜行俾紹前修且明久要宜封爲英義可汗仍令所司擇日備禮冊命乃以太原少尹李彦圖簡較工部尚書爲冊使

明宗天成元年十月以嶲州山後兩林百蠻都鬼王右武衛大將軍李卑晚爲寧遠將軍大渡河南山前印州六姓都鬼主懷安郡王勿鄧摽莎爲定遠將軍

三年二月命使冊廻鶻權知可汗仁裕爲順化可汗

長興三年五月制權知高麗國事王建可特進簡較太保使持節玄菟州都督上柱國封高麗國王充大義軍使

末帝清泰元年七月癸丑簡較刑部尚書瓜州刺史慕容歸盈轉簡較尚書左僕射時瓜沙附廻鶻來朝貢令使歸故有斯命

晉高祖天福三年十月制曰于闐國王李聖天境控

西陲心馳北闕頃屬前朝多事久阻來庭今當寶曆開基乃勤述職請備屬籍宜降冊封將引來遠之恩俾樂無爲之化宜冊封爲大寶于闐國王仍令所司擇日備禮冊命以供奉官張光鄴充使

四年三月制曰廻鶻可汗仁美雄臨朔野虔奉中朝一方之烽燧蔑聞萬里之梯航繼至自當開創益效傾輸備覩尊奬之心爰降冊封之命宜封爲奉化可汗擇日備禮冊命遣衛尉卿邢德昭持節使之

六年五月制曰王者法二象以覆載齊七曜以炤臨既符有道之文是布無私之化其有誠懸象闕路越

綜津首傾拱極之心久勵事君之節得不示門特之信同萬國之風用顯英賢俾行典禮大義軍使特進簡較太保使持節玄菟州都督上柱國高麗王王建天資間傑神授機謀宇量矜嚴靈襟洞達志堅金石操凜雪霜每切朝宗嘗勤事大守三韓之重地仁義兼修定百濟之疆隣恩威並振暨朕握圖御宇膺籙開基遣猶子以朝天備彰忠節改名臣而稱賀益認深誠而又敘立國之蘇述連姻之舊慕于正朔顯爾籌謀是用將舉徽章聿覃豐澤階升一品位統三師加以戶封兼其真食勉膺寵命以保令猷可開府儀

同三司簡較太師依前使持節玄菟州都督充大義軍使食邑一萬戶食實封一千戶高麗國王八月遣光祿卿張澄國子博士謝攀徃冊命焉

少帝開運二年十二月以權知高麗國事王武爲特進簡較太保使持節玄菟州都督上柱國充大義軍事兼御史大夫高麗國王仍命光祿卿范政太子洗馬張季凝就行冊命

周太祖廣順二年二月制權監高麗國事王昭可特進簡較太保使持節玄菟州都督上柱國充大義軍使封高麗王仍令所司請禮冊命以衛尉卿劉皞充冊使通事舍人顧彥浦副之皞卒于路彥浦溺海而死以太僕少卿王演借衛尉卿充高麗國冊禮使右衛率府呂繼贇借將作少監充使副

世宗顯德二年十一月以高麗國遣廣評侍郎荀質來賀登極授其國王王昭開府儀同三司簡較太尉制曰姬旦分疆肅愼列明堂之位武王尊德朝鮮受箕子之封矧乃代守東藩材稱間世襲衣冠而奉正朔瞻象魏以走梯航推誠遠慕於華風重譯來朝於興運嘉乃丕績宜覃懋恩特進簡較太尉使持節玄菟州都督大義軍節度使上柱國高麗國王王昭地

控辰韓風行日域命氏本神僊之族炳靈分象緯之精爲仁自契於太平既觀蘇已述職罔殊於諸夏來奉克庭朕嗣守鴻圖方崇王道禮樂征伐之柄盡出敢躬山河帶礪之盟恩傳不朽但遵聲教豈限遐遙俾光壽土之封更假自天之寵於戲儀同三事無先開府之尊冠聳四梁愈見上公之貴琢蒼玉爲爾珮飾豐貂爲爾冠用報好音且彰柔遠爾其仰宣朝命下慰州民泛濟水爲恩波還同在藻指家山於緱嶺免詠式微永爲屬國之賓無闕外臣之禮可授開府儀同三司簡較太尉依前使持節玄菟州諸軍事行

玄菟州都督充大義軍使高麗國王勲如故

恭帝以顯德六年即位加高麗國王王昭檢校太師

食邑三千户

冊府元龜

冊府元龜外臣部封冊 卷之九百六十五 十九

巡按福建監察御史臣李嗣京　訂正
分守建南道左布政使臣胡維霖　參閲
知建陽縣事臣　黄國琦　較釋

外臣部　十一

繼襲

小雅著似續之訓春秋有世及之義蓋所以象賢濟美克承基緒者也雖復要荒之外戎蠻之國亦乃崇樹世嫡襲其位號傳國延祚享年永久其間知人如宋宣讓國如魯隱愛才如吳謁得位如晉文雖曰夷

狄有足稱者自餘女子爲後彊臣逆取是不一姓何嘗之有系而言之亦所以紀其興滅之迹矣

東夷朝鮮自武王封箕子其後四十餘年至朝鮮侯準自稱王漢初燕人衛滿擊破準而自王朝鮮傳國至孫右渠

高句麗漢初其王高朱蒙死子如栗立如栗死子莫來立漢武既滅朝鮮以高句麗爲縣王莽更名下句麗侯後漢建武八年遣使朝貢光武復其王號裔孫宮建光元年死子遂成立遂成死子伯固立伯固死有二子長子拔奇小子伊夷摸拔奇不肖國人便立伊夷摸爲王伊夷摸死子位宮立始位宮曾祖宮生而目開能視國人惡之及長凶虐國以殘破及位宮亦生而視人高麗呼相似爲位以爲似其曾祖宮故名位宮其後位宮玄孫乙弗利立乙弗利死子釗立釗爲百濟所殺至後魏大武時釗曾孫璉遣詣安東奉表貢方物封璉爲遼東郡公高句麗王太和十五年璉死年百餘歲孫雲立神龜中雲死世子安立安死子延立延死子成立成死子湯立周武帝封湯爲遼東王隋高祖改封高麗王湯死子元嗣唐高祖武德二年元弟建武遣使朝貢貞觀十六年西部大人

蓋蘇文殺建武立其弟大陽子藏爲王十七年太宗封藏爲遼東郡王儀鳳中改朝鮮王永淳初藏卒垂拱二年封藏孫寶元爲朝鮮郡王聖曆元年改爲忠誠國王後唐同光天成中其王姓高長興三年其王曰王建晉開運二年建卒子武嗣漢乾祐末武卒子昭立

百濟晉義熙十二年封其王餘映爲百濟王宋元嘉七年其王餘毗復脩職貢以映爵號授之毗死子慶代立慶死子牟都立牟都死子牟大立梁普通二年其王餘隆遣使朝貢五年隆死子明襲其王號北齊

武平元年以其王餘昌爲百濟王隋開皇中昌死子璋立唐高祖武德七年册爲帶方郡王百濟王貞觀十五年璋卒子慈義遣使告哀太宗册義慈襲其王號顯慶五年左衛大將軍蘇定方大破其國虜義慈及太子隆送於京師龍朔元年百濟僧道琛舊將福信遣使往倭國迎故王子扶餘豐立爲王高宗命帶方州刺史劉軌討之詔以扶餘隆爲熊津都督遣還本國儀鳳二年封帶方郡王其百濟本地漸爲新羅所據隆不敢還遂卒則天以其孫敬襲封帶方郡王

新羅王本百濟人自海逃入新羅遂王其國傳世三

十至金真平隋開皇十四年封樂浪郡公新羅王唐貞觀五年真平卒無子立其女善德爲王襲樂浪郡公新羅王號二十一年善德卒立其妹真德爲王永徽五年真德卒弟相國金春秋嗣龍朔元年春秋卒詔其子太府卿法敏嗣開耀元年法敏卒其子政明嗣天授三年政明卒其子理洪嗣長安二年理洪卒立其弟興光爲新羅王開元二十五年興光卒其子承慶襲天寶二年承慶卒其子憲英襲大曆二年憲英卒其子乾運襲建中四年乾運卒無子國人立其上相金良相爲王貞元元年良相卒立上相敬信爲王襲其官爵敬信卽良相從兄弟也十四年敬信卒其子先亡國人立敬信嫡孫俊邕爲王十六年俊邕卒其子重興立元和七年重興卒立其相金彦昇爲王太和五年彦昇卒其子景徽嗣後唐同光元年其王金朴英長興四年權知國事金溥並遣使朝貢

倭國後漢光和中有女王名卑彌呼魏正始中卑彌呼死更立男王國中不服更相誅殺復立卑彌呼宗女臺與爲王其後復立男王並受中國爵命晉安帝時倭王贊死弟彌立彌死子濟立宋元嘉二十年齊死世子興立興死弟武立隋開皇二十年其王姓何毎

字多利思比孤號河輩雞彌遣使朝貢

南越王趙佗漢高帝十一年立爲南越王建元四年佗卒孫胡爲南越王胡薨太子嬰齊立先是嬰齊入宿衛在長安時取邯鄲樛氏女子生興及卽位上書請立樛氏女爲后興爲嗣及嬰齊薨太子興代自尉佗王凡五世九十三歲而亡

閩越王無諸漢高帝五年立爲閩越王王閩中故地建元六年其王郢擊南越爲其弟餘善所殺詔立無諸孫繇君丑爲越繇王奉閩越先祭祀餘善已殺郢威行於國國人多屬竊自立爲王繇王不能矯其衆

持正天子聞之立餘善爲東越王與繇王並處（元封元年爲漢所滅）
東海王搖漢惠帝三年立爲東海王都東甌世從號爲東甌王後數世爲閩越所滅
林邑國漢末象林縣功曹姓區有子連殺令自立爲王子孫相承其後王無嗣外孫范熊代立熊死子逸立南齊時夷人范當根篡奪林邑自立爲王後林邑王范陽邁子孫范諸農率種人攻當根純復得本國梁天監九年其王范元凱立十三年病死弼毳跋摩立唐武德六年其王曰范志貞觀四年其王曰范頭

黎並遣使朝貢頭黎死子范真龍代立真龍爲國人所殺乃立頭黎女婿婆羅門爲王真後大臣及國人感思舊王乃廢婆羅門而立頭黎之嫡女爲王一說永徽總章中其王曰鉢迦舍跋摩先天開元中其王建多達摩天寶中其王盧陁羅並遣使朝貢至德後改稱環王國不以林邑爲號永泰元年林邑王諸農八朝海中遭風溺死代宗以其子文欵爲假節都督緣海軍事安南將軍林邑王
赤土國其王姓瞿曇氏名利富多塞稱其父釋王位出家爲道傳位于利富多塞
朱江國其王姓刹氏名質多斯那自其祖漸已強盛至質多斯那遂兼扶南而有之質多斯那死子伊奢那先代立
西南夷東謝蠻其首領謝元深世爲酋長唐貞觀三年元深與南謝首領謝強來貢貞元十三年西南蕃大酋長繼襲蠻州刺史宋鼎左右大首領仰州刺史謝汕隨牂柯朝貢
西趙蠻首領趙氏世爲酋長唐貞觀三年以其地置明州首領趙磨爲刺史
牂柯蠻首領謝龍羽唐武德三年授牂州刺史封夜

郎公開元十年大酋謝元齊死詔立其孫嘉藝襲其官封二十五年大酋長趙君道來朝貢貞元七年授其酋長趙主俗官
南詔王姓蒙氏唐初有蒙舍龍生迦獨龍迦獨生細奴羅高宗時來朝細奴邏生邏盛則天時來朝開元初邏盛死子盛邏皮立盛邏皮死子皮邏閤立玄宗封越國公賜名歸義其後破洱河蠻以功冊授雲南王天寶七載歸義卒詔立子閤羅鳳襲雲南王大曆十四年閤羅鳳死子迦異先死乃立迦異子是爲異牟尋元和三年異牟尋死冊其子驃信苴蒙閤勸爲

南詔其後有龍牟盛蒙嵳頗皆爲南詔
西羌無弋爰劒者秦厲公時諸羌推以爲豪其後世
世爲豪從爰劒種五世至研研最豪健自後以研爲
種號十三世至燒當復豪健其子孫更以燒當爲種
號自燒當至玄孫滇良世居河北大允谷滇良死子
滇吾立滇吾降漢子東吾立乃入居塞內
氏者四夷之別種後漢建安中有楊騰者爲部落大
帥徙居仇池地方百頃因以爲號魏拜爲百頃王至
其孫名飛龍無子養外甥令狐茂搜爲子晉元康中
羣氏推以爲主愍帝以爲驃騎將軍封左賢王茂搜

死子難敵統位自號左賢王屯下辨弟堅頭分部曲
號右賢王屯河池難敵死子毅立自號左賢王下辨
公以堅頭子盤爲右賢王河池公毅族兄初襲殺毅
并有其衆自立爲仇池公永和十年改封初爲天水
公十一年初爲小弟宋奴所殺初子國誅宋奴復自
立爲仇池公十二年國從叔俊復殺國自立國子安
奔符生殺俊稱籓於晉及死子世自立爲仇池公太
和三年以世爲秦州刺史弟統爲武都太守世死統
廢世子纂自立纂黨襲殺統自立爲仇池公遣使詣
闕簡文帝以纂爲秦州刺史咸安元年符堅遣楊安
伐纂尅之徙其人於關中空百頃之地先是宋奴之
死二子佛奴佛狗逃奔符堅堅以女妻佛奴子定拜
爲尚書領軍堅之敗定奔隴右徙居歷城招夷夏千
餘家自稱龍驤將軍仇池公稱籓於晉孝武以爲秦
州刺史後魏登國四年遂有秦州之地號隴西王後
爲乞伏乾歸所殺無子狗奴子盛先爲監國守仇池
公統事自號征西將軍秦州刺史仇池公謚定爲武
王天興初以盛爲征南大將軍仇池公盛死私謚曰
惠文王子玄統位始光四年拜玄爲征南大將軍督
梁州刺史南秦王玄死私謚孝昭王子保宗統位初

玄臨終謂弟難當曰今境候未寧方須撫慰保宗冲
昧吾授卿國事其無墜先勳難當固辭請立保宗以
輔之保宗既立難當妻姚氏謂難當曰國險宜立長
君返事孺子非久計難當從之廢保宗而自立太武
拜難當爲征南大將軍秦梁二州刺史南秦王難當
爲宋將裴方明所敗棄仇池奔上邽太武遣中山王
辰迎之方明既尅仇池以保宗弟保熾守之河間公
齊擊走之氐羌立保宗弟文德屯于濁水太武遣中
山王辰迎之文成時拜難當營州刺史卒謚曰忠和
子小眼襲爵例降爲公拜天水太守卒子公熈襲爵

初宋將裴方明既尅仇池以保宗弟保熾守之尋爲後魏河間公齊擊走氐羌立保宗弟文德屯於濁水又爲皮豹子所擊保宗之執也子元和奔宋以爲武都白水太守元和據城歸順文成嘉之拜征南大將軍武都王內徙京師元和從叔僧嗣復自稱武都王於葭蘆僧嗣死從弟文度自立爲武興王孝文初征西將軍皮歡喜攻葭蘆破之文度弟鼠自立爲武興王奉表謝罪孝文拜鼠都督南秦州刺史征西將軍西戎校尉武都王鼠死從子後起統位孝文復以鼠爵授之後起死以鼠子集復爲武興王集死子紹先

立紹先年幼委事二叔集起集義後爲建武將軍傅豎眼所破執紹先送京師遂滅其國魏末天下亂紹先奔還武興復自立爲王紹先死子辟邪立周太祖討平之乃以大將軍宇文貴爲都督興州刺史

宕昌羌後魏時有梁懃者世爲酋帥得羌豪心乃自稱王焉懃孫彌忩太武初遣子彌黄奉表求內附拜爲宕昌王彌忩死孫彪子立彪子死彌治立彌治死子彌機立

東女國本西羌之別種俗以女爲王號爲賓就唐武德中其王湯滂氏垂拱二年其王歛臂天授三年其王俄琰兒爾並遣使朝貢天寶元年封其王趙曳夫爲歸昌王是後以男子爲王貞元九年其王湯立悉內附授歸化州刺史

吐蕃本西羌之種國人號其王爲贊普唐永徽元年贊普寶王不夜弄讚薨弄讚子早死其嗣孫立復號贊普年幼國事皆委於其相祿東贊祿東贊死其子欽陵復專其國儀鳳四年不夜弄讚卒嫡子器弩悉弄卽大臣麴薩若之甥也先與薩若往年同徵發兵馬聞喪歸國繼位爲贊普時年八歲其弟年十六歲時在欽陵之軍國人以欽陵彊盛又欽奉之爲王欽陵

迫於大義竟與薩若協心器弩悉弄位始定神龍元年器弩悉弄卒諸子爭立久之國人立其子棄隷蹜贊爲贊普時年七歲天寶十四載贊普乞黎蘇籠臘贊死大臣立其子娑悉籠臘贊爲贊普貞元十三年卒長子立一歲卒元和十二年會昌二年皆以贊普卒來告

西域罽賓國漢武帝時其王烏頭勞死子代立遣使奉獻唐顯慶三年遣使朝貢訪其國俗云王始祖馨孽今日曷擷之父子傳位已十二代其年列其誠爲脩鮮府龍朔初授其王都督十一州諸軍事開元七

年冊其王爲葛邏達支特勤二十七年其王烏散特勤上以年老上表請嫡子拂森嗣位許之天寶四載又冊其子勃匐准爲襲嗣賓及烏萇國王仍授右驍衛將軍

烏孫漢武帝時其昆莫有十餘子中子大祿彊善將將衆萬餘騎別居大祿兄太子太子有子曰岑陬太子蚤死謂昆莫曰必以岑陬爲太子昆莫哀許之大祿怒乃收其昆弟將衆畔謀攻岑陬昆莫與岑陬萬餘騎令別居昆莫亦自有萬餘騎以自備國分爲三大總羈屬昆莫後尚江都公主昆莫年老欲使岑陬

尚公主公主不聽天子令從其風俗岑陬遂妻公主昆莫死岑陬代立岑陬者官號也名軍須靡昆莫王號也名獵驕靡後昆彌亡岑陬胡婦子泥靡尚小岑陬且死以國與季父大祿子翁歸靡曰泥靡大以國歸之翁歸靡既立號肥王復尚楚主解憂生三男兩女元康二年上書願以漢外孫元貴靡爲嗣得令復尚漢公主乃以解憂弟相夫爲公主遣之未出塞聞翁歸靡死貴人共從本約立岑陬小子泥靡代爲昆彌號狂王其後爲翁歸靡胡婦人烏就屠所殺烏就屠自立爲昆彌詔立元貴靡爲大昆彌烏就屠爲小昆彌元貴靡死子星靡代爲大昆彌昆彌死子烏就靡代小昆彌烏就屠死子拊離代立拊離爲弟日貳所殺漢遣使者立拊離子安日爲小昆彌後爲降民所殺漢立其弟末振將代末振將恐爲大昆彌雌離靡所并使貴人烏日領詐降刺殺之漢立雌栗靡季父公主孫伊秩靡爲大昆彌漢沒入小昆彌侍子在京師者久之大昆彌翎侯難栖殺末振將以其兄安日子安犂靡代爲小昆彌是歲元延二年也

拘彌國後漢永建四年其王爲于闐王放前所殺自立其子爲拘彌王陽嘉元年燉煌太守徐繇遣疏勒

王臣磐破于闐更立興宗人成國爲拘彌王熹平四年于闐王安國攻拘彌殺其王戊己校尉西域長史各發兵輔立拘彌侍子定興爲王

于闐國後漢永平中其王休莫霸死兄子廣德立永建六年其王放前遣侍子貢獻

大月氏國漢時貴霜翎侯丘就卻自立爲王國號貴霜丘就卻年八十歲餘死子閻膏珍代爲王

莎車國漢宣帝時烏孫公主小子萬年莎車王愛之莎車王無子死死時萬年在漢莎車國人計欲自託于漢又欲得烏孫心乃上書請萬年爲王萬年既立

暴惡國人不說莎車王弟呼屠徵殺萬年自立漢烈
侯馮奉世發兵擊殺之更立它昆弟子爲莎車王至
元帝時其王延嘗爲侍子長於京師王莽天鳳五年
延死謚忠武王子康代立後漢建武九年康死謚宣
成王弟賢代立賢爲于闐王廣德所虜匈奴遣兵將
賢質子不居徵立爲莎車王廣德又攻殺之更立其
弟齊黎爲王章帝元和三年降漢
疏勒國後漢永平十六年龜茲王建殺疏勒王成自
以龜茲左侯兜題爲疏勒王是年漢遣軍司馬班超
劫縛兜題而立成之兄子忠爲疏勒王元初中其王

曰安國以舅臣磐有罪徙于月氏後安國死無子毋
持國政與國人共立臣磐同產弟子遺腹爲疏勒王
臣磐聞之請月氏王曰安國無子種人微弱若立毋
氏我乃遺復叔父也我當爲王月氏遣兵送還疏勒
國人素敬愛臣磐又畏憚月氏即共奪遺腹印綬迎
臣磐立爲王至靈帝建寧元年疏勒王爲其季和得
所射殺和得自立爲王
龜茲國漢時其王絳賓以烏孫公主爲夫人絳賓死
六子丞德自謂漢外孫成帝時往來尤數隋大業中
其王姓白氏曰蘇尼咥唐武德初其王蘇伐勃駛並

遣使來朝勃駛卒子蘇伐疊代立號時健莫賀俟利
發疊死其弟訶黎布失畢代立貞觀末阿史那社爾
伐龜茲二其王近於京師立其弟葉護爲王永徽七
年又以訶黎布失畢爲右驍衛大將軍尋放還蕃撫
其餘衆依舊爲龜茲王顯慶二年立其王嗣子白素
稽爲龜茲王授右驍衛大將軍仍遣使就加冊命開
元七年其王白漠苾卒以其嫡子孝節襲位
車師都尉國漢時其王太子曰軍宿匈奴欲以爲質
軍宿焉耆外孫不欲質匈奴亡走焉耆車師王更立
子烏貴爲太子後爲車師王爲子二所擊亡走烏孫

烏孫留不遣使上書願留其車師王備國有急可從
西道以擊匈奴漢許之於是漢召故車師太子軍宿
在焉耆者立以爲王
高車國者漢車師前王之庭也後魏時蠕蠕立闞伯
周爲高昌王太和初伯周死子義成立爲從兄首歸
所殺首歸自立爲高昌王五年爲高車王阿伏至羅
所殺以燉煌人張孟明爲王爲國人所殺更以馬儒
爲王以鞏顧麴嘉二人爲左右長史儒又通使後魏
請內屬人皆戀土不願東遷相與殺儒立嘉爲王延
昌中以嘉爲持節平西大將軍瓜州刺史泰臨縣開

國伯嘉死子堅立堅死子伯雅立唐武德二年伯雅死子文泰嗣貞觀十四年稱疾不朝太宗命吏部尚書侯君集征之泰死子智盛嗣立君集遂拔其城置安西都護府

焉耆國隋大業中其王姓龍名突騎支唐貞觀十四年安西都護郭孝恪發兵擊之虜突騎支獻於雒陽太守赦其罪留於京師其國乃立薩婆阿那支號爲瞎干阿史那社爾之討龜茲也阿那支率兵龜茲共禦大軍杜爾擒而斬之立龍婆伽利爲王即突騎弟也永徽三年龍婆伽利死其國人請立前王龍騎支

爲王高宗許之加授右武衛將軍令還本蕃開元七年其王龍嬾突蘡以其焉吐拂延襲位

波斯國其王初嗣位便密選諸子才堪承統者名字封而藏之王死後大臣與王之羣子共發封而視之奉所書名爲王唐觀二十一年其王伊嗣侯龍朔元年其國王卑路斯並遣使朝貢高宗列其地疾陵城爲波斯都督府授卑路斯爲都督

大食國隋大業中其王名瞰蜜莫末膩自云有國巳四十四年歷三王矣一說隋開皇中大食族中有孤列種代爲酋長孤列有二姓一號盆尼奚深一號盃尼末換後有摩訶末者勇健多智衆立之爲王摩訶末後十四代至末換殺其兄爲部人所殺遂求得奚浮種阿蒲羅拔立之阿蒲羅拔卒立其弟阿蒲恭拂恭拂卒子迷地立迷地卒子牟栖立牟栖卒弟論立是歲貞觀二年也

石國唐顯慶三年列其地爲大宛府以其王瞰吐屯攝舍提於屈昭穆爲都督開元初封其王莫賀咄吐屯爲石國王九年其王曰伊吐屯屈勒天寶五載封其王子那俱車鼻施爲懷化王

吐火羅國唐永徽三年列其地爲月氏府以其葉護

阿史那烏濕波爲都督開元七年其葉護曰支汗那十七年冊其首領骨咄祿頓達度爲葉護天寶八載其葉護失里忙伽羅並遣使朝賀

康國本康居之苗裔唐武德七年其王曰屋本支顯慶三年其王曰拂呼髮是年高宗列其地爲康居府以拂呼髮爲都督八歲通天元年則天封其大首領篤娑鉢提爲王鉢提尋卒又冊立其子泥濕師師爲王泥濕師師卒冊立其子突昏爲王開元十九年其王烏勒卒上表請封其子咄曷爲曹國王許之二十七年烏勒卒遣使冊咄曷襲其父位

火國唐顯慶三年列其所治爲佉沙州以其王昭武失阿曷爲刺史開元十五年其王曰阿忽必多延屯二十七年卒冊立其子阿忽鉢爲王二十九年其王斯謹提立

冊府元龜

冊府元龜　外臣部　繼襲　卷之九百六十六　十七

巡按福建監察御史臣李嗣京　訂正

分守建南道左布政使臣胡維霖　叅閱

知建陽縣事臣黄國琦　較釋

外臣部　十二

繼襲第二

西北吐谷渾本鮮卑徒河涉歸之子涉歸晉時封昌黎公死子若落廆代統部落而庶長吐谷渾西附陰山吐谷渾死長子吐延嗣吐延性酷刻爲昂城羌酋姜聰所刺劒猶在體呼子葉延語其大將絶拔渥

日吾氣絶棺斂訖便遠去保白蘭白蘭地既險遠又土俗懦弱易控御葉延小付汝汝竭股肱之力以輔之傳子得立吾無恨矣抽劒而死葉延立乃以王父字爲氏亦以爲國號葉延死子碎奚立性淳謹三弟專權碎奚不能制諸大將共誅之碎奚憂哀不復攝事遂立子視連爲世子委之事號曰莫賀郎華言父也視連立十五年死弟視羆立視羆死子樹雒千並幼弟烏紇提立烏紇提死樹雒千立自號車騎將軍是歲晉義熙初也樹雒千死弟阿豺立自號驃騎將軍沙州刺史宋少帝封爲澆河公阿豺臨死召諸子弟告之曰先公車騎捨其子虔以大業屬吾吾豈敢忘先公之舉而私於緯代其以慕璝繼事阿豺有子二十人又謂之曰汝等各奉吾一隻箭將玩之地下俄而命母弟慕利延曰汝取一隻箭折之慕延折之又曰汝取十九隻箭折之慕延不能折阿豺曰汝曹知乎單者易折衆則難摧戮力一心然後社稷可固言終而死宋文帝又授慕璝爲隴西公後魏大武遣使冊拜慕璝爲大將軍西秦王大延二年慕璝死弟慕利延立改封西平王慕利延死樹雒子拾寅立始邑於伏羅川後拜爲西平王太和五年拾寅死子易

侯立易侯死子伏連籌立封爲吐谷渾王伏連籌死子夸呂立始自號爲可汗居伏俟城夸呂在位百年餘卒子世伏嗣世伏爲國人所殺立其弟伏允爲主爲隋所擊客于党項大業末天下亂伏允復其故地唐貞觀九年詔特進李靖討破之伏允自縊而死國人乃立其嫡子太寧王順爲可汗稱臣內附太宗封順爲西平郡王仍授趉胡呂烏甘豆可汗順立未幾爲臣下所殺其子燕王諾曷鉢嗣立封爲河源郡王仍授烏地也拔勤豆可汗其後吐谷渾爲吐蕃所得諾曷鉢徙其部衆于靈州之地置安樂州以諾曷鉢

爲刺史垂拱四年卒子忠嗣忠卒子宣趙嗣聖曆三年襲父烏地也拔勤豆可汗宣趙卒子希晧嗣希晧卒子兆嗣及吐蕃陷安樂州其部衆又東徙散在朔方河東之境貞元十四年以朔方軍節度副使慕容復爲襲長樂州都督清海國王烏地也拔勤豆可汗未幾卒其封遂絶唐末有首領赫連鐸拓拔思恭後唐有白承福念公山薛糞堆各有部族

北狄匈奴秦始皇時單于曰頭曼有太子名曰冒頓代爲單于漢文帝時冒頓死子稽粥立號曰老上單于後四年老上單于死子軍臣單于立元朔中軍臣

單于死其地左谷蠡王伊犀斜自立爲單于攻敗軍臣單于大子於單於單亡降漢漢封於單爲陟安侯伊犀斜單于立十三年死子烏維立爲單于是歲元鼎三年也烏維單于立十歲死子詹師盧立年少號爲兒單于是歲元封六年也兒單于立三歲而死子少匈奴乃立其季父烏維單于弟右賢王句黎湖爲單于是歲太初三年也其冬病死其弟左大將都督且鞮侯立爲單于且鞮侯單于立五年死長子左賢王立爲狐鹿姑單于是歲太始元年也初且鞮侯兩子長爲右賢王次爲左大將病且死言立右賢王右賢王未至貴人以爲有病更立左大將爲單于右賢王聞之不敢進左大將使人召右賢王而讓位焉右賢王辭以病左大將不聽謂曰卽不幸死傳之與我右賢王許之遂立爲狐鹿姑單于狐鹿姑單于立以左大將爲右賢王數年病死其子先賢撣不得代更以爲日逐王日逐王者賤于右賢王單于自以其子爲右賢王狐鹿姑單于有異母弟爲左大都督賢國人鄉之母閼氏恐單于不立子而立左大都尉也乃私使殺之左大都尉同母兄死遂不肯復會單于庭又單于病且死謂諸貴人我子少不能治國立弟左

谷蠡王及單于死衛律等與顓渠閼氏謀匿單于死詐撟單于令與貴人歃盟更立子左谷蠡王爲壺衍鞮單于是歲始元二年也壺衍鞮單于立十七年死弟左賢王立爲虛閭權渠單于是歲地節三年也虛閭權渠單于立九年死顓渠閼氏與其弟右大且渠都隆奇謀立右賢王屠耆堂爲握衍朐鞮單于握衍朐鞮立二歲暴虐殺伐國中不附其明年姑夕勀王與烏禪幕及左地貴人共立稽侯狦爲呼韓邪單于發左地兵四五萬人西擊握衍朐鞮單于兵敗自殺呼韓邪立二十八年建始二年死呼韓邪僕左伊秩

訾兄呼衍王女二人長女顓生二子曰且莫車次曰囊知牙斯少女爲大閼氏生四子長曰雕陶莫皐次曰且糜胥皆長於且莫車二人皆小於囊知牙斯顓渠閼氏貴且莫車愛呼韓邪病且死欲立且莫車其母顓渠閼氏曰匈奴亂十餘年不絶如髮賴蒙漢力故得復安今平定未久人民創艾戰鬬且莫車年少百姓未附恐復危國我與大閼氏一家共子不如立雕陶莫皐大閼氏曰且莫車雖少大臣共持國事今舍貴立賤後世必亂單于卒從顓渠閼氏計立雕陶莫皐約令傳國與弟呼韓邪死雕陶莫皐立爲復株

絫若鞮單于復株絫立十歲鴻嘉元年死弟且糜胥立爲搜諧若鞮單于以且莫車爲左賢王搜諧立八年元延二年死弟且莫車立爲車牙若鞮單于車牙立四歲綏和元年死弟囊知牙斯立爲烏珠留若鞮單于烏珠留立二十一歲王莽建國五年死匈奴用事大臣右骨都侯須卜當郎王昭君女伊墨居次云之婿也云常欲與中國和親又素與栗置支侯咸厚善見咸前後爲莽所拜故遂越輿而立咸爲烏累若鞮單于烏累單于咸立以弟輿爲左谷蠡王烏累若鞮單于立五歲天鳳五年死弟左賢王輿立爲呼都而尸道皐若鞮單于後漢建武二十二年單于輿死子左賢王烏達鞮侯立爲單于後死弟左賢王蒲奴立爲單于

南匈奴醢落尸逐鞮單于比者呼韓邪單于之孫烏珠留若鞮單于之子自呼韓邪後諸子以次立至比季父單于輿時比爲右薁鞬日逐王部領南邊及烏桓後漢建武二十二年單于輿死比密遣人郭衡奉匈奴地二十三年詣西河太守求内附二十四年春八部大人共議立比爲呼韓邪單于以其大父嘗依漢得安故欲襲其號單于比立九年薨弟左賢王莫

立是爲丘浮尤鞮單于莫中元元年立一年薨弟汗立是爲伊伐於慮鞮單于汗中元二年立二年薨單于比之子適立是爲醢僮尸逐侯鞮單于適永平二年立四年薨單于莫子蘇立是爲丘除車林鞮單于數日薨單于適之弟長立爲湖邪尸逐侯鞮單于長永平六年立二十二年薨單于汗之子宣立是爲伊屠於閭鞮單于宣元和二年薨單于長之弟屯屠何立是爲休蘭尸逐侯鞮單于屯屠何章和二年立六年薨單于宣弟安國立安國初爲左賢王無稱譽是以中國盡敬左谷蠡王師子而不附安國立二年爲

舅骨都侯喜爲等所殺立單于適之子師子是爲亭獨尸逐侯鞮單于師子永元六年立四年甍單于長之子檀立是爲萬民尸逐鞮單于檀永元十年立二十七年甍弟拔立是爲烏稽侯尸逐鞮單于拔延光三年立四年甍弟休利立是爲去特若尸逐就單于休利永建三年立十三年爲中郎將陳龜逼迫之自殺時呼蘭若尸逐就單于兠樓儲先在京師漢安二年立之遣行中郎將持節護送單于歸南庭兠樓儲立五年甍伊陵尸逐就單于居車兒建和元年立二十五年甍子某立是爲屠特若尸逐就單于某熹平

元年立六年甍子呼徵立呼徵光和元年立二年中郎將張脩與單于不相能脩擅斬之更立右賢王羌渠爲單于羌渠光和元年立十年爲國人所殺子右賢王於扶羅立是爲持至尸逐侯單于於扶羅中平五年立七年死弟呼廚泉立建安二十一年來朝魏太祖因留於鄴遣右賢王去卑歸監其國

烏桓後漢靈帝初遼西有丘力居者衆五千餘落自稱王獻帝初平中丘力居死子樓班年小從子蹋頓有武畧代立總攝三王部衆皆從其號令其後上谷王難樓遼東峭王蘇僕延率其部衆奉樓班爲單于

鮮卑後漢建武末封大人於仇賁爲王蒲頭爲侯永初中賜大人燕荔陽王印綬不詳其子孫繼襲至桓帝時有檀石槐者勇健有智畧部落推爲大人東西部大人皆歸焉光和中檀石槐死子和連代立靈帝末年數爲寇鈔攻北地北地庶人善弩射中和連和連即死其子騫曼年小兄子魁頭既立後騫曼長大與魁頭爭國衆遂離散魁頭死弟步度根代立後爲大人軻比能所殺魏文帝封軻比能爲附義王比能死立其弟素利彌加爲歸義王大和二年素利死子小以弟成律歸爲王代攝其衆北突厥者匈奴之別

種後魏時號土門部落魏末有伊利可汗伊利卒弟阿逸可汗立阿逸病且卒捨其子攝圖立其弟俟斤是爲木杆可汗在位二十年卒復捨其子事邏便而立其弟是爲他鉢可汗他鉢以攝圖爲爾伏可汗統其東面又以其弟褥但可汗子爲步離可汗居西方他鉢在位十年病且卒謂其子菴羅曰吾聞親莫過父子吾兄不親其子委位與我我死汝當避大邏便也及他鉢卒國中將立大邏便以其母賤衆不服菴邏母貴突厥素重之攝圖最後至謂國中曰若立菴邏者我當率兄弟以事之如立大邏便我必守境利

刀長子以相待矣攝圖長而且雄國人皆憚莫敢拒者竟立菴邏爲嗣大邏便不得立心不服菴邏每遣人詈辱之菴邏不能制因以國讓攝圖國中相與議曰四可汗之子攝圖最賢因迎立之號伊利俱盧設始波莫何可汗一號沙鉢畧治都斤山菴邏降居獨雒水稱第二可汗隋開皇中卒攝圖以其子雍虞閭性愞遺令立其弟葉護處羅侯雍虞閭遣使迎處羅侯將立之處羅侯曰我突厥自木杆可汗以來多以弟代兄以庶奪嫡失先祖之法不相敬畏汝當嗣位我不憚拜汝也雍虞閭又遣使謂處羅侯曰叔與我

父共根連體我是枝葉寧有我作王令根本反同枝葉令叔父之尊下我卑稚又亡父之命其可廢乎願叔勿疑相讓者五六處羅侯竟立是爲葉護可汗以雍虞閭爲葉護遣使上表言狀隋高祖賜之鼓吹幡旗後處羅侯西征阿波中流矢而卒其衆奉雍虞閭爲主是爲頡伽施多多那都藍可汗都藍開皇末爲麾下所殺是時沙鉢子染干號突利可汗尚義成公主拜染干爲意利珎豆啓民可汗華言意智健也於朔方築大利城以居之大業十年啓民朝於東都是歲疾終煬帝爲之廢朝三日立其子咄吉世是爲始畢可汗唐武德二年卒其子什鉢苾以年幼不堪嗣位立爲泥步設使居東偏直幽州之北立其弟俟利勿設是爲處羅可汗尚義成公主三年處羅死義成公主以其子奥射設醜弱廢不立之遂立處羅之弟咄苾是爲頡利可汗頡利以始畢之子什鉢苾爲突利可汗頡利貞觀四年寇邊爲行軍副總管張寶相所擒送於京師突利來奔乃封爲北平王拜順州都督遣帥部衆還蕃五年徵入朝至并州道病卒子賀邏鶻嗣

西突厥者木杆可汗之子大邏便也與沙鉢畧有隙

因分爲二大邏便爲處羅侯所執其國立鞅素特勤之子是爲泥利可汗泥利卒子達漫立號泥撅處羅可汗隋大業中從煬帝征高麗賜號爲曷薩那可汗唐武德中來奔爲北突厥使人所殺初薩那之朝隋也國人立薩那之叔父曰射匱可汗射匱卒弟統葉護可汗代立統葉護爲其伯父所殺而自立是爲莫賀咄侯屈利俟毗可汗俟毗先分統突厥種類爲小可汗及此自稱大可汗國人不附弩失畢部共推泥孰莫賀設爲可汗泥孰不從時統葉護之子咥力特勤亡在康居遂迎立之是爲乙毗沙鉢羅肆葉護

可汗泥孰逺適焉耆肆葉護卒國人迎泥孰於焉耆而立之是爲咄陸可汗泥孰卒其弟同娥設立是爲沙鉢羅咥利失可汗咥利失爲其統吐屯所襲國人欲立谷設爲乙毗咄陸可汗咥利失奔鏺汗而死弩失畢部落酋帥迎其弟伽那之子薄布特勤立之是爲乙毗沙鉢邏葉護可汗唐貞觀十五年咄陸可汗爲部下所廢遣使詣闕請立可汗太宗遣使齎璽書立莫賀乙毗可汗之子是爲乙毗射匱可汗尋爲葉護阿史那賀魯所併顯慶二年旣平賀魯三年詔置崑陵濛池二都督府乃冊阿史那彌射爲興昔可汗

兼崑陵都護阿史那步眞爲繼往絶可汗兼濛池都護乾封二年二可汗旣死餘衆附于吐蕃調露元年以碎葉龜茲于闐疏勒爲四鎭垂拱元年以步眞子左王鈴衛將軍阿史元慶襲其父興昔亡可汗二年以彌射子右王鈐衛將軍阿史那斛瑟羅繼父往絶可汗聖曆中突騎施首領嗢祿州都督烏質勒移衙於碎葉則天授以瑤池都督神龍中烏質勒死子娑葛代立仍封金河郡王俄爲默啜所殺其部將蘇祿鳩聚衆至二十萬自立爲可汗開元十三年詔冊蘇祿爲忠順可汗二十六年爲莫賀咄達于所殺其別部都摩友立蘇祿之子吐火仙爲可汗二十九年以斛瑟羅之孫懷道之子昕爲可汗遣之天寶元年昕至碎葉西南俱蘭城爲莫賀咄所殺詔立其酋長爲伊地米里骨咄祿毗伽可汗十三年又別冊黑姓種伊羅密施爲骨咄祿毗伽突騎施可汗自至德年後部落衰弱分爲二部各立可汗旋又篡奪因而分散

鐵勒木匈奴別種隋初屬西突厥大業中部人共推契苾哥楞爲易勿貞莫賀可汗又以薛延陁乙失鉢爲也咥小可汗其後西突厥匱可汗强盛延陁契苾二部並去可汗之號以臣之唐貞觀二年乙失鉢之

孫夷男帥其屬攻頡利可汗大破之頡利北諸姓多叛頡利歸于夷男共推爲主太宗拜夷男爲眞珠毗伽可汗夷男卒少子肆葉護襲位是爲頡利俱利薛婆多彌可汗其下不附太宗使江夏王道宗討平之列爲州縣其後薛延陁西道之衆共推夷男子咄摩友爲伊特勿失可汗二十二年契苾廻紇等十餘部落歸國太宗因其土地置爲州府拜其酋長爲都督刺史

廻紇本匈奴之裔唐初有時健俟斤死子菩薩部落以爲賢而立之貞觀二十年太宗以其部爲瀚海府

拜其俟利發吐迷度爲都督時吐迷度已自稱可汗
二十二年吐迷度爲其姪烏紇所殺其子婆閏立顯
慶中累加左衛大將軍兼瀚海都督龍朔中婆閏死
姪比粟毒主領迴紇永隆中獨解支證聖中伏帝匐
開元中承宗伏帝難皆繼爲酋長皆受都督號以統
蕃州天寶初其酋長葉護頡利吐發遣使入朝封奉
義王三載擊破拔悉密自稱骨咄禄毗伽闕可汗五
載又遣使入朝冊爲懷仁可汗六載卒子磨延啜
立國人號爲葛勒可汗乾元三年葛勒卒長子葉護
先被殺乃立其少子移地健是爲登里可汗寶應二

年冊爲登里頡咄登密施含俱録英義建功毗伽可
汗大暦十四年爲其相頓莫賀所殺頓莫賀自立號
爲合骨咄禄毗伽可汗貞元四年冊爲天親可汗五
年改紇爲鶻從其請也是年天親可汗卒子多邏斯
立國人謂之判官持勒詔冊爲登里邏没密施俱録
忠貞毗伽可汗六年四月忠貞可汗爲其次相所殺
立其子阿啜爲可汗七年詔冊爲奉誠可汗十年奉
誠可汗卒無子國人立其相骨咄禄將軍詔冊爲滕
里邏羽禄没密施合胡禄骨咄毗伽懷信可汗骨咄
禄將軍本姓跌跌少孤爲迴鶻大首領所養奉誠既

無嗣國人因奉爲王永貞元年懷信可汗卒詔冊其
王爲愛登里邏汩德没施俱録毗伽可汗六年卒七
年詔冊其王爲君登里邏骨德密施合毗伽可汗十
一年卒詔冊其王爲愛登里邏汩没密施合毗伽保
義可汗長慶元年卒詔冊其王爲君登里邏羽録密
施合勾主禄毗伽可汗三年卒其從父弟曷薩可汗
立詔冊爲君登里邏汩没密施合毗伽可汗太和六
年爲其下所殺其從子胡特勤立詔冊爲可汗開成
四年自殺國人立勿篤公爲㕎颯可汗會昌初其國
爲黠戛斯所侵餘衆奔歸吐蕃處甘州之地後唐同

光二年其國權知可汗仁美遣使貢方物莊宗冊仁
美爲英義可汗其年仁美卒其弟狄銀卒阿咄欲立
並遣使朝貢天成三年其國權知可汗仁裕遣使入
貢明宗冊仁裕爲順化可汗晉天福四年冊爲奉化
可汗
契丹其君長姓大賀氏唐貞觀二十二年蕃長窟哥
内屬授松漠都督封無極縣男賜姓李氏其曾孫枯
莫離則天時封歸順郡王萬歲通天中窟哥之裔李
盡忠爲松漠都督盡忠死開元三年封其從父弟失
活爲松漠郡王六年失活死從父弟娑固代統其衆

遣使冊立仍令襲其兄官爵娑固爲其下所殺立其從父弟鬱于爲王玄宗乃令立冊鬱于令襲娑固官爵十一年鬱于死弟吐于代統其衆襲兄官爵吐于與大臣可突于相猜來奔可突于立盡忠弟邵固爲王改封廣德郡王十八年可突于殺邵固降于突厥二十三年契丹衙官李過折殺可突于傳首東都詔封過折爲北平郡王其年過折爲可突于餘黨泥禮所殺會昌二年新立王名屈戍咸通末其王曰習爾之光啓中其王曰欽德有別部酋長阿保機自稱國王後唐天祐末僭稱皇帝天成元年阿保機卒僞諡

曰大聖皇帝保機凡三子長曰人皇王突欲即東丹王也次曰元帥太子即德光也幼曰安端少君其母述律氏令德光權王牙帳令安端少君往渤海國代突欲將立爲嗣而德光素爲部族所伏又其母亦嘗鍾愛故因而立之漢高祖即位初德光卒東丹王突欲子凡欲立爲天授皇帝周太祖廣順元年九月偉王子太寧王與燕王耶律述軋殺凡欲并其妻於帳下時德光子述律王子討太寧之亂諸部首領共推爲國主僞號天順皇帝

奚本匈奴之別種唐貞觀末酋長可度者內屬太宗置饒樂府以可度者爲都督封樓煩縣公賜姓李氏開元三年封其首領李大酺爲饒樂郡王八年大酺率兵救契丹戰死其弟魯蘇嗣立十年詔令襲其兄官爵十四年改封奉誠二十八年爲契丹衙官可突于所脅走投榆關二十年酋長李詩以其部落五千帳來降封詩爲歸義王充歸義州都督天寶五載又封其王娑固爲昭信王仍授饒樂府都督元和元年其王梅落來朝二年以奚首領索低爲檀薊兩州游奕兵馬使天祐初首領曰去諸去諸卒子掃剌代立後唐莊宗破幽州賜掃剌姓名李紹威天成四年卒

子素姑代立清泰三年其首領達剌干遣通事介老奏其王素姑謀叛欲附契丹已處置訖見權知部落

黑水鞨漢武帝三年其部酋長突地稽遣使朝貢以其部置燕州拜突地稽爲總管貞觀初有功賜姓李氏封者國公突地稽卒子謹行嗣封燕國公

渤海靺鞨唐聖曆中高麗別種大祚榮自立爲振國王先天二年冊拜渤海郡王仍以其所統爲忽汗州加授忽汗州都督開元七年祚榮卒玄宗遣使冊立其嫡子桂婁郡王大武藝襲父爲左驍衛大將軍渤海王忽汗州都督九姓燕然都督二十五年武藝病

死其子欽茂嗣立詔襲其父官爵寶應元年進封國王欽茂卒其子嵩璘嗣貞元十一年二月令内常侍殷志瞻將册書册爲渤海王忽汗州都督元和四年嵩璘卒子元瑜嗣元瑜卒弟言義權知國務八年正月封言義爲國王十三年遣使告哀詔以知國務大仁秀爲國王太和五年仁秀卒以權知國務大彝震國王梁開平元年其王曰大諲譔

册府元龜

冊府元龜

巡按福建監察御史臣李嗣京訂正
知閩縣事臣曹呉臣參閱
知建陽縣事臣黄國琦較釋

外臣部十三

朝貢第一

周制九州之外謂之蕃國世壹見各以其所貴寶為贄蓋古之聖王文德光被乃有占風望氣浮琛没羽而至者繇漢以來濟以威信命單車以通絶域置都護以總北道繇是爲龍雀馬之殊玩犀甲珠翠之名

賮寶隊火毳之異品夷歌巴舞之奇技莫不充於内府而陳于外庭矣魏晉之後或朝或絶策書所記昭然可見若乃殊隣絶壤蹈德詠仁祇奉國琛賓于宰旅先王所以賜異姓之國分伯叔之邦時庸展親謹其述職唯服食器用之是供也至於給耳目之華後違生物之性習必斥之而不御却之而不受慮嗜好之無極懼德志之或喪美哉旅獒之篇召公之訓詳矣要荒之外羈縻不絶織皮崑崙大禹以之即叙越裳重譯姬文形於德讓亦以其忽畧無嘗非上威服而來其貢物故肅慎之不貢楛矢亦嘗致詰焉

夏后即位七年于夷來賓

少康即位三年方夷來賓

周武王克商西旅獻獒太保作旅獒以誡王自是通道九夷百蠻使各以其方賄來貢使無忘職業於是肅慎貢楛矢石砮長尺有咫

后芒即位三年九夷來御

周公居攝六年制禮作樂天下和平交阯之南有越裳國以三象重譯而獻白雉曰道路悠遠山川阻深音使不通故重譯而朝成王以歸周公公曰德不加焉則君子不饗其質化不施焉則君子不臣其人吾

何以獲此賜也其使請曰吾受命吾國之黄耇曰久矣天下之無烈風雷雨意者中國有聖人乎則盍往朝之周公乃歸之於王稱先王之神致以薦於宗廟周德既衰於是稍絶

成王既伐東夷肅慎來朝

宣王時追貊之國來貢故韓奕之詩曰獻其貔皮赤豹黄羆

漢文帝元年使陸賈賜南粤王佗書賈至南粤佗恐乃頓首謝願奉明詔長爲藩臣奉職貢謹北面因使者獻白璧一雙翠鳥千犀角十紫貝五百桂蠹一器

生翠四十雙孔雀二雙脉死再拜以聞皇帝陛下
武帝始遣使至安息國其國因發使隨漢使者來觀漢地以大鳥及卵犂靬眩人獻於天子大說又帝令張騫使烏孫騫既致賜諭指曰烏孫能東居故地則漢遣公主爲夫人結爲昆弟共拒匈奴不足破也烏孫遠漢未知其大小又近匈奴服屬日久其大臣皆不欲徙昆莫年老國分不能專制乃發使送騫因獻馬數十匹報謝其使見漢人衆富後歸其國其國後乃益重漢
元狩二年南越獻馴象能言鳥

天漢元年正月匈奴歸漢使者使使來獻
二年秋渠犂六國使使貢獻
宣帝神爵二年匈奴握衍朐鞮單于立復脩和親遣弟伊酋若王勝之入漢獻見
四年五月匈奴單于遣弟呼留若王勝之來朝
甘露九年冬匈奴單于遣弟左賢王朝賀
三年匈奴郅支單于亦遣使奉獻漢遇之甚厚
四年匈奴呼韓邪郅支兩單于俱遣使朝獻漢待呼韓邪使有加
成帝河平元年單于遣右皐林王伊邪莫演等奉獻朝正月
平帝元始元年春正月越裳氏重譯獻白雉一黑雉二詔使二公以薦宗廟
二年日南之黃友國來獻犀牛
後漢光武初公孫述據益州夜郎大姓龍傳尹董氏保境爲漢乃遣從番禺江奉貢帝嘉之並加褒賞
建武六年匈奴遣使來獻使中郎將報命
八年十二月高句驪王遣使奉貢
十三年九月日南徼外蠻夷獻白雉白兔
十四年莎車國王賢與鄯善王安並遣使詣闕貢獻

於是西域始通蔥嶺以東諸國皆屬賢
是年匈奴遣使奉獻使中郎將報命
十七年十二月莎車國遣使貢獻
二十年韓人廉斯人蘇馬諟等詣樂浪貢獻
二十五年南匈奴單于復遣使詣闕奉藩稱臣獻國珍寶求使者監護遣侍子修舊約
是歲夫餘王遣使貢獻遼西烏桓大人郝旦等九百二十二人率衆向化詣闕朝貢獻奴婢牛馬及弓虎豹貂
三十年鮮卑大人於仇賁率衆人詣闕朝貢

三十一年北匈奴遣使奉獻
中元二年東夷倭奴國王遣使奉獻使人自稱大夫倭國之極南界也
明帝永平十七年西南夷哀牢儋耳僬僥槃木白狼動黏諸種前後慕義貢獻
章帝元和元年正月日南徼外蠻夷究不事人邑豪獻生犀白雉
章和元年月氏國遣使獻扶拔師子
和帝以章和二年二月即位十月安息國遣使獻師子扶拔

永平元年北單于弟右温禺犢王奉奉貢獻
六年正月永昌徼外夷敦忍乙王莫延慕義遣使譯獻犀牛大象
九年正月永昌徼外蠻及撣國王雍由調遣重譯奉國珍寶
十年十二月燒當羌豪迷唐等率種人詣闕貢獻
十三年十一月安息國王滿屈遣使獻師子及條枝大爵時謂之安息爵
十六年十一月北匈奴遣使稱臣貢獻
殤帝以元興元年十二月即位是月北匈奴遣使稱臣詣燉煌奉獻
安帝永初元年三月永昌徼外僬僥夷貢獻内屬
十月倭國王帥升等遣使奉獻口百六十願請見
三年正月高句麗遣使貢獻
元初二年正月蜀郡青衣道夷奉獻内屬
永寧元年十二月永昌徼外遣使朝獻
是月撣國王雍由調復遣使者詣闕朝賀獻樂及幻人
是歲夫餘王遣子詣闕奉獻
延光元年二月夫餘王遣使貢獻

十二年九真徼外蠻夷貢獻内屬
三年七月日南徼外蠻夷帥詣闕貢獻
順帝永建二年三月疏勒國臣盤遣使奉獻
六月西域長史班勇燉煌太守張郎討焉耆尉犂危須三國破之並子貢獻
四年拘彌國遣使貢獻
五年正月疏勒王侍子及大宛莎車王皆奉使貢獻
六年二月于闐王遣侍子貢獻
十二月日南徼外葉調國撣國遣使貢獻
是月于闐王遣侍子詣闕貢獻

陽嘉二年六月疏勒國獻師子封牛
漢安二年二月鄯善國遣使貢獻
桓帝延熹二年天竺國王獻其國和帝時數遣使貢
獻後西域反叛乃絶至是從日南至徼外來獻
九年九月大秦國王遣使奉獻漢世唯一通焉
四年十月天竺國十二月夫餘王並遣使來獻
靈帝建寧九年燒當羌奉使貢獻
熹平二年十二月日南徼外國重譯貢獻
三年正月夫餘國遣使貢獻
光和六年正月日南徼外國重譯貢獻

獻帝建安七年于闐國獻馴象
延康元年濊貊扶餘單于焉耆于闐王各遣使貢獻
魏文帝黄初元年鮮卑步度根遣使獻馬
三年二月鄯善龜茲于闐王各遣使奉獻
五年鮮卑步度根詣闕貢獻厚加賞賜是後一心守
邊不爲寇害
明帝太和三年十二月大月氏王波調遣使奉貢
五年四月鮮卑附義王軻比能率其種人及丁零大
人兒禪詣幽州貢名馬
青龍四年五月肅愼氏貢楛矢

景初元年七月遣幽州刺史毋丘儉率衆軍討遼東
右北平烏丸單于寇婁敦遣弟阿羅槃等詣闕朝貢
二年六月倭女王遣大夫難升米等詣郡求詣天子
朝獻太守劉夏遣使送詣京都
三年二月西域重譯獻火浣布詔大將軍太尉臨試
以示百寮
齊王正始元年春東倭重譯納貢焉耆危須諸國弱
水南鮮卑名王皆遣使來獻
四年十二月倭國女王俾彌呼遣使大夫伊聲耆掖
邪狗等八人上獻生口倭錦絳青縑緜衣帛布丹木

拊短弓矢
八年倭國女王壹與遣大夫掖邪狗等詣臺獻男
女生口三十人貢白珠五千枚青大句珠二枚異文
雜錦二十匹
陳留王景元二年七月樂浪外夷韓濊貊各率其屬
來朝貢
三年四月遼東郡言肅愼國遣使重譯入貢獻其國
弓三十張長五尺五寸楛矢長一尺八寸石砮三百
枚皮骨鐵雜鎧二十領貂皮四百枚
吳孫權赤烏六年十二月扶南王范旃遣使獻樂人

及方物

晉武帝泰始元年倭人國女王遣使重譯朝獻扶南國亦遣使朝貢

二年十一月倭人來獻方物

三年禅離國遣小部獻其方物康居國王那鼻遣使上封事并獻善馬

四年扶南國遣使來獻林邑國王胡達上疏貢金盤椀及金鉦等物

六年九月大宛獻汗血馬焉耆來貢方物

咸寧元年六月鮮卑力微遣子來獻

五年十二月肅愼來獻楛矢石砮

太康元年辰韓王遣使獻方物是年東夷二十國朝獻

二年三月東夷辰韓等五國朝獻

三年九月東夷二十九國歸化獻其方物

五年十二月林邑大秦國各遣使來獻

六年四月扶南等十國來獻

七年扶南等二十一國馬韓等十一國使人來獻

八年南夷扶南西域康居國各遣使來獻

十年東夷絶遠三十餘國西南夷二十餘國各遣使來獻

太熙元年東夷七國朝貢十年辰韓詣東夷校尉何龕上獻

元帝大興二年八月肅愼獻楛矢石砮

成帝時肅愼國遣使來獻肅愼有石砮皮骨之甲檀弓三尺五寸楛矢長尺有咫其國東北有山出石其利入鐵將取之必先祈神周武王時獻其楛矢石砮逮于周公輔成王復遣使入賀爾後千餘年雖秦漢之盛莫之致也及文帝作相魏景元末來貢楛矢石砮等人帝召歸于相府賜其王傉鷄錦罽綿帛至武帝元康初復來貢獻元帝中興又詣江左貢其石砮

咸康二年高句驪遣使貢方物

六年十月林邑獻馴象

康帝建元元年高句驪遣使朝獻

後秦姚萇時二城茷曹寅王達獻馬三千疋

前凉張重華時龜茲國遣使貢方物

南燕慕容盛長樂中高句麗王安遣使貢方物

北燕馮跋時蠕蠕大但遣使獻馬三千疋羊萬口

宋高祖永初二年林邑王范陽邁遣使貢獻

少帝景平元年三月高麗國遣使朝貢

二年高麗國遣使貢獻

文帝元嘉五年天竺迦毗黎國王月愛遣使奉表獻金剛指環摩勒金環諸寶物赤白鸚鵡各一

六年七月百濟王西河王河南國遣使獻方物
七年倭國王訶羅他國林邑國師子國遣使獻方物
是歲訶羅單國遣使獻金剛指環赤鸚鵡鳥天竺國
白氎古貝葉婆國古貝等物其表語畧同佛經
九年河南王西河王並遣使獻方物
十年林邑王闍波洲訶羅單國並遣使獻方物
十一年林邑國扶南國訶羅單國並遣使獻方物
十二年師子國扶南國訶羅單國並遣使獻方物是
年闍婆鈔達國國王師梨婆達訶陀羅跋摩遣使奉
表曰宋國大王大吉天子足下教化一切種智安穩

天人師降伏四魔成等正覺轉尊法輪度脫衆生我
雖在遠亦霑靈潤
十三年高麗國武都王遣使獻方物
十四年河南王西河王訶羅單國並遣使獻方物
十五年武都王河南國高麗國倭國扶南國林邑國
並遣使獻方物
十六年武都王河南王林邑國高麗國並遣使獻方
物
十七年武都王河南王百濟國遣使獻方物
十八年肅特國高麗蘇摩黎國林邑國並遣使獻方
物是歲斤陁利國王釋婆羅那遣長史竺留陀及多
獻金銀寶器
十九年婆皇國芮芮國並遣使獻方物
二十年河西國高麗國百濟國倭國並遣使獻方物
二十六年婆皇國婆達國並遣使獻方物
二十七年百濟國遣使獻方物
二十八年婆皇國河南王高麗國婆達國並遣使獻
方物
二十九年訶羅單國遣使獻方物
孝武帝孝建二年槃槃國斤陁利國高麗國婆皇國

河南國遣使獻方物
大明二年河南王高麗國林邑國並遣使獻方物
三年婆皇國高麗國並遣使獻方物肅愼國重譯獻
楛矢石砮西域獻舞馬
四年宕昌王倭國並遣使獻方物
五年河南王遣使獻方物
六年高麗國遣使獻方物
七年芮芮國百濟國並遣使獻方物
八年婆皇國遣使貢獻
明帝泰始二年天竺迦毘黎國遣使貢獻

泰豫元年林邑國遣使獻方物
後廢帝元徽元年河南王婆黎王並遣使獻方物
二年芮芮國遣使獻方物
三年河南王高麗國並遣使獻方物
順帝昇明元年倭國遣使獻方物
二年倭國高麗國芮芮國並遣使獻方物
南齊太祖建元元年五月河南王吐谷渾拾寅迦羅國王荷知並遣使貢獻
二年三月百濟王牟都遣使貢獻九月蠕蠕遣使朝貢

三年十二月高麗王樂浪公高璉遣使貢獻
武帝永明二年八月扶南王僑陳如闍邪跋摩奉啓曰天竺道人釋那迦仙從中國來此仰序陛下聖德仁治詳議風化佛法興顯衆化殷集法事日盛王威嚴整朝望國範慈愍蒼生八方六合莫不歸伏如聽其所說則化隣諸天非可爲喻臣聞之下情踊悅若蹔奉見尊足仰慕慈恩澤流小國天垂所載率土之民並得皆蒙恩祐具以臣今遣此道人釋那伽仙爲使上表問訊奉貢微獻呈臣等赤心并別陳下情但所獻輕陋慚懼唯深伏願天慈曲照鑒其丹凝賜不垂責今獻金鏤龍王坐像一軀白檀像一軀牙像一軀牙塔二軀古貝二雙瑠璃蘇鉝二口瑇瑁檳榔柈一枚并獻頌章
九年五月林邑國遣使獻金簟
明帝建武三年高麗王樂浪公遣使貢獻
梁高祖天監元年八月林邑國遣使獻方物是年于陁利國王瞿曇脩跋陁羅以四月八日夢見一僧謂之曰中國今有聖主十年之後佛法大興汝若遣使貢奉敬禮則土地豐樂商旅百倍若不信我則境土不得自安修陁羅王未能信既而夢此僧曰汝若

不信我當與汝往觀之乃於夢中來至中國拜覲天子既覺心異之陁羅本工畫乃寫夢中所見高祖容質飾丹青仍遣使并畫工奉表獻玉盤等物
二年七月龜茲國遣使獻方物扶南王遣使送珊瑚佛像并獻方物天竺國王屈多遣長史竺羅達奉表曰伏聞彼國據江傍海山川周固衆妙悉備莊嚴國土猶如化成宮殿莊飾街巷平坦人民充滿歡娛安樂王出遊四兵隨從聖明仁愛不害衆生國中臣民循行正法大王仁聖化之以道慈悲羣生無所遺棄常脩淨戒式導不及無上法船沈溺以濟百姓氓庶

受樂無忘諸天護持萬神侍從天魔降服莫不歸仰
王身端嚴如月初出仁澤普潤猶如大雲於彼震旦
最爲殊勝臣之所住國土首羅天守護令國安樂王
王相承未曾斷絶國中皆七寶形像衆妙莊嚴臣自
脩簡如化王法臣名屈多奕世王種惟願大王聖體
如平今以此國羣臣民庶山川珍重一切歸屬五體
投地歸誠大王使人竺達多蹤來忠信是故今遣大
王若有所須珍奇異物悉當奉送此之境土便是大
王之國王之法令善道悉當承用願二國信使往來
不絶此信返還願賜一使具宜聖命備悉勅宜敕至

之誠望不空返所白如允賜加采納今奉獻瑠璃唾
壺雜香古貝等物
三年九月北天竺國遣使奉獻方物
四年四月宕昌國王梁彌博獻甘草當歸
五年七月鄧至國王象舒彭遣使獻黄耆四百斤馬
四匹
九年四月林邑國遣使獻白猴一
是年于闐國遣使獻方物
十年十二月宕昌國遣使獻方物
是歲扶南王遣使貢獻

十一年三月高句麗四月百濟扶南林邑國六月宕
昌國並遣使獻方物
十三年四月林邑國八月扶南國並遣使獻方物于
闐國獻波羅婆步障
是年河南國王遣使獻金裝馬瑙鍾二口又表于益
州立九層佛寺詔許之
十四年四月芮芮國遣使獻方物
九月狼牙脩國王婆伽達多遣使阿撒多奉表曰大
吉天子足下離淫怒癡哀愍衆生慈心無量端嚴相
好身光明朗如水中月普照十方眉間白豪其白如

雪其色照曜亦如月光諸天善神之所供養以垂正
法寶梵行衆生莊嚴都邑城閣高峻如乾陁山樓觀
羅列道途平正人民熾盛快樂安穩著種種衣猶如
天服於一切國爲極尊勝天王愍念羣生人民安樂
慈心深廣律儀清淨正法化治供養三寶名稱宣揚
布滿世界百姓樂見如月初生譬如梵王世界之主
人天一切莫不歸依敬禮大吉天子足下猶如現前
忝承先業慶嘉無量今遣使問訊大意欲自往復畏
大海風波不達今奉薄獻願大家曲垂納領
十五年四月高麗國八月芮芮國並遣使獻方物河

南國遣使獻赤舞龍駒
其年滑國王厭帶夷栗陁始遣使獻方物
十六年三月河南王八月扶南王遣使獻方物
是月婆利國遣使奉表曰伏承聖王信重三寶興立塔寺較餝莊嚴周遍國土四衢平坦清淨無穢臺殿羅列狀若天宮壯麗微妙世無與等聖主出時四兵具足羽儀導從布滿左右都人士女麗服光飾市廛豐富充積寶珍王法清整無相侵奪學徒皆至三乘競集敷說正法雲布兩澤四海流通交會萬國長江渺漫清冷深廣有生咸資莫能消穢陰陽和暢災厲

不作大梁揚都聖王無等臨覆上國有大慈悲子育萬民平等忍辱怨親無二加以周窮無所藏積靡不炤燭如日之明無不受樂猶如淨月宰輔賢良羣臣貞信盡忠奉上心無異想伏惟皇帝是我貞臣是婆利國主今敬稽首禮聖王足下惟願大王知我此心此心久矣非適今也山海阻遠無緣自達故遣使奉金席等表此丹誠
十七年五月于陁利國鉢邪跋摩遣長史毘員跋摩奉表曰常勝天子陛下諸佛世尊常樂安樂六通三達爲世間尊是名如來應供正覺遺形舍利造諸塔像莊嚴國土如須彌山邑居聚落次第羅滿城郭館宇如忉利天宮具足四兵能伏怨敵國土安樂無諸患難人民和善受化正法慶無不通猶雷處山流注雪水八味清淨百川洋溢周廻屈曲趨大海一切衆生咸得受用於諸國土殊勝第一是名震旦大梁揚都天子仁廕四海德合天心雖人是天降生護世功德寶藏救世大悲爲我尊主威儀具足是故至誠敬禮天子足下稽首問訊奉獻金芙蓉雜香藥等願垂納受
十八年七月于闐國獻瑠璃甖

普通元年正月扶南高麗國各遣使朝貢
三月滑國王厭帶夷栗陀始遣使獻黃獅子白貂裘波斯錦等物周古柯國滑旁小國也使使隨滑來獻方物呵跋檀國亦滑旁小國也使使隨滑來獻方物胡密丹國亦滑旁小國也使使隨滑使求獻方物
四月河南王遣使獻方物
是年于陁利國復遣使獻方物
三年十一月百濟國遣使朝貢
三年八月婆利國白題國各遣使獻方物
是年婆利國王頻伽遣使珠貝智獻白鸚鵡青蟲兜

鑒瑠璃器吉貝螺杯雜香藥等數十種
四年十二月狼牙脩國遣使獻方物
五年木國主安未浮盤遣使來貢獻
七年正月滑國二月河南王三月高麗國六月林邑
並遣使獻方物
大通元年三月林邑國獅子國十一月高麗國王並
遣使獻方物
是年盤盤國王使使奉表曰揚州閻浮提震旦天子
萬善莊嚴一切恭敬猶如天淨無雲明耀滿月天子
身心清淨亦復如是道俗濟濟並蒙聖王先化濟度

一切永作舟航要聞之慶善我等至誠敬禮聖天子
足下稽首問訊今奉薄獻願垂哀受
二年正月芮芮國並遣使獻方物
中大通元年二月芮芮國遣使獻方物
十二月盤盤國遣使獻牙像及塔并獻沉檀等香數
十種
二年六月林邑國扶南國並獻方物
三年六月丹丹國遣使奉表曰伏惟聖王至德仁治
信重三寶佛法興顯衆僧殷集法事日盛威容嚴整
朝望國軌慈愍蒼生八方六合莫不歸服化鄰諸天

非可言喻不任慶善若暫奉見尊足謹奉送牙像及
塔各二軀并獻火齊珠古貝雜香藥等
九月狼牙脩國奉表獻方物
四年四月盤盤國十一月高麗國並遣使獻方物
五年正月河南國七月波斯國九月盤盤國並遣使
獻方物
六年三月百濟國七月林邑國並遣使獻方物
八年盤盤國復使送菩提國真舍利及畫塔并獻菩
提樹葉詹糖等香
大同元年三月高麗國滑國薩丹國各遣使獻方物

丹丹國遣使獻金銀瑠璃雜寶香藥等物
四月波斯國七月扶南國並遣使獻方物
四年三月河南國芮芮國並遣使獻方物
五年八月扶南國遣使獻生犀及方物
六年五月河南王遣使獻馬及方物
八年八月盤盤國遣使獻方物
是年林邑國遣使獻方物
七年三月高麗國百濟滑國九月芮芮國遣使獻方
物
是年于闐國獻外國刻玉佛

中大同元年八月𡸁盤陀國遣使獻方物
簡文太清三年十月百濟國遣使朝貢
太寶二年八月盤盤國獻馴象

册府元龜　補　卷之九百六十八　二十一
第十八頁十八行後脱一條
是年龜茲國王尼瑞摩珠那勝遣使奉表貢獻

冊府元龜

巡按福建監察御史臣李嗣京　訂正
知甌寧縣事臣孫以敬条閱
知建陽縣事臣黃國琦較釋

外臣部

朝貢第二

陳高祖永定三年五月扶風國遣使獻方物
文帝天嘉二年十一月高麗國遣使獻方物
四年正月于陁利國遣使獻方物
廢帝天康元年十二月高麗國獻方物

光大元年十月百濟國遣使獻方物
二年六月新羅國九月林邑國狼牙脩國並遣使獻方物
宣帝太建二年六月新羅國十一月高麗國並遣使獻方物
三年五月遼東新羅丹丹天竺盤盤等國十月丹丹國並遣使獻方物
四年三月扶南林邑國並遣使獻方物
六年正月高麗國遣使獻方物
九年七月百濟國遣使獻方物
十年七月新羅國遣使獻方物
十三年十月丹丹國遣使獻方物
後主至德元年十二月頭和國遣使獻方物
二年十一月盤盤國百濟國並遣使獻方物
三年十月丹丹國十二月高麗國並遣使獻方物
四年九月百濟國遣使獻方物
禎明二年六月扶南國遣使獻方物
後魏道武天興二年十二月禿髮鹿孤遣使朝貢
五年十二月禿髮傉檀遣使朝貢
明元永興五年正月頞拔大渠餘人詣闕奉貢賜以

繒帛錦罽各有差
泰常八年四月車駕南巡至雒陽觀石經蠻王梅安率渠帥數千人來貢方物
太武神䴥元年四月氐南秦王楊玄遣使朝貢
四年閏六月蠕蠕國遣使朝獻
延和元年十月吐谷渾慕璝遣使朝貢
三年二月蠕蠕吳提遣其異母兄禿鹿傀及左右數百人朝貢獻馬二千匹
十月蠕蠕國遣使朝貢
太延元年二月蠕蠕焉耆車師諸國六月高麗鄯善

國並遣使朝貢
八月粟特國遣使朝貢
二年八月東北高車國遣使朝貢
三年二月高之契丹三月龜茲悅般焉耆車師粟特
疏勒烏孫渴槃陁鄯善諸國各遣使朝獻
十一月破雒那者舌國遣使朝獻奉汗血馬
四年三月鄯善王弟素延耆來朝
五年四月鄯善龜茲疏勒焉耆諸國遣使朝獻
五年遮逸國獻汗血馬
十一月高麗及粟特渴盤陁破那悉半居國各遣使

朝貢
太平眞君十一年十一月頗看國獻師子一
文成興安元年十二月保達沙獵國各遣使朝獻
二年三月疏勒國八月渴盤國十二月庫莫奚契丹
罽賓等十餘國各遣使朝貢
興光元年九月庫莫奚國獻名馬一匹角狀如麟
十二月出于叱萬單國各遣使朝貢獻
太安元年六月遮逸國十月波斯疏勒國並遣使朝
貢
二年十一月嚈噠普嵐國並遣使朝獻
三月正年粟特于闐國十二月于闐扶餘等五十餘
國各遣使朝貢
五年五月居常國遣使朝獻
和平元年十月居常王獻馴象一
二年八月波斯國遣使朝獻
三年三月高麗薩王契嚙思厭於疏勒石那悉居半
渴盤陁諸國各遣使朝獻
五年十二月吐呼羅國遣使朝獻
六年二月高麗蓰王對曼諸國各遣使朝獻
四月破雒那國獻汗血馬普嵐國獻寶劍

獻文天安元年三月高麗波斯于闐阿襲諸國十月
曹利形昌國各遣使朝貢
皇興元年二月高麗于闐庫莫奚具伏弗郁羽陵日
連匹黎于闐諸國九月高麗于闐普嵐粟特國各遣
使朝獻
二年四月高麗庫莫奚契丹具伏弗郁羽陵日連延
尔黎叱六手悉萬丹阿大阿羽真侯于闐波斯等國
十二月悉萬丹等十餘國各遣使朝貢
三年二月蠕蠕高麗庫莫奚契丹國七月蠕蠕國並
遣使朝貢

四年二月高麗庫莫奚契丹各遣使朝貢

孝文延興二年七月高麗國八月地豆于庫莫奚國並遣使朝貢昌亭國遣使貢獻蜀馬

三年二月高麗契丹國四月契丹八月高麗庫莫奚國九月庫莫奚國悉萬斤國十月悉萬斤國並遣使朝獻

四年正月粟特國遣使朝獻

二月吐谷渾拾寅遣子費斗斤入侍并獻方物

三月高麗吐谷渾曹利國五月蠕蠕國六月潤悉國

七月高麗國八月吐谷渾國九月契丹庫莫奚地豆于十一月吐谷渾國並遣使朝獻

五年二月高麗國遣使朝獻

閏二月吐谷渾國四月龜兹國並遣使朝獻

五月契丹庫奚國各遣使獻名馬

八月高麗吐谷渾地豆于諸國十月蠕蠕國並遣使朝獻勿吉國遣使朝獻

承明元年春二月蠕蠕高麗庫莫奚波斯諸國五月蠕蠕國七月高麗庫奚八月蠕蠕國九月高麗庫莫奚契丹宕昌悉萬斤十一月蠕蠕國並遣使朝獻

太和元年二月高麗契丹庫莫奚國三月庫莫奚契丹國並遣使朝獻

四月蠕蠕國再遣使朝貢

九月蠕蠕車多羅高麗西天竺舍衛十月庫莫奚疊伏羅龜兹諸國各遣使朝貢契丹國並遣使朝貢

十一月吐谷渾國粟提婆國十二月員潤吐谷渾國並遣使朝貢

二年正月吐谷渾遣子朝獻

二月蠕蠕國遣使朝獻

七月龜兹國遣使獻名駝七十頭

八月勿吉國遣使朝獻

九月龜兹國遣使獻大馬名駝珍寶甚衆

三年二月吐谷渾高麗國四月蠕蠕國並遣使朝獻

吐谷渾國遣使獻犛牛五十頭

九月高麗吐谷渾國地豆于契丹庫莫奚龜兹諸國各遣使朝獻

十二月粟特州逸河襲疊伏羅員潤悉萬斤諸國各遣使朝貢

四年三月蠕蠕國七月悉萬斤國並遣使朝貢

五年五月鄧至國十月蠕蠕國並遣使朝貢

六年二月地豆于國六月蠕蠕國十一月吐谷渾國

並遣使朝貢
八年二月蠕蠕國十月高麗國遣使朝貢
九年三月宕昌國五月高麗國十月高麗吐谷渾國
十二月宕昌國高麗吐谷渾國等並遣使朝貢
十年三月蠕蠕國四月高麗吐谷渾國十二月勿吉
國並遣使朝貢
十一年四月吐谷渾國五月高麗吐谷渾國八月悉
萬斤國並遣使朝獻
十二年二月高麗國三月宕昌國四月高麗吐谷渾
國六月宕昌國並遣使朝貢

八月勿吉國貢楛矢石砮
九月吐谷渾宕昌國並再遣使朝貢
閏九月高麗國遣使朝貢
十三年二月高麗國三月吐谷渾國六月高麗國七
月陰平國八月中尺國九月吐谷渾武興宕昌諸國
十月高麗國並遣使朝貢
十四年三月吐谷渾國三月悉萬斤等國五月高麗
國八月宕昌國九月高麗國並遣使朝貢
十五年正月吐谷渾國三月悉萬斤等國五月高麗
國七月吐谷渾國九月吐谷渾高麗宕昌鄧至諸國
並遣使朝獻
十六年三月高麗鄧至國六月高麗國並遣使朝獻
七月吐谷渾世子賀虜頭來朝
八月高麗十月鄧至國並遣使朝獻
十七年正月勿吉國三月吐谷渾國五月宕昌陰平
契丹庫莫奚諸國六月高麗國並遣使朝貢
九月鄧至王像舒彭遣子臼詣闕朝貢并奉表求以
位授臼詔許之十二月陰平國遣使朝貢
十八年正月高麗國遣使朝貢七月又遣使朝貢
十九年三月鄧至國五月高麗吐谷渾國並遣使朝

貢
二十一年五月衛大國十二月高昌國遣使朝貢
二十二年八月高麗國遣使朝貢
二十三年五月十一月高麗國再遣使朝貢
宣武景明元年七月吐谷渾國八月高麗國並遣使
朝貢
二年正月高麗國十月吐谷渾國十二月高麗國並
遣使朝貢
三年七月于闐國九月武興國世子楊紹先並遣使
朝獻

是年疏勒劉賓婆羅捺烏萇阿喻陁羅婆不崘陁拔羅弗波女提斯羅噠舍伏耆奚那大羅槃烏稽悉萬斤朱居槃訶盤陁撥斤厭味朱沴維南天竺持沙那斯頭諸國並遣使朝貢

四年四月南天竺國獻辟支佛牙

八月勿吉國貢楛矢

正始元年四月高麗國遣使朝獻

三年九月高麗蠕蠕國並遣使朝貢

二年正月鄧至國遣使朝貢

四年二月吐谷渾宕昌國並遣使朝獻勿吉國貢楛

矢

三月疊伏羅四月吐谷渾鴆磨羅阿拔磨拔切磨勒悉萬斤諸國六月杜蘭達那羅舍彌比羅直諸國八月契丹庫莫奚宕昌吐谷渾諸國九月疏勒車勒阿駒南天竺婆羅等諸國十月高麗半社悉萬斤可流伽比沙疏勒于闐等諸國又疏勒厭噠波斯渴槃陁渴文提不那伏扭杖提等諸國並三遣使朝獻十一月阿與陁跋吐羅諸國十二月特那杖提沙鉢離阿失勤磨致鉢鉢崘波利伏佛胄善乾達諸國並遣使朝貢

永平元年二月勿吉南國 天竺國三月斯羅陁阿比羅阿夷又多婆那伽伽師達于闐諸國四月阿伏至羅國五月高麗國六月高車國七月高車契丹汗畔劉賓諸國八月吐谷渾庫莫奚國九月蠕蠕國十二月高麗國並遣使朝獻

二年正月胡密步就磨忸密槃是悉萬斤辛豆那越拔忸高昌諸國並遣使朝貢

是月厭噠薄知國貢白象一

三月磨豆羅阿曜社蘇突闍地伏羅諸國五月高麗國六月高昌國七月契丹國八月鄧至國高昌勿吉

庾莫奚諸國十二月疊伏羅弗菩提朝陁咤波羅諸國並遣使朝獻

三年二月高昌鄧至國三月高麗吐谷渾宕昌諸國閏六月吐谷渾高麗契丹諸國七月吐谷渾國八月勿吉國九月烏長伽秀沙泥諸國十月高車龜茲難地那竭庫莫奚等諸國十二月高麗比沙杖國並遣使朝獻

四年正月阿悅陁不數羅國三月婆比幡彌烏長北地乾達諸國六月乾達阿婆羅舍越伽使密不流沙諸國七月吐谷渾契丹國八月阿婆羅達舍越伽使

崙不流沙等諸國並遣使朝獻勿吉國獻楛矢
九月嚈噠朱居不波羅莫伽陁移婆僕羅俱薩羅舍
彌羅樂陁等諸國十月婆比幡彌烏萇比地乾達等
諸國十一月宕昌國難地伏羅國十二月大羅汗婆
來伽國並遣使朝獻
延昌元年正月疏勒國三月渴槃陁國五月疏勒及
高麗國七月吐谷渾契丹國八月吐谷渾國十月嚈
噠于闐高昌及庫莫奚諸國並遣使朝獻
是年勿吉國貢楛矢
二年正月高麗國三月高昌國五月高麗嚈噠于闐

槃陁及契丹庫莫奚諸國九月勿吉吐谷渾鄧至十
二月高麗國並遣使朝貢
三年七月勿吉國九月吐谷渾契丹勿吉諸國十月
庫莫奚國十一月高麗國南天竺佐越費實諸國並
使朝獻
四年二月宕昌國七月蠕蠕國吐谷渾國宕昌國九
月鄧至高昌庫莫奚契丹諸國十月高麗吐谷渾國
十二月高車國並遣使朝貢
是年勿吉國貢楛矢
孝明熙平元年二月吐谷渾宕昌鄧至諸國四月高

昌陰平國五月吐谷渾國七月宕昌高昌國並遣使
朝獻
二年正月勿吉國地伏羅罽賓國二月契丹鄧至宕
昌諸國三月吐谷渾國四月高麗波斯疏勒嚈噠諸
國五月鄧至國七月地伏羅罽賓國八月契丹吐谷
渾國九月吐谷渾國十二月蠕蠕國並遣使朝獻
是年勿吉國貢楛矢
神龜元年二月東益夷州氐及蠕蠕嚈噠高麗勿吉
吐谷渾宕昌疏勒久未陁未久半諸國三月吐谷渾
國四月舍摩國高麗高車高昌諸國閏七月吐谷渾

及波斯疏勒烏萇龜茲諸國八月勿吉國並遣使朝
貢
二年二月吐谷渾宕昌國四月嚈噠國並遣使朝貢
正光元年五月烏萇國遣使朝貢閏月居密波斯國
六月高昌國勿吉國八月伏羅國十一月高昌國並
遣使朝貢
三月七年波斯不漢龜茲諸國十月吐谷渾國並遣
使朝貢
四年二月宕昌國遣使朝貢蠕蠕後至俟匿伐來朝
九月庫莫奚國遣使朝貢

五年二月噘噠國五月噘噠契丹地豆于庫莫奚諸
國並遣使朝貢
孝昌元年十月蠕蠕國主阿那瓌遣使朝貢
二年二月疊伏羅國四月庫莫奚國並遣使朝貢
三年四月蠕蠕國遣使朝貢六月九月又遣使朝貢
孝莊永安元年六月嚈噠國獻獅子
出帝太昌元年六月高麗契丹庫莫奚蠕蠕嚈噠高
昌等國十一月蠕蠕國並遣使朝貢
永熙三年四月高麗契丹國六月吐谷渾而並遣使
朝貢

東魏孝靜帝天平二年春高麗契丹並遣使朝貢
三年高麗勿吉並遣使朝貢
四年高麗蠕蠕並遣使朝貢
元象元年七月高麗遣使朝貢
興和元年五月高麗遣使朝貢
二年蠕蠕國高麗勿吉並遣使朝貢
三年蠕蠕高麗勿吉並遣使朝貢
四年蠕蠕高麗吐谷渾並遣使朝貢
武定元年吐谷渾高麗蠕蠕並遣使朝貢
二年吐谷渾地豆于室韋高麗蠕蠕勿吉並遣使朝
貢
三年高麗吐谷渾蠕蠕並遣使朝貢
四年室韋地豆于勿吉高麗蠕蠕並遣使朝貢
五年高麗勿吉並遣使朝貢
六年高麗室韋蠕蠕吐谷渾並遣使朝貢
七年蠕蠕地豆于室韋高麗吐谷渾並遣使朝貢
八月正月地豆于契丹四月蠕蠕並遣使朝貢
西魏文帝大統十一年蠻酋倫勒特來貢其方物
北齊文宣帝天保元年六月高麗十月茹茹國吐谷
渾十二月茹茹庫莫奚國並遣使朝貢

二年二月茹茹國四月室韋國五月高麗七月茹茹
吐谷渾並遣使朝貢
三年二月契丹四月室韋國並遣使朝貢
四年正月庫莫奚並遣使朝貢
十二月帝討突厥突厥請降許之於是貢獻相繼
五年七月肅慎八月突厥並遣使朝貢
六年四月突厥五月茹茹十一月高麗十二月庫莫
奚遣使朝貢
七年九月庫莫奚十月契丹並遣使朝貢
八年八月庫莫奚遣使朝貢

武成帝河清二年室韋國庫莫奚靺鞨契丹並遣使朝貢
三年高麗靺鞨新羅並遣使朝貢
後主天統元年高麗契丹靺鞨並遣使朝貢
二年突厥靺鞨並遣使朝貢
三年十月突厥大莫婁室韋百濟靺鞨等國各遣使朝貢
四年契丹靺鞨國並遣使朝貢
五年二月大莫婁國遣使朝貢
武平元年七月靺鞨遣使朝貢

三年新羅百濟勿吉突厥並遣使朝貢
四年高麗靺鞨並遣使朝貢
六年四月靺鞨遣使朝貢
後周明帝二年六月嚈噠遣使獻方物
十二月突厥遣使獻方物
武成元年閏五月高昌遣使獻方物
武帝保定元年正月突厥吐谷渾高昌　一月突厥宕昌五月突厥龜茲並遣使獻方物
三年三月宕昌遣使獻生猛獸二詔放之南山
四年五月突厥七月粟特並遣使獻方物焉遣使獻名馬
五年正月吐谷渾遣使獻方物十一月又遣使獻方物
天和二年五月突厥吐谷渾安息並遣使獻方物
四年七月突厥遣使獻馬
建德三年正月突厥遣使獻馬十一月于闐遣使獻馬
六年九月吐谷渾十一月百濟並遣使獻方物
十二月吐谷渾又遣使獻方物
宣政元年三月突厥十月百濟並遣使獻方物

册府元龜

巡按福建監察御史臣李嗣京　訂正
分守建南道左布政使臣胡維霖　參閱
知建陽縣事臣黄國琦較釋

外臣部

朝貢三

隋高祖開皇元年三月白狼國七月靺鞨酋長八月突厥阿波可汗九月突厥沙鉢畧可汗並遣使貢方物

二年正月高麗百濟並遣使獻方物十一月高麗又

遣使獻方物

三年正月高麗四月突厥五月高麗靺鞨並貢方物

八月靺鞨又貢方物

四年靺鞨貢方物契丹率諸莫賀弗來謁

五年四月契丹主多彌遣使貢方物

六年三月突厥沙鉢畧使貢方物

是年女國遣使朝貢

七年突厥沙鉢畧使其子入貢方物

是年突厥都藍可汗遣其母弟傉但特勤獻于闐玉杖

八年突厥部落大人相率遣使貢馬萬匹羊二萬口駝牛各五百頭

十年七月吐谷渾十一月契丹遣使朝貢

十一年正月高麗二月吐谷渾四月突厥雍虞閭可汗五月高麗十二月靺鞨並遣使貢方物

十二年春正月帝在仁壽宫突厥高麗契丹並遣使獻方物

是年吐谷渾靺鞨並遣使貢方物

十三年正月契丹奚霫室韋七月靺鞨並遣使貢方

物

十五年五月吐谷渾六月林邑並遣使貢方物

十七年六月高麗七月突厥並遣使貢方物

十一月突厥遣使來朝

煬帝大業三年五月突厥啓民可汗遣子招特勤來朝景寅又遣其兄子毗黎伽特勤來朝

六月吐谷渾高昌突厥莫何可汗並遣使貢方物

四年三月百濟倭赤土伽羅舍國並遣使貢方物

五年二月赤土國四月狄道黨項羌並遣使貢方物

是年高麗吐谷渾伊吾並遣使來朝

八月突厥沙鉢畧可汗遣子庫舍特勤來朝

是年石國遣使朝貢
六年三月倭國六月室韋赤土並遣使貢方物
七年二月百濟遣使朝貢
十年七月曹國百濟國並遣使貢方物
十一年正月突厥新國靺鞨畢大辭訶咄傳越烏那曷波臘吐火羅俱慮建忽論靺鞨訶多沛汗龜茲疎勒于闐安國曹國何國穆國畢衣密失范延伽折契丹等國並遣使朝貢
十二年二月真臘國婆利國並遣使貢方物附國錄汗挹怛末國史國波斯漕國焉耆等國大業中並遣

使朝貢
唐高祖初爲唐王突厥遣使獻良馬即位龜茲國王蘇伐勃駃遣使來朝
武德元年五月突厥始畢可汗七月西蕃突厥闕可汗遣使貢九月始畢又遣骨咄祿特勤來朝
二年二月吐谷渾遣使朝貢
四月曷沙那可汗獻大珠是月始畢可汗七月西突厥葉護可汗及高昌九月吐谷渾十月靺鞨首師突地稽遣使朝貢突稽者靺鞨之渠長也隋大業中與兄瞞咄率其部內屬於營州瞞咄死代總其衆拜遼西太守封扶餘侯朝煬帝於江都屬化及之亂以其徒數百間行歸柳城至是遣使焉
十一月吐谷渾黨項並遣使朝貢
是年高麗王高建武遣使來朝
三年正月三月西蕃突厥葉護可汗遣使朝貢
是年高昌王麴伯雅遣使來朝
五月六月突厥繼來貢方物
八月西蕃十一月突厥並來貢方物
是年牂牁蠻首領謝隆羽遣使朝貢
四年正月突厥頡利可汗三月西突厥葉護可汗遣

使朝貢
十月百濟遣使獻果下馬
是月新羅國句麗及西域二十二國並遣使朝貢
十二月昆明西南夷昆彌遣使朝貢先是隋文帝時遣史萬歲平南寧至西洱河其國人來拒因獻明珠徑寸萬歲班師至是嶲州治中吉弘偉通南寧因至其國諭之遂使入朝自是以後朝貢不絕
五年四月西突厥葉護可汗遣使獻獅子皮又八月遣使獻名馬
十一月靺鞨渠帥阿固郎來朝

是年突厥頡利可汗及高麗並遣使朝貢
六年二月林邑四月西突厥六月契丹酋帥孫敖曹
十月新羅十二月白簡白狗羌高麗突厥吐谷渾並
遣使朝貢
是年真臘國遣使貢方物
七年二月契丹三月昆明五月百濟六月康國吐谷
渾及西突厥莫賀咄可汗七月百濟康國曹國並遣
使朝貢靺鞨渠帥阿固郎來朝
六月高昌獻狗雌雄各一高六寸長一尺餘性甚能
牽馬銜燭云本出拂林中國有拂林狗自此始也

九月百濟遣使獻光明甲
是月吐谷渾十二月高麗國並遣使來貢方物
八年正月突厥頡利可汗三月吐谷渾四月林邑九
月真臘國參朱國十一月新羅百濟並遣使朝貢
九年西突厥三月葉護可汗四月靺鞨六月葉護可
汗七月新羅並遣使朝貢
九月頡利可汗獻馬三千匹羊萬口不受
十一月頡利可汗十二月高麗百濟黨項並遣使朝
貢唐國王屈木支遣使獻名馬
太宗貞觀元年正月西突厥閏三月高昌吐谷渾靺
五月何國康國六月新羅十月西突厥十一月新羅
並遣使朝貢
二年四月西突厥遣使貢方物
九月高麗王建武遣使奉賀破突厥頡利可汗並上
封域圖
十月林邑真臘參半殊柰並遣使朝貢
十一月頡利可汗遣使貢馬牛數萬許
是年鐵勒遣使朝貢
三年正月契丹渠帥來朝
二月高昌八月薛延陁九月高麗百濟新羅並遣使

朝貢拔也古僕骨同羅奚等渠帥並來朝
十一月西突厥高昌十二月西趙夷子牂牁兗州蠻
靺鞨別部並遣使朝貢契丹東謝渠帥來朝
是年霫國居長遣使貢方物室韋遣使貢豐貂自
此朝貢不絕
四年二月薛延陁吐谷渾並遣使朝貢
五年林邑獻火珠狀如水精日正午時以珠承景取
艾衣之即火見云得於羅利國婆利國遣使隨林邑
使獻方物
七月室韋九月薛延陁並遣使貢方物

十二月牂牁蠻謝龍羽遣使朝貢
是年龜茲國王蘇伐疊遣使獻馬自此朝貢不絕又
東女國王湯滂氏遣使入朝
五年九月百濟十月薛延陁十一月室韋倭黑水靺
鞨並遣使朝貢黨項白蘭渠帥奚契丹俟斤並來朝
是年林邑獻五色鸚鵡又獻白鸚鵡精識辯慧善於
應答自此朝貢不絕
六年正月五月薛延陁遣使朝貢吐谷渾遣其名王
來朝
六月契丹渠帥來朝

七月焉耆闐八月契丹奚十一月薛延陁室韋靺鞨
十一月雪山黨項百濟新羅並遣使朝貢
是年于闐國王尉遲屋密遣使獻玉帶帝優詔答之
又烏羅渾國君長遣使獻貂皮
七年正月契丹奚渠帥並來朝
五月吐谷渾七月高昌九月盤盤國十月西突厥奚
利苾咄陸可汗並遣使朝貢
八年四月吐谷渾遣使朝貢室韋靺鞨渠帥並來朝
十一月吐蕃十二月石國高昌並遣使朝貢
九年正月西突厥同娥設二月于闐王焉耆四月薛
延陁真臘唱盤陁國閏月疏勒國五月吐火羅八月
西突厥九月于闐室韋薛延陁盤盤國十月處月鴞
十一月百濟十二月吐蕃西突厥並遣使來朝貢方
物
是年康國獻獅子
十年二月百濟焉耆于闐疏勒三月薛延陁八月甲
子西突厥十二月疏勒朱俱波甘棠並遣使來朝
十一年六月罽賓遣使獻舍利名馬
八月西蕃咥利始可汗遣使獻方物
十一月吐谷渾河源郡王慕容諾曷鉢獻牛羊萬三

千頭薛延陁遣子達度設頡利苾來朝
十二月百濟王扶餘璋遣太子隆來朝并獻鐵甲雕
斧帝優勞之
是年康國獻金桃銀桃詔令植之於苑囿
十二年正月僧高武令迦尔鳩密等四國遣使朝貢
並南荒之小國也朝中國自是始通衣服言音與林
邑同俗
六月獨和羅國遣使貢方物南方荒外崑崙之類也
八月吐谷渾十月西突厥烏羅國喝羅國十一月安
國並遣使貢方物迴紇菩薩南過賀蘭山臨黃河遣

使入貢
十三年二月波斯康國六月昆明國九月薛延陁並遣使朝貢
十月百濟遣使貢金甲雕斧
十四年正月焉耆國三月流鬼國五月訶陵獨和羅罽賓國並遣使貢方物
是年高麗王遣其太子桓權來朝并獻方物
十五年二月盤盤國十一月甲午大羊同國並遣使貢方物
是年天竺國王尸羅逸多遣使朝貢帝復遣李義報

使其王復遣使獻大珠及鬱金香菩提樹
十六年春正月吐蕃于闐百濟高麗新羅康國龜茲吐谷渾曹國賀國史國婆羅國曇陵叅半四月俱密國五月林邑國十一月朱陁國烏萇國遣使獻方物烏萇自古未通中國其王達摩因陁訶斯遣使奉表曰大福德至尊一切王中上乘天寶車破諸黑暗譬如帝釋能伏阿脩羅王奴宿種善根得生釋種拜至尊因獻龍腦香帝嘉其遠至降璽書以答慰之
是年罽賓國遣使獻褥時鼠喙尖而尾赤能食蛇有被蛇螫者鼠輒臭而尿之其瘡立愈

十七年正月朔薛延陁百濟高麗新羅吐谷渾康國女國閏六月墮和羅國十一月吐蕃薛延陁新羅婆羅門同娥西蕃處般毀等國各遣使獻方物
是年拂菻王波多力遣使獻赤頗黎綠頗黎石綠金精等物陁洹國遣使來朝
十八年正月朔吐谷渾薛延陁吐蕃高麗百濟新羅康國于闐三月火辭彌國十二月摩羅游國遣使獻方物
十九年正月庚午朔百濟太子扶餘康信延陁新羅吐谷渾吐蕃契丹奚吐火羅葉護沙鉢羅葉護于闐

同娥康國靺鞨霫等遣使來賀各貢方物
二十年正月吐谷渾吐蕃高麗石國三月西蕃似槃國王瑟匿國閏三月悉立國章求拔國俱蘭國並遣使貢獻章求拔國或云章揭拔本西羌種也在悉立西南聞悉立內附其王羅利多菩伽遣使因悉立以朝獻後右衛率長史王玄策往西域爲中天竺所刼其王發兵赴之破賊有功自此職貢俱蘭亦名爲俱羅其王表曰如雪如珠如雲如月潔白高遠是文夫枝清涼一切如須彌山又如大海威力自在如那羅延如日光明大王中王大漢國勝天子名流四海俱

羅那國王忽提婆謹修禮拜
毛月吐蕃遣其大臣禄禄東贊奉表曰聖天子平定
四方日月所炤之國並爲臣妾而高麗恃遠闕於臣
禮天子自領百萬渡遼致討隳城陷陣指日凱旋夷
狄纔聞天子發駕少選之間已聞歸國鴈飛迅越不
及陛下速疾奴忝預子壻喜百嘗夷夫鵝猶鴈也故
作金鵝奉獻其鵝黄金鑄成高七尺中可實酒三斛
是年五月天竺遣使貢方物
二十一年正月龜兹羊同石國吐蕃波斯康國吐谷
渾並貢方物

二月陁洹國獻白鸚鵡毛羽皓素頭上有紅毛數十
莖垂與翅齊并五色鸚鵡各一及婆律膏
三月帝以遠夷各貢方物珍果咸至其草木雜物有
異于嘗者詔皆使詳録焉葉護獻馬乳蒲桃一房長
二丈餘子亦稍大其色紫摩伽陁國獻菩提樹一名
波羅葉似白楊康國獻黄桃大如鵝卵其色黄金亦
呼爲金桃伽毘國獻鬱金香葉似麥門冬九月色開
狀如芙容其色紫碧香聞數十步華而不實欲種取
根罽賓獻俱物頭花其花丹白相似而香遠聞伽失
畢國獻泥樓鉢羅葉類荷葉鈌圓其花色碧而蘂黄
香芳數十步健達獻佛土葉一莖五葉花赤心中正
黄而蘂紫色泥鉢羅獻波稜菜類紅藍實如蒺梨火
熟之能益食味又有酢菜狀類慎火葉闊味雖少苦
久食益人胡芹狀似芹而味香渾提葱其狀猶葱而
白辛嗅藥其狀類凌冬而青收乾作末味如桂椒其
根能愈氣疾薛延陁獻拔蘭鹿嚞毛而牛角大如麞
西蕃突厥獻馬蹄羊其蹄似馬波斯國獻活耨蛇形
如鼠而色青身長八九寸能入穴鼠西蕃咄陸可汗
獻金卯鉼鳥鶩也雕刻作禽獸而塗以黄金西蕃胡
國出石密中國貴之帝遣使至摩伽陀國取其法令

揚州煎諸蔗之汁於中厨自造色味逾於西域所出
前代或有貢獻人皆不識及破高昌收馬乳蒲桃實
於苑中種之并得其酒法帝自損益造酒成凡有八
色芳辛酷烈味兼緹盎既頒賜羣臣京師始識其味
八月骨利幹國遣使朝貢獻馬百匹尤駿帝奇之各
爲製名號爲十驥其一日騰白其二日皎雪駿其三
日凝露驄其四日玄光驄其五日决波騟其六日飛
霞驃其七日發電赤其八日流金騧其九日翔麟紫
其十日奔虹赤
十二月都播者部遣使朝貢播者鐵勒之别種也開

骨利幹來通宣國威靈於是遣使
是年葱領陸婆登國龜兹國吐谷渾獻突没皮突厥
車鼻可汗並遣使朝貢
二十二年正月朔結骨吐蕃吐谷渾新羅高麗吐火
羅康國于闐烏長波斯石國並遣使朝貢
三月焉耆國五月劉賓六月盤盤國十二月吐谷渾
河源王並遣使朝貢
二十三年二月西突厥肆葉護可汗安國王並獻方
物墮和羅國遣使獻象牙火珠
三月西洱河大首領揚同外河東大首揚歛松外蠻

首領蒙羽等來朝
高宗以貞觀二十三年卽位八月吐谷河源郡王慕
容諾曷鉢獻馬牛
九月迦毘葉國遣使獻天鐵熊其力生擒白象獅子
永徽元年正月吐蕃遣使朝貢
五月吐火羅國獻大鳥高七尺其足如駝有翅而能
飛行日三五百里能噉銅鐵夷俗呼爲駝鳥
二年八月大食國始遣使朝貢
十月真臘國獻馴象陁桓國遣使來獻
十二月劉賓國遣使獻褥池鼠

是年春正月朔泥婆羅國遣使朝貢
三年春正月朔吐谷渾新羅百濟高麗並遣使朝貢
八月吐谷渾遣使獻名馬十月劉賓國曹國十一月
駮馬國並獻使朝貢
四年四月林邑國人諸葛地自立爲王遣使貢方物
馴象
七月吐谷渾獻名馬
十一月新羅遣使獻金總布是月曹國劉賓國並嗣
主新立各遣使朝貢
五年四月劉賓國曹國康國安國吐火羅國並遣使

朝貢
五月林邑國獻馴象
八月吐蕃使人獻野馬百匹及大佛廬高五尺廣袤
各三十七步九月吐谷渾遣使朝貢
十二月倭國遣使獻琥珀馬腦琥珀大如斗馬腦大
如五升器
六年六月大石國鹽莫念並遣使朝貢
顯慶元年正月女國遣女使高覇梨文并其主男三
虜等來朝
五月婆岸國遣使獻方物

十月新羅王遣其子右武衛將軍文王來朝
十二月高麗王高藏遣使奉表賀册皇太子
二年正月庚申朔吐火羅國獻師子
二月林邑國遣使朝貢
六月贍國傳國遣使獻馴象犀牛
十二月吐蕃贊普遣使獻金城城上有獅子象駝馬
原羝等並有人騎并獻金鵞金頗羅等
三年八月千私弗國王法陁拔底舍利君國王失利
提婆摩臘王施婆羅地多並遣使朝貢三國並南天
竺屬也國皆絕遠未嘗與中國通至是汎海累月方

達交州并獻其方物
四年十月蝦夷國隨倭國使入朝
龍朔元年八月多蔑國王摩如失利多福國王難修
強宜說耽羅國王儒李都羅等並遣使來朝各貢方
物三國皆林邑之南邊海小國也
二年五月于弗國摩臘國三濮國哥羅舍分國修羅
分國廿畢國並遣使獻方物哥羅舍分國在南海之
南東接墮和羅國其王名蒲伽越摩精兵二萬人其
使以顯慶五年發本國至是到京修羅分國居於南
海之北木柵為城東至真臘國南至海其王名尸達
摩提婆精兵二萬餘人廿畢國居於東海之濱東接
林邑其王名旃陁越摩精兵可五千人其使以龍朔
元年發本國至是到京
乾封元年七月單單國訶陵國各遣使獻方物
二年十月波斯國獻方物
總章元年七月未陁提國遣使獻方物
二年八月林邑王鉢伽舍䟦摩羅婆王稱達鉢等十
一月倭國並遣使獻方物
三年林邑獅子訶羅單單等並遣使朝獻
咸亨元年三月罽賓國獻方物倭國王遣使賀平高

麗
二年三月拔汗那五月吐火羅波斯康國罽賓國八
月鳩密國王尸利鳩摩富那國王尸利提婆䟦摩各
遣使來朝貢其方物
三年三月南天竺國各獻方物
四月吐蕃遣其大臣仲琮來朝
上元二年正月右驍衛大將軍龜茲王白素稽獻銀
頗羅賜帛以答之拔汗那王獻碧頗黎及虵黄
十二月丁亥龜茲王白素稽獻名馬
二年二月堅昆獻名馬

九月新羅王金法敏遣使獻方物
儀鳳二年四月于闐獻方物
調露元年十月康國拔汗那護密國各遣使朝貢
永隆二年五月大食國吐火羅國各遣使獻馬及方
物
永淳元年五月大食國波斯眞臘國九月石國十二
月南天竺及于闐國各遣使獻方物
則天垂拱二年三月林邑國遣使獻馴象
九年女國十二月敎律國並遣使朝貢
天授二年十月林邑國遣使獻馴象

三年三月東天竺國王摩羅拔摩西天竺國王尸羅
逸多南天竺國王遮婁其拔羅北天竺國王那那中
天竺國王地摩西那龜茲國王延跌拔並來朝獻
長壽元年九月罽賓國遣使朝貢
延載元年七月骨利幹遣使朝貢
證聖元年春一月林邑國貢戰象
四月林邑國遣使朝貢
萬歲通天二年四月安國獻兩頭犬
六月女國十月敎律國遣使朝貢
神功元年二月辛丑葱領國遣使貢方物

聖曆元年春正月眞臘國四月疏勒王裴夷徤臘月
默啜並遣使朝貢
二年二月新羅王金理供遣使貢方物
六月林邑國遣使獻馴象
八月突騎施烏質勒遣其子遮弩來朝
久視元年七月謝國貢方物
長安元年十二月佛誓國遣使貢方物
三年三月大食國遣使獻良馬
十月日本國遣其大臣朝臣眞人貢方物
十二月林邑國遣使朝獻

三年正月吐蕃新羅林邑並遣使朝貢
十月林邑國遣使朝獻
十一月突厥遣其大臣移力貪汗獻名馬千疋并方
物
中宗神龍元年三月新羅王金志誠遣使來朝九月
又遣使獻方物
二年四月新羅王金隆基遣使獻方物
二月日本國遣使來朝
七月波斯國林邑國八月新羅國並遣使貢獻
十月新羅國又遣使朝貢

三年二月吐蕃贊普遣其大臣悉董熱獻方物
五月眞臘國六月康國王突氏並遣使獻方物
八月林邑國遣使獻馴象
景龍元年十一月室韋首領十二月新羅並遣使朝
貢獻
二年春正月吐谷渾三月波斯十一月堅昆並遣使
來朝
三年正月龜茲二月吐蕃三月崐崙國六月新羅八
月吐蕃遣使貢方物
十月室韋並遣使貢方物

十一月林邑國遣使獻白象及方物
四年正月新羅焉耆南天竺眞臘等國四月高麗各
遣使來朝
睿宗景雲元年九月南天竺國吐蕃十月謝颶罽賓
國並遣使貢方物欽化可汗突騎施守忠遣使來朝
十二月吐蕃遣使獻方物
是年奚首領李大酺遣使貢方物
二年八月九月突厥並遣使來朝
十一月靺鞨室韋遣使獻方物
十二月突厥獻食大食新羅林邑獅子國遣使獻方
物拂菻國獻方物
太極元年二月新羅突厥並遣使朝貢
四月林邑國五月吐蕃並遣使獻方物
延和元年八月吐蕃遣使朝見

冊府元龜

巡按福建監察御史臣李嗣京 訂正
分守建南道左布政使臣胡維霖 參閱
知建陽縣事臣 黄國琦較釋

外臣部 一十六

朝貢第四

唐玄宗先天元年八月吐蕃遣使朝貢
九月突厥騎施守忠十月突厥汝陁金山十一月突
厥十姓十二月吐蕃新羅並遣使來朝
二年正月突厥二月新羅室韋吐蕃處月突厥馬耆

于闐六月南天竺新羅各遣使朝貢凡夷狄朝貢太
上皇皆御門樓以見之
開元元年十二月靺鞨王子來朝奏曰臣請就市交
易入寺禮拜許之林邑國王建多達摩遣使獻象五
頭帝降書謂之曰卿國在海南遠通朝貢所獻方物
深達款誠今賜卿馬兩匹宜知朕意
二年二月突厥遣使阿史那鞠來朝帝御承天門見
之是月拂涅靺鞨首領失異蒙越喜大首領烏施可
蒙鐵利部落大首領闒許離等來朝新羅遣使級食
朴褡來賀正

八月西天竺國遣使獻方物
二年二月天竺國使翟曇惠感來獻方物六月林邑
國遣使來朝
四年三月佛誓國遣使朝貢新羅遣其臣金楓厚來
賀正
七月大食國黑密牟尼蘇利漫遣使上表獻金線織
袍寶裝玉灑池瓶各一 一云開元初進名寶鈿帶等方物
閏十二月東蕃遠蕃靺鞨部落佛涅部落勃律國皆
遣大首領來朝
五年三月拂涅靺鞨勃律新羅安國並遣使獻方物

康國王遣使獻毛錦青黛
五月真臘文單新羅靺鞨中天竺國並遣使來朝并
獻方物
六月突騎施遣使獻槖駞及馬降書謂曰卿遠貢忠
信詣獻駞馬朕玄默爲神澹泊爲德稅彼部落則有
勞費已勑所司不令輙受深領厚意宜體至懷是月
習阿薛般國王安殺遣使朝貢于闐國遣使獻打毬
馬兩匹風脚野駞一頭牸一頭
七月突厥遣使獻馬
十月日本國遣使朝貢命通事舍人就鴻臚宣慰

六年二月契丹新羅米國石靺鞨錢利鞨涅蕃守並遣使來朝
四月米國王遣使獻拓壁舞筵及鍮是年康國遣使貢獻鎖子甲水精盃瑪瑙缾駝鳥卵及越諾之類史不書月
七年正月奚王李大酺及新羅國並遣使來賀正突騎施匐車鼻施啜蘇祿并波斯國並遣使朝貢石拂林國王遣吐火羅國大首領獻師子二零羊二拂涅靺鞨鐵利靺鞨越嘉靺鞨並遣使來朝
二月波斯國奚拂涅靺鞨三月安國並遣使獻方物

四月契丹松漠都督李娑固遣使獻馬十匹九姓同羅都督末啜曳遣使獻野馬胯皮甲吐火羅葉護及俱密國並遣使朝貢巳卯訶毗施國捺塞使吐火羅大首領羅摩娑羅獻師子及五色鸚鵡帝以其遠蕃脩貢加宴勞賜錦綵五百疋
五月俱密國遣使獻胡旋女子及方物
六月大食國吐火羅國康國南天竺國遣使朝貢其吐火羅國支汗那王帝賒上表獻解天文人大慕闍其人智慧幽深問無不知伏乞天恩喚取慕闍親問臣等事意及諸教法知其人有如此之藝能望請令其供奉并置一法堂依本教供養
七月佛律國蘇弗舍利遣使來朝謝冊立恩也波斯國遣使朝貢
八月大拂涅靺鞨遣使獻鯨鯢魚睛貂鼠皮白兔貓皮
八年正月中天竺國遣使來朝
二月罽賓國遣使來朝進天文經一夾秘要方并蕃藥等物
五月南天竺國遣使獻豹及五色鸚鵡問日鳥
六月吐火羅國遣使獻馬及騾

九月罽賓國獻善馬謝颶國遣使來朝
十一月吐蕃使蘇和素董悉曩等來朝貢南天竺王遣使來朝
十二月吐蕃石國及謝颶國並遣使來朝貢
九年二月石國王遣使朝貢處密國遣使獻驢及馬
六月龜茲王白孝節遣獻馬及狗
十一月巳酉渤海郡靺鞨大首領鐵利大首領拂涅大首領契丹蕃郎將俱來朝並拜折衝放還蕃
十年正月癸卯朔帝御含元殿受朝賀是日諸蕃國各獻方物

七月丹州獻朱鬉白馬
十月乙巳新羅遣大柰麻金仁壹來賀正并獻方物
越嘉遣首領茂利蒙來朝并獻方物波斯國遣使獻
獅子
十一月渤海遣其大臣味勃計來朝並獻鷹
十一年四月新羅王金興光遣使獻果下馬一匹及
牛黃人參頭髮朝霞細魚牙細鏤鷹鈴海豹皮金銀
等興光上言曰臣鄉居海曲地處遐陬元無泉客之
珍本乏賨人之貨敢將方產之物塵黷天官駑蹇之
才滓穢龍廐竊方燕豕敢類楚雞深覺醜顏彌增戰

汗
十二年二月契丹遣使泥禮來賀正并獻方物奚遣
大首領李奚奴等十八渤海靺鞨遣其臣賀作慶新
羅遣其臣金武勳勃律遣大首領蘇磨羅來賀正各
賜帛五十匹放還蕃
三月大食遣使獻馬及龍腦香識匿國王遣使獻馬
及金精契丹遣使來朝且謝恩往歲契丹使木據離
奉國信歸蕃是以來也
四月康國王烏勒遣使獻侏儒一人馬狗各二
五月松漠府契丹遣使來朝饒樂府奚遣使獻麝香
七月吐火羅國遣使獻胡藥乾陁婆羅等三百餘品
尸利佛誓國王遣使俱摩羅獻侏儒二人僧耆女一
人雜樂人一部及五色鸚鵡授摩羅折衝賜帛百疋
放還蕃
十二月越喜靺鞨遣使破支蒙來賀正并獻方物突
厥遣使裴羅啜來朝堅昆遣使獻馬契丹遣使獻馬
契丹新羅王金興光遣使獻方物
閏十二月突厥遣其大臣阿史德暾泥孰來朝
十三年正月契丹遣使渤海遣大首領烏借芝蒙黑
水靺鞨遣其將五郎子大食遣其將蘇黎等十三人

並來賀正且獻方物
三月大食國遣使蘇黎滿等十三人獻方物又云獻馬及毛錦
識匿國遣使獻馬
七月室韋遣使來朝丁未中天竺國遣使來朝
是年契丹遣其臣可突于朝貢方物
十四年正月突厥遣其大臣臨河達干康思琮來朝
契丹遣其臣邵固來朝突騎施可汗遣首領阿句支
來獻馬
二月安國遣使獻豹雄雌各一突厥遣使執失頡利
發等三百餘人來賀封山

四月新羅遣使金忠臣來賀正契丹遣大首領李闊等六人來朝

五月安國王波婆提遣其弟可悉爛達干拂耽發黎來朝獻馬及豹新羅遣使其弟金欽質來朝突厥遣其大臣臨河達干康思琮來朝

七月契丹部落刺史出利縣令蘇固多等來朝

十一月吐火羅國遣使來朝突厥遣其大臣梅録啜來朝渤海靺鞨王遣其子義信來朝并獻方物奚遣使阿布高來朝康國王遣使獻豹及方物

十五年正月新羅遣使來賀正

五月康國獻胡旋女子及豹史國獻胡旋女子及蒲萄酒安國獻馬

七月突厥骨吐祿遣使獻馬及波斯錦史國王阿忽必多遣使獻胡旋女子及豹

八月渤海王遣其弟大寶方來朝

九月突厥毗伽可汗遣其大臣梅録啜來朝

十月識匿國遣使賀正靺鞨遣使來朝并獻方物

四月護密國王遣米國大首領米忽汗來朝且獻方物

十一月拂誓國王遣使獻五色鸚鵡米國王遣獻獅子是年新羅國遣使來獻方物

十七年正月米使獻胡旋女子三人及豹獅子各一骨咄俟斤遣男骨都施來朝獻馬二匹

二月渤海靺鞨遣使獻鷹是月渤海靺鞨遣使獻鯔魚

三月護密國大首領烏鶻達干來朝

六月北天竺國三藏沙門僧密多獻質汗等藥

七月吐火羅使僧難陁獻須那伽帝釋麥等藥

九月大食國遣使來朝且獻方物

十八年正月波斯王子繼忽娑來朝獻香藥犀五等

吐蕃靺鞨遣其弟大郎雅來朝賀正獻方物波斯國王及新羅國王各遣使來朝賀正

二月突厥遣使哥解骨支亞鼻頡斤來獻方物渤海靺鞨大首領遣使知蒙來朝且獻方物馬三十匹

四月米國石國吐蕃突厥各遣使來朝貢

五月渤海靺鞨遣使烏那達初來朝獻海豹皮五張豹鼠皮三張瑪瑙盃一馬三十匹契丹遣使獻馬十二匹吐火羅僧難陁來朝貢獻瑞麥香藥等黒水靺鞨遣使阿布科思來朝獻方物

九月靺鞨新羅國並遣使朝貢

十月吐蕃遣其大臣名悉獵獻方物
十一月契丹奚中天竺國並遣使朝貢
十二月吐蕃贊普遣其臣諾勃藏來朝貢獻方物
十九年二月室韋渤海靺鞨新並遣使來賀正
八月吐蕃遣其國相論尚他硉來朝命鴻臚少卿李
祺至界首宣勞申命中官路次宣慰
十月中天竺國王伊沙伏磨遣其臣大德僧勃達信
來朝且獻方物林邑國獻象四突厥遣其大臣蘇農
出邏達干等二十四人來朝領西室韋遣使來朝渤
海靺鞨王遣其大姓取珍等百二十人來朝

二十年正月壬子奚歸義王遣其首領細蘇等來朝
新羅奚並遣使賀正
七月庚子突厥可汗堂弟何支監捺來朝
九月波斯王遣首領潘那密與大德僧及烈朝貢
二十一年二月骨咄王頡利發遣使獻馬并女樂
三月可汗那王易米施遣使獻馬突厥遣使新斯壁
紆思鮮闕等十六人來朝
閏三月勃律國王沒謹忙遣使大首領察卓那斯磨
沒勝來朝謝冊立之恩
四月突厥大使烏鶻達干來朝

八月日本國朝賀使真人廣成與傔從五百九十舟
行遇風飄至蘇州刺使錢惟正以聞詔通書舍人韋
景先往蘇州宣慰焉是月骨咄王遣大首領如達干
來朝
九月突厥遣其大臣牟伽伊難達干等十三人來朝
十二月可汗那王易米施遣使首領婆延達干大食
國王遣首領摩思覽達干等來朝
二十二年正月吐蕃遣使來朝
四月日本國遣使來朝獻美濃絁二百匹水織絁二
百疋突厥遣其大臣斯壁紆思鮮闕來朝西南蠻大

酋率蒙歸義遣使獻卩麝香牛黃新羅王興光遣其
大臣金端竭丹來賀正先時興光遣其姪志廉謝恩
獻小馬兩匹狗三頭金百兩銀二千兩布六十疋牛
黃二十兩人參二百斤頭髮一百兩海豹皮一十六
張及是授志廉鴻臚少卿員外置
六月林邑國遣使獻沉香
二十三年正月突厥哥解骨支車鼻施頡斤來朝新
羅遣使金義忠等來賀正
二月吐蕃贊普遣其臣悉諾勃藏來賀正貢獻方物
并以銀器遣宰臣侍中裴耀卿中書令張九齡禮部

尚書平章事李林甫等奏曰臣等忝職樞近不合輙受吐蕃餉方物並望勅鴻臚進內帝不從

三月日本國遣使獻方物渤海靺鞨王遣其弟蕃來朝

八月鐵利部落拂涅部落越喜部落俱遣使來朝獻方物林邑國遣使獻馴象

九月辛巳吐火羅國十二月新羅並遣使來獻方物林邑國遣使獻白象

二十四年正月吐蕃遣使貢獻方物金銀器玩數百事皆形制奇異帝令列於提象門外以示百僚

六月新羅王金興光遣使賀獻表曰伏奉恩勅浿江以南宜令新羅安置臣生居海裔沐化聖朝雖丹素爲心而功無可效以忠正爲事而勞不足賞陛下降雨露之恩發日月之詔錫臣土境廣臣邑居遂使墾闢有期農桑得所臣奉絲綸之旨荷榮寵之深粉骨糜身無繇上荅

九月越喜靺鞨遣獻方物

二十五年正月焉耆大首領龍長安牂牁大酋長趙君道渤海靺鞨大首領木智蒙來朝波斯王子繼忽娑來朝

二月新羅遣使沙食金抱質突厥遣使歌解骨支車鼻頡斤並來朝賀正且獻方物

四月渤海遣其臣公伯計來獻鷹鶻東天竺國三藏大德僧達摩戰來獻胡藥卑斯比支等及新呪法梵本雜經論持國論占星記梵本諸方

十二月新羅國王金承慶遣使獻方物吐蕃遣其大臣屬盧論莽藏來朝且獻方物

二十六年正月吐火羅國遣大首領伊難如達干羅底睺來獻方物

三月新羅使其大臣金元玄來賀正

閏八月渤海靺鞨遣使獻豹鼠皮一千張乾文魚一百口

二十七年二月渤海王遣使獻鷹又拂涅靺鞨遣使獻方物

四月拔汗那王阿悉爛達干使國王斯謹提突騎施大將索俟斤並遣使獻表起居

十月渤海遣使其臣受福子來謝恩

二十八年二月越喜靺鞨其臣野古利來獻方物鐵利靺鞨遣其臣綿度戶來獻方物牂牁大首長遣使獻鵰

三月骨吐國遣使首領悔勒達干剌勿來朝命有司享之
十月渤海靺鞨遣使獻貂鼠皮昆布安國遣使獻寶牀子及駝鳥卵盃康國遣使獻寶香爐及白玉環瑪瑙水精眼藥瓶子
二十九年正月拔汗那王遣使獻馬
二月渤海靺鞨遣其臣失阿利越喜靺鞨遣其部落與舍利黑水靺鞨遣其臣阿布利稽
三月拂涅靺鞨遣首領那弃勃史國王斯謹提遣首領勃帝米施拔汗那王遣首領阿解支達千思伽並

來朝賀正具獻方物突厥遣使首領伊難如來賀正且獻方物上表曰頂禮天可汗禮諸天奴身曾祖已來何天可汗忠赤每徵發為國出力今新年獻月伏願天可汗壽命延長天下一統所有背恩逆賊奴身共拔汗那王盡力枝敵如有歸附之奴即和好今謹令大首領伊難如拜賀又吐羅遣使獻紅頗梨碧頗梨生瑪瑙生金精及質汗等藥中天竺王子李承恩來朝
四月渤海靺鞨遣使進鷹及鶻
八月吐蕃遣使獻方物

十二月女子王國趙曳夫及拂誓國王喃國王各遣其子來朝具獻方物
天寶元年三月曹國王哥邏僕羅石國王特勒並遣使獻馬及方物
五月拂菻國王遣大德僧新羅王並遣使來朝
十月拔悉密可汗使大首領來朝
二年正月契丹刺史八十人并來朝
二月鮮蘇國王阿德悉遣大首領車鼻施達工羅頓殺等二十人來朝且獻方物
九月安西黑姓可汗骨咄祿毗伽遣使獻方物

十二月石國王特勒遣女壻康國大首領康染顛獻物
三年閏二月新羅遣使拔汗那王阿悉爛達干遣大首領並來賀正并獻方物
三月安國王屈底波遣大首領來朝并獻方物
四月新羅七月大食國康國史國西曹國米國謝䫻國吐火羅國突騎施石國並遣使獻馬及寶
十二月新羅王遣弟來賀正
四載二月黃頭室韋三月謝䫻吐火羅波斯俱訶蘭國並遣使獻方物罽賓國遣使獻波斯錦舞筵

四月新羅五月大食含麼國七月石國王特勤安國
王屈底波並遣使來朝貢
七月安國王屈底波遣使朝貢又小勃律遣僧大德
三藏伽羅密多來朝
九月九姓使同紇大首領頡啜邏達三哥哥羅禄使
首領仵並來朝寧遠國奉化王特進驃騎大將軍拔
汗那王阿悉爛達干遣使來賀正
五載正月師子國王尸邏迷伽遣婆羅門僧灌頂三
藏阿目伽跋折羅來朝獻鈿金寶瓔珞及貝葉梵寫
大般若經一部細白氎四十張

二月新羅王金憲英遣使來賀正兼獻方物
三月渤海遣使來賀正石國王遣使來朝并獻馬十
五匹施拔斯單國王遣使來朝獻馬四十匹石國副
王伊捺吐屯屈遣使獻方物
四月拔客國遣使朝貢
七月波斯遣呼慈國大城主李波達僕獻犀牛及象
各一
十月南郡骨咄王遣使獻馬十五匹三葛邏禄苾伽
葉頓護阿波移健啜遣使朝貢
閏十月陁拔斯單國王忽魯汗遣使獻千年棗突騎
施石國史國米國罽賓國各遣使來朝獻繡舞筵㲪
㲪紅鹽黑鹽白戎鹽餘甘子質汗千金藤瑠璃金銀
等物
十一月威遠國遣使朝貢
六載正月新羅渤海龜茲于闐焉耆䍧牁雜姓平蠻
黄頭室韋黑水靺鞨並遣使來賀正各獻方物
四月突厥九姓獻馬一百五十疋堅昆獻馬九十八
匹波斯遣使獻瑪瑙床
五月大食國王遣使獻豹六波斯國王遣使獻豹四
石國王遣使獻馬

六月戊午突騎施遣使朝貢
十二月九姓堅昆及室韋獻馬六十匹令西受降城
使印而納之
七載正月黄頭室韋和解室韋賂丹室韋如者室韋
黑水靺鞨等並遣使朝貢勃律歸仁國王遣使獻金
花
二月西南蠻雲南土蒙歸義遣使賀正
三月黑水靺鞨黄頭室韋和解室韋如者室韋賂丹
室韋並遣使獻金銀及六十綜布魚牙紬朝霞紬牛
黄頭髮人參于闐焉耆龜茲䍧牁並遣使賀正且獻

方物
六月蘇頡利發屋蘭國王婆鉢阿越多遣使獻馬及方物罽賓國怛恒國並遣使朝貢林邑國遣使來朝并獻象牙花氈
八載正月奚遣使賀正
三月渤海遣使獻鷹
四月吐火羅國遣使獻馬
八月十姓突騎施遣使來朝寧遠國王子屋磨來朝石國王子遠恩來朝
九月林邑國城主盧陁遣使來朝獻珍珠一百條黑

沉香三十斤鮮白氎二十雙
十月九姓勃曳固大毗伽都督默每十人來朝
十一月突騎施遣使賀正并獻方物寧遠國奉化王阿悉爛達干遣使賀正
九載正月黑水靺鞨黃頭室韋並遣使賀正骨咄國王羅全節遣大首領鶻汗達干來朝獻口四十三胡馬三十匹康國王咄褐遣大首領末野門獻馬十匹及方物安國王屈底波遣使來朝獻馬一百匹
三月渤海遣使獻鷹獅子國獻象牙真珠北邑國獻象牙真珠白花氈
四月波斯獻大毛繡舞延長毛繡舞延舞孔真珠
六月契丹遣使謝恩真臘國遣使獻犀牛
十載二月寧遠國奉化王阿悉爛達干遣使獻馬二十二匹及豹天狗各一俱密國王伊悉鬬俟斤遣使獻胡馬二十六匹
九月波斯蘇利悉單國火尋國康國安國俱蜜國並遣使朝貢寧遠國奉化王阿悉爛達干遣使獻馬二十匹是月又獻馬四十匹
十月辛未九姓廻鶻遣首領伊難知來朝
十一載三月三葛邏祿使來朝

八月廻鶻遣使來朝歸仁國遣使朝貢
十一月三葛邏祿遣使來朝黑水羯遣使來朝
十二月黑水大食謝多訶密遣使來朝舍磨國寧遠國並遣使來朝康國遣使朝貢
十二載正月踈勒首領攞建州司馬裴國良金州首領阿滿兒褐車鼻施並來賀正
三月罽賓國謝䫻國歸仁國黑衣大食並遣使獻方物牂柯踈勒日本等國渤海並遣使賀正
四月三葛祿遣使來朝凡一百三十人分爲四隊相繼而入各授官賞悉其請求皆令滿望黑衣大食遣

使來朝
五月火尋國遣使獻紫麞皮白生石蜜黑鹽
六月日本國遣使來朝
七月東蠻八月寧遠國王安國新城王芬建城王吐
火羅葉護等國並遣使朝貢
九月文單國王子率其屬二十六人來朝
十二月護密國遣使朝貢黑衣遣使獻馬三十匹舊
邏祿及石國遣獻方物
十三載正月渤海遣使賀正
四月寧遠國及九姓迴紇米國突騎施黑姓可汗及

黑衣大食吐火羅石汗那俱位國並遣使來朝
九月寧遠奉化王遣使獻胡馬及方物是年康國遣
使朝貢
十四載三月康國副王火尋國王稍芬曹國王設阿
忽並遣使朝貢
四月新羅突騎施並遣使賀正
六月日本國七月黑衣并遣使貢獻
八月歸仁國王遣使謝恩
十五載七月黑衣大食遣大酋望二十五人來朝
肅宗至德初大食國遣使朝貢

三年正月護密國王使大首領羅友文來朝
乾元元年五月壬申朔迴紇使多乙亥阿波八十人
黑衣大食酋長閤文等六人並朝見至閤門爭長通
事舍人乃分左右從東西門並入文涉施黑衣大食
使來朝見
六月辛丑朔吐火羅葉護使烏利多康國長史康忠
義劍南蠻酋段泰生並來朝是年罽賓國遣使朝貢
二年三月寧遠國使烏物安國使安莫純瑟並來朝
八月十姓可汗使來朝十姓突騎施黑姓可汗阿多
裴羅等并波斯進物使李摩日夜等及寧遠國使葛

等來朝
三年正月奚王王羅遣大首領上階將軍等十二人
來朝
上元元年九月迴紇使二十人於延英殿通謁
十月迴紇使近支伽裴羅等七人於延英殿朝見
十二月白衣使婆謁使等十八人於延英殿會

冊府元龜

巡按福建監察御史臣李嗣京　訂正

知長樂縣事臣夏允彝叅閱

知建陽縣事臣黄國琦較釋

外臣部　一十七

朝貢第五

唐肅宗寶應元年五月戊申廻紇吐蕃黑衣大食等國六月寧遠吐蕃獅子波斯等國八月奚契丹寧遠國九月波斯新羅十二月黑衣大食尋寧遠石國並遣使朝貢

永泰元年冬廻紇首領胡祿都督弟二百餘人自涇陽來朝

二年三月新羅王金獻英遣使朝貢

四月廻紇遣首領客悉吉等及牙帳一百人來朝

大曆二年七月吐蕃及渤海並遣使來朝

八月契丹渤海九月靺鞨渤海室韋十月廻紇十一月渤海廻紇吐蕃十二月廻紇渤海契丹室韋等國各遣使朝貢

是年新羅王金乾運遣其臣金隱居奉表入朝貢方物

三年七月廻紇九月新羅十一月訶陵國遣使朝貢

四年正月牂牁訶陵黑衣大食二月牂牁三月渤海靺鞨十二月廻紇吐蕃契丹奚室韋渤海訶陵並遣使朝貢

六年九月波斯國遣使獻真珠琥珀等

十月廻紇遣使來朝

十一月奚契丹並遣使來朝

七年五月新羅十二月廻紇吐蕃大食渤海靺鞨室韋契丹奚牂牁康國米國九姓等各遣使朝貢

八年四月渤海遣使來朝并獻方物廻紇遣使阿德

俱裴羅來朝引見于石銀臺門新羅遣使賀正見于延英殿并獻金銀牛黃魚牙紬朝霞紬等方物

六月廻紇遣使羅仙闕等來朝引見於石銀臺門渤海遣使賀正新羅遣使謝恩並引見於延英殿

十一月渤海遣使朝貢

閏十一月渤海室韋並遣使來朝廻紇使散文赤心裴羅達干等還蕃引辭于銀臺門

十二月渤海室韋牂牁並遣使來朝奚契丹渤海靺鞨並遣使朝貢

九年正月室韋渤海並來朝

三月廻紇遣使裴羅達干來朝
四月廻紇使裴羅達干還蕃引辭於延英殿新羅遣使朝貢
六月吐蕃遣使來朝
七月廻紇遣使骨啜祿梅還達干等來朝並進馬四十四黑衣大食吐蕃並遣使來朝
十月廻紇遣使來朝見於銀臺門新羅遣使賀正見於延英殿
十二月奚契丹渤海室韋靺鞨遣使來朝
十年正月渤海契丹奚室韋靺鞨新羅五月渤海六

月新羅渤海十二月渤海奚契丹室韋靺鞨各遣使朝貢
十一年七月新羅遣使來朝且獻方物
十月新羅遣使朝貢
十二年正月牂牁遣使來賀正渤海遣使來朝并獻日本國舞女一十一人及方物
二月渤海遣使獻鷹
四月牂牁渤海奚契丹室韋靺鞨六月契丹八月契丹十二月新羅渤海靺鞨室韋奚契丹並遣使來朝各獻方物

十三年正月日本國遣使朝貢
德宗建中元年二月日本國七月東蠻烏蠻守愈等十月渤海並遣使朝貢
三年閏正月新羅牂牁陁國五月渤海國並遣使朝貢
貞元四年四月東蠻鬼主驃旁等來朝先是東蠻自陷嶲州後臣於吐蕃絶朝貢者二十餘年至是劍南節度韋臯招誘之始棄吐蕃内附
五月壬申廻紇遣使來朝
六年二月廻鶻三月牂牁並遣使朝貢

七年正月廻鶻大首領史勃羨渤海黑衣大食五月廻鶻九月契丹並遣使來朝
八年四月廻鶻五月廻鶻閏十二月牂牁靺鞨皆遣使朝貢是月室韋都督和解熱素等來朝
九年九月廻鶻遣使朝貢
十月環王國獻犀牛帝令見於太廟
十二月室韋大都督阿朱等三十人來朝貢是年契丹遣使來朝
十年契丹遣使來朝是年南詔王遣使蒙湊羅棟等來獻鐸槊浪人劍及吐蕃印八紐

十一年二月廻鶻遣使來朝
九月南詔異牟尋遣使獻馬六十疋
是年契丹大首領熱蘇二十五人來朝
十二年十二月女國湯立志歌隣國王董利羅弱水國王董和通祖國王弟鄧吉知并大首領等並赴元正朝會廻紇并南詔蠻遣使朝貢
十四年十二月南詔異牟尋遣首望大將軍王丘各等朝賀元正各獻方物
十七年奚梅落索低契丹烏鬼牂牁謝懷珠皆見
十八年正月驃國王始遣其弟悉利移來朝獻其國

樂凡十曲與樂工三十五人來朝樂曲皆演釋氏經論之詞意是月南詔使來朝虞婁越喜等首欽見
二十年十一月渤海新羅遣使來朝
十二月南詔蠻彌臣國日本吐蕃並遣使來朝貢又云吐蕃遣河南觀察使論乞州及僧南撥特計波等五十四人來朝
順宗即位初吐蕃使論悉諾等來朝獻方物
憲宗以永貞元年即位十一月南蠻及昆明牂牁並遣使來朝
元和元年閏六月吐蕃八月新羅南詔蠻十月廻鶻
十二月廻鶻契丹渤海牂牁南詔驃國各遣使朝貢

二年十二月吐蕃廻鶻奚契丹渤海牂牁南詔並遣使朝貢
三年新羅王金重興遣使金力奇來朝
四年十二月南詔牂牁昆明皆遣使朝貢
五年正月渤海遣使高才南等來朝
十月新羅王遣其子來獻金銀佛像及佛經幡等上言爲順宗祈福並貢方物
十一月奚契丹並遣使朝貢渤海王遣子大延真等來獻方物
十二月牂牁南詔並遣使朝貢

七年二月吐蕃遣使朝貢
四月新羅賀正兼告哀使金昌男等五十四人朝見
是年渤海亦遣使來南詔遣使朝貢
八年十一月契丹達干可葛等二十九人朝貢
十二月牂牁刺史謝稱渤海王子辛文德等九十七人來朝是年眞臘國遣使李摩那等來朝
九年正月渤海使高禮進等三十七人朝貢獻金銀佛像各一
九月眞臘國遣使朝貢
十一月渤海遣使獻鷹鶻廻鶻使醫德密施等三十

七人來朝契丹大首領栴落鶻劣來朝
十二月渤海遣使大孝真等五十九人來朝
十年七月渤海王子大庭俊等一百一人二月黑水酋長十一人並來朝貢
八月訶陵國遣使獻金抵僮及五色鸚鵡頻伽鳥并異香名寶
十一月契丹南詔蠻並遣使朝貢
十一年正月奚首領來朝獻名馬尔後每歲朝貢不絶或二三至其事歲朝貢常數百人至幽州則選其酋渠三五十赴闕引於麟德殿錫以金帛遣還余皆駐而飯之率爲常
是月迴鶻遣使朝貢

二月迴鶻使獻橐駞及馬三月渤海靺鞨十一月契丹渤海十二月南詔牂牁昆明國並遣使朝貢
十二年二月渤海三月新羅遣使朝貢
四月吐蕃使論乞髯獻馬十匹玉腰帶二條金器十事殑牛一十二月南詔契丹首領介落等朝貢
十三年四月高麗國進樂器及樂工兩部是年訶陵國遣使進僧耆女二人鸚鵡玳瑁及生犀等
十五年閏正月渤海十月闍婆十一月新羅並遣使朝貢十二月渤海復遣使朝貢是年南詔遣使來朝詔自十二年至是比歲遣使來朝或年内二三至者

穆宗長慶二年正月渤海三月迴鶻六月吐蕃並遣使朝貢
十月迴紇使者僕固昌獻其國信四床女口六人葛祿口四人
十二月迴鶻吐蕃新羅契丹奚牂牁並遣使朝貢
三年九月南詔王兵佺進其國信金碧文禄十有六品
四年二月吐蕃渤海遣使朝貢
十月吐蕃貢犛牛等又獻鑄成銀犀牛羊鹿各一
十二月迴鶻吐蕃奚契丹並遣使朝貢

敬宗寶曆元年三月吐蕃渤海七月迴鶻十月迴鶻十二月迴鶻奚契丹並遣使朝貢
二年正月南詔室韋渤海牂牁三月昆明並遣使朝貢
文宗太和元年四月渤海遣使來朝
八月吐蕃使論壯大熱進國信金銀器玉腰帶及馬等
三年十二月渤海新羅室韋契丹南詔皆遣使朝貢
四年十二月吐蕃迴鶻新羅渤海南詔蠻牂牁昆明奚契丹並遣使朝貢

五年二月新羅王子金能儒並僧九人闍婆國朝貢
使李南呼祿等十七人並入朝
十一月吐蕃廻鶻奚契丹新羅渤海南詔牂牁並遣
使朝貢
六年三月渤海王子大明俊來朝
七年正月渤海王遣同中書右平章事高賞英來謝
策命
八年南詔遣使來朝
九年十二月契丹大首領介落等一十九人室韋大
都督阿朱等三十人奚大首領匿郎等並三十人來

朝
開成元年二月黔南觀察使奏先是義州昆明部落
鬼主阿珮繼襲義州刺史朝貢不絕為明州牂牁所
阻遠今百餘年願歸王化詔曰且許令年內一度來
朝
十一月契丹大首領列環等三十一人來朝
十二月吐蕃廻鶻新羅渤海奚契丹牂牁南詔蠻昆
明各遣使朝貢韋室大都督阿朱等來朝
二年二月牂牁來朝
十月廻鶻遣使朝貢

十一月契丹遣使朝貢
十二月南詔及室韋朝貢
三年七月昆明差使朝貢
十二月日本國遣使朝貢進真珠絹
四年正月闍黎國遣使李南呼祿來朝貢
閏正月南詔廻鶻日本牂牁各遣使朝貢
十二月戊辰渤海王子大延廣契丹首領薩葛奚大
首領温訥骨室韋大都督秩虽等朝貢
五年南詔遣使朝貢
武宗會昌二年二月牂牁南平蠻結骨國遣使朝貢

室韋大首領熱論等來朝
三年八月黠戛斯遣使諦德伊斯難珠來朝
六年正月南詔契丹室韋渤海牂牁昆明等使並朝
于宣政殿
宣宗大中七年四月日本國遣王子來朝獻寶器音
樂帝謂宰執曰近者黃河清今又日本國來朝朕媿
德薄何以堪之因賜百僚宴陳百戲以禮之
懿宗咸通末契丹王曰習爾之累來朝貢方物
梁太祖開平元年四月契丹首領袍笏梅老來朝貢
方物

五月渤海王子大昭順貢海東物産契丹首領袍笏課哥梅老等來朝契丹久不通中華聞帝威聲乃率所部來貢三數年間頻獻名馬方物

二年正月吐蕃遣使唱來朝貢

二月契丹王阿保機遣使貢良馬方物

五月契丹國王阿保機遣使進良馬十匹金花鞍轡貂鼠皮頭冠并裘男口一名蘇年十歲女口一名譬年十二契丹王妻亦不進良馬一匹朝霞錦金花頭冠麝香前國王欽德亦進馬其國中節級各差使進獻共三十一人表六封

三年三月渤海王大諲譔差其相大誠諤朝貢進兒女口及物貂鼠皮熊皮等

五月賜廻紇朝貢使阿福引分物

閏八月鴻臚卿引進契丹阿保機差首領葛鹿等進金渡鐵甲金渡銀甲及水精玉裝鞍轡等物馬　百匹其阿保機冊妻各進雲霞錦一疋

四年正月邕州節度使葉廣略進如洪洞生獠蠻一十人赴闕朝見前朝末道路梗塞遠夷進貢罕有至者帝即位威略柔遠東南蠻貊相繼來庭

五年四月契丹王阿保機遣使實椰梅老朝貢

乾化元年八月渤海國遣使朝賀且獻方物

十二月帝御朝元殿以廻鶻吐蕃二大國首領入覲故也扇開所司道二首領與傔從等一百二十二人伏拜庭下即各以其君長所上表及方物等陳而獻馬

二年五月渤海王大諲譔差王子大光贊景帝表并進方物

十月契丹蜀括梅老等朝貢

十一月廻鶻遣都督周易言等入朝進貢

後唐莊宗同光元年十一月新羅國王金朴英遣倉

部侍郎金樂録事叅軍金幼卿朝貢賜物有差

十二月奚首領李紹威遣使朝貢

二年正月新羅王金朴英並本國泉州節度使王逢規遣使朝貢渤海王子大禹謨來朝貢

二月党項遣使朝貢

四月廻鶻都督李引釋迦副使田鐵林都監楊福安等六十六人陳方物稱本國權知可汗仁美在甘州差貢善馬九匹白玉一團是月沙州曹義進玉三團硇砂羚羊角波斯錦茸褐白氎生黄金星礬等

五月渤海國王大諲譔遣使姪元讓貢方物

六月新羅遣使朝散大夫倉部侍郎賜紫金岳來朝
貢
九月黑水國遣使朝貢
十一月党項進白驪奚王李紹威進駝馬廻鶻都督
安子想進玉團駝馬等
十二月党項薄備香來貢良馬其妻韓氏進駝馬
三年正月河西郡落折驕兒貢駝馬
二月河西郡族折文通貢駝馬熟吐渾李紹魯貢駝
馬党項折願慶貢方物又突厥渾解樓貢方物渤海
國王大諲譔遣使裴璆貢人參松子昆布黃明細布

貂鼠皮被一褥六髮靴革奴子二熟吐渾督赫連海
龍貢羊馬
五月黑水胡獨鹿女貞等使朝貢契丹阿保機遣使
拽鹿盂貢方物
十月奚吐渾突厥首領使人貢方物爲萬壽節高麗
國遣使韋伸貢方物
四年正月達怛都督折文通貢駝馬廻鶻可汗阿咄
欲遣都督程郡明貢馬
明宗天成元年四月渤海國王大諲譔遣使大陳林
等一百一十六人朝貢進兒口女口各三人人參昆
布白附子及虎皮等
七月契丹國王遣梅老里述骨之進内官一人馬二
匹地衣真珠裴金釧金釵等渤海使人大昭佐等六
人朝貢
十月雲南嶲州山後雨林百蠻都鬼主右武衛大將
軍李卑晩遣大鬼主傳能阿花等來朝貢帝御文明
殿對之百僚稱賀
二年正月突厥首領張慕晉來朝貢
二月新羅國使兵部侍郎張芬等來朝貢
四月新羅國康州遣使林彦來朝貢

八月昆明大鬼主羅殿王普露静王九部落各差使
若士等隨牂牁清州八郡刺史宋朝化等一百五十
三人來朝共進草豆蔻二萬顆朱沙五百兩黃蠟三
百斤
九月河西党項如連山等來朝共進馬四十疋契丹
差梅老没骨已下進奉
十二月廻鶻西界吐蕃發使野利延孫等入貢蕃僧
四人持蕃書兩封文字未詳
三年正月契丹使禿納梅老已下五十人進奉
二月吐渾都督李紹魯等進馬一百二十四廻鶻知

權可汗仁裕遣都督李阿山等十八人入貢
四月達怛使人朝貢
閏八月契丹使梅老季吐蕃廻紇等使各貢奉
九月吐蕃遣使朝貢
十一月吐渾念九等共進馬五十三疋党項吐蕃相次朝貢
十二月廻鶻差使朝貢
四年四月契丹差使撩括梅里等朝貢
五月渤海遣使高正詞入朝貢方物
六月故奚王男素姑進其父鞍馬衣甲器械

八月黑水遣使骨至來朝兼貢方物吐渾首領念公山念坦相次來朝貢党項折遇明等來貢方物高麗國王王建遣使廣平侍郎張芬等五十三人來朝貢銀香獅子香爐金裝鈒鏤雲星刀劍馬突金銀鷹䩮韜鞲鈴錦𦋺腰白紵白氎頭髮人參香油銀鏤剪刀鉗鈇松子等
九月党項折文通進馬西京府蕃官撥心吐蕃首領撥里忙布蘭𧹞等並來朝生吐渾北海兒進駞馬
十月達怛首領張十三朝党項首領來有行進馬四十疋

長興元年二月黑水兀兒遣使貢方物
四月吐蕃首領千撥葛進犛牛二頭
五月廻鶻䕫栗祖等來朝貢廻鶻國使安黑連來朝貢又廻鶻可汗仁裕遣使來貢方物
六月契苾指揮使李骨西等來朝
八月吐渾康合畢來貢駞馬
九月河西蕃官姚東山吐蕃首領王滿儒等三十人進馬八十疋玉一團沙州曹義金進馬四百疋玉一團
二年正月河西党項折七移等進駞馬東丹王突欲

進馬十疋氈帳及諸方物又進本國印三面宣示宰臣達怛列六陸娘居等進馬
二月突厥首領壯阿熱吐渾康萬琳各進馬
八月契丹遣使邪姑兒朝貢
十月西凉府審官撥心等朝貢
十一月党項達怛阿屬朱並來朝貢
十二月西凉府及廻鶻使安未思渤海使文成角並來朝貢党項首領來進所奪得契丹旗幷馬
三年正月契丹遣使拽骨等來朝渤海廻鶻順化可汗等吐蕃各遣使朝貢凉州奏將吏有狀請朝廷命

師兼進方物沙州進馬七十五疋玉三十六團
二月吐蕃遣首領野利闍心等朝貢是月契丹穆順
義先是遣還本國廻進馬三疋及方物藥
三月契丹遣使都督起阿鉢等一百一十人進馬一
百疋及方物達怛首葛蘇進馬十疋及方物又契丹
遣使鐵葛羅卿獻馬三十疋高麗國遣使大相王儒
朝貢
四月新羅國權知本國王金溥遣使執事侍郎金朏
貢方物
八月吐蕃遣使朝貢見於端明殿帝問本蕃牙帳去

京師遠近對曰涇州西二千里比年阻大水朝貢後
時
九月契丹國遣使都督述祿卿進馬四十疋
四年五月契丹遣使朝貢
七月廻鶻都督李未等三十一人進白鶻一聯辭禮
賓使解絲放之
十一月吐蕃遣使來貢奚首領李素姑來朝貢
閔帝應順元年正月契丹遣都督沒辣來朝獻馬四
百駞十羊二千先是遣供奉官四方環入契丹復命
故有是獻

是月沙州瓜州遣牙將各以方物朝貢廻鶻可汗仁
美遣使獻故可汗仁裕遺留貢物鞍馬器械仁美獻
馬二團玉鞦轡碙砂羚羊角波斯寶緤玉帶
廢帝清泰元年八月青州言高麗入貢使金吉船至
岸北京言契丹遣使達怛朝貢部送京師是月達怛
首領沒于越等入朝貢羊馬
二年正月生吐渾首領姚胡入朝獻馬
四月新州言党項拓跋黑連欲入朝貢奏從之
六月詔邠涇鄜耀四州兵應接廻鶻出州入貢
七月廻鶻可汗仁美遣都督陳福海而下七十八人

獻馬三百六十疋玉二十團白氎斜褐犛牛尾綠野
馬皮野駝峰沙州刺史曹義金凉州留後李文謙各
獻馬三疋瓜州刺史慕容歸盈獻馬五十疋
十月高麗國王王建遣使入朝貢方物
十一月渤海遣使列周義入朝貢方物
十二月高麗遣使禮賓卿邢順等來朝貢
三年正月百濟國遣使入朝貢方物高麗遣使王子
大相王規等來貢方物
晉高祖天福二年六月契丹使夷離畢進馬二百疋
人參貂鼠皮走馬木椀等物

三年三月可汗廻鶻王仁美進野馬獨峯駝玉轡頭
大鵬砂硇砂膃肭臍金剛鑽羚羊角白貂鼠皮安西
絲白氎布犛牛尾野駝峯等物
九月于闐國王李聖文遣使馬繼榮進玉團白氎布
犛牛尾紅鹽鬱金硇砂大鵬砂玉裝鞦轡鞹䩮韔靬
手亦廻鶻可汗又遣使李萬金進馬一百疋駝十二
頭
十月廻鶻遣使都督李萬金等朝貢
四年三月廻鶻都督拽里敦來朝可汗仁美貢鏤劍
琈音孚玉良馬百駟珯柭音法寳轡舟鹽罽氎玉後猦白

貂鼠犛牛之尾騊駼之革
九月契丹使粘木孤來獻牛馬犬腊顛騾十駟高麗
王王建使廣評侍郎邢順等九十二人以方物來朝
十月罷延族吐蕃大首聶褒郎彝磨摽昌訶兀羅只
褒等率屬朝貢
五年正月廻鶻可汗仁美遣都督石海金來朝貢良
馬百駟白玉百團謝冊命也
十月契丹使舍利來聘致馬百匹及王轡鏤鞍氈裘
弧矢組繡纛韉等
六年五月吐渾大首領白承福及麾下念厖里恭連
功德來朝七月突厥遣使薛同海已下一十七人來
朝貢
九月吐渾遣首領白可久等一百一十八人朝貢
七年二月契丹遣使大卿已下三十一人來聘獻馬
及方物
三月吐渾使慕容金進已下十四人見進馬十匹
六月吐渾都督白承福遣指揮使念醜漢朝貢
少帝天福七年廻鶻都督來朝獻馬三百疋玉百團
玉帶一
八年七月壬午契丹廻圖使喬榮通郝在殷到闕各

進馬一疋
九月吐渾遣都督黑連功德副使白可久節度使白
承福男鐵櫃高麗遣使王子太相王申一等來朝貢
開運二年二月廻鶻可汗進玉團獅子玉鞍硇砂紅
鹽野駝峯安西白氎膃肭臍大鵬砂羚羊角犛牛尾
貂鼠等物
十月高麗遣使廣評侍郎韓玄圭等來朝貢
漢隱帝乾祐元年五月廻鶻可汗遣使入貢獻馬一
百二十疋玉鞍轡玉團七十三白氎百二十七貂鼠
皮二百二十六犛牛尾　百四十八玉鞊鞢三百三

十四又羚羊角硇砂諸藥于闐國遣使朝貢
周太祖廣順元年二月西州廻鶻遣都督來朝貢玉大小六團一團碧琥珀九斤白氎布一千三百二十九段白褐二百八十段珊瑚六樹白貂鼠皮二千六百三十二黑貂鼠皮二百五十青貂鼠皮五百三舊貂鼠褥子四白玉環子碧玉環子各一鐵鏡二玉帶鉸具六十九玉帶一諸香藥稱是廻鶻遣使摩尼貢玉團七十七白氎段三百五十青及黑貂鼠皮共二十八玉帶玉鞍轡鉸具各一副犛牛尾四百二十四大琥珀二十顆紅鹽三百斤胡桐淚三百九十斤餘

粟物在數外
四月西域僧嚩囉朝貢
二年正月高麗權知國事王詔遣廣平侍郎徐逢等九十七人來朝貢
三月廻鶻遣使每與難支使副骨廸歷等十二人來朝貢玉團三珊瑚樹二十琥珀五十斤貂鼠皮毛褐白氎岑皮靴等
七月高麗僧思泰獻方物
三年正月廻鶻入朝使獨呈相温貢白氎段七百七十玉團一珊瑚片七十
十一月西天僧薩滿多等十六族貢馬
世宗顯德元年二月廻鶻朝貢使以寶玉進上
五月廻鶻朝貢使因難狄略進方物
十月高麗國遣王子太相王融來貢方物
二年十一月高麗復遣本國廣評侍郎荀質來貢方物稱賀登極
三年二月廻鶻遣使貢方物
五年九月占城國王釋利因德漫遣其臣蒲訶散等來貢方物中有灑衣薔薇水一十五琉璃瓶言出自西域凡鮮華之衣以此水灑之則不黦而復郁烈之

香連歲不歇又進猛火油八十四琉璃瓶是油得水而愈熾彼國凡水戰則用之
六年正月高麗國王王昭遣使臣王子佐丞王兢佐尹皇甫魏光等來進名馬及織成衣襖弓劍器甲等
女貞國遣使阿辨等來貢方物
二月廻鶻使貢方物
六月占城國進奉使莆訶散以雲龍形通犀帶一條菩薩石一片上進
恭帝顯德六年八月高麗國遣使朝貢兼進別序孝經一卷越王孝經新義八卷皇靈孝經一卷孝經雌

圖二卷

十一月高麗復遣使貢銅五萬斤白水精各二千顆

冊府元龜

冊府元龜補　卷之九百七十二　二十三

第十六頁七行王滿儒等下脫二十字

進馳馬十二月迴鶻順代可汗仁裕遣使翟末思等

册府元龜

巡按福建監察御史臣李嗣京　訂正
分守建南道左布政使臣胡維霖　叅閲
知建陽縣事臣黄國琦較釋

外臣部一十八

助國討伐

夫蠻貊貪以攻戰為業者夷狄之謂也故古先哲王懷之以恩信驚之以威武長轡遠馭羈縻不絕而已至乃皇靈所及惠澤遐暢革心面内嚮風慕義或出師於經綸之始或致騎於討伐之際或隣壤之亂資

之駈除征寇之法亟往戡定或奏牘以明誠款或應恭而效忠順或饟餽之師旅或鄉道乎國邑至有席和親之勢赴中原之難奮發義勇廓廟氛祲者焉詩曰食我桑椹懷我好音苟非慎德之至敷教之廣亦疇能感動殊類致其死力哉鼂錯有言曰以蠻夷攻蠻夷中國之形也斯王者撫御之畧可不務乎

周武王伐商羌髳率師會于牧野（書所謂微盧彭濮是也）

漢高祖初為漢王元年五月發夷還伐三秦秦地既定乃遣還巴中復其渠帥羅朴督鄂度夕龔七姓不輸租賦餘户乃歲入賨錢口四十世號為版楯蠻夷遂世世服至于中興郡守嘗率以征伐

四年八月漢王擊楚軍廣武北貉（莫客切）燕人來致梟騎助漢（貉在東北方三韓之屬皆貉類也）

武帝元鼎五年四月南越王相呂嘉反使馳義侯遺（越人降為馳義侯）別將巴蜀罪人發夜郎兵下牂牁江咸會番禺遣兵未及下南越已下帝便令征西南夷平之

天漢二年以匈奴降者界和王為開陵侯將樓蘭國兵始擊車師

征和四年遣重合侯馬通將四萬騎擊匈奴道過車師北復遣開陵侯將樓蘭尉犂危須凡六國兵別擊

車師令得遮重合侯諸國兵共圍車師車師王降服臣屬

昭帝始元五年秋太鴻臚田廣明擊平益州夷帝曰鉤町侯亡波率其邑君長人民擊反者（鉤音年于切町音大鼎切）斬首捕虜有功其立亡波為鉤町王

宣帝本始二年六月大發擊匈奴初昭帝末匈奴連發大兵侵擊烏孫取車延惡師帝使使謂烏孫趣持公主來（武帝以宗室女妻烏孫也）烏孫公主上書下公卿議救未決會帝即位烏孫昆彌復上書言連為匈奴所侵削昆彌願發國半精兵人馬五萬匹盡力擊匈奴唯天子出兵哀救公主於是大發關東輕銳士選郡國吏

三百名伉徙習騎射者皆從軍遣御史大夫田廣明五將軍出塞及校尉常惠使護發兵烏孫西域昆彌自將翁侯以下五萬餘騎從西方入與五將軍兵凡二十餘萬衆匈奴聞漢兵大出老弱犇走敺畜產遠遁逃（犇古奔字敺與驅同）是以五將軍少所得常惠與烏孫兵至右谷蠡庭獲單于父行（行音胡浪切）及嫂居次名王犁汙都尉千長將以下三萬九千餘級虜馬牛羊驢羸橐駞七十餘萬漢封惠爲長羅侯然匈奴民衆死傷而去者及畜產遠移死亡不可勝數於是匈奴遂衰耗（耗減也音呼到切）

地節二年漢遣侍郎鄭吉校尉司馬憙將免刑罪人田渠犁積穀欲以攻車師至秋收穀吉憙發城郭諸國兵萬餘人自與所將屯田士千五百人共擊車師交河城破之（謂西城諸國爲城郭者言不隨畜牧遷徙以別於匈奴）

元康元年衞侯馮奉世使送大宛客節以節諭告諸國王因發其兵南北合萬五千人擊殺莎車王

元帝建昭二年西域副校尉陳湯矯制發城郭諸國兵車師戊己校尉屯田吏士漢兵胡兵合四萬餘人擊郅支單于斬之生虜百四十人降虜千餘人賦予城郭諸國所發十五（賦予謂班予之也所發十五王謂所發諸王之兵共圖郅支王也）

後漢建武初氐人悉附隗囂族人隗茂反殺武都太守氐人大豪齊鍾留爲種類所敬信威服諸豪與郡丞孔奮擊茂破斬之

十八年夷渠帥棟蠶與諸種反十九年武威將軍劉尚發廣漢犍爲蜀郡人及朱提夷合萬三千擊平之

二十年南匈奴單于遣弟左賢王莫將兵萬餘人擊北單于弟薁鞬左賢王生獲之又破北單于帳下並得其衆合萬餘人馬七千疋牛羊萬頭北單于震怖郤地千里初帝造戰車可駕數牛上作樓櫓置於塞

上以拒匈奴時人見者或相謂曰讖言漢九世當郤北狄地千里豈謂此耶及是果拓地焉北部薁鞬骨都侯與右骨都侯率衆三萬餘人來歸南單于

二十五年鮮卑都護偏何等詣遼東太守祭彤求自効功因令擊北匈奴左伊育訾部斬首二千餘級

明帝永平元年鮮卑都護偏何擊破赤山斬其魁帥持首級詣遼東受賞賜

五年北匈奴六七千騎入于五原塞遂寇雲中至原陽南單于擊郤之西河長史馬襄赴救虜乃引去

十六年大發緣邊兵遣諸將四道出塞征北匈奴南

單于遣左賢王信隨大僕癸彤及吳棠出朔方高闕攻皐林温禺犢王於涿邪山虜聞漢兵來悉渡漠去彤棠坐不至涿邪山免

章帝建初元年皐林温禺犢王復將衆還居涿邪山南單于聞知遣輕騎與緣邊郡及烏桓兵出塞擊之斬首數百級降者三四千人是年哀牢王類牢反叛帝募發越嶲益州永昌夷漢九千人討之明年春邪龍孫昆明夷鹵承等應募率種人與諸郡兵擊類牢於博南大破斬之傳首雒陽鹵承帛萬匹封馬虜傍邑侯

和帝永元元年以征西將軍耿秉與車騎將軍竇憲率騎八千與度遼兵及南單于衆三萬騎出朔方擊北虜大破之北單于奔走首虜二十餘萬人

二年南單于復上求滅北庭遣行中郎將班固報命南單于於是遣左谷蠡王師子等將左右部八千騎出雞鹿塞中郎將耿譚遣從事將護之至涿邪山乃留輜重分爲二部可各引輕兵兩道襲之左部北過西海至河雲北右部從匈奴河水西繞天山南度甘微河二軍俱會夜圍北單于大驚率精兵千餘人合戰單于被創墜馬復上將輕騎數十遁走僅而免脫得其玉璽獲閼氏及男女五人斬首八千級生虜數千口而還

鮮卑大都護較尉廆帥部衆從烏丸較尉任常擊叛者封較尉爲率衆王

安帝元初元年秋西羌號多與諸種鈔掠武都漢中巴郡板楯蠻將兵救之漢中五官掾程信率壯士與蠻共擊破之號多退走還斷隴道與零昌通謀護羌較尉侯霸騎都尉馬賢將湟中吏人及降羌胡抱罕擊之

三年夏度遼將軍鄧遵率南單于及左鹿蠡王須沈

萬騎擊零昌於靈州斬首八百餘級封須沈爲破虜侯

六年秋鮮卑入馬城塞殺長吏度遼將軍法積射士三千人及中郎將馬續率南單于與遼西右北平兵馬會出塞追擊大破之

元光元年十二月高句驪馬韓穢貊圍玄菟城扶餘王遣子與州郡并力討之

是年鮮卑寇邊度遼將軍耿夔與溫犢三呼尤徵將新降者出塞討擊

延光元年二月扶餘王遣子將兵救玄菟擊高句驪

馬韓穢貊破之遂遣使貢獻
順帝永建元年西域長史班勇率車師後王農奇子加特奴及八滑等發精兵擊北虜呼衍王破之勇於是上立加特奴爲後王八滑爲後部親漢侯
是年秋鮮卑其至鞬寇代郡明年春中郎將張國遣從事將南單于兵步騎萬餘人出塞擊破之時遼東鮮卑六千餘騎亦寇遼東玄菟烏桓較尉耿曄發緣邊諸郡兵及烏桓率衆王出塞擊破之
六年烏桓較尉耿曄遣司馬將胡兵數千人出塞擊鮮卑破之冬漁陽太守又遣烏桓兵擊之烏桓豪人

扶漱官勇健每與鮮卑戰輙陷敵詔賜號率衆君
陽嘉元年燉煌太守徐繇遣疏勒王臣槃發三萬人擊于闐破之
是年冬烏桓較尉耿曄遣烏桓親漢都尉戎末廆率衆王侯咄歸等出塞抄擊鮮卑大斬獲而還賜咄歸等已下爲率衆王侯長賜綵繒各有差鮮卑後寇遼東屬國於是耿曄乃移屯遼東無慮城拒之
二年春匈奴中郎將趙稠遣從事將南匈奴骨都侯夫沈等出塞擊鮮卑破之斬獲甚衆詔賜夫沈金印紫綬及縑綵各有差
三年夏車師後部司馬率加特奴等千五百人掩擊北匈奴於閶吾陸谷壞其廬落斬數百級獲單于母季母及婦女數百人牛羊十餘萬頭車千餘兩兵器什物甚衆
四年春北匈奴呼衍王率兵侵車師後部詔令燉煌太守發諸國兵及玉門關候伊吾司馬合六千三百騎救之
永和三年冬燒當種那離等叛護羌較尉馬賢將湟中義從兵及羌胡萬餘騎掩擊斬之
五年夏南單于左部句龍王吾斯車紐等背叛度遼

將軍馬續與中郎將梁並烏桓較尉王元發緣邊兵及烏桓鮮卑羌胡合二萬餘掩擊破之
桓帝建和二年白馬羌寇廣漢屬國益州刺史率板楯蠻討破之斬首招降二十萬人
延熹元年鮮卑寇邊冬使匈奴中郎將張奐率南單于出塞擊之
靈帝建寧二年凉州刺史孟佗遣從事任涉將燉煌兵五百人與戊已司馬曹寬西域長史張晏將焉耆龜茲車師前後部合三萬餘人討疏勒攻楨中城四十餘日不能下乃引去

是年高句麗伯固遣大加優居主簿然人等助玄菟
太守公孫度擊富山賊討之
熹平五年諸夷反叛以太尉掾巴郡李顒爲益州刺
史龎芝發板楯蠻擊破平之
六年南匈奴與中郎將臧旻出雁門擊鮮卑檀石槐
大敗而還
獻帝建安十六年七月曹公西征關中田銀反河間
鮮卑軻比能將三千餘騎隨烏丸校尉閻柔擊破銀
魏明帝景初三年太尉司馬宣王與高句麗位宮率
衆討公孫淵宮遣主簿大加將數千人助軍

齊王正始七年幽州刺史毌丘儉討句麗遣玄菟太
守王頎諸扶餘位居遣大加郊迎供軍糧
晉惠帝時鮮卑大人務勿塵遣軍助東海王越征討
有功王浚表爲親晉王封遼西公嫁女與務勿塵以
結隣援
懷帝即位以鮮卑大人務勿塵爲大單于率衆助國
征討
宋明帝初即位四方反叛西陽蠻田益之田義之成
邪助田光興等起義攻郢州克之以益之爲輔國將
軍都統四山軍事

後魏大武太平眞君九年六月悅般國遣使求與王
師俱討蠕蠕帝許之
九月遣成周公萬度歸討鄯善詔伊吾王唐契弟和
與伊落率所領赴度歸和奉詔會度歸喻下柳驢
以東六城因共擊破居羅城拔之後同征龜茲度歸
令和鎮鄯善時柳驢戍主乙眞伽率諸胡將據城而
叛和領輕騎一百匹入其城擒乙眞伽斬之繇是諸
胡款附西域剋平和有力也
隋煬帝即位初鐵勒犯邊將軍馮孝慈戰不利鐵勒
遣使謝罪請降帝遣黃門侍郎裴矩慰撫之諷令擊

吐谷渾鐵勒許諾即勒兵襲吐谷渾大敗之
大業八年征遼詠靺鞨國渠師度地稽率其徒以從
每有戰功賞賜厚
唐高祖初舉義兵遣晉陽令劉文靜使於突厥始畢
可汗令率兵相應帝至龍門始畢可汗遣特勒康稍
利等率兵五百馬二千匹會于麾下又遣二千騎助
軍從平涼城
武德三年太宗在藩受詔討劉武周次太原突厥可
汗處羅遣其弟步利設率千騎與官軍會
四年巴東蠻帥冉安昌率兵與大軍平蕭銑安昌者

蠻貊之苗裔代爲蠻師
太宗貞觀十三年薛延陁遣使上言高昌雖貌事至
尊而繙覆不實擅發兵與欲谷設擊天子所立之國
奴受國厚恩嘗思報効乞發所部爲官軍前駈以討
之帝嘉其誠節遣戶部尚書唐儉右領軍大將軍執
失思力齎繒帛以賜之
二十一年遣左驍衛大將軍阿史那社爾爲崑山道
行軍大總管與安西都護郭孝恪司農卿楊弘禮率
五將又發鐵勒十三部兵十餘萬騎以伐龜茲
二十二年四月西突厥賀魯以王師問罪龜茲固請

請前驅願爲鄉導仍以數十騎馳來謁帝詔授以崑
丘道行軍總管宴之於嘉壽殿及文武三品畢景甚
歡錫賀魯綫綵仍觧所服之衣以賜之
五月右衛率府長史王玄策擊帝那伏國大破之初
玄策使天竺國會中天竺國王死國大亂那伏帝王
阿那順自立發胡兵以拒玄策玄策背遁抵于吐蕃
之西界以書徵隣國之兵吐蕃發精銳一千二百人
泥婆羅國發七千餘騎與玄策擊阿那順大破之吐
蕃尋遣使來獻捷（又王玄策往西域爲中天竺所刧章求拔國王發兵赴之破賊有功）
六月薛延陁餘衆二萬人侵瀚海金徽幽陵三郡發
燕副都元禮臣率九姓鐵勒捕之（薛延陁西遁之衆共推故眞珠毗伽可汗兄子咄摩支爲伊特勿失可汗請居鬱督軍山之北鐵勒素服薛延陁之衆及咄摩支之至也九姓渠帥莫不危懼朝議恐爲磧北之患令英國公李勣進加討擊率九姓鐵勒二萬騎至天山咄摩支見官軍至惶駭詣詔使蕭嗣業請降）
七月西突厥國相屈利啜請率所部從討龜茲
是年迴紇菩薩遣使入貢以破薛延陁功賜宴內殿
先是擒降突厥頡利等可汗之後北虜唯迴紇薛延
陁爲盛帝册西突厥莫賀咄爲可汗遣統迴紇僕骨
同羅思結阿跌等部至是迴紇酋師吐述度與諸部
大破薛延陁多彌可汗

高宗永徽二年瑤池都督阿史那賀魯叛西據咄陸
可汗之地進寇庭州迴紇婆閏等諸部屬請討之帝
前後遣梁建方契苾何力程知節等率兵遣討皆不
而還帝乃擢蘇定方爲大總管領迴紇等兵與阿史
那彌射步眞等分出西州金山兩道以經界之定方
至金山之北其俟斤嬾獨祿率萬餘帳來降定方發
其千騎進至曳咥河之西賀魯率十姓兵馬且十萬
來拒戰定方領迴紇及漢兵萬餘人迎擊賊輕定方
兵少四面圍之定方令步卒據其原攢矟外向自領
漢騎陳於北原賊先擊步軍三衝不動定方乘勝擊

之賊遂大潰追奔三十里斬獲數萬人明日總兵復追賀魯之衆五弩失畢部落相次來降五咄六部落聞賀魯敗各向南道降于步眞所至蕃人皆相率歸降曰我舊主也定方至雙河與彌射步眞相會兩軍合勢去賀魯所居三百里布陣長驅徑至金牙山賀魯牙所時賀魯集諸衆欲獵定方與彌射縱兵擊之盡破其牙帳生擒數萬人并獲其鼓纛器械賀魯遂與咥運及其女夫閻啜等脫走投石國

顯慶元年西突厥賀魯犯邊詔程知節蘇定方等領兵并廻紇大破賀魯于陰山再破于牙山

則天萬歲通天元年契丹首領李盡忠孫萬榮反叛攻陷營府突厥默啜遣使上言請還河西降戶即率部落兵馬爲國家討賊擊契丹制許之默啜遂攻討契丹部衆大潰盡獲其家口

玄宗開元四年七月突厥可汗默啜背恩爲九姓拔曳固所殺斬其首送至京師

六年契丹婆固爲其臣可突于所攻奔營州都督許欽澹令薛泰帥驍健五百人徵奚王李大酺及婆固合衆以討可突于官軍不利婆固大酺臨陣被殺

八年南天竺國王尸利那羅僧伽請以戰象及兵馬討大食及吐蕃等仍求有以名其軍帝甚嘉之名軍爲懷德軍

是年冬朔方大總管王晙奏請西徵拔悉蜜東發契丹兩蕃期以明年秋初數道俱入掩突厥牙帳於稽落河上

九年秋拔悉密界臨突厥牙帳而王晙及兩蕃不至悉密懼而引去

二十二年二月新羅王興光從弟左領軍衞員外將軍忠信上表曰臣所奉進止令臣執節本國發兵馬討除靺鞨有事續奏者臣自奉聖旨誓將致命當此

之時爲替人金孝方身亡便留臣宿衞臣本國王以臣久待天庭遣從姪志廉代臣今已到訖臣即合還每思前所奉進旨無忘夙夜陛下先有制加本國王興光寧海軍大使錫之旌節以討凶殘皇威載臨雖遠猶近君則有命臣敢不祗蠢爾夷俘計以悔禍然除惡務本布憲惟新故出師義貴乎三申縱敵患貽於數代伏望陛下因臣還國以副使假臣盡將天旨再宣殊裔豈惟斯怒益振固亦武夫作氣必傾其巢穴靜此荒隅遂夷臣之小誠爲國家之大利臣等復乘桴滄海獻捷丹闈效毛髮之功答雨露之施臣所

室也伏惟陛下國之帝許焉
天寶三載拔悉密國伐突厥烏蘇未施可汗斬之傳
首闕下
十三載閏十一月東曹國王設阿及安國副王野解
及諸胡九國王並遣上表請同心擊黑衣辭甚切至
帝方務以懷柔皆勞賜慰喻遣之以安西域
肅宗至德元年八月帝在靈武回紇首領吐蕃酋長
相繼而至並請和親願之討賊時安祿山陷西京也
十一月迴紇自北投朔方節度郭子儀與迴紇破同
羅賊三千人於河上盡收其器械駞馬輜重旗幡等

是年于闐國王尉遲勝聞祿山反勝乃令弟擢行國
事自率兵五千赴難國人遮留勝以少女爲質而後
行帝待之甚厚授特進兼殿中監
二年二月帝在鳳翔吐蕃遣使來朝請助討賊引見
之賜以束帛器物有差
九月迴紇葉護太子領兵四千餘衆助討逆賊迴紇
葉護太子入見帝親宴慰賜以金帛器物悉其所欲
待之甚厚元帥廣平王領朔安安西迴紇大食之兵
十五萬將收西京王既見迴紇王子葉護約爲兄弟
接之頗有恩信葉護大喜是月戊子迴紇大首領達
干等一十三人從葉護至扶風見郭子儀留之設宴
三日葉護太子曰國家有難遠來相助何暇食爲子
儀因留之宴畢便發庚子蕃漢大軍齊進壬寅元帥
廣平王分迴紇鋭卒翦其埋軍賊知伏師敗氣索迴
紇又取大營之背與北庭行營節度李嗣業合勢表
裏夾戰自午及酉斬首六萬級塡溝澗而死者十二
三賊軍大潰餘軍入城中鼫聲夜不止癸卯元帥廣
平王整軍容入長安中軍兵馬使僕固懷恩領迴紇
及南蠻大食等軍從城南過滻水東下營十月壬戌
遂收復東京

十一月迴紇葉護自東京至勑百官於長樂驛迎之
帝御宣政殿宴設葉護升殿其餘酋長列於階下賜
綿綉繒綵金器銀物甚衆葉護辭歸帝謂曰爲國家
成大事何遽去耶葉護奏曰迴紇士卒爲陛下更收
范陽爲馬少不足以討除餘孽請歸取馬帝許之
乾元元年六月迴紇遣宰相帝德領驍將三千人助
國討逆賊
七月吐火羅葉護烏那多并九國首領來朝請助國
討賊帝令赴朔方行營
二年二月迴紇骨啜特勒等率衆從郭子儀與九節

度於相州城下戰不利三月壬子廻紇王子骨啜特勒及宰相等十五人自相州奔于西京帝宴之于紫宸殿與賚辭還行營

代宗寶曆元年九月廻紇可汗舉國兵馬至太原遣使奉表請助王師討平殘寇

十月壬戌詔元帥雍王為諸軍先鋒會諸道節度使于陝州率廻紇軍齊進壬申次于雒陽之北郊逆賊史朝義潛使反間廻紇左殺執其使以獻甲戌雍王整隊伍為先鋒僕固懷恩等率廻紇等繼進大敗賊于橫水朝義東奔汴州東都平時廻紇至東京肆行

殘忍傷死者萬計代宗以外蕃功高特容之以廻紇達啜嬌子骨祿俟斤龔父特進崇義王留宿衛孫闕達干為員外羽林將軍放還蕃

永泰元年九月叛臣僕固懷恩誘吐蕃數十萬入寇大掠京畿而去十月至邠州與廻紇相遇復合從入寇河中節度郭子儀因說廻紇曰吐蕃本吾舅甥國無負而至是無親也若倒戈乘之如拾芥耳且其羊馬蔽地數百里是謂天賜不可失也今能逐戎以利舉與我繼好而凱旋不亦善乎會懷恩報死于靈州羣虜無所統遂許諾吐蕃知之其夕奔退廻紇逐之子儀分衆軍以接其後吐蕃大敗而廻紇逐之至靈臺再破之告捷於子儀使歸諸朝獲牛羊馬數十萬收其所掠士女四千人

大曆二年九月吐蕃寇靈州十月党項首領來朝請助國供靈州軍糧

十二年吐蕃寇黎雅兩州劒南西川節度使大破之會南蠻閤羅鳳來援于望漢城生擒吐蕃大籠官論器然獻于闕下

德宗興元元年二月帝在山南時朱泚盜據宮殿詔以右散騎常侍兼御史大夫于頎往涇州已來宣慰

吐蕃仍與州府計會頃逓時吐蕃欵塞請以兵助平國難故遣使焉

四月渾瑊與吐蕃論莽羅之衆大破朱泚將韓旻張庭芝宋歸朝等於武功之武亭川斬首萬餘級

貞元五年十月劍南節度使韋皐遣將王有道等與東蠻西林苴那時勿鄧夢衝等率兵於故巂州臺登北谷大破吐蕃青城臘城二節度

八年正月吐蕃與廻鶻戰敗徵兵於南詔蠻王異牟尋時牟尋為西川節度使韋皐所招撫已定計歸順欲因徵兵以襲之遣兵五千人往戍又自將數萬踵

其後晝夜兼行乘其無備大破吐蕃於神州鐵橋遣使告捷且使皐使閱其所虜獲及城堡以取信焉皐上言牟尋收鐵橋已來城壘一十六擒其王五人降其衆一萬餘

穆宗長慶二年豐州上言前助太原討鎮州廻紇李義節等三千人去三月二十三日歸蕃訖先是裴度招討幽鎮之亂廻鶻請以兵從度討伐朝議大以爲不可遂命中人止廻鶻令歸會其已至豐州北界發繒帛七萬匹賜之方還

懿宗咸通七年十月沙州張義潮奏差廻鶻首領僕

固俊與吐蕃大將尚恐熱交戰大敗蕃寇斬尚恐熱傳首京師

晉高祖天福二年十一月詔賜北朝曷魯相公聶相公幽州趙思溫繒帛器皿以前屯瀛州援毛師討魏故也

冊府元龜

冊府元龜

巡按福建監察御史臣李嗣京　訂正
分守建南道左布政使臣胡維霖　參閱
知建陽縣事臣黃國琦較釋

外臣部一十九

褒異

先王之御夷狄也接之以禮示之以信濡之以惠澤聳之以威德羈縻勿絶而已蓋以其桀驁成性荒簡無嘗不可以臣畜之也三代而下因其慕嚮厚加恩紀以申撫納或優厥賻賄或被以官帶賜印綬以異

其數班幣帛以將其意以至殊館款之待加優戲之娛紆車駕以臨會命公卿而祖道又復哀其淪喪録其勳伐恩及母妻賞逮臣僕用能綏懷遐阻窒其侵叛之原震耀威靈成乎率服之盛斯亦來遠之奇策也

周成王既伐東夷肅慎來賀海東諸夷駒麗扶餘馯貊之屬武王克商皆通道焉成王既政而叛成王伐而服之故肅慎氏來賀王俾榮伯作賄肅慎之命榮國名同姓諸侯爲卿大夫士使之爲命書以幣賄賜肅慎之夷

漢文帝元年以南粵王趙佗親冢在真定置守邑親謂父母也歲時奉祀名其後昆弟尊官厚賜寵之

武帝元鼎四年南越王興上書請比内諸侯三歲一朝帝許之賜其丞相呂嘉銀印及内史中尉太傅印餘得自置

元封二年既平西南夷其君長以百數獨夜郎滇受王印滇小邑也最寵焉

天漢二年以匈奴降者界和王爲開陵侯

昭帝元鳳四年平樂監傅介子既殺樓蘭王漢乃立樓蘭王先降漢者弟尉屠耆爲王更名其國爲鄯善爲刻印章賜以宮女爲夫人備車騎輜重重直用切丞相將軍百官送至橫門外橫音光祖而遣之爲設祖道之禮也

宣帝本始三年較尉常惠將烏孫兵入匈奴右地大克獲漢遣惠持金幣賜烏孫貴人有功者

元康元年龜茲王絳賓來朝王及夫人皆賜印綬夫人號稱公主夫人即烏孫公主女也王上書言得尚漢外孫頃與公主女俱入朝也賜以車騎旗鼓歌吹數十人綺綉雜繒珍凡數千萬綺音奇留且一年厚贈送之

二年烏孫昆彌及太子左右大將都尉皆遣使凡二百餘人入漢迎公主天子自臨平樂觀會匈奴使者外國君長大角抵設樂而遣之

甘露二年匈奴呼韓邪單于款五原塞款仰也願奉國

珍朝三年正月詔曰蓋聞五帝三王教化所不施不
及以政令匈奴單于稱北蕃朝正朔朕之不逮德不
能弘覆其以客禮待之令單于位在諸侯王上贊謁
稱臣而不名於是朝天子于甘泉宮漢寵以殊禮賜
以官帶衣裳黄金璽盭綬(盭古戾字戾草名也以戾染綬亦諸侯王之制也)以
玉具劍(標首鐔衞用玉爲之也鐔劍口旁橫出者也衞劍鼻也鐔音潭衞字本作璏其音同耳)
佩刀弓一張矢四發(發猶今言箭一放兩放也今則以一矢爲一放也)棨戟
十(棨戟有衣之戟也棨音啓)安車一乘鞍勒一具(勒馬轡也)馬十五匹
黄金二十斤錢二十萬衣被七十七襲(一稱爲一襲猶今人言之以副衣服也)
錦繡綺縠雜帛八千匹絮六千斤禮畢使使

者道單于先行宿長平(道讀曰導長平涇水上坂也)帝自甘泉宿
池陽宮登長平詔單于毋謁(不令拜也)其左右當戶之羣
臣皆得列觀及諸蠻夷君長王侯數萬咸迎於渭橋
下夾道陳帝登渭橋咸稱萬歲單于就邸留月餘遣
歸國是時西域都護韓宣奏烏孫大吏大祿大監皆
可以賜金印紫綬以尊輔大昆彌漢許之
黄龍元年呼韓邪單于復入朝禮賜如初加衣百一
十襲錦帛九千疋絮八千斤
元帝竟寧元年呼韓邪單于入朝禮賜如初加衣服
錦帛絮皆倍於黄龍時

成帝河平四年復株絫若鞮單于來朝(復音服絫力追切)加
賜錦繡繒帛二萬匹絮二萬斤它如竟寧時
哀帝元壽二年烏珠留單于來朝加賜衣三百七十
襲錦繡繒帛三萬匹絮三萬斤它如河平時
後漢光武建武十七年莎車王賢遣使奉獻請都護
乃因其使賜賢西域都護印綬及車旗黄金錦繡
二十五年烏桓大人來朝(大人謂渠帥也)南單于及扶餘王
遣使詣闕貢獻(扶餘國在海東去玄菟千餘里)是時四夷朝貢絡繹
而至天子乃命大會勞饗賜以珍寶
二十六年南單于遣子入侍奉奏詣闕詔賜單于冠

帶衣裳黄金璽盭緺綬(盭音戾綠色緺古蛙切紫青色也)安車羽蓋
華藻駕駟寶劍弓箭黑節三駙馬二黄金錦繡繒布
萬匹絮萬斤樂器鼓車棨戟甲兵飲食什器自是單
于歲盡輒遣奉奏送太子入朝中郎將從事一人將
領詣闕漢遣謁者送前侍子還單于庭交會道路元
正朝賀拜祠陵廟畢漢乃遣單于使令謁者將送賜
綵繒千匹錦四端金十斤大食御食醬及橙橘龍眼
荔支賜單于母及諸閼氏單于子及左右賢王左右
谷蠡王骨都侯有功善者綵繒合萬匹歲以爲常
二十九年賜南單于羊數萬頭

中元元年南單于第左賢王莫立帝遣使者齎璽書領尉授璽綬遺冠幘絳單衣三襲童子佩刀緄帶各一又賜繒綵四千匹令賞賜諸王骨都侯巳下其後單于薨弔祭慰以此爲常

明帝永平四年遼東太守祭彤誘賂鮮卑使斬叛烏丸歆志賁等首於是鮮卑自燉煌酒泉以東邑落大人皆詣遼東受賞賜青徐二州給錢歲二億七千萬以爲常

和帝永元四年北匈奴右谷蠡王於除韃自立爲單于韃九言切於除韃其名也欵塞乞降遣大將軍左較尉耿夔郎

授印仍賜玉具劍羽蓋車一駟中郎將持節衛護焉

九年益州郡徼外蠻及撣音檀國王雍繇調遣重譯奉國珍寶帝賜金印紫綬小君長皆加印綬錢帛

安帝永初元年鮮卑大人燕荔陽詣闕朝賀鄧太后賜以玉印綬赤車參駕

元初三年南單于右鹿蠡王須沈擊零昌於靈州斬首八百餘級封須沈破虜侯金印紫綬賜金帛各有差

永寧元年扶餘王遣嗣子尉仇台詣闕貢獻帝賜以印綬是年撣國王雍繇調遣使詣闕朝賀獻樂及幻人明年元會帝作樂於庭封雍繇調爲漢大都尉賜印綬金銀綵繒各有差

順帝永建六年日南徼外葉調便遣使貢獻帝賜調便金印紫綬

陽嘉二年南匈奴骨都侯夫沈從匈奴中郎將王稠出塞擊鮮卑破之詔賜夫沈金紫印綬及縑綵各有差

永和元年扶餘王來朝帝作黄門鼓吹角抵戲以遣之

漢安二年立呼蘭若尸逐就單于兜樓儲爲南單于

兜樓儲先在京師天子臨軒大鴻臚持節拜授璽綬引上殿賜青蓋駕駟皷車安車駙馬騎玉具刀劍什物玉具標首鐔衛盡用玉爲之給綵布二千匹賜單于閼氏以下金錦錯雜具駢車馬二乘遣行中郎將持節護送單于歸南庭詔太常大鴻臚與諸國侍子於廣陽城門外廣陽雒陽城西面南頭門祖會享賜作樂角抵百戲角抵之戲則龍魚爵馬之屬言兩兩相當亦角而爲抵對郎今之鬬用古之角抵也帝幸胡桃宮臨觀之

魏文帝黄初元年更授匈奴南單于呼厨泉衛璽授賜青蓋車乘輿寶劍玉玦

三年鮮卑王步度根詣闕貢獻厚加賞賜

明帝景初二年倭女王卑彌呼遣大夫難升米牛利等朝獻詔以難升米爲率善中郎將牛利爲率善校尉假銀印青綬引見勞賜遣還并賜倭王金帛錦罽刀鏡等物事具外臣封冊門

齊王正始四年倭王遣使大夫伊聲耆掖邪拘等八人上獻拜率善中郎將印綬

六年詔賜倭大夫難升米黄幢付郡假綬

宋文帝元嘉七年天竺加毗梨國王同愛遣使來奉獻金剛指環摩勒金諸寶物赤白鸚鵡各一頭以其使主竺扶爲建威將軍

九年以吐谷渾慕容延爲平東將軍吐渾拾虔爲平北將軍吐渾擢伐爲鎮軍將軍

南齊武帝永明二年扶南王遣使那伽仙來獻方物詔曰那伽仙屢御邊譯頗悉中土闊狹令其具宣上報絳紫地黄碧緑紋綾各五匹

後魏孝文太和十五年高麗王璉卒帝爲璉舉哀於城東行宫

宣武永平三年十二月詔於青州立高麗廟

孝莊建義元年詔蠕蠕主阿那瓌讚拜不名上書不稱臣

後周武帝時突厥自俟斤以來其國富彊帝既與之和親歲給繒絮綿綵十萬段突厥在京師者又待以優禮衣錦食肉嘗以千數

隋高祖開皇初突厥沙鉢畧奉表稱臣帝下詔肅告郊廟傳須天下自是詔答諸事並不稱名以異之其妻可賀敦周千金公主賜姓楊氏編之屬籍改封大義公主

七年正月先是突厥沙鉢畧獵於甞代之間還至紫河鎮其牙帳爲火所燒沙鉢畧惡之月餘而卒至是帝爲廢朝三日遣太常予祭焉贈物五千段其弟處

羅侯立帝賜之鼓吹旗皷

十年突厥意利彌豆啓民可汗染干賜來朝射於武安殿選善射者十二人分爲兩朋啓民曰臣繇長孫大使得見天子今日賜射願入其朋許給晟箭六隻發皆入鹿啓民朋竟勝時長孫晟持節護突厥也

煬帝大業三年幸榆林突厥啓民可汗來朝賜物三千段乃御千人大帳享啓民及其部落酋長三千五百人賜物二十萬段其下各其差復下詔曰德合天地覆載所以弗遺功格區㝢聲教所以咸洎至於梌山航海請受正朔襲冠解辮同彼臣民是故王會納

貢義彰前冊呼韓入臣待以殊禮突厥意利珍寶啓
民可汗志懷沈毅世修藩職往者挺身違難拔足歸
仁先朝嘉此欵誠授以徽號資其甲兵之衆收其破
滅之餘復祀於既亡之國繼絶於不平之地斯固施
煦亭育澤漸要荒者矣朕以薄德祗奉靈命思播遠
猷光融令緒是以親巡朔野撫寧藩服啓民深委誠
心入奉朝覲其種落拜首軒墀言念丹欵良以嘉尚
宜隆榮數式優嘗典可賜路車乘馬鼓吹幡旗贊拜
不名位在諸侯王上帝親巡雲内泝金河而東北幸
啓民所居啓民奉觴上壽跪伏甚恭帝大悅賦詩曰

鹿塞鴻旗駐龍庭翠輦迴氈帷望風舉穹廬向日開
呼韓頓顙至屠耆接踵來索辮擎羶肉韋韝獻酒杯
何如漢天子空上單于臺帝賜啓民及公主金甕各
一及衣服被褥錦綵特勒以下各有差啓民仍扈從
入塞至定襄詔令歸藩
四年四月突厥啓民可汗朝於東都禮賜益厚又詔
曰突厥意利珍豆啓民可汗率領部落保附關塞遵
奉朝化思改戎俗頻入謁覲屢有陳請以氈墻毳幕
事窮荒陋上棟下宇願同比屋誠心懇切朕之所重
宜於萬壽戍置城屋其帷帳牀褥以上隨事量給務

從優厚稱朕意焉是年疾終帝爲廢朝三日
二年六月高昌王吐屯設來朝帝御觀風行殿盛陳
文物奏九部樂魚龍曼延宴於殿上以寵異之其蠻
夷部列者三十餘國
八年突厥處羅從征高麗賜號爲曷薩那可汗賞賜
甚厚
唐高祖武德元年十月戊寅讌突厥使者奏九部樂
於庭引骨吐祿特勒升御坐以寵之
十二月西突厥曷娑那可汗自宇文化及所來降帝
爲之興引升御坐賜以酒食

二年六月己酉突厥始畢可汗卒遣使來告帝舉哀
于長樂門賻物三萬段
三年正月甲午宴突厥奏九部樂於庭賜綵有差
五月庚午宴突厥使奏九部樂於庭賜帛各有差
七年七月戊戌交州首領來朝奏九部樂以宴之賚
物各有差
八年四月己丑宴西蕃突厥林邑使者奏九部樂於
庭
太宗貞觀元年西突厥統葉護爲伯父所殺帝聞統
葉護之死甚悼之遣賫玉帛至其死所祭而焚之會

其國亂不果至而止
三年正月辛亥契丹渠師來朝賜之皷纛
五年十月巳酉順州都督北平王阿史那什鉢苾卒
帝舉哀於永安門賵贈甚厚詔中書侍郎岑文本爲
立碑什鉢苾始畢可汗之子初與頡利有隙故來奔
帝禮之甚厚
是月霫大酋俟斤多濫曷末率所部與廻紇俱來朝
見拜右驍衛大將軍燕都督
六年八月賜西突厥莫賀設皷纛綵萬段
八年正月癸未右衛大將軍阿史那咄苾卒即頡利

可汗也詔其國人葬之從其俗禮焚屍於灞水之東
贈歸義郡王謚曰荒葬事所須隨用供給其舊臣胡
祿達官吐渾邪自刎以殉渾邪者頡利之母鍪施氏
之媵臣也頡利初誕以付渾邪至是哀慟而死帝聞
而異之贈中郎將仍葬於頡利墳側詔中書侍郎岑
文本製頡利及渾邪之事以紀之
六月戊午右衛大將軍懷德王阿史那蘇尼失卒帝
舉哀於大猷門
十四年十二月乙卯高麗長子桓權來朝遣職方郎
中陳大德迎勞於柳城

十六年十月庚子宴諸蕃使於兩儀殿帝謂沙鉢羅
俟斤曰延陁本一部落俟斤本我所立始十餘年自
筭何如頡利之衆而侵我邊疆我纔發甲騎傾其部
落爾欲與我爲寇不過欲費我邊境十羊五馬耳今
見爾遣使謝罪捨爾前過情好如初宴罷賜帛各有
差
十一月甲申帝爲高麗王高武舉哀於苑中詔贈物
三百段遣使持節往弔祭焉
二十一年正月鐵勒廻紇俟利紘等諸姓並同詣闕
朝見帝親賫其緋黃瑞錦及褾領袍鐵勒等覩而驚

駭以爲未嘗聞見捧戴拜謝盤叫於塵埃中及還蕃
帝御天成殿陳十部樂而遣之
二十二年四月西突厥賀魯以王師問罪龜茲固請
前驅願爲鄉導仍以數十騎馳來謁帝詔授以崑丘
道行軍總管宴之於嘉壽殿文武三品畢景甚歡錫
賀魯綾綵仍解所服之衣以賜之
八月以廻鶻忠武將軍兼大俟斤俱羅勃吞莫賀咄
拔固折爲右武衛大將軍
十月甲戌以廻紇吐迷度子前左屯衛翊衛左郎將
婆閏爲左驍衛大將軍大俟斤利發使持節廻紇部

落諸軍事㵋海都督
十二月新羅國其相伊贊於金春秋及其子文王來
朝帝遣光禄卿柳亨持節郊勞之既至以春秋爲特
進文王爲左武衛將軍春秋仍請改其章服以從中
中製於是內出珍服賜春秋等令府給其將從
二十三年二月癸巳特進新羅金春秋還國令三品
已上宴餞之優禮甚備
高宗貞觀二十三年六月即位七月于闐國王伏闍
信來朝拜右衛大將軍又授其子葉護玷爲右驍衛
將軍並賜金帶錦袍布帛六千段并宅一區留數月

而遣之因請留子弟以備宿衛太宗葬昭陵刻石像
其形列於玄闕之下
永徽元年五月贊王吐蕃贊府薨帝舉哀於光化門
遣右武候將軍鮮于濟賚璽書往弔祭之
顯慶五年九月鮮定方降百濟王義慈以獻數日病
卒贈金紫光禄大夫衛尉卿特許其舊臣赴喪仍葬
於孫皓陳叔寶墓之側官爲立碑
是年新羅王金眞德卒帝爲舉哀於永光門使太常
丞張文收持節弔祭之賜開府儀同三司仍賜綾綵
三百段

龍朔元年九月特進新羅王金春秋薨帝於雒城門
舉哀遣使持節往弔之
則天聖曆二年十月吐蕃首領贊婆至遣羽林飛騎
郊外迎之庚戌宴贊婆於武威殿極歡而罷
中宗神龍元年七月吐蕃大首領贊普卒帝爲之舉
哀廢朝一日
景龍二年十二月丙申宴堅昆使于兩儀殿就其家
弔焉
四月己亥右衛大將軍員外置同正員濛池都護十
姓可汗阿史那懷道加特進禄料並依品給

六月丙寅吐蕃使宰相尚欽藏及御史名悉獵來獻
賜一書帝御承天門樓命有司引見置酒於殿內享
之
七月丙辰突厥鼠尼施首領叅有及突騎施領賀勒
哥羅來降命有司宴之各賜帛五十疋
十月庚辰宴新羅使于內殿勅宰臣及四品已上清
官預焉胡禄屋二萬帳詣北庭內屬勅郭虔瓘存恤
遣使賚紫袍金銀帶等二百餘事錦帛二萬段以賜
之
十二月壬戌沙陁金山等來朝宴于內殿

三年正月戊申突厥葛邏祿下領裴逵于來降授果毅兼萬州長史借紫金魚袋放還蕃

三月巳丑突厥支匐忌等來朝帝親臨宴賜綵繡金銀器物錦等有差語之曰胡祿屋大首領軍衛將軍員外置支匐忌卿兩庭種落萬里歸降因變取通背逆從順旣披誠節宜立功勳遠自邊隅來朝闕下言念忠欵朕甚嘉之卿等旣欲還蕃今宜坐飲務盡歡暢

六月丁巳林邑國遣使來朝授其使右領軍衛員外將放還蕃

八月丙辰高麗吐渾等備蕃降附制曰天亡驕子胡運其終國有忠臣漢封斯在高麗王莫離支高文簡都督跌跌思大吐渾大首領刺史慕容道奴郁射施大首領鶻屈利斤大首領刺史苾悉頡力高麗大首領拱毅等或逖海貴族或陰山寵子智則能永權而答謀從事本蕃頡頏高位料逆順之道知變通之節或誓以沉族或靦然庇身共驗郅支之亡遂覩縣余之入將軍遇毅永罷射鵰使者迎降果聞乘傳棄寒苦之地就陽和之澤爾其誠哉朕實休之宜開土宇之封或盛壇場之制文禮文簡可封遼西郡王食邑三千戶行左衛大將軍員外置同正員賜宅一區馬四匹物六百段跌跌思大可特進行右衛大將軍員外置兼跌跌都督封樓煩國公食邑三千戶賜宅一區馬三疋物五百段道奴可左威衛將軍員外置兼刺史封雲中郡開國公食邑二千戶賜宅一區物四百段馬二疋鶻屈頡斤可左驍衛將軍員外置兼刺史封陰山郡開國公食邑二千戶賜馬兩疋物二百段苾悉頡力可左武衛將員外兼置刺史封鴈門郡開國公食邑二千戶賜馬兩疋物四百段宅一區拱毅可左領軍衛將軍員外置兼刺史封平城郡開國

公食邑二千戶賜馬兩疋物四百段屈鶻頡川妻契苾賜物一百五十段手力二人各賜物五十段

十月巳未授北蕃投降九姓思結都督磨散爲左威衛將軍大首領斛薛移利殊功爲右領軍衛將軍契都督邪沒施爲右威衛將軍匐利羽都督莫賀突默爲右驍衛將軍首領延陁薛渾達都督爲右威衛將軍奴賴大首領前自登州刺史奴頡孝爲左領軍將軍跌跌首領刺史裴艾爲右領軍並員外置依舊兼刺史賜紫袍金帶魚袋七事綵帛各三百段放還蕃

四年三月丁亥新羅遣其臣金楓厚來賀正授員外

郎放還蕃
四月辛亥突厥俾失州大首領伊羅友闕頡斤十襃
來降封其妻阿史那氏爲鴈門郡夫人以向化寵之
也
七月戊子大食國黑密牟尼蘇於漫遣使獻金線織
就寶裝玉灑地瓶各一授其使員外中郎將放還蕃
九月甲戌蠻大首領洪光乘等五人來朝並授員外
郎將特留宿衛
閏十二月東蕃遠蕃蘇鞨部落涅部落勃律國皆遣
大首領來朝並賜物三十段放還蕃

五年四月甲戌進封奚饒樂郡王李大酺妃固安縣
主辛氏爲固安公主
五月壬子天竺國遣使來朝詔曰中天竺國大首領
大野迷地羅梵摩寺殊那慕德重譯來朝是加褒奬
用旌誠心可毅部尉賜緋袍銀帶放還蕃
六月丙子文單國真臘國朝貢使還蕃並降璽書及
帛五百疋賜國王文單真臘皆南方小國也嘗奉正
朔職貢不絶帝嘉之故有是寵
七月己亥突厥遣使獻馬授其使郎將放還蕃降書
喻之曰皇帝敬問突厥可汗使人他滿達干至所言
堅昆使來及吐蕃使不願入漢并奚契丹等俱知之
朕於西夷亦信而已來無所拒去無所留可汗好心
遠申委曲深知厚意今附銀胡瓶盤及雜綵七十疋
至可領取
十月丁卯日本國遣使朝貢戊辰勅日本國遠在海
外遣使來朝既涉滄波兼獻邦物其使真人莫問等
宜以今月十六日於中書宴集乙酉鴻臚寺奏日本
國使請謁孔子廟堂禮拜寺觀從之仍令州縣金吾
相知簡較搦捉示之以整應須作市買非違禁入蕃
者亦容之

十一月丙申契丹李失活來朝詔勞之日卿等累軍
邦化多歷年所城池郡邑宛蓋相望往緣邊牧非任
遂令卿等失業念彼雄藩鞠爲茂草今卿等削攉異
俗歸誠本朝頻獻封章益明忠款克復州鎮宛如平
昔失活將尚公主永爲藩臣入拜闕庭良深慰喜卿
等涉路遠來得平安好否近屬節假不得早與卿相
見且向曹司安置待後進止
六年正月壬寅奚王李失活永樂公主還蕃命有司
加等祖餞其私覿物六千段
二月戊午契丹新羅米國石國蘇鞨錢利鞨涅蕃守

並遣使來朝各授守中郎將還蕃
五月戊午契丹部落孫骨訥等十八人內屬並授遊擊將軍賜緋袍銀帶留宿衛甲子以契丹松漠都督李失活卒帝深加憫悼親爲舉哀使使弔祭乙酉追贈特進賻物二千段仍令左武衛將軍李玭持節充使弔祭營州都督宋慶禮簡較喪葬
七年正月乙未封遼西郡王高文簡妻阿史那氏爲遼西郡夫人文簡東蕃酋長率衆歸我故有是寵丙申波斯國遣使獻方物新羅遣使來賀正拂涅靺鞨越嘉靺鞨並遣使來朝各賜帛五十疋

二月丁未投降突厥延陁磨覽死贈中郎將依蕃法葬
三月壬子帝御丹鳳樓宴九姓同羅及契丹各賜一百段小妻王友三十段
四月己卯訶毗施國王捺塞使吐火羅大首領摩婆羅獻獅子及五色鸚鵡帝以其遠來脩貢加宴勞賜錦綵五百疋
五月丁酉新羅遣使來朝卒于路贈大僕卿賻絹一百疋
六月丁卯靺鞨渤海郡王大祚榮卒贈特進賜物五百段遣左監門率上柱國吳思謙攝鴻臚卿持節充使弔祭戊辰吐蕃遣使請和大享其使因賜其束帛修用前好以雜綵二千段賜贊普五百段賜贊普祖母四百段賜贊普母二百段賜可敦一百五十段賜坌達延一百三十段賜論乞力徐一百段賜尚贊咄及大將軍大首領各有差皇后亦以雜綵一千段賜贊普七百段賜贊普祖母五百段賜贊普母二百段賜可敦
七月甲申河西經略副大使兼赤水軍使左金吾衛大將軍員外置同正員廻紇伏帝匐卒贈特進賜帛

三百段遣中使弔祭
十一月壬申松漠郡王李娑固宴與公主俱來朝命有司借宅給食己未宴于內殿賜物一千五百段錦袍鈿帶魚袋七事
八年正月己巳契丹遣蕃中郎將張少免俱等三百五十四人來朝並授遊擊將軍果毅都尉賜緋袍銀帶物各二千段放還蕃
二月乙卯護密國王羅施伊俱骨咄祿多比勒莫賀咄達摩薩爾爲護密王賜紫袍金帶七事並雜綵五十疋

八月丁丑勅中書門下南天竺王遠遣朝貢其使卻還並須周旋發遣令滿望乃以錦袍金帶魚袋七事賜其使遣之
九年六月丁酉制曰念功之典書有明訓贈終之數禮著彝式党項大首長故右監門衛將軍員外置同正員使持節逹洍等一十二州諸軍事兼静邊州都督仍充防禦部落使拓跋思泰頃者戎醜違命爰從討襲躬親矢石奮其忠勇方申剪馘之勳俄軫喪元之痛壯節彌亮美名可嘉宜崇寵章俾慰泉壤可增特進兼左金吾衛大將軍賜物五百段米粟五百石仍以其子守寂襲其官爵
十一月己酉渤海郡靺鞨大首領鐵利大首領拂涅大首領契丹蕃郎將俱來朝並拜折衝放還蕃

冊府元龜

第十八頁十九行後脱一條
二月乙酉靺鞨渤海郡王大祚榮遣其男述藝來朝授懷化大將軍行左衛大將軍員外置留宿衛

冊府元龜

巡按福建監察御史臣李嗣京 訂正
新建縣舉人臣戴國士叅閱
知建陽縣事臣黄國琦較釋

外臣部 二十

褒異第三

唐玄宗開元十年正月壬子蠻大首長張化誠大首望楊大充並來朝以化誠爲左領軍衛員外將軍放還蕃以大充爲右驍衛翊府員外中郎將留宿衛

三月丁卯突厥騎施大首領蔦邏昆池等八人來朝

並授將軍賜紫袍金帶放還蕃

四月丁酉契丹首領松漠府都督李鬱于爲松漠郡王奚首領饒樂府都督李魯蘇爲饒樂郡王各賜物一千匹銀器七十事及錦袍鈿帶等

五月戊午突厥遣大首領阿史德暾泥熟來求和授右驍衛大將軍員外置放還蕃

閏五月癸巳黒水酋長親屬利稽來朝授勃州刺史放還蕃勃蕃中州也

七月甲戌契丹遣使大首領楷落來朝授郎將放還蕃丙子奚遣其兄奴默俱及⿱罒耳鑠高來朝皆授將軍賜紫袍銀細帶金魚袋留宿衛

九月己巳大拂涅靺鞨如價及鐵利大拂涅買取利等六十八人來朝並授折衝放還蕃突厥大首領可還拔護他蒲達干來朝授將軍放還蕃堅昆大首領伊悉鉢舍友者畢施頡斤來朝授中郎將放還蕃

十月己亥鐵利靺鞨可婁計來朝授郎將放還蕃

十一月辛未渤海遣使其大臣味勃計來朝并獻鷹授大將軍賜錦袍金魚袋放還蕃

十二月戊午黒水靺鞨大酋長倪屬利稽等十人來朝並授中郎將放還蕃

十一年三月辛巳北庭十姓大首領沙羅烏卒來朝授郎將放還蕃

四月己未吐蕃首領張丑松來降授員外鎮將留宿衛奚首領李日越等來朝授員外折衝留宿衛

七月戊辰突厥大首領阿史那瑟鉢達于等三十二人來朝授瑟鉢達于大將軍其屬並授郎將放還蕃

十一月甲戌突厥遣其大臣可邏拔護他蒲庭于來朝授將軍紫袍金帶放還蕃堅昆大首領俱力貧賀忠頡斤來朝授郎將放還蕃越喜靺鞨勃施計拂涅靺鞨朱施蒙鐵利靺鞨倪處梨俱來朝並授郎將放

還蕃
十二年二月丙申鐵利靺鞨渠池蒙來朝授將軍放還越喜靺鞨奴布利等十二人來朝並授郎將放還蕃凡部落佐破等十一人來朝並授果毅放還蕃拂涅靺鞨大首領魚可蒙來朝授郎將放還蕃乙巳奚遣大首領李奚奴等十八人來賀正渤海靺鞨遣其臣賀祚慶來賀正新羅遣其臣金武勳來賀正勃律遣大首領蘇磨羅來賀正並進階游擊將軍各賜帛五十疋放還蕃丙辰黑水靺鞨大首領屋作箇來朝達莫婁大首領諾皆諸來朝並授折衝放還蕃丁巳契

丹遣使涅禮來賀正并獻方物授將軍賜絲一百疋放還蕃
三月癸酉遣使齎絹綿八萬段分賜奚及契丹勅曰公主出降蕃王本擬安養部落請入朝謂深慮勞煩朕知割恩抑而未許思加殊惠以慰遠心奚有五部落宜賜物三萬段其中取二萬段先給征行遊奕兵及百姓餘一萬段與東光公主饒樂王衙官刺史縣令契丹有八部落宜賜物五萬段其中取四萬段先給征行遊奕兵士及百姓餘一萬段與燕公主松漠王衙官刺史縣令其物雜以絹布務令均平給訖奏聞
五月辛酉新羅賀正使金武勳還蕃上降書謂新羅王金興光曰卿每承正朔朝貢闕庭言念所懷深可嘉尚又得所進雜物等並踰越滄波跋涉草莽物既精麗深表卿心今賜卿錦袍金帶及綵素共二千疋以答誠獻至宜領也乙酉鐵利來朝並授折衝放還蕃松漠府契丹還使來朝饒樂府奚遣使獻麝香並授折衝放還蕃
七月壬戌突厥遣使哥解頡利發獻方物求婚宴于朝堂賜帛五十疋丁丑尸利佛誓國王遣使俱摩羅獻侏儒二人僧耆婦女一人雜樂人一部及五色鸚

鵡授摩羅折衝賜帛一百疋放還蕃
八月庚子制曰尸利佛誓國王尸利陁羅拔摩遠修職貢載勤忠款嘉其乃誠宜有褒賜可遙授左威衛大將軍賜紫袍金鈿帶
十二月辛卯突厥遣使裴娑羅來朝授郎將還蕃戊午突厥遣其大臣阿史德暾泥熟來朝授將軍賜紫袍金帶魚袋放還蕃
十三年正月辛丑契丹奚遣使來賀正旦獻方物並授中郎將賜紫袍銀鈿帶放還蕃黑水靺鞨遣其將

五郎子來賀正且獻方物授將軍賜紫袍金帶魚袋
放還蕃丙午大食遣其將蘇黎等十二人來獻方物
並授果毅賜緋袍銀帶放還蕃
三月丙午鐵利靺鞨大首領封阿利等一十七人來
朝越喜靺鞨茲利施來朝黑水靺鞨大首領烏素可
蒙來朝佛涅靺鞨薛利蒙來朝並授折衝放還蕃
四月甲子渤海首領謁德黑水靺鞨諾箇蒙來朝並
授果毅放還蕃
五月渤海王大武毅之弟大昌勃價來朝授左威衛
員外將軍賜紫袍金帶魚袋留宿衛黑水部落職紇

蒙等二人來朝授中郎將賜紫袍銀帶金魚袋放還
蕃
七月戊申波斯首領穆沙諾來朝授折衝留宿衛突
厥首領采施裴羅來朝授折衝放還蕃
十四年正月壬午突厥遣其大臣臨河達干康思琮
來朝授將軍放還蕃丙午奚御史那王父李綴進位
右武衛員外大將軍及奚弱水州刺史李高進階鎮
軍大首領日走等二百餘人並授郎將及契丹衙官
熱蘇進階鎮軍大將軍契丹縣令屬固家進位右領
軍員外大將軍契丹部落冤離等百餘人並授郎將
各賜紫袍放還蕃以陪位泰山脩行賞之典也乙亥
突騎施可汗遣首領阿句支來獻馬授中郎將放還
蕃突厥遣首領踏跌裴發等七千餘人來朝並授折
衝放還蕃辛亥突厥遣使執失頡利發等三百餘人
來賀東封並授果毅放還蕃
三月丙戌契丹遣其臣邵固來朝授郎將放還乙酉
渤海靺鞨王大都利來朝
四月癸丑契丹遣大首領李澗池等六人來朝皆授
折衝留宿衛乙丑渤海靺鞨王大都利來朝授左武
衛大將軍員外置留宿衛勃羅遣使金忠臣來賀正

賜帛百疋放還蕃
五月戊子新羅遣其弟金欽質來朝授郎將放還蕃
乙未契丹部落刺史普固都及將軍顯歌皆獻戎捷
授固都將軍顯奇郎將各賜帛百疋放還蕃
六月甲寅奚遣阿布高來朝授中郎將賜紫袍金魚袋
放還蕃
七月癸卯丹部落刺史出利縣令蘇固多等來朝授
出利將軍固多郎將並放還蕃
十一月己卯吐火羅遣使持律來朝授中郎將賜紫
袍金魚袋己亥突厥遣其大臣梅祿啜來朝授將軍

賜紫袍金鈿帶放還蕃

十五年正月壬午笮州大首領鄧封獎白州大首領董芳檐並來朝咸授折衝放還蕃辛卯新羅遣使來賀正授奉御賜緋袍銀帶魚袋放還蕃

二月辛亥鐵利靺鞨米象來朝授郎將放還蕃羅和異國大城主郎將波斯阿拔來朝賜帛百疋放還蕃因遣阿拔齎詔書宣慰于佛誓國王仍賜錦袍鈿帶及薄寒馬一匹

三月丁酉契丹遣首領諾括來送質子并獻方物授郎將放還蕃

四月丁未勅日渤海宿衛王子大昌勃價及首領等久留宿衛宜放還蕃庚申封大昌勃價襄平縣開國男賜帛五十疋首領巳下各有差先是渤海大王武藝遣男利行來朝并獻貂鼠至是乃降書與武藝慰勞之賜綵練一百疋

六月乙丑渤海大首領康移棧颶來朝授左領軍衛將軍賜紫袍銀鈿帶金魚袋放還蕃

十一月巳酉契丹大首領承嗣來朝授中郎將放還蕃丙辰鐵利靺鞨首領失伊蒙來朝授果毅放還蕃

十六年二月庚午奚質子右領軍衛將軍李如越卒制贈左驍衛大將軍官造靈轝給遞還奚

三月戊申金蒲州都督沙陁輔國之母鼠尼施氏封鄯國夫人辛亥大食首領提卑多等八人來朝並授郎將放還蕃

四月巳巳護密國王遣米國大首領米忽汗來朝且獻方物授將軍賜紫袍金帶放還戎

癸未渤海王子留宿衛大都利行卒贈特進兼鴻臚卿賜絹三百疋粟三百石命有司弔祭官造靈轝歸蕃壬申蠻大首堅洪充垂來朝授中郎將留宿衛

七月丙辰新羅金興光使從弟金嗣宗來朝且獻方

物授果毅留宿衛

八月丁丑契丹廣化王李邵固遣其子諾括來朝授大將軍賜紫袍金帶放還蕃奚大首領特沒于來朝授中郎將賜紫袍金帶放還蕃

巳卯突厥大首領屈達于來朝授將軍放還蕃

九月壬寅突厥大首領葛邏祿伊難如裴等來朝並授中郎將賜紫袍銀鈿帶放還蕃渤海靺鞨恭夫須計來朝授果毅放還蕃

十月丁丑勃律大首領吐毛檐没師來朝授折衝賜紫袍金帶放還蕃奚首領李窟何來朝授左威衛將

軍賜紫袍金帶放還蕃丙戌吐蕃莽悉曩等來朝授
鎮將賜緋遣之
十一月乙酉右羽林軍大將軍兼安西副大都護四
鎮節度等副大使謝知信卒贈涼州都督賻物五百
段官造靈轝給遞還鄉
十七年正月庚戌骨咄俟斤遣男骨都施來朝獻馬
二疋授郎將賜帛三十段放還蕃甲寅米國遣獻胡
旋女子三人及豹子各一賜帛百疋以遣之
三月甲子渤海靺鞨王大武藝使其弟大胡雅來朝
授將擊將軍賜紫袍金帶留宿衛

三月壬寅護密國大首領烏鶻達干來朝吐火羅葉
護骨咄國並遣使來朝癸卯渤海靺鞨遣使獻鯔魚
賜帛二十疋遣之己巳奚及契丹遣使來朝皆賜紫
袍金帶放還蕃
五月壬寅契丹遣衙前將軍粹來朝授懷化大將軍
賜紫袍金帶放還蕃
六月癸丑突騎施大首領葉支阿布思來朝授郎將
賜紫袍金帶魚袋
八月丁卯渤海靺鞨王遣其弟大琳來朝授中郎將
留宿衛

九月乙未大食國遣使來朝且獻方物賜帛百疋放
還蕃
十八年正月戊寅吐蕃靺鞨遣其弟大郎雅來朝賀
正獻方物波斯國王及新羅國王各遣使來朝賀正
各賜帛有差壬子大佛涅靺鞨兀異來朝獻馬四十
疋授左武衛折衝賜帛三十段留宿衛
二月甲戌新羅國王金興光遣姪志蒲獻小馬五疋
狗一頭金二千兩頭髮八十兩海豹皮十張乃授志
蒲太僕卿員外置同正員絹一百疋紫袍銀鈿帶魚
袋留宿衛戊寅突厥遣使哥解骨支車鼻頡斤來朝

獻方物渤海靺鞨遣使智蒙來朝且獻方物馬三十
疋授中郎將賜絹二十疋緋袍銀帶放還蕃
四月戊戌米國石國吐蕃突厥各遣使來朝貢並賜
帛有差放還蕃
五月戊申契丹遣使獻馬十二疋賜帛放還蕃己酉
渤海靺鞨遣使烏那達利來朝獻海豹皮五張貂鼠
皮三張馬瑙盃一馬三十匹授以果毅賜帛放還蕃
壬午黑水靺鞨遣使阿布思利來朝獻方物賜帛放
還蕃
六月戊午黑水靺鞨大首領倪屬利稽等十人來朝

並授中郎將放還蕃
九月乙丑靺鞨遣使來朝獻方物賜帛放還蕃
十月庚戌新羅國遣使來朝貢獻方物賜帛有差甲
寅護密國王羅眞檀來朝獻方物賜帛兼袍銀鈿帶
留宿衛
十一月甲子波斯首領穆沙諾來朝獻方物授折衝
留宿衛丁卯突厥首領米旅裴羅來朝授折衝放還
蕃壬申契丹奚遣使來朝且獻方物賜帛放還蕃
十九年二月辛丑室韋遣使賀正授將軍放還蕃癸
卯遠蕃靺鞨遣使賀正授將軍放還蕃戊午新羅遣

其臣金志良來賀正授太僕少卿員外置賜帛六十
匹放還蕃降書與新羅金興光曰所進牛黃及金銀
等物省表具知卿二明慶祚三韓善鄰時稱仁義之
鄉代著勳賢之業文章禮樂闡君子之風納款輸忠
効勤王之節固蕃維之鎭衛諒中外之儀表豈殊方
悍俗可同年而語耶加以慕義克勤述職愈謹梯山
航海無倦於阻脩獻幣貢琛有常於歲序守我王度
垂諸國章乃眷懇誠深可嘉尚朕每晨興佇念宵衣
待賢想見其人以光啓沃俟卿覲止允副所懷今使
至知嬰疾苦不遂祗命言念遐濶用增憂勞時候暄

和想痊復也今賜卿綵綾五百疋帛二千五百疋宜
即領取已未渤海靺鞨遣使來朝正授將軍賜帛一
百疋還蕃
壬申突厥遣其大首領哥解骨支比施頡斤等五十
人來朝並授折衝賜帛五十疋放還蕃
四月辛巳突厥可汗弟闕特勒卒帝降書弔之曰皇
帝問突厥苾伽可汗國家惠綏黎蒸保乂函夏無有
遠邇思致和平俾有厥休共登仁壽之域既罹于咎
豈忘匍匐之救况可汗久率忠順屢通款誠既和好
克脩固災患是恤今聞可汗闕特勒沒喪良用撫然

想友愛情深家國任切追念痛惜何可爲懷今中弔
賻并遣致祭喻意旨薦茲禮物（是年十一月詔金吾將軍張去逸都官郎中呂向賫璽書入蕃弔并爲立碑文帝自爲碑文廟仍立祠刻石爲像）
六月甲午突厥大首領蘇農屈達于來朝授郎將賜
帛五十疋放還蕃
十月癸巳突厥遣其大臣蘇農出羅達于等二十四
人來朝並授郎將各賜帛六十疋放還蕃領西室韋
遣使來朝賜帛五十疋放還蕃渤海靺鞨王其大姓
取珎等百二十人來朝並授果毅各賜帛三十疋放
還蕃

二十年正月壬子奚國義王遣其首領佃蘇等來朝並授將軍賜帛有差放還蕃庚申新羅遣使賀正奚遣使賀正並授郎將賜帛有差放還蕃

二月癸巳突厥首領烏鶻達干來朝賜帛二十疋放還蕃

三月壬戌西南蠻蒙崇先來朝授郎將賜帛三十匹放還蕃室韋大首領薛勃海悅來朝授郎將賜帛五十疋放還蕃

七月庚子突厥可汗堂弟阿支監擦來朝授將軍放還蕃

八月庚戌波斯王遣首領潘那蜜與大德僧及烈來朝授首領爲果毅賜僧紫袈裟一副及帛五十疋放還蕃

二十一年正月庚申命太僕卿員外置同正員金思蘭使于新羅思蘭本新羅之行人恭而有禮因留宿衛及是委以出疆之任且便之也

三月乙卯突厥遣使斯壁紆思鮮闕等十六人來朝並授郎將賜帛六十匹放還蕃

閏三月辛卯箇失密王木多筆遣大德僧物理多年來獻表詔引物理多年宴于內殿賜綵五百疋數日放還蕃

四月壬戌奚首領屬鶻留來朝授果毅賜絹四十疋留宿衛突厥大使烏鶻達干來朝宴于內殿授將軍賜帛一百疋放還

八月甲辰骨咄王遣大首領如達干來朝授郎將放還蕃

九月丙子護密國真檀來朝宴于內殿授左金吾衛將軍員外賜紫袍帶魚袋等七事及帛百疋放還蕃戊寅突厥遣其大臣牟伽難達干等十二人來朝並授郎將賜綵六十疋放還蕃

十二月乙未新羅王興光遣姪志廉來朝謝恩也初帝賜興光白鸚鵡雄雌各一隻及紫羅繡袍金銀鈿器物瑞文錦五色羅綵共三百餘段興光表曰伏惟陛下執象開元聖文神武應千齡之昌運致萬物之嘉祥風雲所通咸承至德日月所炤共被深仁臣地隔蓬壺天慈洽遠鄉暌華夏睿澤覃幽伏覩瓊文跪披玉匣含九霄之雨露帶五彩之鵷鸞辨惠靈禽素蒼兩妙或稱長安之樂或傳聖主之恩羅錦彩章金銀寶鈿見之者爛目聞之者驚心原其獻款之功實繇先祖錫此非常之寵延及末孫微効若塵重恩如

岳循涯端分何以上酬詔賚志廉內殿賜以束帛石
汗那王易米施遣大首領婆延達于來朝授中郎將
放還蕃癸丑大食王遣首領摩思覽達干等七人來
朝並授果毅各賜絹二十疋放還蕃
二十二年正月壬子新羅王興光大臣金端竭丹來
賀正帝於內殿宴之衛尉少卿員外賜緋襴袍平漫
銀帶及絹六十疋放還蕃
三月乙酉突厥遣其大臣斯壁紆思鮮闕來朝授左
金吾衛大將軍員外賜紫衣錦袍繡半臂金鈿帶魚
袋七事絹二百疋金銀器六事放還蕃癸丑西南蠻

大酋率蒙歸義遣使獻麝香牛黃降書慰勉賜絹二
千疋雜綵二百疋衣一副以酬之
六月丙申林邑國遣使獻沈香賜帛三十疋放還蕃
乙卯突騎施遣其大首領何羯達來朝授鎮副賜緋
袍銀帶及帛四十疋留宿衛
十二月庚戌突厥毗伽可汗小殺爲其大臣梅祿啜
所毒而卒帝悼之輟朝三日勑曰情義所在禮固隨
之豈限華夷唯其人耳突厥毗伽可汗須者雖處絶
域嘗以臣子事朕聞其永逝良用悼懷務廣宿恩以
制權禮宜令所司擇日舉哀甲寅於雒城南門舉哀
命宗正李佺申弔祭焉
二十三年二月癸卯新羅賀正副使金榮死贈光祿
少卿契丹蕃中郎可突于死贈左衛將軍
四月甲午勃律國大首領拔含伽來朝授郎將賜帛
五十疋放還蕃辛丑突厥首領觸木日昆黙達干等
四十二人來朝並賜緋袍銀帶放還蕃
閏十一月壬辰新羅王遣從弟大阿飡金相來朝死
于路帝深悼之贈衛尉卿
十二月己卯契丹遣使渴胡等來朝授果毅留宿衛
二十四年三月乙酉渤海靺鞨王遣其弟蕃來朝授

太子舍人員外賜帛三十疋放還蕃辛卯突厥首領
薩合朱來降授折衝員外置借緋魚袋留宿衛
八月甲寅突騎施遣大首領胡祿達于來求和許之
宴于內殿授右金吾將軍員外置賜錦衣一副帛及
綵一百疋放還蕃
九月丁丑封于闐國王尉遲伏闍達室氏爲于闐妃
十一月癸酉靺鞨首領聿棄計來朝授折衝賜帛五
百疋放還蕃
二十五年正月甲午大佛涅靺鞨首領九異來朝授
中郎將放還蕃波斯王子繼忽娑來朝授中郎將放

還蕃
二月戊辰新羅國金興光卒先是二十二年以渤海靺鞨寇登州興光發兵助討破以功遂授興光開府儀同三司寧海使及卒帝悼惜久之贈太子太保遣贊善大夫攝鴻臚少卿邢璹往其國行弔祭册立嗣子之禮帝親制詩序太子以下及百僚咸賦詩送璹帝謂璹曰新羅號爲君子之國頗知書記有類中華卿至彼宜闡揚經典使知大國儒教之盛又聞其多善奕棊因令善棊人楊季膺與璹等至彼大爲蕃人所敬愛厚賂而還

四月丁未渤海遣其臣公伯計來獻鷹鶻授將軍放還蕃
八月戊申渤海靺鞨大首領多蒙固來朝授左武衛將軍賜紫袍金帶及帛一百疋放還蕃
二十六年二月癸丑吐火羅遣大首領伊難如達干羅底槃來獻方物授果毅賜緋袍銀帶魚袋及帛三十疋放還蕃
六月丁未党項鶻攬支來降授果毅借緋魚袋與隴右節度驅使辛亥突厥遣大首領烏鶻達干來朝授果毅放還蕃
七月庚寅突厥首領特賜莫賀咄頡斤來朝授左金吾衛大將軍員外置賜錢錦袍繡半臂及帛三百疋放還蕃
二十七年二月丙子突厥大首領延陁俱末啜剌達干來朝授將軍賜紫袍金帶放還蕃
二月丁未渤海王弟大勗進來朝宴于內殿授左武衛大將軍員外置同正賜紫袍金帶及帛一百疋留宿衛十月乙亥渤海遣使其臣優福子來謝恩授果毅賜紫袍銀帶放還蕃
二十八年正月骨吐國大首領多攬達干彌羯搓來

朝授果毅放還蕃
三月辛酉以突騎施部落處木昆匐延闕律啜爲右驍衛員外大將軍阿史那洪達爲太僕員外卿
三月癸卯册新羅國王金承慶妻金氏爲新羅王妃乙巳骨吐國遣大首領多博勒達干判勿來朝命有司享之賜帛六十匹放還蕃
四月庚申吐蕃首領來歸賓等三人來降並授執戟留宿衛辛未册十姓可汗阿史那斯妻李氏爲交河公主壬申册于闐王尉遲珪妻蘇氏爲于闐王妃
七月乙巳首吐國大首領多攬達干彌羯搓來朝授

果毅放還蕃
二十九年二月已巳渤海靺鞨遣其臣失阿利來賀正越喜靺鞨遣其部落烏舍利來賀正黑水靺鞨遣其臣阿布利稽來賀正皆授郎將放還蕃乙未婆羅門中天竺國王子承恩來朝授游擊將軍放還蕃
四月丙寅突厥登利可汗死遣首領䟦跌末思頡斤來告哀授頡斤果毅賜紫袍金帶放還蕃
十二月丙申大食首領和薩來朝授左金吾衞將軍賜紫袍金鈿帶放還蕃
天寶元年正月丁巳石國王遣使上表乞授長男那

居車鼻施官詔拜大將軍賜一年俸料
六月丙申賜三姓葉護都磨度闕頡斤鐵券曰於戲善於國者賞必加焉自古哲王率繇是道咨爾三姓葉護左羽林軍大將軍員外置同正員咄祿仳加都磨度闕頡斤素稱驍悍兼蘊智謀當蘇祿之時雖力有所屈而懇誠之至乃朕則知元惡既除效勤彌亮果能率衆相與歸降斯盡節於朝廷且立功於疆埸信義若此嘉尚良深是用授卿寵章榮彼蕃部今賜卿丹書鐵券傳之子孫永固河山有如日月可不慎歟

十月已卯投降吐蕃白狗國四品寵官蘇唐封及笱舟川五品寵官薛阿封等各賜紫袍銀細帶金魚袋及帛三十疋癸未托悉密可汗大首領來朝賜錦袍金鈿帶魚袋及帛四十匹庚辰帝御花萼樓出宮女讌毗伽可汗妻可敦及男女等賞賜不可勝紀
二年正月丁卯契丹刺史匐從之等一百二十人奚刺史達利胡等一百八十人並來朝冊勳皆授中郎將賜紫袍金鈿帶金魚袋放還蕃
二月已丑解蘇國阿德悉遣大首領車鼻施達干羅頓毅等二十人來朝且獻方物各授中郎將賜紫袍

金帶魚袋放還蕃
七月癸亥渤海王遣其弟蕃來朝授左領軍衞員外大將軍留宿衞
十二月乙巳新羅王遣弟來賀正授左清道率府員外長史賜綠袍銀帶放還蕃
三載七月癸酉封曹國王米國王康國王母可敦並爲郡夫人
四載三月戊寅九姓首領回鶻思力裴羅及弟阿悉爛頡斤殺斬白眉可汗傳首京師授裴羅右驍衞員外將軍頡斤右武衞員外將軍策勳也

七月乙酉小勃律遣僧大德三藏伽羅密多來朝授
右金吾衛員外中郎將放還蕃
八月戊申突厥伽可汗妻史氏內屬封賓國夫人仍
每載賜錢百貫以充粧粉
五載十月癸巳三葛邏祿苾伽葉護頓阿波移健啜
遣使朝貢授葉護爲左武衛大將軍員外置依舊在
蕃其使賜二色綾袍金帶七事放還蕃
七載八月庚戌悒怛國遣使朝貢授將軍賜二色綾
袍金帶魚袋七事放還蕃戊午勃律國王蘇失利芝
及三藏大德僧伽羅密多並來朝授伽羅蜜多鴻臚

員外卿放還蕃賜蘇失利芝紫袍金帶留宿衛給官
宅
八載八月乙亥護密國王羅真檀來朝請宿衛授左
武衛將軍留宿衛景子十姓突騎施遣使來朝授中
郎將賜錦袍金帶魚袋二事放還蕃
十月丁卯九姓勃曳固大毗伽都督默每等十人來
朝並授特進賜錦袍金鈿帶魚袋七事放還蕃
十一載正月甲申米越長史密利稽來授右衛將軍
放還蕃
二月丙申三葛邏祿遣使來朝賜錦袍金鈿帶魚袋
七事放還蕃
八月丙子廻鶻遣使來朝賜文武百官縑帛有差
九月壬戌歸仁國遣使朝貢授中郎將賜紫袍金帶
魚袋七事放還蕃
十二月巳卯黑衣大食謝多訶密遣使來朝授左金
吾衛員外大將軍放還蕃舍磨國寧遠國並遣使來
朝皆賜錦袍金帶魚袋七事放還蕃
十二載七月辛亥黑衣大食遣大酋望二十五人來
朝並授中郎將賜紫袍金帶魚袋放還蕃
九月辛亥文單國王子率其屬二十六人來朝並授

其屬果毅都尉賜紫金魚袋隨何履光于雲南征討
事訖聽還蕃甲寅葛邏祿葉護頓毗伽生擒阿布思
制授開府儀同三司封金山王依舊充葉護祿俸於
北庭給其葉護妻及母並封爲公國夫人
十二月丁亥護密國遣大首領朝貢賜錦袍金帶魚
袋七事事畢放還蕃
十三載四月丙戌突騎施黑姓可汗及黑衣大食吐
火羅右可汗那俱位國並遣使來朝各賜帛有差放
還蕃丁亥寧國及九姓廻紇米國並遣使來朝各賜
錦袍金帶放還蕃

五月壬寅帝以葛邏祿葉護有擒阿布思之功特降璽書曰卿歸心向化守節安邊嘗獻忠誠無失蕃禮見不善如鷹鸇之逐鳥雀嫉爲惡似農夫之除蔓草信義若此嘉歎良多阿布思負恩至浮爲衆所棄鄉能爲擒獲送其形骸且此賊投卿本緣窮蹙苟欲延命元非好心卿密察奸謀俾其就戮卿之智畧難可比方又聞數男今見在彼種類既惡留用何爲儻蘊習頑兇攪擾蕃落處置不及追悔無繇可宜送來絕其後患卿今載已前俸祿並令京軍給付後慮其遙遠任於北庭請受所請印信並譯語人官並依來表

今則別有少物賜卿至宜領取

十四載三月丁卯陁拔國遣其王子自會羅來朝授右武衛員外中郎將賜紫袍金帶魚袋七事留宿衛

康國王石國副王並遣使朝貢各授折衝都尉賜紫袍金帶魚袋七事放還蕃

四月癸巳以投降蘇毗王子悉諾邏爲左驍衛員外大將軍封懷義王賜姓李名忠信其屬官賜各有差

六月壬子以寧遠國王子竇薛裕爲左武衛員外將軍賜金袍鈿帶魚袋七事放還蕃

册府元龜　終

第十三頁十三行後脫一條

十月辛未奚首領鋪都來朝授將軍賜帛五十匹放還蕃

冊府元龜

巡按福建監察御史臣李嗣京　訂正

分守建南道左布政使臣胡維霖　參閱

知建陽縣事臣黄國琦較釋

外臣部二十

褒異第三

唐肅宗至德二年正月廻紇大首領葛邏支將軍等來朝耻班在武臣之下他日帝親引上殿賜食并賜賚慰其意以遣之六月丁酉回紇首領大將軍多攬等十五人入朝賜食物衣有差閏八月戊寅廻紇葉

護太子入見帝親宴慰賜以金帛器物恣其所欲待之甚厚

十月己酉奚首領白越及契丹首領捺括等入朝賜食金帛錦繡衣服等使還蕃

乾元元年二月乙卯護密國王使大首領羅友文來朝加特進左武衛大將軍仍聽還蕃

四月庚申罽賓王藏般若力中天竺國婆羅門三藏善部末摩箇失客三藏舍那並慕入朝詔以力爲太常少卿末摩爲鴻臚少卿並員外置

五月壬申朔詔以吐火羅三藏山那及弟子達摩首領安延師等來詣闕以三藏爲光祿少卿達摩可折衝都尉延師可左清道率並員外置仍放還蕃又乾陁羅國王使大首領中郎將踏匐勒特車鼻施遠千並授將軍放還蕃戊戌宴回紇使於紫宸殿

六月丙午回紇使達亥阿波刺史入朝迎公主詔授開府儀同三司七月癸未護密國王紇設伊俱鼻施來朝帝嘉之賜姓李改名崇信

八月丁卯新羅國使來朝歸仁國使來朝並宴于紫宸殿

九月甲申回紇使大首領蓋將軍等謝公主下降無

奏破昆堅五萬人宴於紫宸殿賜物有差

十一月甲子廻紇使三婦人謝寧國公主之娉也賜宴紫宸殿

十二月黑衣跋陁國使伏謝多還蕃宴賜有差

二年三月甲申回紇王子骨啜特勒宰相帝德等十五人自相州奔于西京帝宴之紫宸殿賞物有差庚寅回紇特勒辭還行營帝宴之于紫宸殿賜物有差乙未以回紇王子新除右羽林大將軍員外置骨啜特勒爲銀青光祿大夫鴻臚卿員外置辛丑回紇多害長吏等還蕃帝宴于紫宸殿賜物有差

八月壬戌十姓突騎施黑姓可汗阿多裴羅等并波斯進物使李摩日夜等及寧遠國使葛等來朝並宴於內殿
十二月戊申宴蕃胡柘羯於三殿各賜物三十段
三年正月乙酉宴奚使土門將軍賜金帛器物有差
四月壬辰隴右投降突厥奴刺偲等五人於延英殿見賜物有差癸巳廻紇俱録莫賀達于等七十四人於延英殿見賜物有差
上元元年八月己卯回紇使二十人於延英殿通謁賜物有差

代宗寶應元年五月丁未回紇演者裴羅等十人來朝引見于延英殿賜物有差
六月乙卯突厥奴刺部落千餘人內屬請討賊自效丁巳宴刺奴大首領于內殿賜物有差
八月己酉奚及契丹來朝宴于三殿
九月丙申以回紇可汗舉國兵馬至太原遣使奉表請助王師討平殘寇是日引其使宴于延英殿賜物有差
十一月丁亥廻紇遣使拔賀那上表賀收東京并獻逆賊史朝義旌旗等物引見于內殿賜綵物二百疋

永泰元年六月癸亥突厥自賀蘭等一十二人來朝並留左羽林軍宿衛
二年四月甲子回紇遣首領密悉吉等及牙帳一百人來朝宴于紫宸殿壬子新羅王金獻英遣使朝貢授其使檢較禮部尚書遣之
大曆二年三月己卯宴吐蕃使于禮賓院
三年正月甲子册新羅國王金乾運母爲妃
五月丙寅御紫宸殿宴新羅回紇使
四年十月丁巳宴吐蕃尚悉摩等八人於紫宸殿
六年十一月乙酉宴文單國王婆彌等二十五人于

三殿
七年四月甲寅回紇王子左武衛員外大將軍畲秉義卒贈天水郡王葬事官給令京兆尹充使監護秉義歸國宿衛因以賜姓及卒帝悼之乃加禮優寵
五月丁未新羅遣金標石來賀正授衛尉員外少卿放還蕃
九年二月甲午許蓮華寺尼悟空似先氏還俗封沂國夫人并賜實封一百戶似先氏回紇可汗之妻册故特寵之也
七月辛酉宴吐蕃使于內殿癸巳宴廻紇使骨咄禄

梅羅達于等賜物有差
十一月壬子新羅賀正使還蕃授衛尉員外郎遣之
十二年十月追贈九姓回紇宰相曹寄栗七妻石氏爲峨國夫人
德宗貞元四年五月賜宴東蠻兒王驃傍苴夢衝苴烏星等於麟德殿頒賜各有差驃傍等自宿嶲州臣於吐蕃絕朝貢者二十餘年及是劍南節度韋皐招誘之始棄吐蕃內附來朝特封爲和義順政等郡王且授以冠帶仍給兩林勿登等部部印而遣之
五年十二月庚午回紇汨咄祿長壽天親毗伽可汗薨廢朝三日仍令文武三品已上就鴻臚弔其使者

六年十二月丙申詔九姓廻鶻登里羅没密施俱録忠貞毗伽可汗薨廢朝三日仍令文武官三品已下就鴻臚弔其使者
七年五月戊辰以渤海賀正使太嘗靖爲衛尉卿同正令歸國
八年七月甲子以廻鶻使藥羅㚖撿校尚書右僕射㚖本唐人姓吕氏因入廻鶻可汗使遂以可汗姓名藥羅葛氏在國用事因來朝帝嘉賚之賜命官而遣之仍給帀馬絹十萬疋
十年二月壬戌以來朝渤海王子太清允爲右衛將軍同正其下拜官三十餘人契丹大首領梅落河奚大首領梅落監都等皆授果毅都尉令歸國
四月戊辰以雲南來朝使段南羅爲試太子詹事兼御史中丞
九月辛卯南詔使蒙湊羅揀及清平官尹求寬來獻鐸槊浪人劍及吐蕃印八鈕湊羅揀異牟尋之弟也旣朝召見於麟德殿賚賜甚厚
十一年正月甲申以降吐蕃論乞髯湯没藏悉諾硉爲歸德將軍
二月甲子以九姓廻鶻吐祿毗伽奉誠可汗卒廢朝

三日仍令文武三品已上官就鴻臚弔其使者
四月壬戌贈南詔異牟尋弟湊羅棟右嘗侍初牟尋令湊羅棟入朝還國卒於道故追贈焉癸亥以南詔謝冊使尹輔酋爲簡較太子詹事兼中丞餘皆授官有差甲子下勅書及贈帛賜南詔異牟尋及子各勸清平官鄭廻尹求寬等各一書書左始引中書三官宣奉行復舊制也
十二年七月壬辰贈故降吐蕃歸德將軍論乞髯湯没藏悉諾硉懷化大將軍又以論乞髯子湯忠義爲起德將軍
十四年正月壬辰以文單國朝貢使李頭及爲中郎

將放還蕃
九月丁卯以黑衣大食使含嵯烏雞莎比三人並爲
中郎將放還蕃
十一月戊申以渤海國王大嵩璘姪能信爲左驍騎
衛中郎將虞侯婁蕃長都督茹富仇爲右武衛將軍
並放還蕃
十八年正月戊寅以驃國王子悉利移爲試太僕卿
十九年正月癸丑南詔朝賀使楊鎮龍試太僕少卿
兼侍御史黎州廓清道蠻首領襲恭化郡王劉志遷
試太常卿

二十年三月甲申以吐蕃贊普卒廢朝三日命工部
侍郎張薦弔祭之命文武三品以上官弔其使
順宗以貞元二十一年正月丙申即位二月戊辰以
新羅王金重熙母和氏爲太妃妻朴氏爲妃
憲宗元和元年二月丁酉授入朝奚王誨落銀青光
祿大夫檢校司空饒樂郡王放還蕃國
十一月庚子朔己亥歸宿衛新羅王子金獻忠于其
國加試秘書監
二年八月丙辰朔授南詔使者鄧傍傳試殿中監
三年正月甲辰授奚首領索低威衛將軍同正充權
副遊弈使仍賜姓李氏
三月丁亥以回紇滕里野人令俱錄毗伽可汗卒廢
朝三日仍令文武三品已上就鴻臚寺弔其使者
十月己酉勑新羅王叔金彥昇弟仲恭等三人宜令
本國准舊例賜戟
四年正月戊戌帝御麟德殿引南詔渤海使謁見賜
物有差
十月甲午以投來奚王沒辱孤爲右領軍衛將軍員
外同正充幽州盧龍軍節度使平林游弈兵馬使仍
賜姓李氏

五年五月戊午麟德殿對歸國廻鶻伊難珠等三人
賜錦綵器服有差
十二月丁卯麟德殿召對奚丹使賜錦綵金帛有差
六年六月戊申三殿對回鶻及奚使者頒賜有差
七年正月癸酉帝御麟德殿對南詔渤海牂牁等使
賜宴有差甲申賜渤海使官告三十五通衣各一襲
丁亥御麟德殿對南詔使李興禮等各授以官宴賜
有差
七月庚午以新羅質子試衛尉少卿賜紫金魚袋金
汚爲試光祿少卿充弔祭冊立副使隨崔稜赴新羅

八月丁亥朔勅新羅國大宰相金崇斌等三人宜付本國准舊例賜戟

八年五月戊午廻鶻請和親使伊難珠還蕃宴于三殿賜以銀器繒帛

十二月壬辰帝御麟德殿召見契丹使達于可葛等賜錦綵有差丙午宴南詔渤海牂牁使仍賜以錦綵

九年二月己丑麟德殿召見渤海使高禮進等三十七人宴賜有差

十年正月丁酉詔賜渤海使者卯貞壽等官告放還蕃及召見新羅及南詔蠻使宴賜有差

二月甲子賜渤海使太呂慶等官告歸之三月丙子賜渤海使者官告歸之

十一月丁酉歸契丹使以告身十九通賜其貴人

十二月辛丑賜南詔蠻使楊廷奇等告身二十九通丙午賜南詔蠻錦綵有差

十一年正月庚午授牂牁使者十六人官賜以銀綵庚寅以國信三十一封授南詔蠻使歸之甲申歸契丹使以告身十九通賜其貴人

二月癸卯賜廻鶻渤海使錦綵銀器有差庚戌授渤海使高宿滿等二十人官

五月己酉以南詔蠻大首領蒙龍盛卒廢朝三日

十二年二月辛卯賜宴歸國廻鶻摩尼僧等八人

三月甲戌以錦綵賜渤海使大誠慎等

四月庚子以吐蕃贊普卒廢朝三日

十三年九月癸巳御麟德殿對吐蕃使論句藏戊戌命宰臣宴吐蕃使人於中書省

十四年正月癸未御麟德殿對歸國廻鶻使宴賜有差庚寅對南詔牂牁等使于麟德殿賜物有差

穆宗以元和十五年卽位二月庚寅對新羅渤海朝貢使于麟德殿宴賜有差

二月癸卯朔對歸國回鶻合達干等于麟德殿燕許和親賜錦綵銀器有差

七月壬戌詔盛飾安國慈恩千福開業章敬等寺縱吐蕃使者以觀焉乙丑對吐蕃弔祭使于麟德殿宴賜有差

九月戊辰對吐蕃使於麟德殿宴賜有差

十一月辛酉對南詔奚契丹等使於麟德殿賜以銀器錦綵

十二月壬辰對新羅渤海南詔牂牁昆明等使于麟德殿宴賜有差

長慶元年二月辛卯以九姓回鶻毗伽保義可汗薨輟朝三日仍令諸司三品以上官就鴻臚寺弔其使者

四月庚辰命宰臣等於侍中廳宴吐蕃使

二年正月壬子對渤海者於麟德殿宴賜有差

六月丁卯吐蕃遣使來朝召對於麟德殿宴賜有差

八月壬午對吐蕃使者五十人於麟德殿宴賜有差

九月戊子朔宴吐蕃使論悉啫等十五人於中書省勅日蕃客等皆遠申朝聘節過重陽宜共賜錢二百貫以充宴賞仍給太常音樂丁巳對陰山府沙陁突

厥兵馬使朱邪執宜等於麟德殿仍賜官告錦綵銀器

十月壬子對回紇使者於麟德殿宴賜有差

敬宗寶曆元年六月丁亥命品官田務豐領國信十二車使廻鶻賜可汗及太和公主

文宗太和元年正月辛亥麟德殿對歸國吐蕃新羅使宴賜有差

四月癸巳御麟德殿對渤海使者十一人宴賜有差

十一月甲寅麟德殿對南詔契丹使宴賜有差

二年正月乙亥對歸國南詔使及入朝室韋于麟德殿宴賜有差

八月丙子對入朝廻鶻安寧四十人於麟德殿宴賜有差

十二月己卯渤海新羅室韋契丹南詔皆遣使朝貢並詔對于麟德殿宴賜有差

五年三月己亥朔新羅國王撿校太尉金彥昇薨廢朝

六年正月麟德殿對南詔牂牁宴賜有差

二月丙辰麟德殿對入朝吐蕃論董渤藏等一十九人又對渤海王子大明俊等六人宴賜有差

七年正月甲午麟德殿對牂牁刺史宗士方等四人甲寅麟德殿對歸國南詔蠻王丘銓等二十二人於內亭子賜食賜物有差

二月己卯麟德殿對歸國賴藏等一十九人渤海王子大光晟等六人牂牁刺史趙倫等四人昆明摩弥叔敬等七人宴賜有差

三月庚戌麟德殿對歸國廻鶻李義節等一十九人宴賜有差

四月辛酉以九姓廻鶻可汗薨廢朝三日仍令諸司文武三品尚書省四品已上官就鴻臚寺弔其使者

十二月庚戌對室韋大都督阿朱等二十人牂牁剌史謝聞臺等二十人頒賜有差

八年正月庚午麟德殿對南詔及室韋奚契丹牂牁等使頒賜有差

開成元年十二月壬子新羅國質子試光祿卿賜紫金魚袋金允夫進狀稱本國王命臣入朝充質二十六年殘矣三蒙改授試官再當本國宣慰及冊立等副使准往例皆蒙特授正官遂授武成王廟

二年正月癸巳上御麟德殿對賀正南詔洪龍軍三十人渤海王子大明俊等一十九人宴賜有差

二月癸卯賜奚丹室韋等告身八十九通

六月甲寅賜宿衛新羅金忠信等錦綵有差

三年二月辛卯上麟德殿對入朝南詔牂牁契丹奚室韋渤海等各賜錦綵銀器有差

四年正月御麟德殿對入朝賀正南詔趙酋莫等三十七人賜官告并錦綵銀器金銀帶衣服等有差

武宗開成五年正月即位十二月御三殿對歸國南詔等十六人

會昌元年七月癸巳勅賜盟沒斯姓李名全忠制曰昔項伯歸義奉春建策賜之劉氏列在漢宗爰寵茂勳抑惟前典盟沒斯等代雄沙漠勇冠天山早稱良將之才當佩名王之紱附于絕塞歲已再朞秉是一心竟全大義今則解其毳服始列牙旗自我加恩益聞勵節驟登吳坂感顧眄以長鳴劍出豐城踴拂拭以增煥又以右北平太守李廣北狄避之號爲飛將軍頗其苗裔頗在龍庭美爪牙之所興因而命氏貴棣萼之方韡當使同榮夫思在無邪忠爲令德嘉其立志用以錫名爾宜念之無替休命又以迴鶻內宰相受耶勿充歸義軍副使燕賜姓名制曰自古制軍必在佐貳逮至漢氏亦循舊章既得將才俾參戎政

實資謀策用正紀綱受邪勿往在龍庭嘗爲貴相乘其乖亂遂拔跡於殊鄰加以懷柔竟歸心於上國而又推誠所奉果協良圖每獲異謀必來獻款旋觀深志可謂竭忠昔戎狄請和全錄孟樂呼韓帥服姑自秩皆言念茂功所宜異等因其請族錫以嘉名漢賜秺侯尚標祭天之義魏親程昱用曙捧日之心寵以貂璫冠於禪較服茲新命宜保厥終可檢較右散騎常侍兼歸義軍副使仍賜姓受名弘順

十一月帝御麟德殿見室韋大首領督熱論一十五人賜物有差

二年九月幽州節度使張仲武奏契丹新立屈戍等
契丹舊用丹之印爲文
十二月御麟德殿引見室韋大首領督熱論一十五
人宴賜有差
六年正月南詔契丹室韋渤海牂牁昆明等使並朝
于宣政殿對於麟德殿賜食於内亭子仍賚錦綵器
皿有差
懿宗咸通元年正月御紫宸殿受朝對室韋使
昭宗天祐元年六月佛齊國入朝使蒲訶栗可寧遠
將軍

梁太祖開平二年正月渤海國朝貢使殿中少令崔
禮光已下各加爵秩并賜金帛有差
三年八月戊寅御文殿召契丹朝貢使昌鹿等五十
人對見羣臣以遠蕃朝貢稱賀羅賜昌鹿以下酒食
於客省賚銀帛有差
九月癸卯賜契丹朝貢使爲魯押進將軍汚虔副使
夫達通事王梅落及首領等銀絹有差
乾化元年十一月丙午以廻鶻都督周易言爲右監
門大將軍同正地略李麦之石壽兒石論斯並左千
牛衛將軍同正李屋刘殊安盤山並右千牛將軍同
正吐蕃温末首領杜論没悉伽杜論心並左領軍衛
將軍同正温末蘇論乞禄論右領軍衛將軍同正癸
未廻鶻入朝僧凝盧宜李思宜延錢等並賜紫衣還
蕃
二年閏五月戊申詔以分物銀器賜渤海進貢首領
以下遣還其國庚申嗢末首領熱逋鉢督崔延没相
等並授銀青光禄大夫檢較太子賓客遣還本部
後唐莊宗同光元年十一月丁巳新羅國王朴英遣
倉部侍郎金樂録事參軍金幼卿朝貢賜物有差
二年四月戊寅新羅朝貢使授朝散大夫守倉部侍

郎賜紫金魚袋金岳爲朝議大夫試衛尉卿
五月庚申賜渤海朝貢使大元讓等分物有差
八月渤海朝貢使王姪學堂親衛大元謙可試國子
監丞
十一月庚寅以黑水國朝貢元兒爲歸化中郎將
三年五月乙卯以渤海國入朝使政當省守和部少
卿賜紫金魚袋裴璆可右贊善大夫
明宗天成二年三月乙卯以新羅國權知康州事王
逢規爲懷化將軍新羅國前登州都督府長張希岩
新羅國登州知後官本國金州司馬李彦謨並可簡

較右散騎常侍庚午以新羅國入朝使守散大夫兵部侍郎賜紫金魚袋張芬可撿較工部尚書副史兵部郎中賜緋魚袋朴術洪可兼御史中丞判官倉部員外郎賜緋魚袋李忠式可兼侍御史

四月新羅國康州遣使林彥朝貢對於中興殿賜物有差

八月昆明大鬼主羅殿王普露靜王九部落各差使若土等隨牂牁清州八郡刺史宋朝化等一百五十二人來朝各賜等第官告繒帛錦衣銀器放還蕃

九月壬申契丹差梅老滑骨以下進奉各有頒賜

十二月宣飛勝指揮使安念德使於契丹賜契丹王錦綾羅三百五十疋金花銀瓶五百兩寶裝酒器一副其冊繡被一張寶裝纓絡一副

三年正月己酉契丹王阿保機妻差使送前振武副使劉在到行闕賜在金錢帛銀器金帶鋪陳氍毹甚厚甲子契丹使禿汭悲梅老以下五十人進奉仍各賜錦衣銀帶束帛有差宣散指揮使奔托山押國信賜契丹王妻契丹指揮使郭知瓊歸國錫賚加等戊辰勅以吐蕃野利延孫等六人並可懷遠將軍回鶻米里都督等四人並可歸德將軍

二月甲午勅吐渾寧朔奉化兩府都知兵馬使撿較司徒李紹魯可授光禄大夫撿較太保竭忠建策興復功臣吐渾寧朔府都督撿較工部尚書赫連公德可金紫光禄大夫撿較右僕射賜忠義正衛功臣

五月辛未回鶻使辭於便殿賜賚有差

九月甲申吐蕃回紇入貢使放還蕃賜錦衣繒帛有差壬辰吐蕃使閻薩羅等三人並可歸化司義回紇使羅婆都督可歸化司階

十月甲子差春州刺史米海金押國信賜契丹王及廻使梅老秀里等辭賜物有差

十二月壬戌吐蕃雙王子撥氈可歸德郎將首領十人並授歸化司戈

四年正月壬辰回鶻入朝使掣撥都督等五人並可懷化司戈

七月乙酉以渤海國前入朝使高正詞爲太子洗馬

八月乙巳黑水朝貢使骨至來可歸德司戈癸亥北京奏韓摩尼和尚摩尼回鶻之佛師也先自本國來大原少尹李彥圖者武宗時懷化郡王李思忠之孫也思忠本回鶻王子盟沒斯也歸國錫姓名關中大亂之後彥圖挈其族歸太祖宅一區宅邊置摩尼院

以居之至是卒
長興元年正月勑河西党項蕃官來萬德可懷化司
戈餘如故
十二月以党項折家族五鎮都知兵馬使折文政撿
較僕射以党項薄備家族都督薄備撒羅撿較尚書
二年十一月戊申以吐蕃首領掇里忙布蘭氈並爲
歸德司戈
三年正月渤海回鶻順化可汗吐蕃各遣使朝貢京
州奏將吏有狀請朝廷命帥兼進方物諸蕃使各賜
物有差

三月丙申回鶻朝貢使都督掇祝爲懷化將軍副使
印安勤懷化郎將監使美梨懷化司候判官裴連兒
懷化司階已亥以吐蕃朝貢使左廂首領右千牛衛
將軍同正野利閭心爲歸德大將軍右廂首領籛心
爲懷化郎將中廂首領李琪讀歸利司候重雲都督
對兒六突兒鷄並爲歸德司階
五月契丹入朝使繡骨梅里辭歸蕃賜分物鞍馬錦
袍銀帶
七月詔特進簡較太保使持節玄菟州都督上柱國
高麗國王建妻河東柳氏可封河東郡夫人高麗入
朝使太相王儒奏請也
十一月吐蕃朝貢使辭人賜虎皮一張皆披虎皮拜
謝委身婉轉落其氈帽見髮亂如蓬帝笑之不已
四年七月癸巳回鶻遣都督李米等三十人來朝進
白鶻一聯帝召對於廣壽殿厚加錫賚仍命解放其
鶻
閔帝應順元年正月賜廻鶻入朝摩尼八人物有差
閏正月瓜州入貢牙將唐進沙州入貢梁行通回鶻
朝貢安摩訶等辭各賜錦袍銀帶物有差
廢帝清泰二年八月乙亥回鶻朝貢使密録都督陳

禄海爲懷化郎將副使達奚相温爲懷光司階監使
烏密録阿撥爲歸德司戈判官安均爲懷化司戈
三年正月庚午以高麗朝貢使王子太相王規撿較
尚書右僕射副使廣評侍郎崔儒試將作監其節級
三十餘人並授司戈司階
二月戊辰以吐渾寧朔奉化兩府留後撿較尚書左
僕射李可久超授撿較司徒其副使撿較工部尚書
赫連海龍可撿較尚書左僕射其兩府大夫李鐵匱
可撿較右僕射可久海龍鐵匱皆吐渾白姓赫連部
落前朝賜姓已已以熟吐渾左廂都指揮使李全福

右廂赫連撒濫並可懷化司階指揮使党海甲叚公奴梁康全王堂九喜骨吐山党公政段貞福康息力慕容于谷李海全李冬山兩府都評事梁憂根衆等並可懷化司戈吐渾指揮使党紇幹泰公達慕容葛禮並可懷化司戈皆吐渾兩府白赫連之將較也

晉高祖天福二年春故契丹人皇王歸葬輟視朝三日

十一月詔賜北朝曷魯相公聶相公幽州趙思温繒帛器皿以前屯瀛州援王師討魏故也

三年五月回鶻朝貢使都督翟全福并肅州甘州專

使僧等歸本國賜鞍馬銀器繒帛有差

十一月授于闐國進奉使檢較太尉馬繼榮鎮國大將軍副使黄門將軍國子少監張再通試衛尉卿監使殿頭承旨通事舍人吴順規試將作少監回鶻使都督李方金歸義大將軍監使雷福德順化將軍

漢隱帝乾祐元年七月以回鶻入朝貢使李握為歸德大將軍副使安鐵山監使未相温並為歸德將軍判官翟毛哥為懷化將軍于闐入朝使王知鐸檢校司空副使張文達檢較右僕射監使劉行立檢較兵部尚書判官秦元保檢較左僕射並放還蕃

周太祖廣順元年二月癸丑寒食節太祖出玄化門至浦池設御幄遥拜諸陵宣召契丹使裊骨支回鶻都督賜酒食未時還宫已未裊骨支辭賜衣着五十疋銀器二十兩絲二十疋又賜從人各絲三十疋

世宗顯德五年甲午詔賜廻鶻達怛國信物有差

六年正月壬子高麗國王王昭遣其臣王子佐丞王兢佐尹皇甫魏光等來進名馬及織成衣襖弓劍器甲等賜兢等龍衣銀帶器幣有差

十一月壬戌占城國進奉使蒲河散金婆羅等辭各賜分物有差仍令齎金銀器千兩繒綵十段及細甲

名馬銀鞍勒等就賜本國王釋利因

第三頁十行後脫一條
十月戊戌迴紇使近支伽裴羅等七人於延英殿朝見賜物有差

冊府元龜　補　卷之九百七十六　二十三

冊府元龜

巡按福建監察御史臣李嗣京　訂正
知長樂縣事臣夏允彝叅閱
知建陽縣事臣黄國琦較釋

外臣部　二十二

降附

天生四夷以禦魑魅故前代聖王覊縻勿絶禽獸而畜之蓋以爲中國之屏蔽也然或彊或弱忽徃忽來故曰弱則卑服彊則驕孽斯其天性亦在御之而已自漢已來乃有嚮慕風教震懼威烈因其衰弱相率

内附而乃招諭之以禮申於撫納懷柔之以德厚其存恤以至張官置吏設亭築塞錫之以衣冠印綬振之以繒絮菽粟因以弭兵息役開疆拓土斯皆得來遠之道遠禦戎之要者焉

漢高祖十一年立南粤王使陸賈即授璽綬（即就也就其所居而立之）佗稽首稱臣

孝惠三年七月南粤王佗稱臣奉貢（是時遼東太守約朝鮮王滿爲外臣保塞外蠻夷毋使盜邊境）

文帝元年太中大夫陸賈使南粤賜尉佗書佗頓首謝願長爲藩臣於是下令國中曰吾聞兩雄不俱立兩賢不並世漢皇帝賢天子自今以來去帝制黄屋左纛因爲書稱蠻夷大長老夫臣佗昧死再拜上書皇帝陛下老夫故粤吏也高皇帝幸賜臣佗璽以爲南粤王使爲外臣時内貢職（言以時輸入貢職）孝惠皇帝即位義不忍絶所以賜老夫者厚高后自臨用事近細士用讒臣（細士猶言小人也）别異蠻夷出令曰母予蠻夷外粤金鐵田器馬牛羊（言非中國故云外粤）即予之牡毋與牝（慮其蕃息）老夫處辟馬牛羊齒已長（辟讀曰僻齒已長謂老也）自以祭祀不修有死罪使内史藩中尉高御史平凡三輩上書謝過皆不反又風聞老夫父母墳墓已壞削兄弟

宗族已誅論（風聞聞風聲）吏相與議曰今内不得振於漢外亡以自高異（振起也）故更號爲帝自帝其國非敢有害於天下高皇后聞之大怒削去南粤之籍使使不通老夫竊疑長沙王讒臣故敢發兵以伐其邊且南方卑濕蠻夷西有西甌其衆半羸（羸謂劣弱也）南面稱王東有閩粤其衆數千人亦稱王西北有長沙其半蠻夷亦稱王（言長沙之國半雜蠻夷之人）老夫故敢妄竊帝號聊以自娛老夫身定百邑之地東西南北數千萬里帶甲百萬有餘然北面而臣事漢何也不敢背先之人故老夫處粤四十九年于今抱孫焉然夙興夜寐寢不

安席食不甘味目不視靡曼之色耳不聽鐘鼓之音者以不得事漢也今陛下幸哀憐復故號通使事漢如故老夫死骨不腐改號不敢爲帝矣謹北面因使者奉獻

景帝時史不書年西羌研種留可率衆人求守隴西塞於是徙留何等於狄道安故至臨洮氐道羌道縣

武帝建元三年秋閩粵發兵圍東甌東甌人告急天子遣中大夫嚴助發會稽郡兵浮海救之漢兵未至閩粵引兵去東粵請舉國徙中國乃悉與衆處江淮之間

元朔元年三月東夷濊君南閭等口二十八萬人降以爲蒼海郡

元狩二年秋匈奴昆邪王殺休屠王并將其衆合四萬餘人來降置五屬國吕古以字處之吕其地爲武威酒泉郡是時驃騎將軍霍去病驃音頻妙切將兵擊匈奴右地多斬首虜獲休屠王祭天金人復西過居延攻祁連山大克獲於是單于怨昆邪休屠居西方多爲漢所破召其王欲誅之昆邪休屠恐謀降漢休屠王後悔昆邪王殺之并將其衆降漢

元鼎五年五月諫議大夫終軍使者安國少季使南粤是時南粤王興年少太后樛氏中國人國人多不附太后恐亂起亦欲倚漢威勸王及幸臣求內屬即因使者上書請比內諸侯三歲一朝除邊關於是天子許之賜其丞相呂嘉銀印及內史中尉太傅印餘得自置丞相內史中尉太尉之外皆任其國自選置不受漢之印綬除其故黥劓刑用漢法諸使者留塡撫之塡音竹刃切

六年春既平南粵時蒼梧王趙光與粵王同姓聞漢兵至降爲隨桃侯及粵揭陽令史定降漢爲安道侯揭音竭南海縣粵將畢取以軍降爲膫侯粵將姓畢名取也功臣表膫屬南陽音來彫切粵桂林監居翁桂林部監也姓居名翁諭告甌駱四十餘

萬口降爲湘城侯

元封二年壬子發巴蜀兵擊滅勞深靡莫二國名以兵臨滇王始首善以故弗誅言初始以來常有善意滇王離西夷言東鄕事漢滇舉國降請置吏入朝於是以爲益州郡賜滇王王印復長其民爲之長帥

宣帝地節中匈奴前所得西嗕居左地者嗕匈奴種嗕音奴獨切其君長以下數千人皆驅畜產行與甌脫戰所戰殺傷甚衆遂南降漢

神爵二年五月羌若零離留且種兒庫且音子閭切共斬先零大豪猶非楊玉首猶非及楊玉二人也一作酋非及諸豪弟澤

陽雕良兒靡忘皆帥煎鞏黄羝之屬四千餘人降漢初置金城屬國以處降羌是年秋匈奴大亂日逐王先賢撣將人衆萬餘來降初先賢撣父左賢王當爲單于讓狐鹿姑單于許立之國人以故頗言日逐王當爲單于日逐王素與握衍朐鞮單于有隙卽率其衆數萬騎歸漢

五鳳二年十一月匈奴呼遬累單于帥衆來降（遬古速字累音力追切）

甘露三年春呼韓邪單于爲郅支所破遂稱臣來朝月餘單于自請願留居光祿塞下（徐自爲所築者也）有急保

漢受降城（保守也於此自守也）漢遣長樂衛尉高昌侯董忠車騎都尉韓昌將騎萬六千又發邊郡士馬千數送單于出朔方雞鹿塞（在朔方窳渾縣北）詔忠等留衛單于助誅不服又轉邊穀米糒（糒乾飯也音備）前後三萬四千斛給贍其食

成帝時（史不書年）匈奴左伊秩訾爲呼韓邪畫計歸漢竟以安定其後或讒伊秩訾自伐其功（伐謂矜其功力）常鞅鞅呼韓邪疑之左伊秩訾懼誅將其衆千餘人降漢

後漢光武建武元年復置護羌校尉官初白馬氐人悉附隴蜀及隗囂滅其酋豪仍背公孫述降漢隴西太守馬援上復其王侯君長賜以印綬

十二年九月眞徼外蠻夷張游率種人内屬

十三年七月廣漢塞外白馬羌豪樓登等率種人五千餘戶内屬

二十年秋東夷韓國人率衆詣樂浪内附（東夷有辰韓馬韓謂之三韓國也）

二十三年十月高句驪率衆人詣樂浪内屬是月匈奴薁鞬日逐王比率部曲遣使詣西河内附（先是二十二年單于輿死子左賢王烏達鞮侯立爲單于復死弟左賢王蒲奴立爲單于比既呼韓邪單于之孫不得立客遣漢人郭衡奉匈奴地圖二十三年詣西河太守求内附）

二十四年春八部大人共議立比爲呼韓邪單于以其大父嘗依漢得安故欲襲其號於是款五原塞願永爲藩蔽扞禦北虜帝用五官中郎將耿國議乃許之其冬比自立爲呼韓邪單于

二十五年烏丸大人郝且等九千餘人帥衆詣闕封其渠帥爲侯王者八十餘人使居塞内布列遼東屬國遼西右北平漁陽廣上谷代郡雁門太原朔方諸郡界招來種人給其衣食置校尉以領護之遂爲漢偵備擊匈奴鮮卑

二十六年遣中郎將段郴授匈奴南單于印綬令入

居雲中始置匈奴中郎將兵衛護之先是二十四年匈奴薁鞬日逐王比自立爲南單于於是分爲南北匈奴遣子入侍

二十七年五月益州郡徼外哀牢王賢栗等遂率種人中二千七百七十戶萬七千六百五十九詣越巂太守鄭鴻降求內屬先是二十三年賢栗擊附塞夷鹿茤音多哀牢之衆溺死數千人賢栗復遣其六王將萬人以攻鹿茤鹿茤王與戰殺其六王哀牢耆老共埋六王夜虎復出其尸而食之賢栗惶恐謂其耆老曰我曹入邊塞自古有之今攻鹿茤輒被天誅中國

其有聖帝乎天祐助之何其明也至是遂求內屬

三十年正月鮮卑大人於仇滿賁滿頭等率種人詣闕朝賀慕義內屬

明帝永平元年鮮卑大人皆來歸附並詣遼東受賞賜青徐二州給錢歲二億七千萬爲常

十二年正月益州徼外夷哀牢王柳貌遣子率種人內屬其稱邑王者七十七人戶五萬一千八百九十口五十五萬三千七百一十一西南去雒陽七千里帝以其地置哀牢博南二縣割益州郡西部都尉所領六縣合爲永昌郡是時益州刺史朱輔在州數歲宣示漢德威懷遠夷自汶山以西前世所不至正朔所未加白狼槃木唐菆等百餘國戶百三十餘萬口六百萬上舉種奉貢稱爲臣僕

章帝建初八年六月北匈奴三木樓訾大人稽留斯等率三萬八千人馬二萬匹牛羊十餘萬款五原塞降

章和元年十月北匈奴屋蘭儲等率衆降

和帝永元四年正月北匈奴右谷蠡王于除鞬自立爲單于款塞乞降於除鞬其名也遣大將軍左校尉耿夔授璽綬

六年四月蜀郡徼外大牂夷種羌豪造頭等率種人五十餘萬口內屬拜造頭爲邑君長賜印綬是年蜀

郡徼外羌率種人遣使內附

十二年二月旄牛徼外白狼樓薄蠻夷王唐繒等遂率種人十七萬口歸義內屬是年西域蒙奇兜勒二國遣使內附

安帝永初元年正月蜀郡徼外羌龍橋等六種慕義降附三月永昌徼外僬僥種夷陸類等二千餘口舉種內附五月九眞徼外夜郎蠻夷舉土內屬開境千八百四十里

二年閏七月蜀郡徼外羌薄申等八種三萬六千九百口復舉土內屬十二月廣漢塞外參狼種羌二千

四百口復來内屬
五年高句麗王宫遣使貢獻求屬玄菟
元初一年正月蜀郡青衣道夷邑長令田（田名令）與徼外三種夷三十一萬口齎黄金旄牛毦（毦結毛爲飾也卽今馬及弓貧三纓毦也）舉土内屬
三年五月越巂郡徼外夷犬羊等八種戸三萬一千口十六萬七千六百二十慕義内屬
永寧元年十二月遼西鮮卑大烏倫其至鞬衆詣度遼將軍鄧遵降奉貢獻
延光元年十二月九眞徼外蠻貢獻內屬

二年五月日南徼外蠻夷内屬
質帝永嘉元年二月叛羌詣左馮翊梁並降是時諸羌衰耗並稍以恩信招誘之於是離圳狐奴等五萬餘戸詣並降
靈帝建寧三年九月鬱林烏滸民相率内屬（烏滸南方夷號也時谷永爲鬱林大音以恩信結之烏滸人十餘萬内屬皆受冠帶開置七縣）
章帝五年七月巴郡板楯蠻詣太守曹謙降
獻帝建安十年三郡烏九觸等舉其縣降封爲列侯
魏太祖平張魯于漢中是時巴七姓夷王朴胡賓邑侯杜濩舉巴夷賓民來附於是分巴郡以胡爲巴東太守濩爲巴西太守皆封列侯
明帝景初元年右北平烏丸單于寇婁敦遼西烏丸都督王護留等居遼東率部衆隨度遼將軍毌丘儉内附
齊王正始五年九月鮮卑内附置遼東屬國立昌黎縣以居之
七年韓那奚等數十國各率種落降
蜀後主延熙十年衛將軍姜維出隴西南安金城界與魏大將軍郭淮夏侯霸等戰於洮西涼州胡王白虎文治無戴等舉部落降維安撫居之于繁縣

晉武帝咸寧二年二月東夷八國歸化七月東夷十七國内附
三年西北雜虜及鮮卑匈奴五溪蠻夷東夷三國前後十餘輩各率種人部落内附
四年東夷九國内附
五年三月匈奴都督拔奕虚帥部落歸化十月匈奴餘渠都督獨雍等帥部落歸化
太康元年六月東夷十國歸化
二年六月東夷五國内附
四年六月牂牁獠二千餘部落内屬

五年匈奴胡太阿厚率其部落二萬九千二百人歸化
六年四月參離四千餘部落內附
七年八月東夷十一國內附是年匈奴胡都大博及萎莎胡等各率種類大小凡十萬餘口詣雍州刺史扶風王駿降附
八年八月東夷二國內附是年匈奴都督大豆得一育鞠等復率種落大小萬千五百口牛二萬二千頭羊十萬五千口車廬什物不可勝紀來降并貢其屬物帝並撫納之

九年九月東夷七國詣挍尉內附
十年五月鮮卑慕容廆來降東夷十一國內附十二月奚軻男女十萬口來降
惠帝元康元年東夷十九國南夷二十四部並詣挍尉內附
宋孝武帝大明元年梁州獠來內屬立懷漢郡
南齊太祖建元四年南梁州刺史仇池公楊靈珍與二弟婆羅阿卜珍率部曲三萬餘人舉城歸附送毋及子雙徤阿皮於南鄭爲質
陳文帝天嘉二年霍州四山蠻率部落內附

後魏道武天興元年四月鄜城屠各董羌杏城盧水郝奴河東蜀薛榆氐帥符興各率其種內附
二年八月西河胡帥護諾于丁零帥翟同屬帥韓龔並相率內附
三年十一月高車別帥勑力犍率九百餘落內屬
四年正月高車別帥率其部三千餘落內附
五年十二月越勤莫弗率其部萬餘家內屬居五原之北
六年正月方尉遲部別帥率萬餘家內屬入居雲中
明元永興三年六月西河胡張賢等率營部內附十

二月蠕蠕斛律宗黨吐觝于等百餘人內屬
神瑞元年六月河西胡酋劉遮劉退孤率部落等萬餘家渡河內屬
二年二月河西胡劉雲等數萬戶內附
泰常二年十二月氐豪徐駭奴齊元子等擁部落三萬於雍遣使內附詔將軍王雒生及河內守楊聲等西行以應之
三年正月河東胡蜀五千餘家相率內附
五年四月河西屠各歸董大虎羌酋不蒙娥等遣使內附十二月杏城羌酋狄溫子率三千餘家內附

太武神䴥元年八月上郡休屠胡酋金崔率部內屬
又上落巴渠泉午觸等萬餘家內屬
延和二年十二月隴西休屠王弘祖率衆內附
太延四年十二月上落巴渠泉蕈等相率內附
文成大安三年十一月蠻王文虎龍率千餘家內附
四年十一月車駕渡漠蠕蠕絕跡遠遁其別部烏朱賀頽庫二十頽率衆來降
獻文皇興三年十一月吐谷渾別帥白羊堤度汗率戶內附
孝文延興元年九月高麗民奴久等相率來降各賜

田宅
二年正月太陽蠻酋桓誕率戶內屬拜征南將軍封襄陽王
三年十一月吐谷渾部內羌民鍾豈渴下等二千三百戶內附
太和五年七月蠕蠕引帥他稽率衆內附
十二年十二月蠕蠕伊吾戍主高羔子率衆三千以城內附
十三年二月蠕蠕別帥皆呂勤率衆內附
十七年五月襄陽蠻酋雷婆思等率一千三百餘戶內附徙居於太和川是年光城四山蠻帥田益宗遣使張超奉表歸款
宣武景明元年六月大陽蠻酋田育丘等率戶內附
四年十二月蠕蠕高車民他莫孤率部來降
永平元年十二月漢東蠻民一萬七百戶相率內附
三年九月高車別帥可略汗等率衆一千七百內屬
孝明帝神龜二年十一月蠕蠕莫緣梁賀侯豆率男女七百人來降
正光元年九月蠕蠕主阿那瓌來降
二年八月蠕蠕後主久闇侯匿代來奔懷朔鎮是時

本傳云正光中大都督司徒平南王破六韓孔雀率部一萬降於爾朱榮詔加平北將軍第一領民酋長
東魏孝靜興和三年二月阿羅出吐拔那渾大率部來降四月阿至羅國王副伏羅越居子去賓來降
西魏元帝永熈二年三月阿至羅相率降款
文帝大統五年蔡陽蠻王魯超明內屬
恭帝二年諸蠻酋宜民王田興彥北荆州刺史梅季昌等相繼款附
後周武帝天和元年五月吐谷渾龍涸王莫昌率戶內附以其地爲扶州

宣政元年正月吐谷渾偽趙王他婁屯來降

隋高祖開皇四年二月突厥蘇尼部男女萬餘人來降是月突厥可汗阿史那玷率其屬來降五月契丹主莫賀弗遣使請降是年黨項千餘宗歸化

五年拓拔寧叢等各率衆詣旭州內附是年契丹悉其衆款塞帝納之聽居其故地

六年正月黨項羌內附是年契丹別部出伏等背高麗率衆內附納之安置於渴奚那頡之北

十六年黨項寇會州詔發隴西兵以討之大破其衆又相率請降願爲臣妾遣子弟入朝謝罪帝謂之曰

還語爾父兄人生須有定居養老長幼而乃乍還乍走不取羞鄉里耶自是朝貢不絶

十九年四月突厥利可汗內附是時契丹別部四千餘家背突厥來降帝方與突厥和好重失遠人之心悉令給糧還本勑突厥撫納之固辭不去

仁壽元年五月突厥男女九萬口來降

煬帝大業三年七月啓民可汗上表請變服襲冠帶

五年六月伊吾吐屯設等獻西域數千里之地

八年正月突厥處羅可汗還蕃詔留其羸弱萬餘口令其弟達度闕牧畜會寧郡

唐高祖武德元年七月闕可汗遣使內附闕可汗者西蕃突厥曷婆那可汗之次弟也初號闕達度設統部落於會寧郡控弦三千餘騎及隋亡自稱闕可汗初連橫於李軌隨西戎使者曹瓊據甘州誘之又以衆附瓊合軍拒軌爲軌所敗竄於達外拔谷與吐谷渾相唇齒至是遣使朝貢舉國內屬八月華池胡帥劉企成率衆來降十二月突厥曷婆那可汗自宇文化及所來降可汗先從隋煬帝巡幸仁都之敗隨化及至黎陽因而西歸

四年契丹別部酋帥孫敖曹與靺鞨酋長突地稽俱請內附

七年二月高句麗遣使內附受正朔請班曆許之

九年正月念諸川羌數百戶內屬

太宗貞觀二年二月靺鞨內屬四月契丹太賀摩會率其部來降十二月牂牁兗州蠻並遣使朝貢牂牁渠姓謝氏舊臣中國代爲本土牧守隋末天下亂遂絶不通至是知中夏平定其首謝龍羽遣使修職貢勝兵數萬於是列其地爲牂州拜龍羽爲刺史兗州者牂牁之別部也牂牁隣境勝兵二萬列其地爲兗州自是並朝貢不絶

三年九月突厥俟斤九人率三千騎來降十二月北

突厥利可汗阿史那什鉢苾與頡利有隙率所部來
降是年南會州都督鄭元璹遣使招諭黨項其長細
封步賴舉部内附列其地爲軌州南平蠻遣使内附
以其地隸渝州
六年十月契苾何力率其部六十餘家款塞帝處之
凉州先是五年詔開河曲地爲十六州是年黨項等
羌前後内屬者三十萬口
十年三月吐谷渾請頒曆奉行年號並子弟入侍並
從之是年都布可汗阿史那社尒以地逼延陁款塞
歸附帝嘉其忠節授左驍衛大將軍妻以衡陽長公

主拜駙馬都尉
十三年六月渝州人侯弘仁自牂牁至西趙楊蒲洞
出邕州通交桂道蠻俚降者二萬八千餘户
二十年八月車駕幸靈州次浮陽頓鐵勒廻紇拔野
古同羅僕骨多濫葛思結阿跌契丹奚結渾斛薛等
十三姓各遣使朝貢奏稱延陁可汗不事大國暴虐
無道不能與奴等爲主人自死敗部落烏散不知所
之奴等各有分地不能逐延陁去也歸命天子願賜
哀憐乞置漢官司養育奴等帝意以破延陁遂空漢
庭見其使至甚悦遣黄門侍郎褚遂良引於縣廨浮
觴積歡以禮之夜分乃已
二十一年正月廻紇率衆内附十月奴剌啜匐侯友
率其部兵千餘口一萬内附
二十二年二月西蕃沙鉢羅葉護率衆歸附四月西
突厥泥伏沙鉢羅葉護阿史那賀魯率衆屬于庭州
十一月契丹帥窟哥奚帥可度者並率其部内屬以
契丹部爲松漠都督府拜窟哥爲使持節十州諸軍
事松漠都督又以其別帥達稽部置峭落州祈紇使
部置彈汗州獨活部落置無逢州芬問部置羽陵州
突使部置日連州芮奚部置徒河州墜斤部置萬丹

州伏部置疋黎赤山二州各以其酋長辱紇主爲刺
史俱隸松漠焉以奚部置饒樂都督府拜可度爲使
持節六州諸軍州饒樂都督又以別帥阿會部置弱
水處和部置祈黎州奥失部置雒瓌州度稽部置大
魯州元俟析部置渴野州亦各以其酋長辱紇主爲
刺史俱隸於饒樂焉又于營州置東夷校尉官
二十三年拔悉密吐毛達官肥羅察等以其部落内
屬是年西南徒莫祗蠻等各率其衆内屬以其地爲
傍州望州望州覽州丘州並隸郎州都督府
高宗永徽二年十一月特浪生羌蕫悉奉求辟惠生

羌卜樓莫等各率種落萬餘戶詣茂州歸附
五年正月生羌大首領凍就率部落內附以其地置
劍州
顯慶元年七月西洱河大首領楊棟附顯和蠻大首
領王羅祁郎昆黎盤四州大首領王伽衝部落四千
戶歸附十一月生羌大首領浪我利波及鉢南伏浪
恐等各率部落歸附以其所部爲柘栱二州
三年八月播羅哀生獠首領多胡桑等率部落六千
餘戶內附
咸亨三年正月昆明蠻一十四姓二萬三千戶相率

內附分置殷州敦州總州以安輯之
玄宗開元二年閏二月突厥默啜之壻火拔頡利發
石阿異失與妻來奔五月突厥屈利頡斤及三姓烏
波都擔等詣并州內屬九月葛邏祿車鼻施失鉢邏
俟斤等一十二人以涼州內屬命攝鴻臚卿鄭嘉祚
往涼州宣勞是月胡祿屋闕及首領胡祿一千三十
一人來降十月胡祿屈二萬帳詣北庭內屬
三年二月突厥十姓部落左廂五咄之啜右廂五怒
失畢五俟斤及高麗王莫離支高文簡都督跌思大
等各率其衆自突厥相繼內屬前後二千餘帳四月

三姓葛邏祿率衆歸國帝降書慰曰三姓葛邏祿首
領散嚼俟斤等自涉遠來並平安好卿等一被驅率
多歷歲年遂背逆輸忠間行歸國言念誠節嘉賞良
深緣被部落初來已令逐便安置卿等來日大首領
及將士已下並得安穩以否有所事意具狀奏來
四年九月契丹李失活奚李大酺各以所部來降
六年四月突厥賀魯阿波屬下首領倍羅賀魯曳辭
等投降五月契丹部落孫骨納等十八人內屬並授
游擊將軍賜緋袍銀帶留宿衛
十一年九月吐谷渾率其衆詣沙州內屬詔張敬忠

安存之降書吐渾曰卿北被吐蕃拘留阻我聲教自
棄沙塞于今數年彼蕃每肆侵凌百姓聞甚辛苦今
遠申誠款朕甚嘉焉
二十七年九月處木昆匐延闕律啜部落拔塞幹部
落鼠尼施部落阿悉吉部落弓月部落哥係部落皆
遣使謝恩請內屬許之其表曰臣等生在荒裔久闕
朝宗國亂士甍互相攻殺賴陛下聖恩遐布愍念蒼
生令磧西節度使蓋嘉運統領兵馬撫臣遠蕃誅暴
拯危存恤蕃部臣等伏願稽首聖顔兼將部落於安
西管內安置永作邊扞長爲臣子今者載馳驟首天

路不任嘉躍之至
二十八年十二月突騎施可汗莫賀達干率其妻子及纛官首領百餘人内屬初賀達干與烏蘇萬維扇誘諸蕃背叛帝命蓋嘉運宣恩招諭皆相率而降
天寶元年八月突厥阿布思及默啜可汗之孫登利可汗之女與其黨屬來降九月護密國王子頡吉甸遣使上表請背吐蕃來屬
四年曹國王哥邏僕遣使上表自陳宗祖以來向天可汗忠赤嘗受徵發望乞兹恩將奴國土同爲唐國小州所須驅遣奴身一心忠赤爲國征討

十三載二月劍南節度奏女國南王國及白狗並率部落内屬閏十一月吐蕃白蘭二品官籠董占庭等二十一人來降並授左武衛員外大將軍
十四載正月蘇毗王子悉諾邏率其首領數十人來降隴右節度使哥舒翰奏曰蘇毗一蕃最近河北吐渾部落數倍居人蓋是吐蕃舉國強授軍糧兵馬半出其中自没陵替送款事彰家族遇害二千餘人悉其種落皆爲猜阻今此王子又復歸降臨行事洩還遭掩襲一千餘人悉被誅夷猶獨與左右苦戰獲免且吐蕃蘇毗互相屠戮心腹自潰滅亡可期但其王逆遊歸仁則是國家盛事伏望宣付史館旌其慕化從之
代宗寶應元年六月突厥奴剌部落千餘人内屬詔討賊自效丁巳宴奴剌大首領于内殿賜物有差十二月己未投降羌渾歸順州部落乾封州部落歸義州部落順化州部落和寧州部落和義州部落保善州部落寧定州部落羅雲州部落朝鳳州部落並詣山南西道都防禦使臧希讓請州印希讓以聞許之
永泰元年二月河西黨項永定等一十二州部落内屬請置公勞等一十五州許之

二年五月安南生蠻大首領林觀符部落新置德化州管戶一萬六百潘歸國部落新置龍武州管戶一千五百詔安南節度使左散騎常侍周衡宣恩勞徠之
大曆五年春羌大首領白對遂王守貞胡那蒸等各率部落内屬並授羌之所居羈縻州刺史
德宗貞元九年七月劍南西山羌女哥鄰白狗逋租弱水南王六國長率種落款附悉董國及清遠王咄霸王皆歸化（女國等散居西山舊分隸邊郡其祖父或授將軍中郎將果毅等官身後悉爲吐蕃所役其部落大者不過三二千戶各置縣令十數人理之土有絲絮歲輸於吐蕃至是相率款附其

種落至者節度使韋臯處之
維保霸等州人願繞隨之
十年八月吐蕃渠帥論乞髯湯没藏悉諾硉以其家
屬來降
十二年三月西川節度使韋臯奏于雅州會野路招
得投降蠻首領高萬唐六十九人蠻約一千七百戶
二萬餘口
憲宗元和三年六月沙陀突厥七百人携其親屬歸
于振武節度使范希朝是月邕管西原蠻首黄少卿
歸欵
五年五月鹽州奏渭北黨項拓跋公政等一十三府

連狀稱管渭北押下帳幕收放經今十五餘年在鹽
州界今準勅割屬夏州情願依前在鹽州充百姓六
月太原節度使鄭公綽奏雲州奉成軍部落一百二十
帳先移在把頭峰外今却招得二十七帳
六年正月振武節度使李泳奏招收得黒山外契宓
部落四百七十三帳
穆宗長慶二年六月鹽州上言北界黨項被夏州遣
兵刼掠殺戮其都督拓拔萬誠請降詔夏州節度使
李祐其黨項勿令侵擾
四年二月嶺南奏洞賊黄昌瓘使其黨陳少奇及首
領二十人連欵請降十二月鳳翔節度使王承元送
到投降吐蕃一十九人各賜衣一襲
文宗太和元年八月靈州奏部落遊弈使拓拔忠義
招收得部落五千餘帳於界首安置訖
開成元年二月天德軍奏生退渾部落三千帳來投
豐州
三年九月安西都護馬植奏羈縻州刺史首領麻光
耀等先屬南蠻今差子弟相次到府并納南蠻所支
牒衣物等
武宗會昌元年五月天德軍奏廻鶻嗢没斯與歷友

王子多覽將軍等七人與部下將士三千一十口六
十八人來降
宣宗大中三年正月涇原節度使沈季榮奏吐蕃論
恐熱以安樂三州及石門七關等歸國
五年八月沙州張義潮遣兄義潭將瓜沙伊肅等十
一州圖經戶籍來獻
後唐莊宗同光二年三月蔚州送降附契丹七人六
月雲州節度使李敬文奏達勒首領涉撒于于越族
帳先在磧北去年契丹攻破背陰達勒因相掩擊涉
撒于于率領步族羊馬三萬逃遁來降已到金月南

界今差使蒙越到州便令入奏

明宗天成元年十月契丹平州守將領幽州節度使盧文進率戸口兵馬車帳來降

二年正月定州行營副招討房知温奏奚陁羅支領兩蕃奚内附建牙於營州

三年閏八月契丹平州刺史張希崇殺其契丹以一城居人歸國命中使齎茶藥接之

長興元年六月達怛三十帳内附七月北京奏吐渾十餘帳内附已於天池川静樂縣界安置八月北京奏吐渾内附欲於嵐州安族帳十月青州奏登州申

契丹阿保機男東丹王突欲一行四十餘萬人馬八十疋來歸

二年閏五月吐渾下大首領薛海金等于我

三年五月達靼首領頡哥巳下四百人内附

四年正月突厥首領李白山等三十四人内附

宋帝清泰二年九月振武揚光遠年河口蕃部來奔界上安置

周太祖廣順二年四月定州言契丹羽林都署辛覇卿等二十三人馬三疋并車牛來奔六月契丹降人孫重勲等四十四人到闕八月定州言有戸三百自契丹來歸十月辛卯契丹釣臺鎮將王彦鎮都將盧曉支招收軍使王瓊等八人來奔十一月契丹界闕南都船務使王希乾寧軍使孫章而下二十四人來歸十二月契丹殿頭王進龍武羽林軍較及通事舍人胡延等六人來奔

三年正月契丹王子元禄二人羽林軍使王遇軍將張起等十九人來奔二月鎮州言部送契丹來奔銀院使張知訓等七人三月契丹羽林軍士十五人來降四月契丹乾寧軍使張韜等三十八人羽林軍將王興等十五人來奔五月深州送契丹來奔麴院官

李緒等十七人指揮使李重筠等十人爲儀郎四十人至京師

六月契丹瀛州戎軍陶洞文等十二人及巡簡指揮使葛知友雲州牙將崔崇等十九人招收軍使李彦暉二十一人來奔是月定州送奚契丹來奔務院使邢福順等十三人并順州刺史男戴原等至闕

七月契丹羽林軍士楊澤等十三人殿直楊晏等二十五人來奔是月滄州李暉送契丹降人盧臺軍使張藏英等二百二十二人馬二十三疋八月定州部送契丹歸明軍士齊武等二十九人至京師九月雲

州渾沙指揮使黨富達等五十一人馬駞四十二并

朔州軍使馬延嗣等來奔

冊府元龜外臣部降附　卷之九百七十七　二十七

冊府元龜

冊府元龜

巡按福建監察御史臣李嗣京　訂正
分守建南道左布政使臣胡維霖　參閱
知建陽縣事臣黃國琦較釋

外臣部二十三

和親

戎狄之國世為邊患禮義不能革其貪干戈不能絕其類故上自虞夏商周固不程督雖有窮兵追擊而亦亡失略等所謂獸聚鳥散從之如搏景者也是以聖人用權變之道遠御不絕而已漢高始納奉春之

計建和親之議歲用絮繒酒食奉之非惟解兵息民亦欲漸而臣之為羈縻長久之策耳高后文帝至于宣元皆用是道故得呼韓朝於北闕之下及魏道武讀漢史至欲以魯元妻匈奴為之掩卷太息於是以諸女皆釐降于賓附之國此乃深識從權濟時之略焉易曰惟幾也故能成天下之務其是之謂乎

漢高帝罷平城歸韓王信亡入胡當是時冒頓單于兵彊控弦四十萬騎（控引也謂背引弓也）數苦北邊帝患之問奉春君劉敬敬曰天下初定士卒罷於兵革（罷讀曰疲）未可以武服也冒頓殺父代立妻群母以力為威未可以仁義說也獨可以計久遠子孫為臣耳然陛下恐不能為帝曰誠可何為不能顧為柰何（顧思念也）敬曰陛下誠能以適長公主妻單于（適讀曰嫡謂皇后所生）厚奉遺之彼知漢女送厚蠻夷必慕以為閼氏生子必為太子代單于何者貪漢重幣陛下以歲時漢所餘彼所鮮數問遺（鮮少也問遺謂餉饋之也鮮音息善反）使辯士風諭以禮節（凡讀曰諷）冒頓在固為子婿死外孫為單于豈曾聞孫敢與大父亢禮哉可毋戰以漸臣也若陛下不能遣長公主而令宗室及後宮詐稱公主彼亦知不肯貴近無益也（近音其華反）帝曰善欲遣公主呂后泣曰妾惟以一

太子一女（言唯以屯自慰）柰何棄之匈奴帝竟不能遣長公主而取家人子為公主妻單于（於外庶人之家取女而名之為公主）使敬往結和親約（一云奉宗室女公主為單于閼氏）歲奉匈奴絮繒酒食物各有數約為兄弟以和親冒頓乃少止

惠帝三年春以宗室女為公主嫁匈奴單于時冒頓寖驕（寖漸也）乃為書使使遺高后其辭悖慢高后舍季布言令大謁者張擇報書曰單于不忘敝邑賜之以書敝邑恐懼退曰自圖（圖某也）年老氣衰髮齒墮落行步失度單于過聽不足以自汙（過誤也）敝邑無罪宜在見赦竊有御車二乘馬二駟以奉常駕冒頓得書復

使使來謝曰未嘗聞中國禮義陛下幸而赦之因獻
馬遂和親文帝卽位復修和親
四年匈奴遺漢書曰天所立匈奴單于敬問皇帝無
恙前時皇帝言和親事稱書意合驩稱副也言與所遺書意相副而共結驩親漢邊吏侵侮右賢王不請不請言不告也爲三年右賢王入寇聽
後義盧侯難支等計與漢吏相恨絕二主之約離昆
弟之親皇帝讓書再至發使以書報不來漢使不致讓書有責讓之言也謂匈奴再得漢書而法使將書以報漢畱其使不得來還而漢又更不發使至匈奴也
漢以其故不和隣國不附今以少吏之敗約少吏猶言小吏
故罰右賢王使至西方求月氏擊之以天之福吏

卒良馬力強以滅夷月氏盡斬殺降下定之樓蘭烏
孫呼揭其旁二十六國皆已爲匈奴諸引弓之民并
爲一家北州以定願寢兵休士養馬除前事復故約
以安邊民以應古始使少者得成其長老者得安其
處世世平樂未得皇帝之志故使郎中孫虖淺奉書
請獻橐駝一騎馬二駕一駟皇帝卽不欲匈奴近塞
則且詔吏民遠舍使者至卽遣之六月中來至新望
之地漢界上塞下之地書至漢議擊與和親孰便公卿皆曰
單于新破月氏乘勝不可擊也且得匈奴地澤鹵非
可居也和親甚便漢許之

六年遺匈奴書曰皇帝敬問匈奴大單于無恙使孫
虖淺遺朕書云願寢兵休士除前事復故約以安邊
民世世平樂朕甚嘉之此古聖之志漢與匈奴約爲
兄弟所以遺單于甚厚背約離兄弟之親者嘗在匈
奴然右賢王事已在赦前勿深誅單于若稱書意明
告諸吏使無負約有信敬如單于書使者言單于自
將并國有功甚苦兵事服繡袷綺長襦錦袍各一服者天子自所服也繡者爲表綺爲裏也袷者充衣絮也繡袷綺衣以繡袷音工袷反比疎一辮髮之飾也以金爲之此音頻寐及疎字或作金字黃金飾具帶一黃金犀毗一犀毗胡帶之鉤也繡十疋錦二十疋赤綈綠繒各四十疋使

中大夫意謁者令肩遺單于後頃之冒頓死子稽粥
立稽音奚粥音育號曰老上單于老上稽粥單于初立帝復
遣宗人女公主爲單于閼氏宗人女亦諸侯王之女使宦者燕
人中行說傳公主
十四年後匈奴歲入邊殺略人民漢甚患之及使使
遺匈奴書單于亦使當戶報謝復言和親事
後二年使使遺匈奴書曰皇帝敬問匈奴大單于無
恙恙音漾使當戶且渠雕渠難郎中韓遼遺朕馬二疋
已至敬受當戶且渠若其人爲官雕渠難者其姓名二先帝制長城以北
引弓之國受令單于長城以內冠帶之室朕亦制之

使萬民耕織射獵衣食父子毋離臣主相安俱無暴虐今聞渫惡民貪降其趨（渫音先列反降下也胃下意於利也趨胃曰趣）背義絶約忘萬民之命離兩主之驩然其事已在前矣書云二國已和親兩主驩說（說讀曰悅）寢兵休卒養馬（寢息也）世世昌樂翕然更始朕甚嘉之聖德日新改作更始使老者得息幼者得長各保其首領而終其天年朕與單于俱繇此道（由從也用也）順天恤民世世相傳施之無窮天下莫不咸嘉使漢與匈奴鄰敵之國匈奴處北寒殺氣早降故詔吏遺單于秫蘖金帛絮它物歲有數今天下大安萬民熙熙獨朕與單于爲之父

母朕追念前事薄物細故謀臣計失皆不足以離昆弟之驩朕聞天不頗覆地不徧載朕與單于皆捐細故俱蹈大道也墮壞前惡以圖長久使兩國之民若一家子元元萬民下及魚鼈上及飛鳥跂行喙息蠕動之類（跂行凡有足而行者也喙息凡以口出氣者蠕蠕動貌跂音歧喙音許穢反蠕人兗反）莫不就安利避危殆故來者不止天之道也俱去前事朕釋逃虜民（謂漢人逃入匈奴者合不追）單于毋言章尼等（背單于降漢者）朕聞古之帝王約分明而不食言（凡云食言者終爲不信棄其前言如食而盡）單于留志天下大平和親之後漢過不先（言更不負約）單于其察之單于既約和親於是制詔御史

匈奴大單于遺朕書和親已定亡人不足以益衆廣地匈奴無入塞漢無出塞犯今約者殺之可以久親後無咎俱便朕已許其布告天下使明知之又詔曰朕既不明不能遠德使方外之國不寧息夫四荒之外不安其生（戎狄荒服故曰四荒言其荒忽去來無常也）封圻之內勤勞不處（圻亦畿字不處者不獲安居）二者之咎皆自本朕之德薄而不能達也間者累年匈奴並暴邊境多殺吏民邊臣兵吏又不能諭其內志以重吾不德（諭曉告也重音直用反）夫久結難連兵中外之國將何以自寧今朕夙興夜寐勤勞天下憂苦萬民爲之惻怛不安（惻痛也怛悵也）未嘗

一日忘於心故遣使者冠蓋相望結轍於道（使車往返故轍如結也）以諭朕志於單于今單于反古之道計社稷之安便萬民之利新與朕俱棄細過偕之大道（偕亦俱也之往也趣也）結兄弟之義以全天下元元之民（元元善意也）和親以定始于今年

景帝元年四月遣御史大夫陶青至代下與匈奴和親

三年秋復與匈奴和親

五年夏遣公主嫁匈奴單于初帝既即位趙王遂陰使於匈奴會吳楚反欲與趙合謀入邊漢圍破趙匈

奴亦止自是後帝復與匈奴和親通關市給遣單于遣公主如故約終帝世時時小入盜邊無大寇

武帝卽位初明和親約束厚遇關市饒給之匈奴自單于以下皆親漢往來長城下帝令張騫使烏孫匈奴聞其與漢通怒欲擊之烏孫於是恐使使獻馬願得尚漢公主爲昆弟天子問羣臣議計曰必先內聘然後遣女烏孫以馬千疋聘（入聘財）元封中遣江都王建女細爲公主以妻焉賜乘輿服御物爲備官屬宦侍御數百人贈送甚盛烏孫昆莫以爲右夫人匈奴亦遣女妻昆莫以爲左夫人公主至其國自治宮室

居歲時一再與昆莫會置酒飲食以幣帛賜王左右貴人昆莫年老言語不通公主悲愁自爲作歌曰吾家嫁我兮天一方遠託異國兮烏孫王穹廬爲室兮旃爲牆以肉爲食兮酪爲漿（食謂音飲）居常土思兮心內傷（亡思而懷謂憂思本上）願爲黃鵠兮歸故鄉天子聞而憐之間歲遣使者持帷帳錦繡給遺焉（門歲者謂每隔一歲而往也）昆莫年老欲使其孫岑陬尚公主公主不聽上書言狀天子報曰從其國俗欲與烏孫共滅胡岑陬尚江都公主生一女少夫（名少夫）公主死漢復以楚王戊之孫解憂爲公主妻岑陬岑陬且死以國與季父大祿子翁歸靡後尚楚主解憂翁歸靡死岑陬子泥靡代立號狂王復尚楚主解憂是時匈奴自馬邑軍後絶和親數侵邊漢亦累出兵討破之伊稚斜單于用漢降將趙信遣使好辭請和親帝下其議或言和親或言遂臣之丞相長史任敞曰匈奴新困宜使爲外臣朝請於邊元鼎中烏維單于立數使使好辭甘言求和親復遣楊信使匈奴謂單于曰卽欲和親以單于太子爲質（質音至謂以物相與質當也）於漢單于曰非故約漢嘗遣公主給繒絮食物有品以和親（品等差也）今吾太子爲質無幾矣（無幾言當盡也）當武帝之世兵深入匈奴窮追二

十餘年匈奴孕重墮殰罷極苦之（孕重懷任者男也極困也苦也墮落也殰之心厭苦也）狐鹿姑單于以下嘗有欲和親計後欲求和親會病死壺衍鞮單于旣立風謂漢使者言欲和親其臣衞律在時亦嘗言和親之利匈奴不信及死後兵數困國益貧單于弟左谷蠡王思衞律言欲和親而恐漢不聽故不肯先言嘗使左右風漢（風讀曰諷）然其侵盜益希遇漢使愈厚欲以漸至和親漢亦羈縻之

宣帝時烏孫昆彌自將擊匈奴有功漢遣校尉常惠持金幣賜烏孫貴人有功者

元康二年烏孫昆彌因惠上書願以漢外孫元貴靡音美爲嗣得令復尚漢公主結婚重親畔絶匈奴願聘馬驘各千疋詔下公卿議大鴻臚蕭望之以爲烏孫絶域變故難保不可許帝美烏孫新立大功又重絶故業重難也故業謂先與烏孫皆親也遣使者至烏孫先迎取聘昆彌及太子左右大將都尉皆遣凡三百餘人入漢地迎取少帝遹以烏孫主解憂弟相失爲公主置官屬侍御御百餘人舍上林中學烏孫言舍也天子自臨平樂觀會匈奴使者外國君長大角抵設樂而遣之使長羅侯光禄大夫爲副凡持節者四人送少主至燉

煌未出塞聞烏孫昆彌歸翁靡死烏孫貴人共從本約立岑陬子泥靡代爲昆彌號狂王惠上書願留少主燉煌惠馳至烏孫責讓不立元貴靡爲昆彌迎還少主天子用蕭望之議徵還少主

神爵二年匈奴單于遣名王奉獻賀正月始和親是時匈奴虚閭權渠單于旁塞獵欲入寇單于病罷兵去乃使題王都犂胡次等入漢請和親未報會單于死

元帝時呼韓邪單于自言願壻漢氏以自親帝以後宫良家子王嬙字昭君賜單于昭君南郡人時呼韓邪來朝以宫女五人賜之昭君入宫數歲不得見御積悲怨乃請掖庭令求行呼韓邪臨辭大會帝召五女以侍之昭君豐容靚飾光明漢宫顧景裴回竦動左右帝見大驚意欲留之而難於失信遂與匈奴生二子及呼韓邪死其前閼氏子代立欲妻昭君上書求歸成帝勑令從胡俗遂復爲後單于閼氏

後漢光武建武中上谷太守王霸上書言宜與匈奴結和親

二十二年匈奴中連年旱蝗赤地數千里草木盡枯人畜饑疫死耗大半單于畏漢乘其弊乃遣使詣漁

陽請和親使中郎將李茂報命

二十七年北單于遣使詣武威求和親天子召公卿廷議不決皇太子言曰南單于新附北虜懼於見伐故傾耳而聽爭欲歸義耳今未能出兵而反交通北虜臣恐南單于將有二心北虜降者且不復來矣帝然之告武威太守勿受其使

二十八年北匈奴復遣使詣闕貢馬及裘更乞和親并請音樂又求率西域諸國胡客與俱獻見帝下三府議酬答之宜司徒掾班彪奏曰臣聞孝宣帝勑邊守尉曰匈奴大國多變詐交接得其情則却敵折衝

應對入其數則反爲輕欺今此匈奴見南單于來附懼謀其國故數乞和親又遠驅牛馬與漢合市重遣名王多所貢獻斯皆外示富彊以相欺誕也臣見其獻益重知其國益虛歸親愈數爲懼愈多然今既未獲助南則亦不宜絶此羈縻之義禮無不答謂可頗加賞賜略與所獻相當明加曉告以前世呼韓邪郅支行事報答之辭令必有適令且藁草上并曰單于不忘漢恩追念先祖舊約欲修和親以輔身安國計議甚高爲單于嘉之往者匈奴數有乖亂呼韓邪郅支自將相讎隙並蒙孝宣皇帝垂恩救護故各遣侍

子稱藩保塞其後郅支忿戾自絶皇澤而呼韓附親忠孝彌著及漢滅郅支遂保國傳嗣子孫相繼今單于擁衆向南款塞歸命自以呼韓嫡長次第當立而侵奪失職猜疑相背數請兵將歸北庭策謀紛紜無所不至惟念斯言不可獨聽又以北單于比年貢獻欲修和親故拒而未許將以成單于忠孝之義漢秉威信總率萬國日月所炤皆爲臣妾殊俗百蠻義無親踈服順者褒賞叛逆者誅罰善惡之効呼韓郅支是也今單于欲修和親款誠已達何嫌而欲率西域諸國俱來獻見西域國屬匈奴與屬漢何異單于數遭兵亂國內虛耗貢物裁以通禮何必獻馬裘今齎雜繒五百疋弓鞬韣丸一矢四發（藏弓爲鞬藏箭爲韣丸箭箙也四矢曰發）遣遺單于又賜獻馬左骨都侯右谷蠡王雜繒各四百疋斬馬劍各一單于前言先帝時所賜呼韓邪竽瑟空篌皆敗願復裁賜念單于國尚未安方厲武節以戰攻爲務竽瑟之用不如良弓利劍故未以齎（言不齎特往遺也）朕不愛小物於單于便宜所欲遣驛以聞帝悉納從之

三十一年復遣使如前欲修和親乃璽書報答賜以綵繒不遣使者

明帝永平六年北匈奴猶盛數寇邊朝廷以爲憂北單于欲合市遣使求和親帝冀其交通不復爲寇乃許之遣給事中鄭衆持節使匈奴及衆還朝議復欲遣使衆上疏諫曰臣伏聞北單于所以要致漢使者欲以離南單于之衆堅三十六國之心也又當揚漢和親誇示鄰敵令西域欲歸化者局促狐疑懷土之人絶望中國耳漢使既到便偃蹇自倨若復遣之虜必自謂得謀其羣臣駮議不敢復言如是南庭動搖烏桓有離心矣南單于久居漢地具知形勢萬分離析旋爲邊害盡今幸有度遼之衆揚威北垂雖勿報

答不敢爲患帝不從

章帝元和二年武威太守孟雲上言北虜以前既和親而南部復生鈔掠北單于謂漢欺詒謀欲犯塞謂宜還南所掠生口以慰安其意帝從大僕袁安議許之乃下詔曰昔獫狁獯鬻之敵中國其所繇來尚矣往者雖有和親之名終無絲髮之效墝埆之人屢嬰塗炭父戰於前子死於後弱女乘於亭障孤兒號於道路老母寡妻設虛祭飲泣涕相望歸魂於沙漠之表豈不哀哉傳曰江海所以能長百川者以其下之也少加屈下尚何足病況今與匈奴君臣分定辭順

約明貢獻累至豈宜違信自受其曲其勑度遼及領中郎將龐奮倍雇南部所得生口以還北虜其南部斬首獲生計功受賞如常科時北單于遣使貢獻欲求和親詔羣僚議者或以爲匈奴變詐之國無內向之心徒以畏漢威靈逼憚南虜故希望報命以安其離叛今若遣使恐失南虜親附之歡而成北狄猜詐之計不可玄武司馬班固議曰竊自思惟漢興以來曠世歷年兵纏夷狄尤事匈奴綏御之方其塗不一或修文以和之或用武以征之或卑下以就之或臣服而攻之雖屈伸無常所因時異然未有拒絕棄放不與交接者也故自建武之世復修舊典數重出使前後相繼至於其末始乃暫絕永平八年復議通之廷爭連日異同紛回多執其難少言其易先帝聖德遠覽瞻前顧後遂復出使事同前世以此而推未有一世闕而不修者也今烏桓就闕稽首譯官康居月氏自遠而至匈奴離析名王來降三方歸服不以兵威此誠國家通於神明自然之徵也臣愚以爲宜依故事復遣使者上可繼五鳳甘露致遠人之會下不失建武永平羈縻之義虜使再來然後一往既明中國主在忠信且知聖朝禮義有常豈同逆詐示猜狐

其善意乎絕之未知其利通之不聞其害設後北虜稍強能爲風塵方復求爲交通將何所及不若因今施惠爲策近長

和帝永元十六年北單于遣使詣闕貢獻願和親修呼韓邪故約帝以其舊禮不備未許之而厚加賞賜不答其使

元興元年重遣使詣燉煌貢獻辭以國貧未能備禮願請天使當遣子入侍（太子降天使至國即遣子隨天使入侍）時鄧太后臨朝亦不答其使但加賜而已

後魏道武時引吏部尚書崔玄伯講漢書至婁敬說

漢祖欲以魯元公主妻匈奴帝善之嗟嘆者良久是
以諸公主皆釐降于賓附之國朝臣子弟雖名族美
產不得尚焉時蠕蠕閭大肥率宗族歸國尚華陰公
主公主薨復尚濩澤公主
東魏孝靜帝時蠕蠕王阿那瓌遣朝貢求婚以常山
王妹樂安公主許之改爲蘭陵公主瓌遣奉馬千匹
爲聘禮迎公主詔宗正無奇送公主往北自是朝貢
武定三年吐谷渾國奉其從妹以備後庭納爲容華
嬪
北齊神武爲魏相國時阿那瓌彊盛與西魏通和欲

連兵東伐神武病之令杜弼使蠕蠕爲世子求婚世子即文襄也阿那瓌曰高王自娶則可神武猶豫尉景與武
明皇后及文襄並勸請乃從之武定三年使慕容儼
往娉之號曰蠕蠕公主八月神武迎於下館阿那瓌
使其弟禿突佳來送女且報聘仍戒曰待見外孫然
後反國公主性嚴毅一生不肯華言神武嘗有疾不
得往公主所禿突佳怨恚神武輿疾就公主其見將
護如此神武殁文襄烝公主從蠕蠕國法產一女焉又爲第九子湛即武成也
娉蠕蠕太子菴羅辰女號隣和公主湛年始八歲
後主武平四年突厥使求婚

後周太祖爲魏相突厥土門使使獻方物時鐵勒將
伐茹茹土門率所部邀破之盡降其衆五萬餘部恃
其彊盛乃求婚於茹茹主阿那瓌大怒使人罵辱之
曰爾是我鍛奴何敢發是言也土門亦怒殺其使者
遂與之絕而求婚於周太祖許之以魏長樂公主妻
之武帝時與齊人交爭戎車歲動故每連突厥爲外
援初魏恭帝世突厥俟斤許進女於太祖契未定而
太祖薨尋而俟斤又以他女許帝未及結納齊人亦
遣求婚俟斤貪其幣厚將悔之保定中詔遣涼州刺
史楊荐武伯王慶等往結之慶等至諭以信義俟斤

遂絕齊使而定婚焉五年詔陳公純大司徒宇文貴
神武公竇毅南安公楊荐等往迎女天和二年俟斤
又遣使來獻陳公純等至俟斤復貳於齊會有風雷
變乃許純等以君后歸
宣帝大象元年突厥他鉢請和親帝冊趙王招女爲
千金公主嫁之
二年二月突厥遣使獻方物且逆千金公主
隋高祖開皇中突厥沙鉢略與從弟地勤察有隙各
遣使詣闕請和求援帝皆不許會周千金公主上書
請爲一子之例高祖遣開府徐平和使於沙鉢略諱

沙鉢略遣使致書曰辰年九月十日從天生大突厥天下聖賢天子伊利俱盧設莫何始波羅可汗致書大隋皇帝使人開府徐平和至辱告言語具聞也皇帝是婦父即是翁此是女夫即是兒例兩境雖殊情義是一今重疊親舊子子孫孫乃至萬世不斷上天爲證終不違約此國所有羊馬都是皇帝畜生彼有繒綵都是此物彼此有何異也高祖報書曰大隋天子貽書大突厥伊利俱盧設莫何沙鉢略可汗得書知大有好心向此也既是沙鉢略婦公今日看沙鉢略共兒子不異既以親舊厚意當使之外今特別遣

大臣虞慶則往彼看女復看沙鉢略也

十一年吐谷渾主伏使其兄子無素奉表稱藩并獻方物請以女備後庭帝謂滕王曰此非至誠但急計耳乃謂無素曰朕知渾主欲令女事朕若依來請他國聞之便當相學一許一塞是謂不平若並許之又非好法朕情存安養欲令遂性豈可聚斂子女以實後宮乎竟不許

十六年以先化公主妻吐谷渾主伏伏上表稱公主爲天后帝不許其年國人殺伏立其弟伏允爲主使請依俗尚主帝從之自是朝貢歲至

十七年突厥突利可汗染干遣使來逆女舍之太常教習六禮先是帝改封周千金公主爲大義公主賜姓楊氏後帝以陳叔寶屏風賜之公主心不平因書屏風爲詩敘陳亡以自寄其辭帝聞而惡之公主復與西面突厥泥利可汗連結帝恐其爲變將圖之會主與所從胡私通因發其事下詔廢黜之恐都藍不從遣奇章公牛弘將美妓四人以啗之時沙鉢略子曰染干居北方遣使求婚帝令裴矩謂之曰當殺大義公主者方許婚突利以爲然復譖之都藍因發怒遂殺公主於帳至是以宗女安義公主妻之帝欲離

間北夷故特厚其禮遣牛弘蘇威斛律孝卿相繼爲使突厥前後遣使入朝三百七十輩突利本居北方以尚主之故南徙度斤舊鎮（一云初突厥雍閭表請婚僉議將許之長孫晟奏曰臣觀雍閭反覆無信特共玷厥有隙所以依倚國家縱與爲婚終當必叛今若得尚公主承藉威靈玷厥染干必又受其徵發強而更反後恐難圖且染干者處羅侯之子也素有誠款于今兩代臣前與日見亦乞通婚不如許之招令南徙兵少勢弱易可撫馭使敵雍閭以爲邊捍帝曰善乃遣慰喻染干許尚公主染干遣五百騎隨晟來逆女以宗女封安義公主以妻之晟說染干率衆南徙居度斤舊鎮雍閭疾之亟來抄畧染干伺知動靜輒遣奏聞是以賊來每先有備）

十九年高熲楊素擊突厥玷厥大破之拜染干爲意利珍豆啓民可汗於朔州築大利城以居時安義公

手已卒帝以宗女義成公主妻之部落歸者甚衆先是十八年染干爲玷厥等所攻乃隨長孫晟歸朝至是高熲等擊破玷厥乃命染干出居大利城焉

煬帝大業三年幸榆林啓民及義成公主來朝行宮前後獻馬三千疋帝大悅賜物萬三千段啓民上表曰已前聖人先帝莫緣可汗存在之月憐臣賜臣安義公主種種無少短至尊今還如聖人先帝捉天下四方坐也還養活臣及突厥百姓實無少短臣今憶想聖人及至尊養活事具奏不可盡帝乃親幸啓民所居啓民奉觴上壽跪伏甚恭帝賜啓民及公主金甕各一及衣服被褥錦綵特勒以下各有差明年啓民卒子

始畢可汗立表請尚公主詔從其俗唐初始畢死處羅可汗立處羅死頡利可汗立並妻主焉

四年高昌王伯雅遣使貢獻帝待其使甚厚明年伯雅來朝因從擊高麗還尚宗女華容公主

十年正月以宗女爲信儀公主嫁於突厥高昌娑那可汗賜錦綵袍十其綵萬疋帝將復其故地以遼東之役故未遑也

唐高祖義寧中遣襄武郡公琛與太常卿鄭元璹齎女妓遺突厥始畢可汗以結和親

武德五年西突厥葉護可汗遣使請婚

六年突厥又請和親歸我馬邑

八年四月宴西蕃突厥使時中國以突厥爲患故遣使與西突厥連和以備北狄於是葉護請婚帝謂侍中裴矩曰西突厥一與我懸遠有急不得相助今來請婚其意如何對曰西蕃懸遠誠如聖旨但北寇盛彊數爲邊害當今之計須遠交而近攻權可許婚以近頡利且羈縻之待一二年後中國完實足抗北夷然後徐思其宜此蓋一時之策也帝然之令高平王道立至其國統葉護大悅遇頡利頻歲入寇西蕃路梗繇是未果

太宗貞觀八年吐蕃贊普弄讚嗣位帝遣行人馮德

遐往撫慰之弄讚見德遐大悅聞突厥及吐谷渾皆尚公主乃遣使隨德遐入朝多賫金寶奉表求婚帝未之許使者既反言於弄讚曰初至大國待我甚厚許嫁公主會吐谷渾王入朝有相離間繇是禮薄遂不許嫁弄讚遂與羊同連發兵以擊吐谷渾吐谷渾不能支遁於青海之北以避其鋒其國人畜並爲吐蕃所掠於是進兵攻破党項及白蘭諸羌率其衆二千餘頓於松州西境遣使貢金甲云來迎公主又謂其屬曰若大國不嫁公主於我卽當入寇遂進攻松州都督韓威輕騎覘賊反爲所敗邊人大擾帝遣吏部

尚書侯君集爲當彌道行軍大總管右領軍大將軍執失思力爲白蘭道行軍總管左武衛將軍牛進達爲濶水道行軍總管右領軍留蘭爲洮河道行軍總管率步騎五萬擊之進達先鋒自松州夜襲其營斬千餘級弄讚大懼引兵而退遣使謝罪因復請婚帝許之弄讚乃遣其相祿東贊至禮獻金五千兩自餘寶玩數百事

十四年吐谷渾烏也拔勤豆可汗諾曷鉢入朝請婚先是帝卽位初吐谷渾王伏允爲子尊王求婚帝責其親迎以羈縻之尊王稱疾不朝有詔停婚至是遂

以弘化公主妻諾曷鉢資送甚厚

十五年帝以文成公主妻之令禮部尚書江夏郡王道宗主婚持節送公主于吐蕃弄讚率其部兵次栢海親迎于河源見王人執子壻之禮甚恭旣而歎大國服飾禮儀之美俯仰有媿沮之色及與公主歸國謂所親曰我祖父未有通婚上國者今我得尚大唐公主爲幸實多爲公主築一城以誇示後代遂築城邑立棟宇以居處焉公主惡其人赭面弄讚令國中權且罷之身亦釋氈裘襲紈綺漸慕華風猜獷日革至遣子弟入國學而習業焉

十六年九月延陁眞珠毗伽可汗遣其叔父沙鉢羅泥熟俟斤來請婚獻馬三千疋貂皮三萬八千馬腦鏡一帝許以女妻之徵可汗備親迎之禮帝志懷遠人於是發詔幸靈州與之會可汗大悅謂其國中曰我本鐵勒之小帥也蒙大國聖人樹立我爲可汗今復嫁我以公主車駕親至靈州斯亦足矣於是稅諸部羊馬以爲聘財或説可汗曰我薛延陁可汗與大唐天子俱爲一國主何以自往朝謁如或拘留悔之無及可汗曰吾聞大唐天子聖德遠被日月所炤皆來賓服我歸心委質冀得一覩天顏無所復恨然磧

北之地必當有主舍我别求固非大國之計我志決矣勿復多言於是言者遂止帝止三道發使受其羊馬然延陁無府藏調斂其國往返且萬里旣沙磧無草羊馬逸死遂後期帝於是停幸靈州徵還三道之使旣而其聘羊至所耗將半議者以爲戎狄則不可以禮義畜若聘財未備而與之婚或輕中國要令備禮以加重於是反其使者羣臣或勸帝云旣許以公主妻延陁邊境得以休息納其獻聘不可失信於蕃人宜在速成帝謂之曰君等進計皆非也君等知古而不知今昔漢家匈奴強而中國弱所以厚飾子女

嫁與單于今時中國強而北狄弱漢兵一千堪擊其數萬延陁所以匍匐稽顙恣我所爲不敢驕慢者以新得立爲長雜姓本非其屬將倚大國用服其衆彼同羅僕固等十餘部落兵數萬并力足制延陁所以不敢發者延陁爲我所立懼中國也今若以女之大國子壻增崇其禮深結黨援雜姓部落屈膝低眉更遵服之夷狄之人豈知禮義微不得意勒兵南下如君所言可謂養獸自噬也吾今不與其女頗簡使命諸姓部落知吾弃之其爭擊延陁必矣於是遂絶其婚

十七年八月突厥咄陸可汗遣使求婚帝謂曰爾數年闕朝獻而敢留我使人此如摘叢林一葉盜海水一滴耳於我大國無損在爾禍讖不足竟不許之

二十年六月西突厥乙毗射匱可汗遣使朝貢仍求婚焉帝璽書報其善心優撫至甚

册府元龜

册府元龜

巡按福建監察御史臣李嗣京　訂正

知甌寧縣事臣孫以敬　条閲

知建陽縣事臣黄國琦較釋

外臣部　二十四

和親第二

唐高宗永徽三年八月吐谷渾弘化長公主表請入朝遣左驍衛將軍鮮于濟往迎之

十一月弘化長公主來朝

顯慶三年冬十月庚申吐蕃贊普遣使來請婚仍獻

金毬罽及犂牛尾

調露二年十月吐蕃文成公主遣大臣論塞調旁求告喪并請和親帝不許之遣郎將宋令文往吐蕃會贊之葬

則天長壽三年二月西平大長公主還蕃公主者太宗族妹貞觀中吐蕃遣使請婚至是來朝設歸寧之禮焉臣欽若等曰按唐書太宗貞觀十五年文成公主出降吐蕃弄讚至高宗永降元年公主卒實録所載西平大長公主檢和親事迹未獲

長安二年四月吐蕃遣使獻馬千疋金二千兩以表求婚則天許之會贊普卒六月突厥默啜遣使莫達干請以女妻皇太子制令皇太子男平恩王重俊義興王重明等延立見之默啜遣大臣移力貪汗入朝獻馬千匹及方物以謝許親之意則天讌之於宿羽亭太子相王及朝集使三品已上並預會重賜以遣之後中宗即位默啜入寇靈州鳴沙縣中宗下制絶其婚

中宗神龍三年四月詔以所養嗣雍王守禮女金城公主出降吐蕃贊普

景龍二年四月和蕃使左驍衛大將軍楊矩奏言吐蕃先遣使來此迎公主兼學漢語今欲放還吐蕃於

事不便伏望報之云其使已死帝曰凡事須示人以信宜應實詞報之使無猜貳遂放其使還

二年十一月吐蕃贊普遣其大臣尚贊吐蕃來迎女

四年正月庚午制曰聖人布化用百姓爲心王者垂仁以入荒無外故能光宅遐邇財成品物繇是隆周理歷啓柔遠之圖強漢乘時建和親之義斯蓋御寓長策經邦茂範朕受命上靈克纂洪業惣三才而統極混六合以爲家聲教所覃建木棗林之外提封爰亘弱水流沙之表悠然至道高詠薰風載戢干戈大張禮樂庶幾前烈克致和平睠彼吐蕃僻在西服皇

運之始早申朝貢太宗文武聖皇帝德侔覆載情深億兆思偃兵甲遂通姻好數十年間一方清淨自文成公主往嫁其國因多變革我之邊隅亟興師旅彼之蕃落頗聞彫弊頃者及祖母可敦酋長等屢披誠款積有歲時思託舊親請崇姻好金城公主朕之小女長自宮闈言適遠方豈不鍾念但朕爲人父母志恤黎元若允誠祈更敦和好則邊上寧晏兵役休息遂割深慈爲國大計受築外館聿膺嘉禮彼吐蕃贊普郎以今月二十七日朕深自送於郊外帝乃召侍中紀處訥謂曰昔文成公主出降則江夏王送之卿

雅識蕃情有安邊之略可爲朕充此使也處訥拜謝旣而以不練邊事固辭帝又令中書侍郎趙彦昭往昭以爲旣充外使恐其失權寵殊不悅司農卿趙履溫私之曰公國之宰輔而爲一介之使不亦鄙乎彦昭曰計將安出履溫因爲陰託安樂公主密奏留之丁丑命驍衛大將軍楊矩充送金城公主使己卯幸始平縣以送金城公主辛巳設帳殿於百頃泊則引王公宰臣及吐蕃使人入宴中坐酒闌命吐蕃使進前諭以公主孩幼割慈遠嫁之旨帝悲泣歔欷久之因命從臣賦詩餞别改始平爲金城又改其地爲鳳池鄉愴别里公主旣至吐蕃别築一城以居之

睿宗景雲二年十一月突厥默啜可汗遣使請和親詔以宋王成器女爲金仙公主許嫁之默乃遣其男楊我支特勤來朝太極元年正月帝御安福門宴之俄而帝傳位親竟不成

玄宗先天二年七月金城公主上言吐蕃贊普之母死乃命左清道率李敬攝宗正卿持節使于吐蕃會葬也

八月突厥遣王子楊我支來求婚以蜀王女南和縣主下嫁于楊我支降書謂可汗曰朕欲可汗恩義稠

疊故與王子更重結親想可汗遠聞當喜慰也

開元二年四月辛巳突厥可汗遣使上表求婚自稱曰乾和永清大駙馬天上得果報天男突厥聖天骨咄祿可汗上皇帝曰府君皇帝乙酉定公主出降

十月突厥默啜遣使求婚帝降書謂曰我與突厥素來通婚好和計之道豈是今自頃爲小女且緩其期亦可汗之久無報也今者若眞心請來歲未晚任自擇日當遣公主嫁可汗遣一王子來此宿衛以申爾國之好豈不美耶

十月命左驍衛郎將尉遲環使吐蕃宣恩于金城公

主

四年八月吐蕃請和從之賞賜金城公主及贊普錦帛器物等蕃會皆嘉公主奉表謝恩曰金城公主奴奴言仲夏盛熱伏惟皇帝兄起居萬福御膳勝常奴奴奉見舅甥平章書云還依舊日重爲和好既奉如此進止奴奴還同再生下情不勝喜躍伏蒙皇帝兄所賜信物並依數奉領謹獻金盞羚羊衫段青長毛毯各一奉表以聞

十二月詔曰固安縣主取來年二月五日出適奚都督李大酺須早支料造作宜令河東少尹慕容珣充

男家禮會使雒陽令薛曦爲副少監李尚隱充女家禮會使河南縣令鄭瞀爲副

五年三月吐蕃贊普又遣使奉表請和金城公主上表曰金城公主奴奴言季夏極熱伏惟皇帝兄御膳勝常奴奴甚平安願皇帝兄勿憂此間宰相向奴奴道贊普甚欲得和好亦疑親署誓文往者皇帝兄不許親署誓文奴奴降蕃事緣和好今乃擾動實將不安和矜憐奴奴遠在他國皇帝兄親署誓文亦非常事即得兩國久長安穩伏惟念之

八月詔曰故東平王外孫正議大夫復州司馬楊元嗣第七女譽叶才明體光柔順葭莩懿戚敦睦有倫彝華靡顏德容茲茂鶵賢王慕義于以賜親納女問名滋焉迨吉宜昇外館之寵俾耀邊城之地可封永樂出降契丹松漠郡王李失活婚之夜遣諸親高品及兩蕃大守領觀花燭又詔封從外生女辛氏爲固安公主出降奚王饒樂郡王李大酺是月又以史懷道女爲金河公主以妻突厥騎施可汗蘇祿先是蘇祿頗善綏撫有衆二十萬遂雄西域之地尋遣使來朝三年制授左羽林軍大將軍金方道經略大使位特進遣侍御史解忠順齎璽書冊立爲忠順可汗至

是每年遣使來朝獻帝乃以主妻之

九年突厥默啜遣使請和乞與帝爲子許之仍請尚公主但厚賜遣之

十年契丹松漠郡王鬱于入朝請婚封從妹夫帝更令慕容嘉賓女燕郡主以妻之明年鬱于死弟吐于代立復以燕郡主妻之是年奚饒樂郡王魯蘇入朝仍以固安公主爲妻而公主與嫡母不和遞相論告詔令離婚復以成安公主之女韋氏爲東光公主以妻之

十二年三月遣使齎絹錦八萬段分賜奚及契丹詔

曰公主出降蕃王本擬安養部請入朝謁深慮勞煩脎固割恩抑而未許因加殊惠以慰遠心奚有五部落宜賜物三萬段先給征行遊奕兵及百姓餘一萬段與東光公主饒樂王衙官刺史縣令契丹有八部落宜賜物五萬段其中取四萬段先給征行有遊奕兵士及百姓餘一萬段與燕郡公主松漠王衙官刺史縣令其物雜以絹布務令均平給訖奏聞

七月突厥默啜遣使哥解頡利發獻方物可汗慕義向風益以嘉尚我國家金帛子女務遂和親然一爲婚姻將傳永久契約須重禮數宜周今來人既輕禮

亦未足所以未定日月令其且還如和好不移誠信無改凡有所請必當不違國家信若四時恩同天地一言則定何誓如之必能結之神明彌表彼之誠契既無猜阻任擇其宜諸所有商量今已親語哥解更欲遣使恐致勞煩令寄可汗錦袍鈿帶銀盤胡餅至宜領取

八月謝䫻國王特勒遣使羅火拔來朝火拔奏曰謝䫻國去箇失密國一千五百里其失密國去吐蕃金城公主居處七日路程公主去年五月遣漢使二人偷道向箇失密國傳言曰汝赤心向漢我欲走出投汝容受我否箇失密王聞其言大喜報曰公主但來竭心以待時箇失密王又遣使報臣國王曰天子女欲走來投我國必恐吐蕃兵馬來逐我力不敵乞兵於我即冀吐蕃破散公主得達臣國王聞之極歡遣使許諾于箇失密王令臣入朝面取進止帝甚然之賜帛百疋放還蕃

十三年玄宗將東封遣中書直省袁振攝鴻臚卿往突厥告其意默啜小殺與其妻及闕特勒暾欲谷等環帳中設宴謂振曰吐蕃狗種唐國與之爲婚奚及契丹舊是突厥之奴亦尚唐家公主突厥前後請結

和親獨不蒙許何也振曰可汗既與皇帝爲子父子豈合婚姻小殺等曰兩蕃亦蒙賜姓猶得尚主但依此例有何不可且入蕃公主皆非天子之女今之所求豈問真假頻請不得實亦羞見諸蕃振許爲奏請小殺乃遣其大臣阿史得頡利發入朝貢獻扈從東巡東封迴上爲頡利發設讌厚賜而遣之竟不許其和親是年契丹立李盡忠弟邵固爲主其冬車駕東巡邵固詣行在所封皇從外生女陳氏爲東華公主以妻之

十四年正月改封契丹松漠郡王李邵固爲廣化王

奚饒樂郡王李魯蘇爲奉誠王仍封宗室外甥女二人爲公主各以妻之制曰李邵固等輸忠保塞乃誠奉國屬外中于天無遠而不屆華裔靡隔等數有加宜錫休名俾承慶澤按本紀唐書與實録年月不同故兩存之

十八年十月吐蕃遣其大臣名悉獵來朝請固和好之約且獻書曰伏惟皇帝舅宿親又蒙降金城公主遂和同爲一家天下百姓普皆安樂中間爲張玄表李知古等東西兩處先動兵馬侵抄吐蕃邊將所以互相征討迄至今日遂城釁隙外生以先代天成公主今金城之故深失尊卑豈敢失禮又緣年小枉被

邊將讒搆鬭亂令舅致怪伏乞垂察追留死將萬足承前數度使人入朝皆被邊將不許所以不敢自奏去冬公主遣使婁衆失力將狀專往蒙降使着公主來外生不勝喜賀謹遣使論論名悉獵及副使押衛將軍浪些紇夜悉獵入朝取進止兩國事悉獵所共外生蕃中已處分邊將不許抄掠若有漢人來投便令却送伏望皇帝舅遠察赤心許從舊好長令百姓快樂如蒙聖恩千萬歲外生終不敢先違盟誓謹奉進金胡餅一金盤一金椀一瑪瑙杯一零羊衫段一謹充微國之禮金城公主又别進金鴨盤盞新品物等先是忠王友皇甫惟明因奏事面陳通和吐蕃之便帝然其言因令惟明及内侍張元方充使往聘惟明至吐蕃具宣帝意贊普等欣然請和政令名悉獵隨惟明入朝乃詔曰吐蕃向化遣使入朝旣懷舊恩請繼前好今緣公主在彼又復蕃客欲還使于四方必資德望鴻臚卿崔琳久歷朝序備曉政途好謀而成臨事能斷俾御國命以廸蕃庭宜令持節引入吐蕃使所司准式發遣又以琳爲御史大夫以奉使入蕃寵之也又降書與吐蕃贊普外生曰朕君臨寓縣子育黎元因百姓以爲心懼萬方之有罪昔文成遠

嫁將以寵光彼國豈無武力蓋取曲成尋以紛紜有侵亭障重以婚姻之故旋師衽席之間又降金城以敦前好所期疆埸無壘書軌攸同更聞權在強臣遂復違約失順干戈未息道路稱歎今有使臣遠來方悉忠誠彌固舅甥之禮萬里如初協和之勤一心逾亮義節可尚情見乎詞朕以公主在蕃親愛之極縱有違負之過詎移骨肉之恩深明至懷知得良筭至於止戈爲武國之大猷懷遠以德朕之本意中外無隔夷夏混齊託聲教於殊方躋含靈于仁壽朕之深旨來使其知劍南去年生羌就戮雖邊將有此舉動

是彼使來以前自茲已後更無討襲諸軍所守侵掠並停今故使御史大夫崔琳往申信約所有陳請咸不相違并所進器物並依數領得今寄多少信物至宜領取又降書金城公主遠降殊方底寧蕃落載懷貞順之道深明去就之宜能知其人而獻其款忠節克著嘆美良深所進物等並領得今寄公主少多信物至宜領取所請物並〻依來奏文吐蕃使奏云公主請毛詩禮記左傳各一部制令秘書省寫與之正字于休烈上疏諫言不可疏奏不省

二十一年二月金城公主上言請以今年九月一日

樹碑于赤嶺定蕃漢兩界時李暠使于吐蕃金城度其還期暮秋故有是請及樹之日詔張守珪李行褘與吐蕃使莽布及同觀樹焉既樹吐蕃遣其臣隨漢使分往劍南及河西磧西歷告邊州使曰兩國和好無相侵掠漢使隨蕃使入蕃告亦如之其碑文曰維大唐開元二十一年歲次壬申舅甥修其舊好同爲一家往日貞觀十年初通和好遠降文成公主入蕃已後景龍二年重爲婚媾金城公主因茲降蕃自此以來萬事休帖間者邊吏不謹互有侵軼越在遐荒因之隔閡今遵永舊咸與維新帝式藏用不違厥旨因以示赤嶺之外其所定邊界一依舊定爲封守爲羅斥候通閑梁大矣哉皇天無私惟聖作乂故違聖者逆也所以降雷霆之威率聖者順也所以漸雲雨之施休咎之理順逆之繇若斯之明矣昔先帝含弘愛至從聘所以一內外之禮等華夷之觀通朝覲之往來成舅甥之宴好則我先帝之德不可忘也頃者瓜州之役宥而不討昔蓋捨之先迷而歸之畜復共恃安則逸逸則棄禮棄禮則忘信忘信者暴慮之心生也故春秋時人忘盟誓之典有如日有如河我之今日罔不稽古幽蕃臣閔渠實曰警戒無或背渟德習古梗侵擾我河湟窺覘我亭障無或迯業驚馳咆哮剽掠我牛馬蹂踐我農穡漢家軍領亦不得兵馬相侵我家用不奄襲爾城守覆墜爾師徒壅塞爾道路烟滅爾部落不以兵強而害義不以爲利而棄言則我無爾詐爾無我虞信也司慎盟羣祀莫不聽命然後走正堋宜百福偕爾命祚決決乎仁壽之風矣休哉法尚一正無二正之極爾惟僭代好彌永年忠於人則信於神俾我唐受無彊之福爾亦荷有永之諜用懷爾遠人不寶爾遠物至聖之仁也銘曰言念舊好義不忒兮道路無壅烽燧息兮指河爲誓子孫億兮有渝其誠神明殛兮

是年七月吐蕃遣宰相論紇野贊等來朝且通和好金城公主獻表曰妹奴奴言李行褘至奉皇帝兄正

月勅書伏承皇帝萬福奴惟加嘉躍今得舅甥和好永無改張天下黔庶並皆安樂然去年崔琳廻日請置府李行褘至及尚他辟廻其府事不蒙進止伏望皇帝兄商量矜奴所請吐蕃贊普獻書曰使人李褘至奉書又尚他辟廻日所令傳語並且承命且漢與吐蕃俱是大國又復先來宿親自合同和天下蒼生悉皆快活贊揚盛德當無盡期及至久長亦無改變恐彼此邊界黎庶不委長和慮有惡人妄生亂意請彼此差使相監從洮州已來洮州已來分明報告使無疑慮即將永定今奉皇帝金銓馬腦胡瓶羚羊

彩段金銀鉼盤器等以充國信又云二十八年十一月金城公主薨吐蕃遣使来告喪公主景龍四年出降贊普既至蕃中吐蕃遣使因請河西九曲之地為金城公主湯沐邑楊矩遂奏與之吐蕃既得九曲之地草肥復懷背叛頻寇河隴開元十七年朔方大總管信安王禕率兵拔石堡城大虜吐蕃於是吐蕃頻使求和詔忠王友皇甫惟明及內侍張元方使于吐蕃惟明既見贊普及公主皆欣然請和盡出貞觀以來勅書以示惟明乃遣重臣各悉獵仝惟明入朝贊善既獻寶物公主又獻金鵝盤雜器等物悉臘頗曉書記先是迎公主長安當時朝廷皆稱辯才及是帝引入內宴與語甚禮之詔御史大夫崔琳充使宜諭於赤嶺各分樹界碑約不相侵後吐蕃不受破之自後戰攻不息是歲公主薨吐蕃遣使告哀仍請和不許使到數月始命有司為公主於光順門外發哀輟朝三日

三十二年四月突厥遣使來朝謝婚表曰自遣使入朝已來甚好和同一無虛誑蕃漢百姓皆得一處養

畜資生種田未作今許降公主皇帝即是阿助卑下是兒一種受恩更有何惡僅使可解粟必謝婚他滿達于請期獻馬四十疋充押函

天寶三載十二月封宗女為和義公主降寧遠國制曰呼韓來享位列侯王烏孫入和義通姻好懷柔之道今古攸同寧遠國奉化王驃騎大將軍爛達千志慕朝化誓為邊扞漸聲教而有孚勤職貢而無闕誠深內附禮異殊隣爰錫嘉偶特申殊渥四從弟前河南府告成縣令叅弟四女質稟幽閑性惟純懿承姆師之訓道寔宗人之光儀固可以保合戎庭克諧邦選宜膺遠好以寵名蕃可封和義公主降寧遠國奉化王

四載三月封外孫女獨孤氏為靜樂公主降松漠都督崇順王李懷節封外甥女楊氏為宜芳公主出降饒樂郡督懷信王李延寵九月奚及契丹酋長各殺公主舉部以叛

肅宗至德元年八月廻紇首領至請和親兼封安祿山

九月封故邠王弟五男承寀為燉煌王使廻紇仍令僕固懷恩送至廻紇部落請和親封廻紇女為毗加

公主

十月廻紇首領來朝請和親詔燉煌王承寀赴廻紇結親

二年九月廻紇大首領入朝燉煌王承寀加開府儀同三司拜宗正卿納廻紇公主為妃是歲吐蕃又遣使請和親上詔給事中南巨川以修戎好報命

乾元元年六月廻紇使達亥阿波刺史入朝迎公主詔授開府儀同三司七月丁亥詔曰朕聞古之聖王臨御天下功懋受賞道無漏於華夷義存有孚信必全於終始故能德被寰宇化延殊俗是以周稱柔遠

克著濟時之圖漢結和親式弘長久之策厥來尚矣朕祗若元命永惟稽古内申九命勉膺嗣夏之期外接百蠻庶廣懷荒之澤頃自兇渠作亂宗社阽危迴紇特表忠誠載懷奉國所以兵踰絶漠力徇中原亟除青犢之妖實賴烏孫之助而先有情欵永固姻好今兩京底定百度惟貞奉皇輿而載寧纘鴻業而攸重斯言可復厥德難忘爰申降主之禮用答勤王之志且骨肉之愛人情所鍾離遠之懷天屬尤切况將適異域寧忘軫念但上緣社稷下爲黎元遂抑深慈爲國大計是用築茲外館割愛中闈將成萬里之婚

莫定四方之業以其誠信所立家國攸寧義以制名飾崇寵號宜以幼女封爲寧國公主應緣禮會所司准式其降蕃日仍令堂弟銀青光禄大夫殿中監漢中郡王瑀充冊命英武威遠毗伽可汗使以堂姪正議大夫行右司郎中上柱國上邽縣公賜紫金魚袋巽爲副特差重臣開府儀同三司尚書左僕射冀國公裴冕送至界首凡百姓凡庶宜悉朕懷戊子漢中郡王瑀加特進太常卿攝御史大夫右司郎中巽改尚書兵部郎中兼御史中丞鴻臚少卿兼充寧國公主禮會使癸巳以冊立迴紇英武威遠毗伽可汗帝御宣政殿漢中王瑀受命甲子帝送寧國公主咸陽磁門驛

十一月甲子迴紇使三婦人謝寧國公主之媵也寧國公主既降迴鶻又以榮王女媵之及寧國來歸榮王女爲可敦迴紇號爲小寧國公主歷英武英威二可汗及天親可汗出居於外英威一子爲天親所殺

三年正月迴紇可汗使大臣俱六莫賀達干等入朝奉表起居公主

代宗大曆四年五月冊僕固懷恩小女爲崇徽公主視同弟十女下嫁迴紇可汗爲可敦遣兵部侍郎李涵兼御史大夫持節于迴紇冊可敦以繒帛二萬疋

遣之

六月丁酉崇徽公主辭赴迴紇宰臣已下百寮送至中渭橋

德宗貞元三年八月丁酉迴鶻可汗遣首領墨達干多覽將軍合闕達干等來貢方物且請和親帝許以咸安公主嫁之命見于麟德殿且令齎公主畫圖就示可汗以馬價絹五萬還之許互市而去

四年十月戊子迴紇寧國公主及使至帝御延喜門觀之禁婦人及車輿觀者時迴紇可汗喜於和親其禮甚恭上言昔爲兄弟今爲子壻子壻半子也此猶

父彼猶子若患西戎子當除之又罵辱吐蕃使者及使宰相等率衆千餘及其妹骨咄祿毗伽公主姨妹迷外骨咄祿公主及𨁂跌大首領等妻妾凡五十六婦人來迎可敦凡遣人千餘納聘馬三千疋帝令朔州及太原分留七百匹其宰首領皆至分館鴻臚將作癸巳使見于宣政殿乙未帝召廻紇公主及使者對於麟德殿各有頒賜庚子詔以咸安公主出降廻紇可汗仍特置官屬視親王壬寅以殿中監嗣滕王湛然爲咸安公主婚禮使

十一月乙巳加嗣滕王湛然簡較禮部尚書兼御史

大夫丁未加送咸安公主及冊回紇可汗使關播簡較右僕射公主帝第八女也初王師平史朝義北虜微有功特此不脩蕃臣禮至是廻紇武義成功可汗始遣使獻方物仍求結親并請改紇字爲鶻帝與宰相議許之以公主降焉今使冊可汗爲勇猛分相智惠長受天親可汗冊公主爲孝順端正智慧長壽可敦御製詩送之天親可汗卒子忠身可汗立忠身卒奉誠可汗立奉誠卒國人立其相是爲懷信可汗皆從胡法繼尚公主

憲宗元和八年廻鶻遣使伊難珠來請和親

十二年廻鶻又遣摩尼僧寺等八人至帝使有司計之禮費約五百萬貫時方內有誅討計時度費未遂其請以摩尼嘗爲廻鶻信奉使宰臣言其不可詔宗正少卿李誠使于廻鶻太常博士殷有副之諭其來請之意

穆宗卽位初廻鶻遣使合達干等來請和親許之

長慶元年五月丙申廻鶻都督宰相公主摩尼等五百七十三人入朝迎公主詔於鴻臚寺安置癸亥勅太和公主出降廻鶻爲可敦宜令中書舍人王起赴鴻臚寺宣示之初廻鶻自咸安公主歿後屢歸款請欲繼前好乂未之許至元和末其請彌切憲宗以北

虜有勳勞於王家又西戎比歲爲邊患遂許以女妻之帝卽位踰年至是乃封第十妹爲太和長公主出降之甲子以左金吾衛大將軍胡証檢校戶部尚書持節充送公主入廻鶻及加冊可汗使光祿寺卿李憲加兼御史中丞充副使太常博士殷侑改殿中侍御史充判官以前曹州刺史李鋭爲太府卿兼御史大夫持節赴廻鶻充婚禮使宗正少卿嗣寧王子鴻兼御史中丞充副使以虞部員外郎陳鴻爲判官

六月乙亥加李憲御史大夫戊寅廻鶻奏以一萬騎出北庭一萬騎出安西柘吐蕃以迎太和長公主歸

國丙戌太和長公主出降廻鶻宜特置府其官屬宜准親王府例

七月乙卯正衙冊太和長公主爲廻鶻可敦辛酉長公主發赴廻鶻國帝以半仗御通化門臨送百僚章敬寺前立班儀衛頗盛士女傾城觀焉

十月豐州奏廻鶻五百騎至界首以迎公主十一月甲寅振武節度使張惟清奏准詔發兵三千人赴蔚州數內已發一千人訖餘二千人待太和公主出界即發遣又奏得天德軍轉牒云廻鶻七百六十人將馳馬及車相次至黃蘆泉迎公主豐州刺史李佑奏

迎公主廻鶻三千騎於柳泉下營

二年正月癸卯駙馬都尉鄭何送太和公主至廻鶻還

十月金吾大將軍胡証送太和公主還初公主廻鶻牙帳尚可信宿可汗遣數百騎來請與公主先從他道去胡証曰不可虜使曰前咸安公主來時去花門數百里即先去今何獨拒我証曰我奉天子詔送公主以授可汗今未見可汗豈宜先徃虜使乃止旣至虜廷乃擇吉日冊公主爲廻鶻可敦可汗先昇樓東嚮坐設氊幄於樓下以居以主使羣胡主教公主以胡法公主始解唐服而衣胡衣以一嫗侍出樓前西嚮拜可汗坐而視公主再俯拜訖復入氊幄中解前所服而被可敦服通裾大襦皆茜色金飾冠如角前指復出樓前俯拜可汗如初禮虜先設大輿曲扆廡前設小座相者引出公主昇輿廻鶻九相分負其輿隨日右轉於廷者九公主乃降輿昇樓與可汗俱東嚮坐自是臣下朝拜謁并拜可敦可敦自有牙帳命二相公出入帳中証等將歸可敦宴之帳中留連號啼者竟日可汗因贈漢使以厚貺

冊府元龜

巡按福建監察御史臣李嗣京　訂正
新建縣舉人臣戴國士　參閱
知建陽縣事臣黃國琦　較釋

外臣部二十五

通好

夫服遠以德先王之盛猷和戎爲利昔賢之嘉論蓋所以屈已含垢繼好息民偃戢兵威道迎善氣自古之所尚矣故易曰古之聰明睿智神武而不殺者蓋言聖人服萬物而不以威刑也自春秋之後司籍所

記或列於盛會或通乎信使申以金幣之錫加之冠帶之寵或褒以爵秩或重其報宴接以殊禮式表乎綏懷待以誠心用期於純固蓋是邊鄙不聳師徒不勤荒裔清晏表裏悅穆蓋躋民於仁壽之域而馴致乎太平之業者未始不繇斯也已

魯宣公八年春白狄及晉平

十年晉郤成子求成於衆狄衆狄疾赤狄之役遂伏於晉赤狄潞氏最強故服役衆狄秋會於欑函衆狄服也襄公四年無終子嘉父使孟樂如晉無終山戎國名樂其衆臣因魏莊子納虎豹之皮以請和諸戎欲戎與晉和莊子魏絳晉侯曰戎狄無親而貪不如伐之魏絳曰諸侯新服陳新來和將觀於我我德則睦否則攜貳勞師於戎而楚伐陳必弗能救是棄陳也諸華必叛諸華中國戎禽獸也獲戎失華無乃不可乎公曰然則莫若和戎乎對曰和戎有五利焉戎狄薦居貴貨易士荐聚也易猶輕也士可賈焉一也邊鄙不聳民狎其野穡人成功二也聳懼狎習也戎狄事晉四鄰振動諸侯威懷三也以德綏戎師徒不勤甲兵不頓四也頓壞也鑒於后羿而用德度以后羿爲鑒戒遠至邇安五也君其圖之公說使魏絳盟諸戎脩民事田以時傳言晉侯能用善謀

漢文帝時匈奴單于遺漢書云北州以定願寢兵休士養馬以安邊民使少者得成其長老者得安其處故使郎中係虖淺奉書請皇帝即不欲匈奴近塞則且詔吏民遠舍舍居止也

武帝時匈奴諜歸漢使不降者蘇武馬宏等馬宏者前副光祿大夫王忠使西國爲匈奴所遮忠戰死馬宏生得亦不肯降故匈奴歸此二人欲以通善意

和帝時南單于於漢北遺竇憲古鼎容五斗其傍銘曰仲山甫鼎其萬年子子孫孫永保用憲乃止之

前秦苻堅時匈奴左賢王衞辰遣使降於堅遂請田

内地堅許之雲中護軍賈雍遣其司馬徐誠率騎襲之因縱兵掠奪堅怒曰朕方脩魏絳和戎之術不可以小利忘大信昔荆吳之戰事興蠶婦澆瓜之惠梁宋息兵夫怨不在大事不在小擾邊動衆非國之利也所獲資產其悉以歸之免雍官以白衣領護軍遣使脩和示之信義辰於是入居塞内貢獻相尋

西秦吐谷渾視連既立通聘於乞伏乾歸拜爲白蘭王

宋高祖西伐長安索虜嗣先取姚興女乃遣十萬騎屯結河北救之大爲帝所破於是遣使求和自是使

命歲通

齊武帝永明中扶南國王臣僑陳如者耶跋摩遣使上啓曰王化撫育感動靈祗四氣調和伏願聖主尊體起居康御皇太子萬福六宮清休諸王妃主内外朝臣普同和睦鄰境士庶萬國歸心五穀豐熟災害不生士清民泰一切安穩臣及人民國土豐樂四氣調和道俗濟濟並蒙陛下光化所被咸荷安泰

後魏太武太平真君五年三月遣使者四輩使西域

太延元年五月遣使者二十輩使西域

二年六月又遣使六輩使西域

西魏文帝大統十六年大軍東討齊師恐蠕蠕乘虛寇掠乃遣帳内都督楊薦往諭和好以安慰之

北齊神武以魏孝靖興和三年五月使使與蠕蠕通和

後周太祖西魏大統十一年突厥士門部落稍盛願通中國帝遣酒泉胡安諾槃陁使焉其國皆相慶曰今大國使至我國將興也

武帝建德元年二月遣大將軍昌城公孫深使於突厥

隋文帝開皇八年突厥處羅侯死遣長孫晟往弔仍

賫陳國所獻寶器以賜雍閭

十一年三月壬午遣通事舍人若干洽使於吐谷渾

十八年百濟王昌使其長史辯那來獻方物屬興遼東之役遣使奉請爲軍導帝不許詔曰往歲爲高麗不供職貢無人臣禮故命將討之高元君臣恐懼畏服歸罪朕已赦之不可致伐厚其使而遣之

是年突厥啓民可汗爲達頭所攻帝令發兵助啓民伐之啓民上表陳謝曰大隋聖人莫緣可汗憐養百姓如天無不覆也如地無不載也諸姓蒙威恩赤心歸服並將部落歸投聖人可汗來也或南入長城或

徃白道人民牟馬徧滿山谷染千譬如枯木重起枝葉枯骨重生皮肉千萬世長與大隋典羊馬也

煬帝大業三年三月遣羽騎尉朱寬使於琉球國

是年啓民可汗上表乞依大國服餙帝下其議公卿請依所奏帝以爲不可乃下詔曰先王建國夷夏殊風君子教民不求變俗斷髮文身咸安其性旃裘卉服各土所宜因而利之其道弘矣何必化諸削衽縻以長纓豈遂性之至理非包荒之遠度衣服不同旣辯要荒之叙庶類區别廱見天地之情仍璽書荅啓民以爲磧北未靜猶須征戰但使存心孝順何必改

變

唐高祖武德四年定襄王胡大恩敗突厥頡利於鴈門先是漢陽公瓌太常卿鄭元璹左驍衛大將軍長孫順德等各使於突厥頡利並拘之我亦留其使人前後數輩至是於大恩所挫於是大懼乃放順德還更請和好獻魚膠數十斤欲令二國同於此膠帝嘉之放其使者特勤熱寒阿史德等還蕃賜以金帛

七年八月壬申頡利可汗遣其從叔畢特勤阿史那思摩來朝帝引申御榻頻顙固辭帝謂之曰頡利誠心遣特勤朝拜今見特勤如見頡利引之就坐因伏而言可汗稱陛下馭中原突厥據漠北各一方何敢相犯但爲漢人不変搆也今見秦王卽爲要契請子子孫孫永爲蕃附

是月丁酉遣尚書左僕射裴寂使於突厥

九年七月壬戌吐谷渾遣使請和

八年辛巳突厥頡利率十萬餘騎突武功京師戒嚴進冦高陵太守與侍郎高士廉中書令房玄齡將軍周範馳六騎幸渭水之上與頡利隔津而語責以負約其首帥皆下馬羅拜頡利請和詔許焉幸城西刑白馬與頡利同盟於便橋之上

太宗貞觀十六年夏四月薛延陁以前擾漢南遣使謝罪

二十一年十二月乙亥高麗使第二子莫離支高任武朝賀因謝罪帝許納之

高宗儀鳳四年二月吐蕃贊普卒遣使賫璽書徃弔之

玄宗開元元年十二月吐蕃遣其大臣來求和丁酉命有司引吐蕃使宴於三殿

六年春正月辛丑北夷請和乃降璽書曰突厥煞省表具知徃者黙啜狂逆爲人之蠹又詐降遣使於我

求婚我國家不違賞賜無數所在軍鎮爲之解嚴遂背信乘虛縱凶淝犯損我百姓陷我數州從此之後嘗行賊計近者梟戮實謂天誅卿能舉前事之非有降和之請但能誠實何慮不依且漢日有呼韓邪是卿族類旣率部落來慕中華終保寵榮足爲前鑒今契丹奚等輸款入朝皆封郡王各賜公主放歸所部以息其人卿若能來此是成例官榮重功則授財帛賞善斯行此乃國家所餘亦是卿之所要若懷姦設變口順心違應朝不朝以惡繼惡遠學默啜自取殘亡想卿解思不至於此也

七年六月吐蕃遣使請和求皇帝親署誓文帝以爲昔歲和親已有誠約而今何乃重請盟書但信必繇衷聿尋前代足矣不許大享使因賜其束帛用脩前好以雜綵二千段賜贊普五百段賜贊普祖母四百段賜贊普母二百段賜可敦一百五十段賜坌達延一百三十段賜論乞力徐一百段賜尚贊咄及大將軍大首領各有差皇后亦以一千段賜贊普五百段賜贊普母二百段賜可敦

九年二月丙戌突厥遣使來朝獻方物且通和好帝降璽書謂曰國家舊與突厥和好之時蕃漢非嘗快活甲兵休息互市交通國家買突厥馬羊突厥將國家綵帛彼此豐足皆有便宜自二四十年已來不似舊時法用總緣默啜可汗失信遂令使命不通一口稱和一心即背每將兵馬當抄邊軍天嗔地知人怨神怒身被誅滅豈不繇茲今可承破亡之遺餘驗違負之得失禍福斯在吉凶可見計合早相依附如何久事遲迴仍襲甘涼復行抄劫初聞爲惡不能無怪賴自遣使至此通和國家如海之容如天之覆不念旣往之過以納將來之誠可汗若實好心求爲和好計彼此百姓各得自安斟酌一生更亦何慮若言無

准定意有翻覆還似往日可汗又違令時明信不煩更差使命徒令再遣往來至於邊疆之任侵掠自當更擬宜審思之

十年五月戊午突厥遣大首領阿史德暾泥熟來和授右驍衛大將軍員外置放還蕃

十二年五月新羅賀正使金武勳還蕃帝降書謂新羅王金興光曰卿再承正朔朝貢闕庭言念所懷深可嘉尚又得所進雜物等並踰越滄波跋涉草莽物旣精麗深表卿心今賜卿錦袍金帶及綵素共二千疋以荅來獻至宜領之

二十一年正月命工部尚書李暠使於吐蕃制曰繼好之義雖屬通鄰受命以出必在親賢事欲重於當時禮故崇於殊俗選衆之譽無出宗英工部尚書李暠體含柔嘉識致明允爲公族之領袖是朝廷之羽儀今金城公主既在蕃中漢廷公卿非無專對有懷於遠夫豈能忘宜持節充入蕃使所司准式發遣以國信物一萬疋私覿二千疋皆雜以五綵遣之

二十三年三月命内使竇元禮使於吐蕃使悉諾勃藏還蕃命通事舍人楊紹賢往赤嶺以宣慰焉

二十四年八月甲寅突厥騎施遣大首領胡祿達干

來求和許之宴於内殿受左金吾將軍員外置賜錦衣一副帛及綵一百疋放還蕃

二十六年八月命中官魏泰使於突厥騎施降書謂突厥騎施可汗曰朕與可汗結爲父子恩義所感骨肉何殊可汗乃信彼小子自生疑阻前後使往非不具論自爾已來當所迷也使至肯表以變其節過而能改善莫大焉既効忠誠深可嘉尚朕本意相待父初父子之間更敦前好凡爲君須守信義不信則身危若外飾其言内藏姦計未能有損終必自傷想可汗通明固不至於此巧言似實深宜察也若忠信不易更復何憂千秋萬歲俱享多福故令中使專達少信悉朕意焉

肅宗上元元年正月吐蕃遣其大臣論吐蕃彌來請和且請與吐谷渾復脩隣好

元年建寅月甲辰吐蕃遣使來朝請和勅宰相郭子儀蕭華裴遵慶等於中書宴設

代宗寶應二年四月兼御史大夫李之芳使於吐蕃兼御史中丞崔倫爲之副通舊好也

永泰元年正月以四鎮行營節度使馬璘爲南道和蕃使

三月吐蕃請和遣宰相元載杜鴻漸等於興唐寺與之盟而罷

三年三月命大理少卿楊濟兼御史中丞使於吐蕃脩舊好也

九月楊濟自吐蕃使還吐蕃遣其首領論位藏等百餘人隨濟來朝謝申好也

十月乙酉引吐蕃使見於宣政殿丙申命宰臣宴吐蕃使論位藏於中書

天曆二年二月遣簡較戶部尚書兼御史大夫薛景西使於吐蕃脩舊好也

三年七月命左散騎常侍蕭昕兼御史大夫持節充弔祭迴紇可敦使

德宗以大曆十四年五月即位八月命太常少卿韋倫持節使吐蕃統蕃俘五百人歸之

建中元年四月太常少卿韋倫至自吐蕃自大曆中吐蕃聘使前後數輩皆留之不遣俘獲其人必遣中官部統徙之江嶺因緣求財及給養之費不勝其弊去年冬吐蕃大興師以三道來侵一自靈武一自山南一自蜀約蹤齊舉會帝初即位以德綏四方徵其俘囚五百餘人各給衣一襲使倫統還其國與之約

和勅邊將無得侵伐吐蕃始聞歸其人不之信及蕃俘入境部落皆畏威懷惠其贊普乞立贊謂倫曰不知是來也而有三恨柰何倫曰未達所云乞立贊曰不知大國之喪而弔不及哀一也不知山陵之期而賻不成禮二也不知皇帝舅聖明繼立已發衆軍三道連衡今靈武之師聞命輙迴矣而山南之師已久扶文蜀師已趍灌口追且不及是三恨也及發使奉贄不二旬而復命蜀師尋獲其戎俘有司請准舊事頒爲徒隷帝曰要約著矣言庸二乎乃各給縑二疋衣一襲而歸之

五月以韋倫爲太常卿復使吐蕃十二月倫至自吐蕃與其宰相欽論明思等五十五人皆至獻其方物初吐蕃見倫再至甚歡旣就館聲樂以娛之留九日而旋兼遣其渠帥報命倫一歲再往復絕域戎夷奉教無此之速者也

二年二月以萬年令崔漢衡爲殿中少監持節使西戎初吐蕃遣使求沙門之善講者至是遣僧良琇文素一人行二歲一更之

十二月入蕃使判官監察御史常魯與吐蕃使論悉諾羅等至自蕃中初魯與其使崔漢衡至列館贊普

令止之先命取國信勅書旣而使與漢衡曰來勅云所貢獻物並領訖今賜外生少信物至領取我大蕃與唐舅生國耳何得以臣禮見處又所欲定界雲州之西請以賀蘭山爲界其盟約請依景隆三年勅書云唐使到彼外生先與盟誓蕃使到此阿舅亦親與盟乃邀漢衡遣使奏定魯故還奏帝爲改勅書以貢獻爲進以賜爲寄以領取爲領之且謂曰前相炎不循故事致此誤耳其定界盟約並從之

三年九月和蕃使殿中少監兼御史中丞崔漢衡與吐蕃使區頰贊至自蕃中時吐蕃大相尚結息忍而

好殺以嘗覆敗於劍南思刷其恥不肯約和其次相
尙結贊有材畧固言於贊普請定界盟約以息邊民
贊普然之竟以結贊代結息爲大相約終和好期以
十月十五日會盟於境上
四年二月以鴻臚卿崔漢衡兼御史大夫持節荅蕃
使送區頰贊等歸蕃
六月荅蕃使判官監察御史于頔與吐蕃使論頰没
藏等至自青海
興元元年二月以御史大夫于頎爲右散騎常侍尋
加兼御史大夫往涇州已來宣慰吐蕃仍與州府計

會頰處時吐蕃款塞請以兵助平國難故遣使焉
八月甲子以右武衛將軍周皓爲太僕卿兼御史大
夫宣慰迴紇使
貞元二年二月辛未以水部員外郎趙聿爲倉部郎
中兼侍御史入吐蕃使
九月丁未詔遣左監門將軍康成使於吐蕃初吐蕃
大相尙結贊累遣使請盟會定界乃命成使之至上
砦原與結贊相見結贊令其使論乞力他與成同來
甲寅以左千牛大將軍裴謂爲吏部侍郎充入蕃使
俄以吐蕃退遂不行其年冬吐蕃入寇陷鹽夏二州

詔加河東節度使馬燧綏銀麟勝招討使燧乃帥兵
次石州時將吐蕃深入人馬疾疫渠帥論頰熱因退
正元三年正月燧引軍還太原
三年二月以前太子右論德崔澣爲簡較左庶子兼
御史中丞充入吐蕃使
三月丁酉以左庶子李銛充入吐蕃使
五年七月以殿中監嗣滕王湛然爲太子賓客迴鶻
使如故
六年春迴鶻忠貞可汗爲其弟所殺而篡立國人殺
篡者立忠貞之子爲可汗乃遣達北勒梅録將軍告

忠貞可汗之哀於我且請冊新君也
十三年二月劍南西川節度使韋皋奏南詔前年於
嶲州築得城一所今請據舊境歸還已受領訖
十九年五月吐蕃使論頰熱等至其年以右龍武將
軍薛伾兼御史大夫使於吐蕃
二十年五月以秘書監史館修撰張薦爲工部侍郎
兼御史大夫依前史館脩撰持節弔贈吐蕃以左金
吾衛將軍薛徑爲簡較工部尚書兼右金吾將軍兼
御史大夫持節和吐蕃
憲宗永貞元年十一月以通王府長史孫杲爲鴻臚

少卿兼御史中丞持節充冊立迴紇使其月以衛尉
少卿侯幼平兼御史中丞充入吐蕃告冊立等使
元和四年正月命中官元文政往渤海充弔祭冊立
使
七月吐蕃遣使來和好
五年五月吐蕃遣使論思頰熱來朝幷歸鄭叔矩路
泌之柩及叔矩男武延等一十三人叔矩會盟使崔
漢衡之從事泌渾瑊之從事貞元初吐蕃背盟所陷
凡二十餘年竟不屈節因歿於蕃中至是請和故歸
其柩

六月宰相與吐蕃使語中書令廳蕃使拜階下宰相
階還半禮
七月以陝州大都督府左司馬兼通事舍人李銛爲
鴻臚少卿攝御史中丞持節充入吐蕃使仍賜紫金
魚袋太子中舍人吳暈爲丹王府長史兼侍御史爲
之副
七年正月癸未以鴻臚卿張茂宣充入迴鶻使通事
舍人張賈副焉
二月吐蕃東道節度論誥都宰相尚綺心兒以書遺
鳳翔節度使李惟蘭惟蘭奏獻之

三月命宰臣於中書與吐蕃使議事
七月以京兆府功曹李汭爲殿中侍御史充入新羅
副使
八年正月命內侍李重旻充渤海冊立宣慰使
十一月黔中奏昆明夷請歸其先侵牂牁之地
十一年二月授渤海使國信以歸
五月命中使二人送迴鶻使歸國
十一月以宗正卿李誠兼御史中丞充入迴鶻使
十二年四月吐蕃以贊普卒來告巳未以右衛將軍
烏重玘兼御史中丞充弔贈吐蕃贊普使

五月癸亥以右補闕段均爲殿中侍御史充弔贈吐
蕃使
十三年三月渤海國遣使李繼常等二十六人來朝
十月鳳翔節度使鄭餘慶奏吐蕃遣使脩好
穆宗元和十五年即位八月乙亥命宰臣召吐蕃使
於中書議事十月命高品實千乘使於吐蕃
十月庚午朔以太子中允張賈爲太府少卿攝御史
中丞持節充入吐蕃答請和好使庚辰命宰臣留吐
蕃使於中書議事以鄭王府長史邵同爲太府少卿
兼御史中丞持節入吐蕃充答請和好使

十二月以左散騎常侍崔元畧充黨項宣撫使丁丑
改命太子中允李寮兼侍御史充黨項宣撫副使
長慶元年十二月豐州刺史李祐奏先入迴鶻使裴
通高品袁有直并迴鶻六十四人到鸊鵜泉
二年二月癸酉吐蕃遣使十五人來請定界甲戌召
對於麟德殿賜有差
八月鳳翔送落蕃人宇文律等一百八十人詔付京
兆府詳勘尋令親族識認任其歸還
十月辛酉以太子僕杜載爲太僕少卿兼御史中丞
持節充答吐蕃謝會盟禮畢使仍賜服金紫

敬宗初即位鷄林人前右監門衛率府兵曹參軍金
雲卿進狀請充入本國宣慰副使從之
寶曆元年三月以前蘄州刺史于人文爲司門郎中
攝御史中丞持節入迴鶻充弔祭冊立使仍賜紫金
魚袋以右贊善大夫裴當守本官兼侍御史爲之副
四月以前江南西道觀察推官試大理評事陳璟夫
守河南府雒陽縣丞兼監察御史充入迴鶻弔祭冊
立使判官仍賜緋魚袋
十月以岳王傅成杭爲右庶子兼御史中丞充入吐
蕃答賀正使仍賜紫金魚袋以太常博士劉幼復爲
殿中侍御史爲之副仍賜緋魚袋以前萬年縣丞韓
湃爲大理丞兼殿中侍御史入吐蕃答賀正使判官
仍賜緋魚袋
二年二月鳳翔節度使進到落蕃迴鶻四人勑旨令
付鴻臚寺待有還蕃使即放歸國
十月靈武節度使奏收得吐蕃百金山等四人詔委
本道節度使差人送付本界遊奕吐蕃耴領聞奏仍
優賞發遣
文宗太和二年十二月以前棣州刺史唐弘實爲莒
王傅兼御史大夫持節充入吐蕃答賀正使

三年十二月庚寅西川監軍判官張士謙奏南蠻宣
慰迴得蠻人事物金盞銀水瓶等並進首領王嵯巔
狀一封云被杜元穎欺擾蕃界又云南蠻續自差專
使奏事乙亥郭釗又奏蒙嵯巔差使送書信共四角
以聞又奏追還三百餘里
五年五月劍南西川節度使李德裕奏南蠻放還先
虜掠百姓工巧僧道約四十人到本道
十一月入吐蕃使宗正少卿李從易至蕃中
六年十一月以少府少監田早守本官兼御史中丞
持節充入吐蕃答賀正使仍賜紫金魚袋

十年夏四月九姓廻鶻可汗毘以左驍衛將軍皇城留守唐弘實爲右金吾衛將軍兼御史大夫持節充入廻鶻弔祭冊立使

八年春正月庚申鳳翔節度使李聽進吐蕃贊普賀正表函

九年五月辛酉入朝廻紇進太和公主所獻馬射女子七人沙陁小兒二人

十一月以宗正少卿李從簡守本官兼御史中丞持節充入吐蕃答賀正使仍賜紫金魚袋

開成元年十二月以太子少詹事李景儒兼御史中

冊府元龜　外臣部　通好　卷之九百八十　十九

丞充入吐蕃答賀正使

二年十一月天德奏吐蕃東北道元帥論夷加兇使信物乃木夾到本道以其書信上聞

三年秋七月新羅王金祐徵遣淄青節度使奴婢帝矜以遠人詔令却歸本國

四年三月以太子詹事李景儒爲入吐蕃使

武宗會昌二年十一月吐蕃贊普卒遣使論普熱入朝告哀遣將作少監李景入蕃弔祭

三年八月黠戛斯遣使諦德伊斯難珠來朝九月與黠戛斯勑書曰皇帝敬問黠戛斯可汗將軍諦德伊斯難珠至覽書并白馬二疋具悉可汗降精丰極雄朔漠以爲君稟耀旄頭分天街而建國特負英豪之氣夙推驍馭之才春想嘉猷載深籌歎來書云溫仵合將軍歸國後漢使不來溫仵合去日朕書具云速遣報章此當遣重臣冊命自是可汗未諭此意報答稍遲來信又云金石路隔絕蓋爲山川悠遠未得與可汗封壤接連非是兩國之情猶有阻隔想可汗明識無復致疑又云兩地致書彼此不會且書不可以盡言言不可以盡意況蕃漢文字傳譯不同祇在共推赤心永保盟好豈必緣餙詞語以此交歡想每欲

冊府元龜　外臣部　通好　卷之九百八十　二十

思惟先相好意不更疑惑使是明誠又云欲除兩檻間惡刺如此之事最爲嘉言緣廻鶻據雄北方爲一代君長諸蕃臣伏百有餘年可汗掃除穹居大雪讐恥功業既高於前古威聲已振于北荒固當深務遠圖豈可更留餘燼黑車子不度德量力敢保寇讎則是傷可汗獨力何化此而可忍孰不可容況可汗前來防送公主使上天入地必須覓得今若捨而不問何以取信朕懷想可汗乘彼盛秋長驅精騎問廻鶻逋逃之罪行黑車子後服之誅取若拾遺役無再舉從茲濫定豈不美歟來書又云送公主到彼無一語

來綠公主纔離可汗五日便被廻紇刼奪所遣來使
盡被殺傷公主二年之中流離沙漠事已隔遠所以
不再叙言然趙蕃去日已具感愧之心足表殷勤之
意又聞今秋欲移徃廻紇牙帳滅其大國便保舊居
足使諸蕃威畏廻紇絶望稍近漢境頗謂良圖所云
請發遣兵馬期集公處緣黒車子猶去漢界一千餘
里在沙漠之中從前漢兵未嘗到彼比聞廻紇深意
嘗欲投竄安西待至今秋朕當令幽州太原振武天
德緣邊四鎮要路出兵料可汗攻討之時廻紇必當
潛遁各令邀截便可梟擒此是軍期須如符契想可

汗必全大信用叶一心諦德伊斯難珠朕已於三殿
面對兼賜宴樂並依來表更不滯留朕續遣重臣使
縣冊命故先達此旨令彼國明知冊命之禮並依廻
紇故事可汗爰始立國臨長諸蕃須示隣壤情深宗
盟義重以此鎮撫誰敢不從宜體至懷共宏遠畧春
煖想可汗休泰將相以下並存問之黠戞斯者亦名
紇斯本前代堅昆國在廻紇西北自稱李陵之後初
破廻紇國之時得太和公主以天家貴種又與國同
姓令達干十人送公主至塞上中路爲烏介可汗所
得盡殺黠戞斯使人乃質公主同行及黠戞斯乚表
問公主所在及所遣使者十人帝顧問宰臣議者奏
以黠戞斯是廻紇深讐令烏介可汗尚須與通和令
自將兵馬求殺使者罪人兼討黒車子容納可汗之
罪帝心未决以廻紇故事自平祿山之後歲賜絹三
萬疋以爲定制又黠戞斯有可汗之名慮不脩臣禮
宰臣又云今黠戞與廻紇故事不同未有大功安敢
邀利如肯同廻紇稱臣卽和冊命不爾便停無傷國
體兼許爲宗盟可以尊卑諭之令展子孫之禮帝意
乃定故降此書

僖宗乾符二年南詔驃信遣使乞盟許之

梁太祖乾化元年鄜州以廻紇可汗所與書來上制
以左監門衛上將軍楊沼爲右驍衛上將軍押領廻
紇等還蕃又河中奏廻紇宜慰諭使楊沼押領二蕃
酋長一百二十八人歸本國事

後唐武皇天祐四年契丹阿保機大寇雲中武皇遣
使連和因與之面會於雲州東城大具享禮延入帳
中約爲兄弟謂之曰唐室爲賊所簒吾欲今冬大舉
弟可以精騎二萬同收汴雒保機許之賜予甚厚留
馬三千匹以答貺左右咸勸武皇可乘間虜之武皇
曰逆賊未殄不可失信於夷狄自亡之道也乃盡禮

遣之
莊宗同光初滄州奏偵問契丹國舅撒剌宴送羊馬於幽州申和好
二年八月幽州進契丹國舅撒剌宴書
三年七月丁巳靈武奏恩賜廻紇王勑書降已送井州
四年正月幽州李紹斌奏契丹阿保機與臣貂裘一生吐蕃谷渾杜每兒爰生李紹威遣梅老茹真貢焉
明宗初篡嗣遣供奉官姚坤空函告哀至契丹西樓屬阿保機在渤海又徑至愼州崎嶇萬里既至謁見

保機延入穹廬保機身長九尺被錦袍大帶垂後與妻對榻引見坤坤未致命保機先問曰聞爾漢江河南河北各有一天子信乎坤曰河南天子今年四月一日雒城軍變今凶問至矣河北總管令公比爲魏州軍亂先帝詔令除討既聞内難衆軍離心及京城無主上下堅册令公請主社稷今已順人望登帝位矣保機曰漢國兒與我雖父子亦曾彼此讐擊俱有惡心與爾今天子彼此無惡足得歡好爾無復命我績將馬二萬騎至幽鎭已來與爾家天子面爲盟約我要幽州令漢兒把捉更不復侵汝漢界天成初阿保機死其母令次子德光權主牙帳明年德光遣其使梅老等三千餘人來脩好又遣使爲父求碑石帝許之賜予甚厚幷賜其母瓔珞錦綵自是山北安静蕃漢不相侵擾
天成元年九月幽州趙德均奏先差軍將陳繼威使契丹部内今使還得狀稱今年七月二十日至渤海界扶餘府契丹族帳在府城東南隅繼威既至求見不通竊問漢兒言契丹主阿保機已得疾其月二十七日阿保機身死八月三日隨阿保機靈柩發離扶餘城十三日至烏州契丹王妻始受却當府所持書

信二十七日至龍州契丹王妻令繼威歸本道仍遣捺括梅老押馬三匹充答信同來繼威見契丹部族商量來年正月葬阿保機於木葉山下兼差近位阿思没姑餒持信與先入蕃天使供奉官姚坤同來赴闕告哀兼聞契丹部内取此月十九日一齊擧哀朝廷及當府前後所差人使繼威來時見處分候到西樓日即並放歸
十月辛丑契丹告哀使没骨餒見言契丹國王阿保機今年七月二十七日薨勑曰朕以近纘皇圖恭脩帝道務安夷夏貴洽雍熙契丹王世豫歡盟禮交聘

問邊聞凶訃倍軫悲懷可輟今月十九日朝參
二年四月奏黎州狀雲南使趙和於大渡河南起舍一間留信物十五籠并雜牋詩一卷遞至闕下初郭崇韜平蜀之後得王衍昔獲蠻俘數十以天子命令殿直李楷持國信賜其國王并歸其俘囚楷入其部爲止於界上惟國信與蠻俘得往月餘乏食而還續有轉牒稱督爽大長和國宰相布燮等上大唐皇帝舅奏疏一封自鶴柘發遞歷機頁白崖爽等又入弄楝演習白鷚譌郡繕嶲爽等又入平夷新安寧遠標菼差人轉送黎州其紙厚硬若皮筆力遒健有書詔

體後有督爽陁酋忍爽王寶督爽彌勤忍爽董德義督爽長坦綽爽楊布爽等所署有綵牋一軸轉韻詩三章章三韻共十聯有類擊筑詞將有思本朝姻親之意理亦不遜其褚巾之物卽却返其國信舊封猶存復命左衛上將軍烏昭遇等再往使焉至西川知李楷又不能進遂廻
十一月契丹使梅老等三十餘人見傳本土願和好之意帝謂侍臣曰俱保邊鄙以安疲民朕豈辭降志耶彼旣求和足得懷柔矣
三年正月己酉契丹王阿保機妻差使迭葥振武副使劉在金到行闕賜在金錢帛銀器金帶鋪陳纏襆甚厚
長興元年五月青州奏所與高乞國勅書鈿函已付本國知後宮
七月振武張方進呈納契苾木書二封
二年五月癸亥青州上言有百姓過海北樵採附得東丹王堂兄京尹汚整書問慕華行止欲修貢也
閏五月青州進呈東丹國首領耶律羽之書二封
七月乙未兗州奏密州淮口准勅放過往來商客一千八十八人

十二月丙辰幽州奏契丹乞通和好
三年正月庚子契丹遣使拽骨等來朝
五月己亥契丹朝貢使迭羅卿辭歸蕃迭羅卿來求歸葥勅帝初欲遣之大臣爭之未决會幽州趙德均狀奏及揚宣皆言其不可遣帝意方解仍曰鮮卑倚好朕意在息邊悉共所求俱不遣虜卽有詞其葥骨舍利朕欲放還與不全阻其請執政不敢復爭乃遣從虜使歸蕃
十一月乙巳雲州節度使張敬達奏探得契丹王在黑榆林南撩剌泊率蕃族三百帳見製造攻城之具

云蕃界無草欲借漢界水草詔親直指揮使張萬金供奉官周務謙賫書國信雜綵五百疋銀器二百兩往賜契丹王

四年五月丙戌契丹國使述骨卿三十四人入朝

其年契丹耶律德光以兄東丹王突厥在闕下其母繼發使申款朝廷亦優容之賜突厥姓李氏名賛華出鎮滑州以莊宗夫人夏氏嫁之

愍帝應順元年正月乙亥契丹遣都督没辣干來朝獻馬四百駞十牟二千先是遣供奉官西方璟入契丹復命故有是獻

末帝清泰三年八月戊午契丹遣使梅里來朝

其年契丹遣使銀折梅里入朝

晉高祖即位於晉陽改號天福元年車駕將入雒閏十一月甲戌契丹王舉酒言於帝曰余遠來赴義大事已成皇帝須赴京都今已令大相温勒兵相送至於河梁要過河者即多少任意余亦且在此州俟京雒已定便當北轅執手相泣久不能別脫白貂裘以衣帝贈馬二十四戰馬一千二百匹仍誡曰子子孫孫各無相忘焉

二年二月契丹太子解里舍利梅老等到闕見

四月契丹宮苑使李可興到闕見

三年八月戊寅以左僕射劉昫為契丹册禮使左散騎常侍韋勳為副使給事中盧重册契丹太后使贈賜帛器皿有差

九月庚申契丹使跌跌廷信押按各馬往雒京般取後唐公主丙寅趙延壽進馬二匹謝恩放燕國長公主歸幽州

十一月契丹遣梅里賫書到闕賀范延光歸明其月戊寅契丹命使以寶册上帝徽號曰英武明義左右金吾六軍儀仗兵部法物太常鼓吹殿中省傘扇等

並出城迎引至崇元殿前陳列帝受徽號册御殿受百官賀

四年十月契丹使近臣崔廷勳領兵交戍於雲丘之北帝遣中官李威以吳越上酎遺而勞之

十一月戊子契丹遣遥折來使因聘吳越

五年四月甲子契丹使與化王來聘

十一月契丹使舍利來聘致馬百匹及玉鞍狐裘等

其年廻紇可汗仁美遣使貢良馬白玉謝册命也

六年四月己未契丹使述括來聘

七月壬戌涇州奏西凉府留後李文謙今年二月四

日閙宅門自焚遣元入西凉府譯語官楊行實與來人賫三部族蕃書進之

八月蕃通事康王六白契丹廻復遣使焉

六年九月遣供奉官李延業以時果送於契丹

十一月契丹遣使楊通事與供奉官李仁廓同到闕見

七年春正月庚午契丹遣使達剌已下三十六人來聘

三月乙卯朔契丹通事高模翰來聘

閏三月遣殿直馬延理内班王延斌送櫻桃於契丹

六月辛酉契丹遣達剌于來使癸亥遣殿直張延杲使於契丹

少帝以天福七年六月乙丑卽位八月宣喚契丹王母使舍利共一十二人宴於崇德殿

八年漢高祖時爲太原節度使奏以太原往例每年差人押送葡萄往契丹今年伏候敇旨有詔罷之高祖曰此土產當物廢而不行必啓戎心以生怨也

周太祖廣順元年二月丁未左千牛衛將軍朱憲使於契丹復命契丹王兀欲復遣使褭骨支伴送朱憲歸京師又賀我登極兼獻良馬一駟仍達蕃情云兩地通歡近因晉祖議和好之理爲遠大之謀

五月己巳遣左金吾將軍姚漢英右神武將軍華光裔使於契丹辭各賜襲衣銀帶絹綵三百疋銀器五十兩契丹入朝使大卿賜重錦五疋衣着三百疋銀器百兩別賜衣着五十疋馬價衣着一百五十疋副使賜有差曳剌五人各賜中錦一疋衣着五十疋仍遣供奉官李誦押援兵防送至樂壽

八月契丹遣幽州教練使曹繼筠護送宰相趙瑩喪柩至其家先是開運末虜陷京城瑩與馮玉李彥韜俱遷於北塞未幾卒至是方歸喪柩

二年正月涇州史光懿言廻紇可汗遣悉里來等四人到州迎接進奉廻使

十月沙州僧興賁表辭廻紇阻隔廻紇世世以中國王爲舅朝廷亦以甥呼之沙州陷蕃後有張氏世爲州將後唐同光中長史曹義金者遣使朝貢靈武韓洙保薦之乃授沙州刺史充歸義軍節度使瓜沙等州處置使其後久無貢奉至是遣僧辭其事

其月淮南送高麗使陳参等到闕見敇有司賜酒食衣服

第二頁十七行後脫一條
後漢光武建武二十五年鮮卑始通驛使

冊府元龜補　卷之九百八十　三十一

冊府元龜
巡按福建監察御史臣李嗣京　訂正
分守建南道左布政使臣胡維霖　參閱
知建陽縣事臣黃國琦較釋

外臣部　二十六

盟誓

周官司盟掌盟載之法盖邦國會同之制也其於四夷則胡人彈骨越人剺臂與夫中國歃血所繇各異示信一也若乃要荒之俗凶悍成性罔之度外斯爲匪人先王於是羈縻而不絶之也然而威力有所不

及德義有所不懷姑務息民非可黷武繇是申以詛誓質於神明逹之以誠心要之以禍福然後邊鄙不聳保障以寧倒載干戈而阜安生齒兹亦長轡遠御之一術也至或飭其詐諛臨事生變志圖剽劫以快匈奴此亦豺狼之常性豈謀之不臧者乎

魯隱公二年春公會戎于潛修惠公之好也戎請盟公辭秋八月庚辰公及戎盟于唐復修戎好也唐魯地

桓公二年七月公及戎盟于唐修舊好也

僖公三十二年四月衛人侵狄秋衛人及狄盟

文公八年十月公子遂會伊雒之戎盟于暴

哀公十九年秋三夷男女及楚師盟于敖

秦昭襄王時板楯蠻夷居巴郡閬中時有一白虎常從群虎數遊秦蜀巴漢之境傷害千餘人昭王乃重募國中有能殺虎者賞邑萬家金百鎰時有巴郡閬中夷人能作白竹之弩乃登樓射殺白虎昭王嘉之而以其夷人不欲加封乃刻石盟要復夷人頃田不租十妻不筭傷人勿論殺人得以賧他濫切錢贖死盟曰秦犯夷輸黃龍一雙夷犯秦輸清酒一鍾夷人安之

漢宣帝時與呼韓邪單于約束自長城以南天子有

之長城以北單于有之有犯塞輒以狀聞有降者不得受

元帝時遣車騎都尉韓昌光祿大夫張猛送呼韓單于侍子昌猛見單于民衆益盛塞下禽獸盡單于足以自衛不畏郅支聞其大臣多勸單于北歸者塞下無禽獸則射獵無所得又不畏郅支故欲北歸舊處恐北去後難約束不可更共爲言要昌猛即與爲盟約曰自今以來漢與匈奴合爲一家世世毋得相詐相攻有竊盗者相報行其誅償其物漢人爲盗于匈奴匈奴人爲盗于漢皆相報告而誅償有寇發兵相助漢與匈奴敢先背約者受天不祥令其世世子孫盡如盟昌

猛與單于及大臣俱登匈奴諾水東山諾水即今突厥地諾真水也刑白馬單于以徑路刀金留犂撓酒徑路匈奴寶刀也金契金也留犂飰屬也撓呼高切和也攪也契金着酒中撓攪飲之以老上單于所破月氏王頭爲飲器者共飲血盟昌猛還奏事公卿議者以爲單于保塞爲藩雖欲北去猶不能爲危害昌猛擅以漢國世世子孫與夷狄詛盟令單于得以惡言上告于天羞國家傷威重不可行宜遣使往告祠天與解盟昌猛奉使無狀罪至不道帝薄其過有詔昌猛以贖論勿解盟

平帝時西域車師後王句姑句音鉤去胡來王唐兜爲其去胡而來降漢故以爲王號降匈奴詔令單于執還使中郎將王萌待西域惡都奴界上逆受惡都奴西域之谷名也逆受逆而受之單于遣使送到國因請其罪使者以聞有詔不聽不免其罪

會西域諸國王斬以示之乃造設四條更新爲此制也中國人亡入匈奴者烏孫亡降匈奴者西域諸國佩中國印綬降匈奴者烏桓降匈奴者皆不得受遣中郎將王駿王昌副校尉甄阜王尋使匈奴班四條與單于雜函封與璽書同函而封之付單于令奉行因收故宣帝所爲約束封函還

宋師子國王刹利摩訶南奉表遣二白衣送牙臺像以爲信誓史缺年月

唐高祖武德七年八月頡利突利二可汗舉國入寇道自原州連營南上太宗時爲秦王受詔北討與虜遇於豳州醜徒震駭因而請和太宗許之結盟而去又云突利武德初深自結託太宗亦以恩撫之結爲兄弟與盟而去

太宗以武德九年八月即位是月辛巳突厥寇高陵癸未帝幸渭水之上與頡利隔津而語責其負約頡利請和詔許之乙酉幸城西刑白馬與頡利同盟于便橋之上突厥引兵而退

高宗麟德二年八月開府儀同三司新羅王金法敏熊津都尉扶餘隆盟于百濟之熊津城初百濟自扶餘璋與高麗連和屢侵新羅之地新羅遣使入朝求救相望於路及蘇定方既平百濟軍回餘衆又叛鎮

守使劉仁軌仁願等經畧數年漸平之詔扶餘隆歸撫餘衆及令與新羅和好至是刑白馬而盟先祀神祇及川谷之神而後歃血其盟文曰往者百濟先王迷於順逆不敦鄰好不睦親姻結託高麗交通倭國共爲殘暴侵削新羅剽邑屠城畧無寧歲天子憫一物之失所憐百姓之無辜頻命行人遣其和好負險恃遠侮慢天經皇赫斯怒恭行弔伐旌旗所指一戎大定固可瀦宮汚宅作誡來裔塞源拔本垂訓後昆然懷柔伐叛前王之令典興亡繼絕往哲之通規事必師古傳諸曩冊故立前百濟太子司稼正卿扶餘

隆爲熊津都督守其祭祀保其桑梓依倚新羅長爲與國各除宿憾結好和親恭承詔命永爲藩服仍遣使人右威衛將軍魯城縣公劉仁願親臨勸諭具宣成旨約之以婚姻申之以盟誓刑牲歃血共敦終始分災恤患恩若兄弟祇奉綸言不敢失墜旣盟之後共保歲寒若有背盟二三其德興兵動衆侵犯邊陲明神監之百殃是降子孫不育社稷無守禋祀磨滅罔有遺餘故作金書鐵券藏之宗廟子孫萬代無敢違犯神之聽之是享是福劉仁軌之辭也歃訖埋書牲幣於壇之壬地藏其書於新羅之廟於是仁軌領

新羅百濟耽羅倭人四國使浮海西還以赴太山之下

玄宗開元二年五月吐蕃宰相坌達延獻書于宰臣曰兩國地界事資丕定界定之後然後立盟書大夫解琬昔在安西界埋使會于河源相與展議蕃之頭也帝聞之命左散騎常侍解琬使於河源宰臣魏知古姚崇盧懷愼等致書報達延曰承屯聚兵馬初不知者頗亦爲疑但以彼國君臣素敦信義況立盟誓又結婚姻悠悠之談復何足信若見利忘義破親負約神道不遠何以逃殃自見來書果符意揣兩國和好百姓安寧永絶邊警豈非好事所論分界先有盟書令奉勑令左散騎常侍解琬往河源與公平章解琬國之重臣素有德行言無二諾衆所共推昔嘗充使西安備諳彼之境土今遣將命實惟命焉琬旣行勑琬賫神龍二年吐蕃誓文與達延定界臣欽若等曰神龍二年盟誓事史闕

六月吐蕃使其宰相尚欽藏及御史名悉獵來獻盟書帝御承天門樓命有司引見置酒於內殿享之

十一月己酉賜丹書鐵券于奚都督烏禍頡利發契丹伊健啜

六年十一月吐蕃遣使奉表曰仲冬極寒伏惟皇帝舅萬福使典軍馬集伴吐蕃使判悉獵等同至其書共傳語弁悉具委所緣和事者孝和帝在日其國界並是逐便斷當訖彼此亦已盟誓漢宰相等官入誓者僕射豆盧欽望魏元忠中書令李嶠侍中紀處訥蕭至忠侍郎李廻秀尚書宗楚客韋安石楊矩等一十人吐蕃宰相等亦同盟誓訖遂迎公主入蕃彼此安穩於後太上皇登極親好並相和同雖復如舊其漢宰相入誓者並已殁于後宰相不知已前要契當令望重立盟誓舅甥各親署盟書宰相依舊作誓彼

此相信亦長安穩此處使人論乞力徐尚奔時宋俄等前後七廻入漢比論皇帝舅親署誓書事復遣宰相作誓外甥亦親署宰相亦作呪如此使七廻來去阿舅却報言舅甥親自手署誓書及彼此宰相作呪阿舅云大是好事及至今日阿舅手署不見宰相作呪亦無又西頭張玄表將兵打外甥百姓又李知古亦將兵打外甥百姓既緣如此違誓失信所以吐蕃遂發兵馬今奉阿舅書以前所有嫌惡並悉不論自今以後依前和睦大是好事在此外甥亦同阿舅來意阿舅必定和好所以遣使人往來亦得文不須重

盟誓者緣孝和皇帝時舊漢宰相人盟誓者並無阿舅必以和好不重作盟誓彼此不相信要須新立盟誓即日未知國事亦不孫官寮並皆自决但是百姓擬遣安業久長快活阿舅書上雖道和好意中不專知有何益今日必定和好此處速却廻的實相報來書云乞力徐此集兵馬者准舊例兵馬新舊交替若道別集兵馬並是虛言又往者平論地界白水已來中間並令空閑昨秋間郭將軍率聚兵馬於白水築城既緣如此吐蕃遂於界內道亦築一城其兩國和同亦須迎送使命必若不和其城彼此守捉邊境又以北突厥骨吐祿共吐蕃交通者舊時使命實亦交通中間舅甥和睦已來准舊平章其骨吐祿阿舅亦莫與交通外甥亦不與交今聞阿舅使人頻與骨祿交通在此亦知爲不和中間有突厥使到外甥處既爲國王不可久留外國使人遂却送歸即日兩國和好依舊斷當吐蕃不共突厥交通如舅不和自外諸使命何入蕃任伊去來阿舅所附信物並悉領外甥今奉金胡瓶一瑪瑙盃一伏惟受納

十八年十月吐蕃使名悉獵等至京詔御史大夫崔琳充使報聘仍於赤嶺各豎分界之碑約以更不相

侵（二十二年遣將軍李佺于赤嶺分界立碑）

二十四年吐蕃與漢樹柵爲界置守捉使河西節度使散騎常侍崔希逸謂吐蕃將乞力徐曰兩國和好何須守捉妨人耕種請皆罷之以成一家豈不善也乞力徐報曰常侍忠厚必是誠言但恐朝廷未必皆相信任萬有一人交搆掩吾不備後悔無益也希逸固請之遂發使與乞力徐殺白狗爲盟各去守備於是吐蕃畜牧被野

天寶元年九月以護密國王子頡吉里匐遣使上表請北吐蕃來屬賜鐵券曰咨爾護密王子頡里匐夫

藩扞可寄惟信是從節義可積雖遠無隔卿之先代嘗附國朝通使有嘗書譯相次自卿父繼立近阻强鄰被制凶威有乖夙志今遂能獻誠款濟託歸懷自非心晤遠圖何以克存先意念此誠懇嘉尚尤深今賜卿丹書鐵券以旌忠孝長表信義永傳子孫日月同明山河齊久可不美歟可不愼歟

肅宗元年建寅月吐蕃使來朝請和勅宰相於中書宴設將詣光宅寺爲盟使者曰蕃法盟誓取三牲血歃之無向佛寺之事請明日復於鴻臚寺歃血以申蕃戎之禮從之

代宗廣德二年秋回紇犯邊先以關內副元帥郭子儀屯涇陽十月回紇首領羅達干等率其衆二千餘騎詣涇陽請降子儀許之令胡祿都督等與宰相磨咄莫賀達干宰相敦莫賀達干宰相護都毗伽將軍宰相揭拉裴羅達干宰相梅錄大將軍羅達干平章事海寧闕達干等子儀先執杯合胡祿都督請呪子儀呪曰大唐天子萬萬歲回紇可汗亦萬萬歲若起負心背盟約者身死陣前家口屠戮合胡祿都督等失色及杯至卽譯曰如令公盟約皆喜

永泰元年三月吐蕃遣使請和詔宰臣元載杜鴻漸與之盟于興唐寺

大曆二年四月宰臣及內侍魚朝恩與吐蕃使同盟于興唐寺

德宗建中二年十二月入蕃使判官監察御史嘗魯與吐蕃使論悉諾羅等至自蕃中初魯與其使崔漢衡至列館贊普令止之先命取國信勅書既而使謂漢衡曰來勅云所貢獻物並領訖今賜外甥少信物至宜領取我大蕃與唐舅甥國耳何得以臣禮見處又所欲定界雲州之西請以賀蘭山爲界其盟約請依景龍二年勅書云唐使到彼外甥先與盟誓蕃使

到此阿舅亦親與盟乃徵漢衡遣使奏定魯使還奏帝爲改勅書以貢獻爲進以賜爲寄以領取爲領之且謂曰前相楊炎不循故事致誤此耳其定界盟約並從之

三年十月以都官員外郎樊澤兼御史中丞入吐蕃計會使初漢衡與吐蕃約以十月十五日定界盟誓漢衡到商度未決已過其期遂命澤詣結贊復定盟會期且告隴右節度使中書侍郎平章事張鎰與之同盟澤至故原州西與結贊相見約以來年正月十五日會盟於淸水西

四年正月詔隴右節度使張鎰與吐蕃相尚結贊等盟於清水將盟鎰與結贊約各以二千人赴壇所執兵者半之列於壇外二百步散從者半之分立壇下鎰與賓佐齊抗及會盟官崔漢衡樊澤常魯于頔等十人皆朝服結贊與其本國將相論悉頰藏論藏熱乞利陁斯官者論乞力徐等七人俱升壇為盟初約漢以牛蕃以馬為牲鎰恥與之盟將殺其禮乃請結贊曰漢非牛不田蕃非馬不行今請以羊豕犬三物代之結贊許諾時塞外無豕結贊請出羝鎰出犬白羊乃於壇北刑之雜血二器而歃盟文曰唐有天下

恢奄禹跡舟車所至莫不率俾以累聖重光十年惟永彰王者之丕業被四海以聲教與吐蕃贊普代為婚姻固結隣好安危同體甥舅之國將二百年其間或因小忿棄惠為讎封疆騷然靡有寧歲皇帝踐祚愍兹黎元俾釋俘囚以歸蕃落蕃國展禮同兹叶和行人往復累布成命是必詐謀不起兵革不用矣彼猶以兩國之要求之永久古有結盟今請用之國家務息邊人外其故地棄利蹈義堅盟從約今國家所守界涇州西至彈箏峽西口隴州西至清水縣鳳州西至同谷縣暨劍南西川大渡水東為漢界蕃國守鎮在蘭渭原會西至臨洮又東至成州抵劍南西界磨些諸蠻大渡水西南為蕃界其兵馬鎮守之處州縣見有居人彼此兩邊見屬漢諸蠻以今所分見住處依前為定其黃河以北從故新泉軍直北至大磧直南至賀蘭山駱駝嶺為界中間悉為閒田盟文有所不載者蕃有兵馬處蕃守漢有兵馬處漢守並依見守不得侵越其先未有兵馬處不得新置并築城堡耕種今二國將相受辭而會齋戒將事告天地山川之神惟神照臨無得愆墜其盟文藏于宗廟副在有司二國之成其永保之結贊亦出盟文不加于坎

但埋牲而已盟畢結贊請鎰就壇之西南隅佛幄中焚香為誓誓畢復升壇飲酒獻酬之禮各用其物以將厚意而歸四月加荅蕃使崔漢衡簡較工部尚書帝初令宰相尚書與蕃相區頰贊盟于豐邑里壇所將盟以清水之約疆埸不定遂罷因留頰贊未遣復令漢衡決於贊普七月以國子祭酒李揆為禮部尚書御史大夫入蕃會盟使壬辰命宰相李忠臣盧杞關播右僕射崔寧工部尚書喬琳御史大夫于頎太府卿張獻恭司農卿段秀實少府監李昌夔京兆尹王翃左金吾衛大將軍渾瑊等與吐蕃宰相區頰贊

等會盟於壇所初于頓至自蕃中與尚結贊約疆埸旣定請歸其使從之以豐邑坊盟壇在京城之內非便請卜壇於京城之西其禮如清水之儀先盟二日命有司告太廟盟官致齋三日朝服升壇宰相關播跪讀盟文盟畢宴賜而遣之甲午以李揆爲右僕射兼官充使如故

貞元三年五月戊子以侍中渾瑊爲吐蕃清水會盟使兵部尚書崔漢衡爲會盟副使司勳員外郎鄭叔矩爲判官巳丑渾瑊赴會盟所帝令瑊統衆二萬餘又遣華州潼關節度駱元光赴之乙巳帝令宰臣召

吐蕃使諭結贊等於中書議會盟之所初崔澣與尚結贊約復會盟于清水且先歸我鹽夏二州結贊固云清水非吉地請盟于原州之土梨樹又請盟畢歸二州澣還使與結贊同奏帝將懷柔故皆從之約以閏五月十五日盟于土梨樹丁未帝召宰相議與吐蕃會盟之所先是左神策將馬有麟奏土梨樹地多險隘恐戎軍隱伏不利於我平涼川四隅坦平且近涇州就之爲便及是定盟所于平涼川從有麟之言也時蕃使論結贊巳復命遽追告還而遣之閏五月辛未渾瑊與蕃相結贊會盟于平涼初瑊與結贊約以兵三千人列于壇之東西散手四百人至壇下及將盟又約各遣遊軍以相覘伺結贊擁精騎數萬於壇西蕃之遊軍貫穿我師瑊之將梁奉貞率六十騎爲遊軍纔至蕃中皆被執留瑊不虞也結贊又遣謂瑊曰請侍中巳下服衣冠劍佩以俟命蓋誘其下馬將劫持之瑊與副使兵部尚書崔漢衡監軍特進宋奉朝等皆入幕次坦無他虞結贊命伐鼓三聲其聲呼譟而至瑊遽出自幕後偶得他馬不加銜瑊伏於鬣而手加之凡馳十餘里銜方及口故追騎之矢過而不傷焉惟瑊之裨將辛榮招合數百人據北阜

與賊接戰須臾賊衆四合榮力屈而降奉朝及瑊判官殿中侍御史韓弇並爲亂兵所殺漢衡及中官劉延邕俱文珍李朝清漢衡判官司勳員外鄭叔矩瑊判官簡較戶部郎中路泌掌書記袁同直大將扶餘準馬寧及神策鳳翔河東將孟日華李至言樂演明范澄馬弇等六十餘人皆陷焉餘將士及夫役死者四五百人駈掠者千餘人咸被解奪其衣物漢衡爲亂兵所擊其從吏呂溫以身蔽之刃中溫而漢衡獲免漢衡乃夷言謂執者曰我漢使崔尚書也結贊與我善汝欲殺我結贊亦殺汝乃捨之盡馳而西行旣

而面縛各以一木自領於身以毛繩三束之又以繩連其髮而牽之夜皆踣之於地以髮繩各繫於一橛又以毛罽都覆之守衛者臥其上以防其亡逸也以甲戌至故原州結賛坐於帳中召與相見數讓國家因怒渾瑊曰武功之力皆我之力許以涇州靈州相報竟食其言負我矣舉國所怨本劫是盟在擒瑊也吾遣以金銀飾桎梏待瑊將獻於賛普既已失之虛致君等耳當遣君輩一二人歸報家族也呂溫帶磨亦至結賛嘉其義厚給賚之結賛率其衆屯於石門遣中官俱文珍渾瑊之將馬寧馬燧之將馬弇歸於

我遂送濮衡叔矩等囚於河州辛榮扶餘準等或囚於故郭州故鄯州分囚之結賛本請杜希全李觀同盟將劫執二節將乘其銳來犯京師希全等既不行又欲劫執渾瑊長驅入寇其始謀姦蠹如此癸酉帝遣中官王子嘗賷詔書以遺結賛蕃界不納而還初瑊與駱元光將發涇州元光謂瑊曰本奉詔命令營於藩原堡以應援侍中竊以藩原堡去盟所六七十里蕃情多詐侍中儻有急我何繇知之請次爲營以虞其變瑊以非詔旨固止之元光竟與同進瑊之營西去盟所二十餘里元光營次之其濠柵頗深固瑊之濠柵可踰焉及瑊單騎奔歸未及其營守將李朝彩不能整衆多已奔散瑊之至也空營而已器械資糧悉棄之賴元光之衆陣於營中瑊既入賊追騎方退元光乃先進輜重次與瑊俱申其號令嚴其部伍而還時以爲有將帥之風焉帝特嘉之賜良馬十疋金銀器及錦綵甚厚瑊復鎮于奉天七月甲寅侍中渾瑊自會盟所來朝素服待罪有詔釋之而後謁見

初宰相柳渾曰夷狄人面獸心難以信結李晟曰今日之事誠如渾言事具宰相識量門

穆宗長慶元年九月吐蕃請盟帝許之宰相欲重其事請告太廟太常禮院奏曰謹按肅宗代宗故事與

吐蕃會盟并不告廟惟德宗建中末與吐蕃會盟於延平門欲重其誠信特令告廟至貞元三年會於平涼亦無告廟之文伏以事出一時又非經制求之典禮亦無其文今謹參詳恐不合告從之乃命大理卿兼御史大夫劉元鼎充西蕃會盟使以兵部郎中兼御史中丞劉師佐爲副尚舍奉御兼監察御史李武京兆府奉先縣丞兼監察御史李公度爲判官是年十月命宰臣崔植王播杜元穎並赴與吐蕃誓壇所太常禮院奏應赴會盟官尚書右僕射韓皐御史中丞牛僧孺吏部尚書李絳兵部尚書蕭俛戶部尚書

楊於陵禮部尚書韋綬太常卿趙宗儒司農卿裴武
京兆尹柳公綽右金吾衛將軍郭鏦並令赴壇所其
誓辭曰維唐承天撫有八紘聲教所臻靡不來廷蒐
業齊栗懼其隕顛纘武紹文疊慶重光克彰濬哲罔
忝洪緒十有二葉二百有四載則我太祖權明號而建
不拔鋪鴻名而垂永久類上帝以荅嘉應享皇靈以
酬景福曷有怠已越歲在癸丑冬十月癸酉文武孝
德皇帝詔丞相臣植臣播臣元穎等與大蕃和使禮
部尚書論訥羅等會盟于京師壇于城之西郊坎于
壇北凡讀誓刑牲加書復壞陟降周旋之禮動無違

者盖所以偃兵息人崇姻繼好懋建遠畧規恢長利
故也原夫昊穹上臨黃祇下載茲茲蠢蠢之類必資
官司爲厥宰臣苟無統紀則相滅絶中夏見管維唐
是君西裔一方大蕃爲主自今而後屏去兵革宿忿
舊惡廓然消除追崇舅甥曩昔繫援邊候撤警戍烽
韜煙患難相卹暴掠不作亭障甌脫絶其交侵襟帶
要害謹守如故彼無此詐此無彼虞嗚呼愛人爲仁
保境爲信畏天爲智事神爲禮有一不至遘災于躬
塞山崇崇河水湯湯日吉辰良奠其兩疆西爲大蕃
東實巨唐文臣執簡播告秋方大蕃贊普及宰相鉢
闡布尚綺心兒等先寄盟文要節云蕃漢二邦各守
見管本界彼此不得征討不得相爲寇讎不得侵謀
境土若有所疑或要捉生問事優給衣糧放還今並
依從更無添改預盟之官十七人皆列名焉是月劉
元鼎等與論訥羅同赴吐蕃本國就盟仍勅元鼎到
彼令宰相已下各于盟文後自書名元鼎至磨容館
之間與蕃給事中論悉荅熱擁千餘騎議盟事於藏
河北川中府贊普建衙帳于野以柵搶爲壘每十步
攢長槊百枝而中建大旆次第有三門相去百步門
有甲士巫祝鳥冠虎帶擊鼓拜箭入者必搜索而進

内起高臺環以寶楯帳曰金帳其中緣飾多以金爲
蛟螭虎豹之狀至甚精巧元鼎既見贊普年可十七
八號可黎可足戔衣白褐以朝霞纏頭坐佩金劍國
政蕃僧號鉢掣逋立於座右侍中宰相列於臺下翼
日於衙帳西南具饌饌味酒器畧與漢同樂工奏秦
王破陣樂凉州綠腰胡渭州百戲等皆中國人也所
築盟臺濶十步高二尺漢使與蕃相及高位者十餘
人相向列位酋領百餘人坐于壇下壇上設一榻高
五六尺使鉢掣逋讀誓文則蕃中文字使人譯之讀
訖歃血惟鉢掣逋不預以僧故也盟畢於佛像前作

禮使僧諷文以爲誓約鬱金呪水飲訖引漢使焚香行道相賀而退及元鼎廻過河州元帥尚榻藏郎蕃相尚綺心兒也館元鼎於大夏川中集東節度使將帥凡百餘人看本國所署盟文於臺上高聲曉讀讀訖因約束各守封界無相侵掠繇是太和已來隴外稍安

冊府元龜

巡按福建監察御史臣李嗣京 訂正
知長樂縣事臣夏允彝 叅閱
知建陽縣事臣黃國琦 較釋

外臣部 九百八十二

征討第一

夫中國之於夷狄覊縻勿絶而已其或申威攘之令舉攻伐之兵亦所以討不恵遏内侮震耀王靈攘除民患誠不得已而用之也自帝軒之世降及三代蠢兹荒獷嘗聞猾夏蓋亦陳師薄伐殲夷驅逐流乎雅

頌紀乎春秋秦漢之後邊患繼作曷嘗不厲兵勒旅賦車籍馬徂征爕伐以昰武節或頻出而無寧歳或畧地而極遐徼以至宣威阃圉庶民頼其保障解紛救患殊俗被乎恩信原夫要荒之外聲教罕暨鷙猛以成性貪惏而無厭自非内敦乎德義外施乎武怒亦何以革其禍心而靖其亂畧哉嚴尤所謂戎狄之侵譬猶蚊蝱之螫敺之而已眞知言者歟

黃帝北逐葷粥 匈奴傳曰唐虞以上有山戎獫狁葷粥居于北蠻

夏后相二年征黃夷先是太康失國四夷背叛及后相即位乃征畎夷七年然後來賓

商成湯即位征畎夷先是后桀之亂畎夷入居邠岐之間成湯既興伐而攘之

高宗伐鬼方三年乃克 鬼方西羌也

武乙三十五年周王季伐西落鬼戎俘二十翟王也

太丁二年周人伐燕京之戎

四年周人伐余無之戎克之周王季命爲殷牧師也

七年周人伐始呼之戎克之

十一年周人伐翳徒之戎捷其三大夫

周文王時西有昆夷之患北有獫狁之難遂攘戎狄西戎之國莫不賓服

成王時東伐淮夷踐奄 奄國在淮夷之北 遷其君薄姑 齊地

穆王時戎狄不貢王行大戎獲其五王

夷王時荒服不朝乃命虢公伐太原之戎至于俞泉獲馬千匹

宣王時命秦仲伐戎爲戎所殺乃召秦仲子莊公與兵七千人伐戎破亡又命召穆公虎平淮夷先是懿王時戎侵中國宣王興國命將以征伐之詩人美大其功曰薄伐獫狁至于太原 小雅六月之詩也薄伐言逐出之 出車彭彭城彼朔方 小雅出車之詩也彭彭盛也朔方地也言獫狁既去北方安靜乃築城以守 又命方叔爲將南征荆州之蠻作采芑詩曰方叔

涖止其車三千師干之試（師衆干扞試用也） 又曰蠢爾蠻荊大邦爲讎方叔元老克壯其猶（猶道也） 又曰顯允方叔征伐玁狁蠻荊來威（方叔先與吉甫征伐玁狁今特往伐蠻荊皆使其來服于宣王之威）

襄王十五年以翟王女爲后十六年復絀翟后王子帶開翟人翟人遂入周襄王出奔溫居外四年乃使使告急于晉晉文公初立欲修霸業乃興師伐戎翟誅子帶迎內襄王于雒邑當是時秦晉爲强國晉文公攘戎狄居于西河圁雒之閒（圁音鄞地理志圁水出上郡白土縣西東流入于河圁水即今銀州銀水是也雒水今亦謂之漆沮也） 號曰赤翟白翟

二十四年狄伐晉晉侯敗狄于箕郤缺獲白翟子

頃王時魯叔孫得臣敗翟于鹹（魯地也） 獲長翟僑如冨父終生舂其喉以戈殺之（冨父終甥魯大夫也舂猶衝也） 埋其首于子駒之門（子駒魯郭門名） 以命宣伯（宣伯叔孫得臣子喬如也臣獲喬如以名其子使後世旌識其功） 初宋武公之世鄋瞞伐宋（武公周平王時在春秋前二十五年鄋瞞長翟國名） 司徒樂之以敗翟于長丘（宋地名） 獲長翟緣斯（喬如之祖也） 晉之滅潞（在魯宣公十五年） 獲喬如弟棼如然後終其事

定王六年鄋瞞伐齊王子城父獲其弟榮如埋其首于北門（按年表齊惠公二年魯宣公之二年） 衞人獲其弟簡如（獲與喬如同時） 鄋瞞由是遂亡（長翟之種絕） 又定王時荀林父敗赤狄于曲梁乃滅潞（曲梁今廣平曲梁縣也） 酆舒奔衞衞人歸諸晉晉人殺之

景王時楚子聞蠻氏之亂也與蠻子之無質也（質信也） 使然丹誘戎蠻子嘉殺之遂取蠻氏既而復立其子焉禮也（誘之非也立其子禮也河南新城縣東南有蠻城） 敬王時楚人既克夷虎（夷虎蠻夷叛楚者） 乃謀北方左司馬眅申公壽餘葉公諸梁致蔡于負函（三子楚大夫也此蔡之故地人民楚因以爲邑致之者會其衆也） 致方城之外于繒關（負函繒關皆楚地） 曰吳將泝江入郢（逆流曰泝） 將奔命焉爲一昔之期襲梁及霍（僞辭當備吳夜結期明日便襲

梁霍使不知之梁河南梁縣西南故城也梁南有霍陽山皆蠻子之邑也） 單浮餘圍蠻氏蠻氏潰（浮餘楚大夫） 蠻子赤奔晉陰地（陰地河南山北自上雒以東至陸渾） 司馬起豐析與戎狄（楚司馬眅也析縣屬南鄉郡析南有豐鄉皆楚邑發此二邑人及戎狄） 以臨上雒左師軍于菟和（菟和山在上雒東也） 右師軍于倉野（倉野在上雒縣） 使謂陰地之命大夫士蔑（命大夫別縣監尹） 曰晉楚有盟好惡同之若將不廢寡君之願也不然將通於少習以聽命（少習商縣武關也將大開其武關道以伐晉者也） 士蔑請諸趙孟趙孟曰晉國未寧安能惡於楚必速與之（未寧時有范中行之難） 士蔑乃致九州之戎（九州戎在晉陰地陸渾者） 將裂田以與蠻子而城之（以詐蠻子） 且將爲之卜（卜城） 蠻子聽卜遂

執之與其五大夫以畀楚師于三戸(今丹水縣北有三戸亭)司馬致邑立宗焉以誘其遺民(楚復詐爲蠻子作邑立其宗主)而盡俘以歸

元王元年楚沈諸梁伐東夷(報越)三夷男女及楚師盟于敖(從越之夷三種敖東夷地)

秦始皇三十二年燕人盧生使入海還以鬼神事因奏錄圖書曰亡秦者胡也(胡胡亥秦二世名也秦見圖書不知此爲人胡反備北胡)始皇乃使將軍蒙恬發兵三十萬人北擊胡畧取河南地三十三年發諸嘗逋亡人贅壻(贅謂居窮有子使就其婦家爲贅婿)賈人畧取河南陝西地爲桂林(今鬱林是)象郡(今日南)

南海以適遣戍(五十萬人守五嶺)西北斥逐匈奴自榆中(在金城)並河以東(並音傍依傍也)屬之陰山(在五原北)以爲三十四縣城河上爲塞又使蒙恬渡河取高闕陶山北假口(王莽傳曰五原北假膏壤殖穀北假地名也)築亭障以逐戎人徙謫實之

漢高帝七年匈奴大攻圍馬邑代王信(即韓王信也)降匈奴匈奴得信因引兵南踰句注攻太原至晉陽下帝自將往擊之會冬大寒雨雪卒之墮指者十二三

文帝三年五月匈奴入居北地河南爲寇(北地郡之北黄河之南即日令所居)帝幸甘泉(天子車駕所至民臣爲僥幸故曰幸見令長三老官屬親臨軒作樂賜以食白越巾佩帶之屬民爵有級數或賜田租之半故因謂之幸也甘泉在雲陽本秦林光官)遣丞相灌嬰擊匈奴匈奴去十四年冬匈奴殺北地都尉卭(功臣表云卭字姓孫單以爲北地都尉卭力戰死事文帝十四年封與此正合然則卭姓孫而徐廣乃云姓段說者因曰段會宗即卭之玄孫無所據也會宗漢書有傳班固不云是卭後何從而知之乎)遣三將軍軍隴西北地上郡中尉周舍爲衛軍郎中令張武車騎將軍軍渭北車千乘騎卒十萬人帝親勞軍勒兵申教令(申謂約束之)賜吏卒自欲征匈奴群臣諫不聽皇太后固要帝乃止(要欲也哀痛呪誓之言)於是以東陽侯張相如爲大將軍建成侯董赫內史欒布皆爲將軍擊匈奴匈奴走

武帝建元三年七月越圍東甌東甌告急遣中大夫

嚴助持節發會稽兵浮兵救之未至閩越兵走

六年八月閩越王郢攻南越遣大行王恢將兵出豫章大司農韓安國出會稽擊之未至越人殺郢降兵還初閩粤擊南粤南粤守以天子約不敢擅發兵而以聞帝遣恢及安國皆爲將軍兵未隃(隃與踰同)嶺閩越王郢發兵距險其弟餘善與宗族謀曰王以擅發兵不請故天子兵來誅漢兵衆强即幸勝之後來益多(言漢地廣大兵衆盛强今雖勝之後更來也)滅國乃止今殺王以謝天子天子罷兵固國完不聽乃力戰不勝即亡入海皆曰善即鏦殺王(鏦音初江切)使使奉其頭致大行大行曰所

爲來者誅王王頭至不戰而殞利莫大焉乃以便宜案兵告大司農軍而使使奉王頭馳報天子詔罷兩將軍兵

元光六年春匈奴入上谷殺畧吏民遣車騎將軍衛青出上谷騎將軍公孫敖出代輕車將軍公孫賀出雲中驍騎將軍李廣出鴈門青至龍城匈奴單于祭天大會諸國名其處爲龍城獲首虜七百級廣敖失師而還

元朔元年秋匈奴入遼西殺太守入漁陽鴈門敗都尉殺畧三千餘人遣將軍衛青出鴈門將軍李息出代獲首虜數千級

二年正月匈奴入上谷漁陽殺畧吏民千餘人遣將軍衛青李息出雲中至高闕山名也一曰塞名也在南朔方之北遂西至符離幕北塞名也獲首虜數千級收河南地置朔方五原郡

四年夏匈奴入代定襄上郡殺數千人明年春大將軍衛青將六將軍兵十餘萬出朔方高闕獲首虜萬五千級

五年秋朔匈奴入代殺都尉明年二月大將軍衛青將六將軍兵十餘萬騎出定襄斬首三千餘級還休士馬于定襄雲中鴈門四月青復將六將軍絶漠漠漢漠匈奴之南界也沙土曰漠直度曰絶或云是塞外地名非也漠者卽今之突厥中磧耳李陵歌曰經千里兮渡沙漠大克獲前將軍趙信軍敗降匈奴右將軍蘇建亡軍獨身脫還贖爲庶人

元狩二年三月遣驃騎將軍霍去病出隴西至皐蘭皐蘭山名也霍去病傳曰過焉支山千有餘里合短兵鏖皐蘭下則北山也鏖音烏高切斬首八千餘級是月將軍去病公孫敖出北地千餘里過居延居延匈奴中地名韋昭以張掖所置居延縣者以要安處所獲居延人置此縣斬首虜三萬餘級匈奴入鴈門殺畧數百人遣衛尉張騫郎中令李廣皆出右北平廣殺匈奴三千餘人盡亡其軍四千人獨身脫還及公孫敖張騫皆後期當斬贖爲庶人

四年春將軍衛青將四將軍出定襄將軍去病出代各將五萬騎步兵踵軍後數十萬人踵接也猶言躡其踵青至漠北圍單于斬首萬九千級至闐顏山乃還闐音塡塞之塡去病與左賢王戰斬獲首虜七萬餘級封狼居胥山乃還登山祭天築土爲封刻石紀事以彰漢功兩軍戰士死者數萬人前將軍廣後將軍食其皆後期廣自殺食其贖死李廣傳云引兵與右將軍食其合軍出東道又曰廣自剄右將軍下吏當死贖爲庶人霍去病傳亦云趙食其爲右將軍平陽侯襄爲後將軍此紀爲誤也傳寫者誤以右爲後食其音異基

元鼎五年四月南越王相臣呂嘉等反殺漢使者及

其王王太后以衛尉路博德爲伏波將軍出桂陽下湟水（湟音皇）主爵都尉楊僕爲樓船將軍出豫章下橫浦（一云下湞水）故歸義越侯二人爲戈船下瀨將軍（從粵來歸義而漢封之戈船名嚴下瀨名甲）出零陵或下灕水或抵蒼梧使馳義侯（名遺）因巴蜀罪人發夜郎兵下牂牁江咸會番禺（六年十月遂定越地）

九月先零羌與封養牢姐種解仇結盟與匈奴通合兵十餘萬共攻令居故安遂圍抱罕明年十月發隴西天水安定騎士及中尉河南河北卒十萬人遣將軍李息郎中令徐自爲擊平之始置護羌校尉持節

統領焉

是年南夷且蘭君殺漢使者反帝遹發巴蜀罪人當擊南越者八校尉擊之會越巳破漢八校尉不下中郎將郭昌衛廣引兵還行誅隔滇道者且蘭（言因軍行而使誅之也）斬首數萬遂平南夷爲牂牁郡

六年秋閩粵王餘善刻武帝璽自立詐其民爲妄言（麦自尊大也）帝遣橫海將軍韓說出句章（說讀爲悅句章會稽之縣）浮海從東方往樓船將軍僕出武林（揚僕也）中尉王溫舒出梅嶺粵侯王爲戈船下瀨將軍出如邪白沙明年冬咸入東粵東粵素發兵距險使徇北將軍守武林敗樓船軍數校尉殺長史樓船軍卒錢唐榬終古斬徇北將軍（錢唐會稽縣也榬姓終古名也榬音袁）爲語兒侯（越中地也今吳南亭是語字或作禦或非禦其音同）竟平閩粵

元封二年四月朝鮮王攻殺遼東都尉乃募天下死罪擊之先是朝鮮王右渠誘漢亡人滋多又未嘗入見（不朝見天子也）漢使涉何譙諭右渠終不肯奉詔（譙責讓也）何去至界臨浿水使馭刺殺送何者朝鮮裨王長（長者裨王名也送何至浿水上何因刺殺之）遂歸報天子曰殺朝鮮將帝爲其名美弗詰拜何爲遼東東部都尉朝鮮怨何發兵襲攻殺何天子募罪人擊朝鮮其秋遣樓船將軍楊僕

從齊浮渤海兵五萬左將軍荀彘出遼東誅右渠

二年夏朝鮮相尼谿相參使人殺其王右渠來降初左將軍荀彘樓船將軍楊僕擊朝鮮二將不和右將軍與使者執樓船將軍左將軍已并兩軍即急擊朝鮮朝鮮相路人相韓陶尼谿相參將軍王唊（音頰）相與謀曰始欲降樓船樓船今執獨左將軍并將戰益急恐不能與（不能與猶言不如也）王又不肯降陶唊路人皆亡降漢路人道死尼谿相參乃使人殺朝鮮王右渠來降王險城未下故右渠之大臣成巳又反復攻使左將軍使右渠子長（右渠之子名長）降相路人子最（相路人前巳降漢而死于

道故謂之降相最者其子名告諭其民誅成巳故遂定朝鮮
太初元年八月遣貳師將軍李廣利發天下謫民西
征大宛初貳師起敦煌西爲人多道上國不能食起發也道上國近道諸國也食讀曰飲分爲數軍從南北道校尉王申生
故鴻臚壺充國等千餘人別至郁城城守不肯給食
申生去大軍二百里負而輕之負恃也恃大軍之威而輕敵人攻郁
成急郁成窺知申生軍少晨用三千人攻殺申生等
人脫亡走貳師走音奏貳師令搜粟都尉上官桀往攻
破郁成郁成降其王亡走康居康居聞
漢已破宛出郁成王與桀桀令四騎士縛守詣大將

軍時多別將故謂貳師爲大將軍四人相謂郁成漢所毒言毒恨今生
將卒卒讀曰猝失事大欲殺莫適先擊適往也無有主意先擊者也音丁歷切上邽騎士趙第拔劍擊斬郁成王桀等遂追及大
將軍刀平春斬大宛王首
二年秋遣浚稽將軍趙破奴浚稽山在武威塞北匈奴嘗所以爲障蔽浚音俊稽音雞二萬騎出朔方擊匈奴
天漢二年五月貳師將軍李廣利三萬騎出酒泉與
右賢王戰于天山在西域近蒲類國去長安八千餘里即祁連山也匈奴謂天爲祁連音巨夷切今鮮卑語尚然斬首虜萬餘級又遣因杅將軍出西河
騎都尉李陵將步兵五千人出居延與單于戰斬首
虜萬餘級陵兵敗降匈奴
四年正月發天下七科謫吏有罪一亡命二贅婿三賈人四故有市籍五父母有市籍六大父母有市籍七凡七科也及勇敢士遣貳師將軍李廣利
將六萬騎步兵七萬人出師朔方因杅將軍公孫敖
萬騎軍步兵三萬人出雁門游擊將軍韓鋭鋭讀曰侻步
兵三萬人出五原強弩都尉路博德步兵萬餘人與
貳師會廣利與單于戰余吾水上連日數與左賢王
戰不利皆引還
征和三年正月匈奴入五原酒泉殺兩都尉遣貳師
將軍廣利將七萬人出五原御史大夫商丘成三萬

人出西河重合侯馬通四萬騎入酒泉成至浚稽山上音傍下音雜與虜戰多斬首通至天山虜引去因降車師
皆引兵還廣利敗降匈奴
昭帝始元元年夏益州廉頭姑繒民反殺長吏牂牁
談指同並等二十四邑凡三萬餘人皆反皆西南夷別種名也並音伴遣水衡都尉呂破胡募吏民及發蜀郡犍爲犇
命萬餘人犇古奔字擊牂牁大破之四年姑繒葉榆復反
遣水衡都尉呂辟胡將郡兵擊之辟音必辟胡不進蠻
夷遂殺益州太守乘勝與辟胡戰士戰及溺死者四
千餘人明年復遣軍正王平與大鴻臚田廣明等並

進大破益州斬首捕虜五萬餘級獲畜産十餘萬元鳳元年三月武都氐人反遣執金吾馬適建（姓馬適名建）龍額侯韓增與大鴻臚廣明將三輔太常徒皆免刑擊之（是時太常主諸陵縣治民）三年匈奴東擊破烏桓大將軍霍光聞之因遣使度遼將軍范明友將二萬騎出遼東邀匈奴而虜已引兵明友乘烏桓新敗遂進擊之斬首六千餘人獲其三王首而還

六年夏烏桓復犯塞遣度遼將軍范明友擊之

宣帝本始二年匈奴數侵邊又西伐烏孫烏孫昆彌

及公主國使者上書（昆彌烏孫王之號也國使者漢朝之使也）言昆彌願發國精兵擊匈奴惟天子哀憐出兵以救公主秋大發兵調關東輕車鋭卒（調亦選也鋭利言其勇利也調音徒釣切）選郡國使三百石伉健習騎射者皆從軍（伉強也音口浪切）御史大夫田廣明爲祁連將軍（祁連匈奴中山名也諸將分部廣明值此山因以爲號也）後將軍趙充國爲蒲類將軍（蒲類匈奴中海名也在燉煌北匈奴傳有蒲類澤）雲中太守田順爲虎牙將軍及度遼將軍范明友前將軍韓增凡五將軍兵十五萬騎校尉常惠持節護烏孫兵咸擊匈奴（又云昭帝時烏孫楚公主上言匈奴發騎田車師車師與匈奴爲一兵俱侵烏孫天子幸救之漢養士馬議欲擊匈奴宣帝初會公主及昆彌皆遣使上書言匈奴復連發大兵侵擊烏孫取車延惡師帝收人民去使使謂烏孫趣持公主來趣讀曰促卻隔絶漢昆彌願國半出兵自給人馬五萬騎盡力擊匈奴惟天子出兵以救公主昆彌漢兵大發十五萬騎五將軍分道並出遣校尉常惠使持節護烏孫兵昆彌自將翕侯以下五萬騎從西方入至右谷蠡王庭獲單于父行及嫂居自名主黎汙都尉千長騎將以下四萬級馬牛羊驢橐駝凡獲千餘萬頭烏孫皆自取其所虜獲焉兵乃止）

地節二年車師王烏貴立與匈奴結婚姻漢遣侍郎鄭吉校尉司馬憙（憙音許吏切）將免刑罪人田渠梨積穀欲以攻車師至秋收穀吉憙發城郭諸國兵萬餘人自與所將田士千五百人共擊車師攻交河城破之王尚在其北石城中未得會軍食盡吉等且罷兵歸

渠梨田收秋畢復發兵攻車師王於石城王聞漢兵且至北走匈奴求救未爲發兵王來還與貴人蘇猶議欲降漢恐不見信蘇猶教王擊匈奴邊國小蒲類斬首略其人民以降吉車師旁小金附國隨漢軍後盜車師車師王復自請擊破金附匈奴聞車師降漢發兵攻車師吉憙引兵北逢之匈奴不敢前吉憙即留一候與卒二千人留守王吉等引兵歸渠梨車師王恐匈奴兵復至而見殺也乃輕騎奔烏孫吉即迎其妻子置渠梨東奏事至酒泉有詔還田渠梨及車師益積穀以安西國侵匈奴吉還傳送車師王妻子

諸長安賞賜甚厚每朝會四夷嘗尊顯以示之於是吉始使吏卒三百人別田居車師得降者言單于大臣皆曰車師地肥美近匈奴使漢得之多田積穀必害人國不可不爭也果遣騎來擊田者吉乃與校尉盡將渠犁田士千五百人往田匈奴復益遣騎來漢田卒少不能當保車師城中匈奴將即其城下謂吉日（即就也）單于必爭此地不可田也圍城數日乃解後常數千騎往來守車師吉上言車師去渠犁千餘里間以山河（間隔也立居莧切）北近匈奴漢兵在渠犁者勢不能相救願益田卒公卿議以爲道遠煩費可且罷車

師田者遣詔長羅侯（常惠也）將張掖酒泉騎出車師北十餘里揚威武車師旁胡騎引兵去吉乃得出歸

元康三年先零與諸羌共盟誓將欲寇邊帝聞使光祿大夫義渠安國（義渠姓也）將兵觀之安國至召先零豪四十餘人斬之因放兵擊其種斬首千餘級於是諸羌怨怒遂寇金城乃遣趙克國與諸將將兵六萬人擊破平之

神爵元年三月西羌反發三輔中都官徒弛刑及應募佽飛射士羽林孤兒胡越騎三河穎州沛郡淮陽汝南材官金城隴西天水安定北地上郡騎士羌騎詣金城遣後將軍趙克國强弩將軍許延壽擊之

甘露二年四月遣護軍都尉祿將兵擊珠崖

元帝建昭三年秋使護西域騎都尉甘延壽副校尉陳湯（言延壽及湯本充西域之使故先言使而後序其官職及姓名也）矯發戊己校尉屯田吏士及西域胡兵攻郅支單于（矯與撟同撟詐也實不奉詔詐以上命發兵故言矯發也戊己校尉者鎮安西域無主治處也亦猶甲乙等名有方位而戊于己四季等王故以名官也時有戊校尉又有己校尉位在中央今所置校尉處三十六國之中故曰戊己也郅音質）各斬其首傳詣京師縣蠻夷邸門

成帝時陳立爲牂牁太守立臨卭人前爲連然長不韋令（皆益州縣也）蠻夷畏之及至牂牁諭告夜郎王興興

不從命立請誅之未報乃從吏數十人出行縣（行音下更切）至興國且同亭（且音子余切）召興興將數千人往至亭從邑君數十人入見立數責因斷頭（數見所具切）邑君曰將軍誅亡狀爲民除害願出曉士衆以興頭示之皆釋兵降（釋解也）鉤町王禹漏卧侯俞震恐入粟千斛牛羊勞吏士還歸郡興妻父翁指子邪務收餘兵追脅旁二十二邑反至東立奏募諸夷與都尉長史分將攻翁指等翁指據阸爲壘立使奇兵絶其糧道縱反間以誘其衆（間音居見切）都尉方年日兵久不決費不可共（共供也）引兵獨進敗走趨立營（趨讀曰趣趣向也）立怒叱戲

下令格之（戲音許宜切又音麾）都尉復還戰立引救之時天大旱立攻絕其水道蠻夷兵斬翁指持首出降立已平定西夷徵詣京師

平帝元始中車師後王國有新道出五船北通玉門關往來差近戊巳較尉徐普欲開以省道里半避白龍堆之阨車師後王姑句（音鉤）以道當爲拄置（拄者支拄也言有所置立而支拄於已故心不便也拄音竹羽切又竹具切其字從手而讀之者或不曉以拄爲梁拄及分破其句言置拄于心皆失之矣）心不便也地又頗與匈奴南將軍地接普欲分明其界然後奏之召姑句使證之不肯繫之姑句數以牛羊賕吏求出不得姑句家矛端生

火其妻股紫陬（陬音子侯切）謂姑句曰矛端生火此兵氣也利以用兵前車師前王爲都護司馬所殺今久繫必死不如降匈奴即馳突出高昌壁入匈奴又去胡來王唐兜國比大種赤水羌（比近也音皮寐切）數相寇不勝告急都護都護但欽不以時救助唐兜因急怨欽東守玉門關玉門關不內即將妻子人民千餘人亡降匈奴匈奴受之而遣使上書言狀是時新都侯王莽秉政遣中郎將王昌等使匈奴告單于西域內屬不當得受單于謝罪執二王以付使者莽使中郎將王萌待西域惡都奴界上逢受（逢受謂先至道之逢見即受取也）單于遣使送因請其罪（請免其罪）使者以聞莽不聽詔下會西域諸國王陳軍斬姑句唐兜以示之

册府元龜

巡按福建監察御史臣李嗣京　訂正

知閩縣事臣曹學臣參閲

知建陽縣事臣黄國琦較釋

外臣部　九百八十三

征討第二

後漢光武建武十年正月匈奴左南將軍將數千騎救盧芳將賈覽於向柳大司馬吴漢率捕虜將軍王霸等五將軍與戰于平城下破之追出塞斬首數百級

十三年漢復將弛刑徒起亭障自代至平城三百餘里凡與匈奴烏桓大小數十百戰

十一月先零羌寇金城隴西中郎將來歙率諸將擊羌於五谿大破之（隴西襄武縣有五谿聚）

十一年先零羌寇臨洮隴西太守馬援破降之徙置天水隴西扶風三郡

十二年武都參狼羌反隴西太守馬援討降之

十九年九月西南夷寇益州郡（故城在今昆州晉寧縣是）遣武威將軍劉尚討之二十一年正月諸夷悉平

二十一年四月安定屬國胡叛屯聚青山（青山在今慶州馬嶺縣西北）遣將兵長史陳訢討平之（訢音欣）

十月遣伏波將軍馬援出塞擊烏桓不克

二十三年正月南郡蠻叛遣武威將軍劉尚討破之徙其種人於江夏（郡名故城在今安州雲夢縣東南）

十二月武陵蠻叛寇掠郡縣遣劉向討戰于沅水（武陵郡今朗州也沅水名出牂柯東北過臨洮縣至長沙洞庭湖）尚軍敗破

二十四年七月武陵蠻寇臨洮遣謁者李嵩中山太守馬成討蠻不克於是伏波將軍馬援率四將軍討之

二十五年十月叛蠻悉降

中元元年十二月參狼羌寇武都敗郡兵隴西太守劉盱遣軍救之及武都郡兵討叛羌皆破之於是軍遂班師

明帝以中元二年二月即位九月燒當羌寇隴西敗郡兵于允街（縣名屬金城郡）遣謁者張鴻討叛羌于允吾（縣名屬金城郡）十一月遣中郎將竇固監捕虜將軍馬武等二將軍討燒當羌（明年七月大破之）

永平元年（史不書月）遼東太守祭肜使鮮卑擊赤山烏桓大破之斬其渠帥（赤山在遼東西北數千里）

是年復遣中郎將竇固捕虜將軍馬武等擊滇吾於

西邸大破之始復夷叛益州刺史發兵討破之斬其渠帥傳首京師

十五年帝欲遵武帝故事擊匈奴通西域以竇固明習邊事（固舊隨融在河西曉知邊事）拜爲奉車都尉以騎都尉耿忠爲副（忠弇之子）謁者僕射耿秉爲駙馬都尉秦彭爲副皆置從事司馬並出屯涼州明年固與忠率酒泉燉煌張掖甲卒及盧水羌胡（案湟水東經臨江縣故城北又東盧溪水出西南盧川即其地也）萬二千騎出酒泉塞耿秉秦彭率武威隴西天水募士及羌胡萬騎出居延塞（居延塞在今甘州張掖縣東北）太僕祭彤度遼將軍吳棠將河東北地西河羌胡及南

單于兵萬一千騎出高闕塞（高闕山名在朔方北）騎都尉來苗護烏桓校尉文穆將太原雁門代郡上谷漁陽右北平定襄郡兵及烏桓鮮卑萬一千騎出平城塞固忠至天山（即祁連山也今在西川交河縣東北今名祁縣羅漫山）擊呼衍王斬首千餘級呼衍王走追至蒲類海（蒲類海今名婆悉海在庭州蒲昌縣東南也）留吏士屯伊吾盧城（伊吾今伊州縣也本匈奴地明帝置宜和都尉此爲屯田故地今伊州納職縣伊吾故小城地也）耿秉秦彭絕漠六百餘里至三水樓山（匈奴中山名）來苗文穆至匈奴河水上盧皆奔走

十六年命將帥北征匈奴取伊吾盧地

十七年十一月遣奉車都尉竇固駙馬都尉耿秉騎都尉劉張出燉煌昆崙塞（昆崙山名因以爲塞在今肅州酒泉縣西南山有昆崙之體故名之周穆王見西王母于北山有石室王母臺）擊破白山盧於蒲類海上遂入車師

章帝建初元年正月酒泉太守段彭討擊車師大破之

二月武陵澧中蠻陳從等叛十月郡兵討破降之

九月永昌哀牢夷叛明年三月永昌越巂益州三州民夷討叛平之

二年六月燒當羌叛金城太守郝崇討之敗績羌遂寇漢陽八月遣行車騎將軍馬防討平之斬首一千

級

其年燒當迷吾與封養種豪布橋等五萬人共寇隴西漢陽於是遣行車騎將軍馬防長水校尉耿恭討之明年四月防等破燒當羌於臨洮

三年閏四月西域假司馬班超擊姑墨大破之先是莎車以爲漢兵不出遂降於龜茲而疏勒都尉番辰亦復反叛會假司馬徐幹適至超遂與幹擊番辰大破之斬首千餘級多獲生口超既破番辰欲進攻龜茲以烏孫兵强宜因其力乃上言烏孫大國控弦十萬故武帝妻以公主至孝宣皇帝卒得其用今可遣

使招慰與共合力帝納之復遣假司馬和恭等四大將兵八百詣超超因發疏勒于闐兵擊莎車莎車陰通使疏勒王忠啖以重利忠遂反從之西保烏即城超乃更立其府丞成大爲疏勒王悉發其不反者以攻忠積半歲而康居遣精兵救之超不能下是時月氏新與康居爲婚相親超乃使使多齎錦帛遺月氏王令曉示康居王康居王乃罷兵執忠以歸其國烏即城遂降於超後三年忠說康居王借兵還據損中（損中未詳東觀記作頓中續漢書及華嶠書並作損中本或作植未知其孰是也）密與龜茲謀遣使詐降於超超內知其姦而外僞許之忠大喜

即從輕騎詣超超密勒兵待之爲供張設樂（供音居角切張音竹亮切）酒行乃叱吏縛忠斬之因擊破其衆殺七百餘人南道於是遂通後永元三年超爲西域都護徐幹爲長史拜白霸爲龜茲王遣司馬姚光送之超與光共脅龜茲廢其王尤利多而立白霸使光將尤利多還詣京師超居龜茲它乾城徐幹屯疏勒西域惟焉耆危須尉犁以前沒都護懷二心其餘悉定六年秋超遂發龜茲鄯善等八國兵合七萬人及吏士賈客千四百人討焉耆兵到尉犁界而遣曉說焉耆尉黎危須曰都護來者欲鎮撫三國即欲改過向善宜遣大人來迎賞賜王侯已下事畢即還今賜王綵五百疋焉耆王廣遣其左將北鞬支奉牛酒迎超超詰鞬支曰汝雖匈奴侍子而今秉國之權都護自來王不以時迎皆汝罪也或謂超可便殺之超曰非汝所及此人權重於王今未入其國而殺之遂令自疑設備守險豈得到其城下哉於是賜而遣之廣乃與大人迎超於尉黎奉獻珍物焉耆國有葦橋之險廣乃絕橋不欲令漢軍入國超便從他道厲度七月晦到焉耆去城二十里正營大澤中廣出不意大恐乃欲悉驅其人共入山保焉耆左侯元孟先嘗質京師密遣

使以事告超即斬之示不信用乃期大會諸國王因揚聲重加賞賜於是焉耆王廣尉黎王汎及北鞬支等三十人相率詣超其國相腹久等十七人懼誅皆亡入海（十七字或爲七十）而危須王亦不至坐定超怒詰廣曰危須王何故不到腹久等所緣逃亡遂叱吏士收廣汎等於陳睦故城斬之傳首京師因縱兵鈔掠斬首五千餘級獲生口萬五千人馬畜牛羊三十餘萬頭更立元孟爲焉耆王半歲慰撫之於是西域五十餘國悉皆納質內屬焉

五年三月荊豫諸郡兵討破武陵漊中叛蠻（先是三年冬漊

中蠻覃兒健等復反攻燒零陽作唐孱陵界中明年春發荆州七郡及汝南潁川弛刑徒吏士五千餘人拒守零陽募克中五星蠻積夫不叛者四千人擊澧中賊五年春覃兒健等請降不許郡國遣兵與戰于宏下大破之斬兒健首餘皆棄營走還澧中者也

章和元年春羌胡雜種叛護羌較尉傅育上請發隴西張掖酒泉各五千人諸郡太守將之育自領漢陽金城五千人合二萬兵與諸郡尅期擊之命隴西兵據河南張掖酒泉兵遮其西并未及會育軍獨進迷吾聞之徙廬落去育選精騎三千窮追之夜至建威南三兜谷去虜數十里須且擊之不設備迷吾乃伏兵三百人夜突育營營中驚環散走育下馬手戰殺

十餘人而死死者八百八十人及諸郡兵到羌遂引去

七月燒當羌寇金城護羌較尉劉旰討之斬其渠帥

和帝以章和二年二月即位十月以侍中竇憲爲車騎將軍伐北匈奴

永元元年六月車騎將軍竇憲出雞鹿塞今在朔方窳渾縣北闞駰十三州志云窳縣有大道西北出雞鹿塞窳音羊王切度遼將軍鄧鴻出栶陽塞栶陽縣屬九原郡故城在今勝州銀城縣界栶音因南單于出滿夷谷滿夷谷關名與北匈奴戰於稽落山大破之追至和渠北鞮海憲遂登燕然山刻石勒功而還

二年五月月氏國遣兵攻西域長史班超擊降之

三年二月大將軍竇憲遣左較尉耿夔出居延塞居延縣屬張掖郡圍北單于於金微山大破之獲其母閼氏

四年冬漊中澧中蠻潭戎等反燒燔郵亭殺略吏民武陵郡兵擊破降之

五年九月北匈奴單于於除鞬自畔還北帝遣將兵長史王輔以千餘騎與中郎將任尚共追誘將還斬之破滅其衆

是年護羌較尉貫友討燒當羌羌乃遁去南單于安國叛骨都侯喜斬之

六年七月西域都護班超大破焉耆尉犁斬其王南單于安國從弟子逢侯率叛胡亡出塞九月癸丑以光祿勳鄧鴻行車騎將軍事與越騎較尉馮柱行度遼將軍朱徽使匈奴中郎將杜崇討之

十一月護烏桓較尉任尚率烏桓鮮卑大破逢侯闞駰十三州志云護烏桓擁節秩比二千石武帝置以護內付烏桓既而并於匈奴中郎將中興初班彪上言宜復此官以招附東胡於是復更置焉馮柱遣兵追擊復之武陵漊中蠻叛郡兵討平之

八年五月南匈奴右溫禺犢王叛爲寇七月行度遼將軍龐奮越騎較尉馮柱追討斬右溫禺犢王

是年衆羌擊破隴西兵殺大夏長遣行征西將軍劉尚越騎校尉趙代副將北軍五營黎陽雍營三輔積射及邊兵羌胡三萬人討之

九年三月遣西域將兵長史王林發涼州六部兵及羌虜胡二萬餘人以討車師後部王涿鞮獲首虜千餘人涿鞮入北匈奴漢軍追擊破之立涿鞮弟農奇爲王

七月燒當羌寇隴西殺長史遣行征西將軍劉尚越騎校尉趙世等討破之

十二年四月日南象林蠻夷二千餘人寇掠百姓燔

燒官寺郡縣發兵討擊斬其渠帥餘衆乃降

十三年二月西羌迷唐復將兵向塞護羌校尉周鮪與金城太守侯霸及諸郡兵屬國湟中月氏諸隴西牢姐羌合三萬人出塞至允川與迷唐戰周鮪還營自守惟侯霸兵陷陳斬首四百餘級羌衆折傷種人瓦解降者六千餘口分徙漢陽安定隴西迷唐遂弱其種衆不滿千人遠踰四支河首依發羌居

十四年四月遣使者督荊州兵討巫蠻破降之

安帝永初三年十月南單于叛圍中郎將耿种於美稷遣車騎將軍何熙度遼將軍梁慬等討之明年正月破之於屬國故城一云三年夏漢人韓琮隨南單于擅入朝既還說南單于云聞東水潰人民饑餓死盡可擊也單于信其言遂起兵反叛攻中郎耿仲於美稷秋慶卒冬遣行車騎將軍何熙副中郎龐雄擊之四年春擅遣單于騎寇常山中山以西域校尉梁慬行度遼將軍與遼東太守耿夔擊單于單于見諸軍並進大恐怖顧謂韓琮曰汝言漢人死盡今是何等人也乃遣使乞降許之單于脫帽徒跣對龐雄等拜陳道死罪於是赦之遇待如初乃還所鈔漢民男女及羌所畧轉賣入匈奴中者萬餘人

五年九月先零諸種羌攻陷上邽城

七年七月護羌校尉侯霸騎都尉馬賢討破先零羌

元初二年三月先零羌寇益州詔遣中郎將尹就討之

十二月武陵澧中蠻叛州郡擊破之又云元初二年澧中蠻以郡縣徭稅失平懷怨恨遂結充中諸種二千餘人攻城殺長吏州郡募五里蠻夷六亭兵擊破之

三年正月蒼梧鬱林合浦蠻夷反叛二月遣侍御史任逴督州郡兵討之

五月武陵蠻夷叛州郡討破之又云是年秋澧中蠻四千人並爲盜賊又零蠻羊孫陽湯等千餘人著赤幘稱將軍燒官寺鈔掠百姓州縣募善蠻討平之

是月度遼將軍鄧遵率南匈奴擊先零羌於靈州破之

六月中郎將任尚將羽林緹騎五營子弟三千五百人屯三輔尚遣兵擊破先零羌於丁奚城十二月尚

又遣假司馬募陷陣士擊零昌於北地殺其妻子得牛馬羊二萬頭燒其廬落親斬首七百餘級得僭號文書及所假諸將印綬

四年十二月中郎將任尚將諸郡兵與馬賢並進北地擊狼莫賢先至安定青石岸狼莫逆擊敗之會尚兵到高平因合勢俱進狼莫等引退乃轉營迫之至北地相持六十餘日戰於富平河上大破之斬首五千級還得所畧人男女千餘人牛馬驢羊駱駝十餘萬頭狼莫逃走

五年正月越嶲夷以卷夷大牛種等反叛末昌益州

蜀郡夷皆叛應之破壞二十餘縣詔益州刺史張喬選堪能從事討之喬遣從事楊竦將兵至楪榆擊之斬首三萬餘級

六年春姐種與隴西種羌號良等通謀欲反護羌校尉馬賢逆擊之於安胡斬號良及種人數百級餘皆降散

七月鮮卑寇馬城在今朔州度遼將軍鄧遵率南單于擊破之

建光元年正月幽州刺史馮煥率二郡太守討高句驪濊貊不剋又云元初五年句驪復與濊貊寇玄菟攻華臺城建光元年春幽州刺史馮煥玄菟太守遼東太守蔡諷等將兵出塞擊之捕斬濊貊渠帥獲兵馬財物其秋句驪又率馬韓濊貊數千騎圍玄菟扶餘王遣子尉仇台將二萬餘人與州郡并力討破之斬首五百餘級

延光元年七月虔人種羌與上郡胡反叛攻穀羅城屬西河郡度遼將軍耿夔將諸郡兵及烏桓騎赴擊破之

二年正月旄牛夷叛寇靈關殺縣令靈關道屬益州越嶲郡刺史蜀郡西部都尉討之

三年五月南匈奴左日逐王叛使匈奴中郎將馬翼討破之時烏稽侯尸逐鞮單于新降一部大人阿族等遂反叛脅呼尤徽欲與俱去呼尤徽曰我老矣受漢家恩寧死不能相隨衆欲殺之有救之者得免阿

族等遂將妻子輜重亡去冀遣兵與胡騎追擊破之斬首及自投河死者殆盡殆近也死盡所餘無幾獲馬牛羊萬餘頭

四年西域長史班勇擊車師後王軍就初永寧元年軍就反叛殺後部司馬及燉煌行事至是大破斬之

順帝永建元年二月隴西種羌叛護羌校尉馬賢將七千餘人戰于臨洮斬首千餘級皆率衆人降自是涼州無事

二年二月鮮卑寇遼東玄菟護烏桓校尉耿曄率南單于擊破之

六月西域長史班勇燉煌太守張朗討焉耆尉犁危須三國破之

陽嘉元年燉煌太守徐繇遣疏勒王臣槃發二萬人擊于闐先是永建四年于闐王放前殺拘彌王興自立其子為拘彌王而遣使者貢獻於漢繇上言求討之帝赦于闐罪令歸拘彌國放前不肯至是繇討破之斬首數百級放兵大掠更立興宗人成國為拘彌王而還

二年三月使匈奴中郎將王稠率左骨都侯等擊鮮卑破之

三年四月車師後部司馬率後部王加特奴等掩擊匈奴大破之獲其季母

七月鍾羌良封等寇隴西漢陽護羌校尉馬續擊破之斬首千八百級獲馬牛羊五萬餘頭復進擊鍾羌且昌且昌等詣涼州降

永和二年二月廣漢屬國都尉擊白馬羌斬首六百餘級初羌攻破屯官反叛連年至是破之護羌校尉馬賢又擊斬其渠帥饑指累祖等二百級於是隴右復平

二年十月燒當種那離等三千餘騎寇金城塞馬賢將兵赴擊斬首四百餘級獲馬千四百匹

是年冬澧中漊中蠻二千人圍充城八千人寇夷道遣武陵太守李進討破之

四年四月馬賢討燒當大破之斬那離獲首虜千二百餘級

五年四月南匈奴左部句龍大人吾斯車紐等叛圍美稷度遼將軍馬續討破之

九月且凍傅難種羌等反叛攻金城與西塞及湟中雜種羌胡大寇三輔殺害長吏發京師近郡及諸州兵討之拜李賢為征西將軍以騎都尉耿叔副將左

布羽林五校士及諸州郡兵十萬人屯漢陽又於扶風漢陽作塢壁三百所置屯兵以保聚百姓且凍分遣種人寇武都燒隴關掠苑馬

十一月匈奴中郎將張耽將幽州烏桓諸郡營兵擊畔虜車紐等戰於馬邑斬首三千級獲生口及兵器牛羊甚衆車紐等將諸豪帥骨都侯乞降

六年正月東西羌大合鞏唐羌種三千餘騎寇隴西遣中郎將龐浚募勇士千五百人頓美陽為涼州援武都太守趙沖追擊鞏唐羌斬首四百餘級得馬牛羊驢萬八千餘頭羌二千餘人降

五月使匈奴中郎將張耽大破烏桓羌胡於天山一云耽將吏兵繩索相懸上通天山又是年征西將軍馬賢將五六千騎擊且凍羣種羌等到射姑山賢軍敗
漢安二年四月護羌校尉趙冲與漢陽太守張貢擊燒當羌於參䜌破之參䜌屬安定郡先是元年罕種羌率邑落五千餘戶詣冲降惟燒何種三十餘落據參䜌北界至是掩擊之斬首千五百級得牛羊驢十八萬頭
閏十月趙冲擊諸種斬首四千餘級復追擊於河陽縣名屬天水郡斬首八百級於是諸種前後詣涼州刺史降
建康元年三月護羌從事馬玄爲諸羌所誘將羌衆亡出塞領護羌校尉衛琚追擊玄等斬首八百餘級

得牛馬二十餘萬頭
四月使匈奴中郎將馬實擊南匈奴左部破之於是胡羌烏桓悉詣實降
桓帝建和二年白馬羌寇廣漢屬國殺長史是時西羌及湟中胡復叛爲寇益州刺史率板楯蠻討破之
永壽元年七月南匈奴左臺且渠伯德等叛寇美稷安定屬國都尉張奐討除之
三年四月九眞蠻夷叛太守兒式討之戰沒遣九眞都尉魏朗擊破之
延熹元年十二月鮮卑寇邊使匈奴中郎將張奐率南單于擊破之
二年十二月燒當等八種羌叛寇隴右護羌校尉段熲追擊於羅亭破之一云追到積石山即羅亭相近今在鄯州
三年閏正月燒當羌叛寇張掖護羌校尉段熲追擊於積石山大破之
十一月勒姐羌圍允街段熲擊破之
四年十月先零沈氐羌與諸種羌寇并涼二州
十一月中郎將皇甫規監關西兵擊破之斬首八百級降者十餘萬
五年七月烏吾羌寇漢陽隴西金城諸郡兵討破之

八月武陵蠻叛寇長沙十月寇江陵以太常馮緄爲車騎將軍討之十一月大破於武陵
七年十月護羌校尉段熲擊當煎羌破之
八年二月段熲擊罕姐羌破之
六月段熲擊當煎羌於湟中大破之今鄯州湟水縣
九年六月南匈奴及烏桓鮮卑分騎數萬人入緣邊九郡並殺掠吏人七月遣匈奴中郎將張奐擊之鮮卑乃出塞去南匈奴烏桓率衆詣奐降
永康元年正月先零羌寇三輔使匈奴中郎將奐破平之當煎羌寇武威護羌校尉段熲追擊於鸞鳥大

破之（鸞鳥縣名屬武威郡）

十月先零羌寇三輔中郎將張奐擊破之

靈帝建寧元年七月破羌將軍段熲復破先零羌於涇陽（縣名屬安定郡）

二年七月段熲大破先零羌於射虎塞外谷東羌悉平

九月江夏蠻叛州郡討平之

是年玄菟太守耿臨討高句麗斬首數百級其王伯固降服乞屬玄菟

熹平五年益州郡諸夷反叛執太守雍陟遣御史中

丞朱龜討之不能尅太尉掾巴郡李顒建策討伐乃拜顒益州太守與刺史龐芝發板楯蠻擊破平之還得雍陟顒卒後夷人復叛以廣漢景毅爲太守討平之

光和二年十月巴郡板楯蠻叛遣御史中丞蕭瑗督益州刺史討之

中平三年十月武陵蠻叛寇郡界郡兵討破之

五年十一月巴郡板楯蠻叛遣上軍別駕司馬趙瑾討平之

獻帝建安十二年八月司空曹公大破烏桓於柳城斬其蹋頓（蹋頓匈奴王號柳城今營州縣）時蹋頓驍武邊長老皆比之冒頓恃其阻遠敢受亡命以雄百蠻公潛師北伐出其不意一戰而定夷狄懾服威振朔土遂引烏桓之衆服從征討而邊民得用安息初公之北征三郡烏桓五月至無終七月大水傍海道不通田疇請爲鄉導公從之引軍出盧龍塞塞外道絶不通乃塹山堙谷五百餘里經白檀歷平剛涉鮮卑庭東指柳城未至二百里虜乃知之尚煕與蹋頓遼西單于樓班右北平單于能臣抵之等將數萬騎逆軍八百里登白狼山卒與虜遇衆甚盛公車重在後被甲者少左

右皆懼公登高望虜陣不整乃縱兵擊之使張遼爲先鋒虜衆大潰斬蹋頓其名王已下胡漢降者二十餘萬口遼東單于速僕丸及遼西北平諸豪棄其種人與尚煕奔遼東衆尚有數千騎

二十三年四月代郡上谷烏桓無臣氐等叛魏王曹公遣鄢陵侯彰討破之

魏文帝黄初二年十一月鎮西將軍曹真命衆將及州郡兵討破叛胡治元多盧水封賞等斬首五萬餘級獲生口十萬羊一百一十一萬口牛八萬河西遂平

六年三月并州刺史梁習討鮮卑軻比能大破之

明帝青龍元年六月保塞鮮卑大人步度根與叛鮮卑大人軻比通私通并州刺史畢軌表輙出軍以外威比能内鎭步度根帝省表曰步度根以爲比能所誘有自疑心今軌出軍適使二郡驚合爲一何所威鎭乎促勑軌以出軍者愼勿越塞過句注也比詔書到軌已進軍屯陰舘遣將軍蘇尚董弼追鮮卑比能遣子將千餘騎迎度步根部落與尚弼相遇戰于樓煩二將没步度根部落皆叛出塞與比能合寇邊帝遣驍騎將軍秦朗將中軍討之虜乃走漢北比能將

其部衆降是後帝乃聽王雄遣劍客刺之然後種落離散互相侵伐强者遠遁近者請服緣是邊陲蕃安漢南少事雖時頗鈔盗不能復相扇動矣

景初元年秋遣幽州刺史毋丘儉率衆軍討遼東右北平烏丸單于寇婁敦遼西烏丸都督率衆王護留等昔隨袁尚奔遼西聞儉軍至率衆五千餘人降寇婁敦遣弟阿羅槃等詣闕朝貢封其渠帥三十餘人爲王侯

齊王正始七年二月幽州刺史毋兵儉討高句麗五月討濊貊皆破之韓那奚等數十國各率種落降

八年隴西南安金城西平諸羌餓何燒戈伐同蛾遮塞等相結叛亂攻圍城邑南詔蜀兵涼州名胡治無戴復叛應之討蜀護軍夏侯覇諸軍屯爲翅時雍州刺史郭淮軍始到狄道議者僉謂宜先討定抱罕内平惡羌外折賊謀淮策蜀將姜維必來攻覇遂入渢中轉南迎覇維果攻爲翅會淮軍適至維遁退進討叛羌斬餓何燒戈降服者萬餘落九年遮塞等屯河關白土故城據河拒軍淮見形上流密於下渡兵據白士城擊大破之治無戴圍武威家屬留在西河淮進軍趣西海欲掩取其累重會無戴折還與戰於龍夷之北破走之令居西虜在石頭山之西當大道止斷絶王使淮還過討大破之

冊府元龜

巡按福建監察御史臣李嗣京　訂正
知甌寧縣事臣孫以敬叅閱
知建陽縣事臣黄國琦較釋

外臣部　二十九

征討第三

蜀後主建興三年三月丞相諸葛亮率衆南征越巂夷王高定遂至滇池南中平皆即其渠率而用之

八年丞相叅軍領益州治中從事馬忠督將軍張嶷等討汶山郡叛羌嶷別督數營在先至佗里邑所在高峻嶷隨山立上四五里羌於要厄作石門於門上施床積石于其上過者下石推擊之無不靡爛嶷度不可得攻乃使譯先曉之曰汝汶山諸種反叛傷害良善天子命將討滅惡類汝等若稽顙過軍資給糧費福祿永隆其報百倍若終不從大兵致誅雷擊電下雖追悔之亦無益也耆帥得命即出詣嶷給糧過軍軍前討餘種聞佗里已下悉恐怖失所或迎軍出降或奔竄山谷放兵攻擊以克捷

十一年南夷豪帥劉胄反擾亂諸郡以馬忠爲庲降都督討之忠遂斬胄平南土

延熙三年春使越巂太守張嶷平定越巂郡初越巂自丞相諸葛亮討高定之後叟夷數反殺太守龔祿焦璜是後太守不敢之郡只住安定縣去郡八百里其郡徒有名而已時論欲復舊郡除嶷爲越巂太守嶷將所領往之郡誘以恩信蠻夷皆服頗來降附北徼捉馬最驍勁不承節度嶷乃往討生縛其帥魏狼又解縱吉喻使招懷餘類諸種聞之多漸降服斯都耆帥李求承昔手殺龔祿嶷求募捕得數其宿惡而誅之

十年汶山平康夷反衛將軍姜維往討破平之

吳大帝黄龍三年二月遣太常潘濬率衆五萬討武陵蠻夷

嘉禾三年潘濬平之　又云潘濬遷太常五溪蠻夷叛亂假節督諸軍討之自是群蠻衰弱一方寧靜

赤烏二年十月將軍蔣秘南討夷賊

晉武帝太始六年六月秦州刺史胡烈擊破虜戰死之詔遣尚書石鑒行安西將軍都督秦州諸軍事與奮威護軍田章討之

七年匈奴單于猛叛屯孔邪城帝遣婁侯何楨持節討之楨素有志略以猛衆凶悍非少兵所制乃潛誘

猛左部督李恪殺猛於是匈奴震服積年不敢復反

十年八月涼州虜寇金城諸郡鎮西將軍汝陰王駿討之斬其帥乞文泥等

咸寧元年六月戊巳校尉馬循討叛鮮卑破之斬其渠帥

二年二月并州虜犯塞監并州諸軍事胡奮擊破之

五月鎮西大將軍汝陰王駿討北胡斬其渠帥吐敦

七月鮮卑阿羅多等寇邊西域戊巳校尉馬循討之斬首四千餘級獲生口九千餘人於是來降

三年正月使征北大將軍衛瓘討鮮卑破之三月平

虜護軍文淑討叛虜樹機能破之

五年正月虜帥樹機能攻陷涼州使討虜護軍武威太守馬隆擊之十二月大破斬之涼州平

穆帝永和五年四月征南大將軍桓溫遣督護滕畯率交廣之兵伐林邑國王范文於虜容（爲四年文寇九眞也）

九年三月交州刺史阮敷討林邑范佛於日南破其五十餘壘（范佛文之子嗣其父位）

升平三年十二月交州刺史溫放之帥兵討林邑參黎耽潦並降之（一云廣州刺史滕含伐林邑范佛詣降與盟而退）

宋高祖永初元年交州刺史護國將軍杜慧度率文武萬人南討林邑所殺過半前後被抄略悉得還本林邑乞降輸生口大象金銀吉貝等乃釋之遣長史江悠奉表獻捷

文帝元嘉十九年五月龍驤將軍裴方明等伐氐剋仇池

二十三年六月交州刺史檀和之伐林邑剋之初帝以林邑雖貢奉而寇盜不已所貢亦陋薄忿其違傲使和之及振武將軍宗慤伐之和之遣司馬蕭景獻爲前鋒向區粟城其王陽邁遣大帥范扶龍戍區粟城景獻攻城剋之斬扶龍獲金銀雜物不可勝計追

討卽剋林邑陽邁父子並挺身奔逃凡所獲珍異皆是未名之寶

孝武帝大明四年十月遣司空沈慶之討沿江蠻

南齊太祖建元元年南襄城蠻秦遠寇潼陽比上黃蠻文勉德寇汶陽荆州刺史豫章王遣中兵參軍劉征績領千人討勉德至當陽降之

武帝永明十年武都王楊集始反率氐蜀雜種寇漢川涼州刺史陰智伯遣軍主寧朔將軍桓盧奴梁季羣宋王士隆等千餘人拒之不利退保白馬賊衆萬餘人縱兵火攻其城柵盧奴拒守死戰智伯又遣軍

主陰仲昌等馬步數千人救援至白馬城東千餘榕
相去數里集始等悉力攻之官軍內外奮擊集始大
敗十八營一時潰走殺獲數千人集始奔入虜界
後魏道武天興元年七月漁陽烏丸庫傉官韜聚黨
爲寇詔冠軍將軍王建討平之
二年三月丙子遣建義將軍庾眞越騎校尉奚斤討
庫狄部帥葉亦宥連部帥竇羽泥於大渾川破之庫
狄勤支子沓亦干率其部落內附眞等進破侯莫陳
部獲馬牛羊十餘萬頭追殄遺迸入大峨谷

四年十二月辛亥詔征西大將軍常山王遵等率衆
五萬討破多蘭部木易干材官將軍和突率騎六千
襲黜弗素古延等諸部
六年十月丁巳詔將軍伊謂率騎二萬北襲高車十
一月大破之
明元永興二年正月詔南平公長孫嵩等北伐蠕蠕（爲元年冬犯塞五月聞帝親征乃遁走）
五年四月車駕西巡詔左丞相奚斤爲先驅討越勤
部（勤一作勒）於鹿那山大破之獲馬五萬匹牛羊二十萬
頭徙二萬餘家而還
泰常元年十月徙河部落庫傉官斌元降後復叛歸
北燕馮跋驍騎將軍延普渡濡水討擊斬斌大破之
及獲馮跋幽州刺史漁陽公庫傉官昌征北將軍關
內侯庫傉官提等首生擒庫傉官女生縛送京師幽
州平
三年正月詔護高車中郎將薛繁率高車丁零十二
部大人衆北略至弱水降者二千餘人獲馬牛羊二
萬餘頭
太武始光元年八月蠕蠕率六萬騎入雲中殺掠吏
民攻陷盛樂宮赭陽子尉普文率輕騎討之虜乃退
走詔安集將軍平陽王長孫翰率北部諸將尉眷自

參合以北擊大檀別帥阿伏干於祁山斬首數千級
獲馬萬餘匹十二月遣平陽王長孫翰等討蠕蠕車
駕次祁山蠕蠕北遁諸軍追之大獲而還
神䴥元年閏十月定州丁零鮮于臺陽翟喬等二千
餘家叛入西山劫掠郡縣州兵討之失利詔鎮南將
軍壽光侯叔孫建擊之
二年八月帝以東部高車屯巳尼陂詔左僕射安原
率騎萬餘討之
三年四月敕勒萬餘落叛走詔尚書封鐵追討滅之
延和三年三月金當川率其衆圍西川侯彭文暉於

陰密詔征西大將軍常山王素討獲當川斬之於長安以徇

七月命諸軍討山胡白龍于西河九月戊子尅之斬白龍及其將帥屠其城

大延二年五月仇池氏楊難當竊據上邽七月庚戌詔驃騎大將軍樂平王丕等督河西高平諸軍討之九月以難當撤上邽守

三年七月使撫軍大將軍永昌王健司空上黨王長孫道生討山胡白龍餘黨於西河滅之

太平眞君六年八月征西大將軍高涼王那等討吐

谷渾慕利延軍到曼頭城慕利延驅其部落西渡流沙那急追故西秦王慕世子被囊破之中山公杜豐追度三危至雪山擒被囊及慕利延元子什歸熾盤子成龍送於京師慕利延遂西入于闐國

九年九月成周公萬度千里驛上大破焉耆國其王鳩尸畢那奔龜茲

十二月詔成周公萬度歸自焉耆西討龜茲

文成大安二年二月丁零數千家亡匿井陘山聚爲寇盜詔定州刺史許宗之并州刺史乞佛成龍討平之

八月平西將軍漁陽公尉眷北擊伊吾克其城大獲而還

和平元年二月衛將軍樂安王良督東雍吐京六壁諸軍西趣河征西將軍皮豹子等督河西諸軍南趣石樓以討河西叛胡

六月甲午詔征西大將軍陽平王新城等督統萬高平諸軍出南道南郡公李惠等督源州諸軍出北道討吐谷渾什寅

八月西征諸軍至西平什寅走保南山九月諸軍濟河追之遇瘴氣多有疾病乃引軍還獲畜二十餘萬

三年六月詔將軍陸眞討雍州叛氐仇傉檀大破之

五年七月北鎮游軍大破蠕蠕

獻文皇興四年二月吐谷渾什寅不供職貢詔使持節征西大將軍上黨王長孫觀討之軍至曼頭山大破什寅什寅與麾下數百騎宵遁什寅從弟豆勿來及其渠帥匹婁拔累等率所領降附

孝文延興元年十月沃野統萬二鎭勅勒叛詔太尉隴西王元賀追擊至枹罕滅之斬首三萬餘級徙其遺迸於冀定相三州爲營戶

二年正月統萬鎭胡民相率北叛詔寧南將軍交趾

公韓拔追滅之
三年四月詔假司空上黨王長孫觀等征吐谷渾什
寅
十月武都王反攻仇池詔長孫觀回師討之
太和元年十二月蠕蠕犯塞詔任城王澄率衆討之
十四年四月地豆干頻犯塞征西大將軍陽平王頤
擊走之
十六年八月詔陽平王頤左僕射陸叡督十二將七
萬騎北討蠕蠕
二十年閏十一月右將軍元隆大破汾州叛胡

二十二年八月勅勒樹者相率反叛詔平北將軍江
陽王繼都督北討諸軍事以討之
宣武景明三年三月魯陽蠻叛詔撫軍將軍李崇討
之
四年十二月詔鎮南李崇討東荆反蠻明年崇大破
諸蠻帥樊安
正始二年十一月武興國王楊紹先叔父集起謀反
詔光祿大夫楊椿討之十二月又詔驃騎大將軍源
懷慎令討武興反氐
三年正月梁秦二州刺史邢巒連破氐賊尅武興是日

楊集起兄弟相率降
永平三年二月秦州隴西羗殺鎮將趙儁阻兵反叛
州軍討平之
孝明以延昌四年正月即位四月梁州刺史薛懷古
破反氐於沮水
五月南秦州刺史崔暹擊破氐賊解武興圍
正光四年二月蠕蠕主阿那瓌率衆犯塞遣尚書右
丞相元孚持節諭之阿那瓌執孚驅掠畜牧北遁詔
驃騎大將軍尚書令李崇中軍將軍兼尚書右僕射
元纂率騎十萬討蠕蠕出塞三千餘里不及而還

五年十二月汾州正平陽山胡叛逆詔復征東將軍
章武王融封爵爲大都督率衆討之
孝昌元年十二月以臨淮王彧爲征南大將軍率衆
討魯陽蠻
三年三月西部勅勒斛律雒陽反於桑乾西牧子通
連別將爾朱榮擊破之
五月以安西將軍光祿大夫宗正珍孫爲都督討汾
州反胡
出帝永熈三年正月天柱大將軍高歡討費也頭紇
河西苦洩河大破之獲其帥紇豆陵伊利遷其部落

於內地
二月東梁州爲民夷侵逼詔使持節車騎大將軍行東雍州事泉企爲東梁州行臺都督以討之
西魏文帝大統七年三月稽胡帥夏州刺史劉平伏據上郡叛遣開府于謹討平之
恭帝元年四月茹茹乙旃達官寇廣武遣柱國趙貴追擊之斬首數千級收其輜重而還十一月柱國于謹既平江陵諸蠻騷動詔豆盧寧蔡祐等討破之
東魏孝静太平二年正月齊神武爲大丞相柱國大將軍襲擊中山胡劉蠡升大破之三月神武欲以女

妻蠡升太子候其不設備乃潛師襲之其北部王斬蠡升首以送其衆復立其子南海王神武擊之又獲南海王及其弟西海王北海王皇后公卿以下四百餘人胡魏五萬戶
十一月齊神武討山胡叛平之俘獲一萬餘戶口分配諸州
北齊文宣天保三年正月帝親討庫莫奚於代郡大破之獲雜畜十餘萬分賚將士各有差以奚口付山東爲民
四年九月契丹犯塞帝北巡冀定幽安仍北討十月丁酉帝至平州遂從西道趣長塹詔司徒潘相樂帥精騎五千自東道趣青山辛丑至白狼城壬寅經昌黎城復詔安德王韓軌率精騎四千東趣斷契丹走路癸卯至陽師水倍道兼行掩襲契丹甲辰帝親踰山嶺爲士卒先指麾奮擊大破之虜獲十餘萬口雜畜數十萬頭樂又于青山大破契丹別部所虜生口皆分置諸州十二月突厥攻茹茹茹茹舉國南奔帝自晉北討突厥迎納茹茹乃廢其主庫提立阿那瓌子菴羅辰爲主置之馬邑川給其廩餼繒帛親追突厥於朔州突厥請降許之而還於是貢獻相繼

五年正月帝討山胡從離石道遣太師咸陽王斛律金從顯州道常山王從晉州道掎角夾攻大破之斬首數萬獲雜畜十餘萬遂平石樓石樓絶險自魏世所不能至於是遠近山胡莫不懾服
三月茹茹菴羅辰叛帝親討大破之辰父子北遁
四月茹茹寇肆州帝自晉陽討之至恒州黃瓜堆虜騎走時大軍已還帝率麾下千餘騎遇茹茹別部數萬四面圍逼帝神色自若指畫形勢虜衆披靡遂縱兵潰圍而出虜乃退走追擊之伏尸二十里獲菴羅辰妻子及生口三萬餘人

五月北討茹茹大破之
六月茹茹率部衆東徙將南侵帝率輕騎於金山下邀擊之茹茹聞而遠遁
六年六月帝親討茹茹諸軍大會於祁連池七月巳卯帝頓白道留輜重親率輕騎五千追茹茹壬午及於懷朔鎮帝躬當矢石頻大破之遂至沃野獲其俟利藹然力婁阿嘗吐頭發郁久閭拔延等并口二萬餘牛羊數十萬頭茹茹俟利郁久閭李提率部人數百降
孝昭皇建元年十一月親戎北討庫莫奚長城虜奔

遁分兵致討大獲牛馬括總入晉陽官
武成河清三年四月衛將軍解律光率騎北討突厥獲馬千餘匹
後周武帝天和元年九月信州蠻冉令賢向五子王反詔開府陸騰討平之先是巴西人譙淹扇動羣蠻以附於梁蠻帥向鎮侯向白彪等應之尋而冉令賢向五子王又攻陷白帝殺開府楊長華遂相率作亂前後遣開府元契趙剛等總兵出討雖破翦其族類而元惡未除至是詔騰督王亮司馬裔等討之騰水陸俱進次于湯口先遣諭之而令賢方增浚城池嚴設扞禦遣其長子西黎諭子南王領其支屬於江南險要之地置立十城遠結涔陽蠻爲其聲援令賢率其精卒固守水邏城騰乃總集將帥謀其進趣咸請先取水邏然後經略江南騰言於衆曰令賢内恃水邏金湯之險外託涔陽輔車之援兼復資糧充實器械精新以我懸軍攻其嚴壘脫一戰不克更成其氣不如頓軍湯口先取江南翦其羽毛然後旋軍水邏此制勝之計也衆皆然之乃遣開府王亮率衆渡江旬日攻拔其八城凶黨奔散獲賊帥冉承公并生口三千人降其部衆一千戶遂簡募驍勇數道入攻水

邏路經石壁城此城峻險四面壁立故以名焉惟有一小路緣梯而上蠻蜑以爲峭絶非兵衆所行騰被甲先升衆軍繼進備經危阻累日乃得舊路且騰先任隆州總管雅知蠻帥冉伯黎冉安西與令賢有隙騰乃招誘伯黎等結爲父子又多遺其金帛伯黎等悅遂爲鄉導水邏側又有石勝城者亦是險要令賢使其兄子龍眞據之騰又密誘龍眞云若平水邏使其代令賢處龍眞大悅密遣其子詣騰騰乃厚加禮接賜以金帛蠻貪利既深仍請立効乃謂騰曰欲翻所據城恐人力寡少騰許以三百兵助之旣而遣二

千人銜枚夜進龍真力不能禦遂平石勝城晨至水邏蠻衆大潰斬首萬餘級虜獲一萬口令賢通走追而獲之并其子弟等皆斬之司馬喬又別下其二十餘城獲其蠻帥冉三公等騰乃積其骸骨於水邏城側爲京觀後蠻蜑望見輒大號哭自此狠戾之心輟矣

六年四月信州蠻渠冉祖喜冉龍驤舉兵反詔大將軍趙誾率師討平之

建德五年二月詔皇太子巡西土因討吐谷渾

六年十一月稽胡反遣齊王憲率軍討平之初五年

帝敗齊師於晉州乘勝逐北齊人所棄甲仗未暇收斂稽胡乘間竊出盜而有之乃立劉蠡升孫沒鐸爲主號聖武皇帝年日石平時帝定東夏討之議欲窮其巢穴齊王以爲種類既多又山谷阻絶王師一舉未可盡除且當翦其魁首餘加慰撫帝然之乃以憲爲行軍元帥督行軍總管趙王招譙王儉滕王逌等討之憲軍次馬邑乃分道俱進沒鐸遣其黨天柱守河東大帥穆支據河西規欲分守險要犄角憲軍憲命譙王儉攻天柱滕王逌擊穆支並破之斬首萬餘級趙王招又擒沒鐸餘衆盡降

宣帝宣政元年九月汾州稽胡帥劉受邏千舉兵反詔上柱國越王盛爲行軍元帥率衆討之

隋高祖開皇元年八月甲午遣行軍元帥樂安公元諧擊吐谷渾于青海破而降之

二年四月大將軍韓僧壽破突厥于雞頭山上柱國李充破突厥於河北山

六月李充破突厥於馬邑

十一月突厥沙鉢略悉衆爲寇總兵自木硤石門兩道來寇武威天水安定金城上郡弘化延安六畜咸盡帝赫怒下詔曰往者魏道衰弊禍難相尋周齊抗衡

分割諸夏突厥之虜俱通二國周人東慮恐齊好之深齊氏西虞懼周交之厚謂虜意輕重國遂安危非徒並有大敵之憂思減一邊之防竭生民之力供其來往傾府庫之財棄於沙漠華夏之地實爲勞擾猶復劫剝烽戍殺害吏民無歲月而不有也惡積禍盈非止今日朕受天明命子育萬方愍臣下之勞除既往之弊以爲厚斂兆庶多惠豺狼未嘗感恩資而爲賊違天地之意非帝王之道節之以禮不爲虛費省徭薄賦國用有餘因入賊之物加賜將士息道路之民務於耕織清邊制勝成策在心凶醜愚暗未知深

旨將大定之日比戰國之時乘昔世之驕結今時之
憾近者盡其巢穴俱犯北邊朕分置軍旅所在邀截
望其深入一舉滅之而遠鎮偏師逢而摧剪未及南
上遽已奔北應弦染鍔過半不歸且彼渠帥其數凡
五昆季爭長父叔相猜外示彌縫內乖心腹世行暴
虐家法殘忍東夷諸國盡挾私讎西戎群長皆有宿
怨突厥之北契丹之徒切齒磨牙常伺其便達頭前
攻酒泉其後于闐波斯挹怛三國一時即叛沙鉢畧
近趣周槃其部內薄孤束紇羅尋亦翻動往年利稽
察大爲高麗靺鞨所破娑毗設又爲紇支可汗所殺

與其爲隣皆願誅勦部落之下盡異純民千種萬類
仇敵怨偶泣血拊心銜悲積憾圓首方足皆人類也
有一於此更切朕懷彼地咎徵妖作年將一紀乃獸
爲人語人作神言云其國亡訖而不見每冬雷震觸
地火生種類資給惟藉水草去歲四時竟無雨雪川
枯蝗暴草木燒盡饑疫死亡人畜相半舊居之所赤
地無依遷徙漠南偷存晷刻斯蓋上天所忿驅就齊
斧幽明合契今也其時故選將治兵贏糧聚甲義士
奮發壯夫肆憤願取名王之首思撻單于之背雲歸
霧集不可數也東極滄海西盡流沙縱百勝之兵橫

萬里之種亘朔野而追躡望天涯而一掃此則王恢
所說其猶射癰何敵能當何遠不服但皇王舊迹北
止幽都荒遐之表文軌所棄得其地不可而居得其民
不忍皆殺無勞兵革遠規溟海諸將令行義兼含育
有降者納有違者死異域殊方被其擁抑放聽復舊
廣闢邊境嚴治關塞使其不敢南望永服威刑卧鼓
息烽戰勞終逸制禦夷狄義在斯乎何用侍子之朝
寧勞渭橋之拜普告海內知朕意焉於是以河間王
弘上柱國豆盧勣竇榮定左僕射高熲右僕射虞慶
則并爲元帥出塞擊之沙鉢畧率阿波貪汗二可汗

等來拒戰皆敗走遁去時虜饑甚不能得食于是粉
骨爲糧又多災疫死者極衆

三年四月衛王爽破突厥於白道

五月癸卯行軍總管李晃破突厥于摩那渡口壬戌
行軍元帥竇榮定破突厥及吐谷渾于涼州

六月行軍總管梁遠破吐谷渾於爾汗出山斬其名
王

八月遣尚書左僕射高熲出寧州道內史監虞慶則
出原州道並爲行軍元帥以擊胡

十七年二月太平公史萬歲擊西寧羌平之

十八年二月以漢王諒爲行軍元帥率水陸三十萬伐高句麗九月遇疫而還

是年突厥雍虞閭數爲邊患詔蜀王秀出靈州道以擊之

十九年四月達頭可汗犯塞遣八軍總管史萬歲擊破之是年遣漢王諒爲元帥左僕射高熲率將軍王詧上柱國趙仲卿並出朔州道右僕射楊素率柱國李徹韓僧壽出靈州上柱國燕榮出幽州以擊突厥是時啓民可汗歸朝帝於朔州築大利城以居之雍虞閭又擊之帝復令入塞雍虞閭侵掠不已遂遷於河

南在夏勝二州之間發役掘塹數百里東西拒河盡爲啓民畜牧之地於是遣越國公楊素出靈州行軍總管韓僧壽出慶州太平公史萬歲出燕州大將軍姚辯出河州以擊都藍師未出塞而都藍爲其麾下所殺達頭自立爲步迦可汗其國大亂遣太平公史萬歲出朔州以擊之遇達頭於大斤山虜不戰而遁追斬首虜二千餘人

二十年四月突厥犯塞以晉王（煬帝也）爲行軍元帥擊破之

仁壽元年正月突厥寇恒安遣柱國韓洪擊破之洪復爲虜所敗於恒安廢爲庶人詔楊素爲雲州道行軍元帥率啓民可汗北征斛薛等諸姓初附於啓民至是而叛素軍河北值突厥阿勿思力俟斤等南度掠啓民男女六千口雜畜二十餘萬而去素率上大將軍梁默輕騎追之轉戰六十餘里大破俟斤悉得人畜以歸啓民素又遣柱國張定和領軍大將軍劉昇別路邀擊并多斬獲而還兵旣定渡河賊復掠啓民部落素率驃騎范貴於窟結谷東南奮擊復破之追奔八十餘里

煬帝大業元年四月大將軍劉方擊林邑破之初高

祖時天下無事群臣言林邑多奇寶者仁壽末遣方爲驩州道行軍總管率欽州刺史寗長真驩州刺史李暈開府秦雄步騎萬餘及犯罪者數千人擊之其王梵志率其徒乘巨象而戰方軍不利於是多掘小坑草覆其上因以兵挑之梵志悉衆而陣方與戰僞北梵志逐之至坑所其衆多陷轉相驚駭軍遂亂方縱兵擊之大破之頻戰輒敗遂棄城而走方入其都獲其廟主十八枚皆鑄金爲之蓋其有國十八葉矣方班師梵志復其故地遣使謝罪於是朝貢不絕

四年七月左翊衛大將軍宇文述破吐谷渾於曼頭

赤水

五年五月吐谷渾主保甕袁州詔左屯衛大將軍張定和往捕之定和挺身挑戰爲賊所殺亞將柳武建擊破之斬首數百級

六年二月武賁郎將陳稜朝散大夫張鎮州擊琉球破之獻俘萬七千口頒賜百官

七年二月詔以高麗高元虧失藩禮將欲問罪遼左事具帝王親征

冊府元龜

巡按福建監察御史臣李嗣京訂正

新建縣舉人臣戴國士叅閱

知建陽縣事臣黃國琦較釋

外臣部三十

征討第四

唐高祖武德三年九月遣長平王叔良討叛胡平之

四年九月突厥寇并州遣左屯衛大將軍竇琮左武候大將軍桒顯和率師以禦之是月又寇梁州遣行軍總管尉遲敬德太子內率上官懷仁擊之是月靈州總管楊師道擊突厥大破之斬首三百餘級獲馬一千餘匹

十一月靈州總管劉旻擊叛胡劉企成大破之斬首二百級企成僅以身免其部落皆降

五年八月突厥寇邊九月交州刺史權中通弘州總管宇文歆靈州總管楊師道擊突厥於三觀山破之獲駝馬數千匹是月宇文歆復擊突厥於崇崗鎮大破之斬首千餘級定州司馬溫彥博驃騎魏道仁擊突厥於恒山之陽斬首數百級領軍將軍安興貴擊突厥於甘州大破之

是年并州大總管襄邑王神符擊突厥於汾東斬首五百級虜其馬二千匹汾州刺史蕭顗斬突厥五千餘級

七年正月始州反獠舉兵遣行臺僕射竇軌討之

四月通事舍人李鳳起擊萬州反獠並平之

五月吐谷渾寇松州遣益州行臺左僕射竇軌自翼州道扶州刺史蔣善合自芳州道擊之是月竇軌擊反獠于方山俘二萬餘口

六月隴州扶州獠作亂遣南尹州都督李光度擊平之

七月突厥寇原州遣寧州刺史鹿大師援之又遣靈州都督楊師道趣大木根山邀其歸路是月又寇隴州遣護軍尉遲敬德擊之

八年七月叛胡睦伽陁攻武興八月左武候將軍安修仁擊於且渠川破之

九年二月突厥寇原州遣折威將軍楊毛擊之

三月益州行臺尚書郭行方擊眉州叛獠之衆大破之進擊於洪雅二州俘男女五千口

太宗以武德九年八月即位是月突厥頡利寇高陵行軍總管尉遲敬德與戰于涇陽大破之獲其俟斤

阿史德烏沒啜斬首千餘級是月請和許之
貞觀二年正月吐谷渾寇岷州都督李道彥擊走之
執其名王二人俘斬七百餘級
三年十一月以行并州都督李勣爲通漢道行軍總
管兵部尚書李靖爲定襄道行軍總管華州刺史柴
紹爲金河道行軍總管靈州大都督任城王道宗爲
大同道行軍總管簡較幽州都督衛孝節爲恒安道
行軍總管兼管州都督薛萬徹爲暢武道行軍總管
分道出師以擊突厥是月任城王道宗擊突厥于靈
州破之俘男女數百口雜畜萬餘計十二月突利可汗及郁射設蔭

奈特勤等並帥所部來奔
四年正月李靖屯惡陽嶺夜襲定襄頡利驚擾因徙
牙於磧口胡酋康蘇密等遂以隋蕭后及楊正道來
降
二月李靖次陰山擊頡利大破之滅其國復定襄恒
安之地斥土界於大漠頡利計窘竄于鐵山兵尚數
萬使執失思力入朝謝罪請舉國內附帝遣鴻臚卿
唐儉將軍安修仁持節安撫之頡利稍自安靖乘間
襲擊大破之遂滅其國頡利乘千里馬獨騎奔於從
姪沙鉢羅部落
三月大同道行軍副總管張寶相率衆奄至沙鉢羅
營生擒頡利送於京師是月突厥思結部俟斤率衆
四萬來降
四月李靖獻頡利可汗帝御順天樓盛陳文物士庶
縱觀歸之有司帝數之曰汝父啓民之破也匹馬歸
隋竟不能効一鏃之力汝次兄坐享富貴恣情暴虐
酒色是耽至令父祖不獲血食爾罪一也與我隣國
侵我邊疆失信忘義惟利是親爾罪二也恃兵馬之
盛數興戎旅部落怨嗟僵尸徧路爾罪三也侵掠我
子女殘暴我禾稼焚燒我村塢賊亂我華民爾罪四

也我忘爾宿惡惆爾同盟許爾和親復爾宗國遷延
不來至於逃罪爾罪五也爾有死罪五焉今不殺爾
者徒以清水結盟以來更不南寇爾頡利歔呼而退
七年八月以右屯衛大將軍張士貴爲龔州道行軍
總管以擊獠
八年正月張士貴討東西王洞反獠平之
十月左驍衛大將軍段志玄擊吐谷渾破之追奔八
百餘里
十一月吐谷渾拘行人趙德楷詔曰朕嗣纂洪業思
恢至道端拱垂衣於茲九載式修文德寧謐區宇徼

外君長海表酋渠無遠不庭無思不服而吐谷渾蕞爾小蕃負固河右地不遠千里衆不盈一萬不量其力不恤其人肆情拒命抗衡上國朕每遣行人入蕃曉諭并引其使者臨軒戒勗示以善道勸以和親欲使境上無虞各安其業訓導積年凶頑未改剽掠邊鄙略無寧息今上書傲很拘我使人內外百僚華夷兆庶同心憤怨咸願誅討宜秉弔伐之機以展鷹鸇之志長駈赳期窮其巢穴罪止吐谷渾可汗昏耄之主及天柱王一二邪臣自餘部落皆無所問夷凶息暴稱朕意焉

十一月以特進李靖爲西海道行軍大總管節度諸軍兵部尚書侯君集爲積石道行軍總管刑部尚書任城王道宗爲鄯善道行軍總管仍並爲靖副涼州都督李大亮爲且沫道行軍總管岷州都督膠東郡公李道彥爲赤水道行軍總管利州刺史高甑生爲鹽澤道行軍總管

九年正月黨項羌先内屬者皆叛歸吐谷渾三月高甑生擊破之

閏四月任城王道宗擊吐谷渾於庫山破之俘四百餘人李靖部將薛孤吳兒以輕銳破之于曼頭山斬其名王俘五百餘人大獲六畜以充軍糧李靖侯君集任城王道宗等又破於牛心堆又破於赤水源獲雜畜數萬計五月乙未侯君集任城王道宗追吐谷渾主及於烏海擊大破之薛萬均又破天柱王於赤海獲其雜畜三十萬計追至河源李大亮俘其名王二十人雜畜五萬計是月李靖平吐谷渾國于西海之上初王師以三月次于鄯州靖與諸將會議侯君集曰大軍已至賊徒尚未走險宜簡精銳長驅疾進掩其不虞可有大利此破竹之勢也若此策不行潛遁必遠山障爲阻窮討則難靖從之乃簡練士馬輕

賫深入及庫山之捷可汗誅將入磧以避官軍道宗復曰柏海近河源古來罕有至者賊既西走未知的處今段之行實資馬力今馬疲糧少遠入爲難未若且向鄯州待馬肥之後更圖進趣君集曰不然段志玄曩者纔至鄯州賊衆便到城下良由彼國尚完兇徒用命今者一敗以後斥候亦絕君臣相失父子攜離乘其追懼取同俯拾柏海雖遠便可鼓行而至也靖又然之於是衆分士馬以爲兩道靖與薛萬均李大亮等趣北路出曼頭山逾赤水涉青海歷河源且末窮其西境君集與道宗趣南路經途二千餘里行

㳂虚之地盛夏降霜多積雪山中有瘴氣歷破邏真谷其地無水將士食氷馬皆飲雪又行月餘日至星宿川達于柏海兩軍所至皆大尅將軍執失思力又馳數百里別破虜于車茹川旋與靖會于大非川可汗長子大寧王順窮蹙計無所出乃斬其國相天柱王舉國來降可汗大懼與千餘騎遁于磧中衆消亡散能屬之者纔百騎十餘日竟爲其左右所殺

七月鹽澤道行軍副總管劉德敏擊叛羌破之

十二年八月吐蕃寇松州都督韓威戰敗闊州刺史別叢臥施諾州刺史杷利步利皆羌首也並以州叛

附于吐蕃以吏部尚書侯君集爲當彌道行軍大總管右領軍大將軍執失思力爲白蘭道行軍總管左武衛將軍牛進達爲活水道行軍總管右領軍將軍劉簡爲桃源道行軍總管督步騎五萬以擊之

九月行軍總管牛進達及吐蕃戰于松州前後斬首千餘級

十月均州山獠舉兵反遣桂州都督張寶德討平之

十一月明州山獠舉兵反遣交州都督李道彦討平之

十二月右武侯將軍上官懷仁擊山獠于壁州大破之虜男女萬餘口

十三年四月上官懷仁擊巴壁洋集四州反獠平之虜男女六千餘口

十二月詔曰明罰勑法聖人垂懲惡之道命將出軍王者成定亂之德故三苗負固虞帝所以興師鬼方不恭殷宗所以薄伐朕嗣膺景命君臨區夏弘大道於四海推至誠于萬類憑宗社之靈藉股肱之力億兆獲乂尉候無虞建木棘林山經靡紀之域幽都大夏王會不書之君莫不革面內款屈膝請吏襲冠帶於魏闕均征賦於華壤而高昌麴文泰猶爲不軌敢

與異圖事上無忠款之節禦下逞殘忍之志往經朝謁備加恩禮溪壑難滿曾無報效禽獸爲心遽懷凶狡詔命之嚴禀承之誠既闕王人之重祇敬之禮亦虧自隋季道消天下淪喪衣冠之族疆場之人或寄命諸戎或見拘寇手及中州既定皇風遠肅人懷首丘途經彼境皆被囚縶加之重役忍苦遐外控告無所又伊吾之右波斯以東職貢不絕商旅相繼琛賮遭其寇數道路由其壅塞又西蕃突厥戰爭已久朕愍其亂離志務安輯乃立咥利始可汗兄弟庶令克復舊土文泰反道敗德幸災好禍間諜酋豪交亂種

落遂使氊裘之長亟動干戈引弓之人重罹塗炭又焉耆之地與之臨接文泰疾其盡節輕肆凶威城池有危亡之憂士女嬰劫掠之酷加以虐用其衆毒被所部賞罰無章內外嗟怨繕造宮室勞役日興修營輿輦僭侈無度法令深刻賦歛煩重舉手動足咸罹網羅畜牧園菓悉有征稅衆力既盡人財已竭饑寒總至積歎盈途比屋連甍不勝苛政故老兒童思霑王澤朕命上玄爲人父毋禁暴之道無隔內外納隍之慮切於興寢錄其舊款仍懷愍念所以頻遣使人具申朝旨曷以爲善之規示以自新之路庶知感悟

無煩師旅而昏迷遂性荒怠不悛貫盈之釁旣稔天亡之期已及況復文武具僚戎狄君長諸傳刃者相屬懷逐雀者比肩宜順夷夏之心以申弔伐之典罰凶渠之多罪拯無辜之倒懸今遣交河行軍大總管吏部尚書侯君集副總管兼左屯衛大將軍薛萬均副總管左屯衛將軍薩孤吳兒行軍總管武衛將軍牛進達等董率衆軍弘宣廟略乘驛進路同會虜庭莫不氣奪風雲精貫日月援桴慷慨拔距爭先良將奮建瓴之威銳卒勁貔貅之勇龔馬燕犀猶迅雷之震擊雲撓地道若至神之變化以此制敵事等摧枯以此屠城易於反掌然朕矜哀之心有懷去殺勝殘之道無忘好生若文泰面縛軍門泥首請罪特弘焚櫬之澤全其將盡之命自餘臣庶棄惡歸誠並加撫慰令各安堵示以順逆之理布茲寬大之德如其同惡相濟敢拒王師便盡大兵之勢以致上天之罰明加曉諭稱朕意焉

十四年三月竇州道行軍總管黨仁弘擊羅竇反獠破之俘七千餘口

八月交河道行軍大總管侯君集擊高昌破之初其王文泰時遏絕西域商賈太宗徵文泰入朝而稱

疾不至乃詔侯君集討之文泰聞王師將起謂其國人曰唐國去此七千里沙磧潤二千里地無水草冬風凍寒夏秋如焚風之所吹行人多死當行百人不能得至安能致大軍乎若頓兵于吾城下二十日食必盡自然魚潰乃接而虜之何足憂也及軍至磧口而文泰卒其子智盛襲位君集率兵至柳谷候騎言文泰尅日將葬國人咸集諸將請襲之君集曰不可天子以高昌驕慢無禮使吾恭行天罰今襲人於墟墓之間非問罪之師也於是鼓行而前攻其地城賊嬰城自守君集諭之不行先是大軍之發也帝召山

東善爲攻城器械者悉遣從軍君集遂刊木塡隍推撞車撞其埤堄數丈須穴拋車石擊其城中其所當者無不靡碎或張氈被用障拋石城上守陴者不復得立遂拔之虜其男女七千餘口仍進兵圍其都城智盛窮蹙致書於君集曰有罪於天子者先王也天罰所加身已喪背智盛襲位未幾不知所以愆闕冀尚書哀憐君集報曰若能悔禍宜束手軍門智盛猶不出因命士卒塡其隍塹發拋車以攻之又爲十丈高樓俯視城内有行人及飛石所中處皆唱言之人多入室避石初文泰與西突厥欲谷設約有兵至共

爲表裏及聞君集至欲谷設懼而西走千餘里智盛失援計無所出遂開門出降君集分兵畧地遂平其國俘智盛及其將吏刻石紀功而還

十五年十一月薛延陀盡其甲騎并發同羅僕骨迴紇靺鞨霫等衆合二十萬卒一人馬四匹度漠屯白道川據善陽嶺以擊思摩之部思摩引其種落走朔州留精騎以戰延陀乘之及塞詔營州都督張儉統所部騎兵及奚霫契丹等壓其東境兵部尚書李勣爲朔州道行軍總管率兵六萬騎千二百屯朔方右衛大將軍李大亮爲雲州道行軍總管率兵四萬騎五千屯靈武右屯衛大將軍張士貴率兵一萬騎七千爲慶州道行軍總管出雲中凉州都督李襲譽爲凉州道行軍總管以經畧之又遣右屯衛將軍姜行本率左右飛騎及左右衛引强者千人受李勣節度是月李勣擊延陀之衆破之初延陀次通漢川李勣領朔州延陀子大度設領三萬兵臨長城欲入擊突厥而思摩已南走知不可得乃遣人登長城而罵之因見大軍塵埃連天遽退告延陀先還而自將其衆走赤柯濼度青山道頗迂遠李勣選麾下騎突百六十皆驍悍敢死弱弓長矟自直道度設知不脫乃亘

十里而陳兵先是延陀擊沙鉢羅及阿史那社爾皆以步戰而勝及其將來寇也先講武於國中教習步戰每五人以一人經習戰陣者使執馬而四人前戰克勝即授馬以追奔失於應接罪至於死沒其家口以賞戰人至是遂行其法突厥兵先合輒退延陀乘勝而逐之勣兵拒擊而延陀萬矢俱發傷其戰馬李勣乃令去馬步陣率長矟數百爲隊齊奮以衝之其衆潰散副總管薛萬徹率數千騎收其執馬者其衆失馬莫知所從因大縱擊斬首三千餘級獲馬萬五千匹甲仗輜重不可勝計會暮殺之不能盡大度設

跳身而遁萬徹將數百騎追之不及其餘衆又奔走相騰踐至漠北大雪馬疲不前人凍死者十八九先是延陀祭天祈雪我師不能逐及此自斃焉李勣旋軍定襄太宗遣使齎璽書以勞將士突厥諸部有思結者先處代州五臺縣其意嘗欲歸延陁因是而叛代州追兵適及會李勣旋軍至首尾圍擊思結討無所出走入峨谷中自度必死前殺其妻子然後力戰勣又敗之斬首五百級生擒一千五百人虜其男女三千餘口獲牛馬稱是

十八年七月太宗以高麗莫離支自殺其主發兵擊

新羅新羅盡禮以事國家數遣使稽顙請援乃遣高麗解兵不從欲擊之於是勅將作大匠閻立德括州刺史趙元楷宋州刺史王波利往洪饒江等州造船艦四百艘可以載軍糧泛海攻戰者且遣輕騎數千至遼東城以觀其勢甲午遂下詔曰百濟高麗恃其僻遠每動甲兵侵逼新羅日蹙百姓塗炭遣使請援道路相望朕情深愍念爰命使者詔彼兩蕃戢兵敦好而高麗姦武攻擊未已若不拯救豈濟倒懸宜令營州都督張儉守左宗衛率高履行等率幽營二都督府兵馬及契丹奚靺鞨往遼東問罪屬遼東水泛溢儉等兵不能濟

十月安西都督郭孝恪帥師滅焉耆孝恪執其王龍突騎支送行在所（時帝幸九成宮故日行在所）初王師之滅高昌也制以高昌所虜焉耆生口七百盡還之焉耆王尋叛歸於欲可汗朝貢稀至令孝恪伺其機便孝恪因表請擊之以孝恪爲安西道行軍總管率步騎三千出銀山道以伐焉耆孝恪夜襲其城破之

十一月命太子詹事英國公李勣爲遼東道行軍總管出柳城禮部尚書江夏郡王道宗副之刑部尚書鄖國公張亮爲平壤道行軍總管以舟師出萊州左

領軍常何瀘州都督左難當副之發天下甲士召募十萬並趣平壤以伐高麗

十九年四月英國公李勣攻蓋牟城破之（時帝親征此已後至班師事具帝王親征門）

二十年六月遣兵部尚書固安公崔敦禮特進英國公李勣擊破薛延陁於鬱督軍山北前後斬首五十餘級虜男女三十萬人時鐵勒僕骨同羅共擊延陁多彌可汗大敗之帝以延陁破亡遣江夏王道宗左衛大將軍阿史那社尒爲潮海安撫大使又使右領軍衛大將軍執失思力領突厥兵代州都督薛萬徹

營州都督張儉各統所部兵分道並進又令右驍衛大將軍梁延何力領涼州及胡兵同人以爲聲援江夏王道宗等兵既渡磧遇阿波達官控弦數萬直前拒戰道宗進擊破之斬首千餘級追奔二百里薛萬徹別軍北道與廻紇相遇二將各遣使諭以綏懷之旨其酋帥見使者皆頓顙歡呼曰不意大國遠見存撫俱請入朝既而諸部降書皆至百僚畢賀

二十一年三月伐高麗以左武衛大將軍牛進達爲青丘道行軍大總管右武衛大將軍李海崖爲副發兵一萬餘人並樓船戰艫自萊州泛海而入又以特

進太子詹事英國公李勣爲遼東道行軍大總管右武衛將軍孫貳郎左屯衛大將軍鄭仁泰爲副將配兵三千人其營州都督府所管兵馬盡皆隷勣於是厲涉遼東自新城道入兩軍之發也並遣慣習滄波能以少擊衆者而配隷焉先是十九年帝之伐高麗也以討逆爲名及破駐蹕陳帝以御副弓箙賜莫離支雖服拜銜恩而不遣親近來謝天子以暮秋邊外詔六軍班師莫離支以王城獲全庶幾可以自免滋虐其主又令伺我邊隙厥貢踈薄失藩人臣大國之禮天子扼腕含怒終欲取之中議以爲高麗城堆依山攻之不可卒下往前鑾駕親伐廢其耕稼所陷之城並收其穀韓師旅炎旱相繼夷人以絕粟大半斷粒若得少兵番次蹂其邊場彼瘡痍之殘疲於奔命耕夫釋耒並皆入堡島夷之邑千里荒蕪古人云金城湯池非粟不固若再三如此高麗必大窘迫自然逃散誰肯爲莫離支嬰城鴨渌水以北可不戰而取天子以爲然故有是命

七月牛進達李海崖攻高麗石城陷之虜男女數百人師次積利城下高麗出軍萬餘人拒戰海崖等擊破之斬首一千級

九月遣宋州刺史王波利中郎將丘孝忠發江南十二州造入海大船及艓船三百五十艘將征高麗

十二月詔曰皇天理物蓄嚴厲於積陰大塊厚生騰殺氣於秋序故霆霓震曜聲備八紘繁霜凝肅威加萬類朕既承茲介福超上皇王憂責在躬情兼列代昆虫不理尤且納隍戎羯未寧豈宜安席遏矣西土自古遊魂昔與北塲本同根蔕乘戎致鬪遂爾攜離雖因戴斗是其祭天之地雁塞干雲上應分衛之野躡踰瀚海局拒塞垣總其銜燭之鄉並爲征賦之俗惟有烏孫舊境置衆所漏本既先拔末豈能全皮尚

不存毛將安附僂軼旅獒之壤剽掠巨雀之藩播此凶荒歷年茲久積其愆禍崇凶貫盈凡厥氊裘不勝焦爛蠢茲板屋盡苦僂漁膜拜錦車思拯溺以延首重譯蠻邸吽嚴闇而委命裂裳裹足驟請天誅朕乃睠西顧深悼于懷捨此弗圖孰祇靈命是以求衣待旦對懸亡食哀彼綴旒義增投袂雖臨軒而獨對慮疑謀之罔從乃命鼎司陰籌遠畧言纔出于脣吻應已昭于上玄昧旦臨朝太史奏曰昨宵甲夜纖阿餌昴考靈臺之秘簡徵渾象之舊文月者陰精用刑之兆也星纏胡分數終之效焉是知天道雖高去人

非遠至誠仰達應不踰時奉以恭行理當無惑今便躬秘推轂制詔夏官禡祉出車發明秋令殲斯巨猾救彼蒼黎可遣使持節崑丘道行軍大總管左驍衛大將軍阿史那社爾副大總管左驍衛大將軍契苾何力金紫光祿大夫行安西都護郭孝恪司農卿清河郡公楊弘禮行軍總管左武衛將軍李海崖等總絜飆斬蛟之士帥叟牛佩豕之曹莫不感義長駈逝探窠穴之志循躬距躍將謝肉骨之恩又發鐵勒兵救十有三部突厥侯王十餘萬騎沸湧動沙場之地呼吸振廣漢之風道自金微會于葱嶺又遺吐蕃君長踰玄菟而北臨步搖酋渠絕昌海而西鶩齊飛白狄周設天羅縱金懸米之源掩河津而雷擊沬猪崦山之嶠轄日域以雷奔取彼渠魁委于司寇拯其萌隸賜以營魂俾夫六贏泛駕免覆車而伏皁十角摧鋒與共觝而俱獻豈非有名動衆本爲除殘以義出師貴能徵惡是以倒戈必宥事表於前經輿櫬不誅理昭於往誥其有去危投款悔禍求哀毳幙酋豪宜錫長纓之寵韋韝種落惠以飲啄之娛且夫察微與事者機也勞已安人者義也天與則取可謂乘機衆欲斯從是名敦義踐機而必作載義以行之今此一勞

永康四表折兵難再或失時宜以朕之懷遠須天下

初龜茲國既臣於西突厥安西都護郭孝恪之伐焉耆也龜茲遣軍援助自是蕃禮漸缺帝大怒故有是詔

閏十二月阿史那社爾與郭孝恪楊弘禮率五將軍又發鉄勒十二部兵十餘萬騎以伐龜茲社爾既破西蕃處月處密乃進師趣其北境出其不意西突厥所署焉耆王棄城而遁社爾遣輕騎追擒之龜茲大震守將多棄城而走社爾進屯磧石去其都城三百里遣伊州刺史韓威率千餘騎爲前鋒右驍衛將軍

曹繼叔次之至多褐城與龜茲王相遇及其相那利羯獵等有衆五萬逆拒王師威乃僞遁而引之其王侯利發見威兵少悉衆而至威退行三十里與繼叔軍會合擊大破之其王退保都城社爾進軍逼之王乃輕騎而走遂下其城令孝恪守之遣沙州刺史蘇海政尚輦奉御薛萬備以精騎逼之行六百里其王窘急退保于撥換城社爾等進軍圍之擒其王及大將羯獵顛等其相那利僅以身免潛引西突厥之衆并其國兵萬餘人來襲孝恪與子待詔同死于陣官軍大擾倉部郎中崔義起與曹繼叔韓威等擊之那

利匹馬而遁尋爲龜茲人所執以詣軍前後破其大城五所虜男女數萬口社爾因立其王之弟葉護爲王勒石紀功而旋俘其王阿黎布失畢及那利羯獵顛等獻於廟是月以崑丘道行軍總管左武衛將軍阿史那賀魯爲泥伏沙鉢羅葉護并給鼓纛遣招討

巴西突厥

二十二年正月詔授右武衛大將軍薛萬徹爲青丘道行軍大總管右衛將軍裴行大爲副率兵三萬餘人并樓船戰艦自萊州泛海以擊高麗萬徹入鴨綠水俘獲甚衆

四月烏胡鎮將石神感率兵浮海直指高麗領步騎五千拒戰於易山短兵纔接其衆大潰斬首虜八百餘人其夜賊兵萬餘襲神感之船神感設伏以待之賊不覺奮擊大破之而還

是月右武候將軍梁建方擊松外蠻破之初巂州都督劉伯英上言松外諸蠻雖暫降款旋卽背叛請出師討之西濟河天竺道可通也由是發蜀中十二州兵討之蠻帥雙舍率衆拒戰建方擊敗之殺獲千餘人群蠻震懾投竄山谷建方分遣使者說以利害爭來款附前後至者七千餘部戶十萬九千三百建方署其酋領蒙和爲縣令各統所部莫不感悅建方乘

勝遣使往西洱河其帥楊盛見使至大駭具船將遁使者曉諭禍福示以威信咸遂稽顙請降遣守領十人來謁軍門建方振旅而退

六月薛延陁餘衆二萬人渡鮮峨河侵掠海企微幽陵三郡都督各發兵逆擊大破之斬獲八千級於是發燕副都護元臣率九姓鐵勒捕

是月青丘道軍師薛萬徹渡海入鴨渌水百餘里至泊灼城南四十里止營高麗襲懼並棄邑居而遁泊灼城主所失孫率步騎萬餘人來拒官軍萬徹遣右衛將軍裴行方領步卒折衝尉羅文合爲援軍繼進

萬徹及諸軍乘之賊大潰追奔百餘里及於陣所夭孫進兵圍之洎灼城因山設險阻鴨渌水以爲固攻之未拔高麗遣將高文率馬骨安地諸城兵三萬餘人來援分置兩陣萬徹分軍以當之鋒刃纔接而賊潰俘獲且盡而還

八月辛丑遣左領軍大將軍執失思力往金山道討薛延陁餘部落

是月崑丘道將軍阿史那社爾擊處羅破之餘衆悉降

九月遣茂州都督張士貴右衛將軍梁建方發隴右及峽中兵馬二萬餘人擊編獠初帝遣劍南造船獠之人咸令減役雅邛眉三州編獠或不祇承呼召相率而反乃遣建方等討之

巡按福建監察御史臣李嗣京　訂正
分守建南道左布政使臣胡維霖　叅閲
知建陽縣事臣黄國琦較釋

外臣部三十一

征討第五

唐高宗永徽元年六月左驍衛郎將高侃率兵討突厥車鼻可汗於阿息出車鼻聞王師至攜其愛妾從數百騎而遁高侃追至金山擒之以歸京師九月獻于社廟又獻於昭陵帝使謂之曰昔頡利亂亡爾不

佐輔則無骨肉之情矣延陀稱兵自立破敗之後爾又潛于土窟斯即爲臣不忠矣國家遣使招撫因爾擅行劫殺爾之所犯不忠不義罪不容誅朕好生惡殺不忍即從典刑且先皇平殄諸國所獲酋渠咸恕性命仰遵先旨宥汝不死乃遣釋之拜左武衛將軍賜宅于長安處其餘衆於鬱督軍山置狼山都督府以統之

二年八月朗州白水蠻反叛寇麻州之界江鎮遣左領軍趙孝祖爲朗州道總管與朗州都督任懷王率兵討之

十一月趙孝祖討白水蠻至羅仵候山蠻帥禿磨蒲大鬼主都干等率諸部萬餘人守箐口以拒官軍孝祖與戰大破之追至同進水賊帥儉彌于及鬼主董朴等精兵六千據水爲寨依山結陣遣輕騎數百來迎官軍孝祖率兵擊之儉彌于苦戰自辰至酉賊衆大敗臨陣斬彌于禿磨蒲及大鬼之首領十餘人賊又阻大雪飢凍死者略盡孝祖又奏言貞觀中討昆州烏蠻始開青蛉弄棟爲州縣弄棟之西有小勃弄一州嘗扇動弄棟欲令反叛其勃弄以西與黄瓜葉榆西洱河相接人衆殷實多於蜀州無大酋長好結

讎怨今因破白水之兵請隨便西討撫而安之詔許之

三年正月弓月道行軍總管梁建方契苾何力等大破處月朱耶孤注於牢山初咄陸及阿史那賀魯之叛也招誘處月處密等部相率皆叛及建方軍至咄陸大懼遠迹西遁朱邪孤注旣殺果毅單道惠乃據守中牢山其山險絶建方分兵數道並進鼓而登四面攻之賊衆大潰孤注携所親夜遁建方使副總管高德逸輕騎追之行五百餘里孤注據險拒戰於陣生擒斬之斬首九千級虜渠帥六十餘人

四月朗州道行軍總管趙孝祖大破白水蠻大勃律
西南夷遂定之
六年正月雋州道行軍總管曹繼叔破胡叢顯養東
魯等蠻於斜山克一十餘城斬首七百餘級獲馬四
百餘匹牦牛一萬五千頭
二月遣營州都督程名振左衛中郎將蘇定方等發
兵一萬討高麗以倭掠新羅故也時新羅王金春秋
表言高麗與百濟靺鞨相連侵其北境已奪三十三
城乞兵救援故遣名振等經略之
五月程名振率兵渡遼水至高麗以名振兵少乃開

六城門出兵渡貴端水與名振合戰賊徒大敗奔走
過水欲入城不得殺獲千餘人名振縱兵焚其羅郭
及村落而還
五月遣左屯衛大將軍程知節為葱山道行軍總管
率左武衛將軍舍利叱利右武衛將軍王文度伊州
都督蘇海政等討西突厥阿史那賀魯
顯定元年八月程知節與賀魯所部歌邏祿及處月
戰於榆慕谷大破之斬首千餘級獲駝馬牛羊萬計
副將周智度攻其突騎處木昆等於咽城拔之斬首
三千級虜獲甚衆

九月程知節與賀魯男咥運戰斬首數千級進至嗇
篤城俘其部落戶口及貨物鉅積
二年閏正月賀魯入寇詔右屯衛將軍蘇定方為伊
麗道行軍總管率燕然都護任雅相副都護蕭嗣業
等發廻紇兵以追討賀魯仍詔右衛大將軍阿史那
彌射左屯衛大將軍阿史那步真為流沙安撫大使
以招輯其舊衆
十二月蘇定方大破賀魯金牙山盡收其所據之地
西域悉平初賀魯侵併西域諸國進寇庭州廻紇婆
閏等諸部屬請討之帝前後遣梁建方契苾何力程

知節等率兵追討皆不克而還及蘇定方為大總管
領廻紇等兵與阿史那彌射步真等分出西州金城
兩道以經畧之定方至金山之地其侯斤嬾獨祿等
率萬餘帳來降定方發其千騎進至曳咥河之西賀
魯率十姓兵馬且十萬來拒戰定方領廻紇及漢兵
萬餘人逆擊賊輕定方兵少四面圍之定方令步卒
據其原攢矟外向自領漢騎陳於北原賊先擊步軍
三衝不動定方乘勢擊之賊遂大潰追奔三十里斬
獲數萬人明日總兵復進賀魯之衆五努失畢部落
相次來降五咄陸部落聞賀魯敗各向南道降于步

眞所至蕃人皆相率歸降曰我舊主也定方乃令副將蕭嗣業廻紇婆閏率蕃兵趨邪羅斯川以追賀魯定方與任雅相領新附之衆以繼其後會大雪平地二尺軍中咸請停兵候晴定方曰虜恃雪深謂我不能前進必當憩息追之可及緩以縱之則漸遠難追省日兼功在此舉也於是勒兵御雪晝夜兼進所經收其人衆遂至雙河與彌射步眞相會兩軍合勢去賀魯所居二里布陣長驅徑至金牙山所時賀魯集部衆欲獵定方與彌射縱兵擊之盡破其牙帳生擒數萬人并獲其鼓纛器械賀魯遂與咄運及其女夫

閻啜等脫走投石國定方於是悉兵命諸部歸其所居開通道路列置館驛埋瘞骸骨所在問疾苦分其疆界復其產業賀魯所虜掠者悉括還之于是西域諸國安堵如故

三年六月營州都督兼東夷都護程名振右領軍郎將薛仁貴率兵攻高麗之衆烽鎮卽拔之斬首四百餘級生擒首領以下百餘人俄而高麗遣其大將立方婁率衆三萬人來拒官軍名振率契丹兵逆擊大破之逐北二十餘里斬首二千五百級

五年三月以左武衛大將軍蘇定方爲神丘道行軍大總管率左驍衛將軍劉伯英右武衛將軍馮士翽左驍衛將軍龐孝泰等幷發新羅之衆以討百濟百濟恃高麗之援屢侵新羅故也

五月以定襄都督阿史德樞賓左武候將軍延陀梯眞居延州都督李合珠並爲冷陘道行軍總管各領本蕃兵以討叛奚仍令尚書左丞崔餘慶充使總護三蕃尋而奚遣使降附改樞賓等爲沙磚道行軍總管以討契丹松漠都督阿卜固送之東都幷擒叛奚諜王匹帝禿帝斬之而還

八月蘇定方拔百濟之眞都城初定方率衆自成山

濟海賊徒據熊津江口以拒官軍定方既濟乘山而陣與之大戰揚帆蓋海相續而至賊師敗績死者數千人自餘大潰遇潮且上官軍連舳入江水陸齊進飛楫鼓譟直趣眞都去城二十餘里賊傾國來拒大戰破之殺虜萬餘人追奔入郭其王義慈及太子隆奔于北境定方進圍其城義慈次子泰自立爲王率衆還固守義慈嫡孫文思曰王與太子雖並出城而身見在叔總兵馬專擅爲王假令漢退我父子當不全矣遂率其左右投城而下百姓從之泰不能止定方令兵士登城立幟於是泰開門頓顙請命其大將

福植又將義慈來降太子隆并與諸城主皆同送款
百濟悉平
是月左衛大將軍鄭仁泰率兵討思結拔也固僕骨
同羅四部落三戰皆捷追奔百里斬其首領而還
十二月以左驍衛大將軍契苾何力爲浿江道行軍
大總管左武衛大將軍蘇定方爲遼東道行軍大總
管左驍衛將軍劉伯英爲平壤道行軍大總管分道
發兵以討高麗
龍朔元年正月以鴻臚卿蕭嗣業爲扶餘道行軍總
管率廻紇等蕃兵赴平壤以討高麗

三月帶方州刺史劉仁軌大破百濟餘衆於熊津之
北
四月詔兼兵部尚書任雅相爲浿江道行軍總管左
衛大將軍契苾何力爲遼東道行軍總管左武衛大
將軍蘇定方爲平壤道行軍總管并率諸蕃軍將總
三十五軍川陸分途先觀高麗之釁帝將親率六軍
以繼之
八月蘇定方破高麗之衆於浿江頻戰皆捷奪其馬
邑山因山爲營遂爲平壤城明年三月勒兵而還
十月以鐵勒殺勑使反叛詔左武衛大將軍鄭仁泰
爲鐵勒道行軍大總管燕然都護劉審禮左武衛將
軍薛仁貴爲副鴻臚卿蕭嗣業爲山蕁道行軍總管
左屯衛將軍孫仁師爲副率兵以討之
二年三月鄭仁泰薛仁貴等破鐵勒之衆於天山時
鐵勒有思結多濫葛等部落先保天山及仁泰等將
至亦送降款仁泰等結兵擊之虜其家户以賞軍士
賊乃相率遠遁
七月熊津都督劉仁願帶方州刺史劉仁軌等率留
鎮之兵及新羅之兵大破百濟餘賊於熊津之東拔
其眞峴城斬首八百級

三年正月鄭仁泰等討鐵勒餘種悉平之
乾封元年六月詔左驍衛大將軍契苾何力爲遼東
道安撫使以應接高麗王初高麗莫離支蓋蘇文死
其長子男生代父爲莫離支之位旣初知國政出巡
諸城使其二弟男建男產留後知國事男生旣出或
謂男建等曰男生惡二弟逼己意欲除之不如先以
爲計也男建等初不言之又有人謂男生曰二弟恐
兄思奪已權欲拒兄不納男生使所親潛往平壤以
伺焉男建等知而掩得之繇是遞相猜貳男建等乃
以其王命召男生男生懼不敢歸男建等遂發兵討

之男生走據國内城以自守其子獻誠詣闕求救於是詔何力率兵赴援乃授獻誠右武衛大將軍使爲鄉導又遣左金吾衛將軍龐同善營州都督高侃等爲行軍總管以經畧高麗

九月龐同善大破高麗男生率所親會同善之軍

十二月命司空英國公李勣爲遼東道行軍大總管兼爲遼東安撫大使左金吾衛將軍龐同善左驍衛大將軍契苾何力並依舊爲遼東道安撫大使其水陸諸軍總管并糧運使竇義積獨孤卿雲郭待封及募兵以上並受勣處分以討高麗河北道諸州租税

總赴遼東以給軍用於是水陸分道以赴平壤

二年九月李勣拔高麗之新城遣副將契苾何力守之勣遂引兵進破一十六城

三年二月李勣及薛仁貴進拔高麗之扶餘城時偏將龐同善高侃等爲後殿尚在新羅高麗男建遣救新城夜襲同善仁貴率援軍以破之侃等移軍進至金山爲賊所敗高麗乘勝而進仁貴等横擊之賊大敗斬首五萬餘級遂拔其南蘇木底蒼岩等三城與男生之軍相會仁貴乘勝領二千人將攻餘城諸將以兵少止之仁貴曰在善用耳不在多也遂先鋒而行敗衆來拒逆擊大破之殺獲萬餘人餘城皆降扶餘州内四十餘城一時送款

總章元年九月李勣進軍拔高麗之平壤城遼東悉平初勣既破大行城諸軍盡會契苾何力拔南蘇等八城會勣於鴨渌栅合軍以攻辱夷城又拔之何力引蕃漢兵五十萬人遏平壤勣軍繼至高藏遣男産帥首領九十八人持白幡詣勣乞降請便入朝謝罪勣以禮接之男建猶閉門固守勣乃移兵於平壤之側以逼之男建頻遣兵出戰皆大敗男建下王兵總管僧信誠密遣人詣軍許開城門爲内應經五日信

誠果開城門勣縱兵入登城鼓譟燒城門樓四面火起男建窘急自刺不死遂虜高藏男建男産等以歸京師

咸亨元年四月吐蕃陷白州等一十八州詔右威衛大將軍薛仁貴爲邏娑道行軍大總管右衛員外大將軍阿史那道真左衛將軍郭待封爲副以討吐蕃將援吐谷渾還其故地

三年正月發梁益等一十八州兵募五千三百人遣大子右衛副率梁積壽爲姚州道行軍總管率兵以討叛蠻

四年閏五月燕山道總管李謹行破高麗叛黨於瓠盧河之西高麗平壤餘衆遁入新羅

五年二月遣太子左庶子同中書門下三品劉仁軌爲雞林道大總管衛尉卿李弼右領軍大將軍李謹行爲副發兵以討新羅時新羅王金法敏旣納高麗叛亡之衆又封百濟故地漸使人守之帝大怒下詔削奪法敏官爵仍以其弟右驍衛員外大將軍臨海郡公金仁問爲新羅王時仁問在京師詔令歸國以代其兄仁問行至中路聞新羅降仁問乃還

上元二年二月劉仁軌大破新羅之衆於七重城又

以靺鞨兵浮海而南畧新羅之南境斬獲甚衆仁軌勒兵而還詔以李謹行爲安東鎮撫大使屯兵於新羅之買肖城以經畧之前後三戰新羅皆敗新羅於是遣使入朝伏罪幷獻方物前後相屬帝竟許之復其王金法敏官爵

三年閏三月吐蕃入寇鄯廓河芳等州詔雍州牧周王顯爲洮州道行軍元帥領工部尚書劉審禮等十二總管幷州大都督相王輪爲凉州道行軍元帥領左衛大將軍契苾何力鴻臚卿蕭嗣業等以討吐蕃二王竟不行

調露元年十月單于大都護府突厥阿史德溫傅及奉職二部相率反叛立阿史那泥熟匐爲可汗二十四州首領並叛遣單于大都護府長史蕭嗣業將軍花大智李景嘉等討之（嗣業等爲賊所敗令右金吾將軍曹懷舜率兵往恒州守井陘右武衛將軍崔獻往絳州龍門以防突厥）

十一月詔禮部尚書簡較右衛大將軍裴行儉爲定襄道行軍大總管率太僕少卿李思文營州都督周道務等部兵十八萬幷西軍程務挺東軍李文暕等總三十餘萬以討突厥

二年三月裴行儉大破突厥於黑山擒其首領奉職僞可汗泥熟匐爲部下所殺傳首來降

永隆二年正月突厥寇原慶等州令右衛將軍李知十左威衛將軍王杲分往涇慶二州統兵以防禦又遣禮部尚書裴行儉爲定襄道大總管右威衛將軍曹懷舜幽州都督李文暕等爲副率兵以討突厥溫傅部落

閏七月裴行儉大破突厥史伏念之衆伏念爲程務挺急追遂執溫傅來降行儉於是盡平突厥餘黨執伏念溫傅振旅凱旋

永淳元年四月以裴行儉爲金牙道行軍大總管與

將軍閻懷旦等三總管兵分道討十姓突厥阿史那
車薄行儉未行而卒安西副都護王方翼破車薄咽麪西城
平
二年十一月命右武衞將軍程務挺爲單于道安撫
大使以招討總管材山賊元珍骨篤祿賀魯等
則天垂拱元年二月阿史德元珍等寇朔代等州命
左玉鈐衞中郎將淳于處平討擊之
十一月命天官尚書韋待價爲燕然行軍大總管以
討吐蕃
三年二月突厥骨咄祿及元珍寇昌平殺掠人吏命

左鷹揚衞大將軍黑齒常之率諸軍討擊之
永昌元年五月命文昌左相韋待價爲安息道行軍
大總管以擊吐蕃
天授二年五月命文昌右相岑長倩爲武威道行軍
大總管討擊吐蕃
延載元年十月命容州都督張玄遇爲桂永等州經
畧大使討嶺南反獠
證聖元年七月命夏州尚書王孝傑爲肅邊道行軍
大總管以討吐蕃
萬歲通天元年五月營州城傍契丹首領松漠都督
李盡忠與誠州刺史孫萬榮殺都督趙文翽舉兵反
攻陷營州命左鷹揚衞將軍曹仁師右金吾衞大將
軍張玄遇左武衞大將軍李多祚司農少卿麻仁節
等二十八將討之
七月命春官尚書梁王三思爲榆關道安撫大使納
言姚璹爲副以備契丹制契丹首領李盡忠名盡滅
孫萬榮名爲萬斬
八月張玄遇曹仁師麻仁節等與契丹萬斬戰于四
硤谷口官軍敗績玄遇仁節並爲賊所虜又令夏官
尚書王孝傑右羽林將軍蘇宏暉領兵七萬以繼之

孝傑在陣陷沒宏暉棄甲宵遁萬斬乘勝率其衆入
幽州屠城剽邑殺掠人吏清邊道大總管建安郡王
武攸宜遣裨將討之不能尅萬斬俄又引兵南與官
軍戰東兵遁總管揚玄基率輕騎角其前奚人出兵
以掎其後表裏合擊之萬斬大敗獲其別帥何阿小
及軍資器械不可勝數萬斬僅以身免又收合餘兵
與奚戰奚兵四面攻之大潰萬斬棄其衆以輕騎數
千人東走張九節率數百騎分爲三隊設伏邀之萬
斬窮蹙乃將家奴輕騎宵遁至潞河東困甚憩於林
下解鞍其奴因斬之張九節傳其首于東都懸之四

方舘門

三年五月命左金吾大將軍河内王懿宗爲神兵道總管右肅政御史大夫婁師德爲清邊道副大總管右武威衛將軍沙吒忠義爲清邊中道前軍總管率兵二十萬討契丹俄而李盡滅死

聖曆元年八月突厥默啜率衆襲靜難及平狄清夷等軍靜難軍使將軍慕容玄崱以兵五千人降之賊軍繇是大振俄又進寇嬀檀等州命司屬卿高平王重規爲天兵中道大總管右武威衛將軍沙吒忠義爲天兵西道前軍總管幽州都督張仁亶爲天兵東

道總管率兵三十萬以討默啜又令左羽林衛大將軍閻敬容爲天兵西道後軍總管統兵一十五萬以爲後

久視元年閏七月冬令左肅政御史大夫魏元忠充隴右令諸軍州大使以討突厥

九月左金吾將軍田揚名左臺殿中侍御史封思業斬吐蕃阿悉吉薄露傳首神都初薄露將叛也令揚名率兵討之軍至碎葉城薄露夜伏兵於城傍掠官駞馬而去思業率輕騎追擊之翻爲所敗俄而揚名與阿史那斛瑟羅忠節率衆大至薄露據城拒守揚名援之積十餘日薄露詐請降思業誘而斬焉遂虜其部落

中宗神龍二年十二月突厥默啜寇靈州鳴沙縣進寇原會等州購募能斬獲默啜者封國王授諸衛大將軍賞物二萬段

三年五月以左屯衛大將軍兼簡較雒州長史張仁亶爲朔方道大總管以備突厥

六月姚嶲道討擊使侍御史唐九徵擊姚州叛蠻破之俘虜三千計遂紀功焉

玄宗開元二年二月突厥默啜遣其子同俄特勒率衆寇北庭都護府右驍衛將軍郭虔瓘擊敗之斬同

俄於城下

七月吐蕃寇臨洮軍又進寇蘭州渭州掠群牧遣左羽林將軍隴右防禦使薛訥率副將杜賓客郭知運王駿安思順禦之

十月薛訥破吐蕃於渭州西界武階驛斬首一萬七千級獲馬七萬七千匹羊牛四萬頭

三年十月詔曰越嶲之地髳羌犯邊孤我大恩敢爲小寇雖螳蜋擧斧自開屠滅之辰而蜂蠆有毒仍藉討除之勢右騎衛將軍員外置同正員李玄通員衛

霍之才蘊孫吳之法决勝千里成誦在心通知四夷
若指諸掌故能聞敵思勇好謀而成宜於戎瀘夔巳
梁鳳等州羌兵三萬人馬二千匹幷舊屯兵士赴州
討擊賊縱退散亦須窮其巢穴杜絶飛走使無遺類
在此舉焉
六年二月大舉蕃漢兵北伐突厥下制曰書稱四征
不庭綏厥兆民可以覆昏亂執有罪保大定功利物
懲慝故高陽有九黎之伐大舜有三苗之征欽若聖
謀是爲殷鑒突厥殺殺名也窮漠餘裔大邦逋誅恃其
悍俗未遵朝化比爲潛逭幽荒隔閡華壞固聲湖之

不被將羈縻以畜之而擾我諸蕃窺我邊境今群方
輯睦重譯會同奉琛執贄者萬數請吏來王者億計
咸以爲衆之所加各自統領師徒取其仇怨授悉審
右驍衛大將軍金山道總管處木昆執米啜堅昆都
督右武衛大將軍骨篤祿毗伽可汗等弧矢之利所
向無前契丹都督左金吾衛大將軍靜析軍經畧大
使松漠郡王李失活奚都督右金吾衛大將軍保塞
軍經畧大使饒樂郡王李大酺等士馬之精何往不
尅並總我雲萃賈勇風馳西從沙磧至子德建山下
東發海浦期乎獨活河上九姓拔曳固都督稽催郡
王左武德大將軍頡質畧同羅都督右監門衛大將
軍毗伽末啜霫都督右驍衛將軍比言僕固都督左
驍衛將軍曳勒哥等種分業異效節輸忠負彼兇題
掃除遺孽並左犄右角連營合圍故路絶飛走計窮
躍噬然我國家以止戈存義鼙鼓傷仁方欲先德後
刑有征無戰虜番之請抑而莫從皇天有命將不獲
巳突厥殺若迷而知復困即能通革面虜庭委身魏
闕解其縛焚其櫬有逢伯之前聞大者王小者侯即
田横之故事況默啜之子右金吾衛大將軍右賢王
墨特勒逾輪自拔于亂頃投于國今不計其先人之

僭復加以右賢之寵右威衛將軍左賢王阿史那毗
伽特勤左武衛大將軍燕山郡王大拔不失畢左領
軍衛大將軍阿婆啜阿史那禍多右驍衛大將軍賀
魯窒合眞阿婆囑等或彼貴種應繫人思或彼信臣
巳歸邦化咸從衆望並錫尊官隨師以籌謀採狄之
情狀便立衙帳令居塞垣其首領百姓等有能轉禍
爲福去逆效順爵賞之科國朝有典且發單于之使
諭其觸綱之徒優而柔之五申三令儻覆巢未悟沸
鼎猶安務若爲甘聞言不信則戈矛所接玉石同焚
勉思良圖罔替成命朔方道行軍大總管銀青光祿

大夫右散騎常侍攝御史大夫王晙長才多奇大勇不闕寄用扞城隱若敵國當出閫之寄有辟第之公故可總是中軍以弘上略凡蕃漢三十萬衆並取晙節度大戴禮云王者之征猶時雨也至則人悅之矣俾夫武威外昭仁德内洽用恢天聲以靜邊徼布告遐邇咸使聞知

八年九月遣左驍衛郎將攝郎中張越使于靺鞨以奚及契丹背恩義討之也

九年四月蘭池州叛胡顯首僞稱葉護康待賓安慕容爲多覽殺大將軍何黑奴僞將軍石神奴康鐵頭

等據長泉縣攻陷六胡州命兵部尚書王晙發隴右諸軍及河東九姓掩討之殺三萬五千騎擒康待賓送至京師腰斬之

五月既誅康待賓下詔曰蘭池胡久從編附皆是淳柔百姓乃同華夏四人康待賓等敢亂天常俱爲禍首驅率群衆嘯聚沙泉使良善失業而兇渠逞志人祇發怒慰首者並自誅夷鋒刃揮芒陣敵者亦闇梟戮元惡既盡餘黨無多本是脅從初非爾罪今乃潛竄須示其誠朕亭育蒼生皆同赤子每一物之失所寧寸心之得安莫不念切在予情深責己故先之以德亦寬之以恩乃遣常侍趙元通又命御史大夫韋抗拊以招慰俱不稟承儻滋蔓繁多恐邊毗塗炭非願勤於兵馬蓋須申於弔伐朔方軍大總管王晙隴右節度使郭知運等虔奉廟謨恭行天討所有殺戮爰及俘囚或因戰敵相交灼然好惡無辦驚波縣是共溺烈火所以俱焚自孽誰尤欲逃何去已滅亡者其如咎譴未歸附者是可哀憐或反側懷憂或嫌疑多懼宜開自新之命以矜莫大之罪其胡賊及勾引諸蕃同叛逃在山谷沙藪間疑懼不出者並原其罪宜令夏州都督陽欽明依前處分安慰仍以左監門

將軍安慶爲副依理宜慰量加招輯各令復業務使安存訖奏聞若不順從猶持向背須別處分亦具奏來壬申蘭池州叛胡顯首僞稱葉護康待賓僞稱葉護安慕容以叛勑曰朕臨御宸極思養黎元一物不安則推溝軫慮萬方未乂則分閫興憂近者蘭池叛胡無端搆孽蠢爾兇醜敢忘恩化再令招諭仍未歸正理絶矜容事資撲滅既從斯而背德不獲已而用兵朕今發隴右諸軍馬騎掩其南徵河東九姓馬騎襲其北三城士卒截其後六郡驍雄擊其前四面齊駈萬全直進飛走無路麋爛待斃其蕃漢軍將以下

戰士以上若生擒及斬獲康待賓等一人白身授五品先是五品以上授三品如臨陣先鋒能破北胡部落所獲資財口馬牛羊並便入立功人等一切不須官收仍別加官賞其叛人内有能自殺獲送者應酬官賞亂常之罪一切並原正是忠臣憤激之時壯士立功之日恭行天罰允叶人謀摧枯拉朽匪朝伊夕布告軍州咸知朕意

十四年二月邕府獠首領梁大海周光等據賓横等州反遣驃騎大將軍兼内侍楊思勗討之

十五年正月凉州都督王君㚟大破吐蕃於青海之

西虜其輜重及羊馬而還

十六年正月秦瀧等州獠首領瀧澄州刺史陳行範廣州首領馮仁智何遊魯叛遣驃騎大將軍楊思勗討之

七月制曰昏迷反道天地所以致罰戎狄亂華帝王所以耀武吐蕃小醜頻年犯塞壞我城鎮虜我邊人言念征夫良深憤惋今北軍羽騎萬弩齊發山西飛將百道爭先掃蕩之期在於晷刻然賞罰必信懲勸在焉號令不明忠勇何望若廻避縱敵則寘國刑如克獲擒虜須懸軍格其河西隴右安西磧南等州節度將士以下有能斬獲吐蕃贊普者封異姓王斬獲大將軍者授大將軍獲次以下者節級授將軍中郎將不限白身官資一例酬賞速令布告咸使聞知

是月簡較兵部尚書蕭嵩鄯州都督張志亮攻拔吐蕃城斬獲數千級收其貲畜而還

八月蕭嵩遣右金吾將軍杜賓客擊吐蕃戰于祁連城大破之獲其大將一人斬首五千餘級

十七年二月巂州都督張審素攻破蠻拔昆明城及鹽城殺獲萬人

三月瓜州刺史墨離軍使張守珪沙州刺史賈思順

領伊沙等州兵入吐蕃大同軍大破吐蕃駈翦不可勝紀

是月禮部尚書信安郡王禕帥衆攻拔吐蕃石堡城

十八年五月契丹衙官可突干殺其主李召固率部落降于突厥奚部落亦隨而叛奚王李魯蘇來奔召固妻東華公主陳氏及魯蘇妻東光公主韋氏並奔投平盧軍制幽州長史趙含章率兵討之

二十年正月以朔方節度等副大使禮部尚書信安郡王禕爲河東河北兩道行軍副大總管知節度事率兵討契丹率戶部侍郎裴耀卿等諸副將分道統

兵出於范陽之北大破兩蕃之衆擒其酋長餘黨竄入山谷

九月渤海靺鞨寇登州殺刺史韋俊命左領軍將軍蓋福順發兵討之

二十二年十二月幽州長史張守珪發兵討奚契丹斬其王屈烈及其大臣可突於傳首東都餘叛奚皆散走立其酋長李過折爲契丹王

二十四年正月北庭都護蓋嘉運率兵擊突厥施大破之以其二十三年十月寇北庭及安西撥換城也

二十五年二月張守珪破契丹餘衆於捺祿山殺獲

甚衆

三月河北節度使崔希逸自涼州南率衆入吐蕃界二千餘里至青海西郎佐素文子觜與賊相遇大破之斬首二千餘級

二十六年三月吐蕃寇河西崔希逸擊破之鄯州都督杜希望攻拔吐蕃新羅城戎軍

二十八年三月權判益州長史章仇兼瓊大破吐蕃安戎城分兵鎮守之

天寶三載八月拔悉密國伐突厥烏蘇米施可汗傳首闕下

四載五月朔方節度使王忠嗣上言曰臣聞北方雜虜之中突厥爲大其風俗獷悍弧矢利習而諸蠻夷皆出其下所以悉陵河塞歷代患之太原涇陽豈惟前事山東渭上曾是近憂自陛下君臨萬邦無遠不至惟此種落尚懷二心陛下執九有安危之樞制四夷長短之運如垂霈澤則斯與草芥同風若震天威則彼惟魚肉而已故從開元二十九載部落日以攜離可敦西殺并諸侯王貴人以下前後款塞者殆至萬計其餘復相保聚更立烏蘇米施爲可汗陛下又使內史尹招倩等曉以安危俾其內附鬼神所殛米

施伏誅去秋又詔臣率驍騎直至薩河內山以問其罪而左廂阿波達干等一十一部並應時誅擒獨右廂之衆未平今又爲九姓所破白眉特勒之首既傳於藁街骨咄祿婆匐可敦又獻於闕下霜刃未交而群兇盡殪王師未老而大漠將空自先帝擒頡利靜北荒以來復見於今日矣伏請頒示天下宣付史館從之

八載六月隴右節度使哥舒翰攻吐蕃石堡城拔之

十載四月劍南節度使鮮于仲通將兵八萬討雲南與其王閤羅鳳戰於瀘州

十一載三月朔方節度副使奉信王阿布思與安祿山同討契丹

十三載三月北庭都護程千里生擒叛虜阿布思獻于勤政樓下斬之于朱雀街阿布思九姓首領也開元初為默啜所破請降附及開元末北蕃大亂逐與西殺妻子及默啜之孫勃得支特勒毗伽可汗女伊然可汗小妻登利可汗女及阿布思頡利發等並率其部歸我

天寶九載秋朝于京師帝厚禮之美儀貌有材畧代為蕃酋

天寶十載范陽節度安祿山承恩阿布思不為之下祿山因請為將共討奚契丹阿布思懼祿山之害已乃率其部以叛帝詔北庭追之布思惶恐因西投葛邏祿葉護葛邏祿懼乃擒以送北庭焉

冊府元龜

巡按福建監察御史臣李嗣京　訂正
知長樂縣事臣夏允彝　叅閱
知建陽縣事臣黃國琦　較釋

外臣部　三十一

征討第六

唐肅宗上元元年六月桂州經畧使邢濟奏破管內西原蠻賊二十萬衆斬獲大賊帥黃乾曜等九人

是月鳳翔節度使崔光遠奏破涇州隴州等界羌渾黨項等十餘萬衆又於普潤縣界破黨項四千餘衆斬

二千級生擒一百餘人收獲駝馬牛羊器械等不可勝數

乾元元年九月招討黨項使王仲昇斬黨項首領拓拔戎德等十人傳首闕下

代宗廣德二年九月劍南節度使嚴武破吐蕃七萬餘衆拔其當狗城

十月嚴武又拔吐蕃鹽州城

是月吐蕃寇邠州朔方兵馬使左散騎常侍郭晞遣馬步三千於邠州西夜斬賊營殺千餘人生擒八十三大俘大將四人馬四百匹

永泰元年九月吐蕃大將尚結息贊磨尚息東贊及馬重英等十萬衆寇奉天醴泉等縣大掠居人男女數萬計焚廬舍而去同華節度周智光以兵追擊于澄城破賊萬計

十月關內副元帥郭子儀先鋒白元光合迴紇軍擊吐蕃之衆於靈臺縣之西原斬首五萬級俘獲人畜凡二百里不絕

大曆二年九月吐蕃寇靈州進寇涇州副元帥郭子儀率兵三萬鎮涇陽

十月靈州破吐蕃二萬

三年八月吐蕃寇靈武進寇邠州邠寧節度馬璘破三萬衆

九月靈州將白元光破吐蕃二萬於靈武

是月郭子儀破吐蕃六萬餘衆於靈州

十二月劍南西川破吐蕃萬餘衆

八年十月吐蕃寇涇邠等州副元帥郭子儀遣先鋒將渾瑊與吐蕃戰于宜祿不利村墅居人爲吐蕃驅掠去者凡千餘人是夜瑊收合散卒襲賊營會涇原節度使馬璘又襲賊輜重殺賊凡數千人賊遂潰

十年正月劍南西川節度使崔寧奏破吐蕃數萬於

西川斬首萬級擒生數千獲馬牛數千頭匹
十一年正月崔寧上言大破吐蕃故洪等四節度兼
突厥吐渾氐蠻羌黨項等二十餘萬衆斬首萬餘級
生擒首領一千三百五十人獻功闕下
十二年十二月崔寧奏於西山大破三路及攻南吐
蕃十萬餘衆斬首八千生擒九百人
十三年四月吐蕃寇靈州朔方留後常謙光擊敗之
德宗以大曆十四年五月即位十月吐蕃率南蠻衆
十萬來寇一入茂州過汶川及灌口一入扶文過方
維白塡山一自黎雅過邛峽關連陷郡邑乃發禁兵

四千人及幽州兵五千人同討大破之
貞元二年十月鳳翔節度使李晟以吐蕃侵軼遣兵
襲其摧沙堡大破之焚其儲積斬蕃酋扈屈律悉蒙
等七人傳首京師
五年十月劒南節度使韋皐遣將王有道等與東蠻
兩林苴那時勿鄧夢衝等帥兵於故嶲州臺登谷大
破吐蕃青海臘城二節度殺其大兵馬使乞臧遮遮
多楊朱斬首二千餘級其投崖谷赴水死者不可勝
數生擒籠官四十五人收獲器械一萬餘事馬牛羊
一萬餘頭匹遮遮者吐蕃之驍勇者也或云尚結贊
之子頻爲邊患自其死也官軍所攻城柵無不降下
蕃衆日却數年間盡復嶲州之舊境也
八年十一月山南西道節度嚴震擊破吐蕃於芳州
及黑水堡焚其積聚并獻首虜
九年四月劒南西川節度韋皐遣兵出西山破吐蕃
峨和城定廉城通鶴軍凡平堡五十餘所獲首虜器
械旗幟牛馬獻於闕下
十年六月韋皐奏西山峨和城擊破吐蕃三萬又出
兵黎雅以援雲南收吐蕃柵城斬首三千八百級生
虜及降吐蕃二百四十人得其器械牛馬

十一年四月幽州節度劉濟奏大破奚王啜刺等六
萬餘衆
十二年三月韋皐奏收降蠻七千户得吐蕃所賜金
字告身五十五片
十三年五月吐蕃於劒南馬領三處開路進軍過臺
登城嶲州刺史曹高任率領諸軍將士并東蠻子弟
大破之生擒大籠官七人陣上殺獲三百餘人被刀
箭傷者不可勝數收獲馬畜五百餘頭匹器械二千
餘事
十四年十月夏州節度使韓全義破吐蕃於鹽州西

北

十七年九月西川韋皐奏大破吐蕃於維州擒其相論莽熱來獻賜崇仁里宅以居之初吐蕃寇靈朔陷麟州詔韋皐出兵成都西山以紓北邊皐遂使鎮靜軍使陳洎等三萬人出三奇路威武軍兵馬使崔堯臣率兵一千出龍谿石門路南維州保州兵馬使仇冕并保霸西州刺史董振等率兵二千進逼吐蕃維州城中北路兵馬使邢玼并諸州刺史董懷愕等率兵四千進攻吐蕃棲雞老翁等城都將高倜王天俊等率兵二千進逼故松州隴東路兵馬使元膺并諸州郝宗等

復分兵八千出南路雅邛黎嶲路又令邛州鎮南軍使御史大夫韋良金發鎮兵一千三百進軍雅州經畧使路惟明與三部落主趙日進等率兵三千進攻吐蕃逋租偏松等城黎州經畧使王有道率三部落主郝全信等兵二千過大渡河深入吐蕃界嶲州經畧使陳孝陽與行營兵馬使何大海韋義等及磨些蠻三部落主苴都將等率兵四千進攻昆明諾濟城自八月至于十二月累破十六萬衆拔其七城五軍鎮受降三千餘人擒生口六千餘人斬首一萬餘級遂進圍維州救軍再至轉戰千餘里吐蕃連靈朔之寇引衆南下於是贊普遣莽熱以内大相兼東境五道節度兵馬都統羣牧大使率雜虜十萬衆來解維州之圍王師萬餘衆據險設伏以待之先以一千人挑戰莽熱見我師之少也悉衆來追入于伏中諸將四面疾擊遂擒莽熱虜衆大潰

憲宗元和四年八月安南都護張舟奏破環王國僞號驩愛州都統三萬餘人及獲王子五十九人器械戰象等稱之

十三年十月靈武奏於定遠城破吐蕃三萬人殺戮二千人獲羊馬甚衆

是月平凉鎮遏使郝玼破三萬餘衆收復原州城獲羊馬不知其數夏州節度使田縉於靈武亦破三千餘人

十一月夏州奏破吐蕃五萬靈武奏攻破吐蕃長樂州羅城焚其屋宇器械西川節度王播攻拔峨和棲雞等城

十四年十月靈武奏大將史奉敬大破吐蕃於鹽州城下

穆宗以元和十五年正月即位十月吐蕃寇涇州命右軍中尉梁守謙克左右神策京西京北行營都監

神策兵四千人并發八鎮全軍往討之
十一月夏州節度使李祐奏准詔自領兵赴長澤鎮討吐蕃靈武節度使李聽奏自領兵赴長樂州討吐蕃
長慶元年六月吐蕃犯青塞堡以國家與廻鶻和親故也鹽州刺史李文悅發兵擊退之
二年七月靈武節度使李進誠上言於鹽州界追殺吐蕃三百餘人
文宗太和三年十二月南蠻逼戎州遣使起荆南鄂岳湘鄧陳許等道兵擊之

是月卭州為蠻所陷以右領軍大將軍董重質充西川監討蠻使又命中使往太原鳳翔宜取兵馬赴西川已丑内出陌刀七百口錐矢七百具遞西川（是月也軍抽退）
四年四月幽州節度使李載義上言今月三日發兵入奚界殺奚賊五千餘人生擒刺史縣令大將首領等二百七十三人
武宗會昌二年二月廻鶻犯天德以振武麟勝節度劉沔為河東節度以太原之師討之
八月廻鶻烏介可汗過天德至杷頭峰北茁爾掠雲朔北州乃徵發許蔡汴滑等六鎮之師以劉沔為廻鶻南面招討使以張仲武為廻鶻東面招討使以李思忠為河西黨項都將回鶻西南面招討使皆會軍於太原又詔太原起室韋沙陀三部落吐渾諸部委石雄為前鋒易定兵千人守大同軍契苾通何請河鎮沙陀吐渾六千騎赴天德李思忠並回鶻黨項之師屯于大柵
三年二月劉沔奏請將大破回鶻於殺胡山已迎得太和公主其烏介可汗被瘡而走方議收於殺制曰其回鶻既已破滅義在剪除宜令諸道兵馬便同進

討是時回鶻有赤心宰相一族東逼漁陽張仲武乃與從弟仲素率其部下勁兵三萬人大破之收其傒王貴族千餘人降三萬餘人戶牛馬槖駝旃墻罽幕不勝計尋遣從事李周瞳牙門將國從玘相次獻捷先是奚契丹皆有廻鶻監護使督以歲貢且為漢諜事至是仲武遣裨將石公緒等諭意凡戮八百餘人又廻鶻初遣宣門將軍等四十七人來偵欲毆雜虜遂退留其使緩彼師期人馬病死竟不遣之廻鶻烏介可汗既敗近邊乃依康居求活盡從餘種寄託于黑車子仲武繇是威加北狄文繼以詞旨諭其諸戎

黒車子後殺烏介可汗
宣宗大中元年春幽州大破奚衆
懿宗咸通五年四月南蠻寇邕管以秦州經畧使高駢率禁軍五千赴邕管會諸道之師討之尋以駢爲安南都護
六年秋高駢自海門進軍破蠻軍收復安南府先是李琢爲安南都護貪賊夷獠人多怨叛遂詔將軍合勢攻安南陷之累命將帥未能收復及駢至合五管之兵朞年之内招懷谿洞誅其首惡一戰而蠻卒遁去收復交州郡邑

十年十一月南詔蠻驃信酋龍率衆二十萬寇巂州定方軍節度都頭安再榮守清溪關爲賊所攻再榮退保大渡河北去清溪關二百里隔水相射凡九日八夜定邊軍節度使竇滂勒兵拒之
十二月驃信遣清平官十餘人來僞和與竇滂語次蠻軍船栰競渡忠武武寧軍兵士結陣抗之接戰自午及申蠻軍稍却竇滂懼自縊于帳中徐州將苗全緒解之謂滂曰都統何至於是但安心全緒與再榮弘節等血戰取勝全緒三人率兵而出滂乃單騎宵遁其夜蠻軍營於山下全緒等謀曰彼衆我寡若明日對陣吾屬盡矣可夜擊之令其軍亂我自解去忠武武寧之師乃夜入蠻軍弓弩亂發蠻衆大駭全緒等三將保軍而去蠻軍乘勝進攻西川城朝廷以顏慶復爲大渡河制置劒南應接節度使宋威爲行營都知兵馬使將兵數萬與忠武武寧之師合與蠻軍戰于漢州之毗橋大捷解西川之圍明日蠻軍遁走兩川平
僖宗乾符元年冬南詔蠻寇西蜀詔河東河西山南西道東川徵兵赴援西川節度使高駢奏奉勅抽發長武鄜州河東等道兵士赴劒南行營者伏以西川

新軍舊軍差到已衆况蠻蜒小醜必易枝梧今以道路崎嶇館驛窮困更有軍須立見流移所爲望一處完全而百處俱破且兵不在衆而在於和其左神策長武鎮麟州河東所抽甲兵人數不少况備辦軍食實損尤多又緣三道藩鎮盡振羌戎邉鄙未寧望不差發如已在路道並請降勅勒廻詔答曰蠻蜒如尚憑陵固須倍兵禦敵若已奔退即要併力追擒方籍北軍助平南寇其三處兵士宜委高駢候到蜀日分布驅使且務多多之辦寧辭整整之師其河東一千二百人令竇澣不要差發時駢扞蠻已退長武兵士

竟至蜀而還議者惜其勞費而虛邀出入之賞也
後唐莊宗初爲晉王天祐十三年八月契丹阿保機率諸部號稱百萬自麟勝陷振武長驅雲朔北邊大擾帝親赴援於代北虜衆方退
十八年十二月契丹阿保機寇幽州節度使李紹宏帥士固守契丹引衆而南攻涿州圍逼十餘日陷之契丹寇定州王都遣使告急御親軍赴之
十九年正月甲午帝御親軍五千進擊契丹至新城南候報契丹前鋒三千騎宿於新樂渡沙河而南矣帝令前鋒偵契丹所至報云渡沙河矣軍中相顧失

色咸欲釋鎮州之圍班師于魏以避契丹俟其還塞再議進軍諸將上言曰今北戎舉國入寇我師既寡難與爭鋒又聞汴賊内侵鄴中危急儻有差跌吾何所歸宜且旋師魏州徐圖勝負帝曰古者霸王舉事自有天道漢祖不亡於冒頓周宣詐伏於獫戎時事在吾比於無患且武德中突利頡利二可汗率衆三十餘萬侵寇關内高祖欲捨秦長安徙居樊鄧文皇帝諫曰儉狁孔熾作患中華自古有之非獨今也周漢並有茲患未聞遷移都邑霍去病漢廷之將帥耳猶且志滅匈奴若聽臣微效不數年之間必係單于之頸自後頡利二可汗部落束身闕下爲宿衛之人今吾以數萬之衆底定山東張文禮厮僕小人非吾所敵阿保機潼中勇切酩賤類唯利是求犯難而來其強易弱一遂挫敗奔走無路爾曹輩但畜馬同行看吾破賊帝乃率鐵騎五千精甲曜日至新城北半出桑林契丹萬餘騎遽見我軍惶駭而退帝乃分軍爲二廣乘之躡數千里獲其大將一人卽機之子其衆益恐時沙河氷薄橋道甚狹虜騎軍無行次相踐而過陷溺人馬帝際晚追襲宿于新樂阿保機車帳方在定州敗兵夜至拔族而遁保于望都帝車次定州

王都迎謁言詞懇切是夜宿于開元寺來日帝引軍趨望都契丹逆戰帝身先騎士馳擊數四虜騎退而結陣我徙兵陣於水次俄而帝與李嗣昭躍馬交戰賊騎大潰俘斬數千級獲其酋長數十追擊至於易州所獲氈車毳幕羊馬不可勝紀時自正月朔雪平地五尺賊芻粟已竭人馬踣死於積雪中纍纍不絕帝乘勝追襲至幽州而還時獲賊中人言阿保機之蓋取信於王都初都說保來日千父使我以情先王鎮州金城湯池玉帛山積機姫趙女充牣其中俟君一到不爲他人如不時至燕爲晉人所有保機躍馬務進其妻日我有牛馬擾必面樓是可次禦育兒孫何更遠離鄉土我聞晉人樂敵兵強天下事一不測後悔何追保機曰張文禮無全王百萬留待皇后當率騎同取非有他患遂頭

有落而來既遇挫敗狼狽而旋保機擊王都責讓自部不聽其謀妻亦讓保機曰聽狂口貪貨財稱其敗是保機也大慙

同光二年正月契丹寇瓦橋關以天平軍節度使李嗣源爲北面行營招討使陜州留後霍彦威爲副率軍討之是月契丹還

五月幽州上言契丹阿保機將寇河朔以滄州節度使李紹斌爲東北面招討使以兖州節度使李紹欽爲副招討使以宣徽使李紹宏爲招討都監率大軍渡河而北

十二月契丹寇幽州以宣武軍節度使李嗣源部署

大軍北征

三年正月李嗣源上言於涿州東南殺敗契丹生擒首領三十人遣人告捷是月嗣源送所獲契丹俘四首領衙多等八人斬於應天門外

明宗天成二年四月幽州節度使趙德均令衙較嘗玉破奚於檀州斬首百餘級奪漢民四十擒生奚二

三年四月定州王都作亂求援於契丹耶律德光遂陷平州遣禿餒以騎五千援都於中山北面行營招討使王晏球破之於谿陽禿餒走保賊城

六月幽州趙德均奏殺契丹百餘人於幽州之東奪馬六百匹是月詔王晏球攻取定州詔達怛及諸蕃東入契丹界以張軍勢

七月契丹遣楊隱率七千騎救定州招討使王晏球逆戰於唐河大破之幽州趙德均以生兵接於西路生擒首領楊隱等五十餘人接殺皆盡契丹強盛僅三十年雄據北戎諸蕃鼠伏屢爲邊患漢兵嘗憚之前後戰爭罕得其利是役也出陽之敗已失下騎唐河之陣兵號七千潰敗之後溝渠之盍官軍襲殺人不暇食秋雨纔降泥濘莫進人飢馬乏散投村落所在村人持白挺毆之德均生兵接於要路惟奇峯嶺

北有棄馬潛遁脫者數十餘無噍類帝致書諭其本國皇風大振

是月殺直崔處納押契丹僞平州刺史㧞厥律以下一百七十人至內十七人有骨肉識認餘分於兩橋斬之

閏八月幽州趙德均獻俘於行闕蕃將楊隱等五十人留於親衛鮮卑六百人皆斬之

四年二月定州王都平擒委餒及餘衆斬之自是契丹大挫數年不敢窺邊

十二月靈武康福奏方其渠北掩殺野利大虫兩族

三百餘帳牛羊二萬計
長興元年四月雲州奏擒殺契丹吐渾突厥等斬首級四十六獲契丹副行首尼列以下十人牛羊駝馬萬計
三年正月遣邠州節度使藥彦稠靈武節度使康福等率步騎七千往方渠鎮討黨項之叛命者
二月康福奏賀蘭山下蕃部數百帳順命者撫之其背叛者見除討次所獲駝馬牛羊數千計
是月藥彦稠奏誅黨項河埋三族韋悉褒勒彊賴埋厮骨尾各一族屈悉保三族計十族得七百餘人黑

玉一團
七月靈武奏夏州黨項七百騎侵擾當道出師逆戰敗之生擒首領以下五十騎追至賀蘭山下擒掔之
末帝清泰元年七月己巳廻鶻朝貢多爲河西雜虜剽掠詔邠州節度使康福遣將軍牛知柔率禁兵援送至靈武虜之爲患者隨便討之
十二月北面討使河東節度使石敬瑭晉高祖送擒獲契丹首領來海金等至京師
二年北面總管奏雲州殺退契丹具籍報前軍奪甲馬又援送靈武軍衣副都部署潘環言至馬嶺黨項殺牛族結集遮殺獲首領阿磨而下五人又獲擒相公族人馬通路前進
三年九月甲辰北面行營都招討使張敬達奏此月十五日與契丹戰於太原城下王師敗績時契丹主自率部族來援太原時晉高祖起義高行周符彦卿率左右廂騎軍出鬬蕃軍引退已時後蕃軍復成列張敬達楊光遠安審琦等陣於賊城西北倚山横陣諸將奮擊蕃軍屢却至晡我騎軍將移陣蕃軍如山而進王師大敗詔遣侍衛步軍都指揮使符彦饒率兵屯河陽詔范延光率兵躡青山路趨榆次詔幽州趙德鈞

躡飛狐路出軍賊後耀州防禦使潘環合防戎軍出磁隰以援張敬達
晉高祖天福四年八月西蕃寇邊涇州節度使張彦澤獲其大首領野离王子羅殺獨
少帝天福九年定州節度使馬全節戰契丹於北平擒千餘人而斬之
開運三年八月李守貞奏大軍至望都縣相次至長城北遇虜寇千餘騎轉鬬四十里斬蕃將解里相公
漢高祖即位稱天福十二年鎮州先屯騎將白再榮奏逐出虜將麻荅復其城

隱帝乾祐二年十一月契丹入寇前軍至貝州陷高老鎮千餘家乃西北至南宮堂陽剽虜人畜諸鎮守閉關自固時高行周以重名鎮鄴而諸屯戍甲兵雲布帝慮行周年高避事緩急踈於應變時周太祖爲樞密使帝乃詔於內殿謂之曰國祚初基先皇厭代冲人嗣襲政教未孚而守貞之徒連結方面僞監未誅憂不暇食卿受託孤之寄率伐叛之師俾其落角摧牙夷兇盪寇實卿之力也樞機雖重在朕面前獵狁內侵實憂境上夫兵機不可預授權道全在臨時苟非良將壬謀安能却敵卿可更爲朕河朔之行則

予無北顧之憂矣對曰臣受顧託之重處將相之地安敢憚於赴蹈唯陛下指使帝日卿速擇行無使虜塵滋蔓翌日賜玉帶名馬金鞍戎裝器仗雜綵銀器仍宜供奉官趙延希等二十人殿直都知張盛等二十八人樞密院承旨張（名闕）等五人前汾州刺史白文遇隨州刺史康延詔房州刺史李彥崇均州刺史曹奉金天文趙修己醫官顧師珙等從行仍令宣徽南院使王浚參與軍事（十二月深冀易等州契丹退）

是年湖南上言蠻寇叛遣賀州大將徐進率兵援之接戰於風陽山下大敗蠻衆斬首五千級

周太祖廣順二年九月鎮州何福進言契丹寇深冀遣龍捷都指揮使劉成誨兵馬監押慕延釗本州衙內指揮使何繼筠率兵拒之至武強縣奪下老小千餘口賊軍遁去

三年二月環州皇甫進邠州折從院各上言奉命率軍討慶州蕃部野雞族

世宗顯德元年五月符彥卿上言逐契丹過忻口北殺蕃軍二千餘衆大軍已還忻州從官稱賀

六年四月大治舟師以備北伐分命諸將沿流設備以前鄜州節度使田景咸爲淤口部署以右神武統

軍李洪信爲合流口部署以前鳳翔節度使王晏爲益津關一路都部署侍衛馬軍都指揮使韓令坤副焉以侍衛馬步都虞候韓通爲陸路都部署殿前都虞候不守信副焉

五月帝將收瓦橋關以侍衛馬步都指揮使韓令坤爲霸州都部署虎捷左廂主張鐸副焉以滑州節度留後陳思讓爲雄州都部署龍捷左廂主高懷德副焉仍命各率所部兵以戍焉（餘具親征及帝王功業門）

恭帝即位初北面兵馬都部署韓令坤奏敗契丹五百騎於霸州北

終

巡按福建監察御史臣李嗣京　訂正
知閩縣事臣曹學臣參閲
知建陽縣事臣黃國琦較釋

外臣部三十三

備禦

自昔至治之世守在四夷其後或干紀猾夏侵敗王略是用完其守備險其走集明其伍候正其疆場所以遏外侮而備不虞有國之令典也三代之際狄難以作降及秦漢以迄於五代或臣或叛何常之有繇

是繕治險固率厲威武御之以策略懷之以恩信連城積粟以守其要材官長技不忘乎戰制置之術悉講乎便宜羈縻之義必酌乎故實至於來外庭之策論納群下之姚畫話言可舉永圖斯在蓋夫禁鷙荒獷殊俗異類得其善言不足以爲喜置之度外允謂乎得宜然而備豫之方慎固之道不可以不爲之慮矣

周文王爲西伯以殷王之命命南仲爲將率往築城於朔方爲軍壘以禦北狄之難故作出車之詩曰天子命我城彼朔方赫赫南仲玁狁于襄（襄除也）

秦始皇已併天下乃使蒙恬將三十萬衆北逐戎狄收河南築長城因地形用制險塞起臨洮（屬隴西）至遼東延袤萬餘里於是渡河據陽山（五原西安陽縣北有陰山陰山在河南陽山在河北）逶蛇而北暴師於外十餘年

漢高祖二年十一月繕治河上塞（秦北攻胡築河上塞）

六月興關中卒乘邊塞（乘登也登而守之）

十一年正月詔曰代地居常山之北與夷狄邊趙乃從山南有之數有胡寇難以爲國頗取山南太原之地益屬代（少割以益之不盡取也）代之雲中以西爲雲中郡則代受邊寇益少矣王相國通侯吏二千石擇可立

爲代王者燕王綰相國何等三十三人皆曰子常賢知溫良請立以爲代王都晉陽（一說都中都又文帝過太原復晉陽中都二歲似遷都於中都也）

文帝十四年冬匈奴寇邊殺北地都尉卬遣三將軍軍隴西北地上郡中尉周舍爲衛將軍郎中令張武爲車騎將軍軍渭北車千萬騎卒十萬人帝親勞軍勒兵申教令賜吏卒自欲征匈奴群臣諫不聽皇太后固要帝乃止（要脅也哀痛祝誓之言）於是以東陽侯張相如爲大將軍建成侯董赫內史欒布皆爲將軍擊匈奴匈奴走是時太子家令晁錯上言兵事臣聞漢興以

來胡虜數入邊地小入則小利大入則大利高后時
再入隴西攻城屠邑毆略畜產毆與驅同其後復入隴西
殺吏卒大寇盜竊聞戰勝之威民氣百倍益奮厲也敗兵
之卒沒世不復衂挫折也自高后以來隴西三困於匈奴
矣民氣破傷亡有勝意今茲隴西之吏賴社稷之神
靈奉陛下之明詔和輯士卒底厲其節輯與集同底與砥同起
破傷之民以當乘勝之匈奴用少擊衆殺一王敗其
衆而法曰大有利非隴西之民有勇怯迺將吏之制
巧拙異也故兵法曰有必勝之將無必勝之民繇此
觀之安邊境立功名在於良將不可不擇也臣又聞

用兵臨戰合刃之急者三合刃謂交兵一曰得地形二曰
卒服習三曰器用利兵法曰丈五之溝漸車之水漸讀曰瀐謂侵也
山林積石經川丘阜經川常流之水也大陸曰阜少木所
在少古草字此步兵之地也車騎二不當一土山丘陵漫
衍相屬曼衍猶聯延也屬續也平原廣野此車騎之地也步兵
十不當一平陸相遠川谷居間仰高臨下此弓弩之
地也短兵百不當一兩陳相近平地淺少可前可後
此長戟之地也劍楯三不當一萑葦竹蕭萑薍也葦葭也蕭蒿
也屮木蒙籠支葉茂接此矛鋋之地也長戟二不當
一曲道相伏險阨相薄此劍楯之地也弓弩三不當

一士不選練卒不服習起居不精動靜不集集齊也趨
利弗及避難不畢前擊後解金鼓之音相失此不習
勤卒之過也百不當十兵不完利與空手同甲不堅
密與袒裼同弩不可以及遠與短兵同射不能中與
亡矢同中不能入與亡鏃同此將不省兵之禍也五
不當一故兵法曰器械不利以其卒予敵也卒不可
用以其將予敵也將不知兵以其主予敵也君不擇
將以其國予敵也四者兵之至要也臣又聞小大異
形彊弱異勢險易異備夫卑身以事彊小國之形也
合小以攻大敵國之形也彼我均不能相勝則雖連結外援共制之也以

蠻夷攻蠻夷中國之形也不煩華夏之兵也其同類自相攻擊也今匈
奴地形技藝與中國異上下山阪出入溪澗中國之
馬弗與也與猶如也險道傾仄且馳且射仄古側字中國之騎
弗與也風雨罷勞饑渴不困中國之人弗與也此匈
奴之長技也若夫平原易地輕車突騎則匈奴之衆
易撓亂也勁弩長戟射疏及遠則匈奴之弓弗能格
也堅甲利刃長短相雜遊弩往來什伍俱前伍人為伍二五為什
則匈奴之兵弗能當也材官騶發矢道同的騶謂矢之
善者也材官有材力者騶發騶矢以射者工矢善故中則同的則匈奴之革笥木薦
弗能支也革笥以皮作如札鎧者被之木薦以木枝作如楯下馬地鬬劍戟

相接去就相薄則匈奴之足弗能給也此中國之長技也以此觀之匈奴之長技三中國之長技五陛下又興數十萬之師以誅數萬之匈奴衆寡之計以一擊十之術也雖然兵凶器戰危事以大爲小以彊爲弱在俛仰之閒耳夫以人之死爭勝跌而不振則悔之亡及也帝王之道出於萬全今降胡義渠蠻夷之屬來歸義者其衆數千飲食長技與匈奴同可賜之堅甲絮衣勁弓利矢益以邊郡之良騎令明將能知其習俗和輯其心者以陛下之明約將之即有險阻以此當之平地通道則以輕車材官制之兩軍相當

表裏各用其長技衡加之以衆此萬全之術也傳曰狂夫之言而明主擇焉臣錯愚陋昧死上狂言唯陛下財擇（財與裁同）文帝嘉之乃賜錯璽書寵答焉曰皇帝問太子家令上書言兵體三章聞之（三者得地形卒服習器用利）書言狂夫之言而明主擇焉今則不然言者不狂而擇者不明國之大患故在於此使夫不明擇於不狂是以萬聽而萬不當也錯復言守邊備塞勸農力本當世急務二事曰臣聞秦時北攻胡貉築塞河上南攻楊粵置戍卒焉其起兵而攻胡粵者非以衛邊地而救民死也貪戾而欲廣大也故功未立而天下亂

且夫起兵而不知其勢戰則爲人禽屯則卒積死夫胡貉之地積陰之處也木皮三寸冰厚六尺食肉而飲酪其人密理鳥獸毳毛（密理謂其肌肉也毳細毛也）其性能寒楊粵之地少陰多陽其人疏理鳥獸希毛其性能暑秦之戍卒不能其水土戍者死於邊輸者僨於道秦民見行如往棄市因以讁發之名曰讁戍先發吏有讁及贅人閭取其左（閭者門也居閭之左一切皆發之）發之不順行者深怨有背畔之心凡民守戰至死而不降北者以計爲之也（北謂敗退）故戰勝守固則有拜爵之賞攻城屠邑則得其財鹵以富家室故能使其衆蒙矢石赴湯

火（蒙冒犯也）視死如生今秦之發卒也有萬死之害而亡銖兩之報死事之後不得一筭之復天下明知禍烈及已也陳勝行戍至於大澤爲天下先倡天下從之如流水者秦以威劫而行之之敝也胡人衣食之業不著於地其勢易以擾亂邊境何以明之胡人食肉飲酪衣皮毛非有城郭田宅之歸居如飛鳥走獸於廣壄（壄古野字）美草甘水則止草盡水竭則移以是觀之往來轉徙時至時去此胡人之生業而中國之所離南畝也今使胡人數處轉牧行獵於塞下或當燕代或當上郡北地隴西以候備塞之卒卒少則入陛下

不救則邊民絶望而有降敵之心救之少發則不足多發遠縣纔至則胡又已去聚而不罷爲費甚大罷之則復入如此連年則中國貧苦而民不安矣陛下幸憂邊境遣將吏發卒以治塞甚大罷也然今遠方之卒守塞一歲而更 更謂易代也音庚 不知胡人之能不如選常居者家室田作且以備之以便爲之高城深塹具藺石布渠荅 渠荅鐵蒺藜也藺石城上雷石也雷來內切 復爲一城其內城閒百五十歩要害之處通川之道調立城邑毋下千家 謂爲築度之也揔計城邑之中令有千家以上也調晉徒釣切 爲中周虎落 虎落外落也若今竹虎落也以竹篾相連遮落也 先爲室屋具田器迺募辠

人及免徒復作令居之不足募以丁奴婢贖辠及輸奴婢欲以拜爵者不足迺募民之欲往者皆賜高爵復其家 復音方目反 予冬夏衣廩食能自給而止 初徙之時縣官嘗廩給其衣食於後能自供贍乃止也 郡縣之民得買其爵以自增至卿 文帝時二十等爵內無有卿名蓋謂其等給同列卿者也 其亡夫若妻者縣官買予之人情非有匹敵不能久安其處塞下之民祿利不厚不可使久居危難之地胡人驅而能止其所驅者以其半予之 言胡人入而寇驅略漢人及畜產而它人能止得其所驅者令其本主以半賞之 縣官爲贖 謂官爲償贖之 其民如是則邑里相救助赴胡不避死非以德上也 言非以此事欲立德義於主上也 欲全

親戚而利其財也此與東方之戍卒不習地勢而心畏胡者功相萬也 東方諸郡民不習戰鬪當戍邊者也 以陛下之時徙民實邊使遠方亡屯戍之事塞下之民父子相保亡係虜之患利施後世名稱聖明其與秦之行怨民相去遠矣 言發怨恨之人使行戍役也 上從其言募民徙塞下錯復言陛下幸募民相徙以實塞下使屯戍之事益省輸將之費益寡 將送也賫也 甚大惠也下吏誠能稱厚惠奉明法 稱副也 存恤所徙之老弱善遇其壯士和輯其心而勿侵刻 輯與集同 使先至者安樂而不思故鄉則貧民相募而勸往矣臣聞古之徙遠方以實廣虛也 所以充實

寬廣空虛之地 相其陰陽之和嘗其泉水之味審其土地之宜觀其草木之饒然後營邑立城制里割宅通田作之道正阡陌之界先爲築室家有一堂二內門戶之閉 二內房也 一置器物焉民至有居作有所用此民所以輕去故鄉而勸之新邑也 之往也 爲置醫巫以救疾病以脩祭祀男女有昏 昏謂昏因配合也 生死相恤墳墓相從種樹畜長 畜長六畜也種樹謂桑果之屬長音竹兩切 室屋完安此所以使民樂其處而有長居之心也臣又聞古之制邊縣以備敵也使五家爲伍伍有一長十長一里里有假士四里一連連有假伍佰十連一邑邑有假候皆擇

其邑之賢材有護有保護之能者也習地形知民心者居則習民於射法出則教民於敵故卒伍成於內則軍正定於外服習以成勿令遷徙各守其業也幼則同遊長則共事夜戰聲相知則足以相救晝戰目相見則足以相識驩愛之心足以相死如此而勸以厚賞威以重罰則前死不還踵矣所徙之民非壯有材力但費衣糧不可用也雖有材力不得良吏猶亡功也陛下絕匈奴不與和親臣竊意其冬來南也一大治則終身創矣欲立威者始於折膠秋氣至膠可折弓弩可用匈奴常以爲候而出軍來而不能困使得氣去使其守勝達志而去後未易服也愚臣

亾識唯陛下財察

後元六年冬匈奴三萬騎入上郡三萬騎入雲中以中大夫令免爲車騎將軍屯飛狐中大夫官名其人姓令名免耳此諸將軍下至徐厲皆書姓而徐廣以爲中大夫令是官名此說非也據百官表景帝初改衞尉中大夫令文帝時無此官而中大夫是郎中令屬官秩比二千石飛狐在代郡故楚相蘇意爲將軍屯句注山險名也在鴈門陰館句音章句之句將軍張武屯北地河內太守周亞夫爲將軍次細柳在長安西北又曰長安細柳倉在渭北近右徼又曰在昆明池南京有柳市是也一宿曰宿再宿曰信過爲次匈奴傳云置三將軍長安西細柳謂北棘門霸上此則細柳又在渭北宗正劉禮爲將軍次霸上祝茲侯徐厲爲將軍次棘門在長安北秦時宮門也三輔黃圖棘門在橫門外也以備

胡

武帝元光二年十月匈奴請和親上下其議下音駕切大行王恢燕人數爲邊吏習故事議曰漢與匈奴和親率不過數歲即背約不如勿許舉兵擊之御史大夫韓安國曰千里而戰即兵不獲利今匈奴負戎馬足懷鳥獸心負恃也遷徙鳥集難得而制得其地不足爲廣有其衆不足爲彊自上古弗屬不內屬於中國漢數千里爭利則人馬罷罷讀曰疲虜以全制其敝勢必危殆臣故以爲不如和親羣臣議多附安國於是帝許和親明年鴈門馬邑豪聶壹豪音帥也因大行王恢言匈奴初和

親親信邊可誘以利致之伏兵襲擊必破之道也帝廼召問公卿曰朕飾子女以配單于幣帛文錦賂之甚厚單于待命加嫚侵盜無已邊竟數驚朕甚閔之竟讀曰境其士亦同今欲舉兵攻之何如大行恢對曰陛下雖未言臣固願效之效之致也致其計臣聞全代之時代未分之時也六國之時全代爲一國尚能以擊匈奴況今加以漢大乎北有彊胡之敵內連中國之兵然尚得養老長幼種樹以時倉廩嘗實樹殖也匈奴不輕侵也今以陛下之威海內爲一天下同任任事也又遣子弟乘邊守塞乘登也登其城而備守也轉粟輓輸以爲之備輓引車也音晩然匈奴侵盜不已者無它以不恐之

故耳(不于恐懼威令也)臣竊以爲擊之便御史大夫安國曰不然臣聞高皇帝嘗圍於平城匈奴至者投鞍高如城者數所(解脫其馬示閒暇也按積其鞍若營壘也)平城之饑七日不食天下歌之及解圍反位而無忿怒之心夫聖人以天下爲度者也(言嘗隨天下人心而充大其度量也)不以已私怒傷天下之功故乃遣劉敬奉金千斤以結和親至今爲五世利孝文皇帝又嘗一擁天下之精兵聚之廣武嘗谿(廣武鳩門縣常谿名)然無尺寸之功而天下黔首無不憂者孝文寤於兵之不可宿(宿以留也)故復合和親之約此二聖之迹足以爲效矣臣竊以爲勿擊便恢曰不然臣聞

五帝不相襲禮三王不相復樂(襲因也復重也復音扶且切)非故相反也因世宜也且高帝身被堅執銳冒霧露沐霜雪行幾十年(幾近也音巨旅切)所以不報平城之怨者非力不能所以休天下之心也今邊境數驚士卒傷死中國槥車相望(槥小棺也從送致其喪槥之車軍死者以槥相望於道言其多也槥音衞)此仁人所隱也(隱痛也)臣故曰擊之便安國曰不然臣聞利不十者不易業功不百者不變常是以古之人君謀事必就祖發政必占語重作事也(祖祖廟也占問也重難之也)且自三代之盛夷狄不與正朔服色(與讀曰豫)非威不能制彊弗能服也以爲遠方絕地不牧之民不足煩

中國也(不牧謂不可牧養也)且匈奴輕疾悍亟之兵也(悍勇也亟急也音力切)至如猋風去如收電(猋疾風也必遙切)畜牧爲業弧弓射獵(以木曰弧以角曰弓)逐獸隨草居處無常難得而制今使邊郡久廢耕織以支胡之嘗事其執不相權也(輕重不等也)臣故曰勿擊便恢曰不然臣聞鳳鳥乘於風聖人因於時昔秦繆公都雍(繆讀與穆同)地方三百里知時宜之變攻取西戎辟地千里并國十四(辟讀曰闢下亦同)隴西亦狄是也及後蒙恬爲秦侵胡辟數千里以河爲竟(竟讀曰境)累石爲城樹榆爲塞(塞上種榆也)匈奴不敢飲馬於河置烽隊(隊火字)然後敢牧馬夫匈奴獨可以威服不

可以仁畜也今以中國之盛萬倍之資遣百分之一以攻匈奴辟猶以彊弩射且潰之癰也必不留行矣(留止也言無所礙也)若是則北發月氏可得而臣也(發猶徵召也言威聲之盛北狄發自月支以來皆可徵召而爲臣也)臣故曰擊之便安國曰不然臣聞用兵者以飽待饑正治以待亂定舍以待勞(舍止息也)故接兵覆衆伐國墮城(覆收也墮毀也言兵與之不同則取其衆所伐之國則毀其城也覆音芳目切墮音火規切)嘗役敵國此聖人之兵也且臣聞之衝風之衰不能起毛羽(衝風疾風衝突者也)彊弩之末力不能入魯縞(縞素也曲阜之地俗善作之尤爲輕細故以取喻也)夫盛之有衰猶朝之必莫也今將卷甲輕舉深入長敺難以爲

功毆與驅同從行則迫銜行則中絕從音子容反銜橫也疾則粮乏
徐則後利後利謂不及利不至千里人馬乏食兵法曰遺
人獲也言以軍遺敵人令其虜獲也遺音弋季反意者有它繆巧可以禽
之則臣不知也不然則未見深入之利也臣故曰勿
擊便恢曰不然夫草木遭霜者不可以風過清水明
鏡不可以形逃通方之士不可以文亂方道也今臣言
擊之者固非發而深入也將順因單于之欲誘而致
之邊吾選梟騎壯士陰伏而處以為之備審遮險阻
以為其戒吾勢以定或營其左或營其右或當其前
或絕其後單于可禽百全必取帝曰善迺從恢議是

年主父偃上書闕下朝奏召入見所言九事其一事
諫伐匈奴曰臣聞明主不惡切諫以博觀忠臣不避
重誅以直諫是故事無遺策而功流萬世今不敢隱
忠避死以效愚計願陛下幸赦而少察之司馬法曰
國雖大好戰必亡天下雖平忘戰必危司馬穰苴善用兵著書言
兵法謂之司馬法一說司馬古主兵之官有軍臣用兵之法天下既平天子大愷
大愷周禮謂所振旅之樂也春蒐秋獮諸侯春振旅秋治兵所不
忘戰也春為陽中其行木也秋為陰中其行金作兵器所資故於此時蒐獮治兵也蒐蒐索也取不孕者獮應殺氣也振整旅衆也且怒者逆德也兵凶器也爭者末
節也古之人君一怒必伏尸流血故聖王重行之重行
也夫務戰勝窮武事未有不悔者也昔秦皇帝任戰
勝之威蠶食天下并吞戰國海內為一功齊三代務
時不休欲攻匈奴李斯諫曰不可夫匈奴無城郭之
居委積之守遷徙鳥舉難得而制輕兵深入糧食必
絕運糧以行重不及事得其地不足以為利得其民
不可調而守也不可和調也勝必棄之非民父母靡獘中
國甘心匈奴也靡散非完計也秦皇帝不聽遂使蒙恬
將兵而攻胡郤地千里以河為境地固澤鹵不生五
穀地多沮澤而鹹鹵然後發天下丁男以守北河暴兵露師
十有餘年死者不可勝數終不能踰河而北是豈人

衆之不足兵革之不備哉其勢不可也又使天下飛
芻輓粟車載芻槀令其疾至故曰飛芻也輓謂引車船也起於黃腄琅邪負
海之郡轉輸北河黃腄二縣名也並在東萊言自東萊及瑯琊緣海諸郡皆令轉輸至
北河也率三十鍾而致一石六斛四斗為鍾計其道路所費凡用百九十二斛乃
得一石男子疾耕不足於糧餉女子紡績不足於帷幕
百姓靡獘孤寡老弱不能相養道死者相望道死謂死於路
也蓋天下始叛也及至高皇帝定天下略地於邊聞
匈奴聚代谷之外而欲擊之御史成諫曰不可夫匈
奴獸聚而鳥散從之如搏景搏擊也搏人之長景言不可得也今以
陛下盛得攻匈奴臣竊危之高帝不聽遂至代谷有

平城之圍高帝悔之迺使劉敬往結和親然後天下亾干戈之事故兵法曰興師十萬日費千金秦常積衆數十萬人雖有覆軍殺將係虜單于適足以結怨深讎不足以償天下之費夫匈奴行盜侵敺所以為業天性固然求侵邊境而敺略人畜也上自虞夏殷周固不程督程課也督視責也禽獸畜之不比為人夫不上覩虞夏殷周之統而下循近世之失此臣之所以大恐百姓所以疾苦也且夫兵久則變生事苦則慮易言思慮變易失其常也使邊境之民靡敝愁苦將吏相疑而外市與外國交市求巳利若章邯之故尉佗章邯得成其私佗言徙何切而秦政不行也也

權分二子此得失之效也故周書曰安危在出令存亾在所用周書者本尚書之餘也願陛下熟計之

五年夏發巴蜀治南夷道又發卒萬人治鴈門阻險所以為固門止匈奴之寇也

六年秋匈奴盜邊遣將軍韓安國屯漁陽

元朔二年取匈奴河南地築朔方復繕故秦時蒙恬所為塞因河而為固

三年春罷滄海郡秋罷西南夷城朔方元光中公孫弘為博士時方通西南夷巴蜀苦之詔使弘視焉還奏事盛毀西南夷無所用帝不聽至是弘為御史大夫數諫以為罷弊中國以奉無用之地願罷之於是帝使侍詔朱買臣等難弘置朔方之便發十策弘不得一迺謝曰山東鄙人不知其便若是願罷西南夷滄海專奉朔方

元狩四年遣驃騎將軍霍去病擊破匈奴左地因徙烏桓上谷漁陽右北平遼東五郡塞外為漢偵察匈奴動靜其大人歲一朝見於是始置護烏桓校尉秩二千石擁節監領之使不得與匈奴交通

五年三月徙天下姦猾吏民於邊

元鼎六年秋遣浮沮將軍公孫賀出九原浮沮井名在匈奴中

去九原二千里匈河將軍趙破奴出令居匈河水名在匈奴中去令居千里皆二千餘里不見虜而還迺分武威酒泉地置張掖燉煌郡徙民以實之

元封四年秋匈奴冦邊遣拔胡將軍郭昌屯朔方

太初元年五月遣因杅將軍公孫敖築塞外受降城

三年句梨胡單于立四月漢使光祿勳徐自為出五原塞數百里遠自千里築城障列亭至盧朐盧朐山名也朐音劬而使游擊將軍韓說長平侯衛伉屯其旁說讀曰悅伉音抗伉衛青子使彊弩都尉路博德築居延澤上

天漢元年秋發讁戍屯五原

昭帝始元二年冬發習戰射士詣朔方

元鳳五年六月發三輔及郡國悪少年吏有告劾亾者屯遼東（悪少年謂無賴子弟也告者謂人所告劾者爲人所劾亾謂被告劾而逃亾者）

六年春正月募郡國徒築遼東玄莬城是時邊郡烽火候望精明匈奴爲邊寇者少利希復犯塞

宣帝元康中匈奴遣兵擊漢屯田車師者不能下帝與後將軍趙充國等議欲因匈奴衰弱出兵擊其右地使不敢復擾西域丞相魏相上書諫曰臣聞之救亂誅暴謂之義兵兵義者王敵加於已不得已而起者謂之應兵兵應者勝爭恨小故不忍憤怒者謂之

忿兵兵忿者敗利人土地貨寶者謂之貪兵兵貪者破恃國家之大矜民人之衆欲見威於敵者謂之驕兵兵驕者滅此五者非但人事乃天道也間者匈奴嘗有善意所得漢民輒奉歸之未有犯於邊境雖爭屯車師不足致患今聞諸將軍欲興兵入其地臣愚不知此兵何名也今邊郡困乏父子共犬羊之裘食草萊之實常恐不能自存難以動兵（不可以兵事動之）軍旅之後必有凶年言民以其愁苦之氣傷陰陽之和也出兵雖勝猶有後憂恐災害之變因此以生今郡國守相多不實選風俗尤薄水旱不時案今年計子弟殺父兄妻殺夫者凡二百二十二人臣愚以爲此非小變也今左右不憂此乃欲發兵報纖介之忿於遠夷殆孔子所謂吾恐季孫之憂不在顓臾而在蕭墻之内也願陛下與平昌侯樂昌侯平恩侯及有識者詳議乃可（平昌侯王無故樂昌侯王武並帝之舅平恩侯許昌皇太子外祖父也）帝從相言而止

神爵元年三月西羌反發三輔中都官徒弛刑及應募佽飛射士羽林孤兒胡越騎三河潁川沛郡淮陽汝南材官金城隴西天水安定北地上郡騎士羌騎詣金城夏四月遣行將軍趙充國擊西羌充國計欲

以威信招降罕开及劫略者解散虜謀徼極迺擊之（徼要也要其倦極者徼工堯切）時漢已發三輔太常徒弛刑（弛刑謂不加鉗鈦者也弛言解也）三河潁川沛郡淮陽江南材官金城隴西天水安定北地上郡騎士羌騎與武威張掖酒泉太守各屯其郡者合六萬人矣酒泉太守辛武賢奏言郡兵皆屯備南山北邊空虛勢不可久或曰至秋冬迺進兵此虜在竟外之冊（竟讀曰境）今虜朝夕爲寇士地寒苦漢馬不能冬屯兵在武威張掖酒泉萬騎以上皆多羸瘦可益馬食以七月上旬齎四十日糧分兵並出張掖酒泉合擊罕开在鮮水上者虜以畜産

爲命令皆離散兵即分出雖不能盡誅且擅奪其畜
產虜其妻子復引軍還冬復擊之大兵仍出虜必震
壞仍頻也天子下其書充國令與校尉以下吏士知羌
事者博議充國及長史董通年以爲武賢欲輕引萬
騎分爲兩道出張掖回遠千里謂路紆曲也以一馬自佗
負三十日食凡以畜產載負物者皆爲佗爲米二斛四斗麥八斛
又有衣裝兵器難以追逐勤劳而至虜必商軍進退
稍稍引去商謂計度也逐水屮入山林隨而深入虜即據
前險守後阨以絶糧道必有傷危之憂爲夷狄笑千
載不可復而武賢以爲可以奪其畜產虜其妻子此

殆空言非至計也殆近也又武威縣張掖日勒皆當北
塞有通谷水草日勒張掖之縣也臣恐匈奴與羌有謀且欲
大入幸能要杜張掖酒泉以絶西域要遮也杜塞也其郡兵
尤不可發先零首爲畔逆佗種刼略言被刼略而反叛非其本心也
故臣愚筴欲捐罕开闇昧之過隱而勿章先行先零
之誅以震動之宜悔過反善因赦其罪選擇良吏知
其俗者揃循和輯此全師保勝安邊之筴天子下其
書公卿議者咸以爲先零兵盛而負罕开之助負恃也
不先破罕开則先零未可圖也帝迺拜侍中樂成候
許延壽爲強弩將軍即拜酒泉太守武賢爲破羌將
軍即就也就其郡拜之也賜璽書嘉納其策以書勑讓充國曰
讓責也皇帝問後將軍甚苦暴露將軍計欲至正月廼
擊罕羌羌人當獲麥已遠其妻子從其妻子令遠居而身來爲寇精
兵萬人欲爲酒泉燉煌寇邊兵少民守保不得田作
今張掖以來粟石百餘芻藁束數十皆謂直錢之數言其貴轉
輸竝起百姓煩擾將軍萬餘之衆若不早及秋兵水
草之利爭其畜食此畜謂畜產牛羊之屬也食謂穀麥之屬也一曰畜食畜之所食郎
謂草也欲至冬虜皆當畜食此畜讀曰蓄蓄聚積也多藏匿山中
依險阻將軍士寒手足皸瘃皸拆裂也瘃寒創也寧有利哉將
軍不念中國之費欲以歲數而勝微久歷年歲乃勝小敵也將

軍誰不樂此者言凡爲將軍者皆樂此今詔破羌將軍武賢將
兵六千一百人燉煌太守快將二千人長水校尉富
昌酒泉候奉世將婼月氏兵四千人亡慮萬二千人
亡慮大計也賷三十日食以七月二十二日擊罕羌入鮮
水北句廉上鮮水謂水岸曲而有廉稜者也去酒泉八百里去將軍
可千二百里將軍其引兵便道西竝進雖不相及使
虜聞東方北方兵竝來分散其心意離其黨與雖不
能殄滅當有瓦解者已詔中郎將卬將胡越佽飛射
士步兵二校益將軍兵今五星聚東方中國大利蠻
夷大敗五星所聚天下勝羌人在西五星在東則爲漢大白出高用兵法深

敵戰者吉弗敢戰者凶將軍急裝因天時誅不義萬下必全勿復有疑充國既得讓以為將任兵在外便宜有守以安國家言為將之道受任行兵於外雖受詔若有便宜則當固守以取安利也廼上書謝罪因陳兵利害曰臣竊見騎都尉安國前幸賜書擇羌人可使罕开諭告以大軍當至漢不誅罕以解其謀恩澤甚厚非臣下所能及臣獨私美陛下盛德至計亡已故遣开豪鵰庫宣天子至德罕开之屬皆聞知明詔今先零羌楊王此羌之首帥名王將騎四千及煎鞏騎五千阻山石木候便為寇謂依阻山之木石以自保故也罕羌未有犯今置先零先擊罕釋有罪

誅亡辜釋置也起一難就兩害誠非陛下大計也臣聞兵攻不足者守有餘又曰善戰者致人不致於人皆兵法之辭也致人引至而取之也致於人為人所引今罕羌欲於燉煌酒泉寇且餝兵練戰士以須其至餝整也須待也餝與飭同坐得致敵之術以逸擊勞取勝之道也今恐二郡兵少不足以守而發之行攻釋致虜之術而從為虜所致之道臣愚以為不便先零羌虜欲為背叛故與罕开解仇結約然其私心不能亡恐漢兵至而罕开背之也臣愚以為其計常欲先赴罕开之急以堅其約先擊罕羌先零必助之今虜馬肥糧食方饒擊之恐不能傷害適使先零得施德於罕羌堅其約合其黨施德自樹德也虜交堅黨合精兵二萬餘人迫脅諸小種附著者稍衆莫須之屬不輕得離也莫須小種羌名也如是虜兵寖多寖多也誅之用力數倍臣恐國家憂累繇十年數不二三歲而已臣得蒙天子厚恩父子俱為顯列臣位至上卿爵為列侯犬馬之齒七十六為明詔填溝壑死骨不朽臣所顧念獨思惟兵利害至熟悉也於臣之計先誅先零已則罕开之屬不煩兵而服矣先零已誅而罕开不服從正月擊之得計之理又其時也以今進兵誠不見其利唯陛下裁察六月戊申奏七月甲寅

璽書報從充國計焉

二年匈奴單于將十餘萬兵旁塞獵旁音步浪反欲入邊寇未至會其民題除渠堂亡降漢言狀漢以為言兵鹿奚盧侯而遣後將軍趙充國將兵四萬餘騎屯緣邊九郡備虜月餘單于病歐血因不敢入還去即罷兵

五鳳三年匈奴大亂議者多曰匈奴為害日久可因其壞亂舉兵滅之詔遣中朝大司馬車騎將軍韓增諸吏富平侯張延壽光祿勳楊惲太僕戴長樂問御史大夫蕭望之計策望之對曰春秋晉士匄帥師侵

齊聞齊侯卒引師而還君子大其不伐喪士匃晉大夫范宣子也春秋公羊傳襄十九年齊侯瑗卒晉士匃帥師侵齊至穀聞齊侯卒乃還還者何善辭也大其不伐喪也以爲恩足以服孝子誼足以動諸侯前單于慕化鄉善稱弟遣使請求和親海內欣然夷狄莫不聞未終奉約不幸爲賊臣殺今而伐之是乘亂而幸災也彼必奔走遠遁不以義動兵恐勞而無功宜遣使者弔問輔其微弱救其災患四夷聞之咸貴中國之仁義如遂蒙恩得復其位必稱臣服此德之盛也帝從其議後竟遣兵護輔呼韓邪單于定其國

元帝永光二年秋隴西羌彡姐旁種反彡音先廉切姐音子今西羌尚有此姓又音先冉切詔召丞相韋玄成御史大夫鄭弘大司馬車騎將軍王接左將軍許嘉右將軍馮奉世入議是時歲比不登比頻也登成也京師穀石二百餘一石直二百餘錢邊郡四百關東五百四方饑饉朝廷方以爲憂而遭羌變玄成等漠然莫有對者漠無聲也音莫奉世曰羌虜近竟內皆叛竟讀曰境不以時誅亾以威制遠蠻臣願帥師討之帝問用兵數對曰臣聞善用兵者役不再興糧不三載故師不久暴而天誅亟被暴露也亟急也音居力切往者數不料敵料量也而師至於折傷再三發䡘䡘推也淮南子曰內郡䡘車而餉音而隴切則曠日煩費威武虧矣今反虜無慮三萬人無慮舉大之言也無小思慮而大言也法當倍用六萬人然羌戎弓矛之兵耳器不犀利犀堅也可用四萬人一月足以決丞相御史兩將軍皆以爲民方收斂時未可多發萬人屯守之且足奉世曰不可天下被饑饉士馬羸耗耗減也音呼到反守戰之備久廢不簡簡閱也夷狄皆有輕邊吏之心而羌首難首爲難言創首爲寇難也今以萬人分屯數處虜見兵少必不畏懼戰則挫兵病師守則百姓不救如此怯弱之形見羌人乘利諸種竝和和應也音敢引切相扇而起臣恐中國之役不得止於四萬非財幣所能解也少發師而曠日曠空也空來其日計無功也與一舉而疾決

利害相萬也相益爲萬倍也固爭之不能得有詔益二千人於是遣奉世將萬二千人騎以將屯爲名且云領兵屯田不言討也典屬國任立護軍都尉昌爲偏裨到隴西屯三處典屬國爲右軍屯白石護軍都尉爲前軍屯臨洮奉世爲中軍屯首陽西極上西極山名也前軍到降同阪阪平阪也降同者阪名也阪府阪功降下江切阪普河切先遣校尉在前與羌爭地利又別遣校尉救民於廣陽谷羌虜盛多皆爲所破殺兩校尉奉世且上地形部衆多少之計願益三萬六千人反足以決事書奏天子大爲兵六萬餘人拜太常弋陽侯任千秋爲奮武將軍以助焉

竟寧元年呼韓邪單于來朝賜以良家子王嬙單于驩喜上書願保塞上谷以西至燉煌（保守也自請保守之令無寇盜）傳之無窮請罷邊備塞吏卒以休天子人民天子令下有司議者皆以爲便郎中侯應習邊事以爲不可許帝問狀應曰周秦以來匈奴暴桀寇侵邊境漢興尤被其害臣聞北邊塞至遼東外有陰山東西千餘里草木茂盛多禽獸本冒頓單于依阻其中治作弓矢來出爲寇是其苑囿也至孝武世出師征伐斥奪此地攘之於幕北（斥開也攘却也）建塞徼起亭隧（隧謂深開小道而行避敵鈔寇也）築外城設屯戍以守之然後邊竟得用少安

幕北地平少草木多大沙匈奴來寇少所蔽隱從塞以南徑深山谷往來差難邊長老言匈奴失陰山之後過之未嘗不哭也如罷備塞戍卒示夷狄之大利不可一也今聖德廣被天覆匈奴（如天之覆也）匈奴得蒙全活之恩稽首來臣夫夷狄之情困則卑順彊則驕逆天性然也前以罷外城省亭隧今裁足以候望通烽火而已古者安不忘危不可復罷二也中國有禮義之教刑罰之誅愚民猶尚犯禁又況單于能必其衆不犯哉三也（必極也極保之也）且中國尚建關梁以制諸侯所以絕臣下之覬覦也設塞徼置屯戍非獨爲匈奴而已亦爲諸屬國降民本故匈奴之人恐其思舊逃亡四也近西羌保塞與漢人交通吏民貪利侵盜其畜產妻子以此怨恨起而背畔世世不絕今罷乘塞則生嫚易分爭之漸五也（乘塞登之而守也嫚易猶相欺侮也易音弋豉切）往者從軍沒不還者子孫貧困一旦亡出求其親戚六也又邊人奴婢愁苦欲亡者多曰聞匈奴中樂無奈候望急何然時有亡出塞者七也盜賊桀黠群輩犯法如其窘急亡走北出則不可制八也起塞以來百有餘年非皆以土垣也或因山巖石木柴僵落谿谷水門（僵落謂山下樹木摧折或亡死枯僵墮落者僵者畺）稍稍平之卒徒

築治功費久遠不可勝計臣恐議者不勝慮其終始欲以一切省繇戍（一切謂權時也）十年之外百歲之內卒有他變障塞破壞亭隧滅絕當更發屯繕治累世之功不可卒復九也如罷戍卒省候望單于自以保塞守御必深德漢（於漢自稱恩德也）請求無已小失其意則不可測開夷狄之隙虧中國之固十也非所以永持治安威制百蠻之長策也封奏天子有詔勿議罷邊塞事使車騎將軍口諭單于（將軍許嘉也諭謂曉也）曰單于上書願罷北邊吏士屯戍子孫世世保塞單于鄉慕禮義所以爲民計者甚厚此長久之策也朕甚嘉之中國四

方皆有關梁障塞非獨以備塞外也亦以防中國姦邪放縱出於寇害故明法度以專衆心也敬諭單于之意言已曉知其意也朕無疑焉單于怪其不罷故使大司馬車騎將軍嘉曉單于單于謝曰愚不知大計天子幸使大臣告語甚厚

册府元龜

册府元龜 外臣部 備禦 卷之九百八十八 二十七

巡按福建監察御史臣李嗣京 訂正
分守建南道左布政使臣胡維霖 參閱
知建陽縣事臣黃國琦 較釋

外臣部 三十四

備禦第二

漢成帝河平元年單于遣右皋林王伊邪莫演等奉獻朝正月既罷遣使者送至蒲坂河東之縣也伊邪莫演言欲降即不受我我自殺終不敢還歸使者以聞下公卿議議者或言宜如故事受其降光祿大夫谷永

議郎杜欽以為漢興匈奴數為邊害故設金爵之賞以待降者今單于詘體稱臣列為北藩遣使朝賀無有二心漢家接之宜異於往時今既享單于聘貢之質享當也質誠也而更受其逋逃之臣是貪一夫之得而失一國之心擁有罪之臣而絕慕義之君也假令單于初立欲委身於中國未知利害假令猶言或當也私使伊邪莫演詐降以卜吉凶受之虧德沮善沮壞也音才汝反令單于自疏不親邊吏或者設為反間欲因而生隙間音居莧反受之適合其策使得歸曲而直責歸曲於漢而以直義來責也此誠邊境安危之原師旅動靜之首不可不詳也不如勿受以昭日月之信抑詐諼之謀懷附親之心便諼許辭也音許遠反對奏天子從之遣中郎將王舜往問降狀伊邪莫演曰我病狂妄言耳遣去歸到官位如故不肯令見漢使

哀帝建平四年單于上書願朝五年帝被病或言匈奴從上游來厭人游猶流也河水從西北來故曰上游也亦曰上游亦總謂地形耳不必係於河水也厭音一涉反自黃龍竟寧時單于朝中國輒有大故大故謂國之大喪帝繇是難之以問公卿亦以為虛費府帑府物所聚也帑藏金帛之所也音宅莽反又音奴可且勿許單于使辭去未發黃門郎揚雄上書諫曰臣聞六經之治貴於未

亂兵家之勝貴於未戰已亂而後治之戰之鬬而後復勝則不足貴二者皆微微謂精妙也然而大事之本不可不察也今單于上書求朝國家不許而辭之臣愚以為漢與匈奴從此隙矣本北地之狄五帝所不能臣三王所不能制其不可使隙甚明臣不敢遠稱請以秦以來明之以秦始皇之彊蒙恬之威帶甲四十餘萬然不敢窺西河迺築長城以界之會漢初興以高祖之威靈三十萬眾困于平城士或七日不食時奇譎之士石畫之臣甚眾石大也又曰石言堅固如石也畫計策也卒其所以脫者世莫得而言也卒終也莫得而言謂自免之計其事醜惡故不傳又高皇后嘗忿匈

奴群臣庭議樊噲請以十萬衆橫行匈奴中季布曰噲可斬也妄阿順指於是大臣權書遺之(以權道爲書順辭以荅之)然後匈奴之觧結中國之憂平及孝文時匈奴侵暴北邊侵騎至雍甘泉京師大駭發三將軍屯細柳棘門霸上以備之數月迺罷孝武即位設馬邑之權欲誘匈奴使韓安國將三十萬衆徼於便墜(徼要也墜音工完切墜古見也)匈奴覺之而去徒費兵勞師一虜不可得見況單于之面乎其後深惟社稷之計規恢萬載之策(恢大也)迺大興師數十萬使衛青霍去病操兵前後十餘年(操持也音千葛反)於是浮西河絕大幕破寘顏襲王庭

窮極其地追奔逐北封狼居胥山禪於姑衍以臨瀚海(積土爲封而又禪際)虜名王貴人以百數自是之後匈奴震怖益求和親然而未肯稱臣也且夫前世豈樂傾無量之費役無罪之人快心於狼望之北哉(匈奴中地名也)以爲不一勞者不久佚不暫費者不永寧(佚與逸同)是以忍百萬之師以摧餓虎之喙運府庫之財填盧山之壑而不悔也(喙口也摧百萬之師於獸口也盧山匈奴中山也喙音許稱反)至本始之初匈奴有桀心(桀堅也言其起立不順)欲掠烏孫侵公主迺發五將之師十五萬騎獵其南而長樂侯以烏孫五萬騎震其西皆至質而還(質信也謂所期處)時鮮有所獲(鮮少也者)

(先踐反)徒奮揚威武明漢兵若雷風耳雖空行空反尚誅兩將軍故北狄不服中國未得高枕安寢也逮至元康神爵之間大化神明鴻恩溥洽而匈奴內亂五單于爭立日逐呼韓邪攜國歸死扶伏稱臣(伏音蒲北反)然尚羈縻之計不顓制(顓與專同專制謂以爲臣妾也)自此之後欲朝者不距不欲者不強(強音其兩切)何者外國天性忿鷙(鷙狠也音竹二反)形容魁健負力怙氣難化以善易肆以惡其彊難詘其和難得故未服之時勞師遠攻傾國殫貨伏尸流血破堅拔敵如彼之難也既服之後慰薦撫循交接賂遺威儀俯仰如此之備也往時嘗屠大

宛之城蹈烏桓之壘探姑繒之壁(姑繒謂西南種也在益州)藉蕩姐之場(羌屬藉猶蹈也姐音紫)艾朝鮮之旃拔兩越之旗近不過旬月之役遠不離二時之勞(離歷也三月爲一時)固已犁其庭掃其穴(犁耕也)郡縣而置之雲徹席卷後無餘菑(菑古災字也)唯北狄爲不然真中國之堅敵也三垂比之懸矣前世重之茲甚未易可輕也今單于歸義懷款誠之心欲離其庭陳見於前此乃上世之遺策神靈之所想望國家雖費不得已者也柰何距以來厭之辭疏以無日之期消往昔之恩開將來之隙夫款而隙之使有恨心負前言緣往辭(言單于因緣往昔和親之辭以怨漢也)歸

怨於漢因以自絕終無北面之心威之不可論之不能焉得不爲大憂乎夫明者視於無形聰者聽於無聲誠先於未然即蒙恬樊噲不復施棘門細柳不復備馬邑之策安所設衛霍之功何得用五將之威安所震（先於未然謂計策素定禦難折衝）不然一有隙之後雖智者勞心於內辯者轂擊於外（轂擊言使車交馳其轂相擊也）猶不若未然之時也且往者圖西域制車師（圖謀也）置城郭都護三十六國費歲以大萬計者（財用之費一歲數百萬也）豈爲康居烏孫能踰白龍堆而寇西邊哉（龍堆形如土龍身無頭有尾高大者二三丈埤者丈餘皆東北向相似也在西域中）廼以制匈奴也夫百年勞之一日

失之費十而愛一臣竊爲國不安也唯陛下少留意於未亂未戰以遏邊萌之禍書奏天子寤焉召還匈奴使者更報單于書而許之賜雜帛五十匹黃金十斤

嚴尤爲王莽將莽分匈奴地立呼韓邪十五子尤諫曰臣聞匈奴爲害所從來久矣未聞上世有必征之者也後世三家周秦漢征之然皆未有得上策者也周得中策漢得下策秦無策焉當周宣王時獫狁內侵至於涇陽命將征之盡境而之其視戎狄之侵譬猶蟁蝱之螫毆之而已（蟁古蚊字也蝱音盲螫音式亦反毆與驅同）故天下稱明是爲中策漢武帝選將練兵約齎輕糧深入遠戍（約少也少齎衣裝）雖有克獲之功胡輒報之兵連禍結三十餘年中國罷耗匈奴亦創艾（罷讀曰疲耗損也創音彷同反艾讀曰乂汝下亦同也）而天下稱武是爲下策秦始皇不忍小恥而輕民力築長城之固延袤萬里（袤長也音茂）轉輸之行起於負海疆境既完中酒內竭以喪社稷是爲無策今天下遭陽九之阨比年饑饉西北邊尤甚發三十萬衆具三百日糧東援海代南取江淮然後乃備（援引也音爰）計其道里一年尚未集合兵先至者聚居暴露師老械弊勢不可用此一難也邊既空虛不能奉軍糧

內調郡國不相及屬此二難也（調發也音徒均反屬音之坎反）計一人三百日食用糧十八斛非牛力不能勝牛又當自齎食加二十斛重矣胡地沙鹵多乏水草以往事揆之軍出未滿百日牛必物故且盡（物故謂死也）餘糧尚多人不能負此三難也胡地秋冬甚寒春夏甚風多齎鬴鍑薪炭重不可勝（鬴古釜字也鍑釜之大口者也鍑音富）食糒飲水以歷四時有疾疫之憂是故前世伐胡不過百日非不欲久勢力不能此四難也輜重自隨則輕銳者少（重直用反其下亦同）不得疾行虜徐遁逃勢不能及幸而逢虜又累輜重（累音力瑞反）如遇險阻銜尾相隨（銜馬銜也尾馬尾也言前

後單行不得並驅虜要遮前後危殆不測此五難也大用民
力功不可必立臣伏憂之今既發兵宜縱先至者令
臣尤等深入霆擊且以創艾胡虜（謂率道見之兵且以擊虜）莽不
聽尤言轉兵穀如故天下騷動
後漢光武建武七年詔驃騎大將軍杜茂北屯田晉
陽廣武以備胡寇
九年正月隗囂死司徒掾班彪上言今涼州部皆有
降羌羌胡被髮左袵而與漢人雜處習俗既異言語
不通數爲小吏黠人所見侵奪窮恚無聊故致反叛
夫蠻夷寇亂皆爲此也舊制益州部置蠻夷騎都尉

幽州部置領烏桓較尉涼州部置護羌校尉皆持節
領護理其怨結歲時循行問所疾苦又數遣使驛通
動靜使塞外羌夷爲吏耳目州郡因此可得儆備今
宜復如舊以明威防帝從之即以牛邯爲護羌校尉
持節如舊
十二年十二月參狼羌寇武都隴西太守馬援討降
之時朝臣以金城破羌之西塗遠多寇議欲棄之馬
援上言破羌以西城多完牢易可依固其田土肥壤
灌溉流通如令羌在湟中則爲害不休不可棄也帝
然之於是詔武威太守令悉還金城客民歸者三千

餘口使各反舊邑援奏爲置長吏繕城郭起塢候開
導水田勸以耕牧郡中樂業是歲朱茂屯田晉陽盧
芳據高柳與匈奴連兵寇邊帝遣謁者段忠將衆郡
施刑配茂鎮守北邊因發邊卒築亭候脩烽火又發
委輸金帛繒絮供給軍士并賜邊民冠蓋相望茂亦
建屯田驢車轉運遣驃騎大將軍杜茂將衆郡施刑
屯邊（施讀曰施施解也謂有赦令去其鉗釱赭衣謂之弛刑）築亭候（亭候伺候望敵之所）
修烽燧
十三年二月遣捕虜將軍馬武屯虖沱河以備匈奴
時帝以盧芳與匈奴烏桓連兵寇盜尤數緣邊愁苦

詔上谷太守王霸將弛刑徒六千餘人與杜茂治飛
狐道堆石布土築起亭障自代至平城三百餘里是
歲匈奴寇河東州郡不能禁於是漸徙幽并邊人於
常山關居庸關以東匈奴左部遂復轉居塞內朝廷
患之增緣邊兵郡數千人大築亭候脩烽火
二十一年冬鄯善王車師王等十六國皆遣子入侍
奉獻願請都護帝以中國初定未遑外事乃還其侍
子厚加賞賜後鄯善王上書願復遣子入侍更請都
護都護不出誠迫於匈奴天子報曰今使者大兵未
能得出如諸國力不從心東西南北自在也於是鄯

善市師復附匈奴
二十二年烏桓擊破匈奴匈奴北徙幕南地空詔罷諸邊郡亭候吏卒
二十四年正月匈奴薁鞬日逐王比自立為呼韓邪單于款塞稱藩願扞禦北虜事下公卿議者皆以為天下初定中國空虛夷狄情偽難知不可許五官中郎將耿國獨曰臣以為宜如孝宣故事受之令東扞鮮卑北拒匈奴率厲四夷完復邊郡使塞下無晏開之警萬世有安寧之策也帝從其議遂立比為南單于繇是烏桓鮮卑保塞自守北虜遠遁中國少事

二十五年遼西烏桓大人郝旦等九百二十二人率衆向化封其渠帥為侯王君長者八十一人皆居塞內布於沿邊諸郡為漢偵候助擊匈奴鮮卑時司徒掾班彪上言烏桓天性輕黠好為寇賊若久放縱而無總領者必復侵掠居人但委主降掾吏恐非所能制臣愚以為宜復置烏桓校尉誠有益於附集省國家之邊慮帝從於是始復置校尉於上谷甯城開營府并領鮮卑賞賜質子歲時互市焉（及明章和之世皆保塞無事）
二十六年南匈奴與北單于戰不利乃詔單于徙居西河美稷因使中郎將段郴及副校尉王郁留西河擁護之為設官府從事史掾史令西河長史歲將騎二千弛刑五百人助中郎將衛護單于冬屯夏罷自後以為常及悉復緣邊諸郡
二十七年南單于稱臣烏桓鮮卑並來入朝帝令太尉趙憙典邊事思為久長規憙上復緣邊諸郡幽并二州繇是而定（謂建武六年徙雲中五原人於常山居庸關至二十六年復令還雲中五原東觀記月草創苟合未有還人憙至此請徙之）
明帝永平八年三月初置度遼將軍屯五原曼柏（曼柏縣在今勝州銀城縣）先是遣越騎司馬鄭衆使北匈奴南部須卜骨都侯等知漢與北虜交使懷嫌怨欲畔鄭衆覺

之乃上言宜更置大將以防二虜交通繇是始置度遼營以中郎將吳棠行度遼將軍事副校尉來苗左校尉閻章右校尉張國將黎陽虎牙營士屯五原曼柏（光武以幽冀并州兵克定天下故於黎陽立營以謁者監領兵騎五千）又遣騎都尉秦彭將兵屯美稷
十月詔三公募郡國中都官死罪繫囚減罪一等勿笞詣度遼將軍營屯朔方五原之邊縣妻子自隨便占著邊縣（占著謂附名籍）父母同產欲相代者恣聽之凡徙者賜弓弩衣糧
十六年二月遣太僕祭彤出高闕（高闕山名以因名塞在朔方北）奉

車都尉竇固出酒泉駙馬都尉耿秉出居延（本匈奴地名也武帝因以名縣屬張掖郡在甘州張掖縣東北）駙馬都尉來苗出平城伐北匈奴竇固破呼衍王於天山（呼衍匈奴王號天山即祁連山一名雪山又名折羅漢山在伊州）留兵屯伊吾盧城（本匈奴地名既破呼衍即其地也置宜禾都尉以爲屯田伊州職縣伊吾故城是也）

九月丁卯詔命郡國中都官死罪繫囚減死罪一等勿笞詣軍營屯朔方燉煌妻子自隨父母同產欲求從者恣聽之

十七年八月令武威張掖酒泉燉煌（張掖故匈奴昆邪王地也張國臂掖故曰張掖故城在甘州張掖縣西北）及張掖屬國繫囚右趾已下在兵者皆一切勿治其罪詣軍營

十一月遣奉車都尉竇固駙馬都尉耿秉騎都尉劉張出燉煌崑崙塞（崑崙山名因以爲塞在今肅州酒泉縣西南山有昆侖之體故名之）擊破白山虜於蒲類海上逐入車師（白山冬夏有雪故名白山匈奴謂之天山過之皆下馬拜焉去蒲類百里內）騎都尉劉張出擊車師請耿恭爲司馬與奉車都尉竇固及從弟駙馬都尉秉破降之始置西域都護戊己校尉乃以耿恭爲戊己校尉屯後王部金蒲城謁者關寵爲戊己校尉屯前王柳中城屯各置數百人章帝初即位戊己校尉關寵屯車師前王城耿恭屯後王城北匈奴圍之關寵上書求救帝乃詔公卿會議司空第五倫以爲不宜救司空鮑昱議曰今使人於危難之地急而棄之外則縱蠻夷之暴內則傷死難之臣誠令權時後無邊事可也匈奴如復犯塞爲寇陛下將何以使將又二部兵人裁各數千匈奴圍之歷旬不下是其寡弱盡力之效也可令燉煌酒泉太守各將精騎二千多其幡幟倍道兼行以赴其急匈奴疲極之兵必不敢當四十日間足還入塞帝然之

建初元年春酒泉太守段彭大破軍師於交河城帝不欲疲弊中國以事夷狄乃迎還戊己校尉不復遣都護

二年三月甲辰罷伊吾盧屯兵

元和二年武威太守孟雲上書北虜既已和親而南部復往抄掠北單于謂漢欺之謀欲犯邊宜還其生口以安慰之詔百官議朝堂公卿皆言夷狄譎詐求欲無厭既得生口當復妄自誇大不可開許太僕袁安獨曰北虜遣使奉獻和親有得邊生口者輒以歸漢此明其畏威而非先違約也雲以大臣典邊不宜負信於戎狄還之足示中國優貸而使邊人得安誠便司徒桓虞改議從安太尉鄭弘司空第五倫皆恨

之弘因大言激厲虞曰諸言當還生口者皆爲不忠
虞廷叱之倫及大鴻臚龐奮各作色變容司隸校尉
舉奏安等皆上印綬謝帝詔報曰久議沉滯各有所
志盜事以議從衆繇衆定閭閻衎衎得禮之容寢嘿
抑心更非朝廷之福君何尤而深謝其各冠履帝竟
從安議
章和元年四月丙子令郡國中都官繫囚減死一等
詣金城戍七月詔死罪囚犯罪在丙子赦前而後捕
繫者皆減死勿笞詣金城戍
九月壬子詔郡國中都官繫囚減死罪一等詣金城

戍
和帝永元二年大將軍竇憲復出屯武威明年北單
于爲左校尉耿夔所破逃走烏孫塞北地空餘部不
知所屬憲日矜已功欲結恩北虜乃上立降者左鹿
蠡王阿佟爲北單于置中郎將領護如南單于故事
事下公卿議太尉來繇太嘗丁鴻光祿勳耿秉等十
人議可許袁安與任隗奏以爲光武招懷南虜非謂
可永安內地正以權時之筭可得扞禦北狄故也今
朔漠既定宜令南單于反其北庭并領降衆無緣復
更立阿佟以增國費宗正劉方大師農尹睦同安議
事奏未以時定安懼憲計遂行乃獨上封事曰臣聞
功有難圖不可豫見事有易斷較然不疑伏惟光武
皇帝本所以立南單于者欲安南定北之策也恩德
甚備故匈奴遂分邊境無患孝明皇帝奉承先意不
敢失墜赫然命將爰伐塞北至乎章和之初降者十
餘萬人議者欲置之濵塞東至遼東太尉宋繇光祿
勳耿秉皆以爲失南單于心不可先帝從之陛下奉
承洪業大開疆宇大將軍遠師討伐席卷北庭此誠
宣明祖宗崇立弘勳者也宜審其終以成厥初伏念
南單于屯先父舉衆歸德自蒙恩以來四十餘年三

帝積累以遺陛下陛下深宜遵述先志成就其業況
屯首唱大謀空盡北虜輟而弗圖更立新降以一朝
之計違三世之規失信於所養建立於無功由秉實
知舊議而欲背棄先恩夫言行君子之樞機賞罰理
國之綱紀論語曰言忠信行篤敬雖蠻貊行焉今若
失信於一屯則百蠻不敢復保誓矣又烏桓鮮卑新
殺北單于凡人之情咸畏仇讎今立其弟則二虜懷
怨兵食可廢信不可去且漢故事供給南單于費直
歲一億九十餘萬西域歲七千四百八十萬今北庭
彌費其費過倍乃是空盡天下而非策建之要也詔

下其議安又與憲更相難折憲險急負勢言辭驕訐至詆毀安稱光武誅韓歆戴涉故事安終不移大司徒歆坐非帝讖被譏書自殺大司徒涉坐殺大倉令下獄死憲竟立匈奴降者右鹿蠡王於除鞬爲單于後遂反叛卒如安策安以天子幼弱外戚擅權每朝會進見及與公卿言國家事未嘗不噫嗚流涕自天子及大臣皆恃賴之

八年八月辛酉詔郡國中都官繫囚減死一等詣燉煌

十二年四月日南象林蠻夷二千餘人寇掠百姓燔燒官寺郡縣發兵討擊斬其渠帥餘衆乃降於是置

象林將兵長史以防其患

十四年二月乙卯脩故西海郡平帝時金城塞外羌獻地以爲西海郡也光武建武中省金城入隴西郡至是復縣脩之金城即蘭州縣也徙金城西部都尉以戍之

安帝永初四年二月丁巳南匈奴寇常山乙丑初置長安雍二營都尉官京兆虎牙扶風都尉以京州近羌數犯三輔將兵衛護園陵扶風都尉居雍縣故俗人稱雍營馮西羌傳云虎牙都尉居長安

五年二月先零羌入寇河東至河內百姓相驚多奔南度南使北軍中候朱寵將五營士屯孟津詔魏郡趙國常山中山繕作塢嘗六百一十六所

延光元年高句驪王宮死子遂成立玄菟太守姚光上言欲因其喪發兵擊之議者皆以爲可許尚書陳忠曰宮前桀黠光不能討死而擊之非義也宜遣弔問因責讓前罪赦不加誅取其後善帝從之明年遂成還漢生口詣玄菟降詔曰遂成等桀逆無狀當斬斷葅醢以示百姓幸會赦令乞罪請降鮮卑濊貊連年寇鈔驅略小民動以千數而裁送數十百人非向化之心也自今以後不與縣官戰鬬而自以親附送生口者皆與贖直縑人四十疋小口半之遂成死子伯固立其後濊貊率服東陲少事是歲初置漁陽營

兵伏侯古今注曰置營兵千人也

延光二年張璫爲燉煌太守上書陳三策以爲北虜呼衍王嘗展轉蒲類秦海之間專制西域共爲寇鈔今以酒泉屬國吏士二千餘人集昆侖塞先擊呼衍王絕其根本因發鄯善兵五千人脅車師後部此上計也若不能出兵可置軍司馬將士五百人四郡供其犂牛穀食出據柳中此中計也如又不能則宜棄交河城鄯善等悉使入塞此下計也朝廷下其議尚書陳忠上疏曰臣聞蠻夷之寇莫甚北虜漢興高祖窘平城之圍太宗屈供奉之恥故孝武憤怒深惟久

長之計遣虎臣浮河絶漢窮破虜庭當斯之役黔首
隕於狼望之北財幣糜於盧山之壑府庫殫竭杼柚
空虛算至舟車貲及六畜夫豈不懷慮久故也遂開
河西四郡以隔絶南羌收三十六國斷匈奴右臂是
以單于孤特鼠竄遠藏至於宣元之世遂備藩臣關
徼不閉羽檄不行繇此察之戎狄可以威服難以化
狎西域内附日久區區東望扣關者數矣此其不樂
匈奴慕漢之效也今北虜已破車師勢必南攻鄯善
棄而不救則諸國從矣若然則虜財賄恣增膽勢益
殖威臨南羌與之交連如此河西四郡危矣河西既

危不救則百倍之役興不訾之費發矣議者但念西
域絶遠恤之煩費不見先世一心勤勞之意也方今
邊境守禦之具不精内郡武衛之備不修燉煌孤危
遠來告急復不輔助内無以慰勞吏人外無以威示
百蠻蹙國減土經有明誡臣以爲燉煌宜置校尉案
舊增四郡屯兵以西撫諸國庶足折衝萬里震怖匈
奴帝納之乃以班勇爲西域長史將弛刑徒五百人
西屯柳中勇遂破平車師初曹宗爲燉煌太守時北
匈奴復率車師後部王共攻班等遂擊走其前王鄯
善逼急求救於曹宗因此請出兵擊匈奴報索班之

恥復欲進取西域鄧太后不許但令置護西域副校
尉居燉煌復部營兵三百人羈縻而已其後北虜連
與車師入寇河西朝廷不能禁議者因欲閉玉門陽
關以絶其患璫爲太守遂建三策
三年九月詔郡國中都官死罪繫囚減罪一等詣燉
煌隴西及度遼營漢官儀度遼將軍屯五原曼柏縣
順帝永建元年五月詔幽幷涼州刺史使各實二千
石以下至黃綬年老劣弱不任軍事者上名嚴勅障
塞繕設屯備立秋之後簡習戎馬十月辛巳詔減死
罪以下徙邊丁亥鮮卑犯邊遣黎陽營兵出屯中山

北界告幽州刺史及令緣邊郡增置步兵列屯塞下
調五營弩師郡舉五人令教習戰射調選也五營五校也謂長水步
兵射聲胡騎車騎等五校尉也先是朔方以西障塞多不脩復鮮卑
因此數寇南部殺漸將王匈奴有左右漸將王單于憂恐上言
求復障塞帝從之乃遣黎陽營兵出屯中山北界增
置緣邊諸郡兵別屯塞下教習戰射
五年十月丙辰詔郡國中都官死罪繫囚皆減罪一
等詣北地上郡安定戍
永和元年武陵太守上書以蠻夷率服可比漢人增
其租賦議者皆以爲可尚書令虞詡獨奏曰自古聖

王不臣異俗非德不能及威不能加知其獸心貪婪難率以禮是故羈縻而綏撫之附則受而不逆叛則棄而不追先帝舊典貢稅多少所縣來久矣今猥增之必有怨叛計其所得不償所費必有後悔帝不從其冬澧中漊中蠻果爭貢布非舊約遂殺鄉吏舉衆反叛明年春蠻二萬人圍充城八千人寇夷道遣武陵太守李進討破之斬首數百級餘皆降服

二年日南象林徼外蠻夷區憐等反賊勢轉盛侍御史賈昌使在日南與州郡并力討之歲餘兵穀不繼帝以爲憂明年詔公卿百官及四府掾屬問其方畧

皆議遣太將發荆楊兗豫四萬人赴之大將軍從事中郎李固駁曰若荆楊無事發之可也今二州盜賊盤結不荓武陵南郡蠻夷未輯長沙桂楊數被徵發如復擾動必更生患其不可一也又兗豫之人卒被徵發遠赴千里無有還期詔書廹促必致叛亡其不可二也南州水土濕暑加有瘴氣致死亡者十必四五其不可三也遠涉萬里士卒疲勞北至嶺南不復堪鬪其不可四也軍行三十里爲程而去日南九千餘里三百日乃到計人稟五升用米六十斛不計將吏驢馬之食但負甲自致費便若此其不可五也設軍到所在死亡必衆既不足禦敵當復更發此爲刻割心腹以補四支其不可六也九眞日南相去千里發其吏民猶尚不堪何況勞苦四州之卒以赴萬里之艱哉其不可七也前中郎將尹就討益州叛羌益州諺曰虜來尚可尹來殺我後就徵還以兵付刺史張喬喬因其將吏旬月之閒破殄寇虜此發將無益之效州郡可任之驗也宜更選有勇畧仁惠任將帥者以爲太守刺史悉使共住交阯今日南兵單無穀守既不足戰又不能可一切從其吏民北依交阯事靜之後乃命歸本還募蠻夷使自相攻轉輸金帛以

爲其資有能反閒致頭首者許以封侯列土之賞故并州刺史長沙祝良性多勇决又南陽張喬前在益州有破虜之功皆可任用昔文帝就加魏尚爲雲中守哀帝即拜龔舍爲太山太守宜即拜良等便道之官四府悉從固議即拜祝良爲九眞太守張喬爲交阯刺史喬至開示慰誘並皆降散良到九眞單車入賊中設方畧招以威信降者數萬人皆爲良築起府寺繇是嶺外復平

五年大將軍梁商以羌胡新反黨衆初合難以兵服宜用招降乃上表曰匈奴寇畔自知罪極窮鳥困獸

皆知救死況種類繁熾不可殫盡今轉運日增三軍疲苦虛内給外非中國之利竊見度遼將軍馬續素有謀謨且典邊日久深曉兵要每得續書與臣策合宜令續深修高壁以恩信招降宣示購賞明爲期約如此則醜類可服國家無事矣帝從之乃詔續招降畔虜商又移書續等曰中國安寧忘戰日久良騎野合交鋒接矢決勝當時戎狄之所長而中國之所短也彊弩乘城堅營固守以待其衰中國之所長也而戎狄之所短也宜務先所長以觀其變議備開賞宣示反悔勿貪小功以亂大謀

是年九月令扶風漢陽築隴道塢三百所置屯兵

桓帝建和元年十一月辛巳減天下死罪一等徙邊戍

和平元年十一月辛巳減天下死罪一等徙邊戍

永興元年十一月詔減天下死罪一等徙邊戍

二年閏九月減天下死罪一等徙邊戍

永壽三年四月九真蠻夷叛太守兒式討之戰歿遣九真都尉魏朗擊破之復屯據日南

靈帝熹平五年夏育上言鮮卑寇邊自春以來三十餘發請徵幽州諸郡兵出塞擊之一冬二春必能擒滅朝廷未許先是護羌校尉田晏坐事論刑被原欲立功自効乃請中常侍王甫求得爲將甫因此議遣兵與育并力討賊帝乃拜晏爲破鮮卑中郎將大臣多有不同乃召百官議朝堂議郎蔡邕議曰書戎猾夏易伐鬼方周有獫狁蠻荆之師漢有闐顏瀚海之事征討殊類所繇尚矣然而時有同異勢有可否故謀有得失事有成敗不可齊也武帝情存遠略志闚四方南誅百越北討强胡西伐大宛東并朝鮮因文景之蓄藉天下之饒數十年間官民俱匱至乃興鹽鐵酒榷之利設告緡重稅之令民不堪命起爲盜賊

關東紛擾道路不通繡衣直指之使奮鈇鉞而並出既而覺悟乃息兵罷役封丞相爲富民侯故主父偃曰夫務戰勝窮武事未有不悔者也夫以世宗神武將帥良猛財富充實所拓廣遠猶有悔焉況今人財並乏事劣昔時乎自匈奴遁逃鮮卑彊盛據其故地稱兵十萬財力勁健意智益生加以關塞不嚴禁網多漏精金良鐵皆爲賊有漢人逋逃爲之謀主兵利馬疾過於匈奴昔段熲良將習兵善戰有事西羌猶十餘年今育晏才策未必過熲鮮卑種衆不弱于曩時而虛計二載自許有成若禍結兵連豈得中休

嘗復徵發衆人轉運無已是爲耗竭諸夏幷力蠻夷夫邊垂之患手足之蚧搔中國之困胷背之瘭疽方今郡縣盗賊尚不能禁况此醜虜而可伏乎昔高祖忍平城之耻呂后棄慢書之詬方之於今何者爲甚天設山河秦築長城漢起塞垣所以別内外異殊俗也苟無蹙國内侮之患則可矣豈無蟲蠆狡寇計爭往來哉雖或破之豈可殄盡而方令本朝爲之旰食乎夫專勝者未必克挾疑者未必敗衆所謂危皇人不任朝議有嫌明主不行也昔淮南王安諫伐越曰天子之兵有征無戰言其莫敢較也如使越人蒙死

以逆執事廝輿之卒有一不備而歸者雖得越王之首而猶爲太漢羞之而欲以齊民易醜虜皇威辱外夷就如其言猶已危矣况乎得失不可量耶昔珠崖郡反孝元皇帝納賈捐之言而下詔曰珠崖背畔今議者或曰可討或曰棄之朕日夜思惟羞威不行則欲誅之通于時變復憂萬民夫萬民之饑與遠蠻之不討何者爲大宗廟之祭凶年猶有不備况避不嫌之辱哉今關東大困無以相贍又當動兵非但勞民而已其罷珠崖郡此元帝所以發德音也夫恤民救急雖成郡列縣尚猶棄之况障塞之外未嘗爲民居者乎守邊之術李牧善其略保塞之論嚴尤申其要遺業猶在文章具存循二子之策守先帝之規臣曰可矣帝不從遂遣夏育出高柳田晏出雲中匈奴中郎將臧旻率南單于出鴈門各將萬騎三道出塞二千餘里檀石槐命三部大人各師衆逆戰育等大敗喪其節傳輜重各將數十騎奔還死者十七八三將檻車徵下獄贖爲庶人

光和三年十月巴郡板楯蠻復叛寇掠三蜀及漢中諸郡帝遣御史中丞蕭授督益州兵討之連年不能尅帝欲大發兵乃問益州計吏考以征討方略漢中

上計程包對曰板楯七姓射殺白虎立功先世復爲義人其人勇猛善於兵戰昔永初中羌入漢川郡縣破壞得板楯救之羌死敗殆盡故號爲神兵羌人畏忌傳語種輩勿復南行至建和二年羌復大入實頼板楯連摧破之前車騎將軍馮緄南征武陵雖受丹陽精兵之銳亦倚板楯以成其功近益州郡亂太守李顒亦以板楯討而平之忠功如此本無惡心長吏鄉亭更賦至重僕役箠楚過於奴虜亦有嫁妻賣子或乃至自剄割雖陳寃州郡而牧守不爲通理闕庭悠遠不能自聞含怨呼天叩心窮谷愁苦賦役困罹

酷刑故邑落相聚以致叛戾非有誅主僭號以圖不軌今但選明能牧守自然安集不煩征伐也帝從其言遣太守曹謙宣詔赦之卽皆降伏

中平二年漢陽賊邊章韓遂與羌胡爲寇東侵三輔時遣車騎將軍皇甫嵩西討之嵩請發烏桓三千人北軍中候鄒靖上言烏桓衆弱宜募鮮卑事下四府大將軍掾韓卓議以爲烏桓兵寡而與鮮卑世爲仇敵若烏桓被發則鮮卑必襲其家烏桓聞之當復棄軍還救非唯無益於實乃更沮三軍之情鄒靖居近邊塞究其態詐若令靖募鮮卑輕騎五千必有破敵

之效車騎將軍掾應劭駁之曰鮮卑隔在漢北犬羊爲羣無君長之帥廬落之居而天性貪暴不拘信義故數犯障塞且無寧歲唯至互市乃來靡服苟欲中國珍貨非爲畏威懷德計獲事足旋踵爲害是以國家外而不內蓋爲此也往者匈奴反叛度遼將軍馬續烏桓校尉王元發鮮卑五千餘騎又武威太守趙沖亦率鮮卑征討叛羌斬獲醜虜旣不足言而鮮卑越溢多爲不法裁以軍令則忿戾作亂制御少緩則陸掠殘害劫居人鈔商旅噉人牛羊略人兵馬得賞旣多不肯去復欲以物貿鐵邊將不聽便取縑帛聚欲燒之邊將恐怖畏其反叛辭謝撫順無敢拒違今狡寇未殄而羌爲巨害如或致悔其可追乎臣愚以爲可募隴西羌胡守善不叛者簡其精勇多其牢賞太守李參沈靜有謀必能獎勵得其死力當思漸消之略不可倉卒望也韓卓復與劭相難反覆於是詔百官大會朝堂皆從劭議

册府元龜

冊府元龜

巡按福建監察御史臣李嗣京　訂正
新淦舉人臣戴國士參閱
知建陽縣事臣黃國琦較釋

外臣部三十五

備禦第三

魏文帝黃初三年二月鄯善苻王各遣使奉獻西域遂通置戊巳較尉

明帝即位務欲綏和戎狄以息征伐羈縻兩部而已先是黃初五年步度根赴門貢獻厚加賞賜後一心守邊不爲冦害而可比能衆遂彊盛

晉武帝時關隴屢爲氐羌所擾孟觀西討日擒氐齊萬年山陰令江統深惟四夷亂華宜杜其萌乃作徙戎論其辭曰夫夷蠻戎狄謂之四夷九服之制地在要荒春秋之義內諸夏而外夷狄以其言語不通贄幣不同風俗詭異種類乖殊或居絕域之外山河之表崎嶇山谷險阻之地與中國壤斷土隔不相侵涉賦役不及正朔不加故曰天子有道守在四夷禹平九土而西戎即叙其性氣貪婪凶悍不仁四夷之中戎狄爲甚弱則畏服彊則侵叛雖有賢聖之世大德之君咸未能通化率導而以恩德柔懷也當其彊也以殷之高宗而憊於鬼方有周文王而患昆夷高祖困於白登孝文軍於霸上及其弱也周公來九譯之貢中宗納單于之朝以元成之微而猶四夷賓服此其已然之効也故匈奴求守邊塞而侯應陳其不可單于屈膝未央望之議以不臣是以有道之君牧夷狄也惟以待之有備禦之有常雖稽顙執贄而邊城不弛固守雖冦賊強暴而兵甲不加遠征期令境內獲安彊埸不侵而已及至周室失統諸侯專征以大兼小轉相誅滅封疆不固而利害異心戎狄乘間得入中國或招誘安撫以爲已用故申繒之禍顛覆

宗周襄公要秦遽興姜戎當春秋時義渠大荔居秦晉之域陸渾陰戎處伊雒之間鄋瞞之屬害及濟東侵入齊宋陵虐邢衛南夷北狄交侵中國不絕若綫齊桓攘之存亡繼絕北伐山戎以開燕路故仲尼稱管仲之力嘉左衽之功逮至春秋之末戰國方盛楚吞蠻氏晉弱陸渾趙武胡服開榆中之地秦雄咸陽滅義渠之等始皇之并天下也南兼百越北走匈奴五嶺長城戎卒億計雖師役煩殷冦賊橫暴然一世之功戎虜奔却當時中國無復四夷也漢興而都長安關中之郡號曰三輔禹貢雍州宗周豐鎬之舊也

及至王莽之敗赤眉因之西都荒毀百姓流亡建武中以馬援領隴西太守討叛羌徙其餘種於關中居馮翊河東空地而與華人雜處數歲之後族類蕃息既恃其肥彊且苦漢人侵之永初之元騎都尉王弘使西域發調羌氐以爲行衛於是郡羌奔駭互相扇動二州之戎一時俱發覆沒將守屠破城邑鄧隲之征棄甲委兵輿尸喪師前後相繼諸戎遂熾至於南入蜀漢東掠趙魏唐突軹關侵其河內及遣北軍中候朱寵將五營士於孟津距羌十年之中夷夏俱斃任尚馬賢僅乃克之此所以爲害深重累年不定者

雖繇禦者之無方將非其才亦豈不以寇發心腹害起肘腋疢篤難療瘡大遲愈之故哉自此之後餘燼不盡小有際會輒復侵叛馬賢狃伏終於覆敗紀明臨衛自西徂東雍州之戎常爲國患中世之寇惟此爲大漢末之亂關中殘滅魏興之初與蜀分隔疆埸之戎一彼一此魏武皇帝令將軍夏侯妙才討叛氐阿貴千萬等後因拔棄漢中遂徙武都之種於秦川欲以弱寇彊國扞禦蜀虜此蓋權宜之計一時之勢非所以爲萬世之利也今者當之已受其弊矣夫關中土沃物豐厥田上上加以涇渭之流溉其舄鹵鄭國白渠灌浸相通黍稷之饒畝號一鍾百姓謠詠其殷實帝王之都每以爲居未聞戎狄宜在此土也非我族類其心必異戎狄志態不與華同而因其衰弊遷之畿服士庶翫習侮其輕弱使其怨恨之氣毒於骨髓至蕃育衆盛則坐生其心以其貪悍之性挾憤怒之情候隙乘便輒爲橫逆而居封域之內無障塞之隔掩不備之人收散野之積故能爲禍滋蔓暴害不測此必然之勢已驗之事也當今之計宜及兵威方盛衆事未罷徙馮翊北地新平安定界內諸羌著先零罕开析支之地徙扶風始平京兆之氐出還隴右著陰

平武都之界廩其道路之糧令足自致各附本種反其舊土使屬國撫夷就安集之戎晉不雜竝得其所上合往古即叙之義下爲盛世永久之規縱有猾夏之心風塵之警則絕遠中國隔閡山河雖爲寇暴所害不廣是以充國子明能以數萬之衆制群羌之命有征無戰全軍獨克雖有謀謨深計廟勝遠圖豈不以華夷異處戎夏區別要害易守之故得成其功也哉難者曰方今關中之禍暴兵二載征戍之勞老師十萬水旱之害薦饑累荒疫癘之災札差昏天凶逆既戮悔惡初附且數且畏咸懷危懼百姓愁苦異人同

慮塗寧息之有期者枯旱之思雨露誠宜鎮之以安豫而子方欲作後起徒與功造事使疲悴之衆徙自猜之寇以無穀之人遷乏食之虜恐勢盡力屈緒業不卒羌戎離散心不可一前害未及弭而後變復橫出矣荅曰羌戎狡猾擅相號署攻城野戰傷害牧守連兵聚衆載離寒暑矣而今異類瓦解同種土崩老幼繫虜丁壯降散禽離獸迸不能相一子以此等爲尚挾餘資悔惡反善懷我德惠而來柔附乎將勢窮道盡智力俱困懼我兵誅以至於此乎曰無有餘力勢窮道盡故也然則我能制其短長之命而令其進

退繇已矣夫樂其業者不易事安其居者無遷志方其自疑危懼畏怖促遽故可制以兵威使之左右無違也迫其死亡散離流漫未鳩關中之人戶皆爲讎故可遐遷遠處令其心不懷土也夫聖賢之謀事也爲之於未有理之於未亂道不著而平德不顯而成其次則能轉禍爲福因敗爲功值困必濟遇否能通今子遭弊事之終而不圖更制之始愛易轍之勤而得覆車之軌何哉且關中之人百餘萬口率其少多戎狄居半處之與遷必須口實若有窮乏糝粒不繼者故當傾關中之穀以全其生生之計必無擠於溝壑

而不爲侵掠之害也今我遷之傳食而至其種族自使相贍而秦地之人得其半穀此爲濟行者以廩糧遺居者以積倉寬關中之逼去賊盜之原除旦夕之損建終年之益若憚暫舉之小勞而忘永逸之弘策惜日月之煩苦而遺累世之寇敵非所爲能開物成務創業垂統崇基拓跡謀及子孫者也并州之胡本實匈奴桀惡之寇也漢宣之世凍餒殘破國內五裂後合爲二呼韓邪遂衰弱孤危不能自存阻塞下委質柔服建武中南單于復來降附遂令入塞居於漠南數世之後亦輒叛戾故何熙梁覲戎車屢征中平

中以黃巾賊起發調其兵部衆不從而殺羌渠繇是於彌扶羅求助於漢以討其賊仍值世喪亂遂乘釁而作鹵掠趙魏寇至河南建安中又使右賢王去卑誘質呼廚泉聽其部落散居六郡咸熙之際以一部太彊分爲三率泰始之初又增爲四於是劉猛內叛連結外虜近者郝散之變發於穀遠今五部之衆戶至數萬人口之盛過於西戎然其天性驍勇弓馬便利倍於氐羌若有不虞風塵之慮則并州之域可爲寒心滎陽句驪本居遼東塞外正始中幽州刺史毋丘儉伐其叛者徙其餘種始徙之時戶落百數子孫

摮息今以千計數世之後必至殷熾今百姓失職猶或怨叛犬馬肥充則有噬齧況於夷狄能不爲變但顧其微弱勢力不陳耳夫爲邦者患不在貧而在不均憂不在寡而在不安以四海之廣士庶之富豈須夷虜在內然後取足哉此等皆可申諭發遣還其本域慰彼羈旅懷土之思釋我華夏纖介之憂惠此中國以綏四方德施永世於計爲長帝不能用未及十年而夷狄亂華時人服其深識

西涼李暠脩燉煌舊塞東西二圍以防北虜之患築燉煌舊塞西南二圍以威南虜後趙石季龍謀伐昌

黎遣渡遼曹伏將青州之衆渡海戍蹋頓城無水而還因戍于海島運穀三百萬斛以給之又以船三百艘運穀三十萬斛詣高句麗

後涼呂光時群議以高昌雖在西陲地居形勝外接胡虜易生翻覆宜遣子弟鎮之光以子覆爲使持節鎮西將軍都督玉門已西諸軍事西域大都護鎮高昌命大臣子弟隨之

南齊太祖建元二年又置巴州以威靜之

後魏明元太嘗八年正月蠕蠕犯塞二月築長城自長川之南起自赤城西至五原延袤二千餘里備置戍衛

太武始光初詔問公卿赫連蠕蠕征討先後北平王長孫嵩平陽侯長孫翰司空奚斤等曰赫連士居未能爲患蠕蠕世爲邊害宜先討大檀及則收其畜產足以富國不及則較獵陰山多殺禽獸皮肉筋角以充軍實亦愈於破一小國太嘗崔浩曰大檀遷徙鳥逝疾追則不足經久大衆則不能及之赫連屈丐土宇不過千里其形正殘虐人神所棄宜先討之尚書劉潔武京侯安原請先平馮跋帝默然遂西巡狩

廷和元年六月庚寅車駕伐和龍詔尚書左僕射安

原等屯于漢南以備蠕蠕

大延二年八月詔廣平公張黎發定州七郡一萬二千人通沙泉道

五年六月甲辰車駕西討沮渠牧犍侍中宜都王穆壽輔皇太子決留臺事大將軍長樂嵇敬輔國大將軍建寧王崇二萬人屯漠南以備蠕蠕

太平真君五年帝蒐于河西詔司徒崔浩詣行在議軍事浩表曰昔漢武帝患匈奴強盛故開凉州五郡通西域勸農積穀爲滅賊之資東西迭擊故漢未疲而匈奴已弊後遂入朝昔平凉州臣愚以爲北賊未

平征役不息可不徙其民案前世故事計之長者若遷民人則土地空虛雖有鎮戍適可禦邊而已至於大舉軍資必乏陛下以此事淵遠竟不施用如臣愚意猶如前議募徙豪強大家充實凉土軍舉之日東西齊勢此計之得者

六年八月徙諸種雜人五千餘家於北邊令人北徙畜牧至廣漠以餌蠕蠕

七年五月發司幽定冀四州十萬人築城上塞圍起上谷西至河廣袤在千里

九年十二月北討受降城不見蠕蠕因積糧城內留

守而還

孝文延興五年六月曲赦京師死罪遣備蠕蠕

太和中尚書中書監高閭上表曰臣聞爲國之道其要有五一曰文德二曰武功三曰法度四曰防固五曰刑賞故遠人不服則脩文德以來之荒狡放命則播武功以威之民未知戰則制法度以齊之暴敵輕侵則設防固以禦之臨事制勝則明刑賞以勸之用能闢國寧方征伐四剋北狄悍愚同於禽獸所長者野戰所短者攻城若以狄之所短奪其所長則雖衆不能成患雖來不能內逼又狄居野澤隨逐水草戰則與家產並至奔則與畜牧俱逃不齎資糧而飲食自足是以古人伐北方攘其侵掠而已歷代爲邊患者良以倏忽無常故也六鎮勢分部衆不鬬互相圍逼難以制之昔周命南仲城彼朔方趙靈秦始長城是築漢之孝武踵其前事此四代之君皆帝王之雄傑所以同此役者非智術之不長兵衆之不足乃防狄之要事其理宜然故也易稱天險不可昇地險山川丘陵王公設險以守其國長城之謂歟今宜依六鎮之北築長城以禦北虜雖有暫勞之勤乃有永逸之益如其一成惠乃百世即於要害往往開門造小

城於側因施却敵多置弓弩狄來有城可守有兵可捍既不攻城野掠無獲草盡則走終無任至宜發近州武勇四萬人及京師二萬人合六萬人爲武士於苑內立征北大將軍府選忠勇有志幹者以充其選下置官屬分爲三軍二萬人專習弓射二萬專習戈楯二萬專習騎矟脩立戰場十月一習採諸葛亮八陣之法爲平地禦寇之方使其解兵革之宜識旌旗之節兵器精堅必堪禦寇使將有定兵兵有當主上下相信晝夜如一七月發六郡兵萬人各備戎作之具勑臺北諸屯倉庫隨近往來俱送北鎮至八月征

比部率所領與六鎮之兵直至磧南揚威漠北狄若來拒與之決戰若其不來然後散分其地以築長城計六鎮東西不過千里若一夫一月之功當三步之地三百人三里三千人三十里三萬人三百里則千里之地彊弱相兼計十萬人一月必就餽糧一月不足爲多人懷永逸勞而無怨計築長城其利有五罷游防之苦其利一也北部放牧無抄掠之患其利二也登城觀敵以逸待勞其利三也省境防之虞息無時之備其利四也歲常游運永得不遺其利五也又任將之道特須委信遂之以禮怒之以情閫外之事

有利輙决赦其小過要其大功兵力資其給用君臣相體若身之使臂然後忠勇可立制勝可果是以忠臣盡其心征將竭其力雖三敗而逾榮雖三背而彌寵詔曰覽表具卿安邊之策此當與卿面論一二帝又引見群臣議伐蠕蠕前後再擾朔邊近有投化人云敕勒渠帥興兵叛之蠕蠕主身率徒衆追至西漢今爲應乘弊致討爲應休兵息民左僕射穆亮對曰自古以來有國有家莫不以戎事爲首蠕蠕子孫襲其凶業頻爲寇擾爲惡不悛自相違叛如臣愚見宜與軍討之雖不頓除巢穴且以挫其醜勢閭曰昔漢時天下一統故得窮追北狄今南有吳寇不宜懸軍深入帝曰先朝屢興征伐者以有未賓之虜朕承太平之基何爲播動兵革夫兵者凶器聖人不得已而用之便可停也帝又曰今欲追蠕蠕使還應有書問以不得臣以爲宜有乃詔閭爲書於蠕蠕國有表而書不叙凶事帝曰卿爲中書監職典文詞所造音書不論彼之凶事若知而不作罪在灼然若情思不至應謝所在閭對曰昔蠕蠕主敦崇和親其子不遵父志屢犯邊境如臣愚見謂不宜弔帝曰敬其父則子悅敬其君則臣悅卿云不合弔慰是何言歟閭遂

引愆免冠謝罪帝謂閭曰蠕蠕使牟提小心恭慎甚有使人之禮同行疾其敦厚每至凌辱恐其還化必被謗誣昔劉准使殷靈誕每下人不爲非禮之事及其還國果被譖愬以致極刑今爲旨書可明牟提忠於其國使蠕蠕主知之

宣武延昌三年十月庚辰詔驍騎將軍馬義舒喻蠕蠕

孝明熙平中蠕蠕主醜奴遣使來朝抗敵國之書不脩臣敬朝議將依漢荅匈奴事遣使報之司農少卿張子倫表曰古之聖王疆理物土辨章要甸荒遐之

俗政使不及故禮有壹見之文書著羈縻之事太祖以神武之姿聖明之略經啓帝圖日有不暇遂令豎子遊魂一方亦縣中國多虞急諸華而緩夷狄也高祖光宅上中業隆不世赫雷霆之威震熊羆之旅方役南轅未遑北伐昔舊京烽起虜使在郊主上案鈒璽書不出世宗運籌帷幄開境揚旌衣裳所及舟車萬里於時醜類送款關上亦述遵遺志念大明臨朝澤及行葦國富兵强能言率職何憚而為之何求而行此往日深通敬求和以誠肅未絶擁而不許先帝棄戎於前陛下交夷於後無乃上乖高祖之心下違

世宗之意且虜雖慕德亦來觀我懼之以彊儻即歸附示之以弱窺覦或起春秋所謂以我卜也又小人難近夷狄無親踈之則怨狎之則侮其所繇來久矣是以高祖世宗知其若此來旣莫逆去又不追不一之義於是乎在必其委贄玉帛之辰屈膝蕃方之禮則可豐其勞賄籍其珍物至於王人遠役銜命虜庭優以疋敵之尊加之相望之寵恐徒生虜慢無益聖朝假令選衆而舉使乎稱職資酈生之辯騁終軍之辭馮軾下齊長纓繫越苟異曩時猶為不顧而况極之以降崇申之以宴好臣雖下愚輙敢固執若事不獲已應出制詔示其上下之儀宰臣致書諷以歸順之道若聽受忠誨明我話言則萬乘之盛不失位於域中天子之聲必籠罩於無外脫或未從焉能損除舞干戚以招之敷文德而懷遠如迷心不已或肆大羊則當命辛李之將勒衛霍之師蕩定雲沙掃清逋孽飲馬瀚海之濱鏤石燕然之上開都護置戊巳斯亦陛下之高功不世之盛事如思案甲養民務農安邊之術經國之防豈可以戎夷兼并而遽虧典制將取笑於當時貽醜於來葉昔文公請隧襄后有言荆莊問鼎王孫是抑以古方今竊為陛下不取又陛下

方欲禮神岷瀆致祀衡山登稽嶺窺蒼梧而反與夷虜之君酋渠之長結昆弟之慵抗分庭之義將何以騰文命之景業迹重華之高風者哉臣以為報使甚失如彼不報甚得如此顧賒須臾之聽察愚臣之言不從

正光四年二月巳卯以蠕蠕主阿那瓌率衆犯塞遣尚書左丞元孚兼尚書為北道行臺持節喻之（時帝以沃野硇薄骨律武川撫冥柔遠懷方禦夷諸鎮至是為州其郡縣戍各令准古城邑詔河南尹酈道元持節兼黄門侍郎與都督李崇且置立裁減去留諸兵積粟以為邉備）

東魏孝靜帝興和元年六月以尚書左僕射司馬子

如東北道行臺差選勇士前潁州刺史奚思業爲河
南大使簡發勇士
北齊神武爲東魏丞相武定元年八月於肆州北山
築城西自馬陵戍東至土隥四十日罷
文宣帝天保元年受魏禪多所創革六坊之内徙者
更加簡練每一人必當百人任其臨陣必死然後取
之謂之百保時鮮卑又簡羌人之勇力絶倫謂之勇士以備邊要
三年十月乙未幸離石至黄櫨嶺仍起長城北至社
于戍百四餘里立三十六戍時楊裴爲都水使者帝親御六軍北攘突厥仍
部裴監築長城作罷行南譙州事

六年發夫一百八十萬人築長城自幽州北夏口西
至恒州九百餘里
七年十二月先是自西河總秦戍築長城東至於海
前後所築東西凡三十餘里率十里一戍其要害置
州鎮凡二十五所
八年於長城内築重城自溿維扶而東至於塢紇戍凡
四百餘里
武成帝清河二年三月詔司空斛律光督氐營軍士
築戍於軹關
後主武平元年十二月詔左丞相斛律光出晉州道

脩城戍

後周宣帝大象初徵拜于翼爲大司徒詔翼巡長城
立亭障西自鴈門東至碣石創新改舊咸得其要害
隋高祖開皇元年四月發稽胡脩築長城二旬而罷
又云開皇初遣司農少卿崔仲方發丁三萬於朔方
靈武築長城東至黄河西距綏州南由勃嶺綿亘七
百里明年帝復令仲方發丁十五萬於朔方已東緣
邊險要築數十城以遏胡寇又黄門侍郎劉行本以
党項羌密邇封域最爲難馭上表劾其使者曰臣聞南
蠻遵校尉之統西域仰都護之威比見西羌鼠竊狗
盜不父不子無君無臣異類殊方於斯爲下不悟羈
縻之惠詎知含養之恩狼戾爲心獨乖正朔使人近
至請付推科
帝奇其志
二年十月癸酉皇太子勇屯兵咸陽以備胡十二月

乙酉遣沁源公虞慶則屯弘化備胡
六年二月丁亥發丁男十萬脩築長城二旬而罷
七年二月發丁男十萬餘脩築長城二旬而罷日前周宣
帝時突厥攝圖請婚于周帝遣長孫晟副汝南公宇
文神慶送千金公主于其牙攝圖弟處羅侯號突利
設尤得衆心而爲攝圖所忌密托心腹陰與晟盟晟
與之遊因察山川形勢部衆強弱皆盡知之時高祖
作相晟以狀白高祖高祖大喜遷車騎尉開皇元年
攝圖曰我周家親也今隋公自立而不能制復何面
目見可賀敦乎因與寶寧攻陷臨渝鎮約諸面部落
謀共南侵高祖新立繇是大懼脩築長城發兵屯北
境命陰壽鎮幽州虞慶則鎮并州屯兵數萬人以爲
之備晟先知攝圖玷厥阿波突利等叔姪兄弟各統
強兵俱號可汗分居四面內懷猜忌外示和同難以
力征易可離間因上表高祖大悅因召與語晟口陳
形勢手畫山川寫其虛實皆如指掌帝深嗟異皆納
用焉因遣大僕元暉出伊吾道使詣玷厥賜以狼頭

蠱謬爲欽敬禮數甚優玷厥使來引弔攝圖俟上反
間既行果相猜貳晟車騎將軍出黄龍道齎幣賜奚
霫契丹等遣爲鄉導得至處羅侯所深布心腹誘令
内附二年攝圖四十萬騎自蘭州入至于周盤破達
奚長孺軍更欲南入玷厥不從引兵而去時晟亦説
染干詐告攝圖曰鐵勒等反欲襲其牙攝圖乃懼回
兵出塞七年攝圖死遣長孫晟持節拜其弟處羅侯
爲莫何可汗以其子雍閭爲葉護可汗處羅侯因晟
奏曰阿波爲天所滅與五六千騎在山谷間伏聽詔
旨當取之以獻乃召文武議焉安樂公元諧曰請就
彼梟首以懲其惡武陽公李充曰請生將入朝顯戮
以示百姓帝謂晟曰於卿何如晟對曰若突厥背誕
須齊之以刑今其昆弟自相夷滅阿波之惡非負國
家因其困窮取而爲戮恐非柔遠之道不如兩存之
帝曰善
煬帝大業初布光祿大夫段文振以高祖容納突厥
啓民居于塞内妻以公主賞賜重疊及煬帝即位恩

澤彌厚狼子野心恐爲國患乃上表曰臣聞古者遠
不鬧近夷不亂華周宣外攘戎狄秦帝築城萬里蓋
遠圖良算弗可忘也竊見國家容納啓民資其兵食
假以地利如臣愚計竊有未安何則夷狄之性無親
而貪弱則歸投強則反噬蓋其本心臣學非博覽不
能遠見且聞晉朝劉曜梁代侯景近事之驗衆所共
知以臣量之必爲國患如臣之計以時喻遣令還塞
外然後明設烽候緣邊鎮防務令嚴重此乃萬歲之
長策也又西域諸藩多至張掖與中國交市帝令吏
部侍郎裴矩掌其事矩知帝方勤遠略諸商胡至者
矩誘令言其國俗山川險易撰西域圖三卷入朝奏
之帝大悦每日引矩至御座親問西方之事矩盛言
胡中多諸寶物吐谷渾易可并吞帝繇是甘心通西
域四夷經略咸以委之遷黄門侍郎帝復令矩往張
掖引致西蕃至者十餘國後帝遣將軍薛世雄城伊
吾令矩共往經畧矩諷諭西域諸國曰天子爲蕃人
交易懸遠所以城伊吾耳咸以爲然不復來競及還
賜錢四十萬
三年七月丙子發丁男百余萬築長城西拒榆林東
至紫河二旬而罷死者十五六

八月帝巡于塞北幸啓民帳時高麗遣使先通于突
厥啓民不敢隱引之見帝内使侍郎裴矩因奏狀曰
高麗之地本孤竹國也周代以之封于箕子漢世分
爲三郡晉氏亦統遼東今乃不臣別爲外域故先帝
疾焉欲征之久矣但以楊諒不肖師出無功當陛下
之時安得不事使此冠帶之境仍爲蠻貊之鄉乎今
其使者朝於突厥親見啓民合國從化必懼皇靈之
遠暢慮後伏之先亡脅令日朝當可致也帝曰如何
矩曰請面詔其使放還本國遣語其王令速朝覲不
然者當率突厥即日誅之帝納焉其王高元不用命

始建征遼之策

四年七月辛巳發丁男二十餘萬築長城自榆谷而東詔嵐州刺史衞玄監督之

六年遣侍御史韋節召突厥處羅令與車駕會於大斗拔谷其國人不從處羅謝使者辭以他故帝大怒無如之何適會其酋長射匱遣使來求婚黃門侍郎裴矩因奏曰處羅不朝恃強大耳臣請以計弱之分裂其國卽易制也射匱者都六之子達頭之孫世爲可汗君臨西面今聞其失職附隸於處羅故遣使來以結援耳願厚禮其使拜爲大可汗則突厥分爲兩

而從我矣帝曰公言是也因遣裴矩朝夕至館微諷諭之帝於仁風殿召其使者言處羅不順之意稱射匱有好心吾立爲大可汗令發兵誅處羅然後當爲婚也帝取桃竹白羽箭一枝以賜射匱因謂之曰此事宜速疾如箭也使者返路經處羅處羅愛箭將留之使者譎而得免射匱聞而大喜興兵襲處羅處羅大敗棄妻子將左右數千騎東走在路又被劫掠遁於高昌東保時羅漫山高昌王麴伯雅上狀帝遣裴矩將向氏親要左右馳至玉門關晉昌城矩遣向氏使詣處羅所諭朝廷弘養之義丁寧曉諭之遂入朝然每有怏怏之色又云裴矩縱反間於突厥首長射匱使潛攻處羅後處羅爲射匱所逼竟隨使者入朝帝甚悅賜矩貂裘及西域珍異

十一年八月帝至鴈門爲突厥所圍內史侍郎蕭瑀進諫曰如聞始畢託較獵至此義成公主初不知其有違背之心且北蕃夷俗可賀敦知兵馬事昔漢高祖解平城乃是閼氏之力況義成以帝女爲妻必恃大國之援若發一單使以告義成假使無益事亦無損臣又切聽輿人之論乃慮陛下平突厥後更事遼東所以人心不一或致挫敗請下明詔告軍中赦高麗而專攻突厥則百姓心安人自爲戰煬帝從之於

是發使詣可賀敦卽義成公主也諭旨俄而突厥解圍去於後獲其諜人云義成主遣使告急於始畢稱北方有警數是突厥解圍蓋義成主之助也帝又將伐遼東謂群臣曰突厥狂悖爲寇勢何能爲以其少時未散蕭瑀遂相恐動情不可恕因出爲河池郡守

唐高祖武德初以豐州絕遠先屬突厥交相往來吏不能禁隱太子建成議廢豐州虛其城郭權徙百姓寄居于靈州割并五原榆平之地於是突厥遣處羅之子郁射設率所部萬餘家入處河南之地以靈州爲境

二年二月癸酉令州縣脩治堡同以備胡

三年七月甲戌遣皇太子建成鎮蒲州以備胡
四年正月辛巳詔曰稽胡部類居近北邊習惡之徒未悉從化潛竄山谷劫掠首鼠寇抄居民侵擾守候可令太子建成總統諸軍以時致討分命驍勇方軌齊驅跨谷彌山窮其巢穴元惡大憝即就誅夷脅略之民復其本業行軍節度期會進止皆委建成處分
五年六月辛亥劉闥引突厥之衆寇山東遣車騎將軍元韶爲原州道行軍總管以備邊
八月甲戌吐谷渾寇岷州總管李長卿拒之反爲所敗遣益州行臺右僕射竇軌渭州刺史且洛生援之

乙卯突厥頡利可汗寇邊遣左武將軍段德操雲州總管李和等率兵以拒之
丙辰頡利可汗率騎十五萬人入鴈門己未突厥進寇并州以左監門將軍李勣爲齊州總管太子左衛率蘭暮爲亳州總管驃騎將軍張德政爲鄆州總管庚申皇太子建成出幽州道命太宗出秦州道以禦之突厥寇原州又令雲州總管李子和兵趣雲中以掩可汗左武衛將軍段德操趣夏州邀其歸路辛酉帝謂群臣曰突厥入寇而復請和和之與戰其策安在太常卿鄭元璹對曰若擊之則怨深難以和御中書令封德彝進曰若不戰而和夷狄必謂中國畏懼未若擊之尅捷而後和親此則威恩兼舉帝然之戊辰吐谷渾陷洮州還武州刺史賀拔亮防禦之
六年七月癸未突厥寇原州乙酉寇朔州右武侯大將軍李高遷不能禦率衆而遁爲賊所敗行軍總管尉遲敬德率師援之
七年六月遣邊州修堡城警烽候以備胡
八年正月己酉帝與羣臣言備邊之事將作大匠于筠進曰未若多造船艦於五原靈武置舟師於黃河之中足以斷其入寇之中路中書侍郎溫彥博又進

曰昔魏文帝掘長塹以遏匈奴亦因循其事帝並從之於是遣將軍桑顯和塹斷北邊要路又徵江南習水之士更發卒於靈州造戰船
五月己酉帝謂羣臣曰名實之間理須相副高麗稱臣於隋始拒煬帝此亦何臣之有朕敬於萬物不欲驕貴但據此土宇務共安民何必令其稱臣以自尊大可爲詔述朕此懷也侍中裴矩中書侍郎溫彥博進對曰遼東之地周爲箕子之國漢家之玄菟郡耳魏晉前立於提封之內不可許以不臣若與高麗抗禮四夷必當輕漢且中國之於四夷猶太陽之與列

星理無降尊備同藩服帝乃止矜帝以天下大定將偃武事遂罷十二軍大數文德至是突厥頻爲寇掠帝志在戚之復置十二軍以太常卿竇誕爲參旗將軍吏部尚書楊恭仁爲鼓旗將軍淮安王神通爲玄戈將軍右驍衛將軍劉弘基爲井鉞將軍又衛大將軍張瑾爲羽林將軍左驍衛大將軍長孫順德爲奇官將軍右監門將軍樊世興爲天節將軍右武候將軍安脩仁爲招搖將軍右監門衛大將軍楊毛爲折威將軍左武候將軍王長諧爲天紀將軍岐州刺史柴紹爲平道將軍錢九隴爲苑游將軍簡練士馬將

圖大舉焉

六月丙子遣燕郡王李藝屯兵於華亭縣及彈箏硤水部郎中姜行本築斷石嶺之道以備胡

七月甲辰帝謂侍臣曰往以中原未定突厥方強吾慮其擾邊禮同敵國今既人面獸心不顧盟誓方爲攻取之計無容更事姑息其後書改爲勅詔乙酉頡利可汗寇相州叛胡睦伽陁攻武興丙辰代州都督藺謩與突厥戰於新城不能尅復命行軍總管張瑾與突厥戰于大谷丁巳命秦王出蒲州以備胡寇

八月壬戌突厥踰石嶺寇并州癸亥突厥寇靈州丁卯突厥寇潞沁韓三州左武衛將軍安脩仁擊胡睦伽陁於且渠州破之遣李靖出潞州道又令行軍總管任瓌屯太行

九月癸丑突厥寇蘭州十月壬申吐谷渾寇疊州遣扶州刺史蔣善合師援之戊寅突厥寇鄯州霍國公柴紹帥師援之

九年正月辛未突厥聲言入寇勅州縣修城堡謹烽候

二月丁亥突厥寇原州遣折威將軍楊毛擊之又徵兵屯于太谷遣秦王及皇太子建成勒兵以備胡後

竟不行

六月丁巳突厥數萬騎圍烏城遣齊王元吉右武衛大將軍李藝天紀將軍張瑾率兵援之辛未突厥寇渭州遣左衛將軍柴紹率兵禦之

冊府元龜

冊府元龜

廵按福建監察御史臣李嗣京　訂正
分守建南道左布政使臣胡維霖　叅閱
知建陽縣事臣黄國琦較釋

外臣部三十六

備禦第四

唐太宗以武德九年八月甲子即位是月突厥入寇涇州乙亥突厥寇武功京師戒嚴丙子簡較戸部尚書裴矩等二十餘人各陳禦寇之策帝曰朕受天命子育黔首豈使凶徒害我黎庶朕將禦戎躬親剪撲

先事滅之然後施行公輩不須爲慮也己卯突厥寇高陵辛巳行總管尉遲敬德與突厥戰於涇陽大破之獲其俟斤阿史德烏沒啜斬首千餘級癸未突厥遣其腹心執失思力入朝爲覘自張形勢云二可汗總兵百萬今已至矣乃請反命帝謂之曰我與突厥面自和親汝則背之我無所愧又義軍入京之初爾父子並親從我賜爾玉帛前後極多何輙將兵入我畿縣爾雖突厥亦頗有人心何得全忘大恩自誇強盛我當先戮爾矣思力懼而請命蕭瑀封德彝等請禮遣之帝曰不然今若放還當謂我懼遂縶思力於門下省于時兵將大集遣瑀德彝分出慰勞帝出自玄武門與侍中高士廉中書令房玄齡將軍周範馳六騎幸渭水之上與可汗隔津而語責以負約其酋帥大驚皆下馬羅拜俄而衆軍繼至精甲曜日連旗蔽野頡利見軍容大盛又知思力就拘相顧色動由是大懼帝獨與頡利臨水交言麾諸軍却而陣焉蕭瑀又以輕敵固諫於馬前帝曰吾已籌之非卿所知也突厥所以掃其境内直入渭濱蓋以我國家初有内難朕又新登九五將謂不敢拒之朕若閉門虜必大掠強弱之勢在今一策朕故獨出以示輕之又曜

軍容使知必戰事出不意乖其本圖虜入既深理當自懼與戰則必尅與和則必固朕服匈奴自茲始矣公等宜記之是日頡利請和詔許焉瑀等方嘆曰非所測也乙酉又幸城西刑白馬與頡利同盟于便橋之上突厥引兵而退蕭瑀進曰初頡利之未和也謀臣猛將多請戰而陛下不納臣以爲疑既而虜自退其策安在帝曰我觀突厥之兵雖衆而不整君臣之計唯財利是視可汗獨在水西達官皆來謁我我醉而縛之因而襲擊其衆勢同拉朽何往不勝我已令無忌李靖設伏於幽州以待之虜若奔還伏兵邀其

前大軍躡其後覆之如反掌矣我所以不戰者我卽位日淺爲國之道安靜爲務一與虜戰必有死傷我所不能忘懷也又凶虜一敗或當懼而修德結怨於我爲患不細我今卷甲韜戈啗以玉帛彼旣得所欲固知其退也然頑虜驕恣必自是始亡破之漸其在玆乎將欲取之必固與之此之謂也卿等寧知之乎瑀再拜曰聖略宏遠誠非愚臣所能及也

九月丙戌遣殿中監盧寬將軍趙綽送突厥還蕃頡利獻馬三千疋羊萬口帝不受詔頡利所掠中國戶口者令歸之壬辰修緣邊障塞以備胡寇下詔曰城

彼朔方周朝盛典績治河上漢室宏規所以作固京畿設險邊塞式遏寇雷隔礙華戎自隋氏季年中夏喪亂黔黎凋盡周州城空虛突厥因之侵犯疆埸乘間幸釁深入長驅寇暴滋甚莫能禦制皇運以來東西征伐兵車屢出未遑北討遂令胡馬再入至于涇渭蹂踐禾稼駭懼居民喪失旣多虧廢生業朕分命師旅摧其鋒鋭頻獲名王每虜渠帥然而凶狡不息驅侵未已御以長策利在修邊其北道諸州所置城寨粗已周遍未能備悉今約以和通雖云疲寇然蕃情難測更事修葺僉曰宜之朕以板築之功方資力役畚鍤之用與發且多念彼劬勞用深怵惕加以會給優復詔書始下旋卽科召有若食言百姓將疑朕予不信但民惟邦本本固邦寧醜虜憑陵寔爲民患其城寨鎭戍須有修補審量遠近計度功力所在軍民且共營辦所司具爲條式務使成功宜示閭里明知此意

十二月己巳益州大都督竇軌奏獠反請兵討之帝曰獠依山險蓋是其常當撫以恩信自然知感何乃不弘德化先縱兵威豈爲民父母之意也竟不許

貞觀元年長孫無忌爲尚書右僕射時突厥頡利可

汗新與中國和盟政教紊亂言事者多陳攻取之策帝召蕭瑀及無忌問曰北蕃君臣昏亂殺戮無辜國家不遵舊好便失攻昧之機今欲取亂侮亡復爽同盟之義二途未決孰爲勝耶蕭瑀曰兼弱攻昧古之所善無忌曰今國家務在戢兵待其寇邊方可討擊彼旣已弱必不能來若深入虜庭臣未見其可且按甲存信臣以爲宜帝從無忌之議突厥尋而喪滅

二年四月丁亥突厥可汗爲頡利可汗所攻遣使來乞師帝謂近臣曰朕與突厥頡利結爲弟兄不可以不救又頡利與國通和不可失信其計安在兵部尚書

杜如晦進曰夷狄無信其來自久國家雖存守信彼必背之不若因其亂而取之所謂取亂侮亡之道也帝然之因令將軍周範屯大原以圖進取

四年三月定襄道行軍總管李靖擒突厥頡利可汗以獻其部落或走薛延陁或走西域而來降者甚衆詔議安邊之術朝士多言突厥侍強擾亂中國爲日久矣今天實喪之窮來歸我本非慕義之心因其歸命分其種落浮之河南兗豫之地散屬州縣各使耕織百方胡虜可得化爲百姓則中國有加戶之利塞北可嘗空矣唯中書令温彥傳議講准漢武時置降

匈奴於五原塞下全其部落得爲捍蔽又不離其土俗因而撫之一則實空虛之地二則示無猜之心若遣向河南兗豫則乖物性故非含育之道帝將從之秘書監魏徵奏言突厥自古至今未有如斯之破敗者也此是上天勦絕宗廟神武且其世寇中國百姓冤讐陛下以其降伏不能誅滅卽宜遣還河北居其故土匈奴人面獸心非我族類強必寇盜弱則卑服不顧恩義其天性也秦漢患其若是故發猛將以擊之收河南以爲郡縣陛下柰何以內地居之且今降者幾至十萬數年之間孳息日倍居我肘腋偪邇王畿心腹之疾將爲後患尤不可河南處也彥博奏曰天子之於物也天覆地載有歸我者則必養之今突厥破滅之餘歸必降附陛下不加憐愍棄而不納非天地之道阻四夷之意臣愚甚謂不可遣居河南所謂死而生之亡而存之懷我德惠終無叛逆魏徵又曰晉代有魏時胡落分居近都平吳已後郭欽江統勸武帝逐出塞外不用欽等言數年之後遂傾瀍雒前代覆車殷鑒不遠陛下必用彥博之言遣居河南所謂養獸自遺患也彥博又曰臣聞聖人之道無所不通故先哲王有教無類突厥餘魂以命歸我我援

護之收居內地稟我指麾教以禮法數載之後盡爲農民選其酋首遣居宿衞畏威懷德何患之有且光武居南單于於內郡爲漢藩翰終乎一代不有叛逆彥博既口給引類百端帝遂用其計於朔方之地自幽州至靈州置順祐化長四州都督府又分頡利之地六州左置定襄都督府右置雲中都督府以統其部衆其酋首至者皆拜爲將軍中郎將等官布列朝廷五品已上百餘人因而入居長安者數千家

十四年九月置安西都護府居交河城十一月置寧朔大使以護突厥

十七年閏六月戊辰帝曰蓋蘇文殺其王而奪國政誠不可忍今日國家兵力取之不難朕不欲勞費故未動衆也朕將勑契丹靺鞨以擾之何如司空房玄齡曰臣觀古之列國無不以強凌弱以衆暴寡今陛下撫養蒼生將士勇銳力有餘而不用之所謂止戈爲武者也司徒長孫無忌曰蓋蘇文自知殺君罪大懼恐大國且聖王之來四夷使曲在彼又高麗王未有表疏告難陛下且賜璽書以慰之其既蓑自安必當順以聽命更恣無君之心後而責之未晚也帝曰善

九月庚辰新羅遣使言高麗百濟侵凌臣國累遭攻襲數十城兩國連兵期之必取將以今玆九月大舉臣社稷必不獲全謹遣陪臣歸命大國願乞偏師以存救援帝謂使人曰我實哀爾爲三國所侵所以頻遣使人和爾三國高麗百濟旋踵翻悔意在吞滅而分爾土宇爾國設何奇謀以免顛越使人曰臣王事窮計盡唯告急大國冀以全之帝曰我少發邊兵總契丹靺鞨直入遼東爾國自解可緩爾一年之圍此後知無繼兵還肆侵侮然四國俱擾於爾未安此爲一策我又能給爾數千朱袍丹幟二國兵至建而陳之彼見者以爲我兵必皆奔走此爲二策百濟國負海之險不修兵械男女分雜好相宴聚我以數十百船載以甲卒銜枚泛海直襲其地爾國以婦人爲主爲隣國輕侮失主延寇靡歲休寧我遣一宗枝以爲爾國主而自不可獨往當遣兵營護待爾國安任爾自守此爲三策爾宜思之將從何事使人但唯而無對帝歎其庸鄙非乞師告急之才也於是遣司農丞相里玄獎齎璽書賜高麗曰新羅委命國家朝貢不闕爾與百濟宜即戢兵若更攻之明年當出師擊爾國矣

十八年九月乙巳相里玄獎使高麗還玄獎初至平壤蓋蘇文破新羅兩城帝顧謂侍臣曰高麗莫離支賊殺其主盡誅大臣用刑有同坑穽百姓動轉輒死怨痛在心道路以目夫子出師弔伐須有其名因其弒君虐下取之爲易諫議大夫褚遂良進曰陛下兵機神筭人莫能知昔隋末亂離手平寇難及北狄侵邊西蕃失禮陛下欲命將擊之群臣莫不苦諫唯陛下明略獨斷卒並誅夷海內之人徼外之國畏威讋服爲此也今聞陛下將伐高麗意皆熒惑然陛下神武英聲不比周隋之主兵若渡遼事須克捷萬一不

獲無以威示遠方更發怒再興衆兵若至於此安危難測帝然之兵部尚書李勣曰近者延陁犯邊陛下必欲追擊但爲魏徵苦諫所以遂用其言此之失機亦由徵之誤計而若仰中聖策延陁無一人生還可五十餘年間邊境無事矣帝曰魏徵此諫良爲失中然一計不當隨而尤之後有良策安肯更發我亦隨知事誤而竟不能涉言耳

六月詔曰百濟高麗恃其僻遠每動兵甲侵逼新羅新羅日蹙百姓塗炭遣使請援道路相望朕情深愍念爰命使者詔彼兩蕃戢兵敦好而高麗姦慝攻擊

未已若不拯救豈濟倒懸宜令營州都督張儉守左宗衞率高履行等率幽營二都督府兵馬及契丹奚靺鞨往遼東問罪屬遼水泛溢儉等兵不得濟

十九年七月帝征遼東於安市城使李勣攻安市府從行文武亦以爲摧高延壽拾餘萬軍高麗膽碎乘破竹之勢今乃其時張亮水軍在卑涉城召之信宿相會直取烏骨渡鴨淥水迫其離心安有機變掃清臾須在此行耳獨司徒長孫無忌以爲天子行師與諸將有異事非萬全不可徼幸今建安新城賊酋十萬若向烏骨皆在吾後不如先破安市次取建安獲其兩城然後長驅而進萬全之計也

十二月詔禮部尚書江夏王道宗發朔幷汾箕嵐代忻蔚雲九州兵馬鎭朔州又命守衞大將軍代州都督薛萬徹左驍衞大將軍阿史那杜宗等發勝夏寧綏丹延鄜坊石隰等十州兵馬鎭勝州又令勝州都督宋君明左武侯將軍薛孤吳仁等發靈原寧鹽慶等五州兵馬鎭靈州又令執失思力發靈勝二州突厥兵馬與道宗等相應虜至塞下知有備不敢進先是又領軍人將軍執失思力引兵伐延陁虜其陁馬數千口棄薩犯邊

二十年六月乙亥鐵勒僕骨同羅其擊薛延陁多彌

可汗大敗之帝以延陁破亡遣江夏王道宗左衞大將軍阿史那杜介爲瀚海安撫大使又遣右領軍衞大將軍執失思力領突厥兵代州都督薛萬徹營州都督張儉各統所部兵分道並進又令右驍衞大將軍契苾何力領涼州及胡兵同入以爲聲援初薛延陁眞珠毗伽可汗遣使請婚太宗許以女妻之徵可汗備迎親之禮帝志懷遠人於是發詔幸靈州與之會可汗大悅謂其國中曰我本鐵勒之小帥也蒙大國聖人樹立我爲可汗今復嫁我以公主車駕親至靈州斯以足矣於是稅部諸羊馬以爲聘財或說可

汗曰我薛延陁可汗與大唐天子俱爲一國主何有自征朝謁如或拘留悔之無及可汗曰吾聞大唐天子聖德遠被日月所照皆來賓服我歸心委質冀得一覩天顔無所復恨然磧北之地必畜有主舍我別求固非大國之計我志决矣勿復多言於是言者遂止大宗令三道發使受其羊馬然延陁先無府藏調歛其國往返且萬里旣涉磧無草羊馬多死遂後期帝於是停幸靈州徵還三道之使旣而其聘羊馬至所耗將半議者以爲戎狄不可以禮義畜若聘財未備而與之婚或輕中國要令備禮以加重如是反其

使者群臣或勸帝云旣許以公主妻延陁邊境得以休息納其獻聘不可失信於蕃人宜在速成帝謂之曰君等進計皆非也君等知古而不知今昔漢家匈奴強而中國弱所以厚餙子女嫁與單于今時中國強而北狄弱漢兵一千堪擊其數萬延陁所以匍匐稽顙恣我所爲不敢驕慢者以新得立爲長雜姓非其本屬將倚大國用服其衆彼同羅僕骨等拾餘部落兵數萬并力足制延陁所以不敢發者延陁爲我所立懼中國也今若以女妻之大國子婿增崇其禮深結黨援雜姓部落屈膝低首更遵服之夷狄之人豈無恩義微不得意勒兵南下如君所言可謂養獸以自噬也吾今不與其女頗簡使命諸姓部落知吾弃之其爭擊延陁必矣君其志之旣而李思摩數遣兵侵掠之延陁復遣突利失擊思摩志定襄掠百姓而去帝遣英國公李勣援之遽已出塞而還帝以其數與思摩交兵乃璽書責讓之又謂其使人曰語爾可汗我天子並東征高麗汝若能寇邊者但當來也可汗遣使致謝復請發兵助軍帝答以優詔而止其兵及大宗援遼東諸城破駐蹕之陣降高延壽聲振戎狄而莫離支潛令靺鞨誑惑延陁啗以厚利延

陁氣懾不敢動

高宗永徽二年十一月丁丑以高昌故地置安西都護府以尚舍奉御天山縣公麴智湛爲左驍衛大將軍兼安西都護府州刺史往鎮撫焉

三年六月戊申詔兵部尚書崔敦禮并州都督府長史張緒發并汾步騎萬人往成州發遣延陁餘衆渡河置祁連州以處之

顯慶二年十二月伊麗道行軍摠管蘇定方討阿史那賀魯于金牙山收其所擄之地

三年分其種落列置州縣以處木昆部落爲匐延都

督府以突騎施索葛莫賀部爲堛鹿都督府以突騎
施阿利施部爲挈都督府以胡祿屋闕啜部爲監伯
都督府以攝舍提暾啜部爲雙阿都督府以鼠尼施
處半部爲鷹婆都督府其所役屬諸胡之國皆置州
府並隸安西都護府
三年正月立龜茲王布失畢之子白素稽爲龜茲王
初布失畢妻阿史那氏與其國相那利私通布失畢
知而不能禁布失畢左右頗請討之由是國内不和
遞相猜阻各遣使來告難帝聞而盡召之既而京師
囚那利而遵左領軍郎將雷文成送布失畢歸國行

至龜茲東由分泥師城而龜茲大將羯獵顛發衆拒
之仍通使降於賀魯布失畢據城自守不敢進於是
詔左屯衛大將軍楊胄發兵討之會布失畢病死胄
與羯獵顛決戰大破之擒羯獵顛及其黨盡殺之乃
以其地爲龜茲都督府又拜白素稽爲都督以統其
衆又移安西都護府於龜茲國舊安西復爲西州都
督府左驍衛大將軍兼安西都護天山縣公麴智湛
爲西州都督以統高昌之故地
總章二年九月詔吐谷渾慕容諾曷鉢部落移涼
州南近山安置時議者恐吐蕃以舊怨更擊之帝詔
左相姜恪右相閻立本左衛大將軍契苾何力司戎
少常伯崔餘慶左衛將軍郭待封司元少常伯許圉
等議之謀發兵先擊土蕃閻立本曰自去歲以來徵
少并澤栗價騰踊倍於常年閭閻之閒大有饑乏今
又遠興師旅將轉益憂勞如臣愚見以爲未可契苾
何力又曰吐蕃在西經途稍遠又與諸蕃連接臣恐
大軍纔到便即西走且山路險阻遠逐甚難軍糧雖
繼未易深入慮其開春以後必來侵逼吐渾如其更
來臣請不須救援蠻夷無識便謂國力已疲遂自驕
矜無所懼憚然後命將出師一舉可滅之矣姜恪曰

何力言非也吐谷渾歸附日久吐蕃乘勝逼之必不
能禦儻若不救坐見滅亡此則邊境憂虞無所控告
既虧聖德又沮國威臣之愚慮謂宜拯恤且使小蕃
得存然後更圖大舉議竟不定谷渾竟不移而止運
上元三年二月帝以高麗餘衆反叛移安東都護府
於遼東故城先有華人任官者悉罷之其百濟百姓
先從在涂河及徐兗等州者權移熊津都督府於建
安故城以處之
儀鳳二年十二月勑曰朕君臨宇宙司牧黎元曾天
之下罔不率服蕞爾吐蕃僻居遐裔吐渾是其隣國

是乃奪其土宇往者暫遣偏裨欲復渾王故地義存拯救事匪稱兵輒肆昏迷潛相掩襲旣無備預頻衰師徒因此鴟張每思很顧除凶伐叛王者所急前歲將發六軍問其罪戾後以小寇無勞大舉按甲息兵庶其悛過不思惠愛更起凶邪敢縱狂惑事爲寇盜或攻圍鎭戍或驅掠羊馬烽燧頻舉煙塵不息候隙乘間倏來忽往比止令鎭邊未能卽事翦除莫懷寬大之恩遂長包藏之計禍盈惡稔當自覆滅今欲分命將帥窮其巢穴尅清荒服必寄英奇但秦雍之部俗稱勁勇汾晉之壤人擅驍雄宜令關內河東諸州

廣求猛士在京者令中書門下於廟堂選試外州委使人與州縣相知揀練有膂力雄果弓馬灼然者盛宜號採卽以猛士爲名

二年九月帝以吐蕃爲患召侍臣問吐蕃小醜屢犯邊塞我比務在安輯未卽誅夷而戎狄豺狼不識恩造置之則疆埸日駭圖之又未聞上策宜論得失各盡所懷給事中劉景先奏曰攻之則兵威未足鎭之則國力有餘宜撫養士卒守禦邊境中書舍人郭正一曰吐蕃作梗年歲已深興師不絕非無勞費近討則徒損兵威深入則未傾巢穴臣望少發兵募且遣備邊明立烽候勿令侵掠待國用豐足卽一舉而滅之矣給事中皇甫文亮曰且令大將鎭撫蓄養將士良吏營田以收糧儲必待足食方可一舉而取之帝曰朕生於深宮未嘗躬擐甲冑親踐戎行宿將舊人多從物故自非授戈俊傑安能克滅先渠海東二蕃往雖旅拒高麗不敢渡遼水百濟未敢越滄波往者頻歲遣兵糜費中國事雖已往我亦悔之今吐蕃侵我邊境事不得已須善謀之中書舍人劉禕之對曰臣觀自古聖王明君皆有夷狄爲梗吐蕃時擾邊隅有同禽獸得其土地不可攸居被其馮陵未足爲恥

願戢萬乘之威寬萬姓之役給事中楊思徵曰聖人御物貴在從時今凶奴陸梁邊夷桀黠弗能懷德未肯畏威和好之謀臣謂非便帝曰此賊驕很未識恩威罪跡貫盈方當就擒和好灼然未可中書侍郎薛元超曰臣以爲敵不可縱縱敵則患生防邊則卒老不如料揀士卒一舉滅之帝顧謂黃門侍郎來恆曰自李勣亡後實無好將當今唯以張虔勖等差爲優耳恆奏曰昨者洮河兵馬足堪制敵但爲諸將等失於部分遂無成功當今更無好將誠如聖旨竟議不定乃賜食而遣之是年以吐蕃犯塞洮州人魏眞宰

諸闕上封事曰臣聞理天下之柄有二事焉文與武
也然則文武之道雖有二門至於制勝御人其歸一
撥然論武者則弓馬爲先而不稽之以權略談文者
則以篇章爲首而不考之以經綸奔競相誇遂成浮
俗臣嘗讀魏晉史每鄙何宴王衍終日談空近觀齊
梁書才流亦復不少並何益於理亂哉從此而言則
陸士衡著辨士論而不救河橋之敗養由基射能穿
札而不止鄢陵之奔斷可知矣昔趙岐撰禦寇之論
山濤陳用兵之本皆坐運帷幄暗合孫吳刱又聞帝
王之道務崇經略之術必伏英奇自國家良將可得

言矣李靖破突厥侯君集成高昌蘇定方開西域李
勣平遼東雖國之英靈亦其才力所至古語有之人
無常俗政有理亂兵無強弱將有能否是知大將之
臨戎也以至爲本漢高祖之英雄大度尚曰吾寧鬬
智魏武之神機挺絕猶倣法孫吳有項籍之氣袁紹
之基而背智任情終以破滅何況復出其下哉當今
朝廷用人類取將門子弟亦有死事之家而蒙抽擢
者此等本非幹力見知雖竭力盡誠亦不免於傾敗
如何使當閫外之任昔後漢馬賢討西羌皇甫規陳
其必敗宋文帝使王玄謨修復河南沈慶之知不能

尅謝玄以書生之資拒符堅百萬之衆劉超言其必
勝雖復時有古今求之人事皆可推之取驗大體觀
其氣銳之與識略耳昔李左車陳湯呂蒙馬隆孟觀
並出自貧賤勳效甚高未嘗聞其家代爲將以四海
之廣兆庶之衆其中豈無卓越之士臣恐未之思也
夫何遠之有臣又聞之賞者禮之源罰者刑之本故
禮崇則謀夫竭其能賞厚則義士輕其死刑正君子
勸其心罰重小人懲其過然則賞罰者君國之紀綱
古人云國無紀綱雖堯舜不能爲化令罷不能行則
賞以難信故人間議者皆云近日征行虛有賞格而

無其事良由小才之人不識大體恐賜勳庸漸傾倉
庫晉意錐刀將此益國徇目前之近利忘經久之遠
圖所謂錯之毫氂失之千里者也且黔首雖微須應
以實豈得懸不信之令設虛賞之科比者師出無功
未必不由於此文子曰同言而信信在言前同令而
行誠在令外故商君移木而表信曹公割髮以明法
豈禮也哉有由然也自蘇定方征遼東李勣破平壤
賞絕不行勳仍淹滯臣以吏不奉法主司之過不聞
斬一臺郎戮一令史如秦懷恪使天下知聞皇天何
能照遠而不照近哉臣識不稽古請以近事言之貞

觀中萬年縣尉司馬玄景舞文飾智以邀乾沒大宗
審其姦詐棄之都市及征高麗總管張君乂擊賊不
進斬之旗下臣以僞勲之罪多於玄景仁貴等敗重
於君乂向使早誅薛仁貴郭待封則自餘諸將豈敢
失利於後哉臣恐吐蕃之平未在旦夕且凡人識不
經遠類皆隨時生言吐蕃戰時前隊死盡後隊方進
衣甲堅厚人馬甚多又止有瘴氣不宜士馬官軍遠
入利鈍難知前無克獲取勝之道不積百萬米無爲
大舉之資臣以吐蕃之對中國猶孤星之對太陽有
自然之大小自然之明暗論其智也則我明而彼暗

論其敵也則我大而彼小夫夷狄雖同之禽獸亦知
憂其性命豈肯前隊皆死後隊方進日彼國雲用其
人殘迫使然非心之所願必云戰不顧死則兵法許
敵能鬬當以致笑取之何憂於不克也向令邊將能
殺吐蕃使伏屍蔽野流血成河飲其頭顱聚爲京觀
臣恐此虜聞官軍鍾鼓之聲望風塵而走何暇前隊
皆死後隊方進哉由薛仁貴郭待封覆我師徒軍人
喪氣至今不振故虜得其便跳梁於山谷臣又聞興
師拾萬日費千金國家之兵可得而有供軍之糧不
可得而濟又今秋之行仰籍馬力不得數十萬匹無

以成大舉之資臣請不用太府之錢太倉之粟辦二
十萬衆二年資糧馬五十萬匹北滅吐蕃使往還足
用若天皇遊意經年之外此功可得而成自國家太
平五十餘載百姓富饒四海安樂計當今之戶口其
數創倍少於隋時料當今之資財其資還倍富於隋
日卜式有言天子誅匈奴愚以爲賢者宜死節有財
者宜輸之如此匈奴可滅臣之所願不至於此臣稅
天下上至王公下及兆庶但是挂籍之戶口別稅錢
一百文臣子之心孰不并稅又請放天下禁馬州縣
百姓得乘大馬不限牝牡匹數嚴勑州縣明立簿帳

不得使其隱漏不過三年則人間精壯之馬可括得
五十餘萬疋委州縣長官以所稅之錢加價爲市取
若官軍大舉一朝可得而用議者以禁馬既久忽然
聞許恐百姓因馬遂生罪過臣上觀秦漢下至周隋
中原變故皆不由馬陳勝項籍之亂秦黃巾赤眉之
擾漢並徒步而起亦無閑駿騎其後劉石亂華劉籍
馬肆匹其吞噬有情禁馬科格甚嚴煬玄感奮臂大
呼天下因之喪亂夫故虜以馬爲疆若放人乘馬則
市取其驪以益中國設不能久行之猶可五六年間
過計乘騎使得漸滅胡虜之盛私馬既多還是官有

臣進退思惟終是國家之利且理有變通事無常准臣之所陳權以濟事必將不可久行後禁亦爲未失帝覽而善之授秘書省正字令直中書省仗內供奉

則天神功元年鸞臺侍郎同鳳閣鸞臺平章事狄仁傑以百姓西戍疎勒等四鎮極爲凋弊遂上疏曰臣聞天生四夷皆在先王封域之外故東距滄海西隔流沙北横大漠南阻五嶺此天所以限夷狄而隔中外也自典籍所記聲教所及三代不能至者我國兼之矣今日之四境已逾於夏殷昔詩人矜薄伐於大原美化行於江漢是則代之遠裔而國家之域中至

前漢時匈奴無歲不犯邊殺掠吏人後漢則西羌侵軼漢中東寇三輔入河東上黨幾至雒陽由此言之則陛下今日之土宇過於漢朝遠矣若其用武荒外邀功絶域竭府庫之實以争磽确不毛之地得其人不足以增賦獲其土不足以耕織苟求冠帶遠夷之稱不務固本安人之術此秦皇漢武之所行非五帝三皇之事業也若使荒徼外以爲限窮貨財以騁欲非但不愛人力亦所以失天心也昔始皇窮兵極武以求廣地男不得耕於野女不得蠶於室長城之下死者如亂麻於是天下潰叛漢武追高文之宿憤籍四帝之儲實是於定朝鮮討西域平南越擊匈奴庫帑空虛盜賊蠭起百姓嫁妻賣子流離於道路者萬計末年覺悟息兵罷役封丞相爲富民侯故能爲天祐也昔人有言與覆車同軌者未嘗獲安此言雖小可以喻大近者國家頻歲出師所費滋廣西戍四鎮東戍安東調發日加百姓虚弊開守異域事等石田費用不支有損無益轉輸靡絶杼軸殆空越磧踰海分兵防守行役既久怨曠亦多詩人云王事靡盬不能蓺稷黍豈不懷歸畏此罪罟念彼恭人涕零如雨此則前代怨畏之詞也上不見恤則政不行而邪氣

作邪氣作則蟲螟生而水旱起若此雖禱祠百神不能調陰陽矣方今關東饑饉蜀漢逃亡江淮已南徵求不息人不復業則相聚爲盜本根一摇憂患不淺其所以然者皆爲遠戍方外以竭中國爭蠻貊不毛之地乖子育蒼生之道也昔漢元納賈捐之謀而罷朱崖之郡宣帝納魏相之策而弃車師之田豈不欲慕尚虚名蓋憚勞人力也近貞觀年中克平九姓册李思摩爲可汗使統諸部者蓋以夷狄叛則伐之降則撫之得推亡固存之義無遠戍勞人之役此則近日之令典綏邊之故事竊見阿史那斛瑟羅陰山貴

種代雄沙漠若委之四鎮使統諸蕃封爲可汗遣其禦寇則國家有繼絶之美荒外無轉輸之役如臣所見請捐四鎮以肥中國罷安東以實遼西省軍費於遠方幷甲兵於塞上則當代之鎮重而邊州之備實矣況撫綏夷狄蓋防其越境苟無侵侮之患則已何必窮其窟穴與螻蟻計校長短哉且王者外寧必有內憂蓋爲不勤修政故也伏願陛下弃之度外無以絶域未平爲念但當勅邊兵謹守備蓄銳以待敵待其所自致然後擊之此李牧所以破匈奴也當今所要者若令邊域警守備遠斥候聚軍實蓄威武以逸

待勞則戰士力倍以主禦客則我得其便堅壁清野則寇無所得自然賊深入必有顛躓之慮淺入必無擄獲之益如此數年可使二虜不擊而服矣仁傑又請廢安東復高氏爲君長停江南之轉輸慰河北之勞弊數年之後可以安人富國事雖不行識者是之

册府元龜

巡按福建監察御史臣李嗣京　訂正
知長樂縣事臣夏允彜　叅閲
知建陽縣事臣黄國琦　較釋

外臣部三十七

備禦第五

唐中宗神龍元年六月以左驍衛大將軍裴思諒攝右御史臺大夫充靈武軍大總管以備突厥

三年正月命内外官各進破突厥之策右補闕盧浦上疏曰臣聞有虞咸熙苗人逆命殷宗大化鬼方不

賓則戎狄交侵其來遠矣漢高帝納劉敬之議與匈奴和親妻其宗女賂以鉅萬冒頓益驕邊寇不止則遠荒之地凶悍之俗難以德綏可以威制而降自三代無聞上策令匈奴不臣擾我亭障皇赫斯怒將整元戎臣聞方叔帥師功謌周雅去病耀武勲列燕山則萬里折衝在於擇將春秋謀元帥取其悅禮樂敦詩書晉臣杜預射不穿札而建平吳之勲是知中權制謀不在一夫之勇其蕃將沙吒忠義等身雖驍悍志無遠圖此乃騎將之材本不可當大任且師出以律將軍死綏秦尅長平趙括受戮胡去馬邑王恢坐誅則棄軍有刑古之常典近者鳴沙之役主將先逃輕挫國威須正邦憲又其中軍旣敗陣亂矢窮義勇之士猶能死戰功合紀錄以勸戎行賞罰旣明將士盡節此擒敵之術也臣聞以蠻夷攻蠻夷中國之長筭故陳湯統西域而郅支滅甞惠用烏孫而匈奴敗請購辨勇之士班傳之儔旁結諸蕃與圖攻取此犄角之勢也臣聞昔者漢置新秦以實塞下宜因古法募人徙邊選其勝兵免其行役次廬伍明教令則狃習戎事究識夷險其所虜獲因而賞之近戰即守家遠戰則利貨趨赴鋒鏑不劳訓誓朝賦楊柳夕歌杕

杜十年之後可以久安臣聞漢用郅都匈奴避境趙命李牧林胡遠竄則朔方之安危邊城之勝負地方千里則在一賢其邊州刺史不可不愼擇於其人而任之蒐乘訓兵屯田積粟謹設烽燧精餙戈矛來則懲而禦之去則備而守之此古之善經也去歲亢陽天下不稔利在保境不可窮兵使内郡黔黎各安其業釋其芻牧輕其傜賦事無過舉爵不以私愛人之財節其浮侈惜人之力不廣臺榭察地利天時以趨耕獲命秋獮冬狩以教戰陣則數年之後有勇知方帑藏山積金革犀利然後整六軍絶大漠雷擊萬里

風掃二庭斬蹛林之會懸藁街之邸使百蠻震怖五兵載戢則上合天時下順人事理内以及外綏近以來遠以惠中國以靜四方臣少慕文儒不習軍旅竒正之術多媿前良獻替是司輕陳瞽議帝覽而善之

五月戊戌命右屯衛大將軍張仁亶爲朔方道大總管以備突厥

景龍元年十月丁丑又命左屯衛將軍張仁亶攝右御史臺大夫充朔方道大總管以備突厥

睿宗景雲元年九月以前太子少師唐休璟爲特進兼朔方道大總管以備突厥

二年十月命太僕卿李回秀持節朔方後軍大總管以備胡寇阿史那獻爲持節招慰十姓使

延和元年六月吏部尚書郭元振爲朔方道行軍大總管節度諸軍以備胡寇

玄宗先天元年八月乙巳於河北漢州北界置渤海軍當陽軍嬀蔚州界置懷柔軍每軍置兵五萬人

開元二年二月以鴻臚少卿王晙爲朔方軍副大使總管制曰古者獫狁孔熾匈奴浸驕設以三策雖屬備胡之典方於五材未聞去兵之義不有行者誰能扞之王晙倜儻多智堅剛立節每讀前史思齊古人辭家而志滅獯戎報國而躬先將校頃虞南牧城彼朔方蕭關洞開沙漠無事旣獲全軍之利則惟保塞之勞嘉其善謀必有成績昔北逐虜者任專而決外西護羌者功遂而係上用明分閫之重式副齋壇之期朝寳僉諧爾其俞往其豐安定遠三城等軍及側近軍州宜並受晙節度其安北都護府移於中受降城置兵須足食理籍加屯今正農時足務耕種處置訖奏聞

八月庚申制曰朕聞天生五材廢一不可不教人戰是謂棄之我國家光宅天下守在海外後於弔伐之

義豈窮兵以黷武先以威德之懷欲安人而和衆將戒不虞諒不獲已突厥比通和好頗負盟約不有金革孰寧疆埸不有師徒誰扞牧圉昔者命彼南仲城于朔方軍出隴西勞於渭北此其備也今寒露腓草秋風揚塵必順時以致師方休農以簡卒我圖靖國其在綏邊衛尉卿兼簡較左金吾衛大將軍涼國公李延昌克樹勳庸遍該韜略關張萬人之敵勇不顧身程李二將之名忠於衛主董司戎事行料兵權可充隴右道防禦大使左武衛將軍白道恭等居運六奇行謀百勝早聞營平之議思襲嫖姚之捷可爲之

副宜取朔方後軍兵及前年朝堂應募捷兒等總十爲人群牧馬四萬疋於秦州成蘭渭等州界逐便屯集教練仍書報贊普共爲聲援明加偵候勿使失機

十月戊辰宰臣盧懷慎姚崇等奏曰頃者者吐蕃以河爲界神龍年中降公主吐蕃遂過河築城置獨山九曲兩軍去積石三百里又於河上造橋吐蕃今既叛我此橋旣因毀折橋旣見毀城自然拔臣等望與郭知運蓋思貴等計議尅期翦撲從之

四年三月關內節度薛訥請於夏州加三二千兵宰相姚崇盧懷慎議曰兵雖不厭多多則費廣降人旣

納甲仗固亦無虞雖欲縱之其將何往況夏州素有馬二千疋兵一千三百人苟能用之足堪鎮遏待一二年後更量宜處分許之

七月以突厥默啜背恩降書於降附突厥等曰三姓葛邏祿大漠都督特進朱斯陰山都督謀雒匐維玄池都督實力胡鼻等卿積伐已來爲國籓捍比緣默啜侵擾中間屢阻欵誠遂能改圖不遠而復每思忠節嘉歎實深已頻遣書當達此意然金山安置雖是舊居未知初來並得好否默啜兇忍神怒天亡豈唯不識朕恩亦乃負於卿等復讐雪恥今正其時度卿等忠勇之誠投彼殘遺之孽取之有同拾芥滅之何異摧枯兵威暫臨必自面縛故命鴻臚卿鄭嘉祚賫告身袍帶等馳往宜慰便與卿等計會乘其衰弱早就翦除如或因循更令聚結非直有妨於此亦是不利於卿進退籌量固在於速其能捉獲默啜者已立賞格付嘉祚將往宜各勉思以副朝委今寄卿等錦袍鈿帶弁刀子礪石至並領取

五年三月庚戌復置營州於柳城詔曰朕聞舞干戚者所以懷荒遠固城池者所以欵戎夷國家往有營州茲爲虜障此北狄不敢窺覘東藩由其輯睦者久

矣自趙翽失於鎮靜部落因此攜離頗見負塗之睽旋聞改邑之歎高墉塡塹故里爲墟言念於此每思開復奚饒樂郡王李大酺賜婚來朝已納呼韓之拜契丹松漠郡王李失活遣子入侍彌嘉秺侯之節戚中懇請朕所難違宜愜遠圖用光舊業其營州都督府宜依舊於柳州置管內州縣鎮戍等並准舊額太子詹事姜師度貝州刺史宋慶禮左驍衛大將軍兼營田都督邵宏鄭州刺史劉嘉言屯田員外郎游子騫等並貞以幹事恪勤在公爰精衆官之選任以一方之後師度可充營慶度支及修築使游子騫爲之

副宏可兼充燕郡經畧鎭副使仍兼知修築使事應須人夫粮等一物已上依別勑處分有司仍速支配師度等竝馳驛發遣

七月郭知運大破吐蕃獻俘闕下初帝欲遣阿史那獻爲北蕃王而蘇祿拒而不納乃命王惠宣恩賜慰喻惠未行會安西陽嘉會奏至宰相宋璟蘇頲奏曰嘉會表稱突騎施車鼻施勾引天食吐蕃擬取四鎭見圍鉢換及大石城嘉會已發三姓葛邏祿兵與史獻同掩襲臣等伏以突騎施等跡已叛換葛邏祿等志欲討除自是夷狄相攻元非朝廷所遣若大傷小

滅皆利在國家成敗之狀即當聞奏王惠充使本爲綏懷事意既殊未可令去望待以西表至續更商量從之

是月辛酉幷州置天兵軍制曰大原薄伐之地勾注出屯之所兵戈不可以不習亭障不可以不備黙啜嗚鏑之餘自貽殄滅骨咄祿勇殺覆巢之餘仍敢陸梁九姓等雖類頗親而仇讐乂著譬彼西戎已獻邛支之贓同夫東越初雪會稽之恥深憂復怨固請防萌况高秋在律胡風振野正可以揚武功順殺氣振玆地險張我天威宜於幷州集兵八萬衆置天兵軍幷州長史上柱國張嘉貞有文武之才勵忠公之操較陳利害頻奏封章必能料敵於未形臨宜以決勝可充天兵軍大使幷州司馬王喬典禮不易其可用也右監門衛中郎將薛徹軍旅之事則嘗聞焉並爲副左拒遼陽之師右連河上之戍車徒列次鼓角傳聲俾其雷斷一方雲横萬里弘玆廟算稱朕意焉

六年二月戊子制曰戢兵始於威武扼險先於要害以制慓俗用綏遠人九姓等項立勳庸先除桀驁列在蕃服保其疆宇然而獷戎頗近寇盜時侵雖文德未弘武備素設漢垣通於句注夏屋枕於燕山是稱

近胡蒜薪遮虜固可節其萬部成犄角之形屯我六師示張皇之勢其蔚州横野軍宜移於山北古代郡大安城南仍置漢兵三萬人以爲九姓之援拔曳固都督頡質略等竝望雄蕃緒聲振朔垂戎略既昭兵旅惟緝各陳武列分統軍政頡質略出馬騎三千人充横野軍討擊大使同羅都督比言出馬騎二千人充横野後軍討擊大使迴紇可汗都督移健頡利發出馬騎一千人充大將軍右軍討擊大使僕固都督曳勒哥出馬騎八百人充大武軍右軍討擊大使左綮右拂先偏後伍作扞雲代指淸沙漠宣威料敵度

功藏務咨爾庶士稱朕意焉其五都督討擊大使各量給賜物一百疋領本部落蕃兵取天兵軍節度其兵有事應須討逐探候量宜追集無事並放在部落營生並使本軍存問務使安輯應修築所及支運兵馬糧等所司亦與節度使商量處置

六月己丑松漠郡王失活卒降書於契丹衙官靜拆軍副大使可突于曰自從松漠郡王殂殁已遣使弔祭卿蕃部大臣衆情所望事生送死惟義與忠並敦舊好以副深委近得押蕃使薛泰表云突厥殺兒到大雒揚言萬衆欲掠兩蕃左手有急右手不助既在

一身得其自勉力捍時須覺察審防姦詐自從黙啜破敗殘賊困窮非時遠來冒死邀利以卿智勇制彼狂愚拉朽摧枯不足為喻深思此便以効忠功動靜與宋慶禮籌度勿失事理

九年四月甲辰詔曰制國立軍以為武備安人和衆諒在師貞必將簡其車徒務其蒐彌不教人戰何以訓兵今寰宇雖寧燧燔時警故設備邊之政更申用武之略其劒南磧西關内隴右河東北通燕薊既接邊隅是防夷狄據山川險要量寇賊多少分置軍旅足成修備有事赴敵可以拉朽摧枯無事養人可以捘陴投否而將吏非謹甲兵不修加之侵暴仍且役使雖則屢提綱領然猶故忽科條豈法有未明將官無所畏永言此弊增歎于懷又諸道軍城例管夷落舊戶久應淳熟新降更佇綏懷如聞頗失於宜蕃情不得其所若非共行割剝何乃相繼離散既往者理宜招討見在者須加安全熟戶既是王人章程須依國法比來表奏多附漢官或洩其事宜不為聞達或換其文狀乖違本情自今已後蕃臣應有表奏並令自差蕃使不須更附漢官雖復化染淳風終是情因本性刑罰不中心固不安其有犯法應科不得便行

決罰具狀聞奏然後科繩咨爾軍僚勉我王事兵必須貫勇奮力馬必須芻牧秩養罷仗必須磨礪糧儲必須贍積馭蕃夷必須以威以恩誓將士必須以罰以賞辨於旗物稱爾戈矛使有勇而知方將料敵而當勝所謂文武並用國之大經團結十萬衆兵別令訓習分割數萬匹馬皆有供須什物備陳行裝具足候時而動我武惟揚俾夫涼風至白露下將以執有罪覆昏悪弘厥戎略振斯天聲清彼四方期此一舉其諸軍官吏輙更私役兵及侵漁一錢已上兼失偵候仍墮教習倉儲或乏器械莫修當部不能安窮寇

不能制有一干犯國有嚴誅事或未同仍令所司作條件處分

六月己亥胡賊康待賓反北州不安詔曰國家天覆萬方子育庶彙要荒所列並入提封日月所炤俱爲臣妾莫不懷我德澤納之仁壽神人以和鳥獸咸若河曲之地密邇京畿諸蕃所居舊在於此自服王化列爲編甿安其耕鑿積有年序而蠢然造謀構此紛孽勞我師旅擾其邊隅不思停育之愛坐取滅亡之道官軍纔及一鼓而潰雖肇其首謀則有元惡然率以從亂咸爲匪人朕思弘其有宥之恩振以好生之

惠伐彼有罪捨其脅從使反側自安胡苟靡蕕則請張之纍爾實自取生成之德我則有焉宜令朔方軍大總管兵部尚書王晙宣崇恩命示以柔服諸軍戰士應須酬錄功勳及却没來吐渾党項左右廂降戶雜蕃并胡殘部落或善惡未分或父長取穩若須發華一事已上並委王晙敘錄處置訖奏聞

十二年七月詔曰懷遠夷納款附國家常事也邊塞嚴甲兵備軍旅本職也雖萬方和同不可薄其武備百蠻朝貢不可輕其疆埸今年十月東幸維京西北土邊倍宜嚴警其河西隴右朔方太原幽州平盧諸節度使咸宜褱粮坐甲秣馬利兵明敎隊伍遠爲偵候使風塵預知邀截有所安我邊鄙威加戎狄賞罰在茲各宜砥礪

十三年帝將東巡中書令張說謀欲加兵以備突厥兵部郎中裴光庭曰封禪者告成之事忽此徵發豈非名實相乖說曰突厥比雖請和獸心難測且小殺者仁而愛人衆爲之用闕特勒驍武善戰所向無前暾欲谷深沉有謀老而益智李靖徐勣之流也二虜叶心動無遺策知我舉國東巡萬一窺邊何以禦之光庭請遣使徵其大臣扈從則突厥不敢不從又亦

難爲舉動說然其言乃遣中書直省袁振攝鴻臚卿往突厥以告其意小殺與其妻及闕特勒暾欲谷等環坐帳中設宴謂振曰吐蕃狗種唐國與之爲婚奚及契丹舊是突厥之奴亦尚唐家公主突厥前後請結和親獨不蒙許何也袁振曰可汗旣與皇帝爲子父子豈合婚姻小殺等曰兩蕃亦蒙賜姓猶得尚主但依此例有何不可且聞入蕃公主皆非天子之女今之所求豈問眞假若請不得實亦羞見諸蕃振許爲奏請小殺乃遣其大臣阿史德頡利發入朝貢獻因扈從東巡

十四年五月辛丑於定鎮莫勿滄等五州置軍備突厥

十五年十二月制曰愼守疆場所以備不虞訓理甲兵所以存禁暴列代通典有國永圖朕以虛薄君臨寓縣上奉天道務在於生育下順人心無隔於夷夏柔服四裔底綏萬邦慕義向風盡爲臣妾納貢述職咸赴闕庭唯吐蕃小醜忘我大德侵軼封域抄掠邊甿言念於茲無忘鑒寐且本設方鎮以防緣邊至於警急宜相救援今故糾合諸軍團結勁卒務令首尾相衛心力叶同張羅網之刑爲犄角之勢俾窮寇進

不能犯退無所歸秣馬練兵觀釁而動屯田積穀固敵是求殄戎可期戰勝斯在隴右道共團結馬步三萬九千人臨洮軍團八千人河原軍團六千人安仁白水軍各團一千五百人積石莫門軍各團二千人河西道蕃漢兵團結二萬六千人赤水軍團一萬人玉門豆盧軍各二千人並依舊統領以俟不虞更於關內徵驍兵一萬人以六月下旬集臨洮十月無事放散朔方取健兒弩手一萬人六月下旬集會州下十月無事便赴本道候賊所向賊於河西下卽令隴右兵取閤川過朔方合兵取新泉過與赤水軍合勢邀襲令河源積石莫門兵取背掩撲賊於河源下朔方兵從乳漫渡河并臨洮軍兵馬河源軍合勢邀襲赤水軍取背掩撲賊於鳳林關下朔方兵赴臨洮與鄯州兵合勢邀襲河源積石兵取背掩撲所要甲兵遂便支俟公私營種且耕且戰各宜訓勗以副朕懷

十六年三月丁未制曰隴右河西地接邊寇雖令團練士卒終須嘗戒不虞如聞吐蕃尚聚青海宜令蕭嵩張志亮等審察事勢倍加防禦當須畜銳以逸待勞其當賊路其要害軍縣處須量加兵馬任逐便通融處置仍揀擇有幹略人簡較明爲探候動靜須知

主將已下若捉搦用心事無不理者當加重賞如廢官慢盜式遏乖所者必寘嚴憲仍曉示使各勉職以副所委其晉城壘戀築未了者並早令畢功無致延緩關於備守

二十七年正月詔曰遏寇防邊在於有備興師訓卒用戒不虞隴右諸軍地當戎虜尤資振耀以壯邊威宜令隴右節度經略度支營田大使開府儀同三司兼京兆牧榮王琬自往隴右巡按處置庶弘廟略因達朕懷宜於關內及河東納資飛騎諸色人中揀召取健兒三五萬人赴隴右防捍至秋末無事放還仍

於當道將內詮擇一人與所由相知擇召應給糧賜
所司還作條例處分
二十八年三月益州司馬章仇兼瓊奏與安戎城中
吐蕃翟都局及維州別駕董承晏等通謀都局等遂
翻成歸款因引官軍入城盡殺吐蕃將士使監察御
史許遠率兵鎮守帝聞之甚悅中書令李林甫上表
曰伏以吐蕃此城正當衝要憑險自固每以窺邊積
年以來蟻聚爲患縱百萬之衆難以施功陛下親紆
秘策不與師旅頒令中使李思敬曉喻羌族莫不懷
恩翻然改圖自相謀陷神算及於不測睿略通於未

然累載逋誅中朝蕩盡又臣等今日奏事陛下從容
謂臣等曰卿今但看四夷不久當漸摧喪德音纔降
遂聞克捷則知聖與天合應如響至前古已來所未
有也請宣示百僚編諸史策手制答曰此城儀鳳年
中羌引吐蕃遂被固守歲月既久攻伐亦多其地嚴
險非力所制朝廷群議不勸取之朕以小蕃無知事
須處置授以奇計所以行之獲彼戎心歸我城守有
足爲慰也
十月吐蕃又引衆寇安戎城及雍州章仇兼瓊遣裨
將率衆禦之仍發中礦騎以救援焉時屬凝寒賊又
之自引退詔改安戎城爲平戎城
天寶八年六月隴右哥舒翰率河東河西靈武及突
厥阿布思等兵十六萬三千攻吐蕃石堡城拔之更
令神武軍分兵鎮守是載又於木剌山置橫塞軍城
及安北大都護府命郭子儀領其後拜武衛大將軍
後移橫塞軍城及安北府於永清柵北築城改橫塞
軍爲天德軍子儀仍爲之使
十三載七月隴右哥舒翰以前年之後收黃河九曲
之地請分置郡縣及軍於是新置洮陽郡及神策軍
於臨洮郡之西二百里洮河郡於積石軍之西百里

及宛秀軍以實河曲之地命臨洮郡太守濮門軍使
成如璆兼臨洮郡太守仍充神策軍使前積石軍使
臧奉忠爲澆河郡太守充本郡鎮守使
代宗大曆三年十二月以吐蕃歲犯西疆增修鎮守
乃以邠寧節度馬璘爲涇原節度使鎮涇州以邠寧
慶等州隸于朔方時朝議以馬璘孤軍在邠州不足
捍蔽遂徙郭子儀軍自河中居邠仍兼邠寧節度令
馬璘居涇自是京師寧晏
五年徙置常悉祐靜恭五州于山險要害之地備吐
蕃也

八年夏城奉天縣以備蕃寇
是年朝議以為近歲蕃戎入邠寧之後三輔已西無襟帶之固而涇州散地不足為守宰臣元載嘗為西州刺史知河西隴右之要害指畫於帝前曰今國家西境極于潘原吐蕃防戍在摧沙堡與原州界其間原州當西塞之口接隴山之固草肥水甘舊壘存焉吐蕃比毀其垣墉棄之不居其西則監牧故地皆有長壕巨塹重複深固原州雖早霜黍稷不藝而有平凉附其東獨耕一縣可以足食請移京西軍戍原州乘間築之貯粟一年戎人夏收多在青海羽書覆至

已閲月矣令運築並作不二旬可畢移子儀大軍居涇以為根本分兵守石門木峽隴山之關北抵于河皆連山峻嶺寇不可越稍置鳴沙縣豐安軍為之羽翼北帶靈武五城為之形勢然後與隴右之地以至安西是謂斷西戎之脛朝庭可高枕矣兼圖其地形以獻載密使人踰隴山入原州量井泉計徒庸車乘畚鍤之羅皆具簡較左僕射田神功沮之曰興師料敵老將所難陛下信一書生言舉國從之聽誤矣帝遲疑不決會載得罪乃止
九年四月甲申關內河東副元帥中書令郭子儀如行營引辭於延英殿語及邊事涕泗交集由是中書舍人常袞率常侍給舍諫議遺補一十八人詣閤門請論事有詔三人一引各盡已懷帝皆畢詞聽納乙酉勑曰自古聖帝明王之臨御也莫不法乾坤之覆載體山川之受納立德於太上還淳於至道清凈無事保合太和濟于群生洽於四海豈垂意兵革勞心戰爭也蓋有德化之所不綏招懷之所未諭不式王命毒流生人故有除暴禁淫之師安人止戈之武則神農黄帝堯舜禹湯之所不免也朕君臨萬邦十有三載薄德内愧中夜再興至如易簡寬仁恭默玄淡

素懷所慕終食豈忘然自承統已來屬當多難伊川有盜國之孽朔野有叛君之將江湖海島伏戎數輩其在右武安能觧嚴所以請於宗廟親授經略誅詰姦宄摧殄暴強三年之間方内底定此皆皇天佑我烈祖群后戴予一人是用集大勳于國家保萬姓于區夏豈伊寡薄能及此邪每思偃兵姑務柔遠將息馬以論道期舞干而修德而西戎負約間歲犯邊朕嘗棄細過庶弘大體疆臣兵吏亟請長驅屢有誠勑不令掩襲兼約游騎不許擒生庶或誤之亦使還遣固以亭育之義豈隔柔夷綏撫之恩寧殊遠邇故布

文告以訓之叙舅甥以睦之彼亦嘗遣聘臣來修舊好玉帛之禮以至於上國烽燧之候已及於近郊長其無猒昧於事大去冬踰我關隴入我邠郊驅人之馬牛掠人之士女朕許其通好本在人安乗此不虞飜貽我詐每一興念悼于厥心豈朕不叶於親鄰豈朕有負於恩信猶期懲艾未忍討除今大閱甲兵以增扞禦且弘不戰之道用舉備邊之嘗所以然者念其載勤欵疏求繼嘉姻事或由衷義從割愛因之寧遠豈復顧私當罷四方之師永全二國之好儻更侵軼必示威刑宜令子儀以上郡北地四塞五原義渠

稽胡鮮卑雜種馬步五萬衆嚴會栒邑克壯舊軍抱玉以晉之高都韓之上黨河湟義從汧隴少年凡三萬衆橫絕高壁斜界連營馬璘以西域前庭車師後部兼廣武之戎下蔡之徭凡三萬衆壉于朝那邊當路之塞忠誠以盧龍柳城泊在北平漢東諸鎮江黄申息之師凡三萬衆屯于回中張大軍之援忠誠以武落別校右地奇鋒凡二萬衆出岐陽而北會希讓以三輔大嘗之徒六郡良家之子自渭上而西合泚東淄青河陽幽前總四萬衆分列前後魏成德昭義永平總六師衆大舒左右掖內整禁旅親誓諸將資以千金之賞錫以六牧之馬戎裝戰器軍用邊儲各有司存素皆精辦咨爾將相文武宜力之臣夫師克在和善戰不陣各宜保據經界屯據要衝斥候惟明首尾相應若能悔過何必勞人如或不然自當伐罪然後眷求統一以制諸部進取之宜俟於後命各敬爾守無黷武經賞罰之科國有明典宜示中外知朕意焉

八月甲辰詔諸軍分統防秋將士其淮西鳳翔防秋兵士馬璘統之汴宋淄青成德軍兵士朱泚統之河陽永平兵士子儀統之揚楚兵士抱玉統之

十一年正月辛巳加朔方五城戍兵及增修屯田備回紇也

十二年秋詔幽州盧龍節度使朱泚如奉天行營以備西戎

冊府元龜

冊府元龜

欽敎福建監察御史臣李嗣京　訂正
知閩縣事臣曹肅臣　參閱
知建陽縣事臣黄國琦　較釋

外臣部　三十八

備禦第六

唐德宗貞元三年四月庚申詔曰蕃寇雖退疆理猶虞安邊之策必有良算各委常參官具所見封進每坐日三四人陳奏利害

七年二月戊戌詔曰平涼當四會之衝居北地之要

涇原節度使劉昌請城于茲分兵保戍實以遏其要衝保寧邊鄙平涼故原州屬縣在州西一百五十里今董率諸兵城之度支饋餉旋辰而畢仍分兵戍之地當走集得守固之要兵器糧穀頗豐而人安焉

八年中書侍郎陸贄知政事以河隴陷蕃已來西北邊常以重兵守備謂之防秋皆河南江淮諸鎮之軍也更番往來疲於戍役贄以中原之兵不習邊事及捍虜戰賊動多敗衄又苦邊將名目太多諸軍統制不一緩急無以應敵乃上疏論其事曰臣歷觀前代書史皆講鎮撫四夷宰相之任不揆闇劣輒上言誠以備邊禦戎國家之重事理兵足食備禦之大經兵不治則無可用之師食不足則無可固之地理兵在制置得所足食在斂導有方陛下幸聽愚言先務積穀人無加賦官不費財坐致邊備數逾百萬諸鎮收糴今已向終分貯軍城用防艱急縱有寇戎之患必無乏絶之憂守此成規以爲永制常收冗費益贍邊農則更經二年可積十萬人三歲之糧矣足食之原粗立理兵之術未精敢試籌量庶備採擇伏以戎狄爲患自古有之其於制禦之方得失之論備存史籍可得而言大抵尊卹序者則曰非德無以化要荒

曾莫知威不立則德不能馴也樂武威者則曰非兵無以服凶獷曾莫知德不修則兵不可恃也務和親者則曰要結可以睦鄰好曾莫知我結之而彼復解之也美長城者則曰設險可以固邦國而扞寇讎曾莫知力不足人不堪則險不能有也尚薄伐者則曰驅遏可以禁侵暴而省征徭曾莫知兵不銳壘不完則遏之不能勝驅之不能去也議邊之要略盡於斯雖互相譏評然各有偏駁聽一家之說則理例可徵考歷代所行則成敗異效是繇執常理以御其不常之勢徇所見而昧所遇之時夫中夏有盛衰夷狄有

彊弱事機有利害措置有安危故無必定之規亦無長勝之法夏后以序戎而聖化茂古公以避狄而王業興周城朔方而獫狁攘秦築臨洮而宗社覆漢武討匈奴而貽悔太宗征突厥而致安文景約和親而不能弭患於當年宣元弘撫納而足以保寧於累葉以中夏之盛衰異勢夷狄之彊弱異時事機之利害異情措置之安危異決知其事而不度其時則敗附其時而不失其稱則成形變不同胡可專一夫以中國彊盛夷狄衰微而能屈膝稱臣歸心受制拒之則阻其嚮化威之則類於殺降安得不存而撫之即而

序之也又如中國彊盛夷狄衰微而尚棄信奸盟蔑恩肆毒諭之不變責之不懲安得不取亂推亡息人固境也其有遇中國喪亂之弊當夷狄彊盛之時圖之則彼釁未萌禦之則我力不足安得不卑詞降禮約好通和啗之以親紓其交禍縱不必信且無大侵雖非御戎之善經亦時事有不能已也儻或夷夏之勢彊弱適同撫之不寧威之不靖力足以自保不足以出攻得不設險以固軍訓師以待寇來則薄伐以遏其深入去則攘斥而戒於遠追雖爲安邊之令圖亦勢力有不能不然也故夏之即序周之于攘太宗

之翦亂皆乘其時而用其勢者也古公之避狄文景之和親神堯之降禮皆順其時而不失其稱也秦皇之長城漢武之窮討皆知其事而不度其時者向若遏孔熾之勢行即序之方則見侮而不從矣乘可取之資懷畏避之志則失機而養寇矣有攘却之力用和親之謀則示弱而勞費矣當降屈之時務翦伐之畧則召禍而危殆矣故曰知其事而不度其時則敗附其時而不失其稱則成是無必定之規亦無長勝之法得失著效不其然歟至於察安危之大情計成敗之大數百代之變易者蓋有之矣其要在於失人

肆恣則必覆任人從衆則必全此乃古今所同情理之所一也國家自祿山搆亂肅宗中興撤邊備以靖中邦借外威以寧內難於是吐蕃乘釁吞噬無厭廻紇矜功憑陵亦甚中國不遑振旅四十餘年使傷耗遺甿力竭蠶織西輸賄幣北賂馬資尚不足塞其煩言滿其驕志復乃遠徵士馬列戍疆陲猶不能遏其奔衝止其侵侮小入則驅略黎庶深入則震驚邦畿時有議安邊之策者多務於所難而忽於所易勉於所短而畧於所長遂使所易所長者行之而其要不精所難所短者圖之而其功靡就憂患未弭職斯之

錄夫制敵行師必量事勢勢有難易事有後先力大而敵脆則先其所難是謂奪人之心暫勞而永逸者也力寡而敵堅則先其所易是乃固國之本觀釁而後動者也頃屬多故人勞未瘳而欲廣發師徒深踐寇境復其侵地攻其堅城前有勝負未必之虞後有饋運不繼之患儻或撓敗適所以啓戎心而挫國威以此求保國安邊之謀可謂不量事務於所難矣天之授者有分事無全功地之產者有宜物無兼利是以五方之俗長短各殊長者不可踰短者不可企勉所短而敵其所長必殆用所長而乘其所短必安強

者乃以水草爲邑居以射獵供飲茹多馬而尤便馳突輕生而不恥敗亡此戎狄之所長也戎狄之所長乃中國之所短而欲益兵蒐乘角力爭馳交鋒原野之閒决命尋當之内以爲禦寇之術可謂勉所短而較其所長矣務所難勉所短勞費百倍終於無成雖果成之不久自廢豈不以越天授而違地產虧時勢以反物宜者哉將欲去危就安息費從省在其慎守所易精用所長而已若乃擇將吏以撫寧衆庶修紀律以訓齊師徒耀德以佐威能邇以柔遠禁侵掠之暴以彰吾信抑攻取之議以安戎心彼求和則善待

而勿與結盟彼爲寇則嚴備而不務報復此當今之所易也賤力而貴智惡殺而好生輕利而重人忍小以全大安其居而後動俟其時而後行是以修封疆守要害塹蹊隧壘軍營謹禁防明斥候務農以足食練卒以蓄威非萬全不謀非百克不鬬寇小至則張聲勢以遏其入寇大至則謀其大以邀其歸據險以乘之多方以悞之使其勇無所加衆無所用掠則靡獲攻則不能進有腹背受敵之虞退有首尾難救之患所謂乘其弊不戰而屈人之兵此中國之所長也我之所長乃戎狄之所短我之所易乃戎狄之所難

以長制短則用力寡而見功多以易敵難則財不匱而事速就捨此不務而反爲所乘斯謂倒持戈矛以鐏授寇者也今則皆務之矣然僉守封未固寇戎未懲者其病在於謀無定用衆無適從所任不必才才者不必任所聞不必實實者不必聞所信不必誠誠者不必信所行不必當當者未必行故令措置乖方課責虧度財匱於兵衆力分於將多怨生於不均機失於遙制臣請爲陛下粗陳六者之失惟明主慎聽而熟察之臣聞工欲善其事必先利其器武欲勝其敵必先練其兵練兵之中所用復異用之於救急則

權以紓難用之於暫敵則權以應機故事有便宜而不拘嘗制謀有奇詭而不徇衆情進退死生唯將所命此所謂攻討之兵也用之於屯戍則事圖可久勢異從權非物理所愜不寧非人情所欲不固夫人情者利焉則勸習焉則安保親戚則樂生顧家業則忘死故可以理術馭不可以法制驅此所謂鎮守之兵也夫欲備封疆禦戎狄非一朝一夕之事固當選鎮守之兵以置焉古之善選署者必量其情習辨其土宜察其伎能知其欲惡用其力而不違其性齊其俗而不易其宜引其善而不責其所不能禁其非而不

處其所不欲而又類其部伍安其室家然後能使之樂其居定其志奪其氣勢結其恩情撫之以惠則感而不驕臨之以威則肅而不怨靡督課而人自為用施禁防而衆自不攜故出則足兵居則足食守則固戰則彊其術無它便於人情而已矣今者散徵士卒分戍邊陲更代往來以為守備是則不量性習不辨土宜邀其所不能彊其所不欲求廣其數而不考其用將致其力而不察其情斯可以為羽衛之儀而無益於備禦之寔也何者窮邊之地千里蕭條寒風裂膚驚沙慘目與豺狼為鄰伍以戰鬬為嬉遊晝則荷戈而耕夜則倚烽而覘日有剽割之慮永無休暇之娛地惡人勤於斯為甚自非生於其域習於其風幼而覩焉長而安焉不見樂土而不遷焉則罕能寧其居而狎其敵也關東之地百物阜殷從軍之徒尤被優養慣於溫飽狃於歡康比諸邊隅若異天地聞絕塞荒陬之苦則辛酸動容聆彊蕃勁虜之名則懾駭奪氣而乃使之去親族捨園廬甘其所辛酸抗其所懾駭將冀為用不亦疎乎矧又有休代之期無統馭之帥資奉若驕子姑息如倩人進不邀之以成功退不處之以嚴憲其來也咸負德色其止也莫有固心

屈指計歸張頤待飼徼幸者偷患還期之賒緩嘗念戎醜充斥王師挫傷則將乘其離亂布路東潰倘志且爾得之奚為平居則殫耗資儲以奉浮冗之衆臨難則拔棄城鎮以搖遠近之心其弊豈為無益哉固亦將有所撓也復有抵犯刑禁謫徙軍城意欲增戶寔邊兼令展效自贖既是無良之類且加懷土之情思亂幸災又甚戍卒適足煩於防衛諒無望於功庸雖前代時或行之固非良算之可遵者也復有擁旄之帥身不臨邊但分偏師俾守疆埸大抵軍中壯銳元戎例選自隨委其疲羸乃配諸鎮節將既居內地

精兵抵備紀綱遂令守要禦衝嘗在寡弱之蕐寇戎
每至力勢不支入壘者纔足閉關在野者悉遭刼執
恣其蔆蹂盡其捜毆比及都府聞知虜已克獲旋返
耳安邊之本所切在兵若斯可謂措置乖方矣賞以
存勸罰以示懲勸以懋有庸懲以威不恪故賞罰之
於馭衆也猶繩墨之於曲直權衡之揣重輕輗軏之
所以行車銜勒之所以服馬也馭衆而不用賞罰則
善惡相混而能否莫殊用之而不當功過則姦妄寵
榮而忠寔擯抑夫如是若聰明可銜律度無章則用
與不用其獘一也自頃權移於下柄失於朝將之號

令旣不克行之於軍國之典章又不能施之於將務
相遵養苟度歲月欲賞一有功纔慮無功者反側欲
罰一有罪復慮同惡者憂虞罪以隱忍而不彰功以
嫌疑而不賞姑息之道乃至於斯故使忘身効節者
獲誚於華夷率衆先登者取怨於士卒僨軍蹙國者
不懷於愧畏緩救失期者以自爲智能褒貶旣闕而
不行稱毀復紛於相亂人雖欲善誰爲爲之況又公
忠者直已而不求於人反罹困厄敗撓者行私而苟
媚於衆例獲優崇此義士所以動心勇夫所以解體
也又有遇敵而所守不固陳謀而其效靡成將帥則

以資糧不足爲憂有司復以供給無關爲解旣相執
証理合辨明朝廷每爲含糊未嘗窮究曲直措理者
吞聲而靡訴誣善者罔上而不慙馭衆若斯可謂課
責虧度矣課責虧度措置乖方將不得竭其材卒不
得盡其力屯集雖衆戰陣莫前虜每越境橫行若涉
無人之地遞相推倚無敢誰何虛張賊勢上聞則曰
兵少不敵朝廷莫之省察唯務徵發益師無裨備禦
之功重增供億之獘閭井日耗徵求日繁以編戶傾
家破產之資兼有司榷鹽稅酒之利摠其所入半以
事邊制用若斯可謂財匱於兵衆矣今四夷之最盛

彊爲中國甚大者莫大於吐蕃以吐蕃舉國勝兵之
徒纔當中國十數大郡而已其於內虞外備亦與中
國不殊所能寇邊數則蓋寡且又器非犀利甲不堅
完識迷韜鈐藝乏趫敏動則中國畏其衆而不敢抗
靜則中國憚其彊而不敢侵厥理何哉良以中國之
節制多門蕃醜之統帥專一故也夫統帥專則人心
不分人心不分則號令不二號令不二則進退可齊
進退可齊則疾徐如意疾徐如意則機會靡愆機會
靡愆則氣勢自壯斯乃以少爲衆以弱爲彊變化翕
闢在於股掌之內如臂之使指心之制形若所任得

人則何敵之有失節制多門則人心不一人心不一
則號令不行號令不行則進退必難進退必難則疾
徐失宜疾徐失宜則機會不及機會不及則氣勢自
衰斯乃勇廢爲尫衆散爲弱逸撓離拆兆乎戰陣之
前是猶一國三公十羊九牧欲令齊肅其可得乎開
元天寶之間控禦西北兩蕃唯朔方河西隴右三節
度而已猶慮權分勢散或使兼而領之中興以來未
遑外討僑隸四鎮於安定權附隴右於扶風所當西
北兩番亦朔方涇原隴右河東四節度而已關東戍
卒至則屬焉雖委任未盡得人而措置尚存典制自

頃逆泚誘涇隴之衆叛懷光汙朔方之軍割裂誅鋤
所餘無幾而又分朔方之地建牙擁節者凡三使焉
其餘鎮軍數且四十皆承特詔委寄各降中貴監臨
人得抗衡莫相稟屬每俟邊書告急方令計會用兵
既無兵法下臨唯以客禮相待是乃從容拯溺揖讓
救焚冀無阽危固亦難矣夫兵以氣勢爲用者也氣
聚則盛散則消勢合則威拆則弱今之邊兵勢弱氣
消建軍若斯可謂力分於將多矣理戎之要取在均
齊故軍法無貴賤之差軍實無多少之異是將所以
同其志而盡其力也如或誘其志意勉其藝能則當

閱其材程其勇較其勞逸度其安危明申練覈優劣
之科以爲衣食等級之制使能者企及否者息心雖
有薄厚之殊而無觖望之釁蓋所謂日省月試餼稟
稱事如權量之無情於物萬人莫不安其分而服平
也今者窮邊之地長鎮之兵皆百戰傷夷之餘終年
勤苦之劇角其所能則練習度其所處則孤危考其
服役則勞察其臨敵則勇然衣糧所給唯止當身例
爲妻子所分嘗有凍餒之色而關東戍卒歲月踐更
不安危城不習戎備怯於應敵懈於服勞然衣糧所
頒優厚踰等繼以茶藥之饋益以蔬醬之資豐約相

形懸絕斯甚又有素非禁旅本是邊兵將校詭爲媚
詞因請遙隸神策不離舊所唯改虛名其於稟賜之
饒遂有百倍之益此儔類所以忿恨忠良所以憂嗟
疲人所以流亡經費所以偏匱夫事業未異而給養
有殊人情之所不能甘也況乎矯佞行而稟賜厚績
藝劣而衣食優人未忘懷孰能無慍不爲戎首則已
可嘉而欲使其叶力同心以攘寇難雖有韓白孫吳
之將臣知必不能焉養士若斯可謂怨生於不均矣
凡欲選任將帥必先考察行能然後指以所授之方
語以所委之事令其自揣可否自陳規模須某色甲

兵藉某人參佐要若干士馬用若干資粮某處置軍某時成績始終要領悉俾經綸於是觀其計謀較其聲實若謂材無足取言不可行則當退之於初不宜貽慮於其後也若謂志氣足任方略可施則當要之於終不宜掣肘於其間也夫如是則疑者不使使者不疑勞神於選才端拱於委任旣委其事旣足其求必然可以覈其不臧行其賞罰受賞者不以爲濫當罰者無得而詞付授之柄旣專苟且之心自息是以古之遣將帥者君親推轂而命之曰自閫已外將軍裁之又賜鈇鉞亦令專斷故軍容不入國國容不入

軍將在軍君命有所不受誠謂機宜不可以遠決號令不可以兩從未有委任不專而望其克敵成功者也自頃邊軍去就裁斷多出宸衷選置戎臣先求易制多其部以分其力輕其任以弱其心雖有所懲亦有所失遂令分閫責成之義靡死綏任咎之志衰一則聽命二亦聽命爽於軍情亦聽命乖於事宜亦聽命若所置將帥必取於承順無違則如斯可矣若有意乎克靖難則不可夫兩境相接兩軍相持事機之來間不容息蓄謀而俟猶恐失之臨時始謀固已疎矣況乎千里之遠九重之深陳述之難明聽覽之不

一欲其事無遺策雖聖者亦有所不能焉設使謀慮能周其如權變無及戎虜馳突迅如風飈驛書上聞旬月方報守土者以兵寡不敢抗敵分鎮者以無詔不肯出師逗遛之間冦已奔逼託於救援未至各且閉壘自全牧馬屯牛鞠爲椎剽畜夫誰婦嫠作俘囚雖詔諸鎮發兵唯以虛聲應援互相瞻顧莫敢遮邀賊旣縱掠退歸此乃陳功告捷其敗衂則減百而爲一其擒獲則張百而成千將帥旣幸於總制在朝不憂於罪累陛下又以爲大權繇已不究事情用師若斯可謂機失於遙制矣理兵而措置乖方馭將而賞

罰虧度制用而財匱建兵而力分養士而怨生用師而機失此六者疆埸之蠹賊軍旅之膏肓也蠹賊不除而但繼之以糞溉膏肓不療而苟啗之以滑甘適足以養其害速其災欲求稼穡豐登膚革充羡固不可得也臣愚請宜罷諸道將士番替防秋之制率因舊數而三分之其一分委本道節度使募少壯願住邊城者以徙焉其一分則本道但供衣粮委關內河東諸軍州募蕃漢子弟願傳邊軍者以給焉又一分亦令本道但出衣粮如給應募之人以資新徙之業又令度支散於諸道和市耕牛兼顧召工人就諸軍

城繕造器具募人至者每家給耕牛一頭又給田農水火之器皆令充備初到之歲與家口二人粮并賜種子勸人播植待經一稔俾自給家若有餘糧官為收糴各酬倍價務獎營田既息踐更徵發之煩且無幸災苟免之弊寇至則人自為戰時至則家自力農是乃兵不得不還食不得不足與夫倏來忽往豈可同等而論哉臣又謂宜擇文武能臣一人為隴右元帥應涇隴鳳翔長武城山南西道等節度管內兵馬悉以屬焉又擇一人為朔方元帥應鄜坊邠寧靈夏等節度管內兵馬悉以屬焉又擇一人為河東元帥

河東振武等節度管內兵馬悉以屬焉三師各選臨邊要會之州以為理所見置節度有非要者隨所便近而併之唯元帥得置統軍餘並停罷其三帥部內太原鳳翔等府及諸郡戶口稍多者慎揀良吏以為尹守外奉師律內課農桑俾為軍粮以壯戎府理兵之宜既得遴帥之授既明然後減姦濫虛浮之費以豐財定衣粮等級之制以和衆引委任之道以宣其用懸賞罰之典以考其成而又慎守中國之所長謹行當今之所易則入利可致六失可除如是夷狄不威懷疆埸不寧謐者未之有也諸侯執道庶類服從如是而教令不行天下不理者亦未之有也以陛下之英鑒人心之思安四方之小休兩寇之方靜加以頻年豐稔所在積粮此皆天贊國家可以立制垂統之時也時不久居事不常兼已過而追雖悔無及明主者不以言為罪不以人廢言罄陳狂愚惟所省擇

帝極深嘉納優詔褒美之

九年三月辛酉將城鹽州詔曰設險守國易象垂文有備無患先王令典况修復舊制安國封疆按甲息兵必務在此鹽州地當衝要遠介朔陲東達銀夏西援靈武密邇延慶保捍王畿乃者城池失守制備無

據千里亭障烽燧不接三隅要害役戍其勤若非興集師徒繕修壁壘設攻守之具務耕戰之方則封內多虞諸華屢警由中及外皆靡寧居深惟永圖豈忘終食勠以薄德至化未孚既不能復前古之封致四夷之守與其臨事而重擾豈若先備而即安是用弘久遠之謀修五原之壘使邊城有守中夏克寧不有暫勞孰能永逸宜令左右神策軍及朔方河中絳邠寧慶兵馬副元帥渾瑊朔方靈鹽豐夏綏銀節度都統杜希全邠寧節度使張獻甫左神策行營節度使邢君牙夏綏銀節度使韓潭鄜坊丹延節度使王栖

矐振武麟勝節度使范希朝各於所部簡擇馬步將士合三萬五千人同赴監州左神策將軍兼御史中丞張昌宜充右神策軍監州行營節度使權知監州刺史兼御史大夫杜彥光可監州刺史兼御史大夫應所板築及緣修城雜役等宜其取六千人充其餘將士皆列布營陣戒嚴設備明加斥候以警不虞其修城板築功役將士各賜絹布有差其監州防秋將士三年滿與代更加給賜仍委杜彥光具名聞奏悉與改轉其防遏將士等畢事便令旋歸仍賜布帛有差其諸軍吏士都賜帛七千匹朕情非爲已志在靖

人洛爾將相之臣忠良之士輸誠奉國陳力忘勞克茂功勳永安疆埸必集兵事實惟衆心各相率勵以副朕意貞元三年監州爲吐蕃所陷毁其城而去自是塞外無保障靈武勢隔西逼鄜坊甚爲邊患故命城之二旬而畢又詔兼御史大夫屯子遂統兵五十兼御史中丞史履澄杜彥光之衆戍之是役也帝念將士之勞厚令度支供給又詔涇原劍南山南諸軍深討吐蕃以分其力繇是板築之際虜無犯塞者及畢中外咸稱賀焉

十三年正月辛卯鳳翔邢君牙奏請於隴州西七千里平戎川築城以備西戎名永信城壬寅吐蕃贊普遣使農索昔賫表請修和好邊將以聞帝以其豺狠之心數負恩背約不受表狀任其使却歸

十七年七月戊寅吐蕃寇監州己丑陷麟州詔西川節度韋皐分遣偏將勒步騎二萬出城都西山南北九道並進逼棲雞老翁故維州保州松州諸城以紓北邊故也

憲宗元和元年秋七月壬辰朔宰臣杜佑上疏曰伏見近者党項與西戎潛通屢有降人指陳事跡而公卿廷議以爲誠當謹兵謂戎侵軼益發甲卒邀其寇暴此盖未達事機匹夫之常論耳夫蠻夷猾夏唐虞已然周宣中興獫狁爲害但命南仲往城朔方驅之太原及境而止誠不欲弊中國怒遠夷也秦平六國

恃其兵力北築長城以拒匈奴西逐諸羌出于塞外勞力擾人結怨階亂中國未靜白徒競起海內雲擾實生謫戍漢武因文景之富命將興師遂至戶口減半竟下哀痛之詔罷田輪臺前史書之尚嘉其迷而後復蓋聖王之理天下也唯務綏靜蒸人西至流沙東漸于海惟南與北亦存聲教不以遠物爲珍匪求遐方入貢豈疲內而事外終得少而失多故前代納忠之臣並有佐君之議淮南王請息師於閩越賈捐之願棄地于朱崖安危利害高懸前史昔馮奉世矯漢帝之詔擊莎車傳其王首於京師威振西域宣帝

大悅議加爵土之賞蕭望之獨以爲矯制違命雖有功效不可爲法恐後之奉使者爭遂發兵馬爲國家生事述理明白其言遂行國家自天后已來突厥默啜兵彊氣勇屢寇邊城爲害頗甚開元初邊將郝靈佺親捕斬之傳首闕下自以爲功代莫有二坐望寵爵宋璟爲相慮武臣邀功爲國生事止授以郎將繇是訖開元之盛無人復議開邊中國遂寧外夷亦靜此皆成敗可徵鑒戒非遠且黨項小蕃雜處中國本懷我德當示撫綏聞者邊將非廉亟有侵刻或利其善馬或取其子女便賄方物徵爲役徒怨苦既多叛

亡遂起或與北狄通使或與西戎寇邊有爲使然固當懲革傳曰遠人不服則修文德以來之管子有曰國家無使勇猛爲邊境此誠聖哲識微知著之遠略也今戎醜方強邊備未實誠宜慎擇良將誡之完葺使保誠信絕其求取用示懷柔來則懲禦去則謹備自然彼懷我德革其姦謀何必遽圖興師坐致勞費陛下上聖至仁覆育群類動必師古謀無不臧伏望堅保永圖置兵袵席天下幸甚臣識昧經綸學非博究竊鼎鉉之寵任爲朝廷之老臣思深莫倫志懇思報臧否備闕務堯上陳有黷旒扆伏深惶悚帝深嘉納之

三年正月庚子以將城臨涇詔鱗遊靈臺良原崇信歸化等五鎮令修整士馬犄角相應從涇原節度使段祐之請也臨涇城直涇州西北九十里定險要之鎮從前因循不修嘗爲犬戎所保其界有青石嶺嶺多美土每年人耕蓺屢爲蕃寇掠奪祐請修築議者是非相半祐決城之功畢將方以爲大利

八年七月以中受降城及所管騎士一千一百四十人領于天德軍

十月辛丑以普潤鎮兵四千人割屬涇原節度使寅

分靈武道鹽州隸夏州自夏州至豐州初置八驛先是廻鶻自部落南過磧取西城防禦使周懷義表至朝廷大恐以爲廻鶻聲言討吐蕃意是入寇宰臣李吉甫以爲廻鶻入寇且當漸絕和事不應便來犯邊但須設備不足爲慮因請自夏州至天德軍置發館一十一所以通緩急又請發夏州騎士五百人營於經略故城應援驛使兼護党項帝悉從之

九年五月庚申勑天寶中宥州寄理於經略軍寶應已後因循遂廢繇是昆夷屢擾党項靡依蕃部之人撫懷莫及朕方弘遠略思復舊規宜於經略軍置宥

州仍爲上州在郭下置延恩縣爲上縣屬夏綏銀觀察使時宰臣李吉甫又上言國家舊置六胡州在靈鹽界内開元中廢六州置宥以寛宥爲名領諸降戶天寶末宥州寄理於經略軍蓋以地形居中可以總統蕃部北以應接天德南援夏州今經略願靈又不置軍鎮非舊制也於是復置宥州理經略軍

十五年正月乙未以邠寧節度使李光顔充都勾當修築鹽州城及防遏等使鹽州刺史李文悅爲副

九月癸丑麟坊奏發兵百人赴寨門防擬

十月吐蕃入寇東川節度使王涯上言臣當道出軍

經入賊腹背有兩路一路從龍州清川鎮入吐蕃界直抵故松州城是吐蕃舊置節度之所一路從綿州威蕃柵入蕃界直抵栖雞城是吐蕃險要之地涯又陳備禦吐蕃事宜曰臣伏見今天下無犬吠之警海内同覆盂之安每蕃戎一警則中外咸震至陛下有旰食軫懷之憂斯乃臣等居大官受重寄者之深責也雖承詔發卒心馳危庭其於爲國討除使戎人創艾晝夜思忖何補涓毫所以慺慺愚心願一陳竭臣觀自古長策昭然可徵在於實邊兵選良將明斥候廣資儲杜其姦謀除其走集此朝之士大夫皆知不獨微臣知之只在舉行之耳然臣愚見所及猶欲希靈著誠願陛下不愛金帛之費以釣北虜之心臨遣信臣與之定約曰犬戎悖亂負恩爲邊鄙患者數矣能南制而伏之者唯在北蕃如能發而深入殺若干人取若干地則受若干之賞開懷以示之厚利以喻之所以勸聳要約者異於他日殊甚則匈奴之銳可得出也一戰之後西戎力衰然後選練驍雄乘便剪滅此誠制戎之一奇也

册府元龜

巡按福建監察御史臣李嗣京　訂正

知甌寧縣事臣孫以敬叅閱

知建陽縣事臣黄國琦較釋

外臣部　二十九

備禦第七

唐穆宗長慶元年正月夏州奏浙東湖南等道防秋兵不習邊事准詔留其器甲歸其人

敬宗以長慶四年正月即位三月甲戌夏州節度使奏於蘆子關北木瓜嶺刱築堡栅以捍黨項之衝其

壁壘屋室並出當軍材力於塞外凡築五城爲延宥州臨塞陰河陶子而宥州爲延皆方廣數里尤居要害蕃戎畏之

寶曆元年十月靈武上言保静縣界嘗渠置保一所差兵鎮守

文宗開成元年二月丙戌詔荆州添置夔州雲安縣鎮兵五百人以黔中上言西南蠻動擾故也

武宗會昌二年二月廻鶻爲黠戛斯所攻戰敗部族離散烏介可汗奉太和公主南來遣使求助兵糧牧復本國權借天德軍以安公主時天德軍使田牟請以沙陁退渾諸部落兵擊之帝意未決下百寮商議議者多云如牟之奏李德裕曰頃者國家艱難之際廻鶻繼立大功今國破家亡竄投無所自居塞上未至侵盜以窮來歸遠行殺伐非漢宣待呼韓邪之道也不如聊濟資粮徐觀其變宰相陳夷行曰此借寇兵而資盜粮非計也不如擊之便德裕曰田牟韋仲平言沙陁退渾並願擊賊此緩急不可恃也夫見利則進遇敵則散是雜虜之嘗態必不肯爲國家扞禦邊境天德一城戍兵寡弱而欲與勁虜結讎陷之必矣不如以理卹之俟其越軼用兵爲便帝以爲然許

助米三萬石俄而廻鶻宰相嗢沒斯殺赤心宰相以其衆來降赤心部族又投幽州烏介勢孤而不與之米其衆饑乏漸近振武保大栅把頭峯突入朔州州界沙陁退渾皆以其家保山險雲州張獻節嬰城自固虜大縱掠卒無得者帝憂之與宰臣計事德裕曰把頭峯北便是沙磧彼中野戰須用騎兵若以步卒敵之理難必勝今烏介所恃者公主如令勇士出奇奪得公主虜自敗矣帝然之即令德裕草制處分伐北諸軍固關防以出奇形勢投劉沔沔令大將石雄急擊可汗于殺胡山敗之

四月天德軍使田牟奏以迴鶻犯界出軍三千人拒之中書條奏再請制置邊上共一日請速降中使宣論生熟退渾黨項待天德交鋒後任隨便出軍討逐如有所獲一任自收仍據殺獲別行優賞二日自古出師皆有副二以防主將有故便須得人否雄驍勇善戰當代無敵望授天德軍都防禦副使助田牟攻討三日田牟都以不曉兵機據奏狀已出三千人必是全軍盡出忽有不利豈免空虛馬上馳突是戎虜所長攻城固守是戎虜所短田牟祇合堅守城壘以俟故兵望速詔田牟輒不得出兵野戰四曰迴鶻馬

軍難於支敵依林守險須用勁弩手望於浙西取四百人宣州取三百人令取河西路赴天德取田牟指使五曰嗢沒斯所通誠款未知真僞然早要別加官爵獎其忠義令遠近諸蕃知朝廷抵責可汗犯順非是要滅迴鶻六曰迴鶻潰散乏粮二年勞苦人心易動必可招降望且遣田牟據歸降者許與優賞旋給食送太原安置並從之

八月迴鶻介可汗過天德至把頭峯北俘掠雲朔北川詔劉沔出師守雁門諸關迴鶻首領屈武降幽州授左武衛將軍同正詔以迴鶻犯邊漸侵內地或攻或守於理何安令少師牛僧孺陳夷行與公卿集議可否以聞僧孺令百僚議狀以固守關防俟其可擊則用兵宰相李德裕議以迴鶻所恃者嗢沒赤心爾今已離叛其強弱之勢可見戎人獷悍不顧成敗以失二將乘忿入侵出師急擊破之必矣守險示弱虜無緣退擊之便天子以爲然乃徵發許蔡汴滑等六鎮之師以太原節度使劉沔爲迴鶻南面招討使以張仲武爲幽州盧龍節度使簡較工部尚書封蘭陵郡王充迴鶻東南招討使以李思忠爲河西黨項都將回鶻西南招討使皆會軍於太原

十月丁卯迴鶻頻刼東涇已北賜并州劉沔幽州張仲武密詔曰自迴鶻本國殘破寄命北邊朕以其艱難之時曾有動力平寧之後繼以姻親義在懷柔情深兼愛以既轉粟賑救降使撫循示信推恩朕無所媿而徂顧塞上鼠首雲中聞有偪雖暫移營稍乘隙復來近塞察其情計殊未還歸朕祇荷丕圖撫臨萬寓守祖宗之法制思黎庶之乂安豈可畜虺穴於塞垣養蠆毒於懷袖乘其馳突必能驅除昔晉侯報楚之功避莊王於三舍答秦之惠復孟明於一崤安國庇人大義斯在卿宜遣使告諭明示朕懷如或遲留

尚爲巧許卽須犄角相應臨以兵威勉務良圖副兹
委遇時廻鶻可汗宰相相次上表請國家借兵十萬
助其收復故地入借天德一城與公主居止及再請
米糧羊馬朝廷皆拒而不許自是可汗或近振武保
大柵或入朔州把頭峯來往不常情計難測尋突入
太原部雜掠牛羊人口轉戰至雲州城門刺史張獻
節嬰城自守議者以廻鶻嘗質公主以行深入漢界
至是密詔諸將遣邀奪公主及擒致可汗故有是詔
又授劉沔招撫廻紇詔曰昔東漢中夏旣寧匈奴鐵
健邊將請命出塞欲圖刻石之功光武曰柔能制剛

弱能制強雖滅大寇不如息人朕每覽前史爲之興
歎又以大禹修德有苗歸心周穆徂征荒服不至固
存取亂在擇良圖廻鶻頃以本國荐饑種雜攜貳紇
于斯乘其危亂遂覆危巢旣焚老上之廷盡翦名王
之族可汗地遠來附塞垣朕言念姻親不忘勳力喻
以呼韓美志漢氏舊章戎不亂華國之大典宜分兵
食收彼疲人令歸漢南方議賙恤屬可汗又嬰沉痼
首長異心雖隨畜所行而控強深入頗已逾盟邊將
戍臣屢抗其疏策蕃渾部雜咸請其驅除朕以王者
之師以全取勝匈奴見短嘉婁敬之善籌馬邑設權

戒王恢之兵首推誠含垢亦已踰時況朔塞冱寒有
皴瘃之患陰山遲路多曲折之艱宜以德綏豈勞兵
卒惟爾久臨沙漠頗識虜情旣啓十乘之行必致六
羸之逝咨之告諭方俟成功可本官兼充招撫廻鶻
使如不自改悔終須驅逐其諸道兵馬行營兵馬使
權令指揮又授張仲武東面招撫廻鶻使制曰古人
云兵者所以明德除害也舉德於外則福生於內朕
每念戎事務安生靈旣示遠圖宜恢長筭廻鶻可汗
寄託塞上未歸虜廷近者遣使詣門懇陳誠款宋人
病告於予反朝鮮心附於樓船我之信臣實得要領

幽州盧龍軍節度副大使知節度事觀察處置押奚
契丹兩蕃經略盧龍軍等使銀青光祿大夫簡較工
部尚書兼幽州大都督府長史兼御史大夫蘭陵郡
王食邑三千戶張仲武風雲感契皀藻協誠自升將
壇首翦狂虜戈鋋亟聞彗掃牛馬殆至谷量故能望
影攜情已深致虜之術豈止聞風破膽益監慕義之
心遽奏封章頗申告諭旣彼率服寧忘懷柔況虜騎
往來疾於風電沙場敻遠介以山川臨敵應機固難
統一比衛霍之襲冀犹異道而行辛趙之擊罕羌兩
從其志成子廟勝之策在舉旄傑之臣俾爾鷹揚挫

其須預將服蠻夷之叛固在七擒勉思將帥之風無忘五利崇以夏官之秩委其統制之權當一乃心敬茲休命可簡較兵部尚書兼充東面招撫廻鶻使其當道行營兵馬使及契丹室韋等並自指揮餘如故王者施行

三年二月趙蕃奏黠戛斯攻安西北庭都護府宜出師應援李德裕奏曰據地安西去京七千一百里北庭去京五千二百里承平時向西路自河西隴右出玉門關迤邐是國家州縣所在皆有重兵其安西北庭要兵便於側近徵發自艱難已後河隴盡陷吐蕃

若通安西北庭須取廻鶻路去今廻鶻破滅又不知的屬黠戛斯否縱令救得便須却置都護須以漢兵鎮守每處不下萬人從何徵發饋運取何道路今天德振武去京至近兵力常苦不足無事時貯糧不支得三年朝廷力猶不及況保七千里安西哉臣所以爲縱令得之實無用也昔漢宣帝時魏相請罷車師之田漢元帝時賈捐之請棄珠崖郡國朝賢捐狄仁傑亦請棄四鎮立斛瑟羅爲可汗又請棄安東都立高氏後不欲貪外虛内耗竭生靈此蓋三臣者當自有之時尚欲棄之以肥中國況隔越萬里安能救之哉臣恐蕃戎多計知國力不及僞且許之邀求中國金帛陛下不可中悔此則將實費以擾虛事即是棄一廻鶻而又生之恐計非便乃止

九月丁亥賜黠戛斯勅書曰皇帝敬問黠戛斯可汗將軍諦德伊斯難珠至覽書并白馬一疋具悉可汗降精斗極雄朔漠以爲君禀耀旄頭分天街而建國特負英豪之氣夙推驍馭之才眷想嘉猷載深寤歎來書云温仲令將軍歸家後漢使不來温仲令去日睽書具云速遣報章此當遣重臣册命自此是可汗未諭此意報答稍遲來信又云道路隔絶蓋爲山川

悠遠未得與可汗封壤接連非是兩國之情猶有阻隔想可汗明識無復致疑又云兩地致書彼此不會且書不可以盡言言不可以盡意況蕃漢文字傳譯不同抵在共推赤心永保盟好豈必緣飾辭語以此交歡想每欲思惟先相好意不更疑惑便是兩誠又云欲除兩楹閒惡刺如此之事最爲嘉言緣廻鶻雄據北方爲一代君長諸蕃臣伏百有餘年今可汗掃除窮居大雪讐恥功業既高於前古威聲已振於北荒固當深務遠圖豈可更留餘孽黒車子不度德量力敢保庇讐則是侮可汗獨力向化此而可忍孰不

可容況可汗前來訪送公主云上天入地必須覓得今若捨而不問何以取信朕懷想可汗乘彼盛秋長驅精騎問廻鶻逋逃之罪行黒車子後服之誅取若拾遺役無再舉從玆盪定豈不美歟來書又云送公主到彼無一語來緣公主纔離可汗五日便被廻鶻刼奪所遣來使盡被殺傷公主二年之中流離沙漠事已隔遠所以不再叙言然趙蕃去日已具感悦之心是表殷勤之意又聞今秋欲移往廻鶻牙帳城其大國便保舊居是使諸蕃畏威廻鶻絶望稍近漢境頗謂良圖所云請發遣兵馬翊集去處緣黒車子猶

去漢界一千餘里在沙漠之中從前漢兵未嘗到彼比聞廻鶻深意嘗欲投竄安西至今秋朕當幽州太原振武天德緣邊四鎮要路出兵料可汗攻討之時廻鶻必當潛遁各令邀截便可梟擒此是軍期須如符契想可汗必全大信用叶一心諦德伊斯難珠朕已於前殿面對兼賜宴樂並依來表更不滯留朕續遣重臣便申冊命故先達此旨令彼國明知冊命之禮並依廻鶻故事可汗爰始立國臨長諸蕃須示懷懐情深宗盟義重以此鎮撫誰敢不從宜體至懷共引遠略春暖想可汗休奏將相已下並存問之黠戛斯者亦名紇吃斯本前代堅昆國在廻鶻西北自稱李陵之後初破廻鶻國之時得大和公主以天家貴種又與國同姓令達干十人送公主至塞上中路爲烏介可汗所得盡殺黠戛斯使人乃質公主同行及黠戛斯上表問公主所在及所遣使者十人帝顧問宰臣議者奏以黠戛斯是廻鶻深讎令烏介可汗尚須與通和令自將兵馬求殺使者罪人兼討黒車子容納可汗之罪帝心未決以廻鶻故事自平祿山之後歲賜絹三萬匹以爲定制又黠戛斯有可汗之名慮不修臣禮宰臣又奏云今黠戛斯與廻鶻故事不

同未有大功安敢邀利如肯同廻鶻稱臣即加冊命不爾便停無傷國体兼許爲宗盟可以尊卑諭之令展子孫之禮帝意已定故降此書

五年七月勅改單于都護爲安北置都護初宰臣奏曰塞北諸蕃皆爲振武是單于故地不可存其名號以啓戎心臣等謹詳國史武德四年平突厥後於振武置雲州都督武德五年改爲單于大都督聖歷元年改爲安北都護開元八年復爲單于都護其安北都護本在天德自貞觀二十年已後移在井州遷徙不定今單于都護改爲安北置都護如此制置並循

故事乃有勑從之
懿宗咸通十年十二月勑荆南節度使杜悰據司天奏有小孛星氣經歷分野恐有外夷兵水之患緣邉藩鎮最要隄防宜訓習師徒增築城堡凡關制置具事以聞
後唐莊宗天祐十四年二月（莊宗未即位尚稱招宗年號）契丹阿保機攻幽州城中困弊士卒恟懼周德威使人間行以聞帝憂形於色召諸將議發兵之策帝曰鮮卑百萬踐暴漁陽德威獨坐孤城計無生路群情恟恟日望援軍今若出師深慮衆寡不敵且欲伺其機便又

慮失彼一隅今日諸君計將安出李審進曰戎狄無厭唯利是視從古已來嘗爲邉患古公避狄於岐下高宗受困於平城然周垂定鼎之基漢享卜年之慶其後宣王薄伐孝武窮征垂甚七百餘里凡夷狄之侵中國皆乘間隙而來或以天子政衰諸侯侵伐兵連禍結樹黨分朋畿甸邦域之中自相矛盾遂有獯戎入爲邉患晉之烏丸鮮卑是也或聖主創業之初方誅暴亂正弭中原之難未遑邉備之師遂有獯戎入爲邉患漢高之冐頓太宗之突厥是也獯鬻之人昧於聽受或因姦臣亡命交搆虜庭扇誘禍源指陳利害召戎而至擾犯邉城漢之中行說代宗之僕固懷恩是也擾犯之端其來異勢禦備之道蓋亦隨時夏之即序古公避狄宣王薄伐秦起長城文景和親漢武窮討皆一時也戎不亂華著於前載王者帝迹皆順天時今大王爲國除兇伐順討逆前無堅陣所向摧鋒阿保機背約渝盟惑盧文進之姦策遠驅戎虜寇我漁陽周德威社稷重臣控茲要害重圍之內唯望援師我若猶豫不前竊恐城中生事如失人衣地虜勢難支須與援送之師以決安危之計天命有在阿保機無能爲也如其世道未平我亦不孤於宗

社安民保泰在此一行明宗時爲邢州節度使曰樊將軍願以十萬之師橫行絕漠傅介子欲奉單車之師獨制兇酋遠阻山川猶希萬一今阿保機親擕醜類犯我彊埸原其獸心本寬貨利雖名百萬之衆勝兵都有幾何止無斥堠之方戰無行陣之法交兵合鬬唯恃騎軍如其長戟交鋒短兵接戰纔聞鼓譟即已敗亡臣久在雲中備知能否從前料度每在彀中願假臣突騎五千蟠蟠獯戎即時平盪闔竇又曰去病忘家思平冐頓陳湯奮命願斬郅支豈獨幸於功名實欲傾其臣節古人效一夫之命尚滅獯戎當今

聚萬旅之師何憂患難臣雖愚懦請以命先先戎狄
獸心見利忘義以爲玉帛子女可特箠而驅之以爲
堅甲利刃可斬木而當之今但蒐選銳兵控制山險
良弓勁弩設伏待之虜騎輕佻度險不整一人敗走
衆不敢支我但犄角陳兵偃旗卧鼓餌以羸卒嘗以
孤軍追奔巖險之中遇我伏藏之卒萬弩齊發則醜
類無遺保機之頭坐見懸於蠻邸願假臣精卒一萬
庶幾成殄掃之功帝曰苟如其言吾當高枕矣昔太
宗得一李靖卒平突厥況予今有三人吾無憂矣諸
將奉觴爲壽讌樂而罷四月命明宗率師赴援次于

涞音來水扼祁溝諸關伺其賊勢自是虜騎不過祁溝
帝又遣閻寶帥師合鎮定之兵以附氐而分領騎軍
夜過祁溝入賊部伍俘擒而還又有燕人自賊中來
言阿保機見在幽州南稍任攻城其軍無營舍皆聚
氈帳以處其衆軍分頭剽掠全無警備馬千百爲群
夜牧邊地枕戈而睡不虞奔逸所獲我人皆以長絏
聯頭繫之於樹中夜斷絏皆得逃去周德威遣人齎
書告於明宗言契丹約三十萬人馬牛不知其數賊
以羊馬爲資近聞所食數以大半阿保機譴讓盧文
進已悔其來契丹勝兵散布射獵保機帳前不滿萬

人宜夜出奇兵掩其不備明宗具其事聞八月明宗
破虜於幽州
同光二年三月鎮州奏契丹將犯塞乃令李紹斌李
從珂部署馬軍分道備之蕃漢內外馬步軍副總官
李嗣源領諸軍屯於邢州
三年二月己卯文思殿宴罷召郭崇韜於文明殿後
議邊事言契丹部族方彊幽州寡弱威名宿將相繼
殂雖如非勳望難伏夷人崇韜曰臣未奉聖謨已有
私畫敢不上陳因曰李紹斌雖忠勤盡瘁洞悉燕薊
事情然向來名位未高蕃情恐未賓伏此時彈壓宜

委重臣上曰正吾意也
明宗天成二年九月癸酉北面招討副使王晏球奏
准宣差兵士築城於閻溝店初詔城良鄉復詔壁於
此蓋取幽涿之中塗以備鮮卑之抄掠也
四年四月丙辰宣步軍指揮使楊漢章將步騎五千
往雲朔巡邊
長興元年正月定州奏於易州界簡行到奇峯嶺北
黑兒口修置砦柵已分兵士守把備契丹侵軼故也
七月北京留守馮贇奏諸蕃部三千餘帳近振武請
添兵控禦

三年二月引進使劉處讓奏相度西路事請修葺故
武州以備邊
四月庚申契丹朝貢使鐵葛羅卿辭歸本部帝顧謂
侍臣曰契丹遣使求歸薊剌其事如何侍臣對曰薊
剌之來此爲我患到今邊患弭息蓋緣此輩受擒若
縱其歸則復生吾敵固不可從其請也帝曰苟欲和
好修好不可慮及此也帝意欲歸之會冀州刺史楊
檀罷郡檀素部雜人尤諳邊事帝召檀以薊剌事謀
之奏曰此輩初附王都謀危社稷陛下寛慈貸其生
命苟若歸之必復正南放箭旣知中國事情爲患深
矣帝曰其實如此非卿吾幾誤計矣

十月戊午帝御廣壽殿謂范延光秦王從榮等曰契
丹欲謀犯塞邊上宜得嚴重帥臣卿等商量誰爲可
者以聞甲戌秦王從榮奏曰伏見北面奏報契丹族
帳近塞吐渾突厥已侵邊地北面戍卒雖多未有統
率早宜命大將帝曰卿等商量定未俱奏曰將較之
中唯石諱康義誠二人可行諱素不欲爲禁軍之副
即奏曰臣願北行帝曰卿爲吾行事無不濟即令宣
旨施行及受詔不樂六軍副使諱郄遷延辭遜帝曰
召義成來遂令宣徽使朱弘昭知襄州事代義誠還
京師
十一月庚辰帝謂近臣曰北面頻奏蕃寇宜令河東
節度使李從溫且將兵士至鴈門已來巡撫因令各
省副使劉處讓往太原與從溫同出兵師庚寅帝謂
新除河東節度使石諱曰卿至河東禦虜之要但有
塞斷鵶谷凡諸關防禦守備設法以待之慎勿與之
孤鬪
四年三月延州節度使安從進奏夏州李仁福卒其
子彝殷自爲留後先是河西諸鎮皆言仁福連結契
丹嘗約虜使朝廷以虜勢方盛恐與仁福往來若使

深入河西可以南侵關輔爲社稷之憂無有控制之
術會仁福死欲移其嗣別鎮命廷師安從進鎮之恐
其不從命令邠州節度使樂彦稠宫苑使安重益爲
監軍同率師援送安從進之鎮帝又命安重益牧聚
諸軍先配契丹及親從契丹直兩都並隨重益先是
幽州捕送契丹楊隱已下六百人及相次投來者散
配諸軍選其尤壯勁者立爲契丹直其酋長皆賜姓
吉而言事者以爲胡虜悍戾不可狎於君側至是契
丹首領吉避實自京欲遁歸奪船過河至深州所繇
捕送斬之是日命重益部而出征固所以斥之於外

也

四月己亥隰州刺史劉遂凝至帝問所陳密事奏曰臣所部與綏銀二州接境二州漢戸約五千自開國家攻討夏州皆藏竄山險請除二州刺史各與二三百人爲衙隊令其到郡招撫則不戰而下兩州矣帝問左右其言如何范延光奏曰綏銀戸民朝廷嘗加撫育緣與部落雜處其心翻覆多端昨聞安從進初至盧關蕃酋望風歸附尋加存撫各令放歸及上馬登山未行百步反襲從進騎從士十餘人幾至不濟柰何以刺史衙隊一二百人制彼彼虜適足爲虜啗

也況國家之患正在夏州夏州郎平綏銀自然景附如夏州未拔王師自當退舍何以能守綏銀遂凝之說非也遂凝不能對良久又奏曰臣聞李仁福有二子彝超乃次子也長子彝殷爲夏州留後彝超徵詣赴闕則諸蕃歸心矣臣請以百騎自入夏州延光心知其不可以遂凝恃内助之恩恐併沮其謀則生怨望乃止翼日帝又謂延光曰遂凝之行可乎延光奏曰王師進取之謀計度已定遂凝請立彝殷兼將百騎入夏州事固不可設令虜執吾使一遂凝不足惜所惜朝廷事體也臣等商量不許遂凝輕行乃止六月新州節度使王景戡奏契丹國左右相牙盧衮與臣書稱被都要鎮偸竊馬三匹速宜送來不然則出兵剽掠范延光奏曰北虜以我夏州未平欲詭文相窺時向初秋所宜防備緣邊戍兵合交番者宜留候秋穫訖令還帝從之

末帝清泰元年十一月辛丑詔諭涇原頒寧岐隴戍兵嘗選練備秦州邊事

二年六月樞密宣徽使劉延皓進涿都馬二十匹河南馬百匹時偵知北虜寇邊日促騎軍故有此獻欲表率藩鎮也

晉高祖時桑維翰鎮兗州吐渾都督白承福爲契丹所迫舉衆内附帝方通好於契丹拒而不納鎮州節度使安重榮患契丹之彊欲謀攻襲戎使往返路出於眞定者皆潛害之密與吐谷渾相結至是納焉而致於朝廷而安重榮抗表請討契丹且言吐渾之請是時安重榮握彊兵據重鎮恃其驍勇有飛揚跋扈之志帝覽表猶豫未決維翰知重榮已畜姦謀且懼朝廷拂于其意乃密上疏曰竊以防未萌之禍亂立不拔之基局上繫聖謀動符天意非臣淺陋所可窺量然臣逢世休明致位通顯無功報國省己愧心其

或事擊安危理于家國苟徇緘默實負君親是以區
區之心不能自已近者相次得進奏院狀報吐渾首
領白承福已下舉衆內附鎮州節度使安重榮上表
請討契丹臣方遙隔朝闕未測端倪思陛下頃在并
汾初羅屯種師少糧匱援絕計窮勢若綴旒困同懸
磬契丹控弦玉塞躍馬龍城直度陰山徑絕大漠萬
里赴難一戰夷兇救陛下累卵之危成陛下覆盂之
業皇朝受命于此六年夷夏通歡亭障無事雖卑詞
降節屈萬乘之尊而庇國息民實數世之利今者安
重榮表契丹之罪方恃勇以請行白承福畏契丹之

彊將假手以報怨恐非遠慮有惑聖聰方今契丹未
可與爭者其有七焉契丹自數年來最爲彊盛侵伐
鄰國吞滅諸蕃救援河東功成師克山後之名藩大
郡盡入封疆中華之精甲利兵悉歸虜北即今土地
廣人民衆戎器備而戰馬多此未可與爭者一也契
丹自克捷之後鋒銳氣雄南軍因敗衂以來心沮膽
怯況今秋夏雖稔而帑廩無餘黎庶雖安而貧弊益
甚戈甲雖備而鍛礪未精士馬雖多而訓練未至此
未可與爭者二也契丹與國家恩義非輕信誓甚篤
雖多求取未至侵凌豈可先發釁端自爲戎首縱使
因茲大克則後患仍存其或偶失沉機則追悔何及
兵者凶器也戰者危事也苟議輕舉安得萬全此未
可與爭者三也王者用兵觀釁而動是以漢宣帝得
志於匈奴因單于之爭立唐太宗立功於突厥繇頡
利之不道方今契丹正抱雄武之量有戰伐之機部
族輯睦蕃國畏伏土地無災孳畜繁庶蕃漢雜用國
無釁隙此未可與爭者四也引弓之民遷徙鳥舉行
逐水草軍無饋運居無竈幕任無營柵便苦澁任勞
役不畏風霜不顧饑渴皆華人之所不能此未可與
爭者五也戎人皆騎士利在坦途中國用徒兵喜於

走險趙魏之北燕薊之南千里之間地平如砥步騎
之便較然可知國家若與契丹相持則必屯軍邊上
少則懼夷狄之衆固須堅壁以自全多則患飛輓之
勞則必逐寇而速反我歸而彼至我出而彼迴則禁
衛之驍雄疲於奔命鎮定之封境略無遺民此未可
與爭者六也議者以陛下於契丹有所供億謂之耗
蠹有所卑遜謂之屈辱微臣所見則曰不然且以漢
祖英雄猶輸貨於冒頓神堯武略尚稱臣於可汗此
謂達於權變善於屈伸所損者微所利者大必若因
茲交搆遂成釁隙自此則歲歲徵發日日轉輸困天

下之生靈空國家之府藏此爲耗蠹不亦甚乎兵戈旣起將帥擅權武吏功臣過求姑息邊藩遠郡得以驕矜外剛內柔上淩下僭此爲屈辱又非多乎此未可與爭者七也願陛下思社稷之大計采將相之善謀勿聽樊噲之空言宜納婁敬之逆耳然後訓撫士卒養育黔黎積穀聚人勸農習戰以俟國有九年之積兵有十倍之彊主無內憂民有餘力便可以觀彼之變待彼之衰用已之長攻彼之短舉無不克動必成功計之上者也惟陛下熟思之臣又以鄴都襟帶山河表裏形勝原田沃衍戶賦殷繁乃河朔之名藩

寔國家之巨屏卽今主帥赴闕軍府無人臣竊思慢藏誨盜之言恐非勇夫重閉之意願迴深慮免啓姦謀欲希陛下普整和鑾略謀巡幸雖櫛風沐雨上勞於聖躬而杜禍防微實資於睿略省方展義今也其時臣受主恩深憂國情切智小謀大理淺辭繁俯伏惟懼於僭踰裨補或希於萬一謹冒死以聞疏奏留中不出帝召使人於內寢傳密旨於維翰曰朕比日於南面之事頗懣不決今省卿所奏釋然如醒朕計已決卿無憂也

周世宗顯德二年三月庚午朔辛未改李晏口爲靜安軍先是河朔生靈自晉漢已來嘗爲契丹所困每胡兵入寇洞無藩籬帝甚憫之而言事者以爲深冀之間有胡蘆河東西橫亘數百里然其堤岸非峻不能扼胡騎之奔突帝乃按圖定策於是詔許州節度使王彥超曹州節度使韓通等領兵尤徙濬其堤而增其岸仍於河上築壘以屯戍兵是時工未畢而虜至彥超等迎擊退之李晏口者卽河上之要津也故賜以軍額自是之後虜騎雖至終不敢涉河以肆掠緣是河朔生民稍安其居矣

册府元龜

巡按福建監察御史臣李嗣京　訂正
新建縣舉人臣戴國士条閲
知建陽縣事臣黄國琦較釋

外臣部

交侵

昔鼂錯有言曰以蠻夷攻蠻夷中國之形也蓋言其同類自相攻擊不煩華夏之兵亦禦戎之良策而羈羈之善利也蓋夫裔夷殊俗天性忿鷙氣類不一嗜欲靡同故先王不以臣畜之而置於度外然其種族

斯衆區落寔繁恃氣力以相高專戰鬭而爲務以至強陵弱大侵小稱兵搆亂迭爲寇掠侮亡攻昧更相吞噬雖復保塞内附參於屬國守約求援聞于有司然亦荒忽之無常但可羈縻而不絶又豈足煩王師之赴救

漢高祖初匈奴冒頓單于立東胡強聞冒頓殺父自立迺使使謂冒頓曰欲得頭曼時號千里馬冒頓問羣臣皆曰此匈奴寶馬也勿予冒頓曰柰何與人鄰國愛一馬乎遂與之頃之東胡以爲冒頓畏之使使謂冒頓曰欲得單于一閼氏冒頓復問左右左右皆怒曰東胡無道迺求閼氏請擊之冒頓曰柰何與人鄰國愛一女子乎遂取所愛閼氏予東胡東胡王愈驕西侵與匈奴中閒有棄地莫居千餘里各居其邊爲甌脫甌脫作土室以伺也境上候望之處若今之伏宿舍也東胡使使謂冒頓曰匈奴所與我界甌脫外棄地匈奴不能至也吾欲有之冒頓問群臣或曰此棄地予之於是冒頓大怒曰地者國之本也柰何予人諸言與者斬之於是冒頓上馬令國中有後者斬遂東襲擊東胡東胡初輕冒頓不爲備及冒頓以大兵破滅東胡王又攻破月氏王以其頭爲飲器韋昭曰飲器椑榼也晉灼曰飲器虎子屬也或曰飲酒之

器也匈奴傳云以所破月氏王飲皿盟然則飲酒之器是也韋云椑榼晉云獸子皆非也椑榼即今匾榼所以盛酒爾非所用飲者也獸子褻器所以洩便者也月支乃遠去過大宛西擊大夏而臣之

武帝建元三年閩越舉兵圍東甌東甌使人告急於時帝年未二十以問太尉田蚡蚡以爲越人相攻擊其常事又數反覆不足煩中國往救也自秦時棄不屬言不臣屬於中華於是嚴助詰蚡曰特患力不能救德不能覆誠能何故棄之且秦舉咸陽而棄之何但越也舉總也言總天下乃至京師皆棄也今小國以窮困來告急天子不振尚安所愬振舉也起也安爲也又何以子萬國乎子謂畜爲臣子也帝

曰太尉不足與計遂令嚴助發兵浮海救東甌未至閩越罷去閩越王郢興兵擊南粤邊邑粤使人上書曰兩粤俱為藩臣毋擅興兵相攻擊今東粤擅興兵侵臣臣不敢興兵唯天子詔之於是天子多南粤義多猶與也守職約守藩臣之職而不踰約制為興師遣兩將軍討閩粤兵未踰嶺閩越王弟餘善殺郢以降於是罷兵

昭帝時烏桓漸強乃發匈奴先單于冢墓以報冒頓之怨於是壺衍鞮單于大怒發二萬騎東擊破烏桓至宣帝時西域城郭共擊匈奴車師國城郭謂諸國為城郭居者得其王及人衆而去單于復以車師王昆弟兜莫

為車師王收其餘民東徙不敢居故地時匈奴虐罰權渠單于怨諸國共擊車師遣左右將軍各萬餘騎屯田右地欲以侵迫烏孫西域後丁令比三歲入盜匈奴殺略人民數千驅馬畜匈奴遣萬餘騎往擊之無所得平帝時漢既班四條後護烏桓使者告烏桓民毋得復與匈奴皮布稅匈奴以故事遣使者責烏桓稅故時常稅是以求之匈奴人民婦女欲賈販者皆隨往焉烏桓距曰奉天子詔條不當予匈奴稅匈奴使怒收烏桓酋豪縛倒懸之酋豪昆弟怒共殺匈奴使及其官屬收略婦女馬牛單于聞之遣使發左賢王兵入烏桓責殺使者因攻擊之烏桓分散或走上山或東保塞匈奴頗殺人民敺婦女弱小且千人去敺與驅同置左地告烏桓曰持馬畜皮布來贖之烏桓見略者親屬二千餘人持財畜往贖匈奴受留不遣

宣帝時烏孫上書言連為匈奴所侵削昆彌願發國半精兵人馬萬匹盡力擊匈奴唯天子哀本始二年漢發五將軍兵十餘萬騎出塞及校尉常惠使護發兵烏孫西域昆彌自將翕侯以下五萬餘騎從西方入五將軍皆無功惠與烏孫兵至右谷蠡庭獲單于父行及嫂居次名王犁汗都尉千長將以下三萬

九千餘級虜馬牛羊驢騾橐駝七十餘萬於是匈奴遂衰耗怨烏孫其冬單于自將數萬餘騎擊烏孫頗得老弱欲還會天大雨雪一日深丈餘人戸畜產凍死還者不能什一於是丁令乘弱攻其北烏桓入其東烏孫擊其西凡三國所殺數萬級馬數萬匹牛羊甚衆

成帝河平中夜郎王興與鉤町王禹漏臥侯俞漏臥夷邑名後為縣更舉兵相攻更迭也牂牁太守請發兵誅興等議者以為道遠不可擊乃遣大中大夫蜀郡張正持節和解興等不從命

哀帝建平二年烏孫庶子卑援疐翕侯人等入匈奴西界寇盜牛畜頗殺其民單于聞之遣左大當戶烏夷泠將五千騎擊烏孫殺數百人略千餘人歐牛畜去

後漢光武建武二十一年車師鄯善焉耆等十八國俱遣子入侍願得都護漢還其侍子是時莎車王賢欲併兼西域攻擊益甚諸國聞都護不出而侍子皆還大憂恐乃與燉煌太守檄願留侍子以示莎車言侍子見留都護尋出冀且息其兵太守裴遵以狀聞天子許之二十二年賢知都護不至遂遺鄯善王安

書令絕通漢道安不納而殺其使賢大怒發兵攻鄯善安迎戰兵敗亡入山中賢殺略千餘人而去其冬賢復攻殺龜茲王遂兼其國鄯善焉耆諸國侍子久留燉煌愁思皆亡歸賢見漢不出都護益橫嬀塞王自以國遠遂殺賢使者賢擊滅之立其國貴人駟鞬為嬀塞王賢又自立其太子則羅為龜茲王賢以則羅年少乃分龜茲為烏壘國徙駟鞬為烏壘王又更以貴人為嬀塞王數歲龜茲國人共殺則羅駟鞬而遣使匈奴更請立王匈奴立龜茲貴人身毒為龜茲王龜茲繇是屬匈奴賢以大宛貢稅減少自將諸國兵數萬人攻大宛大宛王延留迎降賢因將還國徙拘彌王橋塞提為大宛王而康居數攻之橋塞提在國歲餘亡歸賢復以為拘彌王而遣延留還大宛使貢獻如常賢又徙于闐王俞林為驪歸王立其弟位侍為于闐王歲餘賢疑諸國欲畔召位侍及拘彌姑墨子合王盡殺之不復置王但遣將軍鎮守其國明帝永平中于闐將休莫霸反莎車自立為于闐王休莫霸死兄子廣德立後遂滅莎車其國轉盛從兵精絕西北至疏勒十三國皆服從

二十二年匈奴國亂烏桓乘弱擊破之匈奴轉北徙

數千里漠南地空

二十三年哀牢夷王賢栗遣兵乘箄船南下江漢擊附塞夷鹿茤鹿茤人弱為所禽獲於是震雷疾雨南風飄起水為逆流翻涌二百餘里箄船沉沒哀牢之衆溺死數千人賢栗復遣其六王將萬人以攻鹿茤鹿茤王與戰殺其六王哀牢耆老共埋六王夜虎復出其尸而食之餘衆驚怖引去

二十四年遣其左賢王擊破北匈奴却地千餘里

二十六年南匈奴前畔五骨都侯子復將其衆三千人歸南部北單于使騎追擊悉獲其衆南單于遣兵

拒之逆戰不利
燒當王滇良世居河北大允谷種小人貧而先零卑湳並皆強富數侵犯之滇良父子積見陵易憤怒而素有恩信於種中於是集會附落及諸雜種乃從大榆入掩擊先零卑湳大破之殺三千人掠取財畜奪居其地大榆中繇是始強

明帝永平十六年北匈奴閉漢通西域車師始復內屬乃遣兵擊之

順帝陽嘉四年春北匈奴呼衍王率兵侵後部以車師六國接近北虜爲西域蔽扞乃令燉煌太守發諸

國兵及玉門關候伊吾司馬合六千三百騎救之掩擊北虜於勤山漢軍不利秋呼衍王復將三千人攻後部破之

章帝元和元年北匈奴單于復願與吏人合市乃驅牛馬萬餘頭來與漢賈客交易南單于聞乃遣輕騎出上郡遮略生口鈔掠牛馬驅還入塞

二年南匈奴單于遣兵千餘人獵至涿邪山卒與北匈奴溫犢王遇戰獲其首級而還又云時北虜衰耗黨衆離畔南部攻其前丁零寇其後鮮卑擊其左西域侵其右不復自立乃遠引而去

章和元年鮮卑入左地擊北匈奴大破之斬優留單于取其匈奴皮而還北庭大亂

和帝永元八年戊巳校尉索頵欲廢車師後部王涿鞮而立破虜侯細致涿鞮忿前部王尉卑大賣巳因反擊尉卑大獲其妻子

安帝元初四年遼西鮮卑休連等燒塞門寇百姓烏桓大人於秩居等與休連有宿怨共郡兵奔擊大破之斬首千三百級悉獲其生口牛馬財物

延光二年鮮卑王其至鞬自將萬餘騎入東嶺候分爲數道攻南匈奴於蔓柏縣名屬五原殺左奧鞬日逐王戰死殺千餘人三年秋復寇高栁擊破南匈奴殺漸

將王

靈帝熹平四年于闐王安國攻拘彌大破之殺其王死者甚衆戊巳校尉西域長史各發兵輔立拘彌侍子定與爲王

魏文帝黄初中鮮卑軻比能與東部鮮卑大人素利及步度根三部爭鬭更相攻擊烏丸校尉田豫和合使不得相侵五年比能復擊素利豫帥輕騎徑進掎其後比能使別小帥瑣奴拒豫豫進討破走之繇是懷貳乃與輔國將軍鮮于輔書曰夷狄不識文字故校尉閻柔保我於天子我與素利爲讐往年攻擊之

而田較尉助素利我臨陣使頊奴往聞使君來郎便引軍退步度根數數鈔盜又殺我弟而誣我以鈔盜我夷狄雖不知禮義兄弟子孫受天子印綬牛馬尚知美水草況我有人心邪將軍當保明我於天子輔得書以聞帝帝復使豫招納安慰

南齊扶南國自晉宋世通職貢宋末扶南王姓僑陳如名闍邪跋摩遣商貨至廣州天竺道人那伽仙附載欲歸國遭風至林邑掠其財物皆盡那伽仙間道得達

梁天監中芮芮國破丁零復其舊土先是齊永明中

芮芮為丁零所破更為小國而南移其居至是復為滑國車師之別種元魏之居桑乾也滑猶為小國屬芮芮後稍強大征其旁國波斯盤盤罽賓焉耆龜茲疏勒姑墨于闐句般等國開地千餘里

後魏車伊雒焉耆胡也世為東境部落帥嘗修職貢伊雒又率部眾二千餘人伐高昌討破焉耆東關七城虜獲男女二百人駝千頭馬千匹以金一百斤奉獻

北齊文宣天保三年二月突厥破茹茹王阿那瓌瓌自殺其太子菴羅辰及瓌從弟登注俟利登注子庫提並擁眾奔茹茹餘眾立注次子鐵伐為主四年二月送登注及子庫提還北鐵伐尋為契丹所殺國人復立登注為主仍為其大人阿當提等所殺國人復立庫提為主十二月突厥復攻茹茹茹茹舉國南奔帝自晉陽北討突厥納茹茹乃廢其主庫提立阿那瓌子菴羅辰為主置之馬邑川給其廩餼繒帛親追突厥朔州突厥請降許之而還於是貢獻相繼

隋高祖時突厥沙鉢略與阿波相攻先是後魏末突厥伊利可汗以兵擊鐵勒大敗之降五萬餘家遂求婚於茹茹茹茹王阿那瓌大怒遣使罵之伊利斬其

使率眾襲茹茹破之弟乙息記可汗立又擊破茹茹弟木杆可汗立又擊滅茹茹沙鉢可汗忌弟二兩波可汗驍悍忌之因其先歸襲擊其部大破之殺阿波之母阿波還無所歸西奔達頭可汗達頭者名玷突厥沙鉢略之從父也舊為西南可汗既而大怒遣阿波率兵而東其部落歸之者將十萬騎遂與沙鉢略相攻又有貪汗可汗素睦於阿波沙鉢略奪其眾而廢之貪汗亡奔達頭沙鉢略從弟地勤察別統部落與沙鉢略有隙復以眾叛歸阿波至是連兵不已

開皇六年契丹與突厥相侵先是丹契當後魏時為

高麗所侵部落萬餘口求内附止于白貔河其後爲突厥所逼又以萬家寄於高麗至是與諸部相攻擊久不止

仁壽元年西突厥泥利可汗及葉護俱被鐵勒所敗步迦尋亦大亂奚霫五部内徙步迦奔吐谷渾

煬帝大業元年西突厥處羅可汗擊鐵勒諸部厚稅斂其物又猜忌薛延陀等恐爲變遂集其魁帥數百人盡誅之繇是一時反叛拒處羅遂立俟利發俟斤契弊歌楞爲易勿真莫何可汗居貪汗山復立薛延陀内俟斤字也咥爲小可汗處羅侯每從巡幸江都

之亂隨化及至河北化及將敗奔歸京師爲北蕃突厥所害

十三年真臘國遣使貢獻其國與參半朱江二國和親數與林邑陀桓二國戰爭其人行止皆持甲仗若有征伐因而用之

唐高祖武德末突厥阿史那社爾入侵中國歸而遇延陀廻紇等部皆叛攻破欲谷設社爾擊之復爲延陀所敗遂率其餘衆保于西偏依可汗浮圖後遇頡利滅而西蕃葉護又死奚利邲咄陸可汗兄弟爭國社爾陽言降之引兵西上因襲破西蕃半有其國得衆十餘萬自稱都富可汗謂其諸部曰首爲背叛破我國者延陀之罪也今我據有西方大得兵馬不平延陀而自取安樂是忘先可汗爲不孝也何以爲突厥之主乎必先平延陀然後安居爾若天命不捷死亦無恨其酋長咸諫曰今新得西方須留鎮壓若即棄去遠擊延陀祇恐葉護子孫必來復國社爾不從親率五萬餘騎討延陀於磧北連兵百餘日遇我行人劉善因立同娥設爲咥利始可汗社爾部又苦兵役多委之逃去延陀因縱擊敗之復保高昌國其舊兵在者纔萬餘家又與西蕃結隙不能復振繇是率

衆入貢處其部落于靈州之北

西突厥賀魯者成曳步利設射匱特勒越之子也初阿使那步真旣來歸國咄陸可汗乃立賀魯爲葉護以繼步真居於多邏斯水南去西州十五日行統處月處密始蘇歌羅祿卑失五姓之衆咄陸西走乃呼賀魯欲立之以爲可汗遣兵迎逐賀魯二三年間遂相侵掠不當厥居執舍地處木昆婆鼻二姓以賀魯無罪往請射匱射匱怒欲討執舍地繇是三姓率部落隨賀魯有數千人

大宗貞觀十五年十一月癸酉薛延陀盡其甲騎并

發同羅僕骨回紇靺鞨奚霫等衆各二十萬率一人爲四匹度漠屯白道川據善陽嶺以擊思摩之部思摩引其種落走朔州留精騎以戰延陁乘之及塞詔營州都督張儉統所部騎兵及奚霫契丹等壓其東境

是年突厥咄陸可汗與沙鉢羅葉護可汗頻相攻擊咄陸于時兵衆漸強西域諸國復來歸附未幾咄陸遣石國吐屯攻葉護擒之送於咄陸尋爲所殺咄陸可汗既并其國弩失畢諸姓心不服咄陸皆叛之咄陸復率兵擊吐火羅破之初咄陸以泥孰啜自擅取

部物斬之以徇尋爲泥孰啜部將胡祿屋所襲衆多亡逸其國大亂

十七年新羅王遣使上言高麗百濟累相攻襲亡失數十城乞偏師救助詔遣司農丞相里玄奬齎璽書往諭賜高麗曰新羅委命國家不闕朝獻爾與百濟宜卽戢兵新羅蓋蘇文謂玄奬曰高麗新羅怨隙已久往者隋室相侵新羅乘釁奪高麗五百里之地城邑新羅皆據有之自非反地還城此兵恐未能已玄奬曰既往之事焉可追論蘇文竟不從

二十年六月乙亥鐵勒僕骨同羅共擊薛延陀多彌可汗大敗之

二十一年五月西蕃咄陸可汗爲郭葛吐賜依利發所破奔于波斯

二十二年六月乙卯吐蕃來獻天竺之捷

九月己丑新羅爲百濟所攻破其一十三城

高宗永徽元年六月新羅王金真德大破百濟之衆遣使以聞

五年五月大食引兵擊波斯及米國皆破之波斯五伊嗣侯爲大食兵所殺伊嗣侯之子卑路斯走投吐火羅遣使來告難上以路遠不能救之尋而大食兵

退吐火羅遣兵援立之而還

十月高麗遣其將安固率高麗靺鞨兵侵契丹松漠都督李窟哥發騎禦之戰于新城適會大風高麗放箭風吹並廻因而陳亂契丹乘之斬首五百級獲馬七百餘疋高麗敗走草乾風勁契丹又縱火追之飈焰飛起燒殺人馬甚衆契丹聚其屍築爲京觀遣使來告捷帝使宣其露布於朝以示百僚

六年二月乙丑遣營州都督程元振左衛中郎將蘇定方等發兵以討高麗以侵掠新羅故也時新羅王金春秋表言高麗與百濟靺鞨相連侵其北境已奪

三十三城乞兵救援故遣元振等經略之
顯慶元年三月先是百濟發兵伐新羅新羅拒戰破之殺三千餘人至是新羅王金春秋遣使來告捷
十二月吐蕃大將祿東贊率兵一十二萬擊白蘭氏苦戰三日吐蕃初敗後勝殺白蘭千餘人屯軍境上以侵掠之
龍朔中吐蕃欽陵與吐谷渾不和遞相表奏各論曲直國家依違未爲與奪吐蕃怨怒遂叛以兵臨吐谷渾告急高宗令將薛仁貴郭待封等率衆十餘萬伐之軍至大非川爲欽陵等所敗遂滅吐谷渾

麟德二年閏三月疎勒弓月兩國共引吐蕃之兵以侵于闐詔西川都督崔知辯及左武衛將軍曹繼叔率兵救之
玄宗開元八年七月南天竺國王尸利那羅僧伽摩請以戰象兵馬討大食及吐蕃仍求有以名其軍制玄宗嘉之名爲懷德軍
十四年契丹落刺史啗固都及將軍顯哥皆獻戎捷授固都將軍顯哥郎將各賜帛百疋放還蕃
德宗貞元七年九月廻鶻遣使獻敗吐蕃葛祿於北庭所捷及其俘畜先是吐蕃入靈州及爲廻鶻所敗夜焚攻城之械而退
十二月甲午廻鶻遣殺支將軍獻得吐蕃俘大首領尚結心帝御延喜門觀之
十年正月南詔蠻異牟尋大破吐蕃於神川使來獻捷初吐蕃因北庭與廻鶻大戰死傷頗衆乃徵兵於牟尋須萬人牟尋旣定計歸我因其徵兵以襲之乃陽示寡弱謂吐蕃曰蠻軍素少僅可發三千人吐蕃少之請益至五千乃許牟尋遽遣兵五千人戍吐蕃乃自將數萬踵其後晝夜兼行乘其無備大破吐蕃於神川鐵橋遣使告捷且請韋皐使閱其所虜獲及

城堡以取信焉
三月西川節度使韋皐奏南詔異牟尋擊破吐蕃收鐵橋已來城壘一十六擒其王五人降其衆十萬餘口
憲宗元和四年九月豐州奏吐蕃萬騎至大石谷掠奪廻鶻之還國者
文宗太和五年九月豐州刺史李公政奏黨項於黑山剽掠歸國廻鶻差兵馬使僕固全等七人爲賊射殺
七年三月己酉安南奏蠻去年十二月三十日於界

內金龍洲下營當管生獠國出兵殺賊千餘騎赤珠
落國亦出兵助討
開成三年八月甲辰安南奏得驩州狀申水真獵國
差王子領兵馬攻伐環王國今差兵士赴驩州防遏
後唐莊宗同光二年七月幽州奏偵得阿保機東攻
渤海
九月庚戌有自契丹部降者上言女真迴鶻黄頭室
韋合勢侵契丹召北部酋長禦捍
四年正月北面招討使李紹真奏北來奚首領云契
丹阿保機惣渤海國

明宗天成元年十一月青州霍彦威奏得登州狀申
契丹先發諸部攻逼渤海國自阿保機身死雖已抽
退尚留兵馬在渤海扶餘城今渤海王弟部領兵士
攻圍扶餘城契丹
長興元年正月青州奏差人押渤海王憲一行歸本
國被黑水剽劫今得黑水兀兒狀及将印紙一張進
呈
晋高祖天福二年二月新州翟璋奏契丹點發新毅
嬀蔚州軍馬與契丹討奚族違剌于今已歸服
五年四月辛亥北京奏契丹于越王進寧掠山後諸
蕃退止於青塚

冊府元龜

巡按福建監察御史臣李嗣京　訂正
分守建南道左布政使臣胡維霖　參閱
知建陽縣事臣黃國琦　較釋

外臣部　四十一

鞮譯　納質　責讓

鞮譯

王制云東曰寄南曰象西曰狄鞮北曰譯此盖王者居域中之大享四海之富莫不來遠人懷殊俗乃傳此徒通八蠻之言語導外臣之嗜欲所以其心上達

我澤下降至於飲食必豐衣服必美或錫之冠帶或授之印綬故得廻面内向欣戴皇仁楛矢東來白狼西入獻彼犀象發爲詠歌皆繇此道也

周公居攝三年越裳以三象胥重譯而獻白雉曰道路悠遠山川阻深音使不通故重譯而朝故周官象胥掌蠻夷閩貉戎狄之國使掌傳王之言而諭說焉

秦始皇時匈奴單于比徙十有餘年姓蠻鞮氏（蠻音力金切鞮音下奚切）其國稱之曰撐犁孤塗單于（撐音田庚切）匈奴謂天爲撐犁謂子爲孤塗單于者廣大之貌也言其象天單于然也

漢武帝元鼎五年平南越置交阯郡凡交阯所統雖置郡縣而言語各異重譯乃通

成帝建始中復株絫（復音服絫音力追切）若鞮單于立匈奴謂孝爲若鞮自呼韓單于降後與漢親密見漢帝謚爲孝慕之王其子復株絫以下皆稱若鞮南單于以下直稱鞮也

哀帝元壽元年博士弟子秦景憲受大月氏王使伊存口授浮屠經浮屠正號曰佛陁與浮屠聲相近皆西方言其來轉爲二音華言譯之則謂淨覺言滅穢成明道爲聖悟服其道者相與和居治心脩淨行乞以自給謂之沙門或曰桑門亦聲相近總謂之僧皆

胡言也僧譯爲和命衆桑門爲息心比丘爲行乞所謂佛者本號釋迦文者譯言能仁謂德克道備勤濟萬物也

王莽建國元年遣五威將軍王駿等六人授匈奴單于印綬單于佐姑夕侯蘇爲譯

後漢明帝永平中益州刺史朱輔上疏言曰狼王唐菆等慕化歸義作詩三章臣輒令詳其風俗譯其辭語遣從事史李陵護送詣闕事下史官錄其歌并載夷人本語爲注其一曰遠夷樂德歌詩曰大漢是居

(提官隗構)與天合意(魏冒踰糟)吏譯平端(罔譯劉脾)不從我來(旁莫支留)
聞風向化(徼衣隨旅)所見奇異(知唐桑艾)多賜繒布(邪毗繕補)甘美
酒食(推潭僕遠)昌樂肉飛(拓拒蘇便)屈伸悉備(局后仍離)蠻夷貧薄
(偃讓龍洞)無所報嗣(莫支度由)願主長壽(陽雒僧鱗)子孫昌熾(莫穉角存)
其二曰遠夷慕德歌詩曰蠻夷所處(偃讓反日)日入之部
(且交陵悟)慕義向化(繩動隨旅)歸日出主(落且棟雒)聖德深恩(聖德渡諾)
與人富厚(魏菌渡洗)冬多霜雪(綜邪流藩)夏多和雨(作邪尋螺)寒溫
時適(藐潯瀘離)部人多有(菌橋邪推)涉危歷險(辟危歸險)不遠萬里
(莫受萬抑)去俗歸德(術疊附德)心歸慈母(仍路孳摸)遠夷懷德歌曰
荒服之外(荒服之儀)土地墝埆(犁籍憐二)食肉衣皮(坐蘇邪犁)不見

鹽穀(莫碭麤沐)吏譯傳風(罔譯傳微)大漢安樂(是漢夜拒)攜負歸仁
(蹤優路仁)觸冒險陝(雷折險龍)高山岐峻(倫狼藏槯)緣崖磻石(扶路側祿)
本薄發家(息落服淫)百宿到雒(理歷髮雒)父子同賜(捕菑菌眺)懷抱
匹帛(懷槀匹漏)傳告種人(傳室呼敕)長願臣僕(陵陽臣僕)
和帝永元六年永昌郡徼外敦忍乙王莫延慕義遣
使譯獻犀牛大象
九年徼外蠻及撣國王雍繇調(撣音擅)遣重譯奉國珍
寶
靈帝熹平二年日南徼外國重譯貢獻
晉惠帝元康中有胡沙門支恭明譯佛經維摩法華
三本前涼張重華鎮涼州天竺國重四譯來貢樂器
后秦姚興時有胡沙門鳩摩羅什爲興所敬於長安
草堂寺集義學八百人重譯經本羅什聽辨有淵思
達東西方言北涼沮渠蒙遜鎮涼州時有罽賓沙門
曇摩讖與沙門智嵩等譯涅槃諸經十餘部
梁高祖普通二年新羅王募秦始遣使隨百濟奉獻
其俗呼城曰健牟羅其邑在內曰啄評在外曰邑勒
亦中國之言郡縣也語言待百濟而通
後魏道武時太史令晁崇弟懿以善北人語內侍左
右爲黃門侍郎是時蠕蠕社崙自號豆代可汗豆代

猶魏言駕馭開張也可汗猶魏言皇帝也社崙卒立
其弟斛律號藹苦蓋可汗猶魏言姿質美好也斛律
卒立其季父僕渾之子大檀號牟汗紇升蓋可汗猶
魏言制勝也大檀卒子吳提立號處勑連可汗猶魏
言神聖也吳提卒子吐賀真立號處可汗猶魏言唯
也吐賀真卒子予成立號受羅部真可汗魏言惠也
予成卒子豆崙立號伏名敦可汗魏言恒也豆崙卒
立其叔父那蓋號候其代庫者可汗魏言悅樂也那
蓋死子伏圖立號他汗可汗魏言緒也伏圖爲高車
所殺子醜奴立號豆羅伏跋豆代可汗魏言彰制也

醜奴卒立其弟阿那瓌奔魏國人推婆羅門爲主號
彌偶可社句可汗魏言安靜也
明元時沙門法顯自長安遊天竺歷二十餘國隨有
經律之處學其書語譯而寫之還至江南更與天竺
禪師跋陀羅辨定之跋陀羅共沙門法業重加釋撰
獻文時中散呂文祖以舊語譯注皇誥辭義通辨
孝文時羽林監孟威以明解北人之語勅在注作以
備推訪
北齊後主武平末侍中劉世清能通四夷語爲當時
第一後主命世清作突厥語翻涅槃經以遺突厥可

汗勑中書侍郎李德林爲其序
隋高祖開皇十四年新羅王眞王遣使貢方物新羅
言語名物有似中國人名國爲邦弓爲弧賊爲寇行
酒爲行觴相呼皆爲徒不與馬韓同焉
唐大宗貞觀十四年三月流鬼國遣使余志重三譯
朝貢
玄宗開元中安西都護蓋嘉惠撰西域記云堅昆國
人皆赤髮綠睛其有黑髮黑睛者則李陵之後故其
人稱是都尉苗裔亦有縣然又今改稱紇扢斯者亦
是北夷舊號臣案國史叙鐵勒種類云伊吾以西焉
耆以北旁白山則有契獘烏護紇骨等其契獘則契
苾烏護則烏紇也後爲廻鶻其紇骨即紇扢斯也蘇
是而言蓋鐵勒之種嘗以稱紇骨矣其轉爲黠戛斯
者蓋夷音有緩急即傳譯語不同其或自稱黠戞斯
者語急而然耳訪於吏譯云黠戛斯是黃頭赤面義
即似爲廻鶻所呼今使者稱自有此名未知孰是
安祿山解六蕃語爲互市牙郎
代宗寶應元年加冊廻紇可汗爲登里頡咄登密施
含俱錄英義建功毗伽可汗加冊可敦爲婆墨光親
麗華毗伽可敦頡咄華言社稷法用登密施華言到竟含俱錄華言婁羅毗伽華言足意

知婆墨華言得憐
唐德宗貞元八年驃國王遣其弟悉利移因南詔重
譯來朝華言謂之驃自謂突羅成闍婆人謂之徒里
拙
文宗開成元年五月勑應邊州令置譯語學官掌令
教習以達異意
後唐李存信惠黠多數會四夷語別六蕃書善戰識
兵勢初爲獻祖親信
晉康福善諸蕃語初仕後唐明宗視政之暇每詔入
便殿諮訪時之利病福即以蕃語奏之樞密使安重

誨惡焉犇面戒之曰康福但亂奏事有日斬之福懼

周世宗顯德末占城國遣使朝貢所貢表文于貝多葉簡以香木其言譯之方諭其意

納質

夫四夷稱臣納子爲質其來久矣自漢氏建元之後窮兵黷武開拓提封北逐匈奴南誅閩粤由是百蠻懾伏厥角稽顙或内向而請吏或遣子於宿衛武力之盛振古莫傳然而國帑虚竭生民减半復何補哉雖後世相公或遵前制豈惟質其種裔習我華風而又降其部落布之内地暨爲害之深也則五胡亂於

西晉朱耶橫於唐季六月之詩曰薄伐玁狁至于太原言逐出之而已

漢武帝建元六年南粤王胡爲閩粤王郢所攻漢爲興師討閩粤王弟餘善殺郢以降天子使嚴助往諭意南粤王胡頓首曰天子乃興兵誅閩粤死亾以報德遣太子嬰齊入宿衛胡病甚太子嬰齊請歸胡薨嬰齊嗣立遣子次公入宿衛

元光中大行王恢佐從驃侯趙奴虜樓蘭王樓蘭既降匈奴聞發兵擊之於是樓蘭遣一子質匈奴一子質漢征和元年樓蘭王死國人來請質子在漢者欲立之質子常坐漢法下蠶室宮刑故不遣報曰侍子天子愛之不能遣其更立其次當立者樓蘭更立王漢復責其質子

太初四年貳師將軍李廣利斬大宛王更立貴人昧蔡爲宛王及貳師將軍之東旋車東出諸所過小國聞宛破皆使其子弟從入貢獻見天子因爲質焉歲餘宛貴人殺昧蔡立故宛王毋寡弟蟬封爲王遣子入侍質於漢漢因使使賂賜鎮撫之

宣帝五鳳四年匈奴單于稱臣遣弟谷蠡王入侍

甘露元年正月遣子右賢王銖樓渠堂入侍郅支單

于亦遣子右大將駒于利受入侍

元帝初元四年遣使奉獻因求侍子願爲内附遣衛司馬谷吉送之

成帝建始二年匈奴呼韓邪單于子死子雕陶莫皐立爲復株絫若鞮單于遣子右致盧兒王醯諧屠奴侯入侍是時康居亦遣子侍漢史失其年

鴻嘉元年復株絫單于死弟且糜胥立爲搜諧若鞮單于遣子左祝都韓王朐留斯侯入侍

元延元年搜諧若鞮單于死弟且莫車立爲車牙若鞮單于遣子右於賒仇撣王烏夷當入侍

綏和元年車牙若鞮單于死弟囊知牙斯立爲烏珠留若鞮單于遣子右股奴王烏鞮牙斯入侍

二年匈奴侍子右股奴死歸葬遣子右於駼仇撣王稽留昆入侍

哀帝元壽二年匈奴單于來朝帝遣侍子稽留昆隨單于去到國

平帝元始初單于後遣稽留昆同母兄右大且方與婦入侍還歸後遣且方同母兄左日逐王都與婦入侍是時帝幼大皇大后稱制新都侯王莽秉政欲說大后以威德至盛異於前（說讀曰悅以此事取悅於大后）迺風單于

（風讀曰諷）令遣王昭君女須卜居次云入侍（云者其女名）大后所以賞賜之甚厚

後漢光武建武二十一年冬鄯善王車師王等十六國皆遣子入侍奉獻願請都護帝以中國初定未遑外事乃還其子也（一云車師鄯善焉耆等十八國俱遣子入侍）

二十五年三月南單于遣子入侍

明帝永平十六年春奉車都尉竇固出酒泉破呼衍王天山（呼衍匈奴王號天山即祁連山一名雪山在伊州北）留兵屯伊吾盧城

明年春西域于窴諸國皆遣子入侍（西域自絶六十五載後復通焉）

十七年戊巳校尉耿恭屯後王部金蒲城（金蒲城車師後王城廷也今庭州蒲昌縣）移檄烏孫示漢威德大昆彌已下皆顧遣子入侍恭乃發使齎金帛迎其侍子

和帝永元二年大將軍竇憲破北匈奴車師震慴前後王並遣子入侍（車師有後王前王前王即後王之子其庭相去五百里）

六年西域都護班超大破焉耆尉犂斬其王自是西域降服納質者五十餘國

安帝永初中鮮卑大人燕荔陽詣闕朝賀令止烏桓校尉所居甯城下通胡市因築南北兩部質館（築館以受降質）鮮卑邑落百二十部各遣子入質

順帝永建五年疏勒國王臣磐遣侍子與大宛莎車

使俱詣闕貢獻

魏明帝太和元年十月焉耆王遣子入侍

晉武帝太康元年八月車師前部遣子入侍

四年八月鄯善國遣子入侍假其子歸義侯

六年十月龜茲焉耆國遣子入侍

後魏太武正平元年車師國王遣子入侍是時狄道人李寳初欲謀歸款令其子承隨表入質帝深相器異禮遇甚優賜爵姑臧侯

孝文太和十五年詔立高句麗王雲又詔雲遣世子入朝雲上書辭疾遣其從叔子隨使詣闕

唐玄宗開元二年二月壬寅新羅王子金守忠來朝
留宿衛賜宅及帛以寵之
是年閏五月戊寅詔曰我國家統一寰宇歷年滋多
九夷同文四隩來暨夫其襲冠帶奉正朔顒顒然嚮
風而慕化列於天朝編於屬國者蓋亦衆矣我則潤
之以時雨炤之以春陽淳德以柔之中孚以信之玄
風既同群物玆遂莫不自天壤窮海域厥角以請吏
執贄以來庭皇唐之德於此爲盛今外蕃侍子久在
京國雖威惠之及自遠畢歸而羈旅之志重遷斯在
宜命所司勘會諸蕃充質宿衛子弟等量放還國契

丹及奚延通質子並即停追前令還蕃首領等至幽
州且住交替者即旋去朕欲以鳥獸咸若華戎俱泰
來則納其朝謁之禮去則隨其生育之心推我至誠
衆彼大順含弘之施德莫厚焉
十五年契丹遣首領諾括來送質子并獻方物
代宗大曆九年二月辛卯渤海質子大英俊還蕃引
辭于延英殿
德宗貞元七年八月渤海王遣其子太貞幹（一作真幹）來
朝請備宿衛
憲宗元和元年十一月放宿衛新羅質子金獻忠歸
本國
十五年二月新羅質子試太子中允賜紫金魚袋金
士信奏臣本國朝天二百餘載常差質子宿衛闕庭
每有天使臨蕃即充副使轉通聖旨下告國中今在
城宿衛質子臣次當行之
文宗開成元年新羅王金景徽遣其子義琮來謝恩
兼宿衛二年四月放還蕃是年十二月新羅國質子
試光祿卿紫金魚袋金允夫進狀稱本國王命臣入
朝充質二十六年矣三蒙改授試官再當本國宣慰
及冊立等副使准往例皆蒙特授正官遂授武成王

廟令
晉高祖天福三年八月青州王建立奏高麗國宿衛
質子王仁翟乞放歸鄉里可之

責讓

夫要荒之服聲教攸暨天子有守在四夷之道春秋
著彊以天下之法故威讓之命所以懲其不貢文告
之辭所以譴其不庭惟制御之多方在羈縻而勿絕
若乃象胥是設言語既通使者軺馳要領斯得而乃
陸梁負約桀驁渝盟鼠首多疑狠心肆志或自相戕
孽或敢行侵叛憫其類之所恕慮我邊之有釁端是

布之言令昭以刑德示曲直之旨諭誅賞之意故有革心改圖厥角謝罪者矣

漢武帝太初中樓蘭王遣一子質漢一子質匈奴後貳師擊大宛匈奴欲遮之貳師兵盛不敢當卽遣騎因樓蘭候漢使后過者欲絶勿通軍正任文將兵屯玉門關爲貳師後距（後距者若後以拒敵）捕得生口知狀以聞帝詔文便道引兵捕樓蘭王將詣闕簿責王（以文簿一一責）之對曰小國在大國間不兩屬無以自安願徙國入居漢地帝直其言遣歸國

宣帝時賜烏孫大吏大祿大監金印紫綬使尊輔大

昆彌星靡星靡死子雌栗靡立爲小昆彌後末振將使人刺殺之漢責大祿大吏大監以雌靡見殺狀奪金印紫綬更與銅墨

哀帝建平二年烏孫庶子卑援（音爰）疐（音竹二切）入匈奴界寇盗匈奴擊敗之卑援疐恐遣子趨逯（逯音錄）爲質匈奴單于受以狀聞漢遣中郎將丁野林副校尉公乘音使匈奴責讓單于告令還歸卑援疐質子單于受詔遣歸

後漢順帝永和中南匈奴左部句龍王吾斯居細等背叛中郎將梁並等擊破之天子遣使責讓單于閼以恩義令相招降單于本不預謀乃脫帽避帳詣並謝罪

隋高祖開皇六年契丹諸部相攻擊久不止又與突厥相侵高祖使責讓之其國遣使詣闕頓顙謝罪

十七年賜高麗王湯璽書曰朕受天命愛育率土奠王海隅宣揚朝化欲使圓首方足各遂其心王每遣使人歲常朝貢雖稱藩附誠節未盡王旣人臣須同朕德而乃驅逼靺鞨固禁契丹諸藩頓顙爲我臣妾忿善人之慕義何毒害之情深乎大府工人其數不少王必須之自可聞奏昔年潛行財貨利動小人私

將弩手逃竄下國豈非修理兵器意欲不臧恐有外聞故爲盗竊時命使者撫慰王藩本欲問彼人情教彼政術王乃坐之空館嚴加防守使其閉目塞耳永無聞見有何陰惡弗欲人知禁制官司畏其訪察又數遣馬騎殺害邊人屢騁姦謀動作邪說心在不賓朕於蒼生悉如赤子賜王土宇授王官爵深恩殊澤彰著遐邇王專懷不信常自猜疑常遣使人密覘消息純臣之義豈若是也蓋當繇朕訓導不明王之愆違一已寬恕今日以後必須改革守藩臣之節奉朝正之典自化爾藩勿忤他國則長享富貴實稱朕心

彼之一方雖地狹人少然普天之下皆爲朕臣今若黜王不可虛置終須更選官屬就彼安否王若洒心易行率繇憲章卽是朕之良臣何勞別遣才彥也昔帝王作法仁信爲先有善必賞有惡必罰四海之內俱聞朕旨王若無罪朕勿加兵自餘蕃國謂朕何也王必虛心納朕此意愼勿疑惑更懷異圖往者陳叔寶代在江陰殘害人庶驚動我烽候抄掠我邊境朕前後誡勑經歷十年彼則恃長江之外聚一隅之衆惛狂驕傲不從朕言故命將出師除彼凶逆往來不盈旬月兵騎不過數千歷代逋寇一朝清蕩遐邇乂

安人臣胥悅聞王歎恨獨致悲傷黜陟幽明有司是職罪王不爲陳滅賞王不爲陳存樂禍好亂何爲爾也王謂遼水之廣何如長江高麗之人多少陳國朕若不存含育責王前愆命一將軍何繇多力慇懃曉示許王自新耳宜體朕懷自求多福湯得書惶恐將奉表陳謝會病卒

唐太宗貞觀十五年二月旣破薛延陁是月延陁使者辭還太宗謂之曰語爾可汗延陁爲大突厥爲小爾責突厥羊馬又勒首領侍衞我今最處尊大亦須徵發於爾我旣不爲爾安得妄作爾云突厥部數竊羊馬犬鼠之盜何國無之執而加罪足以懲誡豈得將兵踰漠違負要約耶我國家西越昌海東踰遼澤緣邊州郡列屯將士亦猶延陁有四面可寇至便擊朔州道總管爲大度設引兵欲入長城輕軍往問曾無報荅控弦馳突輕我師衆致此狼狽爾誠自取我邊方馬士一麾雲集今青山甲卒未盈三千斬將搴旗猶能若是舉措利害爾當自思

二十年十月壬申詔曰高麗餘燼謂能悔禍故遣停兵全其巢穴而窮頑成性殊未革心前後表聞頻多不實侮慢詭誑罪極難宥見朕使人又虧蕃禮所令

誨云莫擾新羅口云從命侵凌不止積其姦惡崋邑禍心蓋天攸棄豈宜馴養自今已后勿聽朝貢

高宗時吐谷渾爲吐蕃擊走投凉州請附內地吐蕃大臣祿東贊亦屯兵於青海之地遣使人諭仲琮入朝上表稱吐谷渾之罪仍請和親高宗不許之遣左衞郞將劉文祥使于吐蕃降璽書以責讓之

德宗貞元十三年正月吐蕃贊普遣使農索昔齎表請修和好邊將以聞德宗以其豺狼之心數負恩背約不受表狀任其使却歸

武宗會昌四年十月賜黨項詔曰自爾祖歸款國家

依附邊塞爲我赤子編于黔黎牛馬蕃孳種落殷盛
不侵不叛頗効信誠比聞邊將不守朝章失于綏緝
因緣徵斂害及無辜念爾遠人莫知控告特命朕之
愛子實總元戎所冀群帥聽命而不敢自專諸部懷
冤有所披訴奉我憲令以保和寧如聞莫顧恩私遂
懷懣恃攘奪不避于官物驅掠罔憚于中人擅用甲
兵恣行攻刼豈有朝廷內地輙此鴟張道路阻艱商
旅殆絕朕便欲詔命諸鎮同力勦除深慮玉石難分
善惡同弊今再爲條制各使得宜却令節將指揮許
其處斷如事有冤濫政乖公平並遣巡院奏聞朝廷

必與申理如或不知恩貸猶敢猖狂國有典章必難
容捨故茲曉示當體朕懷初黨項自貞觀五年詔開
河曲地爲六十州內附者三十萬口有大酋長拓拔
赤詞者與諸首領歸欵朝廷以爲松州都督賜姓李
氏自是從大積石山已東並爲中國之境歲來朝覲
及武宗即位以破迴鶻之衆塞上紛擾慮邊將統押
不得威重故以皇子德王愕遥鎮朔方道節度充管
押西北諸蕃部落使時會遣中使宣撫或爲戎騎所
掠故有是詔戒之

後唐莊宗初爲晉王天祐十四年二月新州編將盧文進殺其帥李存矩叛投契丹寇我新州先是契丹
阿保機當武皇時屢盟於雲中面相約束欵塞交歡
義爲弟兄急難相救彼無侵苦至是容納叛臣渝盟
犯塞使讓之曰晝野離疆雖有華戎之別惟忠與信
不違蠻貊之邦契丹王氣禀貞剛心懷仁義爲天山
之貴族據玉塞之雄藩恩加辮髮之鄉威讋控弦之
俗往者降情修好欵塞通盟各守封疆交陳贄幣錦
車使者輩馳問遺之書牙帳貴王頗識會同之禮闕
山無事風馬有歸青塚路邊罕有射鵰之騎受降城
北更無遺鏃之憂永保初終不渝信誓近者盧文進

潛圖兇逆苟避誅夷苞姦藴惡之情何方可保有父
有君之國皆所不容契丹王未始苞藏專聽詭惑黨
一夫之罪惡絕兩國之歡盟縱彼犬羊窺吾亭鄣徒
封牛耳難保獸心輙將左衽之徒幸我中原之利見
蒐兵甲决戰西樓暫勞車騎之師佇見稾街之首

冊府元龜終

冊府元龜

巡按福建監察御史臣李嗣京　訂正
分守建南道左布政使臣胡維霖　參閱
知建陽縣事　臣　黄國琦　較釋

外臣部　四十二

狀貌　技術　勇鷙　悖慢　忿懟
殘忍

狀貌

夫戎狄蠻夷各處其極東西南北咸有所禀豈惟嗜慾不同抑亦形貌有異蓋天意所以分夷夏別族類也或自傳譯狀彼酋帥或因朝貢驗彼使人良史存之亦圖式之盛也

夏禹時汪罔氏之君曰防風氏禹致群臣於會稽山防風氏後至殺而戮之防風氏違命後至故禹殺之陳尸爲戮其節專車骨一節其長專車專擅也

周頃王時鄋瞞國君長狄僑如防風之後漆姓弟兄三人佚宕中國佚蕩也瓦石不能害肌膚堅強瓦石打擿不能虧損叔孫得臣最善射者也射其目一云富父終甥摏其侯以戈殺之身橫九畝一廣步長百步爲一畝九畝五丈四尺斷其首而載之眉見於軾兵車之軾高三尺三寸

漢武帝時匈奴休屠王太子金日磾休音許虯切屠音儲磾音低長八尺二寸容貌甚嚴

晉吐谷渾之子吐延身七尺八寸雄姿魁傑羌虜憚之號曰項羽

梁毗騫國王身長丈二頸長三尺自古以來不死南方號曰長頸王國

後魏光城蠻田益宗身長八尺雄果有將畧貌狀舉止有異常蠻

北齊突厥木可汗俟斤狀貌奇異面廣尺餘其色赤黄眼若琉璃

後周突厥燕都狀貌多奇異面廣尺餘其色甚赤眼若琉璃

隋文帝時突厥葉護可汗長願僂背眉目踈朗

唐太宗貞觀中以阿史那思摩爲利苾可汗建牙於阿比思摩者頡利族人也始畢處羅以其貌似胡人不類突厥非阿史那族類故歷處羅頡利世嘗爲夾畢特勒終不得典兵

高宗顯慶四年蝦夷國遣使入朝其使鬚長四尺

龍朔三年百濟西部人黑齒嘗之來降甞之長七尺餘驍勇有謀畧

德宗時吐蕃徐舍人爲大將身長六尺餘赤髮大目

技術

夫宛技術之妙所以事於上通方術之旨所以濟乎物中古而下代有其人若乃生蠻貊之邦稟儁異之氣性識聰悟講習精篤或作爲幻戲或研覈星曆或餌藥以養命或鑄金而擅譽以至留神書畫玩志博奕莫不萃止中國盛一時之觀聽者焉

漢西域大宛諸國武帝時有使隨漢使來觀漢廣大以黎軒眩人獻於漢眩讀爲幻卽今吞刀吐火植瓜種樹屠人截馬之術皆是也

烏弋山離人善眩讀眩爲幻

後漢撣國安帝永寧初遣使朝賀獻樂及幻人能變化吐火自支解易牛馬頭又善跳丸數乃至千自言海西人海西卽大秦

唐婆羅門方士那羅延娑婆寐自言壽二百歲有長生之術太宗深加禮待館之於金颷門內造延年之藥

罽賓國王葛邏達支特勤玄宗開元七年遣使獻天文經及秘要藥方

吐火羅國支汗那王帝賒開元七年上表獻解天文人大慕闍其人智專幽深問無不知伏乞天恩喚取慕闍親問臣等事意諸教法知其人有如此之藝能望請令共其供奉并置一法堂依本教供養其長男吉獵顛

倭國以德宗建中初遣大使眞人興能自明州路奉表獻方物風調甚高善書翰其本國紙似蠶繭而緊滑人莫能名

日本國以宣宗大中二年遣王子來朝王子善圍碁帝令待詔顧師言與之對手王子出本國如楸玉局冷暖玉碁子盖玉之蒼者如楸木色冷暖者言冬溫夏凉人或過說非也時王子至二十三下師言懼辱

君命汗手死心始敢落指王子亦凝目縮臂數四竟伏不勝回謂禮賓曰此第幾手也禮賓曰第三非其第一手也王子曰願見第一手禮賓曰勝第三可見第二勝第二可見第一今欲躁見第一者其可乎王子撫局歎曰小國之一不敵大國之三信矣

後唐契丹東丹王歸中國明宗賜姓名贊華尤好畫及燒金鍊汞之術始泛海歸朝載書數千卷自隨樞密使趙延壽每求假異書及醫經皆中國無者

永康王兀欲卽東丹之長子也後改名聿好行仁惠善丹青尤精飲藥

勇鷙

夫蠻夷戎狄其俗不同桀驁荒獷所禀亦異殺伐爲事爭奪爲功莫不以材力相先鷙勇相尚角騎射之工競馳逐之利名出種族氣凌部落又豈知仁義爲善哉

漢匈奴冒頓頭曼（莫切）單于太子初質於月支而匈奴急擊月支月支欲殺冒頓冒頓盜其善馬騎亡歸頭曼以爲壯令將萬騎

烏桓豪人扶漱官勇健每與鮮卑戰輒陷敵詔賜號率衆君西西羌無弋爰劒曾孫忍子研至豪健故羌

中號其後爲研種從爰劒種五世至研研最豪健自後以研爲種號十三世至燒當復豪健其子孫更以燒當爲種號

後漢句驪王宮勇壯數犯邊境

夫餘王其先北夷索小離國王侍兒見天上有氣大如鷄子來降因以有身生子名曰東明長而善射王忌其猛欲殺之因走至夫餘而王焉

魏高句麗王位宮其曾祖名宮生能開目視其國人惡之及長大果凶虐數寇鈔國見殘破今王生墮地亦能開目視人句麗呼相似爲位似其祖故名之爲位宮有力勇便鞍馬善獵射

鮮卑投鹿侯從匈奴軍三年其妻在家有子投鹿侯歸怪欲殺之妻言嘗晝行聞雷震仰天視而雹入其口因吞之遂姙身十月而産此子必有奇異且長之投鹿侯因不信妻乃語家令收養焉號檀石槐長大勇健智畧絶衆年十四五異部大人卜賁邑鈔取其外家牛羊檀石槐策騎追擊所向無前悉還得所亡録是部落畏服施法禁曲直莫敢犯者遂推以爲大人

烏丸蹋頓驍武邊長老皆比之冒頓恃其阻遠敢受

亡命以雄百蠻

晋吐延吐谷渾之子也性俶儻不群嘗慷慨謂其下曰大丈夫生不在中國當高光之世與韓彭吳鄧並驅中原定天下雌雄使名垂竹帛而潛竄窮山隔在殊俗不聞禮教於上京不得策名於天府生與麋鹿同群死作氈裘之鬼雖偷觀日月獨不愧於心乎性猜忍而負其智不能恤下爲羌酋姜聰所刺劒猶在其身謂其將紇拔泥曰豎子刺吾吾之過也上負先公下愧士女所以控制諸羌者以吾故也吾死之後善相葉延速保白蘭言終而卒

東突厥攝圖一號沙鉢畧勇而得衆北夷皆歸附之
獵於𡌦代之間畧一日手殺鹿十八頭齎尾舌以獻又云攝圖才吾之子長而且雄國人皆知莫敢拒者

唐馮盎高州良德人代爲本郡太守領武德初廣新二州賊帥高法澄沉寶徹等並受林士弘節度殺害隨官盎率兵擊破之既而寶徹兄子智臣又聚兵於新州自爲渠帥盎越往之兵交盎却兜鍪大呼曰爾等頗知我否賊多棄戈肉袒而拜其徒潰擒寶徹智臣等嶺外遂定貞觀中羅竇諸洞獠叛詔令盎率部落二萬爲諸軍先鋒時有賊數萬屯據險要不可攻

逼盎持弩語左右曰盡吾此箭可知勝負連發七矢而中七人賊退走因縱兵乘之斬首千餘級

馮智載高州都督盎之子也少有籌畧撫衆得其效死川洞酋師多願隸之大業末隨父至雒陽仍領本鄉驍果宿衛及江都難作智載結其所部逃還是時群盜蜂起嶺嶠路絶智載具戰所向無前至高凉俚師推之以爲謀主尋而盎至拒守者不之前智載就迎乃獲進

廻紇善薩勁勇有膽氣每對敵臨陣必身先士卒

西突厥葉護可汗勇而有謀善攻戰

晉高麗國王王武勇而多力能伸屈鉄鈎

悖慢

傳云夷蠻要服戎狄荒服要服者貢荒服者王古之制也逮漢而降夷狄寖驕種類滋蕃悍鷙難制其有穹廬之長椎髻之豪懷之以文而不賓和之以親而不庭要之以盟而無信餌之以貨而無猒或肆用桀心專圖荐食亾蕃服之禮任忿鷙之性不式戎索踞傲王臣雍閼遠人誘納亾命爲抄掠之患形褻嫚之辭故聖王畜之若鳥獸畋之若蟲䖸示之以威武接之以禮讓羈縻而不絶者誠制御之遠畧也

漢尉他爲南越王高祖以中國初定使陸賈賜尉他印買至他魋結魋音推箕踞見賈

匈奴單于武帝征和四年遣使遺漢書云南有大漢北有強胡胡者天之驕子也不爲小禮以自煩今欲與漢闓大關取漢女爲妻闓讀烏闗同歲給遺我蘖酒萬石稷米五千斛以蘖爲酒味也亂稷粟米也雜繒萬疋它如故約則邊不相盜矣漢遣使者報送其使單于使左右難漢使者曰漢禮義國也貳師道前太子發兵反何也使者曰然廼丞相私與太子爭鬬太子發兵欲誅丞相丞相誣之故誅丞相此子弄父兵罪當笞小過爾

訑與弟頓單于身殺其父代立常妻後母禽獸行也
單于留使者三歲乃得還
朝鮮王衛滿傳子至孫右渠蒲死傳子子傳孫右渠者其孫名也所誘
漢亡人滋多又未嘗入見眞番辰國欲上書見天子
又雍閼弗通辰謂辰韓之國也雍讀曰壅
罽賓國武帝時始通其王烏頭勞自以絶遠漢兵不
能至數剽殺漢使剽劫也音頻妙切
烏孫昆莫居西域武帝時令張騫齎金幣往賜見騫
如單于禮昆莫自比於單于騫大慙謂曰天子致賜王不拜
則還賜還賜謂將賜物還歸漢也昆莫起拜其它如故

南夷且蘭君武帝時南粤反帝使馳義侯因犍爲發
南夷兵且蘭君恐遠行旁國虜其老弱恐發兵與漢行後其國空
虛而旁國來寇鈔取其老弱也乃與其衆反殺使者及犍爲太守
郅支單于既殺漢使谷吉自知負漢又聞呼韓邪益
彊遂西奔康居康居三以女妻郅支郅支亦以女子
康居康居甚尊敬郅支欲倚其威以脅諸國倚音於綺切
郅支數借兵擊烏孫深入至赤谷城殺畧民人毆畜
產毆與驅同下皆類此烏孫不敢追西邊空虛不居者且千里
郅支單于且以大國威名尊重又乘勝驕不爲康居
王禮怒殺康居王女及貴人人民數百或支解投都
賴水中支解謂截其四支也都賴郅支水名發民作城日作五百人二
歲乃已又遣使責闔蘇大宛諸國歲遺胡廣云康居北可一千里
有國名奄蔡一名合蘇然則闔蘇卽奄蔡也歲遺者年常所獻遺之物遺弋季切不敢不予
漢遣使三輩至康居求谷吉等死死尸也郅支困辱使
者不肯奉詔而因都護上書言居困阨願歸計彊難
遣子侍故爲此言以調戲也歸計謂歸附而受計策也其驕嫚如此
樓蘭最在東垂近漢當白龍堆乏水草常主發導負
水儋糧送迎漢又數爲吏卒所寇懲艾不便與漢通
艾讀曰乂也後復爲匈奴反間間音居莧切數遮殺漢使
康居成帝時遣子侍漢貢獻然自以絶遠獨驕嫚不

肯與諸國相望都護郭舜數上言本匈奴盛時非以
兼有烏孫康居故也及其稱臣妾非以失二國也漢
雖皆受其質子然三國相輸遺交通如故亦相候伺
見便則發合不能相親信離不能相役使以今言之
結配烏孫竟未有益反爲中國生事然烏孫既結在
前今與匈奴俱稱臣義不可距而康居驕黠訖不肯
拜使者訖竟也都護吏至其國坐之烏孫諸使下王及
貴人先飲食已乃飲啗都護吏飲音於禁切啗音徒濫切故爲所
省以夸旁國言故不省視漢使也以此度之何故遣子入侍其
欲賈市爲好辭之詐也匈奴百蠻大國於百蠻之中最大國也

今事漢甚備聞康居不拜且使單于有自下之意言單于見康居不事漢以之爲高自以事漢爲太卑而欲改志也宜歸其侍子絶勿復使不通使令其國也以章漢家不通無禮之國

南匈奴單于以光武建武初彭寵反畔於漁陽南匈奴單于與共連兵復權立盧芳使人居五原帝初平諸夏未遑外事至六年始令歸德侯劉颯使匈奴匈奴亦遣使來獻漢復令中郎將韓統報命賂遺金幣以通舊好而單于驕踞自比冒頓對使者辭語悖慢

南齊太祖建元一年芮芮主遣使貢獻貂皮雜物與帝書欲伐魏謂帝足下自稱吾獻獅子皮袴褶皮如

虎皮色白毛短時有賈胡在蜀見之云此非獅子皮乃扶拔皮也

隋倭國王多思比煬帝大業三年遣使朝貢使者曰聞海西菩薩天子重興佛法故遣朝拜兼沙門數十人來學佛法其國書曰日出處天子致書日沒處天子無恙云云帝覽之不悅謂鴻臚卿曰蠻夷書有無禮者勿復以聞

唐突厥始畢可汗高祖舉義兵遣兵助軍及平京師自恃其功益驕踞前後賞賜不可勝紀其使者至長安頗多橫恣帝以中原未定每優容之

突厥頡利初嗣立承父兄之資兵馬強盛有憑陵中國之志高祖以中原初定不遑外略每優容之賜與不可勝計頡利言辭悖傲求請無厭

吐蕃以貞觀中遣使求婚太宗未之許及破土谷渾諸羌乃率其衆二十餘萬頓於松州西境遣使貢金甲云來迎公主又謂屬曰若大國不嫁公主於我即當入寇遂進攻松州

龜茲王伐疊貞觀中臣於西突厥安西都護郭孝恪來伐焉耆龜茲發兵援助自是職貢頗闕伐疊死其弟訶黎布失畢代立漸失蕃禮

朱邪孤注以高宗永徽二年殺招慰使果毅都尉單道惠而與賀魯連和

突厥默啜以中宗神龍二年殺我行人假鴻臚卿臧思言帝以思言對賊不屈節特贈鴻臚卿

吐蕃以玄宗開元中自恃兵強每通表疏求敵國之禮言詞悖慢帝甚怒之

迴紇以肅宗寶應三年閏正月己酉夜十有五人犯金口光門突入鴻臚寺門司不能禁

迴紇登里可汗既伽闕可汗少子也代宗初即位以史朝義尚在河雒遣中使劉清潭徵兵於迴紇乃以

雍王爲兵馬元帥以殿中監樂子昌與前朔方節度魏琚爲左右廂兵馬使以中書舍人韋少華充元帥判官兼掌書記給事中李進兼御史中丞充元帥行軍司馬東會迴紇時迴紇營於陝州黃河北雍王領子昂等從而見之可汗責雍王不於帳前舞蹈禮倨子昂辭以元帥是嫡孫兩宮在殯不合有舞蹈迴紇宰相及車鼻將軍庭詰曰唐天子與登里可汗約爲兄弟今可汗即雍王叔叔姪有禮數何得不舞蹈子昂苦辭以身有慘禮不合行人報云元帥即唐太子也太子即儲君也豈有中國儲君向外國可汗前舞

蹈相拒久之車鼻遂引子昂李進少華魏琚各搒捶一百少華琚一日而死以王少年未諳事放歸本營

吐蕃以代宗大歷二年十一月遣其首領論立界和蕃使薛景仙來朝景仙奏曰臣見吐蕃贊普于延葛川語臣云請以鳳林關爲界帝不答

迴紇以大曆六年正月於鴻臚寺擅出坊市掠人子女所繇官禁止反怒毆以三百騎犯含光門朱雀門是日皇城諸門盡閉帝使中使劉清潭宣慰乃止七年七月癸巳擅出鴻臚寺入坊市強逐長安縣令邵說於含光門之街奪說所乘馬去而說脫身避走所繇不能禁九年九月壬寅鴻臚寺迴紇擅出寺白書殺人所孫會之特詔免罪又十年九月戊申廻統白晝刺人於東市人執之拘於萬年縣其首領赤心聞之自鴻臚寺馳入縣獄劫囚而出砍傷獄吏

渤海以憲宗元和二年進奉端午使楊光信逃歸潼關吏執以至鞫於內仗

黠戛斯以武宗會昌初破迴紇自稱李陵之後與國同姓令達干等十人送太和公主至塞上烏介途遇黠戛斯使達干等並被殺太和公主却歸烏介可汗乃質公主同行南度大磧至天德界奏請天德城與

公主居

怨懟

夫戎狄無厭本乎桀驁之性國家有道存夫羈縻之方然而恃險與遠財利是顧制御或失驕慢遂滋揚言怨尤輕背約束大郎寇盜如故小亦偃蹇自恣斯蓋蠻貊之常態邊塞所預防者也

漢南粤云尉陀高后時有司請禁粤關市鐵器陀曰高皇帝立我通使物今高后聽讒臣別異蠻夷鬲絕器物（鬲與隔同）此必長沙王計欲倚中國擊滅南海并王之自爲功也於是陀乃自尊號爲南粤武帝

匈奴郅支單于宣帝時郅支以呼韓邪破務降漢不能自還西收右地會漢發兵送呼韓邪單于郅支繇是遂西破呼偈堅昆丁令（呼偈小國名在匈奴北偈起利切令音零）兼三國而都之怨漢擁護呼韓邪而不助已困辱漢使者江迺始等

匈奴烏珠留若鞮單于漢末王莽奏中國不得有二名因使使者以諷單于宜上書慕化爲一名漢必厚賞單于從之後莽易單于故印故印文曰匈奴單于璽更曰新匈奴單于章詔令上故印綬單于遂解故印綬授漢使受新印綬不解視印飲食至夜乃罷漢

使陳饒謂諸將帥曰單于如視印見其變改必求故印此非詞說所能拒也既得而復失之辱命莫大焉不如椎破故印以絕禍根乃引斧椎壞之明日單于果遣人求故印漢使示以故印匈奴求稅烏桓不得重以印文改易故怨恨寇擊諸國莽於是分匈奴爲十五單于

後漢莎車國王賢遣使貢獻請都護光武以問大司空竇融以爲賢父子兄弟相約事漢款誠又至宜加號位以鎮安之帝乃因其使賜賢西域都護印綬及車旗黃金錦繡燉煌太守裴遵上言夷狄不可假以大權又令諸國失望詔書收還都護印綬更賜賢以漢大將軍印綬其使不肯易遵迫奪之賢繇是始恨而猶詐稱大都護

匈奴建武中聞漢購求盧芳貪得財帛乃遣芳還降望得其賞而芳以自歸爲功不稱匈奴所遣單于復恥言其計故賞遂不行繇是大恨入寇尤深二十年遂至上黨扶風天水二十一年冬復寇上谷中山殺畧鈔掠甚衆北邊無復寧歲

唐南詔蠻高宗時其渠帥來朝其後孫閤羅鳳立襲雲南王時鮮于仲通爲劍南節度使張虔陀爲雲南

太守仲通褊急虔陀又遣人罵辱之羅鳳忿怨因攻圍虔陀殺之自是閤羅鳳北臣吐蕃

黠戛斯則天時冊立爲特進頡跌利施大單于立功報國可汗初高宗咸亨中突厥諸部來降附者多處之豐勝靈夏朔代等州謂之降戶黠戛斯至是又索降戶及單于都護府之地兼請農器種子則天初不許黠嘎大怨言辭甚慢

尸利佛誓國王渤順玄宗開元十年遣使獻表論邊吏凌侮言甚切至

迴紇以代宗大曆之後恃功屢遣使督和市繒帛十

三年寇太原德宗即位使中官梁文秀告哀且修舊好可汗移地不爲禮

德宗建中二年十二月入蕃使判官常魯與吐蕃使論悉諾羅等至自蕃中初至蕃魯與其使崔漢言曰來勑云所貢獻物並領訖今賜外甥少物信至領取我大蕃與唐國舅甥爾何得以臣禮見處又所欲定界雲州之西請以賀蘭山爲界其盟約請依景龍二年

吐蕃尚結贊德宗貞元中陷夏州簡較左庶子兼御史中丞崔澣爲入吐蕃使澣至鳴沙與尚結贊相見

詔問其違約陷鹽夏州之故對日本以定界碑被牽倒恐二國背盟相侵故造境上請修舊好又蕃軍頃年破朱泚之衆於武功未獲酬償所以來爾

殘忍

惨毒安忍疾之已甚桀鶩荒獷死而不弔其有族類斯械威儀罔攝天資狡惡不常喜怒甚者臧親以自立次乃虐衆以求附聚封割而爲樂肆焚灼而逞志芥視老弱獸飲膏血服習凶器暴殄天物間以小忿亦成淫罰中國所以懲禦備守盖謂此也

漢匈奴冒頓單于爲太子時作鳴鏑（音嫡髇箭也髇音呼交切）習勒其騎射（勒其所部騎皆習射也）令曰鳴鏑所射而不悉射者斬行獵獸有不射鳴鏑所射斬之已而冒頓以鳴鏑自射善馬左右莫敢射冒頓立斬之居頃之後以鳴鏑自射其愛妻左右或頗恐不敢射復斬之

匈奴握衍朐（音劬）鞮單于初立凶惡盡殺虛閭權渠單于時用事貴人刑未央等立二歲暴虐殺伐國中不附

魏高句麗王位宮生而日開能視國人惡之及長大果凶虐數寇鈔國見殘破

晉林邑王文以前王范逸妻妾悉置之高樓從己者

納之不從者絕其食永和三年率衆攻陷日南太守夏侯覽以尸祭天

隋吐谷渾王呂夸在位百年屢因喜怒廢其太子而殺之其後太子懼見廢辱遂謀執呂夸而降請兵於邊吏秦州總管河間王引請將兵應之上不許太子謀洩爲其父所殺

唐賓王吐蕃贊府姓不夜名器宗弄讚太宗時爲其君長用刑嚴峻喜怒無常每月與國賓客驅野馬犁牛於前弄讚馳以叙斬之首墜於前側用以爲歡

突厥可汗默啜則天時攻定州殺刺史孫彦高焚燒

百姓廬舍虜掠男女無少長皆殺之則天乃立廬陵王爲皇太子克河北道行軍大元帥軍未發而默啜盡殺所掠趙定等州男女八九萬人從五廻道而去所廻殘殺不可勝紀

廻紇登里可汗代宗卽位初助國討史朝義旣至東京以賊界肆行殘忍士女懼之皆登聖善寺及白馬寺二閣以避之廻紇縱火二閣傷死者計萬累旬火不滅

後唐契丹東丹王歸中國明宗賜姓李名贊華嚴刻馭下姬僕小有過者卽挑目火灼妻夏氏畏其慘毒

竟離婚爲尼又好飲人血左右姬媵多刺其臂以吮之

晉契丹阿保機少帝天福九年入寇陷貝博及畧諸縣邑所至皆撫寧之給以符牒賞以服章及戚城小戰不勝博州大衂青州阻絶遂大怒華人所俘百姓屠死者不可勝紀成擒軍士皆炮烙之開運二年又犯廣晉州西北界邢雒磁三州虜殺殆盡東蘊於大桑樹炷火燒之仍詫樹曰我知紫披襖出於爾身豈容汝活邪

漢高祖初自汴北廻蹕相州殺留後梁暉遂屠其城翌日北去命高唐英鎭之唐英閱城中遺民得男女七百人而已乾道中王繼弘鎭相州於城中得髑髏十五萬殺人之數從可知也

册府元龜終

冊府元龜

巡按福建監察御史臣李嗣京　正

分守建南道左布政使臣胡維霖　訂

知建陽縣事臣黃國琦較正

外臣部　四十三

姦詐

古者天子守在四夷脩其教而不易其俗故知桀驁詭詐荒服之性也懷柔率服中國之道也彼俗不與諸夏同則此教不可一揆理仁義不通廉耻遂絶虺毒獸狡吞噬爲心爭先競逐貪婪是務見利忘義棄

德背恩侵凌寇鈔何代能悛固當修誠厚餌結其野心多方預備防其竊發雖姦詐百端已在吾彀中矣

漢閩粤君搖都東甌世號東甌王後數世孝景三年吳王濞反欲從閩粤招粤令從之閩粤未肯行獨東甌從及吳破東甌受漢購殺吳王丹徒以故得不誅

武帝元鼎五年南粤反閩粤王餘善上書請以率卒八千從樓船擊呂嘉等兵至揭陽以海風波爲解解者自說若今言分疏不行持兩端陰使南粤遣使與相知

匈奴且鞮單于初立恐漢襲之盡歸漢使之不降者路充國等於漢單于廼自謂我兒子安敢望漢天子我丈人行丈人尊老之稱也行音乎浪切漢遣中郎將蘇武厚幣賂遺單于單于益驕禮甚倨非漢所望也

烏孫國治赤谷城孝武遣貳師將軍李廣利再出天子使使告烏孫大發兵擊宛烏孫發二千騎往持兩端不肯前

南粤王趙佗孫胡爲南粤王立三年閩粤王郢興兵南擊邊邑南粤使人上書曰兩粤俱爲藩臣毋擅興兵相攻擊今東粤擅興兵侵臣臣不敢興兵唯天子詔之於是武帝多南粤義多猶重也守職約守藩臣之職而不踰約制爲興師遣兩將軍往討閩粤兵未踰嶺閩越王弟餘

善殺郢以降於是罷兵天子使嚴助往南粤諭意南粤王胡頓首曰天子乃興兵誅閩粤死亡以報德遣太子嬰齊入宿衛謂助曰國新被寇使者行矣胡方日夜裝入見天子助去後其大臣諫胡曰漢興兵誅郢亦行以驚動南粤且先王言事天子期毋失禮要之不可以怵好語入見怵誘也不可被誘怵以好語而入漢朝也怵音先書切入見則不得復歸亡國之勢也於是胡稱病竟不入見

匈奴烏維單于孝武元鼎中數使使好辭甘言以求和親漢使王烏闚匈奴王烏北地人習胡俗單于愛

之陽許曰吾爲遣其太子入質於漢以求和親（言爲王烏故遣太子入質）漢使楊信使於匈奴楊信說單于曰即欲和親以單于太子爲質於漢單于曰非故約漢常遣公主給繒絮食物有品以和親（品爲等差也）而匈奴亦不復擾邊今乃欲反古（反違也）令吾太子爲質無幾矣（言遣太子爲質則匈奴國中所餘者無幾皆當盡也幾音居豈切）楊信既歸漢使王烏等如匈奴匈奴復讇以甘言（讇古諂也）欲多得漢財物給王烏曰吾欲入漢（給詐也）見天子面相結爲兄弟王烏歸報漢漢爲單于築邸於長安匈奴曰非得漢貴人使吾不與誠語（誠信也）匈奴使其貴人至漢病服藥欲愈

之不幸而死漢使路充國佩二千石印綬送其喪厚幣直數千金單于以爲漢殺吾貴使者乃留路充國不歸諸所言者單于特空給王烏（特但也）殊無意入漢遣太子來質於是匈奴數使奇兵侵犯漢邊

鄯善國本名樓蘭王治扜泥城宣帝時遣一子質漢漢亦遣一子質匈奴樓蘭王死匈奴先聞之遣質子歸得立爲王（匈奴在漢前聞樓蘭王死故即遣質子還也）漢遣使詔新王令入朝天子將加厚賞樓蘭王後妻故繼母也謂王曰先王遣兩子入漢皆不還奈何欲往朝乎王用其計謝使曰新立國未定願待後年入見天子

呼韓邪單于成帝河平元年遣右皐林王伊邪莫演等奉獻朝正月既罷遣使者送至蒲坂（河東之縣）伊邪莫演言欲降即不受我我自殺終不敢還歸使者以聞下公卿議議者或言宜如故事受其降光祿大夫谷永議郎杜欽議不可納天子從之遣中郎將王舜往問降狀伊邪莫演曰我病狂妄言爾遣去歸到官位如故不肯令見漢使

車師後王國治務塗谷太子烏貴立爲王與匈奴結婚姻教匈奴遮漢道通烏孫者

烏累單于咸立貪王莽賂遺故外不失漢故事然內

利寇掠又使還知子登前死（王莽建國四年斬咸子登於長安市）怨恨寇從左地入不絕（入爲寇而虜掠）使者問單于輒曰烏桓與匈奴無狀黠民共爲寇入塞譬如中國有盜賊爾咸初立持國威信尚淺盡力禁止不敢有二心天鳳二年五月莽復遣王歙與五威將王咸率伏黯丁業等六人使送右廚唯姑夕王因奉歸前所斬侍子登及諸貴人從者喪皆載以常車（縣亦車也舊司農出錢市車縣次易牛）至塞下單于遣雲當子男大且渠奢等至塞迎咸等至多遺單于金珍因諭說改其號匈奴曰恭奴單于曰善於賜印綬封骨都侯雲當爲後安公當子男奢

爲後安侯單于貪莽金幣故曲聽之然寇盜如故咸歆又以陳艮等購金付雲當今自差與之（差其次第多少）

後漢南匈奴單于安國和帝永元五年立安國初爲左賢王而無稱譽左谷蠡王師子素勇黠多知前單于宣及屯屠何皆愛其氣決故遣將兵出塞掩擊北庭還受賞賜天子亦加殊異是以國中盡敬師子而不附安國繇是疾師子欲殺之其諸新降胡初在塞外數爲師子所驅掠皆多怨之安國因是委計降者同謀議安國既亡爲單于師子以次轉爲左賢王覺單于與新降者有謀乃别居五原界單于每龍會議

事師子輒稱病不往定襄太守皇甫稜知之亦擁護不遣單于懷憤益甚六年皇甫稜免以執金吾朱徽行度遼將軍時單于與中郎將杜崇不相平後知徽崇失和皆徵下獄死安國既爲骨都侯喜等爲所殺師子乃立爲單于以其右温禺犢王烏居戰（温禺犢王名烏居戰也）始與安國同謀欲考問之烏居戰將數千人遂復反畔出塞外山谷間爲吏民害

大秦國王嘗欲通使於漢而安息欲以漢繒綵與之交市故遮閡不得自達

後趙石季龍伐遼西鮮卑段遼遼於密雲山遣使詐降季龍信之使征東麻秋百里郊外迎勑秋曰受降如待敵將軍愼之遼又遣使降於慕容皝皝曰胡貪而無謀吾今請降求迎彼終不疑也若伏重軍以要之可以得志皝遣子恪伏兵於密雲麻秋統衆三萬迎遼爲恪所襲死者十六七秋步遁而歸季龍聞之驚怒方食吐餔乃削秋官爵

後魏蠕蠕主阿那瓌來朝及其還國也境上遷延仍陳窘乏遣尚書左丞元孚奉詔賑恤那瓌執孚過柔玄奔于漢北遣尚書令李崇御史中尉兼右僕射元纂追討不及

北齊阿至羅别部東魏興和元年十一月遣使請降神武爲大將軍帥衆迎之出武州塞不見大獵而還

隋奚本日庫莫奚隋高祖時突厥稱藩之後亦遣使入朝或通或絶最爲無信

突厥始畢可汗啓民之子也大業十一年來朝於東都其年煬帝避暑於汾陽宫八月始畢率其種落入寇圍帝於鴈門詔諸郡發兵赴行在所援軍方至始畢引去繇是朝貢遂絶明年復寇馬邑唐公以兵擊走之

百濟國王昌死子餘璋立大業三年璋遣使者燕文

進朝貢其年又遣使者王孝隣入獻請討高麗煬帝許之令覘高麗動静然璋内與高麗通和挾詐以窺中國七年帝親征高麗使其臣國智牟來請軍期帝大悦厚加賞賜遣尚書起部郎席律詣百濟與相知明年六軍度遼亦嚴兵於境聲言助軍實持兩端

唐初突厥強盛武德八年三月聲言爲寇命秦王率兵自潞州掩可汗之牙帳後無寇而止突厥車鼻可汗當頡利可汗之敗北荒諸部將推爲大可汗遇薛延陁爲可汗車鼻不敢當遂率所部歸於延陁爲人勇烈有謀畧頗爲衆附延陁惡而將誅之車鼻密知

其謀竄於舊所

阿史那賀魯貞觀中以執舍地處見昆婁鼻三姓兵衆歸朝拜左驍衛將軍瑶池都督處其部落於庭州莫賀城其後招攜離散廬帳漸多及太宗晏駕謀欲襲取西庭二州刺史駱弘義覺而表言之高宗遣通事舍人橋寶明馳往慰撫賜以弓矢雜物寶明因說賀魯令長子咥運入朝宿衛丞遲旣行中悔屢欲子叛走寶明内防禦而外誘諭羈以至京授右驍衛中郎將尋又放歸咥運因說其父擁衆西走遂據咄陸可汗之舊地建牙入十雙河及千泉自號沙鉢羅可汗其咄陸弩失畢下十姓悉歸附之總有西域之地

高宗咸亨三年吐蕃遣其大臣仲琮來朝帝問曰我遣薛仁貴等安輯慕容之衆吐蕃掩其不備伏甲擊破之旣又寇逼涼州欲隳城堡其故何也對曰臣受命貢獻而已攻戰之事非臣所得預聞也帝竟厚賜而遣之又遣都水使者黄仁素往吐蕃報聘帝以仲琮非執權之臣又不乞和故輕其使仁素竟不得其情實而還

儀鳳二年二月工部員外尚書高藏加授遼東州都督封朝鮮郡王遣安輯高麗餘衆高藏旣至遼東潛

與靺鞨相通謀叛事覺召還配流邛州并徙其人散於河南隴右諸州貧弱者留在安東城傍安置

默啜以則天聖曆元年上言有女請賜親則天令淮陽王延秀就納之爲妃仍令右豹韜衛大將軍閻知微攝春官尚書右武衛郎將楊鸞莊攝司賓卿大賫金帛送赴虜庭延秀行至突厥默啜南庭閻知微楊鸞莊潛有異志密受默啜令騎兵數千圍延秀拘之別所乃僞號知微爲可汗與之率衆襲伐靜難及平狄清夷等軍靜難軍使將軍慕容玄崱以兵五千人降之賊軍繇是大振俄又進寇媯檀等州

吐蕃以玄宗先天中遣使厚遺鄯州都督楊矩因請河西九曲之地以爲金城公主湯沐之所矩遂奏與之吐蕃既得九曲其地肥良堪頓兵畜牧又與唐境接近自是後率兵入寇

代宗永泰元年三月吐蕃請和遣宰相元載杜鴻漸等於興唐寺與之盟秋七月僕固懷恩誘其衆又南犯王畿

尚結贊吐蕃宰相也德宗興元元年西平王李晟之鎮鳳翔也尚結贊頗多言誹尨惡晟乃相與議曰唐之名將李晟與馬燧渾瑊等爾三人必爲我憂乃行

反間遣使因馬燧以請和既和則請盟復因會以刼瑊因以賣燧貞元二年吐蕃用尚結贊之計乃大興兵入隴州抵鳳翔無所虜掠且曰召我故來何不持牛酒勞軍徐乃引去持是以間晟三年五月冊拜晟爲太尉兼中書令是年五月吐蕃果背約以刼渾瑊六月罷河東節度馬燧爲司徒竟中結贊之計至貞元三年四月景寅入吐蕃使簡較右庶子兼御史中丞崔澣至自鳴沙初澣至鳴沙與蕃相尚結贊相見宣詔問其違約陷鹽夏二州之故對曰本以定界碑被牽倒恐二國背盟相侵故造境中請修舊好息人蕃軍頃年敗朱泚之衆於武功未獲酬賞所以來爾及徙涇州其節度使閉城自守音問莫達又徙鳳翔請通使於李令公亦不見納又遣康成王眞之來皆不能達大國之命日望大臣充使庶展情禮實無至者乃引軍還及鹽夏二州之師懼我之衆請以城與我求全而歸非我所陷也今君以國親將命若繼好復盟蕃之願也盟會之期及定界之所惟命是聽君歸奏定當以鹽夏相還又云清水之會同盟者少是以和好輕慢不成今蕃相及元帥已下凡二十一人赴盟靈州節度使杜希全稟性和善外境所知請令

主此盟會涇原節度李觀亦請同主之又同章表帝聞澣誘賂蕃中紿役者求其人馬真數凡五萬九千餘人馬八萬六千餘匹可戰者僅三萬人餘悉童幼備數而已辛未以澣爲鴻臚卿又兼御史中丞入吐蕃使令澣報蕃相尚結贊曰杜希全職在靈州不可出境李觀又已改官遣侍中渾瑊充盟會使約以五月二十四日復盟於清水令告尚結贊以鹽夏二州歸於我然後就盟帝疑蕃情不實以得二州爲信焉結贊本請杜希全李觀同盟將刼執二節將乘其銳來犯京師希全等既不行又欲刼執渾瑊長驅入寇

其始謀狡蠹如此及瑊充會盟使統諸道兵馬二萬人赴平凉壇與吐蕃大將尚結贊等會於壇上吐蕃背約虜劫會盟使兵部尚書崔漢衡判官鄭叔矩判官路泌籲弁袁同直裴類等獨瑊得他馬奔涇州

後唐契丹王阿保機莊宗同光四年正月戊寅遣使梅老鞋里已下三十七人貢馬三十匹時阿保機將寇渤海僞修好於我虜乘虛掩擊故也

明宗長興四年六月己未新州王景戡奏契丹國左右相牙盧充與臣書稱夜都要鉏倫竊馬三匹逃至送來不然則出兵剽掠范延光奏曰北虜以我夏州

未平欲誑間相窺時向初秋所宜防備緣邊戍兵合交番者宜且留候秋穫訖令還從之阿保機長子東丹王突欲歸國明宗賜姓名贊華出鎮滑州在鎮多行不法頃之入覲乞留闕下明宗許之復遣使就第問所欲贊華附奏曰臣願爲許州節度使明宗欲從之樞密使范延光以爲不可乃止明宗促令歸滑贊華謂使者曰若須令赴舊地當自裁爾使者以聞明宗不悅召而詰之贊華曰臣不言自裁曾言乞削髮爲僧使者引統軍李從景爲證贊華以手畫空曰使者之言如水上書字何可據耶明宗優容之

晉少帝開運二年八月契丹瀛州刺史詐爲書與樂壽監軍王巒願以本城歸順且言城中蕃軍不滿千人請朝廷發軍襲取之以爲內應又云今秋苦雨川澤漲溢自瓦橋以北水勢無際戎王已歸本國若聞南夏有變北遠阻水雖欲奔命無能及也又辭繼有密奏苦言瀛鄚可取之狀先是前歲中車駕駐於河上曾遣邊將遺書於幽州趙延壽勸令歸國延壽尋有報命依違而已是歲三月復遣都鄴杜威致書於延壽且述朝旨啖以厚利仍遣雄州軍將趙行實齎書而往潜申款密行實曾事延壽故遣之七月行實

自燕廻得延壽書其言久陷虜庭願歸中國乞發大軍應接卽援身南去叙致懇切詞旨綢密時朝廷欣然信之復遣趙行實計會延壽大軍應接之所又有瀛州大將遣所親齎蠟書至闕下告云欲謀翻變以本城歸命未幾會彼告變者事不果就至是瀛州守將劉延祚受戎王之命詐輸誠款以誘我軍國家潜以爲信遂有出師之議

周契丹永康王兀欲自漢末遣使寓書於漢少帝會漢室有蕭墻之亂周太祖登極時邢州節度使劉詞馳送虜使至闕周太祖覽其書欲因便以和之廣順

元年正月遣將軍朱憲伴送虜使歸國仍遺兀欲金
䩞玉帶以結其意二月朱憲廻兀欲復遣使來賀兼
獻良馬朝廷尋遣尚書左丞田敏報命仍厚其禮旣
而兀欲留我行人將軍姚漢英華光裔不令復命繇
是復絕

冊府元龜　外臣部　姦詐　卷之九百九十八　十三

冊府元龜

冊府元龜

巡按福建監察御史臣李嗣京　訂正
知歐寧縣事臣孫以敬　參閱
知建陽縣事臣黃國琦　較釋

外臣部　四十四

入覲　請求　互市

入覲

春秋之義王者無外所以域四海而宅天下也若夫被髮左衽之君旃裘胡貊之長忿鷙怙力荒忽無常正朔所不加政教所不及乃能慕恩信被威德叩關

而請命款塞而願朝扶服奔走至于闕下稽顙擷領拜于王庭斯蓋中國有道太平之嘉運也是以王會著篇知周室之隆正會爲圖覩唐祚之盛雖或迎送煩於傳置賜與糜於府帑比夫勞師遠攻其費相萬又烏足稱道哉

漢武帝時夜郎侯始倚南越南越已滅還誅反者謂單還而誅且蘭夜郎遂入朝帝以爲夜郎王

滇王者其衆萬人南越破後及漢誅且蘭使使者王然于以越破及誅南夷兵威風風讀曰諷諭滇王入朝滇王其旁東北勞深靡莫皆同姓相枝未肯聽枝猶倚也相依倚爲援不聽滇王入朝也勞莫數侵犯使者元封二年天子發巴蜀兵擊滅勞深靡莫以兵臨滇滇舉國降請置吏入朝

宣帝時烏孫公主遣女來至京師學鼓琴漢遣侍郎樂奉送主女過龜茲龜茲前遣人至烏孫求公主女夫還會女過龜茲龜茲王留不遣復使使報公主主許之後公主上書願令女比宗室入朝而龜茲王絳賓亦愛其夫人上書言得尚漢外孫爲昆弟願與公主女俱入朝元康元年遂來朝賀王及夫人皆賜印綬夫人號稱公主賜以車騎旗鼓歌吹數十人綺繡

雜繒琦珍凡數千萬琦音奇留且一年厚贈送之後數來朝賀絳賓死其子丞德自謂漢外孫成哀帝時往來尤數漢遇之亦甚親密

匈奴呼韓邪單于當宣帝時匈奴衰亂呼韓邪之敗也左伊秩訾王爲呼韓邪計勸令稱臣入朝事漢從漢求助如此匈奴乃定呼韓邪諮問諸大臣皆曰不可匈奴之俗本上氣力而下服役以服役於人爲下以馬上戰鬭爲國故有威名於百蠻戰死壯士所有也言人皆有此事乎今兄弟爭國不在兄則在弟雖死猶有成名子孫常長諸國爲諸國之長帥也漢雖强猶不能兼幷匈奴柰

何亂先古之制臣事於漢卑辱先單于（言黍辱之令言單于也）為諸國所笑雖如是而安何以復長百蠻左伊秩訾曰不然強弱有時今漢方盛烏孫城郭諸國皆為臣妾（謂西城諸國為城郭而居也）自且鞮侯單于以來匈奴日削不能取復（且音子予切復音扶目切）雖屈強於此未嘗一日安也（居音物其切）今事漢則安存不事則危亡計何以過此諸大人相難久之呼韓邪從其計引衆南近塞

甘露二年呼韓邪單于款五原塞（款叩也）願朝三年正月（會正旦之朝賀也）漢遣車騎都尉韓昌迎發過所七郡郡二千騎為陳道上單于正月朝天子甘泉宮漢寵以

殊禮位在諸侯王上贊謁稱藩臣而不名賜以璽綬冠帶衣裳安車駟馬黃金錦繡繒絮使有司道單于先行就邸長安宿長平帝自甘泉宿池陽宮帝登長平阪詔單于毋謁其左右當戶之群臣皆得列觀蠻夷君長王侯數萬咸迎於渭橋下夾道而陳帝登渭橋咸稱萬歲單于就邸置酒建章宮饗賜單于觀以珍寶詔有司議咸曰聖王之制施德行禮先京師而後諸夏先諸夏而後夷狄詩云率禮不越遂視既發相土烈烈海外有截陛下聖德充塞天地光被四表匈奴單于鄉風慕義舉國同心奉珍朝貢自古未之有也單于非正朔所加王者所客也禮儀宜如詩侯王稱臣昧死再拜次諸侯王下詔曰蓋聞五帝三王禮所不施不及以政今匈奴單于稱北藩臣朝正月朔朕之不逮德不能弘覆其以客禮待之位在諸侯王上二月單于罷歸遣長樂衛尉高昌侯忠車騎都尉昌騎都尉虎將萬六千騎送單于單于居幕南保光祿城詔北邊賑穀食郅支單于遠遁匈奴遂定

黃龍元年匈奴呼韓邪單于來朝禮賜如初加衣百一十襲錦帛九千疋絮八千斤二月單于歸國以有屯兵故不復發騎為送元帝時郅支單于既誅呼韓

邪單于且喜且懼上書言曰嘗願謁見天子誠以郅支在西方恐其與烏孫俱來擊臣以故未得至漢今郅支伏誅願入朝見竟寧元年春正月匈奴呼韓邪單于來朝詔曰匈奴郅支單于背叛禮義既伏其辜呼韓邪單于不忘恩德鄉慕禮義（鄉讀曰嚮）復修朝賀之禮願保塞傳之無窮邊陲長無兵革之事其改元為竟寧

成帝河平三年匈奴復株絫若鞮單于上書願朝河平四年正月遂朝加賜錦繡繒帛二萬疋絮二萬餘斤它如竟寧時

元延元年匈奴搜諧若鞮單于爲朝二年發行（欲會二年歲首之朝賀故豫發其國而行未入塞病死）

哀帝建平四年匈奴烏珠留若鞮單于復遣使上書願朝五年時哀帝被疾或言匈奴從上游來厭人（游猶流也河水從西北來故曰上游也又曰上游亦總謂地形耳不必係于水也厭音一涉切）自黃龍竟寧時單于朝中國輒有大故（大故謂國之大喪）帝繇是難之以問公卿亦以爲虛費府帑（帑它魯切又音奴）可且勿許單于使辭去未發黃門郎楊雄上書諫天子寤焉召還匈奴使者更報單于書而許之賜雜帛五十疋黃金十斤單于未發會病復遣使願朝明年故事單于

朝從名王以下及從者二百餘人單于又上書言蒙天子神靈人民盛壯願從五百人入朝以明天子盛德帝皆許之

元壽二年單于來朝帝以大歲厭勝所在（厭音一涉切）舍之上林苑蒲萄宮（舍止宿）告之以加敬於單于（云以敬於單于故令止上林）單于知之加賜衣三百七十襲錦繡繒帛三萬疋絮三萬斤它如河平時既罷遣中郎將韓況送單于出塞

元壽二年正月烏孫大昆彌伊秩靡與單于並入朝

後漢光武建武二十年韓人廉斯人蘇馬諟等詣樂浪貢獻光武封蘇馬諟爲漢廉斯邑君使屬樂浪郡四時朝謁

二十五年烏桓大人率衆內屬詣闕朝貢是年大人來朝（大人謂渠帥也）

二十七年封哀牢夷賢栗等爲夷長自是歲歲朝貢

三十年鮮卑大人於仇賁滿頭等率衆人詣闕朝賀

安帝永初中鮮卑大人燕荔陽詣闕朝賀鄧太后賜燕荔陽王印綬赤車參駕

順帝永和元年春正月扶餘王來朝京師帝作黃門鼓吹角抵戲以遣之

獻帝建安二十一年匈奴南單于呼廚泉將其名王來朝待以客禮遂留內侍使右賢王去卑撫其國而匈奴折節過於漢舊是時曹公破三郡烏丸還至易水代郡烏丸行單于普富盧上郡烏丸行單于那樓將其名王來賀

魏齊王正始六年濊不耐侯舉邑降八年詣闕朝貢詔更拜不耐濊王居處雜在民間四時詣郡朝謁一郡有軍征賦調供給役使遇之如民

晉武帝咸寧中馬韓王來朝

大康二年辰韓王復來朝貢七年又來

後魏太武太平真君三年五月行幸陰山北六月仇池楊難當朝於行宫先是起殿於陰山北殿成而難當至因曰廣德焉

正平元年伊吾王唐和詣闕太武優寵之待以上客和兄契子玄達性果毅有父風與叔父和歸闕俱爲上客拜安西將軍晉昌公

二年焉耆前部王伊稚朝京師賜以妻妾奴婢田宅牛羊拜上將軍王如故

隋煬帝大業三年六月啓民可汗來朝帝遣鴻臚卿史祥迎接之

五年六月高昌王麴伯雅來朝

七年十二月西面突厥處羅多利可汗來朝上大悦接以殊禮

十年突厥啓民可汗率其子咄吉立來朝於東都

唐太宗貞觀二年東謝蠻王元深入朝冠烏熊皮冠若今之旄頭以金銀絡額身被毛帔韋皮行縢而着履中書侍郎顔師古奏言昔周武王之時天下太平遠國歸款周史乃集其事爲王會篇今萬國來朝至如此章服實可圖寫今請撰爲王會圖從之

四年九月伊吾城主來朝

十二月高昌王麴文泰來朝禮之甚厚

十年十二月吐谷渾河源王來朝

十三年十二月吐谷渾主河源郡王慕容諾曷鉢來朝以宗女爲弘化郡主以妻之

二十二年二月以結骨部置堅昆都督府隸燕然都護以其俟利發失鉢屈阿棧爲左屯衛大將軍堅昆都督初結骨未嘗通中國聞鐵勒等咸來内附即遣使頓顙稱臣并獻方物至是其君長遂自入朝見太宗於天成殿宴之謂群臣曰往日渭橋斬獲三突厥自謂多功今致此人於席翻更不以爲怪可謂日用

而不知邪結骨酣醉歡甚因謂曰臣既一心歸國願授國家官職執笏而還故授以此任并賚錦帛

二十三年正月制蕃王分爲三蕃以次朝集

高宗以貞觀二十三年五月即位七月于闐王伏闍信來朝

顯慶元年八月龜茲王白訶黎布失畢來朝

咸亨四年波斯卑路斯自來入朝

五年十二月于闐王伏闍雄率其子弟及首領七十餘人來朝并獻方物

辛卯波斯王卑路斯來朝

則天垂拱三年正月于闐王伏闍雄來朝
天授三年女國王俄琰兒假來朝
玄宗開元二年二月癸巳奚王李大酺等來朝上謂
之曰卿等爲朕外藩欽誠夙著爰初州屬職貢相仍
往緣寄任非才撫於綏撫因使卿等猜貳頗成阻絶
而能不忘本黝然改圖覽所獻書具知至懇大酺將
尚縣主失浯乂邊近靚泣自邊隅同臻維邑朕今與
卿等相見喜慰良深
五年奚王李大酺入朝封饒樂郡王
七年十一月契丹松漠郡王娑固與永樂公主來朝

十一年松漠郡王鬱于入朝仍請婚
十三年契丹王邵固來朝從封東狩詔授左羽林大
將軍改封廣化郡王
代宗大曆六年十一月文單國王來朝并獻馴象一
十有一宰臣等上言曰臣聞春秋二百四十年不紀
祥瑞而載異國之朝其在周書亦美西旅之獻葢重
其德化及遠天下大同也伏惟寶應元聖文武皇帝
陛下以至敬事天地以至孝奉宗祀武功以定大難
文德以懷遠人故舊史未載之邦前王不賓之長聲
教所隔言語莫通悠颺徇渙幾千萬里瞻望中國知
有聖人踰海而來歷年方至綿邈重阻奔波載馳黃
金飾冠白璫充耳服柔群象牽致闕前低廻馴擾稽
顙屈膝隨萬國而來庭與百獸而率舞如知禮樂之
節葢盛羽儀之容有以彰仁化玄通醇源溥暢至和
大順以兆昌期事軼於軒皇跡超於漢代矣臣等謬
塵樞近獲覩洪休伏請宜付史官光昭簡冊手詔荅
曰文單遠國自古未賓能瞻八律之風來申重譯之
貢君臣入覲嬪御偕朝越海踰山輸琛獻象顧慚薄
德有邁前王此皆宗社効靈上玄幽贊卿等寅亮台
門燮和神人翼致感通無遠不屆永言輔弼慶賀良
深所請付史官者依

請求

王者內阜黔首外撫四夷雖蒐狩訓兵體不殺於神
武而梯航獻欵嘉來遠而施惠必接以恩信乃得其
要領其或告饑饉之災追和親之好故可示羈縻之
義仲賜與之恩至於借書籍請音樂或假壤土或希
援兵恭典制之靡存在撫御而斯得俾夫桀驁以息
奔僭不萌有懷感之心無過望之意則可以稽魏絳
和戎之利賈誼五餌之術徹三邊之烽警廣函夏之
亭毒矣

漢武帝時單于遣使遺漢書云南有大漢北有強胡
胡者天之驕子也不爲小禮以自煩今欲與漢闓（闓與闗同）
大關歲給遺我米酒萬石稷米五千斛雜繒萬疋
則邊不相盜矣
元帝初卽位呼韓邪單于復上書言民衆困乏詔雲
中五原郡轉穀二萬斛以給焉郅支單于自以道遠
恐漢擁呼韓邪遣使上書來求侍子
後漢光武建武二十六年北匈奴復遣使詣闕貢馬
及裘更求和親幷請音樂
晉元帝大興三年建平夷王向弘向璒等詣臺求拜
除尚書郎張亮議夷貊不可假以軍號元帝詔特以
弘爲折衝將軍璒平鄕侯竝賜以朝服
宋文帝元嘉二十七年吐谷渾慕延遣使上表求牽
車獻烏丸帽女國金酒器胡王金釧等物太祖賜以
牽車
南齊武帝永明六年宕昌王使求軍儀及雜伎書詔
報曰知須軍儀等九種竝非所愛但軍器種甚多致
之未易內伎不堪涉遠祕閣圖書例不外出五經集
註論語今特勑賜王各一部
扶南王姓僑（一作橋音驕）陳如名闍邪跋摩啓曰臣有奴

名鳩酬羅委臣免走別在餘處構結凶逆遂破林邑
仍自立爲王永不恭從違恩負義叛主之奴天不容
載伏尋林邑者昔爲檀和所破久已歸化天威所被
四海彌伏而今鳩酬羅守執匈奴自專很強且林邑
扶南鄰界接相親又是臣奴猶尚逆去朝廷遙遠豈
復遵奉此國屬陛下故謹具上啓伏聞林邑頃年表
獻簡絕便所永隔朝廷豈有師子坐而安犬鼠伏願
遣將軍將伐凶逆臣亦自効微誠助朝廷翦撲使邊
海諸國一時歸伏陛下若欲別立餘人爲彼王者伏
聽勑旨脫未欲灼然興兵伐林邑者伏願特賜勑在
所隨宜以少軍助臣乘天之威殄滅小賊伐惡從善
平蕩之日上表獻金五婆羅今輕此使送臣丹誠表
所陳啓不盡下情謹附那伽仙幷其伴口具啓聞伏
願愍所啓
河東王拾寅子易度侯好星文嘗求星書朝議不給
芮芮主求醫工等物武帝詔報曰知須醫及織成錦
工指南車漏刻竝非所愛南方治疾與北土不同織
成錦工竝女人不堪涉遠指南車漏刻此雖有其器
工匠久不復存不副爲恨
梁武帝大同七年百濟王遣使請涅槃等經義毛詩

博士并工匠畫師等勑並給之

後魏太武太平眞君十一年車師王車夷雒遣使琢進薛直上書臣亡父僻處塞外仰慕天子威德遣使奉獻不空於歲天子降念賜遣甚厚及臣繼立不闕常貢天子垂矜亦不異前世敢緣至恩輒陳私懇臣國自無諱所攻擊經今八年人庶饑荒無以存活賊今攻臣甚急臣不能自全遂捨國東奔三分免一郎日已到焉耆東界思歸天闕幸垂賑救於是下詔撫慰之開焉耆倉賑給之

孝文延興二年八月丙辰百濟國遣使奉表請師伐

高麗

太和十七年九月乙亥鄧至王象舒彭遣子舊詣闕表求以位授舊詔許之

宣武永平元年十月高昌國王麴嘉遣其兄子私署左衛將軍孝亮奉表來朝因求徒乞師迎接

隋文帝開皇中突厥沙鉢畧旣爲藩附因請獵於當代之間許之仍遣人賜其酒食沙鉢畧率部落再拜受賜

唐高祖武德二年九月突厥遣使者並殺曷娑那可汗於中書門下省初曷娑那與始畢王欽若等曰突厥始畢可汗也有隙至是聞在長安遣使來請高祖以爲疑群臣歲進曰今若不與則是存一人而讐一國後必爲患遂不得已乃從之

八年高麗遣人來學道佛法詔許之

太宗貞觀十七年林邑王遣使云爲扶南所攻乞師救援太宗曰山有猛獸藜藿爲之不採爾爲我隣國扶南安敢侵逼此是爾懼自來將無事矣後有使至悉如太宗言

高宗麟德二年正月丁卯吐蕃遣使來朝請與吐谷渾復修和好并請赤水地以爲牧野帝不許之

則天垂拱二年二月新羅王金政明遣使請禮記一部并新文章令所司寫吉凶要禮并於文館詞林採其詞涉規誡者勒成五十卷賜之

玄宗開元四年奚使乞於寺觀禮拜及向兩市貨易許之

六年十一月丁未阿史特勒僕羅上書訴曰僕羅克吐火羅葉護部下管諸國王都督刺史總二百一十二人謝颶國王統領兵馬二十萬衆罽賓國王統領兵馬二十萬衆骨吐國王石汗那國王解蘇國王石匿國王悒達國王護密國王護時犍國王范延國王

久越德建國王勃特山王各領五萬衆僕羅祖父已來並是上件諸國之王蕃望尊重僕羅兄般都泥利承嫡繼襲先業恩勑差使持節就本國册立爲王然火羅葉護積代已來於大唐忠赤朝貢不絶本國緣接近大食吐蕃東界又是西鎮僕羅兄每征發部落下兵馬討論擊諸賊與漢軍相知聲援應接在於邊境所以免有侵漁僕羅兄前後屢蒙聖澤媿荷國恩遂發遣僕羅入朝侍衛玉階至願獻忠殉命以爲臣妾僕羅至此爲不解漢法鴻臚寺不委蕃望大小有不比類流例高下相懸即奏擬授官竊見石國龜茲

并余小國王子首領等入朝元無功効並緣蕃望授三品將軍況僕羅身恃勤本蕃位望與親王一種比類大小與諸國王子懸殊却授僕羅四品中郎但在蕃王子弟娑羅門瞿曇金剛龜茲王子白孝順等皆數改轉位至諸衛將軍唯僕羅最是大蕃去神龍元年蒙恩勑授左領軍衛翊府中郎將至今經一十四年久被淪屈不蒙准例授職不勝苦屈之甚勑鴻臚卿准例定品秩勿令稱屈

七年二月安國王篤薩波提遣使上表論事曰臣篤薩波提言臣是從天主領普天下賢聖皇帝下百萬重草類奴在遠叉手胡跪禮拜天恩威相如拜諸天自有安國已來臣種族相繼作王不絶并軍兵等並赤心奉國從此年來被大食賊每年侵擾國土不寧伏乞天恩滋澤救臣苦難仍請勑下突厥施令救臣等臣即統領本國兵馬討會翻破大食伏乞天恩依臣所請今奉獻波斯驃二佛菻繡氍毹一鬱金香三十斤生石蜜一百斤臣今借紫訖伏乞天恩賜一具三品官又臣妻可敦奉進柘必大氍毹二繡氍毹一上皇后如蒙天恩滋澤請賜臣鞍轡器仗袍帶及賜臣妻可敦衣裳粧粉

其月戊辰俱密國王那羅延上表曰臣曾祖父叔兄弟等舊來赤心向大國今大食來侵吐火羅及安國石國拔汗那國並屬大食臣國內庫藏珍寶及部落百姓物並被大食徵稅將去伏望天恩處分大食令免臣國徵稅臣等即得久長守把大國西門伏乞炤臨臣之願也

其月庚午康國王烏勒伽遣使上表曰臣烏勒伽言臣是從天主普天皇帝下百萬里馬蹄下草土類奴臣種族及諸胡國舊來赤心向大國不曾反叛亦不侵損大國爲大國行裨益士從三十五年來每共大

食賊鬭戰每年大發兵馬不蒙天恩送兵救助經今
六年被大食元率將異密屈底波領衆軍兵來此共
臣等鬭戰臣等大破賊徒臣等兵士亦大死損爲大
食兵馬極多臣等力不敵也臣入城自固乃被大食
圍城以三百拋車傍城三穿大坑欲破臣等城國伏
乞天恩知委送多少漢兵來此救助臣苦難其大食
只合一百年强盛今年合滿如有漢兵來此臣等必
是破得大食今謹獻好馬一波斯駱駝一騾二如天
恩慈澤將賜臣物謂付臣下使人將來冀無侵奪
八年南天竺國王右武衛大將軍尸利那羅僧伽寶

多跋摩爲國造寺上表乞寺額勅以歸化爲名又上
表乞袍帶曰蕃人無識惟將衣帶爲重旣不賜及豈
知優寵勅中書門下南天竺王遠遣朝貢其使却還
竝湏周旋發遣滿望乃以錦袍金帶魚袋七事賜其
使遣之
十年三月庚戌波斯國王勃善活遣使獻表乞授一
員漢官許之
十五年吐火羅葉護遣使上言曰奴身罪逆不孝慈
父身被大食統押應徹天聽頌奉天可汗進旨云大
食欺侵我即與你氣力奴身今被大食重税欺苦實
深若不得天可汗救活奴身自活不得國土必遭破
散求防守天可汗西門不得伏望天可汗慈憫與奴
身多少氣力使得活路又承天可汗處分突厥施可
汗云西頭事委你即須發兵除却大食其事若實望
天可汗却垂處分奴身緣大食税急不敢得好物奉
進望天可汗炤之所欲驅遣奴身及須已西方物並
請處分奴身一一頭戴不敢怠慢
十八年七月癸未命有司寫毛詩禮記左傳文選各
一部賜金城公主從其請也
十九年康國王烏勒上表請封其子咄曷爲曹國王

默啜爲米國王許之
十九年十一月突厥遣其大臣葛阿默察之來朝獻
馬五十匹謝恩也初突厥苾伽可汗之弟闕特勒死
苾伽來請巧匠寫其眞詔遣畫工六人往焉旣畫工
妙絶倫突厥國内未之見者苾伽每觀畫處噓欷如
弟再生悲涕不自勝遂遣察之謝恩且送畫人也
二十三年閏十一月日本國遣其臣名代來朝獻表
懇求老子經本及天尊像以歸于國發揚聖教許之
三十六年六月甲子渤海遣使求寫唐禮及三國志
晉書三十六國春秋許之

二十九年拔汗那王阿悉爛達干上表請改國名勑改爲寧遠國
天寶元年五月石國王遣使上表乞授長男那居車鼻施官詔拜大將軍賜一年俸料
八載吐火羅葉護夫里嘗伽羅遣使來朝獻表曰臣隣境有一胡號曰朅帥居在深山恃其險阻違背聖化親輔吐蕃知勃律地狹人稠無多田種鎮軍在彼糧食不充於箇失密市易鹽米然得支濟商旅來往皆著朅帥國過其王遂受吐蕃貨求於國內置吐蕃城堡捉勃律要路自高仙芝開勃律之後更益兵二

千人勃律因之朅帥王與吐蕃乘此虛危將兵擬入臣每憂思一破兇徒若開得大勃律已東直至闐焉耆卧凉瓜肅已來吐蕃更不敢停住望安西兵馬來載五月到小勃律六月到大勃律伏乞天恩允臣所奏若不成請斬臣爲七段緣箇失密王向漢忠赤兵馬復多土廣人稠糧食豐足特望天恩賜箇失密王勑書宣慰賜衣物并寶鈿腰帶使感荷聖恩更加忠赤帝覽表許之
十二載四月甲戌骨咄國人史難之康丁真表乞度爲僧許之

德宗貞元二十年日本國留任學生橘免勢學問僧空海至元和元年正月司本國使判官高階眞人奏前件學士等藝業稍成願歸本國使請與臣同共歸國從之
憲宗元和二年正月庚子廻鶻使者請於河南府太原府置摩尼寺三所許之
穆宗長慶四年九月甲子靈武節度使李進誠奏吐蕃遣使求五臺山圖山在代州多浮圖之跡西戎尚此教故來求之
敬宗寶曆元年五月庚辰新羅國王金彥昇奏先在

太學生崔利貞金叔貞朴季業四人請放還蕃其新赴朝貢金允夫金立之朴亮之等一十二人請留在宿衛仍請配國子監習業鴻臚寺給資糧從之
二年十二月新羅質子金允夫請准舊例中使入蕃便充副使同到本國譯詔書不許但隨告使充副使
文宗太和七年春正月己亥銀青光祿大夫簡較秘書監忽汗都督國王大彝震奏遣學士解楚卿趙孝明劉寶俊三人附謝恩使同中書右平章事高賞英赴上都學問先遣學生李居正朱承朝高壽海等三人事業稍成請准例遞乘歸本國許之

武宗會昌元年八月迴鶻迫於饑求粮食閏九月丁酉詔許賑救迴鶻米二萬石時帝開延英復召宰臣問之陳夷行候次謂李德裕曰此並資盜糧耳德裕曰今徵兵未集天德至危若不救此饑人且令三數月安静忽陷却天德公能獨當其咎否夷行遂默然而止及德裕延英從容論奏帝心乃定

梁太祖建號契丹阿保機遣使送名馬女口貂皮等求封册梁祖與之書曰朕今天下皆平惟有太原未服卿能長驅精甲徑至新莊爲我翦彼仇讐與爾便行封册

後唐莊宗同光二年十一月己丑幽州李存賢奏契丹林牙求茶藥

明宗天成二年十月幽州奏契丹王差人持書求碑石欲爲其父表其葬所

三年四月幽州奏得契丹書求覓藥器云要蕃中所有卽亦遵副帝曰招懷之道且宜依隨

四年十月吐渾首領薛黃堆進狀乞授嵐州刺史上欲許之安重誨諫乃止

長興三年二月雲州上言契丹遣使來求果子帝曰虜中雖闕此物亦非彼實然蓋當面偵謀宜阻其求但報云遣使入朝當有處分

三月甲午禮賓使梁進德自契丹使廻稱契丹王請放前刺舍利還本國

七月幽州奏契丹國差梅老乾捺鋪都到州求果子

晉王延裔移鎮定州先是契丹欲以王處直之子威爲節度使處直則延裔之叔祖也處直爲養子都所篡時威北走虜廷虜納之至是虜遣使諭高祖云欲使王威襲先人土地如我蕃中之制高祖荅以中國將較自刺史團練防禦使序遷方授旄節請遣威至此任用漸令外進乃合中土舊規王威洊怒其見拒

使人復報曰爾自諸侯爲天子有何階級耶高祖畏其滋蔓則厚賂力拒其命虜忿稍息遂連升延裔鎮中山且欲塞其意也

互市

夫王者之牧四夷也有懷柔之道焉有羈縻之義焉蓋所以底寧邊鄙休息中夏者也則互市之設其懷柔羈縻之旨與爰自漢初始建斯議繇是擇走集之地行闗市之法通彼貨賄敦其信義歷代遵守斯亦和戎之一術也

漢高祖立趙佗爲南粤王使和輯百越（輯與集同）至高后

時有司請禁關市鐵器（佗上書言高后令曰毋予蠻夷外越金鐵用器馬牛羊即予之牡毋予之牝）
文帝時匈奴和親與通關市
景帝時復與匈奴和親通關市
武帝時明和親約束厚遇關市饒給之匈奴自單于以下皆親往來長城下匈奴貪尚樂關市嗜漢財物（嗜讀曰耆）亦通關市不絕以中之（以關市中其意中竹仲切）
宣帝時北匈奴見南單于來附懼謀其國故數乞和親又遠驅牛馬與漢合市
後漢光武建武中置烏桓校尉於上谷甯城（縣名亦作寧城）

歲時互市焉
明帝永平中北單于欲合市遣使求和親帝冀其交通不復爲寇乃許之
章帝元和元年武威太守孟雲上言北單于復願與吏人合市詔書聽雲遣驛使迎呼慰納之北單于乃遣大且渠伊莫訾王等驅牛馬萬餘頭來與漢賈客交易諸王大人或前至所在郡縣爲設官邸賞賜待遇之
安帝永初中鮮卑大人燕荔陽詣闕朝賀鄧太后令止烏丸校尉所居甯城下通胡市
獻帝建安中鮮卑素利彌加厥機因烏丸校尉閻柔上貢獻通市是時梁習爲并州刺史鮮卑大人育延常爲州所畏而一旦將其部落五千餘騎詣習求互市習念不聽則恐其怨若聽到州下又恐爲所略於是乃許之往與會空城中交市遂勑郡縣自將治中以下軍往就之
魏文帝黃初三年鮮卑軻比能帥落部大人小子代郡烏丸修武盧等三千餘騎驅牛馬七萬餘口交市
北燕馮跋時庫莫奚虞出庫眞率三千餘落請交市獻馬千疋許之處之於營丘

梁高祖天監中河南王休運籌遣使貢獻其地與益州隣常通商賈
後魏宣武時西域東域貢其珍物充於王府又於南垂立互市以致南貨羽毛齒革之屬無遠不至
隋煬帝時西域諸蕃多至張掖與中國交市帝令吏部侍郎裴矩掌其事
唐高祖武德八年吐谷渾款承風戍各請互市並許之
玄宗開元二年九月太常少卿姜晦上封請以空名告身於六胡州市馬率三十匹馬酬一游擊將軍時

麁馬尚少深以爲然遂命齎告身三百道往市馬
四年奚使乞於西市貨易許之
十五年吐蕃與突厥小殺書將計議同時入寇小殺
幷獻其書帝嘉其誠引梅録啜宴於紫宸殿厚加賞
賚仍許於朔方軍西受降城爲互市之所
肅宗乾元中迴鶻仍歲來市以馬一匹易絹四十疋
動至數萬馬
代宗大曆八年迴鶻遣赤心領馬一萬疋來求市帝
以馬價出於租賦不欲重困於民命有司量入計許
市六千疋

德宗貞元三年十二月初禁商賈以口馬器械於黨
項貨易
六年六月迴紇使移職伽達干歸蕃賜馬價絹三十
萬疋
八年七月給迴紇市馬絹七萬疋
憲宗元和十年八月以絹十萬疋償迴紇之馬直
十一月吐蕃使欵隴州塞請互市許之
十二月以絹九萬七千疋償迴紇馬直
十一年二月以內庫繒絹六萬疋償迴紇馬直
四月以絹二萬五千疋償迴紇馬直

穆宗長慶二年二月以絹五萬疋賜迴紇充馬價
四月又賜迴紇馬價絹七萬疋
十二月以絹八萬疋償迴紇馬直
文宗太和元年三月內出絹二十六萬疋賜迴紇充
馬價
六月命中使以絹二十萬疋付鴻臚寺宣賜迴紇充
馬價
五年六月貶右龍武大將軍李甚爲宣州別駕甚子
貸迴紇錢一萬一千四百貫不償爲迴紇所訴故貶
甚因下詔曰如聞頃來京城內衣冠子弟及諸軍使

幷商人百姓等多有舉諸蕃客本錢歲月稍深徵索
不得致蕃客停滯市易不獲及時方務撫安須除舊
獘免令受屈要與改更自今以後應諸色人宜除准
勅互市外並不得輒與蕃客錢物交關委御史臺及
京兆府切加捉搦仍即作條件聞奏其今日已前所
欠負委府縣速與徵理處分
開成元年六月淄青節度使奏新羅渤海將到熟銅
請不禁斷是月京兆府奏准建中元年十月六日勅
諸錦罽綾羅縠繡織成細紬絲布氂牛尾真珠銀銅
鐵奴婢等並不得與諸蕃互市又准令式中國人不

令私與外國人交通買賣婚娶來往又擧取蕃客錢
以産業奴婢爲質者重請禁之
後唐莊宗同光三年八月青州市到黑水蕃馬三十
疋
明宗天成二年八月新州奏得契丹書乞置互市翼
日付中書宣示百官
四年四月勑沿邊置場買馬不許蕃部直至闕下帝
自臨馭欲來遠人黨項之衆競赴都下嘗賜酒食於
禁庭醉則連袂歌土風以出凡將到馬無駑良竝云
上進國家雖約其價以給之并計其館穀錫賚每歲

不下五六十萬貫侍臣以爲耗蠹中華無出於此因
止之是年散騎常侍蕭希甫條奏諸蕃貢馬猶多酬賞價倍戎夷無厭競思輿販請却於邊上置互市只許首領入貢
長興二年五月青州奏黑水兀兒部至登州賣馬
三年七月飛龍使奏廻紇所賣馬瘦弱不堪估價帝
曰遠夷交市不可輕阻可以中等估之
愍帝應順元年正月雲州張溫言契丹在州境互市
閏正月雲州上言契丹至州界市易
二月雲州上言韃靼胡祿末族帳到州界市易
末帝清泰元年七月登州言高麗船一艘至岸管押
將盧斯而下七十人入州市易是月雲州言契丹首
領迭律梅里求互市從之
十月青州言高麗遣人市易
二年北面總管言契丹遣人欲爲互市其吐渾部族
歸舊地從之
是年雲州言總管報於州西北野固口與契丹互市
從之
十二月雲州沙彥珣奏十年前與契丹互市則例
三年雲州言契丹石祿牧部族近城市易
晉少帝天福八年西京奏契丹遣前青白軍使王從

盐到京出餘貨斛㪷宜破省錢收糴是府馮暉移鎮靈武河西羊馬所産易爲交易朞年得馬五千疋而蕃部歸心朝議患之
周太祖廣順元年二月命廻紇來者一聽私便交易
官不禁詰先是廻紇問歲入貢每行李至關禁民不
得於蕃人處市易寶貨犯者有刑太祖以爲不可至
是聽之繇是玉之價直十損七八矣
十月涇州言招到蕃部野龍十九族有馬赴市私貨
賣

冊府元龜

巡按福建監察御史臣李嗣京　訂正
新建縣舉人臣戴國士參閱
知建陽縣事臣黃國琦較釋

外臣部四十五

彊盛　讐怨　亡滅

彊盛

夫中邦任土猶申畫於要荒絶域殊風因靡通於正朔是故髽首雕題之客帝繫卉服之民舞干之君不加之以文教統弧之后不董之以武威故能蓄育窮

陬延祚長世乘時射利侵侮外陲安恐阻兵吞噬同顙雖蛇豕薦食以凶器爲令圖然夷狄有君固先儒之深耻也

西羌無弋曾孫忍當秦獻公初立欲復繆公之迹兵臨渭首滅狄獂（獂音丸）戎忍季父卬畏秦之威將其衆種附落而南出賜支河曲自後忍及弟舞獨留湟中竝多娶妻婦忍生九子爲九種舞生十七子爲十七種羌之興盛從此起矣及忍子研立時秦孝公雄彊威服羌戎孝公使太子駟率戎狄九十二國朝周顯王研至豪健故羌中號其後研種及秦始皇時務并六國以諸侯爲事兵不西行故種人得以蕃息

漢匈奴冒頓單于襲滅東胡王虜其民衆畜產既歸西擊走月氏南幷樓煩白羊河南王（二王之居在河南）悉復收秦所使蒙恬所奪匈奴地者與漢關故河南塞之朝那膚施（朝那屬安定膚施屬上郡）遂侵燕代是時漢方與項羽相距中國罷於兵革（罷讀曰疲）以故冒頓得自彊控弦之士三十餘萬（控引控弦言能引弓）自淳維以至頭曼千有餘歲時大時小別散分離尚矣（尚久遠）其世傳不可得而次然至冒頓而匈奴最彊大盡服從北夷而南與諸夏爲敵國後北後渾庾屈射丁零鬲昆龍新犁之國（五小

國也渾音胡昆切庾音弋主切犂音犁）於是匈奴貴人大臣皆服以冒頓爲賢是時漢初定徙韓王信於代郡馬邑匈奴大攻圍馬邑韓王信降匈奴匈奴得信因引兵南踰句注攻太原至晉陽下高帝自將兵往擊之高帝至平城冒頓縱精兵三十餘萬圍高帝於白登七日

匈奴烏維單于子詹武帝元封六年立年少號兒單于益西北左方兵直雲中右方兵直酒泉燉煌

朝鮮王衛滿初聚亡命千餘人東走出塞渡浿水屬眞番朝鮮蠻夷會孝惠高后天下初定遼東太守即約滿爲外臣保塞外蠻夷毋使盜邊蠻夷君長欲入

見天子勿得禁止以聞帝許之以故滿得以兵威財物侵降其旁小邑真番臨屯皆來服屬方數千里

安息國王治番兜（番音盤）其屬大小數百城地方數千里最大國也武帝始遣至安息王令將二萬騎迎於東界東界去王都數千里行比至過數十城人民相屬（屬聯也音之欲切）

烏孫國大昆彌國多馬富人至四五千疋最爲彊國故服匈奴（故謂舊時也服屬於匈奴也）後盛大取羈屬不肯往朝會（言羈縻屬之而已）

大月氏國治監氏城控弦十餘萬故彊輕匈奴及爲

匈奴所滅遂分爲五部翖侯（翖即翕字）後百餘歲貴霜翖侯丘就卻攻滅四翖侯自立爲王國號貴霜王侵安息取高附地又滅濮達罽賓悉有其國丘就卻年八十餘死子閻膏珍代爲王復滅天竺置將一人監領之月氏自此之後最爲富盛諸國稱之皆曰貴霜王漢本其故號言大月氏云

莎車國王治莎車城及宣成王康死弟賢代立詐稱大都護移書諸國諸國悉服屬焉號賢爲單于賢浸以驕橫重求賦稅數攻龜茲諸國諸國愁懼

後漢武陵蠻夷光武中興之際最爲盛

燒當羌滇吾附落中元中轉盛常雄諸羌每欲侵邊者滇吾轉教以方畧爲其渠帥

于闐王明帝永平中始盛從精絶至疏勒十三國皆服從而鄯善王亦始彊盛自是南道自葱嶺以東唯此二國爲大

先零別種滇零與諸種安帝永初元年大爲寇掠遣車騎將軍鄧隲征西校尉任尚擊之隲尚軍大敗於是滇零等自稱天子於北地招集武都參狼上郡西河諸種衆遂大盛東犯趙魏南入益州殺漢中太守董炳遂寇鈔三輔斷隴道湟中諸縣粟石萬錢百姓

死亡不可勝數朝廷不能制

鮮卑者東胡之支也自和帝永元中大將軍竇憲遣右校尉耿夔擊破匈奴單于逃走鮮卑因此轉徙據其地匈奴餘種留者尚有十餘萬部落皆自號鮮卑鮮卑繇此漸盛安帝末鮮卑其至鞬遂盛控弦數萬騎數道入塞趣五原寧貊攻匈奴南單于殺左奥鞬日逐至延光中鮮卑既累殺郡守膽意轉盛控弦數萬騎桓帝時鮮卑檀石槐者年四十五勇健多智畧異部大人抄取其外家牛羊檀石槐單騎追擊之所向無前悉還得所亡者由是部落畏服乃施法禁平

曲直無敢犯者遂推爲大人檀石槐乃立庭於彈汗山歠仇水上（歠音昌悦切）去高柳北三百餘里兵馬甚盛東西部大人皆歸焉因南抄緣邊北拒丁零東敗扶餘西擊烏孫盡據匈奴故地東西萬四千餘里網羅山川水澤鹽池延熹中鮮卑自分其地爲三部從右北平以東至遼東接扶餘濊貊二十餘邑爲東部從右北平以西至上谷十餘邑爲中部從上谷以西至燉煌烏孫二十餘邑爲西部各置大人主領之皆屬檀石槐靈帝光和初鮮卑種衆日多田畜射獵不足給食檀石槐乃自徇行見烏集鳳水廣數百里水停

不流其中有魚不能得之聞倭人善網捕於是東擊倭人國得千餘家徙置秦水上令捕魚以助糧食

南匈奴和帝永元三年中尉獲納降黨衆最盛領户三萬四千口二十三萬七千三百勝兵五萬一百七十

烏桓大人本東胡也靈帝初上谷有難樓者衆九千餘落遼西丘力居者衆五千餘落皆自稱王又遼東蘇僕延衆千餘落自稱峭王（峭音七笑切）

獻帝建安中烏丸鮮卑稍更彊盛亦因漢末之亂中國多事不遑外討故得擅漢南之地寇暴城邑殺掠人民北邊仍受其困會袁紹兼河北乃撫有三郡烏丸寵其名王而收其精騎其後尚熙又逃于蹋頓蹋頓又驍武邊長老皆比之冒頓恃其阻遠敢受亡命以雄百蠻

右北平烏延衆八百餘落自稱汗魯王並勇健而多計策

韓濊北與高句驪沃沮南與辰韓接本皆朝鮮之地也靈帝末並盛郡縣不能制百姓苦亂多流亡入韓者

扶餘本屬玄菟漢末公孫度雄張海東威服外夷扶

餘王尉仇台更屬遼東時句驪鮮卑彊度以扶餘在二虜之間妻以宗女

魏鮮卑軻比能黄初中衆彊盛控弦十餘萬騎每鈔畧得財物均平分付一決目前終無所私故得衆死力餘部大人皆敬憚之

晉林邑國王范逸死奴文簒位於是乃攻大岐界小岐界式僕徐狼屈都乾魯扶單等諸國幷之有衆四五萬人遣使通表入貢于武帝其書皆胡字至穆帝永和三年文率其衆攻陷日南害太守夏侯覽殺五六千人餘奔九真以覽尸祭天鏟平西卷縣城遂據

日南告交州刺史朱蕃求以日南北鄙横山爲界初
徼外諸國賞齎寶物自海路求貿貨賄而交州刺史
日南太守多貪利侵侮十折二三至刺史姜壯時使
韓戢領日南太守戢估較大半又伐船調枹聲云征
伐繇是諸國恚憤且林邑少田貪日南之地戢死繼
以謝擢侵刻如初及覽至郡又耽荒于酒政教愈亂
故被破滅既而又還林邑是歲朱蕃使督護劉雄戍
于日南文復攻陷之四年文又襲九真害士庶十八
九明年征西督護滕畯率交廣之兵伐文於盧容爲
文所敗

焉耆國王會滅白山遂據其國武帝太康中遣子熙
歸本國爲王會有膽氣籌畧遂覇西胡葱嶺以東莫
不率服

索虜猗㐌孫十翼鞬勇壯衆復附之號上雒公北有沙
漠南據陰山衆數十萬

宋荆蠻民順附者一戶輸穀斛其餘無雜調而宋民
賦役嚴苦貧者不復堪命多逃亡入蠻蠻無輕役彊
者又不供官稅結黨連群動有數百十人州郡力弱
則起爲盜賊種類稍多戶口不可知也所在多深險
居武陵者有雄溪樠溪辰溪酉溪謂之五溪而宜都
天門巴東建平江北諸郡蠻所居皆深山重阻人跡
罕至焉前世以來屢爲民患及至宋世或降或叛征
討不絶時巴東建平宜都天門四郡蠻爲冦諸郡民
戶流散十不存一明帝順帝世尤甚雖遣攻伐終不
能禁荆州爲之虛弊

南齊東夷高麗王樂浪公高璉高祖建元三年遣使
貢獻乘船泛海營亦通使于魏然彊盛不受制魏置
諸國使邸齊使第一高麗次之

梁滑國車師之別種也元魏之居桑乾也滑猶爲小
國屬芮芮後稍彊大征其旁國波斯盤盤罽賓焉耆

龜茲疏勒姑墨于闐句盤等國開地千餘里

後魏芮芮國蓋匈奴別種自孝武南遷因擅其故地
宋昇明中遣王洪軌使焉引之共伐魏齊建元元年
洪軌始至其國國王率三十萬騎出燕然山東南二
千餘里魏人閉關不敢戰

後周突厥之種他鉢控弦數十萬中國憚之周齊爭
結姻好傾府藏以事之他鉢益驕每謂其下日我在
南兒當孝順何患乎貧也

隋突厥之後沙鉢畧妻宇文氏之女曰千金公主自
傷宗祀絶滅每有復隋之志日夜言之於沙鉢畧繇

是悉衆爲寇控弦之士四十萬高祖令柱國馮昱屯乙弗泊蘭州總管叱李長乂守臨洮上柱國李崇屯幽州達奚長儒據同樂皆爲虜所敗

莫何可汗突厥之别種也突厥處羅可汗既敗莫何可汗始大莫何勇毅絶倫甚得衆心爲隣國所憚伊吾高昌焉耆諸國悉附之

始畢可汗以煬帝大業中始畢率其種落入寇鴈門次年又寇馬邑隋末亂離中國人歸之者無數遂大彊盛勢凌中夏迎蕭皇后置於定襄薛舉竇建德王世充劉武周梁師都李軌高開道之徒雖僭尊號皆

北面稱臣受其可汗之號使者往來相望於道也

康國者康居之後也名爲彊國而西域諸國多歸之米國史國曹何國安國小安國那色波國烏那曷國皆歸附之

唐西突厥王葉護可汗勇而有謀隣國爭附之控弦之士數十萬據舊烏孫之地遂覇西國自隋末與中國絶高祖初復通吐蕃號其王爲贊府太宗貞觀八年十一月遣使朝貢贊府年始弱冠驍武絶人性慷慨有覇西域之志黨項白蘭諸部及吐蕃渾西域諸國咸畏懼之高宗調露中吐蕃始盛先是劍南募兵於茂州之西南築安戎城以斷吐蕃通蠻之路俄有生羌爲吐蕃鄉導攻陷其城遂引兵守之繇是西洱河諸蠻皆降吐蕃時吐蕃盡收羊同黨項及諸羌之地東與涼松茂嶲等州相接南隣天竺西又攻陷龜玆踈勒等四鎮北抵突厥地方萬餘里自漢魏已來西戎之盛未之有也云葉護可汗西突厥也葉護立遂北弁鐵勒西拒波斯南接罽賓悉歸之控弦數十萬覇有西域舊據烏孫之地又移庭於石國北千泉其西域諸國王悉受頡利調發弁遣土屯一人監統之督其征賦西戎之盛未之有也

賓王姓不夜氏名詈宗弄讚驍勇有謀隣國弁同之屬莫不賓伏之遂雄西域

大食國以高宗龍朔中擊破波斯又破拂菻又南侵

波羅門吞弁諸國勝兵四十餘萬

突厥車鼻可汗其地去京師尚萬里勝兵三萬人自稱乙注鼻可汗西有歌邏禄北有結骨皆附隷之

乙毗汭鉢羅西突厥也自龜茲鄯善且末吐火羅焉耆石國史國何穆國康國皆受其節度累遣使朝貢太宗降璽書慰勉之

黑水靺鞨最處北方尤稱勁健每恃其勇常爲隣境

之患
後唐耶律阿保機者契丹別部尊長也先是契丹王欽德政衰阿保機最推雄勁族帳漸盛代欽德爲主先是契丹之先大賀氏有勝兵四萬分爲入部毎部皆號大人內推一人爲主建旗鼓以尊之毎二年第其名以代之及保機爲主乃怙彊恃勇不受諸侯之代遂自稱國王及幽州劉守光末年苛慘軍士亡叛皆入契丹洎周德威攻圍幽州燕之軍民多爲其寇所掠既盡得燕中人士教之文法繇是漸盛與太祖會盟於雲州結爲兄弟其後阿保機僭稱帝號以妻

述律氏爲皇后用燕人韓延徽爲宰相法令嚴明諸侯畏服與太祖抗衡通朝貢於梁祖

讐怨

傳曰九世猶可以復讐乎百世可也故有不反兵不共國之怨斯亦勇夫節士之所爲矣若乃夷狄之人天性忿鷙負兵怙衆結怨流隙乃有投身於窮荒依援於大國或竊發於好會或爭鋒於武力雖近乎義亦不足尚故周禮調人之設豈能諧和於異類者哉

漢烏孫王號昆莫父難兜靡本與大月氏俱在祁連燉煌間小國也祁連山以東敦煌以西大月氏攻殺難兜靡奪其地人民亡走匈奴子昆莫新生傅父布就翎侯抱亡置草中翎侯烏孫大臣號其署非一猶漢之將軍耳而布就者又翎侯之中別號猶右將軍左將軍耳非其人之字翎與翕同爲求食還見狼乳之以乳歓之又烏銜肉翔其旁以爲神遂持歸匈奴單于愛養之及壯以其父民衆與昆莫使將兵數有功時月氏以爲匈奴所破西擊塞王塞音先得切西域國名即佛經所謂釋種者塞釋聲相近本一姓耳塞王南走遠徙月氏居其地昆莫既健自請單于報父怨遂西攻破大月氏大月氏復西走徙大夏地昆莫畧其衆因留居兵稍强會單于死不肯復朝事匈奴遣兵擊之不勝益以爲神而遠之又云張騫建元中爲郎匈奴降者言

匈奴破月氏王以其頭爲飲器月氏遁而怨匈奴無與共擊之漢方欲事滅胡聞此言欲通使騫以郎應募

杅彌國初貳師將軍李廣利擊大宛還過杅彌杅彌遣太子賴丹爲質於龜茲廣利責龜茲曰外國皆臣屬於漢龜茲何以得受杅彌質即將賴丹入至京師昭帝乃用桑弘羊前議以杅彌太子賴丹爲校尉將軍田輪臺與渠犁地皆相連也龜茲貴人姑翼其王曰賴丹本臣屬吾國今佩漢印綬來迫吾國而田必爲害王即殺賴丹而上書謝漢漢未能征

魏鮮卑漢末步度根既立衆稍衰弱中兄扶羅韓亦

別擁衆萬人爲大人後代郁烏丸能臣氐等叛求屬扶羅韓扶羅韓將萬餘騎迎之到桑乾氐等議以爲扶羅韓部威禁寬緩恐不見濟更遣人呼軻比能比能卽將萬餘騎到當共盟誓比能便於會上殺扶羅韓扶羅韓子泄歸泥及部衆悉屬比能比能自以殺歸泥父特善遇之步度根繇是怨比能魏後數與比能更相攻擊步度根部衆稍寡弱將其衆萬餘落保太原鴈門郡步度根乃使人招呼泄歸泥曰汝父爲比能所殺不念報仇反屬怨家今雖厚待汝是欲殺汝計也不如還我我與汝骨肉至親豈與他等繇是

歸泥將其部落逃歸步度根比能追之弗及青龍元年比能誘步度根深結和親於是步度根擁泄歸泥及部衆悉保比能寇抄幷州殺掠吏民明帝遣驍騎將軍秦朗征之歸泥叛比能將其部衆降拜歸義王賜幢麾曲蓋鼓吹居幷州如故步度根爲比能所殺

晉馬耆國王龍安夫人猶胡之女姙身十二月剖脅生子曰會立之爲世子會少而勇傑安病篤謂會曰我嘗爲龜茲王白山所辱不忘於心汝能雪之乃吾子也及會立襲滅白山遂據其國

扶南國子孫相傳至王槃況死國人立其大將范師蔓蔓病姊子旃慕立殺蔓子金生十餘年蔓少子長襲殺旃以刄鑱旃腹曰汝昔殺我兄今爲父兄報汝旃大將范尋又殺長國人立以爲王是吳晉時也

宋葉延父吐延爲昂城羌酋姜聰所刺葉延小而勇果年十歲縛草爲人號曰姜聰每旦輒射之中則喜不中則號呼涕泣其母曰讐賊諸將已屠膾之汝年小何煩自若如此葉延嗚咽不自勝荅母曰誠知無益然葉延罔極之心不勝其痛耳性至孝母病五日不食

唐新羅百濟武德九年遣使訟高麗王建武閉其道

路不得入朝又相與有隙屢相侵掠詔員外散騎侍郎朱子奢往和解之建武奉表謝罪請與新羅對使會盟

西突厥統葉可汗自負彊盛無恩於國部衆咸怨歌邏祿種多叛之頡利可汗不欲中國與之和親貞觀中數遣兵入寇又遣人謂統葉護曰汝若迎唐家公主要須經我國中而過統葉護患之

阿史那社爾突厥處羅可汗子也武德九年延陀迴紇等諸部皆叛攻破欲谷設社爾擊之復爲延陀所敗貞觀二年遂率其餘衆保于西偏依可汗浮圖城

遏頡利滅而西蕃葉護又死奚利邲咄陸可汗兄弟爭國祉爾陽言降之引兵西上因襲破西蕃半有其國得衆十餘萬自稱都布可汗謂其諸部曰曾爲背叛破我國者延陀之罪也今我據有西方大得兵馬不平延陀而欲安樂是忘先可汗爲不孝也若天令不捷死亦無恨其酋長咸諫曰今新得西方須留鎮壓若即棄去遠擊延陀只恐葉護子孫必來復國祉爾不從親率五萬餘騎討延陀於積北連兵百餘日遇我行人劉善因立同娥設爲陸利始可汗祉爾部兵又苦久役多委之逃延陀因縱擊敗之復保高昌

國其舊兵在者纔萬餘人又與西蕃結隙

高昌國貞觀中太宗遣折衝都尉直中書譯語揖怛然紇使西域馬耆王突騎支因遣使朝貢請開大磧路以便行李太宗許之自隋季離亂磧路遂閉西域朝貢者皆繇高昌因是高昌怒遂與馬耆結怨遣兵襲擊馬耆大掠而去

渤海國王武藝本高麗之別種也其父祚榮東保桂婁之地自立爲振國王以武藝爲桂婁郡王開元十四年黑水靺鞨遣使來朝武藝謂其屬曰黑水途經我境始可歸唐今不言而行必與大唐通謀腹背攻我也遂遣母弟大門藝發兵以擊黑水門藝以充質子至京師不欲搆怨乃曰黑水歸唐而擊之是背唐也唐國人衆兵強萬倍於我一朝結怨但恐自取滅亡昔高麗全盛之時兵三十餘萬抗敵唐家不事賓伏唐兵一臨掃地俱盡今日渤海之衆數倍小於高麗乃欲違背唐家事必不可武藝不從固違之門藝又上書諫武藝怒遣其從兄大一夏代門藝統兵命左右殺門藝門藝聞之遂間道來奔詔授左驍衛將軍後武藝遣使朝貢上表極言門藝罪狀請殺之玄宗遣使往安撫報武藝曰門藝來歸投義不可殺今

流向嶺南已遣去訖乃留其使馬文軌別遣使報之俄有泄其事者武藝又上書曰大國示人以信豈有欺誑之理今聞門藝不向嶺南伏請殺之繇是責鴻臚少卿李道邃源復以不能督察官屬致有漏泄出道邃曹州刺史復爲澤州刺史遣門藝蹔往嶺南以信之二十年武藝率海賊攻登州殺刺史韋俊詔門藝往幽州徵兵以討之仍令新羅發十萬人應接屬山阻寒雪竟無功而還武藝懷怨不已密遣使至東都厚賂刺客遮門藝於天津橋格之不死詔河南府捕獲其賊盡殺之

後唐契丹東丹王贊華明宗時歸朝清泰帝幸懷州遣內班秦繼旻皇城使李彥紳害之東丹長子兀欲晉開運末從虜主耶律德光入汴虜主遂殺繼旻彥紳於東市復東丹之讐也命兀欲弟留桂爲滑州節度使以處東丹之舊地

亡滅

戎狄之性忿鷙難制薦食邊境侵敗王畧示之德義而不伏威以文告而不庭我伐用張元戎具舉鳥竄路絶鼠首計窮投戈請降繫頸就戮盪覆巢穴區落以平勦絶鯨鯢京觀斯立蓋天討有罪自取滅亡若

乃俘執其君遷徙其衆俾全首領者蓋亦有焉

鄋瞞鄋瞞狄國名防風之後漆姓魯文公十一年侵齊遂伐我公卜使叔孫得臣追之吉侯叔夏御莊叔莊叔得臣緜房甥爲右富父終甥駟乘駟乘四人共車敗狄於鹹獲長狄僑如僑如鄋瞞國之君蓋長三丈獲僑如不書賊夷狄也富父終甥椿其喉以戈殺之椿猶衝也埋其首於子駒之門子駒魯郭門骨節非常恐後世怪之故詳其處以命宣伯得臣待事而名其三子因名宣伯日僑如以旌其功初宋武公之世鄋瞞伐宋在春秋前司徒皇父帥師禦之耏班御皇父充石皇父戴公子充石皇父名公子穀甥爲右司寇牛父駟乘以敗狄于長丘長丘宋地獲長狄緣斯緣斯僑如之先皇父之二子死焉皇父與穀甥及牛父皆死故耏班獨受賞宋公於是以門賞耏班使食其征門關門征稅也謂之耏門晉之滅潞也在宣十五年獲僑如之弟焚如齊襄公之二年魯桓十六年鄋瞞伐齊齊王子成父獲其弟榮如榮如焚如之弟焚如後死而先說者欲其兄弟伯季相次榮如以魯桓十六年死至宣十五年一百三歲其兄猶在傳言既長且壽有異於人王子成父齊大夫埋其首於周首之北門周首齊邑齊北穀城縣東北有周首亭衛人獲其季弟簡如伐齊退走至衛見獲鄋瞞由是遂亡長狄之種絶

潞赤狄也魯宣公十五年六月晉荀林父敗之於曲梁滅潞以潞子嬰兒歸

仇猶夷狄之國趙智伯將伐遺之廣車智伯欲伐仇猶遺之大鍾

載以廣車廣車橫陣之車因隨之以兵仇猶遂亡

秦戎王義渠昭王四十三年宣太后誘殺於甘泉宮因起兵滅之置其地爲隴西北地上郡焉

漢南越王興立與其母太后求內屬其丞相呂嘉反攻殺王太后盡殺漢使者元鼎五年秋以衛尉路博德爲伏波將軍出桂陽下湟水主爵都尉楊僕爲樓船將軍出豫章下橫浦故歸義粵侯二人爲戈船下瀨將軍出零陵或下離水或抵蒼梧使馳義侯因巴蜀罪人發夜郎兵下牂牁江咸會番禺六年誅呂嘉南越遂平以其地爲儋耳珠崖南海蒼梧鬱林合浦

六阯九真日南九郡尉佗王凡五世九十二歲而亡
東粵王餘善玄時南粵反餘善持兩端陰使南粵反漢破番禺樓船將軍楊僕上書請引兵擊東越帝以士卒勞倦不許明年餘善聞樓船請誅之漢兵留境且往乃發兵距漢帝遣橫海將軍韓說出句章浮海從東方往樓船將軍僕出武林中尉王溫舒出梅嶺粵侯王爲戈船下瀨將軍出如耶白沙元封元年冬咸入東越故越建成侯敖與繇王居股謀殺餘善以其衆降天子曰東越地陿多阻閩粵悍數反覆詔軍吏將其民徙處江淮之間東越地遂虛

朝鮮者其王滿燕人也傳子至孫右渠漢遣左將軍擊朝鮮元封三年其相尼溪相參乃使人殺其王右渠來降而王險城未下故右渠之大臣成巳又反復攻吏左將軍使右渠子長降相路人子最告諭其民誅成巳遂定朝鮮爲真番臨屯樂浪玄菟四郡
後漢燒當羌和帝永元十四年脅諸羌數百人反叛郡兵擊滅之悉沒入弱口爲奴婢
當煎羌順帝永康元年寇武威破羌將軍段紀明復破滅之餘悉降散
旄牛夷安帝延光二年春叛攻零關（零關道屬越巂）殺長吏益州刺史張喬與西部都尉擊破之於是分置蜀郡屬國都尉領四縣如太守
魏烏桓王蹋頓漢建安十一年太祖自征蹋頓於柳城潛軍詭道未至百餘里虜乃覺蹋頓將衆逆戰太祖擊破之臨陣斬蹋頓死者被野速附丸樓班烏延等走遼東遼東悉斬傳首其遺迸皆降烏桓萬餘落悉徙其族居中國
晉龜茲國符堅時堅遣其將呂光率衆七萬伐之其王白純距境不降光進軍討平之
梁高昌國爲河西王沮渠茂虔弟無諱襲破之其王

闞爽奔于芮芮無諱據之稱王一世而滅國人又推麴氏爲王益車師之故地也
後魏氐楊難當太武時自號仇池公太武討平之後滅其國以爲東益州
北齊費也頭虜紇豆陵伊利神武爲東魏天柱大將軍天平元年正月西伐於河西滅之遷其部於河東
後周氐王楊集始魏封爲武興王集始死遂僭稱大號魏將傅豎眼滅之執紹先歸諸京師以其地爲武興鎮
唐突厥可汗武德初內附高祖厚加慰撫拜爲吐烏

過拔闕可汗尋爲李軌所滅部衆皆散盡歸于西蕃
頡利可汗始以强盛數侵中國其後災異屢見國人
叛之太宗乘其大亂發五將以候其隙朔州道行軍
總管李靖進屯惡陽嶺夜襲定襄入其郛頡利驚擾
因徙牙帳於磧石胡酋康蘇密等遂以隋蕭后及楊
正道等來降頡利計窘使執失思力入朝謝罪請爲
藩臣舉國內附太宗遣唐儉安修仁等持節出塞以
安撫之雖肯朝覲謀艸青馬肥將踰沙磧靖與其副
將張公謹謀曰詔使到彼虜必自寬於是選精騎齎
二十日糧乘間掩襲諸將皆曰詔許其降行人在彼

柰何攻之靖曰此兵機也督軍疾進掩踰白道遇其
斥候千餘帳皆俘以隨軍頡利見使者甚悅不虞官
兵至也靖軍掩到縱擊之遂滅其國殺義城公主獲
其子疊羅施係虜男女十萬口駝馬數十萬計頡利
乘千里馬奔於西偏虚州行軍所擒之以獻諸部悉
降又云李靖貞觀四年二月甲辰李靖大陰山擊頡利可汗大破之滅其國復定襄常安之地斥土界于大漢露布以聞太宗大悅
高昌麴文泰貞觀十三年太宗謂其使曰高昌數年
來朝貢脫略無蕃臣禮國中署置官號準我百僚稱
臣於人豈得如此今茲歲晉萬國來朝而文泰不至
增城深塹預備討伐日者我使人至彼文泰云鷹飛
于天雉竄于蒿猫遊于堂鼠安于穴各得其所豈不
活耶又西域使欲來者文泰悉拘留之又遣使謂薛
延陀云既自爲可汗與漢天子敵也何須拜謁其使
事人闕禮離間隣好惡而不誅善者何勸明年當發
兵馬以擊爾國是時薛延陀可汗表請爲軍導以擊
高昌太宗許之民部尚書唐儉至延陀與謀進取太
宗冀其悔過復下璽書示以禍福徵之入朝文泰稱
疾不至太宗乃命吏部尚書侯君集爲交河道大總
管率左屯衛大將軍薛萬均及突厥契苾之衆步騎

數萬衆以擊之時公卿近臣皆以行經沙磧萬里用
兵恐難得志又介居絶域縱得之不可以守競以爲
諫太宗皆不聽文泰謂所親曰吾往者朝覲見秦隴
之北城邑蕭條非復有隋之比設令伐我發兵多則
糧運不給若發三萬已下吾能制之加以磧路艱險
自然疲頓吾以逸待勞坐收其獘何足爲憂也及聞
王師臨磧口惶駭計無所出發病而死其子智盛嗣
立既而君集兵掩至柳谷進趍田地城將軍契苾何
力爲前軍與之接戰而退大軍繼至攻拔其城虜男
女七千餘口進逼其都智盛遺君集書曰有罪於天

于者先王也既咎深譴積身已喪亡智盛襲位無幾君其故諸君集謂曰若能悔禍當面縛軍門也又命諸軍引衝車炮車以逼之飛石雨下城中大懼智盛窮蹙出城降君集分兵掠地下其三郡五縣二十二城戶八千口三萬七千七百馬四千三百疋其界東西八百里南北五百里先是其國童謡云高昌兵馬如霜雪漢家兵馬如日月日月照霜雪迴首自消滅文泰使人捕其初唱者不能得初文泰與西突厥欲谷設通和遺其金帛約有急相爲表裏及聞君集兵至欲谷設懼而西走不敢救君集尋遣使告捷太宗

大悦宴百僚班賜各有差曲赦高昌部內從軍兵士以上父子犯死罪以下朞親犯流以下大功犯徒以下小功緦麻犯杖罪悉宥之時太宗欲以高昌爲州縣特進魏徵諫曰陛下初臨天下高昌夫婦先來朝謁自後數月商胡被其遏絶貢獻加之不禮大國遂使王誅載加若罪止文泰斯亦可矣未若撫其人而立其子所謂伐罪弔民威德被於遐外爲國之善者也今若利其土壤以爲州縣常須千餘人鎮守數年一易每往交替死者十有三四遣辦衣資離別親戚十年之後隴右空虛陛下終不得高昌撮穀尺布以助中國所謂散有用而事無用未見其可太宗不從竟以其地置西州又置安西都護府留兵以鎮之初西突厥遣其葉護屯兵於可汗浮圖城與高昌相影響至是懼而來降以其地爲庭州於是勒石紀功而旋其智盛君臣及其豪右皆徙中國麴氏有國至智盛凡九世一百三十四年而滅

吐谷渾貞觀已後與吐蕃互相攻遣使請兵救援高宗皆不許之吐蕃大怒率兵以擊吐谷渾諾曷鉢既不能禦脫身及弘化公主走投涼州高宗遣右威衛大將軍薛仁貴等救吐谷渾爲吐蕃所敗於是吐谷

渾遂爲吐蕃所併諾曷鉢以親信數千帳來内屬詔左武衛大將軍蘇定方安置大使始徙其部衆于靈州之地置安樂州以諾曷鉢爲刺史欲其安而且樂也其封襲遂絶吐谷渾自晉永嘉之末始西渡洮水建國於群羌之故地至龍朔三年爲吐蕃所滅凡三百五十年

高麗王高藏高宗儀鳳中授開府儀同三司遼東州都督封朝鮮王居安東鎮本蕃爲主高藏至安東潛與靺鞨相通謀叛事覺召還配流邛州并分徙其人散向河南隴右諸州其貧弱者留在安東城傍聖曆

二年又授高藏男德武爲安東都督以領本蕃自是高麗舊户在安東者漸寡少分投突厥及靺鞨等高氏君長遂絶又去高藏加授遼東州都督封朝鮮郡王遣歸遼東以輯高麗餘衆先有編附諸軍高麗悉放還本蕃司農卿扶餘隆爲光祿大夫太常員外郎加授熊津州都督封帶方郡王亦令安輯百濟餘衆仍移安東都護府於新城以統之時百濟本地荒毁特令寄於高麗之境高藏既至遼東羅城謀叛靺鞨召還流卭州徙其人於河南隴右其舊地沒於新羅城傍餘衆後漸寡弱散投突厥及靺鞨扶餘隆竟亦不敢還舊國土地盡沒於靺鞨高氏扶餘氏君長遂絶

吐蕃龍朔中與吐谷渾不和遞相表奏各論曲直國家依違未爲與奪吐蕃怨怒遂叛以兵臨吐谷渾告急高宗令將薛仁貴郭待封等率衆十餘萬伐之軍

至大非川爲欽陵等所敗遂滅吐谷渾

冊府元龜

册府元龜類目索引

招撫	奉使	八	六五六	七八五九
招諫	帝王	二	一〇三一—一〇三三	一二一六
招諫	閏位	三	二一二	二五三六
招輯	牧守	九	六九二	八二四五
招懷	帝王	二	一六三—一六七	一九六二
招懷	閏位	三	二一五	二五六六
明附	臺省	六	四八二	五七四七
明察	帝王	一	五七	六四一
明察	令長	九	七〇五	八三九三
明算	總錄	一一	八六九	一〇三〇八
明罰	帝王	二	一五二—一五四	一八三五
明賞	帝王	二	一三七—一三八	一五一八
明賞	閏位	三	二一〇	二五二三
明賞	列國君	三	二四二	二八八〇
明天時	將帥	五	三九八	四七二六
明地理	總錄	一一	八六九	一〇三二一
朋黨	內臣	八	六六九	七九九一
朋黨	總錄	一二	九四五	一一一三六
服義	總錄	一一	九〇一	一〇六七五
枉橫	總錄	一二	九三一	一〇九七〇
枉濫	刑法	八	六一九	七四四一
枉濫	牧守	九	六九九	八三三五
武功	牧守	九	六九三—六九四	八二五八
武功	令長	九	七〇五	八三九六
武功	幕府	九	七二四	八六一五
武勇	宗室	四	二七一	三二〇六
河渠	邦計	六	四九六—四九七	五九三五
治命	總錄	一一	八九八	一〇六二八
爭功	將帥	六	四五一	五三四三
狀貌	外臣	一二	九九七	一一六九八
牧守總序	牧守	九	六七一	八〇一三
直	總錄	一一	九〇一	一〇六七〇
直諫	諫諍	七	五三四—五四七	六三八三
知人	僭僞	三	二二六	二六九三
知人	宰輔	四	三三一	三七九六
知人	總錄	一一	八四二—八四三	九九七九
知子	帝王	二	一四八	一七八六
知子	閏位	三	二〇四	二四四九
知子	總錄	一〇	八一八—八一九	九七二五
知臣	帝王	二	一四八	一七八八
知臣	閏位	三	二〇四	二四五〇
知言	總錄	一〇	八〇七	九五八八
知足	總錄	一〇	七八五	九三三一
知音	總錄	一一	八五六—八五七	一〇一六六

〔十四畫〕

校印後記

册府元龜一千卷，宋王欽若、楊億等奉敕編撰。景德二年（公元一〇〇五）開始，到大中祥符六年（公元一〇一三）編成。刊印以後，直到明末崇禎十五年（公元一六四二）才有黃國琦的重刻本。明朝人很少看到宋本，當時藏書家大都轉相傳鈔。像這樣的大部書，傳鈔原不容易，校讎更難精審。

黃國琦字石公，號五湖，江西新昌（今宜豐縣）人。明萬曆四十八年（公元一六二〇），隨學政文翔鳳前往山西。文氏藏有楊升菴校鈔本册府元龜，邀黃氏同做整理工作。不久文氏丁憂回籍，黃氏就單獨負起了這個責任，從天啓元年（公元一六二一）到崇禎十四年（公元一六四一），來往陝西、山西、河南、江西、京師各地，借閱了孫承宗、曹學佺等九家所藏的鈔本，互相比勘，又得陳龍正、張肯堂、夏允彝等九十餘人幫助覆勘，歷時二十載，用了很大的力量。但黃氏當時沒法把本書刻板。到了崇禎十五年，他以進士做福建建陽知縣，得到本省巡按李嗣京、建南道胡維霖等人的資助，才把全書刻成。初印本卷首題「李嗣京訂正，胡維霖參閱」，就是因爲他們出了錢的緣故。刻成以後，印本流傳不多。清康熙十一年（公元一六七二），國琦的姪子九錫補版重印，卷首改題「李嗣京參閱，文翔鳳訂正」，這樣就比較接近事實。後來黃氏子孫又把書版售給金陵書肆，經過乾隆、嘉慶時期的幾次轉售，幾次修補重印，雖然也做了一些校補，却都很草率，甚至反而增添了一些新的錯誤。無論初印本或補版後的印本，印數都不會很多，所以保存到現在的只有極少數的幾部了。

我們這次重印册府元龜，事先曾經向全國各大圖書館做了調查工作。最後決定以中國民族音樂研究所所藏的崇禎初印本爲主，參用北京圖書館、中國青年出版社和周郇同志等所藏的四部較好的印本，逐葉比對，作了一些技術上的整理工作。遇有字跡破損模糊的，就在各本中選擇抽換；並把卷首的總目和分册目錄同本書核對，加注了葉碼；此外又另編「類目索引」，附在末册，以便檢閱。

商務印書館在抗日戰爭前曾經向各地訪借册府元龜的宋刻殘本，彙集攝影，共得五百餘卷。我們這次影印，曾經把攝影樣張和黃本大致比勘了一遍，原想作校勘記附在後面。但宋本和黃本都有錯簡脫誤，也有經黃氏删改移動後反而勝過宋本，像陳垣同志序中所說的。所以要做好這項工作，必須檢查其它史籍，參互考訂，單單比對字句是不夠的。我們限於人力、時間和其它客觀條件，沒有能夠這樣做，只把明刻確實脫漏的一百四十二條依據殘宋本鈔錄，作爲補遺，分別附在各卷之末；其它明顯的錯簡和重複，只附帶作了說明。

承蒙各圖書館及有關同志借閱藏本和提供意見，使這二百多年久已絕版的巨著能夠重印出版。承陳垣同志爲本書寫了一篇考證性的新序，並協助我們做好補遺的工作，使讀者更感便利。謹在這裏表示我們的深切的謝意。

中華書局編輯部影印組　一九六〇年五月